AF617233

***ACCESO GRATIS** a la Lectura en la Nube + Formularios online*

Para visualizar el libro electrónico en la nube de lectura envíe junto a su nombre y apellidos una fotografía del código de barras situado en la contraportada del libro y otra del ticket de compra a la dirección:

ebooktirant@tirant.com

En un máximo de 72 horas laborables le enviaremos el código de acceso con sus instrucciones.

FORMULARIOS DE DERECHO AUDIOVISUAL, ENTRETENIMIENTO Y ARTÍSTICO

Formularios y documentos adaptados a la práctica diaria

Procedimiento de selección de originales, ver página web:
www.tirant.net/index.php/editorial/procedimiento-de-seleccion-de-originales

FORMULARIOS DE DERECHO AUDIOVISUAL, ENTRETENIMIENTO Y ARTÍSTICO

Formularios y documentos adaptados a la práctica diaria

DIRECTORES

EDUARDO AZNAR GINER

SILVIA RUIZ MORUNO

COORDINADOR

JORGE LÓPEZ PARICIO

AUTORES

Eduardo Aznar Giner
Abogado. Director Aznar & Mondéjar Abogados

Silvia Ruiz Moruno
Abogada. Socia Medios y Entretenimiento EJASO

Carmen de Mesa Segura
Abogada

Javier Galán López
IP Senior Manager DELOITTE

Juana Mico Abeledo
Abogada

Carlos Muñoz Viada
Abogado. ACE

Gema Pérez Espinosa
Abogada. Socia de STAGE LAW MEDIA & ENTERTAINMENT.

Jorge López Paricio
Abogado

Daniel Solís Portillo
Licenciado en Derecho

Marta Sanz Noguera
Asesora Jurídica

Oscar Barbosa Soto
Abogado. EJASO

Samuel Alonso Cervera
Abogado. Docente

Ana Ojembarrena Alba
Abogada. EJASO

tirant lo blanch

Valencia, 2026

EDITA: TIRANT LO BLANCH
C/ Artes Gráficas, 14 - 46010 - Valencia
TELFS.: 96/361 00 48 - 50
FAX: 96/369 41 51
Email:tlb@tirant.com
www.tirant.com
Librería virtual: www.tirant.es
DEPÓSITO LEGAL: V-735-2026
ISBN: 979-13-7040-090-3
MAQUETA: Tink Factoría de Color

Nota de autoría

Se deja constancia que los formularios contenidos han sido redactados por los siguientes autores:

EDUARDO AZNAR GINER, JUANA MICO ABELEDO, JORGE LÓPEZ PARICIO: F054, F088, F089, F090, F092, F093, F094, F095, F096, F097, F098, F099, F100, F101, F102, F103, F104, F105, F106, F119, F120, F121, F122, F123, F124, F125, F129.

SILVIA RUIZ MORUNO: F015, F028, F051, F056, F058, F062, F074, F108, F127, F130, F142.

CARMEN DE MESA SEGURA: F007, F009, F012, F029, F033, F075, F117, F118.

JAVIER GALÁN LÓPEZ: F005, F008, F013, F014, F016, F017, F018, F019, F023, F024, F025, F026, F027, F040, F045, F053, F055, F060, F061, F067, F076, F077, F078, F079, F080, F081, F082, F083, F084, F085, F086.

CARLOS MUÑOZ VIADA: F002, F006, F109, F110, F111, F112, F113, F114, F115, F116.

GEMA PÉREZ ESPINOSA: F020, F021, F031, F049, F050, F052, F063, F064, F065, F087.

DANIEL SOLÍS PORTILLO: F001, F003, F004, F010, F011, F030, F032, F034, F035, F036, F037, F038, F039, F041, F042, F043, F044, F046, F047, F048, F057, F059.

MARTA SANZ NOGUERA: F066, F069, F070, F071, F072, F073.

OSCAR BARBOSA SOTO: F148, F149, F150, F151, F152, F153, F154, F155, F156, F157.

SAMUEL ALONSO CERVERA: F022, F068, F091, F107, F126, F128, F131, F132, F133, F134, F135, F136, F137, F138, F139, F140, F141.

ANA OJEMBARRENA ALBA: F143, F144, F145, F146, F147, F158, F159, F160, F161, F162, F163.

ÍNDICE

I. PRESENTACIÓN

Mis compañeros han tenido a bien confiar en mí la presentación de este libro de formularios. Voy a ser breve. La obra que el lector tiene en sus manos parte con una simple pretensión: ser útil a los diversos operadores jurídicos que intervienen en el bonito, exigente, y complicado ámbito del derecho audiovisual, del entretenimiento y artístico. A tal fin, al redactar los formularios, hemos tenido en cuenta a profesionales especialistas del precitado ámbito del derecho, procurando que los formularios ofrecidos sirviesen a todos ellos en su práctica diaria. Pero también hemos pretendido conseguir un segundo resultado: ofrecer una visión conjunta de los diferentes sectores incluidos en el libro: ámbito cinematográfico, televisivo, musical, publicitario, literario, artístico, entre otros.

Voluntariamente hemos huido de la catalogación y definiciones doctrinales y científicas para acercarnos en la medida de lo posible a las necesidades de la práctica diaria de los profesionales que se dedican a esta bonita rama del derecho. Obviamente no son todos las situaciones las que recogemos en el libro, pero sí una buena representación de ellas.

No hace falta decirlo, el contenido de este libro debe ser tomado como una herramienta de trabajo y reflexión, de carácter orientativo y no definitivo, en la práctica del referido ámbito del derecho.

Finalmente, hemos optado por ofrecer una imagen amplia de tal materia, basada en nuestra experiencia, desde una doble perspectiva: por un lado, incluyendo formularios, cuyo contenido quizás sea simple y obvio para personas expertas en la materia, pero que dan respuestas a aquellos que se inician en el ámbito de lo audiovisual. Por otro, planteándonos supuestos discutidos o complejos y ofreciendo una solución al mismo.

De la conjunción de lo anterior, surge el presente libro que, esperamos, sea útil y del agrado del lector, agradeciendo la labor integradora del trabajo de los autores llevada a cabo por el también autor Jorge López Paricio.

EDUARDO AZNAR GINER

II. ÁMBITO CINEMATOGRÁFICO, TELEVISIVO- PLATAFORMAS DIGITALES, Y ANUNCIOS PUBLICITARIOS

II.1. ÁMBITO CINEMATOGRÁFICO

F001. ACUERDO DE CONFIDENCIALIDAD (NDA) AUDIOVISUAL

En [Ciudad], a [Fecha].

COMPARECEN

De una parte, la entidad [Nombre de la productora o empresa], con domicilio en [Dirección], provista de CIF nº [__________], representada por D./Dª [Nombre y Apellidos], en calidad de [Cargo], en adelante LA PARTE REVELADORA.

Y de otra parte, D./Dª [Nombre del receptor/colaborador], con domicilio en [Dirección], provisto de DNI/NIE nº [__________], en adelante LA PARTE RECEPTORA.

Ambas partes se reconocen capacidad legal suficiente para obligarse y, a tal efecto, acuerdan suscribir el presente ACUERDO DE CONFIDENCIALIDAD (NDA) con arreglo a las siguientes cláusulas:

Primera. Objeto

El presente acuerdo tiene por objeto proteger la información confidencial a la que la PARTE RECEPTORA pueda tener acceso en el marco de conversaciones, negociaciones o colaboraciones relacionadas con proyectos audiovisuales de LA PARTE REVELADORA.

Se entenderá por información confidencial toda aquella de naturaleza técnica, artística, económica, legal o estratégica relativa a guiones, sinopsis, formatos, presupuestos, contratos, estrategias de rodaje, etc.

Segunda. Obligaciones de la parte receptora

Mantener en estricta confidencialidad toda la información recibida, sin revelarla a terceros sin el consentimiento expreso y escrito de LA PARTE REVELADORA.

No utilizar la información confidencial para fines distintos a los previstos en la colaboración entre las partes.

Adoptar las medidas necesarias para evitar la divulgación o uso indebido de la información confidencial.

Tercera. Exclusiones

No se considerará información confidencial aquella que sea de dominio público, la que ya estuviera en posesión legítima de la PARTE RECEPTORA antes de su revelación, o aquella que deba ser divulgada en cumplimiento de una obligación legal o mandato judicial.

Cuarta. Duración

La obligación de confidencialidad se mantendrá vigente durante toda la relación contractual entre las partes y hasta cinco (5) años después de su finalización, salvo que las partes acuerden un plazo distinto por escrito.

Quinta. Propiedad de la información

Toda la información confidencial revelada seguirá siendo propiedad exclusiva de LA PARTE REVELADORA, sin que el presente acuerdo confiera a la PARTE RECEPTORA derecho alguno sobre la misma, salvo el uso pactado expresamente.

Sexta. Responsabilidad

La PARTE RECEPTORA responderá de los daños y perjuicios que ocasione el incumplimiento de sus obligaciones de confidencialidad.

El incumplimiento grave facultará a LA PARTE REVELADORA para ejercitar acciones legales y reclamar indemnizaciones correspondientes.

Séptima. Protección de datos

Las partes cumplirán con lo dispuesto en el RGPD y la LOPDGDD en lo relativo al tratamiento de datos personales.

Los datos recogidos serán tratados únicamente para la ejecución del presente acuerdo.

Octava. Ley aplicable y jurisdicción

El presente acuerdo se regirá por la legislación española.

Las partes se someten a los Tribunales de [Ciudad], con renuncia expresa a cualquier otro fuero.

En prueba de conformidad, firman el presente documento:

Fdo.: ______________________________ (La Parte Reveladora)

Fdo.: ______________________________ (La Parte Receptora)

F002. CONTRATO DE GUIONISTA AUDIOVISUAL (I)

En............................., a........... de.................. de............

REUNIDOS

De una parte:

DON..., con D.N.I. número......................., quien actúa en nombre y representación de.., Sociedad.... domiciliada en......................., calle................. nº.........., debidamente inscrita en el registro Mercantil, al tomo.............., folio..........., inscripción........., con CIF número................, en su condición de............................. (A esta parte se denominará en adelante el **PRODUCTOR**).

De otra parte:

DON..., con D.N.I. número......................., con domicilio en ...., calle................. nº.........., actuando en su propio nombre y derecho. (A esta parte se denominará en adelante el **GUIONISTA**).

Ambas partes, reconociéndose mutuamente la capacidad legal suficiente para actuar y obligarse, y en especial para celebrar este contrato,

MANIFIESTAN

I. Que el **PRODUCTOR** tiene en proyecto la producción de una obra audiovisual1 titulada provisionalmente **........................** con una duración aproximada de 1 MINUTO Y MEDIO POR EPISODIO, CON UN TOTAL DE 8 EPISODIOS.

II. Que el **PRODUCTOR** está interesado en encargar al **GUIONISTA** y éste en realizar el guión de la citada obra audiovisual, por lo que ambas partes convienen en celebrar el presente contrato, a tenor de las siguientes:

ESTIPULACIONES

PRIMERA.– OBJETO DEL CONTRATO:

Prestación de servicios y cesión de derechos.

En virtud del presente Contrato:

1. El PRODUCTOR encarga y el GUIONISTA se compromete a crear guiones originales, con la finalidad de incorporarse a la obra audiovisual.

2. El GUIONISTA cede al PRODUCTOR todos los derechos de explotación del guión y de la obra audiovisual a la que se incorpore, bajo las condiciones y en los términos que se establecen en este Contrato.

SEGUNDA.- DERECHOS DE AUTOR.

El GUIONISTA cede en exclusiva al PRODUCTOR, sin facultad de autorización a terceros, la reproducción, distribución, comunicación pública y el subtitulado o doblaje de la obra audiovisual, con vistas a su comercialización cinematográfica y televisiva (utilización primaria) o cualquier otro medio, la reproducción en videogramas y su distribución mediante venta, alquiler o préstamo, en los términos y con las condiciones establecidas en este Contrato.

En consecuencia, el PRODUCTOR estará plenamente facultado para autorizar a exhibidores de salas cinematográficas, organismos de televisión y productores de videogramas, y a cualquier que considere oportuno, la utilización de la obra audiovisual.

Además el guionista cede en este contrato: **a**

1. El derecho de reproducción y distribución del guión en forma gráfica.

2. El derecho de comunicación pública para todos los actos de utilización secundaria de la obra audiovisual, comprendidos dentro de ellos a título meramente enunciativo: la distribución por cable, internet y la emisión o transmisión, en lugar accesible al público, mediante cualquier instrumento idóneo, de la obra radiodifundida en establecimientos tales como bares, restaurantes, cafeterías, hoteles y medios de transporte.

3. El derecho de transformación del guión para la realización de adaptaciones teatrales, videojuegos o cualquier otra que el productor considere.

4. Los derechos de remuneración reconocidos al autor por los artículos 25, 90.2, 90.3 y 90.4 del Texto Refundido de la Ley de Propiedad Intelectual, (en adelante **TRLPI**).

TERCERA.- DERECHO DE SECUELA.

El PRODUCTOR tiene pleno derecho exclusivo sobre las secuelas que se pretendan realizar de la obra audiovisual objeto de este Contrato. Los términos relativos a la cesión de los derechos de autor sobre la secuela serán los mismos fijados en este Contrato para la obra audiovisual objeto del mismo.

CUARTA.- CONTRAPRESTACIÓN.

Como remuneración por la creación del guión objeto del presente Contrato, y por los derechos cedidos, el PRODUCTOR abonará al GUIONISTA las siguientes cantidades:

1. En concepto de la **prestación de servicios**, la cantidad de ....impuestos incluidos, que será abonada por el PRODUCTOR en la siguiente forma:

Entrega del trabajo finalizado y aprobado por el PRODUCTOR

Para el abono de estas cantidades, será necesaria la previa presentación de la correspondiente factura.

QUINTA.- OBLIGACIONES DEL GUIONISTA.

El GUIONISTA queda obligado en virtud de este Contrato:

1. A crear por sí mismo el guión encargado y entregar el mismo, (*la primera versión, sinopsis y la versión definitiva, etc.).*

2. A responder ante el PRODUCTOR de la autoría y originalidad de su creación intelectual y del ejercicio pacífico de los derechos que le ha cedido en este Contrato, comprometiéndose a no realizar ningún acto susceptible de impedir o dificultar el pleno ejercicio pacifico de esos derechos, en los términos establecidos en la Ley.

3. A no utilizar en forma alguna obras actualmente protegidas, salvo aquéllas cuyos derechos de transformación hayan sido adquiridos por el PRODUCTOR y su adaptación audiovisual constituya el objeto de su colaboración.

4. A estar a disposición del PRODUCTOR durante el periodo de preproducción, montaje, rodaje, y en general a lo largo de todo la producción de la obra audiovisual, para llevar a cabo el desarrollo y las adaptaciones del guión que se consideren necesarias.

5. A no comunicar a terceras personas información acerca de la producción, su rodaje o cualquier otra circunstancia relacionada con los servicios que presta al PRODUCTOR, sin expresa autorización escrita de éste.

SEXTA.- OBLIGACIONES DEL PRODUCTOR.

El PRODUCTOR queda obligado en virtud de este Contrato

- A satisfacer al GUIONISTA la remuneración establecida en la Estipulación QUINTA, en la forma expresada en la misma.
- A citar al GUIONISTA en toda la publicidad que realice de la obra y en los títulos de crédito de la misma, (*títulos de crédito iniciales y en. cartones independientes)* en la siguiente forma:

El tamaño del nombre del GUIONISTA que figure en los elementos mencionados en el párrafo anterior equivaldrá al diez por ciento (10%) del título de la obra.

- Poner todos los medios necesarios para lograr la efectividad de todas las modalidades de explotación objeto del presente Contrato, según la naturaleza de la obra y los usos vigentes en la actividad profesional de producción audiovisual.
- A ejercitar los derechos de explotación conforme a los buenos usos y con estricto respeto en todo caso del Derecho moral del GUIONISTA.
- A notificar por escrito a los exhibidores, organismos de televisión y productores de videogramas la obligación que les incumbe de abonar a SGAE las cantidades que correspondan, según lo establecido.

SEPTIMA.- MODIFICACIONES Y VERSIÓN DEFINITIVA.

Una vez entregado los guiones en el plazo fijado en la Estipulación SEXTA, el PRODUCTOR dispondrá de un plazo de 10 días para comunicar al GUIONISTA las modificaciones que considere pertinentes. En caso de no producirse la comunicación escrita en el plazo establecido, se considerará definitivamente aprobado el guión.

De acuerdo con los usos vigentes en la producción audiovisual, el guión puede ser objeto de modificaciones, siempre que estén debidamente justificadas, y se lleven a cabo por el GUIONISTA, prohibiéndose expresamente la introducción de correcciones efectuadas por un tercero sin la previa autorización del GUIONISTA.

Sin perjuicio de lo anterior, el PRODUCTOR podría contratar a terceros colaboradores, guionistas correctores, etc.

La decisión acerca de la versión definitiva de la obra audiovisual dependerá de lo establecido entre el PRODUCTOR y el REALIZADOR-DIRECTOR

OCTAVA.- USO DE LA IMAGEN DEL GUIONISTA.

El GUIONISTA autoriza al PRODUCTOR el uso de su imagen personal, fotografía, retrato e imagen física, reproducida o generada por cualquier medio, su biografía, así como su expediente profesional, para fines de promoción, explotación y comercialización de la obra a que este Contrato se refiere.

NOVENA.- USO FRAGMENTARIO DE LA OBRA.

El GUIONISTA autoriza la utilización de extractos, resúmenes, secuencias o fragmentos del guión con finalidad promocional de la obra audiovisual.

DECIMA.- MERCHANDISING.

El GUIONISTA NO participará en los eventuales beneficios que se obtengan por las explotaciones derivadas de la obra audiovisual, entendiendo por tales, cualquier elemento accesorio explotado para favorecer la comercialización y promoción de la obra audiovisual, tales como objetos de artes plásticas o aplicadas, juegos, y en general todas aplicaciones genéricamente denominadas productos derivados.

UNDECIMA.- APORTACIÓN INSUFICIENTE.

En caso de imposibilidad por parte del GUIONISTA de completar su aportación por causas de fuerza mayor, por lo que la obra audiovisual no resulte totalmente finalizada, el PRODUCTOR podrá utilizar el material entregado por el GUIONISTA para terminar la obra audiovisual.

Las modificaciones que se introduzcan en el guión deberá respetar, en todo caso, el contenido esencial del material entregado y los derechos que, en todo caso, corresponden al GUIONISTA sobre su aportación.

DECIMOSEGUNDA.- RESOLUCIÓN DEL CONTRATO.

1. Cualquiera de las partes podrá resolver el Contrato en el caso de que la otra parte incumpla de forma grave sus obligaciones.

DECITERCERA.- FISCALIDAD.

Todas las cantidades objeto del presente Contrato estará sujetas a la normativa fiscal en vigor.

DECIMOCUARTA.- LEGISLACIÓN APLICABLE.

En lo no previsto por el presente Contrato resultará de aplicación lo establecido en el TRLPI y demás disposiciones legales en vigor.

DECIMOQUINTA.- JURISDICCIÓN.

Ambas partes, con renuncia expresa a cualquier otro fuero que pudiera corresponderles, se someten a los Tribunales de .... para el conocimiento de cuantas cuestiones deriven del presente Contrato.

Y en prueba de conformidad, las partes firman el presente Contrato por duplicado, en el lugar y fecha indicados en el encabezamiento.

EL PRODUCTOR EL GUIONISTA

F003. CONTRATO DE GUIONISTA AUDIOVISUAL (II)

En [Ciudad], a [Fecha].

COMPARECEN

De una parte, la entidad [Nombre de la productora], con domicilio en [Dirección], provista de CIF nº [__________], debidamente representada por D./Dª [Nombre y Apellidos], en calidad de [Cargo], en adelante EL PRODUCTOR.

Y de otra parte, D./Dª [Nombre y Apellidos], mayor de edad, con domicilio en [Dirección], provisto de DNI nº [__________], en adelante EL GUIONISTA.

Ambas partes se reconocen mutuamente capacidad legal suficiente para contratar y obligarse, y a tal efecto EXPONEN y ACUERDAN suscribir el presente contrato con arreglo a las siguientes:

EXPOSICIONES

I. Que EL PRODUCTOR se encuentra desarrollando la producción audiovisual titulada [Título].

II. Que EL GUIONISTA es autor con experiencia en la creación de guiones audiovisuales y manifiesta su interés en elaborar el guion de dicha obra.

III. Que ambas partes desean regular mediante este documento las condiciones de la prestación de servicios del GUIONISTA.

Primera. Objeto del contrato

EL GUIONISTA se obliga a redactar el guion literario de la obra audiovisual titulada [Título], siguiendo las directrices generales establecidas por EL PRODUCTOR.

El trabajo comprenderá la redacción de sinopsis, tratamiento, escaleta, diálogos y guion definitivo.

La entrega se realizará en los plazos fijados en el calendario de trabajo (Anexo I).

Segunda. Duración

El contrato tendrá una duración desde su firma hasta la entrega y aceptación definitiva del guion por parte de EL PRODUCTOR.

Los plazos parciales y la entrega final se detallan en el calendario de trabajo, cuya inobservancia injustificada facultará a EL PRODUCTOR a resolver el contrato.

Tercera. Retribución

EL PRODUCTOR abonará al GUIONISTA la suma de [___ €], más impuestos aplicables, en concepto de remuneración total por la redacción del guion.

El pago se realizará en [nº] plazos vinculados a la entrega de materiales: sinopsis, tratamiento, primera versión del guion y versión definitiva.

Los gastos de desplazamiento, alojamiento y dietas vinculados a reuniones de trabajo serán por cuenta de EL PRODUCTOR.

Cuarta. Derechos de propiedad intelectual

EL GUIONISTA cede a EL PRODUCTOR, en exclusiva y con carácter irrevocable, los derechos de explotación sobre el guion, incluyendo reproducción, distribución, comunicación pública y transformación.

La cesión se otorga para todos los territorios del mundo, por el plazo máximo legal y en todas las modalidades de explotación actuales y futuras.

EL GUIONISTA conserva sus derechos morales de autor, en particular el reconocimiento de su autoría y el respeto a la integridad de la obra, de conformidad con el artículo 14 de la Ley de Propiedad Intelectual.

Quinta. Entrega y aceptación

El guion deberá entregarse en los plazos establecidos y en formato digital editable.

EL PRODUCTOR podrá solicitar modificaciones razonables al guion, que el GUIONISTA deberá atender en un plazo acordado entre las partes.

La aceptación definitiva se producirá mediante acta firmada por ambas partes.

Sexta. Confidencialidad

EL GUIONISTA se obliga a mantener en estricta confidencialidad la trama, personajes, diálogos y cualquier otra información relativa al proyecto.

Esta obligación se mantendrá durante la vigencia del contrato y cinco (5) años después de su terminación.

Séptima. Protección de datos

Las partes cumplirán lo dispuesto en el RGPD y la LOPDGDD.

Los datos personales del GUIONISTA serán tratados por EL PRODUCTOR únicamente para la gestión contractual y en cumplimiento de la normativa vigente.

Octava. Originalidad y garantías

EL GUIONISTA garantiza que el guion es original y no infringe derechos de terceros.

Se compromete a mantener indemne a EL PRODUCTOR frente a reclamaciones de terceros por infracción de derechos de autor.s

Novena. Seguros

En caso de participación presencial del GUIONISTA en rodajes o actividades vinculadas, EL PRODUCTOR contratará seguros que cubran los riesgos derivados.

El GUIONISTA podrá solicitar acreditación documental de dichas pólizas.

Décima. Fuerza mayor

Ninguna de las partes será responsable por incumplimientos debidos a fuerza mayor.

Si la causa de fuerza mayor se prolonga más de seis (6) meses, cualquiera de las partes podrá resolver el contrato.

Undécima. Resolución anticipada

El contrato podrá resolverse por incumplimiento grave de las obligaciones asumidas, por impago o por entrega de materiales defectuosos reiterada.

La resolución deberá notificarse fehacientemente con quince (15) días de antelación.

Duodécima. Ley aplicable y jurisdicción

El contrato se regirá por la legislación española.

Las partes se someten a los Tribunales de [Ciudad], renunciando a cualquier otro fuero.

Y en prueba de conformidad, firman el presente contrato en el lugar y fecha indicados, por duplicado ejemplar y a un solo efecto.

Fdo.: ______________________	Fdo.: ______________________
EL PRODUCTOR	EL GUIONISTA

F004. DECLARACIÓN DE ORIGINALIDAD DEL GUION

El presente formulario tiene por objeto acreditar la autoría y originalidad del guion presentado por el autor para su eventual cesión, producción o registro en organismos oficiales.

1. Datos del autor

Nombre y apellidos: ______________________________

DNI/NIE/Pasaporte: ______________________________

Domicilio: ______________________________

Teléfono: ______________________________

Correo electrónico: ______________________________

2. Datos del guion

Título de la obra: ______________________________

Género: ______________________________

Número aproximado de páginas: ______________________________

Breve sinopsis: ______________________________

____

____

3. Declaraciones

☐ Declaro que soy autor legítimo del guion titulado anteriormente indicado.

☐ Declaro que la obra es original y no constituye plagio, adaptación no autorizada ni infringe derechos de terceros.

☐ Declaro que ostento la plena titularidad de los derechos de explotación de la obra, sin limitaciones ni cargas.

☐ Declaro que asumo toda responsabilidad frente a reclamaciones de terceros por infracción de derechos de propiedad intelectual.

4. Protección de datos

Los datos personales consignados en este documento serán tratados conforme al RGPD y la LOPDGDD, con la finalidad de acreditar la autoría del guion y facilitar su gestión en el marco de la producción audiovisual. El responsable del tratamiento será [Nombre de la productora/entidad].

En [Ciudad], a [Fecha].

Fdo.: ______________________________ (El Autor)

F005. AUTORIZACIÓN DE USO DE IMAGEN, VOZ Y OTROS CONTENIDOS EN REDES SOCIALES PARA SU INCLUSIÓN EN OBRA AUDIOVISUAL

Nombre: [...], mayor de edad, con domicilio en [...], calle[...] y DNI nº [...]

En consideración a mi deseo de participar en este proyecto, por medio de la presente otorgo mi consentimiento gratuito e irrevocable a [...], con domicilio en [...], (en adelante, la "***Productora***") y sus sucesores, cesionarios, coproductores, afiliados, distribuidores, licenciatarios, sponsors (en adelante, conjuntamente las "***Partes Autorizadas***") a fin de incluir mis comentarios y publicaciones en redes sociales (LinkedIn, Instagram, Facebook, entre otras) (en adelante, las "***RRSS***") en la producción audiovisual denominada tentativamente como "[...]" (en adelante, la "***Producción***") y permitir que dichos comentarios y publicaciones se puedan utilizar en la Producción, así como en cualquier otra obra derivada de ésta.

Asimismo, otorgo a las Partes Autorizadas el derecho ilimitado e irrevocable de captar y/o fijar mi imagen real o simulada, mi nombre o apodo, perfil en RRSS, voz, biografía, comentarios, opiniones y/o testimonios en RRSS (todo lo anterior conjuntamente definido en el presente como "***Imagen, Voz y otros***") en cualquier medio o soporte audiovisual actualmente conocido o posteriormente creado; para que las Partes Autorizadas puedan editar mi Imagen, Voz y otros a su entera discreción; e incorporar los registros resultantes, total o parcialmente, en conexión con o como parte de la Producción o de sus obras derivadas, el cual podrá ser utilizado, reproducido, editado, exhibido, comunicado al público, difundido, distribuido, adaptado y/o comercializado por las Partes Autorizadas, en cualquier formato y para todos los medios conocidos existentes y/o creados en el futuro, siendo una cesión para todo el mundo y sin límite temporal. Sin limitar la generalidad de lo anterior, a título meramente ejemplificativo, estoy de acuerdo en que las Partes Autorizadas pueden autorizar a otros a: (i) reproducir, distribuir, mostrar públicamente, exhibir, modificar, traducir, editar, doblar, subtitular y utilizar de otro modo, mi Imagen, Voz y otros en la Producción y en relación con la producción, exhibición y explotación de ésta, sus negocios, productos y servicios, toda la promoción y publicidad del mismo y sus usos complementarios y subsidiarios, incluidos la comercialización y acuerdos comerciales relativos al mismo, sin necesidad de aprobación o autorizaciones subsiguientes de mi parte, y sin que tenga derecho a pago o compensación de ningún tipo por ello. Ninguna de las Partes Autorizadas tendrá la obligación de utilizar los derechos otorgados en este documento, incluidos, entre otros, el uso de mi Imagen, Voz y otros en la Producción, ni de los registros de mi Imagen, Voz y otros de cualquier forma.

Por la presente, reconozco y acepto que los registros de mi Imagen, Voz y otros a utilizar en la Producción, como así también cualquier información relativa a mi persona a utilizar en la Producción, serán definidos pura y exclusivamente por la Productora y/o sus cesionarios. Asimismo, reconozco y acepto que cierta información sensible, personal o privada sobre mí puede ser utilizada y/o divulgada en la Producción.

Por la presente también dejo expresa constancia que esta autorización se formula de forma voluntaria, a título gratuito. Asimismo, reconozco expresamente que no tengo ni tendré ningún derecho, título o interés de ningún tipo o de naturaleza alguna en o para la Producción, y que la Productora y/o sus cesionarios serán el/los único/s y exclusivo/s propietario/s de la Producción, así como de todas las ganancias y resultados de la incorporación y/o utilización de mi Imagen, Voz y otros en el mismo.

Yo, en mi nombre, y en nombre de mis herederos, beneficiarios, ejecutores y administradores, por medio de la presente libero y exonero de responsabilidad a las Partes Autorizadas, a cada uno de sus respectivos socios, y a cada uno de sus respectivos directores, agentes, empleados, representantes y cesionarios, por y ante cualquier reclamo (incluido, sin limitación, cualquier reclamo por invasión de privacidad, honor, intimidad y/o violación del derecho de imagen, derechos de publicidad, violación de los derechos morales o *droit morale*, difamación, reclamos por el cobro de cualquier tarifa o contraprestación relacionada con el uso de mi Imagen, Voz y otros como se establece en este documento), responsabilidades, perjuicios y accidentes que resulten de, o de cualquier manera se relacionen con, mis comentarios y publicaciones en RRSS, así como mi Imagen, voz y otros, que se pretenden utilizar para la Producción.

Declaro y garantizo que tengo el derecho y la autoridad para suscribir la presente, que no es necesario el consentimiento de ninguna otra persona para permitirle a la Productora el uso de mi Imagen, Voz y otros en la Producción, y que no es necesario que la Productora pague ninguna tarifa, canon o contraprestación a ninguna sociedad de gestión colectiva, gremio u otra parte en relación con mi participación en lo sucesivo. Cualquier registro de mi Imagen, Voz y otros a utilizar en la Producción tendrá carácter netamente testimonial y no actoral. Dejo expresa constancia que la utilización de mi Imagen, Voz y otros conforme se indica en la presente no se opone de manera alguna a ninguno de mis compromisos actuales. Indemnizaré y mantendré indemnes a las Partes Autorizadas, a sus respectivos socios y a cada uno de sus respectivos funcionarios, directores, agentes, empleados, representantes y cesionarios de todos los costos, daños y reclamos que surjan de cualquier incumplimiento o presunto incumplimiento por mi parte de cualquier representación, declaración, garantía, reconocimiento o acuerdo dispuesto en la presente.

Esta autorización refleja mi completo entendimiento con respecto a este tema, reemplaza cualquier entendimiento oral o negociación anterior con la Productora. La invalidación o inaplicabilidad de cualquier disposición contenida en este instrumento no afectará en modo alguno a ninguna de las demás disposiciones del presente documento ni a su aplicación, y en el caso de que se determine que alguna disposición es inválida o ilegal, este instrumento permanecerá vigente y se interpretará de acuerdo con sus términos como si la disposición inválida o ilegal no estuviera contenida en el mismo.

Cualquier controversia que surja con ocasión de la presente autorización y cesión se someterá al Ordenamiento jurídico español y a los Tribunales de ....

INFORMACIÓN SOBRE PROTECCIÓN DE DATOS. De conformidad con el Reglamento General de Protección de Datos y con la Ley Orgánica de protección de datos personales, se informa al autorizante (en adelante, el "***interesado***") de que sus datos personales van a ser tratados por [...], como responsable del tratamiento, con la finalidad de autorizar el uso y, posteriormente, utilizar, total o parcialmente, la imagen, el nombre y la voz del interesado para las actividades descritas en la presente autorización. La base legitimadora del tratamiento de los datos personales del interesado deriva de la ejecución de la relación contractual consentida por el interesado a través de la firma de la presente autorización y, desde esta perspectiva, los datos personales objeto de tratamiento son necesarios para ejecutar la misma. Los datos personales del interesado serán comunicados a terceros cesionarios, como cadenas de televisión o redes sociales, siendo necesario para dar cumplimiento a lo dispuesto en la presente autorización. Los datos personales del interesado serán conservados hasta que la relación contractual entre el responsable del tratamiento y el interesado finalice y, si fuera procedente, permanecerán bloqueados con posterioridad, hasta que prescriban las posibles responsabilidades que pudieran derivarse de dicha autorización. El interesado tiene derecho a revocar su consentimiento en cualquier momento, sin perjuicio de la licitud de los tratamientos realizados anteriormente y a ejercitar los derechos de acceso, rectificación, supresión, limitación, portabilidad, así como oponerse al tratamiento de sus datos, dirigiéndose a [...]., con domicilio en [...], o bien al correo electrónico [...]. Finalmente, el interesado podrá interponer una reclamación ante la Agencia española de Protección de Datos (www.aepd.es) si considera que sus derechos han sido vulnerados.

En [...], a [...] de [...] de 202[...]

Firma

____

D./Dª. [...]

F006. CONTRATO DE OPCIÓN (RESERVA DE CESIÓN DE DERECHOS) PARA LA PRODUCCIÓN AUDIOVISUAL DE LA OBRA LITERARIA

En ...., a ..... de .... de 202...

REUNIDOS

DE UNA PARTE, **D. ....,** mayor de edad, con domicilio en ...., calle .... y con DNI nº .... (en adelante, el **AUTOR).**

DE OTRA PARTE, **D. ....,** mayor de edad, con domicilio en ...., calle .... y con DNI nº .... (en adelante, (en adelante, el **ADAPTADOR-PROMOTOR).**

EXPONEN

I. Que el AUTOR es el autor y titular de todos derechos de explotación de la obra literaria titulada .... (en adelante, la **OBRA**), publicada en formato libro por .... en 20......, y que goza de capacidad exclusiva para la gestión y cesión, entre otros, de los derechos de transformación de la referida obra para su adaptación a obra audiovisual.

II. Que el ADAPTADOR-PROMOTOR está interesado en la adquisición de los derechos de transformación de la Obra Literaria para su adaptación a obra audiovisual y, además, solicita la adquisición de un derecho de opción preferente de cesión de derechos, por cuya razón las Partes, de común acuerdo, y reconociéndose las respectivas capacidades y representaciones con que actúan, otorgan el presente contrato, el cual, se regirá de acuerdo a las siguientes,

CLÁUSULAS:

PRIMERA. El objeto del presente contrato es la concesión en exclusiva al ADAPTADOR-PROMOTOR del derecho de transformación de la OBRA para su adaptación al medio audiovisual y para su promoción a efectos de su producción.

Asimismo, es objeto del presente contrato la concesión en exclusiva de una opción preferente de adquisición de los derechos de propiedad intelectual sobre la OBRA Literaria, en orden a su futura explotación como obra audiovisual.

SEGUNDA. El AUTOR garantiza que:

a) Es titular de todos los derechos necesarios para la explotación de la OBRA objeto del presente contrato en todos los medios, sin limitación territorial o temporal alguna.

b) A la fecha de la firma de este contrato no ha cedido, comprometido de manera alguna o concedido ninguna opción sobre explotación audiovisual de la OBRA.

c) Se responsabilizará ante el ADAPTADOR-PROMOTOR de cualquier reclamación judicial o extrajudicial que pueda surgir por cualesquiera terceros, con motivo de la cesión de los derechos de explotación que efectúa en el presente contrato y, en particular sobre la originalidad de la OBRA.

TERCERA. El plazo de reserva de esta opción se establece por una duración de cinco años a contar desde la fecha que figura en el encabezamiento de este documento.

Si transcurrido el plazo señalado, el ADAPTADOR-PROMOTOR no ha conseguido sacar adelante el proyecto de OBRA audiovisual y no se ha iniciado el rodaje, todos los derechos aquí cedidos revertirán a favor del AUTOR, y no podrán seguir ejerciéndose salvo que las Partes acuerden por escrito una prórroga del presente contrato.

CUARTA. Las Partes acuerdan que esta cesión del derecho de adaptación y la opción preferente de reserva de derechos sea gratuita.

Sin embargo, si el ADAPTADOR-PROMOTOR consigue sacar adelante la obra audiovisual y ejerce la opción para el ejercicio de los derechos de explotación audiovisual de la Obra, las partes acuerdan que el precio por la cesión de todos los derechos audiovisuales del AUTOR ascenderá a ...., que deberán liquidarse antes del plazo establecido en la Cláusula anterior.

QUINTA. Las Partes acuerdan que el ADAPTADOR-PROMOTOR no podrá ceder los derechos aquí adquiridos a terceros, sin el previo consentimiento por escrito del AUTOR.

SEXTA. Las Partes acuerdan que el ADAPTADOR-PROMOTOR estará obligado a hacer constar en los créditos el nombre del autor y título de la obra literaria del que deriva la Adaptación Audiovisual.

SÉPTIMA. El AUTOR se reserva el resto de los derechos para modalidades de explotación no expresamente cedidas en el contrato.

OCTAVA. Para lo no expresamente contemplado en el presente contrato se estará a lo dispuesto en el ordenamiento jurídico común vigente en España y a la legislación especial en materia de Propiedad Intelectual y disposiciones concordantes que la desarrollan.

NOVENA. Las partes intervinientes acuerdan que todo litigio, discrepancia, cuestión o reclamaciones resultantes de la ejecución o interpretación del presente contrato o relacionados con él, directa o indirectamente, se resolverán con sumisión a los Tribunales de la ciudad de................, renunciando las partes a cualquier otro fuero que pudiera corresponderles.

Ambas partes otorgan y firman el presente contrato por duplicado y a un único efecto, en el lugar y fecha señalados en el encabezamiento.

F007. CONTRATO DE ENCARGO DE GUION Y CESIÓN DE DERECHOS DE PROPIEDAD INTELECTUAL

En ...., a .... de ....de ....

REUNIDOS

De una parte, ..., mayor de edad, de nacionalidad ...., con DNI número ...., en vigor, actuando en nombre y representación de la mercantil ...., en su condición de ....de la misma, domiciliada en............................., inscrita en el Registro de .... y con N.I.F. .... (en adelante, la "PRODUCTORA").

Y de otra parte, ..., mayor de edad, de nacionalidad ...., con DNI número ...., en vigor, actuando en su propio nombre y representación (en adelante, el "GUIONISTA").

La PRODUCTORA y el GUIONISTA (en adelante las "Partes") se reconocen capacidad jurídica para contratar y a tal efecto,

EXPONEN

I. Que la PRODUCTORA tiene previsto producir una obra audiovisual denominada, provisional o definitivamente, "........................." (en adelante, la "Obra Audiovisual").

II. Que la PRODUCTORA desea encargar al GUIONISTA la elaboración del guion de la Obra Audiovisual, manifestando éste su interés en asumir dicho encargo.

III. Que ambas partes, de común acuerdo, desean formalizar el presente Contrato de Encargo de Obra y Cesión de Derechos de Propiedad Intelectual (en adelante, el "Contrato"), que se regirá por las siguientes,

ESTIPULACIONES

PRIMERA.- Objeto

1.1 El presente Contrato tiene por objeto:

(i) el encargo por parte de la PRODUCTORA al GUIONISTA para la elaboración de la versión final del guion de la Obra Audiovisual (en adelante, el "Guion"); y

(ii) la cesión por parte del GUIONISTA a la PRODUCTORA de todos los derechos de explotación sobre el Guion, en los términos y condiciones establecidos en este Contrato.

1.2 A efectos aclaratorios, el término "Guion" comprende todos los materiales, borradores, tratamientos, versiones y demás resultados derivados de los servicios prestados por el GUIONISTA en ejecución del presente Contrato.

SEGUNDA.– Entrega de materiales

2.1 El GUIONISTA se compromete a entregar el tratamiento del Guion en una fecha no posterior al ...., salvo que las partes acuerden por escrito una prórroga justificada.

2.2 El GUIONISTA deberá entregar la primera versión completa del Guion en una fecha no posterior al ...., conforme a las especificaciones creativas y técnicas acordadas con la PRODUCTORA.

2.3 La versión definitiva del Guion, revisada y aprobada por la PRODUCTORA, deberá ser entregada en una fecha no posterior al ...., quedando su aceptación sujeta a la conformidad expresa y por escrito de la PRODUCTORA.

TERCERA.– Condiciones del Encargo

3.1 El presente encargo se realiza en atención a las cualidades personales y profesionales del GUIONISTA, por lo que éste no podrá subcontratar ni delegar total o parcialmente la ejecución de los servicios objeto del Contrato sin autorización previa y por escrito de la PRODUCTORA.

3.2 El GUIONISTA dispondrá de libertad de criterio en la elaboración del Guion, conforme a los usos y prácticas del sector audiovisual. No obstante, se obliga a incorporar las modificaciones que la PRODUCTORA solicite por razones presupuestarias, técnicas o derivadas de la naturaleza y destino de la Obra Audiovisual. La versión definitiva del Guion deberá ser aprobada por ambas partes. En caso de discrepancias creativas, primará la decisión del GUIONISTA respecto de cuestiones sin impacto económico, y la de la PRODUCTORA en aquellas que impliquen repercusiones presupuestarias o de producción.

3.3 La PRODUCTORA podrá, en cualquier momento, modificar el plan de preproducción, el calendario de rodaje y cualesquiera condiciones artísticas, técnicas, empresariales o comerciales relativas a la producción y explotación de la Obra Audiovisual, sin que ello altere los derechos ni obligaciones del GUIONISTA establecidos en este Contrato.

CUARTA.– Contraprestación

4.1 Como contraprestación por el encargo regulado en este Contrato y por la cesión de los derechos de explotación sobre el Guion, así como por los demás conceptos y servicios previstos, la PRODUCTORA abonará al GUIONISTA la cantidad total de ....euros brutos, conforme al siguiente calendario de pagos:

..................% a la firma del presente Contrato.

..................% a la entrega de la primera versión del Guion.

..................% a la entrega y aceptación de la versión definitiva del Guion.

..................% al inicio del rodaje de la Obra Audiovisual.

4.2 Las cantidades indicadas incluyen la remuneración por todos los conceptos derivados de la prestación del servicio y la cesión de derechos prevista en este Contrato, salvo los derechos de remuneración irrenunciables reconocidos por la normativa aplicable.

4.3 Todos los pagos se efectuarán tras la recepción de la correspondiente factura válida y correctamente emitida y estarán sujetos a las retenciones que legalmente correspondan.

4.4 Cualquier encargo adicional que el GUIONISTA asuma para la producción de la Obra Audiovisual será objeto de un nuevo acuerdo contractual, en el que se fijarán las condiciones económicas correspondientes.

4.5 En caso de que la PRODUCTORA transmita a un tercero los derechos de explotación para la realización de remakes o secuelas de la Obra Audiovisual, corresponderá a los coautores del Guion un ....% de la cantidad neta percibida por la Productora en dicha operación, distribuyéndose entre ellos según el porcentaje de autoría acreditado.

[Opcional: Las partes podrán pactar una participación adicional en los beneficios que genere la explotación comercial de la Obra Audiovisual.]

QUINTA.– Cesión de derechos de propiedad intelectual

5.1 El GUIONISTA cede a la PRODUCTORA, con carácter exclusivo, y con facultad de autorización, exclusiva o no, a terceros, sin limitación territorial y por todo el tiempo de protección legal, los derechos de fijación, reproducción, distribución, comunicación pública, puesta a disposición, transformación, doblaje y subtitulado (incluido subtitulado para personas con discapacidad auditiva) sobre el Guion y sobre la Obra Audiovisual en la que se incorpore.

La cesión comprende la explotación por cualquier medio o sistema conocido en la actualidad o actualmente en desarrollo, incluyendo de forma enunciativa y no limitativa:

i. Explotación televisiva (televisión terrestre, digital, por cable, satélite, gratuita o de pago, "video on demand" y sistemas análogos).

ii. Explotación online (Internet, dispositivos móviles, plataformas OTT como Netflix, Amazon Prime Video, HBO, Apple TV+, y cualquier red análoga).

iii. Explotación cinematográfica, fonográfica y videográfica (distribución en CD, DVD, Bluray, u otros soportes físicos o digitales).

Asimismo, la cesión incluye el derecho de transformación para la creación de obras derivadas, tales como remakes, secuelas, precuelas, series, temporadas, adaptaciones, merchandising y otros productos derivados, respetando en todo caso los derechos morales irrenunciables del GUIONISTA.

5.2 El GUIONISTA no podrá utilizar, total o parcialmente, el Guion para sí o para terceros, dado el carácter exclusivo de la cesión.

5.3 Los derechos de propiedad intelectual sobre las grabaciones audiovisuales y cualquier otro elemento protegido creado por la PRODUCTORA serán titularidad exclusiva de ésta.

5.4 La PRODUCTORA ostentará en exclusiva los derechos de explotación secundaria o auxiliar de la Obra Audiovisual, incluyendo de forma enunciativa: explotación por Internet, móviles, merchandising, editorial, discográfica y explotaciones televisivas secundarias.

5.5 El GUIONISTA concede a la PRODUCTORA un derecho de adquisición preferente para explotar el Guion y la Obra Audiovisual en modalidades que puedan desarrollarse en el futuro, fijándose el precio en la remuneración compensatoria que perciba el GUIONISTA a través de la entidad de gestión colectiva correspondiente; y, en su defecto, en un ....% de la cantidad líquida que perciba la PRODUCTORA por dicha explotación, distribuyéndose proporcionalmente entre los coautores del Guion según su porcentaje de titularidad.

SEXTA.– Derechos de simple remuneración

6.1 La cesión de derechos de explotación efectuada por el GUIONISTA a favor de la PRODUCTORA se entiende sin perjuicio de los derechos de simple remuneración reconocidos por la legislación vigente, así como de cualquier derecho de remuneración de carácter irrenunciable que pudiera establecerse en el futuro a favor del GUIONISTA, conforme a lo dispuesto en la normativa aplicable.

SÉPTIMA.– Autorización para uso de imagen

7.1 El GUIONISTA autoriza a la PRODUCTORA, con carácter gratuito, sin limitación temporal ni territorial, y para cualquier medio de difusión o modalidad de explotación presente o futura, a utilizar su imagen, nombre y/o nombre artístico exclusivamente para fines relacionados con la promoción, comercialización y explotación de la Obra Audiovisual y de los productos derivados de la misma.

7.2 Dicha autorización se concede siempre que el uso realizado no suponga un menoscabo del derecho al honor, a la intimidad personal y familiar ni a la propia imagen del GUIONISTA.

OCTAVA.– Salvaguarda de la cesión de derechos

8.1 El GUIONISTA se obliga a suscribir cuantos documentos sean requeridos por la PRODUCTORA para garantizar el pleno ejercicio y protección de los derechos cedidos o autorizados en virtud del presente Contrato, incluyendo, en su caso, su elevación a documento público.

8.2 Los costes derivados de dichas formalidades serán asumidos íntegramente por la PRODUCTORA.

NOVENA.– Publicidad y material promocional

9.1 La PRODUCTORA ostenta plena facultad para concebir, diseñar y ejecutar el material publicitario y promocional relativo a la Obra Audiovisual, pudiendo determinar libremente su contenido, formato y medios de difusión.

9.2 En consecuencia, la PRODUCTORA podrá utilizar, con fines informativos, promocionales o comerciales, extractos, fragmentos, personajes y demás elementos del Guion, así como cualquier otro material relacionado con la Obra Audiovisual, en cualquier soporte o medio actualmente existente o en desarrollo, sin limitación territorial ni temporal.

DÉCIMA.– Garantías

10.1 El GUIONISTA declara, bajo su exclusiva responsabilidad, que ostenta todos los derechos, facultades y títulos necesarios para realizar las cesiones y autorizaciones previstas en este Contrato. Asimismo, garantiza que todas las versiones del Guion y demás aportaciones creativas realizadas en ejecución del presente Contrato son originales y de su exclusiva autoría, asegurando a la PRODUCTORA el goce pacífico y libre de cargas de los derechos cedidos.

10.2 El GUIONISTA se compromete a mantener indemne a la PRODUCTORA frente a cualquier reclamación de terceros derivada del incumplimiento de esta garantía, sin perjuicio de las acciones indemnizatorias que correspondan conforme a la ley aplicable y al presente Contrato.

10.3 El GUIONISTA será el único responsable del cumplimiento de todas las obligaciones civiles, laborales, fiscales, mercantiles y de seguridad social derivadas de su actividad profesional, exonerando expresamente a la PRODUCTORA de cualquier responsabilidad frente a reclamaciones de terceros por dichos conceptos.

UNDÉCIMA.– Legitimación y facultades

11.1 La PRODUCTORA estará plenamente legitimada para ejercitar, de forma independiente y sin necesidad de intervención del GUIONISTA, todas las acciones judiciales o extrajudiciales que resulten necesarias para la defensa de los derechos y facultades que le corresponden como titular exclusivo de los derechos de explotación cedidos en virtud del presente Contrato.

11.2 El GUIONISTA se compromete a prestar la colaboración que le sea requerida por la PRODUCTORA para el adecuado ejercicio de dichas acciones. Los costes derivados de tales actuaciones serán asumidos por la PRODUCTORA, así como las indemnizaciones que, en su caso, se obtengan.

11.3 Asimismo, la PRODUCTORA estará legitimada para proceder, sin necesidad de intervención del GUIONISTA, a la inscripción en los registros de propiedad intelectual e industrial de los derechos patrimoniales de explotación que le han sido cedidos en virtud del presente Contrato.

DUODÉCIMA.– Créditos

12.1 El GUIONISTA tendrá derecho a ser mencionado en los títulos de crédito de la Obra Audiovisual en la forma y términos que se indican a continuación, respetando los usos y prácticas habituales de la industria audiovisual:

....

12.2 Los títulos de crédito de la Obra Audiovisual se ajustarán a lo previsto en el apartado anterior. No obstante, el diseño, formato y disposición de dichos créditos serán competencia exclusiva de la PRODUCTORA, quien garantizará que se respeten los estándares profesionales y los usos y costumbres del sector.

DECIMOTERCERA.– Resolución e indemnización

13.1 El GUIONISTA renuncia expresamente a resolver el presente Contrato, así como a revocar los derechos cedidos en virtud del mismo. Igualmente, renuncia a interponer cualquier acción judicial, solicitud de medidas cautelares o remedios de equidad que afecten directa o indirectamente al Guion o a la Obra Audiovisual, o que puedan impedir, limitar o dificultar su explotación pacífica por parte de la PRODUCTORA, salvo en lo relativo a una eventual reclamación por daños y perjuicios derivados del incumplimiento contractual.

13.2 En caso de resolución o terminación del presente Contrato por cualquier causa, los materiales elaborados por el GUIONISTA en virtud del mismo y que la PRODUCTORA haya recibido o debiera haber recibido en el momento de dicha resolución, podrán ser utilizados libremente por esta última. A tal efecto, se entenderá perfeccionada y plenamente eficaz la transmisión y/o cesión de los derechos de propiedad intelectual sobre dichos materiales, conforme a lo estipulado en este Contrato.

DECIMOCUARTA.– Confidencialidad

14.1 El GUIONISTA se obliga a mantener la más estricta confidencialidad respecto de toda la información, documentación y materiales a los que tenga acceso durante la ejecución de los servicios objeto del presente Contrato.

14.2 Las Partes reconocen que todo servicio encargado o efectivamente prestado, así como los materiales relacionados con dichos servicios, y cualquier información, secreto comercial o dato relativo al negocio, proyectos, clientes o sociedades vinculadas a la PRODUCTORA, constituyen información confidencial (en adelante, la "Información Confidencial").

14.3 Salvo autorización expresa y por escrito de la PRODUCTORA, el GUIONISTA se compromete a no divulgar, reproducir ni utilizar la Información Confidencial en beneficio propio o de terceros, ni en perjuicio de la PRODUCTORA, incluso después de la terminación del presente Contrato, cualquiera que sea la causa.

DECIMOQUINTA.– Protección y tratamiento de datos de carácter personal

Cada Parte, como responsable del tratamiento, informa que los datos personales de:

(i) Los firmantes del contrato (datos identificativos, de contacto, firma y documentación acreditativa de representación).

(ii) Las personas designadas para notificaciones o coordinación del Proyecto (datos identificativos y de contacto).

Serán tratados con la finalidad de gestionar la ejecución, desarrollo, control y cumplimiento del presente contrato, así como para el cumplimiento de obligaciones legales, incluyendo las derivadas de la normativa sobre prevención del blanqueo de capitales y financiación del terrorismo.

Los datos se conservarán durante la vigencia del contrato y, una vez finalizado, quedarán bloqueados durante los plazos de prescripción legal, tras lo cual serán eliminados de forma segura.

Los firmantes y personas de contacto podrán ejercer sus derechos de acceso, rectificación, supresión, oposición, limitación del tratamiento y portabilidad, mediante solicitud escrita acompañada de copia de documento acreditativo de identidad, dirigida a:

Productora: ....

Guionista: ....

Asimismo, podrán contactar con el Delegado de Protección de Datos de cada Parte (si lo hubiera) en las direcciones indicadas y presentar reclamación ante la Agencia Española de Protección de Datos (www.aepd.es) si consideran vulnerados sus derechos.

DECIMOSEXTA.– Miscelánea

16.1 El presente Contrato constituye el acuerdo íntegro entre las Partes en relación con su objeto, dejando sin efecto cualquier pacto, negociación o comunicación anterior. Toda modificación deberá realizarse por escrito y con el consentimiento expreso de ambas Partes.

16.2 La PRODUCTORA podrá producir la Obra Audiovisual directamente, en coproducción o en asociación con terceros, así como transmitir, ceder o licenciar los derechos adquiridos sobre el Guion y la Obra Audiovisual.

16.3 La PRODUCTORA podrá ceder total o parcialmente los derechos y obligaciones derivados del presente Contrato a cualquier tercero, incluyendo la subrogación en su posición contractual.

16.4 Las notificaciones relativas al cumplimiento del presente Contrato se realizarán a las siguientes direcciones:

Por la PRODUCTORA: ....

Por el GUIONISTA: ....

16.6 El presente contrato se regirá por lo expresamente pactado en el mismo, por la normativa mercantil aplicable y, en particular, por la legislación sobre competencia, propiedad intelectual e industrial. De forma supletoria, serán aplicables las disposiciones del Código Civil. Para la interpretación, cumplimiento y ejecución del presente contrato, así como para la resolución de cualquier controversia derivada del mismo, las Partes, con renuncia expresa a cualquier otro fuero que pudiera corresponderles, se someten a la jurisdicción y competencia de los Tribunales de la ciudad de ....

En prueba de conformidad con las estipulaciones del presente contrato, las Partes lo firman por duplicado ejemplar, en el lugar y fecha indicados en el encabezamiento.

PRODUCTORA GUIONISTA

F008. CONTRATO DE ALQUILER DE LOCALIZACIÓN PARA RODAJE

En..............., a [*]

REUNIDOS

DE UNA PARTE, Don [*], con D.N.I. nº [*], en representación de ——., con domicilio social y fiscal en calle ——— y C.I.F. número ——, en adelante **LA PRODUCTORA.**

DE OTRA PARTE, Don/Doña [*] con D.N.I. número [*], como representante legal de [*] con C.I.F. número [*] y domicilio en [*], como propietario (en adelante, el "**PROPIETARIO**") del inmueble urbano sito en [*] con REFERENCIA CATASTRAL [*], (en adelante *la* **"PROPIEDAD"**).

EXPONEN

I. Que el PROPIETARIO manifiesta su intención de autorizar a LA PRODUCTORA la utilización de la PROPIEDAD, situada en [*], con el fin de llevar a cabo en ella la preparación, rodaje y posterior desmontaje de decorados de ————y titulada "**---------------**" (en adelante, la "**OBRA**") y siendo voluntad del PROPIETARIO cederla para tal fin, llevan a efecto, de común acuerdo el presente contrato de arrendamiento (en adelante, el "**CONTRATO**") de conformidad con las siguientes,

ESTIPULACIONES

PRIMERA.- Por la presente autorización, el PROPIETARIO procede a ceder temporalmente la PROPIEDAD relacionada en el expositivo I, comprensivo de EXTERIORES, incluido todo su mobiliario y enseres, a LA PRODUCTORA, declarando el PROPIETARIO ser consciente de que la estética actual de la PROPIEDAD es esencial para la PRODUCTORA, y declarando esta última conocer y aceptar expresamente tanto las características y estado de conservación de la PROPIEDAD como de sus servicios e instalaciones.

El PROPIETARIO reconoce en el presente CONTRATO estar plenamente habilitado para su firma, sin ser necesario, por lo tanto, consentimiento alguno de terceros para la validez o eficacia de los derechos que concede a la PRODUCTORA, eximiendo expresamente a ésta de cualquier responsabilidad, pago o posible contingencia en este sentido.

SEGUNDA.- Como contraprestación a los servicios de arrendamiento durante el periodo de autorización establecido en la Estipulación tercera del presente contrato y los derechos de todas las imágenes, materiales de filmación que se fijen de LA PROPIEDAD, en virtud de lo establecido en la Estipulación décima del presente contrato, EL PROPIETARIO percibirá la cantidad total de [*]EUROS ([*]€). Sobre esta cantidad se añadirá el porcentaje de IVA correspondiente y se deducirá el porcentaje de retención por arrendamiento de inmuebles urbanos.

Asimismo, si por motivos de producción fuera necesario prorrogar la duración del número de días del periodo de autorización establecido en la cláusula tercera, LA PRODUCTORA, con anterioridad al vencimiento, le comunicará al PROPIETARIO los días de prórroga que fueran necesarios para rodar las escenas previstas. El precio por cada día prorrogado será de [*] EUROS ([*]€) al que se añadirá el porcentaje de IVA correspondiente y se deducirá el porcentaje de retención por arrendamiento de inmuebles urbanos.

TERCERA.– El periodo de autorización se distribuirá en las siguientes fechas:

DETALLAR LAS FECHAS

Estas fechas podrían ser susceptibles de cambio sujetas siempre al acuerdo entre las partes interesadas.

Si por cualquier causa imprevista ajena a la voluntad del PROPIETARIO el rodaje tuviese que aplazarse o retrasarse ambas partes acordarían la fecha de continuación del mismo.

La PRODUCTORA podrá mantener en el inmueble los decorados, utillaje, material de atrezzo y cualquier tipo de objeto necesario a juicio de LA PRODUCTORA, durante el periodo de autorización.

Si por motivos del rodaje fuera necesario iniciar el periodo de autorización en fecha posterior, LA PRODUCTORA se lo comunicará al PROPIETARIO o a su representante con antelación suficiente.

Al término del periodo de autorización, LA PRODUCTORA deberá desalojar LA PROPIEDAD, dejándola libre y a disposición del PROPIETARIO en las mismas condiciones y estado que cuando la ocupó.

El PROPIETARIO reconoce a la PRODUCTORA el derecho de suspensión de este Contrato para el caso en que se produzca la suspensión de la producción como consecuencia de la crisis............. (CRISIS).

La PRODUCTORA deberá notificar al PROPIETARIO el ejercicio de dicho derecho fehacientemente y su ejercicio será irrevocable. El ejercicio del derecho de suspensión obligará a la Productora a abandonar el inmueble, produciendo efectos desde la efectiva puesta a disposición del PROPIETARIO.

El ejercicio del derecho de suspensión como consecuencia de la crisis dará derecho al Propietario a percibir la parte proporcional a los días efectivamente utilizados por la Productora con la tarifa pactada en el presente Contrato.

Una vez se restablezca la situación consecuencia de la crisis y se reanude la producción y rodaje de la OBRA, el PROPIETARIO y la PRODUCTORA acordarán de buena fe nuevas fechas para llevar a cabo los días de rodaje necesarios, aplicando la misma tarifa y condiciones estipuladas en el presente Contrato y debiendo hacer efectivas a favor de PROPIETARIO las cantidades correspondientes que se devenguen.

CUARTA.– LA PRODUCTORA abonará el precio estipulado en la cláusula segunda del presente CONTRATO de arrendamiento atendiendo al siguiente calendario de pago:

POR ANTICIPADO A LA FECHA DE RODAJE

La realización de estos pagos está sujeta a la previa recepción de la correspondiente factura y serán efectuados mediante transferencia bancaria a los datos que para tal efecto haya comunicado el PROPIETARIO a LA PRODUCTORA.

QUINTA.– Finalizada la grabación, el PROPIETARIO comunicará por escrito a LA PRODUCTORA, la existencia, si la hubiera y con el conocimiento de algún representante de LA PRODUCTORA, de cualquier desperfecto derivado de la preparación, rodaje y desmontaje de los decorados realizados durante el período de autorización, siendo la falta de dicho escrito señal de conformidad con el estado en que LA PRODUCTORA abandona LA PROPIEDAD tras su período de autorización. En caso que se hubiese producido algún daño o desperfecto en el inmueble o en los bienes o enseres que ésta contiene y que hayan sido ocupados o utilizados por LA PRODUCTORA y así constara por escrito, LA PRODUCTORA se compromete a agilizar los trámites correspondientes para su inmediata reparación o reposición, siendo todos los gastos por cuenta de LA PRODUCTORA. No podrán reclamarse daños que no hayan sido recogidos por escrito entre las partes o que no se hayan producido durante el período de ocupación. Se procederá a un chequeo del estado del inmueble antes de dicho período y si existe algún desperfecto se incluirá en el CONTRATO para evitar confusiones.

A tal fin, LA PRODUCTORA tiene contratado un seguro de Responsabilidad Civil para cubrir los daños que pudiesen ocasionarse a LA PROPIEDAD como consecuencia de la utilización del inmueble para el rodaje de la misma. En los casos de daños causados por LA PRODUCTORA, ésta se hará cargo de los pertinentes partes a su seguro de rodaje, ocupándose de las vías de contratación para las reparaciones.

SEXTA.– El personal contratado por LA PRODUCTORA, tendrá libre acceso a las dependencias de la localización y sus accesos y podrá introducir e instalar todos los medios técnicos necesarios para el rodaje. Dicho personal guardará las normas de vecindad y convivencia con aquellos que habiten tanto en LA PROPIEDAD como en las fincas colindantes.

SÉPTIMA.– LA PROPIEDAD se cede con todo su mobiliario y enseres, los cuales podrán ser cambiados de ubicación por LA PRODUCTORA, aunque ésta última procederá a reponerlos en su habitual ubicación tan pronto termine la necesidad del cambio.

OCTAVA.– EL PROPIETARIO autoriza a LA PRODUCTORA, para que proceda al acondicionamiento del interior y exterior de LA PROPIEDAD necesario para el rodaje, comprometiéndose este último a la retirada, al vencimiento del periodo de autorización, de todo el material de decoración y ambientación que haya precisado, dejando LA PROPIEDAD en el mismo estado que cuando se ocupó.

Además, se autoriza a LA PRODUCTORA para el uso y captación de cualquier símbolo, signo distintivo, nombre comercial, marca, diseño, logotipo, instalaciones, bienes muebles (incluyendo en este caso, sin intención de realizar una lista exhaustiva, mobiliario, pinturas, esculturas, figuras, elementos decorativos y/u ornamentales de cualquier tipo) y/u otros que se encuentren en LA PROPIEDAD, sin que sean necesarios permisos adicionales, pudiendo también retirarlos, desplazarlos o cambiarlos.

NOVENA.– LA PRODUCTORA y/o terceros cesionarios, es y será titular de todas las imágenes, materiales de filmación que se fijen de LA PROPIEDAD, en cualquier soporte material para ser incorporadas en LA OBRA. EL PROPIETARIO autoriza irrevocablemente la fijación, reproducción, distribución, transformación y comunicación pública (incluida la puesta a disposición) de las imágenes de los exteriores e interiores de LA PROPIEDAD que se incluyan finalmente en LA OBRA, en cualquier medio conocido o por conocer, en perpetuidad y en todo el universo renunciando expresamente LA PROPIEDAD a percibir remuneración alguna por este concepto, que, en todo caso, estará incluida en la contraprestación incluida en la Estipulación segunda anterior. Dichas imágenes no podrán ser destinadas a un uso distinto a aquel para el que han sido autorizadas.

EL PROPIETARIO renuncia a cualquier derecho relacionado con la imagen fijada en cualquier soporte material, de interiores y exteriores de LA PROPIEDAD filmada por LA PRODUCTORA, así como al derecho de la reproducción total o parcial y utilización que se pretenda hacer con este material audiovisual, en cualquier país del mundo, entendiendo que LA PRODUCTORA y/o terceros que para tales efectos designe, es la única autorizada y que es titular de los derechos absolutos sobre dicho material.

Igualmente, EL PROPIETARIO autoriza a LA PRODUCTORA a que, con propósitos publicitarios y/o de trabajo, obtenga fotografías de LA PROPIEDAD, incluido el interior de la misma.

Asimismo, LA PRODUCTORA podrá filmar o fotografiar para la producción de LA OBRA, el nombre real de LA PROPIEDAD tal y como aparezca en el propio inmueble, en su caso, o podrá utilizar otro nombre de ficción.

Además, LA PRODUCTORA podrá recrear LA PROPIEDAD o cualquiera de sus partes, crear un duplicado y/o modificar estos duplicados o recreaciones, pudiendo utilizarlos de cualquier forma, incluido, (sin intención de realizar una lista exhaustiva), secuelas, *merchandising*, promoción de LA OBRA conjuntamente con otros productos, publicidad y/u otros.

No obstante lo anterior, LA PRODUCTORA no está obligada a incorporar o emitir las referidas imágenes, pudiendo emitirlas parcialmente eligiendo las tomas o grabaciones que considere más convenientes.

No se autoriza la reproducción, transformación, distribución y comunicación pública de imágenes en las que aparezcan alguno de los miembros o trabajadores de LA PROPIEDAD salvo acuerdo y autorización expresa por parte de los mismos.

Los derechos cedidos en la cláusula presente serán irrevocables y no podrán estar sujetos a restitución, rescisión y/o resolución en caso de incumplimiento del presente CONTRATO por LA PRODUCTORA. Los derechos del PROPIETARIO en caso de incumplimiento se limitan a reclamaciones de carácter económico, no pudiendo éste restringir de ninguna forma la adecuada explotación de LA OBRA ni de cualquiera de los derechos vinculados y conexos o accesorios de ésta.

DÉCIMA.– La PROPIEDAD, en su propio nombre y en el de los miembros, trabajadores o terceras personas que la PROPIEDAD autorice bajo su responsabilidad a entrar en el inmueble durante el periodo de autorización establecido en el presente contrato, se compromete a:

- Guardar el más estricto deber de secreto de las personas, actividades, decisiones, acontecimientos y/o cualquier otra información relativa a la OBRA. En consecuencia, no podrán prestar su imagen ni conceder entrevistas a ningún medio de comunicación ni comunicar a terceras personas ajenas al equipo técnico y artístico de la OBRA detalles de la misma, sin el consentimiento previo, expreso y por escrito de la PRODUCTORA.
- Guardar la más estricta confidencialidad sobre el contenido del guion de la OBRA así como de cualesquiera otros datos, actores, direcciones, materiales o informaciones a las que pudiera tener acceso o conocimiento.
- En ningún caso estarán facultados a fijar, reproducir, distribuir o explotar de forma alguna el contenido del guion de la OBRA. Asimismo, no podrán reproducir o fijar en imágenes o grabaciones tomadas a través de cualquier medio de reproducción los lugares y/o personas relacionadas, directa o indirectamente, con la producción de la OBRA, siendo LA PRODUCTORA la única autorizada para hacerlo.

UNDÉCIMA.– Las Partes se comprometen a guardar el más absoluto secreto respecto de los datos de carácter personal a que tengan acceso en cumplimiento del presente CONTRATO y a observar todas las previsiones legales que se contienen en el Reglamento de Desarrollo de la LOPD (en adelante, RLOPD), aprobado por Real Decreto 1720/2007, de 21 de diciembre, en el Reglamento (UE) 2016/679 del Parlamento Europeo y del Consejo, de 27 de abril de 2016 (en adelante, RGPD), la Ley Orgánica de Protección de Datos Personales y garantía de los derechos digitales (en adelante, LOPDGDD), así como en cualquier otra norma que complemente o sustituya a las anteriores.

Las Partes informan a los representantes que firman el presente contrato de que sus datos de carácter personal serán incluidos en sendos ficheros responsabilidad de cada una de las Partes, cuya finalidad es el mantenimiento de las relaciones contractuales de las mismas, siendo imprescindible para ello que se aporten sus datos identificativos, la capacidad de representación que ostentan, número de DNI o documento equivalente y su firma.

Asimismo, las Partes garantizan cumplir con el deber de información con respecto a sus empleados cuyos datos personales sean comunicados entre las Partes para el mantenimiento y cumplimiento de la relación contractual.

La base jurídica que legitima el tratamiento de los datos de los interesados es la necesidad para la celebración y ejecución del presente CONTRATO.

Los datos serán conservados durante la vigencia del presente CONTRATO y, posteriormente, durante 15 años con la finalidad de atender a las posibles responsabilidades derivadas de la relación contractual.

En todo caso, los afectados podrán ejercer sus derechos de acceso, rectificación, cancelación/supresión, oposición, limitación y portabilidad ante la parte que corresponda a través de comunicación por escrito al domicilio social que consta al comienzo del presente documento, aportando fotocopia de su DNI o documento equivalente e identificando el derecho que se solicita. Asimismo, en caso de considerar vulnerado su derecho a la protección de datos personales, podrán interponer una reclamación ante la Agencia Española de Protección de Datos (www.agpd.es).

DUODÉCIMA.– Ambas partes aceptan, en caso de litigio, la competencia de los órganos jurisdiccionales de ....

Y para que conste y en prueba de su conformidad, firman el presente CONTRATO digitalmente, en el lugar y fecha arriba indicados.

LA PRODUCTORA	LA PROPIEDAD
__________	__________
D. [*]	D./Dª __________

F009. CONTRATO GRABACIÓN DE LOCALIZACIONES PARA PRODUCCIÓN AUDIOVISUAL

En......................, a.........de..........de ....

De una parte, ..., mayor de edad, de nacionalidad ...., con DNI número ...., en vigor, actuando en nombre y representación de la mercantil ...., en su condición de ....de la misma, domiciliada en.............................., inscrita en el Registro de .... y con N.I.F. .... (en adelante, la "Productora")

Y de otra parte, ..., mayor de edad, de nacionalidad ...., con DNI número ...., en vigor, actuando en nombre y representación de la mercantil ...., en su condición de ....de la misma, domiciliada en.............................., inscrita en el Registro de .... y con N.I.F. .... (en adelante, el "Propietario").

MANIFIESTAN

Que se reconocen mutuamente con capacidad legal suficiente para contratar y de acuerdo las dos partes pactan el presente Contrato de Localizaciones (en adelante, el "Contrato") de conformidad con las siguientes,

CLÁUSULAS

PRIMERA.- OBJETO

El Propietario autoriza a la Productora el acceso y uso de la propiedad sita en ...., para la realización de la grabación de contenido audiovisual para la obra audiovisual titulada provisionalmente "..............................." (en adelante, la "Producción"), incluyendo ensayos, rodaje, filmación de secuencias y registro de sonido, en los términos previstos en este contrato.

SEGUNDA.- AUTORIZACIÓN Y CESIÓN DE DERECHOS

El Propietario autoriza a la Productora a realizar, por sí o por medio de terceros, grabaciones audiovisuales y captación de imágenes del interior y exterior de la Propiedad, incluyendo su fachada y elementos visibles, para su incorporación en la Producción y en materiales promocionales, en cualquier soporte o formato existente a la fecha del presente contrato, y para su explotación en todo el mundo durante el plazo máximo legalmente permitido.

Asimismo, autoriza la obtención de fotografías y material audiovisual con fines publicitarios, incluso si la Propiedad resulta reconocible o no, y consiente que la Productora represente dichas imágenes en la Producción conforme a sus criterios creativos.

En caso de que la fachada o cualquiera de los elementos exteriores de la Propiedad se encuentren protegidos por derechos de propiedad intelectual o industrial, el Propietario cede a la Productora, con carácter exclusivo y con facultad de cesión a terceros, los derechos de explotación necesarios (reproducción, distribución, comunicación pública y transformación) para su utilización en la Producción, en los términos previstos en la Ley de Propiedad Intelectual.

La Productora podrá utilizar el nombre real de la Propiedad o un nombre ficticio, sin obligación de mención.

TERCERA.- DERECHOS DE ACCESO

La Productora podrá introducir en la Propiedad el personal, equipos técnicos, atrezzo y elementos de ambientación necesarios, comprometiéndose a retirarlos al finalizar el uso.

CUARTA.- PERIODO DE ACCESO

El acceso se autoriza desde las .... horas del día .... hasta las .... horas del día ...., pudiendo ampliarse por necesidades de producción o causas justificadas (p.ej., climatología), previa comunicación al Propietario.

Se incluyen posibles retakes o secuencias adicionales, cuyas condiciones se establecerán de mutuo acuerdo y por escrito debidamente firmadas por las partes.

QUINTA.- REMUNERACIÓN

Como contraprestación, la Productora abonará al Propietario la cantidad de .... euros más IVA, mediante transferencia bancaria, conforme a la factura emitida. El pago se realizará según el calendario acordado:

[pago íntegro el día del rodaje]./[pagos fraccionados en las fechas indicadas en el contrato].

SEXTA.- ALTERACIONES

La Productora se compromete a que, en caso de resultar necesario modificar, desplazar o reorganizar cualquier elemento, mobiliario o equipamiento perteneciente a la Propiedad, procederá a su restitución en el mismo lugar y en idénticas condiciones en que se encontraba antes del inicio de las actividades autorizadas, salvo que exista acuerdo expreso en contrario con el Propietario.

SÉPTIMA.- GARANTÍAS

La Productora será responsable de cualquier daño material que, con ocasión de la Producción, se cause a la Propiedad por su personal, representantes, empleados o agentes. A tal efecto, la Productora contratará y mantendrá vigente un seguro de responsabilidad civil con cobertura suficiente para garantizar la reparación de los daños que pudieran producirse.

En caso de que el Propietario detecte daños en la Propiedad o en cualquiera de sus elementos, deberá comunicarlo a la Productora mediante un informe escrito (el "Informe de Daños") en el plazo máximo de ....días hábiles desde la finalización del período de acceso previsto en la Cláusula Cuarta, o desde la conclusión de los rodajes adicionales ("retakes"), en su caso. Transcurrido dicho plazo sin notificación, la Productora quedará exonerada de responsabilidad por los daños reclamados.

La recepción del Informe de Daños no implica aceptación automática por parte de la Productora, quien podrá formular las alegaciones que estime oportunas en un plazo adicional de .... días hábiles. En caso de discrepancia, ambas partes se comprometen a negociar de buena fe para tratar de alcanzar un acuerdo.

Asimismo, el Propietario garantiza que ostenta plena capacidad y autoridad para suscribir el presente contrato y conceder los derechos aquí estipulados, y se obliga a indemnizar y mantener indemne a la Productora frente a cualquier reclamación derivada del incumplimiento de dicha garantía.

OCTAVA.– IDENTIFICACIÓN Y AMBIENTACIÓN DE LA PROPIEDAD

El Propietario reconoce y acepta que cualquier identificación, representación o ambientación de la Propiedad en la Producción será determinada exclusivamente por la Productora, quien podrá modificar, recrear o adaptar su apariencia conforme a las necesidades creativas del proyecto.

NOVENA.– EXONERACIÓN E INDEMNIDAD

El Propietario exonera y libera a la Productora, así como a sus empleados, agentes, asesores, sucesores y cesionarios, de cualquier reclamación, demanda o procedimiento judicial o extrajudicial que pudiera surgir, presente o futuro, en relación con causas de difamación, invasión de la intimidad, derechos de imagen o publicidad, infracción de derechos de propiedad intelectual o vulneración de cualquier otro derecho vinculado a los derechos cedidos en virtud del presente contrato.

Asimismo, el Propietario se compromete a mantener indemne a la Productora frente a cualquier acción, reclamación o responsabilidad derivada de lo anterior, asumiendo los costes, gastos y daños que pudieran generarse.

Y para que conste a todos los efectos, se firma el presente Contrato por duplicado ejemplar.

LA PRODUCTORA EL PROPIETARIO

F010. CONTRATO DE LOCALIZACIÓN/PERMISO DE RODAJE

En [Ciudad], a [Fecha].

COMPARECEN

De una parte, D./Dª [Nombre y Apellidos], mayor de edad, con domicilio en [Dirección], provisto de DNI nº [__________], en calidad de propietario, arrendatario o legítimo titular de los derechos de uso del inmueble sito en [Dirección del inmueble], en adelante EL PROPIETARIO.

Y de otra parte, la entidad [Nombre de la productora audiovisual], con domicilio en [Dirección], provista de CIF nº [__________], debidamente representada por D./Dª [Nombre y Apellidos], en calidad de [Cargo], en adelante EL PRODUCTOR.

Ambas partes se reconocen mutuamente la capacidad legal suficiente para contratar y obligarse, y a tal efecto EXPONEN y ACUERDAN suscribir el presente contrato con arreglo a las siguientes:

EXPOSICIONES

I. Que EL PROPIETARIO es legítimo titular de los derechos de uso sobre el inmueble sito en [Dirección], apto para ser utilizado como localización de rodaje.

II. Que EL PRODUCTOR se encuentra desarrollando la producción audiovisual titulada [Título de la obra] y desea utilizar dicho inmueble como localización.

III. Que ambas partes desean regular las condiciones bajo las cuales se autoriza la utilización del inmueble como localización de rodaje.

Primera. Objeto del contrato

Por medio del presente contrato, EL PROPIETARIO autoriza a EL PRODUCTOR a utilizar el inmueble sito en [Dirección] como localización para el rodaje de la producción audiovisual titulada [Título].

La autorización incluye el acceso para ensayos, preparación de decorados, rodaje, desmontaje y retirada del material técnico y artístico.

Segunda. Duración

La cesión de uso se concede por el periodo comprendido entre [Fecha inicio] y [Fecha fin], ambos inclusive.

Cualquier ampliación del plazo requerirá acuerdo expreso entre las partes.

Tercera. Retribución

EL PRODUCTOR abonará a EL PROPIETARIO la suma de [___ €], más impuestos aplicables, en concepto de precio por la cesión temporal de uso.

El pago se realizará mediante transferencia bancaria dentro de los treinta (30) días siguientes a la firma.

Cuarta. Obligaciones del productor

EL PRODUCTOR se obliga a respetar las instalaciones del inmueble, evitando daños en las mismas y limitando su uso a las actividades propias del rodaje.

Asimismo, será responsable de obtener todos los permisos administrativos necesarios para la realización del rodaje, incluyendo licencias municipales o de tráfico si fueran precisas.

Al término del contrato, EL PRODUCTOR se compromete a devolver el inmueble en el mismo estado en que lo recibió, salvo el desgaste normal por el uso autorizado.

Quinta. Responsabilidad y seguros

EL PRODUCTOR contratará pólizas de seguro que cubran los daños materiales y personales que pudieran producirse durante la utilización del inmueble.

EL PRODUCTOR será responsable de los daños ocasionados por su personal, artistas, técnicos o proveedores, eximiendo de responsabilidad a EL PROPIETARIO.

Sexta. Derechos de imagen del inmueble

EL PROPIETARIO autoriza expresamente a EL PRODUCTOR a captar imágenes del inmueble y a utilizarlas en la producción audiovisual titulada [Título].

Dicha autorización se concede para todo el mundo, por el plazo máximo permitido por la ley y en todas las modalidades de explotación actuales y futuras.

Séptima. Confidencialidad

Las partes se obligan a mantener confidencialidad sobre los términos económicos y contractuales del presente acuerdo.

Asimismo, EL PRODUCTOR se compromete a no divulgar información sensible relativa al inmueble.

Octava. Protección de datos

Las partes se comprometen a cumplir lo dispuesto en el RGPD y la LOPDGDD respecto de los datos personales tratados en virtud del presente contrato.

Los datos se conservarán únicamente durante el tiempo necesario para el cumplimiento del contrato.

Novena. Fuerza mayor

Ninguna de las partes será responsable por incumplimientos derivados de fuerza mayor, como catástrofes naturales, incendios, pandemias o decisiones gubernamentales.

En caso de prolongarse la situación más de tres (3) meses, cualquiera de las partes podrá resolver el contrato sin penalización.

Décima. Resolución anticipada

El contrato podrá resolverse por incumplimiento grave de las obligaciones pactadas, por impago o por daños graves al inmueble.

La resolución se notificará fehacientemente con quince (15) días de antelación.

Undécima. Ley aplicable y jurisdicción

El contrato se regirá por la legislación española.

Las partes se someten a los Tribunales de [Ciudad].

Y en prueba de conformidad, firman el presente contrato en el lugar y fecha indicados, por duplicado ejemplar y a un solo efecto.

Fdo.: ______________________________ Fdo.: ______________________________

EL PROPIETARIO EL PRODUCTOR

F011. CHECK-LIST DE PERMISOS DE RODAJE EN ESPACIOS PÚBLICOS Y PRIVADOS

El presente formulario constituye una guía práctica para la productora audiovisual, destinada a verificar el cumplimiento de los requisitos legales, administrativos y de seguridad antes de iniciar un rodaje en espacios públicos o privados.

1. Identificación del rodaje

Título de la producción: ______________________________

Fecha(s) previstas de rodaje: ______________________

Localización(es): _____________________________________

Responsable de producción: __________________________

Teléfono de contacto: _______________________________

2. Permisos administrativos (espacios públicos)

☐ Solicitud presentada ante el Ayuntamiento correspondiente.

☐ Pago de tasas municipales realizado.

☐ Autorización escrita de la autoridad competente recibida.

☐ Comunicación a Policía Local/Guardia Urbana.

☐ Permiso de ocupación de vía pública, en su caso.

3. Permisos en espacios privados

☐ Contrato o autorización firmada por el propietario/arrendatario.

☐ Condiciones de uso pactadas (horarios, limitaciones).

☐ Seguro de responsabilidad civil vigente.

☐ Consentimiento para la captación de imagen del inmueble.

4. Seguros y seguridad

☐ Seguro de responsabilidad civil de producción en vigor.

☐ Pólizas que cubran accidentes laborales del personal técnico y artístico.

☐ Medidas de prevención de riesgos laborales implementadas.

☐ Coordinación de seguridad con cuerpos de emergencia locales.

5. Derechos de imagen y terceros

☐ Autorización de figurantes y extras firmada.

☐ Autorización de menores (si aplica).

☐ Consentimiento de transeúntes identificables, en su caso.

☐ Contrato con propietarios de vehículos u objetos distintivos que aparezcan en la obra.

6. Otras obligaciones

☐ Cumplimiento de normativa medioambiental (residuos, ruidos, iluminación).

☐ Permisos especiales para uso de drones, explosivos o armas de atrezzo.

☐ Plan de movilidad y cortes de tráfico autorizado.

☐ Plan de evacuación y emergencias aprobado.

7. Validación final

☐ Documentación archivada en carpeta de producción.

☐ Responsable legal de rodaje: ____________________

☐ Fecha de validación: ____________________

F012. CONTRATO DE TRABAJO DE DURACIÓN DETERMINADA PARA DIRECCIÓN DE FOTOGRAFÍA EN LARGOMETRAJE (OBRA O PROYECTO ESPECÍFICO)

Objeto: DIRECCIÓN DE FOTOGRAFÍA EN LARGOMETRAJE (OBRA O PROYECTO ESPECÍFICO).

D./Dña........ con DNI..... en representación de........... con N.I.F. número. cuya actividad es la producción de películas, con domicilio social en (LA PRODUCTORA).

El trabajador:

con N.I.F. número....

Con número de la Seguridad Social.... Fecha de nacimiento...

Domicilio.....

DECLARAN

I. Que el presente contrato de trabajo de duración determinada se celebra por circunstancias de la producción, conforme al artículo 15 del Real Decreto Legislativo 2/2015, de 23 de octubre, en su redacción vigente tras el Real Decreto-ley 32/2021, para atender necesidades ocasionales y específicas vinculadas a la realización de la obra audiovisual titulada provisionalmente "....................................", consistente en la prestación de servicios como Director de Fotografía durante el período de rodaje y fases técnicas asociadas, cuya duración no podrá exceder de seis (6) meses, ampliable a doce (12) meses por convenio sectorial, con posibilidad de una única prórroga por escrito.

II. Que reúnen las condiciones necesarias para la celebración del presente contrato y, en consecuencia, acuerdan formalizarlo con las siguientes,

CLÁUSULAS

PRIMERA.– Objeto del contrato y prestación de servicios

El TRABAJADOR, contratado por la PRODUCTORA, prestará sus servicios profesionales como Personal Técnico, ostentando la categoría de Director de Fotografía, en el largometraje titulado provisionalmente ...., dirigido por ....

El trabajador se compromete a realizar todas las funciones inherentes a su categoría profesional, conforme a los usos y prácticas del sector audiovisual, incluyendo la preparación, supervisión y ejecución de la dirección de fotografía durante las fases de preproducción, rodaje y postproducción, según las instrucciones de la PRODUCTORA y del Director.

SEGUNDA.– Duración, período de prueba e interrupciones

2.1.Duración: El presente contrato entrará en vigor el día .... y permanecerá vigente hasta la finalización de los trabajos propios de la categoría profesional objeto del contrato, sin necesidad de preaviso, salvo que las partes acuerden lo contrario por escrito.

2.2.Período de prueba: Se establece un período de prueba conforme a lo previsto en el artículo 14 del Estatuto de los Trabajadores, cuya duración será la legalmente aplicable para la categoría contratada. Dicho período quedará interrumpido en los supuestos de huelga, incapacidad laboral transitoria y ausencias justificadas al trabajo, reanudándose una vez cesen dichas circunstancias.

2.3. Interrupciones previstas: Se prevé que los trabajos se interrumpan entre el día .... y el día ...., quedando ambas partes liberadas de sus obligaciones durante dicho período, sin que ello implique extinción del contrato.

2.4. Festivos trabajados: Los días .... del año en curso, pese a ser festivos en el calendario laboral de ...., tendrán la consideración de días laborables a efectos del rodaje. El trabajador se compromete a prestar servicios en dichas fechas, percibiendo por cada día festivo trabajado una remuneración adicional equivalente al salario diario pactado.

TERCERA.– Retribución

El trabajador percibirá una retribución concertada por todos los conceptos, equivalente a ....euros brutos semanales, que comprende: salario base, complementos salariales (incluyendo nocturnidad cuando proceda), parte proporcional de pagas extraordinarias y vacaciones, así como cualquier otro concepto legalmente aplicable, conforme al artículo 9.3 del Real Decreto 1435/1985, de 1 de agosto, y al Convenio Colectivo de la Industria de Producción Audiovisual.

El pago se efectuará mensualmente, mediante transferencia bancaria, practicándose las retenciones correspondientes a IRPF y cotizaciones a la Seguridad Social, según la normativa vigente.

Las vacaciones anuales se consideran incluidas en la retribución pactada, salvo que el convenio aplicable disponga lo contrario.

CUARTA.– Jornada y descansos

La jornada será COMPLETA, conforme al convenio sectorial y a lo dispuesto en el Estatuto de los Trabajadores, incluyendo los descansos legales.

Se entenderá comprendido el trabajo nocturno cuando la naturaleza de la obra lo requiera, aplicándose los complementos previstos en el convenio.

La jornada comenzará a computarse desde la hora de citación en el lugar de rodaje o producción. El tiempo de desplazamiento, hasta un máximo de .... minutos desde la residencia fijada por la PRODUCTORA, no se considerará tiempo efectivo de trabajo, salvo que el convenio disponga lo contrario.

QUINTA.– Dirección y organización

El trabajador se someterá a las directrices del equipo de producción, conforme al organigrama establecido, y en todo caso actuará bajo la supervisión del Director de la obra o del responsable del departamento correspondiente, garantizando el cumplimiento de los estándares de calidad y criterios técnicos fijados para la producción.

SEXTA.– Resolución anticipada y suspensión

La PRODUCTORA podrá resolver el contrato por incumplimiento grave del trabajador, desavenencias que afecten al normal desarrollo de la obra, o causas objetivas previstas en la ley.

Si la producción se interrumpe temporalmente por causas ajenas a la PRODUCTORA, el contrato quedará suspendido, con baja en la Seguridad Social durante dicho período.

Si la interrupción es definitiva antes de la fecha prevista, el contrato se extinguirá conforme al artículo 49 ET, sin derecho a indemnización adicional, salvo disposición legal o convencional en contrario.

SÉPTIMA.– Preaviso del trabajador

El trabajador que desee resolver el contrato antes de su vencimiento deberá preavisar con .... días naturales. El incumplimiento facultará a la empresa para reclamar indemnización por daños y perjuicios, limitada al importe de los salarios correspondientes al período de preaviso incumplido, conforme al artículo 49.1.d) ET.

OCTAVA.– Título de la obra

La empresa se reserva el derecho a modificar el título provisional de la obra, sin que ello altere la naturaleza ni las condiciones del presente contrato.

NOVENA.– Normativa aplicable

Este contrato se regirá por la legislación laboral vigente, en particular por el artículo 15 del Estatuto de los Trabajadores (RDL 2/2015), en su redacción modificada por el Real Decreto-ley 32/2021, el Real Decreto 1435/1985, y el Convenio Colectivo de la Industria de Producción Audiovisual, así como por la normativa de Seguridad Social y fiscal aplicable.

DÉCIMA.– Créditos

El trabajador será mencionado en los títulos de crédito de la obra conforme a los usos del sector y a criterio de la empresa, respetando lo dispuesto en el convenio colectivo.

UNDÉCIMA.– Cesión de derechos de propiedad intelectual, industrial e imagen

El trabajador cede a la empresa, con carácter exclusivo, sin limitación temporal ni territorial, y con facultad de cesión a terceros, todos los derechos de explotación que le correspondan o pudieran corresponderle sobre las aportaciones creativas, técnicas y artísticas derivadas de la prestación objeto del presente contrato, incluyendo:

i. Reproducción, distribución, comunicación pública y transformación, por cualquier medio o soporte conocido.

ii. Explotación a través de radiodifusión, televisión, proyección en salas públicas, transmisión mediante receptores de uso privado o público, distribución física o digital, redes informáticas, plataformas de streaming, sistemas interactivos y cualquier otro canal tecnológico presente o futuro.

iii. Doblaje y subtitulado a cualquier idioma o lengua vernácula.

iv. Inclusión en material promocional, trailers, teasers, making-of y contenidos derivados, incluso si el trabajador aparece en imagen, con idéntico alcance a lo previsto en esta cláusula.

Esta cesión se realiza conforme a los artículos 43 y siguientes del Texto Refundido de la Ley de Propiedad Intelectual, sin perjuicio de los derechos morales irrenunciables del trabajador.

DUODÉCIMA.– Confidencialidad y comunicación

El trabajador se compromete, desde la fecha de efectos del presente contrato y durante la vigencia del mismo, así como tras su finalización, a no realizar declaraciones, entrevistas ni difundir información relativa a la obra, su contenido, desarrollo o cualquier aspecto vinculado a la producción, sin autorización previa y por escrito de la PRODUCTORA.

Asimismo, se obliga a guardar confidencialidad sobre cualquier información técnica, artística, comercial o estratégica conocida con ocasión de la ejecución del contrato, conforme a lo dispuesto en la normativa aplicable.

DECIMOTERCERA.– Jurisdicción y resolución de conflictos

Para la interpretación, cumplimiento y ejecución del presente contrato, las partes se someten expresamente a la jurisdicción y competencia de los Tribunales de ...., con renuncia a cualquier otro fuero que pudiera corresponderles.

El presente contrato se firma en....................., a....................., por duplicado ejemplar, quedando un original en poder de cada parte.

F013. CONTRATO LABORAL DE DURACIÓN DETERMINADA COMO JEFE DE LOCALIZACIONES

En [*], a [*] de 20[*]

REUNIDOS

De una parte,

Don [*], con D.N.I. nº [*], en representación de [*], con domicilio social y fiscal en [*]y C.I.F. número CIF [*], (la "**Productora**").

Y, de otra parte,

Don [*], mayor de edad, con NIF: [*], y domicilio en [*], actuando en su propio nombre y derecho (el "**Trabajador**")

De igual forma, y en lo sucesivo, la Productora y el Trabajador podrán ser denominados conjuntamente como las "**Partes**" e individualmente como la "**Parte**".

Ambas Partes manifiestan que sus facultades están vigentes, y que no han sido limitadas, revocadas ni suspendidas por lo que cuentan con la capacidad legal necesaria y suficiente para la formalización del presente contrato y, al efecto,

DECLARAN

I. Que la Productora es una entidad mercantil dedicada, entre otras actividades, a la producción de obras cinematográficas y audiovisuales y está llevando a cabo el desarrollo de la producción extranjera de la segunda temporada del proyecto de serie de televisión titulado provisionalmente "....................", compuesta de .... obras audiovisuales, de una duración mínima de ...... minutos cada una (la "**Serie**"), por encargo de [*] (la "**Compañía**".

II. Que la Productora está interesada en contratar al Trabajador como Jefe de localización de la Serie, bajo las condiciones previstas en este documento.

III. Que el Trabajador está interesado en formalizar el presente contrato de duración determinada por realización de obra o servicios determinados.

IV. Que en caso de que los servicios prestados por el Trabajador sean susceptibles de generar derechos de propiedad intelectual, el Trabajador está en disposición de ceder a la Productora todos los derechos de explotación que pueda ostentar sobre sus aportaciones creativas a la Serie, conforme al Real Decreto Legislativo 1/1996, de 12 de abril, por el que se aprueba el Texto Refundido de la Ley de Propiedad Intelectual, regularizando, aclarando y armonizando las disposiciones legales vigentes sobre la materia (el "**TRLPI**").

V. Que el presente contrato se somete a la normativa laboral vigente, en especial en lo relativo a los contratos de duración determinada, al Real Decreto Legislativo 2/2015, de 23 de octubre, por el que se aprueba el texto refundido de la Ley del Estatuto de los Trabajadores (el "**Estatuto de los Trabajadores** ") y al Real Decreto 2720/98, de 18 de diciembre, así como al II Convenio Colectivo de la industria de la producción audiovisual (técnicos) (el "**Convenio Colectivo**").

VI. Que las Partes reúnen las condiciones necesarias para la celebración del presente contrato (el "**Contrato**") y acuerdan formalizarlo de acuerdo a las siguientes:

CLÁUSULAS

PRIMERA.- OBJETO.

1.1. El Trabajador prestará sus servicios como "personal técnico", como JEFE DE LOCALIZACIONES, para realizar las funciones inherentes en lo relativo a la producción de la Serie en el centro de trabajo de la Productora y/o en cualesquiera otros lugares del ámbito nacional y/o internacional se consideren necesarios con ocasión de la producción de la Serie.

1.2. De forma no exhaustiva, se exponen a continuación las tareas que se desprenden de su categoría:

- Todas las gestiones necesarias en relación con la negociación y cierre de contratos de arrendamiento o localización con anterioridad al rodaje en dicha localización, así como las relativas a la solicitud y obtención de los permisos y/o autorizaciones necesarias para el rodaje en las distintas localizaciones, siendo de su responsabilidad la obtención de estas en los tiempos marcados por la Productora.
- La obtención de cualesquiera autorizaciones del titular de la localización que sean necesarias para la utilización del nombre real de la localización, siendo de su responsabilidad la obtención de estas en los tiempos marcados por la Productora.
- Coordinación del resto de personal técnico de localización que se encuentren a cargo de la Productora y toma de decisiones con respecto a las negociaciones y contratos que se vayan a formalizar para cada localización.
- Contacto último con la Productora para la gestión de todo lo relativo a los contratos de arrendamiento o localización o a la solicitud y obtención de permisos y/o autorizaciones necesarias para el rodaje.
- Todas aquellas que de acuerdo con su cualificación profesional le sean encomendadas por la Productora.

1.3. La Productora se reserva la facultad de modificar el título inicial de la Serie, sin que ello implique modificación alguna de la relación jurídica establecida entre las partes.

SEGUNDA.- JORNADA LABORAL

2.1. La jornada laboral y horarios serán los que establezca la Productora de acuerdo con la legislación vigente, el plan de trabajo inicialmente previsto y las necesidades posteriores que surjan durante su ejecución. Asimismo, el Trabajador reconoce no estar sujeto a un horario determinado y extenderá su jornada ordinaria de trabajo cuando así lo requieran sus obligaciones para cumplir los compromisos de la Productora, pudiéndose incluir la posibilidad de realizar trabajo nocturno conforme a las necesidades de producción de la Serie así como incluir días festivos que se determinarán según el calendario laboral del lugar donde esté el lugar de trabajo. Sin embargo, bajo ninguna circunstancia la Productora podrá exigir que el Trabajador realice servicios de forma que excedan de la práctica habitual y/o de lo establecido en el Convenio Colectivo y cualquier otra normativa que aplique.

2.2. La jornada de trabajo comenzará a regir a partir de la hora de citación en los lugares de trabajo.

TERCERA.– SEGURIDAD SOCIAL

3.1. El Trabajador será dado de alta en la Seguridad Social, en la categoría profesional correspondiente, por los días en los que preste sus servicios.

3.2. El Trabajador causará alta y baja en Seguridad Social a lo largo de la producción tantas veces como requiera su participación en la Serie y siempre que la Productora requiera de la prestación de sus servicios, sin la necesidad de redactar un nuevo contrato por cada periodo dado que trabajará siempre para la misma producción.

CUARTA.– LUGAR DE TRABAJO

4.1. El rodaje de la Serie se prevé inicialmente en .... y/o en cualquier otro ámbito geográfico, nacional y/o internacional, a juicio de la Productora y según el plan de rodaje que el Trabajador declara conocer.

4.2. El tiempo de desplazamiento entre el centro de actividades de producción y el lugar de citación no computará como jornada de trabajo, siempre y cuando el desplazamiento de ida y vuelta no exceda de *hora y media* y siempre que la distancia entre ambos lugares no sea superior a 50 kilómetros.

4.3. Cuando el Trabajador deba desplazarse a municipio distinto de ...., los gastos de transporte correrán a cargo de la Productora y, si fuera necesario pernoctar, también los normales de manutención y estancia según se establece en el Convenio Colectivo.

QUINTA.– RETRIBUCIÓN

5.1. El Trabajador percibirá como remuneración total, por todos los conceptos durante la vigencia del presente Contrato, la cantidad bruta de [*] Euros/mes (el "**Salario**"). El pago se realizará mensualmente, a mes vencido, mediante transferencia bancaria en los CINCO (5) primeros días del mes siguiente.

5.2. El Salario incluye todos los conceptos a los que el Trabajador tenga derecho por sus servicios (incluyendo todos los conceptos salariales: salario base, parte proporcional por pagas extras, parte proporcional por vacaciones, plus de disponibilidad, nocturnidad, la indemnización prevista en el art. 49.1c. del Estatuto de los Trabajadores, y resto de emolumentos legales, y, en particular, la retribución debida por la cesión del Trabajador de los derechos conforme a lo dispuesto en la Cláusula 7).

5.3. Las Partes manifiestan y aceptan que, con el pago de la última nómina, y siempre y cuando se hayan cumplido todas las obligaciones conforme a lo establecido en el presente contrato, el Trabajador formalizará la declaración adjunta al presente, a los efectos de declarar que las prestaciones de servicios se han prestado correctamente.

5.4. Los impuestos y gravámenes sobre el Salario del Trabajador se pagarán por las partes de acuerdo con lo establecido en la legislación vigente, deduciéndose del Salario las cantidades que establezcan las normas vigentes.

SEXTA.- DURACIÓN

6.1. El Trabajador prestará sus servicios desde el [*] (el "**Inicio de Trabajo**") hasta la finalización de los servicios del Trabajador en la Serie, a juicio exclusivo de la Productora, cuya fecha inicialmente prevista es el [*] (el "**Fin de Trabajo**").

6.2. La Productora podrá retrasar hasta un máximo de treinta (30) días la fecha prevista para iniciar el período de prestación de servicios del Trabajador. Si la Productora hiciese uso de esta facultad, habrá de comunicarlo al Trabajador con 5 días de antelación a la fecha prevista para iniciar el trabajo, indicando en dicha comunicación la nueva fecha en que deberá empezar su labor. En consecuencia, la fecha de finalización se retrasaría por el mismo número de días con respecto a la fecha fijada en un principio.

6.3. En el caso de que los trabajos encomendados al Trabajador deban realizarse en dos (2) periodos temporales diferenciados, la Productora comunicará al Trabajador el momento de interrupción y el Contrato se suspenderá hasta que la Productora comunique su reanudación.

6.4. Si una vez finalizado el período aproximado antes señalado no hubiesen concluido los trabajos objeto del mismo, éste se entenderá tácitamente prorrogado hasta la conclusión de aquellos.

6.5. El plazo de vigencia antes reseñado se entiende que es un periodo de compromiso, ya que sólo tendrán la consideración de día trabajado a todos los efectos, aquellos días en que el Trabajador efectivamente preste sus servicios para la Serie.

6.6. Se establece el periodo de prueba de aplicable según el Convenio Colectivo vigente de aplicación. El cómputo de periodo de prueba se interrumpirá si el Trabajador se ve afectado por las situaciones de incapacidad temporal, maternidad o acogimiento.

6.7. La duración del Contrato será determinada y se extenderá desde el Inicio de Trabajo hasta el Fin de Trabajo o con anterioridad a ese momento en los supuestos de resolución o suspensión previstos en la Cláusula 8.

6.8. En caso de que, por causas de fuerza mayor, huelga o dificultades ajenas a la voluntad de la Productora se retrasara o suspendiera el rodaje de la Serie, la Productora tendrá la facultad de (i) diferir la fecha de comienzo del mismo, (ii) de suspender temporalmente los trabajos de producción o (iii) de resolver el presente Contrato. Si la Productora opta por la suspensión, el Contrato quedará sin efecto hasta el momento en que legal y razonablemente resulte factible reanudar los trabajos y la duración de este Contrato se considerará automáticamente prorrogada por igual período de tiempo al de la suspensión más el tiempo necesario de reanudación de los trabajos. La misma prórroga se entenderá producida en el caso de que se opte por diferir la fecha de comienzo del rodaje.

SÉPTIMA.- CESIÓN DE DERECHOS DE PROPIEDAD INTELECTUAL E INDUSTRIAL Y AUTORIZACIÓN PARA EL USO DE IMAGEN Y/O VOZ

7.1. Si como consecuencia de la labor del Trabajador para la Serie resultara material creativo que pueda tener la consideración de obra o prestación en los términos previstos en la vigente Ley de Propiedad Intelectual (el "**Material Creativo**"), el Trabajador cede de forma expresa e irrevocable a la Productora y/o terceros productores de la Serie, cesionarios y/o licenciatarios de derechos, en exclusiva y sin limitaciones de ningún tipo, por todo el tiempo de duración de los derechos de explotación sobre dicho Material Creativo de conformidad con el TRLPI y para todo el territorio mundial, con la facultad de cesión total o parcial, licencia y/o autorización a terceros, la totalidad de los derechos de explotación sobre dicho Material Creativo, tanto en su versión final como en cualesquiera de sus versiones previas y/o borradores, incluyendo cualquier personaje, diseño, boceto, dibujo realizado en el curso de su trabajo y/o cualesquiera otros. Los derechos de propiedad intelectual e industrial cedidos por el Trabajador, tienen por finalidad la explotación, por la Productora y/o terceros productores de la Serie, cesionarios y/o licenciatarios de derechos, del Material Creativo mediante su integración en la Serie u obras derivadas o de forma independiente y/o aislada de la misma, en cualquier formato o soporte y por cualquier sistema, procedimiento o modalidad, con carácter gratuito o mediante contraprestación, conocido o que se invente en el futuro. Esta cesión de derechos se realiza a tanto alzado y ha sido tenida en cuenta al negociar el Salario pactado en la cláusula tercera del presente Contrato. El Trabajador no tendrá derecho a exigir a la Productora ningún tipo de compensación adicional como consecuencia de la mencionada cesión de derechos.

7.2. El Trabajador reconoce que corresponde a la Productora la plena titularidad de los derechos de propiedad intelectual sobre la Serie y se compromete a no utilizar ningún elemento, secuencia o fragmento de la misma sin previa autorización por escrito de la Productora. Asimismo, corresponden a la Productora los derechos de explotación de las fotografías que sean realizadas en el proceso de producción de la Serie. La decisión final sobre los contenidos, fotogramas y/o grabaciones a incluir en la versión definitiva de la Serie, así como su duración y la elección de los colaboradores y resto de intervinientes, corresponderá en exclusiva a la Productora. La decisión final sobre los contenidos, fotogramas y/o grabaciones a incluir en la versión definitiva de la Serie, así como su duración y la elección de los colaboradores y resto de intervinientes, corresponderá en exclusiva a la Productora.

7.3. Igualmente, el Trabajador autoriza a la Productora a utilizar sus derechos de imagen, nombre, voz, fotografía, retrato e imagen física y/o currículum, reproducida o generada por cualquier medio, su biografía, así como expediente Trabajador, tanto para fines de promoción, explotación y comercialización de la Serie, como de aquellas otras de las que ésta sea obra antecedente, o promoción de la propia actividad genérica de la Productora, lo que expresamente incluye la facultad de fijar su imagen y sonido para la producción de programas de televisión o fragmentos de la clase de "making of", "los mejores momentos" o documentales sobre la Serie. A tal efecto, el Trabajador autoriza a la Productora para que ésta pueda reproducir, distribuir y comunicar públicamente, total o parcialmente, tales fotografías y grabaciones por plazo ilimitado y para todo el mundo, por sí misma o por medio de cesión a un tercero.

7.4. El Trabajador garantiza que su contribución y sus aportaciones a la Serie, incluyendo el Material Creativo que se pueda derivar, son originales, que no vulneran derechos de terceros y que no ha realizado ni realizará ningún acto susceptible de impedir o dificultar a la Productora y/o terceros productores de la Serie, cesionarios y/o licenciatarios de derechos, el ejercicio pleno y pacífico de los derechos cedidos en virtud del presente Contrato. En el caso de que el Trabajador pretenda incorporar alguna obra preexistente en la Serie, deberá solicitar la autorización previa y por escrito de la Productora. En consecuencia, el Trabajador responderá en exclusiva frente a la Productora y/o terceros productores de la Serie, cesionarios y/o licenciatarios de derechos, por cualquier acción o reclamación que ejerza cualquier tercero como consecuencia de la cesión y/o ejercicio de los derechos cedidos en virtud del presente Contrato.

7.5. La Productora y/o terceros productores de la Serie, cesionarios y/o licenciatarios de derechos, estarán legitimados para perseguir legalmente, con independencia del Trabajador, las violaciones o infracciones que afecten a los derechos cedidos por el Trabajador en virtud del presente Contrato. No obstante, el Trabajador se compromete a prestar su colaboración a tal efecto cuando le sea solicitada. Asimismo, la Productora y/o terceros productores de la Serie ...., cesionarios y/o licenciatarios de derechos, estarán legitimados para proceder a la inscripción del Material Creativo en los registros de propiedad intelectual e industrial.

7.6. Las cesiones de derechos y las autorizaciones contenidas en este Contrato no podrán ser interpretadas de manera que se entienda que la Productora y/o terceros productores de la Serie ...., cesionarios y/o licenciatarios de derechos, no ostentan todos los derechos de explotación económica sobre el Material Creativo y/o sobre a la Serie .... a la que se incorpore y/o explotaciones derivadas o que de alguna otra manera estos derechos se hallan limitados, pues de lo contrario se frustraría el fin de este Contrato.

7.7. Los derechos cedidos por el Trabajador serán irrevocables y no podrán estar sujetos a restitución, rescisión y/o resolución o cualquier otro tipo de compensación en caso de incumplimiento del presente Contrato por la Productora. Los derechos del Trabajador, en caso de incumplimiento del presente Contrato por la Productora, se limitarán a posibles reclamaciones de carácter económico, no pudiendo éstas interferir, inhibir, prohibir y/o restringir en forma alguna el desarrollo, distribución y/o explotación de la Serie .... y/o de cualquiera de los derechos vinculados y accesorios relacionados con la Serie .... y/o productos derivados o conexos.

7.8. No obstante lo anterior, la Productora y/o terceros productores de la Serie ...., cesionarios y/o licenciatarios de derechos, no tendrán obligación alguna de producir o explotar la Serie .... y/o hacer uso de los servicios del Trabajador y/o del Material Creativo, sin que ello conlleve penalización y/o indemnización alguna a favor del Trabajador.

OCTAVA.- RESOLUCIÓN, SUSPENSIÓN E INCUMPLIMIENTO

8.1. La Productora podrá resolver este Contrato en los supuestos contemplados en el Convenio Colectivo y en el Estatuto de los Trabajadores.

8.2. Si el Trabajador desea cesar voluntariamente deberá preavisar a la Productora con una antelación mínima de 15 días. El incumplimiento de este preaviso dará derecho a la Productora a descontarle de la liquidación que hubiera de percibir el importe de un día de Salario por cada día de retraso en el preaviso.

8.3. En caso de resolución por causa no justificable imputable al Trabajador, la Productora podrá, además, exigir, en concepto de indemnización, la obligación de pago de todos y cuantos gastos hubiera tenido que sufragar por esta causa, incluso los daños y perjuicios propios o con terceros que por el mismo motivo pudieran derivarse del retraso en el estreno o de la paralización del rodaje con carácter temporal o definitivo, si la importancia del Trabajador así lo condicionara.

8.4. Además, Trabajador podrá resolver unilateralmente el Contrato en el caso de que se produzca un retraso grave e injustificado por la Productora de las retribuciones pactadas en este Contrato en las fechas señaladas.

8.5. Con arreglo al artículo 45.1.b del Estatuto de los Trabajadores las causas concretas que se delimitan en el presente Contrato como causas de suspensión del mismo son las siguientes:

(i) En el caso de que la producción sufra un parón por cualquier circunstancia técnica/productiva de carácter imprevisible, y/o externa a la Productora, incluidas las que sean debidas a causas de fuerza mayor, así como a la crisis, el Contrato se suspenderá por el tiempo durante el que no se estén llevando a cabo los trabajos por los que ha sido contratado. Considerando que la prestación de servicios del trabajador se producirá durante un corto espacio de tiempo, la suspensión del contrato será siempre proporcional y coherente con la duración que se tiene prevista para la producción

(ii) La indisponibilidad temporal, por cualquier motivo, de algún miembro del personal contratado para la producción o parte de la Productora sin la presencia del cual no sea posible continuar el rodaje. El contrato de trabajo quedará suspendido hasta que el mismo esté disponible o bien la Productora haya encontrado una solución artística que le permita poder sustituirlo sin que el resultado final de la Serie se vea perjudicado conforme a lo inicialmente previsto.

8.6. Las referidas suspensiones no se reputarán como causa válida de resolución del Contrato ni serán susceptibles de indemnización entre las partes, pudiendo la Productora suspender los servicios del Trabajador durante dicho período de tiempo y reanudándose en el momento en que la Productora reanude la producción de la Serie. Si por la misma razón deviniese imposible la ejecución de este Contrato, la Productora no tendrá responsabilidad de indemnizar por ello al Trabajador, más allá del pago de las cantidades devengadas en proporción a los trabajos realizados hasta dicho momento por el Trabajador, y no perjudicará el otorgamiento exclusivo de derechos a la Productora que sean inherentes y que correspondan a los resultados y producto de los servicios prestados por el Trabajador al amparo del presente Contrato.

8.7. Igualmente, la Productora podrá resolver de forma anticipada el presente Contrato en aquellos casos en los que la producción se suspenda de forma definitiva por causa de fuerza mayor o por exigencia legal como incumplimiento contractual de terceros, o por cualquier cuestión que imposibilite de forma definitiva la continuación de la producción, situaciones concursales o por abandono de la producción al carecer de financiación suficiente. En tales supuestos, el Trabajador no tendrá derecho a percibir compensación alguna, limitándose a hacer suyas las cantidades devengadas hasta el momento.

NOVENA.– CESIÓN

9.1. La Productora está facultada para ceder el presente Contrato y todos o parte de los derechos otorgados a la Productora en virtud del presente Contrato a cualesquiera otras personas físicas y/o jurídicas, siempre que así se lo notifique al Trabajador y en cumplimiento de la normativa laboral vigente, por lo que este Contrato deberá ser vinculante y recaerá en beneficio de todos los sucesores de la Productora, así como de sus licenciatarios y cesionarios.

DÉCIMA.– SEGURIDAD E HIGIENE EN EL TRABAJO

10.1. En cumplimiento de lo establecido en los artículos 18 y 19 de la Ley 31/1995, de 8 de Noviembre, de Prevención de Riesgos Laborales (la "**Ley de Prevención de Riesgos Laborales**"), el Trabajador reconoce haber recibido junto con el presente Contrato laboral el Manual de Prevención de Riesgos Laborales elaborado para la producción de la Serie ...., habiendo sido informado por la Productora tanto de los riesgos que afectan a su trabajo, como de las medidas de protección y prevención aplicadas a dichos riesgos, comprometiéndose al debido cumplimiento de dichas medidas. Asimismo, el Trabajador acepta el compromiso que se le solicita de:

(i) Usar adecuadamente, de acuerdo con su naturaleza y los riesgos previsibles, las máquinas, aparatos, herramientas, sustancias peligrosas, equipos de transporte y, en general, cualesquiera otros medios con los que desarrolle su actividad.

(ii) Utilizar correctamente los medios y equipos de protección facilitados por la Productora, de acuerdo con las instrucciones que se le entregue al respecto.

(iii) Informar de inmediato al Director de Producción de la Serie .... (o a su sustituto) en caso de incendio y/o accidente, o de cualquier situación que, a su juicio, entrañe, por motivos razonables, un riesgo para la seguridad y la salud de los trabajadores.

10.2. Así mismo, en cumplimiento de lo dispuesto en el artículo 22 de la Ley de Prevención de Riesgos Laborales y del artículo 35 del Convenio Colectivo, el Trabajador manifiesta haber sido informado por la Productora con anterioridad a la firma del presente Contrato sobre sus derechos en materia de Vigilancia de la Salud y, específicamente, sobre el derecho que le asiste a la realización de exámenes de salud y/o reconocimientos médicos periódicos y, a este respecto, el Trabajador expresamente comunica a la Productora su libre, voluntaria y expresa decisión de:

- No realizar reconocimiento médico, salvo obligación legal, en los términos del artículo 22.1 de la Ley de Prevención de Riesgos Laborales.
- Realizar reconocimiento médico.

10.3. Situación generada por la crisis................ (CRISIS). Debido a la situación de emergencia de salud pública ocasionada por la crisis, el Trabajador se hace responsable de cumplir con todas las medidas y restricciones establecidas en el ámbito nacional.

Las medidas contenidas en este apartado serán revisadas, actualizadas y adecuadas a medida que vayan modificándose en el territorio nacional y, en todo caso, serán complementarias a las medidas contenidas en la Ley 31/1995, de 8 de noviembre, de Prevención de Riesgos Laborales y su normativa de desarrollo.

El Trabajador se compromete a informar a la Productora en caso de mostrar sintomatología asociada a la enfermedad de la crisis o sospecha de ello y, en este caso, permanecerá en cuarentena en su domicilio, sin acudir presencialmente al lugar de rodaje.

El Trabajador se compromete a respetar la distancia de seguridad mínima de dos metros en el desempeño de su trabajo siempre que sea posible y a utilizar los equipos de protección que se le proporcionen. En los casos en que la naturaleza del trabajo no permita respetar la distancia interpersonal ni el uso de equipos de protección adecuados al nivel de riesgo, se comprometerá a cumplir con las medidas de seguridad diseñadas por la Productora para cada caso particular a partir de las recomendaciones de las autoridades sanitarias.

El Trabajador se compromete a cumplir con las medidas de higiene que le imponga o recomiende la Productora en el ejercicio de su actividad.

Las Partes acuerdan que, teniendo en cuenta la situación actual de la crisis, así como la posibilidad de que se aprueben futuras medidas y restricciones para combatir los efectos de la crisis que podrían afectar tanto a los ensayos, como a la preparación de la producción, o incluso al propio rodaje, es imposible prever el desarrollo de la situación durante las fechas en las que tendrán lugar los ensayos y el rodaje. A estos efectos, en caso de que, debido a dicha situación, la Productora se vea obligada a suspender la producción por ser imposible garantizar un óptimo desarrollo en la continuación de la misma, el Trabajador se compromete a reincorporarse a los ensayos y/o rodaje de la Serie cuando la Productora le indique que estos se reanudan, siempre y cuando la situación y las medidas de prevención lo permitan.

El Trabajador acuerda no exigir una remuneración adicional la Productora en el caso de que esta situación de fuerza mayor afectase a la producción de la Serie, comprendiendo que se trata de una circunstancia imprevisible para la Productora en el momento de celebración del presente Contrato.

La Productora quedará eximida de cualquier responsabilidad por daños y perjuicios o de cualquier otra penalización que se funde en la suspensión del presente Contrato a los efectos mencionados en esta Cláusula. Esta dispensa será efectiva desde que exista el impedimento que paralice, obstaculice o retrase la producción de la Serie.

Las razones de interrupción y/o suspensión del rodaje y el tiempo de cada interrupción o suspensión deberán ser debidamente acreditadas al Trabajador.

Queda bien entendido entre las Partes que el incumplimiento grave por parte del Trabajador de las obligaciones contenidas en el presente apartado puede dar lugar a su despido por causas justificadas.

DECIMOPRIMERA.– GARANTÍAS Y RESPONSABILIDADES

11.1. El Trabajador manifiesta y garantiza que:

a) no existe ni existirá ninguna carga, gravamen u obstáculo a la cesión a la Productora y al ejercicio por la Productora de los derechos de propiedad intelectual e industrial y derechos de imagen cedidos por el Trabajador a la misma que pudiera causar un perjuicio, prohibir o limitar de alguna manera la explotación pacífica, en todo o en parte, de los Episodios y la Serie por parte de la Productora o sus cesionarios;

b) no ha asumido ni asumirá ningún compromiso profesional o de otro tipo que pudiera impedir o limitar la previsión completa y adecuada de los Servicios objeto del presente Contrato;

c) no ha llevado a cabo ni llevará a cabo ninguna acción que pudiera perjudicar o prevenir el libre y total ejercicio de los derechos cedidos a la Productora en virtud del presente Contrato.

d) no realizará ninguna acción que pudiera perjudicar a la buena imagen y reputación de la Serie y, en general, de la Productora y/o de cualquiera de sus cesionarios o licenciatarios.

11.2. El Trabajador renuncia expresamente a cualquier tipo de medida cautelar que le permita impedir la comercialización, reproducción, comunicación, exhibición y/o cualquier otra forma de explotación y/o uso de la Serie, las obras derivadas de sus aportaciones creativas o donde se incorporen, y/o productos y resultados de los servicios del Trabajador bajo el presente Contrato.

11.3. El Trabajador responderá en exclusiva frente a cualquier acción o reclamación de terceros que se produzca con motivo o como consecuencia del incumplimiento de las obligaciones del Trabajador previstas en este Contrato, o bien de la cesión y/o ejercicio de los derechos otorgados a la Productora mediante el presente Contrato.

11.4. El Trabajador garantiza que todas las acciones y/o recursos que pudiera ejercitar como consecuencia de cualquier contingente que tuviera causa en el Contrato, serán exclusivamente contra la Productora, sin que en ningún caso pueda ejercitar acción alguna contra los coproductores ni sus inversores, sean estos personas físicas o jurídicas.

DÉCIMOSEGUNDA.– TÍTULOS DE CRÉDITO

12.1. El Trabajador figurará de la siguiente forma: A juicio de la Productora y según los usos del sector. Todos los aspectos relacionados con el crédito están sujetos a la aprobación, en su caso, de cualquier distribuidor, cesionario o sindicato que corresponda, así como a las directrices de la cadena o plataforma encargada de la emisión o explotación de la Serie.

DÉCIMOTERCERA.– CONFIDENCIALIDAD

13.1. Las Partes acuerdan que será considerada "**Información Confidencial**" la propia existencia del Contrato, así como los términos y condiciones aquí estipulados, y toda aquella información que haya conocido el Trabajador con ocasión de su trabajo y participación en la Serie .... Asimismo, la Información Confidencial incluirá todos aquellos datos e informaciones relativos al proceso de producción de la Serie ...., tales como, sin carácter exhaustivo, el argumento, el guion, los personajes, el rodaje, el reparto, el equipo técnico y de producción, el presupuesto, las localizaciones, la ambientación, la caracterización, las anécdotas o acontecimientos acaecidos durante la producción, las vidas privadas de los intervinientes en la producción, o cualquier otro elemento o circunstancia de la producción. Asimismo, la Información Confidencial incluirá datos e informaciones relativos a la Productora, tales como, sin carácter exhaustivo, información comercial, económica o industrial, información sobre empleados, contratistas, clientes, posibles clientes y/o proveedores o estrategia comercial y financiera, información relativa a secretos comerciales, marcas, nombres comerciales, diseños, know-how, prototipos, planos, carteles publicitarios, datos de carácter personal o cualquier otro tipo de información relativa a la Productora.

13.2. El Trabajador se compromete a mantener la Información Confidencial secreta y a no revelar la misma, total o parcialmente, a cualesquiera terceros que no sean sus representantes y empleados, salvo que así fuera requerido por una orden judicial o administrativa, en cuyo caso las Partes igualmente se comprometen a comunicarse, con carácter previo tal circunstancia, la existencia de dicho mandato judicial o administrativo, por escrito, de forma inmediata, procurando restringir en la medida de lo posible el contenido de dicha revelación.

13.3. Asimismo, el Trabajador se compromete a no comunicar a terceras personas información acerca de la producción, el contenido del Guion, el rodaje o cualquier otra circunstancia relativas al proyecto, a la Serie .... y a la Productora o la Compañía, sin expresa autorización previa y escrita de la Productora. Cualquier comunicación pública o declaración sobre el Guion, y/o la Serie .... tendrá que ser aprobada y consensuada por la Productora.

13.4. El Trabajador reconoce expresamente que la Información Confidencial es propiedad de la Productora. El Trabajador se compromete a utilizar la Información Confidencial que reciba o conozca únicamente en la medida necesaria para la prestación de sus servicios en virtud del presente Contrato. El Trabajador se obliga, asimismo, a no hacer un uso no autorizado de la Información Confidencial, y a notificar inmediatamente a la Productora, cualquier revelación o uso no autorizado de la Información Confidencial de la que tenga conocimiento. En este sentido, el Trabajador se compromete, en particular, a no divulgar la Información Confidencial a través de redes sociales, servicios de *micro-blogging*, foros en línea, hilos de discusión o secciones de comentarios, sitios web personales, sitios web modificados por usuarios o cualquier otro sitio web, plataforma, foro, aplicación o medio de comunicación actualmente conocido o desarrollado con posterioridad.

13.5. Del mismo modo, el Trabajador reconoce y acepta que la Información Confidencial tienen un valor económico independiente que se deriva del hecho de no ser conocida por el público en general o por otras personas que puedan obtener un valor económico de su divulgación, distribución o uso. Asimismo, el Trabajador reconoce y acepta que cualquier incumplimiento por su parte con respecto a la Información Confidencial supondrá un perjuicio irreparable para la Productora, no fácilmente mensurable en dinero, y por el que la Productora, sin renunciar a otros derechos o recursos que les asistan, tendrán derecho a solicitar medidas cautelares y de resarcimiento.

13.6. Sin perjuicio de lo anterior, en caso de incumplir el Trabajador con lo dispuesto en esta Cláusula, la Productora se reserva el derecho a finalizar la presente relación, así como a exigirle cuantos daños y perjuicios le haya causado dicho incumplimiento del Trabajador.

13.7. El Trabajador responderá e indemnizará a la Productora, por cualquier reclamación, coste, pérdida, daño o responsabilidad exigida a la Productora como consecuencia directa o indirecta del incumplimiento por parte del Trabajador de las obligaciones contempladas en la presente Cláusula.

13.8. El Trabajador reconoce y acepta que el incumplimiento de lo dispuesto en la presente Cláusula dará lugar a la obligación de restituir a la Productora la totalidad de la Información Confidencial y/o podrá dar lugar a la resolución del presente Contrato.

13.9. La obligación de confidencialidad prevista en esta Cláusula se mantendrá en vigor durante toda la duración del presente Contrato y por tiempo indefinido tras su pérdida de vigencia o resolución por cualquier causa.

13.10. A petición de la Productora en cualquier momento durante la vigencia de este Contrato y tras su terminación, el Trabajador se compromete a devolver inmediatamente la Información Confidencial correspondiente a su legítimo propietario.

13.11. Sin perjuicio de lo previsto en esta cláusula, la resolución o terminación del presente Contrato por cualquier causa no afectará a la obligación de confidencialidad, a las garantías otorgadas por el Trabajador, a la renuncia a solicitar medidas cautelares o medidas que impidan la explotación de la Serie, a la cesión de derechos de propiedad intelectual, otros derechos de comercialización (*merchandising*, explotaciones accesorias, conexas y derivadas, etc.) y demás autorizaciones y cesiones previstas en el presente Contrato a favor de la Productora, así como a cualesquiera disposiciones que expresamente establezcan la supervivencia tras la terminación del Contrato o una duración determinada, las cuales se mantendrán vigentes en sus mismos términos.

DÉCIMOCUARTA.– PROTECCIÓN DE DATOS PERSONALES

14.1. Las Partes garantizan que conocen y aplican las obligaciones establecidas por el Reglamento (UE) 2016/679 del Parlamento europeo y del Consejo de 27 de abril de 2016 relativo a la protección de las personas físicas en lo que respecta al tratamiento de datos personales y a la libre circulación de estos datos y por el que se deroga la Directiva 95/46/CE (el "**RGPD**") y de la Ley Orgánica de diciembre, de Protección de Datos Personales y garantía de los derechos digitales (la "**LOPDGDD**").

14.2. La Productora declara que los datos de contacto del Trabajador serán tratados para posibilitar el desarrollo y ejecución de la relación laboral, estando el tratamiento de datos amparado en el interés legítimo de las Partes.

14.3. La finalidad de dicho tratamiento es gestionar de manera adecuada la relación laboral existente entre la Productora y el Trabajador en todos sus aspectos y, en particular; permitir la inclusión de la información profesional de los empleados en propuestas de servicios, contratos, informes o comunicaciones con terceros con los que la Productora mantenga relaciones comerciales, como consecuencia de la participación de los empleados en dichas relaciones comerciales y/o profesionales; control de accesos/salidas en las instalaciones de la Productora y/o lugares de rodaje y para la gestión de cualesquiera otras medidas de seguridad (tarjetas de acceso, cámaras de vigilancia, etc.); permitir la comunicación entre la Productora y sus empleados y entre estos mismos, principalmente por teléfono y correo electrónico; gestión de bonificaciones a los empleados; elaborar las nóminas; gestionar la formación a recibir por su personal y llevar a cabo la gestión de las actividades administrativas, fiscales y contables derivadas de su relación con sus empleados. Y, con carácter general, tratar los datos de sus empleados para el cumplimiento de cualesquiera otras obligaciones que pudieran derivarse para la Productora del cumplimiento tanto de la legislación vigente como de los Convenios Colectivos que resulten de aplicación. La legitimidad de dicho tratamiento se encuentra tanto en la necesaria gestión de la relación jurídica existente entre la Productora y el Trabajador como empleado de la misma, como el consentimiento expreso otorgado por este al firmar el presente Contrato.

14.4. Los datos personales de las Partes serán conservados durante toda la vigencia de la relación laboral, y más allá de la misma, durante los plazos de prescripción necesarios en función de la legislación aplicable.

14.5. Las Partes podrán dirigirse mutuamente con el fin de poder ejercitar sus derechos de acceso, rectificación, supresión, oposición, portabilidad de los datos, y limitación del tratamiento a la dirección facilitad en el encabezado del presente documento adjuntando copia de DNI o pasaporte.

14.6. Asimismo, y en el supuesto de que las Partes incumplan sus obligaciones legales en materia de protección de datos, tienen derecho a presentar una reclamación ante la Agencia Española de Protección de Datos.

DÉCIMOQUINTA.– MISCELÁNEA

15.1. El presente Contrato y, en su caso, todos sus anexos constituyen un acuerdo completo entre las Partes en relación con el contrato de trabajo de obra o servicio determinado y cesión de derechos de propiedad intelectual e industrial y de cualquier otra naturaleza contemplados en el presente Contrato y únicamente podrá ser modificado en virtud de un documento escrito firmado por las Partes. A efectos aclaratorios, en caso de conflicto con la traducción inglesa del presente documento, la versión española prevalecerá.

15.2. Cualquier modificación que afecte al presente Contrato o, en su caso, a sus anexos deberán realizarse por escrito para ser efectivos. Ninguna práctica, omisión o negligencia pasiva constituirá fundamento para poder modificar el presente Contrato.

15.3. Si alguna parte, término o disposición del presente Contrato se declarara ilegal, nulo o inválido, será eliminado y las Partes intentarán solucionarlo acordando una disposición aplicable que la sustituya, permaneciendo en vigor el resto de disposiciones.

15.4. El presente Contrato no constituye asociación entre las Partes contratantes y, no podrá deducirse la misma con respecto a terceros.

15.5. Las precitadas cesiones y cualesquiera otras manifestaciones y garantías contenidas en el presente Contrato seguirán vigentes aun cuando se produzca una terminación o resolución del Contrato.

15.6. Cada una de las Partes faculta a la otra Parte para que pueda elevar a público el presente Contrato, asumiendo el coste la Parte solicitante y quedando obligada la otra Parte a realizar cuantas gestiones sean necesarias para tal fin.

DÉCIMOSEXTA.– LEGISLACIÓN APLICABLE Y FUERO

16.1. El presente Contrato deberá interpretarse y cumplirse de conformidad con la legislación española, y en particular con el régimen laboral aplicable y con la legislación relativa a los derechos de propiedad intelectual e industrial.

16.2. Las Partes expresa y voluntariamente acuerdan someterse a los tribunales de la ciudad de .... para la resolución de cualesquiera controversias o disputas que pudieran resultar de la interpretación y cumplimiento del presente Contrato, renunciando expresamente a cualquiera otro fuero que, en su caso, pudieran corresponderles.

En virtud de cuanto antecede, las Partes firman el presente Contrato por duplicado, previa su lectura íntegra, el cual declaran entender y con cuyo contenido están conformes, en la fecha indicada en el encabezamiento.

LA PRODUCTORA	EL TRABAJADOR
Fdo.: [*]	Fdo.: Don [*]

F014. CONTRATO LABORAL DE DURACIÓN DETERMINADA COMO AYUDANTE DE BUSQUEDA DE LOCALIZACIONES

En [*], a [*] de 20[*]

REUNIDOS

De una parte,

Don [*], con D.N.I. nº [*], en representación de, [*] con domicilio social y fiscal en calle [*] número CIF [*], (la "**Productora**").

Y, de otra parte,

Don [*], mayor de edad, con NIF: [*], y domicilio en [*], actuando en su propio nombre y derecho (el "**Trabajador**")

De igual forma, y en lo sucesivo, la Productora y el Trabajador podrán ser denominados conjuntamente como las "**Partes**" e individualmente como la "**Parte**".

Ambas Partes manifiestan que sus facultades están vigentes, y que no han sido limitadas, revocadas ni suspendidas por lo que cuentan con la capacidad legal necesaria y suficiente para la formalización del presente contrato y, al efecto,

DECLARAN

I. Que la Productora es una entidad mercantil dedicada, entre otras actividades, a la producción de obras cinematográficas y audiovisuales y está llevando a cabo el desarrollo de la producción extranjera de la segunda temporada del proyecto de serie de televisión titulado provisionalmente "[*]", compuesta de [*], de una duración de 45 minutos (la "**Serie"**), por encargo de [*] (la "**Compañía**"), basada en la serie de televisión "[*] (el "**Proyecto**").

II. Que la Productora está interesada en contratar al Trabajador como Ayudante de localización de la Serie, bajo las condiciones previstas en este documento.

III. Que el Trabajador está interesado en formalizar el presente contrato de duración determinada por realización de obra o servicios determinados.

IV. Que en caso de que los servicios prestados por el Trabajador sean susceptibles de generar derechos de propiedad intelectual, el Trabajador está en disposición de ceder a la Productora todos los derechos de explotación que pueda ostentar sobre sus aportaciones creativas a la Serie, conforme al Real Decreto Legislativo 1/1996, de 12 de abril, por el que se aprueba el Texto Refundido de la Ley de Propiedad Intelectual, regularizando, aclarando y armonizando las disposiciones legales vigentes sobre la materia (el "**TRLPI**").

V. Que el presente contrato se somete a la normativa laboral vigente, en especial en lo relativo a los contratos de duración determinada, al Real Decreto Legislativo 2/2015, de 23 de octubre, por el que se aprueba el texto refundido de la Ley del Estatuto de los Trabajadores (el "**Estatuto de los Trabajadores** ") y al Real Decreto 2720/98, de 18 de diciembre, así como al II Convenio Colectivo de la industria de la producción audiovisual (técnicos) (el "**Convenio Colectivo**").

VI. Que las Partes reúnen las condiciones necesarias para la celebración del presente contrato (el "**Contrato**") y acuerdan formalizarlo de acuerdo a las siguientes:

CLÁUSULAS

PRIMERA.– OBJETO.

1.1. El Trabajador prestará sus servicios como "personal técnico", como AYUDANTE DE LOCALIZACIONES, para realizar las funciones inherentes en lo relativo a la producción de la Serie en el centro de trabajo de la Productora y/o en cualesquiera otros lugares del ámbito nacional y/o internacional se consideren necesarios con ocasión de la producción de la Serie.

1.2. De forma no exhaustiva, se exponen a continuación las tareas que se desprenden de su categoría:

- Apoyo al jefe de localizaciones en las gestiones necesarias en relación con la negociación y cierre de contratos de arrendamiento o localización con anterioridad al rodaje en dicha localización, así como las relativas a la solicitud y obtención de los permisos y/o autorizaciones necesarias para el rodaje en las distintas localizaciones, siendo de su responsabilidad la obtención de estas en los tiempos marcados por la Productora.
- Apoyo al jefe de localizaciones en la obtención de cualesquiera autorizaciones del titular de la localización que sean necesarias para la utilización del nombre real de la localización, siendo de su responsabilidad la obtención de estas en los tiempos marcados por la Productora.
- Ayuda, junto con el jefe de localizaciones, en la coordinación del resto de personal técnico de localización que se encuentren a cargo de la Productora y toma de decisiones con respecto a las negociaciones y contratos que se vayan a formalizar para cada localización.
- Todas aquellas que de acuerdo con su cualificación profesional le sean encomendadas por la Productora.

1.3. La Productora se reserva la facultad de modificar el título inicial de la Serie, sin que ello implique modificación alguna de la relación jurídica establecida entre las partes.

SEGUNDA.– JORNADA LABORAL

2.1. La jornada laboral y horarios serán los que establezca la Productora de acuerdo con la legislación vigente, el plan de trabajo inicialmente previsto y las necesidades posteriores que surjan durante su ejecución. Asimismo, el Trabajador reconoce no estar sujeto a un horario determinado y extenderá su jornada ordinaria de trabajo cuando así lo requieran sus obligaciones para cumplir los compromisos de la Productora, pudiéndose incluir la posibilidad de realizar trabajo nocturno conforme a las necesidades de producción de la Serie así como incluir días festivos que se determinarán según el calendario laboral del lugar donde esté el lugar de trabajo. Sin embargo, bajo ninguna circunstancia la Productora podrá exigir que el Trabajador realice servicios de forma que excedan de la práctica habitual y/o de lo establecido en el Convenio Colectivo y cualquier otra normativa que aplique.

2.2. La jornada de trabajo comenzará a regir a partir de la hora de citación en los lugares de trabajo.

TERCERA.– SEGURIDAD SOCIAL

2.1. El Trabajador será dado de alta en la Seguridad Social, en la categoría profesional correspondiente, por los días en los que preste sus servicios.

2.2. El Trabajador causará alta y baja en Seguridad Social a lo largo de la producción tantas veces como requiera su participación en la Serie y siempre que la Productora requiera de la prestación de sus servicios, sin la necesidad de redactar un nuevo contrato por cada periodo dado que trabajará siempre para la misma producción.

CUARTA.– LUGAR DE TRABAJO

4.1. El rodaje de la Serie se prevé inicialmente en .... y/o en cualquier otro ámbito geográfico, nacional y/o internacional, a juicio de la Productora y según el plan de rodaje que el Trabajador declara conocer.

4.2. El tiempo de desplazamiento entre el centro de actividades de producción y el lugar de citación no computará como jornada de trabajo, siempre y cuando el desplazamiento de ida y vuelta no exceda de *hora y media* y siempre que la distancia entre ambos lugares no sea superior a 50 kilómetros.

4.3. Cuando el Trabajador deba desplazarse a municipio distinto de ...., los gastos de transporte correrán a cargo de la Productora y, si fuera necesario pernoctar, también los normales de manutención y estancia según se establece en el Convenio Colectivo.

QUINTA.– RETRIBUCIÓN

5.1. El Trabajador percibirá como remuneración total, por todos los conceptos durante la vigencia del presente Contrato, la cantidad bruta de [*] Euros/mes (el "**Salario**"). El pago se realizará mensualmente, a mes vencido, mediante transferencia bancaria en los CINCO (5) primeros días del mes siguiente.

5.2. El Salario incluye todos los conceptos a los que el Trabajador tenga derecho por sus servicios (incluyendo todos los conceptos salariales: salario base, parte proporcional por pagas extras, parte proporcional por vacaciones, plus de disponibilidad, nocturnidad, la indemnización prevista en el art. 49.1c. del Estatuto de los Trabajadores, y resto de emolumentos legales, y, en particular, la retribución debida por la cesión del Trabajador de los derechos conforme a lo dispuesto en la Cláusula 7).

5.3. Las Partes manifiestan y aceptan que, con el pago de la última nómina, y siempre y cuando se hayan cumplido todas las obligaciones conforme a lo establecido en el presente contrato, el Trabajador formalizará la declaración adjunta al presente, a los efectos de declarar que las prestaciones de servicios se han prestado correctamente.

5.4. Los impuestos y gravámenes sobre el Salario del Trabajador se pagarán por las partes de acuerdo con lo establecido en la legislación vigente, deduciéndose del Salario las cantidades que establezcan las normas vigentes.

SEXTA.– DURACIÓN

6.1. El Trabajador prestará sus servicios desde el [*] (el "**Inicio de Trabajo**") hasta la finalización de los servicios del Trabajador en la Serie, a juicio exclusivo de la Productora, cuya fecha inicialmente prevista es el [*] (el "**Fin de Trabajo**").

6.2. La Productora podrá retrasar hasta un máximo de treinta (30) días la fecha prevista para iniciar el período de prestación de servicios del Trabajador. Si la Productora hiciese uso de esta facultad, habrá de comunicarlo al Trabajador con 5 días de antelación a la fecha prevista para iniciar el trabajo, indicando en dicha comunicación la nueva fecha en que deberá empezar su labor. En consecuencia, la fecha de finalización se retrasaría por el mismo número de días con respecto a la fecha fijada en un principio.

6.3. En el caso de que los trabajos encomendados al Trabajador deban realizarse en dos (2) periodos temporales diferenciados, la Productora comunicará al Trabajador el momento de interrupción y el Contrato se suspenderá hasta que la Productora comunique su reanudación.

6.4. Si una vez finalizado el período aproximado antes señalado no hubiesen concluido los trabajos objeto del mismo, éste se entenderá tácitamente prorrogado hasta la conclusión de aquellos.

6.5. El plazo de vigencia antes reseñado se entiende que es un periodo de compromiso, ya que sólo tendrán la consideración de día trabajado a todos los efectos, aquellos días en que el Trabajador efectivamente preste sus servicios para la Serie ....

6.6. Se establece el periodo de prueba de aplicable según el Convenio Colectivo vigente de aplicación. El cómputo de periodo de prueba se interrumpirá si el Trabajador se ve afectado por las situaciones de incapacidad temporal, maternidad o acogimiento.

6.7. La duración del Contrato será determinada y se extenderá desde el Inicio de Trabajo hasta el Fin de Trabajo o con anterioridad a ese momento en los supuestos de resolución o suspensión previstos en la Cláusula 8.

6.8. En caso de que, por causas de fuerza mayor, huelga o dificultades ajenas a la voluntad de la Productora se retrasara o suspendiera el rodaje de la Serie, la Productora tendrá la facultad de (i) diferir la fecha de comienzo del mismo, (ii) de suspender temporalmente los trabajos de producción o (iii) de resolver el presente Contrato. Si la Productora opta por la suspensión, el Contrato quedará sin efecto hasta el momento en que legal y razonablemente resulte factible reanudar los trabajos y la duración de este Contrato se considerará automáticamente prorrogada por igual período de tiempo al de la suspensión más el tiempo necesario de reanudación de los trabajos. La misma prórroga se entenderá producida en el caso de que se opte por diferir la fecha de comienzo del rodaje.

SÉPTIMA.– CESIÓN DE DERECHOS DE PROPIEDAD INTELECTUAL E INDUSTRIAL Y AUTORIZACIÓN PARA EL USO DE IMAGEN Y/O VOZ

7.1. Si como consecuencia de la labor del Trabajador para la Serie resultara material creativo que pueda tener la consideración de obra o prestación en los términos previstos en la vigente Ley de Propiedad Intelectual (el "**Material Creativo**"), el Trabajador cede de forma expresa e irrevocable a la Productora y/o terceros productores de la Serie ...., cesionarios y/o licenciatarios de derechos, en exclusiva y sin limitaciones de ningún tipo, por todo el tiempo de duración de los derechos de explotación sobre dicho Material Creativo de conformidad con el TRLPI y para todo el territorio mundial, con la facultad de cesión total o parcial, licencia y/o autorización a terceros, la totalidad de los derechos de explotación sobre dicho Material Creativo, tanto en su versión final como en cualesquiera de sus versiones previas y/o borradores, incluyendo cualquier personaje, diseño, boceto, dibujo realizado en el curso de su trabajo y/o cualesquiera otros. Los derechos de propiedad intelectual e industrial cedidos por el Trabajador, tienen por finalidad la explotación, por la Productora y/o terceros productores de la Serie ...., cesionarios y/o licenciatarios de derechos, del Material Creativo mediante su integración en la Serie .... u obras derivadas o de forma independiente y/o aislada de la misma, en cualquier formato o soporte y por cualquier sistema, procedimiento o modalidad, con carácter gratuito o mediante contraprestación, conocido o que se invente en el futuro. Esta cesión de derechos se realiza a tanto alzado y ha sido tenida en cuenta al negociar el Salario pactado en la cláusula tercera del presente Contrato. El Trabajador no tendrá derecho a exigir a la Productora ningún tipo de compensación adicional como consecuencia de la mencionada cesión de derechos.

7.2. El Trabajador reconoce que corresponde a la Productora la plena titularidad de los derechos de propiedad intelectual sobre la Serie y se compromete a no utilizar ningún elemento, secuencia o fragmento de la misma sin previa autorización por escrito de la Productora. Asimismo, corresponden a la Productora los derechos de explotación de las fotografías que sean realizadas en el proceso de producción de la Serie. La decisión final sobre los contenidos, fotogramas y/o grabaciones a incluir en la versión definitiva de la Serie, así como su duración y la elección de los colaboradores y resto de intervinientes, corresponderá en exclusiva a la Productora. La decisión final sobre los contenidos, fotogramas y/o grabaciones a incluir en la versión definitiva de la Serie, así como su duración y la elección de los colaboradores y resto de intervinientes, corresponderá en exclusiva a la Productora.

7.3. Igualmente, el Trabajador autoriza a la Productora a utilizar sus derechos de imagen, nombre, voz, fotografía, retrato e imagen física y/o currículum, reproducida o generada por cualquier medio, su biografía, así como expediente Trabajador, tanto para fines de promoción, explotación y comercialización de la Serie ...., como de aquellas otras de las que ésta sea obra antecedente, o promoción de la propia actividad genérica de la Productora, lo que expresamente incluye la facultad de fijar su imagen y sonido para la producción de programas de televisión o fragmentos de la clase de "making of", "los mejores momentos" o documentales sobre la Serie. A tal efecto, el Trabajador autoriza a la Productora para que ésta pueda reproducir, distribuir y comunicar públicamente, total o parcialmente, tales fotografías y grabaciones por plazo ilimitado y para todo el mundo, por sí misma o por medio de cesión a un tercero.

7.4. El Trabajador garantiza que su contribución y sus aportaciones a la Serie ...., incluyendo el Material Creativo que se pueda derivar, son originales, que no vulneran derechos de terceros y que no ha realizado ni realizará ningún acto susceptible de impedir o dificultar a la Productora y/o terceros productores de la Serie ...., cesionarios y/o licenciatarios de derechos, el ejercicio pleno y pacífico de los derechos cedidos en virtud del presente Contrato. En el caso de que el Trabajador pretenda incorporar alguna obra preexistente en la Serie ...., deberá solicitar la autorización previa y por escrito de la Productora. En consecuencia, el Trabajador responderá en exclusiva frente a la Productora y/o terceros productores de la Serie ...., cesionarios y/o licenciatarios de derechos, por cualquier acción o reclamación que ejerza cualquier tercero como consecuencia de la cesión y/o ejercicio de los derechos cedidos en virtud del presente Contrato.

7.5. La Productora y/o terceros productores de la Serie, cesionarios y/o licenciatarios de derechos, estarán legitimados para perseguir legalmente, con independencia del Trabajador, las violaciones o infracciones que afecten a los derechos cedidos por el Trabajador en virtud del presente Contrato. No obstante, el Trabajador se compromete a prestar su colaboración a tal efecto cuando le sea solicitada. Asimismo, la Productora y/o terceros productores de la Serie ...., cesionarios y/o licenciatarios de derechos, estarán legitimados para proceder a la inscripción del Material Creativo en los registros de propiedad intelectual e industrial.

7.6. Las cesiones de derechos y las autorizaciones contenidas en este Contrato no podrán ser interpretadas de manera que se entienda que la Productora y/o terceros productores de la Serie, cesionarios y/o licenciatarios de derechos, no ostentan todos los derechos de explotación económica sobre el Material Creativo y/o sobre a la Serie .... a la que se incorpore y/o explotaciones derivadas o que de alguna otra manera estos derechos se hallan limitados, pues de lo contrario se frustraría el fin de este Contrato.

7.7. Los derechos cedidos por el Trabajador serán irrevocables y no podrán estar sujetos a restitución, rescisión y/o resolución o cualquier otro tipo de compensación en caso de incumplimiento del presente Contrato por la Productora. Los derechos del Trabajador, en caso de incumplimiento del presente Contrato por la Productora, se limitarán a posibles reclamaciones de carácter económico, no pudiendo éstas interferir, inhibir, prohibir y/o restringir en forma alguna el desarrollo, distribución y/o explotación de la Serie y/o de cualquiera de los derechos vinculados y accesorios relacionados con la Serie y/o productos derivados o conexos.

7.8. No obstante lo anterior, la Productora y/o terceros productores de la Serie, cesionarios y/o licenciatarios de derechos, no tendrán obligación alguna de producir o explotar la Serie y/o hacer uso de los servicios del Trabajador y/o del Material Creativo, sin que ello conlleve penalización y/o indemnización alguna a favor del Trabajador.

OCTAVA.– RESOLUCIÓN, SUSPENSIÓN E INCUMPLIMIENTO

8.1. La Productora podrá resolver este Contrato en los supuestos contemplados en el Convenio Colectivo y en el Estatuto de los Trabajadores.

8.2. Si el Trabajador desea cesar voluntariamente deberá preavisar a la Productora con una antelación mínima de 15 días. El incumplimiento de este preaviso dará derecho a la Productora a descontarle de la liquidación que hubiera de percibir el importe de un día de Salario por cada día de retraso en el preaviso.

8.3. En caso de resolución por causa no justificable imputable al Trabajador, la Productora podrá, además, exigir, en concepto de indemnización, la obligación de pago de todos y cuantos gastos hubiera tenido que sufragar por esta causa, incluso los daños y perjuicios propios o con terceros que por el mismo motivo pudieran derivarse del retraso en el estreno o de la paralización del rodaje con carácter temporal o definitivo, si la importancia del Trabajador así lo condicionara.

8.4. Además, Trabajador podrá resolver unilateralmente el Contrato en el caso de que se produzca un retraso grave e injustificado por la Productora de las retribuciones pactadas en este Contrato en las fechas señaladas.

8.5. Con arreglo al artículo 45.1.b del Estatuto de los Trabajadores las causas concretas que se delimitan en el presente Contrato como causas de suspensión del mismo son las siguientes:

(i) En el caso de que la producción sufra un parón por cualquier circunstancia técnica/productiva de carácter imprevisible, y/o externa a la Productora, incluidas las que sean debidas a causas de fuerza mayor, así como a crisis............ (CRISIS), el Contrato se suspenderá por el tiempo durante el que no se estén llevando a cabo los trabajos por los que ha sido contratado. Considerando que la prestación de servicios del trabajador se producirá durante un corto espacio de tiempo, la suspensión del contrato será siempre proporcional y coherente con la duración que se tiene prevista para la producción

(ii) La indisponibilidad temporal, por cualquier motivo, de algún miembro del personal contratado para la producción o parte de la Productora sin la presencia del cual no sea posible continuar el rodaje. El contrato de trabajo quedará suspendido hasta que el mismo esté disponible o bien la Productora haya encontrado una solución artística que le permita poder sustituirlo sin que el resultado final de la Serie se vea perjudicado conforme a lo inicialmente previsto.

8.6. Las referidas suspensiones no se reputarán como causa válida de resolución del Contrato ni serán susceptibles de indemnización entre las partes, pudiendo la Productora suspender los servicios del Trabajador durante dicho período de tiempo y reanudándose en el momento en que la Productora reanude la producción de la Serie. Si por la misma razón deviniese imposible la ejecución de este Contrato, la Productora no tendrá responsabilidad de indemnizar por ello al Trabajador, más allá del pago de las cantidades devengadas en proporción a los trabajos realizados hasta dicho momento por el Trabajador, y no perjudicará el otorgamiento exclusivo de derechos a la Productora que sean inherentes y que correspondan a los resultados y producto de los servicios prestados por el Trabajador al amparo del presente Contrato.

8.7. Igualmente, la Productora podrá resolver de forma anticipada el presente Contrato en aquellos casos en los que la producción se suspenda de forma definitiva por causa de fuerza mayor o por exigencia legal como incumplimiento contractual de terceros, o por cualquier cuestión que imposibilite de forma definitiva la continuación de la producción, situaciones concursales o por abandono de la producción al carecer de financiación suficiente. En tales supuestos, el Trabajador no tendrá derecho a percibir compensación alguna, limitándose a hacer suyas las cantidades devengadas hasta el momento.

NOVENA.- CESIÓN

9.1. La Productora está facultada para ceder el presente Contrato y todos o parte de los derechos otorgados a la Productora en virtud del presente Contrato a cualesquiera otras personas físicas y/o jurídicas, siempre que así se lo notifique al Trabajador y en cumplimiento de la normativa laboral vigente, por lo que este Contrato deberá ser vinculante y recaerá en beneficio de todos los sucesores de la Productora, así como de sus licenciatarios y cesionarios.

DÉCIMA.- SEGURIDAD E HIGIENE EN EL TRABAJO

10.1. En cumplimiento de lo establecido en los artículos 18 y 19 de la Ley 31/1995, de 8 de Noviembre, de Prevención de Riesgos Laborales (la "**Ley de Prevención de Riesgos Laborales**"), el Trabajador reconoce haber recibido junto con el presente Contrato laboral el Manual de Prevención de Riesgos Laborales elaborado para la producción de la Serie ...., habiendo sido informado por la Productora tanto de los riesgos que afectan a su trabajo, como de las medidas de protección y prevención aplicadas a dichos riesgos, comprometiéndose al debido cumplimiento de dichas medidas. Asimismo, el Trabajador acepta el compromiso que se le solicita de:

(i) Usar adecuadamente, de acuerdo con su naturaleza y los riesgos previsibles, las máquinas, aparatos, herramientas, sustancias peligrosas, equipos de transporte y, en general, cualesquiera otros medios con los que desarrolle su actividad.

(ii) Utilizar correctamente los medios y equipos de protección facilitados por la Productora, de acuerdo con las instrucciones que se le entregue al respecto.

(iii) Informar de inmediato al Director de Producción de la Serie .... (o a su sustituto) en caso de incendio y/o accidente, o de cualquier situación que, a su juicio, entrañe, por motivos razonables, un riesgo para la seguridad y la salud de los trabajadores.

10.2. Así mismo, en cumplimiento de lo dispuesto en el artículo 22 de la Ley de Prevención de Riesgos Laborales y del artículo 35 del Convenio Colectivo, el Trabajador manifiesta haber sido informado por la Productora con anterioridad a la firma del presente Contrato sobre sus derechos en materia de Vigilancia de la Salud y, específicamente, sobre el derecho que le asiste a la realización de exámenes de salud y/o reconocimientos médicos periódicos y, a este respecto, el Trabajador expresamente comunica a la Productora su libre, voluntaria y expresa decisión de:

- No realizar reconocimiento médico, salvo obligación legal, en los términos del artículo 22.1 de la Ley de Prevención de Riesgos Laborales.
- Realizar reconocimiento médico.

10.3. Situación generada por la crisis............ (CRISIS). Debido a la situación de emergencia de salud pública ocasionada por la crisis, el Trabajador se hace responsable de cumplir con todas las medidas y restricciones establecidas en el ámbito nacional.

Las medidas contenidas en este apartado serán revisadas, actualizadas y adecuadas a medida que vayan modificándose en el territorio nacional y, en todo caso, serán complementarias a las medidas contenidas en la Ley 31/1995, de 8 de noviembre, de Prevención de Riesgos Laborales y su normativa de desarrollo.

El Trabajador se compromete a informar a la Productora en caso de mostrar sintomatología asociada a la enfermedad de la crisis o sospecha de ello y, en este caso, permanecerá en cuarentena en su domicilio, sin acudir presencialmente al lugar de rodaje.

El Trabajador se compromete a respetar la distancia de seguridad mínima de dos metros en el desempeño de su trabajo siempre que sea posible y a utilizar los equipos de protección que se le proporcionen. En los casos en que la naturaleza del trabajo no permita respetar la distancia interpersonal ni el uso de equipos de protección adecuados al nivel de riesgo, se comprometerá a cumplir con las medidas de seguridad diseñadas por la Productora para cada caso particular a partir de las recomendaciones de las autoridades sanitarias.

El Trabajador se compromete a cumplir con las medidas de higiene que le imponga o recomiende la Productora en el ejercicio de su actividad.

Las Partes acuerdan que, teniendo en cuenta la situación actual de la crisis, así como la posibilidad de que se aprueben futuras medidas y restricciones para combatir los efectos de la crisis que podrían afectar tanto a los ensayos, como a la preparación de la producción, o incluso al propio rodaje, es imposible prever el desarrollo de la situación durante las fechas en las que tendrán lugar los ensayos y el rodaje. A estos efectos, en caso de que, debido a dicha situación, la Productora se vea obligada a suspender la producción por ser imposible garantizar un óptimo desarrollo en la continuación de la misma, el Trabajador se compromete a reincorporarse a los ensayos y/o rodaje de la Serie cuando la Productora le indique que estos se reanudan, siempre y cuando la situación y las medidas de prevención lo permitan.

El Trabajador acuerda no exigir una remuneración adicional la Productora en el caso de que esta situación de fuerza mayor afectase a la producción de la Serie, comprendiendo que se trata de una circunstancia imprevisible para la Productora en el momento de celebración del presente Contrato.

La Productora quedará eximida de cualquier responsabilidad por daños y perjuicios o de cualquier otra penalización que se funde en la suspensión del presente Contrato a los efectos mencionados en esta Cláusula. Esta dispensa será efectiva desde que exista el impedimento que paralice, obstaculice o retrase la producción de la Serie.

Las razones de interrupción y/o suspensión del rodaje y el tiempo de cada interrupción o suspensión deberán ser debidamente acreditadas al Trabajador.

Queda bien entendido entre las Partes que el incumplimiento grave por parte del Trabajador de las obligaciones contenidas en el presente apartado puede dar lugar a su despido por causas justificadas.

DECIMOPRIMERA.– GARANTÍAS Y RESPONSABILIDADES

11.1. El Trabajador manifiesta y garantiza que:

a) no existe ni existirá ninguna carga, gravamen u obstáculo a la cesión a la Productora y al ejercicio por la Productora de los derechos de propiedad intelectual e industrial y derechos de imagen cedidos por el Trabajador a la misma que pudiera causar un perjuicio, prohibir o limitar de alguna manera la explotación pacífica, en todo o en parte, de los Episodios y la Serie por parte de la Productora o sus cesionarios;

b) no ha asumido ni asumirá ningún compromiso profesional o de otro tipo que pudiera impedir o limitar la previsión completa y adecuada de los Servicios objeto del presente Contrato;

c) no ha llevado a cabo ni llevará a cabo ninguna acción que pudiera perjudicar o prevenir el libre y total ejercicio de los derechos cedidos a la Productora en virtud del presente Contrato.

d) no realizará ninguna acción que pudiera perjudicar a la buena imagen y reputación de la Serie y, en general, de la Productora y/o de cualquiera de sus cesionarios o licenciatarios.

11.2. El Trabajador renuncia expresamente a cualquier tipo de medida cautelar que le permita impedir la comercialización, reproducción, comunicación, exhibición y/o cualquier otra forma de explotación y/o uso de la Serie, las obras derivadas de sus aportaciones creativas o donde se incorporen, y/o productos y resultados de los servicios del Trabajador bajo el presente Contrato.

11.3. El Trabajador responderá en exclusiva frente a cualquier acción o reclamación de terceros que se produzca con motivo o como consecuencia del incumplimiento de las obligaciones del Trabajador previstas en este Contrato, o bien de la cesión y/o ejercicio de los derechos otorgados a la Productora mediante el presente Contrato.

11.4. El Trabajador garantiza que todas las acciones y/o recursos que pudiera ejercitar como consecuencia de cualquier contingente que tuviera causa en el Contrato, serán exclusivamente contra la Productora, sin que en ningún caso pueda ejercitar acción alguna contra los coproductores ni sus inversores, sean estos personas físicas o jurídicas.

DÉCIMOSEGUNDA.– TÍTULOS DE CRÉDITO

12.1. El Trabajador figurará de la siguiente forma: A juicio de la Productora y según los usos del sector. Todos los aspectos relacionados con el crédito están sujetos a la aprobación, en su caso, de cualquier distribuidor, cesionario o sindicato que corresponda, así como a las directrices de la cadena o plataforma encargada de la emisión o explotación de la Serie.

DÉCIMOTERCERA.– CONFIDENCIALIDAD

13.1. Las Partes acuerdan que será considerada "**Información Confidencial**" la propia existencia del Contrato, así como los términos y condiciones aquí estipulados, y toda aquella información que haya conocido el Trabajador con ocasión de su trabajo y participación en la Serie .... Asimismo, la Información Confidencial incluirá todos aquellos datos e informaciones relativos al proceso de producción de la Serie ...., tales como, sin carácter exhaustivo, el argumento, el guion, los personajes, el rodaje, el reparto, el equipo técnico y de producción, el presupuesto, las localizaciones, la ambientación, la caracterización, las anécdotas o acontecimientos acaecidos durante la producción, las vidas privadas de los intervinientes en la producción, o cualquier otro elemento o circunstancia de la producción. Asimismo, la Información Confidencial incluirá datos e informaciones relativos a la Productora, tales como, sin carácter exhaustivo, información comercial, económica o industrial, información sobre empleados, contratistas, clientes, posibles clientes y/o proveedores o estrategia comercial y financiera, información relativa a secretos comerciales, marcas, nombres comerciales, diseños, know-how, prototipos, planos, carteles publicitarios, datos de carácter personal o cualquier otro tipo de información relativa a la Productora.

13.2. El Trabajador se compromete a mantener la Información Confidencial secreta y a no revelar la misma, total o parcialmente, a cualesquiera terceros que no sean sus representantes y empleados, salvo que así fuera requerido por una orden judicial o administrativa, en cuyo caso las Partes igualmente se comprometen a comunicarse, con carácter previo tal circunstancia, la existencia de dicho mandato judicial o administrativo, por escrito, de forma inmediata, procurando restringir en la medida de lo posible el contenido de dicha revelación.

13.3. Asimismo, el Trabajador se compromete a no comunicar a terceras personas información acerca de la producción, el contenido del Guion, el rodaje o cualquier otra circunstancia relativas al proyecto, a la Serie y a la Productora o la Compañía, sin expresa autorización previa y escrita de la Productora. Cualquier comunicación pública o declaración sobre el Guion, y/o la Serie tendrá que ser aprobada y consensuada por la Productora.

13.4. El Trabajador reconoce expresamente que la Información Confidencial es propiedad de la Productora. El Trabajador se compromete a utilizar la Información Confidencial que reciba o conozca únicamente en la medida necesaria para la prestación de sus servicios en virtud del presente Contrato. El Trabajador se obliga, asimismo, a no hacer un uso no autorizado de la Información Confidencial, y a notificar inmediatamente a la Productora, cualquier revelación o uso no autorizado de la Información Confidencial de la que tenga conocimiento. En este sentido, el Trabajador se compromete, en particular, a no divulgar la Información Confidencial a través de redes sociales, servicios de *micro-blogging*, foros en línea, hilos de discusión o secciones de comentarios, sitios web personales, sitios web modificados por usuarios o cualquier otro sitio web, plataforma, foro, aplicación o medio de comunicación actualmente conocido o desarrollado con posterioridad.

13.5. Del mismo modo, el Trabajador reconoce y acepta que la Información Confidencial tienen un valor económico independiente que se deriva del hecho de no ser conocida por el público en general o por otras personas que puedan obtener un valor económico de su divulgación, distribución o uso. Asimismo, el Trabajador reconoce y acepta que cualquier incumplimiento por su parte con respecto a la Información Confidencial supondrá un perjuicio irreparable para la Productora, no fácilmente mensurable en dinero, y por el que la Productora, sin renunciar a otros derechos o recursos que les asistan, tendrán derecho a solicitar medidas cautelares y de resarcimiento.

13.6. Sin perjuicio de lo anterior, en caso de incumplir el Trabajador con lo dispuesto en esta Cláusula, la Productora se reserva el derecho a finalizar la presente relación, así como a exigirle cuantos daños y perjuicios le haya causado dicho incumplimiento del Trabajador.

13.7. El Trabajador responderá e indemnizará a la Productora, por cualquier reclamación, coste, pérdida, daño o responsabilidad exigida a la Productora como consecuencia directa o indirecta del incumplimiento por parte del Trabajador de las obligaciones contempladas en la presente Cláusula.

13.8. El Trabajador reconoce y acepta que el incumplimiento de lo dispuesto en la presente Cláusula dará lugar a la obligación de restituir a la Productora la totalidad de la Información Confidencial y/o podrá dar lugar a la resolución del presente Contrato.

13.9. La obligación de confidencialidad prevista en esta Cláusula se mantendrá en vigor durante toda la duración del presente Contrato y por tiempo indefinido tras su pérdida de vigencia o resolución por cualquier causa.

13.10. A petición de la Productora en cualquier momento durante la vigencia de este Contrato y tras su terminación, el Trabajador se compromete a devolver inmediatamente la Información Confidencial correspondiente a su legítimo propietario.

13.11. Sin perjuicio de lo previsto en esta cláusula, la resolución o terminación del presente Contrato por cualquier causa no afectará a la obligación de confidencialidad, a las garantías otorgadas por el Trabajador, a la renuncia a solicitar medidas cautelares o medidas que impidan la explotación de la Serie, a la cesión de derechos de propiedad intelectual, otros derechos de comercialización (*merchandising*, explotaciones accesorias, conexas y derivadas, etc.) y demás autorizaciones y cesiones previstas en el presente Contrato a favor de la Productora, así como a cualesquiera disposiciones que expresamente establezcan la supervivencia tras la terminación del Contrato o una duración determinada, las cuales se mantendrán vigentes en sus mismos términos.

DÉCIMOCUARTA.- PROTECCIÓN DE DATOS PERSONALES

14.1. Las Partes garantizan que conocen y aplican las obligaciones establecidas por el Reglamento (UE) 2016/679 del Parlamento europeo y del Consejo de 27 de abril de 2016 relativo a la protección de las personas físicas en lo que respecta al tratamiento de datos personales y a la libre circulación de estos datos y por el que se deroga la Directiva 95/46/CE (el "**RGPD**") y de la Ley Orgánica de Protección de Datos Personales y garantía de los derechos digitales (la "**LOPDGDD**").

14.2. La Productora declara que los datos de contacto del Trabajador serán tratados para posibilitar el desarrollo y ejecución de la relación laboral, estando el tratamiento de datos amparado en el interés legítimo de las Partes.

14.3. La finalidad de dicho tratamiento es gestionar de manera adecuada la relación laboral existente entre la Productora y el Trabajador en todos sus aspectos y, en particular; permitir la inclusión de la información profesional de los empleados en propuestas de servicios, contratos, informes o comunicaciones con terceros con los que la Productora mantenga relaciones comerciales, como consecuencia de la participación de los empleados en dichas relaciones comerciales y/o profesionales; control de accesos/salidas en las instalaciones de la Productora y/o lugares de rodaje y para la gestión de cualesquiera otras medidas de seguridad (tarjetas de acceso, cámaras de vigilancia, etc.); permitir la comunicación entre la Productora y sus empleados y entre estos mismos, principalmente por teléfono y correo electrónico; gestión de bonificaciones a los empleados; elaborar las nóminas; gestionar la formación a recibir por su personal y llevar a cabo la gestión de las actividades administrativas, fiscales y contables derivadas de su relación con sus empleados. Y, con carácter general, tratar los datos de sus empleados para el cumplimiento de cualesquiera otras obligaciones que pudieran derivarse para la Productora del cumplimiento tanto de la legislación vigente como de los Convenios Colectivos que resulten de aplicación. La legitimidad de dicho tratamiento se encuentra tanto en la necesaria gestión de la relación jurídica existente entre la Productora y el Trabajador como empleado de la misma, como el consentimiento expreso otorgado por este al firmar el presente Contrato.

14.4. Los datos personales de las Partes serán conservados durante toda la vigencia de la relación laboral, y más allá de la misma, durante los plazos de prescripción necesarios en función de la legislación aplicable.

14.5. Las Partes podrán dirigirse mutuamente con el fin de poder ejercitar sus derechos de acceso, rectificación, supresión, oposición, portabilidad de los datos, y limitación del tratamiento a la dirección facilitad en el encabezado del presente documento adjuntando copia de DNI o pasaporte.

14.6. Asimismo, y en el supuesto de que las Partes incumplan sus obligaciones legales en materia de protección de datos, tienen derecho a presentar una reclamación ante la Agencia Española de Protección de Datos.

DÉCIMOQUINTA.– MISCELÁNEA

15.1. El presente Contrato y, en su caso, todos sus anexos constituyen un acuerdo completo entre las Partes en relación con el contrato de trabajo de obra o servicio determinado y cesión de derechos de propiedad intelectual e industrial y de cualquier otra naturaleza contemplados en el presente Contrato y únicamente podrá ser modificado en virtud de un documento escrito firmado por las Partes. A efectos aclaratorios, en caso de conflicto con la traducción inglesa del presente documento, la versión española prevalecerá.

15.2. Cualquier modificación que afecte al presente Contrato o, en su caso, a sus anexos deberán realizarse por escrito para ser efectivos. Ninguna práctica, omisión o negligencia pasiva constituirá fundamento para poder modificar el presente Contrato.

15.3. Si alguna parte, término o disposición del presente Contrato se declarara ilegal, nulo o inválido, será eliminado y las Partes intentarán solucionarlo acordando una disposición aplicable que la sustituya, permaneciendo en vigor el resto de disposiciones.

15.4. El presente Contrato no constituye asociación entre las Partes contratantes y, no podrá deducirse la misma con respecto a terceros.

15.5. Las precitadas cesiones y cualesquiera otras manifestaciones y garantías contenidas en el presente Contrato seguirán vigentes aun cuando se produzca una terminación o resolución del Contrato.

15.6. Cada una de las Partes faculta a la otra Parte para que pueda elevar a público el presente Contrato, asumiendo el coste la Parte solicitante y quedando obligada la otra Parte a realizar cuantas gestiones sean necesarias para tal fin.

DÉCIMOSEXTA.– LEGISLACIÓN APLICABLE Y FUERO

16.1. El presente Contrato deberá interpretarse y cumplirse de conformidad con la legislación española, y en particular con el régimen laboral aplicable y con la legislación relativa a los derechos de propiedad intelectual e industrial.

16.2. Las Partes expresa y voluntariamente acuerdan someterse a los tribunales de la ciudad de .... para la resolución de cualesquiera controversias o disputas que pudieran resultar de la interpretación y cumplimiento del presente Contrato, renunciando expresamente a cualquiera otro fuero que, en su caso, pudieran corresponderles.

En virtud de cuanto antecede, las Partes firman el presente Contrato por duplicado, previa su lectura íntegra, el cual declaran entender y con cuyo contenido están conformes, en la fecha indicada en el encabezamiento.

LA PRODUCTORA	**EL TRABAJADOR**
Fdo.: Don [*]	Fdo.: Don [*]

F015. CONTRATO LABORAL ARTÍSTICO

En .... a [...] de [...] de 20.......

POR LA EMPRESA PRODUCTORA:

....

POR EL TRABAJADOR:

D..............., con D.N.I. ...., con domicilio en ...., y con Número de afiliación a la Seguridad Social ...., en lo sucesivo "EL TRABAJADOR".

DECLARAN

I. Que EL TRABAJADOR se dedica habitualmente a la prestación de servicios artísticos como Actor/Actriz/Bailarin.

II. Que LA PRODUCTORA va a producir la obra musical "..........." (en adelante la Obra) y está interesada en contratar los servicios artísticos de EL TRABAJADOR.

III. Que el presente Contrato se pacta por duración determinada por realización de obra o servicio determinado.

Y a tal fin otorgan el presente contrato (en adelante el "Contrato"), el cual se regirá con arreglo a las siguientes

CLÁUSULAS

PRIMERA.– Objeto

El objeto de este Contrato es la participación del TRABAJADOR mediante la prestación de sus servicios como TRABAJADOR en la obra musical titulada "...................", en el papel de [Bailarin principal, bailarin secundario o elenco], con Categoría Profesional de Actor/Actriz de [_____], ateniéndose a las instrucciones que le sean dadas por el personal responsable de la dirección de la OBRA.

EL TRABAJADOR manifiesta conocer y aceptar el contenido de LA OBRA en relación con la función, que va a interpretar y, en consecuencia, queda obligado, por lo que se refiere a las tareas objeto del presente Contrato, a las instrucciones que le indique el Director o en su caso, LA PRODUCTORA.

Es también objeto del presente Contrato la cesión de todos los derechos de Propiedad Intelectual dimanantes de la intervención del TRABAJADOR en la OBRA.

SEGUNDA.– Duración del Contrato.

La duración del presente Contrato será determinada por el tiempo de permanencia en cartel de la Obra a representar. De modo orientativo, la vigencia del presente Contrato será desde la fecha de inicio de los ensayos de la Obra, es decir, desde el día [__] de [__] de 20..., hasta la finalización del trabajo pactado que provisionalmente se fija el día [__] de [__] de 20........

Asimismo, sin perjuicio de lo anterior, en el caso de que la PRODUCTORA decidiera realizar una segunda o sucesivas giras más adelante, el TRABAJADOR se obliga mediante la firma del presente Contrato, a suscribir con la PRODUCTORA un nuevo contrato bajo las mismas condiciones que las acordadas en este documento y en virtud de los establecido en el Convenio que resulte de aplicación. El incumplimiento de esta obligación conllevará el pago de la correspondiente indemnización de daños y perjuicios por parte de EL TRABAJADOR a LA PRODUCTORA.

TERCERA.– Contenido de la Prestación.

EL TRABAJADOR se compromete a poner toda su experiencia y capacidad profesional al servicio de la Dirección de la Obra, ajustando su labor a las instrucciones que reciba de los responsables del mismo en sus diferentes aspectos técnicos y artísticos.

La relación entre EL TRABAJADOR y LA PRODUCTORA se desarrollará de conformidad con el contenido del presente Contrato y con las normas específicas que sean de aplicación a esta modalidad de relación laboral.

CUARTA.– Jornada laboral

EL TRABAJADOR se compromete a hacer un máximo de nueve funciones por semana en teatros y salas privadas y ocho funciones por semana en teatros y salas de titularidad pública o coproducciones en espacios y teatros públicos.

La jornada laboral máxima diaria se establece en distribución irregular de jornada en ocho horas y en nueve horas en caso de doble función, en ambos casos con cuarenta horas de jornada semanal. Entre jornada y jornada deberá transcurrir un mínimo de doce horas.

QUINTA.– Retribución y Forma de Pago.

La remuneración única que se establece a favor del TRABAJADOR es de [...] **EUROS (_____.-€)** brutos por día de representación de la Obra y ....**EUROS (..........-€)** brutos por cada día de ensayo.

Las cantidades salariales establecidas en las cláusulas particulares incluyen, ya prorrateados en la cantidad todos los conceptos salariales a los que EL TRABAJADOR tiene derecho, sin limitaciones ni exclusiones de ninguna clase (vacaciones, días festivos, gratificaciones extraordinarias, disponibilidad horaria y de lugar de trabajo, pagos complementarios establecidos por la legislación vigente en cada momento, sesiones de doblaje, ensayos, promociones y publicidad, exclusividad, confidencialidad, etc.) que también se recogen en este Contrato.

La indemnización por fin de contrato equivalente a la parte proporcional de la cantidad que resulte de abonar 7 días de salario por año de servicio si la duración del contrato es superior a 1 año (art. 10 RD 1435/85), se entiende incluida en dicho salario bruto.

Así mismo, dichas cantidades comprenden ya incluida la retribución extra equivalente al 5% de sus ingresos en concepto de remuneración por la cesión de derechos de Propiedad Intelectual de conformidad con el Convenio Colectivo aplicable a Artistas.

Las percepciones por dietas y gastos de desplazamiento se regirán por lo establecido según el CC.

A las remuneraciones objeto del presente Contrato se aplicarán los descuentos y/o retenciones que en cada momento determine la legislación aplicable. El pago de las retribuciones se efectuarán a semana vencida mediante transferencia bancaria al siguiente número de cuenta:________________.

A la finalización del ejercicio fiscal, LA PRODUCTORA entregará a EL TRABAJADOR la correspondiente certificación de las retenciones que haya efectuado a los efectos del Impuesto sobre la Renta de las Personas Físicas.

SEXTA.– Cesión de Derechos

EL TRABAJADOR por medio del presente Contrato cede en exclusiva a LA PRODUCTORA todos los derechos de propiedad intelectual renunciables que le pudieran corresponder sobre su interpretación.

La presente cesión de derechos se pacta en exclusiva, con facultad de cesión a terceros, para todas las modalidades de explotación conocidas y por conocer, para el territorio mundial y por el máximo plazo de tiempo que le reconoce la Ley.

SÉPTIMA.– Titulos de Credito

EL TRABAJADOR goza del derecho al reconocimiento de su nombre sobre su interpretación. La inclusión de su nombre en los carteles será según los usos del sector y en particular, según lo establecido en el CC.

OCTAVA.– Publicidad

LA PRODUCTORA no utilizará la imagen de EL TRABAJADOR para fines publicitarios diferentes a la estricta promoción de la obra, y así mismo se compromete a no manipularla de forma que pueda atentar contra su buena imagen.

NOVENA.– Exclusividad

EL TRABAJADOR declara no haber contraído compromiso alguno anterior que le impida el cumplimiento de las obligaciones que a su cargo se establecen en las cláusulas del presente Contrato al que concede prioridad, comprometiéndose además a no adquirir compromiso de trabajo de cualquier género a realizar durante la vigencia del presente Contrato sin la previa autorización por escrito por parte de LA PRODUCTORA.

Si el Contrato se suspendiera por un tiempo no superior 3 MESES EL TRABAJADOR estará disponible a requerimiento de LA PRODUCTORA comunicando al TRABAJADOR con una antelación de 1 MES la reanudación de las representaciones de la OBRA en las mismas condiciones pactadas en el presente documento (siempre que no varíe la categoría del personaje). Durante el período de la suspensión, EL TRABAJADOR podrá contraer otros compromisos profesionales con terceros pero una vez requerido por LA PRODUCTORA reanudándose representaciones de la OBRA, deberá mantenerse con exclusividad a disposición de LA PRODUCTORA en las condiciones antedichas en este Contrato. La remuneración por dicha disponibilidad se entiende comprendida en la retribución de la Estipulación Quinta.

En todo caso, EL TRABAJADOR se compromete a informar a LA PRODUCTORA de las posibles ofertas que pudiera recibir relacionadas con lo expuesto anteriormente, a los efectos de, en su caso, recabar la preceptiva autorización de LA PRODUCTORA, siempre que dichas actividades en nada perjudiquen o menoscaben las representaciones de la OBRA a juicio de LA PRODUCTORA.

En caso de incumplimiento por parte de EL TRABAJADOR de lo estipulado en las cláusulas del presente Contrato sobre la obligación de exclusividad y la de compromiso de firma de un nuevo contrato para las sucesivas giras, EL TRABAJADOR deberá resarcir e indemnizar a LA PRODUCTORA por los daños y perjuicios causados.

DÉCIMA.– Confidencialidad

EL TRABAJADOR, durante la vigencia de éste Contrato y después de la finalización del mismo, se compromete a mantener reserva y a no hacer públicas las informaciones y procesos confidenciales, documentos, negocios, clientes, operaciones, instalaciones, cuentas, finanzas, transacciones, "Know how", o cualquier otro aspecto relacionado con la actividad de LA PRODUCTORA que hayan llegado a su conocimiento con ocasión del cumplimiento de las prestaciones objeto de este Contrato o por cualquier otro medio. LA PRODUCTORA se compromete a no hacer públicas a terceros las condiciones económicas u otras de éste Contrato sin previo conocimiento del TRABAJADOR o su representante.

UNDÉCIMA.– Suspensión y Resolución

Por la suspensión de la producción por cualquier motivo previamente notificado por LA PRODUCTORA dada la naturaleza propia y la duración incierta de las representaciones teatrales, o por la suspensión de los contratos que LA PRODUCTORA mantenga con terceras entidades, LA PRODUCTORA podrá suspender el presente Contrato, sin que se derive por ello ninguna otra obligación para LA PRODUCTORA que la mera comunicación de dicha suspensión al TRABAJADOR. EL TRABAJADOR se obliga a estar a disposición de LA PRODUCTORA en los términos de la Estipulación Novena.

Sin perjuicio de las causas legales, las partes acuerdan que será causa de extinción del presente Contrato la terminación o abandono de la producción de manera definitiva por cualquier causa antes del fin de la obra o de la duración inicialmente estimada, así como las producidas por fuerza mayor. En concreto, si se extinguiera el Contrato que LA PRODUCTORA mantiene con la empresa propietaria del Teatro y que sirve de causa al presente Contrato LA PRODUCTORA podrá, asimismo, resolver el presente Contrato.

Los efectos de la resolución tendrán lugar a partir de la comunicación por escrito de LA PRODUCTORA al TRABAJADOR debiendo solamente pagar las cantidades devengadas hasta ese momento y pendientes de pago en función de los trabajos realizados.

DUODÉCIMA.– Seguros

LA PRODUCTORA podrá contratar los seguros que estime convenientes y/o necesarios, comprometiéndose EL TRABAJADOR a someterse a los análisis y exámenes que por los aseguradores se consideren convenientes, quedando el Contrato sometido a condición suspensiva hasta la aceptación del seguro. En caso de que EL TRABAJADOR se niegue a someterse a los exámenes y análisis que por los aseguradores se consideren convenientes, quedará el presente Contrato rescindido de forma automática. Se entenderá que existe tal negativa cuando EL TRABAJADOR, previamente citado/a, no comparezca a la convocatoria.

DECIMOTERCERA- Jurisdicción y Ley aplicable.

El presente Contrato se regirá por la legislación española. Ambas partes, con renuncia expresa a cuantos fueros les pudieran ser de aplicación, se someten a la jurisdicción de los tribunales de .... para cualquier cuestión que pudiera derivarse del cumplimiento del presente Contrato.

Y, para que así conste, en prueba de conformidad de ambas partes firman el presente Contrato por triplicado en el lugar y fecha del encabezamiento.

POR LA PRODUCTORA	POR EL/LA TRABAJADOR/A
Fdo:	Fdo: ....

F016. CONTRATO LABORAL DE DURACIÓN DETERMINADA COMO JEFE DE VESTUARIO

En [*], a [*] de 20[*]

REUNIDOS

De una parte,

Don [*], con D.N.I. nº [*], en representación de [*], con domicilio social y fiscal en [*]y C.I.F. número CIF [*], (la "**Productora**").

Y, de otra parte,

Don [*], mayor de edad, con D.N.I. nº [*], y domicilio en [*], actuando en su propio nombre y derecho (el "**Trabajador**")

De igual forma, y en lo sucesivo, la Productora y el Trabajador podrán ser denominados conjuntamente como las "**Partes**" e individualmente como la "**Parte**".

Ambas Partes manifiestan que sus facultades están vigentes, y que no han sido limitadas, revocadas ni suspendidas por lo que cuentan con la capacidad legal necesaria y suficiente para la formalización del presente contrato y, al efecto,

DECLARAN

I. Que la Productora es una entidad mercantil dedicada, entre otras actividades, a la producción de obras cinematográficas y audiovisuales y está llevando a cabo el desarrollo de la producción extranjera de la segunda temporada del proyecto de serie de televisión titulado provisionalmente [*], compuesta de [*] obras audiovisuales, de una duración de ..... minutos cada una (la "**Serie**"), por encargo de [*] (la "**Compañía**")

II. Que la Productora desea contratar los servicios del Trabajador como Jefe de Vestuario, de la obra audiovisual [*] que forma parte de la Serie (la "**Obra Audiovisual**"), conforme a los términos y condiciones establecidos en el presente documento.

III. Que el Trabajador está interesado en formalizar el presente contrato de duración determinada por realización de obra o servicios determinados.

IV. Que, en caso de que los servicios prestados por el Trabajador sean susceptibles de generar derechos de propiedad intelectual, el Trabajador está en disposición de ceder a la Productora todos los derechos de explotación que pueda ostentar sobre sus aportaciones creativas a la Serie, conforme al Real Decreto Legislativo 1/1996, de 12 de abril, por el que se aprueba el Texto Refundido de la Ley de Propiedad Intelectual, regularizando, aclarando y armonizando las disposiciones legales vigentes sobre la materia (el "**TRLPI**").

V. Que el presente contrato se somete a la normativa laboral vigente, en especial en lo relativo a los contratos de duración determinada, al Real Decreto Legislativo 2/2015, de 23 de octubre, por el que se aprueba el texto refundido de la Ley del Estatuto de los Trabajadores (el "**Estatuto de los Trabajadores**") y al Real Decreto 2720/98, de 18 de diciembre, así como al II Convenio Colectivo de la industria de la producción audiovisual (técnicos) (el "**Convenio Colectivo**").

VI. Que las Partes reúnen las condiciones necesarias para la celebración del presente contrato (el "**Contrato**") y acuerdan formalizarlo de acuerdo a las siguientes:

CLÁUSULAS

PRIMERA.– OBJETO

1.1. El Trabajador prestará sus servicios como "personal técnico", como "JEFE DE VESTUARIO", para realizar las funciones inherentes a su categoría profesional en lo relativo a la producción de la Obra Audiovisual en el centro de trabajo de la Productora y/o en cualesquiera otros lugares del ámbito nacional y/o internacional se consideren necesarios con ocasión de la producción de la Obra Audiovisual.

1.2. La Productora se reserva la facultad de modificar el título inicial de la Obra Audiovisual y/o de la Serie, sin que ello implique modificación alguna de la relación jurídica establecida entre las partes.

SEGUNDA.– JORNADA LABORAL

2.1. La jornada laboral y horarios serán los que establezca la Productora de acuerdo con la legislación vigente, el plan de trabajo inicialmente previsto y las necesidades posteriores que surjan durante su ejecución. Asimismo, el Trabajador reconoce no estar sujeto a un horario determinado y extenderá su jornada ordinaria de trabajo cuando así lo requieran sus obligaciones para cumplir los compromisos de la Productora, pudiéndose incluir la posibilidad de realizar trabajo nocturno conforme a las necesidades de producción de la Obra Audiovisual y/o de la Serie así como incluir días festivos que se determinarán según el calendario laboral del lugar donde esté el lugar de trabajo. Sin embargo, bajo ninguna circunstancia la Productora podrá exigir que el Trabajador realice servicios de forma que excedan de la práctica habitual y/o de lo establecido en el Convenio Colectivo y cualquier otra normativa que aplique.

2.2. La jornada de trabajo comenzará a regir a partir de la hora de citación en los lugares de trabajo.

TERCERA.– SEGURIDAD SOCIAL

3.1. El Trabajador será dado de alta en la Seguridad Social, en la categoría profesional correspondiente, por los días en los que preste sus servicios.

3.2. El Trabajador causará alta y baja en Seguridad Social a lo largo de la producción tantas veces como requiera su participación en la Serie y siempre que la Productora requiera de la prestación de sus servicios, sin la necesidad de redactar un nuevo contrato por cada periodo dado que trabajará siempre para la misma producción.

CUARTA.– LUGAR DE TRABAJO

4.1. El rodaje de la Obra Audiovisual se prevé inicialmente en .... y/o en cualquier otro ámbito geográfico, nacional y/o internacional, a juicio de la Productora y según el plan de rodaje que el Trabajador declara conocer.

4.2. El tiempo de desplazamiento entre el centro de actividades de producción y el lugar de citación no computará como jornada de trabajo, siempre y cuando el desplazamiento de ida y vuelta no exceda de *hora y media* y siempre que la distancia entre ambos lugares no sea superior a 50 kilómetros.

4.3. Cuando el Trabajador deba desplazarse a municipio distinto de ...., los gastos de transporte correrán a cargo de la Productora y, si fuera necesario pernoctar, también los normales de manutención y estancia según se establece en el Convenio Colectivo.

QUINTA.- RETRIBUCIÓN

5.1. El Trabajador percibirá como remuneración total, por todos los conceptos durante la vigencia del presente Contrato, la cantidad bruta de [*] Euros/mes (el "**Salario**"). El pago se realizará mensualmente, a mes vencido, mediante transferencia bancaria en los CINCO (5) primeros días del mes siguiente.

5.2. El Salario incluye todos los conceptos a los que el Trabajador tenga derecho por sus servicios (incluyendo todos los conceptos salariales: salario base, parte proporcional por pagas extras, parte proporcional por vacaciones, plus de disponibilidad, nocturnidad, la indemnización prevista en el art. 49.1c. del Estatuto de los Trabajadores, y resto de emolumentos legales, y, en particular, la retribución debida por la cesión del Trabajador de los derechos conforme a lo dispuesto en la Cláusula 7).

5.3. Las Partes manifiestan y aceptan que, con el pago de la última nómina, y siempre y cuando se hayan cumplido todas las obligaciones conforme a lo establecido en el presente contrato, el Trabajador formalizará la declaración adjunta al presente, a los efectos de declarar que las prestaciones de servicios se han prestado correctamente.

5.4. Los impuestos y gravámenes sobre el Salario del Trabajador se pagarán por las partes de acuerdo con lo establecido en la legislación vigente, deduciéndose del Salario las cantidades que establezcan las normas vigentes.

SEXTA.- DURACIÓN

6.1. El Trabajador prestará sus servicios desde el [*] (el "**Inicio de Trabajo**") hasta la finalización de los servicios del Trabajador en la Obra Audiovisual, a juicio exclusivo de la Productora, cuya fecha inicialmente prevista es el [*] (el "**Fin de Trabajo**").

6.2. La Productora podrá retrasar hasta un máximo de treinta (30) días la fecha prevista para iniciar el período de prestación de servicios del Trabajador. Si la Productora hiciese uso de esta facultad, habrá de comunicarlo al Trabajador con cinco (5) días de antelación a la fecha prevista para iniciar el trabajo, indicando en dicha comunicación la nueva fecha en que deberá empezar su labor. En consecuencia, la fecha de finalización se retrasaría por el mismo número de días con respecto a la fecha fijada en un principio.

6.3. En el caso de que los trabajos encomendados al Trabajador deban realizarse en dos (2) periodos temporales diferenciados, la Productora comunicará al Trabajador el momento de interrupción y el Contrato se suspenderá hasta que la Productora comunique su reanudación.

6.4. Si una vez finalizado el período aproximado antes señalado no hubiesen concluido los trabajos objeto del mismo, éste se entenderá tácitamente prorrogado hasta la conclusión de aquellos.

6.5. El plazo de vigencia antes reseñado se entiende que es un periodo de compromiso, ya que sólo tendrán la consideración de día trabajado a todos los efectos, aquellos días en que el Trabajador efectivamente preste sus servicios para la Obra Audiovisual.

6.6. Se establece el periodo de prueba aplicable según el Convenio Colectivo vigente de aplicación. El cómputo de periodo de prueba se interrumpirá si el Trabajador se ve afectado por las situaciones de incapacidad temporal, maternidad o acogimiento.

6.7. La duración del Contrato será determinada y se extenderá desde el Inicio de Trabajo hasta el Fin de Trabajo o con anterioridad a ese momento en los supuestos de resolución o suspensión previstos en la Cláusula 8.

6.8. En caso de que, por causas de fuerza mayor, huelga o dificultades ajenas a la voluntad de la Productora se retrasara o suspendiera el rodaje de la Obra Audiovisual y/o la Serie, la Productora tendrá la facultad de (i) diferir la fecha de comienzo del mismo, (ii) de suspender temporalmente los trabajos de producción o (iii) de resolver el presente Contrato. Si la Productora opta por la suspensión, el Contrato quedará sin efecto hasta el momento en que legal y razonablemente resulte factible reanudar los trabajos y la duración de este Contrato se considerará automáticamente prorrogada por igual período de tiempo al de la suspensión más el tiempo necesario de reanudación de los trabajos. La misma prórroga se entenderá producida en el caso de que se opte por diferir la fecha de comienzo del rodaje.

SÉPTIMA.– CESIÓN DE DERECHOS DE PROPIEDAD INTELECTUAL E INDUSTRIAL Y AUTORIZACIÓN PARA EL USO DE IMAGEN Y/O VOZ

7.1. Si, como consecuencia de la labor del Trabajador para la Obra Audiovisual, resultara material creativo que pueda tener la consideración de obra o prestación en los términos previstos en la vigente Ley de Propiedad Intelectual (el "**Material Creativo**"), el Trabajador cede de forma expresa e irrevocable a la Productora y/o terceros productores de la Obra Audiovisual y de la Serie, cesionarios y/o licenciatarios de derechos, en exclusiva y sin limitaciones de ningún tipo, por todo el tiempo de duración de los derechos de explotación sobre dicho Material Creativo de conformidad con el TRLPI y para todo el territorio mundial, con la facultad de cesión total o parcial, licencia y/o autorización a terceros, la totalidad de los derechos de explotación sobre dicho Material Creativo, tanto en su versión final como en cualesquiera de sus versiones previas y/o borradores, incluyendo cualquier personaje, diseño, boceto, dibujo realizado en el curso de su trabajo y/o cualesquiera otros. Los derechos de propiedad intelectual e industrial cedidos por el Trabajador, tienen por finalidad la explotación, por la Productora y/o terceros productores de la Obra Audiovisual y Serie, cesionarios y/o licenciatarios de derechos, del Material Creativo mediante su integración en la Obra Audiovisual y Serie u obras derivadas o de forma independiente y/o aislada de la misma, en cualquier formato o soporte y por cualquier sistema, procedimiento o modalidad, con carácter gratuito o mediante contraprestación, conocido o que se invente en el futuro. Esta cesión de derechos se realiza a tanto alzado y ha sido tenida en cuenta al negociar el Salario pactado en la cláusula tercera del presente Contrato. El Trabajador no tendrá derecho a exigir a la Productora ningún tipo de compensación adicional como consecuencia de la mencionada cesión de derechos.

7.2. El Trabajador reconoce que corresponde a la Productora la plena titularidad de los derechos de propiedad intelectual sobre la Obra Audiovisual y Serie y se compromete a no utilizar ningún elemento, secuencia o fragmento de la misma sin previa autorización por escrito de la Productora. Asimismo, corresponden a la Productora los derechos de explotación de las fotografías que sean realizadas en el proceso de producción de la Obra Audiovisual y Serie. La decisión final sobre los contenidos, fotogramas y/o grabaciones a incluir en la versión definitiva de la Obra Audiovisual y Serie, así como su duración y la elección de los colaboradores y resto de intervinientes, corresponderá en exclusiva a la Productora. La decisión final sobre los contenidos, fotogramas y/o grabaciones a incluir en la versión definitiva de la Obra Audiovisual y Serie, así como su duración y la elección de los colaboradores y resto de intervinientes, corresponderá en exclusiva a la Productora.

7.3. Igualmente, el Trabajador autoriza a la Productora a utilizar sus derechos de imagen, nombre, voz, fotografía, retrato e imagen física y/o currículum, reproducida o generada por cualquier medio, su biografía, así como expediente Trabajador, tanto para fines de promoción, explotación y comercialización de la Obra Audiovisual y Serie, como de aquellas otras de las que ésta sea obra antecedente, o promoción de la propia actividad genérica de la Productora, lo que expresamente incluye la facultad de fijar su imagen y sonido para la producción de programas de televisión o fragmentos de la clase de "making of", "los mejores momentos" o documentales sobre la Obra Audiovisual y Serie. A tal efecto, el Trabajador autoriza a la Productora para que ésta pueda reproducir, distribuir y comunicar públicamente, total o parcialmente, tales fotografías y grabaciones por plazo ilimitado y para todo el mundo, por sí misma o por medio de cesión a un tercero.

7.4. El Trabajador garantiza que su contribución y sus aportaciones a la Obra Audiovisual y Serie, incluyendo el Material Creativo que se pueda derivar, son originales, que no vulneran derechos de terceros y que no ha realizado ni realizará ningún acto susceptible de impedir o dificultar a la Productora y/o terceros productores de la Obra Audiovisual y Serie, cesionarios y/o licenciatarios de derechos, el ejercicio pleno y pacífico de los derechos cedidos en virtud del presente Contrato. En el caso de que el Trabajador pretenda incorporar alguna obra preexistente en la Obra Audiovisual y Serie, deberá solicitar la autorización previa y por escrito de la Productora. En consecuencia, el Trabajador responderá en exclusiva frente a la Productora y/o terceros productores de la Obra Audiovisual y Serie, cesionarios y/o licenciatarios de derechos, por cualquier acción o reclamación que ejerza cualquier tercero como consecuencia de la cesión y/o ejercicio de los derechos cedidos en virtud del presente Contrato.

7.5. La Productora y/o terceros productores de la Obra Audiovisual y/o Serie, cesionarios y/o licenciatarios de derechos, estarán legitimados para perseguir legalmente, con independencia del Trabajador, las violaciones o infracciones que afecten a los derechos cedidos por el Trabajador en virtud del presente Contrato. No obstante, el Trabajador se compromete a prestar su colaboración a tal efecto cuando le sea solicitada. Asimismo, la Productora y/o terceros productores de la Obra Audiovisual y/o Serie, cesionarios y/o licenciatarios de derechos, estarán legitimados para proceder a la inscripción del Material Creativo en los registros de propiedad intelectual e industrial.

7.6. Las cesiones de derechos y las autorizaciones contenidas en este Contrato no podrán ser interpretadas de manera que se entienda que la Productora y/o terceros productores de la Obra Audiovisual y/o Serie, cesionarios y/o licenciatarios de derechos, no ostentan todos los derechos de explotación económica sobre el Material Creativo y/o sobre a la Obra Audiovisual y/o Serie a la que se incorpore y/o explotaciones derivadas o que de alguna otra manera estos derechos se hallan limitados, pues de lo contrario se frustraría el fin de este Contrato.

7.7. Los derechos cedidos por el Trabajador serán irrevocables y no podrán estar sujetos a restitución, rescisión y/o resolución o cualquier otro tipo de compensación en caso de incumplimiento del presente Contrato por la Productora. Los derechos del Trabajador, en caso de incumplimiento del presente Contrato por la Productora, se limitarán a posibles reclamaciones de carácter económico, no pudiendo éstas interferir, inhibir, prohibir y/o restringir en forma alguna el desarrollo, distribución y/o explotación de la Obra Audiovisual y/o Serie y/o de cualquiera de los derechos vinculados y accesorios relacionados con la Obra Audiovisual y/o Serie y/o productos derivados o conexos.

7.8. No obstante lo anterior, la Productora y/o terceros productores de la Obra Audiovisual y/o Serie, cesionarios y/o licenciatarios de derechos, no tendrán obligación alguna de producir o explotar la Obra Audiovisual y/o Serie y/o hacer uso de los servicios del Trabajador y/o del Material Creativo, sin que ello conlleve penalización y/o indemnización alguna a favor del Trabajador.

OCTAVA.– RESOLUCIÓN, SUSPENSIÓN E INCUMPLIMIENTO

8.1. La Productora podrá resolver este Contrato en los supuestos contemplados en el Convenio Colectivo y en el Estatuto de los Trabajadores.

8.2. Si el Trabajador desea cesar voluntariamente deberá preavisar a la Productora con una antelación mínima de quince (15) días. El incumplimiento de este preaviso dará derecho a la Productora a descontarle de la liquidación que hubiera de percibir el importe de un día de Salario por cada día de retraso en el preaviso.

8.3. En caso de resolución por causa no justificable imputable al Trabajador, la Productora podrá, además, exigir, en concepto de indemnización, la obligación de pago de todos y cuantos gastos hubiera tenido que sufragar por esta causa, incluso los daños y perjuicios propios o con terceros que por el mismo motivo pudieran derivarse del retraso en el estreno o de la paralización del rodaje con carácter temporal o definitivo, si la importancia del Trabajador así lo condicionara.

8.4. Además, Trabajador podrá resolver unilateralmente el Contrato en el caso de que se produzca un retraso grave e injustificado por la Productora de las retribuciones pactadas en este Contrato en las fechas señaladas.

8.5. Con arreglo al artículo 45.1.b del Estatuto de los Trabajadores, las causas concretas que se delimitan en el presente Contrato como causas de suspensión del mismo son las siguientes:

(i) En el caso de que la producción sufra un parón por cualquier circunstancia técnica/productiva de carácter imprevisible, y/o externa a la Productora, incluidas las que sean debidas a causas de fuerza mayor, así como a la crisis.............. (CRISIS), el Contrato se suspenderá por el tiempo durante el que no se estén llevando a cabo los trabajos por los que ha sido contratado. Considerando que la prestación de servicios del trabajador se producirá durante un corto espacio de tiempo, la suspensión del contrato será siempre proporcional y coherente con la duración que se tiene prevista para la producción

(ii) La indisponibilidad temporal, por cualquier motivo, de algún miembro del personal contratado para la producción o parte de la Productora sin la presencia del cual no sea posible continuar el rodaje. El Contrato quedará suspendido hasta que el mismo esté disponible o bien la Productora haya encontrado una solución artística que le permita poder sustituirlo sin que el resultado final de la Obra Audiovisual y/o Serie se vea perjudicado conforme a lo inicialmente previsto.

8.6. Las referidas suspensiones no se reputarán como causa válida de resolución del Contrato ni serán susceptibles de indemnización entre las Partes, pudiendo la Productora suspender los servicios del Trabajador durante dicho período de tiempo y reanudándose en el momento en que la Productora reanude la producción de la Obra Audiovisual y/o Serie. Si por la misma razón deviniese imposible la ejecución de este Contrato, la Productora no tendrá responsabilidad de indemnizar por ello al Trabajador, más allá del pago de las cantidades devengadas en proporción a los trabajos realizados hasta dicho momento por el Trabajador, y no perjudicará el otorgamiento exclusivo de derechos a la Productora que sean inherentes y que correspondan a los resultados y producto de los servicios prestados por el Trabajador al amparo del presente Contrato.

8.7. Igualmente, la Productora podrá resolver de forma anticipada el presente Contrato en aquellos casos en los que la producción se suspenda de forma definitiva por causa de fuerza mayor o por exigencia legal como incumplimiento contractual de terceros, o por cualquier cuestión que imposibilite de forma definitiva la continuación de la producción, situaciones concursales o por abandono de la producción al carecer de financiación suficiente. En tales supuestos, el Trabajador no tendrá derecho a percibir compensación alguna, limitándose a hacer suyas las cantidades devengadas hasta el momento.

NOVENA.– CESIÓN

9.1. La Productora está facultada para ceder el presente Contrato y todos o parte de los derechos otorgados a la Productora en virtud del presente Contrato a cualesquiera otras personas físicas y/o jurídicas, siempre que así se lo notifique al Trabajador y en cumplimiento de la normativa laboral vigente, por lo que este Contrato deberá ser vinculante y recaerá en beneficio de todos los sucesores de la Productora, así como de sus licenciatarios y cesionarios.

DÉCIMA.– SEGURIDAD E HIGIENE EN EL TRABAJO

10.1. En cumplimiento de lo establecido en los artículos 18 y 19 de la Ley 31/1995, de 8 de Noviembre, de Prevención de Riesgos Laborales (la "**Ley de Prevención de Riesgos Laborales**"), el Trabajador reconoce haber recibido junto con el presente Contrato laboral el Manual de Prevención de Riesgos Laborales elaborado para la producción de la Obra Audiovisual y/o Serie, habiendo sido informado por la Productora tanto de los riesgos que afectan a su trabajo, como de las medidas de protección y prevención aplicadas a dichos riesgos, comprometiéndose al debido cumplimiento de dichas medidas. Asimismo, el Trabajador acepta el compromiso que se le solicita de:

(i) Usar adecuadamente, de acuerdo con su naturaleza y los riesgos previsibles, las máquinas, aparatos, herramientas, sustancias peligrosas, equipos de transporte y, en general, cualesquiera otros medios con los que desarrolle su actividad.

(ii) Utilizar correctamente los medios y equipos de protección facilitados por la Productora, de acuerdo con las instrucciones que se le entregue al respecto.

(iii) Informar de inmediato al Director de Producción de la Obra Audiovisual y/o Serie (o a su sustituto) en caso de incendio y/o accidente, o de cualquier situación que, a su juicio, entrañe, por motivos razonables, un riesgo para la seguridad y la salud de los trabajadores.

10.2. Así mismo, en cumplimiento de lo dispuesto en el artículo 22 de la Ley de Prevención de Riesgos Laborales y del artículo 35 del Convenio Colectivo, el Trabajador manifiesta haber sido informado por la Productora con anterioridad a la firma del presente Contrato sobre sus derechos en materia de Vigilancia de la Salud y, específicamente, sobre el derecho que le asiste a la realización de exámenes de salud y/o reconocimientos médicos periódicos y, a este respecto, el Trabajador expresamente comunica a la Productora su libre, voluntaria y expresa decisión de:

- No realizar reconocimiento médico, salvo obligación legal, en los términos del artículo 22.1 de la Ley de Prevención de Riesgos Laborales.
- Realizar reconocimiento médico.

10.3. Situación generada por la crisis.............. (CRISIS). Debido a la situación de emergencia de salud pública ocasionada por la crisis, el Trabajador se hace responsable de cumplir con todas las medidas y restricciones establecidas en el ámbito nacional.

Las medidas contenidas en este apartado serán revisadas, actualizadas y adecuadas a medida que vayan modificándose en el territorio nacional y, en todo caso, serán complementarias a las medidas contenidas en la Ley 31/1995, de 8 de noviembre, de Prevención de Riesgos Laborales y su normativa de desarrollo.

El Trabajador se compromete a informar a la Productora en caso de mostrar sintomatología asociada a la enfermedad de la crisis o sospecha de ello y, en este caso, permanecerá en cuarentena en su domicilio, sin acudir presencialmente al lugar de rodaje.

El Trabajador se compromete a respetar la distancia de seguridad mínima de dos metros en el desempeño de su trabajo siempre que sea posible y a utilizar los equipos de protección que se le proporcionen. En los casos en que la naturaleza del trabajo no permita respetar la distancia interpersonal ni el uso de equipos de protección adecuados al nivel de riesgo, se comprometerá a cumplir con las medidas de seguridad diseñadas por la Productora para cada caso particular a partir de las recomendaciones de las autoridades sanitarias.

El Trabajador se compromete a cumplir con las medidas de higiene que le imponga o recomiende la Productora en el ejercicio de su actividad.

Las Partes acuerdan que, teniendo en cuenta la situación actual de la crisis, así como la posibilidad de que se aprueben futuras medidas y restricciones para combatir los efectos de la crisis que podrían afectar tanto a los ensayos, como a la preparación de la producción, o incluso al propio rodaje, es imposible prever el desarrollo de la situación durante las fechas en las que tendrán lugar los ensayos y el rodaje. A estos efectos, en caso de que, debido a dicha situación, la Productora se vea obligada a suspender la producción por ser imposible garantizar un óptimo desarrollo en la continuación de la misma, el Trabajador se compromete a reincorporarse a los ensayos y/o rodaje de la Serie cuando la Productora le indique que estos se reanudan, siempre y cuando la situación y las medidas de prevención lo permitan.

El Trabajador acuerda no exigir una remuneración adicional la Productora en el caso de que esta situación de fuerza mayor afectase a la producción de la Serie, comprendiendo que se trata de una circunstancia imprevisible para la Productora en el momento de celebración del presente Contrato.

La Productora quedará eximida de cualquier responsabilidad por daños y perjuicios o de cualquier otra penalización que se funde en la suspensión del presente Contrato a los efectos mencionados en esta Cláusula. Esta dispensa será efectiva desde que exista el impedimento que paralice, obstaculice o retrase la producción de la Serie.

Las razones de interrupción y/o suspensión del rodaje y el tiempo de cada interrupción o suspensión deberán ser debidamente acreditadas al Trabajador.

Queda bien entendido entre las Partes que el incumplimiento grave por parte del Trabajador de las obligaciones contenidas en el presente apartado puede dar lugar a su despido por causas justificadas.

DECIMOPRIMERA.– GARANTÍAS Y RESPONSABILIDADES

11.1. El Trabajador manifiesta y garantiza que:

a) no existe ni existirá ninguna carga, gravamen u obstáculo a la cesión a la Productora y al ejercicio por la Productora de los derechos de propiedad intelectual e industrial y derechos de imagen cedidos por el Trabajador a la misma que pudiera causar un perjuicio, prohibir o limitar de alguna manera la explotación pacífica, en todo o en parte, de los Episodios y la Serie y la Obra Audiovisual por parte de la Productora o sus cesionarios;

b) no ha asumido ni asumirá ningún compromiso profesional o de otro tipo que pudiera impedir o limitar la previsión completa y adecuada de los Servicios objeto del presente Contrato;

c) no ha llevado a cabo ni llevará a cabo ninguna acción que pudiera perjudicar o prevenir el libre y total ejercicio de los derechos cedidos a la Productora en virtud del presente Contrato.

d) no realizará ninguna acción que pudiera perjudicar a la buena imagen y reputación de la Obra Audiovisual y/o Serie y, en general, de la Productora y/o de cualquiera de sus cesionarios o licenciatarios.

11.2. El Trabajador renuncia expresamente a cualquier tipo de medida cautelar que le permita impedir la comercialización, reproducción, comunicación, exhibición y/o cualquier otra forma de explotación y/o uso de la Obra Audiovisual y/o Serie, las obras derivadas de sus aportaciones creativas o donde se incorporen, y/o productos y resultados de los servicios del Trabajador bajo el presente Contrato.

11.3. El Trabajador responderá en exclusiva frente a cualquier acción o reclamación de terceros que se produzca con motivo o como consecuencia del incumplimiento de las obligaciones del Trabajador previstas en este Contrato, o bien de la cesión y/o ejercicio de los derechos otorgados a la Productora mediante el presente Contrato.

11.4. El Trabajador garantiza que todas las acciones y/o recursos que pudiera ejercitar como consecuencia de cualquier contingente que tuviera causa en el Contrato, serán exclusivamente contra la Productora, sin que en ningún caso pueda ejercitar acción alguna contra los coproductores ni sus inversores, sean estos personas físicas o jurídicas.

DÉCIMOSEGUNDA.– TÍTULOS DE CRÉDITO

12.1. El Trabajador figurará de la siguiente forma: A juicio de la Productora y según los usos del sector. Todos los aspectos relacionados con el crédito están sujetos a la aprobación, en su caso, de cualquier distribuidor, cesionario o sindicato que corresponda, así como a las directrices de la cadena o plataforma encargada de la emisión o explotación de la Obra Audiovisual y/o Serie.

DÉCIMOTERCERA.– CONFIDENCIALIDAD

13.1. Las Partes acuerdan que será considerada "**Información Confidencial**" la propia existencia del Contrato, así como los términos y condiciones aquí estipulados, y toda aquella información que haya conocido el Trabajador con ocasión de su trabajo y participación en la Obra Audiovisual y/o Serie. Asimismo, la Información Confidencial incluirá todos aquellos datos e informaciones relativos al proceso de producción de la Obra Audiovisual y/o Serie, tales como, sin carácter exhaustivo, el argumento, el guion, los personajes, el rodaje, el reparto, el equipo técnico y de producción, el presupuesto, las localizaciones, la ambientación, la caracterización, las anécdotas o acontecimientos acaecidos durante la producción, las vidas privadas de los intervinientes en la producción, o cualquier otro elemento o circunstancia de la producción. Asimismo, la Información Confidencial incluirá datos e informaciones relativos a la Productora, tales como, sin carácter exhaustivo, información comercial, económica o industrial, información sobre empleados, contratistas, clientes, posibles clientes y/o proveedores o estrategia comercial y financiera, información relativa a secretos comerciales, marcas, nombres comerciales, diseños, know-how, prototipos, planos, carteles publicitarios, datos de carácter personal o cualquier otro tipo de información relativa a la Productora.

13.2. El Trabajador se compromete a mantener la Información Confidencial secreta y a no revelar la misma, total o parcialmente, a cualesquiera terceros que no sean sus representantes y empleados, salvo que así fuera requerido por una orden judicial o administrativa, en cuyo caso las Partes igualmente se comprometen a comunicarse, con carácter previo tal circunstancia, la existencia de dicho mandato judicial o administrativo, por escrito, de forma inmediata, procurando restringir en la medida de lo posible el contenido de dicha revelación.

13.3. Asimismo, el Trabajador se compromete a no comunicar a terceras personas información acerca de la producción, el contenido del Guion, el rodaje o cualquier otra circunstancia relativas al proyecto, a la Obra Audiovisual y/o Serie y a la Productora o la Compañía, sin expresa autorización previa y escrita de la Productora. Cualquier comunicación pública o declaración sobre el Guion, y/o la Serie tendrá que ser aprobada y consensuada por la Productora.

13.4. El Trabajador reconoce expresamente que la Información Confidencial es propiedad de la Productora. El Trabajador se compromete a utilizar la Información Confidencial que reciba o conozca únicamente en la medida necesaria para la prestación de sus servicios en virtud del presente Contrato. El Trabajador se obliga, asimismo, a no hacer un uso no autorizado de la Información Confidencial, y a notificar inmediatamente a la Productora, cualquier revelación o uso no autorizado de la Información Confidencial de la que tenga conocimiento. En este sentido, el Trabajador se compromete, en particular, a no divulgar la Información Confidencial a través de redes sociales, servicios de *micro-blogging*, foros en línea, hilos de discusión o secciones de comentarios, sitios web personales, sitios web modificados por usuarios o cualquier otro sitio web, plataforma, foro, aplicación o medio de comunicación actualmente conocido o desarrollado con posterioridad.

13.5. Del mismo modo, el Trabajador reconoce y acepta que la Información Confidencial tienen un valor económico independiente que se deriva del hecho de no ser conocida por el público en general o por otras personas que puedan obtener un valor económico de su divulgación, distribución o uso. Asimismo, el Trabajador reconoce y acepta que cualquier incumplimiento por su parte con respecto a la Información Confidencial supondrá un perjuicio irreparable para la Productora, no fácilmente mensurable en dinero, y por el que la Productora, sin renunciar a otros derechos o recursos que les asistan, tendrán derecho a solicitar medidas cautelares y de resarcimiento.

13.6. Sin perjuicio de lo anterior, en caso de incumplir el Trabajador con lo dispuesto en esta Cláusula, la Productora se reserva el derecho a finalizar la presente relación, así como a exigirle cuantos daños y perjuicios le haya causado dicho incumplimiento del Trabajador.

13.7. El Trabajador responderá e indemnizará a la Productora, por cualquier reclamación, coste, pérdida, daño o responsabilidad exigida a la Productora como consecuencia directa o indirecta del incumplimiento por parte del Trabajador de las obligaciones contempladas en la presente Cláusula.

13.8. El Trabajador reconoce y acepta que el incumplimiento de lo dispuesto en la presente Cláusula dará lugar a la obligación de restituir a la Productora la totalidad de la Información Confidencial y/o podrá dar lugar a la resolución del presente Contrato.

13.9. La obligación de confidencialidad prevista en esta Cláusula se mantendrá en vigor durante toda la duración del presente Contrato y por tiempo indefinido tras su pérdida de vigencia o resolución por cualquier causa.

13.10. A petición de la Productora en cualquier momento durante la vigencia de este Contrato y tras su terminación, el Trabajador se compromete a devolver inmediatamente la Información Confidencial correspondiente a su legítimo propietario.

13.11. Sin perjuicio de lo previsto en esta cláusula, la resolución o terminación del presente Contrato por cualquier causa no afectará a la obligación de confidencialidad, a las garantías otorgadas por el Trabajador, a la renuncia a solicitar medidas cautelares o medidas que impidan la explotación de la Obra Audiovisual y/o Serie, a la cesión de derechos de propiedad intelectual, otros derechos de comercialización (*merchandising*, explotaciones accesorias, conexas y derivadas, etc.) y demás autorizaciones y cesiones previstas en el presente Contrato a favor de la Productora, así como a cualesquiera disposiciones que expresamente establezcan la supervivencia tras la terminación del Contrato o una duración determinada, las cuales se mantendrán vigentes en sus mismos términos.

DÉCIMOCUARTA.– PROTECCIÓN DE DATOS PERSONALES

14.1. Las Partes garantizan que conocen y aplican las obligaciones establecidas por el Reglamento (UE) 2016/679 del Parlamento europeo y del Consejo de 27 de abril de 2016 relativo a la protección de las personas físicas en lo que respecta al tratamiento de datos personales y a la libre circulación de estos datos y por el que se deroga la Directiva 95/46/CE (el "**RGPD**") y de la Ley Orgánica de Protección de Datos Personales y garantía de los derechos digitales (la "**LOPDGDD**").

14.2. La Productora declara que los datos de contacto del Trabajador serán tratados para posibilitar el desarrollo y ejecución de la relación laboral, estando el tratamiento de datos amparado en el interés legítimo de las Partes.

14.3. La finalidad de dicho tratamiento es gestionar de manera adecuada la relación laboral existente entre la Productora y el Trabajador en todos sus aspectos y, en particular; permitir la inclusión de la información profesional de los empleados en propuestas de servicios, contratos, informes o comunicaciones con terceros con los que la Productora mantenga relaciones comerciales, como consecuencia de la participación de los empleados en dichas relaciones comerciales y/o profesionales; control de accesos/salidas en las instalaciones de la Productora y/o lugares de rodaje y para la gestión de cualesquiera otras medidas de seguridad (tarjetas de acceso, cámaras de vigilancia, etc.); permitir la comunicación entre la Productora y sus empleados y entre estos mismos, principalmente por teléfono y correo electrónico; gestión de bonificaciones a los empleados; elaborar las nóminas; gestionar la formación a recibir por su personal y llevar a cabo la gestión de las actividades administrativas, fiscales y contables derivadas de su relación con sus empleados. Y, con carácter general, tratar los datos de sus empleados para el cumplimiento de cualesquiera otras obligaciones que pudieran derivarse para la Productora del cumplimiento tanto de la legislación vigente como de los Convenios Colectivos que resulten de aplicación. La legitimidad de dicho tratamiento se encuentra tanto en la necesaria gestión de la relación jurídica existente entre la Productora y el Trabajador como empleado de la misma, como el consentimiento expreso otorgado por este al firmar el presente Contrato.

14.4. Los datos personales de las Partes serán conservados durante toda la vigencia de la relación laboral, y más allá de la misma, durante los plazos de prescripción necesarios en función de la legislación aplicable.

14.5. Las Partes podrán dirigirse mutuamente con el fin de poder ejercitar sus derechos de acceso, rectificación, supresión, oposición, portabilidad de los datos, y limitación del tratamiento a la dirección facilitad en el encabezado del presente documento adjuntando copia de DNI o pasaporte.

14.6. Asimismo, y en el supuesto de que las Partes incumplan sus obligaciones legales en materia de protección de datos, tienen derecho a presentar una reclamación ante la Agencia Española de Protección de Datos.

DÉCIMOQUINTA.– MISCELÁNEA

15.1. El presente Contrato y, en su caso, todos sus anexos constituyen un acuerdo completo entre las Partes en relación con el contrato de trabajo de obra o servicio determinado y cesión de derechos de propiedad intelectual e industrial y de cualquier otra naturaleza contemplados en el presente Contrato y únicamente podrá ser modificado en virtud de un documento escrito firmado por las Partes. A efectos aclaratorios, en caso de conflicto con la traducción inglesa del presente documento, la versión española prevalecerá.

15.2. Cualquier modificación que afecte al presente Contrato o, en su caso, a sus anexos deberán realizarse por escrito para ser efectivos. Ninguna práctica, omisión o negligencia pasiva constituirá fundamento para poder modificar el presente Contrato.

15.3. Si alguna parte, término o disposición del presente Contrato se declarara ilegal, nulo o inválido, será eliminado y las Partes intentarán solucionarlo acordando una disposición aplicable que la sustituya, permaneciendo en vigor el resto de disposiciones.

15.4. El presente Contrato no constituye asociación entre las Partes contratantes y, no podrá deducirse la misma con respecto a terceros.

15.5. Las precitadas cesiones y cualesquiera otras manifestaciones y garantías contenidas en el presente Contrato seguirán vigentes aun cuando se produzca una terminación o resolución del Contrato.

15.6. Cada una de las Partes faculta a la otra Parte para que pueda elevar a público el presente Contrato, asumiendo el coste la Parte solicitante y quedando obligada la otra Parte a realizar cuantas gestiones sean necesarias para tal fin.

DÉCIMOSEXTA.– LEGISLACIÓN APLICABLE Y FUERO

16.1. El presente Contrato deberá interpretarse y cumplirse de conformidad con la legislación española, y en particular con el régimen laboral aplicable y con la legislación relativa a los derechos de propiedad intelectual e industrial.

16.2. Las Partes expresa y voluntariamente acuerdan someterse a los tribunales de la ciudad de .... para la resolución de cualesquiera controversias o disputas que pudieran resultar de la interpretación y cumplimiento del presente Contrato, renunciando expresamente a cualquiera otro fuero que, en su caso, pudieran corresponderles.

En virtud de cuanto antecede, las Partes firman el presente Contrato por duplicado, previa su lectura íntegra, el cual declaran entender y con cuyo contenido están conformes, en la fecha indicada en el encabezamiento.

LA PRODUCTORA	EL TRABAJADOR
Fdo.: [*]	Fdo.: Don [*]

F017. CONTRATO LABORAL DE DURACIÓN DETERMINADA COMO DIRECTOR DE PRODUCCIÓN

En [*], a [*] de 20[*]

REUNIDOS

De una parte,

Don [*], con D.N.I. nº [*], en representación de [*], con domicilio social y fiscal en [*]y C.I.F. número CIF [*], (la "**Productora**").

Y, de otra parte,

Don [*], mayor de edad, con D.N.I. nº [*], y domicilio en [*], actuando en su propio nombre y derecho (el "**Trabajador**")

De igual forma, y en lo sucesivo, la Productora y el Trabajador podrán ser denominados conjuntamente como las "**Partes**" e individualmente como la "**Parte**".

Ambas Partes manifiestan que sus facultades están vigentes, y que no han sido limitadas, revocadas ni suspendidas por lo que cuentan con la capacidad legal necesaria y suficiente para la formalización del presente contrato y, al efecto,

DECLARAN

I. Que la Productora es una entidad mercantil dedicada, entre otras actividades, a la producción de obras cinematográficas y audiovisuales y está llevando a cabo el desarrollo de la producción extranjera de la segunda temporada del proyecto de serie de televisión titulado provisionalmente ".............", compuesta de .... obras audiovisuales, de una duración mínima de ...... minutos cada una (la "**Serie**"), por encargo de [*] (la "**Compañía**

II. Que la Productora está interesada en contratar al Trabajador como Director de producción de la Serie, bajo las condiciones previstas en este documento.

III. Que el Trabajador está interesado en formalizar el presente contrato de duración determinada por realización de obra o servicios determinados.

IV. Que, en caso de que los servicios prestados por el Trabajador sean susceptibles de generar derechos de propiedad intelectual, el Trabajador está en disposición de ceder a la Productora todos los derechos de explotación que pueda ostentar sobre sus aportaciones creativas a la Serie, conforme al Real Decreto Legislativo 1/1996, de 12 de abril, por el que se aprueba el Texto Refundido de la Ley de Propiedad Intelectual, regularizando, aclarando y armonizando las disposiciones legales vigentes sobre la materia (el "**TRLPI**").

V. Que el presente contrato se somete a la normativa laboral vigente, en especial en lo relativo a los contratos de duración determinada, al Real Decreto Legislativo 2/2015, de 23 de octubre, por el que se aprueba el texto refundido de la Ley del Estatuto de los Trabajadores (el "**Estatuto de los Trabajadores**") y al Real Decreto 2720/98, de 18 de diciembre, así como al II Convenio Colectivo de la industria de la producción audiovisual (técnicos) (el "**Convenio Colectivo**").

VI. Que las Partes reúnen las condiciones necesarias para la celebración del presente contrato (el "**Contrato**") y acuerdan formalizarlo de acuerdo a las siguientes:

CLÁUSULAS

PRIMERA.- OBJETO

1.1. El Trabajador prestará sus servicios como "personal técnico", con la categoría de "DIRECTOR DE PRODUCCIÓN", para realizar las funciones inherentes a su categoría profesional en lo relativo a la producción de la Serie en el centro de trabajo de la Productora y/o en cualesquiera otros lugares del ámbito nacional y/o internacional se consideren necesarios con ocasión de la producción de la Serie.

1.2. La Productora se reserva la facultad de modificar el título inicial de la Serie, sin que ello implique modificación alguna de la relación jurídica establecida entre las partes.

SEGUNDA.- JORNADA LABORAL

2.1. La jornada laboral y horarios serán los que establezca la Productora de acuerdo con la legislación vigente, el plan de trabajo inicialmente previsto y las necesidades posteriores que surjan durante su ejecución. Asimismo, el Trabajador reconoce no estar sujeto a un horario determinado y extenderá su jornada ordinaria de trabajo cuando así lo requieran sus obligaciones para cumplir los compromisos de la Productora, pudiéndose incluir la posibilidad de realizar trabajo nocturno conforme a las necesidades de producción de la Serie así como incluir días festivos que se determinarán según el calendario laboral del lugar donde esté el lugar de trabajo. Sin embargo, bajo ninguna circunstancia la Productora podrá exigir que el Trabajador realice servicios de forma que excedan de la práctica habitual y/o de lo establecido en el Convenio Colectivo y cualquier otra normativa que aplique.

2.2. La jornada de trabajo comenzará a regir a partir de la hora de citación en los lugares de trabajo.

TERCERA.- SEGURIDAD SOCIAL

3.1. El Trabajador será dado de alta en la Seguridad Social, en la categoría profesional correspondiente, por los días en los que preste sus servicios.

3.2. El Trabajador causará alta y baja en Seguridad Social a lo largo de la producción tantas veces como requiera su participación en la Serie y siempre que la Productora requiera de la prestación de sus servicios, sin la necesidad de redactar un nuevo contrato por cada periodo dado que trabajará siempre para la misma producción.

CUARTA.- LUGAR DE TRABAJO

4.1. El rodaje de la Serie se prevé inicialmente en .... y/o en cualquier otro ámbito geográfico, nacional y/o internacional, a juicio de la Productora y según el plan de rodaje que el Trabajador declara conocer.

4.2. El tiempo de desplazamiento entre el centro de actividades de producción y el lugar de citación no computará como jornada de trabajo, siempre y cuando el desplazamiento de ida y vuelta no exceda de *hora y media* y siempre que la distancia entre ambos lugares no sea superior a 50 kilómetros.

4.3. Cuando el Trabajador deba desplazarse a municipio distinto de ...., los gastos de transporte correrán a cargo de la Productora y, si fuera necesario pernoctar, también los normales de manutención y estancia según se establece en el Convenio Colectivo.

QUINTA.– RETRIBUCIÓN

5.1. El Trabajador percibirá como remuneración total, por todos los conceptos durante la vigencia del presente Contrato, la cantidad bruta de [*] Euros/mes (el "**Salario**"). El pago se realizará mensualmente, a mes vencido, mediante transferencia bancaria en los CINCO (5) primeros días del mes siguiente.

5.2. El Salario incluye todos los conceptos a los que el Trabajador tenga derecho por sus servicios (incluyendo todos los conceptos salariales: salario base, parte proporcional por pagas extras, parte proporcional por vacaciones, plus de disponibilidad, nocturnidad, la indemnización prevista en el art. 49.1c. del Estatuto de los Trabajadores, y resto de emolumentos legales, y, en particular, la retribución debida por la cesión del Trabajador de los derechos conforme a lo dispuesto en la Cláusula 7).

5.3. Las Partes manifiestan y aceptan que, con el pago de la última nómina, y siempre y cuando se hayan cumplido todas las obligaciones conforme a lo establecido en el presente contrato, el Trabajador formalizará la declaración adjunta al presente, a los efectos de declarar que las prestaciones de servicios se han prestado correctamente.

5.4. Los impuestos y gravámenes sobre el Salario del Trabajador se pagarán por las partes de acuerdo con lo establecido en la legislación vigente, deduciéndose del Salario las cantidades que establezcan las normas vigentes.

SEXTA.– DURACIÓN

6.1. El Trabajador prestará sus servicios desde el [*] (el "**Inicio de Trabajo**") hasta la finalización de los servicios del Trabajador en la Serie, a juicio exclusivo de la Productora, cuya fecha inicialmente prevista es el [*] (el "**Fin de Trabajo**").

6.2. La Productora podrá retrasar hasta un máximo de treinta (30) días la fecha prevista para iniciar el período de prestación de servicios del Trabajador. Si la Productora hiciese uso de esta facultad, habrá de comunicarlo al Trabajador con cinco (5) días de antelación a la fecha prevista para iniciar el trabajo, indicando en dicha comunicación la nueva fecha en que deberá empezar su labor. En consecuencia, la fecha de finalización se retrasaría por el mismo número de días con respecto a la fecha fijada en un principio.

6.3. En el caso de que los trabajos encomendados al Trabajador deban realizarse en dos (2) periodos temporales diferenciados, la Productora comunicará al Trabajador el momento de interrupción y el Contrato se suspenderá hasta que la Productora comunique su reanudación.

6.4. Si una vez finalizado el período aproximado antes señalado no hubiesen concluido los trabajos objeto del mismo, éste se entenderá tácitamente prorrogado hasta la conclusión de aquellos.

6.5. El plazo de vigencia antes reseñado se entiende que es un periodo de compromiso, ya que sólo tendrán la consideración de día trabajado a todos los efectos, aquellos días en que el Trabajador efectivamente preste sus servicios para la Serie.

6.6. Se establece el periodo de prueba aplicable según el Convenio Colectivo vigente de aplicación. El cómputo de periodo de prueba se interrumpirá si el Trabajador se ve afectado por las situaciones de incapacidad temporal, maternidad o acogimiento.

6.7. La duración del Contrato será determinada y se extenderá desde el Inicio de Trabajo hasta el Fin de Trabajo o con anterioridad a ese momento en los supuestos de resolución o suspensión previstos en la Cláusula 8.

6.8. En caso de que, por causas de fuerza mayor, huelga o dificultades ajenas a la voluntad de la Productora se retrasara o suspendiera el rodaje de la Serie, la Productora tendrá la facultad de (i) diferir la fecha de comienzo del mismo, (ii) de suspender temporalmente los trabajos de producción o (iii) de resolver el presente Contrato. Si la Productora opta por la suspensión, el Contrato quedará sin efecto hasta el momento en que legal y razonablemente resulte factible reanudar los trabajos y la duración de este Contrato se considerará automáticamente prorrogada por igual período de tiempo al de la suspensión más el tiempo necesario de reanudación de los trabajos. La misma prórroga se entenderá producida en el caso de que se opte por diferir la fecha de comienzo del rodaje.

SÉPTIMA.– CESIÓN DE DERECHOS DE PROPIEDAD INTELECTUAL E INDUSTRIAL Y AUTORIZACIÓN PARA EL USO DE IMAGEN Y/O VOZ

7.1. Si, como consecuencia de la labor del Trabajador para la Serie, resultara material creativo que pueda tener la consideración de obra o prestación en los términos previstos en la vigente Ley de Propiedad Intelectual (el "**Material Creativo**"), el Trabajador cede de forma expresa e irrevocable a la Productora y/o terceros productores de la Serie, cesionarios y/o licenciatarios de derechos, en exclusiva y sin limitaciones de ningún tipo, por todo el tiempo de duración de los derechos de explotación sobre dicho Material Creativo de conformidad con el TRLPI y para todo el territorio mundial, con la facultad de cesión total o parcial, licencia y/o autorización a terceros, la totalidad de los derechos de explotación sobre dicho Material Creativo, tanto en su versión final como en cualesquiera de sus versiones previas y/o borradores, incluyendo cualquier personaje, diseño, boceto, dibujo realizado en el curso de su trabajo y/o cualesquiera otros. Los derechos de propiedad intelectual e industrial cedidos por el Trabajador, tienen por finalidad la explotación, por la Productora y/o terceros productores de la Serie, cesionarios y/o licenciatarios de derechos, del Material Creativo mediante su integración en la Serie u obras derivadas o de forma independiente y/o aislada de la misma, en cualquier formato o soporte y por cualquier sistema, procedimiento o modalidad, con carácter gratuito o mediante contraprestación, conocido o que se invente en el futuro. Esta cesión de derechos se realiza a tanto alzado y ha sido tenida en cuenta al negociar el Salario pactado en la cláusula tercera del presente Contrato. El Trabajador no tendrá derecho a exigir a la Productora ningún tipo de compensación adicional como consecuencia de la mencionada cesión de derechos.

7.2. El Trabajador reconoce que corresponde a la Productora la plena titularidad de los derechos de propiedad intelectual sobre la Serie y se compromete a no utilizar ningún elemento, secuencia o fragmento de la misma sin previa autorización por escrito de la Productora. Asimismo, corresponden a la Productora los derechos de explotación de las fotografías que sean realizadas en el proceso de producción de la Serie. La decisión final sobre los contenidos, fotogramas y/o grabaciones a incluir en la versión definitiva de la Serie, así como su duración y la elección de los colaboradores y resto de intervinientes, corresponderá en exclusiva a la Productora. La decisión final sobre los contenidos, fotogramas y/o grabaciones a incluir en la versión definitiva de la Serie, así como su duración y la elección de los colaboradores y resto de intervinientes, corresponderá en exclusiva a la Productora.

7.3. Igualmente, el Trabajador autoriza a la Productora a utilizar sus derechos de imagen, nombre, voz, fotografía, retrato e imagen física y/o currículum, reproducida o generada por cualquier medio, su biografía, así como expediente Trabajador, tanto para fines de promoción, explotación y comercialización de la Serie, como de aquellas otras de las que ésta sea obra antecedente, o promoción de la propia actividad genérica de la Productora, lo que expresamente incluye la facultad de fijar su imagen y sonido para la producción de programas de televisión o fragmentos de la clase de "making of", "los mejores momentos" o documentales sobre la Serie. A tal efecto, el Trabajador autoriza a la Productora para que ésta pueda reproducir, distribuir y comunicar públicamente, total o parcialmente, tales fotografías y grabaciones por plazo ilimitado y para todo el mundo, por sí misma o por medio de cesión a un tercero.

7.4. El Trabajador garantiza que su contribución y sus aportaciones a la Serie, incluyendo el Material Creativo que se pueda derivar, son originales, que no vulneran derechos de terceros y que no ha realizado ni realizará ningún acto susceptible de impedir o dificultar a la Productora y/o terceros productores de la Serie, cesionarios y/o licenciatarios de derechos, el ejercicio pleno y pacífico de los derechos cedidos en virtud del presente Contrato. En el caso de que el Trabajador pretenda incorporar alguna obra preexistente en la Serie, deberá solicitar la autorización previa y por escrito de la Productora. En consecuencia, el Trabajador responderá en exclusiva frente a la Productora y/o terceros productores de la Serie, cesionarios y/o licenciatarios de derechos, por cualquier acción o reclamación que ejerza cualquier tercero como consecuencia de la cesión y/o ejercicio de los derechos cedidos en virtud del presente Contrato.

7.5. La Productora y/o terceros productores de la Serie, cesionarios y/o licenciatarios de derechos, estarán legitimados para perseguir legalmente, con independencia del Trabajador, las violaciones o infracciones que afecten a los derechos cedidos por el Trabajador en virtud del presente Contrato. No obstante, el Trabajador se compromete a prestar su colaboración a tal efecto cuando le sea solicitada. Asimismo, la Productora y/o terceros productores de la Serie, cesionarios y/o licenciatarios de derechos, estarán legitimados para proceder a la inscripción del Material Creativo en los registros de propiedad intelectual e industrial.

7.6. Las cesiones de derechos y las autorizaciones contenidas en este Contrato no podrán ser interpretadas de manera que se entienda que la Productora y/o terceros productores de la Serie, cesionarios y/o licenciatarios de derechos, no ostentan todos los derechos de explotación económica sobre el Material Creativo y/o sobre a la Serie a la que se incorpore y/o explotaciones derivadas o que de alguna otra manera estos derechos se hallan limitados, pues de lo contrario se frustraría el fin de este Contrato.

7.7. Los derechos cedidos por el Trabajador serán irrevocables y no podrán estar sujetos a restitución, rescisión y/o resolución o cualquier otro tipo de compensación en caso de incumplimiento del presente Contrato por la Productora. Los derechos del Trabajador, en caso de incumplimiento del presente Contrato por la Productora, se limitarán a posibles reclamaciones de carácter económico, no pudiendo éstas interferir, inhibir, prohibir y/o restringir en forma alguna el desarrollo, distribución y/o explotación de la Serie y/o de cualquiera de los derechos vinculados y accesorios relacionados con la Serie y/o productos derivados o conexos.

7.8. No obstante lo anterior, la Productora y/o terceros productores de la Serie, cesionarios y/o licenciatarios de derechos, no tendrán obligación alguna de producir o explotar la Serie y/o hacer uso de los servicios del Trabajador y/o del Material Creativo, sin que ello conlleve penalización y/o indemnización alguna a favor del Trabajador.

OCTAVA.– RESOLUCIÓN, SUSPENSIÓN E INCUMPLIMIENTO

8.1. La Productora podrá resolver este Contrato en los supuestos contemplados en el Convenio Colectivo y en el Estatuto de los Trabajadores.

8.2. Si el Trabajador desea cesar voluntariamente deberá preavisar a la Productora con una antelación mínima de quince (15) días. El incumplimiento de este preaviso dará derecho a la Productora a descontarle de la liquidación que hubiera de percibir el importe de un día de Salario por cada día de retraso en el preaviso.

8.3. En caso de resolución por causa no justificable imputable al Trabajador, la Productora podrá, además, exigir, en concepto de indemnización, la obligación de pago de todos y cuantos gastos hubiera tenido que sufragar por esta causa, incluso los daños y perjuicios propios o con terceros que por el mismo motivo pudieran derivarse del retraso en el estreno o de la paralización del rodaje con carácter temporal o definitivo, si la importancia del Trabajador así lo condicionara.

8.4. Además, Trabajador podrá resolver unilateralmente el Contrato en el caso de que se produzca un retraso grave e injustificado por la Productora de las retribuciones pactadas en este Contrato en las fechas señaladas.

8.5. Con arreglo al artículo 45.1.b del Estatuto de los Trabajadores, las causas concretas que se delimitan en el presente Contrato como causas de suspensión del mismo son las siguientes:

(i) En el caso de que la producción sufra un parón por cualquier circunstancia técnica/productiva de carácter imprevisible, y/o externa a la Productora, incluidas las que sean debidas a causas de fuerza mayor, así como a la crisis.......... (CRISIS), el Contrato se suspenderá por el tiempo durante el que no se estén llevando a cabo los trabajos por los que ha sido contratado. Considerando que la prestación de servicios del trabajador se producirá durante un corto espacio de tiempo, la suspensión del contrato será siempre proporcional y coherente con la duración que se tiene prevista para la producción

(ii) La indisponibilidad temporal, por cualquier motivo, de algún miembro del personal contratado para la producción o parte de la Productora sin la presencia del cual no sea posible continuar el rodaje. El Contrato quedará suspendido hasta que el mismo esté disponible o bien la Productora haya encontrado una solución artística que le permita poder sustituirlo sin que el resultado final de la Serie se vea perjudicado conforme a lo inicialmente previsto.

8.6. Las referidas suspensiones no se reputarán como causa válida de resolución del Contrato ni serán susceptibles de indemnización entre las Partes, pudiendo la Productora suspender los servicios del Trabajador durante dicho período de tiempo y reanudándose en el momento en que la Productora reanude la producción de la Serie. Si por la misma razón deviniese imposible la ejecución de este Contrato, la Productora no tendrá responsabilidad de indemnizar por ello al Trabajador, más allá del pago de las cantidades devengadas en proporción a los trabajos realizados hasta dicho momento por el Trabajador, y no perjudicará el otorgamiento exclusivo de derechos a la Productora que sean inherentes y que correspondan a los resultados y producto de los servicios prestados por el Trabajador al amparo del presente Contrato.

8.7. Igualmente, la Productora podrá resolver de forma anticipada el presente Contrato en aquellos casos en los que la producción se suspenda de forma definitiva por causa de fuerza mayor o por exigencia legal como incumplimiento contractual de terceros, o por cualquier cuestión que imposibilite de forma definitiva la continuación de la producción, situaciones concursales o por abandono de la producción al carecer de financiación suficiente. En tales supuestos, el Trabajador no tendrá derecho a percibir compensación alguna, limitándose a hacer suyas las cantidades devengadas hasta el momento.

NOVENA.- CESIÓN

9.1. La Productora está facultada para ceder el presente Contrato y todos o parte de los derechos otorgados a la Productora en virtud del presente Contrato a cualesquiera otras personas físicas y/o jurídicas, siempre que así se lo notifique al Trabajador y en cumplimiento de la normativa laboral vigente, por lo que este Contrato deberá ser vinculante y recaerá en beneficio de todos los sucesores de la Productora, así como de sus licenciatarios y cesionarios.

DÉCIMA.- SEGURIDAD E HIGIENE EN EL TRABAJO

10.1. En cumplimiento de lo establecido en los artículos 18 y 19 de la Ley 31/1995, de 8 de Noviembre, de Prevención de Riesgos Laborales (la "**Ley de Prevención de Riesgos Laborales**"), el Trabajador reconoce haber recibido junto con el presente Contrato laboral el Manual de Prevención de Riesgos Laborales elaborado para la producción de la Serie, habiendo sido informado por la Productora tanto de los riesgos que afectan a su trabajo, como de las medidas de protección y prevención aplicadas a dichos riesgos, comprometiéndose al debido cumplimiento de dichas medidas. Asimismo, el Trabajador acepta el compromiso que se le solicita de:

(i) Usar adecuadamente, de acuerdo con su naturaleza y los riesgos previsibles, las máquinas, aparatos, herramientas, sustancias peligrosas, equipos de transporte y, en general, cualesquiera otros medios con los que desarrolle su actividad.

(ii) Utilizar correctamente los medios y equipos de protección facilitados por la Productora, de acuerdo con las instrucciones que se le entregue al respecto.

(iii) Informar de inmediato al Director de Producción de la Serie (o a su sustituto) en caso de incendio y/o accidente, o de cualquier situación que, a su juicio, entrañe, por motivos razonables, un riesgo para la seguridad y la salud de los trabajadores.

10.2. Así mismo, en cumplimiento de lo dispuesto en el artículo 22 de la Ley de Prevención de Riesgos Laborales y del artículo 35 del Convenio Colectivo, el Trabajador manifiesta haber sido informado por la Productora con anterioridad a la firma del presente Contrato sobre sus derechos en materia de Vigilancia de la Salud y, específicamente, sobre el derecho que le asiste a la realización de exámenes de salud y/o reconocimientos médicos periódicos y, a este respecto, el Trabajador expresamente comunica a la Productora su libre, voluntaria y expresa decisión de:

- No realizar reconocimiento médico, salvo obligación legal, en los términos del artículo 22.1 de la Ley de Prevención de Riesgos Laborales.
- Realizar reconocimiento médico.

10.3. Situación generada por la crisis.......... (CRISIS). Debido a la situación de emergencia de salud pública ocasionada por la crisis, el Trabajador se hace responsable de cumplir con todas las medidas y restricciones establecidas en el ámbito nacional.

Las medidas contenidas en este apartado serán revisadas, actualizadas y adecuadas a medida que vayan modificándose en el territorio nacional y, en todo caso, serán complementarias a las medidas contenidas en la Ley 31/1995, de 8 de noviembre, de Prevención de Riesgos Laborales y su normativa de desarrollo.

El Trabajador se compromete a informar a la Productora en caso de mostrar sintomatología asociada a la enfermedad de la crisis o sospecha de ello y, en este caso, permanecerá en cuarentena en su domicilio, sin acudir presencialmente al lugar de rodaje.

El Trabajador se compromete a respetar la distancia de seguridad mínima de dos metros en el desempeño de su trabajo siempre que sea posible y a utilizar los equipos de protección que se le proporcionen. En los casos en que la naturaleza del trabajo no permita respetar la distancia interpersonal ni el uso de equipos de protección adecuados al nivel de riesgo, se comprometerá a cumplir con las medidas de seguridad diseñadas por la Productora para cada caso particular a partir de las recomendaciones de las autoridades sanitarias.

El Trabajador se compromete a cumplir con las medidas de higiene que le imponga o recomiende la Productora en el ejercicio de su actividad.

Las Partes acuerdan que, teniendo en cuenta la situación actual de la crisis, así como la posibilidad de que se aprueben futuras medidas y restricciones para combatir los efectos de la crisis que podrían afectar tanto a los ensayos, como a la preparación de la producción, o incluso al propio rodaje, es imposible prever el desarrollo de la situación durante las fechas en las que tendrán lugar los ensayos y el rodaje. A estos efectos, en caso de que, debido a dicha situación, la Productora se vea obligada a suspender la producción por ser imposible garantizar un óptimo desarrollo en la continuación de la misma, el Trabajador se compromete a reincorporarse a los ensayos y/o rodaje de la Serie cuando la Productora le indique que estos se reanudan, siempre y cuando la situación y las medidas de prevención lo permitan.

El Trabajador acuerda no exigir una remuneración adicional la Productora en el caso de que esta situación de fuerza mayor afectase a la producción de la Serie, comprendiendo que se trata de una circunstancia imprevisible para la Productora en el momento de celebración del presente Contrato.

La Productora quedará eximida de cualquier responsabilidad por daños y perjuicios o de cualquier otra penalización que se funde en la suspensión del presente Contrato a los efectos mencionados en esta Cláusula. Esta dispensa será efectiva desde que exista el impedimento que paralice, obstaculice o retrase la producción de la Serie.

Las razones de interrupción y/o suspensión del rodaje y el tiempo de cada interrupción o suspensión deberán ser debidamente acreditadas al Trabajador.

Queda bien entendido entre las Partes que el incumplimiento grave por parte del Trabajador de las obligaciones contenidas en el presente apartado puede dar lugar a su despido por causas justificadas.

DECIMOPRIMERA.– GARANTÍAS Y RESPONSABILIDADES

11.1. El Trabajador manifiesta y garantiza que:

a) no existe ni existirá ninguna carga, gravamen u obstáculo a la cesión a la Productora y al ejercicio por la Productora de los derechos de propiedad intelectual e industrial y derechos de imagen cedidos por el Trabajador a la misma que pudiera causar un perjuicio, prohibir o limitar de alguna manera la explotación pacífica, en todo o en parte, de los Episodios y la Serie por parte de la Productora o sus cesionarios;

b) no ha asumido ni asumirá ningún compromiso profesional o de otro tipo que pudiera impedir o limitar la previsión completa y adecuada de los Servicios objeto del presente Contrato;

c) no ha llevado a cabo ni llevará a cabo ninguna acción que pudiera perjudicar o prevenir el libre y total ejercicio de los derechos cedidos a la Productora en virtud del presente Contrato.

d) no realizará ninguna acción que pudiera perjudicar a la buena imagen y reputación de la Serie y, en general, de la Productora y/o de cualquiera de sus cesionarios o licenciatarios.

11.2. El Trabajador renuncia expresamente a cualquier tipo de medida cautelar que le permita impedir la comercialización, reproducción, comunicación, exhibición y/o cualquier otra forma de explotación y/o uso de la Serie, las obras derivadas de sus aportaciones creativas o donde se incorporen, y/o productos y resultados de los servicios del Trabajador bajo el presente Contrato.

11.3. El Trabajador responderá en exclusiva frente a cualquier acción o reclamación de terceros que se produzca con motivo o como consecuencia del incumplimiento de las obligaciones del Trabajador previstas en este Contrato, o bien de la cesión y/o ejercicio de los derechos otorgados a la Productora mediante el presente Contrato.

11.4. El Trabajador garantiza que todas las acciones y/o recursos que pudiera ejercitar como consecuencia de cualquier contingente que tuviera causa en el Contrato, serán exclusivamente contra la Productora, sin que en ningún caso pueda ejercitar acción alguna contra los coproductores ni sus inversores, sean estos personas físicas o jurídicas.

DÉCIMOSEGUNDA.– TÍTULOS DE CRÉDITO

12.1. El Trabajador figurará de la siguiente forma: A juicio de la Productora y según los usos del sector. Todos los aspectos relacionados con el crédito están sujetos a la aprobación, en su caso, de cualquier distribuidor, cesionario o sindicato que corresponda, así como a las directrices de la cadena o plataforma encargada de la emisión o explotación de la Serie.

DÉCIMOTERCERA.– CONFIDENCIALIDAD

13.1. Las Partes acuerdan que será considerada "**Información Confidencial**" la propia existencia del Contrato, así como los términos y condiciones aquí estipulados, y toda aquella información que haya conocido el Trabajador con ocasión de su trabajo y participación en la Serie. Asimismo, la Información Confidencial incluirá todos aquellos datos e informaciones relativos al proceso de producción de la Serie, tales como, sin carácter exhaustivo, el argumento, el guion, los personajes, el rodaje, el reparto, el equipo técnico y de producción, el presupuesto, las localizaciones, la ambientación, la caracterización, las anécdotas o acontecimientos acaecidos durante la producción, las vidas privadas de los intervinientes en la producción, o cualquier otro elemento o circunstancia de la producción. Asimismo, la Información Confidencial incluirá datos e informaciones relativos a la Productora, tales como, sin carácter exhaustivo, información comercial, económica o industrial, información sobre empleados, contratistas, clientes, posibles clientes y/o proveedores o estrategia comercial y financiera, información relativa a secretos comerciales, marcas, nombres comerciales, diseños, know-how, prototipos, planos, carteles publicitarios, datos de carácter personal o cualquier otro tipo de información relativa a la Productora.

13.2. El Trabajador se compromete a mantener la Información Confidencial secreta y a no revelar la misma, total o parcialmente, a cualesquiera terceros que no sean sus representantes y empleados, salvo que así fuera requerido por una orden judicial o administrativa, en cuyo caso las Partes igualmente se comprometen a comunicarse, con carácter previo tal circunstancia, la existencia de dicho mandato judicial o administrativo, por escrito, de forma inmediata, procurando restringir en la medida de lo posible el contenido de dicha revelación.

13.3. Asimismo, el Trabajador se compromete a no comunicar a terceras personas información acerca de la producción, el contenido del Guion, el rodaje o cualquier otra circunstancia relativas al proyecto, a la Serie y a la Productora o la Compañía, sin expresa autorización previa y escrita de la Productora. Cualquier comunicación pública o declaración sobre el Guion, y/o la Serie tendrá que ser aprobada y consensuada por la Productora.

13.4. El Trabajador reconoce expresamente que la Información Confidencial es propiedad de la Productora. El Trabajador se compromete a utilizar la Información Confidencial que reciba o conozca únicamente en la medida necesaria para la prestación de sus servicios en virtud del presente Contrato. El Trabajador se obliga, asimismo, a no hacer un uso no autorizado de la Información Confidencial, y a notificar inmediatamente a la Productora, cualquier revelación o uso no autorizado de la Información Confidencial de la que tenga conocimiento. En este sentido, el Trabajador se compromete, en particular, a no divulgar la Información Confidencial a través de redes sociales, servicios de *micro-blogging*, foros en línea, hilos de discusión o secciones de comentarios, sitios web personales, sitios web modificados por usuarios o cualquier otro sitio web, plataforma, foro, aplicación o medio de comunicación actualmente conocido o desarrollado con posterioridad.

13.5. Del mismo modo, el Trabajador reconoce y acepta que la Información Confidencial tienen un valor económico independiente que se deriva del hecho de no ser conocida por el público en general o por otras personas que puedan obtener un valor económico de su divulgación, distribución o uso. Asimismo, el Trabajador reconoce y acepta que cualquier incumplimiento por su parte con respecto a la Información Confidencial supondrá un perjuicio irreparable para la Productora, no fácilmente mensurable en dinero, y por el que la Productora, sin renunciar a otros derechos o recursos que les asistan, tendrán derecho a solicitar medidas cautelares y de resarcimiento.

13.6. Sin perjuicio de lo anterior, en caso de incumplir el Trabajador con lo dispuesto en esta Cláusula, la Productora se reserva el derecho a finalizar la presente relación, así como a exigirle cuantos daños y perjuicios le haya causado dicho incumplimiento del Trabajador.

13.7. El Trabajador responderá e indemnizará a la Productora, por cualquier reclamación, coste, pérdida, daño o responsabilidad exigida a la Productora como consecuencia directa o indirecta del incumplimiento por parte del Trabajador de las obligaciones contempladas en la presente Cláusula.

13.8. El Trabajador reconoce y acepta que el incumplimiento de lo dispuesto en la presente Cláusula dará lugar a la obligación de restituir a la Productora la totalidad de la Información Confidencial y/o podrá dar lugar a la resolución del presente Contrato.

13.9. La obligación de confidencialidad prevista en esta Cláusula se mantendrá en vigor durante toda la duración del presente Contrato y por tiempo indefinido tras su pérdida de vigencia o resolución por cualquier causa.

13.10. A petición de la Productora en cualquier momento durante la vigencia de este Contrato y tras su terminación, el Trabajador se compromete a devolver inmediatamente la Información Confidencial correspondiente a su legítimo propietario.

13.11. Sin perjuicio de lo previsto en esta cláusula, la resolución o terminación del presente Contrato por cualquier causa no afectará a la obligación de confidencialidad, a las garantías otorgadas por el Trabajador, a la renuncia a solicitar medidas cautelares o medidas que impidan la explotación de la Serie, a la cesión de derechos de propiedad intelectual, otros derechos de comercialización (*merchandising*, explotaciones accesorias, conexas y derivadas, etc.) y demás autorizaciones y cesiones previstas en el presente Contrato a favor de la Productora, así como a cualesquiera disposiciones que expresamente establezcan la supervivencia tras la terminación del Contrato o una duración determinada, las cuales se mantendrán vigentes en sus mismos términos.

DÉCIMOCUARTA.– PROTECCIÓN DE DATOS PERSONALES

14.1. Las Partes garantizan que conocen y aplican las obligaciones establecidas por el Reglamento (UE) 2016/679 del Parlamento europeo y del Consejo de 27 de abril de 2016 relativo a la protección de las personas físicas en lo que respecta al tratamiento de datos personales y a la libre circulación de estos datos y por el que se deroga la Directiva 95/46/CE (el "**RGPD**") y de la Ley Orgánica de Protección de Datos Personales y garantía de los derechos digitales (la "**LOPDGDD**").

14.2. La Productora declara que los datos de contacto del Trabajador serán tratados para posibilitar el desarrollo y ejecución de la relación laboral, estando el tratamiento de datos amparado en el interés legítimo de las Partes.

14.3. La finalidad de dicho tratamiento es gestionar de manera adecuada la relación laboral existente entre la Productora y el Trabajador en todos sus aspectos y, en particular; permitir la inclusión de la información profesional de los empleados en propuestas de servicios, contratos, informes o comunicaciones con terceros con los que la Productora mantenga relaciones comerciales, como consecuencia de la participación de los empleados en dichas relaciones comerciales y/o profesionales; control de accesos/salidas en las instalaciones de la Productora y/o lugares de rodaje y para la gestión de cualesquiera otras medidas de seguridad (tarjetas de acceso, cámaras de vigilancia, etc.); permitir la comunicación entre la Productora y sus empleados y entre estos mismos, principalmente por teléfono y correo electrónico; gestión de bonificaciones a los empleados; elaborar las nóminas; gestionar la formación a recibir por su personal y llevar a cabo la gestión de las actividades administrativas, fiscales y contables derivadas de su relación con sus empleados. Y, con carácter general, tratar los datos de sus empleados para el cumplimiento de cualesquiera otras obligaciones que pudieran derivarse para la Productora del cumplimiento tanto de la legislación vigente como de los Convenios Colectivos que resulten de aplicación. La legitimidad de dicho tratamiento se encuentra tanto en la necesaria gestión de la relación jurídica existente entre la Productora y el Trabajador como empleado de la misma, como el consentimiento expreso otorgado por este al firmar el presente Contrato.

14.4. Los datos personales de las Partes serán conservados durante toda la vigencia de la relación laboral, y más allá de la misma, durante los plazos de prescripción necesarios en función de la legislación aplicable.

14.5. Las Partes podrán dirigirse mutuamente con el fin de poder ejercitar sus derechos de acceso, rectificación, supresión, oposición, portabilidad de los datos, y limitación del tratamiento a la dirección facilitad en el encabezado del presente documento adjuntando copia de DNI o pasaporte.

14.6. Asimismo, y en el supuesto de que las Partes incumplan sus obligaciones legales en materia de protección de datos, tienen derecho a presentar una reclamación ante la Agencia Española de Protección de Datos.

DÉCIMOQUINTA.– MISCELÁNEA

15.1. El presente Contrato y, en su caso, todos sus anexos constituyen un acuerdo completo entre las Partes en relación con el contrato de trabajo de obra o servicio determinado y cesión de derechos de propiedad intelectual e industrial y de cualquier otra naturaleza contemplados en el presente Contrato y únicamente podrá ser modificado en virtud de un documento escrito firmado por las Partes. A efectos aclaratorios, en caso de conflicto con la traducción inglesa del presente documento, la versión española prevalecerá.

15.2. Cualquier modificación que afecte al presente Contrato o, en su caso, a sus anexos deberán realizarse por escrito para ser efectivos. Ninguna práctica, omisión o negligencia pasiva constituirá fundamento para poder modificar el presente Contrato.

15.3. Si alguna parte, término o disposición del presente Contrato se declarara ilegal, nulo o inválido, será eliminado y las Partes intentarán solucionarlo acordando una disposición aplicable que la sustituya, permaneciendo en vigor el resto de disposiciones.

15.4. El presente Contrato no constituye asociación entre las Partes contratantes y, no podrá deducirse la misma con respecto a terceros.

15.5. Las precitadas cesiones y cualesquiera otras manifestaciones y garantías contenidas en el presente Contrato seguirán vigentes aun cuando se produzca una terminación o resolución del Contrato.

15.6. Cada una de las Partes faculta a la otra Parte para que pueda elevar a público el presente Contrato, asumiendo el coste la Parte solicitante y quedando obligada la otra Parte a realizar cuantas gestiones sean necesarias para tal fin.

DÉCIMOSEXTA.– LEGISLACIÓN APLICABLE Y FUERO

16.1. El presente Contrato deberá interpretarse y cumplirse de conformidad con la legislación española, y en particular con el régimen laboral aplicable y con la legislación relativa a los derechos de propiedad intelectual e industrial.

16.2. Las Partes expresa y voluntariamente acuerdan someterse a los tribunales de la ciudad de .... (capital) para la resolución de cualesquiera controversias o disputas que pudieran resultar de la interpretación y cumplimiento del presente Contrato, renunciando expresamente a cualquiera otro fuero que, en su caso, pudieran corresponderles.

En virtud de cuanto antecede, las Partes firman el presente Contrato por duplicado, previa su lectura íntegra, el cual declaran entender y con cuyo contenido están conformes, en la fecha indicada en el encabezamiento.

LA PRODUCTORA	EL TRABAJADOR
Fdo.: [*]	Fdo.: Don [*]

F018. CONTRATO LABORAL DE DURACIÓN DETERMINADA COMO DIRECTOR DE FOTOGRAFÍA

En [*], a [*] de 20[*]

REUNIDOS

De una parte,

Don [*], con D.N.I. nº [*], en representación de [*], **S.L.,** con domicilio social y fiscal en [*] y C.I.F. número CIF [*], (la "**Productora**").

Y, de otra parte,

Don [*], mayor de edad, con D.N.I. nº [*], y domicilio en [*], actuando en su propio nombre y derecho (el "**Trabajador**")

De igual forma, y en lo sucesivo, la Productora y el Trabajador podrán ser denominados conjuntamente como las "**Partes**" e individualmente como la "**Parte**".

Ambas Partes manifiestan que sus facultades están vigentes, y que no han sido limitadas, revocadas ni suspendidas por lo que cuentan con la capacidad legal necesaria y suficiente para la formalización del presente contrato y, al efecto,

DECLARAN

I. Que la Productora es una entidad mercantil dedicada, entre otras actividades, a la producción de obras cinematográficas y audiovisuales y está llevando a cabo el desarrollo de la producción extranjera de la segunda temporada del proyecto de serie de televisión titulado provisionalmente "..................", compuesta de [*] obras audiovisuales, de una duración de .... minutos de cada una (la "**Serie**"), por encargo de [*] (la "**Compañía**")

II. Que la Productora desea contratar los servicios del Trabajador como Director de Fotografía, de la obra audiovisual [*] que forma parte de la Serie (la "**Obra Audiovisual**"), conforme a los términos y condiciones establecidos en el presente documento.

III. Que el Trabajador está interesado en formalizar el presente contrato de duración determinada por realización de obra o servicios determinados.

IV. Que, en caso de que los servicios prestados por el Trabajador sean susceptibles de generar derechos de propiedad intelectual, el Trabajador está en disposición de ceder a la Productora todos los derechos de explotación que pueda ostentar sobre sus aportaciones creativas a la Serie, conforme al Real Decreto Legislativo 1/1996, de 12 de abril, por el que se aprueba el Texto Refundido de la Ley de Propiedad Intelectual, regularizando, aclarando y armonizando las disposiciones legales vigentes sobre la materia (el "**TRLPI**").

V. Que el presente contrato se somete a la normativa laboral vigente, en especial en lo relativo a los contratos de duración determinada, al Real Decreto Legislativo 2/2015, de 23 de octubre, por el que se aprueba el texto refundido de la Ley del Estatuto de los Trabajadores (el "**Estatuto de los Trabajadores**") y al Real Decreto 2720/98, de 18 de diciembre, así como al II Convenio Colectivo de la industria de la producción audiovisual (técnicos) (el "**Convenio Colectivo**").

VI. Que las Partes reúnen las condiciones necesarias para la celebración del presente contrato (el "**Contrato**") y acuerdan formalizarlo de acuerdo a las siguientes:

CLÁUSULAS

PRIMERA.- OBJETO

1.1. El Trabajador prestará sus servicios como "personal técnico", con la categoría de "DIRECTOR DE FOTOGRAFÍA", para realizar las funciones inherentes a su categoría profesional en lo relativo a la producción de la Obra Audiovisual en el centro de trabajo de la Productora y/o en cualesquiera otros lugares del ámbito nacional y/o internacional se consideren necesarios con ocasión de la producción de la Obra Audiovisual.

1.2. La Productora se reserva la facultad de modificar el título inicial de la Obra Audiovisual y/o de la Serie, sin que ello implique modificación alguna de la relación jurídica establecida entre las partes.

SEGUNDA.- JORNADA LABORAL

2.1. La jornada laboral y horarios serán los que establezca la Productora de acuerdo con la legislación vigente, el plan de trabajo inicialmente previsto y las necesidades posteriores que surjan durante su ejecución. Asimismo, el Trabajador reconoce no estar sujeto a un horario determinado y extenderá su jornada ordinaria de trabajo cuando así lo requieran sus obligaciones para cumplir los compromisos de la Productora, pudiéndose incluir la posibilidad de realizar trabajo nocturno conforme a las necesidades de producción de la Obra Audiovisual y/o de la Serie así como incluir días festivos que se determinarán según el calendario laboral del lugar donde esté el lugar de trabajo. Sin embargo, bajo ninguna circunstancia la Productora podrá exigir que el Trabajador realice servicios de forma que excedan de la práctica habitual y/o de lo establecido en el Convenio Colectivo y cualquier otra normativa que aplique.

2.2. La jornada de trabajo comenzará a regir a partir de la hora de citación en los lugares de trabajo.

TERCERA.- SEGURIDAD SOCIAL

3.1. El Trabajador será dado de alta en la Seguridad Social, en la categoría profesional correspondiente, por los días en los que preste sus servicios.

3.2. El Trabajador causará alta y baja en Seguridad Social a lo largo de la producción tantas veces como requiera su participación en la Serie y siempre que la Productora requiera de la prestación de sus servicios, sin la necesidad de redactar un nuevo contrato por cada periodo dado que trabajará siempre para la misma producción.

CUARTA.- LUGAR DE TRABAJO

4.1. El rodaje de la Obra Audiovisual se prevé inicialmente en .... y/o en cualquier otro ámbito geográfico, nacional y/o internacional, a juicio de la Productora y según el plan de rodaje que el Trabajador declara conocer.

4.2. El tiempo de desplazamiento entre el centro de actividades de producción y el lugar de citación no computará como jornada de trabajo, siempre y cuando el desplazamiento de ida y vuelta no exceda de *hora y media* y siempre que la distancia entre ambos lugares no sea superior a 50 kilómetros.

4.3. Cuando el Trabajador deba desplazarse a municipio distinto de ...., los gastos de transporte correrán a cargo de la Productora y, si fuera necesario pernoctar, también los normales de manutención y estancia según se establece en el Convenio Colectivo.

QUINTA.- RETRIBUCIÓN

5.1. El Trabajador percibirá como remuneración total, por todos los conceptos durante la vigencia del presente Contrato, la cantidad bruta de [*] Euros/mes (el "**Salario**"). El pago se realizará mensualmente, a mes vencido, mediante transferencia bancaria en los CINCO (5) primeros días del mes siguiente.

5.2. El Salario incluye todos los conceptos a los que el Trabajador tenga derecho por sus servicios (incluyendo todos los conceptos salariales: salario base, parte proporcional por pagas extras, parte proporcional por vacaciones, plus de disponibilidad, nocturnidad, la indemnización prevista en el art. 49.1c. del Estatuto de los Trabajadores, y resto de emolumentos legales, y, en particular, la retribución debida por la cesión del Trabajador de los derechos conforme a lo dispuesto en la Cláusula 7).

5.3. Las Partes manifiestan y aceptan que, con el pago de la última nómina, y siempre y cuando se hayan cumplido todas las obligaciones conforme a lo establecido en el presente contrato, el Trabajador formalizará la declaración adjunta al presente, a los efectos de declarar que las prestaciones de servicios se han prestado correctamente.

5.4. Los impuestos y gravámenes sobre el Salario del Trabajador se pagarán por las partes de acuerdo con lo establecido en la legislación vigente, deduciéndose del Salario las cantidades que establezcan las normas vigentes.

SEXTA.- DURACIÓN

6.1. El Trabajador prestará sus servicios desde el [*] (el "**Inicio de Trabajo**") hasta la finalización de los servicios del Trabajador en la Obra Audiovisual, a juicio exclusivo de la Productora, cuya fecha inicialmente prevista es el [*] (el "**Fin de Trabajo**").

6.2. La Productora podrá retrasar hasta un máximo de treinta (30) días la fecha prevista para iniciar el período de prestación de servicios del Trabajador. Si la Productora hiciese uso de esta facultad, habrá de comunicarlo al Trabajador con cinco (5) días de antelación a la fecha prevista para iniciar el trabajo, indicando en dicha comunicación la nueva fecha en que deberá empezar su labor. En consecuencia, la fecha de finalización se retrasaría por el mismo número de días con respecto a la fecha fijada en un principio.

6.3. En el caso de que los trabajos encomendados al Trabajador deban realizarse en dos (2) periodos temporales diferenciados, la Productora comunicará al Trabajador el momento de interrupción y el Contrato se suspenderá hasta que la Productora comunique su reanudación.

6.4. Si una vez finalizado el período aproximado antes señalado no hubiesen concluido los trabajos objeto del mismo, éste se entenderá tácitamente prorrogado hasta la conclusión de aquellos.

6.5. El plazo de vigencia antes reseñado se entiende que es un periodo de compromiso, ya que sólo tendrán la consideración de día trabajado a todos los efectos, aquellos días en que el Trabajador efectivamente preste sus servicios para la Obra Audiovisual.

6.6. Se establece el periodo de prueba aplicable según el Convenio Colectivo vigente de aplicación. El cómputo de periodo de prueba se interrumpirá si el Trabajador se ve afectado por las situaciones de incapacidad temporal, maternidad o acogimiento.

6.7. La duración del Contrato será determinada y se extenderá desde el Inicio de Trabajo hasta el Fin de Trabajo o con anterioridad a ese momento en los supuestos de resolución o suspensión previstos en la Cláusula 8.

6.8. En caso de que, por causas de fuerza mayor, huelga o dificultades ajenas a la voluntad de la Productora se retrasara o suspendiera el rodaje de la Obra Audiovisual y/o la Serie, la Productora tendrá la facultad de (i) diferir la fecha de comienzo del mismo, (ii) de suspender temporalmente los trabajos de producción o (iii) de resolver el presente Contrato. Si la Productora opta por la suspensión, el Contrato quedará sin efecto hasta el momento en que legal y razonablemente resulte factible reanudar los trabajos y la duración de este Contrato se considerará automáticamente prorrogada por igual período de tiempo al de la suspensión más el tiempo necesario de reanudación de los trabajos. La misma prórroga se entenderá producida en el caso de que se opte por diferir la fecha de comienzo del rodaje.

SÉPTIMA.– CESIÓN DE DERECHOS DE PROPIEDAD INTELECTUAL E INDUSTRIAL Y AUTORIZACIÓN PARA EL USO DE IMAGEN Y/O VOZ

7.1. Si, como consecuencia de la labor del Trabajador para la Obra Audiovisual, resultara material creativo que pueda tener la consideración de obra o prestación en los términos previstos en la vigente Ley de Propiedad Intelectual (el "**Material Creativo**"), el Trabajador cede de forma expresa e irrevocable a la Productora y/o terceros productores de la Obra Audiovisual y de la Serie, cesionarios y/o licenciatarios de derechos, en exclusiva y sin limitaciones de ningún tipo, por todo el tiempo de duración de los derechos de explotación sobre dicho Material Creativo de conformidad con el TRLPI y para todo el territorio mundial, con la facultad de cesión total o parcial, licencia y/o autorización a terceros, la totalidad de los derechos de explotación sobre dicho Material Creativo, tanto en su versión final como en cualesquiera de sus versiones previas y/o borradores, incluyendo cualquier personaje, diseño, boceto, dibujo realizado en el curso de su trabajo y/o cualesquiera otros. Los derechos de propiedad intelectual e industrial cedidos por el Trabajador, tienen por finalidad la explotación, por la Productora y/o terceros productores de la Obra Audiovisual y Serie, cesionarios y/o licenciatarios de derechos, del Material Creativo mediante su integración en la Obra Audiovisual y Serie u obras derivadas o de forma independiente y/o aislada de la misma, en cualquier formato o soporte y por cualquier sistema, procedimiento o modalidad, con carácter gratuito o mediante contraprestación, conocido o que se invente en el futuro. Esta cesión de derechos se realiza a tanto alzado y ha sido tenida en cuenta al negociar el Salario pactado en la cláusula tercera del presente Contrato. El Trabajador no tendrá derecho a exigir a la Productora ningún tipo de compensación adicional como consecuencia de la mencionada cesión de derechos.

7.2. El Trabajador reconoce que corresponde a la Productora la plena titularidad de los derechos de propiedad intelectual sobre la Obra Audiovisual y Serie y se compromete a no utilizar ningún elemento, secuencia o fragmento de la misma sin previa autorización por escrito de la Productora. Asimismo, corresponden a la Productora los derechos de explotación de las fotografías que sean realizadas en el proceso de producción de la Obra Audiovisual y Serie. La decisión final sobre los contenidos, fotogramas y/o grabaciones a incluir en la versión definitiva de la Obra Audiovisual y Serie, así como su duración y la elección de los colaboradores y resto de intervinientes, corresponderá en exclusiva a la Productora. La decisión final sobre los contenidos, fotogramas y/o grabaciones a incluir en la versión definitiva de la Obra Audiovisual y Serie, así como su duración y la elección de los colaboradores y resto de intervinientes, corresponderá en exclusiva a la Productora.

7.3. Igualmente, el Trabajador autoriza a la Productora a utilizar sus derechos de imagen, nombre, voz, fotografía, retrato e imagen física y/o currículum, reproducida o generada por cualquier medio, su biografía, así como expediente Trabajador, tanto para fines de promoción, explotación y comercialización de la Obra Audiovisual y Serie, como de aquellas otras de las que ésta sea obra antecedente, o promoción de la propia actividad genérica de la Productora, lo que expresamente incluye la facultad de fijar su imagen y sonido para la producción de programas de televisión o fragmentos de la clase de "making of", "los mejores momentos" o documentales sobre la Obra Audiovisual y Serie. A tal efecto, el Trabajador autoriza a la Productora para que ésta pueda reproducir, distribuir y comunicar públicamente, total o parcialmente, tales fotografías y grabaciones por plazo ilimitado y para todo el mundo, por sí misma o por medio de cesión a un tercero.

7.4. El Trabajador garantiza que su contribución y sus aportaciones a la Obra Audiovisual y Serie, incluyendo el Material Creativo que se pueda derivar, son originales, que no vulneran derechos de terceros y que no ha realizado ni realizará ningún acto susceptible de impedir o dificultar a la Productora y/o terceros productores de la Obra Audiovisual y Serie, cesionarios y/o licenciatarios de derechos, el ejercicio pleno y pacífico de los derechos cedidos en virtud del presente Contrato. En el caso de que el Trabajador pretenda incorporar alguna obra preexistente en la Obra Audiovisual y Serie, deberá solicitar la autorización previa y por escrito de la Productora. En consecuencia, el Trabajador responderá en exclusiva frente a la Productora y/o terceros productores de la Obra Audiovisual y Serie, cesionarios y/o licenciatarios de derechos, por cualquier acción o reclamación que ejerza cualquier tercero como consecuencia de la cesión y/o ejercicio de los derechos cedidos en virtud del presente Contrato.

7.5. La Productora y/o terceros productores de la Obra Audiovisual y/o Serie, cesionarios y/o licenciatarios de derechos, estarán legitimados para perseguir legalmente, con independencia del Trabajador, las violaciones o infracciones que afecten a los derechos cedidos por el Trabajador en virtud del presente Contrato. No obstante, el Trabajador se compromete a prestar su colaboración a tal efecto cuando le sea solicitada. Asimismo, la Productora y/o terceros productores de la Obra Audiovisual y/o Serie, cesionarios y/o licenciatarios de derechos, estarán legitimados para proceder a la inscripción del Material Creativo en los registros de propiedad intelectual e industrial.

7.6. Las cesiones de derechos y las autorizaciones contenidas en este Contrato no podrán ser interpretadas de manera que se entienda que la Productora y/o terceros productores de la Obra Audiovisual y/o Serie, cesionarios y/o licenciatarios de derechos, no ostentan todos los derechos de explotación económica sobre el Material Creativo y/o sobre a la Obra Audiovisual y/o Serie a la que se incorpore y/o explotaciones derivadas o que de alguna otra manera estos derechos se hallan limitados, pues de lo contrario se frustraría el fin de este Contrato.

7.7. Los derechos cedidos por el Trabajador serán irrevocables y no podrán estar sujetos a restitución, rescisión y/o resolución o cualquier otro tipo de compensación en caso de incumplimiento del presente Contrato por la Productora. Los derechos del Trabajador, en caso de incumplimiento del presente Contrato por la Productora, se limitarán a posibles reclamaciones de carácter económico, no pudiendo éstas interferir, inhibir, prohibir y/o restringir en forma alguna el desarrollo, distribución y/o explotación de la Obra Audiovisual y/o Serie y/o de cualquiera de los derechos vinculados y accesorios relacionados con la Obra Audiovisual y/o Serie y/o productos derivados o conexos.

7.8. No obstante lo anterior, la Productora y/o terceros productores de la Obra Audiovisual y/o Serie, cesionarios y/o licenciatarios de derechos, no tendrán obligación alguna de producir o explotar la Obra Audiovisual y/o Serie y/o hacer uso de los servicios del Trabajador y/o del Material Creativo, sin que ello conlleve penalización y/o indemnización alguna a favor del Trabajador.

OCTAVA.– RESOLUCIÓN, SUSPENSIÓN E INCUMPLIMIENTO

8.1. La Productora podrá resolver este Contrato en los supuestos contemplados en el Convenio Colectivo y en el Estatuto de los Trabajadores.

8.2. Si el Trabajador desea cesar voluntariamente deberá preavisar a la Productora con una antelación mínima de quince (15) días. El incumplimiento de este preaviso dará derecho a la Productora a descontarle de la liquidación que hubiera de percibir el importe de un día de Salario por cada día de retraso en el preaviso.

8.3. En caso de resolución por causa no justificable imputable al Trabajador, la Productora podrá, además, exigir, en concepto de indemnización, la obligación de pago de todos y cuantos gastos hubiera tenido que sufragar por esta causa, incluso los daños y perjuicios propios o con terceros que por el mismo motivo pudieran derivarse del retraso en el estreno o de la paralización del rodaje con carácter temporal o definitivo, si la importancia del Trabajador así lo condicionara.

8.4. Además, Trabajador podrá resolver unilateralmente el Contrato en el caso de que se produzca un retraso grave e injustificado por la Productora de las retribuciones pactadas en este Contrato en las fechas señaladas.

8.5. Con arreglo al artículo 45.1.b del Estatuto de los Trabajadores, las causas concretas que se delimitan en el presente Contrato como causas de suspensión del mismo son las siguientes:

(i) En el caso de que la producción sufra un parón por cualquier circunstancia técnica/ productiva de carácter imprevisible, y/o externa a la Productora, incluidas las que sean debidas a causas de fuerza mayor, así como a la crisis......... (CRISIS), el Contrato se suspenderá por el tiempo durante el que no se estén llevando a cabo los trabajos por los que ha sido contratado. Considerando que la prestación de servicios del trabajador se producirá durante un corto espacio de tiempo, la suspensión del contrato será siempre proporcional y coherente con la duración que se tiene prevista para la producción

(ii) La indisponibilidad temporal, por cualquier motivo, de algún miembro del personal contratado para la producción o parte de la Productora sin la presencia del cual no sea posible continuar el rodaje. El Contrato quedará suspendido hasta que el mismo esté disponible o bien la Productora haya encontrado una solución artística que le permita poder sustituirlo sin que el resultado final de la Obra Audiovisual y/o Serie se vea perjudicado conforme a lo inicialmente previsto.

8.6. Las referidas suspensiones no se reputarán como causa válida de resolución del Contrato ni serán susceptibles de indemnización entre las Partes, pudiendo la Productora suspender los servicios del Trabajador durante dicho período de tiempo y reanudándose en el momento en que la Productora reanude la producción de la Obra Audiovisual y/o Serie. Si por la misma razón deviniese imposible la ejecución de este Contrato, la Productora no tendrá responsabilidad de indemnizar por ello al Trabajador, más allá del pago de las cantidades devengadas en proporción a los trabajos realizados hasta dicho momento por el Trabajador, y no perjudicará el otorgamiento exclusivo de derechos a la Productora que sean inherentes y que correspondan a los resultados y producto de los servicios prestados por el Trabajador al amparo del presente Contrato.

8.7. Igualmente, la Productora podrá resolver de forma anticipada el presente Contrato en aquellos casos en los que la producción se suspenda de forma definitiva por causa de fuerza mayor o por exigencia legal como incumplimiento contractual de terceros, o por cualquier cuestión que imposibilite de forma definitiva la continuación de la producción, situaciones concursales o por abandono de la producción al carecer de financiación suficiente. En tales supuestos, el Trabajador no tendrá derecho a percibir compensación alguna, limitándose a hacer suyas las cantidades devengadas hasta el momento.

NOVENA.- CESIÓN

9.1. La Productora está facultada para ceder el presente Contrato y todos o parte de los derechos otorgados a la Productora en virtud del presente Contrato a cualesquiera otras personas físicas y/o jurídicas, siempre que así se lo notifique al Trabajador y en cumplimiento de la normativa laboral vigente, por lo que este Contrato deberá ser vinculante y recaerá en beneficio de todos los sucesores de la Productora, así como de sus licenciatarios y cesionarios.

DÉCIMA.- SEGURIDAD E HIGIENE EN EL TRABAJO

10.1. En cumplimiento de lo establecido en los artículos 18 y 19 de la Ley 31/1995, de 8 de Noviembre, de Prevención de Riesgos Laborales (la "**Ley de Prevención de Riesgos Laborales**"), el Trabajador reconoce haber recibido junto con el presente Contrato laboral el Manual de Prevención de Riesgos Laborales elaborado para la producción de la Obra Audiovisual y/o Serie, habiendo sido informado por la Productora tanto de los riesgos que afectan a su trabajo, como de las medidas de protección y prevención aplicadas a dichos riesgos, comprometiéndose al debido cumplimiento de dichas medidas. Asimismo, el Trabajador acepta el compromiso que se le solicita de:

(i) Usar adecuadamente, de acuerdo con su naturaleza y los riesgos previsibles, las máquinas, aparatos, herramientas, sustancias peligrosas, equipos de transporte y, en general, cualesquiera otros medios con los que desarrolle su actividad.

(ii) Utilizar correctamente los medios y equipos de protección facilitados por la Productora, de acuerdo con las instrucciones que se le entregue al respecto.

(iii) Informar de inmediato al Director de Producción de la Obra Audiovisual y/o Serie (o a su sustituto) en caso de incendio y/o accidente, o de cualquier situación que, a su juicio, entrañe, por motivos razonables, un riesgo para la seguridad y la salud de los trabajadores.

10.2. Así mismo, en cumplimiento de lo dispuesto en el artículo 22 de la Ley de Prevención de Riesgos Laborales y del artículo 35 del Convenio Colectivo, el Trabajador manifiesta haber sido informado por la Productora con anterioridad a la firma del presente Contrato sobre sus derechos en materia de Vigilancia de la Salud y, específicamente, sobre el derecho que le asiste a la realización de exámenes de salud y/o reconocimientos médicos periódicos y, a este respecto, el Trabajador expresamente comunica a la Productora su libre, voluntaria y expresa decisión de:

- No realizar reconocimiento médico, salvo obligación legal, en los términos del artículo 22.1 de la Ley de Prevención de Riesgos Laborales.
- Realizar reconocimiento médico.

10.3. Situación generada por la crisis......... (CRISIS). Debido a la situación de emergencia de salud pública ocasionada por la crisis, el Trabajador se hace responsable de cumplir con todas las medidas y restricciones establecidas en el ámbito nacional.

Las medidas contenidas en este apartado serán revisadas, actualizadas y adecuadas a medida que vayan modificándose en el territorio nacional y, en todo caso, serán complementarias a las medidas contenidas en la Ley 31/1995, de 8 de noviembre, de Prevención de Riesgos Laborales y su normativa de desarrollo.

El Trabajador se compromete a informar a la Productora en caso de mostrar sintomatología asociada a la enfermedad de la crisis o sospecha de ello y, en este caso, permanecerá en cuarentena en su domicilio, sin acudir presencialmente al lugar de rodaje.

El Trabajador se compromete a respetar la distancia de seguridad mínima de dos metros en el desempeño de su trabajo siempre que sea posible y a utilizar los equipos de protección que se le proporcionen. En los casos en que la naturaleza del trabajo no permita respetar la distancia interpersonal ni el uso de equipos de protección adecuados al nivel de riesgo, se comprometerá a cumplir con las medidas de seguridad diseñadas por la Productora para cada caso particular a partir de las recomendaciones de las autoridades sanitarias.

El Trabajador se compromete a cumplir con las medidas de higiene que le imponga o recomiende la Productora en el ejercicio de su actividad.

Las Partes acuerdan que, teniendo en cuenta la situación actual de la crisis, así como la posibilidad de que se aprueben futuras medidas y restricciones para combatir los efectos de la crisis que podrían afectar tanto a los ensayos, como a la preparación de la producción, o incluso al propio rodaje, es imposible prever el desarrollo de la situación durante las fechas en las que tendrán lugar los ensayos y el rodaje. A estos efectos, en caso de que, debido a dicha situación, la Productora se vea obligada a suspender la producción por ser imposible garantizar un óptimo desarrollo en la continuación de la misma, el Trabajador se compromete a reincorporarse a los ensayos y/o rodaje de la Serie cuando la Productora le indique que estos se reanudan, siempre y cuando la situación y las medidas de prevención lo permitan.

El Trabajador acuerda no exigir una remuneración adicional la Productora en el caso de que esta situación de fuerza mayor afectase a la producción de la Serie, comprendiendo que se trata de una circunstancia imprevisible para la Productora en el momento de celebración del presente Contrato.

La Productora quedará eximida de cualquier responsabilidad por daños y perjuicios o de cualquier otra penalización que se funde en la suspensión del presente Contrato a los efectos mencionados en esta Cláusula. Esta dispensa será efectiva desde que exista el impedimento que paralice, obstaculice o retrase la producción de la Serie.

Las razones de interrupción y/o suspensión del rodaje y el tiempo de cada interrupción o suspensión deberán ser debidamente acreditadas al Trabajador.

Queda bien entendido entre las Partes que el incumplimiento grave por parte del Trabajador de las obligaciones contenidas en el presente apartado puede dar lugar a su despido por causas justificadas.

DECIMOPRIMERA.– GARANTÍAS Y RESPONSABILIDADES

11.1. El Trabajador manifiesta y garantiza que:

a) no existe ni existirá ninguna carga, gravamen u obstáculo a la cesión a la Productora y al ejercicio por la Productora de los derechos de propiedad intelectual e industrial y derechos de imagen cedidos por el Trabajador a la misma que pudiera causar un perjuicio, prohibir o limitar de alguna manera la explotación pacífica, en todo o en parte, de los Episodios y la Serie y la Obra Audiovisual por parte de la Productora o sus cesionarios;

b) no ha asumido ni asumirá ningún compromiso profesional o de otro tipo que pudiera impedir o limitar la previsión completa y adecuada de los Servicios objeto del presente Contrato;

c) no ha llevado a cabo ni llevará a cabo ninguna acción que pudiera perjudicar o prevenir el libre y total ejercicio de los derechos cedidos a la Productora en virtud del presente Contrato.

d) no realizará ninguna acción que pudiera perjudicar a la buena imagen y reputación de la Obra Audiovisual y/o Serie y, en general, de la Productora y/o de cualquiera de sus cesionarios o licenciatarios.

11.2. El Trabajador renuncia expresamente a cualquier tipo de medida cautelar que le permita impedir la comercialización, reproducción, comunicación, exhibición y/o cualquier otra forma de explotación y/o uso de la Obra Audiovisual y/o Serie, las obras derivadas de sus aportaciones creativas o donde se incorporen, y/o productos y resultados de los servicios del Trabajador bajo el presente Contrato.

11.3. El Trabajador responderá en exclusiva frente a cualquier acción o reclamación de terceros que se produzca con motivo o como consecuencia del incumplimiento de las obligaciones del Trabajador previstas en este Contrato, o bien de la cesión y/o ejercicio de los derechos otorgados a la Productora mediante el presente Contrato.

11.4. El Trabajador garantiza que todas las acciones y/o recursos que pudiera ejercitar como consecuencia de cualquier contingente que tuviera causa en el Contrato, serán exclusivamente contra la Productora, sin que en ningún caso pueda ejercitar acción alguna contra los coproductores ni sus inversores, sean estos personas físicas o jurídicas.

DÉCIMOSEGUNDA.– TÍTULOS DE CRÉDITO

12.1. El Trabajador figurará de la siguiente forma: A juicio de la Productora y según los usos del sector. Todos los aspectos relacionados con el crédito están sujetos a la aprobación, en su caso, de cualquier distribuidor, cesionario o sindicato que corresponda, así como a las directrices de la cadena o plataforma encargada de la emisión o explotación de la Obra Audiovisual y/o Serie.

DÉCIMOTERCERA.– CONFIDENCIALIDAD

13.1. Las Partes acuerdan que será considerada "**Información Confidencial**" la propia existencia del Contrato, así como los términos y condiciones aquí estipulados, y toda aquella información que haya conocido el Trabajador con ocasión de su trabajo y participación en la Obra Audiovisual y/o Serie. Asimismo, la Información Confidencial incluirá todos aquellos datos e informaciones relativos al proceso de producción de la Obra Audiovisual y/o Serie, tales como, sin carácter exhaustivo, el argumento, el guion, los personajes, el rodaje, el reparto, el equipo técnico y de producción, el presupuesto, las localizaciones, la ambientación, la caracterización, las anécdotas o acontecimientos acaecidos durante la producción, las vidas privadas de los intervinientes en la producción, o cualquier otro elemento o circunstancia de la producción. Asimismo, la Información Confidencial incluirá datos e informaciones relativos a la Productora, tales como, sin carácter exhaustivo, información comercial, económica o industrial, información sobre empleados, contratistas, clientes, posibles clientes y/o proveedores o estrategia comercial y financiera, información relativa a secretos comerciales, marcas, nombres comerciales, diseños, know-how, prototipos, planos, carteles publicitarios, datos de carácter personal o cualquier otro tipo de información relativa a la Productora.

13.2. El Trabajador se compromete a mantener la Información Confidencial secreta y a no revelar la misma, total o parcialmente, a cualesquiera terceros que no sean sus representantes y empleados, salvo que así fuera requerido por una orden judicial o administrativa, en cuyo caso las Partes igualmente se comprometen a comunicarse, con carácter previo tal circunstancia, la existencia de dicho mandato judicial o administrativo, por escrito, de forma inmediata, procurando restringir en la medida de lo posible el contenido de dicha revelación.

13.3. Asimismo, el Trabajador se compromete a no comunicar a terceras personas información acerca de la producción, el contenido del Guion, el rodaje o cualquier otra circunstancia relativas al proyecto, a la Obra Audiovisual y/o Serie y a la Productora o la Compañía, sin expresa autorización previa y escrita de la Productora. Cualquier comunicación pública o declaración sobre el Guion, y/o la Serie tendrá que ser aprobada y consensuada por la Productora.

13.4. El Trabajador reconoce expresamente que la Información Confidencial es propiedad de la Productora. El Trabajador se compromete a utilizar la Información Confidencial que reciba o conozca únicamente en la medida necesaria para la prestación de sus servicios en virtud del presente Contrato. El Trabajador se obliga, asimismo, a no hacer un uso no autorizado de la Información Confidencial, y a notificar inmediatamente a la Productora, cualquier revelación o uso no autorizado de la Información Confidencial de la que tenga conocimiento. En este sentido, el Trabajador se compromete, en particular, a no divulgar la Información Confidencial a través de redes sociales, servicios de *micro-blogging*, foros en línea, hilos de discusión o secciones de comentarios, sitios web personales, sitios web modificados por usuarios o cualquier otro sitio web, plataforma, foro, aplicación o medio de comunicación actualmente conocido o desarrollado con posterioridad.

13.5. Del mismo modo, el Trabajador reconoce y acepta que la Información Confidencial tienen un valor económico independiente que se deriva del hecho de no ser conocida por el público en general o por otras personas que puedan obtener un valor económico de su divulgación, distribución o uso. Asimismo, el Trabajador reconoce y acepta que cualquier incumplimiento por su parte con respecto a la Información Confidencial supondrá un perjuicio irreparable para la Productora, no fácilmente mensurable en dinero, y por el que la Productora, sin renunciar a otros derechos o recursos que les asistan, tendrán derecho a solicitar medidas cautelares y de resarcimiento.

13.6. Sin perjuicio de lo anterior, en caso de incumplir el Trabajador con lo dispuesto en esta Cláusula, la Productora se reserva el derecho a finalizar la presente relación, así como a exigirle cuantos daños y perjuicios le haya causado dicho incumplimiento del Trabajador.

13.7. El Trabajador responderá e indemnizará a la Productora, por cualquier reclamación, coste, pérdida, daño o responsabilidad exigida a la Productora como consecuencia directa o indirecta del incumplimiento por parte del Trabajador de las obligaciones contempladas en la presente Cláusula.

13.8. El Trabajador reconoce y acepta que el incumplimiento de lo dispuesto en la presente Cláusula dará lugar a la obligación de restituir a la Productora la totalidad de la Información Confidencial y/o podrá dar lugar a la resolución del presente Contrato.

13.9. La obligación de confidencialidad prevista en esta Cláusula se mantendrá en vigor durante toda la duración del presente Contrato y por tiempo indefinido tras su pérdida de vigencia o resolución por cualquier causa.

13.10. A petición de la Productora en cualquier momento durante la vigencia de este Contrato y tras su terminación, el Trabajador se compromete a devolver inmediatamente la Información Confidencial correspondiente a su legítimo propietario.

13.11. Sin perjuicio de lo previsto en esta cláusula, la resolución o terminación del presente Contrato por cualquier causa no afectará a la obligación de confidencialidad, a las garantías otorgadas por el Trabajador, a la renuncia a solicitar medidas cautelares o medidas que impidan la explotación de la Obra Audiovisual y/o Serie, a la cesión de derechos de propiedad intelectual, otros derechos de comercialización (*merchandising*, explotaciones accesorias, conexas y derivadas, etc.) y demás autorizaciones y cesiones previstas en el presente Contrato a favor de la Productora, así como a cualesquiera disposiciones que expresamente establezcan la supervivencia tras la terminación del Contrato o una duración determinada, las cuales se mantendrán vigentes en sus mismos términos.

DÉCIMOCUARTA.- PROTECCIÓN DE DATOS PERSONALES

14.1. Las Partes garantizan que conocen y aplican las obligaciones establecidas por el Reglamento (UE) 2016/679 del Parlamento europeo y del Consejo de 27 de abril de 2016 relativo a la protección de las personas físicas en lo que respecta al tratamiento de datos personales y a la libre circulación de estos datos y por el que se deroga la Directiva 95/46/CE (el "**RGPD**") y de la Ley Orgánica de Protección de Datos Personales y garantía de los derechos digitales (la "**LOPDGDD**").

14.2. La Productora declara que los datos de contacto del Trabajador serán tratados para posibilitar el desarrollo y ejecución de la relación laboral, estando el tratamiento de datos amparado en el interés legítimo de las Partes.

14.3. La finalidad de dicho tratamiento es gestionar de manera adecuada la relación laboral existente entre la Productora y el Trabajador en todos sus aspectos y, en particular; permitir la inclusión de la información profesional de los empleados en propuestas de servicios, contratos, informes o comunicaciones con terceros con los que la Productora mantenga relaciones comerciales, como consecuencia de la participación de los empleados en dichas relaciones comerciales y/o profesionales; control de accesos/salidas en las instalaciones de la Productora y/o lugares de rodaje y para la gestión de cualesquiera otras medidas de seguridad (tarjetas de acceso, cámaras de vigilancia, etc.); permitir la comunicación entre la Productora y sus empleados y entre estos mismos, principalmente por teléfono y correo electrónico; gestión de bonificaciones a los empleados; elaborar las nóminas; gestionar la formación a recibir por su personal y llevar a cabo la gestión de las actividades administrativas, fiscales y contables derivadas de su relación con sus empleados. Y, con carácter general, tratar los datos de sus empleados para el cumplimiento de cualesquiera otras obligaciones que pudieran derivarse para la Productora del cumplimiento tanto de la legislación vigente como de los Convenios Colectivos que resulten de aplicación. La legitimidad de dicho tratamiento se encuentra tanto en la necesaria gestión de la relación jurídica existente entre la Productora y el Trabajador como empleado de la misma, como el consentimiento expreso otorgado por este al firmar el presente Contrato.

14.4. Los datos personales de las Partes serán conservados durante toda la vigencia de la relación laboral, y más allá de la misma, durante los plazos de prescripción necesarios en función de la legislación aplicable.

14.5. Las Partes podrán dirigirse mutuamente con el fin de poder ejercitar sus derechos de acceso, rectificación, supresión, oposición, portabilidad de los datos, y limitación del tratamiento a la dirección facilitad en el encabezado del presente documento adjuntando copia de DNI o pasaporte.

14.6. Asimismo, y en el supuesto de que las Partes incumplan sus obligaciones legales en materia de protección de datos, tienen derecho a presentar una reclamación ante la Agencia Española de Protección de Datos.

DÉCIMOQUINTA.– MISCELÁNEA

15.1. El presente Contrato y, en su caso, todos sus anexos constituyen un acuerdo completo entre las Partes en relación con el contrato de trabajo de obra o servicio determinado y cesión de derechos de propiedad intelectual e industrial y de cualquier otra naturaleza contemplados en el presente Contrato y únicamente podrá ser modificado en virtud de un documento escrito firmado por las Partes. A efectos aclaratorios, en caso de conflicto con la traducción inglesa del presente documento, la versión española prevalecerá.

15.2. Cualquier modificación que afecte al presente Contrato o, en su caso, a sus anexos deberán realizarse por escrito para ser efectivos. Ninguna práctica, omisión o negligencia pasiva constituirá fundamento para poder modificar el presente Contrato.

15.3. Si alguna parte, término o disposición del presente Contrato se declarara ilegal, nulo o inválido, será eliminado y las Partes intentarán solucionarlo acordando una disposición aplicable que la sustituya, permaneciendo en vigor el resto de disposiciones.

15.4. El presente Contrato no constituye asociación entre las Partes contratantes y, no podrá deducirse la misma con respecto a terceros.

15.5. Las precitadas cesiones y cualesquiera otras manifestaciones y garantías contenidas en el presente Contrato seguirán vigentes aun cuando se produzca una terminación o resolución del Contrato.

15.6. Cada una de las Partes faculta a la otra Parte para que pueda elevar a público el presente Contrato, asumiendo el coste la Parte solicitante y quedando obligada la otra Parte a realizar cuantas gestiones sean necesarias para tal fin.

DÉCIMOSEXTA.– LEGISLACIÓN APLICABLE Y FUERO

16.1. El presente Contrato deberá interpretarse y cumplirse de conformidad con la legislación española, y en particular con el régimen laboral aplicable y con la legislación relativa a los derechos de propiedad intelectual e industrial.

16.2. Las Partes expresa y voluntariamente acuerdan someterse a los tribunales de la ciudad de .... para la resolución de cualesquiera controversias o disputas que pudieran resultar de la interpretación y cumplimiento del presente Contrato, renunciando expresamente a cualquiera otro fuero que, en su caso, pudieran corresponderles.

En virtud de cuanto antecede, las Partes firman el presente Contrato por duplicado, previa su lectura íntegra, el cual declaran entender y con cuyo contenido están conformes, en la fecha indicada en el encabezamiento.

LA PRODUCTORA	EL TRABAJADOR
Fdo.: [*]	Fdo.: Don [*]

F019. CONTRATO LABORAL DE DURACIÓN DETERMINADA. DIRECTOR DE ARTE

En [*], a [*] de 20[*]

REUNIDOS

De una parte,

Don [*], con D.N.I. nº [*], en representación de [*], con domicilio social y fiscal en [*]y C.I.F. número [*], (la "**Productora**").

Y, de otra parte,

Don [*], mayor de edad, con D.N.I. nº [*], y domicilio en [*], actuando en su propio nombre y derecho (el "**Trabajador**")

De igual forma, y en lo sucesivo, la Productora y el Trabajador podrán ser denominados conjuntamente como las "**Partes**" e individualmente como la "**Parte**".

Ambas Partes manifiestan que sus facultades están vigentes, y que no han sido limitadas, revocadas ni suspendidas por lo que cuentan con la capacidad legal necesaria y suficiente para la formalización del presente contrato y, al efecto,

DECLARAN

I. Que la Productora es una entidad mercantil dedicada, entre otras actividades, a la producción de obras cinematográficas y audiovisuales y está llevando a cabo el desarrollo de la producción extranjera de la segunda temporada del proyecto de serie de televisión titulado provisionalmente [*]", compuesta de [*] obras audiovisuales, de una duración mínima de .... minutos cada una (la "**Serie**"), por encargo de [*] (la "**Compañía)**

II. Que la Productora desea contratar los servicios del Trabajador como Director de Arte, de la obra audiovisual [*] que forma parte de la Serie (la "**Obra Audiovisual**"), conforme a los términos y condiciones establecidos en el presente documento.

III. Que el Trabajador está interesado en formalizar el presente contrato de duración determinada por realización de obra o servicios determinados.

IV. Que, en caso de que los servicios prestados por el Trabajador sean susceptibles de generar derechos de propiedad intelectual, el Trabajador está en disposición de ceder a la Productora todos los derechos de explotación que pueda ostentar sobre sus aportaciones creativas a la Serie, conforme al Real Decreto Legislativo 1/1996, de 12 de abril, por el que se aprueba el Texto Refundido de la Ley de Propiedad Intelectual, regularizando, aclarando y armonizando las disposiciones legales vigentes sobre la materia (el "**TRLPI**").

V. Que el presente contrato se somete a la normativa laboral vigente, en especial en lo relativo a los contratos de duración determinada, al Real Decreto Legislativo 2/2015, de 23 de octubre, por el que se aprueba el texto refundido de la Ley del Estatuto de los Trabajadores (el "**Estatuto de los Trabajadores**") y al Real Decreto 2720/98, de 18 de diciembre, así como al II Convenio Colectivo de la industria de la producción audiovisual (técnicos) (el "**Convenio Colectivo**").

VI. Que las Partes reúnen las condiciones necesarias para la celebración del presente contrato (el "**Contrato**") y acuerdan formalizarlo de acuerdo a las siguientes:

CLÁUSULAS

PRIMERA.- OBJETO

1.1. El Trabajador prestará sus servicios como "personal técnico", con la categoría de "DIRECTOR DE ARTE", para realizar las funciones inherentes a su categoría profesional en lo relativo a la producción de la Obra Audiovisual en el centro de trabajo de la Productora y/o en cualesquiera otros lugares del ámbito nacional y/o internacional se consideren necesarios con ocasión de la producción de la Obra Audiovisual.

1.2. La Productora se reserva la facultad de modificar el título inicial de la Obra Audiovisual y/o de la Serie, sin que ello implique modificación alguna de la relación jurídica establecida entre las partes.

SEGUNDA.- JORNADA LABORAL

2.1. La jornada laboral y horarios serán los que establezca la Productora de acuerdo con la legislación vigente, el plan de trabajo inicialmente previsto y las necesidades posteriores que surjan durante su ejecución. Asimismo, el Trabajador reconoce no estar sujeto a un horario determinado y extenderá su jornada ordinaria de trabajo cuando así lo requieran sus obligaciones para cumplir los compromisos de la Productora, pudiéndose incluir la posibilidad de realizar trabajo nocturno conforme a las necesidades de producción de la Obra Audiovisual y/o de la Serie así como incluir días festivos que se determinarán según el calendario laboral del lugar donde esté el lugar de trabajo. Sin embargo, bajo ninguna circunstancia la Productora podrá exigir que el Trabajador realice servicios de forma que excedan de la práctica habitual y/o de lo establecido en el Convenio Colectivo y cualquier otra normativa que aplique.

2.2. La jornada de trabajo comenzará a regir a partir de la hora de citación en los lugares de trabajo.

TERCERA.- SEGURIDAD SOCIAL

3.1. El Trabajador será dado de alta en la Seguridad Social, en la categoría profesional correspondiente, por los días en los que preste sus servicios.

3.2. El Trabajador causará alta y baja en Seguridad Social a lo largo de la producción tantas veces como requiera su participación en la Serie y siempre que la Productora requiera de la prestación de sus servicios, sin la necesidad de redactar un nuevo contrato por cada periodo dado que trabajará siempre para la misma producción.

CUARTA.- LUGAR DE TRABAJO

4.1. El rodaje de la Obra Audiovisual se prevé inicialmente en .... y/o en cualquier otro ámbito geográfico, nacional y/o internacional, a juicio de la Productora y según el plan de rodaje que el Trabajador declara conocer.

4.2. El tiempo de desplazamiento entre el centro de actividades de producción y el lugar de citación no computará como jornada de trabajo, siempre y cuando el desplazamiento de ida y vuelta no exceda de *hora y media* y siempre que la distancia entre ambos lugares no sea superior a 50 kilómetros.

4.3. Cuando el Trabajador deba desplazarse a municipio distinto de ...., los gastos de transporte correrán a cargo de la Productora y, si fuera necesario pernoctar, también los normales de manutención y estancia según se establece en el Convenio Colectivo.

QUINTA.– RETRIBUCIÓN

5.1. El Trabajador percibirá como remuneración total, por todos los conceptos durante la vigencia del presente Contrato, la cantidad bruta de [*] Euros/mes (el "**Salario**"). El pago se realizará mensualmente, a mes vencido, mediante transferencia bancaria en los CINCO (5) primeros días del mes siguiente.

5.2. El Salario incluye todos los conceptos a los que el Trabajador tenga derecho por sus servicios (incluyendo todos los conceptos salariales: salario base, parte proporcional por pagas extras, parte proporcional por vacaciones, plus de disponibilidad, nocturnidad, la indemnización prevista en el art. 49.1c. del Estatuto de los Trabajadores, y resto de emolumentos legales, y, en particular, la retribución debida por la cesión del Trabajador de los derechos conforme a lo dispuesto en la Cláusula 7).

5.3. Las Partes manifiestan y aceptan que, con el pago de la última nómina, y siempre y cuando se hayan cumplido todas las obligaciones conforme a lo establecido en el presente contrato, el Trabajador formalizará la declaración adjunta al presente, a los efectos de declarar que las prestaciones de servicios se han prestado correctamente.

5.4. Los impuestos y gravámenes sobre el Salario del Trabajador se pagarán por las partes de acuerdo con lo establecido en la legislación vigente, deduciéndose del Salario las cantidades que establezcan las normas vigentes.

SEXTA.– DURACIÓN

6.1. El Trabajador prestará sus servicios desde el [*] (el "**Inicio de Trabajo**") hasta la finalización de los servicios del Trabajador en la Obra Audiovisual, a juicio exclusivo de la Productora, cuya fecha inicialmente prevista es el [*] (el "**Fin de Trabajo**").

6.2. La Productora podrá retrasar hasta un máximo de treinta (30) días la fecha prevista para iniciar el período de prestación de servicios del Trabajador. Si la Productora hiciese uso de esta facultad, habrá de comunicarlo al Trabajador con cinco (5) días de antelación a la fecha prevista para iniciar el trabajo, indicando en dicha comunicación la nueva fecha en que deberá empezar su labor. En consecuencia, la fecha de finalización se retrasaría por el mismo número de días con respecto a la fecha fijada en un principio.

6.3. En el caso de que los trabajos encomendados al Trabajador deban realizarse en dos (2) periodos temporales diferenciados, la Productora comunicará al Trabajador el momento de interrupción y el Contrato se suspenderá hasta que la Productora comunique su reanudación.

6.4. Si una vez finalizado el período aproximado antes señalado no hubiesen concluido los trabajos objeto del mismo, éste se entenderá tácitamente prorrogado hasta la conclusión de aquellos.

6.5. El plazo de vigencia antes reseñado se entiende que es un periodo de compromiso, ya que sólo tendrán la consideración de día trabajado a todos los efectos, aquellos días en que el Trabajador efectivamente preste sus servicios para la Obra Audiovisual.

6.6. Se establece el periodo de prueba aplicable según el Convenio Colectivo vigente de aplicación. El cómputo de periodo de prueba se interrumpirá si el Trabajador se ve afectado por las situaciones de incapacidad temporal, maternidad o acogimiento.

6.7. La duración del Contrato será determinada y se extenderá desde el Inicio de Trabajo hasta el Fin de Trabajo o con anterioridad a ese momento en los supuestos de resolución o suspensión previstos en la Cláusula 8.

6.8. En caso de que, por causas de fuerza mayor, huelga o dificultades ajenas a la voluntad de la Productora se retrasara o suspendiera el rodaje de la Obra Audiovisual y/o la Serie, la Productora tendrá la facultad de (i) diferir la fecha de comienzo del mismo, (ii) de suspender temporalmente los trabajos de producción o (iii) de resolver el presente Contrato. Si la Productora opta por la suspensión, el Contrato quedará sin efecto hasta el momento en que legal y razonablemente resulte factible reanudar los trabajos y la duración de este Contrato se considerará automáticamente prorrogada por igual período de tiempo al de la suspensión más el tiempo necesario de reanudación de los trabajos. La misma prórroga se entenderá producida en el caso de que se opte por diferir la fecha de comienzo del rodaje.

SÉPTIMA.- CESIÓN DE DERECHOS DE PROPIEDAD INTELECTUAL E INDUSTRIAL Y AUTORIZACIÓN PARA EL USO DE IMAGEN Y/O VOZ

7.1. Si, como consecuencia de la labor del Trabajador para la Obra Audiovisual, resultara material creativo que pueda tener la consideración de obra o prestación en los términos previstos en la vigente Ley de Propiedad Intelectual (el "**Material Creativo**"), el Trabajador cede de forma expresa e irrevocable a la Productora y/o terceros productores de la Obra Audiovisual y de la Serie, cesionarios y/o licenciatarios de derechos, en exclusiva y sin limitaciones de ningún tipo, por todo el tiempo de duración de los derechos de explotación sobre dicho Material Creativo de conformidad con el TRLPI y para todo el territorio mundial, con la facultad de cesión total o parcial, licencia y/o autorización a terceros, la totalidad de los derechos de explotación sobre dicho Material Creativo, tanto en su versión final como en cualesquiera de sus versiones previas y/o borradores, incluyendo cualquier personaje, diseño, boceto, dibujo realizado en el curso de su trabajo y/o cualesquiera otros. Los derechos de propiedad intelectual e industrial cedidos por el Trabajador, tienen por finalidad la explotación, por la Productora y/o terceros productores de la Obra Audiovisual y Serie, cesionarios y/o licenciatarios de derechos, del Material Creativo mediante su integración en la Obra Audiovisual y Serie u obras derivadas o de forma independiente y/o aislada de la misma, en cualquier formato o soporte y por cualquier sistema, procedimiento o modalidad, con carácter gratuito o mediante contraprestación, conocido o que se invente en el futuro. Esta cesión de derechos se realiza a tanto alzado y ha sido tenida en cuenta al negociar el Salario pactado en la cláusula tercera del presente Contrato. El Trabajador no tendrá derecho a exigir a la Productora ningún tipo de compensación adicional como consecuencia de la mencionada cesión de derechos.

7.2. El Trabajador reconoce que corresponde a la Productora la plena titularidad de los derechos de propiedad intelectual sobre la Obra Audiovisual y Serie y se compromete a no utilizar ningún elemento, secuencia o fragmento de la misma sin previa autorización por escrito de la Productora. Asimismo, corresponden a la Productora los derechos de explotación de las fotografías que sean realizadas en el proceso de producción de la Obra Audiovisual y Serie. La decisión final sobre los contenidos, fotogramas y/o grabaciones a incluir en la versión definitiva de la Obra Audiovisual y Serie, así como su duración y la elección de los colaboradores y resto de intervinientes, corresponderá en exclusiva a la Productora. La decisión final sobre los contenidos, fotogramas y/o grabaciones a incluir en la versión definitiva de la Obra Audiovisual y Serie, así como su duración y la elección de los colaboradores y resto de intervinientes, corresponderá en exclusiva a la Productora.

7.3. Igualmente, el Trabajador autoriza a la Productora a utilizar sus derechos de imagen, nombre, voz, fotografía, retrato e imagen física y/o currículum, reproducida o generada por cualquier medio, su biografía, así como expediente Trabajador, tanto para fines de promoción, explotación y comercialización de la Obra Audiovisual y Serie, como de aquellas otras de las que ésta sea obra antecedente, o promoción de la propia actividad genérica de la Productora, lo que expresamente incluye la facultad de fijar su imagen y sonido para la producción de programas de televisión o fragmentos de la clase de "making of", "los mejores momentos" o documentales sobre la Obra Audiovisual y Serie. A tal efecto, el Trabajador autoriza a la Productora para que ésta pueda reproducir, distribuir y comunicar públicamente, total o parcialmente, tales fotografías y grabaciones por plazo ilimitado y para todo el mundo, por sí misma o por medio de cesión a un tercero.

7.4. El Trabajador garantiza que su contribución y sus aportaciones a la Obra Audiovisual y Serie, incluyendo el Material Creativo que se pueda derivar, son originales, que no vulneran derechos de terceros y que no ha realizado ni realizará ningún acto susceptible de impedir o dificultar a la Productora y/o terceros productores de la Obra Audiovisual y Serie, cesionarios y/o licenciatarios de derechos, el ejercicio pleno y pacífico de los derechos cedidos en virtud del presente Contrato. En el caso de que el Trabajador pretenda incorporar alguna obra preexistente en la Obra Audiovisual y Serie, deberá solicitar la autorización previa y por escrito de la Productora. En consecuencia, el Trabajador responderá en exclusiva frente a la Productora y/o terceros productores de la Obra Audiovisual y Serie, cesionarios y/o licenciatarios de derechos, por cualquier acción o reclamación que ejerza cualquier tercero como consecuencia de la cesión y/o ejercicio de los derechos cedidos en virtud del presente Contrato.

7.5. La Productora y/o terceros productores de la Obra Audiovisual y/o Serie, cesionarios y/o licenciatarios de derechos, estarán legitimados para perseguir legalmente, con independencia del Trabajador, las violaciones o infracciones que afecten a los derechos cedidos por el Trabajador en virtud del presente Contrato. No obstante, el Trabajador se compromete a prestar su colaboración a tal efecto cuando le sea solicitada. Asimismo, la Productora y/o terceros productores de la Obra Audiovisual y/o Serie, cesionarios y/o licenciatarios de derechos, estarán legitimados para proceder a la inscripción del Material Creativo en los registros de propiedad intelectual e industrial.

7.6. Las cesiones de derechos y las autorizaciones contenidas en este Contrato no podrán ser interpretadas de manera que se entienda que la Productora y/o terceros productores de la Obra Audiovisual y/o Serie, cesionarios y/o licenciatarios de derechos, no ostentan todos los derechos de explotación económica sobre el Material Creativo y/o sobre a la Obra Audiovisual y/o Serie a la que se incorpore y/o explotaciones derivadas o que de alguna otra manera estos derechos se hallan limitados, pues de lo contrario se frustraría el fin de este Contrato.

7.7. Los derechos cedidos por el Trabajador serán irrevocables y no podrán estar sujetos a restitución, rescisión y/o resolución o cualquier otro tipo de compensación en caso de incumplimiento del presente Contrato por la Productora. Los derechos del Trabajador, en caso de incumplimiento del presente Contrato por la Productora, se limitarán a posibles reclamaciones de carácter económico, no pudiendo éstas interferir, inhibir, prohibir y/o restringir en forma alguna el desarrollo, distribución y/o explotación de la Obra Audiovisual y/o Serie y/o de cualquiera de los derechos vinculados y accesorios relacionados con la Obra Audiovisual y/o Serie y/o productos derivados o conexos.

7.8. No obstante lo anterior, la Productora y/o terceros productores de la Obra Audiovisual y/o Serie, cesionarios y/o licenciatarios de derechos, no tendrán obligación alguna de producir o explotar la Obra Audiovisual y/o Serie y/o hacer uso de los servicios del Trabajador y/o del Material Creativo, sin que ello conlleve penalización y/o indemnización alguna a favor del Trabajador.

OCTAVA.- RESOLUCIÓN, SUSPENSIÓN E INCUMPLIMIENTO

8.1. La Productora podrá resolver este Contrato en los supuestos contemplados en el Convenio Colectivo y en el Estatuto de los Trabajadores.

8.2. Si el Trabajador desea cesar voluntariamente deberá preavisar a la Productora con una antelación mínima de quince (15) días. El incumplimiento de este preaviso dará derecho a la Productora a descontarle de la liquidación que hubiera de percibir el importe de un día de Salario por cada día de retraso en el preaviso.

8.3. En caso de resolución por causa no justificable imputable al Trabajador, la Productora podrá, además, exigir, en concepto de indemnización, la obligación de pago de todos y cuantos gastos hubiera tenido que sufragar por esta causa, incluso los daños y perjuicios propios o con terceros que por el mismo motivo pudieran derivarse del retraso en el estreno o de la paralización del rodaje con carácter temporal o definitivo, si la importancia del Trabajador así lo condicionara.

8.4. Además, Trabajador podrá resolver unilateralmente el Contrato en el caso de que se produzca un retraso grave e injustificado por la Productora de las retribuciones pactadas en este Contrato en las fechas señaladas.

8.5. Con arreglo al artículo 45.1.b del Estatuto de los Trabajadores, las causas concretas que se delimitan en el presente Contrato como causas de suspensión del mismo son las siguientes:

(i) En el caso de que la producción sufra un parón por cualquier circunstancia técnica/productiva de carácter imprevisible, y/o externa a la Productora, incluidas las que sean debidas a causas de fuerza mayor, así como a la crisis........... (CRISIS), el Contrato se suspenderá por el tiempo durante el que no se estén llevando a cabo los trabajos por los que ha sido contratado. Considerando que la prestación de servicios del trabajador se producirá durante un corto espacio de tiempo, la suspensión del contrato será siempre proporcional y coherente con la duración que se tiene prevista para la producción

(ii) La indisponibilidad temporal, por cualquier motivo, de algún miembro del personal contratado para la producción o parte de la Productora sin la presencia del cual no sea posible continuar el rodaje. El Contrato quedará suspendido hasta que el mismo esté disponible o bien la Productora haya encontrado una solución artística que le permita poder sustituirlo sin que el resultado final de la Obra Audiovisual y/o Serie se vea perjudicado conforme a lo inicialmente previsto.

8.6. Las referidas suspensiones no se reputarán como causa válida de resolución del Contrato ni serán susceptibles de indemnización entre las Partes, pudiendo la Productora suspender los servicios del Trabajador durante dicho período de tiempo y reanudándose en el momento en que la Productora reanude la producción de la Obra Audiovisual y/o Serie. Si por la misma razón deviniese imposible la ejecución de este Contrato, la Productora no tendrá responsabilidad de indemnizar por ello al Trabajador, más allá del pago de las cantidades devengadas en proporción a los trabajos realizados hasta dicho momento por el Trabajador, y no perjudicará el otorgamiento exclusivo de derechos a la Productora que sean inherentes y que correspondan a los resultados y producto de los servicios prestados por el Trabajador al amparo del presente Contrato.

8.7. Igualmente, la Productora podrá resolver de forma anticipada el presente Contrato en aquellos casos en los que la producción se suspenda de forma definitiva por causa de fuerza mayor o por exigencia legal como incumplimiento contractual de terceros, o por cualquier cuestión que imposibilite de forma definitiva la continuación de la producción, situaciones concursales o por abandono de la producción al carecer de financiación suficiente. En tales supuestos, el Trabajador no tendrá derecho a percibir compensación alguna, limitándose a hacer suyas las cantidades devengadas hasta el momento.

NOVENA.- CESIÓN

9.1. La Productora está facultada para ceder el presente Contrato y todos o parte de los derechos otorgados a la Productora en virtud del presente Contrato a cualesquiera otras personas físicas y/o jurídicas, siempre que así se lo notifique al Trabajador y en cumplimiento de la normativa laboral vigente, por lo que este Contrato deberá ser vinculante y recaerá en beneficio de todos los sucesores de la Productora, así como de sus licenciatarios y cesionarios.

DÉCIMA.- SEGURIDAD E HIGIENE EN EL TRABAJO

10.1. En cumplimiento de lo establecido en los artículos 18 y 19 de la Ley 31/1995, de 8 de Noviembre, de Prevención de Riesgos Laborales (la "**Ley de Prevención de Riesgos Laborales**"), el Trabajador reconoce haber recibido junto con el presente Contrato laboral el Manual de Prevención de Riesgos Laborales elaborado para la producción de la Obra Audiovisual y/o Serie, habiendo sido informado por la Productora tanto de los riesgos que afectan a su trabajo, como de las medidas de protección y prevención aplicadas a dichos riesgos, comprometiéndose al debido cumplimiento de dichas medidas. Asimismo, el Trabajador acepta el compromiso que se le solicita de:

(i) Usar adecuadamente, de acuerdo con su naturaleza y los riesgos previsibles, las máquinas, aparatos, herramientas, sustancias peligrosas, equipos de transporte y, en general, cualesquiera otros medios con los que desarrolle su actividad.

(ii) Utilizar correctamente los medios y equipos de protección facilitados por la Productora, de acuerdo con las instrucciones que se le entregue al respecto.

(iii) Informar de inmediato al Director de Producción de la Obra Audiovisual y/o Serie (o a su sustituto) en caso de incendio y/o accidente, o de cualquier situación que, a su juicio, entrañe, por motivos razonables, un riesgo para la seguridad y la salud de los trabajadores.

10.2. Así mismo, en cumplimiento de lo dispuesto en el artículo 22 de la Ley de Prevención de Riesgos Laborales y del artículo 35 del Convenio Colectivo, el Trabajador manifiesta haber sido informado por la Productora con anterioridad a la firma del presente Contrato sobre sus derechos en materia de Vigilancia de la Salud y, específicamente, sobre el derecho que le asiste a la realización de exámenes de salud y/o reconocimientos médicos periódicos y, a este respecto, el Trabajador expresamente comunica a la Productora su libre, voluntaria y expresa decisión de:

- No realizar reconocimiento médico, salvo obligación legal, en los términos del artículo 22.1 de la Ley de Prevención de Riesgos Laborales.

- Realizar reconocimiento médico.

10.3. Situación generada por la crisis........... (CRISIS). Debido a la situación de emergencia de salud pública ocasionada por la crisis, el Trabajador se hace responsable de cumplir con todas las medidas y restricciones establecidas en el ámbito nacional.

Las medidas contenidas en este apartado serán revisadas, actualizadas y adecuadas a medida que vayan modificándose en el territorio nacional y, en todo caso, serán complementarias a las medidas contenidas en la Ley 31/1995, de 8 de noviembre, de Prevención de Riesgos Laborales y su normativa de desarrollo.

El Trabajador se compromete a informar a la Productora en caso de mostrar sintomatología asociada a la enfermedad de la crisis o sospecha de ello y, en este caso, permanecerá en cuarentena en su domicilio, sin acudir presencialmente al lugar de rodaje.

El Trabajador se compromete a respetar la distancia de seguridad mínima de dos metros en el desempeño de su trabajo siempre que sea posible y a utilizar los equipos de protección que se le proporcionen. En los casos en que la naturaleza del trabajo no permita respetar la distancia interpersonal ni el uso de equipos de protección adecuados al nivel de riesgo, se comprometerá a cumplir con las medidas de seguridad diseñadas por la Productora para cada caso particular a partir de las recomendaciones de las autoridades sanitarias.

El Trabajador se compromete a cumplir con las medidas de higiene que le imponga o recomiende la Productora en el ejercicio de su actividad.

Las Partes acuerdan que, teniendo en cuenta la situación actual de la crisis, así como la posibilidad de que se aprueben futuras medidas y restricciones para combatir los efectos de la crisis que podrían afectar tanto a los ensayos, como a la preparación de la producción, o incluso al propio rodaje, es imposible prever el desarrollo de la situación durante las fechas en las que tendrán lugar los ensayos y el rodaje. A estos efectos, en caso de que, debido a dicha situación, la Productora se vea obligada a suspender la producción por ser imposible garantizar un óptimo desarrollo en la continuación de la misma, el Trabajador se compromete a reincorporarse a los ensayos y/o rodaje de la Serie cuando la Productora le indique que estos se reanudan, siempre y cuando la situación y las medidas de prevención lo permitan.

El Trabajador acuerda no exigir una remuneración adicional la Productora en el caso de que esta situación de fuerza mayor afectase a la producción de la Serie, comprendiendo que se trata de una circunstancia imprevisible para la Productora en el momento de celebración del presente Contrato.

La Productora quedará eximida de cualquier responsabilidad por daños y perjuicios o de cualquier otra penalización que se funde en la suspensión del presente Contrato a los efectos mencionados en esta Cláusula. Esta dispensa será efectiva desde que exista el impedimento que paralice, obstaculice o retrase la producción de la Serie.

Las razones de interrupción y/o suspensión del rodaje y el tiempo de cada interrupción o suspensión deberán ser debidamente acreditadas al Trabajador.

Queda bien entendido entre las Partes que el incumplimiento grave por parte del Trabajador de las obligaciones contenidas en el presente apartado puede dar lugar a su despido por causas justificadas.

DECIMOPRIMERA.– GARANTÍAS Y RESPONSABILIDADES

11.1. El Trabajador manifiesta y garantiza que:

i) no existe ni existirá ninguna carga, gravamen u obstáculo a la cesión a la Productora y al ejercicio por la Productora de los derechos de propiedad intelectual e industrial y derechos de imagen cedidos por el Trabajador a la misma que pudiera causar un perjuicio, prohibir o limitar de alguna manera la explotación pacífica, en todo o en parte, de los Episodios y la Serie y la Obra Audiovisual por parte de la Productora o sus cesionarios;

ii) no ha asumido ni asumirá ningún compromiso profesional o de otro tipo que pudiera impedir o limitar la previsión completa y adecuada de los Servicios objeto del presente Contrato;

iii) no ha llevado a cabo ni llevará a cabo ninguna acción que pudiera perjudicar o prevenir el libre y total ejercicio de los derechos cedidos a la Productora en virtud del presente Contrato.

iv) no realizará ninguna acción que pudiera perjudicar a la buena imagen y reputación de la Obra Audiovisual y/o Serie y, en general, de la Productora y/o de cualquiera de sus cesionarios o licenciatarios.

11.2. El Trabajador renuncia expresamente a cualquier tipo de medida cautelar que le permita impedir la comercialización, reproducción, comunicación, exhibición y/o cualquier otra forma de explotación y/o uso de la Obra Audiovisual y/o Serie, las obras derivadas de sus aportaciones creativas o donde se incorporen, y/o productos y resultados de los servicios del Trabajador bajo el presente Contrato.

11.3. El Trabajador responderá en exclusiva frente a cualquier acción o reclamación de terceros que se produzca con motivo o como consecuencia del incumplimiento de las obligaciones del Trabajador previstas en este Contrato, o bien de la cesión y/o ejercicio de los derechos otorgados a la Productora mediante el presente Contrato.

11.4. El Trabajador garantiza que todas las acciones y/o recursos que pudiera ejercitar como consecuencia de cualquier contingente que tuviera causa en el Contrato, serán exclusivamente contra la Productora, sin que en ningún caso pueda ejercitar acción alguna contra los coproductores ni sus inversores, sean estos personas físicas o jurídicas.

DÉCIMOSEGUNDA.– TÍTULOS DE CRÉDITO

12.1. El Trabajador figurará de la siguiente forma: A juicio de la Productora y según los usos del sector. Todos los aspectos relacionados con el crédito están sujetos a la aprobación, en su caso, de cualquier distribuidor, cesionario o sindicato que corresponda, así como a las directrices de la cadena o plataforma encargada de la emisión o explotación de la Obra Audiovisual y/o Serie.

DÉCIMOTERCERA.– CONFIDENCIALIDAD

13.1. Las Partes acuerdan que será considerada "**Información Confidencial**" la propia existencia del Contrato, así como los términos y condiciones aquí estipulados, y toda aquella información que haya conocido el Trabajador con ocasión de su trabajo y participación en la Obra Audiovisual y/o Serie. Asimismo, la Información Confidencial incluirá todos aquellos datos e informaciones relativos al proceso de producción de la Obra Audiovisual y/o Serie, tales como, sin carácter exhaustivo, el argumento, el guion, los personajes, el rodaje, el reparto, el equipo técnico y de producción, el presupuesto, las localizaciones, la ambientación, la caracterización, las anécdotas o acontecimientos acaecidos durante la producción, las vidas privadas de los intervinientes en la producción, o cualquier otro elemento o circunstancia de la producción. Asimismo, la Información Confidencial incluirá datos e informaciones relativos a la Productora, tales como, sin carácter exhaustivo, información comercial, económica o industrial, información sobre empleados, contratistas, clientes, posibles clientes y/o proveedores o estrategia comercial y financiera, información relativa a secretos comerciales, marcas, nombres comerciales, diseños, know-how, prototipos, planos, carteles publicitarios, datos de carácter personal o cualquier otro tipo de información relativa a la Productora.

13.2. El Trabajador se compromete a mantener la Información Confidencial secreta y a no revelar la misma, total o parcialmente, a cualesquiera terceros que no sean sus representantes y empleados, salvo que así fuera requerido por una orden judicial o administrativa, en cuyo caso las Partes igualmente se comprometen a comunicarse, con carácter previo tal circunstancia, la existencia de dicho mandato judicial o administrativo, por escrito, de forma inmediata, procurando restringir en la medida de lo posible el contenido de dicha revelación.

13.3. Asimismo, el Trabajador se compromete a no comunicar a terceras personas información acerca de la producción, el contenido del Guion, el rodaje o cualquier otra circunstancia relativas al proyecto, a la Obra Audiovisual y/o Serie y a la Productora o la Compañía, sin expresa autorización previa y escrita de la Productora. Cualquier comunicación pública o declaración sobre el Guion, y/o la Serie tendrá que ser aprobada y consensuada por la Productora.

13.4. El Trabajador reconoce expresamente que la Información Confidencial es propiedad de la Productora. El Trabajador se compromete a utilizar la Información Confidencial que reciba o conozca únicamente en la medida necesaria para la prestación de sus servicios en virtud del presente Contrato. El Trabajador se obliga, asimismo, a no hacer un uso no autorizado de la Información Confidencial, y a notificar inmediatamente a la Productora, cualquier revelación o uso no autorizado de la Información Confidencial de la que tenga conocimiento. En este sentido, el Trabajador se compromete, en particular, a no divulgar la Información Confidencial a través de redes sociales, servicios de *micro-blogging*, foros en línea, hilos de discusión o secciones de comentarios, sitios web personales, sitios web modificados por usuarios o cualquier otro sitio web, plataforma, foro, aplicación o medio de comunicación actualmente conocido o desarrollado con posterioridad.

13.5. Del mismo modo, el Trabajador reconoce y acepta que la Información Confidencial tienen un valor económico independiente que se deriva del hecho de no ser conocida por el público en general o por otras personas que puedan obtener un valor económico de su divulgación, distribución o uso. Asimismo, el Trabajador reconoce y acepta que cualquier incumplimiento por su parte con respecto a la Información Confidencial supondrá un perjuicio irreparable para la Productora, no fácilmente mensurable en dinero, y por el que la Productora, sin renunciar a otros derechos o recursos que les asistan, tendrán derecho a solicitar medidas cautelares y de resarcimiento.

13.6. Sin perjuicio de lo anterior, en caso de incumplir el Trabajador con lo dispuesto en esta Cláusula, la Productora se reserva el derecho a finalizar la presente relación, así como a exigirle cuantos daños y perjuicios le haya causado dicho incumplimiento del Trabajador.

13.7. El Trabajador responderá e indemnizará a la Productora, por cualquier reclamación, coste, pérdida, daño o responsabilidad exigida a la Productora como consecuencia directa o indirecta del incumplimiento por parte del Trabajador de las obligaciones contempladas en la presente Cláusula.

13.8. El Trabajador reconoce y acepta que el incumplimiento de lo dispuesto en la presente Cláusula dará lugar a la obligación de restituir a la Productora la totalidad de la Información Confidencial y/o podrá dar lugar a la resolución del presente Contrato.

13.9. La obligación de confidencialidad prevista en esta Cláusula se mantendrá en vigor durante toda la duración del presente Contrato y por tiempo indefinido tras su pérdida de vigencia o resolución por cualquier causa.

13.10. A petición de la Productora en cualquier momento durante la vigencia de este Contrato y tras su terminación, el Trabajador se compromete a devolver inmediatamente la Información Confidencial correspondiente a su legítimo propietario.

13.11. Sin perjuicio de lo previsto en esta cláusula, la resolución o terminación del presente Contrato por cualquier causa no afectará a la obligación de confidencialidad, a las garantías otorgadas por el Trabajador, a la renuncia a solicitar medidas cautelares o medidas que impidan la explotación de la Obra Audiovisual y/o Serie, a la cesión de derechos de propiedad intelectual, otros derechos de comercialización (*merchandising*, explotaciones accesorias, conexas y derivadas, etc.) y demás autorizaciones y cesiones previstas en el presente Contrato a favor de la Productora, así como a cualesquiera disposiciones que expresamente establezcan la supervivencia tras la terminación del Contrato o una duración determinada, las cuales se mantendrán vigentes en sus mismos términos.

DÉCIMOCUARTA.- PROTECCIÓN DE DATOS PERSONALES

14.1. Las Partes garantizan que conocen y aplican las obligaciones establecidas por el Reglamento (UE) 2016/679 del Parlamento europeo y del Consejo de 27 de abril de 2016 relativo a la protección de las personas físicas en lo que respecta al tratamiento de datos personales y a la libre circulación de estos datos y por el que se deroga la Directiva 95/46/CE (el "**RGPD**") y de la Ley Orgánica de Protección de Datos Personales y garantía de los derechos digitales (la "**LOPDGDD**").

14.2. La Productora declara que los datos de contacto del Trabajador serán tratados para posibilitar el desarrollo y ejecución de la relación laboral, estando el tratamiento de datos amparado en el interés legítimo de las Partes.

14.3. La finalidad de dicho tratamiento es gestionar de manera adecuada la relación laboral existente entre la Productora y el Trabajador en todos sus aspectos y, en particular; permitir la inclusión de la información profesional de los empleados en propuestas de servicios, contratos, informes o comunicaciones con terceros con los que la Productora mantenga relaciones comerciales, como consecuencia de la participación de los empleados en dichas relaciones comerciales y/o profesionales; control de accesos/salidas en las instalaciones de la Productora y/o lugares de rodaje y para la gestión de cualesquiera otras medidas de seguridad (tarjetas de acceso, cámaras de vigilancia, etc.); permitir la comunicación entre la Productora y sus empleados y entre estos mismos, principalmente por teléfono y correo electrónico; gestión de bonificaciones a los empleados; elaborar las nóminas; gestionar la formación a recibir por su personal y llevar a cabo la gestión de las actividades administrativas, fiscales y contables derivadas de su relación con sus empleados. Y, con carácter general, tratar los datos de sus empleados para el cumplimiento de cualesquiera otras obligaciones que pudieran derivarse para la Productora del cumplimiento tanto de la legislación vigente como de los Convenios Colectivos que resulten de aplicación. La legitimidad de dicho tratamiento se encuentra tanto en la necesaria gestión de la relación jurídica existente entre la Productora y el Trabajador como empleado de la misma, como el consentimiento expreso otorgado por este al firmar el presente Contrato.

14.4. Los datos personales de las Partes serán conservados durante toda la vigencia de la relación laboral, y más allá de la misma, durante los plazos de prescripción necesarios en función de la legislación aplicable.

14.5. Las Partes podrán dirigirse mutuamente con el fin de poder ejercitar sus derechos de acceso, rectificación, supresión, oposición, portabilidad de los datos, y limitación del tratamiento a la dirección facilitad en el encabezado del presente documento adjuntando copia de DNI o pasaporte.

14.6. Asimismo, y en el supuesto de que las Partes incumplan sus obligaciones legales en materia de protección de datos, tienen derecho a presentar una reclamación ante la Agencia Española de Protección de Datos.

DÉCIMOQUINTA.– MISCELÁNEA

15.1. El presente Contrato y, en su caso, todos sus anexos constituyen un acuerdo completo entre las Partes en relación con el contrato de trabajo de obra o servicio determinado y cesión de derechos de propiedad intelectual e industrial y de cualquier otra naturaleza contemplados en el presente Contrato y únicamente podrá ser modificado en virtud de un documento escrito firmado por las Partes. A efectos aclaratorios, en caso de conflicto con la traducción inglesa del presente documento, la versión española prevalecerá.

15.2. Cualquier modificación que afecte al presente Contrato o, en su caso, a sus anexos deberán realizarse por escrito para ser efectivos. Ninguna práctica, omisión o negligencia pasiva constituirá fundamento para poder modificar el presente Contrato.

15.3. Si alguna parte, término o disposición del presente Contrato se declarara ilegal, nulo o inválido, será eliminado y las Partes intentarán solucionarlo acordando una disposición aplicable que la sustituya, permaneciendo en vigor el resto de disposiciones.

15.4. El presente Contrato no constituye asociación entre las Partes contratantes y, no podrá deducirse la misma con respecto a terceros.

15.5. Las precitadas cesiones y cualesquiera otras manifestaciones y garantías contenidas en el presente Contrato seguirán vigentes aun cuando se produzca una terminación o resolución del Contrato.

15.6. Cada una de las Partes faculta a la otra Parte para que pueda elevar a público el presente Contrato, asumiendo el coste la Parte solicitante y quedando obligada la otra Parte a realizar cuantas gestiones sean necesarias para tal fin.

DÉCIMOSEXTA.– LEGISLACIÓN APLICABLE Y FUERO

16.1. El presente Contrato deberá interpretarse y cumplirse de conformidad con la legislación española, y en particular con el régimen laboral aplicable y con la legislación relativa a los derechos de propiedad intelectual e industrial.

16.2. Las Partes expresa y voluntariamente acuerdan someterse a los tribunales de la ciudad de .... (capital) para la resolución de cualesquiera controversias o disputas que pudieran resultar de la interpretación y cumplimiento del presente Contrato, renunciando expresamente a cualquiera otro fuero que, en su caso, pudieran corresponderles.

En virtud de cuanto antecede, las Partes firman el presente Contrato por duplicado, previa su lectura íntegra, el cual declaran entender y con cuyo contenido están conformes, en la fecha indicada en el encabezamiento.

LA PRODUCTORA	EL TRABAJADOR
Fdo.: [*]	Fdo.: Don [*]

F020. CONTRATO LABORAL ARTÍSTICO DE DURACIÓN DETERMINADA. ACTOR

FECHA DE EFECTO: [ ],

1. **PARTES**:

   [ ], ("Empresa"), sociedad de nacionalidad española, con domicilio en [ ], inscrita en el Registro Mercantil de [ ], al tomo [ ], folio [ ], hoja [ ], y con C.I.F. [ ]; representada en este acto por [ ], mayor de edad, de nacionalidad española y D.N.I. número [ ].

   [ ], con nombre artístico "[ ],"("Actor") mayor de edad, con domicilio en [ ], con documento nacional de identidad número [ ], titular del número de la Seguridad Social [ ], en su propio nombre y representación

2. **PERSONAJE:**

3. **CATEGORIA PROFESIONAL:**

4. **SERVICIOS**: Los servicios del Actor serán a tiempo completo, personalísimos, en régimen de [ ] durante el Período de Preproducción, el Período de Producción y desde el inicio del Período de Postproducción hasta el fin del Período de Marketing y Promoción. El Actor prestará los servicios definidos en el presente contrato laboral artístico de duración determinada que, constituye el acuerdo completo entre las partes (conjuntamente, el "**Contrato**"), y aquellos otros servicios razonablemente solicitados por la Empresa de acuerdo con el Contrato y que suelan prestar las personas que desempeñan la misma función en producciones similares de primer nivel, para el programa audiovisual original actualmente conocido como "[ ]," (el "**Programa**"). A efectos aclaratorios, los servicios del Actor para el Programa se prestarán de acuerdo con el calendario y las instrucciones razonables de la Empresa. Hasta la finalización del rodaje del Personaje en el Programa, el Actor no deberá alterar sustancialmente su apariencia física (e.g., corte de cabello, tatuajes visibles, peso, bronceado, etc.) sin la aprobación previa de la Empresa, con el fin de mantener la continuidad estética y narrativa del Personaje en el Programa.

5. **PLAZO**: La prestación de los servicios del Actor y en consecuencia, la duración del presente Contrato se fija por tiempo determinado, que abarcará su participación en el Programa, que se estructurará de acuerdo con los siguientes periodos:

   i) **Periodo de Preproducción:**

   ii) **Periodo de Producción:**

   iii) **Periodo de Postproducción**.

   La causa por tiempo determinado y vinculación del Contrato al Plazo deviene de la necesidad de que el Actor preste sus servicios durante y por la duración de las fases de la producción que determinan el Plazo, únicos momentos en los que será necesaria la participación y colaboración directa del Actor con el Programa y con la Empresa.

   La Empresa tendrá el derecho de resolver o suspender el Contrato en cualquier momento, incluyendo, en los siguientes supuestos:

   i) La suspensión/terminación anticipada, por cualquier motivo o causa y en cualquier momento, del Programa.

ii) La interrupción o eliminación de los guiones, por cualquier motivo o causa y en cualquier momento, del Personaje

iii) Indisponibilidad de personal clave o del reparto.

iv) Reclamaciones o litigios relacionados con el Programa.

v) Cualquier falta o incumplimiento grave de las obligaciones del Actor

La indemnización de cuantía equivalente a la parte proporcional de la cantidad que resultaría de abonar doce (12) días de salario por cada año de servicio por extinción del Contrato prevista en el Real Decreto 1435/1985, se abonará en la medida en que se devengue cualquier salario ordinario según lo pactado en el presente Contrato, de modo que a la finalización del mismo el Actor habrá cobrado por adelantado la totalidad de esta indemnización correspondiente a la finalización de la relación laboral. En caso de que finalmente la duración del Contrato sea superior a dieciocho (18) meses, la parte de la indemnización por extinción del Contrato no abonada hasta alcanzar la cuantía equivalente a la parte proporcional de la cantidad que resultaría de abonar veinte (20) días de salario por cada año de servicio, esto es, una cuantía equivalente a la parte proporcional de la cantidad que resultaría de abonar ocho (8) días de salario por cada año de servicio, se abonará en un solo pago a la finalización de la relación laboral. En caso de transformación del presente Contrato en un contrato indefinido, la indemnización adelantada cobrada por extinción del contrato temporal quedará comprendida en la indemnización que el Actor pudiera cobrar, en su caso, como consecuencia de la extinción de dicho contrato indefinido y, por tanto, se descontará de esta última.

6. **DERECHOS**: Todos los derechos sobre el Programa, incluidos todos los materiales encargados (incluyendo los resultados y entregables de los servicios prestados en virtud del presente), o previamente creados o que se vayan a crear por o en nombre del Actor para o en relación con el Programa (los "**Materiales**") serán propiedad exclusiva de la Empresa, en todo el universo, a perpetuidad (o por el plazo máximo legal de duración de los mismos, de ser más breve). Los Materiales constituirán "obras hechas por encargo"/encomienda por y para la Empresa y, por lo tanto, todos los derechos sobre estos recaerán en la Empresa inmediatamente desde su creación. El Actor otorga, transfiere y cede a la Empresa, de forma irrevocable y exclusiva, en todo el universo, por el plazo máximo legal de duración de los mismos, todos los derechos que se conozcan actualmente (incluidos derechos de autor, marcarios, derechos de artistas intérpretes o ejecutantes, y todos los derechos de alquiler, préstamo, fijación y reproducción) sobre los Materiales y el Programa (incluyendo todos los materiales previamente creados para el Programa) y todas sus partes, en todos los medios y métodos de explotación que se conozcan actualmente.

   La cesión exclusiva de derechos incluye todos los derechos de propiedad intelectual sobre los Materiales y el Programa, incluyendo la facultad de ceder dichos derechos a su vez a terceros (ya sea de forma exclusiva o no exclusiva), para su explotación por cualquier medio y procedimiento, ya sea a título oneroso o gratuito. Esta cesión incluye a título enunciativo los derechos de fijación, reproducción, comunicación publica, transformación y distribución.

7. **SALARIO**: Sujeto al cumplimiento de las obligaciones del Actor en virtud del Contrato, la Empresa contratará al Actor por (Euros) por sesión en el que el Actor preste servicios. El Salario será abonado en cuotas mensuales. Dadas las características especiales de los servicios del Actor, la jornada de trabajo será flexible, de acuerdo con las necesidades de la producción en cada momento y dentro de los límites de la legislación aplicable.

8. **VIAJES/DIETAS**: El Actor reconoce y acepta que sus servicios se prestarán en ( ), siendo éste su centro habitual de actividades, pero también en cualquier otra ubicación que se considere necesaria a discreción de la Empresa. En caso de que el Actor preste sus servicios en municipio distinto de aquel donde radique su centro de actividades, recibirá las dietas establecidas por la Empresa en cada momento y en cada caso. Del mismo modo, recibirá las dietas establecidas por la Empresa en caso de que el Actor deba pernoctar fuera de su domicilio. Todo lo anterior en los términos legalmente definidos en el Convenio Colectivo.

9. **CRÉDITOS**: Siempre y cuando el Actor aparezca en la versión final del Programa, la Empresa le concederá un crédito en pantalla en cada episodio del Programa en el que el Actor preste servicios. Ningún incumplimiento involuntario de las obligaciones de títulos de crédito constituirá un incumplimiento por parte de la Empresa, que, tras ser notificada por escrito por el Actor, hará todos los esfuerzos razonables para corregir cualquier error en materia de títulos de crédito que le sea imputable.

10. **DOBLAJE**: Sin perjuicio de lo dispuesto en el presente Contrato, la prestación de servicios de doblaje se regirá por lo dispuesto en el Convenio Colectivo. En caso de que el Actor decida no prestar servicios de doblaje o no justifique su no comparecencia a la convocatoria de doblaje, éste autoriza a la Empresa a utilizar los servicios de personas distintas al Actor para doblar su voz en cualesquiera idiomas y dialectos.

11. **SERVICIOS DE MARKETING/PROMOCIÓN**: El Actor deberá asistir y prestar servicios de marketing, publicidad y promoción allá donde le sean requeridos.

12. **MANIFESTACIONES Y GARANTÍAS; GARANTÍA DE INDEMNIZACIÓN**: El Actor declara, garantiza y acuerda que: (i) sus aportaciones son originales, no infringirán ni violarán cualesquiera derechos de propiedad intelectual (incluidos derechos de autor) y no difamará, infringirá, ni violará los derechos a la intimidad u otros derechos de ninguna persona o entidad, y no son objeto de ninguna reclamación, gravamen o interés de terceros y no serán ni han sido previamente cedidos o licenciados por el Actor; y (ii) el Actor tiene pleno derecho y capacidad para celebrar el Contrato y cumplir sus términos. El Actor se responsabilizará y mantendrá indemne a la Empresa y a sus cesionarios frente a cualquier reclamación de terceros en relación con cualquier incumplimiento o supuesto incumplimiento por parte del Actor de cualquiera de sus acuerdos, declaraciones o garantías en virtud del Contrato y/o de su negligencia o dolo.

13. **MISCELÁNEA:** El Actor no divulgará ni autorizará ningún tipo de publicidad o marketing relacionados con el Programa ni utilizará ninguna marca de la Empresa sin la aprobación previa por escrito de ésta, preservando asimismo la confidencialidad de toda la información que no sea de dominio público y que esté relacionada con el Programa. El Actor renuncia por medio del presente a cualquier derecho a solicitar u obtener medidas cautelares u otras medidas correctivas o a impedir o restringir de cualquier otro modo el desarrollo, la producción, distribución, promoción u otra explotación de los Materiales y del Programa (o cualquier parte de los mismos o sus derechos sobre estos). En el supuesto de que cualquiera de los términos del Contrato resultara nulo o inexigible, el término afectado se limitará exclusivamente en la medida de lo necesario sin que el resto de sus estipulaciones se vean afectadas y continuarán en pleno vigor y serán aplicables en la mayor medida permitida por la ley.

14. **PROTECCIÓN DE DATOS**: La Empresa cumplirá con todas las leyes de protección de datos aplicables, incluido el Reglamento General de Protección de Datos de la UE. Por lo que respecta al presente Contrato, el Actor proporcionará a la Empresa determinados datos personales ("Datos"), incluyendo, entre otros, su nombre, datos de contacto e información de pago. La Empresa será el responsable del tratamiento de dichos Datos. La Empresa tratará

los datos en la medida de lo necesario para la ejecución del Contrato o para el cumplimiento de sus obligaciones legales, o en la medida en que sea necesario para sus propios intereses legítimos y/o, en su caso, con el consentimiento del Actor.

15. **LEGISLACIÓN APLICABLE; FUERO**: Cualquier controversia relacionada con el presente contrato estará sujeta a las leyes españolas y a la jurisdicción de los tribunales de [ ]

____________________	____________________
[ ]	[ ].
D. [ ]	D.

F021. CONTRATO DE TRABAJO LABORAL DE TÉCNICOS DE PRODUCCIÓN

El presente contrato, incluyendo cualquier adjuntos que se dan íntegramente por reproducidos en el presente (conjuntamente, el "Contrato"), constituye el acuerdo íntegro de las partes indicadas a continuación respecto de la obra audiovisual original actualmente conocida como "[ ]," (este y todos los elementos del mismo, la "Película").

1. FECHA DE EFECTO: [ ]

2. REUNIDOS:

[ ], ("Empresa"), sociedad de nacionalidad española, con domicilio en [ ], inscrita en el Registro Mercantil de [ ], al tomo [ ], folio [ ], hoja [ ], y con C.I.F. [ ]; representada en este acto por [ ], mayor de edad, de nacionalidad española y D.N.I. número [ ].

[ ], ("Trabajador"), mayor de edad, con domicilio en __________, con documento nacional de identidad número _______, titular del número de la Seguridad Social __________, en su propio nombre y representación

3. CONDICIONES DEL CONTRATO DE TRABAJO:

- El Trabajador estará disponible en régimen de primera prioridad durante el Plazo (definido a continuación).
- La Empresa es propietaria de todos los derechos sobre los resultados y productos de los servicios prestados en virtud del presente Contrato con carácter de exclusividad, incluidos derechos derivados, auxiliares y secundarios, en todo el universo y a perpetuidad, en la máxima medida legalmente posible. La cesión exclusiva de derechos definida en el presente Contrato comprende todos los derechos de propiedad intelectual, derechos de propiedad industrial y cualesquiera derechos de explotación de cualquier otra naturaleza derivados de los Materiales, definidos a continuación. Esta cesión de derechos se realiza por el plazo máximo legal permitido por la legislación aplicable, para todo el universo, e incluye la facultad para la Empresa de ceder dichos derechos a su vez a terceros, ya sea de forma exclusiva o no exclusiva. Los derechos cedidos conforme al presente Contrato podrán ser explotados en cualquier formato o soporte y a través de cualquier sistema o método, conjunta o separadamente, y en concreto, comprenden los derechos a titulo enunciativo, no limitativo, de fijación, reproducción, distribución, comunicación publica y transformación, entre otros.
- Con sujeción al cumplimiento sustancial por parte del Trabajador de todos los servicios y obligaciones esenciales, la Empresa le pagará, como contraprestación total y completa por sus servicios, un importe bruto total de ________ EUROS (_________€) mensuales (el "Salario").
- El Trabajador prestará los servicios definidos en el presente Contrato, así como aquellos servicios solicitados por la Empresa de acuerdo con el mismo y que suelan prestar las personas que desempeñan la misma función en producciones similares de primer nivel, para la Película, A efectos aclaratorios, los servicios del Trabajador para la Película se prestarán de acuerdo con el calendario de producción y el plan de trabajo de la Empresa, de conformidad con el presupuesto aprobado por esta para la Película y cualesquiera instrucciones de la Empresa. El Trabajador colaborará según se lo solicite la Empresa de forma razonable a los efectos de la obtención de un seguro para la Película, incluido someterse a exámenes y pruebas y cumplimentar cuantas solicitudes y otros documentos se le requieran. El Trabajador respetará todos los términos de las pólizas de la Empresa que esta le notifique para garantizar la continuidad de la cobertura del seguro y adoptará todas las medidas razonablemente

solicitadas para minimizar cualquier exclusión del seguro y la exposición de la Empresa por causa de cualquier exclusión.

4. DERECHOS: El Trabajador reconoce y acepta que su participación y sus contribuciones, así como los servicios que preste en relación con la Película, no darán lugar o generarán ningún derecho de propiedad intelectual, propiedad industrial, o de cualquier otra índole en su favor. Sin perjuicio de lo anterior, en caso de que conforme a la legislación aplicable pudiera considerarse que el Trabajador es titular originario de cualesquiera derechos sobre los Materiales, el Trabajador acepta, reconoce y garantiza lo siguiente: Todos los derechos sobre la Película y sobre los resultados derivados del trabajo del Trabajador, incluidos todos los materiales previamente creados por el Trabajador para el mismo y todos los materiales encargados durante su desarrollo y producción (todo lo anterior junto con la Película, los "Materiales") serán propiedad exclusiva de la Empresa, en todo el universo, a perpetuidad (o por el plazo máximo legal de duración de los mismos, de ser más breve). Los Materiales constituirán "obras hechas por encargo"/encomienda por y para la Empresa y, por lo tanto, todos los derechos sobre estos recaerán en la Empresa inmediatamente desde su creación. Si y en la medida en que lo anterior no transfiera plenamente a la Empresa dichos derechos, el Trabajador otorga, transfiere y cede a la Empresa, de forma irrevocable y exclusiva, en todo el universo, a perpetuidad (o por el plazo máximo legal de duración de los mismos, de ser más breve), todos los derechos que se conozcan actualmente (incluidos derechos de autor, marcarios y todos los derechos de alquiler, préstamo, fijación, reproducción, transformación, distribución, comunicación pública y puesta a disposición, entre otros) sobre los Materiales y todas sus partes, en todos los medios y métodos de distribución.

5. CRÉDITO: En caso de que el Trabajador no haya incumplido el presente Contrato y haya prestado servicios en la Película conforme al mismo, con sujeción a cualesquiera otros términos aplicables (incluidos requisitos gremiales y sindicales aplicables), el Trabajador aparecerá en los títulos de crédito principales o finales (a la elección de la Empresa) para el/los episodio(s) correspondiente(s) para los que haya prestado servicios. Salvo que se especifique de otro modo en el presente, todos los aspectos de los títulos de crédito quedarán a la discreción de la Empresa. Ningún incumplimiento involuntario por cualquiera de las partes de las obligaciones de crédito de la Empresa constituirá un incumplimiento por parte de la Empresa, que, tras ser notificada por escrito por el Trabajador, hará todos los esfuerzos comercialmente razonables para corregir cualquier error en materia de títulos de crédito que le sean imputables de manera prospectiva.

6. OTRAS CONDICIONES LABORALES:

a. PLAZO:

i) La prestación de los servicios del Trabajador y, consecuentemente, la duración del presente Contrato se fija por tiempo determinado que abarcará su participación en las fases de preproducción, producción y postproducción de la Película, aproximadamente desde _______ hasta ___________, (el "Plazo"). Dichas fechas estarán sujetas a cambios por parte de la Empresa por causas relacionadas con la producción.

ii) La causa por tiempo determinado y vinculación del Contrato al Plazo deviene de la necesidad de que el Trabajador preste sus servicios durante y por la duración de las fases de preproducción, producción y postproducción que determinan el Plazo, únicos momentos en los que será necesaria la participación y colaboración directa del Trabajador con la Película y con la Empresa. Ambas partes conocen y son conscientes que los servicios objeto del Contrato no son un actividad estructural o permanente en la Empresa.

b. JORNADA: La prestación de los servicios del Trabajador incluyen las jornadas necesarias para las fases de preproducción, producción y postproducción de la Película. Dadas las características especiales de los servicios del Trabajador, la jornada de trabajo será flexible, en régimen de jornada continuada o partida, dentro de los límites de la legislación aplicable La jornada laboral y los horarios serán los que establezca la Empresa en cada momento de acuerdo con la legislación vigente, el plan de trabajo inicialmente previsto y las necesidades posteriores que surjan durante su ejecución Las partes acuerdan someterse expresamente a lo que se derive tanto de los planes de trabajo previstos, como de la efectiva ejecución de estos, siempre en consonancia con lo dispuesto en el Convenio Colectivo y la normativa laboral aplicable. Se establecerá como jornada máxima, aquella establecida en el Convenio Colectivo. Y se acuerda un sistema de distribución irregular de la jornada, en la que se acumularán periodos de trabajo y descanso llevando a cabo tal distribución. Las partes acuerdan que los periodos durante los que se ejecuten de forma efectiva los servicios, la jornada ascenderá a 45 horas/semana. Durante los periodos efectivos de servicios, el Trabajador percibirá la remuneración correspondiente a tales periodos y número de horas efectivamente trabajadas y también aquella correspondiente a la acumulación de descanso, por lo que durante estos últimos no existirá abono de salario, puesto que el mismo habrá sido previamente percibido por el Trabajador. Cada jornada de trabajo podrá ser establecida, sin distinción de horas ni de días, dentro de las veinticuatro horas de cada día de la semana, y podrá efectuarse tanto en régimen de jornada continuada como partida, respetando, en cualquier caso, el tiempo mínimo entre jornadas de trabajo y el descanso mínimo semanal. No obstante, y de forma inicial y no definitiva, se establece como horario asignado, aquel que pudiera darse dentro de los planes de trabajo preestablecidos.

c. CATEGORÍA PROFESIONAL: A los efectos previstos en el Convenio Colectivo, el Trabajador tendrá la categoría profesional de _________.

d. ASIGNACIÓN SALARIAL: El Salario representa la contraprestación total por todos los servicios del Trabajador e incluye (entre otros) salario base, la parte proporcional de pagas extraordinarias, plus flexibilidad, la parte proporcional de vacaciones, jornadas especiales, compensación por las obligaciones de exclusividad definidas en el presente Contrato, la indemnización prevista en el art. 49.1.c) del Estatuto de los Trabajadores, los pagos complementarios establecidos por la legislación vigente en cada momento y el resto de emolumentos legales previstos en el Convenio Colectivo, así como cualquier otro pago debido a posteriores explotaciones o cesiones de los derechos de propiedad intelectual, derechos de propiedad industrial y derechos de imagen que se ceden a la Empresa en virtud del presente Contrato. El Salario se pagará por transferencia bancaria a la cuenta bancaria especificada por el Trabajador, en cuotas mensuales.

7. TERMINACIÓN/SUSPENSIÓN: La Empresa tendrá el derecho de resolver o suspender el presente Contrato en cualquier momento, incluyendo en los siguientes supuestos:

i) La suspensión y/o resolución, por cualquier motivo o causa y en cualquier momento, de los contratos celebrados por la Empresa para la producción y/o explotación de la Película que dio lugar a la celebración del presente Contrato con el Trabajador.

ii) La suspensión/terminación anticipada, por cualquier motivo o causa y en cualquier momento, de la Película.

iii) Indisponibilidad de personal clave o del reparto.

iv) Cualquier falta o incumplimiento grave de las obligaciones del Trabajador.

La indemnización de cuantía equivalente a la parte proporcional de la cantidad que resultaría de abonar doce (12) días de salario por cada año de servicio por extinción del Contrato prevista en el Real Decreto 1435/1985, se abonará en la medida en que se devengue cualquier salario ordinario según lo pactado en el presente Contrato, de modo que a la finalización del mismo el Trabajador habrá cobrado por adelantado la totalidad de esta indemnización correspondiente a la finalización de la relación laboral. En el supuesto de que la Empresa decida resolver el presente Contrato de conformidad con esta disposición, el pago de la compensación fija que se haya devengado con arreglo al mismo a la fecha de resolución contractual constituirá el pago íntegro, por parte de la Empresa, por la totalidad de los derechos otorgados a favor de la Empresa con arreglo al presente Contrato, con sujeción a los derechos que asistan a la Empresa conforme a Derecho o en equidad en virtud de este Contrato.

Tras la suspensión del presente Contrato, la Empresa (i) comunicará al Trabajador, mediante notificación escrita, las circunstancias de la suspensión y (ii) pagará al Trabajador cualquier salario o pago vencido y no pagado antes de la suspensión. Cualquier suspensión o terminación no afectará a los derechos aquí concedidos por el Trabajador a la Empresa. Los retrasos, interrupciones y/o suspensiones no darán lugar a indemnización entre las partes. Si, por causas de fuerza mayor o cualquier evento fuera del control de la Empresa resultara imposible el cumplimiento del presente Contrato, la Empresa no estará obligada a realizar pago alguno y/o retribuir al Trabajador.

8. ALOJAMIENTO Y DESPLAZAMIENTOS: El Trabajador reconoce y acepta que sus servicios se prestarán en ( ), y en cualquier otra ubicación que se considere necesaria a discreción de la Empresa. En caso de que el Trabajador preste sus servicios fuera de su centro de actividad y también fuera de su lugar de residencia, recibirá las dietas establecidas por la Empresa en cada momento y en cada caso. La Empresa también cubrirá los gastos de viaje y alojamiento en caso de que el Trabajador deba pernoctar fuera de su domicilio.

9. PREVENCIÓN DE RIESGOS LABORALES: A fin de asegurar la seguridad y la salud de los trabajadores de la Película, el Trabajador deberá colaborar con la Empresa y sus representantes para dar cumplimiento a lo dispuesto en la Ley de Prevención de Riesgos Laborales.

10. CONFIDENCIALIDAD: Por lo que respecta al Trabajador y a la Empresa, esta tendrá el control exclusivo y definitivo sobre los Materiales. El Trabajador no divulgará ni autorizará ningún tipo de publicidad relacionados con la Película sin la aprobación previa por escrito de esta, preservando asimismo la confidencialidad de toda la información que no sea de dominio público y esté relacionada con la Película

11. GARANTÍAS: El Trabajador declara y garantiza que los Materiales son originales, no infringirán ni violarán los derechos (incluidos derechos de autor) de ninguna persona o entidad, y no son objeto de ninguna reclamación, gravamen o interés de terceros. El Trabajador acuerda exonerar de responsabilidad y mantener indemne a la Empresa, sus sucesores, entidades afiliadas, cesionarios y licenciatarios frente a cualquier pérdida, coste o daño (incluidos los honorarios razonables de abogados externos) que surja o esté relacionado con cualquier reclamación de terceros que resulte del incumplimiento de cualquiera de las declaraciones, garantías o acuerdos mencionados anteriormente.

12. MISCELÁNEA: En el supuesto de que cualquiera de los términos del presente Contrato resultara nulo o inexigible, el término afectado se limitará exclusivamente en la medida de lo necesario y el resto de sus estipulaciones no se verán afectadas y serán válidas y aplicables en la mayor medida permitida por la ley.

13. PROTECCIÓN DE DATOS: La Empresa cumplirá con todas las leyes de protección de datos aplicables, incluido el Reglamento General de Protección de Datos de la UE. Por lo que respecta al presente Contrato, el Trabajador proporcionará a la Empresa determinados datos personales ("Datos"), incluyendo su nombre, datos de contacto e información de pago. La Empresa será el responsable del tratamiento de dichos Datos. La Empresa tratará los datos en la medida de lo necesario para la ejecución del presente Contrato o para el cumplimiento de sus obligaciones legales, o en la medida en que sea necesario para sus propios intereses legítimos y/o, en su caso, con el consentimiento del Trabajador. La Empresa se asegurará de contar con medidas técnicas y organizativas

adecuadas para proteger los Datos contra su tratamiento no autorizado o ilegal y contra su pérdida o destrucción accidental. La Empresa se asegurará de que todas las personas que tengan acceso a los Datos y/o los traten estén obligadas a preservar su confidencialidad. El tratamiento de los Datos por parte de la Empresa se llevará a cabo de acuerdo con su aviso de privacidad. El Trabajador entiende que podría ser necesario que la Empresa comparta los Datos con un tercero, que los tratará en su interés legítimo.

14. LEGISLACIÓN APLICABLE; cualquier controversia relacionada con el presente contrato estará sujeta a las leyes españolas y a la jurisdicción de los tribunales de ( )

TRABAJADOR EMPRESA

F022. CONTRATO LABORAL EN OBRA AUDIOVISUAL. ACTRIZ

En [ciudad], a [día] de [mes] de [año].

REUNIDOS

De una parte, **[DENOMINACIÓN SOCIAL DE LA PRODUCTORA]**, con domicilio social en [dirección], provista de CIF núm. [XXX] e inscrita en el Registro Mercantil de [ciudad]; debidamente representada en este acto por D./Dña. [nombre y apellidos del representante], mayor de edad, de nacionalidad [nacionalidad], con pasaporte de su nacionalidad núm. [XXXXX], en calidad de apoderado [mancomunado/solidario/único] de la sociedad, según consta en escritura de apoderamiento, otorgada en fecha [fecha] ante el Notario de [ciudad], D./Dña. [nombre del notario], bajo el número [XXX] de su protocolo (en adelante, "**LA PRODUCTORA**").

Y, de otra parte, D./Dña. **[NOMBRE Y APELLIDOS DEL CREADOR DE CONTENIDO]**, mayor de edad, de nacionalidad [nacionalidad], con domicilio a estos efectos en [dirección], titular de NIF núm. [XXXXX], en vigor, en su propio nombre y representación (en adelante, "**LA ACTRIZ**").

Ambas "***Partes***", en el carácter con que intervienen, se reconocen la capacidad necesaria para contratar y obligarse y en su virtud

MANIFIESTAN

I.- Que **LA PRODUCTORA** está interesada en contratar los servicios de **LA ACTRIZ** como intérprete en la Obra Audiovisual cinematográfica de largometraje que tiene intención de producir, y que lleva como título provisional y/o definitivo "[título de la obra audiovisual]", sobre guion de [...], y dirigida por [nombre del Director], a la que en adelante se aludirá como **LA OBRA AUDIOVISUAL**.

II.- El marco jurídico de aplicación para el presente contrato de carácter laboral es el Real Decreto Legislativo 1/1.996, de 12 de Abril, que aprueba el Texto Refundido de la Ley de la Propiedad Intelectual y legislación complementaria de carácter civil o mercantil y el Estatuto de los Trabajadores.

III.- Por todo ello, y reconociéndose mutuamente la capacidad legal necesaria para contratar y obligarse y, en especial, para celebrar el presente **CONTRATO LABORAL DE POR OBRA O SERVICIO DETERMINADO** (en adelante el "**CONTRATO**"), las Partes lo llevan a efecto con base en las siguientes.

CLÁUSULAS

PRIMERA.- OBJETO.

1.1. El objeto del presente contrato es la prestación, por parte de **LA ACTRIZ** a **LA PRODUCTORA**, de sus servicios profesionales en régimen de contratación laboral, para que lleve a cabo las labores de interpretación del personaje "[especificar el personaje]" dentro de la **OBRA AUDIOVISUAL**.

1.2. Según el Convenio Colectivo vigente ambas partes convienen que este personaje corresponde a la categoría de figuración.

SEGUNDA.– GUION Y DIRECCIÓN.

LA ACTRIZ manifiesta conocer y aceptar el contenido del guion en relación con el papel que va a interpretar y, en consecuencia, queda obligada a la memorización del mismo, sometiéndose, en todo caso, por lo que se refiere al rodaje y al resto de las tareas objeto del presente contrato, a las instrucciones que le indique el Director-Realizador.

TERCERA.– DURACIÓN.

3.1. Los servicios prestados por **LA ACTRIZ** serán ejecutados en [número en letras] (XX) sesiones de trabajo. Dichas sesiones serán desempeñadas en el periodo de tiempo comprendido entre el [día] de [mes] de [año] y el [día] de [mes] de [año].

3.2. **LA PRODUCTORA** pondrá en conocimiento de **LA ACTRIZ** con antelación suficiente los días en que efectivamente deberá acudir a las sesiones de rodaje.

3.3. El plazo de vigencia aquí reseñado se entiende que es un periodo de compromiso, ya que sólo tendrá la consideración de día trabajado a todos los efectos, aquellos días en que **LA ACTRIZ** efectúe las sesiones de rodaje previstas.

CUARTA.– CONTENIDO DE LA PRESTACIÓN.

Dentro del periodo de tiempo que se fija en el presente contrato **LA ACTRIZ** efectuará su actividad en las siguientes tareas:

1. Rodaje de la **OBRA AUDIOVISUAL** en las diferentes sesiones para las que sea convocada.

2. Sesiones de foto fija necesarias para la elaboración de los materiales promocionales de la preproducción, producción y postproducción de la **OBRA AUDIOVISUAL**.

3. Dentro del período de doblaje de retakes para el montaje de la banda de sonido, **LA PRODUCTORA** podrá prever realizar más fotos para la promoción de la obra.

4. En su caso, ensayos previos al rodaje y/o toma de escenas, así como cuantas repeticiones sean necesarias, a juicio del Director/Realizador, de escenas y retakes de imagen y/o sonido.

5. Cuantas sesiones sean necesarias relativas a las pruebas de maquillaje, vestuario y peluquería.

QUINTA.– JORNADA LABORAL Y CONVOCATORIAS.

Dada la dificultad para fijar una jornada laboral las partes convienen en estar al plan de rodaje que previamente haya elaborado **LA PRODUCTORA** y de lo que informará a **LA ACTRIZ** en la parte del mismo que le afecte.

SEXTA.– DOBLAJE.

6.1. **LA ACTRIZ** queda obligada a llevar a cabo las tareas de doblaje de la **OBRA AUDIOVISUAL**, en su versión en castellano, sonorizando con su propia voz el papel que haya interpretado.

6.2. Como el doblaje será llevado a cabo fuera del período de duración del presente contrato, **LA PRODUCTORA** pre-avisa en el presente contrato a **LA ACTRIZ** con el suficiente tiempo de antelación, para que ambos determinen las fechas de común acuerdo y de buena fe.

6.3. En las versiones no castellanas podrá **LA PRODUCTORA** sonorizar el personaje interpretado por **LA ACTRIZ** utilizando para ello la voz de una tercera persona, así como transcribir en la forma que decida para ello el adaptador correspondiente, los diálogos de la versión original a otras lenguas y/o dialectos.

SÉPTIMA.– RETRIBUCIÓN Y FORMA DE PAGO.

7.1. **LA ACTRIZ** percibirá la cantidad total de **[IMPORTE en letras] (XX.-€)**, que corresponden a la prestación en concepto salarial de **LA ACTRIZ**.

7.2. Dichas cantidades se abonarán en concepto de nómina, mediante transferencia bancaria al finalizar el mes en que se haya llevado a cabo la prestación de servicios por parte de **LA ACTRIZ**.

7.3. Todas las retribuciones que obtenga **LA ACTRIZ** son brutas y estarán sometidas a la normativa fiscal y de Seguridad Social que le corresponda, estando incluida, asimismo, la indemnización establecida en el artículo tercero del Real Decreto-Ley 5/2001 de 2 de marzo, la cual será abonada de forma proporcional en cada una de las nóminas que sean expedidas.

OCTAVA.– CESIÓN DE DERECHOS DE PROPIEDAD INTELECTUAL.

8.1. **LA ACTRIZ** cede expresamente a **LA PRODUCTORA**, con facultad de cesión a terceros, los siguientes derechos de explotación sobre su interpretación artística de su personaje, incorporado a la versión definitiva de **LA OBRA AUDIOVISUAL**.

8.2. Sin perjuicio de cualesquiera derechos que corresponda a **LA PRODUCTORA** por Ley en su condición de Productor Audiovisual, **LA ACTRIZ** cede a **LA PRODUCTORA** todos los derechos de propiedad intelectual y de otro tipo derivados de su labor de interpretación necesarios para la explotación de **LA OBRA AUDIOVISUAL** con facultad de cesión a terceros (pudiendo ser estas cesiones totales o parciales, en exclusiva o no, gratuitas u onerosas, limitadas o ilimitadas), sin perjuicio, en todo caso, de los derechos reconocidos a **LA ACTRIZ**, a través de cualesquiera modalidades de explotación.

8.3. La cesión de los derechos que se recogen en el presente documento se efectúa por el plazo máximo legal de protección que concede la legislación en materia de propiedad intelectual a favor de los actores, esto es hasta el paso de la obra a dominio público, para todo el territorio mundial y para todos los medios conocidos y por conocer en el futuro.

8.4. Quedan especialmente comprendidos en la cesión operada en virtud del presente contrato todos los derechos de explotación que se recogen en el artículo 105 y siguientes del Texto Refundido de la Ley de la Propiedad Intelectual, según el Real Decreto Legislativo 1/1996 de 12 de abril, y sus posteriores modificaciones ("TRLPI") y que a título meramente enunciativo y no limitativo comprenderá los siguientes:

(a) La reproducción de **LA OBRA AUDIOVISUAL** junto con todos sus elementos, entendiéndose por tal, la fijación de **la OBRA AUDIOVISUAL**, o de la representación digital de la misma o de las partes de que conste, en cualquier medio que permita su comunicación y la obtención de copias de todo o parte de ella, incluida la fijación de la misma o de partes o fragmentos de ella en todo tipo de soportes, tangibles o no, tales como libros, folletos, y demás soportes gráficos, fonográficos, fotográficos, visuales, audiovisuales, telemáticos, ópticos, informáticos, electrónicos, digitales y analógicos, videocasetes, videodiscos, disco láser, videodisco digital, disco compacto, disco compacto de 8 mm, CD-ROM, DVD, Blue-Ray u otros análogos, y en general cualquier soporte apto para incorporar **LA OBRA AUDIOVISUAL** y sus copias, las obras derivadas y/o compuestas en que las mismas pudieran hallarse incorporadas.

(b) La distribución de **LA OBRA AUDIOVISUAL** y todo lo demás relacionado en la letra (a) anterior, sus copias, y demás obras derivadas y/o compuestas de la **OBRA AUDIOVISUAL** en las que tanto las Aportaciones como cualesquiera de sus elementos pudieran hallarse incorporados, a través de la venta, préstamo, alquiler o cualquier otra forma de transferencia temporal o definitiva de la posesión y/o propiedad de los mismos o de distribución o puesta a disposición del público de todas esas obras mediante la entrega de ejemplares incluyendo, pero no quedando limitada a los sistemas de recuperación electrónica (entrega digital) y acceso a bancos y bases de datos, y tanto para su comunicación pública como en el ámbito doméstico.

(c) Cualquier modalidad de comunicación pública de la **OBRA AUDIOVISUAL** y todos sus elementos, o la representación digital de las mismas, o de las partes de que conste y de las obras derivadas y/o compuestas en las que tanto las Aportaciones como cualesquiera de sus elementos pudieran hallarse incorporados, en los términos del artículo 20 del TRLPI, incluyéndose entre los actos que integran el concepto cualquier tipo de exhibición pública, proyección, radiodifusión, emisión, transmisión y retransmisión por ondas hertzianas, por cable, vía satélite, Internet, IPTV o telefonía móvil y todo ello en abierto y en codificado, sistema analógico o digital, de pago o no, incluidos los sistemas pago por visión, vídeo bajo demanda y casi vídeo bajo demanda, y otros análogos, así como cualquier otro sistema de explotación guiada, emitida, transmitida o retransmitida, incluido el acceso público a bases de datos por cable, hilo o fibra óptica, o a través de cualquier red de comunicaciones digital y/o analógica.

(d) La puesta a disposición del público de la **OBRA AUDIOVISUAL** y/o copias y/o representaciones digitales de las mismas, de manera que se pueda tener acceso a ellas bajo petición por cualquier procedimiento intangible desde el lugar y el momento que cada uno elija a través de Internet, IPTV o telefonía móvil y todo ello en abierto y en codificado, sistema analógico o digital, de pago o no, incluidos los sistemas pago por visión, vídeo bajo demanda y casi vídeo bajo demanda, y otros análogos.

(e) A los efectos de los apartados anteriores se entenderá lo siguiente:

- "Internet" significa cualquier conjunto de redes y equipos informáticos interconectados entre sí por medio de protocolos de transmisión de datos, independientemente de: (i) la tecnología de telecomunicación empleada (RTC, RDSI, ADSL, xDSL, LMDS, WiFi, WAP, GSM, GPRS, UMTS, PLC, etc.) para la transmisión de información entre los equipos informáticos, y (ii) de los medios y dispositivos técnicos utilizados (portátil, PC, PDA, teléfono móvil, etc.) para acceder o recuperar las informaciones disponibles en dichos equipos informáticos.

- Por "Video bajo demanda" se entenderá:

  - o Un servicio de descarga de contenidos audiovisuales mediante la modalidad de *"Descarga para alquiler"*, que permita a los Usuarios la descarga de dichos contenidos, tanto a un disco duro de un ordenador como a cualquier dispositivo móvil, terminal de televisión, video consola o cualquier instrumento que permita la reproducción, el visionado y/o audición de las obras.

  - o Un servicio de descarga de contenidos audiovisuales mediante la modalidad de *"Descarga para almacenamiento"* que permita a los Usuarios la descarga de dichos contenidos, tanto a un disco duro de un ordenador como a cualquier dispositivo móvil terminal de televisión, video consola o cualquier instrumento que sea permita su almacenamiento, su portabilidad a otros dispositivos habilitados técnicamente en dicho sentido y la copia a un soporte físico.

(f) Los derechos de doblaje y subtitulado, entendiéndose por tales la realización de las necesarias adaptaciones en la **OBRA AUDIOVISUAL** tanto para doblar las interpretaciones de los intérpretes originales a otras lenguas y dialectos, como para transcribir, en la forma para ello decidida por el adaptador correspondiente, los diálogos de la versión original a otras lenguas y dialectos.

(g) Cualquier forma de transformación de **LA OBRA AUDIOVISUAL** y todos sus elementos, de los que se deriven una o varias obras nuevas, ya sean éstas literarias, artísticas, o científicas, incluidas las obras multimedia, las bases de datos, las colecciones de datos u obras, los programas de ordenador y, en general, todas las obras a que se refieren los art. 10, 11 y 12 de la vigente Ley de Propiedad Intelectual.

(h) El derecho a autorizar o prohibir la incorporación completa o fragmentada de **LA OBRA AUDIOVISUAL** o de cualquiera de sus elementos en otras obras, así como a autorizar otras obras.

(i) La explotación del merchandising que se derive de la **OBRA AUDIOVISUAL**.

NOVENA.- DISPONIBILIDAD DE LA FIJACIÓN DE LA INTERPRETACIÓN Y GESTIÓN DE DERECHOS DE IMAGEN.

9.1. A los efectos de la realización de la **OBRA AUDIOVISUAL**, la **PRODUCTORA** y/o el Director y/o el Montador podrán disponer libremente de la Interpretación o resultado audiovisual de los servicios prestados por **LA ACTRIZ** en la producción para incorporarlos en la versión definitiva de la **OBRA AUDIOVISUAL**.

9.2. **LA ACTRIZ** renuncia expresamente a ejercitar derecho alguno sobre dichas imágenes con independencia del soporte en que hayan sido impresas, su contenido y medio de comunicación en el que se divulguen, siempre que sean empleadas a fin de promocionar la **OBRA AUDIOVISUAL**, y nunca para efectuar publicidad de otros productos comerciales y siempre y cuando no suponga una agresión o menoscabo de su prestigio artístico y profesional.

9.3. Igualmente, **LA ACTRIZ** autoriza el uso de sus derechos de imagen, su fotografía, retrato e imagen física, reproducida o generada por cualquier medio, así como expediente profesional, tanto para fines de promoción, explotación y comercialización de la **OBRA AUDIOVISUAL**, como de aquellas otras de las que ésta sea obra antecedente, o promoción de la propia actividad genérica de la **PRODUCTORA** y su currículum.

9.4. En consecuencia, y con el mismo alcance establecido anteriormente, podrá la **PRODUCTORA** utilizar para la publicidad de la **OBRA AUDIOVISUAL**, las segundas y posteriores tomas de cada escena o plano, así como, en su caso, las tomas rechazadas por montaje, o tomas especiales, tomas falsas, etc.

9.5. Asimismo **LA ACTRIZ** autoriza a **LA PRODUCTORA** la realización de grabaciones sonoras o audiovisuales en las que pueda aparecer su imagen o voz, que tengan por finalidad difundir el proceso de producción y realización de la **OBRA AUDIOVISUAL** ("*Making of*") o cualquier otra vinculada, directa o indirectamente, con la promoción, publicidad o comercialización de la misma, cuyo uso se autoriza, con expresa cesión de los derechos sobre dichas imágenes y, en su caso, interpretaciones en los términos de esta cláusula y la anterior.

9.6. **LA ACTRIZ** goza del derecho al reconocimiento de su nombre sobre su Interpretación, y a exigir el respeto de la misma oponiéndose a cualquier alteración que lesione o menoscabe su prestigio, reputación o que suponga un perjuicio a sus legítimos intereses.

DÉCIMA.- EXCLUSIVIDAD.

Las tareas de **LA ACTRIZ** se prestarán, durante el rodaje y doblaje de la **OBRA AUDIOVISUAL** con absoluta exclusividad con respecto a cualquier otro compromiso profesional anterior o posteriormente adquiridos a la firma del presente contrato. En consecuencia, **LA ACTRIZ** se compromete a permanecer en situación de disponibilidad absoluta durante dichos períodos de tiempo, debiendo ser autorizada expresamente por **LA PRODUCTORA** para prestar sus servicios a terceros.

UNDÉCIMA.– TÍTULOS DE CRÉDITO.

LA PRODUCTORA se compromete a incluir el nombre de **LA ACTRIZ** en rodillo final.

DECIMOSEGUNDA.– RESOLUCIÓN.

El presente contrato podrá resolverse, entre otras, por las causas siguientes:

1. Incumplimiento grave por parte de **LA ACTRIZ** de las obligaciones que asume en el presente contrato. Se entenderá este incumplimiento grave cuando **LA ACTRIZ** no comparezca de manera reiterada a las convocatorias que se le efectúen para el rodaje de la **OBRA AUDIOVISUAL**. Este supuesto dará derecho a **LA PRODUCTORA**, a una indemnización por los daños y perjuicios causados con motivo de la paralización del rodaje y la pérdida de la jornada que afecte, en su caso, al resto del equipo de rodaje convocado salvo en el caso de enfermedad o accidente, en los que **LA ACTRIZ** no indemnizará a La Productora.

2. Por negativa injustificada de **LA ACTRIZ** a efectuar algunas de las tareas contempladas en la Cláusula Cuarta apartados 2, 3 y 4.

DECIMOTERCERA.– DATOS DE CARÁCTER PERSONAL.

13.1. **Responsable del tratamiento.** De conformidad con lo dispuesto en el Reglamento (UE) 2016/679, General de Protección de Datos ("**RGPD**"), y en la Ley Orgánica 3/2018, de Protección de Datos Personales y garantía de los derechos digitales ("**LOPDGDD**"), se informa a **LA ACTRIZ** de que los datos personales facilitados durante la relación contractual serán tratados por **LA PRODUCTORA**, en su condición de **Responsable del Tratamiento**, con la finalidad de gestionar y ejecutar la relación laboral regulada en el presente Contrato, así como para cumplir con las obligaciones legales en materia laboral, fiscal y de seguridad social.

13.2. **Legitimación.** El tratamiento de los datos personales de **LA ACTRIZ** está legitimado por:

(a) la **ejecución del presente contrato laboral**, conforme al artículo 6.1.b) RGPD;

(b) el **cumplimiento de obligaciones legales** aplicables a **LA PRODUCTORA** (art. 6.1.c) RGPD, en especial las derivadas de normativa laboral, fiscal, contable y de seguridad social.

13.3. **Destinatarios.** Los datos personales podrán ser comunicados a:

(a) Administraciones públicas y organismos competentes cuando así lo exija la normativa laboral, fiscal o de seguridad social;

(b) Aseguradoras responsables de la cobertura laboral o de accidentes;

(c) Empresas vinculadas o subcontratadas estrictamente necesarias para la producción de **LA OBRA AUDIOVISUAL** (por ejemplo, gestorías laborales, servicios de nómina o prevención de riesgos laborales), siempre bajo contratos de encargo del tratamiento conforme al artículo 28 RGPD.

No están previstas transferencias internacionales de datos salvo que sean estrictamente necesarias para la explotación de **LA OBRA AUDIOVISUAL**, en cuyo caso **LA PRODUCTORA** garantizará el cumplimiento de las garantías adecuadas previstas en los artículos 44 y siguientes del RGPD.

13.4. **Conservación de los datos.** Los datos personales se conservarán durante la vigencia del presente Contrato y, posteriormente, durante los plazos necesarios para el cumplimiento de obligaciones legales y para atender posibles responsabilidades derivadas de la relación laboral o de la explotación de **LA OBRA AUDIOVISUAL**.

13.5. **Derechos del interesado. LA ACTRIZ** podrá ejercer en cualquier momento sus derechos de acceso, rectificación, supresión, oposición, limitación del tratamiento y portabilidad, mediante solicitud escrita dirigida al domicilio de LA PRODUCTORA indicado en el encabezamiento del presente Contrato, o a la siguiente dirección de correo electrónico: **[EMAIL DE PRIVACIDAD DE LA PRODUCTORA]**.

Asimismo, **LA ACTRIZ** tiene derecho a presentar una reclamación ante la Agencia Española de Protección de Datos (www.aepd.es) en caso de considerar vulnerados sus derechos.

13.6. **Datos de imagen y voz.** El tratamiento de la imagen, voz y demás datos personales derivados de la participación de **LA ACTRIZ** en **LA OBRA AUDIOVISUAL** se regirá por lo establecido en las Cláusulas Novena y Octava del presente Contrato, y se considerará amparado en la ejecución del contrato y en las cesiones de derechos allí previstas.

DECIMOCUARTA.– LEGISLACIÓN Y FUERO.

14.1. El presente Contrato, su interpretación y cumplimiento, se regirá por la ley española común.

14.2. Para la interpretación y aplicación del presente contrato las partes, con renuncia expresa a cualquier fuero que pudiera corresponderles, se someten expresamente a los Tribunales de [ciudad].

Y en prueba de conformidad, ambas partes firman el presente contrato por triplicado en el lugar y fecha expresados en el encabezamiento.

LA PRODUCTORA	LA ACTRIZ
....	....

F023. CONTRATO LABORAL DE DURACIÓN DETERMINADA. DIRECTOR DE ARTE

En [*], a [*] de 20[*]

REUNIDOS

De una parte,

Don [*], con D.N.I. nº [*], en representación de [*], con domicilio social y fiscal en [*]y C.I.F. número [*], (la "**Productora**").

Y, de otra parte,

Don [*], mayor de edad, con D.N.I. nº [*], y domicilio en [*], actuando en su propio nombre y derecho (el "**Trabajador**")

De igual forma, y en lo sucesivo, la Productora y el Trabajador podrán ser denominados conjuntamente como las "**Partes**" e individualmente como la "**Parte**".

Ambas Partes manifiestan que sus facultades están vigentes, y que no han sido limitadas, revocadas ni suspendidas por lo que cuentan con la capacidad legal necesaria y suficiente para la formalización del presente contrato y, al efecto,

DECLARAN

I. Que la Productora es una entidad mercantil dedicada, entre otras actividades, a la producción de obras cinematográficas y audiovisuales y está llevando a cabo el desarrollo de la producción extranjera de la segunda temporada del proyecto de serie de televisión titulado provisionalmente [*]", compuesta de [*] obras audiovisuales, de una duración mínima de .... minutos cada una (la "**Serie**"), por encargo de [*] (la "**Compañía)**

II. Que la Productora desea contratar los servicios del Trabajador como Director de Arte, de la obra audiovisual [*] que forma parte de la Serie (la "**Obra Audiovisual**"), conforme a los términos y condiciones establecidos en el presente documento.

III. Que el Trabajador está interesado en formalizar el presente contrato de duración determinada por realización de obra o servicios determinados.

IV. Que, en caso de que los servicios prestados por el Trabajador sean susceptibles de generar derechos de propiedad intelectual, el Trabajador está en disposición de ceder a la Productora todos los derechos de explotación que pueda ostentar sobre sus aportaciones creativas a la Serie, conforme al Real Decreto Legislativo 1/1996, de 12 de abril, por el que se aprueba el Texto Refundido de la Ley de Propiedad Intelectual, regularizando, aclarando y armonizando las disposiciones legales vigentes sobre la materia (el "**TRLPI**").

V. Que el presente contrato se somete a la normativa laboral vigente, en especial en lo relativo a los contratos de duración determinada, al Real Decreto Legislativo 2/2015, de 23 de octubre, por el que se aprueba el texto refundido de la Ley del Estatuto de los Trabajadores (el "**Estatuto de los Trabajadores**") y al Real Decreto 2720/98, de 18 de diciembre, así como al II Convenio Colectivo de la industria de la producción audiovisual (técnicos) (el "**Convenio Colectivo**").

VI. Que las Partes reúnen las condiciones necesarias para la celebración del presente contrato (el "**Contrato**") y acuerdan formalizarlo de acuerdo a las siguientes:

CLÁUSULAS

PRIMERA.– OBJETO

1.1. El Trabajador prestará sus servicios como "personal técnico", con la categoría de "DIRECTOR DE ARTE", para realizar las funciones inherentes a su categoría profesional en lo relativo a la producción de la Obra Audiovisual en el centro de trabajo de la Productora y/o en cualesquiera otros lugares del ámbito nacional y/o internacional se consideren necesarios con ocasión de la producción de la Obra Audiovisual.

1.2. La Productora se reserva la facultad de modificar el título inicial de la Obra Audiovisual y/o de la Serie, sin que ello implique modificación alguna de la relación jurídica establecida entre las partes.

SEGUNDA.– JORNADA LABORAL

2.1. La jornada laboral y horarios serán los que establezca la Productora de acuerdo con la legislación vigente, el plan de trabajo inicialmente previsto y las necesidades posteriores que surjan durante su ejecución. Asimismo, el Trabajador reconoce no estar sujeto a un horario determinado y extenderá su jornada ordinaria de trabajo cuando así lo requieran sus obligaciones para cumplir los compromisos de la Productora, pudiéndose incluir la posibilidad de realizar trabajo nocturno conforme a las necesidades de producción de la Obra Audiovisual y/o de la Serie así como incluir días festivos que se determinarán según el calendario laboral del lugar donde esté el lugar de trabajo. Sin embargo, bajo ninguna circunstancia la Productora podrá exigir que el Trabajador realice servicios de forma que excedan de la práctica habitual y/o de lo establecido en el Convenio Colectivo y cualquier otra normativa que aplique.

2.2. La jornada de trabajo comenzará a regir a partir de la hora de citación en los lugares de trabajo.

TERCERA.– SEGURIDAD SOCIAL

3.1. El Trabajador será dado de alta en la Seguridad Social, en la categoría profesional correspondiente, por los días en los que preste sus servicios.

3.2. El Trabajador causará alta y baja en Seguridad Social a lo largo de la producción tantas veces como requiera su participación en la Serie y siempre que la Productora requiera de la prestación de sus servicios, sin la necesidad de redactar un nuevo contrato por cada periodo dado que trabajará siempre para la misma producción.

CUARTA.– LUGAR DE TRABAJO

4.1. El rodaje de la Obra Audiovisual se prevé inicialmente en .... y/o en cualquier otro ámbito geográfico, nacional y/o internacional, a juicio de la Productora y según el plan de rodaje que el Trabajador declara conocer.

4.2. El tiempo de desplazamiento entre el centro de actividades de producción y el lugar de citación no computará como jornada de trabajo, siempre y cuando el desplazamiento de ida y vuelta no exceda de *hora y media* y siempre que la distancia entre ambos lugares no sea superior a 50 kilómetros.

4.3. Cuando el Trabajador deba desplazarse a municipio distinto de ...., los gastos de transporte correrán a cargo de la Productora y, si fuera necesario pernoctar, también los normales de manutención y estancia según se establece en el Convenio Colectivo.

QUINTA.– RETRIBUCIÓN

5.1. El Trabajador percibirá como remuneración total, por todos los conceptos durante la vigencia del presente Contrato, la cantidad bruta de [*] Euros/mes (el "**Salario**"). El pago se realizará mensualmente, a mes vencido, mediante transferencia bancaria en los CINCO (5) primeros días del mes siguiente.

5.2. El Salario incluye todos los conceptos a los que el Trabajador tenga derecho por sus servicios (incluyendo todos los conceptos salariales: salario base, parte proporcional por pagas extras, parte proporcional por vacaciones, plus de disponibilidad, nocturnidad, la indemnización prevista en el art. 49.1c. del Estatuto de los Trabajadores, y resto de emolumentos legales, y, en particular, la retribución debida por la cesión del Trabajador de los derechos conforme a lo dispuesto en la Cláusula 7).

5.3. Las Partes manifiestan y aceptan que, con el pago de la última nómina, y siempre y cuando se hayan cumplido todas las obligaciones conforme a lo establecido en el presente contrato, el Trabajador formalizará la declaración adjunta al presente, a los efectos de declarar que las prestaciones de servicios se han prestado correctamente.

5.4. Los impuestos y gravámenes sobre el Salario del Trabajador se pagarán por las partes de acuerdo con lo establecido en la legislación vigente, deduciéndose del Salario las cantidades que establezcan las normas vigentes.

SEXTA.– DURACIÓN

6.1. El Trabajador prestará sus servicios desde el [*] (el "**Inicio de Trabajo**") hasta la finalización de los servicios del Trabajador en la Obra Audiovisual, a juicio exclusivo de la Productora, cuya fecha inicialmente prevista es el [*] (el "**Fin de Trabajo**").

6.2. La Productora podrá retrasar hasta un máximo de treinta (30) días la fecha prevista para iniciar el período de prestación de servicios del Trabajador. Si la Productora hiciese uso de esta facultad, habrá de comunicarlo al Trabajador con cinco (5) días de antelación a la fecha prevista para iniciar el trabajo, indicando en dicha comunicación la nueva fecha en que deberá empezar su labor. En consecuencia, la fecha de finalización se retrasaría por el mismo número de días con respecto a la fecha fijada en un principio.

6.3. En el caso de que los trabajos encomendados al Trabajador deban realizarse en dos (2) periodos temporales diferenciados, la Productora comunicará al Trabajador el momento de interrupción y el Contrato se suspenderá hasta que la Productora comunique su reanudación.

6.4. Si una vez finalizado el período aproximado antes señalado no hubiesen concluido los trabajos objeto del mismo, éste se entenderá tácitamente prorrogado hasta la conclusión de aquellos.

6.5. El plazo de vigencia antes reseñado se entiende que es un periodo de compromiso, ya que sólo tendrán la consideración de día trabajado a todos los efectos, aquellos días en que el Trabajador efectivamente preste sus servicios para la Obra Audiovisual.

6.6. Se establece el periodo de prueba aplicable según el Convenio Colectivo vigente de aplicación. El cómputo de periodo de prueba se interrumpirá si el Trabajador se ve afectado por las situaciones de incapacidad temporal, maternidad o acogimiento.

6.7. La duración del Contrato será determinada y se extenderá desde el Inicio de Trabajo hasta el Fin de Trabajo o con anterioridad a ese momento en los supuestos de resolución o suspensión previstos en la Cláusula 8.

6.8. En caso de que, por causas de fuerza mayor, huelga o dificultades ajenas a la voluntad de la Productora se retrasara o suspendiera el rodaje de la Obra Audiovisual y/o la Serie, la Productora tendrá la facultad de (i) diferir la fecha de comienzo del mismo, (ii) de suspender temporalmente los trabajos de producción o (iii) de resolver el presente Contrato. Si la Productora opta por la suspensión, el Contrato quedará sin efecto hasta el momento en que legal y razonablemente resulte factible reanudar los trabajos y la duración de este Contrato se considerará automáticamente prorrogada por igual período de tiempo al de la suspensión más el tiempo necesario de reanudación de los trabajos. La misma prórroga se entenderá producida en el caso de que se opte por diferir la fecha de comienzo del rodaje.

SÉPTIMA.– CESIÓN DE DERECHOS DE PROPIEDAD INTELECTUAL E INDUSTRIAL Y AUTORIZACIÓN PARA EL USO DE IMAGEN Y/O VOZ

7.1. Si, como consecuencia de la labor del Trabajador para la Obra Audiovisual, resultara material creativo que pueda tener la consideración de obra o prestación en los términos previstos en la vigente Ley de Propiedad Intelectual (el "**Material Creativo**"), el Trabajador cede de forma expresa e irrevocable a la Productora y/o terceros productores de la Obra Audiovisual y de la Serie, cesionarios y/o licenciatarios de derechos, en exclusiva y sin limitaciones de ningún tipo, por todo el tiempo de duración de los derechos de explotación sobre dicho Material Creativo de conformidad con el TRLPI y para todo el territorio mundial, con la facultad de cesión total o parcial, licencia y/o autorización a terceros, la totalidad de los derechos de explotación sobre dicho Material Creativo, tanto en su versión final como en cualesquiera de sus versiones previas y/o borradores, incluyendo cualquier personaje, diseño, boceto, dibujo realizado en el curso de su trabajo y/o cualesquiera otros. Los derechos de propiedad intelectual e industrial cedidos por el Trabajador, tienen por finalidad la explotación, por la Productora y/o terceros productores de la Obra Audiovisual y Serie, cesionarios y/o licenciatarios de derechos, del Material Creativo mediante su integración en la Obra Audiovisual y Serie u obras derivadas o de forma independiente y/o aislada de la misma, en cualquier formato o soporte y por cualquier sistema, procedimiento o modalidad, con carácter gratuito o mediante contraprestación, conocido o que se invente en el futuro. Esta cesión de derechos se realiza a tanto alzado y ha sido tenida en cuenta al negociar el Salario pactado en la cláusula tercera del presente Contrato. El Trabajador no tendrá derecho a exigir a la Productora ningún tipo de compensación adicional como consecuencia de la mencionada cesión de derechos.

7.2. El Trabajador reconoce que corresponde a la Productora la plena titularidad de los derechos de propiedad intelectual sobre la Obra Audiovisual y Serie y se compromete a no utilizar ningún elemento, secuencia o fragmento de la misma sin previa autorización por escrito de la Productora. Asimismo, corresponden a la Productora los derechos de explotación de las fotografías que sean realizadas en el proceso de producción de la Obra Audiovisual y Serie. La decisión final sobre los contenidos, fotogramas y/o grabaciones a incluir en la versión definitiva de la Obra Audiovisual y Serie, así como su duración y la elección de los colaboradores y resto de intervinientes, corresponderá en exclusiva a la Productora. La decisión final sobre los contenidos, fotogramas y/o grabaciones a incluir en la versión definitiva de la Obra Audiovisual y Serie, así como su duración y la elección de los colaboradores y resto de intervinientes, corresponderá en exclusiva a la Productora.

7.3. Igualmente, el Trabajador autoriza a la Productora a utilizar sus derechos de imagen, nombre, voz, fotografía, retrato e imagen física y/o currículum, reproducida o generada por cualquier medio, su biografía, así como expediente Trabajador, tanto para fines de promoción, explotación y comercialización de la Obra Audiovisual y Serie, como de aquellas otras de las que ésta sea obra antecedente, o promoción de la propia actividad genérica de la Productora, lo que expresamente incluye la facultad de fijar su imagen y sonido para la producción de programas de televisión o fragmentos de la clase de "making of", "los mejores momentos" o documentales sobre la Obra Audiovisual y Serie. A tal efecto, el Trabajador autoriza a la Productora para que ésta pueda reproducir, distribuir y comunicar públicamente, total o parcialmente, tales fotografías y grabaciones por plazo ilimitado y para todo el mundo, por sí misma o por medio de cesión a un tercero.

7.4. El Trabajador garantiza que su contribución y sus aportaciones a la Obra Audiovisual y Serie, incluyendo el Material Creativo que se pueda derivar, son originales, que no vulneran derechos de terceros y que no ha realizado ni realizará ningún acto susceptible de impedir o dificultar a la Productora y/o terceros productores de la Obra Audiovisual y Serie, cesionarios y/o licenciatarios de derechos, el ejercicio pleno y pacífico de los derechos cedidos en virtud del presente Contrato. En el caso de que el Trabajador pretenda incorporar alguna obra preexistente en la Obra Audiovisual y Serie, deberá solicitar la autorización previa y por escrito de la Productora. En consecuencia, el Trabajador responderá en exclusiva frente a la Productora y/o terceros productores de la Obra Audiovisual y Serie, cesionarios y/o licenciatarios de derechos, por cualquier acción o reclamación que ejerza cualquier tercero como consecuencia de la cesión y/o ejercicio de los derechos cedidos en virtud del presente Contrato.

7.5. La Productora y/o terceros productores de la Obra Audiovisual y/o Serie, cesionarios y/o licenciatarios de derechos, estarán legitimados para perseguir legalmente, con independencia del Trabajador, las violaciones o infracciones que afecten a los derechos cedidos por el Trabajador en virtud del presente Contrato. No obstante, el Trabajador se compromete a prestar su colaboración a tal efecto cuando le sea solicitada. Asimismo, la Productora y/o terceros productores de la Obra Audiovisual y/o Serie, cesionarios y/o licenciatarios de derechos, estarán legitimados para proceder a la inscripción del Material Creativo en los registros de propiedad intelectual e industrial.

7.6. Las cesiones de derechos y las autorizaciones contenidas en este Contrato no podrán ser interpretadas de manera que se entienda que la Productora y/o terceros productores de la Obra Audiovisual y/o Serie, cesionarios y/o licenciatarios de derechos, no ostentan todos los derechos de explotación económica sobre el Material Creativo y/o sobre a la Obra Audiovisual y/o Serie a la que se incorpore y/o explotaciones derivadas o que de alguna otra manera estos derechos se hallan limitados, pues de lo contrario se frustraría el fin de este Contrato.

7.7. Los derechos cedidos por el Trabajador serán irrevocables y no podrán estar sujetos a restitución, rescisión y/o resolución o cualquier otro tipo de compensación en caso de incumplimiento del presente Contrato por la Productora. Los derechos del Trabajador, en caso de incumplimiento del presente Contrato por la Productora, se limitarán a posibles reclamaciones de carácter económico, no pudiendo éstas interferir, inhibir, prohibir y/o restringir en forma alguna el desarrollo, distribución y/o explotación de la Obra Audiovisual y/o Serie y/o de cualquiera de los derechos vinculados y accesorios relacionados con la Obra Audiovisual y/o Serie y/o productos derivados o conexos.

7.8. No obstante lo anterior, la Productora y/o terceros productores de la Obra Audiovisual y/o Serie, cesionarios y/o licenciatarios de derechos, no tendrán obligación alguna de producir o explotar la Obra Audiovisual y/o Serie y/o hacer uso de los servicios del Trabajador y/o del Material Creativo, sin que ello conlleve penalización y/o indemnización alguna a favor del Trabajador.

OCTAVA.- RESOLUCIÓN, SUSPENSIÓN E INCUMPLIMIENTO

8.1. La Productora podrá resolver este Contrato en los supuestos contemplados en el Convenio Colectivo y en el Estatuto de los Trabajadores.

8.2. Si el Trabajador desea cesar voluntariamente deberá preavisar a la Productora con una antelación mínima de quince (15) días. El incumplimiento de este preaviso dará derecho a la Productora a descontarle de la liquidación que hubiera de percibir el importe de un día de Salario por cada día de retraso en el preaviso.

8.3. En caso de resolución por causa no justificable imputable al Trabajador, la Productora podrá, además, exigir, en concepto de indemnización, la obligación de pago de todos y cuantos gastos hubiera tenido que sufragar por esta causa, incluso los daños y perjuicios propios o con terceros que por el mismo motivo pudieran derivarse del retraso en el estreno o de la paralización del rodaje con carácter temporal o definitivo, si la importancia del Trabajador así lo condicionara.

8.4. Además, Trabajador podrá resolver unilateralmente el Contrato en el caso de que se produzca un retraso grave e injustificado por la Productora de las retribuciones pactadas en este Contrato en las fechas señaladas.

8.5. Con arreglo al artículo 45.1.b del Estatuto de los Trabajadores, las causas concretas que se delimitan en el presente Contrato como causas de suspensión del mismo son las siguientes:

(i) En el caso de que la producción sufra un parón por cualquier circunstancia técnica/productiva de carácter imprevisible, y/o externa a la Productora, incluidas las que sean debidas a causas de fuerza mayor, así como a la crisis.............. (CRISIS), el Contrato se suspenderá por el tiempo durante el que no se estén llevando a cabo los trabajos por los que ha sido contratado. Considerando que la prestación de servicios del trabajador se producirá durante un corto espacio de tiempo, la suspensión del contrato será siempre proporcional y coherente con la duración que se tiene prevista para la producción

(ii) La indisponibilidad temporal, por cualquier motivo, de algún miembro del personal contratado para la producción o parte de la Productora sin la presencia del cual no sea posible continuar el rodaje. El Contrato quedará suspendido hasta que el mismo esté disponible o bien la Productora haya encontrado una solución artística que le permita poder sustituirlo sin que el resultado final de la Obra Audiovisual y/o Serie se vea perjudicado conforme a lo inicialmente previsto.

8.6. Las referidas suspensiones no se reputarán como causa válida de resolución del Contrato ni serán susceptibles de indemnización entre las Partes, pudiendo la Productora suspender los servicios del Trabajador durante dicho período de tiempo y reanudándose en el momento en que la Productora reanude la producción de la Obra Audiovisual y/o Serie. Si por la misma razón deviniese imposible la ejecución de este Contrato, la Productora no tendrá responsabilidad de indemnizar por ello al Trabajador, más allá del pago de las cantidades devengadas en proporción a los trabajos realizados hasta dicho momento por el Trabajador, y no perjudicará el otorgamiento exclusivo de derechos a la Productora que sean inherentes y que correspondan a los resultados y producto de los servicios prestados por el Trabajador al amparo del presente Contrato.

8.7. Igualmente, la Productora podrá resolver de forma anticipada el presente Contrato en aquellos casos en los que la producción se suspenda de forma definitiva por causa de fuerza mayor o por exigencia legal como incumplimiento contractual de terceros, o por cualquier cuestión que imposibilite de forma definitiva la continuación de la producción, situaciones concursales o por abandono de la producción al carecer de financiación suficiente. En tales supuestos, el Trabajador no tendrá derecho a percibir compensación alguna, limitándose a hacer suyas las cantidades devengadas hasta el momento.

NOVENA.– CESIÓN

9.1. La Productora está facultada para ceder el presente Contrato y todos o parte de los derechos otorgados a la Productora en virtud del presente Contrato a cualesquiera otras personas físicas y/o jurídicas, siempre que así se lo notifique al Trabajador y en cumplimiento de la normativa laboral vigente, por lo que este Contrato deberá ser vinculante y recaerá en beneficio de todos los sucesores de la Productora, así como de sus licenciatarios y cesionarios.

DÉCIMA.– SEGURIDAD E HIGIENE EN EL TRABAJO

10.1. En cumplimiento de lo establecido en los artículos 18 y 19 de la Ley 31/1995, de 8 de Noviembre, de Prevención de Riesgos Laborales (la "**Ley de Prevención de Riesgos Laborales**"), el Trabajador reconoce haber recibido junto con el presente Contrato laboral el Manual de Prevención de Riesgos Laborales elaborado para la producción de la Obra Audiovisual y/o Serie, habiendo sido informado por la Productora tanto de los riesgos que afectan a su trabajo, como de las medidas de protección y prevención aplicadas a dichos riesgos, comprometiéndose al debido cumplimiento de dichas medidas. Asimismo, el Trabajador acepta el compromiso que se le solicita de:

(i) Usar adecuadamente, de acuerdo con su naturaleza y los riesgos previsibles, las máquinas, aparatos, herramientas, sustancias peligrosas, equipos de transporte y, en general, cualesquiera otros medios con los que desarrolle su actividad.

(ii) Utilizar correctamente los medios y equipos de protección facilitados por la Productora, de acuerdo con las instrucciones que se le entregue al respecto.

(iii) Informar de inmediato al Director de Producción de la Obra Audiovisual y/o Serie (o a su sustituto) en caso de incendio y/o accidente, o de cualquier situación que, a su juicio, entrañe, por motivos razonables, un riesgo para la seguridad y la salud de los trabajadores.

10.2. Así mismo, en cumplimiento de lo dispuesto en el artículo 22 de la Ley de Prevención de Riesgos Laborales y del artículo 35 del Convenio Colectivo, el Trabajador manifiesta haber sido informado por la Productora con anterioridad a la firma del presente Contrato sobre sus derechos en materia de Vigilancia de la Salud y, específicamente, sobre el derecho que le asiste a la realización de exámenes de salud y/o reconocimientos médicos periódicos y, a este respecto, el Trabajador expresamente comunica a la Productora su libre, voluntaria y expresa decisión de:

- No realizar reconocimiento médico, salvo obligación legal, en los términos del artículo 22.1 de la Ley de Prevención de Riesgos Laborales.
- Realizar reconocimiento médico.

10.3. Situación generada por la crisis............. (CRISIS). Debido a la situación de emergencia de salud pública ocasionada por la crisis, el Trabajador se hace responsable de cumplir con todas las medidas y restricciones establecidas en el ámbito nacional.

Las medidas contenidas en este apartado serán revisadas, actualizadas y adecuadas a medida que vayan modificándose en el territorio nacional y, en todo caso, serán complementarias a las medidas contenidas en la Ley 31/1995, de 8 de noviembre, de Prevención de Riesgos Laborales y su normativa de desarrollo.

El Trabajador se compromete a informar a la Productora en caso de mostrar sintomatología asociada a la enfermedad de la crisis o sospecha de ello y, en este caso, permanecerá en cuarentena en su domicilio, sin acudir presencialmente al lugar de rodaje.

El Trabajador se compromete a respetar la distancia de seguridad mínima de dos metros en el desempeño de su trabajo siempre que sea posible y a utilizar los equipos de protección que se le proporcionen. En los casos en que la naturaleza del trabajo no permita respetar la distancia interpersonal ni el uso de equipos de protección adecuados al nivel de riesgo, se comprometerá a cumplir con las medidas de seguridad diseñadas por la Productora para cada caso particular a partir de las recomendaciones de las autoridades sanitarias.

El Trabajador se compromete a cumplir con las medidas de higiene que le imponga o recomiende la Productora en el ejercicio de su actividad.

Las Partes acuerdan que, teniendo en cuenta la situación actual de la crisis, así como la posibilidad de que se aprueben futuras medidas y restricciones para combatir los efectos de la crisis que podrían afectar tanto a los ensayos, como a la preparación de la producción, o incluso al propio rodaje, es imposible prever el desarrollo de la situación durante las fechas en las que tendrán lugar los ensayos y el rodaje. A estos efectos, en caso de que, debido a dicha situación, la Productora se vea obligada a suspender la producción por ser imposible garantizar un óptimo desarrollo en la continuación de la misma, el Trabajador se compromete a reincorporarse a los ensayos y/o rodaje de la Serie cuando la Productora le indique que estos se reanudan, siempre y cuando la situación y las medidas de prevención lo permitan.

El Trabajador acuerda no exigir una remuneración adicional la Productora en el caso de que esta situación de fuerza mayor afectase a la producción de la Serie, comprendiendo que se trata de una circunstancia imprevisible para la Productora en el momento de celebración del presente Contrato.

La Productora quedará eximida de cualquier responsabilidad por daños y perjuicios o de cualquier otra penalización que se funde en la suspensión del presente Contrato a los efectos mencionados en esta Cláusula. Esta dispensa será efectiva desde que exista el impedimento que paralice, obstaculice o retrase la producción de la Serie.

Las razones de interrupción y/o suspensión del rodaje y el tiempo de cada interrupción o suspensión deberán ser debidamente acreditadas al Trabajador.

Queda bien entendido entre las Partes que el incumplimiento grave por parte del Trabajador de las obligaciones contenidas en el presente apartado puede dar lugar a su despido por causas justificadas.

DECIMOPRIMERA.– GARANTÍAS Y RESPONSABILIDADES

11.1. El Trabajador manifiesta y garantiza que:

a) no existe ni existirá ninguna carga, gravamen u obstáculo a la cesión a la Productora y al ejercicio por la Productora de los derechos de propiedad intelectual e industrial y derechos de imagen cedidos por el Trabajador a la misma que pudiera causar un perjuicio, prohibir o limitar de alguna manera la explotación pacífica, en todo o en parte, de los Episodios y la Serie y la Obra Audiovisual por parte de la Productora o sus cesionarios;

b) no ha asumido ni asumirá ningún compromiso profesional o de otro tipo que pudiera impedir o limitar la previsión completa y adecuada de los Servicios objeto del presente Contrato;

aa) no ha llevado a cabo ni llevará a cabo ninguna acción que pudiera perjudicar o prevenir el libre y total ejercicio de los derechos cedidos a la Productora en virtud del presente Contrato.

bb) no realizará ninguna acción que pudiera perjudicar a la buena imagen y reputación de la Obra Audiovisual y/o Serie y, en general, de la Productora y/o de cualquiera de sus cesionarios o licenciatarios.

11.2. El Trabajador renuncia expresamente a cualquier tipo de medida cautelar que le permita impedir la comercialización, reproducción, comunicación, exhibición y/o cualquier otra forma de explotación y/o uso de la Obra Audiovisual y/o Serie, las obras derivadas de sus aportaciones creativas o donde se incorporen, y/o productos y resultados de los servicios del Trabajador bajo el presente Contrato.

11.3. El Trabajador responderá en exclusiva frente a cualquier acción o reclamación de terceros que se produzca con motivo o como consecuencia del incumplimiento de las obligaciones del Trabajador previstas en este Contrato, o bien de la cesión y/o ejercicio de los derechos otorgados a la Productora mediante el presente Contrato.

11.4. El Trabajador garantiza que todas las acciones y/o recursos que pudiera ejercitar como consecuencia de cualquier contingente que tuviera causa en el Contrato, serán exclusivamente contra la Productora, sin que en ningún caso pueda ejercitar acción alguna contra los coproductores ni sus inversores, sean estos personas físicas o jurídicas.

DÉCIMOSEGUNDA.– TÍTULOS DE CRÉDITO

12.1. El Trabajador figurará de la siguiente forma: A juicio de la Productora y según los usos del sector. Todos los aspectos relacionados con el crédito están sujetos a la aprobación, en su caso, de cualquier distribuidor, cesionario o sindicato que corresponda, así como a las directrices de la cadena o plataforma encargada de la emisión o explotación de la Obra Audiovisual y/o Serie.

DÉCIMOTERCERA.– CONFIDENCIALIDAD

13.1. Las Partes acuerdan que será considerada "**Información Confidencial**" la propia existencia del Contrato, así como los términos y condiciones aquí estipulados, y toda aquella información que haya conocido el Trabajador con ocasión de su trabajo y participación en la Obra Audiovisual y/o Serie. Asimismo, la Información Confidencial incluirá todos aquellos datos e informaciones relativos al proceso de producción de la Obra Audiovisual y/o Serie, tales como, sin carácter exhaustivo, el argumento, el guion, los personajes, el rodaje, el reparto, el equipo técnico y de producción, el presupuesto, las localizaciones, la ambientación, la caracterización, las anécdotas o acontecimientos acaecidos durante la producción, las vidas privadas de los intervinientes en la producción, o cualquier otro elemento o circunstancia de la producción. Asimismo, la Información Confidencial incluirá datos e informaciones relativos a la Productora, tales como, sin carácter exhaustivo, información comercial, económica o industrial, información sobre empleados, contratistas, clientes, posibles clientes y/o proveedores o estrategia comercial y financiera, información relativa a secretos comerciales, marcas, nombres comerciales, diseños, know-how, prototipos, planos, carteles publicitarios, datos de carácter personal o cualquier otro tipo de información relativa a la Productora.

13.2. El Trabajador se compromete a mantener la Información Confidencial secreta y a no revelar la misma, total o parcialmente, a cualesquiera terceros que no sean sus representantes y empleados, salvo que así fuera requerido por una orden judicial o administrativa, en cuyo caso las Partes igualmente se comprometen a comunicarse, con carácter previo tal circunstancia, la existencia de dicho mandato judicial o administrativo, por escrito, de forma inmediata, procurando restringir en la medida de lo posible el contenido de dicha revelación.

13.3. Asimismo, el Trabajador se compromete a no comunicar a terceras personas información acerca de la producción, el contenido del Guion, el rodaje o cualquier otra circunstancia relativas al proyecto, a la Obra Audiovisual y/o Serie y a la Productora o la Compañía, sin expresa autorización previa y escrita de la Productora. Cualquier comunicación pública o declaración sobre el Guion, y/o la Serie tendrá que ser aprobada y consensuada por la Productora.

13.4. El Trabajador reconoce expresamente que la Información Confidencial es propiedad de la Productora. El Trabajador se compromete a utilizar la Información Confidencial que reciba o conozca únicamente en la medida necesaria para la prestación de sus servicios en virtud del presente Contrato. El Trabajador se obliga, asimismo, a no hacer un uso no autorizado de la Información Confidencial, y a notificar inmediatamente a la Productora, cualquier revelación o uso no autorizado de la Información Confidencial de la que tenga conocimiento. En este sentido, el Trabajador se compromete, en particular, a no divulgar la Información Confidencial a través de redes sociales, servicios de *micro-blogging*, foros en línea, hilos de discusión o secciones de comentarios, sitios web personales, sitios web modificados por usuarios o cualquier otro sitio web, plataforma, foro, aplicación o medio de comunicación actualmente conocido o desarrollado con posterioridad.

13.5. Del mismo modo, el Trabajador reconoce y acepta que la Información Confidencial tienen un valor económico independiente que se deriva del hecho de no ser conocida por el público en general o por otras personas que puedan obtener un valor económico de su divulgación, distribución o uso. Asimismo, el Trabajador reconoce y acepta que cualquier incumplimiento por su parte con respecto a la Información Confidencial supondrá un perjuicio irreparable para la Productora, no fácilmente mensurable en dinero, y por el que la Productora, sin renunciar a otros derechos o recursos que les asistan, tendrán derecho a solicitar medidas cautelares y de resarcimiento.

13.6. Sin perjuicio de lo anterior, en caso de incumplir el Trabajador con lo dispuesto en esta Cláusula, la Productora se reserva el derecho a finalizar la presente relación, así como a exigirle cuantos daños y perjuicios le haya causado dicho incumplimiento del Trabajador.

13.7. El Trabajador responderá e indemnizará a la Productora, por cualquier reclamación, coste, pérdida, daño o responsabilidad exigida a la Productora como consecuencia directa o indirecta del incumplimiento por parte del Trabajador de las obligaciones contempladas en la presente Cláusula.

13.8. El Trabajador reconoce y acepta que el incumplimiento de lo dispuesto en la presente Cláusula dará lugar a la obligación de restituir a la Productora la totalidad de la Información Confidencial y/o podrá dar lugar a la resolución del presente Contrato.

13.9. La obligación de confidencialidad prevista en esta Cláusula se mantendrá en vigor durante toda la duración del presente Contrato y por tiempo indefinido tras su pérdida de vigencia o resolución por cualquier causa.

13.10. A petición de la Productora en cualquier momento durante la vigencia de este Contrato y tras su terminación, el Trabajador se compromete a devolver inmediatamente la Información Confidencial correspondiente a su legítimo propietario.

13.11. Sin perjuicio de lo previsto en esta cláusula, la resolución o terminación del presente Contrato por cualquier causa no afectará a la obligación de confidencialidad, a las garantías otorgadas por el Trabajador, a la renuncia a solicitar medidas cautelares o medidas que impidan la explotación de la Obra Audiovisual y/o Serie, a la cesión de derechos de propiedad intelectual, otros derechos de comercialización (*merchandising*, explotaciones accesorias, conexas y derivadas, etc.) y demás autorizaciones y cesiones previstas en el presente Contrato a favor de la Productora, así como a cualesquiera disposiciones que expresamente establezcan la supervivencia tras la terminación del Contrato o una duración determinada, las cuales se mantendrán vigentes en sus mismos términos.

DÉCIMOCUARTA.– PROTECCIÓN DE DATOS PERSONALES

14.1. Las Partes garantizan que conocen y aplican las obligaciones establecidas por el Reglamento (UE) 2016/679 del Parlamento europeo y del Consejo de 27 de abril de 2016 relativo a la protección de las personas físicas en lo que respecta al tratamiento de datos personales y a la libre circulación de estos datos y por el que se deroga la Directiva 95/46/CE (el "**RGPD**") y de la Ley Orgánica 3/2018, de 5 de diciembre, de Protección de Datos Personales y garantía de los derechos digitales (la "**LOPDGDD**").

14.2. La Productora declara que los datos de contacto del Trabajador serán tratados para posibilitar el desarrollo y ejecución de la relación laboral, estando el tratamiento de datos amparado en el interés legítimo de las Partes.

14.3. La finalidad de dicho tratamiento es gestionar de manera adecuada la relación laboral existente entre la Productora y el Trabajador en todos sus aspectos y, en particular; permitir la inclusión de la información profesional de los empleados en propuestas de servicios, contratos, informes o comunicaciones con terceros con los que la Productora mantenga relaciones comerciales, como consecuencia de la participación de los empleados en dichas relaciones comerciales y/o profesionales; control de accesos/salidas en las instalaciones de la Productora y/o lugares de rodaje y para la gestión de cualesquiera otras medidas de seguridad (tarjetas de acceso, cámaras de vigilancia, etc.); permitir la comunicación entre la Productora y sus empleados y entre estos mismos, principalmente por teléfono y correo electrónico; gestión de bonificaciones a los empleados; elaborar las nóminas; gestionar la formación a recibir por su personal y llevar a cabo la gestión de las actividades administrativas, fiscales y contables derivadas de su relación con sus empleados. Y, con carácter general, tratar los datos de sus empleados para el cumplimiento de cualesquiera otras obligaciones que pudieran derivarse para la Productora del cumplimiento tanto de la legislación vigente como de los Convenios Colectivos que resulten de aplicación. La legitimidad de dicho tratamiento se encuentra tanto en la necesaria gestión de la relación jurídica existente entre la Productora y el Trabajador como empleado de la misma, como el consentimiento expreso otorgado por este al firmar el presente Contrato.

14.4. Los datos personales de las Partes serán conservados durante toda la vigencia de la relación laboral, y más allá de la misma, durante los plazos de prescripción necesarios en función de la legislación aplicable.

14.5. Las Partes podrán dirigirse mutuamente con el fin de poder ejercitar sus derechos de acceso, rectificación, supresión, oposición, portabilidad de los datos, y limitación del tratamiento a la dirección facilitad en el encabezado del presente documento adjuntando copia de DNI o pasaporte.

14.6. Asimismo, y en el supuesto de que las Partes incumplan sus obligaciones legales en materia de protección de datos, tienen derecho a presentar una reclamación ante la Agencia Española de Protección de Datos.

DÉCIMOQUINTA.- MISCELÁNEA

15.1. El presente Contrato y, en su caso, todos sus anexos constituyen un acuerdo completo entre las Partes en relación con el contrato de trabajo de obra o servicio determinado y cesión de derechos de propiedad intelectual e industrial y de cualquier otra naturaleza contemplados en el presente Contrato y únicamente podrá ser modificado en virtud de un documento escrito firmado por las Partes. A efectos aclaratorios, en caso de conflicto con la traducción inglesa del presente documento, la versión española prevalecerá.

15.2. Cualquier modificación que afecte al presente Contrato o, en su caso, a sus anexos deberán realizarse por escrito para ser efectivos. Ninguna práctica, omisión o negligencia pasiva constituirá fundamento para poder modificar el presente Contrato.

15.3. Si alguna parte, término o disposición del presente Contrato se declarara ilegal, nulo o inválido, será eliminado y las Partes intentarán solucionarlo acordando una disposición aplicable que la sustituya, permaneciendo en vigor el resto de disposiciones.

15.4. El presente Contrato no constituye asociación entre las Partes contratantes y, no podrá deducirse la misma con respecto a terceros.

15.5. Las precitadas cesiones y cualesquiera otras manifestaciones y garantías contenidas en el presente Contrato seguirán vigentes aun cuando se produzca una terminación o resolución del Contrato.

15.6. Cada una de las Partes faculta a la otra Parte para que pueda elevar a público el presente Contrato, asumiendo el coste la Parte solicitante y quedando obligada la otra Parte a realizar cuantas gestiones sean necesarias para tal fin.

DÉCIMOSEXTA.- LEGISLACIÓN APLICABLE Y FUERO

16.1. El presente Contrato deberá interpretarse y cumplirse de conformidad con la legislación española, y en particular con el régimen laboral aplicable y con la legislación relativa a los derechos de propiedad intelectual e industrial.

16.2. Las Partes expresa y voluntariamente acuerdan someterse a los tribunales de la ciudad de .... para la resolución de cualesquiera controversias o disputas que pudieran resultar de la interpretación y cumplimiento del presente Contrato, renunciando expresamente a cualquiera otro fuero que, en su caso, pudieran corresponderles.

En virtud de cuanto antecede, las Partes firman el presente Contrato por duplicado, previa su lectura íntegra, el cual declaran entender y con cuyo contenido están conformes, en la fecha indicada en el encabezamiento.

LA PRODUCTORA	EL TRABAJADOR
Fdo.: [*]	Fdo.: Don [*]

F024. CARTA DE VINCULACIÓN A UN TALENTO DETERMINADO PARA UNA PRODUCCIÓN AUDIOVISUAL POR DEFINIR

En ...., a [*] de [*] de 202[*]

Carta de compromiso vinculante: Servicios de interpretación artística de [*] (en adelante, el/la [*])

Estimado/a [*]:

De acuerdo con las conversaciones previas, le facilito como quedarían finalmente, las condiciones principales de carácter vinculante para ambas partes, respecto de su contratación y participación como [*] en la futura producción de la obra audiovisual para televisión titulado provisional o definitivamente "[*]" que producirá [*] (la "Productora")

CONDICIONES ECONÓMICAS:	[INCLUIR LA COMPENSACIÓN TOTAL O POR PROGRAMA/CAPÍTULO, ASÍ COMO SEPARADO EL PORCENTAJE O CANTIDAD DE REPRESENTACIÓN. EN CUALQUIER CASO TENED EN CUENTA QUE TODO SE HA DE ABONAR AL ACTOR/ACTRIZ Y QUE SE ENCARGUE DE ABONAR LOS HONORARIOS AL REPRESENTANTE].
NÚMERO DE EPISODIOS TEMPORADA 1:	[*]
NÚMERO DE JORNADAS POR EPISODIO:	[*] días (se excluyen los viajes). Siendo un total de [*] jornadas.
PERIODO DE ENSAYOS Y PRE-PRODUCCIÓN ESTIMADO:	[INCLUIR CUANDO TENDRÁ QUE ESTAR DISPONIBLE EL TALENTO PARA REUNION DE CONTENIDO, VESTUARIO, FOTOGRAFÍAS,...]
PERIODO DE GRABACIÓN ESTIMADO:	[*]
LUGAR DE LAS GRABACIONES:	[*]

Ambas partes firmarán el contrato de presentadora antes del [*] de [*] de 202[*]. Si [*] incumple su compromiso de participación en el proyecto citado, resarcirá a la Productora de los daños y perjuicios causados en relación con los gastos que la Productora deba desembolsar para la sustitución de [*], entre ellos, los de casting.

Y para que así conste, se firma a continuación la presente carta, como aceptación de las condiciones y obligaciones descritas anteriormente,

PRODUCTORA	ACTOR/ACTRIZ
______________________	______________________
[*]	[*]

[*]

F025. CONTRATO DE TRABAJO COMO ACTOR SECUNDARIO

REUNIDOS

De una parte:

Don **[*]**, con D.N.I. nº [*], en representación de la empresa [*], S.L., con C.I.F. número [*], número de afiliación a la Seguridad Social Colectivo de Artistas [*], mediante escritura pública otorgada el [*] por el ilustre Notario del Colegio de ...., Don [*] con número de protocolo [*] cuya actividad es la producción audiovisual y cinematográfica de todo tipo de obras audiovisuales, con domicilio social y fiscal y centro de trabajo en [*], (en adelante **la PRODUCTORA**).

Y, de otra parte:

Don/Doña [*] de nacionalidad ...., con DNI [*], Número de Afiliación a la Seguridad Social [*], fecha de nacimiento [*] y domicilio en [*] Calle [*], conocida con el nombre artístico de "[*]", en su propio nombre y derecho (**en adelante, el ACTOR/ACTRIZ**).

Ambas partes reconociéndose recíprocamente capacidad legal necesaria y suficiente para la formalización del presente contrato,

EXPONEN

I. Que la PRODUCTORA ha sido contratada por la sociedad [*]", con domicilio en .... (en adelante, "[*]"") para prestar los servicios de producción, en su integridad en el territorio de España, de la segunda temporada de una obra audiovisual extranjera de ficción provisional o definitivamente titulada "**...........................**" y compuesta por cuatro [*]"capítulos (en adelante, la "**OBRA AUDIOVISUAL**").

II. Que la PRODUCTORA está interesado en contratar los servicios del ACTOR/ACTRIZ para la interpretación del papel correspondiente al personaje denominado "[*]" para uno de los capítulos de la **OBRA AUDIOVISUAL,** provisional o definitivamente titulado "[*]" (en adelante, el "**CAPITULO**") a la que se refiere el expositivo anterior, en los términos del presente contrato.

III. Que el marco jurídico aplicable al presente contrato de carácter laboral es el Real Decreto 1435/85 de 1 de agosto, por el que se regula la relación laboral especial en espectáculos públicos, III Convenio colectivo estatal regulador de las relaciones laborales entre los productores de obras audiovisuales y los actores que prestan servicios en las mismas, en vigor desde el 16 de mayo de 2016, incluido el anexo de tablas salariales vigente. (en lo sucesivo, el "**Convenio Colectivo**") y el Real Decreto Legislativo 1/1996, de 12 de abril, por el que se aprueba el Texto Refundido de la Ley de Propiedad Intelectual, regularizando, aclarando y armonizando las disposiciones legales vigentes sobre la materia (en lo sucesivo, la "**Ley de Propiedad Intelectual**"), así como aquella legislación complementaria de carácter civil, laboral o mercantil.

Por todo lo anterior ambas partes (en adelante, las "**Partes**") han convenido celebrar el presente contrato de ACTOR/ACTRIZ para el CAPÍTULO y la OBRA AUDIOVISUAL (en adelante, el "**Contrato**"), con sujeción a las siguientes

CLÁUSULAS

1.- OBJETO

La PRODUCTORA contrata al ACTOR/ACTRIZ, en régimen laboral, para que preste sus servicios en el **CAPITULO** interpretando el papel asignado al personaje denominado **"[*]"** (en adelante, el "**Personaje**") en el guion del CAPÍTULO (en adelante, el "**Guion**"). A los efectos de lo previsto en el Convenio Colectivo, el papel correspondiente al Personaje asignado al ACTOR/ACTRIZ tendrá la categoría de **ACTOR/ACTRIZ [*]**.

Asimismo, es objeto de este Contrato la cesión a favor de la PRODUCTORA de los derechos de propiedad intelectual y en su caso los derechos de propiedad industrial y de imagen que pudieran corresponderle al ACTOR/ACTRIZ por su interpretación del Personaje en el CAPÍTULO y en la OBRA AUDIOVISUAL, en los términos descritos en la Cláusula 5 siguiente.

2.- PRESTACIONES ESENCIALES DE LAS PARTES

2.1. En virtud del presente Contrato, el ACTOR/ACTRIZ se compromete a llevar a cabo la interpretación del papel correspondiente a su Personaje (en adelante, la "**Interpretación**"), encarnando al mismo, conforme al texto correspondiente e instrucciones contenidos en el Guion y a las instrucciones que pueda darle la PRODUCTORA y el director (en lo sucesivo, el ACTOR/ACTRIZ) del CAPÍTULO designado por la PRODUCTORA —las cuales el ACTOR/ACTRIZ se compromete a aceptar sin reserva alguna—, con la máxima calidad técnica y artística, dentro de su estilo interpretativo, para su fijación en el CAPÍTULO. En consecuencia, el ACTOR/ACTRIZ está obligado a repetir su Interpretación cuantas veces le sea requerido al objeto previsto en esta Cláusula, de conformidad con los usos de la industria audiovisual.

2.2. El ACTOR/ACTRIZ declara conocer el Guion, y, en particular, conocer el papel del Personaje que le corresponde interpretar, al haber tenido acceso al mismo con suficiente antelación a la firma del presente Contrato, quedando obligado a la memorización del texto correspondiente al mismo.

2.3. LA PRODUCTORA ha recibido el encargo de prestar los servicios de producción de .... y que se realizará, por tanto, por iniciativa y bajo responsabilidad de ésta, directamente o a través de LA PRODUCTORA, total o parcialmente. Por ello, de la fijación de la Interpretación que realice el ACTOR/ACTRIZ del papel que le corresponde y con respecto al CAPÍTULO, así como en su conjunto en relación a la OBRA AUDIOVISUAL, ... tendrá la consideración, a los efectos del presente Contrato y de la legislación aplicable, de PRODUCTORA de obras audiovisuales, de conformidad con la definición establecida en el artículo 120.2 de la Ley de Propiedad Intelectual, y será titular de la totalidad de los derechos de propiedad intelectual sobre la Fijación de la Interpretación del ACTOR/ACTRIZ, en línea con lo estipulado en la Cláusula 6 del presente Contrato, del mismo modo que lo es con respecto al CAPÍTULO y la OBRA AUDIOVISUAL.

3.- OTRAS OBLIGACIONES DEL ACTOR/ACTRIZ

3.1. Igualmente se entienden comprendidos entre los servicios que debe prestar el ACTOR/ACTRIZ en virtud del presente Contrato todos aquellos que sean necesarios y/o convenientes para el buen fin de la producción y promoción de la OBRA AUDIOVISUAL, de acuerdo con los criterios del ACTOR/ACTRIZ y de LA PRODUCTORA, y en concreto:

a) Prestación completa de sus servicios en periodo de preparación, incluidas las sesiones necesarias para las pruebas de maquillaje, vestuario, peluquería, ensayos, y cualesquiera otras necesarias.

b) Prestación completa de sus servicios en periodo de rodaje según lo establecido en el presente Contrato, en las fechas previstas por la PRODUCTORA, así como llevar a cabo la interpretación del papel correspondiente al Personaje, con la máxima calidad técnica y artística, de acuerdo con el contenido del Guion y de las instrucciones de la PRODUCTORA, su personal responsable y del director; comprometiéndose, además, a estar en el lugar de grabación con suficiente tiempo de antelación, en los términos indicados en cada momento por la PRODUCTORA.

c) Prestación completa de sus servicios en periodo de post-producción, incluyendo retakes de imagen y/o de sonido, post-sincronización, y doblaje que deba tener lugar a criterio del director y/o de la PRODUCTORA, cuyas fechas de realización serán determinadas por la PRODUCTORA, teniendo en cuenta la disponibilidad del ACTOR/ACTRIZ, así como realizar las sesiones de rodaje y/o foto fija que estime necesarias la PRODUCTORA para la elaboración de los materiales promocionales de pre-producción, producción y post-producción, incluyendo expresamente los llamados making of y/o extras de DVD; cuyas fechas de realización serán determinadas por la PRODUCTORA, teniendo en cuenta la disponibilidad del ACTOR/ACTRIZ.

d) Prestación completa de sus servicios en periodo de promoción, que sean requeridos por la PRODUCTORA, tanto a nivel nacional como internacional, incluyendo asistir tanto en estrenos, festivales, certámenes cinematográficos, y eventos promocionales de diversa naturaleza, y proporcionar, en las fechas que de mutuo acuerdo pacten las Partes –de acuerdo con la disponibilidad profesional del ACTOR/ACTRIZ– servicios de promoción de la OBRA AUDIOVISUAL, la realización de escenas y/o tomas de fotografía, reportajes y/o entrevistas necesarias para los medios de comunicación (periódicos, revistas, televisión, plataformas, páginas web, y cualesquiera otros medios de comunicación audiovisuales, digitales o similares), o interacciones necesarias en redes sociales, cuyas fechas de realización serán determinadas por la PRODUCTORA, teniendo en cuenta la disponibilidad del ACTOR/ACTRIZ.

e) Prestación de todos aquellos servicios que sean necesarios y/o convenientes para el buen fin de la producción y promoción de la OBRA AUDIOVISUAL de acuerdo con los criterios de la PRODUCTORA y del director.

Durante las fases de rodaje y doblaje, el ACTOR/ACTRIZ, que deberá conocer perfectamente la locución y actuación del papel correspondiente a su Personaje, estará a las órdenes de la PRODUCTORA y del director, cuyas instrucciones deberá seguir obligatoriamente.

Entre la fecha de inicio del presente Contrato y la de su finalización, el ACTOR/ACTRIZ se compromete expresamente a no realizar actividad alguna que pueda suponer una alteración de su apariencia física, así como a no emprender actividades que supongan un riesgo físico.

3.2. Durante la vigencia del Contrato, el ACTOR/ACTRIZ tiene la obligación de conservar su apariencia física, incluido el tono de su piel, y tan solo podrá cambiarla previa consulta y aprobación por parte de la PRODUCTORA. Asimismo, acepta en virtud del presente Contrato realizar cualquier modificación en su aspecto que le sea requerida, como permitir la coloración o el corte de su pelo, la aplicación de prótesis, el uso de lentes de contacto o cualquier otro cambio de imagen que sea necesario para la caracterización de su Personaje. Todo lo anteriormente expuesto se realizará siempre sin perjuicio de la salud del ACTOR/ACTRIZ.

3.3. El ACTOR/ACTRIZ reconoce expresamente el derecho de la PRODUCTORA, sin percibir por ello remuneración adicional alguna, a incluir cualquier clase de producto y/o manipulaciones de productos, servicios, marcas comerciales, realización de productos derivados en cualquier formato, etc. admitidas por la legislación vigente, aun cuando se requiera la colaboración directa del ACTOR/ACTRIZ, salvo que la misma supusiera una agresión o menoscabo de su imagen personal, profesional o artística, y sin que esto suponga contraprestación alguna añadida a favor del ACTOR/ACTRIZ.

Todo lo anterior es de aplicación siempre y cuando no se relacione en ningún momento la imagen, voz o cualquier otra característica del ACTOR/ACTRIZ con marca comercial y/o servicio alguno. En ningún caso estará obligado el ACTOR/ACTRIZ hacer mención alguna de marca comercial o servicio.

3.4. La PRODUCTORA podrá, en todo momento, y sin que ello altere en absoluto los derechos ni deberes del ACTOR/ACTRIZ, alterar el Guion, así como el plan de rodaje, el reparto, y cualesquiera otras condiciones artísticas, empresariales, comerciales y, en general, cualesquiera extremos, aspectos o elementos relativos a la producción promoción y explotación de la Obra Audiovisual, o cualquier extremo o aspecto que directa o indirectamente tenga que ver con la misma, incluido el título por el que se identifica la obra en este Contrato. En todo caso, la PRODUCTORA avisará al ACTOR/ACTRIZ con la antelación suficiente de los cambios que pudieran afectar directamente a la prestación de los servicios a que se compromete en virtud del presente Contrato.

4.- EXCLUSIVIDAD, PRIORIDAD Y DISPONIBILIDAD

4.1. El ACTOR/ACTRIZ prestará sus servicios, durante la preparación, preproducción y rodaje en régimen de exclusividad y en absoluta prioridad. En consecuencia, el ACTOR/ACTRIZ se compromete a permanecer en situación de disponibilidad absoluta durante dichos períodos de tiempo, para lo que vendrá obligado, bien a estar localizable en el número de teléfono que facilite a la PRODUCTORA, bien a comunicar el lugar donde estará permanentemente localizable.

En particular, los servicios del ACTOR/ACTRIZ se prestarán en condición de exclusividad durante las sesiones de rodaje fijadas por la PRODUCTORA. El ACTOR/ACTRIZ informará a la PRODUCTORA de los compromisos profesionales que vaya adquiriendo con terceros, respetando siempre el plan de rodaje citado.

En los períodos de doblaje, postproducción y promoción, el ACTOR/ACTRIZ prestará sus servicios en régimen de prioridad, procurando la mayor disponibilidad posible para el cumplimiento de los objetivos marcados durante dichos periodos, conforme a las reglas de la buena fe.

4.2. El ACTOR/ACTRIZ declara expresamente y garantiza no haber contraído compromiso anterior alguno que le impida el cumplimiento de las obligaciones que a su cargo se establecen en el presente Contrato, al que concede exclusividad y prioridad, en los términos previamente descritos, comprometiéndose, además, a no adquirir compromisos de trabajo de ningún tipo durante la vigencia del presente Contrato sin la previa autorización LA PRODUCTORA.

5.- AUTORIZACIÓN y cesión de derechos

5.1. En virtud del presente Contrato, el ACTOR/ACTRIZ autoriza a LA PRODUCTORA a que realice la primera fijación de la Interpretación del papel correspondiente a su Personaje en la OBRA AUDIOVISUAL (en adelante, la "**Fijación**"), y cede, asimismo, a LA PRODUCTORA sobre dicha Fijación y su Interpretación (tanto en la versión definitiva, como en los brutos, tomas falsas, tomas provisionales, etc.), en exclusiva, hasta el paso al dominio público del CAPÍTULO y la OBRA AUDIOVISUAL, para todo el mundo (en lo sucesivo, el "**Territorio**") y con la facultad de cesión, licencia o autorización a terceros (tanto de forma exclusiva como no exclusiva, totales, parciales, onerosas o gratuitas), la totalidad de los derechos de propiedad intelectual y todos los derechos conexos (incluyendo, sin limitación, los derechos de reproducción, distribución, comunicación al público —que incluye el derecho de puesta a disposición del público— y transformación), así como los derechos propiedad industrial e imagen, voz y/o nombre artístico y todos los derechos de explotación que le pudieran corresponder, derivados de dicho resultado de su trabajo prestado en el marco de este Contrato.

Dicha cesión de derechos abarcará todas las formas y modalidades de explotación conocidas en la fecha de este Contrato y, en la medida en que la legislación aplicable lo permita, todas las formas de explotación concebidas posteriormente, y, en particular, y con carácter enunciativo y no limitativo, para su explotación televisiva (incluyendo de forma enunciativa y no taxativa, la televisión por ondas hertzianas o digitales, la televisión por cable, por satélite, ya sea digital o analógica, de pago o gratuita, Smart Tv, etc.), radiodifusión, explotación impresa (carteles, posters, libros, etc.), on line (e.g. por Internet a través de streaming y/o downloading y/u otro, incluidas plataformas audiovisuales), explotaciones derivadas, secundarias y/o de merchandising, sistemas GPRS, SMS, MMS, WAP, UMTS, 3G, 4G, 5G, y cualesquiera otras tecnologías relacionadas con los teléfonos fijos o móviles, dispositivos y aplicaciones móviles, explotación cinematográfica, fonográfica y videográfica; comprometiéndose y estando en todo caso obligado el ACTOR/ACTRIZ, con arreglo a la legislación aplicable en cada momento y/o territorio, a otorgar, suscribir y firmar cuantos documentos fuesen necesarios para la máxima y plena efectividad de la cesión de los derechos prevista.

A título meramente enunciativo, es decir, sin carácter exhaustivo o limitativo, quedan comprendidos en la presente cesión los siguientes derechos de propiedad intelectual sobre la Interpretación y su Fijación, así como con respecto a cualesquiera otros resultados de su prestación de servicios:

(a) **La fijación** en cualquier material o medio que permita el ejercicio de los derechos de reproducción, comunicación pública y distribución.

b) **La reproducción** en todo tipo de soportes, tangibles o no, tales como fonográficos, fotográficos, visuales, audiovisuales, telemáticos, ópticos, informáticos, electrónicos, digitales y analógicos, videocasetes, videodiscos, discos láser, videodiscos digitales, Blu-Ray, discos compactos, discos compactos de 8 mm, CD-ROM y otros soportes similares.

c) **La distribución** mediante venta, préstamo, alquiler o cualquier otra forma de distribución consistente en la entrega de copias en cualquier formato.

d) **La comunicación al público** mediante la exhibición, proyección, radiodifusión, transmisión y retransmisión pública por ondas de radio, cable, satélite, Internet, redes de telefonía móvil (encriptadas o no, para todos los casos), sistemas analógicos o digitales, por un precio o de forma gratuita, incluidos el vídeo a la carta y cuasi-vídeo a la carta y otros medios análogos, así como cualquier otro sistema de explotación guiada, radiodifundida, transmitida o retransmitida, incluido el acceso del público a las bases de datos por cable, cable, alambre o fibra óptica o a través de cualquier red de comunicaciones digitales o analógicas.

(e) **La puesta a disposición del público** de manera interactiva por cualquier medio, especialmente a través de Internet, incluyendo, pero no limitado a, la posibilidad de ver sin descargar (streaming) y descargar con fines de visualización.

(f) **La transformación,** cuyo resultado sea la adaptación y cualquier otra modificación en su forma y expresión, de la que se derive una obra diferente; incluidos cualquier tipo de producto de merchandising y videojuegos.

(g) **El doblaje y subtitulado,** comprendiendo la realización de las necesarias adaptaciones tanto para doblar y/o subtitular la Interpretación, como para transcribir, en la forma para ello decidida por el adaptador correspondiente, los diálogos de la versión original del CAPÍTULO y/o de la OBRA AUDIOVISUAL a otras lenguas y dialectos.

(h) **Explotaciones derivadas**, entendiéndose por ésta la utilización de la Interpretación del ACTOR/ACTRIZ, de su Fijación o de elementos de la misma, para la fabricación y comercialización de objetos de artes plásticas o aplicadas, juegos y, en general, para todas las aplicaciones genéricamente denominadas productos derivados. En todo caso, en el supuesto de tales explotaciones deberá el ACTOR/ACTRIZ ser consultado previamente a efectos de su autorización, en relación con el uso de su imagen.

(i) **Explotaciones de merchandising**, es decir, la utilización de la Interpretación, de su Fijación o de elementos de la misma, así como de la imagen del ACTOR/ACTRIZ caracterizado como el Personaje que interpreta para la fabricación y comercialización de objetos de artes plásticas o aplicadas, juegos y, en general, para todas las aplicaciones genéricamente denominadas productos derivados. El merchandising incluirá, sin carácter exhaustivo, los commercial tie-in rights, referidos a la promoción del CAPÍTULO y/o de la OBRA AUDIOVISUAL conjuntamente con otros productos, así como derechos para la realización de parques temáticos, en el sentido que tienen dichos términos de acuerdo con los usos de la industria cinematográfica.

5.2. La mencionada cesión incluye asimismo los derechos de imagen del ACTOR/ACTRIZ, referidos estos al rodaje, así como a los actos preparatorios del mismo o al doblaje, con el fin de llevar a cabo las actividades promocionales de la producción, de acuerdo con lo dispuesto en el presente Contrato, ya tengan éstas lugar con anterioridad al establecimiento de la versión definitiva, o se puedan desarrollar posteriormente en cualquiera de los momentos de la explotación comercial del CAPÍTULO y/o de la OBRA AUDIOVISUAL.

5.3. Los derechos de propiedad industrial cedidos en el marco del presente Contrato incluyen la totalidad de los derechos de propiedad industrial que pudieran derivarse de la Interpretación del ACTOR/ACTRIZ, incluidas marcas y nombres comerciales, en régimen de exclusiva y por toda la duración de los derechos mencionados, así como el derecho a proceder a la solicitud y/o registro de estos derechos en cualquier territorio y para cualquier clase del Nomenclátor Internacional, comprometiéndose el ACTOR/ACTRIZ a prestar su colaboración con la PRODUCTORA para la obtención de los derechos correspondientes.

5.4. Asimismo, el ACTOR/ACTRIZ autoriza expresamente a LA PRODUCTORA, en los términos de la cesión previamente descrita, la explotación de extractos, resúmenes, secuencias o fragmentos, imágenes, fotogramas, fotografías, o elementos sonoros y de interpretación del CAPÍTULO y/o de la OBRA AUDIOVISUAL en la que aparezca su imagen, incluidos los que no se hayan incluido en el montaje final, así como las fotografías tomadas durante, antes y después del rodaje, con ocasión de éste o en actos previos o posteriores, para su reproducción, distribución o comunicación pública de forma aislada o mediante su incorporación en otras obras, producciones, publicaciones, emisiones, grabaciones o bases de datos, escritas, sonoras o audiovisuales independientes del CAPÍTULO y/o de la OBRA AUDIOVISUAL. Asimismo, el ACTOR/ACTRIZ autoriza al PRODUCTORA a producir y difundir por la radio versiones sólo audio de la OBRA AUDIOVISUAL, así como a explotar dichas versiones sólo audio, tanto íntegras como fragmentadas, de forma fonográfica, ya sea junto con la banda sonora musical del CAPÍTULO y/o de la OBRA AUDIOVISUAL o de forma aislada.

5.5. El ACTOR/ACTRIZ renuncia a todos y cada uno de los derechos morales que pudieran corresponderle en la máxima medida permitida por la ley de la jurisdicción en la que se haya buscado la protección de dichos derechos morales. A efectos aclaratorios, LA PRODUCTORA reconoce que la renuncia a los derechos morales antes mencionada sólo será aplicable en la medida en que dicha renuncia esté permitida por las leyes nacionales y/o locales de la jurisdicción donde la protección de dichos derechos morales pueda ser reclamada por el ACTOR/ACTRIZ.

5.6. La cesión de derechos operada en virtud del presente Contrato no puede ser interpretada de manera que se entienda que la PRODUCTORA no ostenta todos los derechos sobre las aportaciones del ACTOR/ACTRIZ al CAPÍTULO y/o a la OBRA AUDIOVISUAL, o que, de alguna otra manera estos derechos se hallen limitados, frustrándose en caso contrario la finalidad de este Contrato.

5.7. Asimismo, el ACTOR/ACTRIZ reconoce y acepta expresamente que, tal y como se indica en la Cláusula 2.3 anterior, ..., o cualquier tercer cesionario de ...., es el único y exclusivo titular, como productor audiovisual, de las grabaciones audiovisuales en las queden fijados el CAPÍTULO y/o la OBRA AUDIOVISUAL, conforme a lo previsto en el artículo 120.2 de la Ley de Propiedad Intelectual.

5.8. La cesión de derechos regulada en la presente Cláusula 7 no incluye aquellos derechos de remuneración que pueda ostentar el ACTOR/ACTRIZ y que tengan carácter irrenunciable de acuerdo con lo previsto en la Ley de la Propiedad Intelectual, los cuales se harán efectivos a través de la correspondiente entidad de gestión colectiva de derechos de propiedad intelectual. Las Partes reconocen y aceptan que, en ningún caso, la PRODUCTORA será responsable de realizar los pagos relacionados con los derechos de remuneración equitativa que pudieran deberse al ACTOR/ACTRIZ como consecuencia de la explotación del CAPÍTULO y/o de la OBRA AUDIOVISUAL, siendo únicamente responsables de dichos pagos los obligados a ello de conformidad con la Ley de Propiedad Intelectual y, en todo caso, la PRODUCTORA no se hace responsable de las liquidaciones percibidas por el ACTOR/ACTRIZ en concepto de derechos de remuneración equitativa ni tampoco del momento de percepción de las mismas.

5.7. El ACTOR/ACTRIZ renuncia voluntaria y expresamente, en la medida en que lo permita la legislación aplicable, a cualquier tipo de medida cautelar que le permita impedir la comercialización, reproducción, comunicación, exhibición y/o cualquier otra forma de explotación y/o uso de la OBRA AUDIOVISUAL y/o de las obras derivadas de la misma. En caso de declararse judicialmente inválida esta renuncia, las reclamaciones quedaría limitadas a reclamaciones económicas, no pudiendo éstas interferir, inhibir, prohibir o restringir el desarrollo, producción o explotación del CAPÍTULO y/o la OBRA AUDIOVISUAL (y/o de sus obras derivadas) o cualesquiera derechos conexos.

6.- PROPIEDAD DE LAS FIJACIONES

Sin perjuicio de lo establecido en la Cláusula anterior, la PRODUCTORA, en cuanto prestador del servicio de producción a ...., y el ACTOR/ACTRIZ, reconocen y aceptan que .... es el único titular, en tanto que productor de la OBRA AUDIOVISUAL, en virtud del Título III del Libro II de la Ley de Propiedad Intelectual, en exclusiva y sin limitaciones de ningún tipo, hasta su paso al dominio público y para todo el universo, de la totalidad de los derechos de propiedad intelectual sobre la Fijación de la Interpretación, así como del CAPÍTULO y de la OBRA AUDIOVISUAL, incluyendo los derechos de reproducción directa o indirecta, distribución, comunicación pública, incluida la puesta a disposición del público, transformación —tal y como dichos derechos se definen en la Ley de Propiedad Intelectual— y puesta a disposición —tal y como este último derecho está definido en la Directiva 2001/29/CE del Parlamento Europeo y del Consejo, de 22 de mayo de 2001, relativa a la armonización de determinados aspectos de los derechos de autor y derechos afines a los derechos de autor en la sociedad de la información—, así como subtitulado y doblaje.

7.- DURACIÓN

7.1. El plazo de vigencia del presente Contrato es desde [*] y [*] y durante el doblaje y promoción de la OBRA AUDIOVISUAL, esto es durante las fases de ensayos, rodaje y doblaje, hasta la finalización de periodo de promoción, según lo requerido por la PRODUCTORA y lo convenido en el presente Contrato. Durante dicho plazo se convocará al ACTOR/ACTRIZ para que preste sus servicios durante los días/sesiones de rodaje que estime la PRODUCTORA conforme a lo establecido en el plan de rodaje que se entregara al ACTOR/ACTRIZ, y, en todo caso hasta la completa interpretación del Personaje. La PRODUCTORA se reserva el derecho de prorrogar por los días que fueran necesarios, si a la finalización del periodo inicialmente contratado no hubieran concluido los trabajos profesionales del ACTOR/ACTRIZ o si se produjera la eventualidad de que, por causas de fuerza mayor o necesidades de producción, los días de sesiones previstos inicialmente tuvieran que producirse en fechas posteriores a ese periodo de tiempo anteriormente mencionado.

LA PRODUCTORA podrá retrasar treinta (30) días la fecha de inicio del trabajo si fuera necesario por necesidades de rodaje o de producción. En tal caso, LA PRODUCTORA comunicará debidamente al ACTOR/ACTRIZ la nueva fecha de inicio del trabajo, comenzando el cómputo del plazo de vigencia del Contrato desde dicha fecha.

Este Contrato debe interpretarse como de resultado, de tal manera que el ACTOR/ACTRIZ viene obligado a completar la interpretación del Personaje, conforme al criterio de la PRODUCTORA, y del director. Por lo tanto, el ACTOR/ACTRIZ deberá prestar toda su colaboración profesional en completar la composición e interpretación del Personaje en las sesiones de preparación, ensayo y rodaje acordadas con la PRODUCTORA. LA PRODUCTORA dará por finalizado el presente Contrato de trabajo a la finalización del objeto para el que fue establecido.

En cualquier caso, al tratarse de un Contrato de duración determinada, pero por obra o servicio, se acuerda que la retribución y la duración pactada lo es por todo el tiempo necesario para completar su concreto cometido en la OBRA AUDIOVISUAL, cumpliendo con todas aquellas labores recogidas en las cláusulas del presente Contrato.

7.2. La convocatoria para cada sesión de rodaje se efectuará por cualquiera de los medios habituales, al menos con doce (12) horas de antelación. Igualmente quedarán comprendidas dentro del objeto del presente Contrato, las actividades mencionadas en la Cláusula 3, así como los trabajos de doblaje de la OBRA AUDIOVISUAL, en su versión en Castellano, si fuera necesario, sonorizando con su propia voz el papel que haya interpretado, y sin recibir remuneración complementaria por dicha labor.

Como fecha estimativa de preparación de la OBRA AUDIOVISUAL, sujeta a cambios por la PRODUCTORA se establecen los ensayos, pruebas de vestuario y maquillaje en el periodo comprendido aproximadamente entre el [*] y [*], en el cual se contará con absoluta disponibilidad del ACTOR/ACTRIZ. Con carácter orientativo, sujeto a posibles variaciones de las que el ACTOR/ACTRIZ será informado por la PRODUCTORA, inicialmente se prevé la participación del ACTOR/ACTRIZ en aproximadamente [*] sesiones de ensayo, incluidas pruebas de vestuario y maquillaje.

Asimismo, con fecha estimativa, sujeta a cambios por la PRODUCTORA se establecen las sesiones de doblaje en el periodo comprendido aproximadamente entre el [*] y [*]. A dichos efectos, LA PRODUCTORA comunicará al ACTOR/ACTRIZ la fecha de doblaje con una antelación no inferior a siete (7) días naturales, indicando en la misma comunicación el estudio de doblaje en el que se prevea su realización. El correspondiente aviso de convocatoria se efectuará con una antelación mínima de dieciocho (18) horas. En el caso de que el ACTOR/ACTRIZ tuviese compromisos profesionales en las fechas propuestas por la PRODUCTORA, el ACTOR/ACTRIZ lo pondrá en conocimiento de ésta ofreciendo a su vez el calendario de fechas posibles. Según se establece en el Convenio Colectivo vigente, la incomparecencia injustificada del ACTOR/ACTRIZ a la segunda convocatoria dará opción al PRODUCTOR para hacer doblar su voz por una tercera persona.

En caso de que fuesen necesarias jornadas adicionales para doblaje o segundas tomas, estás tendrán lugar una vez finalizado el rodaje. La remuneración más abajo pactada por las Partes incluye la retribución de dichas jornadas adicionales.

7.3. El plazo de vigencia aquí reseñado se entiende que es un periodo de compromiso, ya que sólo tendrá la consideración de día trabajado a todos los efectos, aquellos días en que el ACTOR/ACTRIZ efectúe las sesiones ensayos o rodaje previstos.

7.4. Sin perjuicio de la terminación del presente Contrato, las Partes quedarán vinculadas por aquellas cláusulas que, por las especiales características de su contenido, sobrevivan al mismo y, en especial, quedará vigente y surtirá efectos la cesión de derechos que se instrumenta en el presente Contrato por el plazo de vigencia de tales derechos consignado en la legislación aplicable y, en particular, en la Ley de Propiedad Intelectual.

8.- VERSIÓN ORIGINAL DE LA INTERPRETACIÓN Y DOBLAJE

8.1. El rodaje de la obra audiovisual se efectuará en su versión original en Castellano.

8.2. Si, a juicio de LA PRODUCTORA, fuese necesario el doblaje o la grabación en off de la obra en otra lengua, el ACTOR/ACTRIZ estará obligado y, es su derecho, en primera opción, a poner la voz al Personaje que ha interpretado cuando éste se realice en la lengua o lenguas que el ACTOR/ACTRIZ considera como propias. De esta forma, el ACTOR/ACTRIZ reconoce en el presente Contrato que la lengua que él considera como lengua materna, propia, y la cuál conoce y maneja sin dificultad es el Castellano. La PRODUCTORA se reserva el derecho a designar a una tercera persona en sustitución del ACTOR/ACTRIZ en el caso que el doblaje realizado por él mismo no sea de la máxima calidad exigida por ....

8.3. Sin perjuicio del derecho que le corresponde al ACTOR/ACTRIZ a doblar la Interpretación en su propio idioma en la versión original de la OBRA AUDIOVISUAL, en virtud de lo establecido en el artículo 27 del Convenio Colectivo, por medio del presente Contrato el ACTOR/ACTRIZ autoriza expresamente a la PRODUCTORA que la Interpretación sea doblada, si fuera el caso, por una tercera persona al habla hispana que se emplea en Latinoamérica.

9.- LUGAR DE TRABAJO

El rodaje del CAPÍTULO está previsto se realice en diversas localizaciones de ...., aunque puntualmente pudiera extenderse a otras Comunidades.

10.- JORNADA LABORAL Y ALTA EN LA SEGURIDAD SOCIAL

10.1. Por las características de los servicios que debe prestar el ACTOR/ACTRIZ no resulta posible, en el presente Contrato, fijar una jornada laboral diaria, ni siquiera de forma indiciaria, durante el rodaje de la OBRA AUDIOVISUAL, por lo que las Partes acuerdan someterse expresamente a lo que se derive tanto de los planes de rodaje previstos, como de la efectiva ejecución de los mismos.

La jornada laboral podrá tener lugar dentro de las 24 horas de cada día y durante los siete días de la semana y podrá efectuarse en régimen de jornada partida o continuada.

La jornada máxima, y su cómputo, así como el descanso semanal, serán los previstos en cada caso en el Convenio Colectivo vigente.

La PRODUCTORA pondrá a disposición del ACTOR/ACTRIZ durante el rodaje tanto en interiores como en exteriores un lugar de descanso, así como un coche de producción para sus desplazamientos en las mismas condiciones que el resto de los actores y actrices españoles de su categoría.

La jornada laboral comenzará en la hora en que el ACTOR/ACTRIZ fuese citado para intervenir en el rodaje, con independencia de la hora en la que realmente comience la grabación de su Interpretación. No se computará como jornada laboral el tiempo de desplazamiento entre el lugar de residencia y el punto de trabajo, hasta un máximo de una hora y media entre la ida y vuelta. No se computará tampoco dentro de la jornada laboral el tiempo necesario para la caracterización (vestuario, maquillaje y peluquería) del actor/actriz, hasta un máximo de una hora.

Solo se considerará jornada efectiva de trabajo la que, en cumplimiento de lo anterior, el ACTOR/ACTRIZ esté a disposición de la PRODUCTORA.

10.2. El ACTOR/ACTRIZ será dado de alta en la Seguridad Social, en la categoría profesional correspondiente y en el régimen de artistas, por los días en los que preste sus servicios.

11.- CONTRAPRESTACIÓN

11.1. La remuneración total que se establece a favor del ACTOR/ACTRIZ es de **[*] ([*] €)** brutos, como contraprestación total por sus servicios, así como la cesión de la totalidad de los derechos de explotación recogidos en el presente Contrato. Esta cantidad incluye los servicios de interpretación durante rodaje, así como promociones, ensayos, pruebas de vestuario/maquillaje/peluquería, los demás servicios recogidos en el presente Contrato, y la autorización de comunicación pública de la Fijación de la Interpretación así como la cesión, sin limitación, de la totalidad de los derechos establecidos en este Contrato y en cumplimiento de lo establecido en el Convenio Colectivo, así como la indemnización por finalización de contratos de obra o servicio determinado cuya cuantía es equivalente a la parte proporcional de la cantidad que resultaría de abonar doce (12) días de salario por cada año de servicio, en línea con lo establecido en el artículo 49.1c) del Real Decreto Legislativo 2/2015, de 23 de octubre, por el que se aprueba el texto refundido de la Ley del Estatuto de los Trabajadores.

Asimismo, la citada contraprestación total incluye la remuneración a que se refiere el apartado tercero del Anexo I del vigente Convenio Laboral, esto es el 5% del salario total pactado (correspondiente a la cesión de los derechos de fijación, reproducción y distribución), y todos los conceptos salariales a los que el trabajador tiene derecho, incluyendo la exclusividad y disponibilidad, el trabajo en días festivos, nocturnidad y aquéllos de devengo superior al mes (parte proporcional de pagas extraordinarias y vacaciones).

11.2. La forma de pago será en nómina, por transferencia bancaria, a los datos que a tal efecto hayan sido designados por el ACTOR/ACTRIZ a LA PRODUCTORA, durante los primeros cinco (5) días naturales del mes siguiente al de la prestación de servicios.

11.3. Todos los ingresos mencionados en esta Cláusula, que como consecuencia del presente Contrato deba percibir el ACTOR/ACTRIZ, son brutos y estarán sujetos a la normativa fiscal y de Seguridad Social aplicable en el domicilio de la PRODUCTORA. La remuneración al ACTOR/ACTRIZ señalada en esta Cláusula se entenderá sin perjuicio de las remuneraciones que por imperativo legal tengan el carácter de irrenunciables y únicamente puedan ejercitarse o hacerse efectivas a través de entidades de gestión colectiva. En dichos supuestos, el ACTOR/ACTRIZ percibirá las cantidades que con cargo a los usuarios de las grabaciones audiovisuales u otros sujetos obligados al pago ajenos a la PRODUCTORA procedan conforme a lo determinado por Ley de Propiedad Intelectual.

A la finalización del ejercicio fiscal, la PRODUCTORA entregará al ACTOR/ACTRIZ la correspondiente certificación de las retenciones que haya efectuado a los efectos del Impuesto sobre la Renta de las Personas Físicas. En el caso de que sea de aplicación la retención de impuestos, el ACTOR/ACTRIZ podrá presentar los certificados correspondientes que le permitan reclamar dichas retenciones bajo el correspondiente Convenio Colectivo.

12.- DISPONIBILIDAD DE LA FIJACIÓN DE LA INTERPRETACIÓN Y GESTIÓN DE DERECHOS DE IMAGEN, PROMOCIÓN Y PUBLICIDAD

12.1. A los efectos de la realización del CAPÍTULO y de la OBRA AUDIOVISUAL, la PRODUCTORA y/o el montador podrán disponer libremente de la Interpretación o resultado audiovisual de los servicios prestados por el ACTOR/ACTRIZ en la producción para incorporarlos en la versión definitiva de la OBRA AUDIOVISUAL. La PRODUCTORA tendrá la iniciativa y más amplia libertad en la concepción y ejecución del material publicitario de la OBRA AUDIOVISUAL, por lo que podrá utilizar para la promoción de la misma todos los materiales en los que figure el ACTOR/ACTRIZ incluidos expresamente (i) los planos, tomas y secuencias no incluidos en el montaje final, (ii) las fotografías tomadas antes, durante y después del rodaje, con ocasión de éste, o en sus actos previos y posteriores y (iii) cualesquiera materiales elaborados o creados en el proceso de producción, incluyendo, entre ellos, el denominado "así se hizo" (making of), siempre y cuando no supongan una agresión o menoscabo del prestigio artístico y profesional del ACTOR/ACTRIZ y respeten el derecho a la propia imagen y a la intimidad del ACTOR/ACTRIZ.

El ACTOR/ACTRIZ renuncia expresamente, en los términos permitidos por la legislación aplicable, a ejercitar derecho alguno sobre dichas imágenes con independencia del soporte en que hayan sido impresionadas, su contenido y medio de comunicación en el que se divulguen, siempre que sean empleadas a fin de promocionar la OBRA AUDIOVISUAL, y nunca para efectuar publicidad de otros productos comerciales, y siempre y cuando no suponga una agresión o menoscabo de su prestigio artístico y profesional.

Igualmente, el ACTOR/ACTRIZ autoriza el uso de sus derechos de imagen, su fotografía, retrato e imagen física, reproducida o generada por cualquier medio, su biografía, así como expediente profesional, por cualquier medio, incluso por medio de procedimientos de clonación audiovisual e informática, siempre y cuando dicho uso no vaya en detrimento de su honor y/o reputación profesional, tanto para fines de promoción, explotación y comercialización de la OBRA AUDIOVISUAL, como de aquellas otras de las que ésta sea obra antecedente, o promoción de la propia actividad genérica de la PRODUCTORA y su currículum.

En consecuencia, y con el mismo alcance establecido anteriormente, podrá la PRODUCTORA utilizar para la publicidad del CAPÍTULO y de la OBRA AUDIOVISUAL, las segundas y posteriores tomas de cada escena o plano, así como, en su caso, las tomas rechazadas por montaje, o tomas especiales, tomas falsas, etc.

Igualmente, LA PRODUCTORA tendrá la iniciativa y la más amplia libertad en la concepción y ejecución del material publicitario de la OBRA AUDIOVISUAL. En consecuencia, LA PRODUCTORA podrá utilizar para fines de información o promoción de la OBRA AUDIOVISUAL, de su proceso de realización (por ejemplo, para la realización de documentales del tipo "Así se hizo"), extractos o fragmentos de la Fijación de la Interpretación, incluyendo las fotografías obtenidas durante el rodaje o proceso de preparación del mismo, y/o las fotos fijas y/o las segundas tomas y/o las tomas rechazadas en las que aparezca el ACTOR/ACTRIZ, así como fotografías, dibujos, retratos, voces, autógrafo y biografía del mismo, para fines de información, o promoción del CAPÍTULO y de la OBRA AUDIOVISUAL, de su proceso de realización y en general para la difusión de las actividades de la PRODUCTORA.

Asimismo, el ACTOR/ACTRIZ autoriza a la PRODUCTORA la realización de grabaciones sonoras o audiovisuales específicas en las que pueda aparecer su imagen o su voz que tengan por finalidad difundir el proceso de producción y realización de la OBRA AUDIOVISUAL (por ejemplo, un documental del tipo "Así se hizo"), o las actividades de la PRODUCTORA en general.

Entre los elementos promocionales de la OBRA AUDIOVISUAL a los que se refiere la presente Cláusula se encuentran, entre otros, el "libro de rodaje" u otro tipo de libro sobre el proceso de producción de la OBRA AUDIOVISUAL, "trailers", "teasers", "pre-teasers", videos musicales de la banda sonora de la OBRA AUDIOVISUAL, anuncios publicitarios audiovisuales o solo de sonido, "commercial tie-ins", pósters o calendarios, así como cubiertas de una novela basada en la OBRA AUDIOVISUAL, o de la versión impresa del Guion, o de la carátula del disco de la banda sonora de la OBRA AUDIOVISUAL. Asimismo, el ACTOR/ACTRIZ autoriza el uso de su imagen caracterizado como su Personaje para producir, distribuir y explotar bienes y servicios comerciales y no comerciales, tales como objetos de artes plásticas o aplicadas, juegos o juguetes, ropa, merchandising, videojuegos, etc., que utilicen, representen o incorporen su Personaje o situaciones o acontecimientos que aparezcan o se representen en la OBRA AUDIOVISUAL.

12.2. El ACTOR/ACTRIZ, atendiendo siempre a su categoría profesional de ACTOR/ACTRIZ [*], se compromete a colaborar en las actividades que se programen por la PRODUCTORA con el objeto de promocionar el CAPÍTULO y la OBRA AUDIOVISUAL, de modo que, a requerimiento razonable de la PRODUCTORA, el ACTOR/ACTRIZ participará en las actividades promocionales y publicitarias de del CAPÍTULO y de la OBRA AUDIOVISUAL tanto en estrenos, festivales nacionales e internacionales, certámenes, entrevistas en medios de comunicación (radio, prensa, TV y/o internet), ruedas de prensa, etc., siempre y cuando no suponga una agresión o menoscabo de su prestigio artístico y profesional, teniendo en cuenta la PRODUCTORA la disponibilidad del ACTOR/ACTRIZ, siempre que ésta hay sido debidamente notificada a la PRODUCTORA con suficiente antecedencia. En caso de que el ACTOR/ACTRIZ haya adquirido otros compromisos con anterioridad y estos hayan sido debidamente notificados a la PRODUCTORA, ambas Partes se obligan a encontrar las fechas más adecuadas para la participación del ACTOR/ACTRIZ en las precitadas actividades promocionales.

12.3. El ACTOR/ACTRIZ se compromete a seguir las instrucciones de la PRODUCTORA en todo lo relativo a la promoción y publicidad, comprometiéndose a no realizar ningún comentario negativo, sarcástico, irónico o burlón, sobre la misma o sobre la PRODUCTORA y/o las restantes personas o empresas que hayan intervenido en su producción, comercialización y/o financiación.

12.4. La prestación de los servicios por el ACTOR/ACTRIZ se refiere exclusivamente al CAPÍTULO y la OBRA AUDIOVISUAL y eventos concretos, de manera que, citado por la PRODUCTORA para participar en un evento promocional, el ACTOR/ACTRIZ deberá abstenerse de publicitar durante el desarrollo de dicho evento cualquier otra producción, producto o servicio que no sea la OBRA AUDIOVISUAL, así como de realizar cualquier juicio negativo sobre la OBRA AUDIOVISUAL, la PRODUCTORA, la producción o cualquier aspecto relacionado directa o indirectamente con los mismos.

12.5. Sin perjuicio de los compromisos asumidos previamente en este Contrato, el ACTOR/ACTRIZ se compromete igualmente a adaptar su colaboración en la promoción del CAPÍTULO y la OBRA AUDIOVISUAL en los términos y requisitos que, en su caso, puedan solicitar los terceros cesionarios de la OBRA AUDIOVISUAL, para su explotación y promoción por los mismos, siempre que dichos requisitos no vayan en detrimento de su honor y/o reputación profesional.

12.6. En último término, el ACTOR/ACTRIZ reconoce y acepta que los premios y/o ayudas que se pudieran derivar directa y/o indirectamente de la OBRA AUDIOVISUAL serán, en todo caso, exclusiva propiedad de la PRODUCTORA, salvo aquéllos que estuvieran destinados única y exclusivamente al ACTOR/ACTRIZ, en lo relativo a su Interpretación.

12.7. La contraprestación por la realización de los servicios de promoción se encuentra incluida en la remuneración contemplada en la Cláusula 11 del presente Contrato.

13.- REDES SOCIALES

13.1. Las Partes acuerdan que el ACTOR/ACTRIZ se coordinará con la PRODUCTORA para acordar estrategias comunes de promoción y comunicaciones por medio de redes sociales (en adelante, "**RRSS**") a efectos de dar visibilidad a la OBRA AUDIOVISUAL.

En particular y entre otros, la PRODUCTORA podrá incluir la creación de perfiles en RRSS (a título meramente enunciativo: Instagram, Facebook, Twitter, YouTube, Snapchat, Pinterest, etc.,—en adelante, RRSS—) asociados a los distintos personajes del CAPÍTULO y/o de la OBRA AUDIOVISUAL, incluido el Personaje que interpreta el ACTOR/ACTRIZ. La gestión de dichos perfiles será competencia de la PRODUCTORA (o cualquier tercero designado por esta), si bien el ACTOR/ACTRIZ, atendiendo siempre a su categoría profesional de ACTOR/ACTRIZ [*], se compromete a colaborar en aquellas acciones que resulten necesarias para generar el contenido destinado a las mismas, así como a realizar aquellas interacciones razonables que le sean indicadas por la PRODUCTORA, siempre que no menoscaben el honor y/o reputación profesional del ACTOR/ACTRIZ.

13.2. El ACTOR/ACTRIZ no podrá revelar ningún tipo de información y contenido relativo al CAPÍTULO y/o a la OBRA AUDIOVISUAL, sin contar con el consentimiento previo y por escrito de la PRODUCTORA. En este sentido, el ACTOR/ACTRIZ se compromete a no efectuar ninguna publicación (incluyendo, con carácter enunciativo pero no limitativo, la prensa online y tradicional, cualquier sitio web y/o RRSS) de ningún contenido relacionado con la OBRA AUDIOVISUAL sin contar con tal autorización por escrito de la PRODUCTORA.

13.3. El ACTOR/ACTRIZ se compromete a que todas las publicaciones o contribuciones que cree o publique a través de RRSS relacionadas con el CAPÍTULO y/o la OBRA AUDIOVISUAL, en coordinación con la PRODUCTORA, serán expresadas de forma profesional, apropiada y coherente con el presente Contrato, con ánimo positivo, y que de ninguna forma utilizará de un lenguaje sarcástico o poco constructivo que pueda afectar a la OBRA AUDIOVISUAL, a la PRODUCTORA o a terceros licenciatarios o cesionarios de derechos, incluida la Plataforma.

Los anteriores compromisos entrarán en vigor en el momento de la firma del presente Contrato y se mantendrán vigentes de forma indefinida tras su terminación, y no entrañan contraprestación adicional alguna para el ACTOR/ACTRIZ.

14.- SUSPENSION DEL CONTRATO

14.1. LA PRODUCTORA tendrá el derecho de suspender este Contrato y todas sus obligaciones en virtud del mismo, mediante notificación por escrito al ACTOR/ACTRIZ durante todos los períodos en que el ACTOR/ACTRIZ se encuentre en incumplimiento sustancial en virtud del presente Contrato o en casos de fuerza mayor, entendiendo por tal cualquier acto, evento, omisión o accidente más allá del control razonable LA PRODUCTORA e incluyendo, sin carácter exhaustivo, virus, pandemias, incendio, terremoto, inundación, huelga o cierre patronal u otra disputa laboral, caso fortuito o enemigo público, guerra o conflicto armado, acto de terrorismo, cualquier evento local, estatal o autonómica internacional, orden gubernamental o regulación que prohíba el CAPÍTULO y/o la OBRA AUDIOVISUAL o que haga que la preparación y realización de la grabación del CAPÍTULO y/o de la OBRA AUDIOVISUAL sea demasiado gravosa, incumplimiento de contrato por parte de terceros que no sea subsanable dentro de un período razonable de tiempo (y en ningún caso después de cinco (5) días hábiles, reducible a dos (2) días hábiles durante la grabación principal del CAPÍTULO y/o de la OBRA AUDIOVISUAL), muerte, enfermedad o incapacidad del director, director de fotografía o un miembro principal del elenco del CAPÍTULO y/o de la OBRA AUDIOVISUAL o cualquier mandato judicial u otra interferencia material con el desarrollo, producción o distribución del CAPÍTULO y/o de la OBRA AUDIOVISUAL o cualquier otro evento fuera del control de la PRODUCTORA que resulte insubsanable o no pueda ser subsanado dentro de un período razonable de tiempo (y en ningún caso después de cinco (5) días hábiles, reducible a dos (2) días hábiles durante la grabación principal). Dicha suspensión continuará durante la duración del incumplimiento o el evento de fuerza mayor más el período de tiempo adicional que sea razonablemente necesario para preparar la reanudación de la producción, según lo determine la PRODUCTORA. Una suspensión parcial no eximirá al ACTOR/ACTRIZ del resto de sus obligaciones bajo este Contrato, excepto en los casos de infracción material por parte de la PRODUCTORA.

14.2. Finalizada la suspensión del presente Contrato y comunicada ésta por la PRODUCTORA, el ACTOR/ACTRIZ tendrá la obligación de reincorporarse a su puesto de trabajo en la fecha que le hubiera sido indicada por la PRODUCTORA.

15.- RESOLUCIÓN DEL CONTRATO

15.1. El presente Contrato podrá resolverse por las causas siguientes:

15.1.1. Por la PRODUCTORA

a) Incumplimiento grave por parte del ACTOR/ACTRIZ de las obligaciones que asume en el presente Contrato. En especial, se entenderá por incumplimiento grave:

- la incomparecencia no justificada a una sesión de rodaje o el retraso habitual a las mismas, así como la negativa injustificada a prestar los Servicios;
- la variación de su aspecto físico en los términos precitados en este Contrato;
- el no sometimiento a los controles médicos necesarios referidos en este Contrato;
- la ingesta de alcohol, drogas o cualquier fármaco que afecte al correcto desarrollo de su trabajo; siempre y cuando estos no estén prescritos por un facultativo;
- las faltas de puntualidad al trabajo no justificadas;
- la falta de acatamiento a las órdenes de la PRODUCTORA o del director en el desarrollo del trabajo para el que ha sido contratado;
- el desconocimiento del Guion y/o su no memorización en lo que le corresponda, evidenciado en una sesión de rodaje, sin causa justificada;
- la imposibilidad de obtener permisos para trabajar en los Lugares de Trabajo por razones imputables al ACTOR/ACTRIZ;
- la falta de una calidad mínima en el desempeño de sus servicios como intérprete, y/o en la ejecución de la Interpretación, de acuerdo con el criterio del director y/o de la PRODUCTORA o cualquiera de sus representantes;
- y, en general, cualquier negativa injustificada del ACTOR/ACTRIZ y/u omisión de cumplimiento de cualquiera de las obligaciones que asume mediante el presente Contrato.

  Este supuesto dará derecho a LA PRODUCTORA a exigir al ACTOR/ACTRIZ la devolución de las cantidades ya pagadas y a percibir una indemnización por los daños y perjuicios causados con motivo de la paralización del rodaje y la pérdida de la jornada que afecte, en su caso, al resto del equipo del rodaje convocado.

b) El presente Contrato quedará automáticamente resuelto si NIMI decidiese suspender la producción del CAPÍTULO y/o la OBRA AUDIOVISUAL, cobrando el ACTOR/ACTRIZ por los trabajos realizados hasta la fecha de la suspensión, sin contraprestación o indemnización adicional alguna.

c) El presente Contrato se considerará asimismo extinto, si .... así lo requiere por cualquier motivo.

d) Cuando la suspensión del Contrato por fuerza mayor suceda y continúe por un período de cuatro (4) semanas consecutivas o más o un total de seis (6) semanas o más (reducible a cuatro (4) días consecutivos o más o un total de seis (6) días o más durante la grabación principal del CAPÍTULO y/o la OBRA AUDIOVISUAL.

e) Por cualesquiera otras causas legal o reglamentariamente procedentes.

15.1.2. Por el ACTOR/ACTRIZ

a) La falta de pago por el PRODUCTORA de las retribuciones pactadas a favor del ACTOR/ACTRIZ.

No se considerará causa de resolución del Contrato, aquellos retrasos en la grabación del CAPÍTULO y/o la OBRA AUDIOVISUAL que afecten al ACTOR/ACTRIZ, por causas de fuerza mayor o caso fortuito, no imputables a LA PRODUCTORA.

En los supuestos no contemplados en la presente Estipulación, se estará a lo dispuesto en el Convenio Colectivo vigente, así como a las normas generales de derecho común que le sean aplicables.

16.- FUERZA MAYOR OCASIONADA POR LA CRISIS............... (CRISIS)

16.1. Debido a la situación de emergencia de salud pública ocasionada por la crisis, el ACTOR/ACTRIZ se hace responsable de cumplir con todas las medidas y restricciones establecidas en el ámbito nacional que pudieran ser aplicables durante la vigencia del Contrato.

Las medidas contenidas en este apartado serán revisadas, actualizadas y adecuadas a medida que vayan modificándose en el territorio nacional y, en todo caso, serán complementarias a las medidas contenidas en la Ley 31/1995, de 8 de noviembre, de Prevención de Riesgos Laborales y su normativa de desarrollo.

16.2. El ACTOR/ACTRIZ se compromete a informar a la PRODUCTORA en caso de mostrar sintomatología asociada a la enfermedad de la crisis o sospecha de ello y, en este caso, permanecerá en cuarentena en su domicilio, sin acudir presencialmente al lugar de rodaje.

El ACTOR/ACTRIZ se compromete a respetar la distancia de seguridad mínima de dos metros en el desempeño de su trabajo siempre que sea posible, a utilizar los equipos de protección que se le proporcionen y a realizarse tests crisis según le recomiende la PRODUCTORA y/o cuando la PRODUCTORA estime necesario. En los casos en que la naturaleza del trabajo no permita respetar la distancia interpersonal ni el uso de equipos de protección adecuados al nivel de riesgo, se comprometerá a cumplir con las medidas de seguridad diseñadas por la PRODUCTORA para cada caso particular a partir de las recomendaciones de las autoridades sanitarias.

El ACTOR/ACTRIZ se compromete a cumplir con las medidas de higiene que le imponga o recomiende la PRODUCTORA en el ejercicio de su actividad.

16.3. Las Partes acuerdan que, teniendo en cuenta la situación actual de la crisis, así como la posibilidad de que se aprueben futuras medidas y restricciones para combatir los efectos de la .... que podrían afectar tanto a los ensayos, como a la preparación de la producción, o incluso al propio rodaje, es imposible prever el desarrollo de la situación durante las fechas en las que tendrán lugar los ensayos y el rodaje. A estos efectos, en caso de que, debido a dicha situación, la PRODUCTORA se vea obligada a suspender la producción por ser imposible garantizar un óptimo desarrollo en la continuación de la misma, el ACTOR/ACTRIZ se compromete a reincorporarse a los ensayos y/o rodaje y, en su caso, a postproducción, incluidos retakes/doblaje, y promoción del CAPÍTULO y/o de la OBRA AUDIOVISUAL cuando la PRODUCTORA le indique que estos se reanudan, siempre y cuando la situación y las medidas de prevención lo permitan.

17.- CONFIDENCIALIDAD

17.1. En virtud del presente Contrato, el ACTOR/ACTRIZ se compromete a guardar secreto y no revelar los términos respecto de toda aquella información que haya tenido ocasión de conocer como consecuencia de su participación en el proceso de producción y promoción del CAPÍTULO y/o de la OBRA AUDIOVISUAL, incluido el presente Contrato (en lo sucesivo, "**la Información Confidencial**", tal y como se define más abajo) a terceros, salvo que así fuera requerido por una orden judicial o administrativa, en cuyo caso las Partes igualmente se comprometen a comunicarse, con carácter previo tal circunstancia, la existencia de dicho mandato judicial o administrativo, por escrito, de forma inmediata, procurando restringir en la medida de lo posible el contenido de dicha revelación. En consecuencia, el ACTOR/ACTRIZ se obliga tratar la Información Confidencial con la máxima reserva y discreción y por tanto a no comunicar ni revelar dicha información a terceras personas ajenas a la producción y promoción del CAPÍTULO y/o de la OBRA AUDIOVISUAL, y, en particular, a ninguna persona que preste sus servicios en medios de comunicación social, salvo previa autorización por escrito por parte LA PRODUCTORA.

17.2. A los efectos del presente Contrato, la Información Confidencial incluirá todos aquellos datos e informaciones relativos al proceso de producción y promoción del CAPÍTULO y de la OBRA AUDIOVISUAL, tales como, sin carácter exhaustivo, el argumento, el Guion, los Personajes, el rodaje, el reparto, el equipo técnico y de producción, el presupuesto, las localizaciones, la ambientación, la caracterización, las anécdotas o acontecimientos acaecidos durante la producción, las vidas privadas de los intervinientes en la producción, o cualquier otro elemento o circunstancia de la producción. Asimismo, la Información Confidencial incluirá datos e informaciones relativos a la Productora, tales como, sin carácter exhaustivo, información comercial, económica o industrial, información sobre empleados, contratistas, clientes, posibles clientes y/o proveedores o estrategia comercial y financiera, información relativa a secretos comerciales, marcas, nombres comerciales, diseños, know-how, prototipos, planos, carteles publicitarios, datos de carácter personal o cualquier otro tipo de información relativa a la Productora.

17.3. El compromiso de confidencialidad previamente descrito conlleva, entre otros, que el ACTOR/ACTRIZ no podrá revelar, publicar o difundir ninguna clase de información, fotografía, artículo o publicidad de ninguna clase relacionado directamente o indirectamente con su actividad laboral, el CAPÍTULO, la OBRA AUDIOVISUAL o con cualquier proveedor de servicios. Queda terminalmente prohibido, salvo autorización expresa por LA PRODUCTORA, dicha difusión, revelación o publicación a través de cualquier medio y forma de comunicación incluidos y sin limitación, en internet, redes sociales como Twitter, Facebook, Youtube, blogs, mensajes multimedia (sms, mms, e-mail y otras tecnologías).

Asimismo, el ACTOR/ACTRIZ deberá mantener una estricta confidencialidad a la hora de manejar cualquier material relacionado con el CAPÍTULO y la OBRA AUDIOVISUAL incluidos sin limitación, el Guion y/o cualquier información, documento, elementos fotográficos, fotografía personal realizada en el lugar de trabajo o fuera de él y/o cualquier tipo de comunicación en el lugar de trabajo o fuera de él relacionado con cualquier otro aspecto del CAPÍTULO y de la OBRA AUDIOVISUAL o proveedor de servicios.

17.4. Las obligaciones establecidas en esta Cláusula 17 se antepondrán a la extinción del Contrato por la causa que sea. Desde el momento en que se inicie el rodaje del CAPÍTULO y/o de la OBRA AUDIOVISUAL, lo que antes ocurra, el ACTOR/ACTRIZ solo podrá difundir publicidad que contenga su nombre y que le identifique únicamente su relación laboral en la OBRA AUDIOVISUAL o con cualquier otro ACTOR/ACTRIZ de la OBRA AUDIOVISUAL, de manera que dicha publicidad no pueda ser calificada como un anuncio del CAPÍTULO y/o de la OBRA AUDIOVISUAL y no contenga ninguna clase de material que menosprecie al PRODUCTORA, NIMI, el CAPÍTULO, la OBRA AUDIOVISUAL, o cualquiera proveedor de servicios.

17.5. El ACTOR/ACTRIZ reconoce expresamente que la Información Confidencial es propiedad de la Productora. El ACTOR/ACTRIZ se compromete a utilizar la Información Confidencial que reciba o conozca únicamente en la medida necesaria para la prestación de sus servicios en virtud del presente Contrato. El ACTOR/ACTRIZ se obliga, asimismo, a notificar inmediatamente a la Productora, cualquier revelación o uso no autorizado de la Información Confidencial de la que tenga conocimiento. Igualmente se compromete el ACTOR/ACTRIZ a no utilizar de forma alguna ni interpretar, excepto para los fines del cumplimiento del presente Contrato, y salvo previa autorización escrita de la PRODUCTORA, el Personaje que interpreta, sus características, así como cualquier cualidad del mismo que le haga identificable.

17.6. El ACTOR/ACTRIZ reconoce y acepta que la Información Confidencial tienen un valor económico independiente que se deriva del hecho de no ser conocida por el público en general o por otras personas que puedan obtener un valor económico de su divulgación, distribución o uso. Asimismo, el ACTOR/ACTRIZ reconoce y acepta que cualquier incumplimiento por su parte con respecto a la Información Confidencial supondrá un perjuicio irreparable para la Productora, no fácilmente mensurable en dinero, y por el que la Productora, sin renunciar a otros derechos o recursos que les asistan, tendrán derecho a solicitar medidas cautelares y de resarcimiento.

17.7. La obligación de confidencialidad prevista en esta Cláusula 17 se mantendrá en vigor durante toda la duración del presente Contrato y por tiempo indefinido tras su pérdida de vigencia o resolución por cualquier causa.

17.8. A petición de la Productora, el ACTOR/ACTRIZ se compromete a devolver inmediatamente la Información Confidencial correspondiente a su legítimo propietario. En todo caso, el ACTOR/ACTRIZ reconoce y acepta que el incumplimiento de lo dispuesto en la presente Cláusula podrá dar lugar a la obligación de restituir a la Productora la totalidad de la Información Confidencial y/o la resolución del presente Contrato por la Productora en los términos previamente descritos, así como dará derecho a la PRODUCTORA a exigirle cuantos daños y perjuicios le haya causado dicho incumplimiento.

17.9. El ACTOR/ACTRIZ responderá e indemnizará a la Productora, por cualquier reclamación, coste, pérdida, daño o responsabilidad exigida a la Productora como consecuencia directa o indirecta del incumplimiento por parte del ACTOR/ACTRIZ de las obligaciones contempladas en la presente Cláusula.

18.- TÍTULOS DE CRÉDITO

18.1. El ACTOR/ACTRIZ tendrá derecho a figurar en los títulos de crédito del CAPÍTULO (iniciales y/o finales). La PRODUCTORA tendrá plena libertad en lo relativo a la confección y contenido de los títulos de crédito del CAPÍTULO y de la OBRA AUDIOVISUAL.

Se exceptúan de las obligaciones de crédito previamente referidas la publicidad que se difunda a través de la radiodifusión o aquellos otros medios en los que no sea habitual dicha mención; en tales medios, el tamaño, orden y manera del título de crédito y, en su caso, su inclusión, se adaptará a las características de aquel en que la misma se incluya.

18.2. La PRODUCTORA no será responsable en los supuestos de incumplimiento de las obligaciones relativas a los títulos de crédito antes descritas, en aquellos casos en los que la publicidad o promoción del CAPÍTULO y de la OBRA AUDIOVISUAL sea realizada por terceros, incluso en el supuesto de que éstos posteriormente repercutan dicho coste a la PRODUCTORA.

18.3. El ACTOR/ACTRIZ reconoce y acepta que el emplazamiento, tamaño y demás circunstancias y características de los títulos de crédito podrán ser objeto de modificaciones en función de las condiciones impuestas por los posibles coproductores, cesionarios, distribuidores, plataformas y cualesquiera terceros que participen o colaboren en la financiación de la producción del CAPÍTULO y de la OBRA AUDIOVISUAL.

18.4. Cualquier incumplimiento involuntario de la implementación de las disposiciones de esta Cláusula por parte de la PRODUCTORA o el incumplimiento de dichas disposiciones por un tercero distinto de la PRODUCTORA no constituirá incumplimiento de este Contrato.

19.- RESPONSABILIDAD

En el caso de que el rodaje del CAPÍTULO deba interrumpirse, de forma temporal o definitiva, por causa imputable al ACTOR/ACTRIZ, éste será responsable de cuantos daños y perjuicios se deriven para la PRODUCTORA, salvo que dicha interrupción sea debida a causa de fuerza mayor, enfermedad o accidente.

20.- DESPLAZAMIENTOS

En el caso de que, por necesidades de rodaje, el ACTOR/ACTRIZ tenga que pernoctar fuera del lugar de trabajo, será a cuenta de la PRODUCTORA los gastos de alojamiento y desayuno del ACTOR/ACTRIZ en un hotel de la misma categoría a aquel en el que se aloje todo el equipo técnico español del CAPÍTULO. En el caso de que la PRODUCTORA no le proporcionara la dieta, le tendría que pagar la cena en un restaurante cercano al hotel o darle una dieta según lo marcado en convenio, y el complemento de pernocta establecido en convenio en caso de que se diera, en igualdad de condiciones que el resto del equipo artístico de su misma categoría.

21.- ESCENAS DE RIESGO

En caso de que alguna de las escenas del CAPÍTULO en las que intervenga el ACTOR/ACTRIZ pueda suponer un riesgo para su integridad física o su salud, tendrá derecho a solicitar y obtener la intervención de un doble especialista.

En el caso que el ACTOR/ACTRIZ renuncie al derecho que le concede el párrafo anterior, serán de su exclusiva responsabilidad los daños personales, o lesiones, o daños de otro tipo que pudiese sufrir durante el desarrollo del ensayo o rodaje de dicha escena o secuencia.

La renuncia del ACTOR/ACTRIZ y la aceptación del PRODUCTORA deberán constar por escrito con anterioridad al inicio del ensayo o del rodaje o las tomas de fotografía de la escena en cuestión.

22.- SEGUROS

La PRODUCTORA podrá contratar los seguros que estime convenientes y/o necesarios en relación con la persona del ACTOR/ACTRIZ, comprometiéndose éste a someterse a los exámenes y análisis médicos que por los aseguradores se consideren convenientes a tal efecto. La obtención de las coberturas necesarias es condición determinante para la prestación del consentimiento de la PRODUCTORA a este Contrato.

23.- PROTECCIÓN DE DATOS

23.1. Dando cumplimiento a lo dispuesto en el Reglamento (UE) 2016/679, de 27 de abril, General de Protección de Datos ("RGPD"), la PRODUCTORA informa al ACTOR/ACTRIZ de que es responsable de un tratamiento de datos en el que se encuentran incluidos los datos recabados de sus empleados en el momento de su incorporación laboral y los que, con posterioridad, se aporten por los empleados en el desarrollo, cumplimiento y seguimiento de su relación laboral.

23.2. Los datos facilitados por el ACTOR/ACTRIZ serán tratados por la PRODUCTORA con la finalidad de gestionar la relación contractual y cumplir con sus obligaciones legales, fiscales y administrativas, así como con los compromisos adquiridos entre las partes. A título enunciativo y no limitativo, el PRODUCTORA tratará los datos del ACTOR/ACTRIZ con los siguientes usos derivados de las finalidades anteriores:

a) Gestión administrativa de la PRODUCTORA.

b) Gestión de la contratación y liquidación de obligaciones fiscales ante las autoridades públicas competentes en la materia.

c) Gestión de los ACTOR/ACTRIZ, y en su caso, formación y promoción.

d) Gestión de la compensación económica pactada con el ACTOR/ACTRIZ.

e) Vigilancia de la salud en el trabajo y prevención de riesgos laborales.

f) Gestión de la seguridad interna de la empresa.

g) Control de acceso a las instalaciones y en su caso, control de presencia.

h) Gestión de las prestaciones y beneficios sociales acordados en su caso, con el ACTOR/ACTRIZ.

23.3. La base jurídica que legitima los tratamientos mencionados es la necesidad del tratamiento para la ejecución del presente Contrato y la necesidad del tratamiento para el cumplimiento de obligaciones legales aplicables.

23.4. Los datos del ACTOR/ACTRIZ serán tratados durante la relación contractual. Finalizada la misma, sus datos pasarán a formar parte del fichero histórico-estadístico de relaciones contractuales, quedando bloqueados y conservándose a disposición de las Administraciones Públicas, Jueces y Tribunales para la atención de las posibles responsabilidades nacidas del tratamiento y/o de la relación jurídica subyacente, durante el plazo de prescripción de éstas, en virtud de la legislación civil, mercantil, penal, fiscal y administrativa.

Asimismo, la PRODUCTORA accederá a la información contenida en los sistemas y equipos informáticos puestos a disposición del COLABORADOR para garantizar la continuidad de las actividades de la empresa, pudiendo reasignarlos en caso de ser necesario.

23.5. Las finalidades y usos descritos anteriormente podrán requerir la comunicación de los datos personales del ACTOR/ACTRIZ a los siguientes destinatarios:

a) Autoridades públicas con competencia en la materia, para el cumplimiento de obligaciones fiscales a las que esté sometido el PRODUCTORA.

b) En su caso, prestadores de servicios de formación y reciclaje profesional.

c) En su caso, prestadores de beneficios sociales para el ACTOR/ACTRIZ.

d) El Defensor del Pueblo, el Ministerio Fiscal o los Jueces o Tribunales o el Tribunal de Cuentas, cuando lo soliciten en el ejercicio de las funciones que tienen atribuidas.

e) Autoridades públicas, cuando lo soliciten en el ejercicio de las funciones que tienen atribuidas.

f) Y, en general, toda comunicación de datos autorizada por una ley o necesaria para el desarrollo, cumplimiento y control de la relación jurídica.

23.6. Asimismo, para la explotación del CAPÍTULO y de la OBRA AUDIOVISUAL, los datos del ACTOR/ACTRIZ serán comunicados necesariamente a ...., con domicilio en ...., país cuya legislación no garantiza un nivel adecuado de protección de datos a criterio de las autoridades europeas. No obstante, ... y la PRODUCTORA han regulado esta comunicación a través de un Acuerdo de Transferencia Internacional de Datos basado en las Cláusulas Contractuales establecidas por la Comisión Europea, que aporta garantías adecuadas en materia de protección de datos personales.

23.7. El ACTOR/ACTRIZ podrá ejercer sus derechos de acceso, rectificación, supresión, oposición, limitación y portabilidad de sus datos personales a través de una comunicación escrita al domicilio indicado en el encabezamiento, identificándose como ACTOR/ACTRIZ del productor, aportando copia de su DNI o documento equivalente y concretando su solicitud. Si el ACTOR/ACTRIZ considerase que el tratamiento de sus datos personales no se ajusta a la normativa vigente, podrá presentar una reclamación ante la Agencia Española de Protección de Datos (www.aepd.es). No obstante lo anterior, el ACTOR/ACTRIZ deberá tener en cuenta que los derechos de supresión u oposición no podrán ser ejercidos cuando su otorgamiento impida el buen desarrollo y cumplimiento de la relación.

23.8. Por su parte, el ACTOR/ACTRIZ se compromete a:

a) Facilitar información actualizada, exacta y veraz cuando le sea solicitada.

b) Informar al PRODUCTORA de cualquier modificación que sufra la información facilitada, a través del procedimiento indicado para el ejercicio del derecho de rectificación.

c) Cumplir con su deber de secreto profesional y con su obligación de guardar los datos personales e información confidencial a la que tenga acceso con motivo de su actividad, compromisos que subsistirán aun después de finalizar sus relaciones con la PRODUCTORA. No revelar, transferir, ceder o de otra forma comunicar los datos personales a ningún tercero, salvo autorización o instrucción de la PRODUCTORA.

d) En caso de que el ACTOR/ACTRIZ facilite datos personales de terceras personas con cualquier finalidad, garantiza haber informado previamente a los afectados y haber obtenido su consentimiento (o en caso de datos de menores de 14 años, el consentimiento informado de sus padres o tutores) para la comunicación de sus datos al PRODUCTORA.

23.9. La PRODUCTORA garantiza haber adoptado las medidas de índole técnica y organizativa necesaria que garantice la seguridad de los datos de carácter personal y eviten su alteración, pérdida, tratamiento o acceso no autorizado, habida cuenta del estado de la tecnología, la naturaleza de los datos almacenados y los riesgos a que estén expuestos, ya provengan de la acción humana o del medio físico o natural.

24.– RESPONSABILIDAD Y GARANTÍAS

24.1. Ningún acto u omisión por parte de la PRODUCTORA constituirá un incumplimiento de las obligaciones contractuales de la PRODUCTORA a menos que el ACTOR/ACTRIZ haya notificado primero por escrito a la PRODUCTORA estableciendo la infracción y la PRODUCTORA no haya puesto remedio. Si la PRODUCTORA no cumpliese con sus obligaciones aquí descritas los daños y perjuicios causados al ACTOR/ACTRIZ podrán ser cuantificados y, por tanto, serán suficientes para que el ACTOR/ACTRIZ renuncie a cualquier medida cautelar en perjuicio de la explotación del CAPÍTULO y/o la OBRA AUDIOVISUAL. Por consiguiente, y si se diese el caso, los derechos del ACTOR/ACTRIZ estarían limitados a la cuantificación obtenida por daños y perjuicios y el ACTOR/ACTRIZ no tendrá derecho a rescindir o anular este Contrato garantizando a la PRODUCTORA la cesión de todos los derechos aquí descritos, sin encarecer o impedir el desarrollo, la producción, el anuncio, la promoción, la distribución, exhibición o explotación del CAPÍTULO y/o de la OBRA AUDIOVISUAL y por consiguiente los derechos de la PRODUCTORA aquí descritos. El pago por parte de la PRODUCTORA de cualquier compensación o remuneración al ACTOR/ACTRIZ no constituirá una renuncia a cualquier derecho que se derive del incumplimiento por parte del ACTOR/ACTRIZ.

24.2. El ACTOR/ACTRIZ manifiesta y garantiza que:

a) no existe ni existirá ninguna carga, gravamen u obstáculo a la cesión a la PRODUCTORA y al ejercicio por la PRODUCTORA de los derechos de propiedad intelectual e industrial y derechos de imagen cedidos por el ACTOR/ACTRIZ a la misma que pudiera causar un perjuicio, prohibir o limitar de alguna manera la explotación pacífica, en todo o en parte, del CAPÍTULO y/o de la OBRA AUDIOVISUAL por parte de la PRODUCTORA o sus cesionarios;

b) no ha asumido ni asumirá ningún compromiso profesional o de otro tipo que pudiera impedir o limitar la previsión completa y adecuada de los servicios objeto del presente Contrato, sin perjuicio de lo previsto en la Cláusula 4;

c) no ha llevado a cabo ni llevará a cabo ninguna acción que pudiera perjudicar o prevenir el libre y total ejercicio de los derechos cedidos a la PRODUCTORA en virtud del presente Contrato.

d) no realizará ninguna acción que pudiera perjudicar a la buena imagen y reputación del CAPÍTULO y/o de la OBRA AUDIOVISUAL y, en general, de la PRODUCTORA y/o de cualquiera de sus cesionarios o licenciatarios.

24.3. El ACTOR/ACTRIZ responderá en exclusiva frente a cualquier acción o reclamación de terceros que se produzca con motivo o como consecuencia del incumplimiento de las obligaciones del ACTOR/ACTRIZ previstas en este Contrato, o bien de la cesión y/o ejercicio de los derechos otorgados a la PRODUCTORA mediante el presente Contrato.

24.4. El ACTOR/ACTRIZ garantiza que todas las acciones y/o recursos que pudiera ejercitar como consecuencia de cualquier contingente que tuviera causa en el Contrato, serán exclusivamente contra la PRODUCTORA, sin que en ningún caso pueda ejercitar acción alguna contra los coproductores ni sus inversores, sean estos personas físicas o jurídicas.

25.- CESIÓN A TERCEROS

25.1. Siendo un contrato personalísimo y habiendo sido seleccionado para la interpretación del Personaje, el ACTOR/ACTRIZ no podrá ceder este Contrato ni cualesquiera de los derechos y obligaciones previstos en el mismo a terceros.

25.2. La PRODUCTORA se reserva el derecho a ceder el Contrato en parte o en su totalidad a NIMI o tercero que ésta designe, sustituyendo el cesionario a la PRODUCTORA y siendo solo necesario, a estos efectos, la mera comunicación al ACTOR/ACTRIZ. La cesión por parte del PRODUCTORA de este Contrato y de sus derechos y obligaciones no será motivo de abandono por el ACTOR/ACTRIZ del CAPÍTULO y/o de la OBRA AUDIOVISUAL.

26.- PREVENCIÓN DE RIESGOS LABORALES

26.1. El ACTOR/ACTRIZ reconoce haber recibido junto con el presente Contrato laboral el Ofrecimiento de Examen de Salud y el Plan de Prevención de Riesgos Laborales elaborado para el rodaje del CAPÍTULO, dándose por informado tanto de los riesgos que afectan a su trabajo, como de las medidas de protección y prevención aplicadas a dichos riesgos, comprometiéndose al debido cumplimiento de las mismas.

26.2. Asimismo, el ACTOR/ACTRIZ acepta el compromiso que se le solicita de:

a) Usar adecuadamente, de acuerdo con su naturaleza y los riesgos previsibles, las máquinas, aparatos, herramientas, sustancias peligrosas, equipos de transporte y, en general, cualesquier otros medios con los que desarrolle su actividad.

b) Utilizar correctamente los medios y equipos de protección facilitados por la PRODUCTORA, de acuerdo con las instrucciones que se le entregue al respecto.

c) Informar de inmediato al director de producción del CAPÍTULO o a la PRODUCTORA en caso de incendio y/o accidente, o de cualquier situación que, a su juicio, entrañe, por motivos razonables, un riesgo para la seguridad y la salud de los trabajadores.

d) Cooperar con el director de producción del CAPÍTULO (o con su sustituto) en el cumplimiento de aquellas medidas que puedan garantizar unas condiciones de trabajo que sean seguras y no entrañen riesgos para la seguridad y la salud de los trabajadores.

26.3. El incumplimiento del Plan de Riesgos Laborales constituirá un incumplimiento material del presente Contrato, dando derecho a la PRODUCTORA a resolverlo de conformidad con la Cláusula 15.

27.- RELACIÓN LABORAL

La relación laboral establecida en virtud del presente Contrato es exclusivamente entre la PRODUCTORA y el ACTOR/ACTRIZ, siendo la PRODUCTORA quien deberá afrontar sus obligaciones como empleador.

28.- NOTIFICACIONES

28.1. Las notificaciones entre las Partes podrán hacerse por cualquiera de los medios admitidos en Derecho que permita tener constancia de la recepción.

28.2. Toda notificación necesaria a los efectos del presente Contrato, se hará a las direcciones que constan en el encabezamiento del presente documento como domicilios de las Partes o en las direcciones de correo electrónico que se indican a continuación:

E-mail del ACTOR/ACTRIZ: [*]

E-mail de la PRODUCTORA: [*]

28.1. Las Partes se comunicarán, por escrito, en tiempo oportuno cualquier cambio de los anteriores domicilios y datos.

29.- MISCELÁNEA

29.1. El presente Contrato y, en su caso, todos sus anexos constituyen un acuerdo completo entre las Partes en relación con el encargo de la realización de obra y servicios determinados en relación con el CAPÍTULO y la OBRA AUDIOVISUAL y cesión de derechos de propiedad intelectual e industrial y derechos de imagen contemplados en el presente Contrato y únicamente podrá ser modificado en virtud de un documento escrito firmado por las Partes.

29.2. Cualquier modificación que afecte al presente Contrato o, en su caso, a sus anexos deberán realizarse por escrito para ser efectivos. Ninguna práctica, omisión o negligencia pasiva constituirá fundamento para poder modificar el presente Contrato.

29.3. Si alguna parte, término o disposición del presente Contrato se declarara ilegal, nulo o inválido, será eliminado y las Partes intentarán solucionarlo acordando una disposición aplicable que la sustituya, permaneciendo en vigor el resto de disposiciones.

29.4. Las precitadas cesiones y cualesquiera otras manifestaciones y garantías contenidas en el presente Contrato seguirán vigentes aun cuando se produzca una terminación o resolución del Contrato.

29.5. Cada una de las Partes faculta a la otra Parte para que pueda elevar a público el presente Contrato, asumiendo el coste la Parte solicitante y quedando obligada la otra Parte a realizar cuantas gestiones sean necesarias para tal fin.

30.- LEGISLACIÓN APLICABLE Y JURISDICCIÓN

30.1. El presente Contrato se regirá por la legislación española vigente, y, en particular, por la Ley de Propiedad Intelectual y su normativa complementaria.

30.2. Las Partes se someten expresa y voluntariamente a la jurisdicción y competencia de los Tribunales de la ciudad de .... para resolver cualquier controversia que pudiera plantearse en relación con la interpretación y aplicación del presente Contrato, con expresa exclusión de cualquier otro fuero que les pudiera corresponder.

31.- REGISTRO DEL CONTRATO.

El presente Contrato será registrado en la Oficina de Empleo de ....

Y para que así conste, y en prueba de conformidad de las Partes, se firma el presente documento por duplicado ejemplar, en el lugar y fecha indicados en el encabezamiento.

La PRODUCTORA	El ACTOR/ACTRIZ
[*]"	D° [*]

F026. CONTRATO DE TRABAJO COMO ACTOR PROTAGONISTA

REUNIDOS

De una parte:

Don **[*]**, con D.N.I. nº [*], en representación de la empresa [*], S.L., con C.I.F. número [*], número de afiliación a la Seguridad Social Colectivo de Artistas [*], mediante escritura pública otorgada el [*] por el ilustre Notario del Colegio de ...., Don [*] con número de protocolo [*] cuya actividad es la producción audiovisual y cinematográfica de todo tipo de obras audiovisuales, con domicilio social y fiscal y centro de trabajo en [*], (en adelante **la PRODUCTORA**).

Y, de otra parte:

Don/Doña [*] de nacionalidad ...., con DNI [*], Número de Afiliación a la Seguridad Social [*], fecha de nacimiento [*] y domicilio en [*] Calle [*], conocida con el nombre artístico de "[*]", en su propio nombre y derecho (**en adelante, el ACTOR/ACTRIZ**).

Ambas partes reconociéndose recíprocamente capacidad legal necesaria y suficiente para la formalización del presente contrato,

EXPONEN

I. Que la PRODUCTORA ha sido contratada por la sociedad [*], con domicilio en [*] (en adelante, "[*]") para prestar los servicios de producción, en su integridad en el territorio de España, de la obra audiovisual extranjera de ficción provisional o definitivamente titulada "[*]" y compuesta por cuatro [*] capítulos (en adelante, la "**OBRA AUDIOVISUAL**").

II. Que la PRODUCTORA está interesado en contratar los servicios del ACTOR/ACTRIZ para la interpretación del papel correspondiente al personaje denominado "[*]" para uno de los capítulos de la **OBRA AUDIOVISUAL,** provisional o definitivamente titulado "[*]" (en adelante, el "**CAPITULO**") a la que se refiere el expositivo anterior, en los términos del presente contrato.

III. Que el marco jurídico aplicable al presente contrato de carácter laboral es el Real Decreto 1435/85 de 1 de agosto, por el que se regula la relación laboral especial en espectáculos públicos, III Convenio colectivo estatal regulador de las relaciones laborales entre los productores de obras audiovisuales y los actores que prestan servicios en las mismas, en vigor desde el 16 de mayo de 2016, incluido el anexo de tablas salariales vigente. (en lo sucesivo, el "**Convenio Colectivo**") y el Real Decreto Legislativo 1/1996, de 12 de abril, por el que se aprueba el Texto Refundido de la Ley de Propiedad Intelectual, regularizando, aclarando y armonizando las disposiciones legales vigentes sobre la materia (en lo sucesivo, la "**Ley de Propiedad Intelectual**"), así como aquella legislación complementaria de carácter civil, laboral o mercantil.

Por todo lo anterior ambas partes (en adelante, las "**Partes**") han convenido celebrar el presente contrato de ACTOR/ACTRIZ para el CAPÍTULO y la OBRA AUDIOVISUAL (en adelante, el "**Contrato**"), con sujeción a las siguientes

CLÁUSULAS

1.- OBJETO

La PRODUCTORA contrata al ACTOR/ACTRIZ, en régimen laboral, para que preste sus servicios en el **CAPITULO** interpretando el papel asignado al personaje denominado **"[*]"** (en adelante, el "**Personaje**") en el guion del CAPÍTULO (en adelante, el "**Guion**"). A los efectos de lo previsto en el Convenio Colectivo, el papel correspondiente al Personaje asignado al ACTOR/ACTRIZ tendrá la categoría de **ACTOR/ACTRIZ PROTAGONISTA**.

Asimismo, es objeto de este Contrato la cesión a favor de la PRODUCTORA de los derechos de propiedad intelectual y en su caso los derechos de propiedad industrial y de imagen que pudieran corresponderle al ACTOR/ACTRIZ por su interpretación del Personaje en el CAPÍTULO y en la OBRA AUDIOVISUAL, en los términos descritos en la Cláusula 5 siguiente.

2.- PRESTACIONES ESENCIALES DE LAS PARTES

2.1. En virtud del presente Contrato, el ACTOR/ACTRIZ se compromete a llevar a cabo la interpretación del papel correspondiente a su Personaje (en adelante, la "**Interpretación**"), encarnando al mismo, conforme al texto correspondiente e instrucciones contenidos en el Guion y a las instrucciones que pueda darle la PRODUCTORA y el director (en lo sucesivo, el ACTOR/ACTRIZ) del CAPÍTULO designado por la PRODUCTORA —las cuales el ACTOR/ACTRIZ se compromete a aceptar sin reserva alguna—, con la máxima calidad técnica y artística, dentro de su estilo interpretativo, para su fijación en el CAPÍTULO. En consecuencia, el ACTOR/ACTRIZ está obligado a repetir su Interpretación cuantas veces le sea requerido al objeto previsto en esta Cláusula, de conformidad con los usos de la industria audiovisual.

2.2. El ACTOR/ACTRIZ declara conocer el Guion, y, en particular, conocer el papel del Personaje que le corresponde interpretar, al haber tenido acceso al mismo con suficiente antelación a la firma del presente Contrato, quedando obligado a la memorización del texto correspondiente al mismo.

2.3. LA PRODUCTORA ha recibido el encargo de prestar los servicios de producción de [*] y que se realizará, por tanto, por iniciativa y bajo responsabilidad de ésta, directamente o a través de LA PRODUCTORA, total o parcialmente. Por ello, de la fijación de la Interpretación que realice el ACTOR/ACTRIZ del papel que le corresponde y con respecto al CAPÍTULO, así como en su conjunto en relación a la OBRA AUDIOVISUAL, [*] tendrá la consideración, a los efectos del presente Contrato y de la legislación aplicable, de PRODUCTORA de obras audiovisuales, de conformidad con la definición establecida en el artículo 120.2 de la Ley de Propiedad Intelectual, y será titular de la totalidad de los derechos de propiedad intelectual sobre la Fijación de la Interpretación del ACTOR/ACTRIZ, en línea con lo estipulado en la Cláusula 6 del presente Contrato, del mismo modo que lo es con respecto al CAPÍTULO y la OBRA AUDIOVISUAL.

3.- OTRAS OBLIGACIONES DEL ACTOR/ACTRIZ

3.1. Igualmente se entienden comprendidos entre los servicios que debe prestar el ACTOR/ACTRIZ en virtud del presente Contrato todos aquellos que sean necesarios y/o convenientes para el buen fin de la producción y promoción de la OBRA AUDIOVISUAL, de acuerdo con los criterios del ACTOR/ACTRIZ y de LA PRODUCTORA, y en concreto:

a) Prestación completa de sus servicios en periodo de preparación, incluidas las sesiones necesarias para las pruebas de maquillaje, vestuario, peluquería, ensayos, y cualesquiera otras necesarias.

b) Prestación completa de sus servicios en periodo de rodaje según lo establecido en el presente Contrato, en las fechas previstas por la PRODUCTORA, así como llevar a cabo la interpretación del papel correspondiente al Personaje, con la máxima calidad técnica y artística, de acuerdo con el contenido del Guion y de las instrucciones de la PRODUCTORA, su personal responsable y del director; comprometiéndose, además, a estar en el lugar de grabación con suficiente tiempo de antelación, en los términos indicados en cada momento por la PRODUCTORA.

c) Prestación completa de sus servicios en periodo de post-producción, incluyendo retakes de imagen y/o de sonido, post-sincronización, y doblaje que deba tener lugar a criterio del director y/o de la PRODUCTORA, cuyas fechas de realización serán determinadas por la PRODUCTORA, teniendo en cuenta la disponibilidad del ACTOR/ACTRIZ, así como realizar las sesiones de rodaje y/o foto fija que estime necesarias la PRODUCTORA para la elaboración de los materiales promocionales de pre-producción, producción y post-producción, incluyendo expresamente los llamados making of y/o extras de DVD; cuyas fechas de realización serán determinadas por la PRODUCTORA, teniendo en cuenta la disponibilidad del ACTOR/ACTRIZ.

d) Prestación completa de sus servicios en periodo de promoción, que sean requeridos por la PRODUCTORA, tanto a nivel nacional como internacional, incluyendo asistir tanto en estrenos, festivales, certámenes cinematográficos, y eventos promocionales de diversa naturaleza, y proporcionar, en las fechas que de mutuo acuerdo pacten las Partes –de acuerdo con la disponibilidad profesional del ACTOR/ACTRIZ– servicios de promoción de la OBRA AUDIOVISUAL, la realización de escenas y/o tomas de fotografía, reportajes y/o entrevistas necesarias para los medios de comunicación (periódicos, revistas, televisión, plataformas, páginas web, y cualesquiera otros medios de comunicación audiovisuales, digitales o similares), o interacciones necesarias en redes sociales, cuyas fechas de realización serán determinadas por la PRODUCTORA, teniendo en cuenta la disponibilidad del ACTOR/ACTRIZ.

e) Prestación de todos aquellos servicios que sean necesarios y/o convenientes para el buen fin de la producción y promoción de la OBRA AUDIOVISUAL de acuerdo con los criterios de la PRODUCTORA y del director.

Durante las fases de rodaje y doblaje, el ACTOR/ACTRIZ, que deberá conocer perfectamente la locución y actuación del papel correspondiente a su Personaje, estará a las órdenes de la PRODUCTORA y del director, cuyas instrucciones deberá seguir obligatoriamente.

Entre la fecha de inicio del presente Contrato y la de su finalización, el ACTOR/ACTRIZ se compromete expresamente a no realizar actividad alguna que pueda suponer una alteración de su apariencia física, así como a no emprender actividades que supongan un riesgo físico.

3.2. Durante la vigencia del Contrato, el ACTOR/ACTRIZ tiene la obligación de conservar su apariencia física, incluido el tono de su piel, y tan solo podrá cambiarla previa consulta y aprobación por parte de la PRODUCTORA. Asimismo, acepta en virtud del presente Contrato realizar cualquier modificación en su aspecto que le sea requerida, como permitir la coloración o el corte de su pelo, la aplicación de prótesis, el uso de lentes de contacto o cualquier otro cambio de imagen que sea necesario para la caracterización de su Personaje. Todo lo anteriormente expuesto se realizará siempre sin perjuicio de la salud del ACTOR/ACTRIZ.

3.3. El ACTOR/ACTRIZ reconoce expresamente el derecho de la PRODUCTORA, sin percibir por ello remuneración adicional alguna, a incluir cualquier clase de producto y/o manipulaciones de productos, servicios, marcas comerciales, realización de productos derivados en cualquier formato, etc. admitidas por la legislación vigente, aun cuando se requiera la colaboración directa del ACTOR/ACTRIZ, salvo que la misma supusiera una agresión o menoscabo de su imagen personal, profesional o artística, y sin que esto suponga contraprestación alguna añadida a favor del ACTOR/ACTRIZ.

Todo lo anterior es de aplicación siempre y cuando no se relacione en ningún momento la imagen, voz o cualquier otra característica del ACTOR/ACTRIZ con marca comercial y/o servicio alguno. En ningún caso estará obligado el ACTOR/ACTRIZ hacer mención alguna de marca comercial o servicio.

3.4. La PRODUCTORA podrá, en todo momento, y sin que ello altere en absoluto los derechos ni deberes del ACTOR/ACTRIZ, alterar el Guion, así como el plan de rodaje, el reparto, y cualesquiera otras condiciones artísticas, empresariales, comerciales y, en general, cualesquiera extremos, aspectos o elementos relativos a la producción promoción y explotación de la Obra Audiovisual, o cualquier extremo o aspecto que directa o indirectamente tenga que ver con la misma, incluido el título por el que se identifica la obra en este Contrato. En todo caso, la PRODUCTORA avisará al ACTOR/ACTRIZ con la antelación suficiente de los cambios que pudieran afectar directamente a la prestación de los servicios a que se compromete en virtud del presente Contrato.

4.- EXCLUSIVIDAD, PRIORIDAD Y DISPONIBILIDAD

4.1. El ACTOR/ACTRIZ prestará sus servicios, durante la preparación, preproducción y rodaje en régimen de exclusividad y en absoluta prioridad. En consecuencia, el ACTOR/ACTRIZ se compromete a permanecer en situación de disponibilidad absoluta durante dichos períodos de tiempo, para lo que vendrá obligado, bien a estar localizable en el número de teléfono que facilite a la PRODUCTORA, bien a comunicar el lugar donde estará permanentemente localizable.

En particular, los servicios del ACTOR/ACTRIZ se prestarán en condición de exclusividad durante las sesiones de rodaje fijadas por la PRODUCTORA. El ACTOR/ACTRIZ informará a la PRODUCTORA de los compromisos profesionales que vaya adquiriendo con terceros, respetando siempre el plan de rodaje citado.

En los períodos de doblaje, postproducción y promoción, el ACTOR/ACTRIZ prestará sus servicios en régimen de prioridad, procurando la mayor disponibilidad posible para el cumplimiento de los objetivos marcados durante dichos periodos, conforme a las reglas de la buena fe.

4.2. El ACTOR/ACTRIZ declara expresamente y garantiza no haber contraído compromiso anterior alguno que le impida el cumplimiento de las obligaciones que a su cargo se establecen en el presente Contrato, al que concede exclusividad y prioridad, en los términos previamente descritos, comprometiéndose, además, a no adquirir compromisos de trabajo de ningún tipo durante la vigencia del presente Contrato sin la previa autorización LA PRODUCTORA.

5.- AUTORIZACIÓN Y CESIÓN DE DERECHOS

5.1. En virtud del presente Contrato, el ACTOR/ACTRIZ autoriza a LA PRODUCTORA a que realice la primera fijación de la Interpretación del papel correspondiente a su Personaje en la OBRA AUDIOVISUAL (en adelante, la "**Fijación**"), y cede, asimismo, a LA PRODUCTORA sobre dicha Fijación y su Interpretación (tanto en la versión definitiva, como en los brutos, tomas falsas, tomas provisionales, etc.), en exclusiva, hasta el paso al dominio público del CAPÍTULO y la OBRA AUDIOVISUAL, para todo el mundo (en lo sucesivo, el "**Territorio**") y con la facultad de cesión, licencia o autorización a terceros (tanto de forma exclusiva como no exclusiva, totales, parciales, onerosas o gratuitas), la totalidad de los derechos de propiedad intelectual y todos los derechos conexos (incluyendo, sin limitación, los derechos de reproducción, distribución, comunicación al público —que incluye el derecho de puesta a disposición del público— y transformación), así como los derechos propiedad industrial e imagen, voz y/o nombre artístico y todos los derechos de explotación que le pudieran corresponder, derivados de dicho resultado de su trabajo prestado en el marco de este Contrato.

Dicha cesión de derechos abarcará todas las formas y modalidades de explotación conocidas en la fecha de este Contrato y, en la medida en que la legislación aplicable lo permita, todas las formas de explotación concebidas posteriormente, y, en particular, y con carácter enunciativo y no limitativo, para su explotación televisiva (incluyendo de forma enunciativa y no taxativa, la televisión por ondas hertzianas o digitales, la televisión por cable, por satélite, ya sea digital o analógica, de pago o gratuita, Smart Tv, etc.), radiodifusión, explotación impresa (carteles, posters, libros, etc.), on line (e.g. por Internet a través de streaming y/o downloading y/u otro, incluidas plataformas audiovisuales), explotaciones derivadas, secundarias y/o de merchandising, sistemas GPRS, SMS, MMS, WAP, UMTS, 3G, 4G, 5G, y cualesquiera otras tecnologías relacionadas con los teléfonos fijos o móviles, dispositivos y aplicaciones móviles, explotación cinematográfica, fonográfica y videográfica; comprometiéndose y estando en todo caso obligado el ACTOR/ACTRIZ, con arreglo a la legislación aplicable en cada momento y/o territorio, a otorgar, suscribir y firmar cuantos documentos fuesen necesarios para la máxima y plena efectividad de la cesión de los derechos prevista.

A título meramente enunciativo, es decir, sin carácter exhaustivo o limitativo, quedan comprendidos en la presente cesión los siguientes derechos de propiedad intelectual sobre la Interpretación y su Fijación, así como con respecto a cualesquiera otros resultados de su prestación de servicios:

(a) **La fijación** en cualquier material o medio que permita el ejercicio de los derechos de reproducción, comunicación pública y distribución.

b) **La reproducción** en todo tipo de soportes, tangibles o no, tales como fonográficos, fotográficos, visuales, audiovisuales, telemáticos, ópticos, informáticos, electrónicos, digitales y analógicos, videocasetes, videodiscos, discos láser, videodiscos digitales, Blu-Ray, discos compactos, discos compactos de 8 mm, CD-ROM y otros soportes similares.

c) **La distribución** mediante venta, préstamo, alquiler o cualquier otra forma de distribución consistente en la entrega de copias en cualquier formato.

d) **La comunicación al público** mediante la exhibición, proyección, radiodifusión, transmisión y retransmisión pública por ondas de radio, cable, satélite, Internet, redes de telefonía móvil (encriptadas o no, para todos los casos), sistemas analógicos o digitales, por un precio o de forma gratuita, incluidos el vídeo a la carta y cuasi-vídeo a la carta y otros medios análogos, así como cualquier otro sistema de explotación guiada, radiodifundida, transmitida o retransmitida, incluido el acceso del público a las bases de datos por cable, cable, alambre o fibra óptica o a través de cualquier red de comunicaciones digitales o analógicas.

(e) **La puesta a disposición del público** de manera interactiva por cualquier medio, especialmente a través de Internet, incluyendo, pero no limitado a, la posibilidad de ver sin descargar (streaming) y descargar con fines de visualización.

(f) **La transformación,** cuyo resultado sea la adaptación y cualquier otra modificación en su forma y expresión, de la que se derive una obra diferente; incluidos cualquier tipo de producto de merchandising y videojuegos.

(g) **El doblaje y subtitulado,** comprendiendo la realización de las necesarias adaptaciones tanto para doblar y/o subtitular la Interpretación, como para transcribir, en la forma para ello decidida por el adaptador correspondiente, los diálogos de la versión original del CAPÍTULO y/o de la OBRA AUDIOVISUAL a otras lenguas y dialectos.

(h) **Explotaciones derivadas**, entendiéndose por ésta la utilización de la Interpretación del ACTOR/ACTRIZ, de su Fijación o de elementos de la misma, para la fabricación y comercialización de objetos de artes plásticas o aplicadas, juegos y, en general, para todas las aplicaciones genéricamente denominadas productos derivados. En todo caso, en el supuesto de tales explotaciones deberá el ACTOR/ACTRIZ ser consultado previamente a efectos de su autorización, en relación con el uso de su imagen.

(f) **Explotaciones de merchandising**, es decir, la utilización de la Interpretación, de su Fijación o de elementos de la misma, así como de la imagen del ACTOR/ACTRIZ caracterizado como el Personaje que interpreta para la fabricación y comercialización de objetos de artes plásticas o aplicadas, juegos y, en general, para todas las aplicaciones genéricamente denominadas productos derivados. El merchandising incluirá, sin carácter exhaustivo, los commercial tie-in rights, referidos a la promoción del CAPÍTULO y/o de la OBRA AUDIOVISUAL conjuntamente con otros productos, así como derechos para la realización de parques temáticos, en el sentido que tienen dichos términos de acuerdo con los usos de la industria cinematográfica.

5.2. La mencionada cesión incluye asimismo los derechos de imagen del ACTOR/ACTRIZ, referidos estos al rodaje, así como a los actos preparatorios del mismo o al doblaje, con el fin de llevar a cabo las actividades promocionales de la producción, de acuerdo con lo dispuesto en el presente Contrato, ya tengan éstas lugar con anterioridad al establecimiento de la versión definitiva, o se puedan desarrollar posteriormente en cualquiera de los momentos de la explotación comercial del CAPÍTULO y/o de la OBRA AUDIOVISUAL.

5.3. Los derechos de propiedad industrial cedidos en el marco del presente Contrato incluyen la totalidad de los derechos de propiedad industrial que pudieran derivarse de la Interpretación del ACTOR/ACTRIZ, incluidas marcas y nombres comerciales, en régimen de exclusiva y por toda la duración de los derechos mencionados, así como el derecho a proceder a la solicitud y/o registro de estos derechos en cualquier territorio y para cualquier clase del Nomenclátor Internacional, comprometiéndose el ACTOR/ACTRIZ a prestar su colaboración con la PRODUCTORA para la obtención de los derechos correspondientes.

5.4. Asimismo, el ACTOR/ACTRIZ autoriza expresamente a LA PRODUCTORA, en los términos de la cesión previamente descrita, la explotación de extractos, resúmenes, secuencias o fragmentos, imágenes, fotogramas, fotografías, o elementos sonoros y de interpretación del CAPÍTULO y/o de la OBRA AUDIOVISUAL en la que aparezca su imagen, incluidos los que no se hayan incluido en el montaje final, así como las fotografías tomadas durante, antes y después del rodaje, con ocasión de éste o en actos previos o posteriores, para su reproducción, distribución o comunicación pública de forma aislada o mediante su incorporación en otras obras, producciones, publicaciones, emisiones, grabaciones o bases de datos, escritas, sonoras o audiovisuales independientes del CAPÍTULO y/o de la OBRA AUDIOVISUAL. Asimismo, el ACTOR/ACTRIZ autoriza al PRODUCTORA a producir y difundir por la radio versiones sólo audio de la OBRA AUDIOVISUAL, así como a explotar dichas versiones sólo audio, tanto íntegras como fragmentadas, de forma fonográfica, ya sea junto con la banda sonora musical del CAPÍTULO y/o de la OBRA AUDIOVISUAL o de forma aislada.

5.5. El ACTOR/ACTRIZ renuncia a todos y cada uno de los derechos morales que pudieran corresponderle en la máxima medida permitida por la ley de la jurisdicción en la que se haya buscado la protección de dichos derechos morales. A efectos aclaratorios, LA PRODUCTORA reconoce que la renuncia a los derechos morales antes mencionada sólo será aplicable en la medida en que dicha renuncia esté permitida por las leyes nacionales y/o locales de la jurisdicción donde la protección de dichos derechos morales pueda ser reclamada por el ACTOR/ACTRIZ.

5.6. La cesión de derechos operada en virtud del presente Contrato no puede ser interpretada de manera que se entienda que la PRODUCTORA no ostenta todos los derechos sobre las aportaciones del ACTOR/ACTRIZ al CAPÍTULO y/o a la OBRA AUDIOVISUAL, o que, de alguna otra manera estos derechos se hallen limitados, frustrándose en caso contrario la finalidad de este Contrato.

5.7. Asimismo, el ACTOR/ACTRIZ reconoce y acepta expresamente que, tal y como se indica en la Cláusula 2.3 anterior, [*], o cualquier tercer cesionario de [*], es el único y exclusivo titular, como productor audiovisual, de las grabaciones audiovisuales en las queden fijados el CAPÍTULO y/o la OBRA AUDIOVISUAL, conforme a lo previsto en el artículo 120.2 de la Ley de Propiedad Intelectual.

5.8. La cesión de derechos regulada en la presente Cláusula 7 no incluye aquellos derechos de remuneración que pueda ostentar el ACTOR/ACTRIZ y que tengan carácter irrenunciable de acuerdo con lo previsto en la Ley de la Propiedad Intelectual, los cuales se harán efectivos a través de la correspondiente entidad de gestión colectiva de derechos de propiedad intelectual. Las Partes reconocen y aceptan que, en ningún caso, la PRODUCTORA será responsable de realizar los pagos relacionados con los derechos de remuneración equitativa que pudieran deberse al ACTOR/ACTRIZ como consecuencia de la explotación del CAPÍTULO y/o de la OBRA AUDIOVISUAL, siendo únicamente responsables de dichos pagos los obligados a ello de conformidad con la Ley de Propiedad Intelectual y, en todo caso, la PRODUCTORA no se hace responsable de las liquidaciones percibidas por el ACTOR/ACTRIZ en concepto de derechos de remuneración equitativa ni tampoco del momento de percepción de las mismas.

5.7. El ACTOR/ACTRIZ renuncia voluntaria y expresamente, en la medida en que lo permita la legislación aplicable, a cualquier tipo de medida cautelar que le permita impedir la comercialización, reproducción, comunicación, exhibición y/o cualquier otra forma de explotación y/o uso de la OBRA AUDIOVISUAL y/o de las obras derivadas de la misma. En caso de declararse judicialmente inválida esta renuncia, las reclamaciones quedaría limitadas a reclamaciones económicas, no pudiendo éstas interferir, inhibir, prohibir o restringir el desarrollo, producción o explotación del CAPÍTULO y/o la OBRA AUDIOVISUAL (y/o de sus obras derivadas) o cualesquiera derechos conexos.

6.- PROPIEDAD DE LAS FIJACIONES

Sin perjuicio de lo establecido en la Cláusula anterior, la PRODUCTORA, en cuanto prestador del servicio de producción a [*], y el ACTOR/ACTRIZ, reconocen y aceptan que [*] es el único titular, en tanto que productor de la OBRA AUDIOVISUAL, en virtud del Título III del Libro II de la Ley de Propiedad Intelectual, en exclusiva y sin limitaciones de ningún tipo, hasta su paso al dominio público y para todo el universo, de la totalidad de los derechos de propiedad intelectual sobre la Fijación de la Interpretación, así como del CAPÍTULO y de la OBRA AUDIOVISUAL, incluyendo los derechos de reproducción directa o indirecta, distribución, comunicación pública, incluida la puesta a disposición del público, transformación —tal y como dichos derechos se definen en la Ley de Propiedad Intelectual— y puesta a disposición –tal y como este último derecho está definido en la Directiva 2001/29/CE del Parlamento Europeo y del Consejo, de 22 de mayo de 2001, relativa a la armonización de determinados aspectos de los derechos de autor y derechos afines a los derechos de autor en la sociedad de la información—, así como subtitulado y doblaje.

7.- DURACIÓN

7.1. El plazo de vigencia del presente Contrato es desde [*] y [*] y durante el doblaje y promoción de la OBRA AUDIOVISUAL, esto es durante las fases de ensayos, rodaje y doblaje, hasta la finalización de periodo de promoción, según lo requerido por la PRODUCTORA y lo convenido en el presente Contrato. Durante dicho plazo se convocará al ACTOR/ACTRIZ para que preste sus servicios durante los días/sesiones de rodaje que estime la PRODUCTORA conforme a lo establecido en el plan de rodaje que se entregara al ACTOR/ACTRIZ, y, en todo caso hasta la completa interpretación del Personaje. La PRODUCTORA se reserva el derecho de prorrogar por los días que fueran necesarios, si a la finalización del periodo inicialmente contratado no hubieran concluido los trabajos profesionales del ACTOR/ACTRIZ o si se produjera la eventualidad de que, por causas de fuerza mayor o necesidades de producción, los días de sesiones previstos inicialmente tuvieran que producirse en fechas posteriores a ese periodo de tiempo anteriormente mencionado.

LA PRODUCTORA podrá retrasar treinta (30) días la fecha de inicio del trabajo si fuera necesario por necesidades de rodaje o de producción. En tal caso, LA PRODUCTORA comunicará debidamente al ACTOR/ACTRIZ la nueva fecha de inicio del trabajo, comenzando el cómputo del plazo de vigencia del Contrato desde dicha fecha.

Este Contrato debe interpretarse como de resultado, de tal manera que el ACTOR/ACTRIZ viene obligado a completar la interpretación del Personaje, conforme al criterio de la PRODUCTORA, y del director. Por lo tanto, el ACTOR/ACTRIZ deberá prestar toda su colaboración profesional en completar la composición e interpretación del Personaje en las sesiones de preparación, ensayo y rodaje acordadas con la PRODUCTORA. LA PRODUCTORA dará por finalizado el presente Contrato de trabajo a la finalización del objeto para el que fue establecido.

En cualquier caso, al tratarse de un Contrato de duración determinada, pero por obra o servicio, se acuerda que la retribución y la duración pactada lo es por todo el tiempo necesario para completar su concreto cometido en la OBRA AUDIOVISUAL, cumpliendo con todas aquellas labores recogidas en las cláusulas del presente Contrato.

7.2. La convocatoria para cada sesión de rodaje se efectuará por cualquiera de los medios habituales, al menos con doce (12) horas de antelación. Igualmente quedarán comprendidas dentro del objeto del presente Contrato, las actividades mencionadas en la Cláusula 3, así como los trabajos de doblaje de la OBRA AUDIOVISUAL, en su versión en Castellano, si fuera necesario, sonorizando con su propia voz el papel que haya interpretado, y sin recibir remuneración complementaria por dicha labor.

Como fecha estimativa de preparación de la OBRA AUDIOVISUAL, sujeta a cambios por la PRODUCTORA se establecen los ensayos, pruebas de vestuario y maquillaje en el periodo comprendido aproximadamente entre el [*] y [*], en el cual se contará con absoluta disponibilidad del ACTOR/ACTRIZ. Con carácter orientativo, sujeto a posibles variaciones de las que el ACTOR/ACTRIZ será informado por la PRODUCTORA, inicialmente se prevé la participación del ACTOR/ACTRIZ en aproximadamente [*] sesiones de ensayo, incluidas pruebas de vestuario y maquillaje.

Asimismo, con fecha estimativa, sujeta a cambios por la PRODUCTORA se establecen las sesiones de doblaje en el periodo comprendido aproximadamente entre el [*] y [*]. A dichos efectos, LA PRODUCTORA comunicará al ACTOR/ACTRIZ la fecha de doblaje con una antelación no inferior a siete (7) días naturales, indicando en la misma comunicación el estudio de doblaje en el que se prevea su realización. El correspondiente aviso de convocatoria se efectuará con una antelación mínima de dieciocho (18) horas. En el caso de que el ACTOR/ACTRIZ tuviese compromisos profesionales en las fechas propuestas por la PRODUCTORA, el ACTOR/ACTRIZ lo pondrá en conocimiento de ésta ofreciendo a su vez el calendario de fechas posibles. Según se establece en el Convenio Colectivo vigente, la incomparecencia injustificada del ACTOR/ACTRIZ a la segunda convocatoria dará opción al PRODUCTOR para hacer doblar su voz por una tercera persona.

En caso de que fuesen necesarias jornadas adicionales para doblaje o segundas tomas, estás tendrán lugar una vez finalizado el rodaje. La remuneración más abajo pactada por las Partes incluye la retribución de dichas jornadas adicionales.

7.3. El plazo de vigencia aquí reseñado se entiende que es un periodo de compromiso, ya que sólo tendrá la consideración de día trabajado a todos los efectos, aquellos días en que el ACTOR/ACTRIZ efectúe las sesiones ensayos o rodaje previstos.

7.4. Sin perjuicio de la terminación del presente Contrato, las Partes quedarán vinculadas por aquellas cláusulas que, por las especiales características de su contenido, sobrevivan al mismo y, en especial, quedará vigente y surtirá efectos la cesión de derechos que se instrumenta en el presente

Contrato por el plazo de vigencia de tales derechos consignado en la legislación aplicable y, en particular, en la Ley de Propiedad Intelectual.

8.- VERSIÓN ORIGINAL DE LA INTERPRETACIÓN Y DOBLAJE

8.1. El rodaje de la obra audiovisual se efectuará en su versión original en Castellano.

8.2. Si, a juicio de LA PRODUCTORA, fuese necesario el doblaje o la grabación en off de la obra en otra lengua, el ACTOR/ACTRIZ estará obligado y, es su derecho, en primera opción, a poner la voz al Personaje que ha interpretado cuando éste se realice en la lengua o lenguas que el ACTOR/ACTRIZ considera como propias. De esta forma, el ACTOR/ACTRIZ reconoce en el presente Contrato que la lengua que él considera como lengua materna, propia, y la cuál conoce y maneja sin dificultad es el Castellano. La PRODUCTORA se reserva el derecho a designar a una tercera persona en sustitución del ACTOR/ACTRIZ en el caso que el doblaje realizado por él mismo no sea de la máxima calidad exigida por [*].

8.3. Sin perjuicio del derecho que le corresponde al ACTOR/ACTRIZ a doblar la Interpretación en su propio idioma en la versión original de la OBRA AUDIOVISUAL, en virtud de lo establecido en el artículo 27 del Convenio Colectivo, por medio del presente Contrato el ACTOR/ACTRIZ autoriza expresamente a la PRODUCTORA que la Interpretación sea doblada, si fuera el caso, por una tercera persona al habla hispana que se emplea en Latinoamérica.

9.- LUGAR DE TRABAJO

El rodaje del CAPÍTULO está previsto se realice en diversas localizaciones de la Comunidad Autónoma de ...., aunque puntualmente pudiera extenderse a otras Comunidades.

10.- JORNADA LABORAL Y ALTA EN LA SEGURIDAD SOCIAL

10.1. Por las características de los servicios que debe prestar el ACTOR/ACTRIZ no resulta posible, en el presente Contrato, fijar una jornada laboral diaria, ni siquiera de forma indiciaria, durante el rodaje de la OBRA AUDIOVISUAL, por lo que las Partes acuerdan someterse expresamente a lo que se derive tanto de los planes de rodaje previstos, como de la efectiva ejecución de los mismos.

La jornada laboral podrá tener lugar dentro de las 24 horas de cada día y durante los siete días de la semana y podrá efectuarse en régimen de jornada partida o continuada.

La jornada máxima, y su cómputo, así como el descanso semanal, serán los previstos en cada caso en el Convenio Colectivo vigente.

La PRODUCTORA pondrá a disposición del ACTOR/ACTRIZ durante el rodaje tanto en interiores como en exteriores un lugar de descanso, así como un coche de producción para sus desplazamientos en las mismas condiciones que el resto de los actores y actrices españoles de su categoría.

La jornada laboral comenzará en la hora en que el ACTOR/ACTRIZ fuese citado para intervenir en el rodaje, con independencia de la hora en la que realmente comience la grabación de su Interpretación. No se computará como jornada laboral el tiempo de desplazamiento entre el lugar de residencia y el punto de trabajo, hasta un máximo de una hora y media entre la ida y vuelta. No se computará tampoco dentro de la jornada laboral el tiempo necesario para la caracterización (vestuario, maquillaje y peluquería) del actor/actriz, hasta un máximo de una hora.

Solo se considerará jornada efectiva de trabajo la que, en cumplimiento de lo anterior, el ACTOR/ACTRIZ esté a disposición de la PRODUCTORA.

10.2. El ACTOR/ACTRIZ será dado de alta en la Seguridad Social, en la categoría profesional correspondiente y en el régimen de artistas, por los días en los que preste sus servicios.

11.- CONTRAPRESTACIÓN

11.1. La remuneración total que se establece a favor del ACTOR/ACTRIZ es de **[*] ([*] €)** brutos, como contraprestación total por sus servicios, así como la cesión de la totalidad de los derechos de explotación recogidos en el presente Contrato. Esta cantidad incluye los servicios de interpretación durante rodaje, así como promociones, ensayos, pruebas de vestuario/maquillaje/peluquería, los demás servicios recogidos en el presente Contrato, y la autorización de comunicación pública de la Fijación de la Interpretación así como la cesión, sin limitación, de la totalidad de los derechos establecidos en este Contrato y en cumplimiento de lo establecido en el Convenio Colectivo, así como la indemnización por finalización de contratos de obra o servicio determinado cuya cuantía es equivalente a la parte proporcional de la cantidad que resultaría de abonar doce (12) días de salario por cada año de servicio, en línea con lo establecido en el artículo 49.1c) del Real Decreto Legislativo 2/2015, de 23 de octubre, por el que se aprueba el texto refundido de la Ley del Estatuto de los Trabajadores.

Asimismo, la citada contraprestación total incluye la remuneración a que se refiere el apartado tercero del Anexo I del vigente Convenio Laboral, esto es el 5% del salario total pactado (correspondiente a la cesión de los derechos de fijación, reproducción y distribución), y todos los conceptos salariales a los que el trabajador tiene derecho, incluyendo la exclusividad y disponibilidad, el trabajo en días festivos, nocturnidad y aquéllos de devengo superior al mes (parte proporcional de pagas extraordinarias y vacaciones).

11.2. La forma de pago será en nómina, por transferencia bancaria, a los datos que a tal efecto hayan sido designados por el ACTOR/ACTRIZ a LA PRODUCTORA, durante los primeros cinco (5) días naturales del mes siguiente al de la prestación de servicios.

11.3. Todos los ingresos mencionados en esta Cláusula, que como consecuencia del presente Contrato deba percibir el ACTOR/ACTRIZ, son brutos y estarán sujetos a la normativa fiscal y de Seguridad Social aplicable en el domicilio de la PRODUCTORA. La remuneración al ACTOR/ACTRIZ señalada en esta Cláusula se entenderá sin perjuicio de las remuneraciones que por imperativo legal tengan el carácter de irrenunciables y únicamente puedan ejercitarse o hacerse efectivas a través de entidades de gestión colectiva. En dichos supuestos, el ACTOR/ACTRIZ percibirá las cantidades que con cargo a los usuarios de las grabaciones audiovisuales u otros sujetos obligados al pago ajenos a la PRODUCTORA procedan conforme a lo determinado por Ley de Propiedad Intelectual.

A la finalización del ejercicio fiscal, la PRODUCTORA entregará al ACTOR/ACTRIZ la correspondiente certificación de las retenciones que haya efectuado a los efectos del Impuesto sobre la Renta de las Personas Físicas. En el caso de que sea de aplicación la retención de impuestos, el ACTOR/ACTRIZ podrá presentar los certificados correspondientes que le permitan reclamar dichas retenciones bajo el correspondiente Convenio Colectivo.

12.- DISPONIBILIDAD DE LA FIJACIÓN DE LA INTERPRETACIÓN Y GESTIÓN DE DERECHOS DE IMAGEN, PROMOCIÓN Y PUBLICIDAD

12.1. A los efectos de la realización del CAPÍTULO y de la OBRA AUDIOVISUAL, la PRODUCTORA y/o el montador podrán disponer libremente de la Interpretación o resultado audiovisual de los servicios prestados por el ACTOR/ACTRIZ en la producción para incorporarlos en la versión definitiva de la OBRA AUDIOVISUAL. La PRODUCTORA tendrá la iniciativa y más amplia libertad en la concepción y ejecución del material publicitario de la OBRA AUDIOVISUAL, por lo que podrá utilizar para la promoción de la misma todos los materiales en los que figure el ACTOR/ACTRIZ incluidos expresamente (i) los planos, tomas y secuencias no incluidos en el montaje final, (ii) las fotografías tomadas antes, durante y después del rodaje, con ocasión de éste, o en sus actos previos y posteriores y (iii) cualesquiera materiales elaborados o creados en el proceso de producción, incluyendo, entre ellos, el denominado "así se hizo" (making of), siempre y cuando no supongan una agresión o menoscabo del prestigio artístico y profesional del ACTOR/ACTRIZ y respeten el derecho a la propia imagen y a la intimidad del ACTOR/ACTRIZ.

El ACTOR/ACTRIZ renuncia expresamente, en los términos permitidos por la legislación aplicable, a ejercitar derecho alguno sobre dichas imágenes con independencia del soporte en que hayan sido impresionadas, su contenido y medio de comunicación en el que se divulguen, siempre que sean empleadas a fin de promocionar la OBRA AUDIOVISUAL, y nunca para efectuar publicidad de otros productos comerciales, y siempre y cuando no suponga una agresión o menoscabo de su prestigio artístico y profesional.

Igualmente, el ACTOR/ACTRIZ autoriza el uso de sus derechos de imagen, su fotografía, retrato e imagen física, reproducida o generada por cualquier medio, su biografía, así como expediente profesional, por cualquier medio, incluso por medio de procedimientos de clonación audiovisual e informática, siempre y cuando dicho uso no vaya en detrimento de su honor y/o reputación profesional, tanto para fines de promoción, explotación y comercialización de la OBRA AUDIOVISUAL, como de aquellas otras de las que ésta sea obra antecedente, o promoción de la propia actividad genérica de la PRODUCTORA y su currículum.

En consecuencia, y con el mismo alcance establecido anteriormente, podrá la PRODUCTORA utilizar para la publicidad del CAPÍTULO y de la OBRA AUDIOVISUAL, las segundas y posteriores tomas de cada escena o plano, así como, en su caso, las tomas rechazadas por montaje, o tomas especiales, tomas falsas, etc.

Igualmente, LA PRODUCTORA tendrá la iniciativa y la más amplia libertad en la concepción y ejecución del material publicitario de la OBRA AUDIOVISUAL. En consecuencia, LA PRODUCTORA podrá utilizar para fines de información o promoción de la OBRA AUDIOVISUAL, de su proceso de realización (por ejemplo, para la realización de documentales del tipo "Así se hizo"), extractos o fragmentos de la Fijación de la Interpretación, incluyendo las fotografías obtenidas durante el rodaje o proceso de preparación del mismo, y/o las fotos fijas y/o las segundas tomas y/o las tomas rechazadas en las que aparezca el ACTOR/ACTRIZ, así como fotografías, dibujos, retratos, voces, autógrafo y biografía del mismo, para fines de información, o promoción del CAPÍTULO y de la OBRA AUDIOVISUAL, de su proceso de realización y en general para la difusión de las actividades de la PRODUCTORA.

Asimismo, el ACTOR/ACTRIZ autoriza a la PRODUCTORA la realización de grabaciones sonoras o audiovisuales específicas en las que pueda aparecer su imagen o su voz que tengan por finalidad difundir el proceso de producción y realización de la OBRA AUDIOVISUAL (por ejemplo, un documental del tipo "Así se hizo"), o las actividades de la PRODUCTORA en general.

Entre los elementos promocionales de la OBRA AUDIOVISUAL a los que se refiere la presente Cláusula se encuentran, entre otros, el "libro de rodaje" u otro tipo de libro sobre el proceso de producción de la OBRA AUDIOVISUAL, "trailers", "teasers", "pre-teasers", videos musicales de la banda sonora de la OBRA AUDIOVISUAL, anuncios publicitarios audiovisuales o solo de sonido, "commercial tie-ins", pósters o calendarios, así como cubiertas de una novela basada en la OBRA AUDIOVISUAL, o de la versión impresa del Guion, o de la carátula del disco de la banda sonora de la OBRA AUDIOVISUAL. Asimismo, el ACTOR/ACTRIZ autoriza el uso de su imagen caracterizado como su Personaje para producir, distribuir y explotar bienes y servicios comerciales y no comerciales, tales como objetos de artes plásticas o aplicadas, juegos o juguetes, ropa, merchandising, videojuegos, etc., que utilicen, representen o incorporen su Personaje o situaciones o acontecimientos que aparezcan o se representen en la OBRA AUDIOVISUAL.

12.2. El ACTOR/ACTRIZ se compromete a colaborar de manera activa y positiva en las actividades que se programen por la PRODUCTORA con el objeto de promocionar el CAPÍTULO y la OBRA AUDIOVISUAL, de modo que, a requerimiento de la PRODUCTORA, el ACTOR/ACTRIZ participará en las actividades promocionales y publicitarias de del CAPÍTULO y de la OBRA AUDIOVISUAL tanto en estrenos, festivales nacionales e internacionales, certámenes, entrevistas en medios de comunicación (radio, prensa, TV y/o internet), ruedas de prensa, etc., siempre y cuando no suponga una agresión o menoscabo de su prestigio artístico y profesional, teniendo en cuenta la PRODUCTORA la disponibilidad del ACTOR/ACTRIZ, siempre que ésta hay sido debidamente notificada a la PRODUCTORA con suficiente antecedencia. En caso de que el ACTOR/ACTRIZ haya adquirido otros compromisos con anterioridad y estos hayan sido debidamente notificados a la PRODUCTORA, ambas Partes se obligan a encontrar las fechas más adecuadas para la participación del ACTOR/ACTRIZ en las precitadas actividades promocionales.

Sólo en el caso de ser requerido para ello por la PRODUCTORA, el ACTOR/ACTRIZ queda obligado a asistir a actos de promoción en las fechas señaladas por la PRODUCTORA, las cuales serán acordadas de mutuo acuerdo y de buena fe. Se incluyen a título enunciativo y no limitativo, como actos de promoción, los siguientes:

- Ruedas de prensa, photocalls y entrevistas de inicio y/o fin de rodaje.
- Rueda de prensa, photocalls y entrevistas previas al estreno en cines.
- Rueda de prensa previa al estreno en la plataforma digital en la que se estrene la OBRA AUDIOVISUAL.
- Estrenos en .... y otras ciudades que designe la PRODUCTORA.
- Festivales nacionales o internacionales de reconocida importancia, en los que participe la OBRA AUDIOVISUAL, a elección de la PRODUCTORA.
- Entrevistas para prensa escrita, radio, televisión o Internet, durante el rodaje, estreno y presentación en Festivales o nominación a Premios.

12.3. El ACTOR/ACTRIZ se compromete a seguir fielmente las instrucciones de la PRODUCTORA en todo lo relativo a la promoción y publicidad, y concretamente en lo que se refiere a sus declaraciones, entrevistas y comentarios sobre el CAPÍTULO y la OBRA AUDIOVISUAL, comprometiéndose a no realizar ningún comentario negativo, sarcástico, irónico o burlón, sobre la misma o sobre la PRODUCTORA y/o las restantes personas o empresas que hayan intervenido en su producción, comercialización y/o financiación.

12.4. La prestación de los servicios por el ACTOR/ACTRIZ se refiere exclusivamente al CAPÍTULO y la OBRA AUDIOVISUAL y eventos concretos, de manera que, citado por la PRODUCTORA para participar en un evento promocional, el ACTOR/ACTRIZ deberá abstenerse de publicitar durante el desarrollo de dicho evento cualquier otra producción, producto o servicio que no sea la OBRA AUDIOVISUAL, así como de realizar cualquier juicio negativo sobre la OBRA AUDIOVISUAL, la PRODUCTORA, la producción o cualquier aspecto relacionado directa o indirectamente con los mismos.

12.5. Sin perjuicio de los compromisos asumidos previamente en este Contrato, el ACTOR/ACTRIZ se compromete igualmente a adaptar su colaboración en la promoción del CAPÍTULO y la OBRA AUDIOVISUAL en los términos y requisitos que, en su caso, puedan solicitar los terceros cesionarios de la OBRA AUDIOVISUAL, para su explotación y promoción por los mismos, siempre que dichos requisitos no vayan en detrimento de su honor y/o reputación profesional.

12.6. En último término, el ACTOR/ACTRIZ reconoce y acepta que los premios y/o ayudas que se pudieran derivar directa y/o indirectamente de la OBRA AUDIOVISUAL serán, en todo caso, exclusiva propiedad de la PRODUCTORA, salvo aquéllos que estuvieran destinados única y exclusivamente al ACTOR/ACTRIZ, en lo relativo a su Interpretación.

12.7. La contraprestación por la realización de los servicios de promoción se encuentra incluida en la remuneración contemplada en la Cláusula 11 del presente Contrato.

13.- REDES SOCIALES

13.1. Las Partes acuerdan que el ACTOR/ACTRIZ se coordinará con la PRODUCTORA para acordar estrategias comunes de promoción y comunicaciones por medio de redes sociales (en adelante, "**RRSS**") a efectos de dar visibilidad a la OBRA AUDIOVISUAL.

En particular y entre otros, la PRODUCTORA podrá incluir la creación de perfiles en RRSS (a título meramente enunciativo: Instagram, Facebook, Twitter, YouTube, Snapchat, Pinterest, etc., —en adelante, RRSS—) asociados a los distintos personajes del CAPÍTULO y/o de la OBRA AUDIOVISUAL, incluido el Personaje que interpreta el ACTOR/ACTRIZ. La gestión de dichos perfiles será competencia de la PRODUCTORA (o cualquier tercero designado por esta), si bien el ACTOR/ACTRIZ se compromete a llevar a cabo aquellas acciones que resulten necesarias para generar el contenido destinado a las mismas, así como a realizar aquellas interacciones que le sean indicadas por la PRODUCTORA, siempre que no menoscaben el honor y/o reputación profesional del ACTOR/ACTRIZ.

13.2. El ACTOR/ACTRIZ no podrá revelar ningún tipo de información y contenido relativo al CAPÍTULO y/o a la OBRA AUDIOVISUAL, sin contar con el consentimiento previo y por escrito de la PRODUCTORA. En este sentido, el ACTOR/ACTRIZ se compromete a no efectuar ninguna publicación (incluyendo, con carácter enunciativo pero no limitativo, la prensa online y tradicional, cualquier sitio web y/o RRSS) de ningún contenido relacionado con la OBRA AUDIOVISUAL sin contar con tal autorización por escrito de la PRODUCTORA.

13.3. Por otra parte, el ACTOR/ACTRIZ asume determinados compromisos respecto de sus perfiles personales en RRSS, en concreto:

a. El ACTOR/ACTRIZ se compromete a no crear ningún perfil asociado al Personaje.

b. El ACTOR/ACTRIZ se compromete a que todas las publicaciones o contribuciones que cree o publique a través de RRSS relacionadas con el CAPÍTULO y/o la OBRA AUDIOVISUAL, en coordinación con la PRODUCTORA, serán expresadas de forma profesional, apropiada y coherente con el presente Contrato, con ánimo positivo, y que de ninguna forma utilizará de un lenguaje sarcástico o poco constructivo que pueda afectar a la OBRA AUDIOVISUAL, a la PRODUCTORA o a terceros licenciatarios o cesionarios de derechos, incluida la Plataforma.

Los anteriores compromisos entrarán en vigor en el momento de la firma del presente Contrato y se mantendrán vigentes de forma indefinida tras su terminación, y no entrañan contraprestación adicional alguna para el ACTOR/ACTRIZ.

14.- SUSPENSION DEL CONTRATO

14.1. LA PRODUCTORA tendrá el derecho de suspender este Contrato y todas sus obligaciones en virtud del mismo, mediante notificación por escrito al ACTOR/ACTRIZ durante todos los períodos en que el ACTOR/ACTRIZ se encuentre en incumplimiento sustancial en virtud del presente Contrato o en casos de fuerza mayor, entendiendo por tal cualquier acto, evento, omisión o accidente más allá del control razonable LA PRODUCTORA e incluyendo, sin carácter exhaustivo, virus, pandemias, la crisis, incendio, terremoto, inundación, huelga o cierre patronal u otra disputa laboral, caso fortuito o enemigo público, guerra o conflicto armado, acto de terrorismo, cualquier evento local, estatal o autonómica internacional, orden gubernamental o regulación que prohíba el CAPÍTULO y/o la OBRA AUDIOVISUAL o que haga que la preparación y realización de la grabación del CAPÍTULO y/o de la OBRA AUDIOVISUAL sea demasiado gravosa, incumplimiento de contrato por parte de terceros que no sea subsanable dentro de un período razonable de tiempo (y en ningún caso después de cinco (5) días hábiles, reducible a dos (2) días hábiles durante la grabación principal del CAPÍTULO y/o de la OBRA AUDIOVISUAL), muerte, enfermedad o incapacidad del director, director de fotografía o un miembro principal del elenco del CAPÍTULO y/o de la OBRA AUDIOVISUAL o cualquier mandato judicial u otra interferencia material con el desarrollo, producción o distribución del CAPÍTULO y/o de la OBRA AUDIOVISUAL o cualquier otro evento fuera del control de la PRODUCTORA que resulte insubsanable o no pueda ser subsanado dentro de un período razonable de tiempo (y en ningún caso después de cinco (5) días hábiles, reducible a dos (2) días hábiles durante la grabación principal). Dicha suspensión continuará durante la duración del incumplimiento o el evento de fuerza mayor más el período de tiempo adicional que sea razonablemente necesario para preparar la reanudación de la producción, según lo determine la PRODUCTORA. Una suspensión parcial no eximirá al ACTOR/ACTRIZ del resto de sus obligaciones bajo este Contrato, excepto en los casos de infracción material por parte de la PRODUCTORA.

14.2. Finalizada la suspensión del presente Contrato y comunicada ésta por la PRODUCTORA, el ACTOR/ACTRIZ tendrá la obligación de reincorporarse a su puesto de trabajo en la fecha que le hubiera sido indicada por la PRODUCTORA.

15.- RESOLUCIÓN DEL CONTRATO

15.1. El presente Contrato podrá resolverse por las causas siguientes:

15.1.1. Por la PRODUCTORA

a) Incumplimiento grave por parte del ACTOR/ACTRIZ de las obligaciones que asume en el presente Contrato. En especial, se entenderá por incumplimiento grave:

- la incomparecencia no justificada a una sesión de rodaje o el retraso habitual a las mismas, así como la negativa injustificada a prestar los Servicios;
- la variación de su aspecto físico en los términos precitados en este Contrato;
- el no sometimiento a los controles médicos necesarios referidos en este Contrato;
- la ingesta de alcohol, drogas o cualquier fármaco que afecte al correcto desarrollo de su trabajo; siempre y cuando estos no estén prescritos por un facultativo;
- las faltas de puntualidad al trabajo no justificadas;
- la falta de acatamiento a las órdenes de la PRODUCTORA o del director en el desarrollo del trabajo para el que ha sido contratado;
- el desconocimiento del Guion y/o su no memorización en lo que le corresponda, evidenciado en una sesión de rodaje, sin causa justificada;
- la imposibilidad de obtener permisos para trabajar en los Lugares de Trabajo por razones imputables al ACTOR/ACTRIZ;
- la falta de una calidad mínima en el desempeño de sus servicios como intérprete, y/o en la ejecución de la Interpretación, de acuerdo con el criterio del director y/o de la PRODUCTORA o cualquiera de sus representantes;
- y, en general, cualquier negativa injustificada del ACTOR/ACTRIZ y/u omisión de cumplimiento de cualquiera de las obligaciones que asume mediante el presente Contrato.

Este supuesto dará derecho a LA PRODUCTORA a exigir al ACTOR/ACTRIZ la devolución de las cantidades ya pagadas y a percibir una indemnización por los daños y perjuicios causados con motivo de la paralización del rodaje y la pérdida de la jornada que afecte, en su caso, al resto del equipo del rodaje convocado.

b) El presente Contrato quedará automáticamente resuelto si [*] decidiese suspender la producción del CAPÍTULO y/o la OBRA AUDIOVISUAL, cobrando el ACTOR/ACTRIZ por los trabajos realizados hasta la fecha de la suspensión, sin contraprestación o indemnización adicional alguna.

c) El presente Contrato se considerará asimismo extinto, si [*] así lo requiere por cualquier motivo.

d) Cuando la suspensión del Contrato por fuerza mayor suceda y continúe por un período de cuatro (4) semanas consecutivas o más o un total de seis (6) semanas o más (reducible a cuatro (4) días consecutivos o más o un total de seis (6) días o más durante la grabación principal del CAPÍTULO y/o la OBRA AUDIOVISUAL.

e) Por cualesquiera otras causas legal o reglamentariamente procedentes.

15.1.2. Por el ACTOR/ACTRIZ

a) La falta de pago por el PRODUCTORA de las retribuciones pactadas a favor del ACTOR/ACTRIZ.

No se considerará causa de resolución del Contrato, aquellos retrasos en la grabación del CAPÍTULO y/o la OBRA AUDIOVISUAL que afecten al ACTOR/ACTRIZ, por causas de fuerza mayor o caso fortuito, no imputables a LA PRODUCTORA.

En los supuestos no contemplados en la presente Estipulación, se estará a lo dispuesto en el Convenio Colectivo vigente, así como a las normas generales de derecho común que le sean aplicables.

16.- FUERZA MAYOR OCASIONADA POR LA CRISIS............ (CRISIS)

16.1. Debido a la situación de emergencia de salud pública ocasionada por la crisis, el ACTOR/ACTRIZ se hace responsable de cumplir con todas las medidas y restricciones establecidas en el ámbito nacional que pudieran ser aplicables durante la vigencia del Contrato.

Las medidas contenidas en este apartado serán revisadas, actualizadas y adecuadas a medida que vayan modificándose en el territorio nacional y, en todo caso, serán complementarias a las medidas contenidas en la Ley 31/1995, de 8 de noviembre, de Prevención de Riesgos Laborales y su normativa de desarrollo.

16.2. El ACTOR/ACTRIZ se compromete a informar a la PRODUCTORA en caso de mostrar sintomatología asociada a la enfermedad de la crisis o sospecha de ello y, en este caso, permanecerá en cuarentena en su domicilio, sin acudir presencialmente al lugar de rodaje.

El ACTOR/ACTRIZ se compromete a respetar la distancia de seguridad mínima de dos metros en el desempeño de su trabajo siempre que sea posible, a utilizar los equipos de protección que se le proporcionen y a realizarse tests crisis según le recomiende la PRODUCTORA y/o cuando la PRODUCTORA estime necesario. En los casos en que la naturaleza del trabajo no permita respetar la distancia interpersonal ni el uso de equipos de protección adecuados al nivel de riesgo, se comprometerá a cumplir con las medidas de seguridad diseñadas por la PRODUCTORA para cada caso particular a partir de las recomendaciones de las autoridades sanitarias.

El ACTOR/ACTRIZ se compromete a cumplir con las medidas de higiene que le imponga o recomiende la PRODUCTORA en el ejercicio de su actividad.

16.3. Las Partes acuerdan que, teniendo en cuenta la situación actual de la crisis, así como la posibilidad de que se aprueben futuras medidas y restricciones para combatir los efectos de la crisis que podrían afectar tanto a los ensayos, como a la preparación de la producción, o incluso al propio rodaje, es imposible prever el desarrollo de la situación durante las fechas en las que tendrán lugar los ensayos y el rodaje. A estos efectos, en caso de que, debido a dicha situación, la PRODUCTORA se vea obligada a suspender la producción por ser imposible garantizar un óptimo desarrollo en la continuación de la misma, el ACTOR/ACTRIZ se compromete a reincorporarse a los ensayos y/o rodaje y, en su caso, a postproducción, incluidos retakes/doblaje, y promoción del CAPÍTULO y/o de la OBRA AUDIOVISUAL cuando la PRODUCTORA le indique que estos se reanudan, siempre y cuando la situación y las medidas de prevención lo permitan.

17.- CONFIDENCIALIDAD

17.1. En virtud del presente Contrato, el ACTOR/ACTRIZ se compromete a guardar secreto y no revelar los términos respecto de toda aquella información que haya tenido ocasión de conocer como consecuencia de su participación en el proceso de producción y promoción del CAPÍTULO y/o de la OBRA AUDIOVISUAL, incluido el presente Contrato (en lo sucesivo, "**la Información Confidencial**", tal y como se define más abajo) a terceros, salvo que así fuera requerido por una orden judicial o administrativa, en cuyo caso las Partes igualmente se comprometen a comunicarse, con carácter previo tal circunstancia, la existencia de dicho mandato judicial o administrativo, por escrito, de forma inmediata, procurando restringir en la medida de lo posible el contenido de dicha revelación. En consecuencia, el ACTOR/ACTRIZ se obliga tratar la Información Confidencial con la máxima reserva y discreción y por tanto a no comunicar ni revelar dicha información a terceras personas ajenas a la producción y promoción del CAPÍTULO y/o de la OBRA AUDIOVISUAL, y, en particular, a ninguna persona que preste sus servicios en medios de comunicación social, salvo previa autorización por escrito por parte LA PRODUCTORA.

17.2. A los efectos del presente Contrato, la Información Confidencial incluirá todos aquellos datos e informaciones relativos al proceso de producción y promoción del CAPÍTULO y de la OBRA AUDIOVISUAL, tales como, sin carácter exhaustivo, el argumento, el Guion, los Personajes, el rodaje, el reparto, el equipo técnico y de producción, el presupuesto, las localizaciones, la ambientación, la caracterización, las anécdotas o acontecimientos acaecidos durante la producción, las vidas privadas de los intervinientes en la producción, o cualquier otro elemento o circunstancia de la producción. Asimismo, la Información Confidencial incluirá datos e informaciones relativos a la Productora, tales como, sin carácter exhaustivo, información comercial, económica o industrial, información sobre empleados, contratistas, clientes, posibles clientes y/o proveedores o estrategia comercial y financiera, información relativa a secretos comerciales, marcas, nombres comerciales, diseños, know-how, prototipos, planos, carteles publicitarios, datos de carácter personal o cualquier otro tipo de información relativa a la Productora.

17.3. El compromiso de confidencialidad previamente descrito conlleva, entre otros, que el ACTOR/ACTRIZ no podrá revelar, publicar o difundir ninguna clase de información, fotografía, artículo o publicidad de ninguna clase relacionado directamente o indirectamente con su actividad laboral, el CAPÍTULO, la OBRA AUDIOVISUAL o con cualquier proveedor de servicios. Queda terminalmente prohibido, salvo autorización expresa por LA PRODUCTORA, dicha difusión, revelación o publicación a través de cualquier medio y forma de comunicación incluidos y sin limitación, en internet, redes sociales como Twitter, Facebook, Youtube, blogs, mensajes multimedia (sms, mms, e-mail y otras tecnologías).

Asimismo, el ACTOR/ACTRIZ deberá mantener una estricta confidencialidad a la hora de manejar cualquier material relacionado con el CAPÍTULO y la OBRA AUDIOVISUAL incluidos sin limitación, el Guion y/o cualquier información, documento, elementos fotográficos, fotografía personal realizada en el lugar de trabajo o fuera de él y/o cualquier tipo de comunicación en el lugar de trabajo o fuera de él relacionado con cualquier otro aspecto del CAPÍTULO y de la OBRA AUDIOVISUAL o proveedor de servicios.

17.4. Las obligaciones establecidas en esta Cláusula 17 se antepondrán a la extinción del Contrato por la causa que sea. Desde el momento en que se inicie el rodaje del CAPÍTULO y/o de la OBRA AUDIOVISUAL, lo que antes ocurra, el ACTOR/ACTRIZ solo podrá difundir publicidad que contenga su nombre y que le identifique únicamente su relación laboral en la OBRA AUDIOVISUAL o con cualquier otro ACTOR/ACTRIZ de la OBRA AUDIOVISUAL, de manera que dicha publicidad no pueda ser calificada como un anuncio del CAPÍTULO y/o de la OBRA AUDIOVISUAL y no contenga ninguna clase de material que menosprecie al PRODUCTORA, [*], el CAPÍTULO, la OBRA AUDIOVISUAL, o cualquiera proveedor de servicios.

17.5. El ACTOR/ACTRIZ reconoce expresamente que la Información Confidencial es propiedad de la Productora. El ACTOR/ACTRIZ se compromete a utilizar la Información Confidencial que reciba o conozca únicamente en la medida necesaria para la prestación de sus servicios en virtud del presente Contrato. El ACTOR/ACTRIZ se obliga, asimismo, a notificar inmediatamente a la Productora, cualquier revelación o uso no autorizado de la Información Confidencial de la que tenga conocimiento. Igualmente se compromete el ACTOR/ACTRIZ a no utilizar de forma alguna ni interpretar, excepto para los fines del cumplimiento del presente Contrato, y salvo previa autorización escrita de la PRODUCTORA, el Personaje que interpreta, sus características, así como cualquier cualidad del mismo que le haga identificable.

17.6. El ACTOR/ACTRIZ reconoce y acepta que la Información Confidencial tienen un valor económico independiente que se deriva del hecho de no ser conocida por el público en general o por otras personas que puedan obtener un valor económico de su divulgación, distribución o uso. Asimismo, el ACTOR/ACTRIZ reconoce y acepta que cualquier incumplimiento por su parte con respecto a la Información Confidencial supondrá un perjuicio irreparable para la Productora, no fácilmente mensurable en dinero, y por el que la Productora, sin renunciar a otros derechos o recursos que les asistan, tendrán derecho a solicitar medidas cautelares y de resarcimiento.

17.7. La obligación de confidencialidad prevista en esta Cláusula 17 se mantendrá en vigor durante toda la duración del presente Contrato y por tiempo indefinido tras su pérdida de vigencia o resolución por cualquier causa.

17.8. A petición de la Productora, el ACTOR/ACTRIZ se compromete a devolver inmediatamente la Información Confidencial correspondiente a su legítimo propietario. En todo caso, el ACTOR/ACTRIZ reconoce y acepta que el incumplimiento de lo dispuesto en la presente Cláusula podrá dar lugar a la obligación de restituir a la Productora la totalidad de la Información Confidencial y/o la resolución del presente Contrato por la Productora en los términos previamente descritos, así como dará derecho a la PRODUCTORA a exigirle cuantos daños y perjuicios le haya causado dicho incumplimiento.

17.9. El ACTOR/ACTRIZ responderá e indemnizará a la Productora, por cualquier reclamación, coste, pérdida, daño o responsabilidad exigida a la Productora como consecuencia directa o indirecta del incumplimiento por parte del ACTOR/ACTRIZ de las obligaciones contempladas en la presente Cláusula.

18.- TÍTULOS DE CRÉDITO

18.1. El ACTOR/ACTRIZ tendrá derecho a figurar en los títulos de crédito principales del CAPÍTULO (iniciales y finales, o en su defecto, aquellos que la PRODUCTORA y distribuidores decidan como créditos principales). La PRODUCTORA tendrá plena libertad en lo relativo a la confección y contenido de los títulos de crédito del CAPÍTULO y de la OBRA AUDIOVISUAL.

Se exceptúan de las obligaciones de crédito previamente referidas la publicidad que se difunda a través de la radiodifusión o aquellos otros medios en los que no sea habitual dicha mención; en tales medios, el tamaño, orden y manera del título de crédito y, en su caso, su inclusión, se adaptará a las características de aquel en que la misma se incluya.

18.2. La PRODUCTORA no será responsable en los supuestos de incumplimiento de las obligaciones relativas a los títulos de crédito antes descritas, en aquellos casos en los que la publicidad o promoción del CAPÍTULO y de la OBRA AUDIOVISUAL sea realizada por terceros, incluso en el supuesto de que éstos posteriormente repercutan dicho coste a la PRODUCTORA.

18.3. El ACTOR/ACTRIZ reconoce y acepta que el emplazamiento, tamaño y demás circunstancias y características de los títulos de crédito podrán ser objeto de modificaciones en función de las condiciones impuestas por los posibles coproductores, cesionarios, distribuidores, plataformas y cualesquiera terceros que participen o colaboren en la financiación de la producción del CAPÍTULO y de la OBRA AUDIOVISUAL.

18.4. Cualquier incumplimiento involuntario de la implementación de las disposiciones de esta Cláusula por parte de la PRODUCTORA o el incumplimiento de dichas disposiciones por un tercero distinto de la PRODUCTORA no constituirá incumplimiento de este Contrato.

19.- RESPONSABILIDAD

En el caso de que el rodaje del CAPÍTULO deba interrumpirse, de forma temporal o definitiva, por causa imputable al ACTOR/ACTRIZ, éste será responsable de cuantos daños y perjuicios se deriven para la PRODUCTORA, salvo que dicha interrupción sea debida a causa de fuerza mayor, enfermedad o accidente.

20.- DESPLAZAMIENTOS

En el caso de que, por necesidades de rodaje, el ACTOR/ACTRIZ tenga que pernoctar fuera del lugar de trabajo, será a cuenta de la PRODUCTORA los gastos de alojamiento y desayuno del ACTOR/ACTRIZ en un hotel de la misma categoría a aquel en el que se aloje todo el equipo técnico español del CAPÍTULO. En el caso de que la PRODUCTORA no le proporcionara la dieta, le tendría que pagar la cena en un restaurante cercano al hotel o darle una dieta según lo marcado en convenio, y el complemento de pernocta establecido en convenio en caso de que se diera, en igualdad de condiciones que el resto del equipo artístico de su misma categoría.

21.- ESCENAS DE RIESGO

En caso de que alguna de las escenas del CAPÍTULO en las que intervenga el ACTOR/ACTRIZ pueda suponer un riesgo para su integridad física o su salud, tendrá derecho a solicitar y obtener la intervención de un doble especialista.

En el caso que el ACTOR/ACTRIZ renuncie al derecho que le concede el párrafo anterior, serán de su exclusiva responsabilidad los daños personales, o lesiones, o daños de otro tipo que pudiese sufrir durante el desarrollo del ensayo o rodaje de dicha escena o secuencia.

La renuncia del ACTOR/ACTRIZ y la aceptación del PRODUCTORA deberán constar por escrito con anterioridad al inicio del ensayo o del rodaje o las tomas de fotografía de la escena en cuestión.

22.- SEGUROS

La PRODUCTORA podrá contratar los seguros que estime convenientes y/o necesarios en relación con la persona del ACTOR/ACTRIZ, comprometiéndose éste a someterse a los exámenes y análisis médicos que por los aseguradores se consideren convenientes a tal efecto. La obtención de las coberturas necesarias es condición determinante para la prestación del consentimiento de la PRODUCTORA a este Contrato.

23.- PROTECCIÓN DE DATOS

23.1. Dando cumplimiento a lo dispuesto en el Reglamento (UE) 2016/679, de 27 de abril, General de Protección de Datos ("RGPD"), la PRODUCTORA informa al ACTOR/ACTRIZ de que es responsable de un tratamiento de datos en el que se encuentran incluidos los datos recabados de sus empleados en el momento de su incorporación laboral y los que, con posterioridad, se aporten por los empleados en el desarrollo, cumplimiento y seguimiento de su relación laboral.

23.2. Los datos facilitados por el ACTOR/ACTRIZ serán tratados por la PRODUCTORA con la finalidad de gestionar la relación contractual y cumplir con sus obligaciones legales, fiscales y administrativas, así como con los compromisos adquiridos entre las partes. A título enunciativo y no limitativo, el PRODUCTORA tratará los datos del ACTOR/ACTRIZ con los siguientes usos derivados de las finalidades anteriores:

a) Gestión administrativa de la PRODUCTORA.

b) Gestión de la contratación y liquidación de obligaciones fiscales ante las autoridades públicas competentes en la materia.

c) Gestión de los ACTOR/ACTRIZ, y en su caso, formación y promoción.

d) Gestión de la compensación económica pactada con el ACTOR/ACTRIZ.

e) Vigilancia de la salud en el trabajo y prevención de riesgos laborales.

f) Gestión de la seguridad interna de la empresa.

g) Control de acceso a las instalaciones y en su caso, control de presencia.

h) Gestión de las prestaciones y beneficios sociales acordados en su caso, con el ACTOR/ACTRIZ.

23.3. La base jurídica que legitima los tratamientos mencionados es la necesidad del tratamiento para la ejecución del presente Contrato y la necesidad del tratamiento para el cumplimiento de obligaciones legales aplicables.

23.4. Los datos del ACTOR/ACTRIZ serán tratados durante la relación contractual. Finalizada la misma, sus datos pasarán a formar parte del fichero histórico-estadístico de relaciones contractuales, quedando bloqueados y conservándose a disposición de las Administraciones Públicas, Jueces y Tribunales para la atención de las posibles responsabilidades nacidas del tratamiento y/o de la relación jurídica subyacente, durante el plazo de prescripción de éstas, en virtud de la legislación civil, mercantil, penal, fiscal y administrativa.

Asimismo, la PRODUCTORA accederá a la información contenida en los sistemas y equipos informáticos puestos a disposición del COLABORADOR para garantizar la continuidad de las actividades de la empresa, pudiendo reasignarlos en caso de ser necesario.

23.5. Las finalidades y usos descritos anteriormente podrán requerir la comunicación de los datos personales del ACTOR/ACTRIZ a los siguientes destinatarios:

a) Autoridades públicas con competencia en la materia, para el cumplimiento de obligaciones fiscales a las que esté sometido el PRODUCTORA.

b) En su caso, prestadores de servicios de formación y reciclaje profesional.

c) En su caso, prestadores de beneficios sociales para el ACTOR/ACTRIZ.

d) El Defensor del Pueblo, el Ministerio Fiscal o los Jueces o Tribunales o el Tribunal de Cuentas, cuando lo soliciten en el ejercicio de las funciones que tienen atribuidas.

e) Autoridades públicas, cuando lo soliciten en el ejercicio de las funciones que tienen atribuidas.

f) Y, en general, toda comunicación de datos autorizada por una ley o necesaria para el desarrollo, cumplimiento y control de la relación jurídica.

23.6. Asimismo, para la explotación del CAPÍTULO y de la OBRA AUDIOVISUAL, los datos del ACTOR/ACTRIZ serán comunicados necesariamente a [*], con domicilio en ...., país cuya legislación no garantiza un nivel adecuado de protección de datos a criterio de las autoridades europeas. No obstante, [*]y la PRODUCTORA han regulado esta comunicación a través de un Acuerdo de Transferencia Internacional de Datos basado en las Cláusulas Contractuales establecidas por la Comisión Europea, que aporta garantías adecuadas en materia de protección de datos personales.

23.7. El ACTOR/ACTRIZ podrá ejercer sus derechos de acceso, rectificación, supresión, oposición, limitación y portabilidad de sus datos personales a través de una comunicación escrita al domicilio indicado en el encabezamiento, identificándose como ACTOR/ACTRIZ del productor, aportando copia de su DNI o documento equivalente y concretando su solicitud. Si el ACTOR/ACTRIZ considerase que el tratamiento de sus datos personales no se ajusta a la normativa vigente, podrá presentar una reclamación ante la Agencia Española de Protección de Datos (www.aepd.es). No obstante lo anterior, el ACTOR/ACTRIZ deberá tener en cuenta que los derechos de supresión u oposición no podrán ser ejercidos cuando su otorgamiento impida el buen desarrollo y cumplimiento de la relación.

23.8. Por su parte, el ACTOR/ACTRIZ se compromete a:

a) Facilitar información actualizada, exacta y veraz cuando le sea solicitada.

b) Informar al PRODUCTORA de cualquier modificación que sufra la información facilitada, a través del procedimiento indicado para el ejercicio del derecho de rectificación.

c) Cumplir con su deber de secreto profesional y con su obligación de guardar los datos personales e información confidencial a la que tenga acceso con motivo de su actividad, compromisos que subsistirán aun después de finalizar sus relaciones con la PRODUCTORA. No revelar, transferir, ceder o de otra forma comunicar los datos personales a ningún tercero, salvo autorización o instrucción de la PRODUCTORA.

d) En caso de que el ACTOR/ACTRIZ facilite datos personales de terceras personas con cualquier finalidad, garantiza haber informado previamente a los afectados y haber obtenido su consentimiento (o en caso de datos de menores de 14 años, el consentimiento informado de sus padres o tutores) para la comunicación de sus datos al PRODUCTORA.

23.9. La PRODUCTORA garantiza haber adoptado las medidas de índole técnica y organizativa necesaria que garantice la seguridad de los datos de carácter personal y eviten su alteración, pérdida, tratamiento o acceso no autorizado, habida cuenta del estado de la tecnología, la naturaleza de los datos almacenados y los riesgos a que estén expuestos, ya provengan de la acción humana o del medio físico o natural.

24.- RESPONSABILIDAD Y GARANTÍAS

24.1. Ningún acto u omisión por parte de la PRODUCTORA constituirá un incumplimiento de las obligaciones contractuales de la PRODUCTORA a menos que el ACTOR/ACTRIZ haya notificado primero por escrito a la PRODUCTORA estableciendo la infracción y la PRODUCTORA no haya puesto remedio. Si la PRODUCTORA no cumpliese con sus obligaciones aquí descritas los daños y perjuicios causados al ACTOR/ACTRIZ podrán ser cuantificados y, por tanto, serán suficientes para que el ACTOR/ACTRIZ renuncie a cualquier medida cautelar en perjuicio de la explotación del CAPÍTULO y/o la OBRA AUDIOVISUAL. Por consiguiente, y si se diese el caso, los derechos del ACTOR/ACTRIZ estarían limitados a la cuantificación obtenida por daños y perjuicios y el ACTOR/ACTRIZ no tendrá derecho a rescindir o anular este Contrato garantizando a la PRODUCTORA la cesión de todos los derechos aquí descritos, sin encarecer o impedir el desarrollo, la producción, el anuncio, la promoción, la distribución, exhibición o explotación del CAPÍTULO y/o de la OBRA AUDIOVISUAL y por consiguiente los derechos de la PRODUCTORA aquí descritos. El pago por parte de la PRODUCTORA de cualquier compensación o remuneración al ACTOR/ACTRIZ no constituirá una renuncia a cualquier derecho que se derive del incumplimiento por parte del ACTOR/ACTRIZ.

24.2. El ACTOR/ACTRIZ manifiesta y garantiza que:

a) no existe ni existirá ninguna carga, gravamen u obstáculo a la cesión a la PRODUCTORA y al ejercicio por la PRODUCTORA de los derechos de propiedad intelectual e industrial y derechos de imagen cedidos por el ACTOR/ACTRIZ a la misma que pudiera causar un perjuicio, prohibir o limitar de alguna manera la explotación pacífica, en todo o en parte, del CAPÍTULO y/o de la OBRA AUDIOVISUAL por parte de la PRODUCTORA o sus cesionarios;

b) no ha asumido ni asumirá ningún compromiso profesional o de otro tipo que pudiera impedir o limitar la previsión completa y adecuada de los servicios objeto del presente Contrato, sin perjuicio de lo previsto en la Cláusula 4;

c) no ha llevado a cabo ni llevará a cabo ninguna acción que pudiera perjudicar o prevenir el libre y total ejercicio de los derechos cedidos a la PRODUCTORA en virtud del presente Contrato.

d) no realizará ninguna acción que pudiera perjudicar a la buena imagen y reputación del CAPÍTULO y/o de la OBRA AUDIOVISUAL y, en general, de la PRODUCTORA y/o de cualquiera de sus cesionarios o licenciatarios.

24.3. El ACTOR/ACTRIZ responderá en exclusiva frente a cualquier acción o reclamación de terceros que se produzca con motivo o como consecuencia del incumplimiento de las obligaciones del ACTOR/ACTRIZ previstas en este Contrato, o bien de la cesión y/o ejercicio de los derechos otorgados a la PRODUCTORA mediante el presente Contrato.

24.4. El ACTOR/ACTRIZ garantiza que todas las acciones y/o recursos que pudiera ejercitar como consecuencia de cualquier contingente que tuviera causa en el Contrato, serán exclusivamente contra la PRODUCTORA, sin que en ningún caso pueda ejercitar acción alguna contra los coproductores ni sus inversores, sean estos personas físicas o jurídicas.

25.- CESIÓN A TERCEROS

25.1. Siendo un contrato personalísimo y habiendo sido seleccionado para la interpretación del Personaje, el ACTOR/ACTRIZ no podrá ceder este Contrato ni cualesquiera de los derechos y obligaciones previstos en el mismo a terceros.

25.2. La PRODUCTORA se reserva el derecho a ceder el Contrato en parte o en su totalidad a [*] o tercero que ésta designe, sustituyendo el cesionario a la PRODUCTORA y siendo solo necesario, a estos efectos, la mera comunicación al ACTOR/ACTRIZ. La cesión por parte del PRODUCTORA de este Contrato y de sus derechos y obligaciones no será motivo de abandono por el ACTOR/ACTRIZ del CAPÍTULO y/o de la OBRA AUDIOVISUAL.

26.- PREVENCIÓN DE RIESGOS LABORALES

26.1. El ACTOR/ACTRIZ reconoce haber recibido junto con el presente Contrato laboral el Ofrecimiento de Examen de Salud y el Plan de Prevención de Riesgos Laborales elaborado para el rodaje del CAPÍTULO, dándose por informado tanto de los riesgos que afectan a su trabajo, como de las medidas de protección y prevención aplicadas a dichos riesgos, comprometiéndose al debido cumplimiento de las mismas.

26.2. Asimismo, el ACTOR/ACTRIZ acepta el compromiso que se le solicita de:

a) Usar adecuadamente, de acuerdo con su naturaleza y los riesgos previsibles, las máquinas, aparatos, herramientas, sustancias peligrosas, equipos de transporte y, en general, cualesquier otros medios con los que desarrolle su actividad.

b) Utilizar correctamente los medios y equipos de protección facilitados por la PRODUCTORA, de acuerdo con las instrucciones que se le entregue al respecto.

c) Informar de inmediato al director de producción del CAPÍTULO o a la PRODUCTORA en caso de incendio y/o accidente, o de cualquier situación que, a su juicio, entrañe, por motivos razonables, un riesgo para la seguridad y la salud de los trabajadores.

d) Cooperar con el director de producción del CAPÍTULO (o con su sustituto) en el cumplimiento de aquellas medidas que puedan garantizar unas condiciones de trabajo que sean seguras y no entrañen riesgos para la seguridad y la salud de los trabajadores.

26.3. El incumplimiento del Plan de Riesgos Laborales constituirá un incumplimiento material del presente Contrato, dando derecho a la PRODUCTORA a resolverlo de conformidad con la Cláusula 15.

27.- RELACIÓN LABORAL

La relación laboral establecida en virtud del presente Contrato es exclusivamente entre la PRODUCTORA y el ACTOR/ACTRIZ, siendo la PRODUCTORA quien deberá afrontar sus obligaciones como empleador.

28.- NOTIFICACIONES

28.1. Las notificaciones entre las Partes podrán hacerse por cualquiera de los medios admitidos en Derecho que permita tener constancia de la recepción.

28.2. Toda notificación necesaria a los efectos del presente Contrato, se hará a las direcciones que constan en el encabezamiento del presente documento como domicilios de las Partes o en las direcciones de correo electrónico que se indican a continuación:

E-mail del ACTOR/ACTRIZ: [*]

E-mail de la PRODUCTORA: [*]

28.1. Las Partes se comunicarán, por escrito, en tiempo oportuno cualquier cambio de los anteriores domicilios y datos.

29.- MISCELÁNEA

29.1. El presente Contrato y, en su caso, todos sus anexos constituyen un acuerdo completo entre las Partes en relación con el encargo de la realización de obra y servicios determinados en relación con el CAPÍTULO y la OBRA AUDIOVISUAL y cesión de derechos de propiedad intelectual e industrial y derechos de imagen contemplados en el presente Contrato y únicamente podrá ser modificado en virtud de un documento escrito firmado por las Partes.

29.2. Cualquier modificación que afecte al presente Contrato o, en su caso, a sus anexos deberán realizarse por escrito para ser efectivos. Ninguna práctica, omisión o negligencia pasiva constituirá fundamento para poder modificar el presente Contrato.

29.3. Si alguna parte, término o disposición del presente Contrato se declarara ilegal, nulo o inválido, será eliminado y las Partes intentarán solucionarlo acordando una disposición aplicable que la sustituya, permaneciendo en vigor el resto de disposiciones.

29.4. Las precitadas cesiones y cualesquiera otras manifestaciones y garantías contenidas en el presente Contrato seguirán vigentes aun cuando se produzca una terminación o resolución del Contrato.

29.5. Cada una de las Partes faculta a la otra Parte para que pueda elevar a público el presente Contrato, asumiendo el coste la Parte solicitante y quedando obligada la otra Parte a realizar cuantas gestiones sean necesarias para tal fin.

30.– LEGISLACIÓN APLICABLE Y JURISDICCIÓN

30.1. El presente Contrato se regirá por la legislación española vigente, y, en particular, por la Ley de Propiedad Intelectual y su normativa complementaria.

30.2. Las Partes se someten expresa y voluntariamente a la jurisdicción y competencia de los Tribunales de la ciudad de .... para resolver cualquier controversia que pudiera plantearse en relación con la interpretación y aplicación del presente Contrato, con expresa exclusión de cualquier otro fuero que les pudiera corresponder.

31.– REGISTRO DEL CONTRATO.

El presente Contrato será registrado en la Oficina de Empleo de ....

Y para que así conste, y en prueba de conformidad de las Partes, se firma el presente documento por duplicado ejemplar, en el lugar y fecha indicados en el encabezamiento.

La PRODUCTORA	El ACTOR/ACTRIZ
[*]	D° [*]

F027. CONTRATO DE PRESTACIÓN DE SERVICIOS DE DIRECCIÓN

En................., a [*] de [*] de 20[*]

ENTRE

De un lado,

[*], **SL**, con domicilio social en [*]y con C.I.F. [*], representada en este acto por D./Dña. [*], de nacionalidad española, con DNI/Pasaporte nº[*], en calidad de apoderado.

En adelante, denominado la "**Productora**".

Y, de otro lado,

D./Dña. [*], mayor de edad, de nacionalidad española, con domicilio a estos efectos en [*], con DNI/Pasaporte nº [*], actuando en nombre y representación propia.

En adelante, denominado el "**Director**".

De igual forma, y en lo sucesivo, la Productora y el Director podrán ser denominados conjuntamente como las "**Partes**" e individualmente como la "**Parte**".

Ambas Partes manifiestan que sus facultades están vigentes, y que no han sido limitadas, revocadas ni suspendidas por lo que cuentan con la capacidad legal necesaria y suficiente para la formalización del presente contrato y, al efecto,

EXPONEN

I. Que la Productora es una entidad mercantil dedicada, entre otras actividades, a la producción de obras cinematográficas y audiovisuales y está llevando a cabo el desarrollo de la producción extranjera del proyecto de serie de televisión titulado provisionalmente [*], compuesta de cuatro [*] obras audiovisuales, de una duración de 45 minutos cada una (la "**Serie**"), por encargo de [*], (la "**Compañía**"),

II. Que, en virtud de lo anterior, la Productora ha formalizado un acuerdo de prestación de servicios de producción audiovisual con la Compañía, en fecha [*] de [*] de [*], para el desarrollo y ejecución del presente Proyecto.

III. Que la Productora dispone de la totalidad de los derechos de propiedad intelectual necesarios para la producción de la Serie y su posterior explotación, y está interesada en contratar los servicios del Director para que lleve a cabo la dirección de la obra audiovisual "XXX" de la Serie (la "**Obra Audiovisual**"), en los términos del presente contrato.

IV. Que el Director está en disposición de prestar los servicios requeridos, así como de ceder a la Productor todos los derechos de explotación sobre la Obra Audiovisual y sobre la Serie, de conformidad con lo previsto por el Real Decreto Legislativo 1/1996, de 12 de abril, por el que se aprueba el Texto Refundido de la Ley de Propiedad Intelectual, regularizando, aclarando y armonizando las disposiciones legales vigentes sobre la materia (la "**Ley de Propiedad Intelectual**"), en los términos y condiciones recogidos en el presente contrato.

V. Que, por todo lo expuesto, las Partes han convenido otorgar el presente contrato de trabajo que será de duración determinada, por la realización de obra y servicios determinados en relación con la dirección de la Obra Audiovisual (el "**Contrato**"), el cual se rige por las siguientes

CLÁUSULAS

1. OBJETO

1.1. En virtud del presente Contrato, la Productora contrata en exclusiva al Director durante las fases de preproducción y rodaje de la Obra Audiovisual, con la salvedad contemplada en la Cláusula 3.2 posterior, y en régimen prioritario durante el resto de los compromisos establecidos en el presente Contrato, quien se compromete a realizar la dirección de la Obra Audiovisual.

1.2. En virtud de lo anterior, el Director está en disposición de prestar los servicios requeridos, así como de ceder en exclusiva, y con facultad de cesión a terceros (ya sea en régimen de exclusiva o no exclusiva), a la Productora la totalidad de los derechos de propiedad intelectual sobre la Obra Audiovisual y la Serie en sí misma en calidad de co-autor de la misma, conforme a los términos previstos en el presente Contrato.

2. CONTENIDO DE LA PRESTACIÓN DE LOS SERVICIOS Y RESPONSABILIDADES

2.1. El Director se encargará, de forma personalísima, de llevar a cabo la dirección de la Obra Audiovisual, así como de la coordinación y dirección de las aportaciones y trabajos de los restantes coautores y de los equipos técnico-artísticos contratados, desde la preparación de la misma hasta la entrega de la primera copia estándar de la Obra Audiovisual a la Productora y la aprobación de ésta de la versión definitiva, así como cualesquiera otras funciones que, de acuerdo a los usos del mercado audiovisual, le corresponda al Director desempeñar, hasta la finalización del Contrato, previsto en la Cláusula 6 siguiente (en adelante, los "**Servicios**").

2.2. Las funciones del Director incluyen tareas tales como la elaboración del guion técnico, la dirección de los ensayos previos al rodaje y/o a la toma de escenas, la puesta en escena, los rodajes, la sonorización, las mezclas, la sincronización, la grabación y la edición de la Obra Audiovisual.

2.3. Quedan asimismo incluidos entre los servicios que debe prestar el Director en virtud del presente Contrato, las repeticiones de escenas y *retakes* de imagen y/o sonido que deban efectuarse, una vez finalizado el rodaje y/o durante el proceso de montaje de la Obra Audiovisual.

2.4. El Director se compromete a prestar los Servicios, ateniéndose al presupuesto, guion y plan de rodaje definitivos aprobados por la Productora y, en general, a prestar su colaboración para que la producción de la Obra Audiovisual pueda llevarse a efecto en los plazos y condiciones previstos, adoptando en el ámbito de sus funciones cuantas medidas sean necesarias o convenientes a tal efecto o le sean requeridas por la Productora. En este sentido, el Director reconoce y acepta que el presupuesto y el calendario de producción aprobado por la Productora a la fecha de la firma del presente Contrato, son adecuados y suficiente para permitir y asegurar la producción de una serie televisiva de primera calidad.

2.5. Corresponderá en exclusiva a la Productora la planificación, contratación, gestión, organización, coordinación y control de todos los elementos personales, tanto artísticos como técnicos y materiales, necesarios para la producción de la Obra Audiovisual, así como la gestión de los recursos económicos disponibles a tal fin. Por lo tanto, el Director no podrá solicitar los servicios de ningún tercero, sin la previa autorización de la Productora que será responsable de su contratación.

2.6. La Productora decidirá los planes de los trabajos preparatorios, del rodaje y del montaje de la Obra Audiovisual, seleccionará los técnicos y los actores, los decorados interiores y exteriores y, en general, decidirá sobre cuantos asuntos afecten al plan de producción de la Obra Audiovisual.

2.7. El Director se compromete a que la Obra Audiovisual tenga una duración total no inferior a cuarenta y siete (47) minutos ni superior a cincuenta y tres (53) minutos, es decir, entre 45 y 50 minutos de video real (sin créditos) y unos 3/4 minutos adicionales de créditos (entendiéndose incluidos créditos finales, puesto que los de arranque se superponen a la imagen). El cumplimiento de la duración de la Obra Audiovisual es un elemento esencial del Contrato, por lo que su infracción será causa de terminación anticipada del Contrato por parte de la Productora, que podrá iniciar contra el Director todas las acciones legales que a tal efecto considere oportunas.

2.8. Asimismo, el Director se compromete a que la Obra Audiovisual reúna los requisitos para obtener una calificación del órgano o, en su caso, entidad competente en España o del órgano equivalente en otros países que no sea más restrictiva de "No recomendada para menores de dieciséis años".

2.9. Asimismo, el Director se compromete a desempeñar sus funciones con estricto respeto de los derechos de propiedad intelectual e industrial y derechos de imagen de terceros, garantizando a la Productora que no llevará a cabo ningún acto susceptible de impedir o dificultar a la Productora, y/o a la Compañía y/o a sus cesionarios el pleno ejercicio de los derechos cedidos a su favor en virtud del presente Contrato.

2.10. La incorporación a la Obra Audiovisual de cualquier otra obra o de fragmentos de otra obra protegida por derechos de propiedad intelectual que no esté prevista en el guion definitivo, requerirá la previa autorización por escrito de la Productora.

2.11. Igualmente, el Director se compromete a participar en la promoción de la Obra Audiovisual y de la Serie tanto en estrenos, festivales, certámenes, entrevistas en medios de comunicación, ruedas de prensa y similares, respetando la Productora los compromisos adquiridos por el Director con anterioridad. En este caso, ambas Partes se comprometen a encontrar las fechas más adecuadas y compatibles con los compromisos adquiridos por el Director y el plan de promoción de la Obra Audiovisual y de la Serie fijado por la Productora. A tal efecto, el Director se compromete a informar a la Productora con la mayor antecedencia posible cualesquiera compromisos previamente adquiridos que pudieran condicionar su participación en los sucesivos eventos de promoción de la Obra Audiovisual para los que se haya solicitado su participación.

2.12. El Director se compromete a, durante el rodaje de la Obra Audiovisual y/o de la Serie y después de finalizado éste, prestarse a la realización de cualquier tipo de reportaje gráfico documental o promocional (fotografía, video, entre otros formatos y soportes) consensuado de buena fe entre las Partes, que podrá ser utilizado total o parcialmente en el *making of* de la Serie, la página web de la Serie, de la Productora o de la distribuidora, el DVD o cualquier otro material promocional que la Productora o la distribuidora correspondiente consideren oportuno, dentro de los usos y costumbres del sector y sin menoscabo de los derechos morales del Director.

2.13. El Director declara conocer que su participación en la promoción de la Obra Audiovisual y de la Serie forma parte de las labores por las cuales se le contrata y la contraprestación por la misma se encuentra incluida en las cantidades desglosadas en la Cláusula 7 del presente Contrato.

2.14. El Director reconoce y acepta que los premios y/o ayudas que se pudieran derivar directa y/o indirectamente de la Obra Audiovisual y/o de la Serie serán, en todo caso, exclusiva propiedad de la Productora, salvo aquéllos que estuvieran destinados única y exclusivamente al Director y/o sus aportaciones a la Obra Audiovisual, que corresponderán al Director solo en la medida en que la versión definitiva de rodaje de la Obra Audiovisual y/o de la Serie hubiese sido de su propia autoría.

3. DISPONIBILIDAD

3.1. Los servicios del Director se prestarán con absoluta exclusividad durante la preproducción y el rodaje, y con absoluta prioridad durante el montaje y doblaje de la Obra Audiovisual, hasta la finalización del presente Contrato, indicado en la Cláusula 6 del mismo. En consecuencia, el Director se compromete a permanecer en situación de disponibilidad dicho periodo de tiempo, así como a cumplir y respetar los compromisos derivados del plan de trabajo, incluidos los desplazamientos, en los plazos fijados en el mismo, durante toda la vigencia del Contrato.

3.2. La exclusividad pactada previamente se entiende sin perjuicio de que el Director pueda llevar a cabo gestiones o celebrar reuniones durante pre-producción o rodaje relacionadas con otros proyectos, siempre que las mismas no obstaculicen o afecten el cumplimiento de su labor de dirección de la Obra Audiovisual.

3.3. La jornada de trabajo durante la fase de rodaje comenzará a regir a partir de la hora de citación en los lugares de producción o rodaje. Así pues, el tiempo de desplazamiento hasta un máximo de una hora y media desde y hasta la residencia del Director establecida por la Productora en cada localidad, no computará como jornada de trabajo. En fases diferentes a la de rodaje, debido a las características que tiene la labor del Director, no es posible, en el presente documento, fijar una jornada laboral diaria, ni siquiera de forma indiciaria, por lo que ambas Partes se obligan a someterse expresamente a lo que se derive tanto del plan de rodaje como de la efectiva ejecución del mismo. Se hace constar que, en materia de duración y distribución de la jornada se respetará, en todo caso, la normativa aplicable del Estatuto de los Trabajadores.

3.4. En todo lo que hace referencia a la prestación de los Servicios, el Director seguirá las indicaciones que le dé en cada momento la Productora, según los criterios de calidad y contenido establecidos para el desarrollo de la Obra Audiovisual, dejando a salvo todas las decisiones que corresponden al Director, las que deban tomarse de mutuo acuerdo y las decisiones ya adoptadas en el presente Contrato.

3.5. El Director se compromete a cumplir, en el caso de que sea necesario, con todas las normas y directrices que la Productora establezca para proteger la seguridad y salud en el trabajo de las personas que intervienen en la producción de la Obra Audiovisual y/o de la Serie, así como a respetar las recomendaciones del Ministerio de Sanidad y autoridades sanitarias competentes en relación a la protección frente a la crisis.

4. INICIO Y FINALIZACIÓN DE LOS SERVICIOS

4.1. La Productora comunicará de forma fehaciente al Director, a la mayor brevedad tras la firma del Contrato, el plan de producción de la Obra Audiovisual, teniendo prevista como fecha de inicio de rodaje el [*] de [*] de 2022 y de finalización de rodaje el [*] de [*] de 2022. Los ensayos tendrán lugar dos (2) semanas antes del inicio de rodaje, y las fechas serán establecidas de mutuo acuerdo entre las Partes.

4.2. Los Servicios objeto del presente Contrato incluirán también los trabajos de montaje y postproducción de la Obra Audiovisual, hasta la realización y entrega por el Director de la versión definitiva de la misma, siendo las fechas previstas, pendientes de confirmación definitiva:

- Fecha de inicio de la pre-producción: [*] de [*] de 2022 (en adelante, "**Fecha de Inicio**").
- Fecha de finalización de la prestación de Servicios: [*] de [*] de 2022 (en adelante, "**Fecha de Finalización**").

4.3. En el caso que no se pudiera comenzar la filmación en la fecha prevista por causas o retrasos que impidan dicho inicio, las Partes establecerán, de mutuo acuerdo, una nueva fecha.

4.4. Se hace constar, igualmente, que la duración del presente Contrato es aproximada y puede sufrir modificaciones según el criterio de la Productora o por circunstancias ajenas e imprevisibles para la Productora que impliquen la necesidad de modificar la duración indicada como, entre otras, por causas relacionadas con la crisis. Conforme a lo anterior, la Productora podrá extender el presente Contrato por los períodos adicionales que requiera, comunicándolo previamente al Director, y teniendo en cuenta los compromisos profesionales que hubiera adquirido previamente, estableciendo las nuevas fechas de mutuo acuerdo entre las Partes. En este sentido, se hace constar que el Director ha de comunicar previamente y con antelación suficiente a la Productora la totalidad de los referidos compromisos, en especial y de manera no excluyente, aquellos que pudiese tener durante los meses de [*] y [*] de 2022, por si se diera el caso de que la Productora tuviese que contar con los servicios del Director, siendo en cualquier caso las nuevas fechas establecidas de mutuo acuerdo entre las Partes.

4.5. La prestación de Servicios finalizará el día de la fijación y entrega por el Director de la versión definitiva de la Obra Audiovisual, sin perjuicio del compromiso del Director de participar en los actos de promoción de la Obra Audiovisual y, ne su caso, de la Serie conforme a lo previsto en el presente Contrato, siempre que sus compromisos profesionales adquiridos con anterioridad se lo permitan.

5. CESIÓN DE LOS DERECHOS DE PROPIEDAD INTELECTUAL

5.1. Sin perjuicio de los derechos morales y los derechos de remuneración equitativa que correspondan al Director como autor de la Obra Audiovisual y de la Serie, el Director cede de forma exclusiva a la Productora, con el derecho de ceder a terceros, ya sea en régimen de exclusiva o no exclusiva, total o parcial y/o gratuita u onerosa, todos los derechos de explotación de propiedad intelectual (incluyendo, sin carácter limitativo, el derecho de reproducción, distribución, comunicación pública, el cual a su vez incluye el derecho de puesta a disposición al público, y transformación sobre el resultado de los trabajos que el Director realice como consecuencia de los encargos objeto del presente Contrato), propiedad industrial e imagen, voz y/o nombre artística, derechos conexos, y todos los derechos de explotación que le pudieran corresponder, derivados de dicho resultado, y de la Obra Audiovisual al que, en su caso, se incorpore, por el plazo máximo permitido por la legislación aplicable, para su explotación en todos los territorios del mundo en cualesquiera formatos y a través de cualesquiera medios y sistemas, procedimientos y métodos.

5.2. Asimismo, el Director reconoce y acepta expresamente que la Compañía es el único y exclusivo titular, como productor audiovisual, de las grabaciones audiovisuales en las que todo o parte de cada una de las Obras Audiovisuales y de la Serie quedan fijados, conforme a lo previsto en el artículo 120.2 del Real Decreto Legislativo 1/1996, de 12 de abril, por el que se aprueba el texto refundido de la Ley de Propiedad Intelectual, regularizando, aclarando y armonizando las disposiciones legales vigentes sobre la materia (en adelante, "**LPI**").

5.3. Entre los derechos de propiedad intelectual cedidos en el presente Contrato se recogen, a título meramente enunciativo y no limitativo:

5.3.1. El **derecho de reproducción** de la Obra Audiovisual, entendiéndose como tal cualquier fijación directa o indirecta, temporal o permanente, a través de cualquier medio o forma, ya sea total o parcial, que permita la comunicación y la obtención de copias de todo o parte de ella, incluida la fijación de la misma, o de partes o fragmentos de ella en cualquier soporte analógico o digital, incluidos los denominados "multimedia" ya estén patentados, o inventados sin patentar, así como su fijación en bases y bancos de datos de cualquier naturaleza accesibles a través de cualquier sistema, incluidos aquellos que permiten tanto la descarga para subsiguiente fijación (*downloading*) como el simple visionado (*streaming*), e internet en general.

5.3.2. El **derecho de distribución**, entendido como la puesta a disposición del público del original, copias o reproducciones de la Obra Audiovisual, en un soporte tangible, mediante venta, alquiler o préstamo o de cualquier otra forma de transferencia temporal o definitiva de la propiedad, posesión o uso para cualquier finalidad lícita, incluyendo expresamente la puesta a disposición del público de copias para su utilización en el ámbito doméstico, a título ejemplificativo y no exhaustivo, entre otros, DVD, CD-ROM, CD-I, CD-LASER, DVI, BLUE-RAY, HD-DVD.

5.3.3. El **derecho de comunicación pública** (incluyendo la sub-modalidad de **puesta a disposición del público**), entendiéndose por tal derecho todo acto que en cualquier soporte o formato y por cualquier sistema o procedimiento a la que en su caso se incorpore, permita que una pluralidad de personas pueda tener acceso a la Obra Audiovisual sin previa distribución de ejemplares a cada una de ellas, tales como su representación digital en salas cinematográficas, exigiendo o no el pago de un precio de entrada, o mediante cualquier tipo de exhibición pública, proyección, emisión, radiodifusión, transmisión y retransmisión por ondas hertzianas, por cable, vía satélite, ya sea en abierto o codificado, analógico o digital, de forma gratuita, por abono o suscripción, incluidos los sistemas de pago por visión, VOD y NVOD y otros análogos, así como cualquier otro sistema de explotación guiada, emitida, transmitida o retransmitida, incluido el acceso público a bases de datos por cable, hilo o fibra óptica, o a través de cualquier red de comunicaciones digital y/o analógica, y su puesta a disposición del público, por procedimientos alámbricos o inalámbricos, de tal forma que cualquier persona pueda acceder a ellos desde el lugar y en el momento que elija.

5.3.4. El **derecho de transformación**, total y/o parcial, temporal y/o permanente, analógico y/o digital, *on line/off line*, subtitulado o doblaje a cualquier idioma, para la posible explotación posterior de la Obra Audiovisual. Asimismo, la Productora, por su cuenta o por medio de terceras personas físicas y/o jurídicas, podrá llevar a cabo una y sucesivas obras derivadas de la Obra Audiovisual, consistentes entre otras, en adaptaciones, revisiones, actualizaciones y cualesquiera otras transformaciones, ya sean secuelas, precuelas, *remakes*, versiones, *spin-off*, teatro, productos multimedia o cualquier otra manifestación derivada de la Obra Audiovisual y/o de la Serie.

Por **doblaje y subtitulado** se entiende la realización de las necesarias adaptaciones en la Obra Audiovisual y/o en la Serie tanto para doblar las interpretaciones de los intérpretes originales a otras lenguas o dialectos, como para transcribir, en la forma para ello decida por el adaptador correspondiente, los diálogos de la versión original a otras lenguas y dialectos.

5.3.5. El **derecho de explotación** de la Obra Audiovisual en extractos, *making of*, resúmenes, secuencias, fragmentos, imágenes, fotogramas, fotografías o elementos sonoros, para su reproducción, distribución, comunicación pública o puesta a disposición del público, de forma aislada para la promoción y explotación secundaria de la Obra Audiovisual y/o la Serie.

5.3.6. La **explotación independiente de la Obra Audiovisual**, mediante su fijación, reproducción, distribución, comunicación pública, puesta a disposición y transformación, incluyéndose su edición gráfica en forma de libro o de libro electrónico (*e-book*) y su explotación total y/o parcial, temporal y/o permanente, en formatos analógicos y digital, *on line* y *off line*.

5.4. Los derechos de propiedad industrial cedidos en el presente Contrato incluyen la totalidad de los derechos de propiedad industrial que pudieran derivarse de ésta, incluidas marcas y nombres comerciales, en régimen de exclusiva y por toda la duración de los derechos mencionados, así como el derecho a proceder a la solicitud y/o registro de estos derechos en cualquier territorio y para cualquier clase del Nomenclator Internacional, comprometiéndose a prestar su colaboración con la Productora para la obtención de los derechos marcarios de éste.

5.5. La Productora tendrá, en consecuencia, el derecho a la más amplia explotación de la Obra Audiovisual y de la Serie, y, en especial, ostentará los derechos exclusivos de propiedad intelectual e industrial sobre la Obra Audiovisual, en todo el mundo, en cualquier idioma, durante el máximo tiempo permitido por la ley y para su explotación en cualquier medio, sistema y/o formato.

5.6. La cesión de derechos recogida en esta Cláusula 5 faculta a la Productora para que, de forma exclusiva, explote la Obra Audiovisual, con exclusión de cualquier otra persona, incluyendo el propio Director. Además, el Director se compromete a no usar y/o explotar la Obra Audiovisual y/o cualesquiera de sus personajes, situaciones o elementos de ninguna forma, ni a explotar los posibles *remakes*, secuelas u otras obras audiovisuales basadas en la Obra Audiovisual que pudieran realizarse en el futuro.

5.7. La Productora podrá incluir en el original y en las sucesivas reproducciones, fijaciones y comunicaciones de la Obra Audiovisual aquella información que sea necesaria o conveniente para la gestión de los derechos de propiedad intelectual de la misma ("**DRM**"), así como las medidas tecnológicas de protección que estima adecuadas para la protección de los derechos de explotación.

5.8. El Director se compromete a no realizar cualquier tipo de explotación separada del objeto y resultado de la cesión de derechos del presente Contrato. Y, en particular, el Director renuncia de forma expresa, en virtud del presente Contrato, al derecho de colección.

5.9. Quedan reservados los derechos morales del Director, entre otros, el derecho de paternidad o integridad y todos aquellos comprendidos en el artículo 14 de la Ley de Propiedad

Intelectual. Sin perjuicio de lo anterior, el Director reconoce y acepta que, para la explotación y comercialización de la Obra Audiovisual y/o la Serie, incluyendo las explotaciones secundarias y *merchandising*, estos derechos podrán modularse para permitir la comercialización de la misma.

5.10. Quedan igualmente cedidos en los términos previamente descritos en esta Cláusula 5, todos los derechos de propiedad intelectual e industrial y de cualquier otra naturaleza sobre los documentos preparatorios, borradores, versiones y demás elementos complementarios del proceso de creación de la Obra Audiovisual para su explotación, de cada uno de ellos conjunta o separadamente, total o parcialmente, temporal o permanentemente, en soporte digital y/o analógico, de forma secundaria o mediante *merchandising* en cualquier soporte y/o modalidad de explotación, en obras propias o de terceros, incluyendo, entre otras, para finalidades académicas, de formación y/o culturales, museos, universidades y escuelas, bibliotecas, hemerotecas; videotecas, filmotecas, entre otros.

5.11. La cesión de derechos operada en virtud del presente Contrato no puede ser interpretada de manera que se entienda que la Productora no ostenta todos los derechos sobre las aportaciones del Director a la Obra Audiovisual y sobre la Obra Audiovisual en sí misma, o que, de alguna otra manera estos derechos se hallen limitados, frustrándose en caso contrario la finalidad de este Contrato.

5.12. La Productora se compromete a ejercitar los derechos cedidos a la misma por el Director conforme a los buenos usos y con estricto respeto, en todo caso, de los derechos morales del Director.

5.13. El Director se compromete con la Productora a suscribir todos aquellos documentos con cualesquiera terceros que fuesen necesarios para garantizar la cesión de derechos otorgada en el presente Contrato.

5.14. La Compañía y/o la Productora, con autorización de la Compañía, tendrán la facultad para entablar cualesquiera acciones legales de forma independiente al Director, en el caso de infracción o vulneración de los derechos, en calidad de titular en exclusiva de los derechos de propiedad intelectual e industrial y de cualquier otra naturaleza cedidos por el Directo en el marco del presente Contrato. No obstante, el Director acepta colaborar con la Productora y con la Compañía, sus sucesores y cesionarios para cumplir con dicho propósito.

5.15. De la misma manera, la Compañía y/o la Productora, con autorización de la Compañía, tendrán la facultad para registrar de forma independiente al Director todos los derechos de propiedad intelectual e industrial que hayan sido cedidos en virtud del presente Contrato ante el Registro de Propiedad Intelectual u Oficina de Propiedad Industrial o autoridad equivalente, según el caso, en España y en el extranjero, u organismo internacional similar. A tales efectos, el Director se compromete a firmar y entregar a la Productora cualesquiera otros documentos, declaraciones o materiales que ésta considere razonablemente necesario para probar o reclamar todos y cada uno de los derechos cedidos a la Productora y adquiridos por ésta o para probar, formalizar o requerir el cumplimiento de este Contrato o de cualesquiera de sus términos y condiciones.

5.16. La Productora se reserva el derecho de ceder, transferir o conceder licencias de explotación a terceras partes para su uso conjunto o separado, ya sea de forma exclusiva o no, de los derechos cedidos en virtud del presente Contrato.

5.17. En caso de que, por razones objetivas, fuese imposible o gravemente dificultosa la difusión íntegra de la versión definitiva de la Obra Audiovisual en un medio o lugar geográfico determinado, la Productora estará facultado para autorizar la introducción de cambios necesarios en la locución o metraje de la Obra Audiovisual, previa aprobación del Director.

5.18. Asimismo, en la comunicación pública de la Obra Audiovisual se podrán realizar las modificaciones estrictamente exigidas por el modo de programación del medio, sin perjuicio de los derechos morales del Director. En particular, la introducción de interrupciones publicitarias en medios televisivos conforme a los usos del sector no constituirá una vulneración de la presente Cláusula.

6. DURACIÓN

6.1. El presente Contrato entra en vigor en la fecha de su firma, permaneciendo vigente hasta la Fecha de Finalización, que es en todo caso aproximada, y se confirmará al Director por escrito, una vez se haya fijado de forma definitiva, debiendo en todo caso el Director participar en los actos de promoción de la Obra Audiovisual y, en su caso, de la Serie acordados con la Productora conforme a lo previsto en el presente Contrato.

6.2. Sin perjuicio de lo anterior, la cesión de los derechos objeto de este Contrato se otorga por el plazo de vigencia de tales derechos consignado en la legislación aplicable y, en particular, en lo relativo a los derechos de propiedad intelectual, en la LPI, tal y como se prevé en la Cláusula 5 anterior.

7. CONTRAPRESTACIÓN Y FORMA DE PAGO

7.1. El Director percibirá como contraprestación por todos los conceptos descritos en este Contrato, incluida la prestación de los Servicios y su participación en la promoción de la Obra Audiovisual y de la Serie, así como la cesión de la totalidad de los derechos de propiedad intelectual e industrial y derechos de imagen o de cualquier otra naturaleza, una cantidad total bruta de XXX Euros (XXX€) (la "**Contraprestación**").

7.2. La Contraprestación se abonará al Director mensualmente en cuotas brutas según el calendario de pagos establecido en la cláusula siguiente, desde el inicio de la pre-producción hasta alcanzar el total de la Contraprestación establecida en la presente cláusula.

7.3. A este respecto, las Partes hacen constar, en línea con lo definido en el Expositivo V anterior, que el presente documento se trata de un contrato de trabajo, de duración determinada y en el que la Contraprestación establecida en la cláusula 7.1 anterior se pagará según el calendario de pagos siguiente:

[Incluir calendario de pagos]

7.4. La Contraprestación incluye todos los conceptos salariales a los que el Director tiene derecho, sin limitaciones ni exclusiones de ninguna clase (salario base, beneficios, parte proporcional de pagas extras distribuidas, parte proporcional de vacaciones, festivos, nocturnidad —en su caso—, la indemnización prevista legalmente en la Ley 12/2001, y resto de emolumentos legales), así como la remuneración de todos los derechos cedidos por medio del presente Contrato.

7.5. A la Contraprestación se les aplicarán la normativa fiscal y de Seguridad Social que en cada momento determine la legislación aplicable.

7.6. El Director reconoce y acepta que cualquier elemento objeto de cesión en el presente Contrato queda comprendido en la Contraprestación pactada en el mismo.

7.7. Sin perjuicio y con independencia de la Contraprestación, el Director, en concepto de participación en los ingresos de la explotación de la Obra Audiovisual o de la Serie en las correspondientes modalidades, y sin afectar a los derechos exclusivos de explotación cedidos a la Productora, virtud de las presunciones establecidas por los artículos 88.1, 89.1, y 90.2 de la LPI, o mediante cesión contractual, se reserva el contenido económico de los derechos que, conforme el que se prevé en los artículos 25 (copia privada), 90.2 (alquiler), 90.3 y 90.4 (comunicación pública) de la LPI, le corresponden, así como cualquier remuneración que se pueda establecer en el futuro, como consecuencia de la legislación española, comunitaria o derivada de instrumento internacional suscrito por España. Los derechos contemplados en este párrafo se harán efectivos a través de la Sociedad General de Autores y Editores de España (SGAE) o entidad de gestión correspondiente.

7.8. Las Partes reconocen y aceptan que, en ningún caso, la Productora será responsable de realizar los pagos relacionados con los derechos de remuneración equitativa que pudieran deberse al Director como consecuencia de la explotación de la Obra Audiovisual y/o la Serie, siendo únicamente responsables de dichos pagos los obligados a ello de conformidad con la LPI y, en todo caso, la Productora no se hace responsable de las liquidaciones percibidas por el Director en concepto de derechos de remuneración equitativa ni tampoco del momento de percepción de las mismas. Por consiguiente, el Director mantendrá indemne a la Productora, de cualesquiera reclamaciones de su parte o de cualesquiera terceros en relación con dicho extremo y/o con cualquier otra disposición de la presente Cláusula.

8. ENTREGA DE LA OBRA Y VERSIÓN DEFINITIVA

8.1. El Director se compromete a poner a disposición de la Productora, a través del laboratorio correspondiente, una copia estándar, es decir, una copia positiva de la Obra Audiovisual montada, doblada y con las bandas de sonido, efectos y música incorporadas, en el plazo que la Productora decida.

8.2. La versión definitiva de la Obra Audiovisual se establecerá por la Productora.

8.3. Cualquier modificación de la versión definitiva de la Obra Audiovisual con carácter previo al estreno/primera emisión de la Serie, ya sea mediante añadido, supresión o cambio de cualquier elemento de la misma no contemplado expresamente por el presente Contrato, requerirá de conversaciones de buena fe al respecto entre el Director, la Productora y la Compañía. En caso de discrepancia, prevalecerá la decisión de la Compañía.

8.4. El Productor, la Compañía o cualesquiera de sus sucesores, licenciatarios y/o cesionarios estarán facultados, para realizar en la forma de emisión que sea de aplicación de la Obra Audiovisual las modificaciones que pueda considerar necesarias para su emisión, distribución y comercialización en cualquier territorio y en cualquier medio, incluyendo, sin carácter exhaustivo, aquellos cambios que fueran necesarios por motivos de censura, para cumplir con la normativa y regulación local y para respetar la duración del episodio concreto, así como para que la Obra Audiovisual pueda ser exhibida en organizaciones que no se dediquen principalmente a la actividad de exhibición de series televisivas, tales como, por ejemplo, vuelos comerciales o para cumplir los requisitos de exhibición en televisión (incluyendo, sin carácter exhaustivo, los requisitos, estándares y prácticas de duración de las series), adaptar los subtítulos y a doblar la Obra Audiovisual, realizar versiones especiales de la Obra Audiovisual en beneficio de personas con deficiencias auditivas, combinar fragmentos de la Obra Audiovisual con cualquier otro material, incluyendo programas publicitarios, o insertar publicidad en la Obra Audiovisual, el derecho a determinar un nuevo título para la Obra Audiovisual, y el derecho a añadir a la Obra Audiovisual, o a incluir en el material de embalaje de los mismos, los nombres y los logotipos de todos los productores, licenciatarios y distribuidores.

9. SEGUROS

9.1. La Productora podrá contratar los seguros que estime convenientes y/o necesarios en relación con la persona del Director, comprometiéndose éste, y ello como condición esencial para la validez del presente Contrato, a someterse a los exámenes y análisis que los aseguradores consideren convenientes.

9.2. Asimismo, el Director reconoce expresamente que es condición esencial para la validez del presente Contrato que la Productora pueda obtener dicho seguro personal para el Director sin ningún tipo de limitación o exclusión. Por lo tanto, el Director reconoce expresamente que la Productora podrá resolver el presente Contrato, si la Productora no ha podido contratar un seguro personal para el Director sin exclusiones dentro de un periodo de diez (10) días naturales a contar desde la firma del presente Contrato.

10. ALOJAMIENTO Y DESPLAZAMIENTOS

10.1. Será por cuenta de la Productora los gastos de desplazamiento, alojamiento y manutención del Director, que sean motivados por la necesidad de salir de su residencia habitual, en el desarrollo de sus obligaciones, tanto durante la fase de producción como durante la de promoción de la Obra Audiovisual y de la Serie. El alojamiento del Director será en hotel con categoría mínima de 4 estrellas o en un apartamento aprobado previamente por ella. A este respecto, se hace contar que, en caso de que existan desplazamientos en tren, éstos serán a través de billetes de tren en clase [*]; y, en caso de tratarse de desplazamientos en avión, los billetes serán en clase [*]. Asimismo, las dietas se establecerán según el convenio laboral aplicable.

11. CESIÓN

11.1. La Productora está facultada para ceder el presente Contrato y todos o parte de los derechos otorgados a la Productora en virtud del presente Contrato a cualesquiera otras personas físicas y/o jurídicas, siempre que así se lo notifique al Director, por lo que este Contrato deberá ser vinculante y recaerá en beneficio de todos los sucesores de la Productora, así como de sus licenciatarios y cesionarios.

11.2. El Director no está facultado para ceder el presente Contrato, ni todos o parte de los derechos del Director contemplados en el presente Contrato a ninguna persona física y/o jurídica.

12. INTERRUPCIONES Y RESPONSABILIDADES

12.1. En el caso de que la producción de la Obra Audiovisual deba interrumpirse, de forma temporal o definitiva, por causa imputable al Director, salvo enfermedad, accidente o fuerza mayor, será éste responsable de cuantos daños y perjuicios se deriven para la Productora. En este supuesto, la Productora podrá, además, resolver el presente Contrato y utilizar los materiales y trabajos realizados por el Director hasta la fecha de resolución, manteniéndose en todo caso en vigor la cesión de derechos otorgada por el Director a la Productora sobre dichos materiales y trabajos en el marco del presente Contrato, pudiendo la Productora designar libremente a la persona que le sustituya y continúe con las labores de dirección.

12.2. En el caso de que por enfermedad, accidente u otra causa de fuerza mayor, el Director no pudiera desarrollar sus funciones por un plazo superior a veinte (20) días naturales, o estas causas impidieran o dificultaran gravemente la producción de la Obra Audiovisual dentro de los plazos y presupuesto previsto, la Productora podrá utilizar los materiales y trabajos realizados por el Director y designar a la persona que le sustituya, con carácter temporal o definitivo, manteniéndose en todo caso en vigor la cesión de derechos otorgada por el Director a la Productora sobre dichos materiales y trabajos en el marco del presente Contrato. En este supuesto, el Director tendrá derecho a exigir que se retire su nombre de las aportaciones por ella realizadas, si así lo desea.

12.3. En el supuesto de que las aportaciones del Director no se completen por negativa injustificada del mismo, la Productora podrá, previo requerimiento, resolver el presente Contrato, utilizar los materiales y trabajos realizados por el Director, manteniéndose en todo caso en vigor la cesión de derechos otorgada por el Director a la Productora sobre dichos materiales y trabajos en el marco del presente Contrato, y designar libremente a la persona que sustituya al Director, sin prejuicio de las responsabilidades que pueda exigirle la Productora en concepto de daños y perjuicios.

12.4. En el caso de que la producción de la Obra deba interrumpirse, de forma temporal o definitiva, por causa imputable a la Productora, salvo enfermedad accidente o fuerza mayor, será esta responsable de cuantos daños y perjuicios se deriven para el Director.

12.5. A efectos aclaratorios, cualesquiera suspensiones, retrasos o interrupciones debidas a causas de fuerza mayor (a título enunciativo y no limitativo, derivadas de la crisis......... (CRISIS) o a necesidades objetivas de la producción de la Obra Audiovisual y/o de la Serie, no se reputarán como causa de resolución del Contrato ni serán susceptibles de indemnización entre las Partes.

12.6. Adicionalmente, el Director manifiesta conocer y acepta que, de suspenderse el presente Contrato por circunstancias ajenas e imprevisibles para la Productora como, a título enunciativo y no limitativo, por causas relacionadas con la crisis, la Contraprestación del Director quedará supeditada a la efectiva finalización de los trabajos que el Director realice como consecuencia de los encargos objeto del presente Contrato.

13. MANIFESTACIONES Y GARANTÍAS

13.1. El Director manifiesta y garantiza que:

13.1.1. sus contribuciones, trabajos y aportaciones a la Obra Audiovisual son originales y no infringirán ningún derecho de terceros, incluyendo sin carácter limitativo ningún derecho de propiedad intelectual e industrial;

13.1.2. no existe ni existirá ninguna carga, gravamen u obstáculo a la cesión a la Productora y al ejercicio por la Productora de los derechos cedidos por el Director a la misma que pudiera causar un perjuicio, prohibir o limitar de alguna manera la explotación pacífica, en todo o en parte, de la Obra Audiovisual por parte de la Productora o sus cesionarios;

13.1.3. no ha asumido ni asumirá ningún compromiso profesional o de otro tipo que pudiera impedir o limitar la previsión completa y adecuada de los Servicios objeto del presente Contrato;

13.1.4. no ha llevado a cabo ni llevará a cabo ninguna acción que pudiera perjudicar o prevenir el libre y total ejercicio de los derechos cedidos a la Productora en virtud del presente Contrato.

13.1.5. no realizará ninguna acción que pudiera perjudicar a la buena imagen y reputación de la Obra Audiovisual, de la Serie y, en general, de la Productora y/o de la Compañía.

13.2. En consecuencia, el Director responderá en exclusiva frente a cualquier acción o reclamación de terceros que se produzca con motivo o como consecuencia de la cesión y/o ejercicio de los derechos otorgados a la Productora mediante el presente Contrato.

13.3. El Director será responsable frente a la Productora y cualesquiera otros terceros, incluida la Compañía, del cumplimiento íntegro de las obligaciones y/o garantías dimanantes del presente Contrato.

13.4. El Director expresamente se compromete a mantener indemne a la Productora, sus sucesores, cesionarios y/o licenciatarios, frente a cualesquiera daños, pérdidas, costes y/o gastos (incluyendo las tarifas aplicables de abogados) derivados de cualquier reclamación respecto de los Servicios prestados en virtud de este Contrato y/o de la cesión de derechos objeto del mismo, o como consecuencia de cualquier incumplimiento por parte del Director de cualquiera de las declaraciones, garantías o acuerdos incluidos en este Contrato.

13.5. El Director reconoce y acepta, en la máxima medida permitida por la legislación aplicable, que ningún daño derivado del presente Contrato puede ser susceptible de justificar la concesión de medidas cautelares, o de cualesquiera otras medidas, que pudieran limitar la completa y pacífica explotación de la Obra Audiovisual y/o de la Serie a la que se incorpore, por parte de la Productora, sus sucesores, licenciatarios y/o cesionarios, así como cualquier daño derivado de dicha explotación por parte de la Productora, sus sucesores, licenciatarios y/o cesionarios no superará, en ningún caso, las cantidades percibidas por el Director en virtud del presente Contrato.

13.6. El Director garantiza que todas las acciones y/o recursos que pudiera ejercitar como consecuencia de cualquier contingente que tuviera causa en el Contrato, serán exclusivamente contra la Productora, sin que en ningún caso pueda ejercitar acción alguna contra los coproductores ni sus inversores, sean estos personas físicas o jurídicas.

14. PUBLICIDAD Y DERECHOS DE IMAGEN

14.1. Sin perjuicio de otras obligaciones y compromisos asumidos por el Director en lo relativo a la promoción de la Obra Audiovisual y de la Serie, por medio del presente Contrato, el Director autoriza a la Productora y a sus cesionarios, incluyendo específicamente a la Compañía, a utilizar su nombre, fotografías, dibujos, retratos, voz, autógrafos, figura y biografías (la "**Imagen**"), para la promoción y comercialización de la Obra Audiovisual y/o de la Serie, durante el desarrollo, producción y distribución de éstos, y en general durante la explotación de los derechos cedidos en el marco de este Contrato, en todo el mundo y por el plazo máximo permitido por la legislación aplicable, a través de todos los medios, métodos y procedimientos disponibles, y con la máxima amplitud permitida por la legislación aplicable.

14.2. La autorización prevista en la cláusula anterior incluye el derecho de la Productora y sus cesionarios, incluyendo específicamente a la Compañía, para producir grabaciones fonográficas y/o audiovisuales en las que pueda aparecer la Imagen del Director para la producción de cualesquiera materiales promocionales de la Obra Audiovisual y/o la Serie, incluyendo, entre otros materiales, el "*making-of*", "detrás de las cámaras" o contenido extra.

15. TÍTULOS DE CRÉDITO

15.1. La Productora se compromete a conceder al Director un título de crédito en la Obra Audiovisual y en la Serie correspondiente conforme al tamaño, orden y manera que la Productora decida, con el nombre y apellido del Director, incluyendo "una película de XXX", anterior a la aparición a los créditos relativos a los actores de la Obra Audiovisual.

15.2. Adicionalmente se otorgará al Director un crédito del siguiente modo: "[*escrito y*] dirigido por XXX" (o fórmula equivalente), que ha de incluirse en última posición, en los créditos de inicio.

15.3. Se exceptúan de las obligaciones de crédito previamente referidas la publicidad que se difunda a través de la radiodifusión o aquellos otros medios en los que no sea habitual dicha mención; en tales medios el tamaño, orden y manera del título de crédito y, en su caso, su inclusión, se adaptará a las características de aquel en que la misma se incluya.

15.4. La Productora no será responsable en los supuestos de incumplimiento de dichas obligaciones en aquellos casos en los que la publicidad o promoción de la Obra Audiovisual y/o la Serie sea realizada por terceros, incluso en el supuesto de que éstos posteriormente repercutan dicho coste a la Productora.

15.5. El Director reconoce y acepta que el emplazamiento, tamaño y demás circunstancias y características de los títulos de crédito podrán ser objeto de modificaciones en función de las condiciones impuestas por los posibles coproductores, financiados, la distribución y las entidades de televisión participen o colaboren en la financiación de la producción.

15.6. Cualquier incumplimiento involuntario de la implementación de las disposiciones de esta cláusula por parte de la Productora, de la Compañía o el incumplimiento de dichas disposiciones por un tercero distinto de la Compañía no constituirá incumplimiento de este Contrato.

16. RESOLUCIÓN DEL CONTRATO

16.1. Serán causas de la rescisión anticipada del Contrato, sin indemnización alguna a favor del Director, las establecidas con carácter genérico en el Real Decreto Legislativo 2/2015, de 23 de octubre, por el que se aprueba el texto refundido de la Ley del Estatuto de los Trabajadores (el "**Estatuto de los Trabajadores**").

16.2. Al amparo de lo dispuesto en el Estatuto de los Trabajadores y/o el Convenio Colectivo que sea de aplicación, la Productora podrá resolver el presente Contrato por infracción del Director que vulnere la legislación laboral, así como por no observar la diligencia debida en el cumplimiento de sus funciones o por incumplimiento grave de las obligaciones establecidas en el presente Contrato.

16.3. Concretamente se considerarán incumplimientos del Director que facultarán a la Productora para resolver este Contrato sin indemnización alguna, con carácter no limitativo, los siguientes supuestos:

16.3.1. La incomparecencia no justificada y reiterada a las sesiones de rodaje.

16.3.2. El no sometimiento a los controles médicos necesarios.

16.3.3. La ingesta de alcohol, drogas o cualquier fármaco que afecte al correcto desarrollo de su trabajo.

16.3.4. Las faltas reiteradas de puntualidad al trabajo no justificadas.

16.3.5. La falta de acatamiento a las órdenes de la Productora en el desarrollo del trabajo para el que ha sido contratado.

16.3.6. Y, en general, cualquier negativa injustificada del Director a cumplir con las obligaciones que asume mediante el presente Contrato.

16.4. En el supuesto de que los trabajos del Director no se completen por negativa injustificada del mismo, la Productora podrá, previo requerimiento formal al Director, extinguir el presente Contrato al amparo del Estatuto de los Trabajadores y/o Convenio Colectivo de aplicación, o bien proceder al despido disciplinario del Director por incumplimiento grave y culpable del mismo, sin que proceda abonar indemnización o cantidad alguna al mismo.

16.5. En estos casos y en los de resolución por causa imputable al Director, la Productora podrá, además de exigir la devolución de las cantidades ya pagadas con sus intereses legales, exigir, en concepto de indemnización, la obligación de pago de todos y cuantos gastos hubiera tenido que sufragar por esta causa, incluso los daños y perjuicios propios o de terceros que por el mismo motivo pudieran derivarse del retraso en el estreno o de la paralización del rodaje con carácter temporal o definitivo, si la importancia del Director así lo condicionara.

17. SUSPENSION DEL CONTRATO DE TRABAJO

17.1. El artículo 45.1.b) del Estatuto de los Trabajadores, establece que los contratos de trabajo se podrán suspender por las causas válidamente consignadas en el mismo.

17.2. De conformidad con lo dispuesto en el citado artículo 45.1.b) del Estatuto de los Trabajadores, es voluntad del Director y la Productora pactar que el presente Contrato se pueda suspender en aquellos supuestos en que se produzca la paralización de la producción o el rodaje de la Obra Audiovisual por circunstancias de carácter imprevisible y ajenas a la Productora.

17.3. En el anterior sentido, el Director y la Productora consignan como causas válidas para la suspensión del contrato de trabajo las siguientes:

17.3.1. La imposibilidad de continuar con la producción o el rodaje de la Obra Audiovisual, o la necesidad de paralizar la misma, como consecuencia de la indisponibilidad temporal, por cualquier motivo, de alguno de los actores protagonistas y/o actores secundarios, sin cuya presencia no es posible continuar con el desarrollo de la Obra Audiovisual.

17.3.2. La imposibilidad de continuar con la producción o el rodaje de la Obra Audiovisual, o la necesidad de paralizar la misma, como consecuencia de la existencia de un riesgo para la salud de los trabajadores de la Productora derivado de la influencia de la aparición de la enfermedad infecciosa ....

17.4. En el marco de esta Cláusula 17, el Contrato quedaría suspendido durante el periodo de tiempo en que subsista la imposibilidad de continuar con la producción o el rodaje de la Obra Audiovisual o la necesidad de paralizar ésta, es decir, hasta la fecha en que se pudiera reanudar la producción o el rodaje de la Obra Audiovisual, ya fuera por la disponibilidad del personal sin cuya presencia no es posible el desarrollo de ésta o porque la Productora hubiera encontrado una solución artística que permita continuar con el desarrollo de la Obra Audiovisual, sin que el resultado final de la Obra Audiovisual se viera perjudicado en ningún sentido.

17.5. El Director, cuando el presente Contrato se vea suspendido por las causas aquí consignadas, tendrá derecho a la reserva de su puesto de trabajo. De este modo, finalizado el periodo en que se hubiera suspendido este Contrato, el Director se reincorporaría a su puesto de trabajo en las mismas condiciones que viniera disfrutando.

17.6. La Productora comunicará al Director la finalización de la suspensión de este Contrato y, por tanto, su reincorporación al puesto de trabajo que venía ocupando con una antelación mínima de cuarenta y ocho (48) horas a la fecha en que dicha reincorporación debiera hacerse efectiva.

17.7 Finalizada la suspensión del presente Contrato y comunicada ésta por la Productora, el Director tendrá la obligación de reincorporarse a su puesto de trabajo en la fecha que le hubiera sido indicada por la Productora.

18. PREVENCIÓN DE RIESGOS LABORALES

18.1. El Director se compromete a cumplir con las obligaciones impuestas en la normativa de prevención de riesgos laborales, así como con las instrucciones y directrices que en dicha materia le fueran trasladadas por la Productora o su servicio de prevención de riesgos laborales, así como a observar las medidas que se adoptaran para proteger su seguridad y salud en el trabajo y la de todas aquellas personas que intervengan de un modo u otro en la Obra Audiovisual.

18.2. De manera especial, el Director debe de cumplir con todas las directrices y normas que la Productora le traslade en relación con la crisis .... (CRISIS), así como cualesquiera otras que puedan ordenar las autoridades sanitarias competentes, durante el transcurso de la producción de la Obra Audiovisual.

18.3. La Productora podrá adoptar cuantas medidas disciplinarias resultaran oportunas, incluyendo la imposición de sanciones o el despido disciplinario, según esté previsto en la normativa de aplicación, en caso de que el Director no respetara y/o cumpliera lo previsto en esta cláusula, así como las órdenes de la Productora, de su servicio de prevención de riesgos laborales o las autoridades competentes en relación a la prevención de la crisis.

18.4. El Director se compromete a colaborar con la Productora para que ésta cumpla con sus obligaciones de carácter laboral para con aquel.

18.5. Se entenderán incluidos, en su caso, la realización de un reconocimiento médico antes o durante el rodaje de la Obra Audiovisual a cargo de la Productora en el centro que ésta le indique a efectos de cobertura por el seguro del rodaje y de cumplimiento de sus obligaciones como empleador o, en caso contrario, a entregar a la Productora la hoja modelo de renuncia a dicho reconocimiento que ésta le facilite debidamente suscrita.

19. MISCELÁNEA

19.1. El presente Contrato y, en su caso, todos sus anexos constituyen un acuerdo completo entre las Partes en relación con el encargo de la realización de obra y servicios determinados en relación con la dirección de la Obra Audiovisual y cesión de derechos de propiedad intelectual e industrial y de cualquier otra naturaleza contemplados en el presente Contrato y únicamente podrá ser modificado en virtud de un documento escrito firmado por las Partes. A efectos aclaratorios, en caso de conflicto con la traducción inglesa del presente documento, la versión española prevalecerá.

19.2. Cualquier modificación que afecte al presente Contrato o, en su caso, a sus anexos deberán realizarse por escrito para ser efectivos. Ninguna práctica, omisión o negligencia pasiva constituirá fundamento para poder modificar el presente Contrato.

19.3. Si alguna parte, término o disposición del presente Contrato se declarara ilegal, nulo o inválido, será eliminado y las Partes intentarán solucionarlo acordando una disposición aplicable que la sustituya, permaneciendo en vigor el resto de disposiciones.

19.4. El presente Contrato no constituye asociación entre las Partes contratantes y, no podrá deducirse la misma con respecto a terceros.

19.5. Las precitadas cesiones y cualesquiera otras manifestaciones y garantías contenidas en el presente Contrato seguirán vigentes aun cuando se produzca una terminación o resolución del Contrato.

19.6. Cada una de las Partes faculta a la otra Parte para que pueda elevar a público el presente Contrato, asumiendo el coste la Parte solicitante y quedando obligada la otra Parte a realizar cuantas gestiones sean necesarias para tal fin.

20. NOTIFICACIONES

20.1. Las notificaciones podrán hacerse por cualquiera de los medios admitidos en Derecho que permita tener constancia de la recepción.

20.2. Toda notificación necesaria a los efectos del presente Contrato, se hará a las direcciones que constan en el encabezamiento del presente documento como domicilios de las Partes o en las direcciones de correo electrónico que se indican a continuación:

E-mail del Director: [*]

E-mail de La Productora: barbaravaya@islaaudiovisual.es

20.3. Las Partes se comunicarán en tiempo oportuno cualquier cambio de los anteriores domicilios y datos.

21. CONFIDENCIALIDAD

21.1. Las Partes acuerdan que la propia existencia del Contrato, así como los términos y condiciones aquí estipulados, serán considerados confidenciales, comprometiéndose a guardar secreto y no revelar los términos del mismo y, en especial, el Director se compromete a no revelar toda aquella información (la "**Información Confidencial**") que haya conocido con ocasión de su trabajo y participación en la Obra Audiovisual y/o la Serie, a terceros que no sean sus representantes y empleados, salvo que así fuera requerido por una orden judicial o administrativa, en cuyo caso las Partes igualmente se comprometen a comunicarse, con carácter previo tal circunstancia, la existencia de dicho mandato judicial o administrativo, por escrito, de forma inmediata, procurando restringir en la medida de lo posible el contenido de dicha revelación.

21.2. El Director se compromete a no comunicar a terceras personas información acerca de la producción, el rodaje o cualquier otra circunstancia relativa al proyecto, a la Obra Audiovisual, a la Serie, a la Productora y, en su caso, a la Compañía, sin expresa autorización previa y escrita de la Productora. Cualquier comunicación pública o declaración sobre la Obra Audiovisual y/o la Serie tendrá que ser aprobada y consensuada por la Productora.

21.3. En caso de incumplir el Director con lo dispuesto en esta cláusula, la Productora se reserva el derecho a finalizar la presente relación, así como a exigirle cuantos daños y perjuicios le haya causado dicho incumplimiento del Director.

21.4. A los efectos del presente Contrato, la Información Confidencial incluirá todos aquellos datos e informaciones relativos al proceso de producción de la Obra Audiovisual y de la Serie, tales como, sin carácter exhaustivo, el argumento, el guion, los personajes, el rodaje, el reparto, el equipo técnico y de producción, el presupuesto, las localizaciones, la ambientación, la caracterización, las anécdotas o acontecimientos acaecidos durante la producción, las vidas privadas de los intervinientes en la producción, o cualquier otro elemento o circunstancia de la producción. Asimismo, la Información Confidencial incluirá datos e informaciones relativos a la Productora, tales como, sin carácter exhaustivo, información comercial, económica o industrial, información sobre empleados, contratistas, clientes, posibles clientes y/o proveedores o estrategia comercial y financiera, información relativa a secretos comerciales, marcas, nombres comerciales, diseños, know-how, prototipos, planos, carteles publicitarios, datos de carácter personal o cualquier otro tipo de información relativa a la Productora.

21.5. El Director reconoce expresamente que la Información Confidencial es propiedad de la Productora. El Director se compromete a utilizar la Información Confidencial que reciba o conozca únicamente en la medida necesaria para la prestación de sus servicios en virtud del presente Contrato. El Director se obliga, asimismo, a no hacer un uso no autorizado de la Información Confidencial, y a notificar inmediatamente a la Productora, cualquier revelación o uso no autorizado de la Información Confidencial de la que tenga conocimiento. En este sentido, el Director se compromete, en particular, a no divulgar la Información Confidencial a través de redes sociales, servicios de *micro-blogging*, foros en línea, hilos de discusión o secciones de comentarios, sitios web personales, sitios web modificados por usuarios o cualquier otro sitio web, plataforma, foro, aplicación o medio de comunicación actualmente conocido o desarrollado con posterioridad.

21.6. El Director reconoce y acepta que la Información Confidencial tienen un valor económico independiente que se deriva del hecho de no ser conocida por el público en general o por otras personas que puedan obtener un valor económico de su divulgación, distribución o uso. Asimismo, el Director reconoce y acepta que cualquier incumplimiento por su parte con respecto a la Información Confidencial supondrá un perjuicio irreparable para la Productora, no fácilmente mensurable en dinero, y por el que la Productora, sin renunciar a otros derechos o recursos que les asistan, tendrán derecho a solicitar medidas cautelares y de resarcimiento.

21.7. A petición de la Productora, el Director se compromete a devolver inmediatamente la Información Confidencial correspondiente a su legítimo propietario.

21.8. La obligación de confidencialidad se mantendrá en vigor durante toda la duración del presente Contrato y por tiempo indefinido tras su pérdida de vigencia o resolución por cualquier causa.

21.9. El Director responderá e indemnizará a la Productora, por cualquier reclamación, coste, pérdida, daño o responsabilidad exigida a la Productora como consecuencia directa o indirecta del incumplimiento por parte del Director de las obligaciones contempladas en la presente cláusula.

21.10. El Director reconoce y acepta que el incumplimiento de lo dispuesto en la presente cláusula podrá dar lugar a la obligación de restituir a la Productora la totalidad de la

Información Confidencial y/o la resolución del presente Contrato por la Productora en los términos previamente descritos.

22. PROTECCIÓN DE DATOS

22.1. Las Partes garantizan que conocen y aplican las obligaciones establecidas por el Reglamento (UE) 2016/679 del Parlamento europeo y del Consejo de 27 de abril de 2016 relativo a la protección de las personas físicas en lo que respecta al tratamiento de datos personales y a la libre circulación de estos datos y por el que se deroga la Directiva 95/46/CE (el "**RGPD**") y de la Ley Orgánica 3/2018, de 5 de diciembre, de Protección de Datos Personales y garantía de los derechos digitales (la "**LOPDGDD**").

22.2. La Productora declara que los datos de contacto del Director serán tratados para posibilitar el desarrollo y ejecución de la relación contractual y/o comercial entre las Partes, estando el tratamiento de datos amparado en el interés legítimo de las Partes.

22.3. Los datos personales de las Partes serán conservados durante toda la vigencia de la relación contractual y/o comercial, y más allá de la misma, durante los plazos de prescripción necesarios en función de la legislación aplicable.

22.4. Las Partes podrán dirigirse mutuamente con el fin de poder ejercitar sus derechos de acceso, rectificación, supresión, oposición, portabilidad de los datos, y limitación del tratamiento a la dirección facilitad en el encabezado del presente documento adjuntando copia de DNI o pasaporte.

22.5. Asimismo, y en el supuesto de que las Partes incumplan sus obligaciones legales en materia de protección de datos, tienen derecho a presentar una reclamación ante la Agencia Española de Protección de Datos.

23. LEGISLACIÓN APLICABLE Y FUERO

23.1. El presente Contrato deberá interpretarse y cumplirse de conformidad con la legislación española, y en particular con el régimen legal aplicable a los derechos de propiedad intelectual e industrial.

23.2. Las Partes expresa y voluntariamente acuerdan someterse a los tribunales de la ciudad de .... para la resolución de cualesquiera controversias o disputas que pudieran resultar de la interpretación y cumplimiento del presente Contrato, renunciando expresamente a cualquiera otro fuero que, en su caso, pudieran corresponderles.

En virtud de cuanto antecede, las Partes firman el presente Contrato por duplicado, previa su lectura íntegra, el cual declaran entender y con cuyo contenido están conformes, en la fecha indicada en el encabezamiento.

______________________	______________________
El Director	La Productora
Fdo.: XXX	Fdo.: [*]

F028. CONTRATO DE ENCARGO DE OBRA AUDIOVISUAL Y CESIÓN DE DERECHOS

REUNIDOS

De una parte, ...(en adelante, la ***"EMPRESA 1"***).

Y de otra parte, D. [...], mayor de edad, con NIF [...], actuando en nombre y representación de **[...]**, con domicilio en [...], C/[...], [...], [...], C.P. [...] y C.I.F. núm. [...], en su condición de [...] (en adelante, la ***"EMPRESA 2"***).

EXPONEN

I.- Que la EMPRESA 1 es una entidad dedicada, entre otras actividades propias de su objeto social, a la difusión de la obra de............que se encuentra en la actualidad inmersa en el lanzamiento de un proyecto denominado "[...]" (en adelante, el ***"Proyecto"***).

II.- Que la EMPRESA 2 es una entidad dedicada a [...] y desea suscribir el presente contrato con la EMPRESA 1 para participar en el Proyecto.

III.- Que encontrándose ambas partes facultadas para suscribir el presente **CONTRATO DE ENCARGO DE OBRA Y CESIÓN DE DERECHOS** (en adelante, el ***"Contrato"***), y reconociéndose mutuamente la capacidad legal necesaria para contratar y obligarse, lo llevan a efecto conforme a las siguientes

ESTIPULACIONES

PRIMERA.– Objeto.

1.1. Es objeto del presente Contrato establecer los términos y condiciones sobre la base de los cuales la EMPRESA 2 se compromete a elaborar [...] que la EMPRESA 1 le encargue, atendiendo a las indicaciones de ésta última y entregando los mismos en los plazos estipulados en el presente Contrato o, en su caso, en los que le sean indicados por la EMPRESA 1 en cada caso (en adelante, los ***"Trabajos"***).

1.2. Igualmente constituye el objeto del presente Contrato la cesión por parte de la EMPRESA 2 a la EMPRESA 1 de cuantos derechos de propiedad intelectual, industrial y cualesquiera otros que puedan derivarse de esta relación contractual, así como la regulación de la contraprestación que con causa en el Contrato corresponde a la EMPRESA 2.

SEGUNDA.– Duración y Plazos de entrega.

2.1. La duración del presente Contrato comenzará el día de la firma del mismo y permanecerá vigente por plazo de [...] ([...]).

VI. No obstante lo anterior, el Contrato quedará tácitamente prorrogado por los días que sean necesarios, si llegada la fecha de vencimiento, la EMPRESA 2 no hubiera finalizado los Trabajos, sin que ésta prórroga implique una remuneración adicional a favor de la EMPRESA 2.

2.2. Las estipulaciones del presente Contrato, con intención expresa o implícita de que continúen en vigor tras la resolución o vencimiento del mismo, tales como las referidas a la cesión de los derechos de propiedad intelectual y a la confidencialidad, se mantendrán en vigor y continuarán vinculando a ambas partes según lo estipulado.

TERCERA.– Contraprestación y Forma de pago.

3.1. La EMPRESA 2 percibirá de la EMPRESA 1, por la totalidad de las prestaciones objeto del presente Contrato, la cantidad total bruta de **[...] ([...].-€).**

3.2. Esta cantidad será pagada a la EMPRESA 2 previa presentación de las correspondientes facturas, con los datos de la EMPRESA 1 facilitados en el encabezamiento del Contrato y se pagarán de la siguiente manera: ....El concepto de la factura de cada uno de los Trabajos hará alusión expresa a los Trabajos en cuestión y al presente Contrato.

3.3. La contraprestación pactada en este Contrato por parte de la EMPRESA 1 incluye la retribución por la cesión de los derechos de propiedad intelectual, industrial o de otro tipo contemplados en el Contrato para todas las modalidades de explotación.

CUARTA.– Descripción del encargo de obra.

4.1. La EMPRESA 2 podrá realizar para terceros idéntica o similar actividad relacionada con el Proyecto durante la vigencia del presente Contrato, pero dará prioridad al encargo de obra objeto del presente Contrato.

Si la EMPRESA 2 realizase idénticos encargos de obra a los que constituyen el objeto del presente Contrato a terceros deberá comunicárselo a la EMPRESA 1 a efectos meramente informativos, pero en ningún caso la ejecución de trabajos a terceros podrá atentar contra la prioridad indicada en el párrafo precedente. De incumplir la EMPRESA 2 este pacto, abonará a la EMPRESA 1 los daños y perjuicios ocasionados.

4.2. La ejecución de la obra objeto del presente Contrato tiene naturaleza mercantil y se efectuará conforme a los propios medios materiales y humanos con que cuenta o contrate la EMPRESA 2, aunque ésta deberá seguir las directrices de la EMPRESA 1.

En cualquier caso, la EMPRESA 2 será la única responsable de contratar a los autores y demás personas que participen en los Trabajos, y de obtener de ellos las correspondientes cesiones de los derechos de explotación en los términos previstos en la Estipulación Sexta del presente Contrato.

4.3. La EMPRESA 2 desarrollará la actividad objeto del presente Contrato en los lugares que determine y utilizando sus propios medios y personal. No obstante, y cuando resultase necesario para el adecuado cumplimiento de los trabajos encomendados, la EMPRESA 1 pondrá a disposición de la EMPRESA 2 sus instalaciones, así como los medios materiales que pudiera precisar.

QUINTA.– Cesión de derechos.

5.1. La EMPRESA 2 cede en exclusiva a la EMPRESA 1, con facultad de cesión a terceros, para todo el mundo y hasta su paso a dominio público, todos los derechos de explotación de propiedad intelectual, industrial o de otro tipo, por cualquier medio y bajo cualquier forma, y, en especial, los de reproducción, distribución, comunicación pública y transformación sobre los Trabajos.

5.2. La EMPRESA 2 garantiza que dispone de los derechos de explotación sobre los Trabajos encomendados, así como cualesquiera materiales adicionales relacionados con los mismos, que por cesión ha obtenido de las personas que participen en los mismos, a fin de garantizar el ejercicio pacífico de los derechos que cede en virtud de la presente Estipulación.

SEXTA.– Responsabilidades y Garantías.

6.1. La EMPRESA 2 será la única responsable del cumplimiento de todas las obligaciones de carácter laboral, civil, mercantil, fiscal y de pago de la Seguridad Social que se deriven de la contratación del personal o de los medios que se realicen para desarrollar los servicios que le corresponden en el desempeño de los trabajos objeto del presente Contrato, eximiendo expresamente a la EMPRESA 1 de toda responsabilidad ante cualquier reclamación de dicho personal o de terceros derivada del incumplimiento por parte de la EMPRESA 2 y/o de su personal de dichas obligaciones, garantizando a la EMPRESA 1 su completa indemnidad por esos conceptos.

La EMPRESA 2 se obliga a exhibir a la EMPRESA 1 cuantos documentos le requiera esta última y que acrediten el cumplimiento por la EMPRESA 2 y su personal de tales obligaciones.

El incumplimiento de alguna de estas obligaciones dará a la EMPRESA 1 el derecho de repercutir sobre la EMPRESA 2 la cuantía económica que haya asumido indebidamente, incluyendo las posibles sanciones administrativas o judiciales consecuencia del incumplimiento de lo convenido en esta estipulación. A tal fin, la EMPRESA 1 podrá retener de las facturas pendientes de pago las cantidades correspondientes, ante reclamaciones de la Hacienda Pública, Inspección de Trabajo o de la Seguridad Social.

6.2. La EMPRESA 2 garantiza la originalidad de los Trabajos encomendados, así como cualesquiera materiales adicionales relacionados con los mismos, y responderá en exclusiva frente a cualquier reclamación o reivindicación judicial o extrajudicial que pudiera presentarse por terceros (incluyendo cualquier reclamación por plagio) con motivo de la cesión de los derechos objeto de este Contrato en las condiciones establecidas en el mismo, responsabilizándose de cualquier pago o indemnización a que pudiere haber lugar.

6.3. La EMPRESA 2 se compromete y asume la responsabilidad de realizar el encargo de obra objeto del presente Contrato con estricto respeto en todo caso de los derechos de autor o de propiedad intelectual de terceros y garantiza a la EMPRESA 1 que no realizará ningún acto susceptible de impedir o dificultar a la EMPRESA 1 el pleno ejercicio de los derechos cedidos mediante el presente Contrato.

SÉPTIMA.– Causas de Resolución.

7.1. Sin perjuicio de las causas legales, la EMPRESA 1 estará facultada para resolver anticipadamente el Contrato en los siguientes supuestos:

(a) El incumplimiento grave y reiterado de las obligaciones esenciales adquiridas por la EMPRESA 2 en virtud del Contrato y, en especial, de las establecidas en las Estipulaciones Cuarta y Quinta, y la entrega dentro de los plazos fijados en cada caso por la EMPRESA 1.

(b) Falta de una calidad mínima de los Trabajos realizados, circunstancia que determinará la EMPRESA 1 en comparación con aquellos Trabajos que la EMPRESA 2 haya venido realizando con anterioridad.

(c) Desacuerdo constante y reiterado con la EMPRESA 2/su personal.

7.2. La EMPRESA 1 comunicará a la EMPRESA 2 los posibles incumplimientos en que éste pueda incurrir, teniendo la EMPRESA 2 un plazo de [...] ([...]) días para su subsanación. Transcurrido este plazo sin que cese en la conducta infractora, la EMPRESA 1 podrá dar por resuelto el Contrato, no teniendo la EMPRESA 2 derecho más que el pago de las cantidades devengadas y no cobradas.

OCTAVA.– Confidencialidad.

Las partes, durante la vigencia y después de la finalización del presente Contrato, se comprometen, en virtud del mismo, a mantener reserva y a no hacer públicas las informaciones y procesos confidenciales, documentos, negocios, clientes, operaciones, instalaciones, cuentas, finanzas, transacciones, "Know how", o cualquier otro aspecto relacionado con la actividad de la contraparte que hayan llegado a su conocimiento con ocasión del cumplimiento de las prestaciones objeto de este Contrato o por cualquier otro medio.

NOVENA.– Legislación aplicable y Jurisdicción competente.

En lo no previsto en el Contrato, así como en la interpretación y resolución de los conflictos que pudieran surgir entre las partes como consecuencia del mismo, será de aplicación la legislación española, sometiéndose las partes expresa y voluntariamente a los Tribunales de ....

Y, en prueba de conformidad con cuanto antecede, las partes firman este Contrato por duplicado en el lugar y fecha indicados en el encabezamiento.

La EMPRESA 1 **La EMPRESA 2**

F029. CONTRATO DE COPRODUCCIÓN AUDIOVISUAL (I)

En........., a... de....... de.....

REUNIDOS

De una parte, D./Dña..................

Y de otra, D./Dña......................

ACTÚAN

El/La primero/a, en nombre y representación de la productora cinematográfica........, constituida por tiempo indefinido mediante escritura de constitución autorizada por el Notario de........., Don/Dña........, a.. de.... de.... (no de protocolo...), e INSCRITA en el Registro Mercantil de........., al tomo...., libro..., sección.., folio..., hoja....., ins... y, además, en el Registro de Empresas Cinematográficas del Instituto de la Cinematografía y de las Artes Audiovisuales (I.C.A.A.) con el n°.... y en el Registro de Empresas Cinematográficas, Vídeo y Televisión de la Comunidad Autónoma de.... con el no..., en su calidad de......, con facultades bastantes para el presente otorgamiento según resulta de la escritura....... Con C.I.F. no...... (En adelante, LA PRODUCTORA).

El/La segundo/a, en nombre e interés propios (En adelante, EL COPRODUCTOR).

Y reconociéndose las partes recíprocamente la capacidad y representación suficientes para el presente otorgamiento,

EXPONEN

I. Que EL COPRODUCTOR ostenta la titularidad de los derechos de explotación audiovisual, incluyendo los derechos de reproducción, distribución, comunicación pública, así como doblaje y subtitulado, sobre la obra literaria titulada............., escrita por............., con las limitaciones temporales establecidas en el contrato de cesión de derechos suscrito a su favor, incorporado como Anexo n° 1, cuyos términos declara LA PRODUCTORA conocer en su integridad.

II. Que EL COPRODUCTOR ostenta igualmente la titularidad de los derechos patrimoniales e intelectuales sobre el guion cinematográfico elaborado por él mismo, titulado............., el cual se encuentra basado en la obra literaria del mismo nombre del autor previamente mencionado.

III. Que EL COPRODUCTOR y LA PRODUCTORA manifiestan su interés común en llevar a cabo la coproducción de una película de largometraje, provisionalmente titulada............., basada tanto en la citada novela como en el guion referido en el expositivo anterior.

Y habiendo llegado a un acuerdo al respecto, al objeto de regularlo,

ACUERDAN

PRIMERO.– Objeto del contrato.

El presente contrato tiene por objeto la coproducción, por parte de LA PRODUCTORA y EL COPRODUCTOR, del largometraje provisionalmente titulado............, cuya duración no excederá de............ minutos, rodado en............, en color, con formato............, a razón de............ imágenes por segundo, conforme a las condiciones artísticas y técnicas que las partes han establecido de mutuo acuerdo.

El rodaje se llevará a cabo en............, y la fase de postproducción se realizará en.............

SEGUNDO.– Dirección del largometraje y trabajos específicos.

La dirección del largometraje será asumida por LA PRODUCTORA, formalizándose las condiciones particulares de dicha prestación en un contrato laboral independiente.

Se establecen como funciones propias del Director, en colaboración con LA PRODUCTORA, las siguientes:

a) Introducción, en su caso, de nuevos elementos narrativos en el guion.

b) Supervisión y aprobación del plan de trabajo.

c) Selección y propuesta de actores.

d) Propuesta y dirección de localizaciones.

e) Dirección de pruebas de vestuario, maquillaje, peluquería y decorados.

f) Dirección de actores.

g) Dirección de todos los elementos artísticos, creativos y técnicos del rodaje.

h) Dirección del montaje del film.

i) Dirección del doblaje, en su caso, y supervisión de la sonorización hasta la obtención de la copia estándar.

j) Propuesta de títulos de crédito y efectos de imagen.

k) Participación activa en la promoción, lanzamiento y presentación de la película en su estreno en las principales capitales (hasta un máximo de............ en el ámbito nacional), en festivales cinematográficos en los que el film participe y en medios de comunicación.

Para el ejercicio de la dirección, LA PRODUCTORA se compromete a facilitar al Director, con cargo a los gastos imputables a la producción,............ monitores de televisión, a fin de permitir la visualización diaria del material rodado, obligación que se hará constar expresamente en el contrato específico del Director.

Se determinan como funciones propias de LA PRODUCTORA y EL COPRODUCTOR en la creación y elaboración del largometraje las siguientes:

a) Diseño de producción, incluyendo presupuesto, plan de trabajo y presentación ante los organismos competentes.

b) Selección y contratación de localizaciones.

c) Selección y contratación de actores.

d) Selección y contratación del equipo técnico.

e) Definición de los efectos visuales del largometraje.

f) Contratación de empresas proveedoras y servicios en España y, en su caso, en otros países.

g) Obtención de la financiación necesaria para la realización del film.

h) Aprobación del vestuario, maquillaje, peluquería, decorados y demás elementos creativos de la puesta en escena.

i) Supervisión y aceptación del montaje, premezclas y mezclas de sonido.

j) Supervisión y aprobación de los créditos, efectos visuales y copia cero.

k) Diseño de la campaña de promoción, lanzamiento e imagen de la película, así como dirección del spot y del tráiler, con la colaboración del Director/Coproductor.

TERCERO.– Coste de producción.

El coste total de producción del largometraje, conforme al diseño que será presentado ante los organismos oficiales competentes, se fija en la cantidad de............ euros, incluyendo las copias necesarias y los gastos derivados de la campaña de lanzamiento y publicidad.

CUARTO.– Participación en la obra audiovisual.

LA PRODUCTORA y EL COPRODUCTOR asumirán el coste de producción indicado en la siguiente proporción:

LA PRODUCTORA:............ %

EL COPRODUCTOR:............ %

En consecuencia, la participación de cada parte en todos los derechos adquiridos al autor de la obra literaria, al guion y a los derechos de explotación del largometraje para un ámbito territorial mundial, por todos los medios, formatos y procedimientos existentes (de forma enunciativa y no limitativa: distribución en salas cinematográficas, vídeo, emisión hertziana, vía satélite y cable), y por la duración máxima legalmente permitida (salvo las limitaciones derivadas de los derechos del autor de la obra literaria,............), se establece en:

LA PRODUCTORA:............ %

EL COPRODUCTOR:............ %

Las partes se obligan a no realizar compromisos individuales de venta o cesión, total o parcial, que vulneren los derechos y obligaciones derivados del presente contrato.

Asimismo, ambas partes responderán en la proporción indicada de cualquier responsabilidad que pudiera derivarse de obligaciones legales de carácter laboral, civil, mercantil o fiscal relacionadas con la producción del largometraje.

QUINTO.– Versiones.

El largometraje podrá contar con versión............, versión............, así como las versiones internacionales que resulten necesarias para su explotación.

SEXTO.– Firma de contratos.

Para la plena validez y eficacia de cualquier contrato que se suscriba con entidades públicas o privadas en relación con la producción del largometraje, será requisito indispensable que dichos contratos estén firmados conjuntamente por LA PRODUCTORA y EL COPRODUCTOR.

SÉPTIMO.– Financiación externa previa a la finalización de la obra audiovisual.

LA PRODUCTORA y EL COPRODUCTOR se comprometen a presentar:

a) Para la solicitud de ayudas a la financiación, el proyecto de producción ante el Ministerio de............, incluyendo, en su caso, la solicitud al fondo especial de la UE para coproducciones que involucren un mínimo de tres países miembros.

b) Para la obtención de prefinanciación, el proyecto de producción ante:

i. Una sociedad de distribución para el territorio nacional.

ii. Una sociedad de distribución de vídeo para el territorio nacional.

iii. Una sociedad de distribución para Europa y EE.UU.

iv. Posibles coproductores internacionales.

v. Otras fuentes de financiación alternativas y preventas de derechos de explotación.

La totalidad de la financiación externa obtenida para el largometraje será negociada e ingresada en cuentas corrientes separadas de LA PRODUCTORA y EL COPRODUCTOR, en partes iguales, siendo ambos responsables de la correcta percepción de las ayudas y de su adecuación al calendario de tesorería que requiera la producción.

Todas las ayudas procedentes de instituciones públicas, preventas, ventas de derechos de emisión, anticipos de distribución, ventas de vídeo y otros recursos constituirán el Fondo Financiero, al que se imputarán todos los costes de producción del largometraje.

Una vez finalizada la obra audiovisual, LA PRODUCTORA y EL COPRODUCTOR percibirán, en sus respectivas cuentas corrientes, los rendimientos, liquidaciones e importes derivados de las ventas y explotación de la obra, tanto en España como en cualquier territorio, por todos los conceptos, conforme a su porcentaje de participación pactado.

OCTAVO.– Aportaciones financieras.

De conformidad con los porcentajes de participación pactados y sobre el coste de producción, fijado en............ euros (excluyendo copias y gastos de publicidad), las aportaciones que deberán realizar las partes son las siguientes:

LA PRODUCTORA:............%

EL COPRODUCTOR:............%

Al coste de producción indicado, sin incluir copias ni publicidad, y una vez ajustado definitivamente en función de localizaciones, decorados y contrataciones, se deducirán las cantidades procedentes de financiación externa, participación de coproductores internacionales y preventas efectuadas. La cifra resultante determinará la inversión real en recursos propios que LA PRODUCTORA y EL COPRODUCTOR deberán aportar.

En caso de que la financiación externa y las preventas superen el coste de producción, el excedente financiero será repartido entre las partes en la misma proporción que su participación.

NOVENO.– Preparación, rodaje y postproducción.

La fase de preparación del largometraje se iniciará durante el mes de............, comenzando a continuación el rodaje, cuya duración será de............semanas. La postproducción del film finalizará en............

DÉCIMO.– Producción ejecutiva y trabajos específicos.

El productor ejecutivo, subordinado a las decisiones de LA PRODUCTORA, será D./ Dña............, con quien no se suscribirá contrato laboral alguno. La remuneración que percibirá el productor ejecutivo será la prevista en el presupuesto oficial del largometraje, estableciéndose un mínimo de........... euros.

El pago de dicha cantidad se efectuará conforme al siguiente calendario:

a) .... €, tras la comunicación de la concesión de una subvención anticipada u otro organismo público.

b) .... €, al finalizar la........... semana de preparación definitiva previa al rodaje.

c) .... €, al finalizar la........... semana de rodaje.

d) .... €, durante la última semana de rodaje.

e) .... €, a la entrega de la copia estándar.

En caso de que el importe total a percibir sea superior, el diferencial se distribuirá proporcionalmente entre los pagos mencionados.

D./Dña............ suscribe el presente contrato en señal de conformidad con lo establecido en este pacto.

UNDÉCIMO.– Créditos.

En los títulos de crédito, piezas publicitarias, material de prensa y demás apariciones gráficas, LA PRODUCTORA y EL COPRODUCTOR deberán figurar con idéntico tamaño, posición, relevancia y color.

En los títulos de crédito del largometraje, las menciones se incluirán en el siguiente orden y forma:

[Transcripción ordenada de los distintos títulos de crédito]

DUODÉCIMO.– Contratación de equipo técnico y artístico. Funciones del equipo de producción.

La contratación del equipo técnico y artístico será realizada conjuntamente por LA PRODUCTORA y EL COPRODUCTOR. En el caso de los jefes de equipo del largometraje (decorador, montador, director de fotografía, director de producción, ayudante de dirección, maquillador, ingeniero de sonido, jefe de vestuario y peluquería), la selección se efectuará de común acuerdo entre ambas partes, eligiendo a los profesionales más adecuados.

Las funciones específicas de la dirección de producción contratada, bajo la supervisión de los productores ejecutivos, comprenderán, con carácter enunciativo y no limitativo:

a) Diseño de producción.

b) Elaboración de desgloses de producción, plan de trabajo, presupuesto y memoria de producción.

c) Preparación de la documentación necesaria para la fase de rodaje.

d) Confección del plan de tesorería y calendario de pagos.

e) Selección y adecuación de localizaciones.

f) Control y verificación semanal informatizada del presupuesto, con presentación contable a LA PRODUCTORA y EL COPRODUCTOR.

g) Gestión de altas y bajas en Seguridad Social, retenciones y presentación de documentación.

h) Organización de la preparación y rodaje, incluyendo alquiler de oficinas e instalaciones en............

i) Contratación del equipo técnico y artístico (excepto protagonistas principales).

j) Gestión de pagos semanales, con cargo al Fondo Financiero, para técnicos, actores y proveedores durante la preparación, rodaje y postproducción.

k) Entrega final de la contabilidad y documentación administrativa a LA PRODUCTORA y EL COPRODUCTOR, quienes se encargarán de la presentación ante las instancias oficiales para la percepción de liquidaciones.

l) Devolución de materiales alquilados a las empresas proveedoras.

m) Restitución a LA PRODUCTORA y EL COPRODUCTOR de activos o bienes adquiridos para la película.

DECIMOTERCERO.– Gastos generales.

Los gastos generales imputables a la producción del largometraje serán liquidados con cargo al Fondo Financiero. La preparación, rodaje y postproducción se desarrollarán principalmente en las oficinas de LA PRODUCTORA.

A partir de la firma del presente contrato, las partes asumirán los gastos que se devenguen conforme a su respectivo porcentaje de participación.

DECIMOCUARTO.– Gastos e ingresos financieros.

Los gastos financieros derivados de operaciones de descuento de certificaciones, contratos y giros que resulten necesarios para la producción del largometraje serán imputados al Fondo Financiero.

En caso de generarse excedentes de financiación, las partes podrán invertir dichos fondos en operaciones bancarias a plazo fijo o en otros productos financieros disponibles en el mercado, con el objetivo de obtener la máxima rentabilidad.

DECIMOQUINTO.– Pagos y cobros. Apertura de cuenta. Administración y facultades.

Los depósitos correspondientes a financiación externa y recursos propios, conforme a las necesidades del calendario de pagos del largometraje, se efectuarán en una cuenta corriente específica, que se abrirá a nombre de........... (designado por LA PRODUCTORA) y........... (designado por EL COPRODUCTOR).

La cuenta permitirá firma indistinta para disposiciones inferiores a........... euros. Para cantidades superiores, será necesaria la firma conjunta de ambos designados.

Dicha cuenta no podrá ser cancelada hasta que se produzca la última liquidación del Fondo Financiero.

DECIMOSEXTO.– Hacienda Pública.

El Impuesto sobre el Valor Añadido (IVA) abonado a proveedores u otros terceros será satisfecho con cargo al Fondo Financiero. Al término de la producción, se contabilizará el IVA a repercutir y LA

PRODUCTORA y EL COPRODUCTOR, en proporción a su participación, solicitarán ante la Administración Tributaria la devolución que proceda.

En caso de devolución efectiva, el importe será ingresado en la cuenta del Fondo Financiero. Si existiera saldo negativo en la producción, dicho importe se aplicará para su compensación; en caso de saldo positivo, se repartirá entre las partes conforme a su porcentaje de participación.

Asimismo, LA PRODUCTORA y EL COPRODUCTOR se obligan a practicar las retenciones legales correspondientes en los contratos del equipo técnico y artístico.

DECIMOSÉPTIMO.– Seguros.

LA PRODUCTORA contratará, con una o varias compañías aseguradoras, las siguientes pólizas:

a) Seguro de negativo.

b) Seguro de accidentes e invalidez permanente para los protagonistas y el director.

c) Seguro de responsabilidad civil, que cubra siniestros sobre mobiliario, accesorios y material técnico de rodaje.

d) Seguro de buen fin de la película, cuyos beneficiarios serán LA PRODUCTORA y EL COPRODUCTOR, en proporción a su participación.

Las pólizas deberán cubrir íntegramente el coste del largometraje y permanecer vigentes hasta la entrega de la copia estándar, pudiendo contratarse una extensión temporal adicional si las partes lo consideran necesario para la distribución o explotación del film.

DECIMOCTAVO.– Funcionamiento de las ventas internacionales.

En el ámbito internacional, LA PRODUCTORA y EL COPRODUCTOR se comprometen a explotar la película de la forma más eficiente posible, con el objetivo de amortizar las inversiones realizadas, pudiendo ambas partes gestionar la venta de la obra terminada.

Las ofertas derivadas de la gestión de ventas deberán ser comunicadas por escrito a la otra parte, otorgándose un plazo de........... días para que ésta pueda presentar una mejora. De no producirse dicha mejora en el plazo indicado, la parte que haya propuesto la operación asumirá la dirección en la redacción del contrato correspondiente, el cual deberá ser aprobado por la otra parte.

La contraprestación para la parte que lleve a buen término la operación de venta consistirá en una bonificación equivalente al........... % sobre el importe neto de la venta, una vez deducidos los gastos devengados y aceptados de mutuo acuerdo por ambas partes.

DECIMONOVENO.– Publicidad y medios.

La inversión publicitaria y la estrategia de medios para la promoción del largometraje serán diseñadas y acordadas conjuntamente por LA PRODUCTORA y EL COPRODUCTOR, garantizando la coherencia con los objetivos comerciales y de imagen del proyecto.

VIGÉSIMO.– Cesión a terceros.

LA PRODUCTORA y EL COPRODUCTOR podrán ceder a terceros los derechos y obligaciones derivados del presente contrato, con la única excepción de los coproductores internacionales, previa comunicación escrita a la otra parte.

En caso de incorporación de coproductores internacionales, LA PRODUCTORA y EL COPRODUCTOR mantendrán su porcentaje de participación en el territorio español. La participación internacional será negociada con los coproductores, cediéndoles la parte convenida proporcionalmente por ambas partes, siendo imprescindible que dicha cesión se realice de forma consensuada y con la intervención de todas las partes contratantes.

Y para que así conste, suscriben las partes el presente contrato por duplicado ejemplar, y a un solo efecto, en el lugar y fecha arriba indicados.

LA PRODUCTORA.	**EL COPRODUCTOR.**

F030. CONTRATO DE COPRODUCCIÓN AUDIOVISUAL (II)

En [Ciudad], a [Fecha].

COMPARECEN

De una parte, la entidad [Nombre de la primera productora], con domicilio en [Dirección], provista de CIF nº [__________], debidamente representada por D./Dª [Nombre y Apellidos], en calidad de [Cargo], en adelante COPRODUCTOR A.

Y de otra parte, la entidad [Nombre de la segunda productora], con domicilio en [Dirección], provista de CIF nº [__________], debidamente representada por D./Dª [Nombre y Apellidos], en calidad de [Cargo], en adelante COPRODUCTOR B.

Ambas partes, en adelante conjuntamente LOS COPRODUCTORES, se reconocen mutuamente capacidad legal suficiente para contratar y obligarse, y a tal efecto EXPONEN y ACUERDAN suscribir el presente contrato con arreglo a las siguientes:

EXPOSICIONES

I. Que LOS COPRODUCTORES tienen interés en llevar a cabo conjuntamente la producción de la obra audiovisual titulada [Título], aportando cada uno de ellos medios económicos, técnicos, humanos y organizativos.

II. Que el presente contrato tiene por finalidad establecer las bases jurídicas y económicas de la coproducción, determinando las aportaciones de cada parte, la titularidad de los derechos y la explotación de la obra.

III. Que las partes desean regular mediante este documento las condiciones de la coproducción, de conformidad con la Ley de Propiedad Intelectual, el Código Civil y demás normativa aplicable.

Primera. Objeto de la coproducción

El presente contrato tiene por objeto la coproducción de la obra audiovisual titulada [Título], que será realizada de manera conjunta por LOS COPRODUCTORES.

Cada COPRODUCTOR se obliga a aportar los recursos económicos, técnicos, humanos y materiales que se detallan en el Anexo I, formando parte integrante del contrato.

La obra será realizada de forma conjunta y solidaria, compartiendo las partes la responsabilidad respecto de su financiación, ejecución y explotación.

Segunda. Aportaciones económicas y en especie

COPRODUCTOR A aportará la cantidad de [___ €] y los siguientes recursos en especie: [detallar].

COPRODUCTOR B aportará la cantidad de [___ €] y los siguientes recursos en especie: [detallar].

Las aportaciones deberán realizarse en los plazos y condiciones establecidos en el calendario de financiación (Anexo II).

En caso de incumplimiento de la obligación de aportar, la parte cumplidora podrá exigir judicialmente el cumplimiento o resolver el contrato, con derecho a reclamar daños y perjuicios.

Tercera. Titularidad de los derechos

Los derechos de explotación sobre la obra resultante pertenecerán en régimen de copropiedad a LOS COPRODUCTORES, en proporción a sus aportaciones respectivas.

En defecto de pacto expreso, se presumirá una participación del cincuenta por ciento (50%) para cada COPRODUCTOR.

Los derechos de explotación incluirán todas las modalidades reconocidas por la Ley de Propiedad Intelectual y se extenderán a todo el mundo y por el plazo máximo permitido.

Cuarta. Explotación de la obra

La explotación de la obra será realizada de manera conjunta por LOS COPRODUCTORES, quienes designarán de mutuo acuerdo a un distribuidor o agente de ventas.

Los ingresos generados por la explotación serán repartidos entre LOS COPRODUCTORES en proporción a sus aportaciones, una vez deducidos los gastos comunes de distribución y comercialización.

Los rendimientos deberán liquidarse trimestralmente, acompañados de la documentación justificativa correspondiente.

Quinta. Gestión de la producción

La dirección ejecutiva de la producción corresponderá a un Comité de Producción integrado por representantes de ambos COPRODUCTORES.

Las decisiones se adoptarán por mayoría simple, salvo aquellas que impliquen modificación sustancial del presupuesto o del plan de producción, que requerirán unanimidad.

El Comité de Producción se reunirá como mínimo una vez al mes y llevará acta de sus acuerdos.

Sexta. Presupuesto y plan de financiación

El presupuesto total de la obra asciende a [___ €], de los cuales [___ €] serán aportados por COPRODUCTOR A y [___ €] por COPRODUCTOR B.

El plan de financiación se detalla en el Anexo II, que forma parte integrante del presente contrato.

Los COPRODUCTORES se obligan a no modificar unilateralmente el presupuesto aprobado sin el consentimiento expreso de la otra parte.

Séptima. Obligaciones de los coproductores

Cada COPRODUCTOR se obliga a cumplir diligentemente las aportaciones comprometidas y a colaborar activamente en la producción de la obra.

Se obligan igualmente a respetar los derechos morales de los autores y a incluir en los créditos la mención de ambos COPRODUCTORES de forma destacada.

Ambas partes se comprometen a mantener un trato leal y de buena fe, absteniéndose de realizar actos que perjudiquen los intereses de la coproducción.

Octava. Confidencialidad

LOS COPRODUCTORES se obligan a mantener en estricta confidencialidad la información técnica, artística, financiera y comercial relacionada con la coproducción.

Esta obligación subsistirá durante la vigencia del contrato y hasta cinco (5) años después de su terminación, salvo obligación legal de revelación.

El incumplimiento facultará a la parte cumplidora a resolver el contrato y exigir indemnización por los daños sufridos.

Novena. Protección de datos

LOS COPRODUCTORES cumplirán lo dispuesto en el Reglamento (UE) 2016/679 (RGPD) y la Ley Orgánica 3/2018 (LOPDGDD).

En caso de que uno de los COPRODUCTORES trate datos personales por cuenta del otro, actuará como encargado del tratamiento, formalizándose el correspondiente acuerdo anexo.

Ambas partes se obligan a adoptar las medidas técnicas y organizativas necesarias para garantizar la seguridad de los datos tratados.

Décima. Seguros

LOS COPRODUCTORES contratarán las pólizas de seguro necesarias para cubrir los riesgos de la producción, incluyendo accidentes laborales, daños a terceros, responsabilidad civil y daños materiales.

Cada parte aportará a la otra copia de las pólizas contratadas y justificante de su vigencia.

La falta de contratación de seguros será considerada incumplimiento grave del contrato.

Undécima. Fuerza mayor

Ninguna de las partes será responsable por incumplimientos derivados de fuerza mayor, entendiéndose por tales acontecimientos imprevisibles, inevitables y ajenos a la voluntad de las partes.

Durante la causa de fuerza mayor, las obligaciones quedarán suspendidas, reanudándose su cumplimiento una vez desaparecida la causa.

Si la situación se prolonga más de seis (6) meses, cualquiera de las partes podrá resolver el contrato sin penalización.

Duodécima. Resolución anticipada

El contrato podrá resolverse anticipadamente por incumplimiento grave, impago de aportaciones, insolvencia o concurso de acreedores.

La resolución requerirá notificación fehaciente con treinta (30) días de antelación, salvo incumplimiento manifiesto que permita la resolución inmediata.

La resolución implicará la liquidación de las aportaciones realizadas y no extinguirá el derecho de la parte cumplidora a reclamar indemnización por daños.

Decimotercera. Notificaciones

Las notificaciones entre las partes deberán realizarse por escrito a los domicilios contractuales indicados al inicio del contrato.

Serán válidas las notificaciones realizadas mediante burofax, correo electrónico con acuse de recibo o notificación electrónica certificada.

Cualquier cambio de domicilio deberá comunicarse a la otra parte con al menos diez (10) días de antelación.

Decimocuarta. Ley aplicable y jurisdicción

El presente contrato se regirá por la legislación española, en especial por la Ley de Propiedad Intelectual y el Código Civil.

Para la resolución de controversias, las partes se someten expresamente a los Tribunales de [Ciudad], renunciando a cualquier otro fuero que pudiera corresponderles.

No obstante, podrán someter sus disputas a arbitraje institucional en derecho, de conformidad con la Ley de Arbitraje.

Y en prueba de conformidad, firman el presente contrato en el lugar y fecha indicados, por duplicado ejemplar y a un solo efecto.

Fdo.: ______________________	Fdo.: ______________________
COPRODUCTOR A	COPRODUCTOR B

F031. CONTRATO DE COPRODUCCIÓN AUDIOVISUAL (III)

En ( ), a [ ] de [ ] de [ ]

REUNIDOS

DE UNA PARTE, D. [ ], mayor de edad, en nombre y representación de la sociedad [PRODUCTOR 1] con CIF [ ] y domicilio social en calle [ ], [ ]; constituida por tiempo indefinido el [ ] de [ ] de [ ] en escritura autorizada por el Notario de [ ], D. [ ], bajo el número [ ] de su protocolo, e inscrita en el Registro Mercantil de [ ], Tomo [ ], Folio [ ], Hoja [ ], Inscripción [ ].

En adelante, "**[ ]**".

Y, DE OTRA PARTE, D. **[ ],** mayor de edad, en nombre y representación de la sociedad **[**PRODUCTOR 2**]** con CIF [ ]y domicilio social en calle **[ ], [ ];** constituida por tiempo indefinido el **[ ]** de **[ ]** de **[ ]** en escritura autorizada por el Notario de **[ ],** D. **[ ],** bajo el número **[ ]** de su protocolo, e inscrita en el Registro Mercantil de **[ ]**, Tomo **[ ]**, Folio **[ ]**, Hoja **[ ]**, Inscripción [ ].

En adelante, "[ ]".

Las partes manifiestan que sus facultades están vigentes y que no han sido limitadas, suspendidas ni revocadas por lo que cuenta con la capacidad legal necesaria para obligarse en derecho y contratar y al efecto

EXPONEN

I. Que, **[ ]** y **[ ]** son entidades mercantiles que dedican su actividad a la creación y/o producción de obras audiovisuales, para lo que cuentan con los medios materiales y humanos adecuados y suficientes (en adelante "las Partes")

II. Que, **[ ]** es propietario de los derechos exclusivos de licencia del formato "**[ ]**" (en adelante el Formato)

III. Que, **[ ]** está interesado en ceder a **[ ]** el cincuenta por ciento (50%) de los derechos de licencia y explotación del Formato, y, todo ello, para la comercialización, venta, adaptación, desarrollo y producción de una obra audiovisual basada en dicho Formato ("la Obra Audiovisual").

IV. Que, en base a lo que antecede, reconociéndose las partes la capacidad legal necesaria para contratar, suscriben el presente Contrato de Coproducción y cesión de derechos ("el Contrato"), con arreglo a las siguientes,

ESTIPULACIONES

PRIMERA.– OBJETO

El objeto del Contrato es:

– La cesión por parte de [ ] del cincuenta por ciento (50%) de los derechos de licencia y explotación del Formato a [ ], y,

- la regulación de los derechos y obligaciones entre [ ] y [ ], para llevar a cabo la comercialización, venta, adaptación, desarrollo y producción de la Obra Audiovisual, así como los derechos patrimoniales de explotación de esta.

Todo ello en virtud de los términos y condiciones regulados en el presente Contrato.

SEGUNDA.– DURACIÓN DEL CONTRATO

El plazo de duración del Contrato será el necesario para realizar las labores de comercialización y venta, adaptación, producción y desarrollo de la Obra Audiovisual y permanecerá vigente durante todo el plazo legalmente establecido en los diferentes acuerdos que se realicen con terceros como consecuencia de la comercialización y venta de la Obra Audiovisual, las obras relacionadas intrínsicamente con la misma o las obras y/o productos derivados de la misma.

Así mismo, permanecerá vigente durante todo el plazo legalmente establecido para los derechos cedidos conforme al presente Contrato.

En el caso que alguna de las partes decidiera voluntariamente abandonar la comercialización y venta, adaptación, producción y desarrollo de la Obra Audiovisual, deberá negociar de buena fe con la otra parte los términos y condiciones de dicho abandono, incluida la venta del cincuenta por ciento (50%) de los derechos de licencia y explotación de la Obra Audiovisual y del Formato en el que se basa en la misma, y las obligaciones pendientes de pago a la fecha de la hipotética terminación.

TERCERA.– DERECHOS Y OBLIGACIONES DE LAS PARTES

3.1. Comercialización, venta, adaptación, desarrollo, preproducción y producción de la Obra Audiovisual.

[ ] y [ ] acuerdan que la explotación, comercialización y venta, al igual que la adaptación y desarrollo, preproducción, producción y postproducción de la Obra Audiovisual, se realice conjuntamente, negociando de buena fe todos y cada uno de los elementos que la integran.

Las Partes se comprometen a negociar de buena fe y a llegar a un acuerdo ante cualquier posibilidad de compra de la Obra Audiovisual y/o Formato en el que se basa la misma, por un tercero, siendo necesaria la aprobación de ambas partes para la formalización de cualquier acuerdo. Ambas partes asumirán al cincuenta por ciento (50%) las obligaciones que se deriven de cualquier acuerdo en referencia con la Obra Audiovisual.

Las Partes se comprometen a suministrarse entre ellas toda la documentación e información que se les requiera para el perfecto seguimiento de todo el proceso de comercialización y venta de la Obra Audiovisual.

[ ] y [ ] asumirán, a partes iguales, todos los costes y medios necesarios (previa aprobación por ambas partes) para llevar a cabo la explotación, comercialización y venta, adaptación y desarrollo, preproducción, producción y postproducción de la Obra Audiovisual tales como, a nivel enunciativo y no limitativo, financiación, medios técnicos y humanos, personal artístico, así como cualquier otro elemento necesario para la materialización de tales fines.

3.2. Ingresos y Gastos derivados de la Obra Audiovisual

[ ] y [ ] producirán la Obra Audiovisual conjuntamente, repartiéndose el *Beneficio Industrial* (entendiéndose por Beneficio Industrial el quince por ciento (15 %) del presupuesto global aprobado).

Los ingresos netos que se obtengan de la Obra Audiovisual, cualquiera que fuese su fórmula, se repartirán de la siguiente forma entre [ ] y [ ]:

- **[ ]**: cincuenta por ciento (50%)
- [ ]: cincuenta por ciento (50%)

Serán considerados ingresos netos, la totalidad de los ingresos efectivamente obtenidos en cualquier país del mundo por la explotación de la Obra Audiovisual a través de cualquier medio, sistema y/o tecnología, previa deducción de los costes totales de la Obra Audiovisual.

Las partes se efectuarán las liquidaciones correspondientes según el calendario de repartos que negocien entre ellas de buena fe.

CUARTA.– CESION DE DERECHOS DE LICENCIA Y EXPLOTACIÓN DEL FORMATO

[ ], como propietario del Formato, cede en este acto a [ ] el cincuenta por ciento (50%) de todos los derechos de explotación y de propiedad intelectual e industrial del Formato (que, a los efectos de este Contrato incluyen, entre otros, cualesquiera materiales, biblias, escaletas, trabajos, marcas registradas o susceptibles de serlo, nombres de dominio, modelos y diseños industriales, y *know-how*), para todas las modalidades de explotación, con independencia del sistema, formato o procedimiento de explotación empleado, incluyendo de manera enunciativa, pero no limitativa, con respecto a los derechos de propiedad intelectual, los derechos de reproducción, distribución, comunicación pública (incluyendo la puesta a disposición) y transformación, para todo el mundo y por el tiempo máximo permitido por la ley vigente.

QUINTA.– PROPIEDAD INTELECTUAL Y PROPIEDAD INDUSTRIAL

Propiedad intelectual

5.1. Las Partes solicitarán y obtendrán, a cargo del Presupuesto y a favor de [ ] y de [ ] conforme a los porcentajes de cada una de las partes (cincuenta por ciento [50%] respectivamente), todas las cesiones y/o autorizaciones en exclusiva de los derechos de propiedad intelectual de los titulares de los derechos de autor y afines, tanto de la Obra Audiovisual como de cualesquiera otras obras y/o prestaciones incorporadas a la Obra Audiovisual, así como en su caso, de los artistas, intérpretes o ejecutantes. Las referidas cesiones y/o autorizaciones se obtendrán para el ámbito geográfico mundial y por el tiempo máximo permitido por la legislación vigente.

5.2. Las Partes suscribirán los contratos de cesión de derechos de Propiedad Intelectual y autorizaciones referidos en el párrafo anterior en beneficio de [ ] y [ ], de forma que los derechos serán compartidos por ambas partes conforme a los porcentajes acordados en el presente contrato. Todas las obligaciones serán asumidas conjuntamente entre las Partes frente a los terceros titulares de los derechos.

5.3. De conformidad con lo anterior, [ ] y [ ] como coproductoras de la Obra Audiovisual, serán los titulares en exclusiva y con facultad de cesión a terceros de todos los derechos económicos sobre la misma, asegurándose que les permitan, tanto a ellas como a sus eventuales cesionarios, su pacífica explotación y todo ello, de conformidad con el presente contrato.

5.4. [ ] y [ ] serán titulares y con carácter meramente enunciativo, pero no limitativo, de los siguientes derechos y/o autorizaciones sobre las obras descritas en esta Cláusula:

- Respecto de los que tengan la consideración de autores, de los de comunicación pública, de reproducción, de distribución y de transformación, incluyendo, en su caso, el doblaje o subtitulado.

- Respecto de los que tengan la consideración de titulares de derechos afines, incluyendo los artistas, intérpretes o ejecutantes, de los de fijación, reproducción, comunicación pública y distribución.

5.5. En todo caso, las cesiones y/o autorizaciones obtenidas por las Partes, a favor de [ ] y [ ], deberán garantizar a éstas y a sus cesionarios, la explotación de la Obra Audiovisual en cualquier modalidad de explotación conocida a la fecha de firma del presente Contrato, incluyendo a título enunciativo:

- La emisión, transmisión y retransmisión televisiva, por ondas hertzianas, cable y satélite, tanto en sistema analógico o digital, ya sea en señal codificada o descodificada y mediando o no pago de cuota o abono por los usuarios; incluyéndose en este apartado las modalidades televisivas de "Pago Por Visión" (Pay Per View; PPV) y "Vídeo casi a la carta" (Near Video On Demand, NVOD);
- La explotación videográfica, ya sea en vídeo doméstico, mediante su alquiler o compra; se incluye la explotación videográfica en barcos, trenes, y aeronaves, así como en hoteles o complejos similares;
- La exhibición cinematográfica; y,
- Todas las modalidades de explotación mencionadas en los guiones anteriores, incluyen sistema digital y electrónico, sean o no de carácter interactivo, en conexiones off-line y on line, archivos, bancos de datos, Internet y similares. En este apartado se encuentra comprendido "Vídeo a la Carta" (Vídeo On Demand, VOD), así como cualquier sistema de recuperación electrónica.

5.7. Las Partes serán titulares en los porcentajes dispuestos en el presente contrato, de todos los productos derivados de la Obra Audiovisual y de los derivados de las obras y/o prestaciones incorporadas a la Obra Audiovisual o relacionadas intrínsecamente con la misma o derivadas de la misma, tales como el "merchandising", ediciones gráficas y editoriales (en fascículos, artículos de revista, libros), y obras musicales y cualquier otro producto u obra audiovisual, literaria, fotográfica, sonora o de cualquier otro tipo que sea un producto derivado de dichas obras.

5.8. Las Partes serán titulares en exclusiva y en los porcentajes acordados en este contrato, de todos los derechos de remuneración que la legislación sobre propiedad intelectual confiere a los titulares de los derechos descritos en esta Cláusula, tales como los reconocidos a los productores audiovisuales sobre la copia privada, retransmisión por cable y comunicación pública en lugares accesibles al público mediante cualquier instrumento idóneo.

5.9. A los efectos del presente contrato, se entienden comprendidos dentro del concepto "OBRA AUDIOVISUAL", los trailers, el sonido (soundtrack), las copias y los demás materiales y soportes físicos relacionados con la misma en su sentido más amplio incluidos, sin limitación, y a título enunciativo, las fotografías, los posters, los afiches y demás material publicitario o divulgativo, así como todo el material necesario para realizar, en su caso, el doblaje o subtitulado de la obra audiovisual.

5.10. Las Partes en su condición de titulares exclusivos de todos los derechos de propiedad intelectual sobre la Obra Audiovisual, las obras relacionadas intrínsecamente con la misma o las obras y/o productos derivados de la misma, son las únicas entidades que pueden utilizar el aviso legal del símbolo © "copyright" en relación con dichas obras y/o productos.

Por todo lo anterior, y de conformidad con el presente contrato, los derechos de propiedad intelectual de dicha adaptación, desarrollo, preproducción, producción y postproducción, y de todos los elementos que lo integran, corresponderán a [ ] y [ ] a partes iguales, para todo el mundo y para todo el tiempo que le permita la ley.

Propiedad Industrial

5.11. Las Partes serán titulares, en exclusiva, de los derechos de propiedad industrial sobre los elementos integrantes de la Obra Audiovisual y del resto de las obras y/o productos descritos en este Contrato.

SEXTA. –TÍTULOS DE CRÉDITO

6.1. Títulos de crédito

Sin perjuicio de los estándares del mercado, en los títulos de crédito de cada episodio deberá figurar:

- Por parte de [ ]: [ ]
- Por parte de [ ]: [ ]

SÉPTIMA.– CONFIDENCIALIDAD

Las Partes se comprometen a mantener confidenciales los términos y condiciones del Contrato, la existencia de la Obra Audiovisual, así como toda información que fluya entre las mismas a consecuencia de ésta, garantizando que no revelarán los datos que lleguen a conocer por la relación contractual que se establece, salvo autorización expresa y por escrito de la otra parte.

No obstante, las Partes podrán comunicar el contenido del presente acuerdo a sus directores o a aquellos empleados que deban conocerlo por razón de su oficio, cargo o profesión que desempeñen en las empresas.

Se exceptúa la obligación de confidencialidad cuando por disposición legal o administrativa, una parte deba poner a disposición judicial los términos del presente acuerdo. En esta situación, la parte requerida a presentar la documentación deberá ponerlo de inmediato en conocimiento de la otra.

OCTAVA.– SALVAGUARDA IMAGEN PÚBLICA

[ ] y [ ] se comprometen a respetar la imagen de las partes implicadas en el Contrato, así como a abstenerse de realizar manifestaciones públicas que puedan atentar contra el espíritu del Contrato, el honor y la intimidad de personas o entidades vinculadas a cada compañía, o sus accionistas.

[ ] y [ ] reconocen que la salvaguarda de la imagen pública de las partes implicadas este acuerdo es condición fundamental para el buen cumplimiento del Contrato, y aceptan que la trasgresión de los previsto en este párrafo será causa suficiente para que cualquiera de las Partes pueda resolver automáticamente el contrato, pudiendo solicitar además, a la parte que lo incumpla, el resarcimiento de los daños y perjuicios, así como la retractación pública de las declaraciones vertidas, todo ello sin perjuicio de los derechos fundamentales a la libertad de expresión e información que prevalecerán en cualquier caso.

NOVENA.– RESOLUCIÓN

Este Contrato se resolverá con efecto inmediato en los supuestos de incumplimiento por alguna de las Partes de las obligaciones que le incumben, la parte que hubiera cumplido con las suyas tendrá derecho a exigir, previo envío de carta certificada con acuse de recibo, el cumplimiento de la obligación o a considerar el contrato resuelto al octavo día a contar desde la recepción de la notificación, sin perjuicio en ambos casos del abono de los intereses y del resarcimiento de daños y perjuicios que proceda.

La resolución anticipada del presente Contrato por incumplimiento de una de las partes no afectará a la cesión de derechos de explotación y Propiedad Intelectual contemplada en el presente acuerdo. La otra parte podrá continuar con la producción y explotación de la Obra Audiovisual.

DÉCIMA.– PROTECCION DE DATOS PERSONALES

Las Partes cumplirán con todas las leyes de protección de datos aplicables, incluido el Reglamento General de Protección de Datos de la UE. Por lo que respecta al presente Contrato, las Partes se intercambiarán determinados datos personales ("Datos"), incluyendo, entre otros, su nombre, datos de contacto e información de pago. Cada Parte será el responsable del tratamiento de dichos Datos. Las Partes tratarán los datos en la medida de lo necesario para la ejecución del Contrato o para el cumplimiento de sus obligaciones legales, o en la medida en que sea necesario para sus propios intereses legítimos.

UNDÉCIMA.– MISCELÁNEA

11.1. Cualquier modificación que haya de realizarse en las cláusulas de este Contrato deberá realizarse por escrito y deberá estar firmada por las partes como condición indispensable para su efectividad.

11.2. La nulidad de una de las Cláusulas de este Contrato no implicará la nulidad de las restantes, las cuales permanecerán en vigor y con la plenitud y eficacia. En el supuesto de que sucediera, las Partes acuerdan reemplazar, en el plazo más corto posible, las estipulaciones anuladas por otras, por escrito, cuyos contenidos sean los más cercanos posibles al espíritu de dichas Cláusulas.

11.3. Todas las notificaciones relacionadas con este Contrato se harán por escrito y se cursarán por correo certificado con acuse de recibo y a la dirección antes expresada o a aquella otra dirección que cualquiera de las partes pueda a su debido tiempo señalar a la otra por escrito.

DUODÉCIMA.– FUERO Y LEGISLACIÓN APLICABLE

El presente Contrato se rige por las leyes del Reino de España.

Para cuantas incidencias, disputas o discrepancias se deriven del cumplimiento o interpretación del presente acuerdo, las Partes, con expresa renuncia a su propio fuero, si lo tuvieran, se someten a la competencia y jurisdicción de los Tribunales de [ ].

Y, en prueba de conformidad, ambas partes firman el presente Contrato, por duplicado ejemplar y a un solo efecto, en el lugar y fecha indicados *ut supra*.

______________________	______________________
[ ]	**[ ].**
D. [ ]	D.

F032. CONTRATO DE COPRODUCCIÓN INTERNACIONAL AUDIOVISUAL

En [Ciudad], a [Fecha].

COMPARECEN

De una parte, la entidad [Nombre de la productora nacional], con domicilio en [Dirección], provista de CIF nº [__________], debidamente representada por D./Dª [Nombre y Apellidos], en calidad de [Cargo], en adelante EL PRODUCTOR NACIONAL.

Y de otra parte, la entidad [Nombre de la productora extranjera], con domicilio en [Dirección], provista de CIF/Registro nº [__________], debidamente representada por D./Dª [Nombre y Apellidos], en calidad de [Cargo], en adelante EL PRODUCTOR EXTRANJERO.

Ambas partes se reconocen mutuamente capacidad legal suficiente para contratar y obligarse, y a tal efecto EXPONEN y ACUERDAN suscribir el presente contrato de coproducción internacional con arreglo a las siguientes:

EXPOSICIONES

I. Que EL PRODUCTOR NACIONAL y EL PRODUCTOR EXTRANJERO son empresas dedicadas a la producción audiovisual y desean colaborar en la realización conjunta de la obra titulada [Título de la obra].

II. Que dicha coproducción se enmarca en los tratados bilaterales de coproducción audiovisual vigentes entre [País] y [País], así como en el marco del Convenio Europeo de Coproducción Cinematográfica (Eurimages), si resultara aplicable.

III. Que ambas partes desean regular sus respectivas aportaciones, responsabilidades y derechos en la obra coproducida.

Primera. Objeto del contrato

El presente contrato tiene por objeto la producción conjunta de la obra audiovisual titulada [Título], que será considerada como coproducción internacional.

Ambas partes acuerdan realizar las aportaciones financieras, técnicas y artísticas necesarias para la producción de la obra.

Segunda. Aportaciones de las partes

EL PRODUCTOR NACIONAL aportará la cantidad de [___ €] en metálico, así como recursos técnicos y humanos detallados en el Anexo I.

EL PRODUCTOR EXTRANJERO aportará la cantidad de [___ €] y otros recursos descritos en el Anexo II.

Las aportaciones de cada parte determinarán el porcentaje de propiedad en la obra, que será del [___ %] para EL PRODUCTOR NACIONAL y del [___ %] para EL PRODUCTOR EXTRANJERO.

Tercera. Comité de producción

Se constituirá un Comité de Producción integrado por representantes de ambas partes, encargado de supervisar el desarrollo del proyecto.

Las decisiones se adoptarán por mayoría cualificada, respetando el peso proporcional de cada coproductor.

Cuarta. Propiedad de la obra

La titularidad de los derechos de explotación de la obra corresponderá a ambas partes en proporción a sus aportaciones.

Ninguna de las partes podrá explotar la obra fuera de los términos pactados sin consentimiento de la otra.

Quinta. Explotación y territorios

La obra será distribuida internacionalmente, correspondiendo a cada coproductor los territorios indicados en el Anexo III.

Los ingresos obtenidos se repartirán según los porcentajes de propiedad establecidos en la cláusula segunda.

Sexta. Obligaciones de las partes

Cumplir con las normativas legales y administrativas de sus respectivos países en materia de coproducción audiovisual.

Obtener las autorizaciones y licencias necesarias para la explotación de la obra en los territorios asignados.

Contribuir a la promoción y comercialización de la obra.

Séptima. Subvenciones y ayudas

Las ayudas públicas obtenidas en cada país se destinarán a financiar la parte de la producción correspondiente a dicho país.

Las solicitudes de ayudas internacionales (Eurimages, Ibermedia, etc.) serán gestionadas conjuntamente por los coproductores.

Octava. Créditos

La obra se presentará como una coproducción de [Productora nacional] y [Productora extranjera].

Los logotipos y menciones de cada coproductor figurarán en igualdad de condiciones en todos los soportes publicitarios y de explotación.

Novena. Confidencialidad

Ambas partes se obligan a mantener confidencialidad respecto de los términos económicos y contractuales de este acuerdo.

Esta obligación subsistirá durante la vigencia del contrato y cinco (5) años después de su finalización.

Décima. Protección de datos

Las partes cumplirán lo dispuesto en el RGPD y en la normativa equivalente del país del coproductor extranjero respecto a los datos personales tratados.

Los datos solo se utilizarán para fines de gestión contractual.

Undécima. Seguros

Se contratarán pólizas de seguro que cubran los riesgos de producción, incluyendo daños materiales, accidentes personales y responsabilidad civil.

El coste de dichas pólizas será asumido proporcionalmente por ambas partes.

Duodécima. Fuerza mayor

Ninguna de las partes será responsable por incumplimientos derivados de causas de fuerza mayor.

En caso de prolongarse más de seis (6) meses, cualquiera de las partes podrá resolver el contrato sin penalización.

Decimotercera. Resolución anticipada

El contrato podrá resolverse por incumplimiento grave de las obligaciones asumidas, por insolvencia de una de las partes o por abandono del proyecto.

La resolución deberá notificarse fehacientemente con un plazo mínimo de treinta (30) días.

Decimocuarta. Ley aplicable y jurisdicción

El contrato se regirá por la legislación española y por los tratados internacionales de coproducción aplicables.

Las partes se someten a los Tribunales de [Ciudad], salvo lo dispuesto en los convenios internacionales.

Y en prueba de conformidad, firman el presente contrato en el lugar y fecha indicados, por duplicado ejemplar y a un solo efecto.

Fdo.: ____________________	Fdo.: ____________________
EL PRODUCTOR NACIONAL	EL PRODUCTOR EXTRANJERO

F033. CONTRATO DE DISTRIBUCIÓN DE OBRAS AUDIOVISUALES

En........., a... de....... de.....

De una parte, [EL PRODUCTOR], persona física que actúa en representación del artista conocido como "EL ARTISTA", con domicilio en ....

Y de otra parte, [EL DISTRIBUIDOR], sociedad mercantil debidamente constituida conforme a la legislación [legislación aplicable], con domicilio social sito en..........., representada en este acto por ...., según facultades inscritas en el Registro ....

Ambas partes, acuerdan suscribir el presente Contrato de Distribución de Fonogramas y Obras Audiovisuales, que se regirá por las siguientes:

CLÁUSULAS

PRIMERA.– OBJETO.

El presente contrato tiene por objeto la concesión, por parte de EL PRODUCTOR a favor de EL DISTRIBUIDOR, de una autorización exclusiva para reproducir, distribuir, comunicar al público, poner a disposición, comercializar y explotar los fonogramas y obras audiovisuales que contienen interpretaciones del artista mencionado (en adelante, LOS PRODUCTOS).

La distribución y comercialización podrá realizarse:

i. A través de las plataformas y listas de reproducción propias de EL DISTRIBUIDOR.

ii. Mediante terceros distribuidores que éste designe, para un ámbito territorial mundial (EL TERRITORIO).

Las facultades otorgadas incluyen, sin carácter limitativo, la explotación mediante descarga permanente o temporal, servicios de streaming interactivo, webcasting, simulcasting, full-track downloading, videotones y cualquier modalidad de explotación digital conocida.

SEGUNDA.– TITULARIDAD DE DERECHOS.

EL PRODUCTOR declara y garantiza que ostenta la titularidad de los derechos patrimoniales sobre LOS PRODUCTOS, así como las autorizaciones autorales, editoriales, fonográficas y artísticas necesarias para su explotación.

En consecuencia, se obliga a mantener indemne a EL DISTRIBUIDOR frente a cualquier reclamación judicial, extrajudicial o administrativa relacionada con los derechos objeto del presente contrato.

TERCERA.– VIGENCIA Y DURACIÓN.

El contrato tendrá una duración inicial de .... años a partir de la fecha de firma, prorrogándose automáticamente por periodos sucesivos de .... años, salvo notificación en contrario por cualquiera de las partes con una antelación mínima de .... días respecto a la fecha de vencimiento del plazo inicial o de sus prórrogas.

A la terminación del contrato, EL DISTRIBUIDOR cesará inmediatamente la comercialización de LOS PRODUCTOS.

CUARTA.– OBLIGACIONES DEL PRODUCTOR.

EL PRODUCTOR se obliga a:

a) Entrega de materiales: Proporcionar a EL DISTRIBUIDOR, en la fecha de firma del presente contrato, la copia maestra (master) de LOS PRODUCTOS, junto con sus artes gráficas, en condiciones técnicas aptas para su comercialización en medios digitales.

b) Responsabilidad frente a terceros: Asumir el pago de cualquier suma que corresponda a terceros por la explotación comercial de LOS PRODUCTOS, distinta de las regalías autorales. Asimismo, deberá remitir a EL DISTRIBUIDOR, de forma trimestral durante la vigencia del contrato, la documentación que acredite el cumplimiento de dichas obligaciones.

c) Exclusividad: Abstenerse de comercializar LOS PRODUCTOS en EL TERRITORIO, ofrecerlos a terceros o promover su explotación por personas distintas a EL DISTRIBUIDOR, en contravención de la autorización exclusiva otorgada en este contrato.

d) Responsabilidad por reclamaciones: Responder frente a cualquier reclamación dirigida contra EL DISTRIBUIDOR derivada de:

   – La titularidad o propiedad de las obras, interpretaciones, fonogramas y demás elementos incluidos en LOS PRODUCTOS.

   – Cualquier otra reclamación de naturaleza autoral, artística, fonográfica, de imagen o similar.

   En tales casos, EL PRODUCTOR deberá reembolsar a EL DISTRIBUIDOR las sumas que éste haya pagado por tales conceptos. EL DISTRIBUIDOR podrá compensar dichos importes con cualquier suma que adeude a EL PRODUCTOR, previa notificación para que éste ejerza su defensa.

e) Costes de promoción: Asumir íntegramente los gastos de mercadeo y promoción de LOS PRODUCTOS en EL TERRITORIO, incluyendo, sin carácter limitativo, campañas de radio difusión, giras promocionales y cualquier otra acción de marketing vinculada a LOS PRODUCTOS.

QUINTA.– OBLIGACIONES DEL DISTRIBUIDOR.

EL DISTRIBUIDOR se obliga a:

a) Comercialización: Distribuir y/o comercializar LOS PRODUCTOS bajo su exclusivo criterio comercial, utilizando los medios autorizados por EL PRODUCTOR en virtud del presente contrato.

b) Gestión administrativa: Realizar las labores de facturación y cobranza derivadas de la comercialización de LOS PRODUCTOS, sin asumir responsabilidad por el incumplimiento de pago por parte de terceros.

c) Pago de regalías autorales: Abonar las regalías autorales que se generen por la explotación de LOS PRODUCTOS, conforme a la normativa aplicable.

d) Remuneración al productor: Pagar a EL PRODUCTOR las cantidades estipuladas en la Cláusula Sexta del presente contrato.

SEXTA.– PRECIO Y FORMA DE PAGO.

EL DISTRIBUIDOR abonará a EL PRODUCTOR el .... por ciento (...........%) de los ingresos netos obtenidos por la comercialización digital de LOS PRODUCTOS, deducidos los costes de operador, integrador, derechos de autor, tasas, retenciones y demás gastos aplicables.

La liquidación de las cantidades generadas a favor de EL PRODUCTOR se efectuará trimestralmente, en la moneda local del territorio donde se realicen las ventas. El pago se realizará en .... (moneda), dentro de los .... días siguientes a la presentación de la liquidación, aplicando el IVA vigente en la fecha del pago, en la cuenta bancaria designada por EL PRODUCTOR.

En caso de restricciones impuestas por autoridad competente que impidan la transferencia de fondos desde el lugar de la venta, EL DISTRIBUIDOR, previa solicitud escrita de EL PRODUCTOR, podrá instruir a sus filiales o subsidiarias para efectuar el depósito en una cuenta bancaria designada por éste, conforme a la normativa aplicable. Dicho pago se considerará cumplimiento íntegro de la obligación de EL DISTRIBUIDOR.

SÉPTIMA.– RESOLUCIÓN ANTICIPADA.

En caso de incumplimiento por cualquiera de las partes de las obligaciones asumidas en virtud del presente contrato, la parte cumplidora podrá requerir por escrito a la parte incumplidora la subsanación del incumplimiento.

Desde la recepción de dicho requerimiento, la parte incumplidora dispondrá de .... días naturales para corregir la situación. Si transcurrido dicho plazo no se ha subsanado el incumplimiento, la parte cumplidora podrá resolver el contrato de forma inmediata, sin que ello genere obligación alguna de indemnización o compensación a favor de la parte incumplidora.

La resolución anticipada no limita el derecho de la parte cumplidora a reclamar, por cualquier vía legal, la reparación íntegra de los daños y perjuicios ocasionados.

Asimismo, EL DISTRIBUIDOR podrá dar por terminado el contrato de manera unilateral, mediante notificación escrita dirigida a EL PRODUCTOR con una antelación mínima de .... días respecto a la fecha efectiva de terminación.

OCTAVA.– AUSENCIA DE RELACIÓN LABORAL.

LAS PARTES reconocen que el presente contrato no genera vínculo laboral alguno entre ellas ni entre sus empleados, agentes o subcontratistas. Cada parte será exclusivamente responsable del pago de salarios, prestaciones sociales, aportes a la seguridad social y demás obligaciones laborales y parafiscales respecto de su personal, incluyendo salud, pensiones, cesantías y riesgos profesionales.

En consecuencia, EL DISTRIBUIDOR no asumirá responsabilidad alguna por obligaciones laborales o contractuales que correspondan a EL PRODUCTOR frente a sus empleados o subcontratistas.

NOVENA.– CESIÓN.

EL PRODUCTOR no podrá ceder, total ni parcialmente, los derechos y obligaciones derivados del presente contrato sin la autorización previa, expresa y por escrito de EL DISTRIBUIDOR.

DÉCIMA.– LEY APLICABLE, JURISDICCIÓN Y COMPETENCIA.

El presente contrato se regirá e interpretará conforme a la legislación española.

Para la resolución de cualquier controversia, discrepancia o reclamación derivada de la interpretación, ejecución, cumplimiento o liquidación del presente contrato, LAS PARTES, con renuncia expresa a cualquier otro fuero que pudiera corresponderles, se someten a la jurisdicción exclusiva de los Tribunales de la ciudad de ....

UNDÉCIMA.– NOTIFICACIONES.

Para todos los efectos derivados del presente contrato, LAS PARTES designan como domicilios válidos para recibir notificaciones aquellos indicados en el encabezamiento del mismo, salvo que se comunique por escrito cualquier modificación con una antelación mínima de ....días hábiles.

Las notificaciones se considerarán válidamente efectuadas al día siguiente de su recepción por el destinatario. La recepción podrá acreditarse mediante cualquier medio fehaciente, incluyendo correo electrónico con acuse de recibo, mensajería certificada o cualquier otro mecanismo que permita verificar la entrega.

DUODÉCIMA.– CONFIDENCIALIDAD.

Se considerará "Información Confidencial" toda información de carácter comercial, profesional, técnico o financiero a la que cualquiera de las partes tenga acceso con ocasión de la celebración, ejecución o terminación del presente contrato, independientemente del medio por el que se obtenga o del formato en que se conserve (incluyendo, sin carácter limitativo, documentos físicos, electrónicos, comunicaciones verbales y registros digitales).

Cada parte reconoce la titularidad de la otra sobre su Información Confidencial y se compromete a mantenerla bajo la más estricta reserva, adoptando las medidas de seguridad necesarias para garantizar su protección, con un nivel de diligencia al menos equivalente al aplicado para la protección de su propia información confidencial. La Información Confidencial no podrá ser divulgada, cedida ni utilizada para fines distintos a los previstos en este contrato, salvo autorización previa, expresa y por escrito de la parte titular o cuando sea exigida por autoridad competente conforme a la ley.

Las obligaciones establecidas en la presente cláusula permanecerán vigentes durante toda la duración del contrato y por un periodo adicional de diez (10) años contados desde su terminación, cualquiera que sea la causa.

DECIMOTERCERA.– MISCELÁNEA.

a) Nulidad Parcial

La declaración de nulidad, ineficacia o inexistencia de cualquiera de las disposiciones del presente contrato no afectará la validez ni la exigibilidad de las restantes cláusulas. En tal caso, LAS PARTES se comprometen a negociar de buena fe la modificación o sustitución de la disposición afectada, procurando mantener el equilibrio contractual y la finalidad económica del acuerdo.

b) No Renuncia

Salvo disposición expresa en contrario, la falta de ejercicio o la demora en el ejercicio por cualquiera de las partes de un derecho, facultad o prerrogativa reconocida en este contrato no se interpretará como renuncia, ni como consentimiento tácito para modificar los términos del mismo.

c) Acuerdo Íntegro y Modificaciones

El presente contrato constituye el acuerdo completo entre LAS PARTES y deja sin efecto cualquier negociación, comunicación o entendimiento previo, ya sea verbal o escrito. Toda modificación, adición o derogación de las disposiciones contenidas en este contrato deberá realizarse por escrito y contar con la aceptación expresa de ambas partes.

Y en prueba de conformidad y aceptación de todo cuanto antecede, las partes firman el presente contrato en el lugar y fecha indicados *ut supra*.

F034. CONTRATO DE CESIÓN DE DERECHOS DE AUTOR PARA OBRA AUDIOVISUAL

En [Ciudad], a [Fecha].

COMPARECEN

De una parte, D./Dª [Nombre y Apellidos], mayor de edad, con domicilio en [Dirección], provisto de DNI nº [__________], en adelante EL AUTOR.

Y de otra parte, la entidad [Nombre de la empresa], con domicilio en [Dirección], provista de CIF nº [__________], debidamente representada por D./Dª [Nombre y Apellidos], en calidad de [Cargo], en adelante EL CESIONARIO o PRODUCTOR.

Ambas partes se reconocen mutuamente la capacidad legal suficiente para contratar y obligarse, y a tal efecto, EXPONEN y ACUERDAN suscribir el presente contrato con arreglo a las siguientes:

EXPOSICIONES

I. Que EL AUTOR es titular originario de todos los derechos de explotación sobre la obra audiovisual denominada [Título de la obra].

II. Que EL CESIONARIO está interesado en adquirir dichos derechos para su explotación en los términos previstos en este contrato.

III. Que ambas partes desean regular mediante el presente documento las condiciones de la cesión, de conformidad con lo dispuesto en la Ley de Propiedad Intelectual, el Código Civil y demás normativa aplicable.

Primera. Objeto de la cesión

Por medio del presente contrato, EL AUTOR cede en exclusiva a EL CESIONARIO todos los derechos de explotación patrimoniales reconocidos por la Ley de Propiedad Intelectual sobre la obra audiovisual titulada [Título].

La cesión comprende los derechos de reproducción, distribución, comunicación pública (en todas sus modalidades, incluidas emisión televisiva, plataformas digitales, streaming, VOD, SVOD, AVOD, TVOD, IPTV) y transformación (doblaje, subtitulado, adaptaciones, remakes, precuelas, secuelas y obras derivadas).

La cesión se entiende realizada para cualquier soporte, formato o tecnología existente o que pueda desarrollarse en el futuro, conforme a lo previsto en el artículo 43 de la Ley de Propiedad Intelectual.

Se reconoce la facultad de EL CESIONARIO de otorgar sublicencias a terceros para la explotación de la obra, siempre que se respeten las condiciones esenciales pactadas en este contrato.

Segunda. Duración

La cesión tendrá una duración inicial de quince (15) años desde la firma del contrato. Transcurrido dicho plazo, se prorrogará automáticamente por periodos de cinco (5) años, salvo denuncia fehaciente de cualquiera de las partes con seis (6) meses de antelación.

En ausencia de pacto expreso, la cesión se entenderá realizada por un plazo de cinco (5) años y limitada al país donde se firme, conforme al artículo 43.2 de la Ley de Propiedad Intelectual.

En caso de que a la fecha de expiración existan contratos de explotación en vigor suscritos por EL CESIONARIO, la duración de la cesión se entenderá prorrogada hasta el agotamiento de los mismos.

Tercera. Ámbito territorial

La cesión se concede para todo el mundo, sin limitación territorial, salvo pacto expreso en contrario que deberá constar en el Anexo I.

EL CESIONARIO podrá distribuir la obra directamente o mediante contratos de sublicencia con terceros distribuidores en territorios específicos, respondiendo siempre frente a EL AUTOR del cumplimiento de las obligaciones económicas derivadas de la explotación.

La explotación fuera de los territorios autorizados constituirá incumplimiento grave del contrato, facultando a EL AUTOR a ejercitar las acciones de resolución previstas en este documento.

Cuarta. Retribución y forma de pago

EL CESIONARIO abonará a EL AUTOR una cantidad fija inicial de [___ €], más impuestos indirectos aplicables, en concepto de anticipo no reembolsable, dentro de los treinta (30) días siguientes a la firma.

Además, EL AUTOR percibirá un [X%] de los ingresos netos generados por la explotación de la obra. Se entenderá por ingresos netos el importe efectivamente percibido por EL CESIONARIO, deducidos gastos directos de distribución, marketing, publicidad, comisiones, costes financieros y tributos.

EL CESIONARIO presentará liquidaciones trimestrales detalladas acompañadas de la documentación justificativa de ingresos y gastos. EL AUTOR podrá designar un auditor externo para verificarlas, y en caso de detectarse diferencias superiores al cinco por ciento (5%), los costes de auditoría serán asumidos por EL CESIONARIO.

Quinta. Garantías del autor

EL AUTOR garantiza ser titular legítimo de los derechos cedidos y que la obra es original, no vulnerando derechos de terceros ni disposiciones legales.

Se compromete a mantener indemne a EL CESIONARIO frente a reclamaciones de terceros, asumiendo la defensa y los costes derivados de dichas reclamaciones, sin perjuicio de la facultad de EL CESIONARIO de intervenir para salvaguardar sus intereses.

En caso de incumplimiento de estas garantías, EL CESIONARIO podrá resolver el contrato y reclamar la devolución de las cantidades percibidas, junto con indemnización por daños y perjuicios.

Sexta. Confidencialidad

Ambas partes se obligan a mantener en estricta confidencialidad toda la información técnica, artística, financiera y comercial a la que tengan acceso con ocasión de la ejecución del presente contrato.

La obligación de confidencialidad se mantendrá en vigor durante toda la vigencia del contrato y hasta cinco (5) años después de su terminación, salvo que la información sea de dominio público o deba ser revelada en virtud de mandato legal o resolución judicial.

El incumplimiento de la obligación de confidencialidad facultará a la parte cumplidora a exigir indemnización por daños y perjuicios, así como a resolver el contrato.

Séptima. Protección de datos

Las partes se comprometen a cumplir lo establecido en el Reglamento (UE) 2016/679 (RGPD) y en la Ley Orgánica 3/2018 (LOPDGDD), adoptando las medidas técnicas y organizativas necesarias para garantizar la seguridad de los datos personales tratados.

En caso de que EL CESIONARIO actúe como encargado del tratamiento de datos por cuenta de EL AUTOR, se regirá por lo previsto en el artículo 28 del RGPD, formalizándose el correspondiente acuerdo de encargo de tratamiento anexo al presente contrato.

Ambas partes se obligan a mantener el deber de secreto respecto a los datos personales tratados, incluso tras la finalización del contrato, siendo responsables de las infracciones y sanciones que pudieran derivarse del incumplimiento.

Octava. Derechos morales

EL AUTOR conserva sus derechos morales irrenunciables, de conformidad con el artículo 14 de la Ley de Propiedad Intelectual.

En particular, tendrá derecho a ser reconocido como autor de la obra en todos los soportes y comunicaciones, y a la integridad de la misma, de modo que no podrá ser modificada, cortada o alterada sustancialmente sin su consentimiento expreso.

El incumplimiento de esta cláusula será considerado infracción grave, facultando a EL AUTOR a exigir la cesación inmediata de la conducta infractora, indemnización por daños y la resolución del contrato.

Novena. Seguros y prevención de riesgos

EL CESIONARIO se compromete a contratar pólizas de seguro adecuadas para cubrir los riesgos derivados de la explotación de la obra, incluyendo responsabilidad civil frente a terceros y daños materiales.

De igual modo, deberá cumplir las obligaciones en materia de prevención de riesgos laborales respecto de las personas que intervengan en la explotación de la obra.

EL AUTOR podrá solicitar en cualquier momento la acreditación documental de la existencia y vigencia de dichas pólizas y medidas de prevención.

Décima. Cesión y sublicencia

EL CESIONARIO no podrá ceder a terceros los derechos objeto de este contrato ni otorgar sublicencias sin autorización previa y por escrito de EL AUTOR, salvo en los supuestos expresamente autorizados en este contrato.

En caso de cesión o sublicencia autorizada, EL CESIONARIO seguirá siendo responsable frente a EL AUTOR del cumplimiento de todas las obligaciones contractuales, respondiendo solidariamente con el cesionario o sublicenciatario.

El incumplimiento de esta cláusula será considerado causa de resolución inmediata del contrato.

Undécima. Fuerza mayor

Ninguna de las partes será responsable por incumplimientos derivados de causas de fuerza mayor, entendiendo por tales aquellas circunstancias imprevisibles, inevitables y ajenas a la voluntad de las partes (huelgas, desastres naturales, incendios, pandemias, decisiones gubernamentales).

Durante la vigencia de la causa de fuerza mayor, las obligaciones de las partes quedarán suspendidas, reanudándose su cumplimiento una vez desaparecida la causa.

Si la situación de fuerza mayor se prolonga por más de seis (6) meses, cualquiera de las partes podrá resolver el contrato sin penalización.

Duodécima. Resolución anticipada y efectos

El contrato podrá resolverse anticipadamente por incumplimiento grave de las obligaciones esenciales, impago de cantidades debidas, insolvencia o concurso de acreedores de cualquiera de las partes.

La resolución deberá notificarse fehacientemente con un plazo de treinta (30) días naturales, salvo en los casos de incumplimiento manifiesto que permitan la resolución inmediata.

La resolución implicará la restitución de las cantidades indebidamente percibidas y no extinguirá el derecho de la parte cumplidora a reclamar la indemnización de daños y perjuicios.

Decimotercera. Notificaciones

Todas las notificaciones entre las partes deberán realizarse por escrito y se considerarán válidas si se remiten a los domicilios contractuales indicados al inicio del contrato.

Serán medios válidos de notificación el burofax, el correo electrónico con acuse de recibo y la notificación electrónica certificada.

Cualquier cambio de domicilio deberá notificarse fehacientemente a la otra parte con un mínimo de diez (10) días de antelación para que surta efecto.

Decimocuarta. Ley aplicable y jurisdicción

El presente contrato se regirá por la legislación española, en especial por lo dispuesto en el Texto Refundido de la Ley de Propiedad Intelectual y el Código Civil.

Para la resolución de cualquier conflicto que pudiera surgir de la interpretación o ejecución del contrato, las partes se someten expresamente a los Tribunales de [Ciudad], renunciando a cualquier otro fuero que pudiera corresponderles.

Las partes podrán, de común acuerdo, someter sus controversias a arbitraje institucional en derecho, de conformidad con la Ley de Arbitraje, cuya sede será determinada en función del lugar de firma del contrato.

Y en prueba de conformidad, firman el presente contrato en el lugar y fecha indicados, por duplicado ejemplar y a un solo efecto.

Fdo.: ______________________	Fdo.: ______________________
EL AUTOR	EL CESIONARIO

F035. CONTRATO DE CESIÓN DE DERECHOS DE IMAGEN Y VOZ

En [Ciudad], a [Fecha]

COMPARECEN

De una parte, la entidad [Nombre de la productora audiovisual], con domicilio en [Dirección], provista de CIF nº [__________], debidamente representada por D./Dª [Nombre y Apellidos], en calidad de [Cargo], en adelante EL PRODUCTOR.

Y de otra parte, D./Dª [Nombre y Apellidos], mayor de edad, con domicilio en [Dirección], provisto de DNI nº [__________], en adelante EL CEDENTE.

Ambas partes se reconocen mutuamente la capacidad legal suficiente para contratar y obligarse, y a tal efecto EXPONEN y ACUERDAN suscribir el presente contrato de cesión de derechos de imagen y voz con arreglo a las siguientes:

EXPOSICIONES

I. Que EL CEDENTE es titular pleno de sus derechos de imagen y voz, protegidos por el artículo 18 de la Constitución Española y la Ley Orgánica 1/1982.

II. Que EL PRODUCTOR se encuentra desarrollando la producción audiovisual titulada [Título de la obra] y desea utilizar la imagen y voz del CEDENTE en la misma.

III. Que ambas partes desean regular las condiciones bajo las cuales EL CEDENTE autoriza a EL PRODUCTOR a captar, reproducir y explotar su imagen y voz.

Primera. Objeto del contrato

Por medio del presente contrato, EL CEDENTE autoriza a EL PRODUCTOR a captar, reproducir y utilizar su imagen y voz en la producción audiovisual titulada [Título].

La autorización comprende la fijación, reproducción, distribución, comunicación pública y transformación de la imagen y voz, en los términos previstos en la Ley de Propiedad Intelectual y la Ley Orgánica 1/1982.

La cesión se otorga con carácter [exclusivo/no exclusivo], según lo acordado en el Anexo I.

Segunda. Duración y territorio

La cesión se concede por el plazo máximo permitido por la legislación vigente, salvo pacto en contrario.

El ámbito territorial comprenderá todo el mundo y todas las modalidades de explotación actuales y futuras.

Tercera. Retribución

EL PRODUCTOR abonará a EL CEDENTE la suma de [___ €], más impuestos aplicables, en concepto de remuneración por la cesión de sus derechos de imagen y voz.

El pago se realizará en un único plazo dentro de los treinta (30) días siguientes a la firma del contrato.

Cuarta. Garantías del cedente

EL CEDENTE declara ser titular legítimo de sus derechos de imagen y voz y que la presente cesión no vulnera derechos de terceros.

Se compromete a mantener indemne a EL PRODUCTOR frente a reclamaciones derivadas de un eventual incumplimiento de lo manifestado.

Quinta. Usos autorizados

La autorización comprenderá la utilización de la imagen y voz del CEDENTE en la obra audiovisual, en campañas publicitarias, materiales promocionales, cartelería, medios digitales, redes sociales y cualquier otro soporte vinculado a la producción.

No se permitirá el uso de la imagen o voz del CEDENTE en contextos denigrantes, ofensivos o contrarios a la ley.

Sexta. Créditos

EL PRODUCTOR se obliga a reconocer al CEDENTE en los créditos de la producción en los términos pactados en el Anexo I.

El incumplimiento de esta obligación facultará al CEDENTE a reclamar indemnización por daños y perjuicios.

Séptima. Confidencialidad

Las partes se obligan a guardar estricta confidencialidad sobre las condiciones del presente contrato y cualquier información obtenida durante su ejecución.

Esta obligación subsistirá durante la vigencia del contrato y cinco (5) años después de su terminación.

Octava. Protección de datos

Las partes se comprometen a cumplir lo dispuesto en el RGPD y la LOPDGDD respecto de los datos personales tratados.

EL CEDENTE podrá ejercer en todo momento sus derechos de acceso, rectificación, supresión, oposición, limitación y portabilidad.

Novena. Fuerza mayor

Ninguna de las partes será responsable por incumplimientos derivados de causas de fuerza mayor.

Si la situación de fuerza mayor se prolonga más de seis (6) meses, cualquiera de las partes podrá resolver el contrato sin penalización.

Décima. Resolución anticipada

El contrato podrá resolverse por incumplimiento grave de las obligaciones pactadas o por impago de la remuneración estipulada.

La resolución se notificará fehacientemente con un plazo mínimo de quince (15) días.

Undécima. Ley aplicable y jurisdicción

El presente contrato se regirá por la legislación española.

Las partes se someten a los Tribunales de [Ciudad], renunciando a cualquier otro fuero.

Y en prueba de conformidad, firman el presente contrato en el lugar y fecha indicados, por duplicado ejemplar y a un solo efecto.

Fdo.: ______________________	Fdo.: ______________________
EL PRODUCTOR	EL CEDENTE

F036. CONTRATO DE CESIÓN DE DERECHOS DE OBRA LITERARIA PARA ADAPTACIÓN AUDIOVISUAL

En [Ciudad], a [Fecha].

COMPARECEN

De una parte, D./Dª [Nombre del autor o titular de la obra literaria], mayor de edad, con domicilio en [Dirección], provisto de DNI nº [__________], en adelante EL CEDENTE.

Y de otra parte, la entidad [Nombre de la productora audiovisual], con domicilio en [Dirección], provista de CIF nº [__________], debidamente representada por D./Dª [Nombre y Apellidos], en calidad de [Cargo], en adelante EL CESIONARIO.

Ambas partes se reconocen mutuamente capacidad legal suficiente para contratar y obligarse, y a tal efecto EXPONEN y ACUERDAN suscribir el presente contrato de cesión de derechos para adaptación audiovisual con arreglo a las siguientes:

EXPOSICIONES

I. Que EL CEDENTE es autor y titular legítimo de los derechos de explotación de la obra literaria titulada [Título de la obra literaria].

II. Que EL CESIONARIO desea adquirir los derechos necesarios para adaptar la mencionada obra a formato audiovisual (película, serie, documental, etc.).

III. Que ambas partes desean regular las condiciones bajo las cuales se concede dicha cesión.

Primera. Objeto del contrato

EL CEDENTE cede a EL CESIONARIO, con carácter exclusivo, los derechos de adaptación audiovisual de la obra literaria titulada [Título], para su explotación en formato cinematográfico, televisivo o digital.

La cesión incluye los derechos de reproducción, distribución, comunicación pública y transformación en relación con la adaptación audiovisual.

Segunda. Duración y territorio

La cesión se concede por un plazo de [X años] a contar desde la firma del presente contrato, prorrogable mediante acuerdo expreso de las partes.

El ámbito territorial comprenderá todo el mundo y abarcará todas las modalidades de explotación presentes y futuras.

Tercera. Exclusividad

La cesión se otorga con carácter exclusivo, por lo que EL CEDENTE no podrá conceder a terceros derechos similares durante la vigencia del contrato.

EL CEDENTE se compromete a no autorizar adaptaciones no autorizadas que pudieran afectar a la explotación audiovisual.

Cuarta. Retribución

EL CESIONARIO abonará a EL CEDENTE la suma de [___ €], más impuestos aplicables, como remuneración por la cesión de derechos.

Además, EL CEDENTE podrá percibir un porcentaje de los ingresos netos generados por la explotación de la obra audiovisual, conforme a lo pactado en el Anexo I.

Los pagos se efectuarán en los plazos y condiciones estipulados en el Anexo II.

Quinta. Derechos morales

EL CEDENTE conservará en todo caso los derechos morales reconocidos en la Ley de Propiedad Intelectual, incluyendo el reconocimiento de la autoría de la obra literaria original.

EL CESIONARIO se compromete a mencionar al autor en los créditos de la obra audiovisual resultante.

Sexta. Garantías del cedente

EL CEDENTE garantiza que la obra es original y que ostenta legítimamente todos los derechos de explotación sobre la misma.

Se obliga a mantener indemne a EL CESIONARIO frente a reclamaciones de terceros por infracción de derechos de autor.

Séptima. Derechos de adaptación

La cesión comprende la facultad de EL CESIONARIO de modificar, abreviar, ampliar, fusionar o alterar la obra literaria en el proceso de adaptación audiovisual.

Dichas modificaciones se realizarán respetando la esencia de la obra y los derechos morales del autor.

Octava. Confidencialidad

Ambas partes se obligan a mantener confidencialidad sobre los términos económicos y contractuales del presente acuerdo.

Esta obligación se mantendrá durante la vigencia del contrato y hasta cinco (5) años después de su finalización.

Novena. Protección de datos

Las partes cumplirán lo dispuesto en el RGPD y la LOPDGDD en relación con los datos personales tratados en virtud del presente contrato.

Los datos se conservarán únicamente durante el tiempo necesario para la gestión contractual.

Décima. Fuerza mayor

Ninguna de las partes será responsable por incumplimientos derivados de causas de fuerza mayor.

Si la causa de fuerza mayor se prolonga más de seis (6) meses, cualquiera de las partes podrá resolver el contrato sin penalización.

Undécima. Resolución anticipada

El contrato podrá resolverse por incumplimiento grave de las obligaciones asumidas, por impago o por explotación de la obra fuera de los términos pactados.

La resolución deberá notificarse fehacientemente con un plazo mínimo de treinta (30) días.

Duodécima. Ley aplicable y jurisdicción

El contrato se regirá por la legislación española.

Las partes se someten a los Tribunales de [Ciudad].

Y en prueba de conformidad, firman el presente contrato en el lugar y fecha indicados, por duplicado ejemplar y a un solo efecto.

Fdo.: ______________________	Fdo.: ______________________
EL CEDENTE	EL CESIONARIO

F037. CONTRATO DE ENCARGO DE OBRA AUDIOVISUAL POR ENCARGO (WORK FOR HIRE)

En [Ciudad], a [Fecha].

COMPARECEN

De una parte, la entidad [Nombre de la productora audiovisual], con domicilio en [Dirección], provista de CIF nº [__________], debidamente representada por D./Dª [Nombre y Apellidos], en calidad de [Cargo], en adelante EL PRODUCTOR.

Y de otra parte, D./Dª [Nombre y Apellidos], mayor de edad, con domicilio en [Dirección], provisto de DNI nº [__________], en adelante EL AUTOR/ENCARGADO.

Ambas partes se reconocen mutuamente capacidad legal suficiente para contratar y obligarse, y a tal efecto EXPONEN y ACUERDAN suscribir el presente contrato de encargo de obra audiovisual con arreglo a las siguientes:

EXPOSICIONES

I. Que EL PRODUCTOR está desarrollando la producción audiovisual titulada [Título de la obra] y requiere la creación de determinados elementos creativos, incluyendo guion, storyboard, música, gráficos u otros materiales originales.

II. Que EL AUTOR/ENCARGADO es profesional en el ámbito creativo audiovisual y manifiesta su interés en realizar la obra por encargo.

III. Que ambas partes desean regular las condiciones de creación y entrega de dicha obra, estableciendo expresamente la cesión de todos los derechos patrimoniales a favor del PRODUCTOR bajo la modalidad denominada 'work for hire'.

Primera. Objeto del contrato

EL AUTOR/ENCARGADO se obliga a realizar, por encargo de EL PRODUCTOR, la creación de [describir la obra o materiales: guion, música, gráficos, etc.], siguiendo las indicaciones creativas, técnicas y organizativas proporcionadas por EL PRODUCTOR.

El trabajo se realizará conforme al calendario de entregas y especificaciones contenidas en el Anexo I.

El encargo tiene carácter profesional y se integra en la producción audiovisual titulada [Título].

Segunda. Cesión de derechos

EL AUTOR/ENCARGADO cede de manera irrevocable y exclusiva a EL PRODUCTOR todos los derechos de explotación sobre la obra creada en virtud del presente contrato.

La cesión comprende los derechos de reproducción, distribución, comunicación pública y transformación, para todos los territorios del mundo y durante todo el plazo de protección legal.

Se incluye expresamente la posibilidad de explotación en cualquier modalidad, actual o futura, relacionada con la producción audiovisual.

EL AUTOR/ENCARGADO renuncia a percibir remuneraciones adicionales derivadas de la explotación, salvo las expresamente pactadas en el presente contrato.

Tercera. Derechos morales

De conformidad con el artículo 14 de la Ley de Propiedad Intelectual, EL AUTOR/ENCARGADO conserva sus derechos morales sobre la obra creada, incluyendo el reconocimiento de su autoría.

No obstante, autoriza a EL PRODUCTOR a decidir sobre la divulgación, modificaciones y adaptaciones, siempre que no se atente contra la integridad de la obra ni contra su reputación profesional.

Cuarta. Retribución

EL PRODUCTOR abonará a EL AUTOR/ENCARGADO la cantidad de [___ €], más impuestos aplicables, en concepto de remuneración total por la creación y cesión de derechos.

El pago se realizará en [nº] plazos, vinculados al cumplimiento de los hitos de entrega especificados en el Anexo I.

Dicha remuneración tiene carácter único y global, cubriendo cualquier forma de explotación futura.

Quinta. Entrega de materiales

EL AUTOR/ENCARGADO se obliga a entregar los materiales en formato digital y/o físico, en condiciones técnicas aptas para su incorporación a la producción.

La entrega deberá realizarse dentro de los plazos acordados, siendo causa de resolución el retraso injustificado en las entregas.

Sexta. Garantías del autor

EL AUTOR/ENCARGADO garantiza que la obra es original y que no infringe derechos de terceros.

Se compromete a mantener indemne a EL PRODUCTOR frente a reclamaciones de terceros por infracción de derechos de autor o propiedad industrial.

Séptima. Confidencialidad

EL AUTOR/ENCARGADO se obliga a mantener estricta confidencialidad sobre la información, documentación y materiales a los que acceda en el marco de este contrato.

Esta obligación subsistirá durante la vigencia del contrato y hasta cinco (5) años después de su terminación.

Octava. Protección de datos

Las partes se comprometen a cumplir con el RGPD y la LOPDGDD en relación con los datos personales tratados durante la ejecución del contrato.

Los datos se utilizarán únicamente para fines de gestión contractual.

Novena. Fuerza mayor

Ninguna de las partes será responsable por incumplimientos derivados de causas de fuerza mayor.

Si la causa se prolonga por más de tres (3) meses, cualquiera de las partes podrá resolver el contrato sin penalización.

Décima. Resolución anticipada

El contrato podrá resolverse por incumplimiento grave de las obligaciones asumidas, por impago o por entrega defectuosa reiterada de materiales.

La resolución se notificará fehacientemente con un plazo mínimo de quince (15) días.

Undécima. Ley aplicable y jurisdicción

El presente contrato se regirá por la legislación española.

Las partes se someten a los Tribunales de [Ciudad], renunciando a cualquier otro fuero.

Y en prueba de conformidad, firman el presente contrato en el lugar y fecha indicados, por duplicado ejemplar y a un solo efecto.

Fdo.: ______________________	Fdo.: ______________________
EL PRODUCTOR	EL AUTOR/ENCARGADO

F038. CONTRATO DE MERCHANDISING DERIVADO DE OBRA AUDIOVISUAL

En [Ciudad], a [Fecha].

COMPARECEN

De una parte, la entidad [Nombre de la productora titular de derechos], con domicilio en [Dirección], provista de CIF nº [__________], debidamente representada por D./Dª [Nombre y Apellidos], en calidad de [Cargo], en adelante EL TITULAR.

Y de otra parte, la entidad [Nombre de la empresa licenciataria], con domicilio en [Dirección], provista de CIF nº [__________], debidamente representada por D./Dª [Nombre y Apellidos], en calidad de [Cargo], en adelante EL LICENCIATARIO.

Ambas partes se reconocen mutuamente capacidad legal suficiente para contratar y obligarse, y a tal efecto EXPONEN y ACUERDAN suscribir el presente contrato de merchandising con arreglo a las siguientes:

EXPOSICIONES

I. Que EL TITULAR es propietario legítimo de los derechos de explotación de la obra audiovisual titulada [Título], incluyendo los derechos sobre personajes, logotipos y elementos distintivos.

II. Que EL LICENCIATARIO está interesado en explotar dichos elementos mediante la fabricación y comercialización de productos de merchandising.

III. Que ambas partes desean regular las condiciones de dicha licencia mediante el presente contrato.

Primera. Objeto del contrato

EL TITULAR concede a EL LICENCIATARIO una licencia para fabricar, distribuir y comercializar productos de merchandising basados en los personajes, logotipos y elementos gráficos de la obra audiovisual [Título].

Los productos autorizados se describen detalladamente en el Anexo I.

La licencia se concede con carácter [exclusivo/no exclusivo], según lo pactado expresamente.

Segunda. Duración y territorio

La licencia se otorga por un plazo de [X años], prorrogable mediante acuerdo expreso de las partes.

El ámbito territorial comprenderá [detallar países o regiones], salvo limitaciones acordadas en el Anexo II.

Tercera. Retribución y royalties

EL LICENCIATARIO abonará a EL TITULAR una cantidad inicial de [___ €] en concepto de canon de entrada.

Asimismo, EL LICENCIATARIO abonará un royalty equivalente al [___ %] de los ingresos netos obtenidos por la comercialización de los productos licenciados.

Los pagos se efectuarán trimestralmente, acompañados de un informe de ventas y liquidación correspondiente.

Cuarta. Control de calidad

EL LICENCIATARIO se compromete a que todos los productos cumplan con estándares de calidad y normativas aplicables de seguridad, etiquetado y consumo.

EL TITULAR tendrá derecho a inspeccionar los productos y a exigir modificaciones en caso de incumplimiento.

Quinta. Propiedad intelectual

EL LICENCIATARIO reconoce que todos los derechos de propiedad intelectual sobre los personajes, logotipos y elementos gráficos pertenecen a EL TITULAR.

Queda prohibido el registro por parte de EL LICENCIATARIO de marcas, diseños o patentes relacionados con los elementos licenciados.

Sexta. Obligaciones del licenciatario

Explotar la licencia de forma activa y diligente, manteniendo una red de distribución adecuada.

Facilitar a EL TITULAR informes periódicos de ventas y previsiones de producción.

No sublicenciar los derechos sin autorización expresa de EL TITULAR.

Séptima. Confidencialidad

Ambas partes se obligan a mantener confidencialidad respecto de las condiciones económicas y contractuales de este acuerdo.

Esta obligación se mantendrá durante la vigencia del contrato y cinco (5) años después de su finalización.

Octava. Protección de datos

Las partes cumplirán con el RGPD y la LOPDGDD respecto de los datos personales tratados.

Los datos se conservarán únicamente durante el tiempo necesario para el cumplimiento contractual.

Novena. Fuerza mayor

Ninguna de las partes será responsable por incumplimientos derivados de causas de fuerza mayor.

En caso de prolongarse más de seis (6) meses, cualquiera de las partes podrá resolver el contrato sin penalización.

Décima. Resolución anticipada

El contrato podrá resolverse por incumplimiento grave de las obligaciones pactadas, por impago o por falsificación de productos.

La resolución requerirá notificación fehaciente con treinta (30) días de antelación.

Undécima. Ley aplicable y jurisdicción

El contrato se regirá por la legislación española.

Las partes se someten a los Tribunales de [Ciudad].

Y en prueba de conformidad, firman el presente contrato en el lugar y fecha indicados, por duplicado ejemplar y a un solo efecto.

Fdo.: ____________________	Fdo.: ____________________
EL TITULAR	EL LICENCIATARIO

F039. CONTRATO DE PRODUCCIÓN AUDIOVISUAL

En [Ciudad], a [Fecha].

COMPARECEN

De una parte, la entidad [Nombre de la empresa contratante], con domicilio en [Dirección], provista de CIF nº [__________], debidamente representada por D./Dª [Nombre y Apellidos], en calidad de [Cargo], en adelante EL CONTRATANTE.

Y de otra parte, la entidad [Nombre de la productora], con domicilio en [Dirección], provista de CIF nº [__________], debidamente representada por D./Dª [Nombre y Apellidos], en calidad de [Cargo], en adelante EL PRODUCTOR.

Ambas partes se reconocen mutuamente la capacidad legal suficiente para contratar y obligarse, y a tal efecto, EXPONEN y ACUERDAN suscribir el presente contrato con arreglo a las siguientes:

EXPOSICIONES

I. Que EL CONTRATANTE desea encargar la producción de una obra audiovisual, cuyo título provisional es [Título], en los términos establecidos en este contrato.

II. Que EL PRODUCTOR es una entidad especializada en la producción audiovisual, contando con los medios técnicos, humanos y organizativos necesarios para llevar a cabo el proyecto objeto del contrato.

III. Que ambas partes desean regular mediante el presente documento las condiciones de la producción, de conformidad con lo dispuesto en la Ley de Propiedad Intelectual, el Código Civil y demás normativa aplicable.

Primera. Objeto del contrato

El presente contrato tiene por objeto el encargo de la producción de la obra audiovisual titulada [Título], que será realizada por EL PRODUCTOR por cuenta y encargo de EL CONTRATANTE. La producción comprenderá todas las fases del proceso creativo, técnico y logístico necesarias para la realización de la obra, incluyendo preproducción, rodaje, postproducción y entrega final.

La obra deberá ajustarse a las especificaciones técnicas, artísticas y de contenido establecidas en el Anexo I del presente contrato, el cual forma parte integrante del mismo. Cualquier modificación sustancial de dichas especificaciones deberá ser aprobada por escrito por EL CONTRATANTE.

La producción incluirá la gestión de localizaciones, contratación de personal artístico y técnico, alquiler de equipos, seguros, permisos y licencias, así como cualquier otro aspecto necesario para la correcta ejecución del proyecto.

La entrega de la obra terminada deberá realizarse en el plazo máximo de [X meses] desde la firma del presente contrato, en el formato técnico acordado.

Segunda. Duración

La duración del contrato comprenderá el tiempo necesario para la ejecución de la obra, estimado en [X meses], a contar desde la fecha de firma.

En caso de retraso imputable a EL PRODUCTOR, éste deberá notificar inmediatamente a EL CONTRATANTE las causas del mismo y proponer un nuevo calendario de ejecución.

Si el retraso supera los [X días/meses] sin causa justificada de fuerza mayor, EL CONTRATANTE podrá resolver el contrato, sin perjuicio de exigir daños y perjuicios.

Tercera. Presupuesto y forma de pago

El presupuesto total de la producción se fija en la cantidad de [___ €], más los impuestos indirectos aplicables. Dicho presupuesto incluye todos los conceptos necesarios para la ejecución del proyecto: honorarios del personal, alquiler de equipos, permisos, seguros, desplazamientos, alojamiento y manutención del equipo.

El pago se realizará en los siguientes plazos: a) un [X%] a la firma del contrato, en concepto de anticipo; b) un [X%] a la finalización del rodaje; c) el saldo restante a la entrega definitiva de la obra.

Los pagos se efectuarán mediante transferencia bancaria a la cuenta designada por EL PRODUCTOR. El impago de cualquiera de los plazos facultará a EL PRODUCTOR a suspender la ejecución del contrato hasta la regularización de la situación.

Cuarta. Obligaciones del productor

EL PRODUCTOR se obliga a ejecutar la obra con la máxima diligencia profesional, ajustándose a las especificaciones pactadas y empleando los medios técnicos y humanos adecuados.

Será responsabilidad de EL PRODUCTOR obtener todas las autorizaciones administrativas, permisos de rodaje y licencias necesarias para la producción.

Asimismo, será responsable de la contratación de los seguros exigidos legalmente, cubriendo riesgos de accidentes laborales, daños a terceros, responsabilidad civil y cualquier otra cobertura razonablemente necesaria para el desarrollo del proyecto.

EL PRODUCTOR se compromete a mantener informado a EL CONTRATANTE sobre el avance de la producción, remitiendo informes periódicos de estado del proyecto.

Quinta. Derechos de propiedad intelectual

Todos los derechos de explotación sobre la obra resultante corresponderán a EL CONTRATANTE, quien podrá explotarla en todas las modalidades reconocidas por la ley, incluyendo reproducción, distribución, comunicación pública y transformación, en cualquier formato o soporte.

EL PRODUCTOR cede a EL CONTRATANTE, desde la firma del presente contrato y por el plazo máximo permitido por la ley, todos los derechos que pudieran corresponderle como productor ejecutivo, sin perjuicio de los derechos morales que puedan corresponder a los autores individuales de la obra.

En el caso de que EL PRODUCTOR incorporara a la obra materiales de terceros, se obliga a obtener previamente las licencias necesarias, manteniendo indemne a EL CONTRATANTE frente a cualquier reclamación.

Sexta. Confidencialidad

Las partes se obligan a mantener en estricta confidencialidad toda la información de carácter técnico, artístico, financiero o comercial a la que tengan acceso con ocasión de la ejecución del presente contrato.

Esta obligación permanecerá vigente durante la duración del contrato y hasta cinco (5) años después de su finalización, salvo cuando la información sea de dominio público o deba ser revelada en virtud de obligación legal o resolución judicial.

El incumplimiento de esta obligación facultará a la parte cumplidora a resolver el contrato y a exigir indemnización por los daños y perjuicios ocasionados.

Séptima. Protección de datos

Las partes se comprometen a cumplir lo dispuesto en el Reglamento (UE) 2016/679 (RGPD) y la Ley Orgánica 3/2018 (LOPDGDD), garantizando el tratamiento lícito y seguro de los datos personales a los que tengan acceso.

En caso de que EL PRODUCTOR deba tratar datos personales por cuenta de EL CONTRATANTE, actuará como encargado del tratamiento, formalizándose el correspondiente acuerdo de encargo que se adjuntará como anexo al presente contrato.

Ambas partes se obligan a adoptar medidas técnicas y organizativas adecuadas para evitar accesos no autorizados, pérdida o alteración de los datos personales tratados.

Octava. Fuerza mayor

Ninguna de las partes será responsable por incumplimientos derivados de fuerza mayor, entendiendo por tales aquellos acontecimientos imprevisibles, inevitables y ajenos a la voluntad de las partes, tales como catástrofes naturales, pandemias, incendios, huelgas generales, conflictos bélicos o decisiones gubernamentales.

Durante el tiempo que dure la causa de fuerza mayor, las obligaciones de las partes quedarán suspendidas, reanudándose su cumplimiento una vez desaparecida dicha causa.

Si la causa de fuerza mayor se prolonga durante más de seis (6) meses, cualquiera de las partes podrá resolver el contrato sin penalización alguna.

Novena. Resolución anticipada

El contrato podrá resolverse anticipadamente por incumplimiento grave de las obligaciones esenciales, por impago, insolvencia o concurso de acreedores de cualquiera de las partes.

La parte que desee resolver el contrato deberá notificarlo a la otra con un preaviso de treinta (30) días naturales, salvo en caso de incumplimiento manifiesto que permita la resolución inmediata.

La resolución implicará la restitución de las cantidades indebidamente percibidas y no extinguirá el derecho de la parte cumplidora a reclamar indemnización por daños y perjuicios.

Décima. Ley aplicable y jurisdicción

El presente contrato se regirá por la legislación española, en particular por lo dispuesto en la Ley de Propiedad Intelectual, el Código Civil y demás normativa aplicable.

Las partes se someten expresamente a los Tribunales de [Ciudad], renunciando a cualquier otro fuero que pudiera corresponderles.

No obstante, podrán de mutuo acuerdo someter sus controversias a arbitraje institucional en derecho, de conformidad con la Ley de Arbitraje.

Y en prueba de conformidad, firman el presente contrato en el lugar y fecha indicados, por duplicado ejemplar y a un solo efecto.

Fdo.: ______________________ Fdo.: ______________________

EL CONTRATANTE EL PRODUCTOR

F040. CONTRATO DE SERVICIOS DE PRODUCCIÓN EN OBRA CINEMATOGRÁFICA

En [*], a [*] de [*] de 202[*]

REUNIDOS

De una parte, [*], sociedad de nacionalidad española, con domicilio social en ...., y con N.I.F. nº ...., representada en este acto por D./Dña. [*], mayor de edad, y con D.N.I. nº [*], en su calidad de [*] de la misma (en adelante, "**[*]**");

Y de otra parte, **[DENOMINACIÓN SOCIAL PRODUCTOR]**, sociedad de nacionalidad española, con domicilio social en [*], y con N.I.F. nº [*], representada en este acto por D./Dña. [*], mayor de edad, con D.N.I. nº [*], en su calidad de [*] de la misma (en adelante, "**PRODUCTOR**").

EXPONEN

I. Que [*] es una sociedad mercantil dedicada, entre otras actividades propias de su objeto social, a la producción, servicios de producción y distribución de obras y contenidos audiovisuales.

II. Que el PRODUCTOR tiene la intención, pero no se compromete, a producir el Documental (según se define más adelante).

III. Que el PRODUCTOR desea contratar a [*], y [*] ha aceptado, para llevar a cabo, de acuerdo con los requisitos del PRODUCTOR, determinados servicios en relación con la producción del Documental, de acuerdo con los términos y condiciones que se establecen a continuación.

IV. Que, de conformidad con lo anterior, es de interés de las Partes suscribir el presente contrato de servicios de producción (en adelante, el "**Contrato**") y, reconociéndose mutuamente la capacidad legal necesaria para contratar y obligarse, lo llevan a efecto conforme a las siguientes,

CLÁUSULAS

1. OBJETO DEL CONTRATO

1.1. El PRODUCTOR, en coproducción con otros coproductores (si es el caso), tiene la intención de producir una obra audiovisual en formato [largometraje/serie] documental [compuesta inicialmente por [número en letra] ([nº]) capítulos de aproximadamente [nº] minutos de duración (en adelante, los "**Capítulos**"),] en la que se narrará la historia de [incluir breve descripción del documental y su protagonista], titulado provisionalmente

"[...]"
(el "**Documental**").

El Documental tiene las siguientes especificaciones:

– Tiempo de ejecución neto: aproximadamente [...] minutos

- Formato: [...]
- Lugar de rodaje: [...]
- Guión: [...] escrito por [...]
- Productor/es: [...]
- Director: [...]
- Reparto principal: [...]
- Calendario de Producción: se adjunta como **Anexo 1**
- Presupuesto: Aproximadamente [...] euros que se adjuntan como **Anexo 2** de Contrato con la Cláusula 3.2 siguiente
- Flujo de Caja: se adjunta como **Anexo 3** - Flujo de caja y pagos

1.2. [*] ha acordado prestar determinados servicios de producción y actuará como empresa de servicios de producción para el Documental de acuerdo con las disposiciones del presente Contrato y de conformidad con las mismas.

El rodaje tendrá lugar en [...], tentativamente entre [...] (primer día de rodaje) y [...] (último día de rodaje), tal y como se define más detalladamente en el Calendario de Producción adjunto como **Anexo 1**. Una semana comprenderá cinco días laborables de rodaje, sin superar los límites establecidos por la legislación laboral y los convenios colectivos aplicables. La postproducción se realizará en [...]. El Productor designa a [*] para que preste los Servicios de Producción definidos en el presente documento y [*] acepta esta oferta con sujeción a los términos y condiciones del presente documento.

2. SERVICIOS PRESTADOS POR [*]

2.1. El presente Contrato, el guion del Documental, el Calendario de Producción y el Presupuesto proporcionan detalles del alcance de los servicios a prestar por [*] (los „**Servicios de Producción**") y también requisitos específicos de calidad, requisitos creativos, plazos, etc. („**Requisitos**"). Específicamente, el Calendario de Producción (adjunto como **Anexo 1**), el Presupuesto aprobado por el PRODUCTOR (adjunto como **Anexo 2**) constituyen una parte integral y legalmente vinculante de este Contrato y proporcionan una lista detallada de los servicios que [*] deberá prestar al PRODUCTOR.

2.2. [*] prestará los Servicios de Producción al PRODUCTOR de acuerdo con los Requisitos. El PRODUCTOR tiene plena autoridad para dar instrucciones, especialmente en lo que se refiere a cuestiones financieras, técnicas, organizativas y artísticas y a todas las demás circunstancias relativas al Documental, y éstas forman parte de los Requisitos.

[*] prestará los Servicios de Producción en estrecha coordinación con el PRODUCTOR y actuará de acuerdo con las instrucciones del PRODUCTOR. El PRODUCTOR se reserva el derecho de ejercer una influencia decisiva sobre el Documental, en particular sobre su forma y contenido, en cada etapa de la realización del Documental, en caso de que [*] incumpla sustancialmente sus obligaciones en relación con el Documental.

2.3. [*] mantendrá informado al PRODUCTOR en todo momento sobre todas las circunstancias que puedan ser importantes para el Documental. En particular, a petición del PRODUCTOR, [*] informará al PRODUCTOR sobre el progreso actual del Documental, la adquisición de derechos de terceros y el uso de los fondos pagados por el PRODUCTOR. El PRODUCTOR tiene derecho a solicitar que [*] proporcione la información en forma escrita y periódica (por ejemplo, cada día de producción). El PRODUCTOR tiene derecho a examinar la información y a solicitar la presentación de recibos, certificados u otras pruebas. Durante el período de rodaje, las llamadas de control y los informes diarios serán suficientes.

El PRODUCTOR —así como las personas autorizadas por el mismo— tienen derecho en todo momento a acceder sin restricciones a todos los lugares de rodaje, estudios o localizaciones donde se produzca el Documental.

2.4. Sin perjuicio de las anteriores Cláusulas 2.1, 2,2 y 2.3, los Servicios de Producción incluyen además lo siguiente:

2.4.1. Compra y alquiler de todo el atrezo y el equipo/reparto/técnicos/proveedores que sean necesarios, incluyendo todo el catering, los vuelos y el transporte de los actores/extras, así como todos los demás servicios, que figuran en el Presupuesto.

2.4.2. Compromiso/participación del personal, los actores y los extras.

La selección de los actores, personal y figurantes corresponde plenamente al PRODUCTOR. En caso de que el PRODUCTOR rechace las recomendaciones de [*], éste deberá buscar sustitutos sin demora. El personal, los actores y los extras serán contratados y pagados por [*] directamente, cuyo coste formará parte del Presupuesto que se adjunta. [*] se compromete a sufragar todos y cada uno de los gastos derivados de estos acuerdos, tales como impuestos, cotizaciones a la seguridad social y seguros, si los hubiera, y que se acuerden y presupuesten en el Presupuesto; y

2.4.3. Todos y cada uno de los servicios no contenidos en el Presupuesto o en los Requisitos que el PRODUCTOR pueda solicitar en cualquier momento después de la ejecución de este Contrato, serán contabilizados y pagados como costes adicionales por el PRODUCTOR, sujeto siempre a la Cláusula 3.3. a continuación y en todo caso tras una orden escrita de [*] y una confirmación escrita del PRODUCTOR.

2.5. [*] se compromete a negociar en todo momento las tarifas, los términos y las condiciones más ventajosas en relación con todos los acuerdos con terceros y facilitará al PRODUCTOR los detalles de los costes de personal, actores y honorarios de los extras antes de asumir los compromisos.

2.6. [*] identificará y preparará todas las localizaciones necesarias de acuerdo con las indicaciones del PRODUCTOR. [*] se compromete a adquirir todos los permisos privados y oficiales necesarios para la ejecución del Documental y el rodaje para cualquier localización que haya sido confirmada por el PRODUCTOR.

2.7. Sujeto a la Cláusula 4.2, todos y cada uno de los acuerdos celebrados por [*] dentro del ámbito de este Contrato de Servicios de Producción serán celebrados en nombre y por cuenta de [*] únicamente. [*] no tendrá ningún poder o autoridad para obligar al PRODUCTOR o para asumir o crear cualquier obligación o responsabilidad expresa o implícita en nombre del PRODUCTOR o en su nombre, ni [*] representará a nadie que tiene tal poder o autoridad.

2.8. [*] prestará los servicios con su propio equipo, o con el equipo que él mismo proporcione.

2.9. [*] prestará sus servicios contractuales personalmente. En lo que respecta a los servicios contractuales individuales para los que el Contrato no prevé expresamente la prestación del servicio por una persona específica y sujeto a la aprobación previa por escrito del PRODUCTOR, [*] está autorizado a encargar a terceros la realización de dicho servicio, siempre que la cualificación profesional del tercero cumpla al menos con la cualificación de [*]. En este caso, [*] será responsable ante el PRODUCTOR por la no ejecución, ejecución incompleta o no contractual de estos terceros en la misma medida que por sus propios servicios, incluyendo todos los riesgos y costes. La contratación de proveedores de servicios de producción para la creación del Documental está expresamente sujeta a la aprobación por escrito del PRODUCTOR.

2.10. Las partes aprueban a las siguientes personas de contacto para la ejecución de este Contrato y cualquier comunicación legalmente vinculante para las Partes en relación con el mismo:

Para el PRODUCTOR: [...]

Para [*]: [...]

El cambio de cualquiera de estas personas de contacto requiere una notificación previa y oportuna a la otra parte por escrito.

3. REMUNERACIÓN, PAGO, TESORERÍA

3.1. En contraprestación y como compensación total y definitiva por todos los servicios que se prestarán y los derechos que se concederán en virtud del presente documento, [*] recibirá un pago a tanto alzado por un importe de **[NÚMERO EN LETRAS] EUROS** ([n°].-€) (el „**Precio de Servicio**") que forma parte del Presupuesto. El Precio de Servicio será debido y pagadero a [*] en tramos según el **Anexo 3 - Flujo de Caja** que se adjunta, sujeto a la recepción de una factura suficiente a efectos fiscales y contables del PRODUCTOR.

3.2. Las Partes acuerdan que el Presupuesto de **[NÚMERO EN LETRAS] EUROS** ([n°].-€) (Precio de Servicio no incluido), es una estimación y cubre todos los servicios que se prestarán en virtud del presente Contrato, incluidos los servicios de producción y el cumplimiento de todos los requisitos, que vencerán y serán pagaderos en plazos de acuerdo con el **Anexo 3**.

[*] garantiza al PRODUCTOR que los Servicios de Producción se llevarán a cabo de conformidad con los precios previstos en el Presupuesto. Cualquier otro sobrecoste, exceso de costes o excesos de cualquier tipo („**Sobrecoste**"), incluyendo cualquier gasto individual que exceda realmente la cantidad presupuestada según se detalla en el Presupuesto, correrá a cargo de [*].

Todos y cada uno de los ahorros de costes, subvenciones, rebajas, reembolsos e incentivos recibidos por [*] en relación con los servicios de producción prestados en virtud del presente Contrato disminuirán el coste de producción. Todos y cada uno de los excesos deberán ser aprobados previamente por el PRODUCTOR por escrito, uno a uno, y solo entonces aumentarán el coste de producción.

Cualquier infrautilización en relación con el Presupuesto se destinará exclusivamente al PRODUCTOR.

3.3. Sin perjuicio de lo establecido en las Cláusulas 3.2. y 2.2. anteriores, las instrucciones o requisitos del PRODUCTOR que supongan costes adicionales al Presupuesto adjunto, serán comunicados por [*] al PRODUCTOR por escrito y estarán sujetos al consentimiento por escrito del PRODUCTOR, y será firmado por [...], por adelantado („**Orden de Compra**"). El PRODUCTOR solo pagará a [*] aquellos costes adicionales que hayan sido consentidos por escrito con antelación y acreditados mediante la documentación correspondiente.

3.4. [*] deberá implementar todos los cambios, solicitudes adicionales o cualquier otra instrucción requerida por el PRODUCTOR sin derecho a ningún pago adicional.

Si el PRODUCTOR requiere modificaciones, solicitudes adicionales o cualquier otra instrucción que contradiga el alcance o las especificaciones estipuladas en el Contrato o en otros Anexos, [*] tendrá derecho a una remuneración adicional por el cumplimiento de dicha solicitud especial, si a) [*] puede demostrar al PRODUCTOR que surgen costes adicionales que no pueden ser compensados por otras partidas presupuestarias y que conducen a un sobrecoste real del presupuesto, y b) [*] notifica al PRODUCTOR por escrito sobre esta remuneración separada indicando el importe de los costes adicionales reales incurridos antes de su ejecución, y el PRODUCTOR aprueba esta remuneración por escrito antes de la ejecución de las modificaciones solicitadas. Sin esta aprobación por escrito del PRODUCTOR, [*] no tiene derecho a ninguna remuneración adicional, incluso si el propio PRODUCTOR expresó la solicitud correspondiente de otra forma.

Tras la respuesta del PRODUCTOR, [*] completará los servicios teniendo en cuenta la respuesta y aplicando las solicitudes de modificaciones del PRODUCTOR (si las hay) para su aceptación final por escrito.

3.5. El PRODUCTOR tiene derecho a reducir el alcance de los Servicios de Producción a prestar por [*] en cualquier momento y a adaptar el Presupuesto en consecuencia. [*] no tendrá derecho a reclamar los Servicios de Producción establecidos en el Presupuesto que no se hayan realizado de conformidad con esta Cláusula 3.5.

Sin embargo, en el caso de que el rodaje sea cancelado en su totalidad o en parte (incluyendo la reducción o los servicios anteriores), interrumpido o encargado a un tercero por el PRODUCTOR, [*] tendrá derecho a la compensación de todos los gastos, indemnizaciones o costes de despido ya pagados o acordados contractualmente con terceros, en la medida en que estos sean acreditados por escrito por [*] al PRODUCTOR. El importe del Precio de Servicio se ajustará proporcionalmente. En caso de una interrupción del rodaje, incluso si no está cubierta por el seguro de contingencias en la medida en que no haya sido causada por Fuerza Mayor, por parte de [*] o de los agentes de [*], el PRODUCTOR asumirá los costes de dicha interrupción. El importe del Precio de Servicio no se modifica en este caso.

3.6. El PRODUCTOR liquidará el Presupuesto y el Precio de Servicio pagando los mismos a [*] en plazos según lo establecido en el **Anexo 3**. Todo el flujo de caja proporcionado por el PRODUCTOR y todos los costes de producción incurridos por [*] para los Servicios de Producción se pagarán en una cuenta bancaria separada, relacionada con el Documental, mantenida a nombre de [...]. („**Cuenta de Producción**"). La Cuenta de Producción no se utilizará para ningún otro fin.

Banco: [...]

IBAN/Número de cuenta: [...]

SWIFT: [...]

Titular de la cuenta: [...]

La Cuenta de Producción requerirá dos firmas para cualquier transacción (una será la del contable de producción u otra persona designada por [*] que haya sido aprobada por el PRODUCTOR, y la otra será la de un representante debidamente autorizado del PRODUCTOR). El PRODUCTOR reconoce por la presente que [...] y [...] son los firmantes aprobados por el PRODUCTOR en la Cuenta de Producción. [*] y el PRODUCTOR reconocen por la presente que [...] y [...] son los firmantes aprobados por [*] en la Cuenta de Producción. [*] se compromete a tomar todas las medidas y acciones necesarias para llevar a cabo el propósito de la frase anterior, incluyendo, sin limitación, la ejecución de un poder notarial, una carta de instrucciones de pago o cualquier otro documento requerido por el banco aplicable o la ley aplicable en relación a la frase anterior. No se depositará en la Cuenta de Producción ningún dinero que no sea el de los fondos de producción (flujo de caja y costes de producción).

[*] está obligado a emitir facturas anticipadas inmediatamente después de la recepción de las cantidades adelantadas de Contrato con lo anterior; dichas facturas serán facturas con IVA adecuado de Contrato con la normativa nacional española.

No se depositarán en la Cuenta de Producción fondos distintos a los establecidos en el Presupuesto, y todas las cantidades así depositadas se mantendrán en fideicomiso en beneficio del PRODUCTOR hasta el momento en que sean pagadas por [*] para satisfacer los gastos de producción mutuamente acordados. La retirada de fondos de la Cuenta de Producción se utilizará únicamente para pagar los gastos directamente relacionados con el Documental y serán realizados por los firmantes autorizados de [*] y del PRODUCTOR de conformidad con las disposiciones de este Contrato.

3.7. El PRODUCTOR proporcionará a [*] todo el flujo de caja de acuerdo con la Cláusula 3.6. anterior, tal y como se indica en el **Anexo 3**. El pago a cuenta estará efectivamente disponible en las fechas respectivas para [*], es decir, mediante transferencia realizada generalmente con cinco (5) días hábiles de antelación a la fecha de vencimiento. En caso de que el PRODUCTOR no cumpla con el pago en las fechas acordadas, [*] tendrá derecho a detener el rodaje previa notificación por escrito al PRODUCTOR y después de conceder un periodo de subsanación adicional adecuado de no menos de cinco (5) días hábiles más.

3.8. [*] calculará los costes realmente incurridos semanalmente, tras la semana en la que se incurra en los mismos, y proporcionará un estado de cuentas al PRODUCTOR. El PRODUCTOR tendrá derecho a revisar toda la facturación en relación con los Servicios de Producción. A petición del PRODUCTOR, se deberá acreditar el importe de los costes individualmente. Si [*] no proporciona debida y oportunamente la declaración de los costes o sus pruebas y no se lleva a cabo dicha solicitud después de la notificación por escrito del PRODUCTOR a [*] en un plazo de cinco (5) días hábiles, entonces el PRODUCTOR, sin limitación de otros derechos y recursos, tendrá derecho a retener cualquier otro pago o cuota y dicha retención no constituirá un retraso con el pago de conformidad con la Cláusula 3.7 anterior.

3.9. Sujeto al pago oportuno del PRODUCTOR de acuerdo con el **Anexo 3**, [*] garantiza y declara que el Documental será ejecutado y producido de acuerdo con este Contrato.

4. CESIÓN DE DERECHOS

4.1. [*] concede al PRODUCTOR todos los derechos sobre cualquier material creado en relación con el Documental en el momento de su creación o en el momento en que sean adquiridos por [*], según sea el caso, de forma ilimitada, exclusiva, mundial y perpetua, libre de cualquier gravamen, para la explotación integral del Documental en todos los medios, conocidos o desconocidos, incluyendo, sin limitación, los derechos establecidos en el **Catálogo de Derechos** que se adjunta como **Anexo 4**.

4.2. [*] se compromete a transferir en o en relación con todos los Contratos con terceros, en particular los miembros del equipo técnico y los actores/extras, todos los derechos en la medida de lo establecido en la Cláusula 4.1. anterior. Todos los derechos transferidos a

[*] por medio de los contratos correspondientes serán automáticamente transferidos al PRODUCTOR en el momento de su creación.

4.3. [*] transfiere al PRODUCTOR la titularidad de todo el material creado en relación con el Documental, incluyendo cualquier material rodado (colectivamente el "**Material**") en el momento de la adquisición de la propiedad. Por lo tanto, la titularidad y propiedad de todo el Material y las Secuencias (tal y como se definen en la cláusula siguiente) creadas o producidas en el contexto de la realización del Documental por [*], incluyendo todos los derechos de autor con respecto a dicho Material y Secuencias, serán titularidad exclusiva del PRODUCTOR.

4.4. Una vez que el Documental se haya estrenado, el PRODUCTOR autoriza expresamente a [*] a utilizar material gráfico y audiovisual de prensa, incluyendo secuencias y/o escenas, del Documental para promocionar la actividad de [*] y únicamente con fines de marketing.

5. MATERIAL

5.1. [*] se compromete a garantizar que el Material, incluida cualquier filmación (el "**Material**"), sea guardado, tratado y almacenado de forma adecuada y segura. [*] acepta y reconoce que todo el Material, y en especial las Secuencias, es propiedad exclusiva del PRODUCTOR.

5.2. [*] garantizará y se compromete a que el PRODUCTOR pueda, en cualquier momento, las 24 horas del día, tener acceso y tomar posesión del Material y las Secuencias. Sin perjuicio de lo anterior, [*] y el PRODUCTOR acordarán un lugar de almacenamiento y [*] se asegurará de que se emita una Carta de Acceso al Laboratorio, como es habitual en el negocio, en beneficio directo del PRODUCTOR, en relación con cualquier material de archivo y cualquier otro material.

5.3. Los Servicios de Producción no se considerarán completados hasta que [*] haya entregado el Material y las Secuencias al PRODUCTOR con el estándar internacional y haya completado todos los Servicios de Producción que se le exigen en el presente documento.

5.4. [*] tomará todas las medidas razonables para proteger y hacer una copia de seguridad de todo el Material y las Secuencias diariamente en un medio de almacenamiento separado y lo almacenará fuera del lugar de trabajo de [*] al menos una vez al día. Además, [*] garantizará al PRODUCTOR el acceso a todo el material de copia de seguridad.

6. ACEPTACIÓN

6.1. La aceptación final de los Servicios de Producción y del Material (incluyendo las Secuencias) queda a la entera discreción del PRODUCTOR. La aceptación requiere que el Material terminado y las Secuencias estén libres de defectos, en conformidad con este Contrato y que cumplan con los requisitos de una producción cinematográfica de primera clase apta para su explotación internacional. No se permite la aceptación parcial.

6.2. El Documental está sujeto a la aceptación del PRODUCTOR en forma escrita. Se creará un protocolo de aceptación que deberán firmar [*] y el PRODUCTOR. La aceptación editorial será realizada por el responsable de la redacción, u otra persona designada por el PRODUCTOR.

6.3. La carga de la prueba de que el producto final está listo para su aceptación recae en [*]. A petición del PRODUCTOR, [*] deberá aprobar que la calidad del Material y de las Secuencias cumple ampliamente, en particular en términos artísticos y técnicos, con los criterios y requisitos de una producción cinematográfica de primera clase apta para su explotación internacional, en particular derivados de las especificaciones técnicas.

6.4. La aceptación no constituye una aprobación con respecto a cuestiones legales y/o de derechos y no afecta a la responsabilidad de [*]. A pesar de la aceptación del PRODUCTOR, [*] es responsable de la infracción de las disposiciones legales y los derechos de terceros.

7. GARANTÍAS, INDEMNIZACIONES

7.1. Las obligaciones esenciales de este Contrato serán, en particular, la debida prestación de los servicios según la Cláusula 2.2, así como la cesión de derechos según la Cláusula 4. [*] es responsable de todos los incumplimientos del Contrato.

7.2. [*] garantiza que los intereses del PRODUCTOR serán salvaguardados con diligencia. Este deber fiduciario es independiente de cualquier límite de gastos relacionados con el Presupuesto.

7.3. [*] garantiza y declara:

- tener plena titularidad y autoridad para suscribir el presente Contrato y sus Anexos;
- tener plena titularidad y autoridad en relación con los derechos según la Cláusula 4 y su cesión al PRODUCTOR;
- ceder o conceder al PRODUCTOR todos los derechos de explotación derivados del Contrato con el alcance de la Cláusula 4; y
- a utilizar todo el dinero recibido por el PRODUCTOR (que no sea el Precio de Servicio) únicamente para el debido cumplimiento de sus obligaciones del presente Contrato.

7.4. [*] mantendrá en todo momento indemne al PRODUCTOR de todas las reclamaciones de terceros a primer requerimiento, ya sean presentadas contra el PRODUCTOR, sus representantes, los miembros de su personal y los actores u otros, en relación con cualquier infracción de las garantías anteriores u otro incumplimiento del Contrato por parte de [*], en toda su extensión, incluidos los costes razonables de las reclamaciones legales y la defensa legal.

7.5. El PRODUCTOR garantiza y representa:

- tener plena titularidad y autoridad para suscribir el presente Contrato y sus Anexos;
- eximir en todo momento a [*] de toda responsabilidad y mantenerlo indemne frente a todas las reclamaciones de terceros en relación con cualquier infracción de los derechos de autor, así como en relación con cualquier reclamación de terceros que surja en relación con esta Producción por parte de cualquier tercero con el que el PRODUCTOR haya suscrito directamente contratos, con la excepción de los casos en los que las reclamaciones de terceros se basen en el incumplimiento de cualquier disposición de este Contrato por parte de [*] o por cualquier incumplimiento de los Servicios de Producción acordados por parte de [*].

8. DURACIÓN/TERMINACIÓN

8.1. El presente Contrato entrará en vigor en el momento de su firma por ambas partes y se prolongará hasta la completa ejecución de todos los Servicios de Producción que debe prestar [*] de conformidad con el presente Contrato.

8.2. Antes de la finalización del Documental, el PRODUCTOR podrá rescindir el Contrato en cualquier momento y sin previo aviso. Si el PRODUCTOR ejerce este derecho de rescisión, el PRODUCTOR compensará a [*] por todos los gastos en los que haya incurrido de acuerdo con el Calendario de Producción y el Presupuesto, en la medida en que no hayan sido ya compensados, y por todas y cada una de las sumas devengadas de acuerdo con el presente Contrato, que sean debidas y no pagadas en la fecha de rescisión, así como una tasa de rescisión proporcional a la fecha en que se ejerza el derecho de rescisión, con un mínimo del cincuenta por ciento (50%) del Precio de Servicio. Si el Productor rescinde el presente Contrato, [*] ejercerá inmediatamente todos los derechos de rescisión previstos a favor del PRODUCTOR en todos los contratos con el personal de producción, salvo indicación expresa en contrario del PRODUCTOR. Además, todos los fondos de la Cuenta de Producción serán inmediatamente pagaderos al PRODUCTOR, excepto las sumas establecidas en el Presupuesto que puedan ser necesarias para satisfacer todas las obligaciones vigentes del PRODUCTOR en relación con el Documental.

Si se produce algún evento de fuerza mayor, incluyendo la alerta sanitaria, durante la vigencia de este Contrato, entonces la contratación de los servicios de [*] por parte del PRODUCTOR podrá, a elección del PRODUCTOR, ser suspendida mediante notificación por escrito (siempre y cuando la falta de dicha notificación por escrito no constituya un incumplimiento de este Contrato ni afecte de otro modo la validez de dicha suspensión). Durante un máximo de dos (2) semanas, no se devengará ni se pagará ninguna compensación a [*] durante dicha suspensión. A partir de la segunda semana de suspensión, [*] tendrá derecho a recibir una compensación proporcional al tiempo de suspensión. En cualquiera de los casos, el PRODUCTOR estará obligado a pagar cualquier coste de terceros que haya sido aprobado por el PRODUCTOR y que [*] se haya comprometido contractualmente a pagar antes de dicha suspensión.

Toda suspensión en virtud del presente podrá continuar hasta que la causa haya dejado de existir y hasta que el PRODUCTOR haya determinado, a su juicio razonable, que [*] está listo, dispuesto y capacitado para cumplir plenamente con sus obligaciones en virtud del presente. Sin perjuicio de lo anterior, cualquier período de suspensión podrá, a elección del PRODUCTOR, extenderse para incluir el período que el PRODUCTOR requiera para preparar el uso o reanudación de los servicios de [*] hasta un período máximo de dos (2) semanas.

Si en este caso el PRODUCTOR decide finalmente cancelar el Documental, la compensación establecida a favor de [*] durante este periodo de suspensión previsto en el segundo párrafo de esta Cláusula 8.2. no será inferior al 5% de los costes ya devengados. Además, el PRODUCTOR estará obligado a abonar a [*] una tasa de paralización de la producción proporcional a la fecha de ejercicio del derecho de rescisión con un mínimo del cincuenta por ciento (50%) del Precio de Servicio.

8.3. En el caso de que [*] haya incumplido alguna de las disposiciones del presente Contrato, en particular en lo que respecta a la cesión de derechos de conformidad con la Cláusula 4 y, en consecuencia, el PRODUCTOR resuelva el Contrato por este motivo, entonces la obligación del PRODUCTOR de pagar la remuneración según lo dispuesto en la Cláusula 3 dejará de aplicarse, sin perjuicio de cualquier otra reclamación legal que asista al PRODUCTOR.

8.4. Todos los derechos cedidos por [*] al PRODUCTOR en virtud del Contrato, incluidos los derechos sobre el Material, no se verán afectados por la rescisión del Contrato o cualquier otra forma de cancelación por cualquier motivo. La cesión de derechos, que para evitar dudas no se verá afectada por la rescisión del Contrato, también incluye el desarrollo posterior del Documental por parte de terceros utilizando todos los materiales creados y los servicios prestados hasta entonces. A la terminación o cancelación del Contrato, [*] deberá entregar al PRODUCTOR, en el plazo de una semana, todos los materiales que le haya proporcionado el PRODUCTOR, así como todos los materiales creados por [*] o por terceros en relación con el Documental encargado a [*].

9. SEGUROS

9.1. [*] mantendrá, además de los seguros legalmente requeridos, al menos el seguro de responsabilidad civil habitual y de daños a la propiedad, y el seguro para el personal de [*] (en particular, [*] es responsable de la seguridad social del personal de [*]), así como los seguros regulares para los coches de alquiler y cualquier otro seguro que el PRODUCTOR pueda razonablemente solicitar o designar. [*] proporcionará al PRODUCTOR una lista de los seguros contratados por [*] y, a petición del PRODUCTOR, copias de las respectivas pólizas de seguro.

9.2. Sin perjuicio de la responsabilidad de [*] por todas sus actividades y servicios en el marco del presente Contrato, el PRODUCTOR contratará los seguros habituales específicos para películas en relación con el negativo y la cinta de vídeo, el equipo, el decorado de utilería y el vestuario, que también cubrirán a [*]. Con respecto a los buques/barcos/camiones y coches que se utilizarán para la producción, [*] es consciente de que la suma del seguro está limitada a [...] euros.

10. TOMA DE POSESIÓN

[*] acepta que, en relación con el Documental y la realización de los Servicios de Producción, el PRODUCTOR podrá ejercer el derecho a hacerse cargo de los Servicios de Producción en las siguientes condiciones:

10.1. **Eventos de Toma de Control:** Si en cualquier momento [*] incurre en un incumplimiento sustancial de sus obligaciones en relación con la producción del Documental, o si el coste directo real de los Servicios de Producción, más el coste estimado por el PRODUCTOR para su finalización, excede el Presupuesto, el PRODUCTOR o su representante podrán, en cualquier momento posterior, hacerse cargo de los Servicios de Producción mediante notificación por escrito a [*] de su decisión de hacerlo.

10.2. **Consecuencias de la toma de posesión:** Si el PRODUCTOR o su representante se hace cargo de los Servicios de Producción:

(i) [*] pondrá a disposición del PRODUCTOR o de sus representantes, y el PRODUCTOR y su representante podrán tomar posesión de todo el dinero que el PRODUCTOR haya adelantado y que no haya sido gastado por [*] en relación con los Servicios de Producción; el PRODUCTOR o su designado efectuarán o harán que se efectúen todos los pagos que representen costes de producción directamente a la parte o partes que tengan derecho a ello, con sujeción a los términos y condiciones de todos los contratos y acuerdos sindicales aplicables que se hayan celebrado en relación con los Servicios de Producción y con sujeción a todos los derechos y recursos que [*] pueda tener en virtud de los mismos. El PRODUCTOR o su representante podrán retirar cualquier dinero depositado en la Cuenta de Producción a su sola firma; y no se realizará ningún pago de ningún tipo a [*] por ningún coste de producción en relación con el Documental o los Servicios de Producción;

(ii) El PRODUCTOR o su representante puede retener o reemplazar los servicios de [*], los productores individuales, los directores, el reparto y todo el resto del personal y puede, sujeto a los derechos legales existentes del director y/u otras terceras partes, cortar, editar y hacer los cambios que desee en el Documental o en el guion y en el calendario de producción del mismo, libre de cualquier limitación, restricción o condición;

(iii) sin limitar la Cláusula 4 anterior, el PRODUCTOR recibirá y retendrá todos los derechos y la titularidad de todo el Material, incluido las Secuencias, en la medida contemplada en el presente documento;

11. CRÉDITOS

11.1. Sujeto a la debida ejecución de todos los Servicios de Producción a prestar por [*] y al uso de estos Servicios de Producción en el Documental, [*] será acreditado en el Documental como sigue: [...]. Los créditos anteriores deberán aparecer en la posición, tamaño y tipo que determine el PRODUCTOR. El incumplimiento casual o inadvertido por parte del PRODUCTOR o de cualquier tercero de las disposiciones sobre créditos del presente Contrato no constituirá un incumplimiento del mismo.

11.2. El PRODUCTOR hará esfuerzos razonables y de buena fe para acreditar al personal del [*] según los estándares habituales de la industria y de acuerdo con la Lista de Créditos de [*], sujeto a las aprobaciones y restricciones de la televisión/plataforma que vaya a emitir el Documental y de acuerdo con las políticas del PRODUCTOR.

12. CONFIDENCIALIDAD

12.1. [*] mantendrá los términos de este Contrato y toda la información relacionada con el mismo en forma estrictamente confidencial y no revelará dicha información a terceros, excepto en la medida en que sea necesario para el Documental (por ejemplo, para solicitar subvenciones, etc.). En particular, [*] está obligado a mantener la absoluta confidencialidad con respecto a todos los secretos comerciales o empresariales del PRODUCTOR de los que tenga conocimiento.

12.2. El PRODUCTOR tendrá el derecho exclusivo de publicar y divulgar cualquier tipo de información sobre el Documental, en particular en lo que respecta a los comunicados de prensa sobre el Documental o las presentaciones del Documental a concursos.

13. AUSENCIA DE PUBLICIDAD

13.1. [*] se abstendrá de añadir nombres, textos o ilustraciones que se consideren publicidad directa o indirecta —en particular publicidad encubierta o emplazamiento de productor—, en el Documental y observará estrictamente la norma de separación de la publicidad y el programa editorial. [*] no está autorizado a aceptar dinero o ventajas de valor monetario de terceros para el Documental. [*] impondrá estas obligaciones a su personal, a sus representantes y a todas las demás personas a las que [*] recurra para el cumplimiento de sus obligaciones contractuales, y garantizará el cumplimiento de estas obligaciones.

14. VARIOS

14.1. Los Anexos forman parte integral del Contrato y se aplican a las partes, a menos que sean modificadas por las disposiciones de este Contrato.

14.2. Queda excluida la ejecución de las reclamaciones de [*] por medio de requerimientos o arrestos preliminares contra el PRODUCTOR y/o sus licenciatarios, excepto en el caso de las reclamaciones derivadas de la infracción de los derechos morales causada por la deformación grave.

14.3. Cualquier variación del presente Contrato, incluida esta cláusula que prescribe la forma escrita, solo podrá realizarse por escrito. A menos que se disponga específicamente en el presente, la correspondencia por correo electrónico no será suficiente para este propósito.

14.4. Este Contrato se rige exclusivamente por las leyes de España.

14.5. En caso de que alguna disposición individual del presente Contrato sea inválida o inaplicable, las demás disposiciones no se verán afectadas. Las partes sustituirán las disposiciones inválidas por una disposición válida que refleje lo mejor posible la finalidad económica de la disposición inválida. Lo mismo se aplicará, *mutatis mutandis*, si el presente Contrato contiene una laguna.

14.6. La jurisdicción exclusiva será [...], España. El PRODUCTOR también tendrá derecho a presentar cualquier reclamación basada en este Contrato o en relación con el mismo ante un tribunal competente de España.

14.7. En ningún momento, pasado, presente o futuro, la relación de las partes en el presente documento se considerará o tendrá la intención de constituir una relación con las características de una agencia, asociación, empresa conjunta o una colaboración a los efectos de compartir cualquier beneficio o propiedad en común. Salvo lo especificado en el presente documento, ninguna de las partes tendrá los derechos, el poder ni la autoridad en ningún momento para actuar en nombre de la otra parte o representarla, y cada una de las partes del presente documento será responsable por separado y en su totalidad de sus propias deudas en todos los aspectos.

______________________	______________________
[*]	[DENOMINACIÓN SOCIAL PRODUCTOR]
D./Dña. [*]	D./Dña. [*]

ANEXO 1: CALENDARIO DE PRODUCCIÓN

ANEXO 2: PRESUPUESTO

ANEXO 3: FLUJO DE CAJA

1. Flujo de caja y pago del Precio de Servicio:

La Precio de Servicio será exigible y pagadero a [*] de acuerdo con el siguiente calendario de pagos:

a) [...]

b) [...]

c) [...]

2. Flujo de caja y pago del presupuesto (excluyendo la Precio de Servicio):

El Presupuesto (excluyendo el Precio de Servicio) se pagará a [*] de Contrato con el Plan de Fujo de Caja adjunto.

ANEXO 4: CATÁLOGO DE DERECHOS

[*] cede al PRODUCTOR todos y cada uno de los derechos exclusivos sobre todos los servicios prestados en relación con este Contrato (colectivamente los "**Servicios"**) para su uso exclusivo e ilimitado, a perpetuidad, en todos y cada uno de los medios de comunicación, incluyendo la realización de un número ilimitado de producciones basadas en los Servicios y la explotación integral de los Servicios y las producciones en su totalidad o en partes, a perpetuidad, para todos y cada uno de los medios de comunicación, incluyendo todos los derechos auxiliares como una compra total de derechos. A los efectos del presente documento, los Servicios, tal y como se definen anteriormente, comprenderán también todo el Material y las Secuencias creadas en relación con los servicios prestados por [*] en relación con el Documental. Todos los derechos de [*] con respecto a los Servicios ya existentes se conceden al PRODUCTOR a la firma de este Contrato. Todos los derechos que surjan o sean adquiridos por [*] después de la fecha de celebración de este Contrato se otorgarán al PRODUCTOR a partir del momento en que surjan o sean adquiridos por [*] respectivamente.

A efectos de este catálogo de derechos, el término "Producción" o "Producciones" significará el Documental "[...]" y cualquier obra audiovisual o imágenes en movimiento en cualquier forma, por ejemplo, películas teatrales, documentales, películas de vídeo, programas de televisión, producciones multimedia en 3D o videojuegos, que pueden constar de una o más partes y cada una de ellas basada en los Servicios. Esto incluye todos los pasos intermedios de desarrollo y producción, incluidos los trabajos preparatorios, el material clasificado y el material adicional, así como la documentación sobre la producción (por ejemplo, el "making of"), y todas las versiones adaptadas o editadas, así como las precuelas, secuelas, *remakes*, *spin-offs* o similares.

En particular, [*] concede al PRODUCTOR todos los derechos que se indican a continuación:

1. Derechos de pantalla

Con respecto a los Servicios, [*] concede y el PRODUCTOR acepta el derecho exclusivo, a perpetuidad, a la realización audiovisual de los mismos y a la plena explotación del Documental en todos los medios de comunicación del mundo. [*] concede al PRODUCTOR los siguientes derechos en particular:

1.1 El derecho de adaptación y traducción

El derecho a realizar cambios en los Servicios y en todos los elementos incluidos en ellos, incluidos sus personajes, elementos de la historia, dibujos, figuras, diálogos, escenas, etc., el derecho a añadir partes nuevas o modificadas, a eliminar partes o a editar cláusulas o a reorganizar el orden de la secuencia en la trama, a doblar versiones en idiomas extranjeros, así como el derecho a doblar versiones en idiomas extranjeros mediante sincronización, a añadir subtítulos al Documental, y/o a producir versiones de voz en *off* y a encargar a terceros la edición, el pulido, la reescritura y la sustitución de elementos de los Servicios y/o del Documental, a traducir los Servicios y/o el Documental en todos los idiomas y a disponer de guiones basados en los Servicios creados por terceros.

1.2 El derecho de producción cinematográfica, el derecho a hacer *remakes* y precuelas/secuelas

El derecho a utilizar los Servicios, o partes y elementos de los mismos en forma editada o sin editar, para la producción de una o más (es decir, un número ilimitado) de producciones (tal y como se definen anteriormente) en cualquier idioma y en todo el mundo (incluyendo informes documentales del Documental —"Making of"—).

El derecho de producción cinematográfica incluye el derecho a producir un número ilimitado de *remakes* de los Servicios y/o el Documental, así como el derecho a desarrollar y producir producciones de seguimiento sobre la base de los Servicios o sus elementos o el Documental basado en ellos, en particular, pero sin limitación, en forma de secuelas, precuelas, *spin-offs*, series, etc.

1.3 El derecho al uso y al cambio de título

El derecho a utilizar el título de los Servicios sin cambios o modificado para la designación del Documental o de cualquier otra producción y el derecho a su explotación en la misma medida que el Documental, así como el derecho a solicitar la protección del título en nombre del PRODUCTOR como nombre comercial o marca.

1.4 El Derecho de Primera Publicación

Es decir, el derecho a publicar el contenido de los Servicios y el Documental, a determinar la fecha, la forma y las circunstancias de la publicación de los Servicios y el Documental y el derecho a publicar también los Servicios parciales entregados por [*].

2. Derechos de explotación

Por la presente, [*] concede al PRODUCTOR, sus licenciatarios, sublicenciatarios, sucesores y cesionarios, el derecho exclusivo a explotar las producciones en uso de los Servicios en forma adaptada o no adaptada en todos los medios y sin ninguna restricción de tiempo, territorio y contenido. Esta concesión de derechos incluye especialmente lo siguiente:

2.1 Los derechos teatrales

El derecho a hacer que el Documental sea visible/audible públicamente en su totalidad o en partes por medio de equipos técnicos, independientemente de la forma técnica del sistema de exhibición y de los medios visuales/auditivos utilizados en las salas de cine u otros lugares adecuados para este fin (por ejemplo, autocines, restaurantes, discotecas, clubes y pueblos de jubilados, barcos, hospitales, aviones, etc.). Los derechos de exhibición se refieren en particular a todos los formatos de película y cine (70, 35, 16, 8 mm), a todos los sistemas electromagnéticos (vídeo) y a los sistemas de transmisión digital o de otro tipo (cable, satélite), así como a la transmisión a distancia de señales de visualización, e incluyen la exhibición comercial y no comercial del Documental. Se incluye el derecho a que el Documental sea accesible al público en exposiciones (ferias), muestras de venta, festivales y eventos similares.

2.2 El derecho de difusión

El derecho a poner el Documental a disposición del público, en su totalidad o en partes, cualquier número de veces por medio de la radiodifusión (radio, televisión, radio por cable, ondas hertzianas, microondas láser, etc.) o dispositivos técnicos similares, utilizando tecnologías analógicas, digitales o de otro tipo. Esto se aplica a todos los posibles procesos de radiodifusión (por ejemplo, transmisores terrestres, televisión por cable (también a través de sistemas telefónicos), retransmisiones por cable, retransmisión por cable, televisión por satélite, incluidos los satélites directos, e IPTV), servicios en línea, televisión interactiva, e independientemente del modo de financiación de la respectiva estación de radiodifusión (comercial o no comercial) o de la forma jurídica (televisión pública o privada) o de la forma de la relación jurídica entre el radiodifusor y el receptor (televisión gratuita, televisión de pago, pago por visión, pago por canal; televisión de acceso telefónico, etc.).

Se incluye el derecho a hacer accesibles las emisiones a un grupo limitado de receptores (por ejemplo, en hospitales, hoteles, aviones, barcos, escuelas, etc.) mediante equipos de distribución (circuito cerrado de televisión) o a un número ilimitado de espectadores a la carta, y el derecho a la reproducción pública de las emisiones de radio, así como las reclamaciones de remuneración derivadas de la posibilidad de realizar grabaciones privadas de las emisiones de televisión y de las emisiones de retransmisión por cable.

2.3 Los derechos de los videogramas

El derecho a grabar, almacenar, reproducir, duplicar y distribuir (para su venta, alquiler, etc.) el Documental en su totalidad o en parte en soportes de imagen/sonido de todo tipo (videogramas), en bases de datos en línea o fuera de línea con fines de consumo privado. Este derecho incluye todos los sistemas audiovisuales, como las cintas de vídeo, las cintas de vídeo, los CD ROM, los CD-I, los CD-DVD, los CD-SD, los DVD, los Blu-Ray, los videodiscos de todo tipo, independientemente de los procesos técnicos de los sistemas individuales, incluidos todos los procesos técnicos de almacenamiento o transmisión de imágenes y sonidos existentes en la actualidad o que se conciban en el futuro. También incluye los derechos de películas de cine, es decir, el derecho a reproducir y distribuir películas de 8 mm o cintas de cine con fines de transmisión privada.

Se incluye el derecho a que el Documental sea accesible a un grupo limitado de destinatarios (por ejemplo, en hospitales, hoteles, aviones, barcos, escuelas) o a un grupo específico o no de personas bajo demanda (*Video On Demand*), así como a los derechos de autor de la remuneración resultante del alquiler o préstamo de videogramas pregrabados y la posibilidad de realizar grabaciones privadas y otros.

2.4 Derechos a la carta

El derecho a reproducir el Documental o partes de la misma a través de dispositivos analógicos, digitales u otros dispositivos de procesamiento de datos en una base de datos con fines comerciales y no comerciales, con el fin de poner el Documental a disposición de los usuarios de forma audiovisual, reproducirla, procesarla y utilizarla de forma interactiva a través de un ordenador, un televisor u otros dispositivos de recepción móviles o fijos; el derecho a poner el Documental a disposición de los usuarios a través de dispositivos analógicos, digitales u otros dispositivos de procesamiento de datos y a través del procesamiento directo o indirecto de datos, de forma que dichos usuarios puedan percibir el Documental bajo demanda individual a través de un televisor, ordenador u otro dispositivo de recepción, ya sea con o sin pago de tarifa (por ejemplo, "televisión a la carta", "vídeo a la carta", todos los servicios en línea, Internet, Intranet, UMTS, etc.). Se incluye el derecho a producir y distribuir dispositivos audiovisuales que contengan el Documental de manera que se requiera la transmisión de datos adicionales para la percepción del Documental por parte de los usuarios.

2.5 Los derechos de reproducción y distribución

El derecho a reproducir (incluida la digitalización) y distribuir los Servicios y/o el Documental de cualquier forma dentro del ámbito de los derechos concedidos al PRODUCTOR en virtud del presente documento, en todas las formas y por un número ilimitado de veces, para distribuir las respectivas reproducciones, también en medios visuales/de audio y de datos diferentes a los utilizados originalmente.

2.6 Los Derechos de adaptación y sincronización

El derecho a adaptar y reorganizar el Documental, en particular el derecho a cambiar, ampliar, abreviar, ajustar la duración, dividir y segmentar el Documental, cambiar el título, combinarla con otras obras y producciones, así como con anuncios de cualquier tipo, doblar, resincronizar o postsincronizar, sincronizar el Documental en todos los idiomas, añadir sonido, así como producir versiones subtituladas para sordos y con voz en *off*, realizar ajustes de formato, cambiar los créditos iniciales y finales, sustituir los Servicios, el sonido o la música, subyugar el Documental con textos independientemente de su contenido, insertar teletipos o el símbolo de una cadena de televisión, así como una conexión con contenidos de respuesta directa o cualquier otro elemento interactivo, por ejemplo mediante hipervínculos. Esto incluye la alteración del Documental de partes individuales de la misma en términos de uso interactivo.

2.7 Derecho a la publicidad y al uso de extractos

El derecho a utilizar los Servicios o el Documental y sus elementos individuales, incluidas las imágenes fijas, con fines publicitarios (tanto para el Documental como para el PRODUCTOR) en todos y cada uno de los medios de comunicación, por ejemplo, en material impreso y espacios publicitarios, en carteles y páginas de Internet. Se incluye el derecho a producir y utilizar/explotar tráileres y/o extractos del Documental, así como sinopsis del Documental y otros trabajos impresos abreviados y otros textos publicitarios diversos en una medida razonable con fines de publicidad y propaganda en relación con la producción y explotación del Documental, o a explotar el Documental dentro de cualquier otra producción por cualquier medio técnico. Esto incluye el derecho, dentro de las prácticas habituales de la industria, a producir versiones revisadas del Documental, a anunciar, publicitar y explotar de otro modo el Documental y su explotación integral (incluyendo, sin limitación, en la televisión, los teatros, los videogramas, Internet u otros servicios en línea, los medios de comunicación asistidos por ordenador y el material impreso, a través de los servicios en línea en todo el mundo o mediante el uso de material impreso), incluyendo el uso del nombre y otra información sobre [*], el derecho a producir y explotar extractos del Documental, incluyendo las Secuencias, con fines publicitarios (por ejemplo, avances de programas, publicidad vinculada; incluyendo la promoción del PRODUCTOR y sus licenciatarios) o a explotarla dentro de otras producciones o dentro de otros programas de todos los medios técnicos.

2.8 Los derechos de *merchandising*

El derecho a la explotación comercial de los Servicios y el Documental mediante la fabricación y distribución de bienes y/o la comercialización de bienes y servicios de todo tipo haciendo uso de eventos, nombres, títulos, personajes, ilustraciones, sonidos y ruidos u otros contextos en relación con los Servicios y/o el Documental, incluyendo el derecho a explotar los Servicios y el Documental total o parcialmente mediante la fabricación y distribución de juegos, así como a publicitar bienes y servicios de cualquier tipo haciendo uso de dichos elementos o de extractos de los Servicios y/o el Documental. Esto incluye también el derecho a utilizar el título de los Servicios o las designaciones de otros elementos de los Servicios, así como sus alteraciones, para la designación de bienes y servicios, y a registrarlos como marcas en nombre del PRODUCTOR.

2.9 Los derechos de impresión y publicación

El derecho a producir y publicar resúmenes, listas de contenidos y sinopsis de los Servicios y/o del Documental, a editar, traducir a otros idiomas, así como el derecho a fabricar, reproducir y distribuir libros ilustrados y no ilustrados (por ejemplo, el "libro de la película"), cuadernos, tiras de cómic, carpetas de prensa electrónicas y otros medios de texto, imágenes y datos analógicos y digitales, etc. (denominados colectivamente en lo sucesivo como "**Publicaciones**") que se hayan derivado del guion o del Documental mediante la reproducción o narración del contenido en una forma convertida o rediseñada, o a través de imágenes fotográficas, dibujadas o pintadas u objetos similares, así como el derecho a hacer accesibles las revisiones mediante texto de vídeo y audio u otros sistemas de distribución a las partes interesadas. Se incluye el derecho a crear, producir y publicar resúmenes, novelizaciones, listas de contenidos y sinopsis de los Servicios y el Documental, así como el derecho a fabricar, reproducir y distribuir libros ilustrados y no ilustrados, cuadernos, cómics, carpetas de prensa electrónicas y otros medios de texto, imagen y datos analógicos y digitales, etc. que se hayan derivado de los Servicios o del Documental mediante la reproducción o narración del contenido en una forma convertida o rediseñada, o a través de imágenes fotográficas, dibujadas o animadas u objetos similares, así como el derecho a hacer accesibles a las partes interesadas representaciones de los mismos mediante texto de vídeo y audio u otros sistemas de distribución.

2.10 Los derechos de grabación de audio y sonido

El derecho a fabricar, producir, reproducir, difundir y distribuir grabaciones sonoras y otros soportes de audio analógicos o digitales (por ejemplo discos, CDs, casetes de música u otros registros de sonido) que se realicen utilizando total o parcialmente los Servicios y/o el Documental o su narrativa o cualquier otra revisión del contenido del Documental, dispuestos como un álbum de banda sonora derivada del Documental ("**Álbum de Banda Sonora**") y/o un álbum inspirado en el Documental y/o de una descripción, una sinopsis, una versión modificada o cualquier adaptación del contenido de la película utilizando la pista de audio del Documental ("audiolibro", "audiolibro", "audiolibro"), así como el derecho a difundir y poner a disposición el Álbum de Banda Sonora, el audiolibro, el audiolibro y el audiolibro en la radio, a representar públicamente, alquilar, arrendar y explotar de cualquier otra forma, comercializar, anunciar y publicitar el Álbum de Banda Sonora, el audiolibro, el audiolibro y el audiolibro por todos los medios estipulados en los términos de este Contrato, incluido el uso de nombres, títulos, textos, imágenes y/o otros elementos del Documental. Esto incluye los derechos correspondientes para producir y comercializar vídeos y clips musicales que utilicen contenidos visuales del Documental que estén sincronizados con la música que se incluya.

2.11 Los derechos interactivos y multimedia

El derecho a permitir una utilización interactiva del Documental dentro del ámbito de los derechos aquí concedidos, es decir, en particular una edición individual, abreviación, remodelación y otras alteraciones del Documental o de sus componentes visuales y/o sonoros individuales (si es necesario en conjunción con otras obras). Se incluye el derecho a producir, distribuir y explotar ampliamente juegos de ordenador, animaciones por ordenador y/u otras producciones multimedia en soportes de datos o a través de redes de datos de todo tipo haciendo uso de extractos u otros elementos, que estén relacionados con los Servicios y/o el Documental.

2.12 Los derechos de archivo y de base de datos

El derecho a grabar, archivar y almacenar los Servicios y/o el Documental en forma analógica o digital, en línea o fuera de línea, y a tener acceso a dichos Servicios y/o Producción grabados en cualquier momento y a hacerlos accesibles a terceros, así como el derecho a introducir el Documental o extractos o elementos de la misma en bases y redes de datos electrónicas y a transmitir el Documental, mediante una tecnología de almacenamiento o transmisión digital o analógica por cable, satélite, servicios electrónicos de datos y telefónicos, servicios en línea u otras formas de transmisión a petición de la parte o partes solicitantes con fines de interpretación acústica y/o visual, reproducción, retransmisión y/o almacenamiento y uso por medio de ordenadores, TV u otros dispositivos de recepción. Se incluye el derecho a modificar el Documental para estos fines en la medida en que sea técnicamente necesario.

2.13 Los derechos de escena y de radiodifusión

El derecho a utilizar, melodizar o adaptar de otro modo los Servicios y/o el Documental para una versión escénica y/o radiofónica y a explotarlos en todos los medios de comunicación, en particular el derecho a reproducir, adaptar, distribuir, emitir, representar públicamente, mostrar públicamente o poner a disposición del público los Servicios o el Documental con ese fin.

2.14 Los derechos desconocidos

El derecho ilimitado a utilizar y explotar los Servicios y/o el Documental en todas las formas futuras de explotación, aún desconocidas o sólo conocidas tecnológicamente en el momento de la ejecución de este Contrato.

2.15 Cesión

Todos los derechos concedidos, en su totalidad o en parte, pueden ser transferidos, cedidos, otorgados o licenciados a discreción del PRODUCTOR y sin la aprobación previa de [*] a terceros (también a empresas afiliadas) o pueden ser hipotecados de cualquier manera.

F041. CONTRATO DE PRODUCT PLACEMENT/INTEGRACIÓN DE MARCA EN OBRA AUDIOVISUAL

En [Ciudad], a [Fecha].

COMPARECEN

De una parte, la entidad [Nombre de la productora audiovisual], con domicilio en [Dirección], provista de CIF nº [__________], debidamente representada por D./Dª [Nombre y Apellidos], en calidad de [Cargo], en adelante EL PRODUCTOR.

Y de otra parte, la entidad [Nombre de la marca/anunciante], con domicilio en [Dirección], provista de CIF nº [__________], debidamente representada por D./Dª [Nombre y Apellidos], en calidad de [Cargo], en adelante LA MARCA.

Ambas partes se reconocen mutuamente capacidad legal suficiente para contratar y obligarse, y a tal efecto EXPONEN y ACUERDAN suscribir el presente contrato de product placement con arreglo a las siguientes:

EXPOSICIONES

I. Que EL PRODUCTOR se encuentra desarrollando la producción audiovisual titulada [Título de la obra].

II. Que LA MARCA está interesada en integrar sus productos, servicios o signos distintivos en dicha obra audiovisual con fines publicitarios.

III. Que ambas partes desean regular las condiciones bajo las cuales se realizará la integración de marca.

Primera. Objeto del contrato

EL PRODUCTOR se obliga a integrar los productos, servicios, logotipos o elementos de LA MARCA en la producción audiovisual titulada [Título], en las condiciones pactadas.

La integración se realizará de forma natural y coherente con la narrativa de la obra, sin alterar su esencia artística.

Segunda. Modalidades de integración

La integración podrá consistir en la aparición de productos, menciones verbales, presencia de logotipos, escenografía de marca o utilización de servicios.

Las modalidades específicas de integración se detallan en el Anexo I, incluyendo número de apariciones, duración en pantalla y contexto de uso.

Tercera. Duración y territorio

El contrato se celebra por un plazo de [X años], coincidente con la explotación de la obra audiovisual.

El ámbito territorial comprenderá todo el mundo, salvo limitaciones expresamente pactadas en el Anexo II.

Cuarta. Retribución

LA MARCA abonará a EL PRODUCTOR la suma de [___ €], más impuestos aplicables, en concepto de remuneración por la integración de marca.

El pago se realizará en [nº] plazos, vinculados a la firma del contrato y a la entrega de la primera copia de la obra.

Quinta. Obligaciones del productor

Garantizar que la integración se realice conforme a lo pactado y que los productos aparezcan en las condiciones previstas.

No alterar ni eliminar la integración sin autorización de LA MARCA.

Entregar a LA MARCA copias de la obra o fragmentos donde se constate la integración.

Sexta. Obligaciones de la marca

Proporcionar los productos, servicios o elementos a integrar en condiciones de calidad y dentro de los plazos necesarios para la producción.

Asumir los gastos de transporte, entrega y retirada de los productos, salvo pacto contrario.

Séptima. Propiedad intelectual

EL PRODUCTOR conserva todos los derechos sobre la obra audiovisual, sin perjuicio de los derechos de marca de LA MARCA.

LA MARCA autoriza a EL PRODUCTOR a utilizar sus signos distintivos en la obra en el marco del presente contrato.

Octava. Limitaciones legales y éticas

La integración no podrá realizarse en contextos denigrantes, ofensivos o que perjudiquen la reputación de LA MARCA.

Asimismo, se respetarán las normativas legales y autorregulaciones sobre publicidad encubierta y product placement.

Novena. Confidencialidad

Ambas partes se obligan a mantener confidencialidad sobre las condiciones económicas y contractuales del presente contrato.

Esta obligación subsistirá durante la vigencia del contrato y cinco (5) años después de su finalización.

Décima. Protección de datos

Las partes cumplirán con el RGPD y la LOPDGDD respecto de los datos personales tratados en ejecución del contrato.

Los datos se utilizarán exclusivamente para fines contractuales.

Undécima. Fuerza mayor

Ninguna de las partes será responsable por incumplimientos derivados de causas de fuerza mayor.

En caso de prolongarse más de seis (6) meses, cualquiera de las partes podrá resolver el contrato sin penalización.

Duodécima. Resolución anticipada

El contrato podrá resolverse por incumplimiento grave de las obligaciones asumidas, por impago o por incumplimiento de las condiciones de integración.

La resolución deberá notificarse fehacientemente con un plazo mínimo de treinta (30) días.

Decimotercera. Ley aplicable y jurisdicción

El contrato se regirá por la legislación española.

Las partes se someten a los Tribunales de [Ciudad].

Y en prueba de conformidad, firman el presente contrato en el lugar y fecha indicados, por duplicado ejemplar y a un solo efecto.

Fdo.: ______________________	Fdo.: ______________________
EL PRODUCTOR	LA MARCA

F042. CONTRATO DE REPRESENTACIÓN/MANAGEMENT DE ARTISTAS AUDIOVISUALES

En [Ciudad], a [Fecha].

COMPARECEN

De una parte, D./Dª [Nombre del representante], mayor de edad, con domicilio en [Dirección], provisto de DNI nº [__________], en calidad de representante artístico, en adelante EL REPRESENTANTE.

Y de otra parte, D./Dª [Nombre del artista], mayor de edad, con domicilio en [Dirección], provisto de DNI nº [__________], en adelante EL ARTISTA.

Ambas partes se reconocen mutuamente capacidad legal suficiente para contratar y obligarse, y a tal efecto EXPONEN y ACUERDAN suscribir el presente contrato de representación artística con arreglo a las siguientes:

EXPOSICIONES

I. Que EL ARTISTA desarrolla su carrera profesional en el ámbito audiovisual (cine, televisión, publicidad, plataformas digitales) y requiere de un representante para gestionar sus intereses profesionales.

II. Que EL REPRESENTANTE es un profesional con experiencia en la gestión y representación de artistas audiovisuales.

III. Que ambas partes desean establecer una relación de representación exclusiva, regulada por las siguientes cláusulas.

Primera. Objeto del contrato

EL ARTISTA encomienda a EL REPRESENTANTE la gestión, promoción, negociación y contratación de todas aquellas actividades profesionales relacionadas con su carrera audiovisual.

La representación comprenderá cine, televisión, publicidad, teatro, plataformas digitales, doblaje y cualquier otra modalidad artística vinculada al sector audiovisual.

Segunda. Exclusividad

La representación tendrá carácter exclusivo, por lo que EL ARTISTA no podrá designar a otros representantes durante la vigencia del contrato, salvo autorización expresa de EL REPRESENTANTE.

EL REPRESENTANTE podrá, no obstante, colaborar con agencias u otros intermediarios cuando ello redunde en beneficio del ARTISTA.

Tercera. Duración

El presente contrato tendrá una duración inicial de [X años], renovable automáticamente salvo denuncia expresa con una antelación mínima de tres (3) meses.

Las partes podrán pactar la finalización anticipada de mutuo acuerdo.

Cuarta. Obligaciones del representante

Negociar y gestionar contratos profesionales en nombre del ARTISTA, velando por sus intereses económicos y profesionales.

Promover la carrera del ARTISTA en eventos, festivales, castings y ante productoras audiovisuales.

Informar periódicamente al ARTISTA de las gestiones realizadas y mantener una comunicación fluida.

Quinta. Obligaciones del artista

Cumplir puntualmente los compromisos profesionales asumidos mediante contratos gestionados por EL REPRESENTANTE.

Facilitar material promocional actualizado (fotografías, vídeos, CV artístico).

No negociar ni aceptar contratos directamente sin intervención de EL REPRESENTANTE.

Sexta. Retribución

EL REPRESENTANTE percibirá en concepto de honorarios un porcentaje del [___ %] sobre todos los ingresos brutos obtenidos por EL ARTISTA como consecuencia directa o indirecta de su intervención.

Dicha comisión será pagadera en el momento en que EL ARTISTA perciba los ingresos correspondientes.

Los gastos extraordinarios (viajes, alojamiento, dietas) deberán ser autorizados previamente por EL ARTISTA y serán reembolsados contra justificación documental.

Séptima. Cesión de derechos de imagen

EL ARTISTA autoriza a EL REPRESENTANTE a utilizar su imagen, nombre y material promocional con fines de promoción profesional.

Dicha autorización no confiere a EL REPRESENTANTE derecho de explotación comercial autónoma de la imagen del ARTISTA.

Octava. Confidencialidad

Ambas partes se comprometen a guardar estricta confidencialidad respecto de las condiciones económicas y contractuales derivadas de la actividad profesional del ARTISTA.

Esta obligación subsistirá durante la vigencia del contrato y hasta cinco (5) años después de su terminación.

Novena. Protección de datos

Ambas partes se comprometen a cumplir lo dispuesto en el RGPD y la LOPDGDD en relación con los datos personales tratados.

Los datos se utilizarán exclusivamente para la gestión contractual y profesional del ARTISTA.

Décima. Resolución anticipada

El contrato podrá resolverse por incumplimiento grave de las obligaciones asumidas, por impago de las comisiones, por falta de actividad manifiesta del REPRESENTANTE o por pérdida de confianza entre las partes.

La resolución deberá notificarse fehacientemente con un plazo mínimo de treinta (30) días.

Undécima. Ley aplicable y jurisdicción

El presente contrato se regirá por la legislación española.

Las partes se someten a los Tribunales de [Ciudad], renunciando a cualquier otro fuero.

Y en prueba de conformidad, firman el presente contrato en el lugar y fecha indicados, por duplicado ejemplar y a un solo efecto.

Fdo.: ______________________________	Fdo.: ______________________________
EL REPRESENTANTE	EL ARTISTA

F043. CONSENTIMIENTO INFORMADO DE FIGURANTE (EXTRA) PARA PRODUCCIÓN AUDIOVISUAL

En [Ciudad], a [Fecha].

D./Dª [Nombre y apellidos del figurante], mayor de edad, con domicilio en [Dirección], provisto de DNI nº [__________], en adelante EL FIGURANTE,

MANIFIESTA haber sido informado y consiente en participar como figurante en la producción audiovisual titulada [Título], producida por [Nombre de la productora], con domicilio en [Dirección], y provista de CIF nº [__________].

Primera. Objeto de la participación

EL FIGURANTE participará en el rodaje de determinadas escenas de la producción audiovisual, conforme a las instrucciones del equipo de dirección.

Su participación tendrá carácter accesorio y no supondrá la adquisición de derechos laborales salvo lo expresamente pactado.

Segunda. Cesión de derechos de imagen y voz

EL FIGURANTE autoriza a la productora a captar, reproducir y difundir su imagen y voz en el marco de la obra audiovisual.

La cesión se concede con carácter gratuito/oneroso (según se acuerde), para todo el mundo y durante el plazo máximo de protección legal, en todas las modalidades de explotación presentes y futuras.

Tercera. Retribución

En caso de que la participación del FIGURANTE sea remunerada, percibirá la cantidad de [___ €] brutos por jornada de rodaje.

La retribución será abonada mediante transferencia bancaria, previa firma del correspondiente recibo de liquidación.

Cuarta. Condiciones de participación

EL FIGURANTE se compromete a respetar las normas de seguridad, confidencialidad y disciplina establecidas durante el rodaje.

No podrá abandonar el rodaje sin autorización del equipo de producción.

Quinta. Confidencialidad

EL FIGURANTE se compromete a no divulgar información relativa al guion, escenas, diálogos o cualquier aspecto creativo o técnico de la producción.

Esta obligación se mantendrá durante el rodaje y hasta cinco (5) años después de la finalización del mismo.

Sexta. Protección de datos

Los datos personales del FIGURANTE serán tratados conforme al RGPD y la LOPDGDD, con la finalidad de gestionar su participación en la obra.

El responsable del tratamiento será [Nombre de la productora], pudiendo ejercitar los derechos de acceso, rectificación, supresión, oposición y demás reconocidos en la normativa.

Séptima. Seguridad y responsabilidad

La productora garantizará las condiciones adecuadas de seguridad durante el rodaje.

EL FIGURANTE exonera a la productora de responsabilidad por los riesgos inherentes a la actividad, salvo dolo o negligencia grave.

En prueba de conformidad, firman el presente documento:

Fdo.: ______________________________ (El Figurante)

Fdo.: ______________________________ (Representante de la productora)

F044. CONTRATO DE SERVICIOS DE ANIMACIÓN/MOTION GRAPHICS

En [Ciudad], a [Fecha].

COMPARECEN

De una parte, la entidad [Nombre de la productora], con domicilio en [Dirección], provista de CIF nº [__________], debidamente representada por D./Dª [Nombre y Apellidos], en calidad de [Cargo], en adelante EL PRODUCTOR.

Y de otra parte, la entidad [Nombre del estudio/animador]/D./Dª [Nombre del profesional], con domicilio en [Dirección], provista de CIF/NIF nº [__________], en adelante EL ANIMADOR.

Ambas partes se reconocen mutuamente capacidad legal suficiente para contratar y obligarse, y a tal efecto EXPONEN y ACUERDAN suscribir el presente contrato de servicios de animación con arreglo a las siguientes:

EXPOSICIONES

I. Que EL PRODUCTOR está desarrollando la producción audiovisual titulada [Título de la obra] y requiere la creación de piezas animadas o gráficos en movimiento.

II. Que EL ANIMADOR es profesional especializado en animación/motion graphics y dispone de los medios técnicos y humanos necesarios para la prestación del servicio.

III. Que ambas partes desean regular las condiciones de prestación de dichos servicios mediante el presente contrato.

Primera. Objeto del contrato

EL ANIMADOR se obliga a realizar, por encargo de EL PRODUCTOR, las piezas de animación/motion graphics especificadas en el Anexo I.

Los trabajos podrán incluir modelado, rigging, texturizado, animación 2D/3D, integración con imagen real, títulos, gráficos informativos y cualquier otro elemento requerido.

Las piezas deberán adecuarse al guion y a las instrucciones artísticas de EL PRODUCTOR.

Segunda. Entregables y plazos

EL ANIMADOR entregará a EL PRODUCTOR los materiales en los plazos establecidos en el calendario de producción (Anexo II).

Las entregas se realizarán en formatos digitales de alta calidad, editables y compatibles con las especificaciones técnicas de la producción.

El incumplimiento reiterado de los plazos será causa de resolución anticipada del contrato.

Tercera. Retribución

EL PRODUCTOR abonará a EL ANIMADOR la suma de [___ €], más impuestos aplicables, en concepto de remuneración por los servicios de animación.

El pago se realizará en [nº] plazos, vinculados a la entrega de materiales parciales y finales.

Los gastos adicionales no previstos deberán ser autorizados previamente por EL PRODUCTOR.

Cuarta. Cesión de derechos

EL ANIMADOR cede a EL PRODUCTOR, con carácter exclusivo y para todo el mundo, todos los derechos de explotación sobre las piezas de animación realizadas.

La cesión comprenderá los derechos de reproducción, distribución, comunicación pública y transformación, en todas las modalidades actuales y futuras.

La cesión se entiende incluida en la retribución pactada, sin que EL ANIMADOR pueda reclamar remuneraciones adicionales.

Quinta. Garantías del animador

EL ANIMADOR garantiza que los materiales entregados son originales y que no infringen derechos de terceros.

En caso de utilizar recursos de terceros (música, librerías, modelos), será responsable de contar con las licencias necesarias.

Sexta. Confidencialidad

EL ANIMADOR se compromete a guardar absoluta confidencialidad sobre el guion, storyboard, materiales gráficos y cualquier otra información del proyecto.

Esta obligación subsistirá durante la vigencia del contrato y cinco (5) años después de su finalización.

Séptima. Protección de datos

Las partes se obligan a cumplir con lo dispuesto en el RGPD y la LOPDGDD respecto de los datos personales tratados.

Los datos se utilizarán exclusivamente para la gestión contractual.

Octava. Seguros y responsabilidad

EL ANIMADOR será responsable de los daños ocasionados por incumplimiento de sus obligaciones contractuales.

En caso de requerirse, deberá disponer de un seguro de responsabilidad civil profesional.

Novena. Fuerza mayor

Ninguna de las partes será responsable por incumplimientos derivados de fuerza mayor.

Si la causa de fuerza mayor se prolonga más de tres (3) meses, cualquiera de las partes podrá resolver el contrato sin penalización.

Décima. Resolución anticipada

El contrato podrá resolverse por incumplimiento grave de las obligaciones, por impago o por defectos reiterados en la prestación del servicio.

La resolución requerirá notificación fehaciente con quince (15) días de antelación.

Undécima. Ley aplicable y jurisdicción

El contrato se regirá por la legislación española.

Las partes se someten a los Tribunales de [Ciudad].

Y en prueba de conformidad, firman el presente contrato en el lugar y fecha indicados, por duplicado ejemplar y a un solo efecto.

Fdo.: ______________________________ Fdo.: ______________________________

EL PRODUCTOR EL ANIMADOR

F045. CONTRATO DE PRESTACIÓN DE SERVICIOS DE ANIMACIÓN EN PRODUCCIÓN AUDIOVISUAL

En [*], a [*] de [*] de

DE UNA PARTE, D. [*], mayor de edad, de nacionalidad española, con DNI [*]en nombre y representación de [*], con domicilio social en [*] y con NIF [*], en su calidad de administrador único (en adelante, "[*]" o el "***CLIENTE***").

Y, DE OTRA PARTE, D. [*], mayor de edad, de nacionalidad española, con DNI [*]en nombre y representación de [*], con domicilio social en [*] y con NIF [*], en su calidad de administrador único (en adelante, "***[*]***").

En lo sucesivo, [*] y [*] se denominarán conjuntamente como las "***Partes***" y cada una de ellas, por separado, la "***Parte***".

Ambas Partes comparecientes se reconocen la capacidad legal necesaria para suscribir este contrato y, a tal efecto,

EXPONEN

I.- Que [*] es una sociedad española cuyo objeto social es la producción de contenidos audiovisuales, en especial los referidos a animación que, en la actualidad, está realizando la producción de la serie de animación "[*]" (en adelante, la "***Serie***").

II.- Que [*] es una sociedad cuyo objeto es, entre otros, la prestación de servicios de producción y postproducción audiovisual, localización y doblaje, y actividades relacionadas con recursos humanos (gestión de personal y búsqueda de perfiles profesionales en el sector de la animación) y actividades de consultoría informática, servicios de IT y desarrollo y/o arrendamiento de *software*.

III.- Que, en el ámbito del desarrollo de su expresada actividad empresarial, y, en concreto, el desarrollo completo de la Serie, [*] precisa contar con la colaboración de [*] para completar parte de su proceso productivo de contenidos audiovisuales, en la prestación de servicios de producción, por lo que necesita una mercantil que desarrolle tareas de localización e identificación de proveedores y, por otra parte, que desarrolle servicios complementarios a la producción y de post-producción, así como una variedad de servicios de recursos humanos y servicios informáticos.

IV.- Que, estando interesadas en colaborar, ambas Partes han convenido en suscribir el presente acuerdo de prestación de servicios (en adelante, el ***"Contrato"***), el cual se regirá de conformidad con las siguientes,

ESTIPULACIONES

PRIMERA.– OBJETO.

1.1. El presente Contrato tiene por objeto establecer los términos y condiciones conforme a las cuales [*] prestará los servicios singularizados en la cláusula segunda siguiente al Cliente (en adelante los "***Servicios***").

1.2. La naturaleza y extensión de los servicios que se prestarán al Cliente serán determinadas conforme se señala en las cláusulas siguientes, sin perjuicio de lo cual los servicios se prestarán por parte de [*] de manera remota y en la distancia.

SEGUNDO.– SERVICIOS.

2.1. En virtud del presente Contrato, [*] se obliga a prestar los siguientes Servicios:

- Identificación y localización de los perfiles profesionales en todo el mundo, que el Cliente requiera, como proveedores de servicios complementarios de producción audiovisual. (en adelante, "***Outsourcing***").
- Servicios de post-producción de sonido y doblaje para las obras audiovisuales del Cliente. (en adelante, "***Localización***").
- Gestión laboral y búsqueda de los recursos humanos de la empresa específicos para acometer concretas producciones del Cliente (en adelante, "***Recursos Humanos***").
- Servicios informáticos y soporte para producciones concretas del Cliente (en adelante, "***IT***").

[*] prestará los servicios señalados, en todo momento, velando por los intereses del Cliente.

2.2. Para la prestación de los servicios detallados precedentemente, [*] dispone de una estructura y recursos suficientes para el correcto desempeño de dichos Servicios. Todo ello no es óbice para que [*] pueda subcontratar alguno de los servicios que vaya a prestar al Cliente y adquirir ciertos materiales a terceros, siempre y cuando [*] sea, en todo momento, responsable de la gestión, coordinación y supervisión de dichos Servicios subcontratados y materiales adquiridos.

TERCERO.– DURACIÓN.

El presente Contrato entrará en vigor el día de su firma, manteniéndose vigente por un plazo de un (1) año.

Este Contrato se considerará automáticamente renovado por periodos iguales y sucesivos de un (1) año cada uno, en caso de que ninguna de las Partes notifique a la otra Parte su intención de no renovarlo dando un aviso de, al menos, treinta (30) días naturales de antelación a la fecha de vencimiento inicial o de cualquiera de sus prórrogas.

Asimismo, cualquiera de las Partes podrá resolver el presente Contrato mediante comunicación escrita y fehaciente enviada a la otra Parte con una antelación de, al menos, treinta (30) días naturales a la fecha en que quisiese ponerle término.

CUARTA.– PRECIO DE LOS SERVICIOS Y FORMA DE PAGO.

Por la prestación de los Servicios pactados, el Cliente pagará a [*] una cantidad **mensual** calculada y desglosada en la factura de la siguiente manera:

(i) para los servicios de Recursos Humanos y de IT, unas cantidades que dependerán del número de trabajadores sobre los cuales se presten los servicios. En aras de fijar esta contraprestación, las Partes acordarán el precio correspondiente a cada mensualidad, que dependerá de los trabajadores y/o profesionales sobre los que se preste el servicio, y dicha cuantía será revisable entre las Partes durante el mes de enero de cada año natural. Las cuantías correspondientes a los servicios de Recursos Humanos y de IT se desglosarán separadamente en la factura de cada mes.

(ii) para los servicios de Localización y de Outsourcing, las cantidades dependerán de los servicios efectivamente prestados en el mes correspondiente.

A estas cantidades se les aplicarán los impuestos y retenciones fiscales vigentes en cada momento.

Los pagos de las cantidades anteriores se harán efectivos en la cuenta corriente titularidad de [*], a más tardar, dentro de los 30 días naturales siguientes contados desde la fecha de la factura.

QUINTO.- INDEPENDENCIA DE LAS PARTES.

Ambas Partes son independientes, con patrimonio propio e independiente, organización, dirección y control de sus respectivas actividades, asumiendo cada una de ellas sus propios riesgos empresariales, de modo que la suscripción del presente Contrato constituye en una mera prestación de servicios de una a favor de la otra, de tal modo y manera que el mismo no constituye la creación de relación alguna laboral, de sociedad, agencia, ni comporta dependencia jurídica entre los firmantes.

Se deja expresa constancia de que el personal que la prestadora de los servicios destine a la ejecución de los servicios solicitados no se encuentra, en ningún caso, sujeto a subordinación o dependencia de la parte requirente de los servicios.

En consecuencia, el Cliente no tendrá vínculo laboral de ninguna especie con el personal que [*] emplee en la prestación de los servicios materia del presente Contrato y sus anexos, por lo tanto, no será responsable del pago de remuneraciones, cotizaciones previsionales, retenciones de impuestos, descuentos legales de cualquier clase, accidentes del trabajo o enfermedades profesionales, o por cualquier otro concepto que se derive de la relación laboral que exista entre [*] y sus dependientes destinados a prestar el servicio.

SEXTA.- NOTIFICACIONES.

Cualquier notificación o comunicación que deba efectuarse entre las Partes, se realizará en el domicilio señalado por cada una de ellas en el encabezamiento de este Contrato. Cualquier modificación de dicho domicilio deberá ser notificado a la otra parte, surtiendo plena validez las comunicaciones y notificaciones enviadas a domicilio conocido por la otra parte, aunque no sea el vigente.

Toda notificación o comunicación efectuada por las Partes debe efectuarse por escrito, y ser entregada con acuse de recibo a la otra Parte, a través de notario, correo certificado, correo electrónico o por cualquier otro medio, siempre que en todo momento exista prueba de recibo por parte de los destinatarios.

SÉPTIMA.- CONFIDENCIALIDAD.

Ninguna de las partes, ni sus empleados o dependientes, podrán, durante la ejecución de este contrato o después de su vencimiento, revelar a terceros o hacer uso de cualesquiera datos o informaciones de las operaciones comerciales de la otra Parte o sus clientes que hubiese obtenido como consecuencia de la ejecución de este contrato, estén o no relacionados con dicha ejecución y que sean de naturaleza confidencial o que la parte reveladora considere como confidenciales. La parte incumplidora será responsable frente a la parte cumplidora de cualesquiera daños que resulten del incumplimiento de las disposiciones de esta cláusula.

El término Información Confidencial no incluirá ninguna información, identificada de la forma que fuera, que:

a) esté, o con posterioridad llegue a estar, públicamente disponible sin que la Parte Receptora haya dejado de cumplir una obligación debida a la Parte Reveladora;

b) haya llegado a conocimiento de la Parte Receptora con anterioridad a la revelación por la Parte Reveladora bajo los términos de este Contrato;

c) haya llegado a conocimiento de la Parte Receptora a través de una fuente distinta de la Parte Reveladora y por medios que no signifiquen incumplimiento de la obligación de confidencialidad debida a dicha parte;

d) fue desarrollada independientemente por la Parte Receptora;

Las obligaciones de esta cláusula sobrevivirán a la terminación del presente Acuerdo por cualquier motivo.

OCTAVA.– DERECHOS DE PROPIEDAD.

8.1. A excepción de los derechos que expresamente sean concedidos por el presente instrumento para la consecución de los objetivos del contrato, no se proporciona a las partes ninguna licencia o derecho sobre alguna patente de invención, solicitudes de patentes de invención, secretos empresariales u otros derechos de propiedad intelectual, industrial o de *know-how* cuya titularidad corresponda a la otra. En particular, no se otorgan derechos de ninguna patente u otros derechos de propiedad intelectual o industrial para utilizar los materiales, para modificarlos o crear nuevos productos que los contengan o incorporen. Las partes se comprometen a realizar todas las acciones que sean necesarias con el objeto de salvaguardar los derechos de propiedad intelectual sobre eventuales productos derivados de la ejecución de este contrato. Las partes seguirán siendo dueñas de los derechos de Propiedad Intelectual e Industrial, de Autor, Conexos y demás relacionados a los servicios, procedimientos o procesos, metodologías, *know-how* y otros utilizados para consecución de los objetivos contemplados en el presente convenio, los que no se entienden ni considerarán transferidas.

8.2. No obstante lo anterior, cualquier derecho de propiedad sobre las licitaciones y/o los contratos realizados o presupuestados en el curso de la prestación de servicios regida por el presente contrato, será de propiedad exclusiva de la parte requirente de la prestación de servicios.

NOVENA.– CESIÓN.

Ninguna de las partes podrá ceder todo o parte de los derechos u obligaciones surgidas del presente contrato sin contar con el consentimiento expreso de la otra.

DÉCIMA.– MISCELÁNEA.

10.1. Este Contrato contiene todo el "acuerdo marco" establecido entre las partes de este y reemplaza todos los demás entendimientos y negociaciones, ya sean verbales o escritos, establecidos con respecto a la materia y operaciones que contempla este instrumento.

10.2. Ninguna modificación, variación, renuncia o enmienda de ningún término o condición de este Contrato o sus respectivos Anexos será efectiva a menos que y en tanto no conste en un documento escrito firmado por las partes.

10.3. Las obligaciones que contraen las partes en virtud de este Contrato y sus Anexos no se interpretarán restrictivamente, debiendo estas realizar todas aquellas gestiones que estimen necesarias para el debido cumplimiento del presente Contrato y de sus respectivos Anexos, de acuerdo con las mejores prácticas de su especialidad.

10.4. En el caso de que alguna de las Estipulaciones del presente Acuerdo fuese declarada nula y sin efecto, en todo o en parte, dicha nulidad no afectará a la validez del resto del Acuerdo o de las demás disposiciones de este en base a la intención de las Partes, permaneciendo dichas disposiciones en vigor sin que queden afectadas por dicha declaración de nulidad.

La Estipulación declarada nula o anulable será, de común acuerdo entre las Partes, sustituida por una nueva que la supla, o interpretada de un modo legalmente aceptable, que sea de un tenor lo más aproximado posible a la Estipulación que las Partes habrían formalizado de haber tenido conocimiento de la ineficacia de la Estipulación en cuestión.

10.5. Todos los Anexos que pudieran acompañarse formarán parte integrante del presente Acuerdo, al que complementarán y desarrollarán. No obstante lo anterior, lo dispuesto en el texto del presente Acuerdo prevalecerá, en cuanto existiera contradicción, sobre lo establecido en los Anexos que se pudieran acompañar al mismo.

10.6. Los encabezamientos de las distintas Estipulaciones son meramente informativos y no afectarán, calificarán o ampliarán la interpretación del presente Acuerdo.

10.7. Ninguna de las Partes será responsable por el incumplimiento o demora en el cumplimiento de sus obligaciones, causado por caso fortuito o fuerza mayor.

10.8. Los derechos y obligaciones de las partes de este Contrato se regirán por las leyes españolas, y los términos de este Contrato se interpretarán de acuerdo con las mismas.

10.9. El no ejercicio o ejecución por parte de cualquiera de las Partes de cualquier derecho o disposición contenido en el presente Acuerdo no constituirá una renuncia al mismo, salvo reconocimiento y acuerdo por escrito por su parte.

DÉCIMO PRIMERA.– DOMICILIO Y JURISDICCIÓN.

Las Partes acuerdan someterse a la jurisdicción de los tribunales de ....

El presente contrato se extiende en dos ejemplares de igual tenor y fecha, quedando uno en poder de cada Parte

______________________	______________________
[XXX]	[XXX]

F046. CONTRATO DE SERVICIOS DE POSTPRODUCCIÓN AUDIOVISUAL.

En [Ciudad], a [Fecha].

COMPARECEN

De una parte, la entidad [Nombre de la productora], con domicilio en [Dirección], provista de CIF nº [__________], debidamente representada por D./Dª [Nombre y Apellidos], en calidad de [Cargo], en adelante EL PRODUCTOR.

Y de otra parte, la entidad [Nombre de la empresa de postproducción]/D./Dª [Nombre del profesional], con domicilio en [Dirección], provista de CIF/NIF nº [__________], en adelante EL PRESTADOR.

Ambas partes se reconocen mutuamente capacidad legal suficiente para contratar y obligarse, y a tal efecto EXPONEN y ACUERDAN suscribir el presente contrato con arreglo a las siguientes:

EXPOSICIONES

I. Que EL PRODUCTOR se encuentra desarrollando la producción audiovisual titulada [Título de la obra] y requiere servicios de postproducción especializados.

II. Que EL PRESTADOR es una empresa/profesional con experiencia en la prestación de servicios de edición, montaje, corrección de color, efectos visuales, sonido y demás tareas de postproducción.

III. Que ambas partes desean regular las condiciones de prestación de dichos servicios mediante el presente contrato.

Primera. Objeto del contrato

EL PRESTADOR se obliga a realizar, por encargo de EL PRODUCTOR, los servicios de postproducción especificados en el Anexo I.

Dichos servicios podrán comprender, entre otros: edición y montaje de imagen, corrección de color, efectos visuales (VFX), mezcla de sonido, doblaje, subtitulado y entrega de másteres.

La prestación se realizará conforme a las especificaciones técnicas y creativas establecidas por EL PRODUCTOR.

Segunda. Entregables y plazos

EL PRESTADOR entregará a EL PRODUCTOR los materiales de postproducción en los plazos previstos en el calendario de trabajo (Anexo II).

La entrega deberá realizarse en formatos digitales compatibles con las especificaciones técnicas de la producción.

El retraso injustificado en las entregas será considerado incumplimiento grave del contrato.

Tercera. Retribución

EL PRODUCTOR abonará a EL PRESTADOR la suma de [___ €], más impuestos aplicables, en concepto de remuneración por los servicios prestados.

El pago se realizará en [nº] plazos, vinculados a la entrega de hitos parciales y del material final.

Los gastos de desplazamiento, dietas y otros no incluidos en el Anexo III serán por cuenta de EL PRODUCTOR, previa justificación documental.

Cuarta. Cesión de derechos

EL PRESTADOR cede a EL PRODUCTOR, en exclusiva, todos los derechos de explotación sobre los materiales resultantes de la postproducción.

La cesión se otorga para todos los territorios del mundo y por el plazo máximo de protección legal.

EL PRESTADOR renuncia a cualquier reclamación posterior sobre dichos derechos, salvo lo pactado expresamente en este contrato.

Quinta. Garantías del prestador

EL PRESTADOR garantiza que los materiales entregados son originales y que, en su caso, dispone de las licencias necesarias para utilizar software, librerías o recursos empleados en la postproducción.

Se obliga a mantener indemne a EL PRODUCTOR frente a reclamaciones de terceros por infracción de derechos de autor o propiedad industrial.

Sexta. Confidencialidad

EL PRESTADOR se compromete a mantener confidencialidad sobre el contenido de la obra audiovisual y sobre cualquier información técnica, artística o comercial a la que acceda.

Esta obligación se mantendrá vigente durante la vigencia del contrato y hasta cinco (5) años después de su terminación.

Séptima. Protección de datos

Las partes cumplirán lo dispuesto en el RGPD y la LOPDGDD respecto al tratamiento de datos personales.

EL PRESTADOR tratará los datos únicamente siguiendo las instrucciones de EL PRODUCTOR y no podrá destinarlos a fines propios.

Octava. Seguros y responsabilidad

EL PRESTADOR deberá contar con un seguro de responsabilidad civil que cubra posibles daños derivados de la prestación de los servicios.

Será responsable de los daños ocasionados por negligencia o incumplimiento de las obligaciones asumidas.

Novena. Fuerza mayor

Ninguna de las partes será responsable por incumplimientos debidos a causas de fuerza mayor.

Si la situación de fuerza mayor se prolonga más de tres (3) meses, cualquiera de las partes podrá resolver el contrato sin penalización.

Décima. Resolución anticipada

El contrato podrá resolverse por incumplimiento grave de las obligaciones asumidas, por impago o por defectos reiterados en la prestación de servicios.

La resolución se notificará fehacientemente con un plazo mínimo de quince (15) días.

Undécima. Ley aplicable y jurisdicción

El contrato se regirá por la legislación española.

Las partes se someten a los Tribunales de [Ciudad], renunciando a cualquier otro fuero.

Y en prueba de conformidad, firman el presente contrato en el lugar y fecha indicados, por duplicado ejemplar y a un solo efecto.

Fdo.: ____________________	Fdo.: ____________________
EL PRODUCTOR	EL PRESTADOR

F047. CONTRATO DE SINCRONIZACIÓN MUSICAL PARA OBRA AUDIOVISUAL

En [Ciudad], a [Fecha].

COMPARECEN

De una parte, D./Dª [Nombre y Apellidos], mayor de edad, con domicilio en [Dirección], provisto de DNI nº [__________], en calidad de autor, compositor o titular de derechos sobre la obra musical denominada [Título de la obra musical], en adelante EL TITULAR.

Y de otra parte, la entidad [Nombre de la productora audiovisual], con domicilio en [Dirección], provista de CIF nº [__________], debidamente representada por D./Dª [Nombre y Apellidos], en calidad de [Cargo], en adelante EL PRODUCTOR.

Ambas partes se reconocen mutuamente la capacidad legal suficiente para contratar y obligarse, y a tal efecto EXPONEN y ACUERDAN suscribir el presente contrato de sincronización musical con arreglo a las siguientes:

EXPOSICIONES

I. Que EL TITULAR es autor o titular legítimo de todos los derechos de explotación sobre la obra musical denominada [Título de la obra musical].

II. Que EL PRODUCTOR se encuentra desarrollando la producción audiovisual titulada [Título de la obra audiovisual] y desea utilizar dicha obra musical en la misma.

III. Que ambas partes desean regular las condiciones bajo las cuales se autoriza la sincronización de la obra musical en la producción audiovisual.

Primera. Objeto del contrato

Por medio del presente contrato, EL TITULAR autoriza a EL PRODUCTOR a utilizar la obra musical denominada [Título musical] en la producción audiovisual titulada [Título audiovisual].

La autorización comprende el derecho de sincronización de la música con las imágenes de la obra audiovisual, así como su fijación, reproducción, distribución, comunicación pública y transformación, en los términos previstos en la Ley de Propiedad Intelectual.

La presente autorización no implica cesión de la titularidad de los derechos, sino únicamente la concesión de una licencia de uso en los términos estipulados.

Segunda. Duración y territorio

La licencia de sincronización se concede por el plazo de [X años], prorrogable tácitamente salvo denuncia expresa con una antelación mínima de seis (6) meses.

El ámbito territorial será [detallar países o todo el mundo], comprendiendo todas las modalidades de explotación actuales y futuras.

La utilización fuera del plazo o del territorio autorizados será considerada infracción contractual.

Tercera. Exclusividad

La licencia se concede con carácter [exclusivo/no exclusivo], según se acuerde expresamente en el Anexo I.

En caso de exclusividad, EL TITULAR se obliga a no autorizar a terceros el uso de la obra musical en producciones audiovisuales similares durante la vigencia del contrato.

Cuarta. Retribución

EL PRODUCTOR abonará a EL TITULAR la suma de [___ €], más impuestos aplicables, en concepto de remuneración por la licencia de sincronización.

El pago se realizará en un único plazo dentro de los treinta (30) días siguientes a la firma del contrato, mediante transferencia bancaria.

Cualquier retraso en el pago devengará intereses conforme al artículo 1108 del Código Civil.

Quinta. Garantías del titular

EL TITULAR garantiza que es titular legítimo de los derechos de explotación sobre la obra musical y que la misma es original y no infringe derechos de terceros.

Se obliga a mantener indemne a EL PRODUCTOR frente a reclamaciones de terceros por supuestas infracciones de derechos derivados de la utilización de la obra.

Sexta. Créditos

EL PRODUCTOR se obliga a mencionar el nombre del autor o intérprete de la obra musical en los créditos de la producción audiovisual, en la forma habitual en la industria.

El incumplimiento de esta obligación facultará a EL TITULAR a reclamar indemnización por daños y perjuicios.

Séptima. Confidencialidad

Ambas partes se obligan a mantener confidencialidad sobre los términos económicos y contractuales del presente acuerdo.

Esta obligación se mantendrá vigente durante la duración del contrato y cinco (5) años después de su finalización.

Octava. Protección de datos

Las partes cumplirán lo dispuesto en el Reglamento (UE) 2016/679 y la Ley Orgánica 3/2018.

Los datos personales recabados en virtud del presente contrato serán tratados únicamente para su ejecución y gestión administrativa.

Novena. Fuerza mayor

Ninguna de las partes será responsable por incumplimientos derivados de fuerza mayor.

En caso de prolongarse la causa más de seis (6) meses, cualquiera de las partes podrá resolver el contrato.

Décima. Resolución anticipada

El contrato podrá resolverse por incumplimiento grave de las obligaciones asumidas, por impago o por utilización de la obra musical fuera de los términos autorizados.

La resolución requerirá notificación fehaciente con quince (15) días de antelación.

Undécima. Ley aplicable y jurisdicción

El presente contrato se regirá por la legislación española.

Las partes se someten a los Tribunales de [Ciudad], renunciando a cualquier otro fuero que pudiera corresponderles.

Y en prueba de conformidad, firman el presente contrato en el lugar y fecha indicados, por duplicado ejemplar y a un solo efecto.

Fdo.: ______________________	Fdo.: ______________________
EL TITULAR	EL PRODUCTOR

F048. AUTORIZACIÓN DE MENORES PARA PARTICIPACIÓN EN RODAJE AUDIOVISUAL

En [Ciudad], a [Fecha].

D./Dª [Nombre y apellidos del padre/madre/tutor], mayor de edad, con domicilio en [Dirección], provisto de DNI nº [__________], en calidad de padre/madre/tutor legal de [Nombre del menor], nacido/a el [Fecha de nacimiento], con DNI/NIE nº [__________], en adelante EL MENOR,

AUTORIZO expresamente la participación del citado menor en el rodaje de la obra audiovisual titulada [Título], producida por [Nombre de la productora], con domicilio en [Dirección], y provista de CIF nº [__________].

Primera. Objeto de la autorización

Mediante el presente documento, el padre/madre/tutor legal autoriza la participación del MENOR en las actividades de rodaje, grabación y promoción relacionadas con la producción audiovisual.

La participación incluirá la aparición de la imagen y, en su caso, la voz del MENOR en la obra y en todos los soportes derivados de la misma.

Segunda. Cesión de derechos de imagen

Se autoriza a la productora a captar, reproducir y difundir la imagen y voz del MENOR en el marco de la obra audiovisual.

La cesión se otorga con carácter gratuito, para todo el mundo y por el plazo máximo de protección legal, en todas las modalidades de explotación presentes y futuras.

Tercera. Condiciones de participación

La participación del MENOR no podrá interferir en su desarrollo escolar, formativo ni en sus derechos fundamentales.

La productora se compromete a cumplir con lo dispuesto en la normativa vigente relativa a la participación de menores en espectáculos públicos y rodajes audiovisuales.

Cuarta. Responsabilidad y seguridad

La productora adoptará todas las medidas necesarias para garantizar la seguridad e integridad física del MENOR durante el rodaje.

El tutor legal exonera a la productora de responsabilidad por los riesgos inherentes a la actividad artística, salvo en casos de dolo o negligencia grave.

Quinta. Confidencialidad

El tutor legal y el MENOR se comprometen a no divulgar información confidencial relativa a la producción audiovisual a la que tengan acceso.

Esta obligación se mantendrá durante el rodaje y hasta cinco (5) años después de su finalización.

Sexta. Protección de datos

Los datos personales recogidos serán tratados conforme al RGPD y la LOPDGDD, con la finalidad de gestionar la participación del MENOR en la obra.

El responsable del tratamiento será [Nombre de la productora]. El tutor legal podrá ejercitar los derechos de acceso, rectificación, supresión, oposición y demás reconocidos en la normativa.

En prueba de conformidad, firman el presente documento:

Fdo.: ______________________________ (Padre/Madre/Tutor legal)

Fdo.: ______________________________ (Representante de la productora)

F049. AUTORIZACIÓN DE USO DE IMAGEN DE DETERMINADA OBRA AUDIOVISUAL

AUTORIZACIÓN A "(NOMBRE DE EMPRESA**)." (EL PRODUCTOR) PARA GRABAR IMÁGENES DE LA OBRA AUDIOVISUAL TITULADA PROVISIONALMENTE "(**TITULO DE LA PRODUCCION**)"**

D.____________________________________ mayor de edad, con domicilio en ________________, calle __________________________ y con **DNI** ____________________________ (el Colaborador)

En relación con la obra audiovisual titulada provisionalmente "**(**TITULO DE LA PRODUCCION**)**", que ustedes están realizando y en la que colaboro mediante mi imagen y/o testimonio, por la presente otorgo mi consentimiento y aceptación para que procedan a la grabación de las secuencias, imágenes, fotografías y/o entrevistas en las que participo ("los Materiales"), para incorporarlas a la obra expresada y proceder a realizar todos los actos de reproducción, comunicación pública, transformación y distribución en cualquier soporte o formato que tengan por conveniente de la obra resultante, durante el máximo tiempo de protección establecido por la vigente Ley de Propiedad Intelectual y para su explotación en todo el mundo.

A título meramente enunciativo y no limitativo, se incluyen entre los derechos descritos el subtitulado y/o doblaje a cualquier idioma, cualquier tipo de comunicación pública a través de la televisión, transmisión mediante receptores de uso privado o público incluidos expresamente el satélite y cable en cualquiera de sus procedimientos analógicos o digitales de transmisión, televisión de pago, video a la carta, la explotación videográfica en cualquier soporte, la explotación por sistemas "On Line" que permitan la recepción y exhibición en monitores de ordenador, de televisión o pantallas portátiles y de telefonía móvil, entre otros, incluyendo a título enunciativo, la transmisión en la red informática mundial integrada a través del uso del protocolo TCP/IP conocida como "Internet", los sistemas digitales de compresión y de XDSL (ADSL y otros), por cable o por ondas, la telefonía móvil digital, incluyendo sistemas UMTS (redes de tercera generación), y la distribución, comunicación pública y explotación comercial en el sentido más amplio de la obra audiovisual en cualquier soporte o formato, procedimiento técnico o sistema de transmisión, entre otros.

Mediante este documento eximo al PRODUCTOR de cualquier responsabilidad que pudiera derivarse para el mismo a consecuencia de la autorización concedida y el ejercicio de los derechos objeto de este documento.

La presente autorización y cesión de derechos en exclusiva se realiza de forma gratuita por lo que declaro que no tengo nada que reclamar, ni ahora ni en el futuro, al PRODUCTOR o a sus cesionarios a consecuencia de dicha cesión.

(NOMBRE DE EMPRESA) le informa de que es responsable de los ficheros de datos de carácter personal en los que se encuentran incluidos los datos de las personas que participan en sus producciones. En concreto, en dichos ficheros serán incluidos sus datos personales aportados y, en su caso, la totalidad de la grabación de su participación en el programa "(TITULO DE LA PRODUCCION)".

La finalidad del fichero es permitir la gestión administrativa y técnica con todos los participantes en la realización de producciones, así como permitir un histórico de las producciones realizadas por (NOMBRE DE EMPRESA). Por tanto, fragmentos o totalidad de la grabación de "(TITULO DE LA PRODUCCION)" será conservada con fines históricos en una videoteca a la finalización del mismo. En el caso de que los datos aportados pertenecieran a un tercero, el Colaborador garantiza que tiene la autorización de los mismos o de sus representantes legales para su comunicación a ( ), en los términos y con los fines expuestos en la presente cláusula.

Asimismo, usted consiente expresamente y por escrito el tratamiento de sus datos de salud, ideología, religión o creencias que, durante su participación en "( )" o a los efectos de la preparación del mismo, usted revele, garantizándole la máxima confidencialidad en el tratamiento de los mismos. Igualmente le advertimos de su derecho a no prestar su consentimiento al tratamiento de los datos sobre su ideología, religión o creencias.

El fichero es responsabilidad de ( ) cuya dirección es Calle ( ), donde podrá dirigirse para ejercitar los derechos de acceso, rectificación, cancelación y oposición mediante escrito en el que se concrete su solicitud y al que acompañe fotocopia de su D.N.I.

En.............., a .... de .... ( )

Firmado:

D./Dª ______________________________

El Colaborador

ADENDA DE DERECHOS

La cesión exclusiva de derechos definida en la presente Autorización comprende todos los derechos de propiedad intelectual, derechos de propiedad industrial y cualesquiera derechos de explotación de cualquier otra naturaleza derivados de los Materiales (incluyendo todas y cada una de sus versiones, así como los retoques, modificaciones y adaptaciones de los Materiales). Esta cesión de derechos se realiza por el plazo máximo legal permitido por la legislación aplicable, para todo el universo, e incluye la facultad para la Empresa de ceder dichos derechos a su vez a terceros, ya sea de forma exclusiva o no exclusiva. Los derechos cedidos conforme a la presente Autorización podrán ser explotados en cualquier formato o soporte y a través de cualquier sistema o método, conjunta o separadamente, y en concreto, comprenden los siguientes derechos y tipos de explotación:

Derechos

1. Fijación. Derecho a grabar los servicios del Colaborador por cualquier procedimiento, ya sea analógico o digital, y/o por cualquier medio de almacenamiento de sonido y/o imagen, en cualquier soporte que permita su posterior reproducción, distribución, comunicación al público y/o puesta a disposición de los Servicios del Colaborador.

2. Reproducción. Fijación directa o indirecta, temporal o permanente, total o parcial, de los Materiales que permita su distribución y comunicación al público, por cualquier medio y en cualquier forma adecuada para incorporar los Materiales y sus copias.

3. Distribución. Entrega de copias originales o reproducciones, totales o parciales, temporales o permanentes, tangibles o intangibles, con o sin contraprestación, de los Materiales en cualquier medio analógico o digital, incluyendo la venta, el alquiler, el préstamo, el depósito, los sistemas de recuperación electrónica, el acceso a bases de datos, independientemente de que dichas bases de datos estén protegidas o no en virtud de la Ley de Propiedad Intelectual ("Ley de Propiedad Intelectual") y cualquier otra forma de transmisión temporal o permanente de la posesión/propiedad de los ejemplares originales de los Materiales, así como de sus reproducciones.

4. Comunicación al público. Facilitar el acceso a los Materiales a una pluralidad de personas sin previa distribución de ejemplares entre cada una de ellas, de forma directa o indirecta, temporal

o permanente, total o parcialmente, mediante contraprestación (precio, suscripción, pago de entrada y acceso condicionado) o de forma gratuita, a través de cualquier medio, soporte y procedimiento, tangible o intangible.

5. Puesta a disposición. Permitir al público el acceso a los Materiales de tal forma que los miembros del público puedan acceder a ellos desde el lugar y en el momento que ellos elijan, a través de medios alámbricos o inalámbricos.

6. Doblaje y subtitulado, entendidos como la realización de las adaptaciones necesarias para traducir los Materiales a cualesquiera idiomas y dialectos, así como la transcripción y doblaje de los mismos a cualesquiera idiomas y dialectos, incluyendo el/los idioma/s maternos del Colaborador.

7. Derechos de propiedad industrial. Por medio del presente, el Colaborador cede en exclusiva a la Empresa todos los derechos de propiedad industrial que pudieran derivarse de los Materiales, incluyendo, sin limitación, la capacidad para registrar (si lo permite la legislación aplicable) o proteger de otro modo marcas, diseños, patentes, modelos de utilidad, secretos comerciales o conocimientos técnicos que incluyan la totalidad o parte de los Materiales. El Colaborador se compromete a colaborar con la Empresa en la medida de lo necesario para que esta obtenga tales derechos.

Medios de explotación

1. Explotación cinematográfica. El derecho a explotar los Materiales en impresiones en serie de 35 mm o de otro ancho, a través de dispositivos de almacenamiento entregados físicamente o en otros formatos tecnológicos (incluyendo, a título enunciativo, mediante todos y cada uno de los Medios de Transmisión (tal y como se definen más adelante)), en las salas de cine que tengan licencia para ello, y que se dediquen principalmente a la actividad de exhibición de películas en las que la exhibición o proyección se produzca ante un público que haya adquirido entradas o, excepcionalmente, acceda gratuitamente a visionar los Materiales.

2. Explotación no cinematográfica. El derecho a explotar los Materiales a través de organizaciones que no se dedican principalmente a la exhibición de películas, tales como, a título meramente enunciativo, plataformas petrolíferas, escuelas, hospitales, hoteles, museos, instalaciones militares, puestos y misiones diplomáticas, aviones comerciales, aeronaves, trenes, autobuses, transbordadores y barcos ("Recintos no Cinematográficos"). La Empresa podrá utilizar todos los formatos o medios tecnológicos (incluyendo, sin limitación, los Dispositivos de Vídeo Doméstico, cualquier Medio de Transmisión y/o Copia Temporal y/o Acceso (cada uno de estos términos tal y como se definen más adelante) para que los Materiales sean distribuidos o exhibidos en los Recintos no Cinematográficos.

3. Explotación de vídeo doméstico (Home Video). El derecho a (a) fabricar y/o autorizar la creación de una Copia y/o Acceso Permanente con respecto a los Materiales codificados, almacenados, copiados o grabados en Dispositivos de Vídeo Doméstico y/o a través de EST (incluyendo, sin limitación, la copia digital y/o como copia gestionada protegida por AACS), tal y como se definen todos estos términos en este Anexo; y/o (b) reproducir, distribuir, poner a disposición, comunicar al público y explotar de cualquier otro modo dichos Dispositivos de Vídeo Doméstico y EST; y (c) ejercer los Derechos Bajo Demanda (tal y como se definen a continuación); con el propósito principal de que los consumidores lleven a cabo un visionado privado y no comercial en Dispositivos de Reproducción (tal y como se definen a continuación). La Explotación de Vídeo Doméstico (Home Video) también incluirá las copias de los Materiales codificadas, almacenadas, copiadas o grabadas en los Dispositivos de Vídeo Doméstico y disponibles para su visionado desde dichos Dispositivos de Vídeo Doméstico en los Dispositivos de Reproducción durante un período limitado, sin perjuicio de que dichos Dispositivos de Vídeo Doméstico no proporcionen una Copia y/o Acceso Permanente.

4. Copia y/o acceso permanente. Cualquier duplicado audiovisual de los Materiales (o de una parte de los mismos), o el acceso a su visionado, para permitir a los consumidores la recuperación y el visionado futuros ilimitados de los Materiales sin ningún intercambio de contraprestación adicional por dicha recuperación y/o visionado futuro ilimitados de los Materiales. A efectos aclaratorios, a un consumidor al que se le conceda una Copia y/o Acceso Permanente con respecto a los Materiales se le podrá conceder un derecho de acceso permanente a un visionado de los Materiales a través de una copia situada en la posesión física del consumidor y/o el acceso a los Materiales desde una ubicación remota.

5. Copia y/o acceso temporal. Cualquier duplicación audiovisual de los Materiales (o de una parte de los mismos), o el acceso a su visionado, con el propósito principal de permitir al consumidor ver los Materiales durante un período de visualización limitado que expira o se agota, tras lo cual el consumidor ya no puede ver los Materiales; siempre y cuando una grabación iniciada por el consumidor de dichos Materiales en o desde un Dispositivo de Reproducción, que el consumidor decida conservar sin ninguna autorización de la Empresa y/o su licenciatario autorizado, no se considerará que invalide la naturaleza temporal de dicha Copia y/o Acceso Temporal.

6. Dispositivos de vídeo doméstico. Todas y cada una de las formas y tipos de medios de almacenamiento electrónicos, mecánicos, magnéticos u ópticos (en todos los formatos y tamaños), incluyendo, sin limitación, videocasetes, videodiscos, DVD, CD-RW, discos láser, CDI, discos Blu-ray, VCD, otros discos ópticos, discos duros, servidores de datos (dondequiera que se encuentren), reproductores de vídeo personales ("PVP"), grabadoras de vídeo personales ("PVR") y grabadoras de vídeo digitales ("DVR"), grabadoras de discos ópticos, lápices de memoria, tarjetas SD, memorias USB, cartuchos y chips semiconductores, o los equivalentes o sucesores de cualquiera de los anteriores, en todos y cada uno de los formatos, incluidos, sin limitación, los formatos estándar y de alta definición y en formatos 3D, en los que se codifiquen, almacenen, copien o graben los Materiales, en todo o en parte.

7. Transmisión electrónica o EST. Cualquier transmisión electrónica de los Materiales (o de cualquier parte de los mismos), y/o cualquier licencia de reproducción requerida para los mismos, a través de todos y cada uno de los Medios de Transmisión, a partir de cuya transmisión el consumidor está autorizado a crear y mantener la Copia y/o el Acceso Permanente con respecto a los Materiales.

8. Dispositivos de reproducción. Todas y cada una de las formas de dispositivos electrónicos, mecánicos, magnéticos u ópticos que: (a) sean operados por los consumidores para su uso personal en sus lugares de residencia o en cualquier otro lugar, incluyendo, sin limitación, reproductores de videocasete, reproductores de disco, decodificadores, receptores de radio y/o televisión, discos duros de ordenador y servidores de datos (dondequiera que se encuentren), consolas de videojuegos, dispositivos RAM (por ejemplo tarjetas "Flash" o "Memory Sticks"), PVRs y equivalentes de PVRs, y/o cualquier dispositivo de este tipo que esté diseñado para ser portátil y destinado al uso personal, como ordenadores portátiles, reproductores portátiles de DVD y/o Blu-ray, asistentes personales digitales ("PDAs"), dispositivos personales de entretenimiento ("PEDs"), PVPs, dispositivos portátiles de visualización personal, dispositivos de telecomunicaciones móviles y otros dispositivos inalámbricos; y (b) den lugar a que los Materiales se muestren para su visualización por parte del consumidor, ya sea directamente en los Dispositivos de Reproducción, o en equipos de visualización asociados, incluyendo, sin limitación, receptores de televisión, monitores de televisión, pantallas de ordenador, PDAs, PEDs, PVPs, terminales inalámbricos y dispositivos multimedia móviles.

9. Explotación bajo demanda. El derecho a explotar los Materiales a través de todos y cada uno de los medios bajo demanda (incluyendo, sin limitación, el streaming y la Copia y/o Acceso Temporal cuando la hora de inicio de la exhibición del programa no esté predeterminada o progra-

mada por el servicio de programación, sino que sea a discreción del espectador; incluyendo, sin limitación: (a) el vídeo bajo demanda gratuito y/o con publicidad, en el que el espectador puede ver los Materiales de forma gratuita ya que el servicio está apoyado por los ingresos publicitarios, el patrocinio u otros medios de apoyo no pagados por el espectador ("FVOD"); (b) el vídeo a la carta por suscripción, en el que el espectador paga una cuota de suscripción para acceder a un servicio en el que puede ver varias obras durante el periodo de suscripción ("SVOD"); y (c) el vídeo a la carta transaccional, en el que se cobra una cuota por programa al espectador que selecciona las obras para verlas en un momento determinado designado por el espectador ("TVOD"). En cada caso a través de todos y cada uno de los Medios de Transmisión (incluyendo, sin limitación, el streaming y la Copia y/o Acceso Temporal) a cualquier tipo de Dispositivo de Reproducción, con el propósito principal de visionado privado por parte de los consumidores.

10. Explotación televisiva. El derecho a explotar la Copia y/o Acceso Temporal con respecto a los Materiales mediante todas y cada una de las formas de televisión preprogramada que se conocen actualmente o que se conciban en el futuro, a través de todos y cada uno de los Medios de Transmisión a cualquier tipo de Dispositivo de Reproducción, con el propósito principal de que los consumidores los vean de forma privada y no comercial. Esto incluye la televisión gratuita, la televisión por suscripción y el PPV, tal y como se define a continuación.

11. Televisión gratuita. La explotación de los Materiales para su programación como parte de un servicio de programación lineal previamente determinado, en el que no se cobra al espectador (salvo las tasas e impuestos gubernamentales del receptor) por la facultad de ver el servicio de programación compilado.

12. Televisión por suscripción. La explotación de los Materiales como parte de un servicio de programación lineal preestablecido, en el que se cobra una cuota básica de suscripción al abonado por la facultad de visionar el servicio de programación compilado.

13. Pago por visión o PPV. La transmisión de la programación elegida por un espectador, en la que: (a) la programación de la exhibición del programa está predeterminada, en su totalidad o en parte, por el servicio de programación; y (b) el espectador está obligado a pagar o se le cobra una tarifa separada por programa, por exhibición (incluyendo "pago por día" y near video on demand), en lugar de que el pago sea sobre una base de suscripción pre-programada.

14. Medios de transmisión. Todos y cada uno de los medios y métodos de entrega de una copia de los Materiales, incluyendo, a título enunciativo, todos los medios y métodos de streaming, descarga, emisión, transmisión, retransmisión, exhibición, distribución y otros medios y métodos de explotación, incluyendo, sin limitación, en forma abierta o encriptada, vía terrestre, alambre, cable, ondas de radio, fibra óptica, satélite, líneas telefónicas, DSL, transmisión inalámbrica por aire, redes privadas virtuales, y/o vía el Protocolo TCP/Internet sobre sistemas y redes de Internet abiertos y cerrados o cualquier otro protocolo de transmisión de datos, IPTV (es decir, la tecnología de compresión y entrega utilizada como parte de la infraestructura de back-end para la entrega de televisión por cable a través de Internet cerrada, y no para la entrega a través de la World Wide Web o Internet abierta). El término "Internet", tal y como se utiliza en el presente documento, se refiere al sistema mundial de redes informáticas interconectadas, de acceso público, que utiliza el conjunto de protocolos estándar de Internet, que incluye, sin limitación, los protocolos TCP/IP y UDP/IP.

15. Explotación interactiva. El derecho a explotar contenidos, programas informáticos, bases de datos, medios digitales y electrónicos en cualquier lenguaje de programación, hologramas, algoritmos, realidad virtual, realidad aumentada y conjuntos de instrucciones que permitan al usuario seleccionar entre los elementos del programa, individualmente o en combinación, que utilicen, representen o incorporen los Materiales, en su totalidad o en parte, y/o cualquiera de los personajes, historias, títulos, nombres, temas, sonidos, situaciones y/o acontecimientos repre-

sentados o representados en los Materiales; el material gráfico, los escenarios, los entornos, los vehículos, las armas, los disfraces, las marcas comerciales, el atrezzo y los objetos que aparecen o se representan en ellos, y que sea o incluya un juego de vídeo interactivo u otro tipo de interacción, incluyendo, sin limitación, el desarrollo de habilidades, el juego de rol, y/o la simulación de fantasía o real, ya sea que se juegue o participe individualmente, o con otra persona, o en una comunidad o red social; por ordenador, por medios en línea, a través de una consola, cartucho o dispositivo periférico de ordenador, a través de la telefonía o de un dispositivo móvil, o de una herramienta, dispositivo o producto de juego patentado actualmente conocidos o desarrollados en el futuro, a través de una Copia y/o Acceso Permanente o a través de cualquier Copia y/o Acceso Temporal o a través de cualquier medio de transmisión, independientemente de la plataforma o el protocolo para el que se haya creado, escrito o diseñado (incluyendo, sin limitación, Nintendo DS, Sony PlayStation 4, Sony PlayStation 5, Nintendo Wii U, Nintendo Switch, Microsoft Xbox One, Microsoft Xbox Series X, ordenadores personales, juegos basados en reproductores set-top a través de un decodificador, juegos basados en reproductores set-top que funcionan junto con un DVD, un disco Blu-ray u otro reproductor de vídeo de set-top, televisión interactiva, banda ancha y cable, formatos de juego en línea, de descarga/carga digital; de Internet y las plataformas equivalentes y/o sucesoras). Los Derechos Interactivos incluirán, a título enunciativo, el derecho a explotar juegos completos, precuelas, secuelas, spin offs, obras derivadas, paquetes de misiones, paquetes de expansión, bienes virtuales, guías de estrategia y libros de pistas (en forma impresa y/o electrónica), sitios de pistas en Internet y líneas telefónicas de pistas diseñadas para proporcionar a los consumidores pistas, consejos y otra información específicamente relacionada con dicho entretenimiento interactivo.

16. Explotación musical. El derecho a grabar, producir, publicar y explotar de otro modo fonogramas y/o cualquier otra grabación sonora basada en/que incluya los Materiales (incluyendo, sin limitación, las interpretaciones de los Colaboradores que aparezcan en los Materiales, las canciones, los temas musicales, las composiciones, las letras, las bandas sonoras, programas de radio, podcasts, radionovelas, audiolibros o adaptaciones de sonido que se incluyan en ellos) en todas y cada una de las formas de explotación, incluyendo cualquier medio de transmisión o dispositivo de vídeo doméstico.

17. Explotación literaria. El derecho a explotar libros, cómics, novelas gráficas, folletos, medios gráficos o cualquier otra publicación impresa o digital basada en y/o que incluya los Materiales (incluyendo cualquiera de los personajes, historias, títulos, nombres, temas, situaciones y/o eventos representados o retratados en los Materiales).

18. Explotación radiofónica. El derecho a desarrollar, producir y explotar cualquier contenido sonoro, derechos musicales, derechos de bandas sonoras y otros derechos de explotación de bandas sonoras, programas de radio, podcasts, radionovelas, lecturas en directo no dramatizadas, grabaciones no narrativas y entre bastidores, audiolibros y adaptaciones sonoras. La Explotación Radiofónica también incluirá el derecho a explotar la Copia y/o Acceso Temporal con respecto a los Materiales mediante todas y cada una de las formas de emisión radiofónica preprogramada u otros medios inalámbricos conocidos o futuros, a través de todos y cada uno de los Medios de Transmisión a cualquier tipo de Dispositivo de Reproducción, incluyendo la producción e introducción de señales a un satélite.

19. Explotación de parques temáticos. El derecho a crear y explotar de otro modo parques temáticos basados en y/o que incluyan los Materiales (incluyendo cualquiera de los personajes, historias, títulos, nombres, temas, sonidos, situaciones y/o eventos representados o retratados en los Materiales y las ilustraciones, escenarios, entornos, vehículos, armas, trajes, marcas comerciales, accesorios y objetos que aparezcan o se representen en ellos).

20. Explotación en redes sociales. El derecho a explotar pegatinas, GIF y cualquier otro contenido audiovisual que utilice, represente o plasme los Materiales en plataformas de redes sociales, incluyendo, entre otras, WhatsApp, Snapchat, Facebook, Instagram, TikTok y Twitter.

21. Merchandising. El derecho a explotar cualquier producto y servicio basado en los Materiales (incluyendo cualquiera de los personajes, historias, títulos, nombres, temas, sonidos, situaciones y/o eventos representados o representados en los Materiales, y las ilustraciones, escenarios, entornos, vehículos, armas, trajes, marcas comerciales, accesorios y objetos que aparezcan o se representen en ellos), como juguetes, ropa, recuerdos, accesorios, figuras, juegos, maquetas, comida y bebida.

22. Medios nuevos. El ámbito de los derechos cedidos incluye los medios y métodos de explotación existentes o conocidos en el momento de la firma de la presente Autorización, así como aquellos medios y métodos que no existan o no se conozcan en dicho momento y puedan surgir en el futuro. Sin limitar lo anterior, la Empresa y el Colaborador son conscientes, y por la presente reconocen, que pueden surgir o ser reconocidos nuevos derechos sobre los Materiales en el futuro, en virtud de la ley y/o en equidad (colectivamente, "Nuevos Derechos de Explotación"). La Empresa y el Colaborador también son conscientes, y por el presente reconocen, que se están desarrollando nuevas (y/o modificadas) tecnologías, usos, medios, versiones, formas, formatos, modos de transmisión y métodos de distribución, difusión, exhibición o ejecución que inevitablemente continuarán desarrollándose en el futuro, lo que ofrecería nuevas oportunidades para la explotación de los derechos sobre los Materiales (colectivamente, "Nuevos Métodos de Explotación"). En caso de que la cesión de Nuevos Derechos de Explotación y Nuevos Métodos de Explotación en virtud de la presente Autorización no se considerase válida conforme a la legislación aplicable o a una decisión judicial, el Colaborador otorga por la presente a la Empresa un derecho de adquisición preferente exclusivo, perpetuo (o durante el plazo máximo permitido conforme a la legislación aplicable) y gratuito sobre los Nuevos Derechos de Explotación y los Nuevos Métodos de Explotación. En caso de ejercitarse dicho derecho de adquisición preferente, la cesión de los Nuevos Derechos de Explotación y los Nuevos Métodos de Explotación se realizará en todo el universo y durante el plazo máximo permitido en el momento del ejercicio del derecho de adquisición preferente. A tal fin, el Colaborador se compromete a firmar y entregar a la Empresa toda la documentación pertinente.

En ...., a .... de .... ( )

Firmado:

D./Dª ________________________________

El Colaborador

F050. CONTRATO DE CESIÓN DE DERECHOS DE FOTOGRAFÍAS/CUADROS/IMÁGENES PARA PRODUCCIÓN AUDIOVISUAL

[ ], a [ ] de [ ] de [ ]

[PRODUCTOR]

[ ] mayor de edad, con domicilio en [ ] y DNI [ ] (en adelante "el CEDENTE") como titular de los derechos de explotación sobre los productos/imágenes/cuadros y/o fotografías que se detallan a continuación (en adelante los Materiales) y con facultad de cesión a terceros**,** autorizo a **[ ]** sus empresas subsidiarias y afiliadas, accionistas, directivos, funcionarios y/o empleados (en lo sucesivo el Productor), a fijar y/o utilizar los Materiales (según dicho término se define mas adelante) para la ambientación escenográfica de la producción audiovisual denominada provisional o definitivamente como ***"[ ]"*** (en lo sucesivo la "Obra Audiovisual") producida por el Productor.

Para efectos de lo anterior, se entenderá por Materiales a los siguientes elementos de mi autoría y/o de mi propiedad:

(Detallar y Adjuntar fotografía de los Materiales al final del documento en el Anexo)

____

____

____

____

Reconozco y declaro que la exposición y comunicación pública de los Materiales no viola mi derecho a la intimidad o privacidad; ni el de ningún tercero, y que tampoco vulnera mis derechos de autor ni de ningún tercero, por lo que otorgo mi expresa autorización para que los Materiales sean incorporados en la Obra Audiovisual en la forma en la que el Productor lo determine, así como en distintos videos consistentes enunciativa mas no limitativamente en el making off y/o cualesquiera videos (incluso promocionales) derivados o relacionados con la Obra Audiovisual. El presente acuerdo de autorización y cesión de derechos se realiza de forma gratuita por lo que declaro que no tengo nada que reclamar, ni ahora ni en el futuro, al Productor o a sus cesionarios a consecuencia de dicha cesión. La cesión exclusiva de derechos definida en el presente acuerdo comprende todos los derechos de propiedad intelectual, derechos de propiedad industrial y cualesquiera derechos de explotación de cualquier otra naturaleza derivados de los Materiales (incluyendo todas y cada una de sus versiones, así como los retoques, modificaciones y adaptaciones de los Materiales). Esta cesión de derechos se realiza por el plazo máximo legal permitido por la legislación aplicable, para todo el universo, e incluye la facultad para el Productor de ceder dichos derechos a su vez a terceros, ya sea de forma exclusiva o no exclusiva. Los derechos cedidos conforme al presente acuerdo podrán ser explotados en cualquier medio de explotación, en cualquier formato o soporte y a través de cualquier sistema o método, conjunta o separadamente, y en concreto, comprenden a título enunciativo pero no limitativo, los derechos de fijación, reproducción, distribución, comunicación publica y puesta a disposición entre otros

Por lo tanto, autorizo el uso y/o fijación de los Materiales en la Obra Audiovisual, en el entendido que yo soy el autor y/o el dueño de los mismos, declarando que cuento con las facultades suficientes para conceder su uso, por lo que por medio de la presente reconozco al Productor el derecho de explotar, distribuir y comunicar públicamente la Obra Audiovisual, en su carácter de legítimo titular de todos y cada uno de los derechos de autor o conexos, directa o indirectamente derivados o relacionados con la Obra Audiovisual (incluyendo sin limitar, aquellas secuencias o partes en las que se hubieren incorporado los Materiales con el fin de obtener la versión final de la Obra Audiovisual —derechos residuales—), por lo que reconozco el derecho del Productor a: (i) usar, explotar, difundir, publicar, reproducir, exhibir, distribuir, vender, o disponer en cualquier otra forma de transmisión de la propiedad la Obra Audiovisual y los soportes materiales o ejemplares que contengan de forma individual o en conjunto y en forma total o parcial a la Obra Audiovisual, por cualquier medio o forma, ya sea impreso, fonográfico, gráfico, plástico, audiovisual o cinematográfico, electrónico (incluyendo el sistema global de información conocido como Internet) u otro similar; (ii) autorizar a terceros la explotación de la Obra Audiovisual, incluyendo sin limitar, la comunicación pública o privada de la Obra Audiovisual a través de la representación, recitación, ejecución, exhibición y acceso público por medio de la telecomunicación, la transmisión pública o radiodifusión de la Obra Audiovisual en cualquier forma, incluyendo sin limitar la transmisión y retransmisión de la Obra Audiovisual por medio de ondas radioeléctricas, cable, fibra óptica, microondas, vía satélite o cualquier medio que exista o pudiere existir (incluyendo el sistema global de información conocido como Internet), (iii) usar la Obra Audiovisual de manera parcial o total con aspectos visuales y sonoros en cualquier medio de comunicación, tecnologías y formas, actualmente conocidas o a ser desarrolladas posteriormente; (iv) llevar a cabo con la Obra Audiovisual cualquier tipo de soportes, incluyendo sin limitar, cualquier clase de videogramas, y/o vídeo casetes, discos de vídeo digitales (DVD), discos láser, vídeo CD, mini-CD, entre otros; (v) realizar con la Obra Audiovisual cualquier tipo de fonogramas, incluyendo sin limitar, audio casetes, discos compactos, mini-disc, grabaciones en formato MP3, grabaciones en páginas de Internet, transmisiones de radio, compilaciones, entre otros; (vi) elaborar con la Obra Audiovisual promocionales, anuncios publicitarios, propaganda impresa o audiovisual, ya sea en medios audiovisuales, radiofónicos, impresos o informativos, incluyendo en sistemas globales de información tales como Internet; (vii) realizar cualquier tipo de uso con fines comerciales y/o no comerciales de la Obra Audiovisual; y (viii) utilizar total o parcialmente la Obra Audiovisual para cualquier fin lícito.

Declaro y garantizo que los Materiales son originales, y no infringirán ni violarán los derechos (incluidos derechos de autor) de ninguna persona o entidad, y no son objeto de ninguna reclamación, gravamen o interés de terceros. Asimismo, en este acto asumo plena responsabilidad y eximo al Productor ante cualquier reclamación de cualquier tercero por la aparición de los Materiales en la Obra Audiovisual, incluyendo sin limitar la pretensión de cualquier tercero en obtener una indemnización o compensación por daños y perjuicios en contra del Productor por el uso de los Materiales. De igual manera, reconozco que el Productor cuenta con el derecho de explotar los derechos de la Obra Audiovisual en todo el mundo, sin importar el lugar o país en donde el Productor o cualquier tercero autorizado por el Productor explote o vaya a explotar, por sí o por terceros, los derechos de la Obra Audiovisual. También manifiesto que la autorización otorgada mediante el presente acuerdo, tendrá toda la vigencia necesaria para que el Productor pueda usar y explotar la Obra Audiovisual por todo el tiempo que la Ley.

Declaro, autorizo y acepto que: El Productor cumplirá con todas las leyes de protección de datos aplicables, incluido el Reglamento General de Protección de Datos de la UE. Por lo que respecta al presente acuerdo, el CEDENTE proporcionará al Productor determinados datos personales ("Datos"), incluyendo, entre otros, su nombre, datos de contacto e información de pago. El Productor será el responsable del tratamiento de dichos Datos. El Productor tratará los datos en la medida de lo necesario para la ejecución del presente acuerdo o para el cumplimiento de sus obligaciones legales, o en la medida en que sea necesario para sus propios intereses legítimos y/o, en su caso, con el consentimiento del CEDENTE o de sus progenitores o tutores. El Productor se asegurará de contar con medidas técnicas y organizativas adecuadas para proteger los Datos contra su tratamiento no autorizado o ilegal y contra su pérdida o destrucción accidental. El Productor se asegurará de que todas las personas que tengan acceso a los Datos y/o los traten estén obligadas a preservar su confidencialidad. El tratamiento de los Datos por parte del Productor se llevará a cabo de acuerdo con su aviso de privacidad.

Para todo lo relacionado con la interpretación, cumplimiento y ejecución del contenido del presente acuerdo, estará regido por y en conformidad con las leyes españolas. Las partes se someten a la jurisdicción exclusiva de los tribunales de [ ], renunciando expresamente a cualquier otra jurisdicción que por razón de sus domicilios presentes o futuros o cualquier otra les pudiere corresponder.

"PRODUCTOR"

"CEDENTE"

F051. CONTRATO DE COMPRAVENTA DE DERECHOS DE PELÍCULA Y NEGATIVOS DE IMAGEN Y SONIDOS

REUNIDOS

DE UNA PARTE.- -....................(en adelante, en conjunto, LA PRODUCTORA).

Y DE OTRA PARTE.- ....(en adelante EMPRESA 1).

Ambas partes, reconociéndose recíprocamente la capacidad legal necesaria para otorgar el presente contrato

EXPONEN

I.- Que LA PRODUCTORA es titular, en exclusiva, en su condición de tal, del 100% del negativo de imagen y sonido (en adelante EL NEGATIVO) y del 100% de los derechos de propiedad intelectual y cualesquiera otros derechos de explotación (en adelante LOS DERECHOS), en todo el mundo, de la obra audiovisual, ..., titulada "............

II.- Que LA PRODUCTORA es titular, en exclusiva, en su condición de tal, de EL NEGATIVO y LOS DERECHOS, en todo el mundo, de la obra audiovisual, ...titulada "...........", sobre la que, sin embargo, no posee ningún derecho respecto del primer ciclo de explotación.

III.- Que es intención de LA PRODUCTORA vender LOS NEGATIVOS y ceder en exclusiva LOS DERECHOS sobre LAS PELÍCULAS arriba mencionadas a EMPRESA 1, en la forma y manera que a continuación se dirá, estando igualmente interesada EMPRESA 1 en la adquisición de los mismos.

IV.- Que siendo por tanto coincidentes los intereses de todas las partes, convienen celebrar el presente CONTRATO DE COMPRAVENTA DE NEGATIVOS Y ADQUSICIÓN DE DERECHOS DE PROPIEDAD INTELECTUAL, en base a las siguientes

ESTIPULACIONES

PRIMERA.– OBJETO

XVIII. El objeto del presente contrato lo constituye la–adquisición en exclusiva por parte de EMPRESA 1 a LA PRODUCTORA de la totalidad de LOS DERECHOS, en todo el mundo, sobre las películas ....tituladas "............." y "..................", tal y como aparecen recogidos en los Expositivos I y II del presente contrato, así como la compraventa de los respectivos NEGATIVOS de imagen y sonido.

SEGUNDA.– COMPRAVENTA DEL NEGATIVO Y CESIÓN DE DERECHOS

1.- ....

El 50% de EL NEGATIVO y LOS DERECHOS propiedad de LA PRODUCTORA, de "...............", son transmitidos en este acto a favor de EMPRESA 1, a cuyo efecto la PRODUCTORA hace entrega en este acto de carta irrevocable de acceso al laboratorio donde se encuentra depositado EL NEGATIVO de la película "............".

2.- ....

El 50% EL NEGATIVO y LOS DERECHOS, propiedad de LA PRODUCTORA, de "..............", son transmitidos en este acto a favor de EMPRESA 1, a cuyo efecto la PRODUCTORA hace entrega en este acto de carta irrevocable de acceso al laboratorio donde se encuentra depositado EL NEGATIVO de la película "...........

TERCERA.- CONTRAPRESTACIÓN

El precio de la cesión de los derechos objeto del presente contrato, queda fijado conjuntamente en ....El pago de este precio se realizará de la siguiente forma:

CUARTA.- MANIFESTACIONES

LA PRODUCTURA expresamente manifiesta que es titular de la totalidad de los derechos objeto del presente contrato y garantiza el uso y explotación pacífica de la totalidad de los derechos cedidos en el presente contrato.

QUINTA.- COMUNICACIONES Y NOTIFICACIONES.

Cualquier comunicación o notificación que deban efectuarse las partes en relación con el presente contrato, deberán ser llevadas a cabo en los domicilios que de cada una aparecen reflejados en el inicio del mismo, y si durante la vigencia de este contrato el mismo sufriera alguna variación la misma ésta solo tendrá relevancia a partir de la fecha en que se notifique tal extremo a la otra parte.

SEXTA.- VALIDEZ DE LAS CLÁUSULAS.

Si cualquiera de las cláusulas de este contrato fuera inválida por cualquier razón, las partes intervinientes se comprometen a negociar una nueva formulación de dicha cláusula que sea válida.

La invalidez de cualquier cláusula de este contrato será limitada en sí misma y no afectará a la validez de la totalidad del contrato.

SEPTIMA.- FUERO.

Para cualquier discrepancia que pudiera surgir en la interpretación o cumplimiento del presente contrato, o de cualquier cuestión derivada del mismo, ambas partes, con renuncia expresa a cualquier otro que pudiera corresponderles, se someten al fuero de los Tribunales de ....capital.

Leído por las partes el presente contrato, lo encuentran conforme, se ratifican en su contenido que declaran entender, y en prueba de conformidad lo firman por cuadruplicado y a un solo efecto en el lugar y fecha al principio indicados.

LA PRODUCTORA EMPRESA 1

II.2. ÁMBITO TELEVISIVO-PLATAFORMAS DIGITALES

F052. ACUERDO DE CONFIDENCIALIDAD SERIE TELEVISIVA

[ ] ("Productor") cuenta con políticas estrictas respecto de la difusión de materiales y/o información de desarrollo y/o producción. Es esencial que usted se comprometa a no hacer ningún uso, reproducción y/o distribución no autorizados de ningún material de desarrollo y/o producción y, por lo tanto, usted se compromete asimismo a mantener la confidencialidad, y a no revelar en ningún momento al público, a los medios de comunicación y/o a ninguna persona o entidad, ninguna información relativa al desarrollo y/o la producción del proyecto titulado provisional o **[ ]** (la "Serie"). Si usted tiene conocimiento de y/o maneja cualquier material, elemento y/o información de desarrollo y/o producción relativos a la Serie, incluyendo, a título meramente enunciativo y no limitativo, las tramas, los personajes, el guion, el material literario subyacente, el presupuesto de desarrollo, el presupuesto de producción, las localizaciones, el atrezzo, materiales artísticos y los miembros del reparto —incluyendo sus nombres y/o apariencia—, los miembros del equipo técnico —incluyendo sus nombres y apariencia- y cualesquiera elementos creativos de la Serie (conjuntamente, "Materiales Confidenciales"), usted no podrá en ningún momento, directa o indirectamente, difundir, duplicar, publicar, disponer de, distribuir, divulgar o de cualquier otra manera revelar a terceros los Materiales Confidenciales. Las anteriores prohibiciones abarcan todos los medios de comunicación y difusión, incluyendo, a título meramente enunciativo y no limitativo, internet o tecnologías de reemplazo/ sucesoras, las cuales incluyen a su vez, a título meramente enunciativo y no limitativo, cualesquiera medios de comunicación social y sitios web de redes sociales, blogs, aplicaciones de mensajes multimedia y las futuras tecnologías o métodos de comunicación de una naturaleza semejante. Usted reconoce y acepta que los Materiales Confidenciales tienen un valor económico independiente al no ser generalmente conocidos por el público o por otras personas que puedan obtener un valor económico de su divulgación, distribución o uso. A petición del Productor, usted se compromete a devolver inmediatamente al Productor toda los Materiales Confidenciales. El incumplimiento de estos términos puede, a elección del Productor, dar lugar a la revocación de su privilegio de acceder a o manejar cualquier Material Confidencial. El Productor puede actuar contra dicho incumplimiento en la máxima medida permitida por la ley aplicable. El Productor se reserva todos sus derechos, acciones y recursos en caso de que no se cumplan los términos aquí contemplados. Las obligaciones establecidas en el presente documento permanecerán en vigor durante diez (10) años.

D. **[ ]**

DNI **[ ]**

Fecha: **[ ]**

F053. CONTRATO DE ENCARGO DE GUION PARA SERIE TELEVISIVA

En ...., a [*] de [*] de 20[*]

ENTRE

De un lado,

[*], **SL**, con domicilio social en [*]y con C.I.F. nº ...., representada en este acto por D. [*], de nacionalidad española, con DNI/Pasaporte nº[*], en calidad de apoderado.

En adelante, denominado la "**Productora**".

Y, de otro lado,

D./Dña. [*], mayor de edad, guionista, de nacionalidad española, con domicilio a estos efectos en [*], con DNI nº [*], actuando en nombre y representación propia.

En adelante, denominado el "**Guionista**".

De igual forma, y en lo sucesivo, la Productora y el Guionista podrán ser denominados conjuntamente como las "**Partes**" e individualmente como la "**Parte**".

Ambas Partes manifiestan que sus facultades están vigentes, y que no han sido limitadas, revocadas ni suspendidas por lo que cuentan con la capacidad legal necesaria y suficiente para la formalización del presente contrato y, al efecto,

EXPONEN

I. Que la Productora es una entidad mercantil dedicada, entre otras actividades, a la producción de obras cinematográficas y audiovisuales y está llevando a cabo el desarrollo de la producción extranjera de la segunda temporada del proyecto de serie de televisión titulado provisionalmente "[*] compuesta de [*] obras audiovisuales, de una duración de .... minutos cada una (la "**Serie**"), por encargo de [*] (la "**Compañía**").

II. Que, en virtud de lo anterior, la Productora ha formalizado un acuerdo de prestación de servicios de producción audiovisual con la Compañía, en fecha [*], para el desarrollo y ejecución del Proyecto.

III. Que el Guionista se dedica profesionalmente a la elaboración de guiones para obras audiovisuales, tales como películas, series y programas de televisión, entre otros.

IV. Que la Productora dispone de la totalidad de los derechos de propiedad intelectual necesarios para la producción de la Serie y su posterior explotación, y desea contratar los servicios del Guionista, trabajador autónomo, para la redacción de un (1) guion original en español relativo a la obra audiovisual "**XXX**" (la "**Obra Audiovisual**") que forma parte de la Serie (el "**Guion**"), conforme a los términos y condiciones establecidos en el presente documento.

V. Que el Guionista acepta prestar los servicios requeridos, así como ceder a la Productora todos los derechos de explotación sobre la Obra Audiovisual, de conformidad con la legislación aplicable y, en particular, con lo dispuesto en el Real Decreto Legislativo 1/1996, de 12 de abril, por el que se aprueba el texto refundido de la Ley de Propiedad Intelectual, regularizando, aclarando y armonizando las disposiciones legales vigentes sobre la materia (la "**LPI**") conforme a los términos y condiciones aquí establecidas.

VI. Que, de conformidad con lo anterior, las Partes han acordado suscribir el presente contrato de prestación de servicios por la realización de guion y cesión de derechos de propiedad intelectual (el "Contrato"), conforme a las siguientes

CLÁUSULAS

1. OBJETO

1.1.El objeto del presente Contrato consiste en:

1.1.1. la prestación de servicios por parte del Guionista para preparar, redactar y desarrollar el Guion, a solicitud de la Productora, y que deberá entregarse por el Guionista a la Productora en el plazo y los términos que se indican en el presente Contrato (los "**Servicios**"); y

1.1.2. la cesión en exclusiva por parte del Guionista a la Productora, con la facultad de cesión a terceras partes, ya sea en régimen de exclusiva o no exclusiva, de todos los derechos de propiedad intelectual, industrial y de imagen derivados del Guion, de la Obra Audiovisual y de la Serie en su conjunto, por todo el plazo de duración de tales derechos previsto por la legislación aplicable, para todos los territorios del mundo y sin limitaciones de ningún tipo, como resultado de la prestación de los Servicios, y ello de conformidad con el presente Contrato.

2. CONTENIDO DEL OBJETO

2.1. La prestación de los Servicios consistirá en preparar, redactar y desarrollar cuantas versiones del Guion sean necesarias, a solicitud de la Productora, para alcanzar una versión final que reciba el visto bueno de la Productora, y que deberán entregarse por el Guionista a la Productora en los plazos previstos en este Contrato.

2.2. El Guionista se compromete a que los trabajos realizados sean originales y a no utilizar fragmentos de obras actualmente protegidas por derechos de terceros en cualquier legislación, salvo autorización expresa y por escrito de la Productora. Igualmente, se compromete a no incluir signos distintivos de terceros y/o personajes que pudieran atentar contra los derechos de propiedad industrial, así como el derecho al honor, la intimidad o la imagen de terceras personas.

2.3. El Guionista se compromete a prestar sus Servicios con dedicación suficiente para el cumplimiento de su objeto de acuerdo a los plazos establecidos el presente Contrato.

2.4. Atendiendo a que el encargo se realiza al Guionista en atención a sus personalísimas cualidades, ambas Partes declaran que este Contrato se otorga *intuitu personae* respecto del Guionista y que, por tanto, en ningún caso podrá el Guionista subcontratar los servicios que constituyen su objeto.

2.5. El Guionista reconoce y acepta que, conforme a las prácticas y usos habituales en la producción audiovisual, la Productora podrá utilizar sin limitación alguna los distintos materiales y/o versiones del Guion. De este modo, sin perjuicio de que la Productora acepta el Guion como obra definitiva, el Guionista reconoce expresamente que la Productora y/o la Compañía y/o terceros cesionarios de éstas, tendrán el derecho a (i) realizar o requerir la realización de las adiciones, eliminaciones o cambios al Guion que estime necesarios a su entera discrecionalidad, tanto al Guionista como a terceros colaboradores, y (ii) aprobar los elementos esenciales del Guion, con la consiguiente variación de personajes, caracteres, situaciones y/o desarrollos, así como la realización de sucesivas versiones y adaptaciones que procedan a tal efecto.

2.6. El Guionista acepta que, en caso de discrepancias con la Productora, ésta podrá desistir unilateralmente del Contrato, abonando el trabajo realizado hasta ese momento, y tendrá la Productora la facultad de contratar a otro autor si lo considera pertinente para continuar con los trabajos. En tal caso, el Guionista reconoce y acepta que, conforme a las prácticas y usos habituales en la producción audiovisual, la Productora, sus cesionarios y/o licenciatarios podrán utilizar las versiones o adaptaciones del Guion realizadas por el Guionista, tras la incorporación de las modificaciones requeridas por la Productora, y pagadas, encargando a otros adaptadores, coguionistas o dialoguistas las modificaciones que procedan para la realización de la versión final del Guion y/o de la Obra Audiovisual a la que se incorpore, entendiéndose cedidos a la Productora todos los derechos de propiedad intelectual e industrial y derechos de imagen sobre los trabajos aportados hasta la fecha de terminación, en los términos de lo previsto en la Cláusula 5 siguiente.

2.7. El Guionista reconoce y declara que la aceptación y pago del Guion elaborado por el Guionista no comporta la obligación, por parte de la Productora, de continuar con el desarrollo del Proyecto y/o de incorporarlo a la Obra Audiovisual. Por consiguiente, la Productora se reserva la facultad de decidir la inclusión o no del Guion creado por el Guionista en la Obra Audiovisual. En el caso de que la Productora decida no incorporar el Guion, la Productora estará facultada para incluirlo en otras obras audiovisuales distintas, resultando igualmente de aplicación lo dispuesto en el presente Contrato respecto de la inclusión de dicho Guion en tales obras audiovisuales.

2.8. Se hace constar que la Productora se reserva la potestad de contratar los servicios de guionistas adicionales al Guionista, para que presten sus servicios de redacción del Guion, sin necesidad de contar con la autorización previa del Guionista.

3. SERVICIOS Y PLAZO DE ENTREGA

3.1. El Guionista acuerda escribir y entregar las sucesivas versiones del Guion de la Obra Audiovisual de conformidad con las fechas de entrega establecidas en la presente Cláusula, y de realizar todas las actividades necesarias para prestar los Servicios y, en particular, para completar y entregar el Guion, incluyendo las modificaciones propuestas por la Productora, hasta su versión definitiva, determinada a criterio de la Productora.

3.2. El Guionista deberá entregar a la Productora el Guion en los siguientes términos:

3.2.1. La fecha de entrega de la primera versión del Guion será el [*] [*], 20[*].

3.2.2. La Productora podrá realizar o requerir la realización de modificaciones y/o adiciones, eliminaciones o cambios a la primera versión del Guion que estime necesarios, y que serán notificadas por la Productora al Guionista en el plazo de [*] días laborables desde la fecha de la entrega del Guion o sus sucesivas modificaciones, y debiendo el Guionista introducir los cambios que hayan sido solicitados por la Productora y entregar a la Productora una versión modificada del Guion en el plazo acordado mutuamente por las Partes desde la solicitud de dichos cambios.

3.2.3. El procedimiento previamente descrito se repetirá hasta que la Productora apruebe la versión final del Guion.

3.3. La Productora notificará por escrito al Guionista la aceptación de la versión final del Guion. En caso de discrepancia, prevalecerá la decisión de la Productora.

3.4. El Guionista reconoce que, una vez aprobada la versión final del Guion por la Productora, deberá entregar, a petición de la Compañía, todos los manuscritos, borradores o versiones de éste, junto con las notas incluidas en ellos, así como todos los documentos relacionados con ellos que le hayan sido suministrados por la Productora o la Compañía.

3.5. La Productora podrá extender los Servicios del Guionista, con la amplitud que sea necesaria hasta que el Guion sea finalmente aprobado por la Productora, en los términos previamente descritos.

3.6. El Guionista expresamente autoriza la adaptación e introducción de los cambios en las diferentes versiones del Guion —con o sin su participación— y los cambios subsiguientes a los personajes, situaciones y desarrollos, así como a la producción y versiones siguientes y adaptación que pudieran ser necesarias para tal propósito, tal y como se indica en este Contrato.

3.7. El Guionista reconoce que la contraprestación económica regulada en la Cláusula 6 siguiente incluye las distintas versiones, modificaciones y correcciones del Guion que deba llevar a cabo en los términos del presente Contrato.

4. DURACIÓN Y ÁMBITO DE CESIÓN

4.1. El presente Contrato entrará en vigor el día de su firma y terminará una vez que, a satisfacción de la Productora, haya sido realizada la totalidad de los Servicios por parte del Guionista y hayan sido entregados a la Productora todos los materiales —y, en especial, el Guion en su versión final— previstos en el presente Contrato.

4.2. Se hace constar, igualmente, que la duración del presente Contrato es aproximada y puede sufrir modificaciones según el criterio de la Productora o por circunstancias ajenas e imprevisibles para la Productora que impliquen la necesidad de modificar la duración indicada como, entre otras, por causas relacionadas con la crisis............ (CRISIS). Conforme a lo anterior, la Productora podrá extender el presente Contrato por los períodos adicionales que requiera, comunicándolo previamente al Guionista y, entre otros, a los efectos de lo establecido en la Cláusula 3 anterior del presente Contrato.

4.3. Sin perjuicio de la duración del Contrato previamente referida, los derechos de propiedad intelectual e industrial y derechos de imagen que se ceden mediante este Contrato de forma exclusiva a la Productora en relación al Guion y a la Obra Audiovisual, lo son para su explotación en todo el universo, por el plazo de duración determinado, único, máximo y exclusivo consignado en la legislación aplicable y, en lo relativo a los derechos de propiedad intelectual, en el artículo 26 de la LPI, computado en la forma prevista en el artículo 28 del mismo cuerpo legal.

5. CESIÓN DE LOS DERECHOS DE PROPIEDAD INTELECTUAL E INDUSTRIAL Y DERECHOS DE IMAGEN

5.1. Sin perjuicio de los derechos morales y los derechos de remuneración equitativa que correspondan al Guionista como co-autor de la Obra Audiovisual y de la Serie, el Guionista cede de forma exclusiva a la Productora, con el derecho de ceder a terceros, ya sea en régimen de exclusiva o no exclusiva, total o parcial y/o gratuita u onerosa, todos los derechos de explotación de propiedad intelectual (incluyendo, sin carácter limitativo, el derecho de reproducción, distribución, comunicación pública, el cual a su vez incluye el derecho de puesta a disposición al público, y transformación sobre el Guion escrito y entregado por el Guionista y aprobado por la Productora), derechos de propiedad industrial y derechos imagen, incluida la voz y/o el nombre artístico, y todos aquellos otros derechos de explotación que le pudieran corresponder, derivados del Guion (incluidos los argumentos, diálogos, títulos, biblias, nombres, características, especificaciones de los personajes, escenas, etc. y en general, cualquier otra creación incluida en el Guion) en sus diferentes versiones, y de la Obra Audiovisual a la que, en su caso, se incorpore, por el plazo máximo permitido por la legislación aplicable, para su explotación en todos los territorios del mundo en cualesquiera formatos y a través de cualesquiera medios y sistemas, procedimientos y métodos.

5.2. Entre los derechos de propiedad intelectual cedidos en el presente Contrato se recogen, a título meramente enunciativo y no limitativo:

5.2.1. El **derecho de reproducción** del Guion y de la Obra Audiovisual a la que se incorpore, entendiéndose como tal cualquier fijación directa o indirecta, temporal o permanente, a través de cualquier medio o forma, ya sea total o parcial, que permita la comunicación y la obtención de copias de todo o parte de ella, incluida la fijación de la misma, o de partes o fragmentos de ella en cualquier soporte analógico o digital, incluidos los denominados "multimedia" ya estén patentados, o inventados sin patentar, así como su fijación en bases y bancos de datos de cualquier naturaleza accesibles a través de cualquier sistema, incluidos aquellos que permiten tanto la descarga para subsiguiente fijación (*downloading*) como el simple visionado (*streaming*), e internet en general.

5.2.2. El **derecho de distribución**, entendido como la puesta a disposición del público del original o de copias del Guion y la Obra Audiovisual a la que, en su caso, se incorpore, en un soporte tangible, mediante venta, alquiler o préstamo o de cualquier otra forma de transferencia temporal o definitiva de la propiedad, posesión o uso para cualquier finalidad lícita, incluyendo expresamente la puesta a disposición del público de copias para su utilización en el ámbito doméstico, a título ejemplificativo y no exhaustivo, entre otros, DVD, CD-ROM, CD-I, CD-LASER, DVI, BLUE-RAY, HD-DVD.

5.2.3. El **derecho de comunicación pública** (incluyendo la sub-modalidad de **puesta a disposición del público**), entendiéndose por tal derecho todo acto que en cualquier soporte o formato y por cualquier sistema o procedimiento a la que en su caso se incorpore, permita que una pluralidad de personas pueda tener acceso al Guion y/o la Obra Audiovisual sin previa distribución de ejemplares a cada una de ellas, tales como su representación digital en salas cinematográficas, exigiendo o no el pago de un precio de entrada, o mediante cualquier tipo de exhibición pública, proyección, emisión, radiodifusión, transmisión y retransmisión por ondas hertzianas, por cable, vía satélite, Internet, IPTV, ya sea en abierto o codificado, analógico o digital, de forma gratuita, por abono o suscripción, incluidos los sistemas de pago por visión, VOD y NVOD y otros análogos, así como cualquier otro sistema de explotación guiada, emitida, transmitida o retransmitida, incluido el acceso público a bases de datos por cable, hilo o fibra óptica, o a través de cualquier red de comunicaciones digital y/o analógica, y su puesta a disposición del público, por procedimientos alámbricos o inalámbricos, de tal forma que cualquier persona pueda acceder a ellos desde el lugar y en el momento que elija.

5.2.4. El **derecho de transformación**, total y/o parcial, temporal y/o permanente, analógico y/o digital, *on line/off line*, subtitulado o doblaje a cualquier idioma, para la posible explotación posterior del Guion y de la Obra Audiovisual a la que, en su caso, se incorpore. Asimismo, la Productora, por su cuenta o por medio de terceras personas físicas y/o jurídicas, podrá llevar a cabo una y sucesivas obras derivadas del Guion y de la Obra Audiovisual, consistentes entre otras, en adaptaciones, revisiones, actualizaciones y cualesquiera otras transformaciones, ya sean secuelas, precuelas, *remakes*, versiones, *spin-off*, teatro, productos multimedia o cualquier otra manifestación derivada de la Obra Audiovisual y/o de la Serie.

Por **doblaje y subtitulado** se entiende la realización de las necesarias adaptaciones en la Obra Audiovisual y/o en la Serie tanto para doblar las interpretaciones de los intérpretes originales a otras lenguas o dialectos, como para transcribir, en la forma para ello decida por el adaptador correspondiente, los diálogos de la versión original a otras lenguas y dialectos, y traducción a cualquier sistema de lectura.

5.3. La cesión de los anteriores **derechos de explotación** del Guion y de la Obra Audiovisual se extiende a, en su caso, extractos, *making of*, resúmenes, secuencias, fragmentos, imágenes, fotogramas, fotografías o elementos sonoros, para su reproducción, distribución, comunicación pública o puesta a disposición del público y transformación, entre otros para la promoción y explotación secundaria del Guion, la Obra Audiovisual y/o la Serie.

5.4. Los **derechos de propiedad industrial** cedidos en el marco del presente Contrato sobre el Guion y su consiguiente incorporación a la Obra Audiovisual, incluyen la totalidad de los derechos de propiedad industrial que pudieran derivarse del Guion objeto del presente Contrato, en régimen de exclusiva y por toda la duración de los derechos mencionados, así como el derecho a proceder a la solicitud y/o registro de estos derechos en cualquier clase del Nomenclátor Internacional, comprometiéndose a prestar su colaboración con la Productora para la obtención de los derechos marcarios de éste.

5.5. La Productora tendrá, en consecuencia de las cesiones previamente descritas, el derecho a la más amplia explotación del Guion y/o la Obra Audiovisual y/o la Serie, y, en especial, ostentará los derechos exclusivos de reproducción, distribución, comunicación pública, puesta a disposición, doblaje y/o subtitulado del Guion, así como de la Obra Audiovisual, en todo el mundo, en cualquier idioma, durante el máximo tiempo permitido por la ley y para su explotación en cualquier medio, sistema y/o formato.

5.6. Se entienden incluidos entre los derechos cedidos a la Productora en el marco de la presente Cláusula 5, todos los derechos de explotación y de edición literaria, gráfica, musical o en cualquier otra modalidad, sobre todos los elementos literarios que formen parte del Guion y/o que finalmente se incorporen en la Obra Audiovisual, así como el derecho a la explotación de estos elementos en obras secundarias y/o derivadas, incluida la explotación del propio Guion de forma independiente de la Obra Audiovisual y/o de la Serie.

5.7. La cesión de derechos recogida en esta Cláusula 5 faculta a la Productora para que, de forma exclusiva, explote el Guion y la Obra Audiovisual, con exclusión de cualquier otra persona, incluyendo el propio Guionista.

5.8. En consecuencia, el Guionista se compromete a no usar el Guion y/o la Obra Audiovisual y/o cualesquiera de sus personajes, situaciones o elementos de ninguna forma, ni a explotar los posibles remakes, secuelas u otras obras audiovisuales basadas en el Guion y/o en la Obra Audiovisual que pudieran realizarse en el futuro. Asimismo, el Guionista se compromete a no realizar cualquier tipo de explotación separada del objeto y resultado de la cesión de derechos del presente Contrato.

5.9. Del mismo modo, el Guionista se compromete a no hacer uso o realizar ninguna explotación separada de sus contribuciones al Guion (por medio de ningún acuerdo de publicación o edición del Guion, representaciones teatrales o de ninguna otra manera) sin el consentimiento previo y por escrito de la Compañía. Del mismo modo, el Guionista renuncia de forma expresa, en virtud del presente Contrato, al derecho de colección.

5.10. La Productora podrá incluir en el original y en las sucesivas reproducciones, fijaciones y comunicaciones del Guion y/o la Obra Audiovisual aquella información que sea necesaria o conveniente para la gestión de los derechos de propiedad intelectual de la misma ("**DRM**"), así como las medidas tecnológicas de protección que estima adecuadas para la protección de los derechos de explotación.

5.11. El Guionista reconoce y acepta expresamente que la Compañía es el único y exclusivo titular, como productor audiovisual, de las grabaciones audiovisuales en las que todo o parte de cada una de las Obras Audiovisuales y de la Serie quedan fijados, conforme a lo previsto en el artículo 120.2 de la LPI.

5.12. Sin perjuicio de lo anterior, quedan reservados los derechos morales del Guionista, entre otros, el derecho de paternidad o integridad del Guion y todos aquellos comprendidos en el artículo 14 de la LPI. Sin perjuicio de lo anterior, el Guionista reconoce y acepta que, para la explotación y comercialización de la Obra Audiovisual y de la Serie, incluyendo las explotaciones secundarias y/*merchandising*, estos derechos podrán modularse para permitir la comercialización de la misma.

5.13. Por la presente Cláusula, se consideran igualmente cedidos por el Guionista a la Productora los derechos de propiedad intelectual e industrial y derechos de imagen sobre las versiones descartadas del Guion y que, en consecuencia, no hayan sido incluidas en la realización de la Obra Audiovisual. A tal efecto, la Productora podrá incluir y utilizar las versiones descartadas en cualesquiera otras obras que produzca, así como ceder a terceros de forma exclusiva o no exclusiva, total o parcialmente y a título oneroso o gratuito, los derechos de propiedad intelectual e industrial y derechos de imagen inherentes a dichas versiones descartadas y que han sido cedidos a la Productora en exclusiva en virtud del presente Contrato.

5.14. Quedan igualmente cedidos por el Guionista, con facultad de cesión a terceros, todos los derechos de propiedad intelectual e industrial y derechos de imagen sobre los documentos preparatorios, borradores, versiones y demás elementos complementarios del proceso de creación de la Obra Audiovisual para su explotación, de cada uno de ellos conjunta o separadamente, total o parcialmente, temporal o permanentemente, en soporte digital y/o analógico, de forma secundaria o mediante *merchandising* en cualquier soporte y/o modalidad de explotación, en obras propias o de terceros, incluyendo, entre otras: para finalidades académicas, de formación y/o culturales, museos, universidades y escuelas, bibliotecas, hemerotecas; videotecas, filmotecas, entre otros.

5.15. La transmisión de derechos operada en virtud del presente Contrato no puede ser interpretada de manera que se entienda que la Productora no ostenta todos los derechos sobre el Guion, o que, de alguna otra manera, estos derechos se hallen limitados, frustrándose en caso contrario la finalidad de este Contrato.

5.16. La Productora se comprometen a ejercitar los derechos de explotación conforme a los buenos usos y con estricto respeto, en todo caso, de los derechos morales y de remuneración equitativa del Guionista.

5.17. El Guionista reconoce y acepta que los premios y/o ayudas que se pudieran derivar directa y/o indirectamente de la Serie serán, en todo caso, exclusiva propiedad de la Productora, salvo aquéllos que estuvieran destinados única y exclusivamente al Guion, que corresponderán al Guionista solo en la medida en que la versión definitiva del guion de rodaje de la Obra Audiovisual y/o de la Serie hubiese sido de su propia autoría.

5.18. El Guionista se compromete con la Productora a suscribir todos aquellos documentos con cualesquiera terceros que fuesen necesarios para garantizar la transmisión de derechos otorgada en el presente Contrato.

5.19. La Compañía y/o la Productora, con autorización de la Compañía, tendrán la facultad para entablar cualesquiera acciones legales de forma independiente al Guionista, en el caso de infracción o vulneración de los derechos sobre el Guion, en calidad de titular en exclusiva de los derechos de propiedad intelectual cedidos por el presente Contrato. No obstante, el Guionista acepta colaborar con la Productora y con la Compañía, sus sucesores y cesionarios para cumplir con dicho propósito.

5.20. De la misma manera, la Compañía y/o la Productora, con autorización de la Compañía, tendrán la facultad para registrar —de forma independiente al Guionista— todos los derechos de propiedad intelectual e industrial que hayan sido cedidos en virtud del presente Contrato ante el Registro de Propiedad Intelectual u Oficina de Propiedad Industrial o autoridad equivalente, según el caso, en España y en el extranjero, u organismo internacional similar. A tales efectos, el Guionista se compromete a firmar y entregar a la Productora cualesquiera otros documentos, declaraciones o materiales que ésta considere razonablemente necesario para probar o reclamar todos y cada uno de los derechos cedidos a la Productora y adquiridos por ésta o para probar, formalizar o requerir el cumplimiento de este Contrato o de cualesquiera de sus términos y condiciones.

5.21. La Productora se reserva el derecho de ceder, transferir o conceder licencias de explotación a terceras partes para su uso conjunto o separado, ya sea de forma exclusiva o no, de los derechos cedidos en virtud del presente Contrato.

6. CONTRAPRESTACIÓN ECONÓMICA

6.1. Como contraprestación por la prestación de los Servicios objeto del Contrato, así como por la cesión de los derechos objeto del mismo, la Productora abonará al Guionista, previa presentación de fotocopia de la solicitud de alta en el Régimen Especial de Trabajadores autónomos y el certificado específico de que se encuentra al corriente de sus obligaciones tributarias, la cantidad bruta de [* EUROS (€*)] (la "**Contraprestación**") que será abonada al Guionista, en el/los siguientes plazo(s):

6.1.1. En los primeros quince (15) días del mes de [*] de 202[*]: [* EUROS (€*)].

6.1.2. [AÑADIR SI PROCEDE]

6.2. La Contraprestación se efectuará contra factura mediante transferencia bancaria, transcurridos diez (10) días desde la presentación de ésta y en la cuenta que se especifique por el Guionista.

6.3. A la Contraprestación percibida se le aplicarán los impuestos, descuentos y/o retenciones, deducciones, etc., que en cada momento determine la legislación aplicable. La(s) factura(s) incluirán los impuestos aplicables en cada caso.

6.4. Con el pago de la Contraprestación, el Guionista acepta que cualquier elemento objeto de cesión en el presente Contrato queda comprendido en la remuneración pactada en el mismo y, por tanto, renuncia a cualquier revisión ulterior de dicha cantidad por su parte o por parte de terceros en su nombre.

6.5. El Guionista declara y garantiza que desarrollará su trabajo con sus propios medios y bajo su propia organización y por su cuenta y riesgo, y que no tiene dependencia laboral de la Productora, así como que se encuentra al día de sus obligaciones fiscales, laborales y de Seguridad Social, eximiendo expresamente a la Productora de toda responsabilidad frente a cualquier reclamación derivada del incumplimiento por el Guionista de dichas obligaciones y garantizando a la Productora su completa indemnidad por esos conceptos.

6.6. La Productora podrá exigir al Guionista, en cualquier momento durante la vigencia de este Contrato, la certificación o acreditación emitida por las instituciones competentes del cumplimiento por su parte de las obligaciones expuestas en el apartado anterior, especialmente, el alta en el Régimen Especial de Trabajadores autónomos.

6.7. A la expedición de la(s) factura(s), se entregará a la Productora la certificación específica prevista en el artículo 43.1 f) de la Ley General Tributaria, mediante la que se acreditará que está al corriente de sus obligaciones tributarias. Además, se obliga a la renovación de esta certificación de modo que mantenga su validez durante toda la vigencia de Contrato, con los consiguientes efectos liberatorios para la Productora de la responsabilidad fiscal subsidiaria establecida en dicho artículo.

6.8. La Productora podrá retener el pago de cualquier cantidad adeudada al Guionista en virtud de este Contrato hasta que acredite el cumplimiento de sus obligaciones ante la Administración Pública.

6.9. Sin perjuicio y con independencia de la Contraprestación pactada en la Cláusula 6.1 del presente Contrato, el Guionista, en concepto de participación en los ingresos de la explotación del Guion o de la Serie en las correspondientes modalidades, y sin afectar a los derechos exclusivos de explotación cedidos a la Productora, en virtud de las presunciones establecidas por los artículos 88.1, 89.1, y 90.2 de la LPI, o mediante cesión contractual, se reserva el contenido económico de los derechos que, conforme el que se prevé en los artículos 25 (copia privada), 90.2 (alquiler), 90.3 y 90.4 (comunicación pública) de la LPI, le corresponden, así como cualquier remuneración que se pueda establecer en el futuro, como consecuencia de la legislación española, comunitaria o derivada de instrumento internacional suscrito por España. Los derechos contemplados en este párrafo se harán efectivos a través de la Sociedad General de Autores y Editores de España (SGAE) o entidad de gestión correspondiente.

6.10. Las Partes reconocen y aceptan que, en ningún caso, la Productora será responsable de realizar los pagos relacionados con los derechos de remuneración equitativa que pudieran deberse al Guionista como consecuencia de la explotación de la Obra Audiovisual y/o la Serie, siendo únicamente responsables de dichos pagos los obligados a ello de conformidad con la LPI y, en todo caso, la Productora no se hace responsable de las liquidaciones percibidas por el Guionista en concepto de derechos de remuneración equitativa ni tampoco del momento de percepción de las mismas. Por consiguiente, el Guionista mantendrá indemne a la Productora, de cualesquiera reclamaciones de su parte o de cualesquiera terceros en relación con dicho extremo y/o con cualquier otra disposición de la presente Cláusula.

6.11. Las modificaciones que el Guionista deba efectuar en el Guion a instancias de la Productora en el marco de la prestación de los Servicios objeto de este Contrato, no devengarán más importe que la Contraprestación aquí pactada.

7. MANIFESTACIONES, GARANTÍAS Y RESPONSABILIDADES

7.1. El Guionista manifiesta y garantiza que:

7.1.1. las contribuciones realizadas al Guion serán originales y no infringirán ningún derecho de terceros, incluyendo sin carácter limitativo ningún derecho de propiedad intelectual e industrial ni derechos de imagen;

7.1.2. no existe ni existirá ninguna carga, gravamen u obstáculo a los derechos cedidos a la Productora que pudiera causar un perjuicio, prohibir o limitar de alguna manera la explotación pacífica, en todo o en parte, del Guion o de la Obra Audiovisual o la Serie en sí mismos por parte de la Productora o sus cesionarios;

7.1.3. no ha asumido ni asumirá ningún compromiso profesional o de otro tipo que pudiera impedir o limitar la previsión completa y adecuada de los Servicios previstos bajo el presente Contrato;

7.1.4. no existe, ni existirá, reclamación y/o pleito alguno en relación con el título, la propiedad y/o los derechos de propiedad intelectual e industrial o derechos de imagen sobre el Guion, con alguna de sus partes, o con los derechos cedidos; y

7.1.5. no ha llevado a cabo ni llevará a cabo ninguna acción que pudiera perjudicar o prevenir el libre y total ejercicio de los derechos cedidos a la Productora en virtud del presente Contrato.

7.2. El Guionista será responsable frente a la Productora y cualesquier otros terceros del cumplimiento íntegro de las obligaciones y/o garantías dimanantes del presente Contrato y, en particular, será responsable frente a la Productora por cualquier reclamación judicial o extrajudicial de terceros fundada en la infracción de los derechos de terceros o la legislación aplicable.

7.3. El Guionista expresamente se compromete a mantener indemne a la Productora, sus sucesores, cesionarios y/o licenciatarios, frente a cualesquiera daños, pérdidas, costes y/o gastos (incluyendo las tarifas aplicables de abogados) derivados de cualquier reclamación respecto de la autoría y originalidad del Guion (del cual será autor original) y/o como consecuencia de cualquier incumplimiento por parte del Guionista de cualquiera de las declaraciones, garantías o acuerdos incluidos en este Contrato.

7.4. El Guionista garantiza que todas las acciones y/o recursos que pudiera ejercitar como consecuencia de cualquier contingente que tuviera causa en el Contrato, serán exclusivamente contra la Productora, sin que en ningún caso pueda ejercitar acción alguna contra los coproductores ni sus inversores, sean estos personas físicas o jurídicas.

7.5. El Guionista reconoce y acepta, en la máxima medida permitida por la legislación aplicable, que ningún daño derivado del presente Contrato puede ser susceptible de justificar la concesión de medidas cautelares, o de cualesquiera otras medidas, que pudieran limitar la completa y pacífica explotación del Guion y/o de la Obra Audiovisual y/o de la Serie a la que se incorpore, por parte de la Productora, sus sucesores, licenciatarios y/o cesionarios, así como cualquier daño derivado de dicha explotación por parte de la Productora, sus sucesores, licenciatarios y/o cesionarios no superará, en ningún caso, las cantidades percibidas por el Guionista en virtud del presente Contrato.

7.6. Adicionalmente a lo establecido en la Cláusula 4.2 del presente Contrato, el Guionista manifiesta conocer y acepta que, de suspenderse el presente Contrato por circunstancias ajenas e imprevisibles para la Productora como, a título enunciativo y no limitativo, por causas relacionadas con la crisis, el pago de la Contraprestación del Guionista quedará supeditada a la efectiva entrega del Guion y de cualesquiera de sus correcciones, así como de la versión final aprobada por la Productora, en caso de que ésta requiera la introducción de modificaciones en el Guion por parte del Guionista.

7.7. El Guionista se compromete a cumplir, en el caso de que sea necesario, con todas las normas y directrices que la Productora establezca para proteger la seguridad y salud en el trabajo de las personas que intervienen en la producción de la Obra Audiovisual y/o de la Serie, así como a respetar las recomendaciones del Ministerio de Sanidad y autoridades sanitarias competentes en relación a la protección frente a la crisis.

8. PUBLICIDAD Y DERECHOS DE IMAGEN

8.1. Por medio del presente Contrato, el Guionista autoriza a la Productora y a sus cesionarios, incluyendo específicamente a la Compañía, a utilizar su nombre, fotografías, dibujos, retratos, voz, autógrafos, figura y biografías (la "**Imagen**"), para la promoción y comercialización de la Obra Audiovisual y/o de la Serie, durante el desarrollo, producción, promoción, comercialización y distribución de éstos, y en general durante la explotación de los derechos aquí cedidos, por el plazo máximo permitido por la legislación aplicable, a través de todos los medios, métodos y procedimientos disponible, y con la máxima amplitud permitida por la legislación aplicable.

8.2. Por consiguiente, la Productora y sus cesionarios, incluyendo específicamente a la Compañía, están autorizados a utilizar la Imagen del Guionista en sus respectivas actividades profesionales, respetando en todo momento los derechos morales del Guionista.

8.3. Esta autorización incluye el derecho de la Productora y sus cesionarios, incluyendo específicamente a la Compañía, para producir y difundir grabaciones fonográficas y/o audiovisuales en las que pueda aparecer la Imagen del Guionista para la producción de cualesquiera materiales promocionales de la Obra Audiovisual y/o la Serie, incluyendo, entre otros materiales, el *"making-of"*, "detrás de las cámaras" o contenido extra.

9. EMISIÓN, DIVULGACIÓN Y COMPROMISO

9.1. La Productora no adquiere compromiso alguno respecto de la emisión y explotación de la Obra Audiovisual a la que, en su caso, se incorpore el Guion, o del propio Guion.

9.2. Igualmente, no se entenderá como una infracción de los derechos morales del Guionista la realización de las modificaciones necesarias exigidas por el modo de programación o difusión del medio.

9.3. El Guionista reconoce y acepta que corresponderá a la Productora y al director decidir la versión definitiva, título y modalidades de explotación del Guion, de la Obra Audiovisual, de la Serie y de sus obras y productos derivados.

9.4. En el caso de que no se realizase la Obra Audiovisual y/o la Serie, el Guionista declara expresamente que no tendrá en ningún caso derecho a recibir indemnización alguna por este concepto, pero sí recuperará los derechos de propiedad del Guion.

10. DISPONIBILIDAD DURANTE EL RODAJE

10.1. El Guionista estará a disposición de la Productora para realizar durante el período de preproducción y producción de la Obra Audiovisual y de la Serie, el desarrollo, modificaciones o adaptaciones del Guion que la propia producción exija o la Productora estime adecuada hasta la terminación de la Obra Audiovisual en su versión definitiva.

10.2. El incumplimiento por el Guionista de las obligaciones anteriores facultará a la Productora a designar libremente la persona que deba realizar dichas funciones.

10.3. En caso de que se exija la presencia del Guionista durante el rodaje, la Productora correrá con los gastos de desplazamiento, manutención y alojamiento de acuerdo con los usos del sector.

11. ACTIVIDADES PROMOCIONALES

11.1. El Guionista se compromete a participar personalmente en cuantas actividades de promoción de la Obra Audiovisual y/o la Serie se le requiera, siempre de común acuerdo con la Productora.

11.2. En el supuesto de que la Serie a que este Contrato se refiere fuese nominada para cualesquiera premios o festivales, nacionales o extranjeros, el Guionista se compromete a asistir personalmente a dichos eventos, si la Productora lo considerase conveniente, en condiciones pactadas de común acuerdo con el Guionista.

11.3. Asimismo, durante el rodaje de la Obra Audiovisual y/o de la Serie y después de finalizado éste, el Guionista se prestará a la realización de cualquier tipo de reportaje gráfico documental o promocional (fotografía, video, entre otros formatos y soportes) consensuado de buena fe entre las Partes, que podrá ser utilizado total o parcialmente en el *making of* de la Serie, la página web de la Serie, de la Productora o de la distribuidora, el DVD o cualquier otro material promocional que la Productora o la distribuidora correspondiente consideren oportuno, dentro de los usos y costumbres del sector, entendiéndose que los derechos de propiedad intelectual e industrial y derechos de imagen sobre dichos materiales se ceden a la Productora en los términos de lo previsto en este Contrato.

11.4. La remuneración a percibir por el Guionista por su participación en la promoción está incluida en la Contraprestación pactada en la Cláusula 6 del presente Contrato. No quedan comprendidos los gastos de viaje, alojamiento y manutención, que serán satisfechos por la Productora, de acuerdo con los usos y costumbres del sector.

12. TÍTULOS DE CRÉDITO

12.1. Siempre y cuando las contribuciones del Guionista sean efectivamente incorporadas al Guion en el que la Obra Audiovisual esté basado, la Productora se compromete a conceder al Guionista un título de crédito en la Serie y/o en la Obra Audiovisual correspondiente conforme al tamaño, orden y manera que la Productora decida.

12.2. Se exceptúa de dicha obligación la publicidad que se difunda a través de la radiodifusión o aquellos otros medios en los que no sea habitual dicha mención; en tales medios el tamaño, orden y manera del título de crédito y, en su caso, su inclusión, se adaptará a las características de aquel en que la misma se incluya.

12.3. La mención de la autoría del Guion se incluirá en los carteles y en el resto de la publicidad, siempre que dicha publicidad sea pagada por la Productora. En los carteles, afiches, material de promoción, y demás publicidad de la Obra Audiovisual y/o la Serie que sea pagada por la Productora, figurará el nombre del Guionista, tal y como reza a continuación: ["*"].

12.4. En consecuencia, la Productora no será responsable en los supuestos de incumplimiento de dichas obligaciones en aquellos casos en los que la publicidad o promoción de la Obra Audiovisual y/o la Serie sea realizada por terceros, incluso en el supuesto de que éstos posteriormente repercutan dicho coste a la Productora.

12.5. El emplazamiento, tamaño y demás circunstancias y características del título de crédito podrán ser objeto de modificaciones en función de las condiciones impuestas por los posibles coproductores, financiados, la distribución y las entidades de televisión participen o colaboren en la financiación de la producción.

12.6. Cualquier incumplimiento involuntario de la implementación de las disposiciones de esta Cláusula por parte de la Productora o de la Compañía, o el incumplimiento de dichas disposiciones por un tercero distinto de la Compañía no constituirá incumplimiento de este Contrato.

13. CAUSAS DE RESOLUCIÓN Y SUSPENSIÓN DEL CONTRATO

13.1. Sin perjuicio de lo previsto en el artículo 1.124 del Código Civil, así como, en su caso, de cualquier posible reclamación en concepto de daños y perjuicios, en el supuesto de que una de las Partes incumpliese alguna de las obligaciones y/o garantías descritas en el presente Contrato, la otra Parte tendrá la posibilidad de resolverlo si el citado incumplimiento no fuera subsanado en el plazo máximo de treinta (30) días laborables a contar desde la fecha de envío de la correspondiente comunicación, o si éste fuera irreparable.

13.2. Con respecto a la resolución del Contrato por causas atribuidas al Guionista, el presente Contrato podrá ser resuelto por parte de la Productora, mediante notificación por correo certificado dirigido al Guionista en los términos previamente descritos, e indicando la causa y fecha de la resolución de este Contrato, en los siguientes supuestos, a título meramente enunciativo y sin que la siguiente enumeración tenga carácter limitativo:

13.2.1 Cuando resultase falsa o inexacta, total o parcialmente, cualquiera de las declaraciones y/o garantías otorgadas por el Guionista a la Productora en el presente Contrato.

13.2.2. Si el Guionista no cumpliese con la entrega del Guion, en los plazos indicados en el presente Contrato o en acuerdos posteriores de las Partes.

13.2.3. Cuando el Guionista incurra de forma recurrente en desavenencias o faltas de entendimiento con la Productora en el desarrollo de los trabajos a realizar y servicios a prestar que constituyen el objeto del presente Contrato.

13.2.4. Cuando el Guionista incurriese en cualquier otro incumplimiento de cualquier estipulación de este Contrato.

13.2.5. En caso de cualquier acción u omisión del Guionista derivada de una negligencia grave o dolo y que pudiera tener un impacto en la explotación del Guion, de la Obra Audiovisual o de la Serie a las que se incorpore por parte de la Productora, o de sus sucesores, licenciatarios y/o cesionarios.

13.2.6. Cuando cualquier actuación o conducta negligente del Guionista perjudique la producción o la correcta explotación del Guion, de la Obra Audiovisual y/o de la Serie, así como la imagen de la Productora y/o de la Compañía, incluida la divulgación de Información Confidencial al respecto del Proyecto.

13.2.7. En caso de fallecimiento, lesión o enfermedad del Guionista que le impidan entregar cualquier de los materiales acordados y mencionados en el presente Contrato o en sus anexos.

13.3. Si la Productora resuelve el presente Contrato de forma anticipada por cualquiera de las causas establecidas en la Cláusula 13.2 anterior, la Productora quedará liberada y exonerada de todas las obligaciones restantes frente al Guionista.

13.4. Con respecto a la resolución por causas atribuidas a la Productora, el presente Contrato podrá ser resuelto por parte del Guionista, mediante notificación por correo certificado dirigido a la Productora en los términos descritos en la Cláusula 13.1, e indicando la causa y la fecha de resolución, en los siguientes supuestos, a título meramente enunciativo y sin que la siguiente enumeración tenga carácter limitativo:

13.4.1. Cuando la Productora no cumpliese con el compromiso de pago de la Contribución previsto en el presente Contrato; y/o

13.4.2. en el supuesto de que la Productora incurriese en cualquier otro incumplimiento sustancial de alguna de las obligaciones establecidas en este Contrato.

13.5. Asimismo, la Productora podrá resolver el presente Contrato en el supuesto de finalización anticipada, suspensión definitiva o abandono de la producción de la Obra Audiovisual, por parte de la Productora, por cualquier causa no imputable al Guionista. Del mismo modo, la Productora podrá resolver el presente Contrato en cualquier momento sin causa.

13.6. A efectos aclaratorios, cualesquiera suspensiones, retrasos o interrupciones en la ejecución del Contrato debidas a causas de fuerza mayor (a título enunciativo y no limitativo, derivadas de la crisis............. (CRISIS)) o a necesidades objetivas de la producción de la Obra Audiovisual y/o de la Serie, no se reputarán como causa de resolución del Contrato ni serán susceptibles de indemnización entre las Partes.

13.7. En el supuesto de que el Guion no se complete por la resolución anticipada del Contrato por cualquier causa, la Productora podrá utilizar los materiales entregados hasta la fecha de la resolución y contratar a terceros para que terminen el trabajo. En este supuesto todos los guionistas deben figurar en los títulos de crédito conforme a su aportación y los usos del sector, entendiéndose que los derechos de propiedad intelectual e industrial y derechos de imagen sobre el Guion realizado por el Guionista han sido cedidos a la Productora en los términos de este Contrato.

13.8. En caso de que la Productora resuelva el presente Contrato unilateralmente sin causa, y siempre que el Guionista haya incumplido sus obligaciones y/o garantías establecidas en el presente Contrato, al Guionista le corresponderá la Contraprestación acordada en este Contrato por los trabajos efectivamente realizados.

13.9. No obstante lo anterior, el Guionista manifiesta conocer y aceptar que, de suspender la Productora el Contrato unilateralmente por circunstancias ajenas e imprevisibles a ella, como puede ser por causas relacionadas con la crisis............. (CRISIS), será de aplicación lo dispuesto en la Cláusula 7.6 del presente Contrato.

13.10. Sin perjuicio de todo lo anterior, la suspensión del presente Contrato en los términos previstos en el mismo podrá ser revocada en cualquier momento por la Productora, que notificará al Guionista de dicha revocación lo antes posible, con el fin de que éste reanude los Servicios objeto del Contrato a la mayor brevedad.

14. CESIÓN

14.1. La Productora está facultada para ceder el presente Contrato y todos o parte de los derechos y/o obligaciones de la Productora en virtud del presente Contrato a cualesquiera otras personas físicas y/o jurídicas, siempre que así se lo notifique al Guionista, por lo que este Contrato deberá ser vinculante y recaerá en beneficio de todos los sucesores de la Productora, así como de sus licenciatarios y cesionarios.

14.2. El Guionista no está facultado para ceder el presente Contrato, ni todos o parte de los derechos y/o obligaciones previstos en el mismo a ninguna persona física y/o jurídica.

15. MISCELÁNEA

15.1. El presente Contrato y, en su caso, todos sus anexos constituyen un acuerdo completo entre las Partes en relación con el encargo de redacción de guion y cesión de derechos de propiedad intelectual e industrial y derechos de imagen contemplados en el presente documento y únicamente podrá ser modificado en virtud de un documento escrito firmado por ambas Partes. A efectos aclaratorios, en caso de conflicto con, en su caso, la traducción inglesa del presente documento, la versión española prevalecerá.

15.2. Cualquier modificación que afecte al presente Contrato o, en su caso, a sus anexos deberán realizarse por escrito para ser efectivos. Ninguna práctica, omisión o negligencia pasiva constituirá fundamento para poder modificar el presente Contrato.

15.3. Si alguna parte, término o disposición del presente Contrato se declarara ilegal, nulo o inválido, será eliminado y las Partes intentarán solucionarlo acordando una disposición aplicable que la sustituya, permaneciendo en vigor el resto de disposiciones.

15.4. El presente Contrato no constituye asociación entre las Partes contratantes y, no podrá deducirse la misma con respecto a terceros.

15.5. El presente Contrato y su interpretación y aceptación se regirá por y de acuerdo con la legislación española.

15.6. Las precitadas cesiones y cualesquiera otras manifestaciones y garantías contenidas en el presente Contrato seguirán vigentes aun cuando se produzca una terminación o resolución del Contrato.

15.7. Cada una de las Partes faculta a la otra Parte para que pueda elevar a público el presente Contrato, asumiendo el coste la Parte solicitante y quedando obligada la otra Parte a realizar cuantas gestiones sean necesarias para tal fin.

16. NOTIFICACIONES

16.1. Las notificaciones podrán hacerse por cualquiera de los medios admitidos en Derecho que permita tener constancia de la recepción.

16.2. Toda notificación necesaria a los efectos del presente Contrato, se hará a las direcciones que constan en el encabezamiento del presente documento como domicilios de las Partes o en las direcciones de correo electrónico que se indican a continuación:

16.2.1. E-mail del Guionista: [*]

16.2.2. E-mail de La Productora: [*]

16.3. Las Partes se comunicarán en tiempo oportuno cualquier cambio de los anteriores domicilios y datos.

17. CONFIDENCIALIDAD

17.1. Las Partes acuerdan que será considerada "**Información Confidencial**" la propia existencia del Contrato, así como los términos y condiciones aquí estipulados, y toda aquella información que haya conocido el Guionista con ocasión de su trabajo y participación en la Obra Audiovisual y/o la Serie. Asimismo, la Información Confidencial incluirá todos aquellos datos e informaciones relativos al proceso de producción de la Obra Audiovisual y de la Serie, tales como, sin carácter exhaustivo, el argumento, el guion, los personajes, el rodaje, el reparto, el equipo técnico y de producción, el presupuesto, las localizaciones, la ambientación, la caracterización, las anécdotas o acontecimientos acaecidos durante la producción, las vidas privadas de los intervinientes en la producción, o cualquier otro elemento o circunstancia de la producción. Asimismo, la Información Confidencial incluirá datos e informaciones relativos a la Productora, tales como, sin carácter exhaustivo, información comercial, económica o industrial, información sobre empleados, contratistas, clientes, posibles clientes y/o proveedores o estrategia comercial y financiera, información relativa a secretos comerciales, marcas, nombres comerciales, diseños, know-how, prototipos, planos, carteles publicitarios, datos de carácter personal o cualquier otro tipo de información relativa a la Productora.

17.2. El Guionista se compromete a mantener la Información Confidencial secreta y a no revelar la misma, total o parcialmente, a cualesquiera terceros que no sean sus representantes y empleados, salvo que así fuera requerido por una orden judicial o administrativa, en cuyo caso las Partes igualmente se comprometen a comunicarse, con carácter previo tal circunstancia, la existencia de dicho mandato judicial o administrativo, por escrito, de forma inmediata, procurando restringir en la medida de lo posible el contenido de dicha revelación.

17.3. En el contexto de la anterior obligación, el Guionista se compromete a no comunicar a terceras personas información acerca de la producción, el contenido del Guion, el rodaje o cualquier otra circunstancia relativas al Proyecto, a la Obra Audiovisual, a la Serie y a la Productora o la Compañía, todo lo cual forma parte de la Información Confidencial, sin expresa autorización previa y escrita de la Productora. Cualquier comunicación pública o declaración sobre el Guion, la Obra Audiovisual y/o la Serie tendrá que ser aprobada y consensuada por la Productora.

17.4. El Guionista reconoce expresamente que la Información Confidencial es propiedad de la Productora. El Guionista se compromete a utilizar la Información Confidencial que reciba o conozca únicamente en la medida necesaria para la prestación de sus servicios en virtud del presente Contrato. El Guionista se obliga, asimismo, a notificar inmediatamente a la Productora, cualquier revelación o uso no autorizado de la Información Confidencial de la que tenga conocimiento. En este sentido, el Guionista se compromete, en particular, a no divulgar la Información Confidencial a través de redes sociales, servicios de *micro-blogging*, foros en línea, hilos de discusión o secciones de comentarios, sitios web personales, sitios web modificados por usuarios o cualquier otro sitio web, plataforma, foro, aplicación o medio de comunicación actualmente conocido o desarrollado con posterioridad.

17.5. Del mismo modo, el Guionista reconoce y acepta que la Información Confidencial tienen un valor económico independiente que se deriva del hecho de no ser conocida por el público en general o por otras personas que puedan obtener un valor económico de su divulgación, distribución o uso. Asimismo, el Guionista reconoce y acepta que cualquier incumplimiento por su parte con respecto a la Información Confidencial supondrá un perjuicio irreparable para la Productora, no fácilmente mensurable en dinero, y por el que la Productora, sin renunciar a otros derechos o recursos que les asistan, tendrán derecho a solicitar medidas cautelares y de resarcimiento.

17.6. Sin perjuicio de lo anterior, en caso de incumplir el Guionista con lo dispuesto en esta Cláusula 17, la Productora se reserva el derecho a finalizar la presente relación, así como a exigirle cuantos daños y perjuicios le haya causado dicho incumplimiento del Guionista.

17.7. El Guionista responderá e indemnizará a la Productora, por cualquier reclamación, coste, pérdida, daño o responsabilidad exigida a la Productora como consecuencia directa o indirecta del incumplimiento por parte del Guionista de las obligaciones contempladas en la presente Cláusula.

17.8. La obligación de confidencialidad prevista en esta Cláusula se mantendrá en vigor durante toda la duración del presente Contrato y por tiempo indefinido tras su pérdida de vigencia o resolución por cualquier causa.

17.9. A petición de la Productora en cualquier momento durante la vigencia de este Contrato y tras su terminación, el Guionista se compromete a devolver inmediatamente la Información Confidencial correspondiente a su legítimo propietario. En todo caso, el Guionista reconoce y acepta que el incumplimiento de lo dispuesto en la presente Cláusula dará lugar a la obligación de restituir a la Productora la totalidad de la Información Confidencial y/o podrá dar lugar a la resolución del presente Contrato.

18. PROTECCIÓN DE DATOS PERSONALES

18.1. Las Partes garantizan que conocen y aplican las obligaciones establecidas por el Reglamento (UE) 2016/679 del Parlamento europeo y del Consejo de 27 de abril de 2016 relativo a la protección de las personas físicas en lo que respecta al tratamiento de datos personales y a la libre circulación de estos datos y por el que se deroga la Directiva 95/46/CE (el "**RGPD**") y de la Ley Orgánica 3/2018, de 5 de diciembre, de Protección de Datos Personales y garantía de los derechos digitales (la "**LOPDGDD**").

18.2. La Productora declara que los datos de contacto del Guionista serán tratados para posibilitar el desarrollo y ejecución de la relación contractual y/o comercial entre las Partes, estando el tratamiento de datos amparado en el interés legítimo de las Partes.

18.3. Los datos personales de las Partes serán conservados durante toda la vigencia de la relación contractual y/o comercial, y más allá de la misma, durante los plazos de prescripción necesarios en función de la legislación aplicable.

18.4. Las Partes podrán dirigirse mutuamente con el fin de poder ejercitar sus derechos de acceso, rectificación, supresión, oposición, portabilidad de los datos, y limitación del tratamiento a la dirección facilitad en el encabezado del presente documento adjuntando copia de DNI o pasaporte.

18.5. Asimismo, y en el supuesto de que las Partes incumplan sus obligaciones legales en materia de protección de datos, tienen derecho a presentar una reclamación ante la Agencia Española de Protección de Datos.

19. LEGISLACIÓN APLICABLE Y FUERO

19.1. El presente Contrato deberá interpretarse y cumplirse de conformidad con la legislación española, y en particular con el régimen legal aplicable a los derechos de propiedad intelectual e industrial.

19.2. Las Partes expresa y voluntariamente acuerdan someterse a los tribunales de la ciudad de .... para la resolución de cualesquiera controversias o disputas que pudieran resultar de la interpretación y cumplimiento del presente Contrato, renunciando expresamente a cualquiera otro fuero que, en su caso, pudieran corresponderles.

En virtud de cuanto antecede, las Partes firman el presente Contrato por duplicado, previa su lectura íntegra, el cual declaran entender y con cuyo contenido están conformes, en la fecha indicada en el encabezamiento.

[Página de firmas]

El Guionista	La Productora
Fdo.: D./Dña. [*]	Fdo.: [*]

F054. CESIÓN DE DERECHOS DE IMAGEN PARA USO EN PROGRAMA TELEVISIVO

Muy Sres. Nuestros:

Por la presente les autorizo y cedo de forma totalmente gratuita los derechos necesarios para que............ pueda utilizar e incorporar en el programa de televisión "..........." (en lo sucesivo, el ".............") las imágenes que les entrego junto a esta carta (en adelante las "Imágenes").

En particular, autorizo a........... para que pueda incorporar y explotar, total o parcialmente, las Imágenes en el..........., y cedo los derechos que resulten necesarios de reproducción, distribución, comunicación pública, transformación y subtitulado, abarcando cualquier forma de explotación.

Reconozco, asimismo, a........... el derecho a llevar a cabo, por sí o por medio de terceros, para todo el mundo y por el plazo máximo de explotación previsto en la Ley de Propiedad Intelectual, la explotación y comercialización del PROGRAMA que incorpore dichas Imágenes en cualquiera de sus modalidades, (i) televisiva, a través de televisión analógica, digital, por cable, por satélite, TV de pago o codificada; (ii) a través de sistemas audiovisuales informáticos, Internet o de telefonía; (iii) videográfica (producción y distribución de videocasetes, DVD's mini-DVD, HDV, Blu-Ray); (iv) gráfica, que incluye la reproducción y distribución de imágenes en revistas, folletos, álbumes, colecciones, etc.; y (v) producción y venta de merchandising y productos derivados. Asimismo, reconozco a........ el derecho para que pueda modificar la forma de emisión del PROGRAMA que exija la programación, incluida la eliminación o adición de secuencias y la emisión de secuencias en otros programas que tengan por objeto la promoción del PROGRAMA, programas recopilatorios o del estilo "así se hizo" "videozapping".

Por último, les garantizo a........... que las Imágenes fueron tomadas lícitamente, con el consentimiento de las personas que en ellas figuran, y cuento con los derechos y autorizaciones necesarias para el uso y explotación arriba indicados. En consecuencia, me comprometo a mantener indemne a.......... de cualquier reclamación de terceros derivad de la eventual infracción de derechos de propiedad intelectual sobre las referidas Imágenes o de los derechos de imagen de las personas que en ellas aparecen.

Sin otro particular, reciban un cordial saludo.

F055. AUTORIZACIÓN DE USO DE IMAGEN DE ADULTO PARA SERIE TELEVISIVA

D./Dª. ______________________________, provisto de D.N.I. nº ______________, y con domicilio en ____, en relación con las grabaciones y/u obras audiovisuales que forman parte del proyecto llamado "X" capítulo 1 que están siendo producidas por "X" S.L., reconoce haber autorizado a esta, de manera irrevocable, sin más limitación temporal ni territorial que la que se derive de los usos del ramo, el uso de su imagen personal, su fotografía, retrato e imagen física, que podrá ser reproducida y empleada para los fines habituales de publicidad, promoción, explotación y comercialización de las reiteradas grabaciones y/u obras audiovisuales, y del proyecto al que se refieren.

El firmante se compromete a guardar secreto de modo particular en medios de comunicación social respecto a toda aquella información que haya conocido con ocasión de su participación en dicho proyecto, sin expresa autorización de "X" S.L.

Y para que así conste donde proceda, expide la presente autorización en:

______________ a ___de ___________ de 202_.

Firmado:

F056. CONTRATO DE PRODUCCIÓN EN EL ÁMBITO TELEVISIVO

En ...., a .... de .... de 20.....

REUNIDOS

DE UNA PARTE, D. XXXXXXXXXXX en nombre y representación deXXXXXXXXXXXX., con domicilio social en, debidamente apoderados para este acto (en adelante, "**LA CADENA**");

Y, DE OTRA PARTE, D.XXXXXXXXXXX, en nombre y representación de XXXXXXXXXXXXdebidamente apoderado para este acto (en adelante, "**la PRODUCTORA**").

Ambas partes (conjuntamente, en adelante, "**las Partes**"), se reconocen recíprocamente capacidad suficiente para celebrar este contrato (en adelante, "**el Contrato**") y en su virtud

EXPONEN

I. Que LA CADENA se dedica, entre otras actividades, al desarrollo y a la producción de obras audiovisuales de tipo documentales y de programas de entretenimiento y de ficción, así como a la explotación de ciertos canales de televisión, como el denominado "EL CANAL", del cual es licenciatario exclusivo en España (en adelante, "**EL CANAL**").

II. Que LA CADENA, en su canal EL CANAL, emite un ciclo de XXXXXXXX denominados "............", dedicado a mostrar XXXXXXXXXXXXXX.

III. Que, con motivo de su compromiso con el bienestar animal, LA CADENA tiene intención de producir un documental del tipo XXXXXXX de EL CANAL sobre la producción de leche, amparado por la marca "XXXXXX", para ser emitido en EL CANAL.

IV. Que la PRODUCTORA se dedica, entre otras actividades, a la prestación de servicios de producción ejecutiva de obras audiovisuales, en el sentido de dicho término de conformidad con los usos de la industria audiovisual, y dispone de la experiencia, personal y medios materiales necesarios para realizar la producción ejecutiva del documental mencionado en el Exponendo III.

V. Que LA CADENA desea contratar los servicios de la PRODUCTORA para la realización de la producción del documental antes mencionado, de acuerdo con los términos del presente Contrato.

En consecuencia, ambas Partes han acordado la celebración del presente Contrato de prestación de servicios de producción ejecutiva, con arreglo a las siguientes

CLÁUSULAS

PRIMERA.- OBJETO

El presente Contrato tiene por objeto la prestación por parte de la PRODUCTORA, por encargo de LA CADENA, de los servicios de producción de un documental (incluyendo las labores de preproducción, dirección, realización, grabación completa, postproducción y edición hasta la entrega de la versión definitiva del mismo, así como todas aquellas tareas que sean comúnmente consideradas parte de las que normalmente llevan aparejados estos servicios según estándares del sector), centrado en el proceso de XXXXXXXXX(XX) minutos de duración, provisional o definitivamente titulado "XXXXXXXXX", o cualquier otro nombre que LA CADENA considere, en versión original española y en formato de alta definición XXXX, cuyas principales especificaciones se incorporan al presente Contrato como ANEXO I (todo ello referido en adelante como "**el Documental**").

LA CADENA asumirá para la realización de la mencionada producción únicamente las partidas que se incluyen en el presupuesto que se recoge en el ANEXO II ("**el Presupuesto de Producción**"). Dicho Presupuesto de Producción se considera cerrado y por lo tanto LA CADENA no asumirá ningún coste o gasto adicional que no esté contemplado en el mismo, a menos que haya sido expresamente autorizado por LA CADENA con carácter previo a su incursión, aunque sea como consecuencia de retrasos no imputables a la PRODUCTORA, salvo que el gasto adicional sea imputable a LA CADENA.

LA CADENA, en calidad de productor, mantendrá el control editorial de la producción y en consecuencia la PRODUCTORA deberá seguir las instrucciones de LA CADENA y adaptarse en cada momento a las Especificaciones Técnicas y envío de Materiales de Producción aportados por LA CADENA que se adjunta al presente Contrato como ANEXO III ("**el Manual de Producción**").

En cualquier caso, la PRODUCTORA producirá el Documental de acuerdo con el Plan de Producción y Calendario de Producción acordado entre las Partes y que se adjunta al presente Contrato como ANEXO IV ("**el Calendario de Producción**").

La PRODUCTORA reconoce que el cumplimiento del Presupuesto de Producción, el Manual de Producción y el Calendario de Producción, especialmente en lo relacionado con el envío de los materiales, es un elemento esencial del Contrato y que el incumplimiento del mismo permitirá a LA CADENA a proceder a la terminación unilateral de este Contrato y a exigir la correspondiente indemnización por los daños y perjuicios causados.

SEGUNDA.- VIGENCIA

La vigencia del presente Contrato comienza el ...., se mantendrá vigente durante el tiempo que dure la producción del Documental, y expirará una vez cumplidas todas y cada una de las obligaciones que se establecen en el Contrato y una vez entregados a LA CADENA los materiales finales correspondientes al Documental, que deberán ajustarse a las instrucciones y/o modificaciones que LA CADENA hubiese proporcionado y/o sugerido durante la producción y/o postproducción del mismo, en los términos establecidos en el ANEXO III, salvo en lo que a cesión de derechos, garantías y confidencialidad se refiere.

TERCERA.- OBLIGACIONES DE LA PRODUCTORA

En virtud del presente Contrato, la PRODUCTORA se obliga a prestar a LA CADENA los servicios propios de producción ejecutiva del Documental. Dichos servicios consistirán, en particular, en la realización y asunción de las siguientes funciones y responsabilidades:

1. Coordinar y organizar todos los elementos personales, tanto artísticos como técnicos y materiales necesarios para la producción del Documental, y realizar la gestión de los recursos económicos disponibles a tal fin, de conformidad con los términos previstos en el presente Contrato, llevando por tanto a cabo la gestión diaria de la producción de acuerdo al Calendario de Producción.

2. Realizar todos los pagos relativos a aquellas obligaciones dimanantes de la producción del Documental de acuerdo al Presupuesto de Producción, incluidos los pagos al presentador y a cualquiera de las personas entrevistadas que aparezcan en el Documental.

3. Cumplir el Calendario de Producción.
4. Llevar a cabo cuantas otras funciones sean necesarias para la producción, así como los posteriores servicios de post-producción del Documental (con sujeción a las instrucciones de LA CADENA e introduciendo las modificaciones que esta última pudiera indicar), de acuerdo a las labores propias de la producción ejecutiva conforme a los usos de la industria audiovisual y a las obligaciones asumidas mediante el presente Contrato.

La PRODUCTORA responderá del cumplimiento de las anteriores obligaciones, y en particular, del cumplimiento del Presupuesto de Producción, Calendario de Producción y cumplimiento normativo, responsabilizándose de cualquier incremento del coste de realización del Documental por encima de dicho Presupuesto de Producción, así como de cualquier retraso de los plazos de producción o sanción o penalización.

En el caso de que la PRODUCTORA no se hiciera cargo de cualquier posible incremento del coste, siempre y cuando este incremento no sea imputable a LA CADENA, LA CADENA podrá resolver el Contrato.

CUARTA.– COMPROMISOS DE LAS PERSONAS CUYA IMAGEN APAREZCA EN EL DOCUMENTAL

Las Partes acuerdan que el presentador del Documental y las personas entrevistadas, cuya imagen y/o voz aparezcan en el mismo, serán los enumerados en el ANEXO V. Las Partes reconocen que tanto la lista es provisional. No obstante lo anterior, cualquier sustitución deberá ser aprobado por LA CADENA.

La PRODUCTORA será la encargada de contratar con las personas mencionadas. En la negociación con estas últimas, la PRODUCTORA deberá incluir todas las cesiones de derechos necesarias para la correcta explotación del Documental. Asimismo, estas personas deberán reconocer que LA CADENA no tendrá ninguna obligación de explotar el Documental.

QUINTA.– DERECHO DE CONTROL Y SUPERVISIÓN

LA CADENA podrá designar a un representante de LA CADENA para que ejerza las competencias y derechos que a LA CADENA corresponden de acuerdo a lo estipulado en el presente Contrato. LA CADENA se reserva la opción de sustituir a la persona designada en caso de imposibilidad manifiesta por la misma para realizar las competencias atribuidas.

SEXTA.– CONTRAPRESTACIÓN

Como contraprestación por la efectiva y correcta prestación de todos y cada uno de los servicios de producción previstos en este Contrato y por la cesión de todos y cada uno de los derechos que se estipulan en el mismo, incluido el beneficio industrial que le corresponde a la PRODUCTORA, LA CADENA abonará a la PRODUCTORA la cantidad total de XXXXXXX euros (XXXXXXX.-€), más los impuestos que sean de aplicación en cada momento, y que incluye todos los pagos derivados de la prestación de los servicios de la PRODUCTORA, tanto personales como materiales.

LA CADENA realizará el pago de la cantidad establecida en el párrafo anterior, a ...... (.....) días desde la presentación por la PRODUCTORA de la correspondiente factura, de acuerdo al siguiente calendario de pagos: ....

SÉPTIMA.– DERECHOS DE PROPIEDAD INTELECTUAL E INDUSTRIAL

En su condición de productora del Documental, LA CADENA adquiere los derechos originarios del mismo y será la única y exclusiva titular, sin limitación territorial y hasta que por el transcurso de los plazos de tiempo máximos previstos por la Ley los derechos pasen a ser de dominio público, de todos los derechos de explotación del Documental y del resto de aportaciones y creaciones objeto de propiedad intelectual que se deriven de la prestación de servicios objeto de este Contrato, que comprenden los derechos de fijación, reproducción, distribución, comunicación pública (incluida la modalidad de puesta a disposición al público) y transformación, incluyendo los de doblaje y subtitulado, así como los derechos de reproducción, distribución, comunicación pública y transformación sobre los guiones, diálogos, adaptación de obras preexistentes, dirección y las actuaciones e interpretaciones artísticas, incluidos los derechos de explotación independiente de sus músicas originales o adaptadas, para su explotación en todos los medios, formatos y sistemas, incluyendo, sin que ello suponga una limitación, la explotación televisiva en todas sus modalidades, cinematográfica, videográfica en cualquier formato, VOD, NVOD, o cualquier modalidad de vídeo bajo demanda, discográfica o impresa, así como su reproducción y difusión a través de vídeo a la carta, móvil o internet. La cesión de los derechos de explotación sobre los argumentos o formatos originales a la PRODUCTORA se entiende realizada a los efectos de la producción del Documental.

OCTAVA.- COMPROMISOS DE LA PRODUCTORA

La PRODUCTORA se compromete a desarrollar, por su cuenta y riesgo, los servicios objeto del presente Contrato, de acuerdo con el Presupuesto de Producción y el Calendario de Producción.

La PRODUCTORA será, por tanto, la única y exclusiva responsable del cumplimiento de todas las obligaciones de carácter laboral, civil, mercantil, fiscal y de pago a la Seguridad Social que se deriven de sus relaciones con el personal y los proveedores de bienes o servicios que intervengan o participen en cualquier modo en la producción del Documental, eximiendo y manteniendo indemne a LA CADENA de toda responsabilidad ante cualquier reclamación de dicho personal, proveedores o terceros derivada del incumplimiento de dichas obligaciones.

NOVENA.- TITULOS DE CRÉDITO

En los títulos de crédito del Documental aparecerá la siguiente leyenda, o cualquier otra especificada por LA CADENA:

- Una producción de ........S.L. (+ logo)

  para

- LA CADENA ....(+ Logo)

  © ....

DÉCIMA.- MATERIALES Y APROBACIÓN

Al inicio de la grabación, la PRODUCTORA entregará a LA CADENA toda la documentación acreditativa de la previa adquisición de los derechos de propiedad intelectual e industrial necesarios para la producción del Documental y la explotación pacífica por LA CADENA de los derechos que adquiere por este Contrato.

Finalizada la prestación de servicios pactada, la PRODUCTORA entregará a LA CADENA el material del Documental establecido en el Manual de Producción, en formato y con sujeción a los parámetros de calidad contenidos en el mismo.

DÉCIMO PRIMERA.- CONFIDENCIALIDAD

La PRODUCTORA se compromete a no proporcionar a ninguna empresa de la industria audiovisual distinta de LA CADENA, ni mediando contrato o contraprestación ni de ninguna otra manera, el argumento del Documental o los guiones, ni las ideas, contenido, situaciones y demás características del Documental.

Todos los datos, documentación o información de cualquier índole que una parte pueda poner a disposición o en conocimiento de la otra en virtud del presente Contrato, así como el contenido del mismo, tendrán carácter confidencial y sólo podrán ser utilizados para el cumplimiento del presente Contrato, obligándose las Partes a no divulgarlos ni total ni parcialmente, en forma alguna salvo en el caso de imperativo legal o de que una de las Partes inicie un procedimiento judicial o administrativo en relación con el presente Contrato, así como a indemnizarse mutuamente por los daños y perjuicios que en caso contrario pudieran irrogarse. En particular, la PRODUCTORA se compromete a mantener confidencialidad respecto del contenido y características del Documental, no pudiendo comunicar dicha información a ningún tercero, y, en particular, a ninguna persona que preste sus servicios en una empresa del sector audiovisual distinta de LA CADENA.

DÉCIMO SEGUNDA.- RESOLUCIÓN ANTICIPADA

- Si durante el desarrollo del proyecto objeto del Contrato, LA CADENA entiende que la calidad del Documental no es la esperada, ésta tendrá el derecho de resolver unilateralmente el presente Contrato, en cuyo caso LA CADENA compensará los gastos reales incurridos por la PRODUCTORA hasta ese momento, siempre que resulten suficientemente constatados, justificados documentalmente, con el límite del máximo establecido en cada una de las partidas del Presupuesto de Producción y sin beneficio industrial, entendiendo incluidos en los mismos también aquéllos previamente asumidos conforme al Presupuesto de Producción que resulten necesarios para el cierre de la producción y sean autorizados por LA CADENA.
- La PRODUCTORA se obliga a incluir las condiciones aquí reflejadas en todos los contratos técnicos y artísticos que suscriba con cualquier tercero para la producción del Documental. La inobservancia de esta obligación no será oponible a LA CADENA.
- De aplicarse esta resolución anticipada, LA CADENA continuará siendo titular de los derechos cedidos en sobre la producción realizada hasta ese momento, en las condiciones allí establecidas.
- LA CADENA podrá practicar las oportunas retenciones sobre el/los último/s pago/s con la finalidad de conciliar el total facturado por la PRODUCTORA con el importe resultante de la aplicación de esta cláusula. Si se hubieran completado los pagos establecidos en este Contrato, la PRODUCTORA se compromete a presentar y pagar la factura de abono correspondiente.

DÉCIMO TERCERA.- INCUMPLIMIENTO

En caso de incumplimiento de las obligaciones contenidas en el presente Contrato por cualquiera de las Partes, la parte incumplidora, a requerimiento de la que no lo es, deberá cumplir en el plazo máximo de quince (15) días naturales las obligaciones incumplidas, que serán comunicadas por correo certificado con acuse de recibo.

Lo anterior se entenderá sin perjuicio de la facultad de la parte cumplidora de exigir alternativamente el cumplimiento de la obligación o la resolución del Contrato, en ambos casos con el correspondiente resarcimiento de daños y perjuicios.

Además de por las causas legalmente previstas, LA CADENA podrá resolver el presente Contrato unilateralmente, sin obligación de pago de indemnización a la PRODUCTORA y sin periodo de subsanación, en los siguientes casos:

(a) En el caso de cualquier retraso en la entrega de materiales, de acuerdo con lo previsto en el calendario de entrega de materiales en el Calendario de Producción;

(b) en el caso de entendimiento o desavenencia constante entre las Partes en el desarrollo del objeto del Contrato.

(c) en el caso de que cualquier actuación de la PRODUCTORA suponga un perjuicio para terceros, del que se derive una reclamación de daños y perjuicios contra LA CADENA;

d) en el caso de que la PRODUCTORA, por causas no imputables a LA CADENA, se exceda del presupuesto previsto en el Presupuesto de Producción y no quisiera asumir el incremento;

(e) en caso de incumplimiento de tipo laboral, fiscal, de seguridad social y en general todas aquellas de cuyo incumplimiento se pueda derivar una responsabilidad subsidiaria para LA CADENA;

(f) en caso de falta de necesidad sobrevenida por parte de LA CADENA de los servicios contratados, debido a criterios de producción u otros;

(g) en caso de incumplimiento legislativo, de la moral o del orden público.

En el caso de resolución del presente Contrato por cualquiera de las Partes durante el periodo de vigencia del mismo, todos los contratos que la PRODUCTORA haya celebrado con terceros para la producción del Documental quedarán automáticamente cedidos a favor de LA CADENA, quien podrá, a su entera discreción, subrogarse en la posición contractual de la PRODUCTORA en dichos contratos, a cuyos efectos la PRODUCTORA se obliga a contemplar dicha cesión automática en todos los contratos que suscriba con terceros a los efectos de la producción del Documental. Asimismo, en caso de resolución o terminación del presente Contrato, la PRODUCTORA se obliga a notificar por escrito dicha resolución a todos los terceros con los que haya firmado contratos a los efectos de la producción del Documental.

DECIMO CUARTA.– LEGISLACION Y TRIBUNALES

El presente Contrato se regirá por la legislación española aplicable.

Las Partes se someten expresa y voluntariamente a los Tribunales de la ciudad de ....para resolver cualquier controversia que pueda plantearse en relación con la interpretación y aplicación del presente Contrato, con renuncia a cualquier otro fuero que pudiera corresponderles.

Y para que así conste y, en prueba de conformidad de las Partes, se firma el presente documento por duplicado y a un solo efecto, en el lugar y fecha indicados en el encabezamiento.

Por LA CADENA	Por LA PRODUCTORA
D.	D.

F057. CONTRATO DE EXPLOTACIÓN CON PLATAFORMAS DIGITALES (OTT)

En [Ciudad], a [Fecha].

COMPARECEN

De una parte, la entidad [Nombre del titular de derechos], con domicilio en [Dirección], provista de CIF nº [__________], debidamente representada por D./Dª [Nombre y Apellidos], en calidad de [Cargo], en adelante EL TITULAR.

Y de otra parte, la entidad [Nombre de la plataforma digital u OTT], con domicilio en [Dirección], provista de CIF nº [__________], debidamente representada por D./Dª [Nombre y Apellidos], en calidad de [Cargo], en adelante LA PLATAFORMA.

Ambas partes se reconocen mutuamente la capacidad legal suficiente para contratar y obligarse, y a tal efecto EXPONEN y ACUERDAN suscribir el presente contrato con arreglo a las siguientes:

EXPOSICIONES

I. Que EL TITULAR es propietario legítimo de los derechos de explotación de la obra audiovisual titulada [Título].

II. Que LA PLATAFORMA es una empresa dedicada a la explotación y difusión de contenidos audiovisuales a través de internet y servicios OTT.

III. Que ambas partes desean regular las condiciones bajo las cuales LA PLATAFORMA explotará la obra audiovisual en sus servicios digitales.

Primera. Objeto del contrato

EL TITULAR concede a LA PLATAFORMA una licencia para explotar la obra audiovisual titulada [Título] a través de sus servicios digitales y OTT.

La explotación comprenderá reproducción, puesta a disposición interactiva, streaming, descarga bajo demanda y cualquier modalidad técnica propia de los servicios OTT.

La presente licencia no implica cesión de titularidad de derechos, sino únicamente una licencia de uso en los términos pactados.

Segunda. Duración y territorio

La licencia se concede por un plazo de [X años], prorrogable tácitamente salvo denuncia con seis (6) meses de antelación.

El ámbito territorial será [detallar países o todo el mundo], salvo limitaciones establecidas en el Anexo I.

Tercera. Exclusividad

La licencia se concede con carácter [exclusivo/no exclusivo], según lo pactado expresamente en el Anexo I.

En caso de exclusividad, EL TITULAR se compromete a no licenciar la obra a competidores directos de LA PLATAFORMA durante la vigencia del contrato.

Cuarta. Retribución

LA PLATAFORMA abonará a EL TITULAR la cantidad de [___ €], más impuestos aplicables, como remuneración mínima garantizada.

Además, EL TITULAR percibirá un porcentaje de los ingresos generados por visionados, suscripciones o publicidad vinculados a la explotación de la obra.

Los informes de explotación se entregarán trimestralmente, acompañados de la liquidación correspondiente.

Quinta. Obligaciones de la plataforma

LA PLATAFORMA se compromete a explotar la obra de forma diligente, garantizando su adecuada promoción y visibilidad en sus catálogos.

Asimismo, garantizará la protección de la obra frente a accesos no autorizados mediante sistemas de DRM u otros equivalentes.

Sexta. Garantías del titular

EL TITULAR garantiza ser legítimo propietario de los derechos de explotación de la obra audiovisual.

Se obliga a mantener indemne a LA PLATAFORMA frente a reclamaciones de terceros por supuestas infracciones de derechos de autor.

Séptima. Derechos morales y créditos

EL TITULAR conservará en todo caso los derechos morales sobre la obra, debiendo LA PLATAFORMA respetar el derecho de paternidad y de integridad.

La obra se explotará con inclusión de los créditos de autoría en la forma establecida por EL TITULAR.

Octava. Confidencialidad

Ambas partes se obligan a guardar estricta confidencialidad sobre las condiciones contractuales y los datos de explotación.

Esta obligación se mantendrá durante la vigencia del contrato y cinco (5) años después de su terminación.

Novena. Protección de datos

Las partes cumplirán lo dispuesto en el RGPD y la LOPDGDD en relación con los datos personales de usuarios y titulares.

Cada parte será responsable de los datos que trate en su ámbito, debiendo garantizar las medidas de seguridad correspondientes.

Décima. Fuerza mayor

Ninguna de las partes será responsable por incumplimientos debidos a causas de fuerza mayor.

Si la causa de fuerza mayor se prolonga más de seis (6) meses, cualquiera de las partes podrá resolver el contrato sin penalización.

Undécima. Resolución anticipada

El contrato podrá resolverse por incumplimiento grave, impago, insolvencia, explotación fuera de los términos pactados o falta de explotación diligente por parte de LA PLATAFORMA.

La resolución deberá notificarse fehacientemente con treinta (30) días de antelación, salvo incumplimiento manifiesto.

Duodécima. Ley aplicable y jurisdicción

El contrato se regirá por la legislación española.

Las partes se someten a los Tribunales de [Ciudad].

Y en prueba de conformidad, firman el presente contrato en el lugar y fecha indicados, por duplicado ejemplar y a un solo efecto.

Fdo.: ____________________	Fdo.: ____________________
EL TITULAR	LA PLATAFORMA

F058. CONTRATO DE ENCARGO DE PRODUCCIÓN DE PROGRAMA DE TELEVISIÓN

En .... a ____________ de ____________ de ________

REUNIDOS

De una parte, ______________________________, domiciliada en __________, calle ____________ nº ___, inscrita en el Registro Mercantil de ________, al tomo ______, Sección ___, folio ___, hoja número __________ y CIF número _____________, representada en este acto por D./Dª. __________________, en su condición de _________ ______, según resulta de la escritura otorgada el __ de __ de ____, ante el Notario de ....D. ______, con el número ___ de su protocolo (en lo sucesivo LA CADENA DE TELEVISIÓN).

Y de otra, ______________________________, domiciliada en __________, calle ____________ nº ___, inscrita en el Registro Mercantil de ________, al tomo ______, Sección ___, folio ___, hoja número __________ y CIF número _____________, representada en este acto por D./Dº. __________________, en su condición de _______________, según resulta de la escritura otorgada el __ de __ de ____, ante el Notario de ....D. ______, con el número ___ de su protocolo (en lo sucesivo LA PRODUCTORA).

Las partes manifiestan que sus facultades se encuentran vigentes y sus poderes no han sido revocados ni modificados por lo que cuentan con la capacidad legal para obligarse a los efectos de este contrato y al efecto,

EXPONEN

I. Que LA CADENA DE TELEVISIÓN tiene intención de producir un programa de televisión titulado provisionalmente "_____________", compuesto por __ capítulos de __ minutos de duración neta aproximada, cada uno de ellos, basado en un formato original propiedad de _______ (en adelante el PROGRAMA).

II. Que entre las distintas actividades que constituyen el objeto social de LA PRODUCTORA, de acuerdo con sus estatutos sociales, figura la producción de grabaciones audiovisuales, contando para ello con una organización estable y con medios suficientes.

III. Que LA CADENA DE TELEVISIÓN desea contratar los servicios de LA PRODUCTORA para la producción completa e integra, así como la entrega a LA CADENA DE TELEVISIÓN y cesión en exclusiva de los derechos correspondientes, del PROGRAMA, lo que LA PRODUCTORA acepta, por lo que las partes acuerdan formalizar el presente contrato con arreglo a las siguientes,

ESTIPULACIONES

Primera.- OBJETO

Por medio del presente contrato, LA CADENA DE TELEVISIÓN encarga a LA PRODUCTORA, en los términos que se establecen a continuación, la producción íntegra y total del PROGRAMA mencionado en el Expositivo I, cuya temática general, sinopsis y guiones, en su caso, se adjuntan como

Anexo I al presente contrato, y adquiere en exclusiva los derechos que se deriven de la producción citada, conforme a lo dispuesto en la Estipulación séptima.

Segunda.– EJECUCIÓN DE LA PRODUCCIÓN

2.1. LA PRODUCTORA llevará a cabo por su cuenta y riesgo la producción íntegra y total del PROGRAMA en todas sus fases, asumiendo los costos y retribuciones de los elementos materiales y personales necesarios, hasta la completa finalización de la versión definitiva de cada uno de los capítulos contratados, de conformidad con las partidas señaladas en el presupuesto de producción que se adjunta como Anexo II, con el plan de trabajo que se adjunta como Anexo III y con las instrucciones que al efecto le sean facilitadas por LA CADENA DE TELEVISIÓN.

LA PRODUCTORA deberá llevar a cabo la definición y concreción de los contenidos de cada uno de los capítulos del PROGRAMA de acuerdo con los elementos presentados y aprobados previamente por LA CADENA DE TELEVISIÓN que se integran en el Anexo I.

Cualquier variación del presupuesto y de las partidas que lo componen o del plan de trabajo, deberá ser previamente aprobado por escrito por LA CADENA DE TELEVISIÓN.

2.2. En el caso en que las partes, por mutuo acuerdo, decidan que LA CADENA DE TELEVISIÓN asuma alguna de las partidas necesarias para la producción del PROGRAMA, el importe de dichas prestaciones será deducido de la contraprestación que LA CADENA DE TELEVISIÓN se compromete a abonar a LA PRODUCTORA, en base al importe de dicha partida en el presupuesto adjunto.

2.3. No obstante lo establecido en el punto 2.1 anterior, todas las decisiones acerca del contenido, dirección del PROGRAMA y elección de actores y colaboradores requerirán la aprobación previa y expresa de LA CADENA DE TELEVISIÓN.

2.4. LA PRODUCTORA se encargará de la contratación de todo el equipo técnico, artístico y proveedores, y será responsable del seguimiento de la actividad de las personas que, en ejecución del presente contrato sean contratadas por LA PRODUCTORA.

En caso de que cualquier empresa o miembro del personal asignado por LA PRODUCTORA para la ejecución de los servicios contratados no fuese satisfactorio, LA CADENA DE TELEVISIÓN podrá solicitar su sustitución.

Tercera.– MATERIALES

3.1. LA PRODUCTORA entregará a LA CADENA DE TELEVISIÓN el material, en las instalaciones de LA CADENA DE TELEVISIÓN en ...., ______________ y sin coste para LA CADENA DE TELEVISIÓN, que se detalla en el Anexo IV del presente contrato, debiendo el mismo cumplir con las condiciones técnicas requeridas por LA CADENA DE TELEVISIÓN, de acuerdo con los parámetros de calidad establecidos en el Anexo V.

3.2. El material de cada uno de los capítulos deberá estar en posesión de LA CADENA DE TELEVISIÓN, en las fechas acordadas en el plan de trabajo y en todo caso al menos con siete (7) días de antelación a las fechas de emisión. En todo caso, LA PRODUCTORA debe garantizar a LA CADENA DE TELEVISIÓN la emisión del PROGRAMA de forma ininterrumpida con periodicidad *semanal/diaria*.

No obstante lo anterior, en el supuesto de que LA CADENA DE TELEVISIÓN modificara las condiciones de emisión del PROGRAMA, en virtud de lo dispuesto en al Estipulación sexta, dicha variación será comunicada a LA PRODUCTORA.

3.3. Una vez recibido el material, en el supuesto de que LA CADENA DE TELEVISIÓN detectare defectos en el material entregado por LA PRODUCTORA o de que éste no se ajustase a los niveles de calidad del Anexo V o a los contenidos acordados, aquella remitirá a LA PRODUCTORA un informe con los errores detectados y/o cambios necesarios, en un plazo de 48 horas, comprometiéndose LA PRODUCTORA, a su cargo, a subsanar dichos defectos y realizar todas aquellas modificaciones que fueran necesarias para alcanzar el nivel de calidad adecuado y/o la adecuación al proyecto aprobado por LA CADENA DE TELEVISIÓN, en un plazo de 48 horas desde la remisión del informe.

El material entregado por LA PRODUCTORA se considerará aceptado de conformidad por LA CADENA DE TELEVISIÓN si, transcurrido el plazo de 48 horas desde la entrega del material o desde la subsanación de los defectos o introducción de modificaciones, LA CADENA DE TELEVISIÓN no notificasen ningún defecto ni solicitase ninguna modificación.

3.4. Una vez entregado el material por LA PRODUCTORA y recibido por LA CADENA DE TELEVISIÓN de conformidad, LA CADENA DE TELEVISIÓN será absoluta propietaria del material, incluido el material bruto producido y no editado.

3.5. En caso de que LA PRODUCTORA no cumpliere el compromiso de entrega del material en los plazos acordados o sus obligaciones de modificación o subsanación del material, en la forma dispuesta en el párrafo anterior, LA CADENA DE TELEVISIÓN podrá exigir a LA PRODUCTORA la cantidad de _________ EUROS (_____ €) por cada día de retraso en la entrega del material o de las modificaciones o subsanaciones requeridas, en concepto de cláusula penal libremente pactada entre las partes, sin perjuicio de la facultad que le asiste para resolver el presente contrato de conformidad con la Estipulación duodécima.

Independientemente de que LA CADENA DE TELEVISIÓN haya optado por aplicar a LA PRODUCTORA la anterior cláusula penal o haya renunciado a la misma, en el caso de que el retraso en la entrega del material o de las modificaciones o subsanaciones requeridas impidiera a LA CADENA DE TELEVISIÓN emitir el correspondiente capítulo en la fecha acordada por escrito con LA PRODUCTORA, LA CADENA DE TELEVISIÓN tendrá derecho a una indemnización por daños y perjuicios por un importe equivalente al precio de un capítulo del PROGRAMA, que deducirá de la contraprestación que debe abonarse a LA PRODUCTORA en virtud de este contrato, estando en todo caso facultada para resolver el presente contrato de forma automática.

LA CADENA DE TELEVISIÓN podrá ampliar sin sanción el plazo de entrega establecido, a petición de LA PRODUCTORA cuando ésta justifique razonadamente su petición. Dicha prórroga deberá otorgarse por escrito y formalizarse como Adenda al presente contrato.

Cuarta.– VERSIÓN DEFINITIVA.

4.1. La fijación de la versión definitiva de cada uno los capítulos que componen el PROGRAMA deberá ser sometida a LA CADENA DE TELEVISIÓN para su aprobación, estando facultada LA CADENA DE TELEVISIÓN para exigir a LA PRODUCTORA que efectúe las modificaciones que resulten necesarias para adecuar sus prestaciones al planteamiento general del PROGRAMA.

Quinta.– CONTRAPRESTACIÓN Y FORMA DE PAGO

5.1. LA CADENA DE TELEVISIÓN abonará a LA PRODUCTORA en contraprestación por la prestación de los servicios objeto del presente contrato, por el cumplimento de las obligaciones a su cargo y por la cesión de derechos pactada, la cantidad de ________ EUROS (____ €) mas IVA por capítulo entregado de conformidad. La contraprestación total por el PROGRAMA suma la cantidad de ________ EUROS (____ €).

5.2. El pago por LA CADENA DE TELEVISIÓN del importe correspondiente a cada uno de los capítulos del PROGRAMA será abonado, previa presentación de la correspondiente factura, mediante transferencia bancaria a la cuenta que al efecto designe LA PRODUCTORA, el primer día __ transcurridos ____ (__) días, a contar desde la fecha de entrega de cada capítulo del PROGRAMA y una vez conformada la correspondiente factura, por la recepción del material de conformidad por LA CADENA DE TELEVISIÓN.

5.3. A efectos de pago de las facturas, LA PRODUCTORA deberá entregar a LA CADENA DE TELEVISIÓN, a la firma del presente contrato certificado de encontrarse al corriente en el cumplimiento de las obligaciones tributarias con Hacienda, en cumplimiento de lo establecido en el art. 43.1 F de la Ley General Tributaria (Ley 58/2003), que tendrá validez durante los 12 meses siguientes a su fecha, para el pago de las facturas emitidas dentro de este periodo. La entrega de esta documentación es indispensable para los pagos a efectuar por LA CADENA DE TELEVISIÓN con arreglo a este contrato y deberá ser renovada por las partes de modo que mantenga su validez durante toda la vigencia del presente contrato.

Sexta.– DURACIÓN

6.1. La vigencia del presente contrato se iniciará en la fecha de su firma y extenderá sus efectos, hasta la entrega de conformidad por LA PRODUCTORA a LA CADENA DE TELEVISIÓN del material correspondiente al último capítulo producido del PROGRAMA, de acuerdo con lo previsto en la Estipulación tercera.

No obstante lo anterior, las estipulaciones del presente contrato con intención expresa o implícita de continuar en vigor tras el momento de resolución o vencimiento del mismo, se mantendrán en vigor y continuarán vinculando a las partes según lo estipulado. Específicamente, en lo relativo a la cesión y explotación de los derechos sobre EL PROGRAMA, la vigencia de dicha cesión será la pactada en la Estipulación séptima.

6.2. No obstante el plazo de duración establecido, LA CADENA DE TELEVISIÓN podrá suspender la producción y/o emisión del PROGRAMA o resolver unilateral y anticipadamente el presente contrato, mediante notificación remitida por escrito a LA PRODUCTORA, y sin que ello genere derecho a indemnización alguna a su favor, en el supuesto de que la audiencia media obtenida por la primera emisión de __ capítulos consecutivos del PROGRAMA fuera inferior a la audiencia media de LA CADENA DE TELEVISIÓN, incrementada en __ puntos, en las mismas semanas de emisión. A los efectos del presente apartado, las partes aceptan los datos de audiencia que al efecto facilite SOFRES. u empresa que le sustituya en el futuro.

En caso de resolución del contrato por esta causa, LA CADENA DE TELEVISIÓN abonará a LA PRODUCTORA, única y exclusivamente, el importe de las capítulos del PROGRAMA aprobados por LA CADENA DE TELEVISIÓN hasta la fecha efectiva de la resolución y los gastos de producción del resto de capítulos en los cuales se hubiera incurrido hasta dicho momento, siempre y cuando dichos gastos se correspondan tanto en concepto y cuantía con partidas reflejadas en el presupuesto de producción aprobado por las partes y sean debidamente justificados por LA PRODUCTORA.

No obstante lo anterior, LA PRODUCTORA se obliga a incluir la condición resolutoria aquí reflejada en todos los contratos técnicos y artísticos que suscriba con cualquier tercero para la producción del PROGRAMA.

Séptima.– CESIÓN DE DERECHOS

7.1. LA CADENA DE TELEVISIÓN es, desde su entrega de conformidad, única y exclusiva propietaria del PROGRAMA realizado en cumplimiento del presente contrato, que se entregará por LA PRODUCTORA libre de toda carga, correspondiéndole sobre el mismo a LA CADENA DE TELEVISIÓN, como productor audiovisual, la totalidad de los derechos exclusivos de explotación.

7.2. LA CADENA DE TELEVISIÓN será única titular del nombre del PROGRAMA y de cualquier otro término relacionado con el mismo.

LA CADENA DE TELEVISIÓN será la única legitimada para efectuar el registro del titulo del PROGRAMA o de cualquier otro término relacionado con el mismo como marca y como nombre de dominio. En el supuesto de que, con anterioridad a la firma del presente contrato, LA PRODUCTORA haya registrado a su favor el título del PROGRAMA en la Oficina Española de Patentes y Marcas (OEPM) u otros registros de propiedad industrial, LA PRODUCTORA se obliga a colaborar con LA CADENA DE TELEVISIÓN en la transferencia de dicho registro a favor de la cadena, siendo a cargo de LA CADENA DE TELEVISIÓN los gastos derivados de dicha operación.

Octava.– TÍTULOS DE CRÉDITO

En los títulos de crédito del PROGRAMA objeto del presente contrato, las partes acuerdan que figure la siguiente mención:

" Una producción de .... para LA CADENA DE TELEVISIÓN"

En el último titulo de crédito de cada uno de los capítulos del PROGRAM deberá figurar:

"Copyright LA CADENA DE TELEVISIÓN......., y el año de su producción".

El resto de los títulos de crédito del PROGRAMA deberán ser aprobados por LA CADENA DE TELEVISIÓN.

Novena.– PROMOCIÓN

9.1. LA CADENA DE TELEVISIÓN será la única responsable de llevar a cabo, a su cargo e iniciativa, el lanzamiento y promoción publicitaria del PROGRAMA, a través de su propia cadena de televisión y de aquellos otros medios que estime convenientes.

Décima.– EXPLOTACIÓN PUBLICITARIA

LA PRODUCTORA reconoce a LA CADENA DE TELEVISIÓN el derecho a la más amplia explotación publicitaria del PROGRAMA, pudiendo introducir cuantos cortes publicitarios considere convenientes. También se reconoce el derecho de LA CADENA DE TELEVISIÓN a incluir patrocinadores del PROGRAMA sin limitación alguna.

Todos los ingresos publicitarios y/o de patrocinio televisivo obtenidos por LA CADENA DE TELEVISIÓN por las emisiones que se efectúen del PROGRAMA en los canales de LA CADENA DE TELEVISIÓN, corresponden íntegramente y en exclusiva a LA CADENA DE TELEVISIÓN.

Undécima.– GARANTÍAS Y RESPONSABILIDADES DE LA PRODUCTORA

11.1. LA PRODUCTORA manifiesta y garantiza a LA CADENA DE TELEVISIÓN, que es la legítima titular de los derechos de propiedad intelectual, industrial y de imagen correspondientes al PROGRAMA cuyos derechos cede por medio de este contrato, ostentando un pleno poder de disposición sobre los mismos, y declara expresamente que sobre ellos no existe carga, gravamen o embargo alguno, de cualquier tipo, que pueda afectar o tener incidencia sobre los derechos cedidos a LA CADENA DE TELEVISIÓN y el ejercicio que hiciera de los mismos.

De igual forma, LA PRODUCTORA manifiesta y garantiza que, a la fecha de firma del presente contrato, no existe procedimiento o pretensión alguna pendiente de resolución que recaiga sobre los derechos cedidos, dejando constancia, asimismo, de que no tiene conocimiento alguno de la existencia de pretensiones o reclamaciones que, en tal sentido, pudieren motivar la iniciación de un procedimiento por parte de tercero.

En consecuencia, LA PRODUCTORA exime a LA CADENA DE TELEVISIÓN de cualquier reclamación de terceros y de cualquier responsabilidad derivada de los servicios prestados para la producción del PROGRAMA, por razón del ejercicio por LA CADENA DE TELEVISIÓN de los derechos que adquiere, comprometiéndose a asumir cualquier gasto judicial o extrajudicial, indemnizaciones y cualesquiera pagos en que tuviera que incurrir LA CADENA DE TELEVISIÓN como consecuencia del incumplimiento de dichas garantías.

Decimosegunda.– CONFIDENCIALIDAD

Las partes acuerdan que los términos y condiciones del presente contrato serán considerados confidenciales, comprometiéndose las partes a no revelar dichos términos a terceros que no sean sus representantes y empleados, durante la vigencia del presente contrato, y una vez llegada ésta a término, sin límite de tiempo, y salvo que así fuera requerido por una orden judicial o administrativa, en cuyo caso las partes igualmente se comprometen a comunicarse con carácter previo tal circunstancia.

Decimotercera.– RESOLUCIÓN ANTICIPADA

13.1. El presente Contrato finalizará por el mutuo acuerdo de las partes formalizado por escrito.

13.2. Sin perjuicio de las causas legales y de aquéllas otras previstas en el presente contrato, son causas de terminación anticipada del contrato las siguientes:

- El incumplimiento grave de cualquiera de las obligaciones que en este contrato se establecen, por cualquiera de las partes, y ello salvo que el incumplimiento sea susceptible de subsanación, en cuyo caso, se enviará notificación escrita a la parte incumplidora en la que se le comunicarán los detalles del incumplimiento y el requerimiento para que sea subsanado, pudiéndose en este último supuesto resolver el contrato si el incumplimiento no queda subsanado en el plazo de cinco (5) días hábiles desde la recepción de la notificación.

  La parte que resuelva el contrato conforme a éste supuesto podrá además reclamar a la parte incumplidora la correspondiente indemnización de daños y perjuicios.

- La presentación de quiebra de cualquiera de las partes, encontrarse en la situación de insolvente fallido en cualquier procedimiento o sujeto a intervención judicial, haber iniciado expediente de suspensión de pagos o presentado solicitud judicial de quiebra voluntaria.

13.3. No obstante, producida la resolución del contrato, la misma no afecta a los derechos que la Ley de Propiedad Intelectual reconoce a LA CADENA DE TELEVISIÓN sobre los capítulos producidos hasta la fecha efectiva de la resolución, que serán de su exclusiva titularidad.

Decimocuarta.– FUERO

Ambas partes, con renuncia al fuero propio que pudiera corresponderles, acuerdan someter toda discrepancia o litigio que en virtud de la interpretación y/o cumplimiento de este contrato pudiera surgir, a los Tribunales de ....

Y en prueba de conformidad con todo cuanto antecede, las partes firman el presente documento y sus Anexos que forman parte integrante del mismo, por duplicado y a un solo efecto en el lugar y fecha indicados en el encabezamiento.

Anexo I: temática general y sinopsis

Anexo II: Presupuesto

Anexo III: Plan de trabajo

Anexo IV: Materiales

Anexo V: Parámetros de calidad de los materiales

F059. CONTRATO DE LICENCIA DE FORMATO TELEVISIVO

En [Ciudad], a [Fecha].

COMPARECEN

De una parte, la entidad [Nombre de la empresa creadora del formato], con domicilio en [Dirección], provista de CIF nº [__________], debidamente representada por D./Dª [Nombre y Apellidos], en calidad de [Cargo], en adelante EL LICENCIANTE.

Y de otra parte, la entidad [Nombre de la cadena de televisión o productora], con domicilio en [Dirección], provista de CIF nº [__________], debidamente representada por D./Dª [Nombre y Apellidos], en calidad de [Cargo], en adelante EL LICENCIATARIO.

Ambas partes se reconocen mutuamente capacidad legal suficiente para contratar y obligarse, y a tal efecto EXPONEN y ACUERDAN suscribir el presente contrato de licencia de formato televisivo con arreglo a las siguientes:

EXPOSICIONES

I. Que EL LICENCIANTE es creador y titular de los derechos de explotación del formato televisivo denominado [Título del Formato], incluyendo su concepto, mecánica, estructura narrativa, personajes recurrentes, escenografía y bible de producción.

II. Que EL LICENCIATARIO desea producir y explotar dicho formato en el territorio pactado.

III. Que ambas partes desean regular las condiciones bajo las cuales se concede la presente licencia.

Primera. Objeto del contrato

Por medio del presente contrato, EL LICENCIANTE concede a EL LICENCIATARIO una licencia para producir y explotar el formato televisivo denominado [Título].

La licencia incluye el derecho a realizar adaptaciones locales, respetando siempre la bible y los elementos esenciales del formato.

Se entiende por 'formato' el conjunto de elementos conceptuales, técnicos y creativos que configuran la identidad del programa.

Segunda. Duración y territorio

La licencia se concede por un plazo de [X años], prorrogable previo acuerdo expreso entre las partes.

El ámbito territorial comprenderá [países o regiones], excluyendo aquellos territorios reservados en exclusiva por EL LICENCIANTE.

Tercera. Exclusividad

La licencia podrá ser [exclusiva/no exclusiva], en los términos pactados en el Anexo I.

En caso de exclusividad, EL LICENCIANTE se compromete a no conceder licencias a terceros en el mismo territorio durante la vigencia del contrato.

Cuarta. Retribución

EL LICENCIATARIO abonará a EL LICENCIANTE una cantidad inicial de [___ €] en concepto de canon de entrada.

Además, EL LICENCIATARIO abonará un royalty equivalente al [___ %] de los ingresos obtenidos por la explotación del programa producido.

Los pagos se realizarán semestralmente, acompañados de un informe de explotación.

Quinta. Obligaciones del licenciante

Entregar a EL LICENCIATARIO la 'bible' del formato, manuales técnicos y cualquier material necesario para su producción.

Prestar asistencia técnica y creativa en la fase de desarrollo inicial, según lo acordado en el Anexo II.

Sexta. Obligaciones del licenciatario

Respetar los elementos esenciales del formato, sin alterar su naturaleza, salvo autorización expresa de EL LICENCIANTE.

Comunicar a EL LICENCIANTE los planes de producción, emisión y comercialización del programa.

Abonar puntualmente los pagos acordados y remitir los informes de explotación en tiempo y forma.

Séptima. Propiedad intelectual

EL LICENCIANTE conserva en todo momento la titularidad del formato y de todos sus elementos constitutivos.

EL LICENCIATARIO no podrá registrar el formato ni elementos derivados en su propio nombre.

Octava. Control de calidad

EL LICENCIANTE tendrá derecho a supervisar la producción y exigir modificaciones si el programa se aparta sustancialmente del formato original.

El incumplimiento de los estándares de calidad será considerado incumplimiento contractual.

Novena. Confidencialidad

EL LICENCIATARIO se compromete a mantener estricta confidencialidad sobre el contenido de la bible y demás materiales entregados.

Esta obligación subsistirá incluso después de la finalización del contrato.

Décima. Protección de datos

Ambas partes cumplirán lo dispuesto en el RGPD y la LOPDGDD en relación con los datos personales tratados.

Los datos solo podrán ser utilizados para la ejecución del contrato.

Undécima. Fuerza mayor

Ninguna de las partes será responsable por incumplimientos derivados de causas de fuerza mayor.

En caso de prolongarse más de seis (6) meses, cualquiera de las partes podrá resolver el contrato sin penalización.

Duodécima. Resolución anticipada

El contrato podrá resolverse por incumplimiento grave de las obligaciones asumidas, por impago o por explotación fuera del territorio autorizado.

La resolución requerirá notificación fehaciente con treinta (30) días de antelación.

Decimotercera. Ley aplicable y jurisdicción

El contrato se regirá por la legislación española.

Las partes se someten a los Tribunales de [Ciudad].

Y en prueba de conformidad, firman el presente contrato en el lugar y fecha indicados, por duplicado ejemplar y a un solo efecto.

Fdo.: ______________________	Fdo.: ______________________
EL LICENCIANTE	EL LICENCIATARIO

F060. CONTRATO DE MEDIACIÓN PARA LA PRODUCCIÓN DE SERIE DE TELEVISIÓN

En ...., a [*] de [*] de 20[*]

ENTRE

De un lado,

[*], con domicilio social en [*] y con C.I.F. [*], representada en este acto por D. [*], de nacionalidad española, con DNI/Pasaporte nº [*], en calidad de apoderado.

En adelante, denominado la "**Productora**".

Y, de otro lado,

D. [*], mayor de edad, con D.N.I. n.º [*], en nombre y representación de la sociedad mercantil [*], con C.I.F. nº [*] y con domicilio en [*]. Ostenta la representación en su condición de [*] de la misma, representación que asegura vigente.

En adelante, la "**Agencia**".

En lo sucesivo, la Productora y la Agencia podrán ser designadas conjuntamente como las "**Partes**" e individualmente cada una de ellas como la "**Parte**".

Ambas Partes manifiestan que sus facultades están vigentes, y que no han sido limitadas, revocadas ni suspendidas por lo que cuentan con la capacidad legal necesaria y suficiente para la formalización del presente contrato y, al efecto,

EXPONEN

I. Que la Productora es una entidad mercantil dedicada, entre otras actividades, a la producción de obras cinematográficas y audiovisuales y está llevando a cabo el desarrollo de la producción extranjera de la segunda temporada del proyecto de serie de televisión titulado provisionalmente [*]compuesta de [*] obras audiovisuales, de una duración mínima de 45 minutos cada una (la "**Serie**"), por encargo de [*] (la "**Compañía**")

II. Que, en virtud de lo anterior, la Productora ha formalizado un acuerdo de prestación de servicios de producción audiovisual con la Compañía, en fecha [*], para el desarrollo y ejecución del Proyecto.

III. Que, en la contratación del personal que precisa para la obra audiovisual [*] (la "**Obra Audiovisual**"), es necesaria la figura de un mediador que le permita facilitar todo el proceso de contratación del director (el "**Director**"), pudiendo extenderse tal labor a lo largo de todo el desarrollo de los trabajos a llevar a cabo por aquel/aquella (cuadrante del calendario de trabajos, mediación en la toma de decisiones conjuntas, etc.).

IV. Que la Agencia se encuentra especializada en el desarrollo y gestión de trabajos de mediación entre dos partes al efecto de lograr el mejor fin posible para la Obra Audiovisual.

V. Que, estando la Productora interesada en la posibilidad de contar con la Agencia para mediar en algunos supuestos concretos que surjan, y siendo interés de la Agencia el colaborar con aquella, y reconociéndose ambas partes capacidad bastante para la firma del presente acuerdo (el "**Contrato de Mediación**"), deciden hacerlo en base a las siguientes

CLÁUSULAS

1. OBJETO

1.1. Es objeto del presente Contrato de Mediación la formulación de un acuerdo marco para que, durante su vigencia, la Productora pueda contar con los servicios de mediación de la Agencia en la contratación (en cualquiera de sus fases) del Director (en adelante, los "**Servicios**"). En este sentido, siendo un contrato marco, el presente Contrato de Mediación será de aplicación en los casos concretos en los que la Productora demandare la participación efectiva de la Agencia, algo que se concretará con la formulación de un anexo al presente documento en el que se detallarán las condiciones concretas de la actividad a contratar (descripción de la actividad, vigencia, contraprestación, etc.).

1.2. Las Partes establecen que más allá de su ánimo de colaborar, la participación de la Agencia dependerá en última instancia de que el Director en cuya contratación se pretenda que medie la Agencia esté conforme con esa mediación de la Agencia, pues la tarea de esta última consiste en la puesta en común de dos voluntades, siendo imprescindible que los sujetos a conciliar confíen en el trabajo de quien intercede por ambos.

1.3. En todo caso, las Partes hacen expresa manifestación de que el presente Contrato de Mediación regula una relación mercantil entre ellas, no pudiendo interpretarse en forma alguna que exista dependencia o relación laboral dado que el requisito primero para que la Agencia sea contratada es que debe ser independiente de la Productora, algo imprescindible en un trabajo de mediación, razón por la que ésta última desea contratar sus servicios.

1.4. En el contexto de lo previsto en la cláusula 1.3 anterior, cada una de las Partes será responsable en exclusiva del cumplimiento de sus obligaciones de acuerdo a la normativa vigente que le sea de aplicación, sin que quepa, en consecuencia, reclamación alguna, directa o subsidiaria, de ningún tercero contra la otra Parte que derive del cumplimiento de las citadas obligaciones de la Parte contraria.

2. DURACIÓN

2.1. El presente Contrato de Mediación entrará en vigor en la fecha indicada en su encabezamiento y permanecerá vigente hasta la finalización de las actividades promocionales relacionadas con el estreno de la Serie y/o de la Obra Audiovisual, en un plazo máximo de veinticuatro (24) meses a contar desde la fecha indicada en el encabezamiento.

2.2. Se hace constar que las fechas y plazos previamente indicados son aproximados y pueden sufrir modificaciones según el criterio de la Productora o por circunstancias ajenas e imprevisibles para la Productora que impliquen la necesidad de modificar las fechas indicadas, como puede ser por causas relacionadas con la crisis............ (CRISIS). Conforme a lo anterior, la Productora podrá extender el presente Contrato de Mediación por los períodos adicionales que requiera, comunicándolo previamente a la Agencia.

2.3. El incumplimiento por parte del Director contratado a través de la mediación de la Agencia de las obligaciones recogidas en su contrato o el despido no improcedente de éste facultará a la Productora para resolver el presente Contrato de Mediación en la parte correspondiente al Director afectado, sin más obligación que la mera comunicación a la Agencia de dicha circunstancia, sin que ello dé lugar a indemnización o compensación alguna por ello.

3. OBLIGACIONES DE LA AGENCIA

3.1. La Agencia se compromete a actuar con toda profesionalidad y diligencia en la prestación de los Servicios, velando por el buen fin del Proyecto con respecto a la que se precisa de su mediación en la contratación del Director. En este contexto, la Agencia se compromete a que su postura será lo más razonada y objetiva posible en la mediación de sus negociaciones entre la Productora y el Director correspondiente, debiendo velar por el bienestar de ambas Partes de la manera más coherente posible. En todo caso, la Agencia habrá de velar por el cumplimiento de la normativa vigente.

3.2. Igualmente, la Agencia se compromete a organizar la agenda profesional del Director con respecto a cuya contratación la Agencia preste sus Servicios, de forma que sea compatible con las actividades de promoción que le sean propuestas por la Productora con respecto a la Obra Audiovisual y la Serie; y, en particular, comunicará a la Productora la existencia de cualquier compromiso profesional del Director que sea susceptible de interferir con las actividades promocionales de la Serie y/o de la Obra Audiovisual, y que cuya modificación no esté en su mano, con la mayor antecedencia posible.

3.3. Asimismo, la Agencia como titular de la facultad exclusiva para gestionar la contratación del Director, garantiza a la Productora el cumplimiento del compromiso de exclusividad y cumplimiento prioritario del contrato entre Productora y Director. De este modo, la Agencia declara que el Director no ha contraído, ni contraerá compromiso profesional alguno que pueda interferir con la disponibilidad y dedicación a las que se compromete el Director con la Productora.

3.4. Debido a la especial naturaleza de los Servicios, la Agencia tendrá acceso y será depositaria de materiales susceptibles de protección por derechos de propiedad intelectual de la Productora. En consecuencia, la Agencia se compromete a utilizarlos únicamente en el marco de la prestación de los Servicios, comprometiéndose a implementar todos los medios técnicos, materiales y humanos necesarios para preservar dicho material de cualquier violación.

3.5. La Agencia se compromete igualmente a estar al día en sus cotizaciones al régimen aplicable de la Seguridad Social, obligaciones tributarias y, cualesquiera otras exigibles conforme a la legislación vigente, eximiendo expresamente a la Productora de toda responsabilidad ante cualquier reclamación derivada de su incumplimiento o de cualesquiera otras en materia laboral, fiscal o de prevención de riesgos laborales, garantizando, por ello, su completa indemnidad por esos conceptos. A los efectos anteriores, la Agencia se compromete a entregar a la Productora el certificado de contratistas y subcontratistas emitido por la AEAT de estar al corriente de sus obligaciones fiscales, en caso de que le sea solicitado por la Productora.

4. RETRIBUCIÓN

4.1. Las Partes firmantes del presente Contrato de Mediación pactan que la retribución a favor de la Agencia será acordada en el anexo que se adjunte a este Contrato de Mediación, y será satisfecha por la Productora también en los términos que se determinen en el anexo que se firme en cada caso concreto.

5. CONFIDENCIALIDAD

5.1. Las Partes se comprometen a guardar secreto y completa confidencialidad con respecto de toda aquella información que hayan tenido ocasión de conocer como consecuencia de su participación en cualquier proceso de producción y, en especial, en relación con el

Proyecto y el presente Contrato de Mediación, sus tarifas y facturación, así como por los trabajos que de él se deriven.

5.2. En consecuencia, las Partes se obligan a no comunicar ni revelar dicha información a terceras personas ajenas a la producción y, en particular, a ninguna persona que preste sus servicios en medios de comunicación social o en empresas de la industria audiovisual, salvo previa autorización por escrito de la otra Parte.

5.3. El incumplimiento de la anterior obligación dará lugar a la indemnización, por la Parte incumplidora, de los daños y perjuicios que razonablemente se deriven de la divulgación indebida de la información.

5.4. Asimismo, la Agencia declara, reconoce y acepta, que no podrá exhibir ni publicar ningún material relacionado con la Obra Audiovisual y/o la Serie, y los Servicios prestados conforme al presente Contrato de Mediación, en su página web, materiales propios o como forma de promoción de sus servicios, hasta el estreno de la Obra Audiovisual y/o la Serie, y previa autorización expresa y por escrito de la Productora.

5.5. El compromiso de confidencialidad previamente descrito permanecerá en vigor durante la vigencia del Contrato de Mediación y de forma indefinida tras su terminación por cualquier motivo.

6. PROTECCIÓN DE DATOS PERSONALES

6.1. Ambas Partes garantizan que conocen y aplican las obligaciones establecidas por el Reglamento (UE) 2016/679 del Parlamento europeo y del Consejo de 27 de abril de 2016 relativo a la protección de las personas físicas en lo que respecta al tratamiento de datos personales y a la libre circulación de estos datos y por el que se deroga la Directiva 95/46/CE (el "**RGPD**") y de la Ley Orgánica 3/2018, de 5 de diciembre, de Protección de Datos Personales y garantía de los derechos digitales (la "**LOPDGDD**").

6.2. Ambas Partes declaran que tratarán los datos de contacto de la otra Parte para posibilitar el desarrollo y ejecución de la relación contractual y/o comercial entre las Partes, estando el tratamiento de datos amparado en el interés legítimo de las Partes.

6.3. Los datos personales de las Partes serán conservados durante toda la vigencia de la relación contractual y/o comercial, y más allá de la misma, durante los plazos de prescripción necesarios en función de la legislación aplicable.

6.4. Todos los datos solicitados por las Partes deberán ser verdaderos, exactos, completos y actualizados, debiendo encontrarse la Parte que facilite los datos de la/s persona/s de contacto en la entidad facultada para ello. En caso de tener lugar alguna modificación y/o variación en alguno de los datos existentes en nuestras bases de datos, en particular, de los relativos a las personas de contacto, se deberá poner en conocimiento dicha circunstancia a fin de proceder a su actualización.

6.5. Las Partes se informan y consienten recíprocamente en que los datos obtenidos puedan ser cedidos, en su caso, a la Agencia Tributaria y demás Administraciones Públicas, para el cumplimiento de obligaciones fiscales, así como a entidades financieras con las que las Partes trabajan para la gestión de cobros y pagos.

6.6. Las Partes podrán dirigirse mutuamente con el fin de poder ejercitar sus derechos de acceso, rectificación, supresión, oposición, portabilidad de los datos, y limitación del tratamiento a la dirección facilitad en el encabezado del presente documento adjuntando copia de DNI o pasaporte.

6.7. Asimismo, y en el supuesto de que las Partes incumplan sus obligaciones legales en materia de protección de datos, tienen derecho a presentar una reclamación ante la Agencia Española de Protección de Datos.

7. NORMATIVA ANTICORRUPCIÓN

7.1. Ambas Partes se comprometen, reconocen y garantizan que, en la fecha de entrada en vigor de este Contrato de Mediación, cada una de las mismas, ninguno de sus administradores, directores, empleados, agentes, o cualquier otra persona que actúen en nombre de las partes, directa o indirectamente, han ofrecido, prometido, entregado, autorizado, solicitado o aceptado ventaja alguna, pecuniaria o de otro tipo, o cualquier otra cosa de valor, en favor o proveniente de ejecutivos, funcionarios o personal de organizaciones internacionales, nacionales o locales ya sean públicas o privadas, (el "**Funcionario Público**"), o en favor o proveniente de cualesquiera otras personas, que sean relevantes en relación con la negociación de los contratos, el otorgamiento de licencias, permisos u otras autorizaciones, públicas o privadas (los "**Cargos**"), relacionados de alguna forma con el presente Contrato de Mediación (el "**Compromiso Relevante**").

7.2. Las Partes se comprometen, reconocen y garantizan que, en la fecha de entrada en vigor de este Contrato de Mediación, han adoptado todas las medidas razonables para evitar que terceras personas sujetas al control o influencia determinante de cada una de las Partes, o actuando en nombre de éstas, ofrezcan, prometan, entreguen, autoricen, soliciten o acepten de un Funcionario Público o Cargo cualquier ventaja, pecuniaria o de otro tipo, o cualquier otra cosa de valor, relacionada de alguna forma con el presente Acuerdo (el "**Compromiso Relevante de Terceros**").

7.3. Las Partes firmantes deberán cumplir, íntegramente y, en todo momento, en relación con y durante la vigencia del presente Contrato de Mediación o (incluso respecto de la adquisición de productos y/o contenidos que sean relevantes para el suministro de bienes o derechos y/o para la prestación de los servicios objeto de este Contrato de Mediación), con todas las leyes, estatutos, reglamentos y códigos aplicables en materia de lucha contra la corrupción en cualquier jurisdicción en la que el negocio objeto de este Contrato de Mediación pudiera desarrollarse, incluyendo, en cualquier caso, las disposiciones internacionales pertinentes (entre otras, la Ley de los Estados Unidos sobre Prácticas Corruptas en el Extranjero y las normas y disposiciones relativas al mismo (*United States Foreign Corrupt Practices Act* o "FCPA") (colectivamente, "**Normativa sobre Lucha contra la Corrupción**").

7.4. A efectos de lo dispuesto anteriormente, serán considerados como actos de corrupción los enunciados a continuación: aceptación y ofrecimiento de soborno, pago indebido, extorsión, ofrecimiento laboral, tráfico de influencias o cualquier otro acto similar o equivalente, en los que estén implicados Funcionarios Públicos u otros Cargos, o funcionarios o personal de organizaciones internacionales, nacionales o locales, públicas o privadas, así como el blanqueo de los rendimientos derivado de un acto de corrupción.

7.5. El incumplimiento de la presente Cláusula se considerará un incumplimiento grave de este Contrato de Mediación, siendo causa de terminación del mismo.

7.6. En la medida que así lo permita la legislación vigente, ambas Partes indemnizarán y mantendrán indemne a la otra Parte frente a cualquier reclamación, daño, pérdida, multa, coste (incluyendo, pero no limitado a, honorarios de abogados) y gasto que se derive o esté relacionado con cualquier incumplimiento por alguna de las Partes de sus obligaciones en virtud de la presente cláusula.

8. GARANTÍAS Y RESPONSABILIDADES

8.1. Cada una de las Partes será responsable frente a la otra Parte del cumplimiento íntegro de las obligaciones y/o garantías dimanantes del presente Contrato de Mediación.

8.2. La Agencia expresamente se compromete a mantener indemne a la Productora, sus sucesores, cesionarios y/o licenciatarios, frente a cualesquiera daños, pérdidas, costes y/o gastos (incluyendo las tarifas aplicables de abogados) derivados de cualquier reclamación respecto de los Servicios prestados en virtud de este Contrato de Mediación, o como consecuencia de cualquier incumplimiento por parte de la Agencia de cualquiera de las declaraciones, garantías o acuerdos incluidos en este Contrato de Mediación.

8.3. La Agencia reconoce y acepta, en la máxima medida permitida por la legislación aplicable, que ningún daño derivado del presente Contrato de Mediación puede ser susceptible de justificar la concesión de medidas cautelares, o de cualesquiera otras medidas, que pudieran limitar la completa y pacífica explotación de la Obra Audiovisual y/o de la Serie a la que se incorpore, por parte de la Productora, sus sucesores, licenciatarios y/o cesionarios, así como cualquier daño derivado de dicha explotación por parte de la Productora, sus sucesores, licenciatarios y/o cesionarios no superará, en ningún caso, las cantidades percibidas por la Agencia en virtud del presente Contrato de Mediación.

8.4. La Agencia garantiza que todas las acciones y/o recursos que pudiera ejercitar como consecuencia de cualquier contingente que tuviera causa en el Contrato de Mediación, serán exclusivamente contra la Productora, sin que en ningún caso pueda ejercitar acción alguna contra los coproductores ni sus inversores, sean estos personas físicas o jurídicas.

9. RESOLUCIÓN DEL CONTRATO DE MEDIACIÓN

9.1. La Productora podrá resolver en cualquier momento el presente Contrato de Mediación, incluidos sus anexos, con independencia de la causa. En estos casos, la Productora notificará a la Agencia la resolución con un preaviso de quince (15) días, y abonará a la Productora a la Agencia las cantidades pendientes de pago en función de los Servicios efectivamente prestados hasta la fecha de resolución. Por su parte, la Agencia deberá entregar todos aquellos materiales de los Servicios que se encuentren en su poder o bajo su control, con independencia de la causa de resolución.

9.2. La resolución del Contrato de Mediación por la Productora en los términos previamente descritos no conllevará ningún tipo de indemnización a favor de la Agencia.

9.3. Lo previsto en la cláusula 9.1 anterior en materia de pagos por parte de la Productora no será de aplicación en los supuestos en que la resolución venga motivada por el incumplimiento de la Agencia del presente Contrato de Mediación, en cuyo caso, la Productora podrá retener las cantidades pendientes de pago, en concepto de daños y perjuicios, todo ello sin perjuicio, de la ulterior reclamación de daños que corresponda.

10. MISCELÁNEA

10.1. El presente Contrato de Mediación y, en su caso, todos sus anexos constituyen un acuerdo completo entre las Partes en relación con el objeto del mismo y únicamente podrá ser modificado en virtud de un documento escrito firmado por las Partes.

10.2. Si alguna parte, término o disposición del presente Contrato de Mediación se declarara ilegal, nulo o inválido, será eliminado y las Partes intentarán solucionarlo acordando una disposición aplicable que la sustituya, permaneciendo en vigor el resto de disposiciones.

10.3. El presente Contrato de Mediación no constituye asociación entre las Partes contratantes y, no podrá deducirse la misma con respecto a terceros.

10.4. Las precitadas cesiones y cualesquiera otras manifestaciones y garantías contenidas en el presente Contrato de Mediación seguirán vigentes aun cuando se produzca una terminación o resolución del Contrato de Mediación.

10.5. Cada una de las Partes faculta a la otra Parte para que pueda elevar a público el presente Contrato de Mediación, asumiendo el coste la Parte solicitante y quedando obligada la otra Parte a realizar cuantas gestiones sean necesarias para tal fin.

11. NOTIFICACIONES

11.1. Las notificaciones podrán hacerse por cualquiera de los medios admitidos en Derecho que permita tener constancia de la recepción.

11.2. Toda notificación necesaria a los efectos del presente Contrato de Mediación, se hará a las direcciones que constan en el encabezamiento del presente documento como domicilios de las Partes o en las direcciones de correo electrónico que se indican a continuación:

E-mail de la Agencia: [*]

E-mail de La Productora: ....

11.3. Las Partes se comunicarán en tiempo oportuno cualquier cambio de los anteriores domicilios y datos.

12. LEY Y FUERO APLICABLES

12.1. El presente Contrato de Mediación deberá interpretarse y cumplirse de conformidad con la legislación española, y en particular con el régimen legal aplicable a los derechos de propiedad intelectual e industrial.

12.2. Para la resolución de cualquier controversia, así como para la interpretación del presente Contrato de Mediación, las Partes se someten al fuero de los tribunales de la ciudad de ...., con renuncia expresa al fuero que pudiera corresponderles.

Lo que firman las Partes en duplicado ejemplar y a un solo efecto en el lugar y fecha reflejado "ut supra"

La Productora	**La Agencia**
______________________	______________________
[*]	[*]

Anexo
al Contrato de Mediación suscrito en fecha [*] de [*] de 20[*] entre [*] (la "Productora") y [*] (la "Agencia")

En .... a [*] de [*] de 20[*]

En virtud del presente anexo, la Productora manifiesta su deseo de contratar los servicios de la Agencia en relación con la contratación del director [*] (el "**Director**"), provisto de DNI [*], para el desempeño de dicha función en la obra audiovisual titulada provisional y/o definitivamente "[*]" (la "**Obra Audiovisual**"), como parte integrante de la serie titulada provisional y/o definitivamente "_______________________" (la "**Serie** "), en los términos seguidamente descritos:

1. Los servicios a prestar por la Agencia (los "**Servicios**") consistirán en:

   a) Mediación en todo el proceso de contratación, entre otras, sin que a la enumeración sea exhaustiva y/o excluyente:

      o Traslado de la oferta al Director.

      o Intermediación en la negociación del contrato con el Director, así como la firma del mismo.

   b) Mediación durante el desarrollo de la prestación de los servicios del Director a favor de la Productora, entre otras, sin que a la enumeración sea exhaustiva y/o excluyente:

      o Mantenerse informada de las fechas concretas de trabajo del Director, velando para que asuma sus obligaciones.

      o Cuadrar con la Productora cualesquiera otros compromisos que el Director hubiere adquirido o adquiera durante la vigencia de su contrato con la Productora.

      o Mediación con la Productora en todo lo relativo a cuestiones administrativas del Director.

      o Mediación ante cualquier problema que pudieran surgir en la relación diaria entre la Productora y el Director.

      o Velar por el cumplimiento del Director de las obligaciones asumidas en virtud del contrato que hayan suscrito.

2. En la prestación de sus Servicios, la Agencia se compromete a cumplir, en el caso de que sea necesario, con todas las directrices y normas que la Productora ha establecido para proteger la seguridad y salud en el trabajo de las personas que intervienen en la producción de la Obra Audiovisual, incluyendo a título enunciativo y no limitativo, aquellas relacionadas con la crisis............ (CRISIS).

3. Los trabajos de la Agencia se extenderán en el tiempo hasta la finalización por parte del Director de sus trabajos en la Obra Audiovisual, en los términos indicados en el Contrato de Mediación.

4. Como retribución por su trabajo, la Productora remunerará a la Agencia con un importe de [*] EUROS ([*]€). El pago se realizará, por transferencia bancaria, a los treinta (30) días de la entrega de la factura correspondiente, facturando la mitad de los honorarios en cada uno de los meses de rodaje.

5. Por lo anterior, y dado que el pago a la Agencia trae causa del servicio prestado por el Director, de resolverse el contrato formalizado con éste, la Agencia no tendrá derecho a recibir, ni a reclamar, cantidad económica alguna, excepto en el mismo porcentaje que pudiera deberse al Director por los servicios efectivamente prestados hasta el momento de la resolución.

6. En relación con lo dispuesto en el párrafo anterior, la Agencia manifiesta conocer y acepta que, de suspenderse el contrato del Director, por circunstancias ajenas e imprevisibles para la Productora, como puede ser por causas relacionadas con la crisis............ (CRISIS), y conforme a los términos recogidos en el contrato del Director, la contraprestación de la

Agencia quedará supeditada a la capacidad del Director de poder cumplir con el objeto de su contrato. En el caso de que esto no llegue a producirse, la Agencia recibirá únicamente la retribución correspondiente a los servicios efectivamente prestados por el Director.

7. Asimismo, como condición para el pago de la contraprestación, la Agencia deberá aportar a la Productora, el correspondiente certificado vigente de estar al corriente del pago de sus obligaciones tributarias.

Lo que firman las partes en duplicado ejemplar y a un solo efecto en el lugar y fecha reflejado "ut supra".

La Productora	**La Agencia**
______________________	______________________
[*]	[*]

F061. CONTRATO DE PRESTACIÓN DE SERVICIOS MERCANTIL EN EL MARCO DE UNA PRODUCCIÓN DE SERIE TELEVISIVA

En ...., a ——

REUNIDOS

DE UNA PARTE, Don/Doña, con D.N.I. nº, en representación de **---------------.**, con domicilio social y fiscal en ——— y C.I.F. número CIF ———, según consta en escritura pública otorgada ante el Notario de .... ——— de fecha ——— y número de protocolo ———, en adelante, en adelante la **PRODUCTORA.**

DE OTRA PARTE, Don/Doña ——— con D.N.I. número ———, como representante legal de —— — con C.I.F. número ——— y domicilio en ———, y en calidad de ——— según consta en escritura pública otorgada ante el Notario ——— de fecha ——— y número de protocolo ———, en adelante la **EMPRESA COLABORADORA**.

LA PRODUCTORA y LA EMPRESA COLABORADORA serán conjuntamente denominadas como las "**Partes**" e individualmente como una "**Parte**".

Manifiestan los señores comparecientes que sus facultades están vigentes y que no han sufrido alteración ni modificación en relación con la existencia de capacidad jurídica de las sociedades que respectivamente representan y, se reconocen, según intervienen, capacidad legal suficiente para otorgar el presente documento y, a tal fin,

EXPONEN

I. Que LA PRODUCTORA ha sido contratada por la sociedad **--------------**, con domicilio en .... (en adelante, "**--------**") para prestar los servicios de producción en su integridad en el territorio de España de la segunda temporada de una obra audiovisual extranjera de ficción provisionalmente titulada "**----------------**" y compuesta por cuatro (-) capítulos (en adelante, la "**OBRA AUDIOVISUAL"**).

II. Que la EMPRESA COLABORADORA es una sociedad que presta servicios de —— (en adelante, los "**SERVICIOS**"), está interesada en contratar con la Productora de acuerdo con los establecido en el presente contrato, y que a su vez aporta y acredita, mediante los certificados correspondientes, el estar al corriente de pagos con la Tesorería General de la Seguridad Social y la Administración Tributaria.

III. Que la PRODUCTORA tiene interés en contratar los SERVICIOS de la EMPRESA COLABORADORA, que igualmente interesa dicha contratación, en relación a la OBRA AUDIOVISUAL para lo cual otorgan este Contrato que se regirá por las siguientes:

CLÁUSULAS

PRIMERA: OBJETO

El objeto del presente Contrato es la contratación de los SERVICIOS de la EMPRESA COLABORADORA, para llevar a cabo servicios consistentes en ——, de conformidad con el guion y el plan de producción de la OBRA AUDIOVISUAL, y la máxima diligencia y calidad.

Constituye asimismo objeto del presente Contrato la cesión en exclusiva de la EMPRESA COLABORADORA a la PRODUCTORA de todos los derechos de propiedad intelectual y de otra índole, en caso de haberlos, con facultad de cesión a terceras partes, ya sea en régimen de exclusiva o no, que se pudieran derivar de los SERVICIOS, en los términos descritos en la Cláusula Cuarta, en la máxima amplitud posible y asimismo, en su caso, para la producción y explotación de la OBRA AUDIOVISUAL por todo el plazo de duración de tales derechos previsto por la legislación aplicable, para todos los territorios del mundo y sin limitaciones de ningún tipo.

SEGUNDA: DURACIÓN

Este Contrato entrará en vigor el día de su firma y extenderá su vigencia durante todo el período de preproducción, grabación y postproducción de la OBRA AUDIOVISUAL, estimándose dicho período entre las fechas [*].

Si llegada la fecha inicialmente prevista no se hubiera finalizado la grabación/postproducción por los motivos que se trate, este Contrato se entenderá prorrogado en sus efectos hasta la conclusión de la grabación/postproducción.

No obstante lo anterior, aquellas estipulaciones del presente Contrato que contengan intención expresa o implícita de que continúen en vigor tras la resolución o vencimiento del mismo, se mantendrán en vigor y continuarán vinculando a ambas Partes según lo estipulado.

TERCERA: REMUNERACIÓN

Sujeto al cumplimiento de los SERVICIOS, como contraprestación a la prestación total de dichos servicios y la cesión de derechos que se establece en la Cláusula Cuarta siguiente, la EMPRESA COLABORADORA percibirá la cantidad total de —— que serán facturados (semanalmente, mensualmente). En la factura, se describirá con claridad la naturaleza del servicio prestado, haciéndose mención expresa del título de la producción a la que corresponde.

A esta cantidad se le aplicarán los impuestos y retenciones aplicables por la legislación vigente.

CUARTA: PROPIEDAD INTELECTUAL & INDUSTRIAL MATERIALES

En el caso que de la prestación de los SERVICIOS objeto de este Contrato se derivara algún tipo de derecho de propiedad intelectual, industrial y/o de imagen, la EMPRESA COLABORADORA cede íntegramente a la PRODUCTORA y la PRODUCTORA adquiere íntegramente en exclusiva, a nivel mundial, con facultad de cesión a terceros, ya sea en régimen de exclusiva o no, y por el máximo período de protección legal, hasta su entrada en dominio público, de todos los derechos de propiedad intelectual, industrial e imagen que se pudieran derivar de la prestación de los SERVICIOS de la EMPRESA COLABORADORA en la OBRA AUDIOVISUAL, incluyendo los derechos de reproducción, distribución, comunicación pública, puesta a disposición del público y transformación para la posterior explotación de la OBRA AUDIOVISUAL y sus productos derivados, incluyendo el merchandising y la explotación secundaria todo ello a cambio de una remuneración, siendo ésta la referida en la Cláusula Tercera anterior, en la que se incluyen tanto la prestación de los SERVICIOS contratados en virtud de este Contrato, como las cesiones de derechos previstas en la presente Cláusula.

La EMPRESA COLABORADORA autoriza expresamente a la PRODUCTORA a que pueda llevar a cabo grabaciones sonoras o audiovisuales en las que puedan aparecer imágenes de la prestación de los SERVICIOS de la EMPRESA COLABORADORA, que tengan por finalidad difundir el proceso de producción y realización de la OBRA AUDIOVISUAL (por ejemplo, un documental del tipo "Así se hizo"), así como a utilizar imágenes de la prestación de los SERVICIOS de la EMRPESA COLABORADORA para promocionar la OBRA AUDIOVISUAL en todo el universo, por cualesquiera medios de difusión, modalidades y/o formas de explotación, bien por sí misma o bien por terceros. Esta autorización será efectiva durante la duración del presente Contrato y se extenderá sin limitación temporal alguna respecto a aquellas explotaciones de la OBRA AUDIOVISUAL que por su propia naturaleza perduren más allá de la extinción del Contrato.

La PRODUCTORA será la única propietaria y, por tanto, tendrá los materiales, de cualquier naturaleza.

La contraprestación por las cesiones de derechos en la presente cláusula se encuentra contenida en aquella establecida en la Cláusula Tercera del presente Contrato.

QUINTA: SUSPENSIÓN DEL CONTRATO

La PRODUCTORA tendrá el derecho a suspender este Contrato y todas sus obligaciones en virtud del mismo mediante notificación por escrito a la EMPRESA COLABORADORA durante todos los períodos en que ésta se encuentre en incumplimiento sustancial en virtud del presente Contrato o en casos de fuerza mayor (entendiendo por tal cualquier acto, evento, omisión o accidente más allá del control razonable de la PRODUCTORA, incluyendo incendio, terremoto, inundación, huelga o cierre patronal u otra disputa laboral, caso fortuito o enemigo público, guerra o conflicto armado, acto de terrorismo, cualquier evento local, estatal o autonómico, internacional, orden gubernamental o regulación que prohíba la OBRA AUDIOVISUAL o que haga que la preparación y realización de la grabación de la OBRA AUDIOVISUAL sea demasiado gravosa, incumplimiento de contrato por parte de terceros que no sea subsanable dentro de un período razonable de tiempo (y en ningún caso después de cinco (5) días hábiles, reducible a dos (2) días hábiles durante la grabación principal de la OBRA AUDIOVISUAL), muerte, enfermedad o incapacidad del director, director de fotografía o un miembro principal del elenco de la OBRA AUDIOVISUAL, o cualquier mandato judicial u otra interferencia material con el desarrollo, producción o distribución de la OBRA AUDIOVISUAL o cualquier otro evento fuera del control de la PRODUCTORA que resulte insubsanable o no pueda ser subsanado dentro de un período razonable de tiempo (y en ningún caso después de cinco (5) días hábiles, reducible a dos (2) días hábiles durante la grabación principal). Dicha suspensión continuará durante la duración del incumplimiento o el evento de fuerza mayor más el período de tiempo adicional que sea razonablemente necesario para preparar la reanudación de la producción, según lo determine la PRODUCTORA. Una suspensión parcial no eximirá a la EMPRESA COLABORADORA del resto de sus obligaciones bajo este Contrato, excepto en los casos de infracción material por parte del Productor.

SEXTA: RESOLUCIÓN DEL CONTRATO

El presente Contrato podrá resolverse por las causas siguientes:

6.1. Por la PRODUCTORA

a) Incumplimiento grave por parte de la EMPRESA COLABORADORA de las obligaciones que asume en el presente Contrato.

   Este supuesto dará derecho a la PRODUCTORA a percibir una indemnización por los daños y perjuicios causados.

b) El presente Contrato se considerará extinto, si .... así lo requiere por cualquier motivo.

c) El presente Contrato quedará automáticamente resuelto si .... decidiese suspender la producción de la OBRA AUDIOVISUAL, cuando la suspensión del Contrato por fuerza mayor suceda y continúe por un período de cuatro (4) semanas consecutivas o más o un total de seis (6) semanas o más (reducible a cuatro (4) días consecutivos o más o un total de seis (6) días o más durante la grabación principal de la OBRA AUDIOVISUAL; cobrando la EMPRESA

COLABORADORA, en este caso, la prestación efectivamente realizado hasta la fecha de la resolución, sin contraprestación o indemnización adicional alguna.

d) Por cualesquiera otras causas legal o reglamentariamente procedentes.

6.2. Por la EMPRESA COLABORADORA

La falta de pago por la PRODUCTORA de las retribuciones pactadas a favor de la EMPRESA COLABORADORA.

6.3. Igualmente, el presente Contrato se podrá resolver de forma anticipada en aquellos casos en los que la producción y/o explotación de la OBRA AUDIOVISUAL se suspenda de forma definitiva, incluido por causa de fuerza mayor (a título enunciativo y no limitativo, las derivadas de la crisis). En tales supuestos, la EMPRESA COLABORADORA no tendrá derecho a percibir indemnización alguna, limitándose a hacer suyas las cantidades devengadas hasta el momento de extinción del Contrato por las causas anteriormente mencionadas. En tal caso, el resultado de los SERVICIOS ya realizados por la EMPRESA COLABORADORA podrá ser utilizado por la PRODUCTORA libremente, y se entenderá operada con plenos efectos respecto a estos la cesión de derechos de propiedad intelectual prevista en este Contrato.

SÉPTIMA: CONFIDENCIALIDAD Y NO COMPETENCIA

La EMPRESA COLABORADORA se obliga a mantener en la más estricta confidencialidad durante toda su vigencia y una vez finalizada la misma, la existencia y el contenido del presente Contrato, así como cualquier detalle relacionado con la ejecución de sus SERVICIOS. Asimismo, la EMPRESA COLABORADORA se obliga a no comunicar, reproducir, divulgar, revelar, transmitir, poner a disposición o suministrar a terceras personas, bajo ninguna circunstancia, ya sea de forma directa o indirecta, cualquier información confidencial de la OBRA AUDIOVISUAL en especial, guion, historia, argumento, casting, presupuesto, contraprestación actores/actrices, equipo técnico, localizaciones, decorados, entre otros elementos, así como cualquier otro elemento Y/o contenido al que tuviera acceso y/o conocimiento como consecuencia de la ejecución del presente Contrato. El incumplimiento por parte de la EMPRESA COLABORADORA de lo establecido en la presente cláusula faculta a la PRODUCTORA para que pueda resolver el presente Contrato, al considerarse como un incumplimiento grave, así como solicitar la correspondiente indemnización por los daños y perjuicios.

OCTAVA: RECLAMACIÓN A TERCEROS

La EMPRESA COLABORADORA mantendrá indemne a la PRODUCTORA frente a cualquier reclamación de cualquier tercero; garantizando, además, que ha obtenido todas las autorizaciones, licencias, permisos necesarios para la prestación de los SERVICIOS objeto de este Contrato.

Esta Cláusula mantendrá sus efectos aun una vez terminada la prestación de los SERVICIOS.

NOVENA: CESIÓN

La PRODUCTORA está facultada para ceder el presente Contrato y todos o parte de los derechos otorgados a la PRODUCTORA en virtud del presente Contrato a cualesquiera otras personas físicas y/o jurídicas, sin necesidad de notificárselo a la EMPRESA COLABORADORA, por lo que este Contrato deberá ser vinculante y recaerá en beneficio de todos los sucesores de la PRODUCTORA, así como de sus licenciatarios y cesionarios.

La EMPRESA COLABORADORA no está facultada para ceder el presente Contrato, ni todos o parte de los derechos de la EMPRESA COLABORADORA contemplados en el presente Contrato a ninguna persona física y/o jurídica.

DÉCIMA: NOTIFICACIONES

Cualquier notificación o comunicación que deba efectuarse entre las Partes, se realizará en el domicilio señalado por cada uno de ellos en el encabezamiento de este Contrato, obligándose a notificar su cambio en caso de que éste se llegase a producir. Sin perjuicio de ello, las comunicaciones y notificaciones que deban efectuarse, como consecuencia del presente Contrato, se realizarán por escrito y se remitirán por correo, telefax, correo electrónico o cualquier otro medio que permita tener constancia de su envío y recepción por el destinatario.

La EMPRESA COLABORADORA se verá igualmente obligados a notificar cualquier cambio relativo a su cuenta bancaria respecto de la información proporcionada en el presente Contrato.

Las Partes se comunicarán en tiempo oportuno cualquier cambio de los anteriores domicilios y datos.

DÉCIMOPRIMERA: PROTECCIÓN DE DATOS

Las Partes informan a los representantes que firman el presente Contrato de que sus datos de carácter personal serán incluidos en sendos ficheros responsabilidad de cada una de las Partes, cuya finalidad es el mantenimiento de las relaciones contractuales de las mismas, siendo imprescindible para ello que se aporten sus datos identificativos, la capacidad de representación que ostentan, número de DNI o documento equivalente y su firma.

Asimismo, las Partes garantizan cumplir con el deber de información con respecto a sus empleados cuyos datos personales sean comunicados entre las Partes para el mantenimiento y cumplimiento de la relación contractual.

La base jurídica que legitima el tratamiento de los datos de los interesados es la necesidad para la celebración y ejecución del presente Contrato.

Los datos serán conservados durante la vigencia del presente Contrato y, posteriormente, durante cinco (5) años con la finalidad de atender a las posibles responsabilidades derivadas de la relación contractual.

En todo caso, los afectados podrán ejercer sus derechos de acceso, rectificación, supresión, oposición, limitación y portabilidad ante la Parte que corresponda a través de comunicación por escrito al domicilio social que consta al comienzo del presente documento, aportando fotocopia de su DNI o documento equivalente e identificando el derecho que se solicita. Asimismo, en caso de considerar vulnerado su derecho a la protección de datos personales, podrán interponer una reclamación ante la Agencia Española de Protección de Datos (www.aepd.es).

DÉCIMOSEGUNDA: RIESGOS LABORALES

La EMPRESA COLABORADORA garantiza que cumple con aquellas normas y medidas que signifiquen unas condiciones de trabajo óptimas y la prevención de riesgos para la seguridad y la salud de los trabajadores, en virtud de lo que se establece en la Ley 31/1995, de 8 de noviembre, de Prevención de Riesgos Laborales y demás legislación afín.

DÉCIMOTERCERA: NATURALEZA CONTRACTUAL

Este Contrato tiene carácter mercantil y se regirá por sus propias Cláusulas y en lo no previsto en ellas, por el Código de Comercio, leyes especiales y usos mercantiles y en su defecto a lo dispuesto en el Código Civil. Asimismo, no supondrá constitución de sociedad, ni de otra naturaleza entre las Partes firmantes, respondiente ambas Partes únicamente del compromiso generado con la firma del mismo.

A los efectos de lo anterior, la EMPRESA COLABORADORA manifiesta y garantiza frente a la PRODUCTORA que dispone de recursos técnicos y materiales necesarios para prestar sus servicios profesionales de forma plena. La EMPRESA COLABORADORA asume a su cuenta y riesgo todas las incidencias, riesgos y resultados que se deriven de su prestación y en especial que tiene dados de alta a todos los trabajadores que prestan servicios.

La EMPRESA COLABORADORA garantiza que dispone de los seguros necesarios para cubrir cualquier extremo del párrafo anterior.

La EMPRESA COLABORADORA declara y garantiza que se encuentra al día de sus obligaciones fiscales, laborales y de Seguridad Social, eximiendo expresamente a la PRODUCTORA de toda responsabilidad ante cualquier reclamación derivada del incumplimiento por la EMPRESA COLABORADORA de dichas obligaciones y garantizando a la PRODUCTORA su completa indemnidad por esos conceptos.

Por ello, la EMPRESA COLABORADORA mantendrá indemne a la PRODUCTORA de cualquier reclamación, demanda y/o indemnización.

DÉCIMOCUARTA: CRÉDITOS

Siendo la PRODUCTORA propietaria de la OBRA AUDIOVISUAL, ésta insertará la marca de los productos cedidos por la EMPRESA COLABORADORA, el nombre de la EMPRESA COLABORADORA o el logotipo que ésta facilite en forma de agradecimientos en los títulos de crédito en las copias de la OBRA AUDIOVISUAL. Sin perjuicio de lo anterior, cualquier omisión involuntaria o fallo casual en otorgar dichos títulos de créditos por parte de la PRODUCTORA o algún tercero que exhiba la OBRA AUDIOVISUAL en una plataforma digital que no sea controlada por la PRODUCTORA, no se considerará un incumplimiento de este Contrato.

DÉCIMOQUINTA: LEY Y JURISDICCIÓN

Para la interpretación y resolución de los conflictos que pudieran derivarse de la aplicación del presente Contrato, las Partes se someten de forma expresa a la Jurisdicción de los Tribunales de ...., renunciando a cualquier otro fuero que pudiera corresponderles.

Y para que conste y en prueba de su conformidad, firman el presente Contrato digitalmente, en el lugar y fecha arriba indicados.

LA PRODUCTORA	EMPRESA COLABORADORA
____________	____________
D./Dª	D./Dª

F062. ACUERDO DE PRESTACIÓN DE SERVICIOS DE DOBLAJE PARA SERIE TELEVISIVA

.... de ....de ....

REUNIDOS

DE UNA PARTE, D.................. (en adelante, "**EMPRESA 0**")

Y de otra parte, D./Dña. [...], mayor de edad, con DNI [...], en nombre y representación de .... con domicilio en, y CIF, en su calidad de [...] (en adelante, la "**EMPRESA**").

En adelante, individualmente referidas como la "Parte" y, conjuntamente, como las "Partes"

EXPONEN

I. Que EMPRESA 0 es una entidad mercantil dedicada, entre otras actividades propias de su objeto social, a la producción de contenidos audiovisuales,............denominado provisional y/o definitivamente ".........." (en adelante, la "**Serie**").

II. Que EMPRESA se dedica, entre otras actividades propias de su objeto social, a las actividades de grabación y edición de sonido, en particular, doblaje de obras audiovisuales de todo tipo y cuenta con la experiencia necesaria para la prestación de servicios objeto del presente contrato, y desea suscribir el presente acuerdo con EMPRESA 0 para llevar a cabo el doblaje de la Serie, en los términos descritos en el presente acuerdo.

III. Que las Partes tienen la intención de suscribir el presente acuerdo con la finalidad de que EMPRESA preste de dobla al idioma "español neutro" de la Serie, conforme a los términos y condiciones aquí estipulados.

IV. Que encontrándose ambas partes facultadas para suscribir el presente acuerdo (en adelante, el "**Acuerdo**"), y reconociéndose mutuamente la capacidad legal necesaria para contratar y obligarse, lo llevan a efecto conforme a las siguientes

ESTIPULACIONES

PRIMERA.– OBJETO.

1.1. Es objeto del presente Acuerdo establecer los términos y condiciones en base a los cuales EMPRESA 0 contrata a EMPRESA para que lleve a cabo la prestación de servicios de doblaje al idioma "español neutro" de los ....episodios que componen la Serie (en adelante, los "**Servicios"**).

1.2. Igualmente constituye el objeto del presente Acuerdo la cesión por parte de EMPRESA a EMPRESA 0 de cuantos derechos de propiedad intelectual, industrial y cualesquiera otros que puedan derivarse de esta relación contractual, en los términos descrito en la Estipulación Quinta del presente Acuerdo.

SEGUNDA.– DURACIÓN.

2.1. Las Partes acuerdan que el presente contrato entrará en vigor el día de su firma y finalizará cuando concluya la prestación de servicios objeto del presente Acuerdo, previsiblemente, el día ....

En todo caso, dada la naturaleza de los Servicios, las fechas de inicio y terminación de la producción de la Serie podrán adelantarse o retrasarse, siendo en cualquier caso la terminación el día en que acabe el doblaje de los ....episodios de la Serie. Por consiguiente, el Acuerdo se entenderá prorrogado tácitamente por el periodo necesario hasta la finalización de los Servicios objeto del presente Acuerdo a conformidad de las Partes.

2.2. Sin perjuicio de lo anterior, las Partes acuerdan que las estipulaciones del presente Acuerdo, con intención expresa o implícita de que continúen en vigor tras el momento de resolución o vencimiento del mismo, tales como la cesión de derechos y/o la confidencialidad, se mantendrán en vigor y continuarán vinculando a ambas Partes según a lo estipulado.

TERCERA.- CONDICIONES DE LA PRESTACIÓN DE SERVICIOS.

3.1. Los servicios objeto del presente Acuerdo se prestarán en los siguientes términos y condiciones generales:

(i) EMPRESA responderá de la calidad de los servicios prestados con la diligencia exigible a una empresa experta en la prestación de los servicios objeto del Acuerdo.

(ii) EMPRESA se obliga a gestionar y obtener, a su cargo, todas las licencias, permisos y autorizaciones administrativas que pudieren ser necesarias para la ejecución de los servicios objeto del presente Acuerdo.

(iii) EMPRESA responderá de los daños y perjuicios que se deriven para EMPRESA 0 y de las reclamaciones que pueda realizar un tercero, y que tengan su causa directa en los servicios prestados por EMPRESA, o de su personal, en la ejecución del Acuerdo o que deriven de la falta de diligencia referida anteriormente.

(iv) Las obligaciones establecidas para EMPRESA por la presente cláusula serán también de obligado cumplimiento para sus posibles empleados, colaboradores, tanto externos como internos, y subcontratistas, por lo que EMPRESA responderá frente a EMPRESA 0 si tales obligaciones son incumplidas por tales empleados o colaboradores.

3.2. Los servicios objeto del presente Acuerdo se prestarán en los siguientes términos y condiciones específicos:

(i) EMPRESA se compromete a llevar a cabo el doblaje de la Serie al idioma español neutro incluyendo, entre otras, las siguientes:

- Cumplir la planificación y calendario proporcionado por EMPRESA 0.
- Colaboración de EMPRESA 0 en el casting para la selección de los diferentes actores que doblaran a los personajes de la Serie.

(ii) EMPRESA se compromete a contratar, conforme a la legislación aplicable, a todo los colaboradores que intervengan en la prestación de servicios objeto del presente Acuerdo, eximiendo a EMPRESA 0 de cualquier posible controversias que pudieran surgir de la relación establecida entre EMPRESA con sus colaboradores, no teniendo por tanto EMPRESA 0 obligación alguna frente a dichos colaboradores.

(iii) EMPRESA responderá de los gastos que se deriven de la prestación de los Servicios objeto del presente Acuerdo, relacionados por el personal que aporta, entre otros, los relativos a seguros (seguridad social, etc.).

CUARTA.- CONTRAPRESTACIÓN.

4.1. EMPRESA, por la prestación de servicios objeto del presente Acuerdo y la cesión de derechos derivada del mismo, recibirá la cantidad total y única de ....(...........) brutos. Las Partes acuerdan que cualquier modificación realizada al presupuesto del doblaje, deberá ser previamente aprobado por EMPRESA 0. A esta cantidad se le aplicarán los impuestos y deducciones que legalmente procedan.

4.2. El pago de esta cantidad se efectuará a EMPRESA, previa presentación de factura, a la siguiente cuenta corriente titularidad de EMPRESA: [...]

4.3. La contraprestación pactada en este Acuerdo incluye toda retribución que pudiera corresponder a EMPRESA así como la retribución por la cesión de los derechos de propiedad intelectual e industrial y de cualesquiera otros derechos, incluidos los de imagen, contemplada en el presente Acuerdo para todas las modalidades de explotación.

QUINTA.- PROPIEDAD INTELECTUAL E INDUSTRIAL.

5.1. EMPRESA cede a EMPRESA 0, en exclusiva y con facultad de cesión a terceros, en exclusiva o no, todos los derechos de propiedad intelectual e industrial, así como cualesquiera otros derechos, incluidos los de imagen (comprendiendo expresamente el contenido patrimonial del derecho a la propia imagen) que puedan derivarse de la prestación de los Servicios en la Serie al amparo del presente Acuerdo, para todas las modalidades de explotación, con independencia del sistema, formato o procedimiento de explotación empleado, ya sea analógico, digital o electrónico, en especial, a través de redes sociales.

5.2. Conforme a lo establecido en la presente cláusula, EMPRESA acepta que EMPRESA 0, en su condición de productora audiovisual, es quien tiene la iniciativa y asume la responsabilidad de la grabación de la Serie y, en tal condición, le corresponde la plena disposición y el derecho exclusivo a la más amplia explotación de la Serie, sin más limitaciones que las establecidas legalmente.

SEXTA.- RESPONSABILIDADES Y GARANTÍAS.

6.1. Las Partes garantizan el cumplimiento de la totalidad de los compromisos que asumen, manteniéndose indemnes en caso de cualquier reclamación judicial o extrajudicial de terceros por cualquier causa vinculada con los derechos y obligaciones dimanantes del presente Acuerdo, y asumirán en todo momento la correcta ejecución de los términos del mismo, respondiendo por ello ante la otra Parte.

6.2. EMPRESA se compromete y asume la responsabilidad de realizar la prestación de los servicios objeto del presente Acuerdo con estricto respeto de los derechos de propiedad intelectual, industrial y cualesquiera otros de terceros, y garantiza a EMPRESA 0 que no realizará ningún acto susceptible de impedir o dificultar a EMPRESA 0 el pleno ejercicio de los derechos cedidos mediante el presente Acuerdo.

6.3. Las Partes se comprometen a mantener indemne a la otra Parte de reclamaciones derivadas de las anteriores garantías, así como a indemnizarle en el caso de proceder, incluyendo daños y perjuicios, y a reembolsarle los gastos razonables en que éste pudiera haber incurrido como consecuencia de tales reclamaciones, incluidos los honorarios de abogado y procurador, en su caso.

SÉPTIMA.- CONFIDENCIALIDAD.

Toda información facilitada por las Partes será considerará como información confidencial. Dicha información será tratada como estrictamente confidencial por las Partes y no será revelada o copiada a terceros, salvo que sea necesario para poner en práctica los términos del presente Acuerdo, o fuera expresamente aprobada por la Parte afectada. Las Partes no podrán, salvo con el consentimiento previo y por escrito de la otra Parte, divulgar o publicar cualquier información financiera, comercial o de cualquier otro tipo, relacionada con la Serie y/o los términos de este Acuerdo. Esta condición no será de aplicación si tal información fuera requerida por un tribunal de justicia. Esta obligación de confidencialidad se mantendrá vigente durante el plazo de vigencia del Acuerdo, y seguirá en vigor, a la terminación del mismo, por cualquier causa.

OCTAVA.- CAUSAS DE RESOLUCIÓN.

8.1. Además de por las causas legalmente previstas, el presente Acuerdo podrá ser resuelto anticipadamente a instancia de cualquiera de las Partes en caso de incumplimiento por la otra de las obligaciones materiales asumidas en virtud del mismo, siempre que la Parte que inste la resolución hubiese cumplido sus obligaciones y haya requerido previamente al incumplidor, mediante burofax o carta certificada con acuse de recibo, el cumplimiento de la obligación u obligaciones incumplidas y, transcurridos diez (10) días desde la recepción de tal requerimiento, el incumplidor no hubiese subsanado el incumplimiento de que se trate.

8.2. En ningún caso podrá interpretarse como modificación o renuncia de las estipulaciones del presente Acuerdo cualquier tolerancia por cualquier parte respecto del incumplimiento de las obligaciones de la otra parte.

DÉCIMA.- LEY APLICABLE Y JURISDICCIÓN COMPETENTE

El presente Acuerdo se regirá e interpretará de conformidad con lo establecido en sus estipulaciones y por lo dispuesto en la Ley Española. Para cuantas incidencias, disputas o discrepancias se deriven del cumplimiento o ejecución del presente, las partes, con expresa renuncia a su fuero propio, si lo tuvieran, se someten a la competencia y jurisdicción de los Tribunales de ....

Y, en prueba de conformidad con cuanto antecede, las Partes firman el presente Acuerdo por duplicado y a un solo en efecto, en el lugar y fecha indicados en el encabezamiento.

EMPRESA 0	EMPRESA
D./Dña.......	D./Dña. [...]

F063. CONTRATO DE LOCALIZACIONES PARA PROGRAMA TELEVISIVO

En ( ), a [ ] de [ ] de [ ]

DE UNA PARTE, D. [ ], mayor de edad, en nombre y representación de la sociedad [ ] con CIF [ ]y domicilio social en calle [ ], [ ]; constituida por tiempo indefinido el [ ] de [ ] de [ ] en escritura autorizada por el Notario de [ ], D. [ ], bajo el número [ ] de su protocolo, e inscrita en el Registro Mercantil de [ ], Tomo [ ], Folio [ ], Hoja [ ], Inscripción [ ].

En adelante, "**[**Productor**]**".

Y, DE OTRA PARTE, D. **[ ],** mayor de edad, en nombre y representación de la sociedad **[ ]** con CIF [ ]y domicilio social en calle **[ ], [ ];** constituida por tiempo indefinido el **[ ]** de **[ ]** de **[ ]** en escritura autorizada por el Notario de **[ ],** D. **[ ],** bajo el número **[ ]** de su protocolo, e inscrita en el Registro Mercantil de **[ ]**, Tomo **[ ]**, Folio **[ ]**, Hoja **[ ]**, Inscripción [ ].

En adelante, "[Propietario]".

El presente acuerdo de cesión de uso (el «Acuerdo») lo celebran el Productor y el Propietario en relación con la localización situada en ( )

Las partes manifiestan que sus facultades están vigentes y que no han sido limitadas, suspendidas ni revocadas por lo que cuenta con la capacidad legal necesaria para obligarse en derecho y contratar y al efecto

ESTIPULACIONES

PRIMERA.- Por medio del presente, el Propietario autoriza al Productor para acceder a la Localización, fotografiarla, grabarla y usarla, ya sea de forma exacta o simulada, para su incorporación al programa titulado provisionalmente ( ) (el "Programa"), que el Productor está realizando, durante los periodos definidos a continuación, así como para introducir todos los equipos, personal, vehículos y decorados temporales en la Localización con el fin de realizar imágenes fijas, películas y grabaciones de sonido en la Localización.

SEGUNDA.- La Localización incluye, entre otros, todas las zonas interiores y exteriores de la Localización, cualquier propiedad intelectual, incluyendo, sin limitación, cualquier material gráfico, esculturas y otros materiales que pudieran estar protegidos por derechos de autor, tal y como se muestren dentro de la Localización. El Propietario acepta que el Productor podrá ceder el presente Acuerdo y sus derechos en virtud del mismo a cualquier tercero.

TERCERA.- La Localización estará disponible para su uso por parte del Productor a partir de [FECHA] y hasta el [FECHA], sin perjuicio de posibles cambios por cualquier causa o razón ajenas al control del Productor (el «Plazo»), dependiendo las fechas exactas de la climatología y el calendario de rodaje.

CUARTA.- El Propietario autoriza de forma gratuita al Productor el uso de la Localización, sin percibir a cambio una contraprestación, no teniendo nada que reclamar ni ahora ni en futuro, renunciando el Propietario a cualquier acción o reclamación sobre la misma.

QUINTA.- Al finalizar el Plazo o en caso de resolución anticipada del presente Acuerdo por el motivo que fuere, el Productor se compromete a retirar todo el equipo y decorados temporales una vez termine de utilizar la Localización y dejarlas en las mismas condiciones en las que se encontraban al acceder a las mismas.

SEXTA.- El Productor podrá acometer en la Localización, a su propio cargo, aquellos montajes que considere apropiados. El Productor deberá evitar daños a la Localización. El Productor se compromete a mantener un seguro de responsabilidad general así como un seguro de responsabilidad civil que cubra el uso de la Localización por parte del Productor.

SEPTIMA.- Todos los derechos de todo tipo y naturaleza sobre todas las imágenes y grabaciones realizadas en virtud del presente contrato en relación con el uso de la Localización por parte del Productor (incluidos, entre otros, derechos de reproducción, distribución, comunicación pública, puesta a disposición del público y transformación) serán propiedad única y exclusiva del Productor, durante el periodo máximo permitido por la legislación aplicable y en todo el mundo, de manera irrevocable para su explotación en cualquier forma y medio, y en cualquier momento en todos los soportes, medios, dispositivos, procesos y tecnologías actualmente conocidos de forma indefinida y en todo el mundo. El Productor podrá ceder libremente los derechos mencionados a favor de terceros, ya sea en régimen de exclusividad o no. Todos los derechos antes mencionados sobrevivirán a la resolución o expiración del presente Acuerdo, con independencia de la causa de la resolución o expiración.

OCTAVA.- El Propietario declara y garantiza que es el propietario legal, único y exclusivo de la Localización y tiene pleno derecho, poder y autoridad para conceder al Productor los derechos que se le otorgan en virtud del presente Acuerdo. El Propietario acepta indemnizar y mantener indemne al Productor de cualquier responsabilidad por cualquier reclamación, demanda, responsabilidad y gasto (incluyendo, sin limitación, gastos y honorarios de abogados razonables) que surja o se derive de cualquier incumplimiento de cualquiera de las manifestaciones, garantías o acuerdos del Propietario contenidos en el presente Acuerdo.

NOVENA.- El Propietario acuerda eximir al Productor, así como a sus causahabientes y licenciatarios, de toda responsabilidad por cualquier reclamación, daños y perjuicios y costes (incluidos honorarios razonables de abogados) derivados del uso de la Localización y de su inclusión en el Programa. El Propietario reconoce por este medio que solo tendrá derecho a recibir una indemnización económica por daños y perjuicios, y renuncia a su derecho a intentar prohibir o restringir la exhibición o explotación del Programa.

DECIMA.- El incumplimiento de las obligaciones contraídas en el presente Acuerdo por cualquiera de las partes facultará a la parte cumplidora a solicitar el cumplimiento de la obligación correspondiente o a resolver el Acuerdo.

UNDECIMA.- El Propietario se compromete a no divulgar con terceros ninguna información relacionada con el Productor, el presente Acuerdo o el Programa.

DUODÉCIMA.- El presente Acuerdo se regirá por las leyes de España, las partes se someten a la jurisdicción y competencia exclusivas de los tribunales de la ciudad de ( ).

Y, en prueba de conformidad, ambas partes firman el presente Contrato, por duplicado ejemplar y a un solo efecto, en el lugar y fecha indicados ut supra.

_______________________	_______________________
[ ]	[ ].
D. [ ]	D.

F064. CONTRATO DE PROVEEDOR DE BIENES Y SERVICIOS PARA LA PRODUCCIÓN DE SERIE TELEVISIVA

DE UNA PARTE, D. [ ], mayor de edad, en nombre y representación de la sociedad [ ] con CIF [ ]y domicilio social en calle [ ], [ ]; constituida por tiempo indefinido el [ ] de [ ] de [ ] en escritura autorizada por el Notario de [ ], D. [ ], bajo el número [ ] de su protocolo, e inscrita en el Registro Mercantil de [ ], Tomo [ ], Folio [ ], Hoja [ ], Inscripción [ ].

En adelante, "Productor".

Y, DE OTRA PARTE, D. **[ ],** mayor de edad, en nombre y representación de la sociedad **[ ]** con CIF [ ]y domicilio social en calle **[ ], [ ];** constituida por tiempo indefinido el **[ ]** de **[ ]** de **[ ]** en escritura autorizada por el Notario de **[ ],** D. **[ ],** bajo el número **[ ]** de su protocolo, e inscrita en el Registro Mercantil de **[ ]**, Tomo **[ ]**, Folio **[ ]**, Hoja **[ ]**, Inscripción 1ª.

En adelante, "Proveedor".

Las partes manifiestan que sus facultades están vigentes y que no han sido limitadas, suspendidas ni revocadas por lo que cuenta con la capacidad legal necesaria para obligarse en derecho y contratar y al efecto

CLÁUSULAS

Primera.- El Proveedor certifica que es una empresa legalmente constituida y su representante cuenta con los poderes y facultades para la celebración del presente Contrato.

Segunda.- El Proveedor se obliga a suministrar los bienes y/o servicios de ( ) para la producción de la serie de televisión denominada provisionalmente "( )" (la "SERIE").

Tercera.- El Proveedor deberá entregar los bienes y/o prestar los servicios que son materia del presente Contrato conforme a las instrucciones recibidas del Productor en cuanto a la fecha, lugar y horario.

Cuarta.- Los bienes o servicios adicionales que no se encuentran expresamente estipulados en el presente Contrato no serán remunerados a menos que conste la solicitud por escrito del Director de Producción o por cualquier otro representante de la Productora debidamente autorizado.

Quinta.- Los bienes y/o servicios que suministrará el Proveedor deberán reunir los más altos estándares de calidad y servir para los fines que fueron contratados por el Productor. El Productor se reserva el derecho de aceptar o rechazar cualquier bien o servicio que no sea entregado o prestado a su entera satisfacción.

Sexta.- El Productor pagará la contraprestación pactada (€) por transferencia bancaria, quedando obligado el Proveedor a entregar al Productor previamente al pago una factura que reúna los requisitos fiscales vigentes al momento del pago. Las partes acuerdan que la contraprestación mencionada en esta Cláusula, será considerada como la contraprestación total por los bienes y/o servicios suministrados por el Proveedor de conformidad con este Contrato. En consideración a dicho pago el Proveedor le otorga al Productor el derecho para llevar a cabo la libre explotación de sus aportaciones a la SERIE, incluyendo el derecho para filmar, fotografiar y grabar de cualquier otra forma dichos productos y/o servicios para incluirlos en la SERIE junto con todos los derechos conexos y accesorios, así como para explotar las grabaciones en las que aparezcan los productos y/o servicios en la SERIE y en cualquier otra forma, a través de cualquier medio, a nivel mundial, en cualquier idioma, por el plazo máximo permitido por la ley, de conformidad con la legislación aplicable, sin estar obligado el Productor a llevar a cabo algún otro pago al Proveedor al respecto.

El Proveedor renuncia expresamente a cualquier derecho o acción que pudiera ejercitar en contra del Productor, y/o sus empresas subsidiarias, filiales, coproductores, accionistas, representantes, empleados, socios comerciales, clientes, sucesores, licenciatarios y cesionarios por las contingencias o responsabilidades que pudieran surgir como resultado de la explotación por parte del Productor de las grabaciones en las que aparezcan los bienes y/o servicios materia el presente Contrato. El producto y los resultados de los bienes y/o servicios suministrados por el Proveedor relacionados con la SERIE serán considerados obra por encargo especialmente encomendada por el Productor, deberán ser obras originales del Proveedor y no ser copiadas o basadas en otras obras, y no deberán difamar, infringir ningún tipo de derechos, incluyendo, sin limitación alguna, marcas, nombres comerciales, derechos de autor, y/o el derecho a la privacidad o imagen de cualquier persona o entidad.

Séptima.- El presente contrato estará vigente desde el ( ) al ( ) y aquel tiempo necesario para la entrega de los bienes y/o la prestación de los servicios materia de este Contrato.

No obstante lo anterior, el Productor podrá dar por terminado el presente contrato en cualquier momento y sin responsabilidad mediante simple aviso dado con 7 (siete) días de anticipación.

Las disposiciones de las Cláusulas 11 y 12, incluyendo sin limitación las declaraciones, garantías e indemnizaciones establecidas en el presente, subsistirán a la terminación o vencimiento del presente contrato.

Octava.- El Productor se obliga a reembolsar al Proveedor todos los gastos en que incurra este último en el suministro de los bienes y/o servicios, siempre y cuando estos hayan sido autorizados por el Productor. Para tales efectos, el Proveedor deberá remitir las facturas, tickets o cualquier otro medio que sea aceptable a discreción del Productor.

Novena.- La relación entre el Proveedor y el Productor es la de partes independientes, por lo que por ningún motivo se considerará que el Proveedor es empleado del Productor ni que existe relación laboral entre las partes. En ese sentido, cada una de las partes deberá pagar los salarios y otras cantidades que adeuden a sus respectivos empleados, de tenerlos, y deberán ser responsables de todas las obligaciones respecto del pago de cuotas de seguridad social, impuesto sobre la renta, retenciones, primas de seguro, contribuciones para los planes de jubilación y otras responsabilidades similares de sus respectivos empleados, en su caso. El Proveedor garantiza y es de su absoluta responsabilidad que en el cumplimiento del presente contrato no se infringirá patente, derecho de autor, marcas registradas o cualquier otro derecho de propiedad intelectual, ni tampoco alguna ley o reglamento vigente.

Décima.- El presente Contrato podrá rescindirse automáticamente mediante simple aviso por escrito, sin necesidad de resolución judicial y sin responsabilidad alguna si alguna de las partes incumple con sus obligaciones, omite o se niega a cumplir con las estipulaciones de este Contrato.

Decimoprimera.- El Productor podrá ceder el presente Contrato o cualquier parte de sus derechos conforme al presente, a cualquier persona o sociedad, sin embargo, que tal cesión no liberará al Productor de sus obligaciones conforme al presente contrato. El Proveedor no podrá ceder el presente Contrato y cualquier intento de cesión por parte del Proveedor sin la previa aprobación por escrito del Productor.

Decimosegunda.- El Proveedor cede en exclusiva al Productor, que acepta, de forma irrevocable e incondicional, a título completo y con la capacidad de ceder y/o licenciar a terceros (en todo o en parte, de forma exclusiva o no exclusiva, con o sin contraprestación), todos los derechos de propiedad intelectual, propiedad industrial y todos los demás derechos de cualquier naturaleza derivados de los Servicios del Proveedor, en cualquier formato o medio, por cualquier sistema, método o procedimiento (en adelante, los "Derechos"), con carácter territorial universal y por todo el período de duración de los Derechos. En particular los Derechos cedidos por el Proveedor al Productor incluyen expresamente, sin limitación, los derechos de reproducción, distribución, transformación, comunicación pública, puesta a disposición, doblaje y subtitulado.

Decimotercera.- El Proveedor declara y garantiza que el Proveedor tiene todo el derecho y capacidad para celebrar el presente Contrato y entregar los bienes y/o servicios de Proveedor según se requieren conforme al presente contrato y otorgar al Productor los derechos otorgados conforme al mismo, incluyendo los bienes y servicios del Proveedor ("Trabajo Producido") y cualquier Material Pre-existente; el Proveedor tiene el derecho y capacidad suficiente para ceder el Trabajo Producido al Productor conforme a lo establecido en la Sección 12 (incluyendo sin limitación el derecho de ceder cualquier Trabajo Producido creado por cualquier Personal del Proveedor) y como tal, el Trabajo Producido no violará ningún derecho de autor, patente, marca registrada, derecho publicitario o privacidad o cualquier otro derecho civil o propiedad de cualquier persona, bien contractual, por estatuto o ley común; el Proveedor deberá cumplir con todas las leyes, reglamentos y ordenamientos aplicables a la prestación de los Servicios por parte del Proveedor y las demás obligaciones del Proveedor conforme al presente Contrato; el Proveedor tomará todas las precauciones necesarias o razonables para prevenir riesgos personales o causar daño alguno a cualquier propiedad del Productor en todo momento durante el cual el Proveedor preste servicios conforme al presente.

Decimocuarta.- Las Partes acuerdan que el Productor tendrá la plena y absoluta decisión respecto a incluir o no el nombre del Proveedor y/o los productos o servicios suministrados por el proveedor en los créditos en pantalla, así como, si fuere el caso, determinar la forma y manera en que el mismo será incluido (de ser el caso), sin que el Proveedor pueda hacer reclamación alguna a el Productor en relación con esta decisión.

Con el fin de garantizar la salud y seguridad de los participantes de la Serie, el Proveedor deberá cooperar con la Empresa y sus representantes en el cumplimiento de Prevención de Riesgos Laborales.

Decimoquinta.- No obstante lo estipulado en el presente Contrato, el Proveedor conviene que en caso de incumplimiento del presente Contrato o cualquier controversia derivada del mismo, el Proveedor tendrá derecho a reclamar exclusivamente los daños y perjuicios que en su caso, se le hayan causado.

Decimosexta.- Las Partes cumplirán con todas las leyes de protección de datos aplicables, incluido el Reglamento General de Protección de Datos de la UE. Por lo que respecta al presente Contrato, las Partes se intercambiarán determinados datos personales ("Datos"), incluyendo, entre otros, su nombre, datos de contacto e información de pago. Cada Parte será el responsable del tratamiento de dichos Datos. Las Partes tratarán los datos en la medida de lo necesario para la ejecución del Contrato o para el cumplimiento de sus obligaciones legales, o en la medida en que sea necesario para sus propios intereses legítimos.

Decimoséptima.- El presente Contrato estará regido por y en conformidad con las leyes españolas. Las partes se someten a la jurisdicción exclusiva de los tribunales de **[ ]**, renunciando expresamente a cualquier otra jurisdicción que por razón de sus domicilios presentes o futuros o cualquier otra les pudiere corresponder.

"PRODUCTOR"	"PROVEEDOR"
D. **[ ]**	D. **[ ]**

F065. CONTRATO DE PRESTACIÓN DE SERVICIOS DE INTERMEDIACIÓN EN EL MARCO DE UNA PRODUCCIÓN DE SERIE DE TELEVISIÓN

En [ ], a [ ] de[ ]de [ ]

REUNIDOS

DE UNA PARTE: [ ], mayor de edad, con DNI [ ], en nombre y representación de [ ], con CIF [ ], y domicilio social en [ ]. (En adelante, la "**Productora**").

Y, DE OTRA PARTE: [ ], mayor de edad, con DNI [ ], en nombre y representación de [ ], con CIF [ ], y domicilio social en [ ]. En adelante, el "**Agente**".

En adelante, la Productora y el Agente podrán ser denominados conjuntamente como las "**Partes**" e individualmente como la "**Parte**".

Ambas Partes manifiestan tener la capacidad legal necesaria para celebrar el presente contrato y, por medio de este documento,

EXPONEN

I. Que la Productora va a llevar a cabo, por un periodo temporal determinado, la producción de una obra audiovisual en formato seriado titulada, provisional o definitivamente, **"**[ ]**"** (en adelante, la "**Obra Audiovisual**" o la "**Obra**").

II. Que el Agente se dedica, entre otras actividades, a prestar servicios de búsqueda de actores, apoyo a la realización de castings y a la intermediación en la contratación artística.

III. Que, en esta misma fecha, y gracias a la intervención del Agente, la Productora ha suscrito con la actriz [ ] (en adelante, la "**Actriz"**) un contrato laboral para su intervención en la Obra Audiovisual (en adelante, el "**Contrato Principal**"), cuyo contenido el Agente declara conocer.

IV. Que ambas Partes se encuentran facultadas para llevar a cabo el presente contrato (en adelante, el "**Contrato**") y acuerdan llevarlo a efecto conforme a las siguientes

CLÁUSULAS

PRIMERA.- OBJETO

1.1. En virtud del presente Contrato, la Productora contrata los servicios profesionales del Agente, quien se compromete a realizar durante todas las fases de desarrollo de la Obra Audiovisual y, en particular, a título ejemplificativo y no limitativo, las siguientes labores (en adelante, los "**Servicios**"):

- Poner a disposición de la Actriz, y recabar su firma cuando fuese necesario, cuanta documentación le haga llegar la Productora, tales como el guion, calendario de producción, nóminas, cualquier otra documentación requerida por la autoridad laboral y, en general, toda aquella necesaria para el correcto desarrollo de la producción de la Obra Audiovisual.

- Del mismo modo, hacer entrega a la Productora de cuanta documentación y datos personales de la Actriz esta precise para el cumplimiento del objeto del Contrato Principal, tales como el nombre completo, dirección, número de afiliación a la Seguridad Social, documentos de identificación personal, certificación negativa de registro de delincuentes sexuales, etc.
- Encargarse de la interlocución entre la Productora y la Actriz en todo lo que a este último concierna durante su participación en la Obra Audiovisual, debido a la especial relación de confianza que el Agente mantiene con la Actriz, desde la fase de preproducción hasta la finalización de la fase de promoción de esta.

1.2. Del mismo modo, se entienden comprendidos en los Servicios profesionales que son objeto de este Contrato todos aquellos que sean necesarios y/o convenientes durante su vigencia para el buen fin de la producción, así como para la promoción de la Obra Audiovisual.

SEGUNDA.- CONTRAPRESTACIÓN Y FORMA DE PAGO

2.1. En contraprestación por los Servicios objeto del presente Contrato, la Productora abonará al Agente la cantidad de **[ ]** por cada sesión de rodaje que realice la Actriz en la Obra Audiovisual. A dicha cantidad le serán de aplicación las retenciones fiscales e impuestos vigentes en cada momento.

2.2. La citada contraprestación se abonará en los mismos plazos que los acordados con la Actriz, en virtud de lo establecido en el Contrato Principal. Se abonará por la Productora mediante transferencia bancaria, el día [ ] del mes siguiente a la recepción de cada factura.

2.3. A efectos de pago de las facturas, el Agente deberá entregar previamente a la Productora, el certificado de encontrarse al corriente en el cumplimiento de las obligaciones tributarias con Hacienda, en cumplimiento de lo establecido en el art. 43.1. f de la Ley General Tributaria (Ley 58/2003), que tendrá validez durante los 12 meses siguientes a su fecha de emisión, en relación con el pago de facturas emitidas dentro de este periodo. La entrega de esta documentación es indispensable para los pagos a efectuar por la Productora y deberá ser renovada de modo que mantenga su validez durante toda la vigencia del Contrato.

TERCERA.- DEPENDENCIA DEL CONTRATO

3.1. El presente Contrato se considerará, a todos los efectos, dependiente del Contrato Principal suscrito entre la Productora y la Actriz. En consecuencia, el presente Contrato se mantendrá vigente mientras continúe entre las Partes el Contrato Principal, y las obligaciones y derechos derivados del mismo.

CUARTA.- PRESTACIÓN DE LOS SERVICIOS

4.1. La prestación de los Servicios contratados tiene naturaleza mercantil, no pudiéndose deducir vínculo laboral alguno entre la Productora y el Agente. Por tanto, la prestación de los Servicios se efectuará conforme a los propios medios materiales y humanos con que cuenta el Agente, quien pondrá toda su experiencia y capacidad profesional al servicio de esa labor.

4.2. El Agente será el único responsable del cumplimiento de todas las obligaciones de carácter laboral, civil, mercantil, fiscal y de pago de la Seguridad Social que se deriven del desempeño de las actividades objeto del presente Contrato, eximiendo expresamente a la Productora de toda responsabilidad ante cualquier reclamación derivada del incumplimiento por el Agente de dichas obligaciones, garantizando a la Productora la completa indemnidad por esos conceptos.

QUINTA.– RESOLUCIÓN

5.1. Sin perjuicio de las causas legales establecidas, el presente Contrato podrá resolverse unilateralmente por cualquiera de las Partes como consecuencia del incumplimiento de cualquiera de las obligaciones adquiridas con base en lo establecido en las cláusulas de este por la otra Parte, siempre que tal incumplimiento no fuese subsanado en un plazo máximo de cinco (5) días naturales tras la petición escrita de subsanación por la Parte cumplidora. No obstante, lo anterior no será de aplicación en aquellos casos en los que su incumplimiento fuera insubsanable porque la designación del momento en que había de entregarse la cosa o prestar el servicio fue motivo determinante para establecer la obligación.

5.2. En aquellos casos que corresponda, si transcurrido dicho plazo no fuera subsanado el incumplimiento (así como cuando el incumplimiento fuera insubsanable), la Parte cumplidora podrá resolver el Contrato, sin perjuicio de cualquier otra reclamación que la Parte cumplidora pueda realizar por los daños y perjuicios sufridos.

SEXTA.– CONFIDENCIALIDAD

6.1. La información revelada por la Productora al Agente para el cumplimiento del presente Contrato tendrá carácter confidencial, por lo que el Agente no comunicará a terceros ninguna información acerca de la Obra Audiovisual, entre otros aspectos, del guion, los personajes, los actores, la trama, las localizaciones, los productores, su rodaje o cualquier otra circunstancia relacionada con este Contrato, con el Contrato Principal o con la Productora sin expresa autorización por escrito de la Productora. Su inobservancia se considerará un incumplimiento grave.

6.2. Asimismo, el Agente no podrá, sin el previo consentimiento por escrito de la Productora mantener contacto alguno con los medios de comunicación en lo referente a cualquier revelación de la información sobre la Obra Audiovisual, entendiéndose en su sentido más amplio, y comprendiendo, por consiguiente, a los medios de prensa escrita, radio, televisión, etc., mediante cualquier comunicación que tenga por objeto cualquier aspecto relativo a la Obra Audiovisual.

6.3. La obligación de confidencialidad se mantendrá en vigor durante toda la vigencia del presente Contrato y por tiempo indefinido tras su terminación por cualquier causa.

SEPTIMA.– PROTECCIÓN DE DATOS DE CARÁCTER PERSONAL

7.1. Las Partes cumplirán con todas las leyes de protección de datos aplicables, incluido el Reglamento General de Protección de Datos de la UE. Por lo que respecta al presente Contrato, las Partes se intercambiarán determinados datos personales ("Datos"), incluyendo, entre otros, su nombre, datos de contacto e información de pago. Cada Parte será el responsable del tratamiento de dichos Datos. Las Partes tratarán los datos en la medida de lo necesario para la ejecución del Contrato o para el cumplimiento de sus obligaciones legales, o en la medida en que sea necesario para sus propios intereses legítimos.

OCTAVA.– LEGISLACIÓN APLICABLE Y TRIBUNALES COMPETENTES

8.1. En lo no previsto en el presente Contrato, así como en la interpretación y resolución de los conflictos que pudieran surgir entre las Partes como consecuencia del mismo, será de aplicación la legislación española.

8.2. Ambas Partes se someten expresamente a la jurisdicción de los tribunales de [ ] para cualquier cuestión que pudiera derivarse del cumplimiento del presente Contrato.

Y en prueba de conformidad con cuanto antecede y con voluntad de obligarse, las Partes firman el presente documento en el lugar y fecha antedichos.

LA PRODUCTORA	**EL AGENTE**
Fdo.: [ ]	Fdo.: [ ]

F066. CONTRATO DE CESIÓN DE DERECHOS DE PROGRAMA DE TELEVISIÓN

En [...], a [...] de [...] de [...]

REUNIDOS

De una parte, **[...]**, con domicilio en [...] y NIF [...]. Representada por [...], con DNI [...], en su calidad de [...] (en adelante, la "**CEDENTE**").

Y, de otra, **[...]**, con domicilio en [...] y NIF [...]. Representada por [...], con DNI [...], en su calidad de [...] (en lo sucesivo, la "**CESIONARIA**").

Las partes declaran su capacidad para contratar, así como la suficiente legitimación de sus respectivos representantes para obligarlas en Derecho y, en consecuencia,

EXPONEN

I. Que la CEDENTE es titular y/u ostenta los necesarios derechos sobre el Programa en el Territorio en lo necesario para autorizar su explotación a terceros en los términos del presente contrato.

II. Que la CESIONARIA tiene interés en explotar tales derechos en los Servicios de Televisión de los que es responsable editorial.

III. Que, tras haber mantenido las oportunas negociaciones al respecto, mediante el presente contrato las partes llevan a efecto su acuerdo con arreglo a lo dispuesto en las siguientes

ESTIPULACIONES

1. OBJETO

1.1 Constituye el objeto del presente contrato la cesión por parte de la CEDENTE a la CESIONARIA de los derechos de reproducción y comunicación pública en lo necesario para la difusión del Programa en los Idiomas Autorizados, directamente o a través de un Operador, en los Servicios, Medios y Sistemas Autorizados, para su recepción por los [Abonados/Espectadores][1] en el Territorio, quienes podrán acceder a su visionado y a las Funcionalidades como se indica a continuación:

a) **Programa:** [...]

b) **Idiomas Autorizados:** [...], doblado y/o subtitulado

c) **Servicios Autorizados:** [...]

d) **Medios Autorizados:** [...][2]

e) **Sistemas Autorizados**: [...][3]

f) **Funcionalidades:** [...][4]

---

1 Incluir lo que proceda en función de si es Televisión Gratuita o Televisión de Pago
2 Completar con Medios de las Definiciones.
3 Completar con Sistemas de las Definiciones.
4 Completar con Funcionalidades de las Definiciones.

1.2 Nada de lo contenido en el presente contrato será entendido como una obligación para la CESIONARIA de llevar a cabo la efectiva explotación del Programa.

1.3 Cualquier Derecho que no se haya cedido expresamente en el presente contrato se entiende reservado para la CEDENTE.

2. DURACIÓN, PERIODO DE LICENCIA Y PASES

2.1 El presente contrato surtirá efectos desde el momento de su firma, o la Fecha de Inicio del Periodo de Licencia, lo que resulte anterior, y en tanto subsistan para las partes las obligaciones asumidas en el mismo.

a) **Duración Periodo de Licencia:** [...]

b) **Fecha de Inicio:** [...]

c) **Fecha de Fin:** [...]

2.2 Sin perjuicio de lo anterior, los Derechos cedidos por la CEDENTE en relación con el Programa solo podrán ser ejercitados durante el Período de Licencia respectivo, el contrato podrá quedar anticipadamente resuelto por las causas que procedan en Derecho y las partes deberán cumplir con aquellas obligaciones que subsistan a su finalización por cualquier causa.

2.3. Durante el Periodo de Licencia del Programa, la CESIONARIA podrá dar un máximo de [...] pases.

3. TERRITORIO

El ámbito geográfico en el que se pueden ejercitar los Derechos objeto del presente contrato comprende: [...].

4. EXCLUSIVIDAD Y HOLDBACK

4.1 La cesión de Derechos revestirá carácter exclusivo, por lo que la CEDENTE no llevará a cabo actos de explotación del Programa, ni autorizará a que terceros los realicen, en cuanto entre en conflicto con la exclusividad concedida, durante el Período de Licencia, en el Territorio, Medios, Sistemas e Idiomas Autorizados.

4.2 De igual modo, la CEDENTE se abstendrá de realizar, o permitir que otros realicen, actos de explotación de los siguientes derechos [...][5] frente a los cuales, si bien no son objeto de cesión en el presente, la CESIONARIA haya obtenido protección frente a ellos durante el plazo de [...] meses a contar desde la Fecha de Inicio del Periodo de Licencia.

5. CONDICIONES ECONÓMICAS

5.1 La CESIONARIA abonará a la CEDENTE, como contraprestación por los Derechos cedidos, el Precio de [...] euros, impuestos no incluidos.

5.2 El pago del Precio quedará condicionado a la plena y correcta formalización del presente contrato, así como a la recepción conforme de la factura correspondiente, la cual deberá ser remitida por la CEDENTE a la CESIONARIA a la siguiente dirección de correo electrónico [...]. El pago se realizará mediante transferencia bancaria a la cuenta que designe la CEDENTE y se ajustará a los plazos de pago que se detallan a continuación:

5 Incluir aquellos derechos de entre los no cedidos para los que se ha negociado el holdback

[...]%, a [...][6]

[...]%, a [...]

5.3 Los impuestos serán asumidos por las partes según la legislación aplicable. En concreto, si fuera necesario practicar retención en concepto de impuesto sobre la renta de no residentes (*withholding tax*), la CESIONARIA deducirá de las cantidades a abonar a la CEDENTE la cuantía establecida en el tratado internacional aplicable y la pagará a la autoridad fiscal pertinente en nombre de la CEDENTE. Para ello, la CEDENTE enviará a la CESIONARIA un certificado de residencia fiscal y la CESIONARIA enviará a la CEDENTE el resguardo oficial que acredite haber realizado dicho pago en su nombre.

5.4 El Precio incluye todas las remuneraciones previstas en la normativa sobre Propiedad Intelectual en vigor, con excepción de aquellos pagos que correspondan en concepto de simple remuneración por comunicación pública que hayan de ser realizados por la CESIONARIA o los Operadores, según proceda, a los autores de las obras musicales sincronizada en el Programa y que son recaudados en su nombre por la entidad de gestión competente. A efectos aclaratorios, será responsabilidad de la CESIONARIA y/o los Operadores la obtención de las licencias y la realización de los pagos que procedan de conformidad con su actividad respectiva y la normativa aplicable en el Territorio.

5.5 Ningún pago o aceptación de pago en virtud de este contrato, ni un retraso u omisión en la ejecución de una obligación de la otra parte, operará como una renuncia a cualquier disposición del mismo.

6. MATERIALES

6.1 La CEDENTE deberá enviar a la CESIONARIA a [...][7] los Materiales Audiovisuales y Promocionales que se especifican en el **Anexo 2**, a más tardar, el [...] de [...] de [...] y, en cualquier caso, al menos sesenta (60) días antes de la Fecha de Inicio del Periodo de Licencia.

6.2 La CEDENTE garantiza que los Materiales Audiovisuales son de calidad apta para su difusión por televisión. Los Materiales Audiovisuales se entenderán aceptados de no recibirse comunicación en contrario por parte de la CESIONARIA en los 30 (treinta) días siguientes a su recepción y, en todo caso, si la CESIONARIA difundiera el Programa. En el supuesto de que estos no reúnan las condiciones necesarias para su difusión, la CEDENTE deberá enviar nuevos Materiales Audiovisuales a su coste dentro de los quince (15) días siguientes a la notificación de la CESIONARIA. Si tras este nuevo envío, los Materiales Audiovisuales siguieran sin reunir los estándares de calidad requeridos, la CESIONARIA podrá resolver el presente contrato, ya sea en su integridad o sólo con respecto al Programa afectados por el defecto, y la CEDENTE quedará obligada a la reducción o restitución del Precio, así como al reembolso de los gastos incurridos por la CESIONARIA.

6.3 La CESIONARIA abonará [...] euros por el coste técnico y de envío de los Materiales Audiovisuales dentro de los treinta (30) días siguientes a su aceptación. A efectos aclaratorios, los Materiales Promocionales se enviarán sin coste alguno para la CESIONARIA.

7. OTRAS VERSIONES DEL PROGRAMA

7.1 La CEDENTE enviará a la CESIONARIA los Materiales Audiovisuales en [...][8].

7.2 La CESIONARIA podrá producir, asumiendo el coste que de ello se derive, las versiones del Programa en cada uno de los Idiomas Autorizados, así como su audiodescripción y la versión

---

6 Indicar fecha o hecho (aceptación de materiales, Fecha de Inicio del Periodo de Licencia...)

7 Incluir dirección de entrega de los Materiales

8 Incluir idioma entregado

con lenguaje de signos (todas ellas, las "**Versiones**"). La CEDENTE expresamente autoriza a la CESIONARIA a la explotación de tales Versiones en cualquier forma y, en especial, mediante su reproducción y comunicación pública en los términos del presente contrato. A tal efecto, la CEDENTE proporcionará a la CESIONARIA, sin coste adicional, los guiones o transcripciones del Programa incluyendo asimismo sus grafismos (rótulos y/o "pastillas", en su caso).

7.3 A petición de la CEDENTE, la CESIONARIA proporcionará acceso a las Versiones a aquellas entidades que pudieran asimismo adquirir derechos sobre el Programa, en régimen de no exclusividad, en las mismas condiciones que la licencia concedida a estas por la CEDENTE, y previo pago del precio que se acuerde, que en ningún caso será inferior al cincuenta por ciento (50%) de su coste de producción, además del coste de los materiales y gastos de envío. Sin perjuicio de la titularidad de la CEDENTE sobre el Programa, la CESIONARIA será la titular exclusiva de todos los derechos de tales Versiones (entendidas como la banda de doblaje y/o subtitulado), y la única propietaria de los materiales en que se incorporen.

8. PROMOCIÓN

8.1 La CESIONARIA queda autorizada para usar tanto los Materiales Promocionales que le sean entregados como extractos del Programa que no excedan tres (3) minutos en el agregado con fines promocionales.

8.2 Con dichos elementos, la CESIONARIA podrá producir creatividades a fin de promocionar el Programa y su difusión en los Servicios Autorizados, así como los propios Servicios Autorizados, en cualquier medio desde los [...] (...) días anteriores al inicio del Período de Licencia y hasta la finalización del mismo.

9. GARANTÍAS

9.1 La CEDENTE garantiza que ostenta los necesarios derechos de explotación sobre el Programa y que está autorizada a cederlos en los términos del presente contrato. A petición de la CESIONARIA, la CEDENTE deberá proveer evidencia suficiente sobre estos extremos. Asimismo, la CEDENTE garantiza que el Programa no infringe derechos de terceros, ni es contrario a la legislación aplicable, moral u orden público, por lo que garantiza su pacífica explotación a la CESIONARIA en los términos de este contrato.

9.2 La CESIONARIA se compromete a no llevar a cabo acción u omisión de cualquier clase que pueda resultar en detrimento de los derechos de la CEDENTE sobre el Programa, ni del derecho moral de sus autores. Sin perjuicio de lo anterior, la CESIONARIA se reserva el derecho a editar el Programa conforme a los usos de la industria, incluyendo expresamente la facultad de realizar cortes para inserción publicitaria, patrocinio de su difusión, inserción de publicidad en la explotación no lineal (vía *pre roll*, *middle roll* o *post roll*) así como la de acortar o eliminar los títulos de crédito finales.

9.3 Cada una de las partes mantendrá indemne a la otra por las eventuales reclamaciones, judiciales y/o extrajudiciales, u otros perjuicios derivados del incumplimiento de estas garantías y demás obligaciones asumidas en virtud del presente contrato.

10. CESIÓN Y SUBLICENCIA

10.1 Ninguna de las partes podrá ceder este contrato, en todo o en parte, sin contar para ello con la previa autorización de la otra por escrito.

10.2 A efectos aclaratorios y sin perjuicio de lo establecido en el apartado 10.1 anterior, el ejercicio de los Derechos cedidos a través de los Operadores que distribuyen los Servicios Autorizados no se reputará cesión ni sublicencia.

11. RETIRADA DE PROGRAMAS[9]

Si por causa fuera del control de la CEDENTE, la CESIONARIA se viese obligada a cesar en la explotación de uno de los Programas en los términos del presente contrato, la CESIONARIA podrá optar entre aceptar un programa de reemplazo, en las mismas condiciones establecidas para el Programa afectado o considerar este contrato resuelto únicamente en relación con el Programa afectado, con la restitución de su precio y, en ambos casos, percibiendo el reembolso de los gastos ocasionados por la retirada.

12. INCUMPLIMIENTO Y RESOLUCIÓN

12.1 El presente contrato quedará resuelto de conformidad con las causas previstas en la legislación aplicable. No obstante, si una de las partes incumpliera cualquier obligación asumida en virtud del presente, la otra parte podrá resolverlo si, tras ser notificada de su incumplimiento, la parte incumplidora no subsana dicho incumplimiento en el plazo de [...] (...) días. De no proceder la parte incumplidora a su subsanación en tal periodo, la parte cumplidora podrá considerar resuelto el contrato, sin perjuicio de otras acciones que le puedan corresponder.

12.2 Si la CEDENTE es la parte incumplidora, la CESIONARIA tendrá derecho a la restitución del Precio, al reembolso de los gastos incurridos en ejercicio de los Derechos cedidos, así como a la indemnización de los perjuicios causados.

12.3 La renuncia de cualquiera de las partes a reclamar frente a un incumplimiento no será efectiva a menos que esté documentada por escrito y firmada por representante autorizado de la parte no incumplidora, sin que pueda entenderse como renuncia a reclamar por cualquier incumplimiento distinto, anterior o posterior.

13. CONFIDENCIALIDAD

13.1 Las partes mantendrán la confidencialidad sobre los términos y condiciones del presente contrato, así como toda la correspondencia intercambiada con motivo del mismo, y no revelarán su contenido a persona distinta de sus directores, accionistas y aquellos empleados o asesores externos que deban conocer de ella por razón de su puesto o funciones, quienes también se obligan a guardar confidencialidad.

13.2 Se exceptúa de lo anterior aquella revelación que forme parte de:

a) un requerimiento legal, orden de una autoridad pública o instrucción de una autoridad administrativa incluyendo entidades de gestión colectiva de derechos de Propiedad Intelectual. En tal caso, la parte que revele la información se compromete a notificar a la otra que se le ha solicitado tal información y, en la medida de lo posible, tratará de mantener la confidencialidad de los términos y condiciones del presente contrato, o

b) el normal reporte en un proceso de auditoría entre sociedades afiliadas pertenecientes al mismo grupo social o potenciales compradores de la parte afectada, o llevado a cabo por auditores o asesores externos de la parte afectada, en cuanto resulte necesario para el objeto de la auditoría en concreto.

14. TRATAMIENTO DE DATOS PERSONALES

Los datos personales del personal o colaboradores de cada una de las partes que sean facilitados a la otra en virtud del presente contrato:

---

9 Para el supuesto de que el contrato se redactara para varios programas.

a) serán objeto de tratamiento automatizado del que será responsable la parte receptora de tales datos.

b) se emplearán exclusivamente para la gestión y mantenimiento de las prestaciones derivadas del presente contrato, así como, en su caso, para la evaluación y gestión de potenciales colaboraciones futuras.

c) su tratamiento se basará en la ejecución del presente contrato, en el interés legítimo vinculado a futuras colaboraciones y, cuando proceda, en la obligación legal de conservación.

d) no serán comunicados a terceros, salvo obligación legal o cuando resulte estrictamente necesario para la prestación de servicios por parte de proveedores externos o entidades pertenecientes a su mismo grupo empresarial, pudiendo en ambos casos ubicarse fuera de la Unión Europea, adoptándose en tales supuestos las garantías adecuadas para asegurar derechos efectivos y acciones legales exigibles a los interesados.

e) los interesados podrán ejercer en todo momento los derechos que la normativa en materia de protección de datos les reconoce, dirigiéndose a las direcciones de contacto que cada parte facilite al efecto, así como presentar, si lo estiman oportuno, una reclamación ante la autoridad de control competente. Cada parte se compromete a poner a disposición de la otra su Política de Privacidad vigente, mediante la correspondiente URL o medio de acceso equivalente, a efectos de su consulta y cumplimiento.

15. FIRMA ELECTRÓNICA

Las partes acuerdan suscribir el presente contrato mediante firma electrónica a través de una plataforma operada por un tercero de confianza reconocido y con validez en la Unión Europea, que dejará constancia de la mutua aceptación a sus términos y condiciones, y que archivará una copia del mismo, junto con, entre otros datos, la fecha y hora de tal conformidad. Ambas partes reconocen que los sistemas de certificación utilizados para la firma electrónica del presente contrato son válidos y adecuados para registrar y archivar su consentimiento y aceptan que la firma electrónica del presente contrato tiene igual validez que la firma manuscrita.

16. LEGISLACIÓN Y FUERO

16.1 Este contrato se regirá por la legislación española.

16.2 En caso de conflicto o desacuerdo de las partes en relación con la interpretación o ejecución del contrato, las partes lo someterán a la jurisdicción de los tribunales de la ciudad de ...., renunciando a cualquier otra jurisdicción que pudiera corresponderles.

Para que así conste y en prueba de conformidad con su contenido, las partes firman el presente contrato, en formato electrónico, en el lugar y fecha indicados al inicio.

Por la CEDENTE	Por la CESIONARIA
[...]	[...]

ANEXO 1
DEFINICIONES

Los siguientes términos, cuando se escriban en mayúscula, tendrán el significado que se indica a continuación:

Abonado: Usuario final de cualquiera de los Servicios Autorizados de pago.

Canal: Secuencia lineal programada e ininterrumpida de contenidos audiovisuales bajo la misma marca o distintivo de servicio.

Catálogo: Selección dinámica de contenidos audiovisuales disponibles a petición que se ofrece, (i) a modo de acompañamiento de un determinado Canal o Canales, ya sea bajo su mismo u otro nombre, y/o (ii) como un conjunto de programación separada e independiente.

Espectador: Usuario final de cualquiera de los Servicios Autorizados gratuitos.

Funcionalidades: Prestaciones técnicas disponibles en servicios lineales o no lineales, que permiten al Espectador o Abonado disponer de cierto control sobre el visionado del Programa en determinado momento o dispositivo:

> **NPVR:** (*Network Personal Video Recorder*) Funcionalidad lineal de grabación en la nube que permite al Espectador o Abonado acceder bajo demanda, sin coste adicional, al Programa cuya grabación haya sido previa y expresamente ordenada por dicho Espectador o Abonado antes o durante su exhibición lineal.
>
> **REPG:** (*Reverse Electronic Program Guide*) Funcionalidad lineal de recuperación por la que se produce una grabación de la señal de un Canal para poner sus contenidos a disposición del Espectador o Abonado sin coste adicional, de manera cronológica y durante un período de siete (7) días desde su difusión en el Canal correspondiente.
>
> **Start Over:** Funcionalidad lineal que permite al Espectador o Abonado reiniciar un Programa cuya difusión lineal ya ha empezado, en cualquier momento durante tal difusión, de tal forma que el Programa vuelva a empezar y el Espectador o Abonado pueda visualizar el Programa desde el inicio.
>
> **Descarga Temporal:** Funcionalidad no lineal que permite al Espectador o Abonado descargar el Programa disponible bajo demanda en un dispositivo secundario (distinto del decodificador) para su visionado sin conexión mediante una copia temporal que se eliminará: (a) cuarenta y ocho (48) horas desde que comenzó su visualización en el dispositivo secundario o (b) treinta (30) días desde la descarga, lo que antes ocurra.

Medios: Sistemas tecnológicos que permiten la difusión de una señal sincronizada de imagen y sonido, ya sea analógico o digital, por las siguientes vías:

> **Cable:** FTTH/DSL y sistemas de banda ancha fija, XDLS, ADSL, DSL en red privada de datos, de manera que el Operador es tanto el proveedor de acceso a Internet como del servicio audiovisual, y el Abonado cuenta con un decodificador en su poder.
>
> **Internet:** Televisión sobre IP en red pública de libre acceso (www), autentificada o no.
>
> **OTT:** Televisión sobre IP en red no privada pero de señal segura, encriptada y codificada, de manera que el proveedor de acceso a Internet (ISP) no es necesariamente el prestador del servicio audiovisual, que permite el acceso a los Abonados mediante una fórmula de autentificación (por ejemplo, log-in y contraseña), y debidamente protegida de forma que no pueda transferirse a no Abonados.

Satélite: Antena máster de satélite (SMATV), transmisión satelital directa al receptor (DTH o DBS).

Terrestre: Ondas hertzianas, DMB, DVB-H, DVB-SH.

Operador: Entidad debidamente autorizada por la CESIONARIA que opera una plataforma mediante la cual se otorga a los Espectadores o Abonados el acceso al Servicio por medio de los Medios y Sistemas Autorizados.

Periodo de Licencia: Ámbito temporal durante el cual la CESIONARIA puede ejercer los Derechos cedidos en este contrato con respecto al Programa.

Pase: Cada una de las difusiones del Programa en un Canal. A efectos aclaratorios si un Canal tiene diferentes señales, según los diferentes idiomas oficiales dentro del Territorio, o versiones con desfase temporal (por ejemplo, 1 hora más tarde), cada una de estas señales o versiones computarán como un mismo Pase.

Programa: Cada una de las obras o grabaciones audiovisuales de cualquier género o temática cuya cesión de derechos es objeto del presente.

Servicios Autorizados: Canales y/o Catálogos de titularidad o distribuidos por la CESIONARIA, y/o los Operadores y/o sublicenciatarios autorizados, a través de los cuales puede producirse la explotación del Programa.

Sistemas: Modalidad económica de recepción de contenidos dentro de servicios audiovisuales lineales:

FAST: (*Free Ad-supported Television*) Servicio lineal que se pone a disposición del Espectador de forma gratuita a través de Internet y que se sustenta primordialmente por ingresos publicitarios.

Televisión Gratuita: Acceso gratuito a una secuencia programada de contenidos audiovisuales, sin otro coste para el Espectador que el de los cánones gubernamentales, en su caso.

Televisión de Pago: Acceso a una secuencia programada de contenidos audiovisuales mediante el pago por el Abonado de una cuota de suscripción periódica.

PPV: (*Pay Per View*) Acceso a un contenido audiovisual determinado mediante el pago por el Abonado de un precio específico, a la concreta hora programada.

O no lineales:

EST: (*Electronic Sell Through*): acceso a un contenido audiovisual determinado previo pago de una tarifa única que permite su descarga y almacenamiento ya sea de forma permanente (*DTO o download to own*) o por un período de tiempo limitado (*DTR o download to rent*).

VOD: (*Video On Demand*) acceso al visionado de un determinado contenido audiovisual, en el momento escogido por el usuario, en alguna de las modalidades que siguen:

Catch-Up: Acceso en modalidad SVOD durante los treinta (30) días siguientes a su primer Pase en un determinado Canal.

FVOD: Acceso sin coste para el Espectador, ya sea de manera autentificada o no.

SVOD: (*Subscription VOD*) Acceso como complemento a la suscripción a Televisión de Pago, y sin coste adicional para el Abonado (SVOD de Acompañamiento) y/o mediante el pago de una tarifa o periódica que permite al Abonado acceder a todos los contenidos presentes en el servicio, con independencia de su uso efectivo (SVOD Independiente).

TVOD: (*Transactional VOD*) acceso mediante el pago de un precio específico por el contenido en concreto.

ANEXO 2
MATERIALES[10]

---

10 Incluir aquí materiales audiovisuales y promocionales requeridos y sus especificaciones técnicas

F067. CONTRATO DE CESIÓN DE PRODUCTO Y MARCA GRATUITO PARA SU EMISIÓN EN SERIE DE TELEVISIÓN

En ...., a ——

REUNIDOS

DE UNA PARTE, Don [*], con D.N.I[*], en representación de x S.L., con domicilio social y fiscal en x y C.I.F. número x, según consta en escritura pública otorgada ante el Notario de [*] D. [*], el día [*]con el número [*]de su protocolo, en adelante la **PRODUCTORA.**

DE OTRA PARTE, Don/Doña —— con D.N.I. número ——, como representante legal de —— con C.I.F. número —— y domicilio en ——, y en calidad de —— según consta en escritura pública otorgada ante el Notario —— de fecha —— y número de protocolo ——, en adelante la **EMPRESA**.

LA PRODUCTORA y LA EMPRESA serán conjuntamente denominadas como las "**Partes**" e individualmente como una "**Parte**".

Manifiestan los señores comparecientes que sus facultades están vigentes y que no han sufrido alteración ni modificación en relación con la existencia de capacidad jurídica de las sociedades que respectivamente representan y, se reconocen, según intervienen, con capacidad legal suficiente para otorgar el presente documento y, a tal fin,

EXPONEN

I. Que la PRODUCTORA es una entidad mercantil dedicada, entre otras actividades, a la producción de obras cinematográficas y audiovisuales y está llevando a cabo el desarrollo de la producción extranjera de la segunda temporada del proyecto de serie de televisión titulado provisionalmente "x", compuesta de .... obras audiovisuales, de una duración mínima de ...... minutos (en adelante, la "**SERIE**"), por encargo de x(en adelante, la "**COMPAÑÍA**"),

II. Que la EMPRESA es titular de la/s marca/s que se relacionan en el documento que se incorpora al presente contrato como ANEXO 1 así como de diseños, nombres comerciales, logotipos, productos, envoltorios, *packaging* y cualesquiera otros derechos de propiedad industrial e intelectual relativos a la/s marca/s (en adelante, conjuntamente como la/s **MARCA/S**).

III. Que la EMPRESA está interesada en ceder los productos que incorporan la MARCA que figuran en el Anexo 2, a título gratuito, para la producción, grabación y posterior emisión de la SERIE, así como a que la EMPRESA otorgue a favor de la PRODUCTORA una licencia no exclusiva sobre la/s MARCAS.

IV. Que, a tal fin, la PRODUCTORA y la EMPRESA otorgan el siguiente contrato (en adelante el "**Contrato**") que se regirá por las siguientes:

ESTIPULACIONES

PRIMERA: OBJETO

1.1. La EMPRESA cede en concepto de comodato a la PRODUCTORA los productos de la marca descritos en el Anexo 2 para la producción, grabación y posterior emisión de la SERIE.

1.2. La EMPRESA autoriza la identificación tanto de los productos como de la marca durante la emisión de la SERIE que podrá realizarse en cualquier medio o soporte en el que quede fijada; si bien, en todo caso, será a total discreción de la PRODUCTORA la visualización de la marca, la utilización o no de los productos cedidos y su emisión.

1.3. La PRODUCTORA podrá utilizar los artículos en el lugar de grabación de la SERIE según su propio criterio, pero nunca usará los artículos para fines distintos para los que estos han sido diseñados o que no vengan descritos en sus manuales de uso. Asimismo, la PRODUCTORA se compromete a que, en la SERIE, no se realice ningún comentario o acción, ni siquiera en la ficción propia de la SERIE, que pueda ser considerado contrario al buen nombre y/o la buena reputación de la marca o cualquiera de los productos cedidos.

1.4. La EMPRESA podrá utilizar la imagen de la SERIE en sus canales habituales de comunicación y en la Redes Sociales; si bien, será necesaria la aprobación previa y escrita de estos usos por la PRODUCTORA y la COMPAÑÍA, pero nunca antes de la emisión de la SERIE; guardando total confidencialidad de la SERIE y de cualquier información, directa o indirecta, sobre la misma a la que tenga acceso como consecuencia de este Contrato.

SEGUNDA: LICENCIA DE MARCA

2.1. Por medio del presente Contrato, la EMPRESA otorga a la PRODUCTORA, a título gratuito, para todo el mundo y por todo el plazo de duración de los derechos sobre la/s MARCA/S, una licencia no exclusiva sobre la/s MARCA/s, autorizando a la PRODUCTORA a la reproducción, la captación y fijación de la imagen de la/s MARCA/S y de los productos que la incorporen. Así como a su transformación, ya en su conjunto y/o partes y/o en cualesquiera ángulos, y le cede mundialmente, en perpetuidad, con posibilidad de cesión a terceros (en régimen de exclusiva y/o no exclusiva), los derechos derivados de dicha captación para su fijación en la SERIE ...., su promoción y/u obras derivadas y/o conexas (a título enunciativo pero no limitativo, la PRODUCTORA podrá incluir modificaciones de la/s MARCA/S, ya alterando y/o ficcionalizando y/o suprimiendo y/o incluyendo y/o modificando, a su criterio, la apariencia y/o contenidos y/o dibujos y/o diseños de la/s MARCA/S o cualesquiera otros, para su uso en conexión con la Película).

2.2. Las escenas incorporadas en la SERIE en las que aparezcan la/s MARCA/S y/o productos permanecerán integradas como parte inescindible de la SERIE ...., la cual podrá ser explotada a través de cualquier medio, incluyendo sin carácter limitativo, la exhibición en salas cinematográficas y no cinematográficas (p.ej. hoteles, transporte público, restaurantes, bares, etc.), explotación en video doméstico (p.ej. DVD, Blu-Ray), TV Gratuita y de Pago, Internet, Electronic Sell-Through (EST), cualquier forma de video bajo demanda (p. ej. SVOD, TVOD, FVOD) según el libre y exclusivo criterio de la PRODUCTORA y/o la COMPAÑÍA y/o sus cesionarios, sin ningún tipo de limitación territorial ni temporal.

TERCERA: DURACIÓN

3.1. Esta cesión se realiza por todo el tiempo de producción y grabación de la SERIE, previsto inicialmente el [*] hasta el [*]. Este Contrato podrá prorrogarse en el caso de que se prorrogará la producción, circunstancia que será comunicada a la EMPRESA.

3.2. Con independencia de lo anterior y en el caso de que los productos quedaran finalmente incorporados a la SERIE y pudieran ser identificados, la EMPRESA autoriza su emisión junto a la SERIE resultante en cualquier medio de comunicación conocido o por conocerse, sin limitación temporal, ni territorial.

CUARTA: PRECIO

Esta cesión, incluyendo la licencia otorgada sobre la marca, es gratuita.

QUINTA: CONDICIONES DE ENTREGA Y DEVOLUCIÓN

5.1. La EMPRESA se compromete a entregar a la PRODUCTORA los productos del Anexo 2 en perfectas condiciones para su utilización en la grabación y emisión.

5.2. La entrega se realizará en el lugar y plazo que ambas Partes acuerden, teniendo en cuenta en todo caso las necesidades de la producción, y en todo caso antes del día [*] de [*] de .... (en adelante la "**Fecha de Entrega**"). En caso de que en el momento de la Fecha de Entrega la PRODUCTORA y/o la COMPAÑÍA detecte que éstos no se encuentran en perfectas condiciones, informará a la EMPRESA, quien deberá sustituirlo en el plazo máximo de 3 días.

5.3. Se adjuntará como Anexo 3, el albarán de entrega de los productos detallados en el Anexo 2 que acreditará la entrega efectiva a la PRODUCTORA.

5.4. La PRODUCTORA se compromete a devolver los productos recogidos en el Anexo 2 a la EMPRESA en el plazo máximo de un (1) mes desde la finalización del presente Contrato por lo que deberán ser devueltos antes del [*], excepto los perecederos que se utilizarán en la producción, según se detalla en el Anexo 2. La devolución se realizará en el lugar donde se hubiere llevado a cabo la grabación de la SERIE.

5.5. El presente Contrato podrá prorrogarse, previa comunicación a la EMPRESA, en caso de retrasos e interrupciones en la producción que sean debidos a fuerza mayor, crisis....... o necesidades objetivas de la producción.

SEXTA: MANIFESTACIONES Y GARANTÍAS

6.1. La EMPRESA manifiesta y garantiza que:

6.1.1. es titular exclusivo y/o cuenta con las autorizaciones necesarias para gestionar y licenciar las marcas, diseños, nombres comerciales, logotipos, productos, envoltorios, *packaging* y cualesquiera otros derechos de propiedad industrial e intelectual relativos a la/s MARCA/S, así como para ceder los productos detallados en el Anexo 2. En todo caso, la EMPRESA se compromete a indemnizar y a mantener indemne a la COMPAÑÍA, a la PRODUCTORA y a los terceros cesionarios de las reclamaciones, daños y/o perjuicios que pudiera recibir por este motivo;

6.1.2. no existen limitaciones, cargas o litigios que restrinjan el libre ejercicio de los derechos cedidos en el Contrato;

6.1.3. La cesión de los derechos aquí otorgados no infringe ningún derecho de terceros y no se requiere permiso adicional alguno;

6.1.4. no existe ninguna reclamación, procedimiento judicial o expediente, ya sea de índole administrativo, penal o civil, relativo a la MARCA/S y/o a sus derechos conexos, ya sean de propiedad industrial y/o intelectual, y/o derechos de imagen, honor e intimidad de terceros por incumplimiento de cualquier normativa, ni por cualquier otra causa;

6.1.5. no ha asumido ni asumirá ningún compromiso profesional o de otro tipo que pudiera limitar la cesión de producto prevista bajo el presente Contrato.

6.2. La EMPRESA se hace responsable frente a la PRODUCTORA, la COMPAÑÍA y a los terceros cesionarios de cualquier incumplimiento del presente Contrato y responderá frente a cualquier reclamación que pudiera presentarse por terceros.

6.3. La EMPRESA renuncia expresamente a cualquier tipo de medida cautelar que le permita impedir la comercialización, reproducción, comunicación, exhibición y/o cualquier otra forma de explotación y/o uso del producto en la SERIE .... y las obras derivadas de la misma.

6.4. Ambas partes se comprometen a no realizar declaraciones públicas ni manifestaciones contrarias o que puedan dañar la imagen y prestigio de la otra parte, ni de la/s MARCA/S ni de la SERIE ni de la PRODUCTORA o la COMPAÑÍA.

SÉPTIMA: USO DEL PRODUCTO

7.1. La PRODUCTORA y la COMPAÑÍA podrán explotar las imágenes correspondientes a la SERIE que incorporen el producto y la/s MARCA/s de la EMPRESA de forma aislada y separadamente de la normal explotación de la SERIE para fines publicitarios, informativos o promocionales, vinculados a la SERIE.

7.2. Ni la PRODUCTORA ni la COMPAÑÍA asumen ningún compromiso de (i) incorporación efectiva de la/s MARCA/s y/o los PRODUCTOS entre las imágenes de la versión final de la SERIE, ni (ii) la manera en el que la/s MARCA/S y/o PRODUCTOS aparecerán en pantalla, lo cual será decidido por la PRODUCTORA y/o la COMPAÑÍA a su entera discrecionalidad. La EMPRESA no tendrá derecho a resolver el presente Contrato por este motivo ni a percibir ninguna clase de compensación y/o indemnización en dicho caso.

OCTAVA: TÍTULOS DE CRÉDITO

8.1. Siendo la COMPAÑÍA propietaria de la SERIE, ésta insertará la marca de los productos cedidos por la EMPRESA, el nombre de la EMPRESA o el logotipo que ésta facilite en forma de agradecimientos en los títulos de crédito en las copias de la SERIE que se exhiban en plataformas digitales únicamente. Sin perjuicio de lo anterior, cualquier omisión involuntaria o fallo casual en otorgar dichos títulos de créditos por parte de la COMPAÑÍA o algún tercero que exhiba la SERIE en una plataforma digital que no sea controlada por la COMPAÑÍA, no se considerará un incumplimiento de este Acuerdo.

NOVENA: CESIÓN DE DERECHOS

9.1. La EMPRESA garantiza ser titular de todos los derechos de Propiedad Intelectual, Industrial que, en su caso, pudieran existir sobre los productos y marcas, cediendo a la PRODUCTORA todos los derechos de explotación de cualquier grabación que ésta pudiera realizar de los mismos, y en particular de reproducción, comunicación pública (incluyendo todas las modalidades de explotación descritas en el artículo 20.2 de la Ley de Propiedad Intelectual), puesta a disposición al público a través de medios interactivos, sistemas digitales y otros formatos, transformación, fragmentación, incluyendo su inclusión y explotación a través de plataformas de vídeo bajo demanda, para su explotación televisiva (incluyendo de forma enunciativa y no taxativa, la televisión por ondas hertzianas o digitales, la televisión por cable, por satélite, ya sea digital o analógica, de pago o gratuita, Smart Tv, etc.), radiodifusión, explotación impresa (carteles, posters, libros, etc.), medios digitales y cualesquiera otras tecnologías relacionadas con dispositivos móviles, explotación cinematográfica, fonográfica y/o videográfica, etc., distribución (a través de préstamo, venta o alquiler) y transformación, sin ningún límite temporal, territorial y para cualquier medio o soporte en el que se explote la SERIE; siendo, por tanto, la única titular de la grabación resultante la PRODUCTORA, quien podrá ceder dichos derechos a terceros cesionarios, ya sea en régimen de exclusiva o no exclusiva.

9.2. La EMPRESA autoriza a la PRODUCTORA la fijación de los productos y de la marca recogidos en el Anexo 2 en la SERIE, en cualesquiera secuencias de ésta, fotos fijas, *making of*, tráiler, fotos promocionales, etc.

9.3. La EMPRESA responderá en exclusiva frente a cualquier reclamación que pudiera presentarse por terceros, con motivo del ejercicio por la PRODUCTORA o por terceros cesionarios, de los derechos mencionados en el párrafo anterior.

9.4. Los derechos cedidos serán irrevocables y no estarán sujetos a restitución, rescisión o resolución en caso de incumplimiento por la PRODUCTORA y/o la COMPAÑÍA. Las posibles reclamaciones de la EMPRESA se limitarán, en su caso, a compensaciones económicas, no pudiendo interferir, inhibir, prohibir o restringir el desarrollo, producción o explotación de la SERIE u obras derivadas y/o de cualquiera de los derechos vinculados y accesorios relacionados con las mismas.

9.5. La EMPRESA autoriza a la cesión de las imágenes fijadas y los derechos aquí cedidos, en todo o en parte, a terceras entidades vinculadas con la producción y/o distribución de la SERIE y/o a terceros cesionarios y/o licenciatarios de derechos.

DÉCIMA: UTILIZACIÓN DE LOS PRODUCTOS

10.1. La PRODUCTORA cuidará con la mayor diligencia posible los productos cedidos; si bien, la EMPRESA conoce que los mismos nunca van a poder ser entregados en idéntico estado al que los cede; exonerando, por tanto, a la PRODUCTORA del deterioro que puedan sufrir los productos por el uso propio de los mismos.

10.2. En todo caso, mientras los productos se encuentren en su poder la PRODUCTORA se obliga a adoptar medidas de conservación de los mismos al objeto de impedir, en lo posible, su deterioro, obligándose a responder en caso de pérdida de la mercancía, conforme dispone el artículo 1.745 del Código Civil, de acuerdo con el valor dado a la misma en el Anexo 2.

DECIMOPRIMERA: CONFIDENCIALIDAD

11.1. A los efectos del presente Contrato se considerará confidencial todos los datos e información suministrados por la PRODUCTORA a la EMPRESA, incluido el contenido del presente Contrato y cualquier información relativa a la SERIE, en lo que se refiere a la EMPRESA de forma verbal o escrita, directa o indirectamente, en relación con las actividades realizadas por la PRODUCTORA en cualquiera de sus centros de trabajo, ya sea esta proporcionada en soporte físico, informático y/o audiovisual (la ***"Información Confidencial"***).

11.2. La EMPRESA se compromete a guardar secreto respecto de toda aquella información que haya conocido con ocasión de su participación en el proceso de producción de la SERIE, su rodaje o cualquier otra circunstancia relacionada con este Contrato sin expresa y previa autorización de la PRODUCTORA y, en particular, obligándose a no comunicar la misma a ninguna persona en general, y en particular, a ninguna persona que preste sus servicios en medios de comunicación social, salvo previa autorización por escrito de la otra Parte.

11.3. Asimismo, la EMPRESA declara, reconoce y acepta que no podrá difundir, exhibir ni publicar ningún material o información relacionados con la SERIE, en su página web, materiales propios o como forma de promoción de sus servicios, salvo en los términos que se establecen en el presente Contrato o con la autorización previa, expresa y por escrito de la PRODUCTORA.

11.4. A los efectos del presente Contrato, la Información Confidencial incluirá todos aquellos datos e informaciones relativos al proceso de producción de la SERIE, tales como, sin carácter exhaustivo, el argumento, el guion, los personajes, el rodaje, el reparto, el equipo técnico y de producción, el presupuesto, las localizaciones, la ambientación, la caracterización, las anécdotas o acontecimientos acaecidos durante la producción, las vidas privadas de los intervinientes en la producción, o cualquier otro elemento o circunstancia de la producción. Asimismo, la Información Confidencial incluirá datos e informaciones relativos a la PRODUCTORA, tales como, sin carácter exhaustivo, información comercial, económica o industrial, información sobre empleados, contratistas y/o proveedores o estrategia comercial y financiera, información relativa a secretos empresariales, marcas, nombres comerciales, diseños, know-how, prototipos, planos, carteles publicitarios, datos de carácter personal o cualquier otro tipo de información relativa a la PRODUCTORA.

11.5. La obligación de confidencialidad se mantendrá en vigor durante toda la vigencia del presente Contrato y por tiempo indefinido tras su terminación por cualquier causa.

11.6. El incumplimiento de lo dispuesto en esta Estipulación se considerará incumplimiento grave y culpable por parte de la EMPRESA y facultará a la PRODUCTORA a resolver el presente Contrato, sin perjuicio del resarcimiento a la PRODUCTORA por los daños y perjuicios que la EMPRESA le pudiera haber ocasionado.

DECIMOSEGUNDA: RESOLUCIÓN

12.1. El presente Contrato finalizará con la devolución de los productos en la fecha y condiciones establecidos en este Contrato.

12.2. Asimismo, este Contrato podrá ser resuelto:

- Por la resolución del Contrato firmado entre la PRODUCTORA, o en su caso la entidad que lleve a cabo la producción del programa y la COMPAÑÍA adquirente de los derechos de explotación del mismo, sin tener derecho la EMPRESA a ninguna indemnización por tal circunstancia. En este caso la PRODUCTORA estará obligada únicamente a devolver los artículos a la EMPRESA.
- Por incumplimiento de cualquiera de las estipulaciones del presente Contrato. En este caso, la parte cumplidora podrá decidir resolverlo.
- Por cualquier otro motivo contenido en las disposiciones legales que sean de aplicación a este Contrato.

12.3. En caso de que se produzca la resolución del Contrato la PRODUCTORA se obliga a devolver a la EMPRESA los productos del Anexo 2 objeto de este Contrato.

12.4. Los retrasos e interrupciones que sean debidos a fuerza mayor, crisis....... o necesidades objetivas de la producción, no se reputarán causa de resolución del Contrato ni serán susceptibles de indemnización entre las Partes. Si por la misma razón deviniese imposible la ejecución de este Contrato, la PRODUCTORA no tendrá responsabilidad de indemnizar por ello a la EMPRESA.

DECIMOTERCERA: CESIÓN

La EMPRESA está facultada para ceder el presente Contrato y todos o parte de los derechos otorgados a esta en virtud del presente Contrato a cualesquiera otras personas físicas y/o jurídicas, siempre que así se notifique a la EMPRESA, por lo que este Contrato deberá ser vinculante y recaerá en beneficio de todos los sucesores de la EMPRESA, así como de sus licenciatarios y cesionarios.

DECIMOCUARTA: MISCELÁNEA

14.1. El presente Contrato y, en su caso, todos sus anexos constituyen un acuerdo completo entre las Partes en relación con la cesión de producto y licencia de marca y de cualquier otra naturaleza contemplados en el presente Contrato y únicamente podrá ser modificado en virtud de un documento escrito firmado por las Partes. A efectos aclaratorios, en caso de conflicto con la traducción inglesa del presente documento, la versión española prevalecerá.

14.2. Cualquier modificación que afecte al presente Contrato o, en su caso, a sus anexos deberán realizarse por escrito para ser efectivos. Ninguna práctica, omisión o negligencia pasiva constituirá fundamento para poder modificar el presente Contrato.

14.3. Si alguna parte, término o disposición del presente Contrato se declarara ilegal, nulo o inválido, será eliminado y las Partes intentarán solucionarlo acordando una disposición aplicable que la sustituya, permaneciendo en vigor el resto de disposiciones.

14.4. El presente Contrato no constituye asociación entre las Partes contratantes y, no podrá deducirse la misma con respecto a terceros.

14.5. Las precitadas cesiones y cualesquiera otras manifestaciones y garantías contenidas en el presente Contrato seguirán vigentes aun cuando se produzca una terminación o resolución del Contrato.

14.6. Cada una de las Partes faculta a la otra Parte para que pueda elevar a público el presente Contrato, asumiendo el coste la Parte solicitante y quedando obligada la otra Parte a realizar cuantas gestiones sean necesarias para tal fin.

DECIMOQUINTA: NOTIFICACIONES

15.1. Cualquier notificación o comunicación que deba efectuarse entre las partes, se realizará en el domicilio señalado por cada uno de ellos en el encabezamiento de este Contrato, obligándose a notificar su cambio en caso de que éste se llegase a producir. Sin perjuicio de ello, las comunicaciones y notificaciones que deban efectuarse, como consecuencia del presente Contrato, se realizarán por escrito y se remitirán por correo, telefax, correo electrónico o cualquier otro medio que permita tener constancia de su envío y recepción por el destinatario.

15.2. La EMPRESA se verá igualmente obligados a notificar cualquier cambio relativo a su cuenta bancaria respecto de la información proporcionada en el presente Contrato.

15.3. Las Partes se comunicarán en tiempo oportuno cualquier cambio de los anteriores domicilios y datos.

DECIMOSEXTA: PROTECCIÓN DE DATOS PERSONALES

16.1. Las Partes se comprometen a guardar el más absoluto secreto respecto de los datos de carácter personal a que tengan acceso en cumplimiento del presente Contrato y a observar todas las previsiones legales que se contienen en el Reglamento de Desarrollo de la LOPD (en adelante, RLOPD), aprobado por Real Decreto 1720/2007, de 21 de diciembre, en el Reglamento (UE) 2016/679 del Parlamento Europeo y del Consejo, de 27 de abril de 2016 (en adelante, RGPD), la Ley Orgánica 3/2018, de 5 de diciembre, de Protección de Datos Personales y garantía de los derechos digitales (en adelante, LOPDGDD), así como en cualquier otra norma que complemente o sustituya a las anteriores.

16.2. Las Partes informan a los representantes que firman el presente Contrato de que sus datos de carácter personal serán incluidos en sendos ficheros responsabilidad de cada una de las Partes, cuya finalidad es el mantenimiento de las relaciones contractuales de las mismas, siendo imprescindible para ello que se aporten sus datos identificativos, la capacidad de representación que ostentan, número de DNI o documento equivalente y su firma.

16.3. Asimismo, las Partes garantizan cumplir con el deber de información con respecto a sus empleados cuyos datos personales sean comunicados entre las Partes para el mantenimiento y cumplimiento de la relación contractual.

16.4. La base jurídica que legitima el tratamiento de los datos de los interesados es la necesidad para la celebración y ejecución del presente Contrato.

16.5. Los datos serán conservados durante la vigencia del presente Contrato y, posteriormente, durante quince (15) años con la finalidad de atender a las posibles responsabilidades derivadas de la relación contractual.

16.6. En todo caso, los afectados podrán ejercer sus derechos de acceso, rectificación, cancelación/supresión, oposición, limitación y portabilidad ante la parte que corresponda a través de comunicación por escrito al domicilio social que consta al comienzo del presente documento, aportando fotocopia de su DNI o documento equivalente e identificando el derecho que se solicita. Asimismo, en caso de considerar vulnerado su derecho a la protección de datos personales, podrán interponer una reclamación ante la Agencia Española de Protección de Datos (www.agpd.es).

DECIMOSÉPTIMA: DERECHO APLICABLE Y FUERO

17.1. Este Contrato se regula por lo expresamente contemplado en el mismo y en lo no regulado será de aplicación las normas contenidas en el Código Civil.

17.2. Para cualquier cuestión o divergencia dimanante del presente Contrato, las partes renuncian al fuero que pudiera corresponderles, sometiéndose a los Tribunales de ....

Y para que conste y en prueba de su conformidad, firman el presente Contrato digitalmente, en el lugar y fecha arriba indicados.

LA PRODUCTORA	LA EMPRESA
____________	____________
D. [*]	D./Dª ____________

ANEXO 1.- IDENTIFICACIÓN DE LA/S MARCA/S.

ANEXO 2.- IDENTIFICACIÓN DE LOS PRODUCTOS Y ESTADO DE LOS MISMOS.

ANEXO 3.- ALBARÁN DE ENTREGA DE LOS PRODUCTOS.

F068. ACUERDO DE CESIÓN DE DERECHOS DE PROPIEDAD INTELECTUAL PARA ENTREVISTADOS EN SERIE DOCUMENTAL

En [ciudad], a [día] de [mes] de [año].

De una parte, **[DENOMIANCIÓN SOCIAL DE LA PRODUCTORA]**, mayor de edad, con DNI núm. [...] en nombre y representación de la sociedad [...], con CIF núm. [...], y con domicilio social en [...], en su calidad de [...] (en lo sucesivo, la "***PRODUCTORA***").

Y, de otra parte, D/Dª. **[NOMBRE DEL ENTREVISTADO/A]**, mayor de edad, de nacionalidad [...], con domicilio en [...] y Tarjeta de Identificación de [Nombre del país] en vigor y núm. [...], con domicilio en [...], en su propio nombre y representación (en adelante, el "***ENTREVISTADO***"); quien, por medio de la presente:

1. Autoriza de forma irrevocable a la PRODUCTORA para filmar y grabar la imagen del ENTREVISTADO (en adelante, las "***Grabaciones***"), así como insertar y/o utilizar y explotar dichas grabaciones, en su totalidad o en parte, en el documental y/o serie-documental titulada provisionalmente "[...]" y en publicidad y promoción del mismo. Así mismo, la PRODUCTORA podrá no utilizar esas grabaciones en absoluto. El acuerdo abarca la explotación de las imágenes para todo el mundo, a perpetuidad y por cualquier método y cualquier medio (ya existentes o que sean inventados en el futuro).

2. Autoriza a la PRODUCTORA a ceder o vender a terceros, aquellos productos audiovisuales en los que sean insertadas las grabaciones, bajo la premisa de que tanto dichos terceros como la PRODUCTORA harán un uso adecuado e inocuo de dichas grabaciones salvaguardando el derecho al honor e intimidad del ENTREVISTADO, a la moral y/o al orden público, en los términos previstos en la Ley Orgánica 1/85, de 5 de Mayo, de Protección Civil al Derecho al Honor, la Intimidad Personal y familiar y a la Propia Imagen.

3. Cede a la PRODUCTORA, con sujeción a los términos y condiciones aquí contenidos, todos los derechos de explotación sobre las GRABACIONES, y en particular los siguientes:

a. **Reproducción**. Fijación directa o indirecta, temporal o permanente, total o parcial, de las GRABACIONES que permita su distribución y comunicación al público, por cualquier medio y en cualquier forma adecuada para incorporar las GRABACIONES y sus copias.

b. **Distribución**. Entrega de copias originales o reproducciones, totales o parciales, temporales o permanentes, tangibles o intangibles, con o sin contraprestación, de las GRABACIONES en cualquier medio analógico o digital, incluyendo la venta, el alquiler, el préstamo, el depósito, los sistemas de recuperación electrónica, el acceso a bases de datos, independientemente de que dichas bases de datos estén protegidas o no en virtud del Real Decreto Legislativo 1/1996, de 12 de abril, por el que se aprueba el texto refundido de la Ley de Propiedad Intelectual (en adelante, la "***Ley de Propiedad Intelectual***") y cualquier otra forma de transmisión temporal o permanente de la posesión/propiedad de los ejemplares originales de las GRABACIONES, así como de sus reproducciones.

c. **Comunicación pública**. Facilitar el acceso a las GRABACIONES a una pluralidad de personas sin previa distribución de ejemplares entre cada una de ellas, de forma directa o indirecta, temporal o permanente, total o parcialmente, mediante contraprestación (precio, suscripción, pago de entrada y acceso condicionado) o de forma gratuita, a través de cualquier medio, soporte y procedimiento, tangible o intangible.

d. **Puesta a disposición**. Permitir al público el acceso a las GRABACIONES de tal forma que del público puedan acceder a ellos desde el lugar y en el momento que ellos elijan, a través de medios alámbricos o inalámbricos.

e. **Transformación**. La adaptación, reordenación, traducción y cualquier otra modificación de las GRABACIONES (incluido el acuerdo para transformar sucesivamente cualquier obra derivada), directa o indirectamente, temporal o permanentemente, en todo o en parte, mediante contraprestación o gratuitamente, por cualquier medio, soporte o proceso, ya sea tangible o intangible. Este derecho incluye la capacidad de explotar cualquier obra derivada de forma exclusiva, en todo el universo, a perpetuidad o durante el máximo plazo legal de protección (si es más corto) y en virtud de los mismos derechos y tipos de explotación establecidos en el presente documento.

f. **Doblaje y subtitulado**. Entendidos como la realización de las adaptaciones necesarias para transformar las GRABACIONES a cualesquiera otros idiomas, el doblaje de las interpretaciones de los actores originales en su lengua materna, así como en otros idiomas y dialectos, y la transcripción de estas a la lengua materna de los actores originales y a cualesquiera otros idiomas y dialectos.

4. Autoriza a la PRODUCTORA, en relación con la cesión aquí contenida, la explotación de las GRABACIONES en cualesquiera modalidades de explotación conocidas y/o por conocer, incluyendo, sin carácter exhaustivo, los siguientes:

a. **Explotación cinematográfica**. El derecho a explotar las GRABACIONES en impresiones en serie de 35 mm o de otro ancho, a través de dispositivos de almacenamiento entregados físicamente o en otros formatos tecnológicos (incluyendo, a título enunciativo y no limitativo, mediante todos y cada uno de los medios de transmisión en las salas de cine que tengan licencia para ello, y que se dediquen principalmente a la actividad de exhibición de películas en las que la exhibición o proyección se produzca ante un público que haya adquirido entradas o, excepcionalmente, acceda gratuitamente a visionar las GRABACIONES.

b. **Explotación no cinematográfica**. El derecho a explotar las GRABACIONES a través de organizaciones que no se dedican principalmente a la exhibición de películas, tales como, a título meramente enunciativo, plataformas petrolíferas, escuelas, hospitales, hoteles, museos, instalaciones militares, puestos y misiones diplomáticas, aviones comerciales, aeronaves, trenes, autobuses, transbordadores y barcos ("***Recintos no Cinematográficos***"). La PRODUCTORA podrá utilizar todos los formatos o medios tecnológicos (incluyendo, sin limitación, los Dispositivos de Vídeo Doméstico, cualesquiera medios de transmisión y/o Copia y/o Acceso Temporal (cada uno de estos términos tal y como se definen más adelante) para que las GRABACIONES sean distribuidas o exhibidas en los Recintos no Cinematográficos.

c. **Explotación de Video Doméstico**. El derecho a (a) fabricar y/o autorizar la creación de una Copia y/o Acceso Permanente con respecto a las GRABACIONES codificadas, almacenadas, copiadas o grabadas en Dispositivos de Vídeo Doméstico y/o a través de EST (incluyendo, sin limitación, la copia digital y/o como copia gestionada protegida por AACS); y/o (b) reproducir, distribuir, poner a disposición, comunicar al público y explotar de cualquier otro modo dichos Dispositivos de Vídeo Doméstico y EST; y (c) ejercer los derechos bajo demanda; con el propósito principal de que los consumidores lleven a cabo un visionado privado y no comercial en Dispositivos de Reproducción. La Explotación de Vídeo Doméstico también incluirá las copias de las GRABACIONES codificadas, almacenadas, copiadas o grabadas en los Dispositivos de Vídeo Doméstico y disponibles para su visionado desde dichos Dispositivos de Vídeo Doméstico en los Dispositivos de Reproducción durante un período limitado, sin perjuicio de que dichos Dispositivos de Vídeo Doméstico no proporcionen una Copia y/o Acceso Permanente.

d. **Copia y/o Acceso Permanente**. Cualquier duplicado audiovisual de las GRABACIONES (o de una parte de éstas), o el acceso a su visionado, para permitir a los consumidores la recuperación y el visionado futuros ilimitados de las GRABACIONES sin ningún intercambio de contraprestación adicional por dicha recuperación y/o visionado futuro ilimitados de las GRABACIONES. A efectos aclaratorios, a un consumidor al que se le conceda una Copia y/o Acceso Permanente con respecto a las GRABACIONES se le podrá conceder un derecho de acceso permanente a un visionado las GRABACIONES a través de una copia situada en la posesión física del consumidor y/o el acceso a las GRABACIONES desde una ubicación remota.

e. **Copia y/o Acceso Temporal**. Cualquier duplicación audiovisual de las GRABACIONES (o de una parte de las mismas), o el acceso a su visionado, con el propósito principal de permitir al consumidor ver las GRABACIONES durante un período de visualización limitado que expira o se agota, tras lo cual el consumidor ya no puede ver las GRABACIONES; siempre y cuando una grabación iniciada por el consumidor de dichas GRABACIONES en o desde un Dispositivo de Reproducción, que el consumidor decida conservar sin ninguna autorización de la PRODUCTORA y/o su licenciatario autorizado, no se considerará que invalide la naturaleza temporal de dicha Copia y/o Acceso Temporal.

f. **Dispositivos de Vídeo Doméstico**. Todas y cada una de las formas y tipos de medios de almacenamiento electrónicos, mecánicos, magnéticos u ópticos (en todos los formatos y tamaños), incluyendo, sin limitación, videocasetes, videodiscos, DVD, CD-RW, discos láser, CDI, discos Blu-ray, VCD, otros discos ópticos, discos duros, servidores de datos (dondequiera que se encuentren), reproductores de vídeo personales ("***PVP***"), grabadoras de vídeo personales ("***PVR***") y grabadoras de vídeo digitales ("***DVR***"), grabadoras de discos ópticos, lápices de memoria, tarjetas SD, memorias USB, cartuchos y chips semiconductores, o los equivalentes o sucesores de cualquiera de los anteriores, en todos y cada uno de los formatos, incluidos, sin limitación, los formatos estándar y de alta definición y en formatos 3D, en los que se codifiquen, almacenen, copien o graben las GRABACIONES, en todo o en parte.

g. **Transmisión Electrónica (EST)**. Cualquier transmisión electrónica de las GRABACIONES (o de cualquier parte de éstas), y/o cualquier licencia de reproducción requerida para las mismas, a través de todos y cada uno de los medios de transmisión, a partir de cuya transmisión el consumidor está autorizado a crear y mantener la Copia y/o el Acceso Permanente con respecto a las GRABACIONES.

h. **Dispositivos de Reproducción**. Todas y cada una de las formas de dispositivos electrónicos, mecánicos, magnéticos u ópticos que: (a) sean operados por los consumidores para su uso personal en sus lugares de residencia o en cualquier otro lugar, incluyendo, sin limitación, reproductores de videocasete, reproductores de disco, decodificadores, receptores de radio y/o televisión, discos duros de ordenador y servidores de datos (dondequiera que se encuentren), consolas de videojuegos, dispositivos RAM (por ejemplo tarjetas "Flash" o "Memory Sticks"), PVRs y equivalentes de PVRs, y/o cualquier dispositivo de este tipo que esté diseñado para ser portátil y destinado al uso personal, como ordenadores portátiles, reproductores portátiles de DVD y/o Blu-ray, asistentes personales digitales ("PDAs"), dispositivos personales de entretenimiento ("PEDs"), PVPs, dispositivos portátiles de visualización personal, dispositivos de telecomunicaciones móviles y otros dispositivos inalámbricos; y (b) den lugar a que las GRABACIONES se muestren para su visualización por parte del consumidor, ya sea directamente en los Dispositivos de Reproducción, o en equipos de visualización asociados, incluyendo, sin limitación, receptores de televisión, monitores de televisión, pantallas de ordenador, PDAs, PEDs, PVPs, terminales inalámbricos y dispositivos multimedia móviles.

j. **Explotación Bajo Demanda**. El derecho a explotar las GRABACIONES a través de todos y cada uno de los medios bajo demanda (incluyendo, sin limitación, el streaming y la Copia y/o Acceso Temporal cuando la hora de inicio de la exhibición del Programa no esté predeterminada o programada por el servicio de programación, sino que sea a discreción del espectador; incluyendo, sin limitación: (a) el vídeo bajo demanda gratuito y/o con publicidad, en el que el espectador puede ver las GRABACIONES de forma gratuita ya que el servicio está apoyado por los ingresos publicitarios, el patrocinio u otros medios de apoyo no pagados por el espectador ("FVOD"); (b) el vídeo a la carta por suscripción, en el que el espectador paga una cuota de suscripción para acceder a un servicio en el que puede ver varias obras durante el periodo de suscripción ("SVOD"); y (c) el vídeo a la carta transaccional, en el que se cobra una cuota por programa al espectador que selecciona las obras para verlas en un momento determinado designado por el espectador ("TVOD"). En cada caso a través de todos y cada uno de los medios de transmisión (incluyendo, sin limitación, el streaming y la Copia y/o Acceso Temporal) a cualquier tipo de Dispositivo de Reproducción, con el propósito principal de visionado privado por parte de los consumidores.

k. **Explotación Televisiva**. El derecho a explotar la Copia y/o Acceso Temporal con respecto a las GRABACIONES mediante todas y cada una de las formas de televisión preprogramada que se conocen actualmente o que se conciban en el futuro, a través de todos y cada uno de los medios de transmisión a cualquier tipo de Dispositivo de Reproducción, con el propósito principal de que los consumidores los vean de forma privada y no comercial. Esto incluye la Televisión Gratuita, la Televisión por Suscripción y el PPV.

l. **Televisión Gratuita**. La explotación de las GRABACIONES para su programación como parte de un servicio de programación lineal previamente determinado, en el que no se cobra al espectador (salvo las tasas e impuestos gubernamentales del receptor) por la facultad de ver el servicio de programación compilado.

m. **Televisión por Suscripción**. La explotación de las GRABACIONES como parte de un servicio de programación lineal preestablecido, en el que se cobra una cuota básica de suscripción al abonado por la facultad de visionar el servicio de programación compilado.

n. **Pago Por Visión (PPV)**. La transmisión de la programación elegida por un espectador, en la que: (a) la programación de la exhibición del programa está predeterminada, en su totalidad o en parte, por el servicio de programación; y (b) el espectador está obligado a pagar o se le cobra una tarifa separada por programa, por exhibición (incluyendo "pago por día" y "*near video on demand*"), en lugar de que el pago sea sobre una base de suscripción preprogramada.

o. **Medios de Transmisión**. Todos y cada uno de los medios y métodos de entrega de una copia de las GRABACIONES, incluyendo, a título enunciativo, todos los medios y métodos de streaming, descarga, emisión, transmisión, retransmisión, exhibición, distribución y otros medios y métodos de explotación, incluyendo, sin limitación, en forma abierta o encriptada, vía terrestre, alambre, cable, ondas de radio, fibra óptica, satélite, líneas telefónicas, DSL, transmisión inalámbrica por aire, redes privadas virtuales, y/o vía el Protocolo TCP/Internet sobre sistemas y redes de Internet abiertos y cerrados o cualquier otro protocolo de transmisión de datos, IPTV (es decir, la tecnología de compresión y entrega utilizada como parte de la infraestructura de back-end para la entrega de televisión por cable a través de Internet cerrada, y no para la entrega a través de la *World Wide Web* o Internet abierta). El término "***Internet***", tal y como se utiliza en el presente documento, se refiere al sistema mundial de redes informáticas interconectadas, de acceso público, que utiliza el conjunto de protocolos estándar de Internet, que incluye, sin limitación, los protocolos TCP/IP y UDP/IP.

p. **Explotación Interactiva**. El derecho a explotar contenidos, programas informáticos, bases de datos, medios digitales y electrónicos en cualquier lenguaje de programación, hologramas, algoritmos, realidad virtual, realidad aumentada y conjuntos de instrucciones que permitan al usuario seleccionar entre los elementos del programa, individualmente o en combinación, que utilicen, representen o incorporen las GRABACIONES, en su totalidad o en parte, y/o cualquiera de los personajes, historias, títulos, nombres, temas, sonidos, situaciones y/o acontecimientos representados o representados en las GRABACIONES; el material gráfico, los escenarios, los entornos, los vehículos, las armas, los disfraces, las marcas comerciales, el atrezzo y los objetos que aparecen o se representan en ellos, y que sea o incluya un juego de vídeo interactivo u otro tipo de interacción, incluyendo, sin limitación, el desarrollo de habilidades, el juego de rol, y/o la simulación de fantasía o real, ya sea que se juegue o participe individualmente, o con otra persona, o en una comunidad o red social; por ordenador, por medios en línea, a través de una consola, cartucho o dispositivo periférico de ordenador, a través de la telefonía o de un dispositivo móvil, o de una herramienta, dispositivo o producto de juego patentado actualmente conocidos o desarrollados en el futuro, a través de una Copia y/o Acceso Permanente o a través de cualquier Copia y/o Acceso Temporal o a través de cualesquiera medios de transmisión, independientemente de la plataforma o el protocolo para el que se haya creado, escrito o diseñado (incluyendo, sin limitación, Nintendo DS, Sony PlayStation 4, Sony PlayStation 5, Nintendo Wii U, Nintendo Switch, Microsoft Xbox One, Microsoft Xbox Series X, ordenadores personales, juegos basados en reproductores set-top a través de un decodificador, juegos basados en reproductores set-top que funcionan junto con un DVD, un disco Blu-ray u otro reproductor de vídeo de set-top, televisión interactiva, banda ancha y cable, formatos de juego en línea, de descarga/carga digital; de Internet y las plataformas equivalentes y/o sucesoras). Los Derechos Interactivos incluirán, a título enunciativo, el derecho a explotar juegos completos, precuelas, secuelas, spin-offs, obras derivadas, paquetes de misiones, paquetes de expansión, bienes virtuales, guías de estrategia y libros de pistas (en forma impresa y/o electrónica), sitios de pistas en Internet y líneas telefónicas de pistas diseñadas para proporcionar a los consumidores pistas, consejos y otra información específicamente relacionada con dicho entretenimiento interactivo.

q. **Explotación Musical**. El derecho a grabar, producir, publicar y explotar de otro modo fonogramas y/o cualquier otra grabación sonora basada en/que incluya las GRABACIONES (incluyendo, sin limitación, las interpretaciones del ENTREVISTADO que aparezcan en las GRABACIONES, las canciones, los temas musicales, las composiciones, las letras, las bandas sonoras, programas de radio, podcasts, radionovelas, audiolibros o adaptaciones de sonido que se incluyan en ellos) en todas y cada una de las formas de explotación, incluyendo cualesquiera medios de transmisión o dispositivo de vídeo doméstico.

r. **Explotación Literaria**. El derecho a explotar libros, cómics, novelas gráficas, folletos, medios gráficos o cualquier otra publicación impresa o digital basada en y/o que incluya las GRABACIONES, incluyendo cualesquiera de los personajes, historias, títulos, nombres, temas, situaciones y/o eventos representados o retratados en las GRABACIONES).

s. **Explotación de Materiales de Desarrollo**. El derecho a crear y explotar de cualquier forma en todos los medios de comunicación cualquier material necesario para la producción de una obra audiovisual basada en las GRABACIONES, como guiones, diálogos, la "biblia", formatos, personajes, mapas de la trama, libros, revistas, periódicos, resúmenes y cualquier otra obra literaria.

t. **Explotación de Secuelas y Remakes**. El derecho a realizar y explotar en todos los medios de comunicación cualquier secuela, remake, precuela, single televisivo, serie, miniserie, película televisiva de la semana, spin-off audiovisual, programa, formato, película cinematográfica, telefilme, videoclip o cualquier otra obra audiovisual basada en las GRABACIONES.

u. **Derechos de representación teatral**. El derecho a desarrollar, producir, representar o explotar de cualquier otro modo las GRABACIONES o las adaptaciones de los mismos en el escenario en vivo con actores que aparezcan en persona en presencia inmediata del público, e incluyendo, sin limitación, representaciones escénicas, recitales, disertaciones, actuaciones públicas, obras de teatro, musicales, dramáticas y dramático-musicales (óperas).

v. **Explotación Radiofónica**. El derecho a desarrollar, producir y explotar cualquier contenido sonoro, derechos musicales, derechos de bandas sonoras y otros derechos de explotación de bandas sonoras, programas de radio, podcasts, radionovelas, lecturas en directo no dramatizadas, grabaciones no narrativas y entre bastidores, audiolibros y adaptaciones sonoras. La Explotación Radiofónica también incluirá el derecho a explotar la Copia y/o Acceso Temporal con respecto a las GRABACIONES mediante todas y cada una de las formas de emisión radiofónica preprogramada u otros medios inalámbricos conocidos o futuros, a través de todos y cada uno de los medios de transmisión a cualquier tipo de Dispositivo de Reproducción, incluyendo la producción e introducción de señales a un satélite.

w. **Explotación en Parques Temáticos**. El derecho a crear y explotar de otro modo parques temáticos basados en y/o que incluyan las GRABACIONES (incluyendo cualquiera de los personajes, historias, títulos, nombres, temas, sonidos, situaciones y/o eventos representados o retratados en las GRABACIONES y las ilustraciones, escenarios, entornos, vehículos, armas, trajes, marcas comerciales, accesorios y objetos que aparezcan o se representen en ellos).

x. **Mercaderías**. El derecho a explotar cualquier producto y servicio basado en las GRABACIONES (incluyendo cualquiera de los personajes, historias, títulos, nombres, temas, sonidos, situaciones y/o eventos representados o representados en las GRABACIONES y las ilustraciones, escenarios, entornos, vehículos, armas, trajes, marcas comerciales, accesorios y objetos que aparezcan o se representen en ellos), como juguetes, ropa, recuerdos, accesorios, figuras, juegos, maquetas, comida y bebida.

y. **Explotación en Redes Sociales**. El derecho a explotar pegatinas, GIF y cualquier otro contenido audiovisual que utilice, represente o plasme las GRABACIONES en plataformas de redes sociales, incluyendo, a modo enunciativo y no limitativo, WhatsApp, Snapchat, Facebook, Instagram, TikTok y Twitter.

z. **Explotaciones Secundarias**. Incluyendo la preparación y explotación de extractos, resúmenes, secuencias, fragmentos, fotos fijas, clips, imágenes, foto-fichas, fotografías, segundas tomas, tomas falsas, contenidos de making-of y detrás de las cámaras, carteles o elementos sonoros, incluidas las grabaciones de voz, independientemente de que ya se hayan utilizado en el montaje final, ya sea por separado o incorporados a otras obras, producciones, publicaciones, emisiones, grabaciones o bases de datos, u obras escritas, sonoras o audiovisuales, utilizando elementos de las GRABACIONES.

aa. **Medios Nuevos**. El ámbito de los derechos cedidos incluye los medios y métodos de explotación existentes o conocidos en el momento de la firma del presente acuerdo, así como aquellos medios y métodos que no existan o no se conozcan en dicho momento y puedan surgir en el futuro. Sin limitar lo anterior, el ENTREVISTADO y la PRODUCTORA son conscientes, y por la presente reconocen, que pueden surgir o ser reconocidos nuevos medios de explotación en el futuro, en virtud de la ley y/o en equidad (colectivamente, "Nuevos Derechos de Explotación"). El ENTREVISTADO y la PRODUCTORA también son conscientes, y por el presente reconocen, que se están desarrollando nuevas (y/o modificadas) tecnologías, usos, medios, versiones, formas, formatos, modos de transmisión y métodos de distribución, difusión, exhibición o ejecución que inevitablemente continuarán desarrollándose en el futuro, lo que ofrecería nuevas oportunidades para la explotación de los derechos sobre las GRABACIONES.

5. Asimismo, el ENTREVISTADO concede a la PRODUCTORA, de forma irrevocable y expresa, las siguientes facultades:

a. Utilizar la imagen del ENTREVISTADO para fines publicitarios y/o promocionales de las GRABACIONES, incluidas, entre otras, las redes sociales y/o cualquier otra plataforma de publicidad existente y/o futura.

b. Explotar las GRABACIONES de forma íntegra o fragmentada, incluyendo su explotación mediante su incorporación en otras obras, producciones, publicaciones, emisiones, grabaciones o bases de datos, escritas, sonoras o audiovisuales.

Como contraprestación por el presente acuerdo, la PRODUCTORA abonará al ENTREVISTADO la cantidad total de [importe en letras] EUROS ([XX].-€); cifra a la que le serán de aplicación los impuestos y retenciones fiscales vigentes en cada momento y será abonada tras la presentación de la correspondiente factura por parte del ENTREVISTADO a la PRODUCTORA.

Se informa al ENTREVISTADO y, en su caso, a su representante, que sus datos personales serán tratados por la PRODUCTORA con la finalidad de permitir el correcto desarrollo, cumplimiento y control del acuerdo, siendo la base del tratamiento el cumplimiento de las obligaciones contractuales entre las partes. La identificación de cualquiera de las partes es requisito necesario para formalizar el presente acuerdo.

Los datos serán conservados por la PRODUCTORA durante la vigencia del acuerdo e incluso una vez terminado el mismo, hasta que prescriban las eventuales responsabilidades derivadas del mismo. Los datos podrán ser comunicados a bancos y otras entidades financieras para la gestión de los pagos a realizar en virtud del acuerdo, y a las Administraciones Públicas en la medida exigida por la Ley aplicable y para las finalidades contenidas en la misma.

El ENTREVISTADO podrá ejercer su derecho de solicitar el acceso a sus datos personales, la rectificación o supresión de los mismos, así como su derecho de oposición, portabilidad de los datos y limitación de su tratamiento, mediante solicitud escrita dirigida a la PRODUCTORA, al domicilio indicado en el encabezamiento de este acuerdo, además de presentar la correspondiente reclamación ante la Agencia Española de Protección de Datos (AEPD). El ENTREVISTADO podrá contactar con el Delegado de Protección de Datos (RPD) del PRODUCTOR a través de las siguientes direcciones de correo electrónico y/o postal: [...].

A tal efecto, el ENTREVISTADO asegura haber leído y acepta la presente política de cesión de derechos de imagen a la PRODUCTORA, y autoriza el uso de su imagen en los términos señalados anteriormente.

El presente acuerdo se regirá por la legislación española. El ENTREVISTADO y la PRODUCTORA, con renuncia expresa a cualquier otro fuero que les pudiera corresponder o tener derecho, acuerdan someter todas y cada una de las controversias o conflictos que surjan entre ellas con motivo o en relación con el acuerdo, y en particular, las cuestiones relativas a la validez, eficacia, su ejecución o extinción, a los Tribunales de la ciudad de .... Y ambas partes, en prueba de su conformidad, firman el presente acuerdo en la fecha y lugar indicados en el encabezamiento.

****

Firma de las partes

La PRODUCTORA	El ENTREVISTADO
______________________________	______________________________

F069. CONTRATO DE DISTRIBUCIÓN DE CANALES Y CONTENIDO AUDIOVISUAL

En [...], a [...] de [...] de [...]

REUNIDOS

De una parte, **[...]**, con domicilio en [...] y NIF [...]. Representada por [...], con DNI [...], en su calidad de [...] (en adelante, el "**PROVEEDOR**").

Y, de otra, **[...]**, con domicilio en [...] y NIF [...]. Representada por [...], con DNI [...], en su calidad de [...] (en lo sucesivo, la "**CESIONARIA**").

Las partes declaran su capacidad para contratar, así como la suficiente legitimación de sus respectivos representantes para obligarlas en Derecho

EXPONEN

I. Que, en virtud del título habilitante correspondiente, la CESIONARIA es titular y/o gestiona directamente el Servicio de Televisión, mediante el que proporciona acceso a sus Abonados a determinados contenidos audiovisuales.

II. Que el PROVEEDOR ostenta los necesarios derechos sobre los Canales y el Contenido No Lineal en el Territorio en lo necesario para autorizar su explotación a terceros en los términos del presente contrato.

III. La CESIONARIA está interesada en distribuir los Canales y el Contenido No lineal como parte de su Servicio de Televisión, por lo que, tras haber mantenido las oportunas negociaciones al respecto, mediante el presente contrato las partes llevan a efecto su acuerdo con arreglo a lo dispuesto en las siguientes

ESTIPULACIONES

1.- OBJETO

Mediante el presente contrato y a cambio del Precio, el PROVEEDOR cede a la CESIONARIA los derechos de reproducción y comunicación pública sobre los Canales y el Contenido No Lineal, en la extensión necesaria para que la CESIONARIA pueda hacerlos accesibles a los Abonados como parte de su Servicio de Televisión, con arreglo a las limitaciones contenidas en el presente contrato.

1.1. CANALES

1.1.1 Los Canales cuya cesión de derechos es objeto del presente son los siguientes:

Denominación actual	Género
®[...]	[...]
®[...]	[...]
®[...]	[...]

1.1.2 El PROVEEDOR podrá variar la denominación de los Canales previa notificación a la CESIONARIA con [...] (...) días de antelación.

1.2. CONTENIDO NO LINEAL.

1.2.1 Programas de Acompañamiento. el PROVEEDOR pondrá a disposición de la CESIONARIA mensualmente, durante la vigencia del contrato, al menos, [...] Programas de Acompañamiento por Canal, para ponerlos a disposición de los Abonados, bajo demanda, en su Servicio de Televisión durante un plazo mínimo de [...] (...) días, los cuales solo serán accesibles para aquellos Abonados que tengan contratado el Canal a que se refieran, en un apartado propio, bajo la marca de dicho Canal.

1.2.2 Catálogo. Adicionalmente, el PROVEEDOR pondrá a disposición de la CESIONARIA el Catálogo actualmente denominado ®[...], para ponerla a disposición de los Abonados, bajo demanda, en su Servicio de Televisión, el cual solo será accesibles a aquellos Abonados que tengan contratado el Paquete en que se incluya y lo hará bajo su propia marca.

1.2.3 Funcionalidades: La CESIONARIA podrá ofrecer a sus Abonados, sin coste adicional, las Funcionalidades que se indican a continuación si bien excluirá los Programas para los que la CESIONARIA no cuente con los derechos necesarios. Una vez finalizado el Periodo de Licencia correspondiente, la CESIONARIA procederá al borrado de las grabaciones realizadas.

a) **Start Over:** Solo será posible acceder a esta Funcionalidad mientras el Programa se encuentre en emisión.

b) **NPVR:** su utilización habrá de respetar las siguientes condiciones:

   i. El Abonado habrá de solicitar la grabación antes o durante la difusión del Programa.

   ii. Las grabaciones deberán ser mostradas en orden cronológico, sin que puedan reorganizarse de forma alguna.

   iii. Las grabaciones estarán accesibles para los Abonados por el periodo que resulte inferior de seis (6) meses desde la fecha de grabación o el fin del Periodo de Licencia del Programa.

   iv. Cada Abonado podrá solicitar hasta un máximo de trescientas cincuenta (350) horas de grabaciones.

   v. No podrán ofrecerse ofrecer más de dos (2) visionados simultáneos por Abonado.

   vi. Las grabaciones de los Programas no podrán ser transferidas a ningún otro servidor o equipo.

c) **REPG:**

   i. Las grabaciones de los Programas deberán ser idénticas a como se difundieron en el Canal lineal, es decir, la CESIONARIA no podrá editar las grabaciones para, por ejemplo, eliminar publicidad.

   ii. Las grabaciones no podrán ser organizadas por criterio distinto al cronológico.

d) **Descarga Temporal:**

   i. Solo se permitirá transferir las grabaciones a un dispositivo registrado por Abonado

   ii. Las descargas se protegerán mediante control anticopia.

1.2.4 Condiciones aplicables al Contenido No Lineal. La CESIONARIA garantiza, en relación con todo el Contenido No Lineal, que:

- No se cobrará a los Abonados un precio adicional por el acceso al Contenido Lineal, más allá de la cuota de abono correspondiente al Paquete a que se hallen suscritos.
- La CESIONARIA no incluirá publicidad de ninguna clase en el Contenido No Lineal.
- El Contenido No Lineal solo estará disponible durante el Periodo de Licencia respectivo, según el punto 2.1.2 siguiente;
- Con la excepción y en las condiciones establecidas para la Descarga Temporal, el Contenido No Lineal solo estará disponible en modalidad visionado (*streaming*) de manera que no podrán realizarse copias permanentes en dispositivos en poder de los Abonados.

En caso de quiebra de las anteriores garantías, el PROVEEDOR podrá revocar unilateralmente la autorización para la explotación del Contenido No Lineal afectado mediante la mera notificación al efecto, y sin responsabilidad alguna frente a la CESIONARIA, quedando este contrato íntegramente vigente en sus restantes términos para los Canales.

1.3. EXCLUSIVIDAD

La presente cesión de derechos reviste carácter no exclusivo, por lo que nada de lo aquí dispuesto supondrá una limitación paral PROVEEDOR para explotar directamente o ceder a terceros tanto los Canales como el Contenido No Lineal en las condiciones que libremente determine en cada momento.

1.4. RESERVA DE DERECHOS

Todos los derechos no expresamente cedidos, o modalidades de explotación no autorizadas, se entienden reservados al PROVEEDOR.

1.5. OBLIGACIÓN DE DIFUSIÓN

La CESIONARIA llevará a cabo la efectiva explotación de los Canales y del Contenido No Lineal, de manera que los distribuirá a los Abonados como parte de su Servicio de Televisión durante toda la vigencia del presente contrato.

2. ÁMBITO DE LA LICENCIA

2.1. PERIODO DE LICENCIA

2.1.1 El Periodo de Licencia de los Canales comenzará el [...] de [...] de [...] y finalizará el [...] de [...] de [...].

2.1.2 El Periodo de Licencia del Contenido No Lineal será:

a) Para los Programas de Acompañamiento: [...] días,

b) Para los Catálogos: igual al establecido en el punto 2.1.1 anterior y

c) Para las Funcionalidades: según resulte necesario para cada una de ellas.

2.2. SISTEMAS DE TELEVISIÓN Y VOD AUTORIZADOS

2.2.1 Los Canales se distribuirán a los Abonados al Servicio de Televisión por sistemas de Televisión de Pago.

2.2.2 El Contenido No Lineal se distribuirá a los Abonados al Servicio de Televisión en modalidad SVOD.

2.3. MEDIOS AUTORIZADOS

2.3.1 La distribución de la señal de los Canales y el Contenido No Lineal se llevará a cabo por Cable e Internet Autentificada (TVE) a los Abonados al Servicio de Televisión bajo las siguientes condiciones:

- Se instaurarán mecanismos válidos y eficaces de autenticación de identidad.
- Su disponibilidad estará limitada al Territorio por medio de sistemas de geo-bloqueo.
- La tecnología, equipamiento y dispositivos empleados por la CESIONARIA deberán reunir los más altos estándares técnicos de protección de la industria en cada momento (codificación, encriptado, DRM).
- No se cobrará al Abonado un precio adicional por el acceso a esta modalidad de distribución.
- Será accesible a un máximo de cinco (5) dispositivos vinculados a un Abonado.
- Solo se permitirá el visionado simultáneo a un máximo de dos (2) dispositivos por Abonado.

2.3.2 Determinados Programas pueden no estar disponibles para su explotación por este Medio por lo que, a solicitud del PROVEEDOR, la CESIONARIA impedirá su distribución vía TVE.

2.4 TERRITORIO AUTORIZADO

2.4.1 La presente cesión de derechos se limita al Territorio de [...].

2.4.2 La CESIONARIA impedirá el acceso a los Canales y al Contenido No Lineal desde fuera del Territorio adoptando a su coste las oportunas medidas de geo-bloqueo. Asimismo, utilizará un sistema de comprobación de doble factor para verificar que los Abonados residen efectivamente en el Territorio.

2.4.3 Las partes acuerdan que no tendrá la consideración de incumplimiento del presente el cumplimiento de las disposiciones del Reglamento Europeo 2017/1128, de 14 de junio de 2017, relativo a la portabilidad de los servicios audiovisuales de pago que establece la necesidad de proporcionar acceso a los Abonados cuando se encuentren temporalmente fuera del Territorio en otro país de la Unión Europea.

2.5 IDIOMAS AUTORIZADOS

2.5.1 Los Canales y el Contenido No Lineal serán trasmitidos por la CESIONARIA a los Abonados en castellano, ya sea esta su versión original, doblada y/o subtitulada.

2.5.2 Se autorizará la retransmisión simultánea de la versión original siempre que sus derechos estén disponibles.

2.6 DISTRIBUCIÓN (*TIERING*)

2.6.1 la CESIONARIA incluirá los Canales en el Paquete actualmente denominado [...] de su Servicio de Televisión.

2.6.2 En cuanto al Contenido No Lineal:

a) solo los Abonados al Paquete en que estén incluidos los Canales podrán acceder a los Programas en la modalidad VOD de Acompañamiento y al Contenido VOD que resulte del uso de las Funcionalidades; y

b) los Catálogos se incluirán en el Paquete [...].

3. DURACIÓN

3.1 El presente contrato tendrá efecto a contar desde el [...] de [...] de [...] y hastal [...] de [...] de [...], sin perjuicio del debido cumplimiento por las partes de las obligaciones que sigan vigentes a su finalización.

3.2 No obstante lo anterior, los Canales y el Contenido No Lineal será explotados por la CESIONARIA únicamente durante el correspondiente Periodo de Licencia.

3.3 Lo anterior se entenderá sin perjuicio de (i) cualesquiera causas de resolución anticipada previstas en el presente contrato o en la legislación aplicable, y (ii) la debida observancia por las partes de aquellas obligaciones que puedan sobrevivir a su terminación.

4. CONDICIONES ECONÓMICAS

4.1 PRECIO

Como contraprestación por la cesión de derechos objeto del presente contrato, la CESIONARIA pagará al PROVEEDOR las siguientes cantidades (impuestos no incluidos):

Periodo:	[•]	[•]	[•]
Precio anual (€):	[•]	[•]	[•]
Mensualidad (€):	[•]	[•]	[•]

Tales cantidades se pagarán con independencia del número de Abonados que reciban los Canales y el Contenido No Lineal en cada momento.

4.2 FORMA DE PAGO

El pago del Precio se realizará mensualmente, en euros (€), mediante transferencia bancaria a la cuenta designada por el PROVEEDOR en las correspondientes facturas que se abonarán a los [...] (...) días desde su envío por el PROVEEDOR. Cada parte asumirá los cargos de su entidad financiera como consecuencia del uso de este método de pago.

4.3 IMPUESTOS Y OTRAS CARGAS

4.3.1 Los impuestos serán asumidos por las partes según la legislación aplicable. En concreto, si fuera necesario practicar retención en concepto de impuesto sobre la renta de no residentes (*withholding tax*), la CESIONARIA deducirá de las cantidades a abonar al PROVEEDOR la cuantía establecida en el tratado internacional aplicable y la pagará a la autoridad fiscal pertinente en nombre del PROVEEDOR. Para ello, el PROVEEDOR enviará a la CESIONARIA un certificado de residencia fiscal y la CESIONARIA enviará al PROVEEDOR el resguardo oficial que acredite haber realizado dicho pago en su nombre.

4.3.2 Otras tasas u obligaciones (por ejemplo, pagos a entidades de gestión, etc.) serán asumidos por las partes de acuerdo con lo establecido en la legislación aplicable para su actividad respectiva.

4.4 REPORTE DE INFORMACIÓN Y AUDITORÍA

4.4.1 La CESIONARIA notificará al PROVEEDOR, dentro de los quince (15) primeros días de cada mes, el número de Abonados que estaban suscritos a los Paquetes donde se ofrecen los Canales y el Contenido No Lineal el mes anterior.

4.4.2 Asimismo, con carácter mensual, la CESIONARIA enviará al PROVEEDOR toda la información disponible sobre audiencia y rendimiento de los Canales y consumo del Contenido No Lineal en el Servicio de Televisión, debidamente agregada o anonimizada, a fin de que ello no se repute cesión de datos de carácter personal.

4.4.3 El PROVEEDOR, o un tercero designado por este, tendrá, si así lo requiere, derecho a acceder a todos los documentos o libros de la CESIONARIA que acrediten la veracidad de la información que suministra al PROVEEDOR en relación con los puntos anteriores.

5. DISTRIBUCIÓN DE LA SEÑAL Y EL CONTENIDO

5.1. ENTREGA DE LA SEÑAL DE LOS CANALES

El PROVEEDOR pondrá la señal codificada y encriptada de los Canales en [...][11] a disposición de la CESIONARIA quien deberá obtener la señal de ese punto a su propio coste.

5.2. ENTREGA DEL CONTENIDO NO LINEAL

5.2.1 El Contenido No Lineal correspondiente a los Programas de VOD de Acompañamiento y los Catálogos serán suministrado a la CESIONARIA vía FTP según los requerimientos técnicos acordados por las partes.

5.2.2. El PROVEEDOR enviará todo el material promocional y metadatos de forma que los Programas puedan ser debidamente identificados y publicitados en el Servicio de Televisión por la CESIONARIA.

5.3. RETRANSMISIÓN POR LA CESIONARIA

5.3.1 La CESIONARIA retransmitirá las señales de los Canales sin demora, adición ni supresión alguna, empleando para ello los medios que aseguren que su calidad no se vea perjudicada en el proceso de retransmisión al Abonado.

5.3.2 Asimismo, la CESIONARIA se compromete a implementar en los Canales y el Contenido No Lineal los mecanismos de codificación y/o encriptación necesarios, de forma que solo los Abonados puedan recibir la señal inteligiblemente.

6. OTRAS CONDICIONES DE EXPLOTACIÓN

6.1. CUMPLIMIENTO DE LA NORMATIVA

6.1.1 La CESIONARIA cumplirá con toda la normativa que le resulte de aplicación en tanto prestador del servicio de agregación de servicios de comunicación audiovisual y se compromete a mantener indemne al PROVEEDOR frente a cualquier reclamación de terceros que pueda derivársele como resultado del incumplimiento de sus obligaciones.

6.1.2 En concreto, la CESIONARIA observará la normativa aplicable en relación con la comunicación plural, diversidad cultural y lingüística, y los derechos de los menores. A tal efecto, el PROVEEDOR informará sobre la calificación por edades de los Programas e incluirá la debida señalización para que la CESIONARIA pueda implementar medidas adecuadas (tales como control parental, inclusión en catálogos separados, comunicación de la calificación) según sea requerido por la legislación aplicable en el Territorio en cada momento.

11 Indicar lugar físico donde la señal se pone a disposición de la CESIONARIA

6.2. PUBLICIDAD

6.2.1 La CESIONARIA reconoce y acepta que tanto los Canales como el Contenido No Lineal pueden contener publicidad.

6.2.2 La publicidad se emitirá tal y como esté incluida en la señal original del Canal y/o del Contenido No Lineal, y la CESIONARIA bajo ninguna circunstancia la modificará, borrará o añadirá publicidad distinta.

6.3 PIRATERÍA

La CESIONARIA implementará en el Servicio de Televisión las medidas técnicas y organizativas de seguridad según los más altos estándares en la industria a fin de evitar cualquier acceso o copia ilegal de los Canales y el Contenido No Lineal, durante todas las fases de su recogida y entrega a los Abonados.

7. PROPIEDAD INTELECTUAL E INDUSTRIAL

7.1. PROPIEDAD E INTEGRIDAD DE LOS CANALES Y EL CONTENIDO NO LINEAL

7.1.1 La CESIONARIA reconoce que todos los derechos y títulos de los Canales y el Contenido No Lineal, incluyendo sus nombres y logotipos, son de titularidad del PROVEEDOR o sus derechos le han sido licenciados por sus legítimos titulares.

7.1.2 Específicamente, a efectos aclaratorios, queda expresamente prohibido el uso de los Canales y el Contenido No Lineal, así como cualquiera de los elementos que en ellos se contienen, para alimentar o entrenar sistemas de inteligencia artificial.

7.2 ENTIDADES DE GESTIÓN

La CESIONARIA deberá obtendrá todos los derechos y autorizaciones requeridos para la explotación de su Servicio de Televisión y, en particular, será responsable de obtener las autorizaciones y realizar los pagos a las entidades de gestión correspondientes por la retransmisión y/o comunicación pública de los Canales y del Contenido No Lineal que realice, en relación con los Programas y obras preexistentes que incorporen, de conformidad con la normativa aplicable en el Territorio.

7.3 MARCAS

7.3.1 Las marcas, diseños y/o logotipos que aparecen en los Canales y en el Contenido No Lineal son de la exclusiva titularidad del PROVEEDOR o le han sido licenciados al PROVEEDOR por sus legítimos titulares.

7.3.2 La CESIONARIA estará facultada a usar las marcas, diseños y/o logotipos de los Canales y/o de los Catálogos de acuerdo con la guía de estilo que el PROVEEDOR le proporcione, exclusivamente a fin de comunicar su disponibilidad en el Servicio de Televisión o con fines promocionales.

8 PROMOCIÓN

8.1 La CESIONARIA empleará sus mejores esfuerzos a fin de incrementar el reconocimiento y la audiencia de los Canales y del Contenido No Lineal entre sus Abonados. A tal fin, el PROVEEDOR le proporcionará información sobre la programación mensual, así como cualquier material promocional disponible. Los materiales promocionales creados por la CESIONARIA a partir de estos serán sometidos a la previa aprobación del PROVEEDOR.

8.2 La promoción que lleve a cabo la CESIONARIA de los Canales y del Contenido No Lineal será objetivamente similar a la que lleve a cabo para el resto de los canales de televisión y catálogos incluidos en los mismos Paquetes.

9. GARANTÍAS

9.1 En relación con los Canales y el Contenido No Lineal, el PROVEEDOR garantiza que obtendrá los derechos necesarios para permitir su distribución a los Abonados por parte de la CESIONARIA en los términos del presente contrato.

9.2 Por su parte, la CESIONARIA garantiza que ostenta y que mantendrá vigentes durante toda la duración del presente, todas las licencias administrativas, concesiones o cualesquiera otros títulos habilitantes o autorizaciones que le sean requeridas en su calidad de prestador de servicios de agregación de servicios de comunicación audiovisual en el Territorio y, en concreto, las necesarias para explotar un servicio de televisión de las características del Servicio de Televisión.

9.3 Ambas partes garantizan que cada una de ellas mantendrá indemne a la otra en caso de demandas judiciales o extrajudiciales, así como por los daños y perjuicios derivados del incumplimiento de cualquiera de las obligaciones y garantías respectivas asumidas por cada una de ellas en el presente contrato.

10. INCUMPLIMIENTO Y RESOLUCIÓN

10.1 El presente contrato quedará resuelto de conformidad con las causas previstas en la legislación aplicable. No obstante, si una de las partes incumpliera cualquier obligación asumida en virtud del presente, la otra parte podrá resolverlo si, tras ser notificada de su incumplimiento, la parte incumplidora no subsana dicho incumplimiento en el plazo de [...] (...) días. De no proceder la parte incumplidora a su subsanación en tal periodo, la parte cumplidora podrá considerar resuelto el contrato, sin perjuicio de otras acciones que le puedan corresponder.

10.2 No se reputará incumplimiento por parte del PROVEEDOR la supresión de cualquiera de los Canales o Catálogos en razón del cese de su distribución en el Territorio. En tal caso, el contrato se entenderá parcialmente resuelto en relación con el Canal (y Contenido No Lineal asociado) o Catálogo afectados, permaneciendo íntegramente vigente para el resto.

10.3 La resolución anticipada del presente contrato por la CESIONARIA sin causa justificada permitirá al PROVEEDOR reclamar todas las cantidades que le sean debidas por la CESIONARIA hasta la finalización de su duración, como cláusula penal expresamente pactada entre las partes.

10.4 La renuncia de cualquiera de las partes a reclamar frente a un incumplimiento no será efectiva a menos que esté documentada por escrito y firmada por representante autorizado de la parte no incumplidora, sin que pueda entenderse como renuncia a reclamar por cualquier incumplimiento distinto, anterior o posterior.

11. CESIÓN Y SUBLICENCIA

11.1 El presente contrato solamente será eficaz entre las partes, por lo que no crea derecho, beneficio u obligación alguna para terceros, ni siquiera para los Abonados.

11.2 La CESIONARIA no podrá ceder o sublicenciar, en todo o en parte, el presente contrato, ni los derechos y obligaciones derivados del mismo, sin el previo consentimiento por escrito del PROVEEDOR. No obstante, la eventual aceptación de la cesión o sublicencia por parte del PROVEEDOR no liberará a la CESIONARIA de las obligaciones asumidas en el presente, sino que seguirá siendo responsable del correcto cumplimiento de todas las obligaciones, condiciones y garantías previstas en el contrato de manera solidaria con el cesionario.

11.3 El PROVEEDOR podrá ceder total o parcialmente el presente contrato, o transferir o ceder sus derechos y/u obligaciones con la previa notificación a la CESIONARIA siempre y cuando los derechos que la CESIONARIA adquiere en virtud del presente no se vean menoscabados.

12. CONFIDENCIALIDAD

12.1 Las partes mantendrán la confidencialidad sobre los términos y condiciones del presente contrato, así como toda la correspondencia intercambiada con motivo del mismo, y no revelarán su contenido a persona distinta de sus directores, accionistas y aquellos empleados o asesores externos que deban conocer de ella por razón de su puesto o funciones, quienes también se obligan a guardar confidencialidad.

12.2 Se exceptúa de lo anterior aquella revelación que forme parte de:

a) un requerimiento legal, orden de una autoridad pública o instrucción de una autoridad administrativa incluyendo entidades de gestión colectiva de derechos de Propiedad Intelectual. En tal caso, la parte que revele la información se compromete a notificar a la otra que se le ha solicitado tal información y, en la medida de lo posible, tratará de mantener la confidencialidad de los términos y condiciones del presente contrato, o

b) el normal reporte en un proceso de auditoría entre sociedades afiliadas pertenecientes al mismo grupo social o potenciales compradores de la parte afectada, o llevado a cabo por auditores o asesores externos de la parte afectada, en cuanto resulte necesario para el objeto de la auditoría en concreto.

13. TRATAMIENTO DE DATOS PERSONALES

Los datos personales del personal o colaboradores de cada una de las partes que sean facilitados a la otra en virtud del presente contrato:

a) serán objeto de tratamiento automatizado del que será responsable la parte receptora de tales datos.

b) se emplearán exclusivamente para la gestión y mantenimiento de las prestaciones derivadas del presente contrato, así como, en su caso, para la evaluación y gestión de potenciales colaboraciones futuras-

c) su tratamiento se basará en la ejecución del presente contrato, en el interés legítimo vinculado a futuras colaboraciones y, cuando proceda, en la obligación legal de conservación.

d) no serán comunicados a terceros, salvo obligación legal o cuando resulte estrictamente necesario para la prestación de servicios por parte de proveedores externos o entidades pertenecientes a su mismo grupo empresarial, pudiendo en ambos casos ubicarse fuera de la Unión Europea, adoptándose en tales supuestos las garantías adecuadas para asegurar derechos efectivos y acciones legales exigibles a los interesados.

e) los interesados podrán ejercer en todo momento los derechos que la normativa en materia de protección de datos les reconoce, dirigiéndose a las direcciones de contacto que cada parte facilite al efecto, así como presentar, si lo estiman oportuno, una reclamación ante la autoridad de control competente. Cada parte se compromete a poner a disposición de la otra su Política de Privacidad vigente, mediante la correspondiente URL o medio de acceso equivalente, a efectos de su consulta y cumplimiento.

14. FUERZA MAYOR

14.1 En caso de que el cumplimiento de las obligaciones de cualquier parte sea impedido, suspendido o retrasado debido a razones de fuerza mayor, este contrato se suspenderá en todo o en parte, durante el período de duración de tal evento de fuerza mayor, sin que las partes estén obligadas al cumplimiento de sus obligaciones durante dicho periodo de suspensión.

14.2 No obstante lo anterior, en caso de que la situación de fuerza mayor se prolongue por más de [...] (...) días consecutivos o un total de [...] (...) días en un año natural, cualquiera de las partes podrá optar por resolver el contrato mediante notificación por escrito a la otra parte.

15. FIRMA ELECTRÓNICA

Las partes acuerdan suscribir el presente contrato mediante firma electrónica a través de una plataforma operada por un tercero de confianza reconocido y con validez en la Unión Europea, que dejará constancia de la mutua aceptación a sus términos y condiciones, y que archivará una copia del mismo, junto con, entre otros datos, la fecha y hora de tal conformidad. Ambas partes reconocen que los sistemas de certificación utilizados para la firma electrónica del presente contrato son válidos y adecuados para registrar y archivar su consentimiento y aceptan que la firma electrónica del presente contrato tiene igual validez que la firma manuscrita.

16. LEGISLACIÓN Y FUERO

16.1 Este contrato se regirá por la legislación española.

16.2 En caso de conflicto o desacuerdo de las partes en relación con la interpretación o ejecución del contrato, las partes lo someterán a la jurisdicción de los tribunales de la ciudad de ...., renunciando a cualquier otra jurisdicción que pudiera corresponderles.

Para que así conste y en prueba de conformidad con su contenido, las partes firman el presente contrato, en formato electrónico, en el lugar y fecha indicados al inicio.

Por el PROVEEDOR	Por la CESIONARIA
[...]	[...]

ANEXO
DEFINICIONES

Los siguientes términos, cuando se escriban en mayúscula, tendrán el significado que se indica a continuación:

Abonado: Individuo o entidad que es autorizado por la CESIONARIA a recibir los Canales y el Contenido No Lineal mediante el pago de una cuota periódica por el acceso al Servicio de Televisión en el que se encuentran incluidos. A los efectos del presente contrato, se considerarán Abonados aquellos que no se encuentren al corriente del pago de sus cuotas a quienes la CESIONARIA no haya impedido la recepción del Servicio de Televisión, así como aquellos que lo reciban sin cargo por causa de una promoción que no haya sido aprobada por el PROVEEDOR, previamente y por escrito.

Canal: Secuencia lineal programada e ininterrumpida de contenidos audiovisuales bajo una misma marca o distintivo de servicio.

Contenido No Lineal: Determinados Programas, emitidos o no en los Canales, disponibles bajo demanda de los Abonados en cualquiera de las siguientes modalidades:

> **Programas de Acompañamiento:** Programas emitidos en los Canales que se ponen a disposición de los Abonados que tienen acceso a los Canales en los que los tales Programas se han difundido.

Catálogos: Selección dinámica de Programas ajenos a los Canales que se ofrece como un conjunto de programación agrupada en función de su género u otro criterio editorial.

Contenido VOD resultante de las Funcionalidades: Programas disponibles bajo demanda como resultado el uso efectivo por los Abonados de una Funcionalidad autorizada.

Funcionalidades: Prestaciones técnicas disponibles en servicios lineales o no lineales, que permiten al Abonado disponer de cierto control sobre el visionado del Programa en determinado momento o dispositivo:

NPVR: (*Network Personal Video Recorder*) Funcionalidad lineal de grabación en la nube que permite al Abonado acceder bajo demanda, sin coste adicional, al Programa cuya grabación haya sido previa y expresamente ordenada por dicho Abonado antes o durante su exhibición lineal.

REPG: (*Reverse Electronic Program Guide*) Funcionalidad lineal de recuperación por la que se produce una grabación de la señal de un Canal para poner sus contenidos a disposición del Abonado sin coste adicional, de manera cronológica y durante un período de siete (7) días desde su difusión en el Canal correspondiente.

Start Over: Funcionalidad lineal que permite al Abonado reiniciar un Programa cuya difusión lineal en el Canal ya ha empezado, en cualquier momento durante tal difusión, de tal forma que el Programa vuelva a empezar y el Abonado pueda visualizar el Programa desde el inicio.

Descarga Temporal: Funcionalidad no lineal que permite al Abonado descargar el Programa disponible bajo demanda en un dispositivo secundario (distinto del decodificador) para su visionado sin conexión mediante una copia temporal que se eliminará: (a) cuarenta y ocho (48) horas desde que comenzó su visualización en el dispositivo secundario o (b) treinta (30) días desde la descarga, lo que antes ocurra.

Medios: Sistemas tecnológicos que permiten la difusión de una señal sincronizada de imagen y sonido, ya sea analógico o digital, por las siguientes vías:

Cable: FTTH/DSL y sistemas de banda ancha fija, XDLS, ADSL, DSL en red privada de datos, de manera que el Operador es tanto el proveedor de acceso a Internet como del servicio audiovisual, y el Abonado cuenta con un decodificador en su poder.

Internet Autentificada: televisión sobre IP en red no privada pero de señal segura, encriptada y codificada, de manera que el proveedor de acceso a Internet no ha de ser necesariamente la CESIONARIA, pero que solo permite el acceso a los Abonados, mediante una fórmula de autentificación (por ejemplo, log-in y contraseña), y debidamente protegida de forma que no pueda transferirse a no Abonados, bajo cualquiera de los siguientes modelos de negocio:

TVE: (*TV Everywhere*) Servicio de Televisión de Pago asociado a un Operador al que el Abonado puede acceder a través de Internet, en dispositivos fijos o móviles, como una extensión de su actual Servicio de Televisión de Pago lineal para el que dispone de un decodificador.

OTT: (*Over the Top*) Servicio de Televisión de Pago que se articula a través de una conexión a Internet que se contrata de forma independiente, sin necesidad de contar con una suscripción a un Servicio de Televisión de Pago lineal y en que, por tanto, el Abonado no dispone de decodificador.

Internet: (www) Televisión sobre IP en red pública de libre acceso.

Satélite: Antena máster de satélite (SMATV), transmisión satelital directa al receptor (DTH o DBS).

Terrestre: Ondas hertzianas, DMB, DVB-H, DVB-SH.

Operador: Entidad debidamente autorizada por la CESIONARIA que opera una plataforma mediante la cual se otorga a los Abonados el acceso al Servicio de Televisión por medio de los Medios y Sistemas Autorizados.

Paquetes: Cada una de las fórmulas de comercialización de contenidos audiovisuales que un Abonado puede contratar como parte del Servicio de Televisión:

Paquete Básico: fórmula de comercialización que reúne el mayor número de canales incluidos en el Servicio de Televisión a la que el Abonado puede acceder directamente previo pago de una cuota periódica y que reúne al mayor número de Abonados al Servicio de Televisión.

Paquete(s) Extendido(s): fórmula de comercialización a la que el Abonado puede tener acceso mediante contratación específica y remuneración adicional al Paquete Básico y que comprende otros canales agrupados en función a distintos criterios, por ejemplo, por género.

A la Carta: fórmula de comercialización de canales de manera individual, mediante contratación y remuneración específica.

Periodo de Licencia: Ámbito temporal durante el cual la CESIONARIA puede ejercer los derechos cedidos en este contrato con respecto a los Canales y/o el Contenido No Lineal.

Programa: Cada una de las obras o grabaciones audiovisuales de cualquier género o temática que sean objeto de difusión en los Canales y/o se incluyan como Contenido No Lineal.

Servicio de Televisión: Oferta de canales de televisión y otros contenidos audiovisuales, de acceso condicional de titularidad y responsabilidad editorial de la CESIONARIA, disponibles para los Abonados a cambio del pago de una cuota de suscripción.

Sistemas: Modalidad económica de recepción de contenidos dentro de servicios audiovisuales lineales:

FAST: (*Free Ad-supported Television*) Servicio lineal que se pone a disposición del espectador de forma gratuita a través de Internet y que se sustenta primordialmente por ingresos publicitarios.

Televisión Gratuita: Acceso gratuito a una secuencia programada de contenidos audiovisuales, sin otro coste para el espectador que el de los cánones gubernamentales, en su caso.

Televisión de Pago: Acceso a una secuencia programada de contenidos audiovisuales mediante el pago por el Abonado de una cuota de suscripción periódica.

PPV: (*Pay Per View*) Acceso a un contenido audiovisual determinado mediante el pago por el Abonado de un precio específico, a la concreta hora programada.

O no lineales:

EST: (*Electronic Sell Through*): acceso a un contenido audiovisual determinado previo pago de una tarifa única que permite su descarga y almacenamiento ya sea de forma permanente (*DTO o download to own*) o por un período de tiempo limitado (*DTR o download to rent*).

VOD: (*Video On Demand*) acceso al visionado de un determinado contenido audiovisual, en el momento escogido por el usuario, en alguna de las modalidades que siguen:

Catch-Up: Acceso en modalidad SVOD durante los treinta (30) días siguientes a su primer pase en un determinado Canal.

FVOD: Acceso sin coste para el espectador, ya sea de manera autentificada o no.

SVOD: (*Subscription VOD*) Acceso como complemento a la suscripción a Televisión de Pago, y sin coste adicional para el Abonado (SVOD de Acompañamiento) y/o mediante el pago de una tarifa o periódica que permite al Abonado acceder a todos los contenidos presentes en el servicio, con independencia de su uso efectivo (SVOD Independiente).

TVOD: (*Transactional VOD*) acceso mediante el pago de un precio específico por el contenido en concreto.

F070. CONTRATO MARCO DE SERVICIOS DE DOBLAJE PARA PROGRMAS TELEVISIVOS

En [...], a [...] de [...] de [...]

REUNIDOS

De una parte, **[...]**, con domicilio en [...] y NIF [...]. Representada por [...], con DNI [...], en su calidad de [...] (en adelante, el "**PRESTADOR**").

Y, de otra, **[...]**, con domicilio en [...] y NIF [...]. Representada por [...], con DNI [...], en su calidad de [...] (en lo sucesivo, el "**ESTUDIO**").

Las partes declaran su capacidad para contratar, así como la suficiente legitimación de sus respectivos representantes para obligarlas en Derecho y, en consecuencia,

EXPONEN

I. Que, en ejercicio de las actividades que constituyen su objeto social, el PRESTADOR ostenta ciertos de explotación sobre determinadas obras y/o grabaciones audiovisuales (en adelante, los "**Programas**").

II. Que la actividad principal del ESTUDIO es la prestación de servicios de traducción, doblaje y subtitulado al idioma castellano de obras y/o grabaciones audiovisuales cuya versión original es diferente de dicha lengua (en adelante, los "**Servicios**").

III. Que, tras haber mantenido las oportunas negociaciones al respecto, mediante el presente contrato las partes llevan a efecto su acuerdo con arreglo a lo dispuesto en las siguientes

ESTIPULACIONES

1.- OBJETO

1.1 Mediante el presente contrato, el ESTUDIO se obliga frente al PRESTADOR, a cambio de un precio, a la prestación de los Servicios en relación con los Programas que el PRESTADOR le encargue. Los Servicios podrán consistir en doblaje, subtitulado y/o *voice over*, según la naturaleza de los Programas y las instrucciones de el PRESTADOR en cada caso (en adelante, el resultado de la prestación de los Servicios en relación con los Programas, las "**Versiones**").

1.2 En consecuencia, el presente contrato reviste carácter de marco para todos los encargos individuales de Servicios que el PRESTADOR realice a su amparo durante su vigencia. No obstante, nada de lo dispuesto en el presente contrato se entenderá como una obligación para el PRESTADOR de garantizar al ESTUDIO un volumen mínimo de Servicios.

2. DURACIÓN

2.1 El presente contrato surtirá efectos por el plazo de un (1) año a contar desde su fecha.

2.2 Llegada su finalización, el contrato se entenderá automáticamente prorrogado por periodos anuales sucesivos salvo que cualquiera de las partes comunique a la otra su voluntad en contrario con una antelación mínima de [...] (...) días a su fecha de finalización, o a la de cualquiera de sus prórrogas.

2.3 Adicionalmente, una vez transcurrido su periodo inicial de vigencia, el PRESTADOR podrá resolver unilateralmente el contrato por el mero preaviso con efecto a los [...] (...) días desde su fecha.

2.4. Todo lo anterior se entenderá sin perjuicio de las concretas fechas de entrega acordadas para las Versiones, la duración de los derechos de explotación sobre las Versiones, según se recoge en la cláusula CUARTA, las causas de terminación anticipada que pudieran concurrir y el debido cumplimiento por las partes de aquellas obligaciones asumidas por cada una de ellas que hayan de subsistir a la finalización del contrato por cualquier causa, en su caso.

3. PROCEDIMIENTO PARA LOS SERVICIOS

3.1 Cada encargo de Servicios requerirá la elaboración por el ESTUDIO de un presupuesto previo con arreglo a las tarifas adjuntas en el *Anexo*, que deberá ser aceptado por el PRESTADOR. Dicho presupuesto incluirá las condiciones de la prestación de los Servicios para el Programa en concreto, incluyendo la Versión a elaborar y su fecha de entrega. No se entenderán encargados los Servicios en relación con un determinado Programa sino hasta que conste la aceptación del PRESTADOR de tales condiciones.

3.2 El ESTUDIO prestará los Servicios contratados conforme a los más altos estándares de calidad de la industria, empleando para ello los medios necesarios y adecuados y, más en concreto, con arreglo las condiciones que constan en el Anexo.

3.3 Los Servicios serán prestados por el ESTUDIO en sus propias dependencias, empleando los medios propios o de terceros que estime conveniente y asumiendo los costes de la totalidad de los recursos empleados en su prestación. En particular, el ESTUDIO será responsable de la relación con el personal que lleve a cabo la efectiva prestación de los Servicios (el "**Personal**") de modo que se les trasladen debidamente las obligaciones del presente contrato y el PRESTADOR adquiera los correspondientes derechos sobre las Versiones.

3.4 En la prestación de los Servicios, el ESTUDIO se compromete a no emplear herramientas de inteligencia artificial que no hayan sido previamente aprobadas por el PRESTADOR. Aun cuando dicho uso sea autorizado, el ESTUDIO responderá de la calidad de las Versiones, de que en su producción no se vulnere la debida confidencialidad, ni derechos de terceros, así como de que dicho uso no impedirá la efectividad de la cesión de derechos en los términos de la cláusula siguiente

3.5 El ESTUDIO atenderá las directrices del PRESTADOR así como sus requerimientos concretos en relación con los Servicios y, más en concreto, en cuanto a la realización de modificaciones para la corrección de los errores que puedan detectarse en las Versiones, hasta que estas cuenten con la conformidad del PRESTADOR.

3.6 A excepción de las mencionadas modificaciones, en el supuesto de que de las concretas instrucciones se deriven Servicios inicialmente no encargados, el ESTUDIO lo manifestará con carácter previo a su efectiva prestación y elaborará un presupuesto complementario. En ningún caso se facturará por conceptos adicionales y/o distintos de los Servicios si no fueron objeto de encargo y aceptación previa.

4. PROPIEDAD INTELECTUAL

4.1 El ESTUDIO cede al PRESTADOR, con expresa facultad de cesión a terceros y carácter irrevocable, la totalidad de los derechos de propiedad intelectual (reproducción, comunicación pública, distribución y transformación) sobre las Versiones, de manera que el PRESTADOR pueda explotarlas por sí o por terceros, por cualesquiera medios y en cualesquiera soportes o formatos, sin limitación temporal o geográfica y sin coste adicional para el PRESTADOR o sus cesionarios. Se exceptúa de lo anterior las eventuales remuneraciones de carácter irrenunciable por derechos de gestión colectiva obligatoria que pudieran proceder de conformidad con la normativa aplicable en cada caso.

4.2 A tal efecto, el ESTUDIO garantiza que obtendrá la correspondiente cesión de derechos por parte del Personal (ya sean traductores, actores o actrices de doblaje, locutores, redactores, grafistas o cualesquiera otros implicados en el proceso de prestación de Servicios), a fin de posibilitar la cesión de derechos sobre las Versiones que realiza al PRESTADOR, así como su posterior explotación por sí o por terceros, manteniendo indemne al PRESTADOR en caso contrario.

5. CONDICIONES ECONÓMICAS

5.1 En contraprestación por el debido cumplimiento de sus obligaciones en relación con cada uno de los Servicios, el PRESTADOR pagará al ESTUDIO las cantidades que procedan de conformidad con los respectivos presupuestos aprobados que hayan sido elaborados según las tarifas recogidas en el *Anexo*.

5.2 Dichas cantidades, sujetas a la normativa fiscal aplicable, serán satisfechas por el PRESTADOR al ESTUDIO, previa recepción de las correspondientes facturas, que serán abonadas dentro de los [...] (...) días posteriores a su recepción, mediante transferencia bancaria a la cuenta que en ellas se designe.

5.3 La remuneración incluye los honorarios por los Servicios prestados, la contraprestación por la cesión de derechos de derechos de propiedad intelectual, así como cualesquiera otros gastos que se originen directa o indirectamente de la prestación de Servicios contratada.

6. OBLIGACIONES Y GARANTÍAS

6.1. RECÍPROCAS

6.1.1 Ambas partes declaran que son entidades válidamente constituidas y en existencia, así como que sus representantes respectivos están debidamente legitimados para obligarlas en Derecho.

6.1.2 Ambas partes se comprometen recíprocamente a mantenerse indemnes ante eventuales reclamaciones, judiciales o extrajudiciales, o cualesquiera otros perjuicios que se les irroguen como consecuencia del incumplimiento sus respectivas obligaciones y garantías asumidas en virtud del presente contrato.

6.2. OBLIGACIONES Y GARANTÍAS DEL ESTUDIO

6.2.1 El ESTUDIO garantiza que en la prestación de los Servicios se someterá a la normativa que le resulte aplicable y no se derivará vulneración alguna de derechos del PRESTADOR ni de terceros.

6.2.2 El ESTUDIO reconoce que la relación que se establece mediante el presente contrato reviste estricto carácter mercantil, por lo que en ningún caso el Personal se somete a poder alguno de dirección, control empresarial o disciplinario por parte del PRESTADOR, más allá de las necesarias sugerencias técnicas e instrucciones que deban ser cursadas al objeto de permitir una adecuada prestación de los Servicios, ni este contrato otorga al Personal ningún derecho de índole laboral en relación con el PRESTADOR.

6.2.3 El ESTUDIO declara estar al corriente en el pago de sus obligaciones tributarias y con la Seguridad Social.

6.2.4 El ESTUDIO garantiza que no realizará, o permitirá que se realice, acción u omisión alguna que resulte en detrimento de los Programas, información o intereses del PRESTADOR, para lo que se compromete a emplear la debida diligencia profesional. En particular, el ESTUDIO reconoce que los derechos de propiedad intelectual de los Programas son de titularidad del PRESTADOR o de terceros, por lo que implementará cualesquiera medidas que sean precisas para evitar el acceso a tales Programas que pueda redundar en una vulneración de tales derechos, o un perjuicio económico, ya sea para el PRESTADOR o para los terceros.

6.3. OBLIGACIONES Y GARANTÍAS DEL PRESTADOR

6.3.1 El PRESTADOR responderá del pago del precio en las condiciones y plazos establecidos en el presente contrato.

6.3.2 El personal designado del PRESTADOR atenderá los requerimientos necesarios del personal del ESTUDIO en cuanto resulte razonablemente necesario para la prestación de Servicios y supervisará el resultado de la prestación de los Servicios, notificando al ESTUDIO cualquier defecto o anomalía que detecte en las Versiones para su inmediata subsanación.

7. INCUMPLIMIENTO Y RESOLUCIÓN

7.1 El presente contrato quedará resuelto de conformidad con las causas previstas en la legislación aplicable. No obstante, si una de las partes incumpliera cualquier obligación asumida en virtud del presente, la otra parte podrá resolverlo si, tras ser notificada de su incumplimiento, la parte incumplidora no subsana dicho incumplimiento en el plazo de [...] (...) días. De no proceder la parte incumplidora a su subsanación en tal periodo, la parte cumplidora podrá considerar resuelto el contrato, sin perjuicio de otras acciones que le puedan corresponder.

7.2 Si el incumplimiento afectara únicamente a un encargo de Servicios, la parte no incumplidora podrá optar por instar la resolución de dicho Servicio únicamente, o del contrato en su totalidad.

7.3 La renuncia de cualquiera de las partes a reclamar frente a un incumplimiento no será efectiva a menos que esté documentada por escrito y firmada por representante autorizado de la parte no incumplidora, sin que pueda entenderse como renuncia a reclamar por cualquier incumplimiento distinto, anterior o posterior.

8. CESIÓN Y SUBLICENCIA

8.1 Dado que el presente contrato se ha suscrito con el ESTUDIO a la vista de sus concretas características, este no podrá ceder o subcontratar, en todo o en parte, sus derechos y obligaciones derivados del mismo, sin el previo consentimiento por escrito del PRESTADOR.

8.2 Por su parte, el PRESTADOR podrá ceder libremente este contrato, total o parcialmente, o cualquiera de los derechos u obligaciones surgidos en virtud del mismo a cualquier persona o entidad y, en particular, a entidades pertenecientes a de su grupo social sin necesidad de obtener el consentimiento del ESTUDIO.

9. CONFIDENCIALIDAD

9.1 Las partes mantendrán la confidencialidad sobre los términos y condiciones del presente contrato, así como toda la correspondencia intercambiada con motivo del mismo, y no revelarán su contenido a persona distinta de sus directores, accionistas y aquellos empleados o asesores externos que deban conocer de ella por razón de su puesto o funciones, quienes también se obligan a guardar confidencialidad.

9.2 Se exceptúa de lo anterior aquella revelación que forme parte de:

a) un requerimiento legal, orden de una autoridad pública o instrucción de una autoridad administrativa incluyendo entidades de gestión colectiva de derechos de Propiedad Intelectual. En tal caso, la parte que revele la información se compromete a notificar a la otra que se le ha solicitado tal información y, en la medida de lo posible, tratará de mantener la confidencialidad de los términos y condiciones del presente contrato, o

b) el normal reporte en un proceso de auditoría entre sociedades afiliadas pertenecientes al mismo grupo social o potenciales compradores de la parte afectada, o llevado a cabo por auditores o asesores externos de la parte afectada, en cuanto resulte necesario para el objeto de la auditoría en concreto.

10. TRATAMIENTO DE DATOS PERSONALES

Los datos personales del personal o colaboradores de cada una de las partes que sean facilitados a la otra en virtud del presente contrato:

a) serán objeto de tratamiento automatizado del que será responsable la parte receptora de tales datos.

b) se emplearán exclusivamente para la gestión y mantenimiento de las prestaciones derivadas del presente contrato, así como, en su caso, para la evaluación y gestión de potenciales colaboraciones futuras.

c) su tratamiento se basará en la ejecución del presente contrato, en el interés legítimo vinculado a futuras colaboraciones y, cuando proceda, en la obligación legal de conservación.

d) no serán comunicados a terceros, salvo obligación legal o cuando resulte estrictamente necesario para la prestación de servicios por parte de proveedores externos o entidades pertenecientes a su mismo grupo empresarial, pudiendo en ambos casos ubicarse fuera de la Unión Europea, adoptándose en tales supuestos las garantías adecuadas para asegurar derechos efectivos y acciones legales exigibles a los interesados.

e) los interesados podrán ejercer en todo momento los derechos que la normativa en materia de protección de datos les reconoce, dirigiéndose a las direcciones de contacto que cada parte facilite al efecto, así como presentar, si lo estiman oportuno, una reclamación ante la autoridad de control competente. Cada parte se compromete a poner a disposición de la otra su Política de Privacidad vigente, mediante la correspondiente URL o medio de acceso equivalente, a efectos de su consulta y cumplimiento.

11. FIRMA ELECTRÓNICA

Las partes acuerdan suscribir el presente contrato mediante firma electrónica a través de una plataforma operada por un tercero de confianza reconocido y con validez en la Unión Europea, que dejará constancia de la mutua aceptación a sus términos y condiciones, y que archivará una copia del mismo, junto con, entre otros datos, la fecha y hora de tal conformidad. Ambas partes reconocen que los sistemas de certificación utilizados para la firma electrónica del presente contrato son válidos y adecuados para registrar y archivar su consentimiento y aceptan que la firma electrónica del presente contrato tiene igual validez que la firma manuscrita.

12. LEGISLACIÓN Y FUERO

12.1 Este contrato se regirá por la legislación española.

12.2 En caso de conflicto o desacuerdo de las partes en relación con la interpretación o ejecución del contrato, las partes lo someterán a la jurisdicción de los tribunales de la ciudad de ...., renunciando a cualquier otra jurisdicción que pudiera corresponderles.

Para que así conste y en prueba de conformidad con su contenido, las partes firman el presente contrato, en formato electrónico, en el lugar y fecha indicados al inicio.

Por el PRESTADOR	Por el ESTUDIO
[...]	[...]

ANEXO
TARIFAS

F071. CARTA DE ACCESO A DOBLAJE EN CASTELLANO PARA PROGRAMAS TELEVISIVOS

De: [...]
(la "**Cedente"**)

Para: [...]
(la "**Titular del Doblaje"**)

Con copia a: [...]
(la "**Nueva Cesionaria**")

En [...], a [...] de [...] de [...]

Estimados señores:

1. Como resultado de un contrato previo de cesión de derechos celebrado entre la Cedente y la Titular del Doblaje que comprendía, entre otros, los programas que se enumeran a continuación (los "**Programas**"), la Titular del Doblaje produjo la versión doblada al castellano de dichos Programas (los "**Doblajes**") asumiendo todos los costes derivados de ello:

- [...][12]
- [...]
- [...]

Por lo tanto, en virtud del citado acuerdo y sin perjuicio de los derechos sobre los Programas que ostentamos como Cedente, la Titular del Doblaje es la propietaria de los derechos de explotación de los Doblajes.

2. Por la presente informamos a la Titular de los Derechos que hemos celebrado un nuevo acuerdo de cesión de derechos con la Nueva Cesionaria que incluye los Programas y, dado que el castellano es un idioma en el que está autorizada a explotar los Programas, la Nueva Cesionaria está interesada en adquirir los Doblajes, es decir, tanto los materiales como los derechos de explotación, para su explotación en las condiciones acordadas con la Cedente.

3. Con arreglo a lo anterior, solicitamos a la Titular de los Derechos que proporcione dichos Doblajes a la Nueva Cesionaria previo pago por esta de una cantidad que no exceda el [...] (...%)[13] de su coste de producción acreditado.

Atentamente, Recibido y conforme:

Por: ________________________ Por: ________________________

12 Incluir título del programa, año de producción, duración, número de episodios, director, es decir, toda la información necesaria para identificar cada uno de ellos.

13 Habitualmente se pacta que el precio de acceso de terceros a los doblajes elaborados por un cesionario previo se calcula como un porcentaje del coste de producción de los doblajes.

Título: ____________________	Título: ____________________
Fecha: ____________________	Fecha: ____________________
[...][14]	[...][15]

14 Razón social de la Cedente.
15 Razón social de la Titular del Doblaje.

F072. CONTRATO DE DISTRIBUCIÓN FAST DE CANALES Y CONTENIDO AUDIOVISUAL REPARTO DE INVENTARIO DE PUBLICIDAD

En [...], a [...] de [...] de [...]

REUNIDOS

De una parte, **[...],** con domicilio en [...] y NIF [...]. Representada por [...], con DNI [...], en su calidad de [...] (en adelante, el "**PROVEEDOR**").

Y, de otra, **[...],** con domicilio en [...] y NIF [...]. Representada por [...], con DNI [...], en su calidad de [...] (en lo sucesivo, la "**PLATAFORMA**").

Las partes declaran su capacidad para contratar, así como la suficiente legitimación de sus respectivos representantes para obligarlas en Derecho

EXPONEN

I. Que la PLATAFORMA gestiona determinados servicios, aplicaciones y medios técnicos que permiten proporcionar acceso gratuito a sus Usuarios a determinados contenidos audiovisuales.

II. Que el PROVEEDOR ostenta los necesarios derechos sobre los Canales y el Contenido No Lineal en el Territorio en lo necesario para autorizar su explotación a terceros en los términos del presente contrato.

III. Que la PLATAFORMA está interesada en distribuir los Canales y el Contenido No lineal como parte de su Servicio de Televisión, por lo que, tras haber mantenido las oportunas negociaciones al respecto, mediante el presente contrato las partes llevan a efecto su acuerdo con arreglo a lo dispuesto en las siguientes

ESTIPULACIONES

1. OBJETO

Mediante el presente contrato, el PROVEEDOR cede a la PLATAFORMA los derechos de reproducción y comunicación pública sobre los Canales y el Contenido No Lineal, en la extensión necesaria para que la PLATAFORMA los haga accesibles a los Usuarios como parte de su Servicio de Televisión, bajo el modelo FAST, con arreglo a las limitaciones contenidas en el presente contrato.

1.1. CANALES

1.1.1 Los Canales cuya cesión de derechos es objeto del presente son los siguientes:

Denominación actual	Género
®[...]	[...]
®[...]	[...]
®[...]	[...]

1.1.2 El PROVEEDOR podrá variar la denominación de los Canales previa notificación a la PLATAFORMA con [...] (...) días de antelación.

1.1.3 El número mínimo de horas iniciales de cada uno de los Canales será de [...] (...) y, seis (6) meses después de la Fecha de Inicio de cada uno de ellos, habrá de contar con un mínimo de [...] (...) horas distintas al año.

1.2. CONTENIDO NO LINEAL.

1.2.1 Programas de Acompañamiento. el PROVEEDOR pondrá a disposición de la PLATAFORMA mensualmente, durante la vigencia del contrato, al menos, [...] (...) Programas de Acompañamiento por Canal, para ponerlos a disposición de los Usuarios, bajo demanda, en su Servicio de Televisión durante un plazo mínimo de [...] (...) días, los cuales solo serán accesibles en un apartado propio, bajo la marca de dicho Canal.

1.2.2 Condiciones aplicables al Contenido No Lineal. La PLATAFORMA garantiza, en relación con el Contenido No Lineal, que:

- No se cobrará a los Usuarios precio alguno por el acceso al Contenido Lineal
- El Contenido No Lineal solo estará disponible durante el Periodo de Licencia respectivo, según el punto 2.1.2 siguiente;
- El Contenido No Lineal solo estará disponible en modalidad visionado (*streaming*) de manera que no podrán realizarse copias permanentes en dispositivos en poder de los Usuarios.

1.2.3 En caso de quiebra de las anteriores garantías, el PROVEEDOR podrá revocar unilateralmente la autorización para la explotación del Contenido No Lineal afectado mediante la mera notificación al efecto, y sin responsabilidad alguna frente a la PLATAFORMA, quedando este contrato íntegramente vigente en sus restantes términos para los Canales.

1.3. EXCLUSIVIDAD

La presente cesión de derechos reviste carácter no exclusivo, por lo que nada de lo aquí dispuesto supondrá una limitación para el PROVEEDOR para explotar directamente o ceder a terceros tanto los Canales como el Contenido No Lineal en las condiciones que libremente determine en cada momento.

1.4. RESERVA DE DERECHOS

Todos los derechos no expresamente cedidos, o modalidades de explotación no autorizadas, se entienden reservados al PROVEEDOR.

1.5. OBLIGACIÓN DE DIFUSIÓN

La PLATAFORMA llevará a cabo la efectiva explotación de los Canales y del Contenido No Lineal, de manera que los distribuirá a los Usuarios como parte de su Servicio de Televisión durante toda la vigencia del presente contrato.

2. ÁMBITO DE LA LICENCIA

2.1. PERIODO DE LICENCIA

2.1.1 El Periodo de Licencia de los Canales comenzará el [...] de [...] de [...] y finalizará el [...] de [...] de [...].

2.1.2 El Periodo de Licencia del Contenido No Lineal será de, al menos, [...] (...) días, por cada Programa.

2.2. SISTEMAS DE TELEVISIÓN Y VOD Y MEDIOS AUTORIZADOS

2.2.1 Los Canales se distribuirán a los Usuarios del Servicio de Televisión por sistemas FAST, es decir, por Televisión Gratuita a través de Internet para su recepción a través de dispositivos conectados a Internet como PCs, portátiles, teléfonos móviles, consolas de juegos, televisores conectados, etc., ya sea directamente, a través de un navegador, o utilizando cualquier aplicación preinstalada en el dispositivo de recepción o descargable gratuitamente.

2.2.2 El Contenido No Lineal se distribuirá a los Usuarios al Servicio de Televisión en modalidad FVOD.

2.2.3 Tanto los Canales como el Contenido No Lineal contarán con publicidad insertada por las partes según se indica más abajo y se ofrecerán sin coste para el Usuario distinto de los cargos por acceder a Internet o por los datos necesarios para visionar los Canales o el Contenido No Lineal.

2.3. TERRITORIO AUTORIZADO

2.3.1 La presente cesión de derechos se limita al Territorio de [...].

2.3.2 La PLATAFORMA impedirá el acceso a los Canales y al Contenido No Lineal desde fuera del Territorio adoptando a su coste las oportunas medidas de geo-bloqueo. Asimismo, utilizará un sistema de comprobación de doble factor para verificar que los Usuarios residen efectivamente en el Territorio.

2.4. IDIOMAS AUTORIZADOS

2.4.1 Los Canales y el Contenido No Lineal serán trasmitidos por la PLATAFORMA a los Usuarios en los idiomas suministrados por el PROVEEDOR.

2.4.2 Se autorizará la retransmisión simultánea de la versión original siempre que sus derechos estén disponibles.

2.5. DISTRIBUCIÓN ***(TIERING)***

La PLATAFORMA incluirá tanto los Canales como el Contenido No Lineal en el dial [...] (...) de su Servicio de Televisión.

3. DURACIÓN

3.1 El presente contrato tendrá efecto a contar desde el [...] de [...] de [...] y hasta el [...] de [...] de [...], sin perjuicio del debido cumplimiento por las partes de las obligaciones que sigan vigentes a su finalización.

3.2 No obstante lo anterior, los Canales y el Contenido No Lineal serán explotados por la PLATAFORMA únicamente durante el correspondiente Periodo de Licencia.

3.3 Lo anterior se entenderá sin perjuicio de (i) cualesquiera causas de resolución anticipada previstas en el presente contrato o en la legislación aplicable, y (ii) la debida observancia por las partes de aquellas obligaciones que puedan sobrevivir a su terminación.

4. CONDICIONES ECONÓMICAS

4.1. PUBLICIDAD

4.1.1 **Disponibilidad de Inventario de Publicidad**: Cada uno de los Canales tendrá un mínimo de [...] (...) y un máximo [...] (...) minutos por hora de Inventario de Publicidad, distribuido en pausas publicitarias de [...] (...) minutos cada una.

4.1.2 **Reparto del Inventario de Publicidad**: Cada una de las partes comercializará, directamente o a través de representantes de ventas, el siguiente porcentaje del Inventario de Publicidad:

- El PROVEEDOR: [...] por ciento (...%)
- La PLATAFORMA: [...] por ciento (...%)

4.1.3 **Restricciones de publicidad:** La publicidad solo se podrá insertar durante las pausas publicitarias y, en ningún caso, durante la difusión de un Programa. Además, las partes se asegurarán de que toda la publicidad insertada cumpla con la normativa relativa a publicidad, propiedad intelectual, derechos al honor y a la propia imagen, protección de datos personales, etc.

4.1.4 Adicionalmente las restricciones regulatorias, las partes acuerdan que no se podrá insertar en los Canales publicidad relativa a:

Actividades sujetas a autorización previa como productos farmacéuticos o juego

Ocultismo, esoterismo y paraciencias

Televenta

Call tv

Productos, servicios o empresas que compitan con el PROVEEDOR.

4.1.5 La PLATAFORMA cumplirá todos los pasos del proceso de integración necesario para usar el SSAI determinado por el PROVEEDOR con el fin de que este pueda servir e insertar la publicidad en los Canales en su parte correspondiente del Inventario de Publicidad.

4.2. FORMA DE PAGO

Las partes retendrán para sí los ingresos generados por la inserción y difusión de su parte del Inventario de Publicidad y asumirán el coste del SSAI en la misma proporción que el reparto de Inventario de Publicidad que le corresponde a cada una según el apartado 4.1.2 anterior.

4.3. IMPUESTOS Y OTRAS CARGAS

4.3.1 Los impuestos serán asumidos por las partes según la legislación aplicable. En concreto, si fuera necesario practicar retención en concepto de impuesto sobre la renta de no residentes (withholding tax), la PLATAFORMA deducirá de las cantidades a abonar al PROVEEDOR la cuantía establecida en el tratado internacional aplicable y la pagará a la autoridad fiscal pertinente en nombre del PROVEEDOR. Para ello, el PROVEEDOR enviará a la PLATAFORMA un certificado de residencia fiscal y la PLATAFORMA enviará al PROVEEDOR el resguardo oficial que acredite haber realizado dicho pago en su nombre.

4.3.2 Otras tasas u obligaciones (por ejemplo, pagos a entidades de gestión, etc.) serán asumidos por las partes de acuerdo con lo establecido en la legislación aplicable para su actividad respectiva.

4.4. REPORTE DE INFORMACIÓN Y AUDITORÍA

4.4.1 La PLATAFORMA notificará al PROVEEDOR con carácter mensual, toda la información disponible sobre audiencia y rendimiento de los Canales y consumo del Contenido No Lineal en el Servicio de Televisión. Tal información estará individualizada por Usuario único y contendrá, al menos:

a) el número de Usuarios únicos que accedieron a los Canales,

b) número de sesiones iniciadas por cada Usuario único en los Canales,

c) duración de tales sesiones en segundos,

d) día y hora de cada sesión,

e) dispositivo de visualización,

f) código postal.

4.4.2 En la medida de lo posible, la información suministrada por la PLATAFORMA estará debidamente agregada o anonimizada, a fin de que no se repute cesión de datos de carácter personal de los Usuarios al PROVEEDOR.

4.4.3 El PROVEEDOR, o un tercero designado por este, tendrá, si así lo requiere, derecho a acceder a todos los documentos o registros de la PLATAFORMA que acrediten la veracidad de la información que suministra al PROVEEDOR en relación con los puntos anteriores.

5. DISTRIBUCIÓN DE LA SEÑAL Y EL CONTENIDO

5.1. ENTREGA DE LOS PROGRAMAS Y METADATOS

Asumiendo el coste que se derive de ello, el PROVEEDOR enviará a la PLATAFORMA los Programas que conforman los Canales, así como los que forman parte del Contenido No Lineal y los metadatos asociados a los mismos, en formato digital, vía FTP.

5.2. RETRANSMISIÓN POR LA PLATAFORMA

La PLATAFORMA retransmitirá las señales de los Canales sin demora, adición ni supresión alguna, empleando para ello los medios que aseguren que su calidad no se vea perjudicada en el proceso de retransmisión a los Usuarios.

5.3. PIRATERÍA

La PLATAFORMA implementará en el Servicio de Televisión las medidas técnicas y organizativas de seguridad según los más altos estándares en la industria a fin de evitar cualquier acceso o copia ilegal de los Canales y el Contenido No Lineal, durante todas las fases de su recogida y entrega a los Usuarios.

6. CUMPLIMIENTO DE LA NORMATIVA

6.1. La PLATAFORMA cumplirá con toda la normativa que le resulte de aplicación en tanto prestador del servicio de agregación de servicios de comunicación audiovisual y se compromete a mantener indemne al PROVEEDOR frente a cualquier reclamación de terceros que pueda derivársele como resultado del incumplimiento de sus obligaciones.

6.2 En concreto, la PLATAFORMA observará la normativa aplicable en relación con la comunicación plural, diversidad cultural y lingüística, y los derechos de los menores. A tal efecto, el PROVEEDOR informará sobre la calificación por edades de los Programas e incluirá la debida señalización para que la PLATAFORMA pueda implementar medidas adecuadas (tales como control parental, inclusión en catálogos separados, comunicación de la calificación) según sea requerido por la legislación aplicable en el Territorio en cada momento.

7. PROPIEDAD INTELECTUAL E INDUSTRIAL

7.1. PROPIEDAD E INTEGRIDAD DE LOS CANALES Y EL CONTENIDO NO LINEAL

7.1.1 La PLATAFORMA reconoce que todos los derechos y títulos de los Canales y el Contenido No Lineal, incluyendo sus nombres y logotipos, son de titularidad del PROVEEDOR o sus derechos le han sido licenciados por sus legítimos titulares.

7.1.2 Específicamente, a efectos aclaratorios, queda expresamente prohibido el uso de los Canales y el Contenido No Lineal, así como cualquiera de los elementos que en ellos se contienen, para alimentar o entrenar sistemas de inteligencia artificial.

7.2. ENTIDADES DE GESTIÓN

La PLATAFORMA deberá obtendrá todos los derechos y autorizaciones requeridos para la explotación de su Servicio de Televisión y, en particular, será responsable de obtener las autorizaciones y realizar los pagos a las entidades de gestión correspondientes por la retransmisión y/o comunicación pública de los Canales y del Contenido No Lineal que realice, en relación con los Programas y obras preexistentes que incorporen, de conformidad con la normativa aplicable en el Territorio.

7.3. MARCAS

7.3.1 Las marcas, diseños y/o logotipos que aparecen en los Canales y en el Contenido No Lineal son de la exclusiva titularidad del PROVEEDOR o le han sido licenciados al PROVEEDOR por sus legítimos titulares.

7.3.2 La PLATAFORMA estará facultada a usar las marcas, diseños y/o logotipos de los Canales y/o de los Catálogos de acuerdo con la guía de estilo que el PROVEEDOR le proporcione, exclusivamente a fin de comunicar su disponibilidad en el Servicio de Televisión o con fines promocionales.

8. PROMOCIÓN

8.1. La PLATAFORMA empleará sus mejores esfuerzos a fin de incrementar el reconocimiento y la audiencia de los Canales y del Contenido No Lineal entre sus Usuarios. A tal fin, el PROVEEDOR le proporcionará información sobre la programación mensual, así como cualquier material promocional disponible. Los materiales promocionales creados por la PLATAFORMA a partir de estos serán sometidos a la previa aprobación del PROVEEDOR.

8.2. La promoción que lleve a cabo la PLATAFORMA de los Canales y del Contenido No Lineal será objetivamente similar a la que lleve a cabo para el resto de los canales de televisión y catálogos incluidos en los mismos Paquetes.

9. GARANTÍAS

9.1 En relación con los Canales y el Contenido No Lineal, el PROVEEDOR garantiza que obtendrá los derechos necesarios para permitir su distribución a los Usuarios por parte de la PLATAFORMA en los términos del presente contrato.

9.2 Por su parte, la PLATAFORMA garantiza que ostenta y que mantendrá vigentes durante toda la duración del presente, todas las licencias administrativas, concesiones o cualesquiera otros títulos habilitantes o autorizaciones que le sean requeridas en su calidad de prestador de servicios de agregación de servicios de comunicación audiovisual en el Territorio y, en concreto, las necesarias para explotar un servicio de televisión de las características del Servicio de Televisión.

9.3 Ambas partes garantizan que cada una de ellas mantendrá indemne a la otra en caso de demandas judiciales o extrajudiciales, así como por los daños y perjuicios derivados del incumplimiento de cualquiera de las obligaciones y garantías respectivas asumidas por cada una de ellas en el presente contrato.

10. INCUMPLIMIENTO Y RESOLUCIÓN

10.1 El presente contrato quedará resuelto de conformidad con las causas previstas en la legislación aplicable. No obstante, si una de las partes incumpliera cualquier obligación asumida en virtud del presente, la otra parte podrá resolverlo si, tras ser notificada de su incumplimiento, la parte incumplidora no subsana dicho incumplimiento en el plazo de [...] (...) días. De no proceder la parte incumplidora a su subsanación en tal periodo, la parte cumplidora podrá considerar resuelto el contrato, sin perjuicio de otras acciones que le puedan corresponder.

10.2 No se reputará incumplimiento por parte del PROVEEDOR la supresión de cualquiera de los Canales o Catálogos en razón del cese de su distribución en el Territorio. En tal caso, el contrato se entenderá parcialmente resuelto en relación con el Canal (y Contenido No Lineal asociado) o Catálogo afectados, permaneciendo íntegramente vigente para el resto.

10.3 La resolución anticipada del presente contrato por la PLATAFORMA sin causa justificada permitirá al PROVEEDOR reclamar todas las cantidades que le sean debidas por la PLATAFORMA hasta la finalización de su duración, como cláusula penal expresamente pactada entre las partes.

10.4 La renuncia de cualquiera de las partes a reclamar frente a un incumplimiento no será efectiva a menos que esté documentada por escrito y firmada por representante autorizado de la parte no incumplidora, sin que pueda entenderse como renuncia a reclamar por cualquier incumplimiento distinto, anterior o posterior.

11. CESIÓN Y SUBLICENCIA

11.1 El presente contrato solamente será eficaz entre las partes, por lo que no crea derecho, beneficio u obligación alguna para terceros, ni siquiera para los Usuarios.

11.2 La PLATAFORMA no podrá ceder o sublicenciar, en todo o en parte, el presente contrato, ni los derechos y obligaciones derivados del mismo, sin el previo consentimiento por escrito del PROVEEDOR. No obstante, la eventual aceptación de la cesión o sublicencia por parte del PROVEEDOR no liberará a la PLATAFORMA de las obligaciones asumidas en el presente, sino que seguirá siendo responsable del correcto cumplimiento de todas las obligaciones, condiciones y garantías previstas en el contrato de manera solidaria con el cesionario.

11.3 El PROVEEDOR podrá ceder total o parcialmente el presente contrato, o transferir o ceder sus derechos y/u obligaciones con la previa notificación a la PLATAFORMA siempre y cuando los derechos que la PLATAFORMA adquiere en virtud del presente no se vean menoscabados.

12. CONFIDENCIALIDAD

12.1 Las partes mantendrán la confidencialidad sobre los términos y condiciones del presente contrato, así como toda la correspondencia intercambiada con motivo del mismo, y no revelarán su contenido a persona distinta de sus directores, accionistas y aquellos empleados o asesores externos que deban conocer de ella por razón de su puesto o funciones, quienes también se obligan a guardar confidencialidad.

12.2 Se exceptúa de lo anterior aquella revelación que forme parte de:

a) un requerimiento legal, orden de una autoridad pública o instrucción de una autoridad administrativa incluyendo entidades de gestión colectiva de derechos de Propiedad Intelectual. En tal caso, la parte que revele la información se compromete a notificar a la otra que se le ha solicitado tal información y, en la medida de lo posible, tratará de mantener la confidencialidad de los términos y condiciones del presente contrato, o

b) el normal reporte en un proceso de auditoría entre sociedades afiliadas pertenecientes al mismo grupo social o potenciales compradores de la parte afectada, o llevado a cabo por auditores o asesores externos de la parte afectada, en cuanto resulte necesario para el objeto de la auditoría en concreto.

13. TRATAMIENTO DE DATOS PERSONALES

Los datos personales del personal o colaboradores de cada una de las partes que sean facilitados a la otra en virtud del presente contrato:

a) serán objeto de tratamiento automatizado del que será responsable la parte receptora de tales datos.

b) se emplearán exclusivamente para la gestión y mantenimiento de las prestaciones derivadas del presente contrato, así como, en su caso, para la evaluación y gestión de potenciales colaboraciones futuras-

c) su tratamiento se basará en la ejecución del presente contrato, en el interés legítimo vinculado a futuras colaboraciones y, cuando proceda, en la obligación legal de conservación.

d) no serán comunicados a terceros, salvo obligación legal o cuando resulte estrictamente necesario para la prestación de servicios por parte de proveedores externos o entidades pertenecientes a su mismo grupo empresarial, pudiendo en ambos casos ubicarse fuera de la Unión Europea, adoptándose en tales supuestos las garantías adecuadas para asegurar derechos efectivos y acciones legales exigibles a los interesados.

e) los interesados podrán ejercer en todo momento los derechos que la normativa en materia de protección de datos les reconoce, dirigiéndose a las direcciones de contacto que cada parte facilite al efecto, así como presentar, si lo estiman oportuno, una reclamación ante la autoridad de control competente. Cada parte se compromete a poner a disposición de la otra su Política de Privacidad vigente, mediante la correspondiente URL o medio de acceso equivalente, a efectos de su consulta y cumplimiento.

14. FUERZA MAYOR

14.1 En caso de que el cumplimiento de las obligaciones de cualquier parte sea impedido, suspendido o retrasado debido a razones de fuerza mayor, este contrato se suspenderá en todo o en parte, durante el período de duración de tal evento de fuerza mayor, sin que las partes estén obligadas al cumplimiento de sus obligaciones durante dicho periodo de suspensión.

14.2 No obstante lo anterior, en caso de que la situación de fuerza mayor se prolongue por más de [...] (...) días consecutivos o un total de [...] (...) días en un año natural, cualquiera de las partes podrá optar por resolver el contrato mediante notificación por escrito a la otra parte.

15. FIRMA ELECTRÓNICA

Las partes acuerdan suscribir el presente contrato mediante firma electrónica a través de una plataforma operada por un tercero de confianza reconocido y con validez en la Unión Europea, que dejará constancia de la mutua aceptación a sus términos y condiciones, y que archivará una copia del mismo, junto con, entre otros datos, la fecha y hora de tal conformidad. Ambas partes reconocen que los sistemas de certificación utilizados para la firma electrónica del presente contrato son válidos y adecuados para registrar y archivar su consentimiento y aceptan que la firma electrónica del presente contrato tiene igual validez que la firma manuscrita.

16. LEGISLACIÓN Y FUERO

16.1 Este contrato se regirá por la legislación española.

16.2 En caso de conflicto o desacuerdo de las partes en relación con la interpretación o ejecución del contrato, las partes lo someterán a la jurisdicción de los tribunales de la ciudad de ...., renunciando a cualquier otra jurisdicción que pudiera corresponderles.

Para que así conste y en prueba de conformidad con su contenido, las partes firman el presente contrato, en formato electrónico, en el lugar y fecha indicados al inicio.

Por el PROVEEDOR	Por la PLATAFORMA
[...]	[...]

ANEXO
DEFINICIONES

Los siguientes términos, cuando se escriban en mayúscula, tendrán el significado que se indica a continuación:

Canal: Secuencia lineal programada e ininterrumpida de contenidos audiovisuales bajo una misma marca o distintivo de servicio.

Contenido No Lineal: Determinados Programas, emitidos o no en los Canales, disponibles bajo demanda de los Usuarios.

Inventario de Publicidad: espacio reservado en un canal lineal para la inserción de publicidad.

Medios: Sistemas tecnológicos que permiten la difusión de una señal sincronizada de imagen y sonido, ya sea analógico o digital, por las siguientes vías:

> **Cable:** FTTH/DSL y sistemas de banda ancha fija, XDLS, ADSL, DSL en red privada de datos, de manera que el Operador es tanto el proveedor de acceso a Internet como del servicio audiovisual, y el Abonado cuenta con un decodificador en su poder.
>
> **Internet Autentificada:** televisión sobre IP en red no privada pero de señal segura, encriptada y codificada, de manera que el proveedor de acceso a Internet no ha de ser necesariamente la PLATAFORMA, pero que solo permite el acceso a los Usuarios, mediante una fórmula de autentificación (por ejemplo, log-in y contraseña), y debidamente protegida de forma que no pueda transferirse a no Usuarios, bajo cualquiera de los siguientes modelos de negocio:
>
> > **TVE:** (*TV Everywhere*) Servicio de Televisión de Pago asociado a un Operador al que el Abonado puede acceder a través de Internet, en dispositivos fijos o móviles, como una extensión de su actual Servicio de Televisión de Pago lineal para el que dispone de un decodificador.
> >
> > **OTT:** (*Over the Top*) Servicio de Televisión de Pago que se articula a través de una conexión a Internet que se contrata de forma independiente, sin necesidad de contar con una suscripción a un Servicio de Televisión de Pago lineal y en que, por tanto, el Abonado no dispone de decodificador.
>
> **Internet:** (www) Televisión sobre IP en red pública de libre acceso.
>
> **Satélite:** Antena máster de satélite (SMATV), transmisión satelital directa al receptor (DTH o DBS).
>
> **Terrestre:** Ondas hertzianas, DMB, DVB-H, DVB-SH.

Operador: Entidad debidamente autorizada por la PLATAFORMA que opera una plataforma mediante la cual se otorga a los Usuarios el acceso al Servicio de Televisión por medio de los Medios y Sistemas Autorizados.

Paquetes: Cada una de las fórmulas de comercialización de contenidos audiovisuales que un Abonado puede contratar como parte del Servicio de Televisión:

> **Paquete Básico:** fórmula de comercialización que reúne el mayor número de canales incluidos en el Servicio de Televisión a la que el Abonado puede acceder directamente previo pago de una cuota periódica y que reúne al mayor número de Usuarios al Servicio de Televisión.
>
> **Paquete(s) Extendido(s):** fórmula de comercialización a la que el Abonado puede tener acceso mediante contratación específica y remuneración adicional al Paquete Básico y que comprende otros canales agrupados en función a distintos criterios, por ejemplo, por género.
>
> **A la Carta:** fórmula de comercialización de canales de manera individual, mediante contratación y remuneración específica.

Periodo de Licencia: Ámbito temporal durante el cual la PLATAFORMA puede ejercer los derechos cedidos en este contrato con respecto a los Canales y/o el Contenido No Lineal.

Programa: Cada una de las obras o grabaciones audiovisuales de cualquier género o temática que sean objeto de difusión en los Canales y/o se incluyan como Contenido No Lineal.

SSAI: (*Server-side ad insertion)* Aplicación tecnológica que permite el envío e inserción de publicidad en un canal que se recibe por el Usuario en un dispositivo con acceso a Internet.

Servicio de Televisión: Oferta de canales de televisión y otros contenidos audiovisuales, de titularidad y responsabilidad editorial de la PLATAFORMA, disponibles para los Usuarios bajo el modelo FAST.

Sistemas: Modalidad económica de recepción de contenidos dentro de servicios audiovisuales lineales:

> **FAST**: (*Free Ad-supported Television*) Servicio lineal de Televisión Gratuita que se pone a disposición del espectador a través de Internet y que se sustenta primordialmente por ingresos publicitarios.
>
> **Televisión Gratuita**: Acceso gratuito a una secuencia programada de contenidos audiovisuales, sin otro coste para el espectador que el de los cánones gubernamentales, en su caso.
>
> **Televisión de Pago**: Acceso a una secuencia programada de contenidos audiovisuales mediante el pago por el Abonado de una cuota de suscripción periódica.
>
> **PPV**: (*Pay Per View*) Acceso a un contenido audiovisual determinado mediante el pago por el Abonado de un precio específico, a la concreta hora programada.

O no lineales:

> **EST:** (*Electronic Sell Through*): acceso a un contenido audiovisual determinado previo pago de una tarifa única que permite su descarga y almacenamiento ya sea de forma permanente (*DTO o download to own*) o por un período de tiempo limitado (*DTR o download to rent*).
>
> **VOD:** (*Video On Demand*) acceso al visionado de un determinado contenido audiovisual, en el momento escogido por el usuario, en alguna de las modalidades que siguen:

Catch-Up: Acceso en modalidad SVOD durante los treinta (30) días siguientes a su primer pase en un determinado Canal.

FVOD: Acceso sin coste para el espectador, ya sea de manera autentificada o no.

SVOD: (*Subscription VOD*) Acceso como complemento a la suscripción a Televisión de Pago, y sin coste adicional para el Abonado (SVOD de Acompañamiento) y/o mediante el pago de una tarifa o periódica que permite al Abonado acceder a todos los contenidos presentes en el servicio, con independencia de su uso efectivo (SVOD Independiente).

TVOD: (*Transactional VOD*) acceso mediante el pago de un precio específico por el contenido en concreto.

Usuario: individuo o entidad que puede recibir el Servicio de Televisión de la PLATAFORMA, ya sea con o sin registro previo, de forma gratuita.

F073. CONTRATO DE DISTRIBUCIÓN FAST DE CANALES Y CONTENIDO AUDIOVISUAL. REPRESENTACIÓN COMERCIAL

En [...], a [...] de [...] de [...]

REUNIDOS

De una parte, **[...]**, con domicilio en [...] y NIF [...]. Representada por [...], con DNI [...], en su calidad de [...] (en adelante, el "**PROVEEDOR**").

Y, de otra, **[...]**, con domicilio en [...] y NIF [...]. Representada por [...], con DNI [...], en su calidad de [...] (en lo sucesivo, la "**PLATAFORMA**").

Las partes declaran su capacidad para contratar, así como la suficiente legitimación de sus respectivos representantes para obligarlas en Derecho

EXPONEN

I. Que la PLATAFORMA gestiona determinados servicios, aplicaciones y medios técnicos que permiten proporcionar acceso gratuito a sus Usuarios a determinados contenidos audiovisuales.

II. Que el PROVEEDOR ostenta los necesarios derechos sobre los Canales y el Contenido No Lineal en el Territorio en lo necesario para autorizar su explotación a terceros en los términos del presente contrato.

III. Que la PLATAFORMA está interesada en distribuir los Canales y el Contenido No lineal como parte de su Servicio de Televisión, por lo que, tras haber mantenido las oportunas negociaciones al respecto, mediante el presente contrato las partes llevan a efecto su acuerdo con arreglo a lo dispuesto en las siguientes

ESTIPULACIONES

1. OBJETO

Mediante el presente contrato, el PROVEEDOR cede a la PLATAFORMA los derechos de reproducción y comunicación pública sobre los Canales y el Contenido No Lineal, en la extensión necesaria para que la PLATAFORMA los haga accesibles a los Usuarios como parte de su Servicio de Televisión, bajo el modelo FAST, con arreglo a las limitaciones contenidas en el presente contrato.

1.1. CANALES

1.1.1 Los Canales cuya cesión de derechos es objeto del presente son los siguientes:

Denominación actual	Género
®[...]	[...]
®[...]	[...]
®[...]	[...]

1.1.2 El PROVEEDOR podrá variar la denominación de los Canales previa notificación a la PLATAFORMA con [...] (...) días de antelación.

1.1.3 El número mínimo de horas iniciales de cada uno de los Canales será de [...] (...) y, seis (6) meses después de la Fecha de Inicio de cada uno de ellos, habrá de contar con un mínimo de [...] (...) horas distintas al año.

1.2. CONTENIDO NO LINEAL.

1.2.1 Programas de Acompañamiento. el PROVEEDOR pondrá a disposición de la PLATAFORMA mensualmente, durante la vigencia del contrato, al menos, [...] (...) Programas de Acompañamiento por Canal, para ponerlos a disposición de los Usuarios, bajo demanda, en su Servicio de Televisión durante un plazo mínimo de [...] (...) días, los cuales solo serán accesibles en un apartado propio, bajo la marca de dicho Canal.

1.2.2 Condiciones aplicables al Contenido No Lineal. La PLATAFORMA garantiza, en relación con el Contenido No Lineal, que:

- No se cobrará a los Usuarios precio alguno por el acceso al Contenido Lineal
- El Contenido No Lineal solo estará disponible durante el Periodo de Licencia respectivo, según el punto 2.1.2 siguiente;
- El Contenido No Lineal solo estará disponible en modalidad visionado (*streaming*) de manera que no podrán realizarse copias permanentes en dispositivos en poder de los Usuarios.

1.2.3 En caso de quiebra de las anteriores garantías, el PROVEEDOR podrá revocar unilateralmente la autorización para la explotación del Contenido No Lineal afectado mediante la mera notificación al efecto, y sin responsabilidad alguna frente a la PLATAFORMA, quedando este contrato íntegramente vigente en sus restantes términos para los Canales.

1.3. EXCLUSIVIDAD

La presente cesión de derechos reviste carácter no exclusivo, por lo que nada de lo aquí dispuesto supondrá una limitación para el PROVEEDOR para explotar directamente o ceder a terceros tanto los Canales como el Contenido No Lineal en las condiciones que libremente determine en cada momento.

1.4. RESERVA DE DERECHOS

Todos los derechos no expresamente cedidos, o modalidades de explotación no autorizadas, se entienden reservados al PROVEEDOR.

1.5. OBLIGACIÓN DE DIFUSIÓN

La PLATAFORMA llevará a cabo la efectiva explotación de los Canales y del Contenido No Lineal, de manera que los distribuirá a los Usuarios como parte de su Servicio de Televisión durante toda la vigencia del presente contrato.

2. ÁMBITO DE LA LICENCIA

2.1. PERIODO DE LICENCIA

2.1.1 El Periodo de Licencia de los Canales comenzará el [...] de [...] de [...] y finalizará el [...] de [...] de [...].

2.1.2 El Periodo de Licencia del Contenido No Lineal será de, al menos, [...] (...) días, por cada Programa.

2.2. SISTEMAS DE TELEVISIÓN Y VOD Y MEDIOS AUTORIZADOS

2.2.1 Los Canales se distribuirán a los Usuarios del Servicio de Televisión por sistemas FAST, es decir, por Televisión Gratuita a través de Internet para su recepción a través de dispositivos conectados a Internet como PCs, portátiles, teléfonos móviles, consolas de juegos, televisores conectados, etc., ya sea directamente, a través de un navegador, o utilizando cualquier aplicación preinstalada en el dispositivo de recepción o descargable gratuitamente.

2.2.2 El Contenido No Lineal se distribuirá a los Usuarios al Servicio de Televisión en modalidad FVOD.

2.2.3 Tanto los Canales como el Contenido No Lineal contarán con publicidad insertada por las partes según se indica más abajo y se ofrecerán sin coste para el Usuario distinto de los cargos por acceder a Internet o por los datos necesarios para visionar los Canales o el Contenido No Lineal.

2.3. TERRITORIO AUTORIZADO

2.3.1 La presente cesión de derechos se limita al Territorio de [...].

2.3.2 La PLATAFORMA impedirá el acceso a los Canales y al Contenido No Lineal desde fuera del Territorio adoptando a su coste las oportunas medidas de geo-bloqueo. Asimismo, utilizará un sistema de comprobación de doble factor para verificar que los Usuarios residen efectivamente en el Territorio.

2.4 IDIOMAS AUTORIZADOS

2.4.1 Los Canales y el Contenido No Lineal serán trasmitidos por la PLATAFORMA a los Usuarios en los idiomas suministrados por el PROVEEDOR.

2.4.2 Se autorizará la retransmisión simultánea de la versión original siempre que sus derechos estén disponibles.

2.5 DISTRIBUCIÓN (*TIERING*)

La PLATAFORMA incluirá tanto los Canales como el Contenido No Lineal en el dial [...] (...) de su Servicio de Televisión.

3. DURACIÓN

3.1 El presente contrato tendrá efecto a contar desde el [...] de [...] de [...] y hasta el [...] de [...] de [...], sin perjuicio del debido cumplimiento por las partes de las obligaciones que sigan vigentes a su finalización.

3.2 No obstante lo anterior, los Canales y el Contenido No Lineal serán explotados por la PLATAFORMA únicamente durante el correspondiente Periodo de Licencia.

3.3 Lo anterior se entenderá sin perjuicio de (i) cualesquiera causas de resolución anticipada previstas en el presente contrato o en la legislación aplicable, y (ii) la debida observancia por las partes de aquellas obligaciones que puedan sobrevivir a su terminación.

4. CONDICIONES ECONÓMICAS

4.1. PUBLICIDAD

4.1.1 **Disponibilidad de Inventario de Publicidad**: Cada uno de los Canales tendrá un mínimo de [...] (...) y un máximo [...] (...) minutos por hora de Inventario de Publicidad, distribuido en pausas publicitarias de [...] (...) minutos cada una.

4.1.2 **Comercialización del Inventario de Publicidad**: Las partes acuerdan que el PROVEEDOR comercializará, directamente o a través de un representante de ventas, el Inventario de Publicidad de los Canales.

4.1.3 **Restricciones de publicidad:** La publicidad solo se podrá insertar durante las pausas publicitarias y, en ningún caso, durante la difusión de un Programa. Además, el PROVEEDOR se asegurará de que toda la publicidad insertada cumpla con la normativa relativa a publicidad, propiedad intelectual, derechos al honor y a la propia imagen, protección de datos personales, etc.

4.1.4 La PLATAFORMA cumplirá todos los pasos del proceso de integración necesario para usar el SSAI determinado por el PROVEEDOR con el fin de que este pueda servir e insertar la publicidad en los Canales.

4.2. FORMA DE PAGO

4.2.1 Como contraprestación por las obligaciones de cada una con arreglo al presente contrato, las partes acuerdan que el PROVEEDOR abonará a la PLATAFORMA el [...] por ciento (...%) de los Ingresos Publicitarios Netos derivados de la comercialización del Inventario de Publicidad.

4.2.2 Dentro de los [...] (...) días siguientes a la finalización de cada mes natural, el PROVEEDOR notificará a la PLATAFORMA los Ingresos Publicitarios Netos cobrados en tal mes y la PLATAFORMA emitirá la correspondiente factura por el porcentaje establecido en el apartado 4.2.1 anterior.

4.2.3 Todos los pagos de este contrato se efectuarán en euros, mediante transferencia bancaria a la cuenta indicada en la factura, dentro de los [...] (...) días siguientes a su recepción.

4.3. IMPUESTOS Y OTRAS CARGAS

4.3.1 Los impuestos serán asumidos por las partes según la legislación aplicable. En concreto, si fuera necesario practicar retención en concepto de impuesto sobre la renta de no residentes (*withholding tax*), el PROVEEDOR deducirá de las cantidades a abonar a lA PLATAFORMA la cuantía establecida en el tratado internacional aplicable y la pagará a la autoridad fiscal pertinente en nombre de la PLATAFORMA. Para ello, la PLATAFORMA enviará al PROVEEDOR un certificado de residencia fiscal y el PROVEEDOR enviará a la PLATAFORMA el resguardo oficial que acredite haber realizado dicho pago en su nombre.

4.3.2 Otras tasas u obligaciones (por ejemplo, pagos a entidades de gestión, etc.) serán asumidos por las partes de acuerdo con lo establecido en la legislación aplicable para su actividad respectiva.

4.4. REPORTE DE INFORMACIÓN Y AUDITORÍA

4.4.1 La PLATAFORMA notificará al PROVEEDOR con carácter mensual, toda la información disponible sobre audiencia y rendimiento de los Canales y consumo del Contenido No Lineal en el Servicio de Televisión. Tal información estará individualizada por Usuario único y contendrá, al menos:

a) el número de Usuarios únicos que accedieron a los Canales,

b) número de sesiones iniciadas por cada Usuario único en los Canales,

c) duración de tales sesiones en segundos,

d) día y hora de cada sesión,

e) dispositivo de visualización,

f) código postal.

4.4.2 En la medida de lo posible, la información suministrada por la PLATAFORMA estará debidamente agregada o anonimizada, a fin de que no se repute cesión de datos de carácter personal de los Usuarios al PROVEEDOR.

4.4.3 El PROVEEDOR, o un tercero designado por este, tendrá, si así lo requiere, derecho a acceder a todos los documentos o registros de la PLATAFORMA que acrediten la veracidad de la información que suministra al PROVEEDOR en relación con los puntos anteriores.

5. DISTRIBUCIÓN DE LA SEÑAL Y EL CONTENIDO

5.1. ENTREGA DE LOS PROGRAMAS Y METADATOS

Asumiendo el coste que se derive de ello, el PROVEEDOR enviará a la PLATAFORMA los Programas que conforman los Canales, así como los que forman parte del Contenido No Lineal y los metadatos asociados a los mismos, en formato digital, vía FTP.

5.2. RETRANSMISIÓN POR LA PLATAFORMA

La PLATAFORMA retransmitirá las señales de los Canales sin demora, adición ni supresión alguna, empleando para ello los medios que aseguren que su calidad no se vea perjudicada en el proceso de retransmisión a los Usuarios.

5.3. PIRATERÍA

La PLATAFORMA implementará en el Servicio de Televisión las medidas técnicas y organizativas de seguridad según los más altos estándares en la industria a fin de evitar cualquier acceso o copia ilegal de los Canales y el Contenido No Lineal, durante todas las fases de su recogida y entrega a los Usuarios.

6. CUMPLIMIENTO DE LA NORMATIVA

6.1. La PLATAFORMA cumplirá con toda la normativa que le resulte de aplicación en tanto prestador del servicio de agregación de servicios de comunicación audiovisual y se compromete a mantener indemne al PROVEEDOR frente a cualquier reclamación de terceros que pueda derivársele como resultado del incumplimiento de sus obligaciones.

6.2 En concreto, la PLATAFORMA observará la normativa aplicable en relación con la comunicación plural, diversidad cultural y lingüística, y los derechos de los menores. A tal efecto, el PROVEEDOR informará sobre la calificación por edades de los Programas e incluirá la debida señalización para que la PLATAFORMA pueda implementar medidas adecuadas (tales como control parental, inclusión en catálogos separados, comunicación de la calificación) según sea requerido por la legislación aplicable en el Territorio en cada momento.

7. PROPIEDAD INTELECTUAL E INDUSTRIAL

7.1. PROPIEDAD E INTEGRIDAD DE LOS CANALES Y EL CONTENIDO NO LINEAL

7.1.1 La PLATAFORMA reconoce que todos los derechos y títulos de los Canales y el Contenido No Lineal, incluyendo sus nombres y logotipos, son de titularidad del PROVEEDOR o sus derechos le han sido licenciados por sus legítimos titulares.

7.1.2 Específicamente, a efectos aclaratorios, queda expresamente prohibido el uso de los Canales y el Contenido No Lineal, así como cualquiera de los elementos que en ellos se contienen, para alimentar o entrenar sistemas de inteligencia artificial.

7.2. ENTIDADES DE GESTIÓN

La PLATAFORMA deberá obtendrá todos los derechos y autorizaciones requeridos para la explotación de su Servicio de Televisión y, en particular, será responsable de obtener las autorizaciones y realizar los pagos a las entidades de gestión correspondientes por la retransmisión y/o comunicación pública de los Canales y del Contenido No Lineal que realice, en relación con los Programas y obras preexistentes que incorporen, de conformidad con la normativa aplicable en el Territorio.

7.3. MARCAS

7.3.1 Las marcas, diseños y/o logotipos que aparecen en los Canales y en el Contenido No Lineal son de la exclusiva titularidad del PROVEEDOR o le han sido licenciados al PROVEEDOR por sus legítimos titulares.

7.3.2 La PLATAFORMA estará facultada a usar las marcas, diseños y/o logotipos de los Canales y/o de los Catálogos de acuerdo con la guía de estilo que el PROVEEDOR le proporcione, exclusivamente a fin de comunicar su disponibilidad en el Servicio de Televisión o con fines promocionales.

8. PROMOCIÓN

8.1 La PLATAFORMA empleará sus mejores esfuerzos a fin de incrementar el reconocimiento y la audiencia de los Canales y del Contenido No Lineal entre sus Usuarios. A tal fin, el PROVEEDOR le proporcionará información sobre la programación mensual, así como cualquier material promocional disponible. Los materiales promocionales creados por la PLATAFORMA a partir de estos serán sometidos a la previa aprobación del PROVEEDOR.

8.2 La promoción que lleve a cabo la PLATAFORMA de los Canales y del Contenido No Lineal será objetivamente similar a la que lleve a cabo para el resto de los canales de televisión y catálogos incluidos en los mismos Paquetes.

9. GARANTÍAS

9.1 En relación con los Canales y el Contenido No Lineal, el PROVEEDOR garantiza que obtendrá los derechos necesarios para permitir su distribución a los Usuarios por parte de la PLATAFORMA en los términos del presente contrato.

9.2 Por su parte, la PLATAFORMA garantiza que ostenta y que mantendrá vigentes durante toda la duración del presente, todas las licencias administrativas, concesiones o cualesquiera otros títulos habilitantes o autorizaciones que le sean requeridas en su calidad de prestador de servicios de agregación de servicios de comunicación audiovisual en el Territorio y, en concreto, las necesarias para explotar un servicio de televisión de las características del Servicio de Televisión.

9.3 Ambas partes garantizan que cada una de ellas mantendrá indemne a la otra en caso de demandas judiciales o extrajudiciales, así como por los daños y perjuicios derivados del incumplimiento de cualquiera de las obligaciones y garantías respectivas asumidas por cada una de ellas en el presente contrato.

10. INCUMPLIMIENTO Y RESOLUCIÓN

10.1 El presente contrato quedará resuelto de conformidad con las causas previstas en la legislación aplicable. No obstante, si una de las partes incumpliera cualquier obligación asumida en virtud del presente, la otra parte podrá resolverlo si, tras ser notificada de su incumplimiento, la parte incumplidora no subsana dicho incumplimiento en el plazo de [...] (...) días. De no proceder la parte incumplidora a su subsanación en tal periodo, la parte cumplidora podrá considerar resuelto el contrato, sin perjuicio de otras acciones que le puedan corresponder.

10.2 No se reputará incumplimiento por parte del PROVEEDOR la supresión de cualquiera de los Canales o Catálogos en razón del cese de su distribución en el Territorio. En tal caso, el contrato se entenderá parcialmente resuelto en relación con el Canal (y Contenido No Lineal asociado) o Catálogo afectados, permaneciendo íntegramente vigente para el resto.

10.3 La resolución anticipada del presente contrato por la PLATAFORMA sin causa justificada permitirá al PROVEEDOR reclamar todas las cantidades que le sean debidas por la PLATAFORMA hasta la finalización de su duración, como cláusula penal expresamente pactada entre las partes.

10.4 La renuncia de cualquiera de las partes a reclamar frente a un incumplimiento no será efectiva a menos que esté documentada por escrito y firmada por representante autorizado de la parte no incumplidora, sin que pueda entenderse como renuncia a reclamar por cualquier incumplimiento distinto, anterior o posterior.

11. CESIÓN Y SUBLICENCIA

11.1 El presente contrato solamente será eficaz entre las partes, por lo que no crea derecho, beneficio u obligación alguna para terceros, ni siquiera para los Usuarios.

11.2 La PLATAFORMA no podrá ceder o sublicenciar, en todo o en parte, el presente contrato, ni los derechos y obligaciones derivados del mismo, sin el previo consentimiento por escrito del PROVEEDOR. No obstante, la eventual aceptación de la cesión o sublicencia por parte del PROVEEDOR no liberará a la PLATAFORMA de las obligaciones asumidas en el presente, sino que seguirá siendo responsable del correcto cumplimiento de todas las obligaciones, condiciones y garantías previstas en el contrato de manera solidaria con el cesionario.

11.3 El PROVEEDOR podrá ceder total o parcialmente el presente contrato, o transferir o ceder sus derechos y/u obligaciones con la previa notificación a la PLATAFORMA siempre y cuando los derechos que la PLATAFORMA adquiere en virtud del presente no se vean menoscabados.

12. CONFIDENCIALIDAD

12.1 Las partes mantendrán la confidencialidad sobre los términos y condiciones del presente contrato, así como toda la correspondencia intercambiada con motivo del mismo, y no revelarán su contenido a persona distinta de sus directores, accionistas y aquellos empleados o asesores externos que deban conocer de ella por razón de su puesto o funciones, quienes también se obligan a guardar confidencialidad.

12.2 Se exceptúa de lo anterior aquella revelación que forme parte de:

a) un requerimiento legal, orden de una autoridad pública o instrucción de una autoridad administrativa incluyendo entidades de gestión colectiva de derechos de Propiedad Intelectual. En tal caso, la parte que revele la información se compromete a notificar a la otra que se le ha solicitado tal información y, en la medida de lo posible, tratará de mantener la confidencialidad de los términos y condiciones del presente contrato, o

b) el normal reporte en un proceso de auditoría entre sociedades afiliadas pertenecientes al mismo grupo social o potenciales compradores de la parte afectada, o llevado a cabo por auditores o asesores externos de la parte afectada, en cuanto resulte necesario para el objeto de la auditoría en concreto.

13. TRATAMIENTO DE DATOS PERSONALES

Los datos personales del personal o colaboradores de cada una de las partes que sean facilitados a la otra en virtud del presente contrato:

a) serán objeto de tratamiento automatizado del que será responsable la parte receptora de tales datos.

b) se emplearán exclusivamente para la gestión y mantenimiento de las prestaciones derivadas del presente contrato, así como, en su caso, para la evaluación y gestión de potenciales colaboraciones futuras-

c) su tratamiento se basará en la ejecución del presente contrato, en el interés legítimo vinculado a futuras colaboraciones y, cuando proceda, en la obligación legal de conservación.

d) no serán comunicados a terceros, salvo obligación legal o cuando resulte estrictamente necesario para la prestación de servicios por parte de proveedores externos o entidades pertenecientes a su mismo grupo empresarial, pudiendo en ambos casos ubicarse fuera de la Unión Europea, adoptándose en tales supuestos las garantías adecuadas para asegurar derechos efectivos y acciones legales exigibles a los interesados.

e) los interesados podrán ejercer en todo momento los derechos que la normativa en materia de protección de datos les reconoce, dirigiéndose a las direcciones de contacto que cada parte facilite al efecto, así como presentar, si lo estiman oportuno, una reclamación ante la autoridad de control competente. Cada parte se compromete a poner a disposición de la otra su Política de Privacidad vigente, mediante la correspondiente URL o medio de acceso equivalente, a efectos de su consulta y cumplimiento.

14. FUERZA MAYOR

14.1 En caso de que el cumplimiento de las obligaciones de cualquier parte sea impedido, suspendido o retrasado debido a razones de fuerza mayor, este contrato se suspenderá en todo o en parte, durante el período de duración de tal evento de fuerza mayor, sin que las partes estén obligadas al cumplimiento de sus obligaciones durante dicho periodo de suspensión.

14.2 No obstante lo anterior, en caso de que la situación de fuerza mayor se prolongue por más de [...] (...) días consecutivos o un total de [...] (...) días en un año natural, cualquiera de las partes podrá optar por resolver el contrato mediante notificación por escrito a la otra parte.

15. FIRMA ELECTRÓNICA

Las partes acuerdan suscribir el presente contrato mediante firma electrónica a través de una plataforma operada por un tercero de confianza reconocido y con validez en la Unión Europea, que dejará constancia de la mutua aceptación a sus términos y condiciones, y que archivará una copia del mismo, junto con, entre otros datos, la fecha y hora de tal conformidad. Ambas partes reconocen que los sistemas de certificación utilizados para la firma electrónica del presente contrato son válidos y adecuados para registrar y archivar su consentimiento y aceptan que la firma electrónica del presente contrato tiene igual validez que la firma manuscrita.

16. LEGISLACIÓN Y FUERO

16.1 Este contrato se regirá por la legislación española.

16.2 En caso de conflicto o desacuerdo de las partes en relación con la interpretación o ejecución del contrato, las partes lo someterán a la jurisdicción de los tribunales de la ciudad de ...., renunciando a cualquier otra jurisdicción que pudiera corresponderles.

Para que así conste y en prueba de conformidad con su contenido, las partes firman el presente contrato, en formato electrónico, en el lugar y fecha indicados al inicio.

Por el PROVEEDOR Por la PLATAFORMA

[...] [...]

ANEXO
DEFINICIONES

Los siguientes términos, cuando se escriban en mayúscula, tendrán el significado que se indica a continuación:

Canal: Secuencia lineal programada e ininterrumpida de contenidos audiovisuales bajo una misma marca o distintivo de servicio.

Contenido No Lineal: Determinados Programas, emitidos o no en los Canales, disponibles bajo demanda de los Usuarios.

Inventario de Publicidad: espacio reservado en un canal lineal para la inserción de publicidad.

Medios: Sistemas tecnológicos que permiten la difusión de una señal sincronizada de imagen y sonido, ya sea analógico o digital, por las siguientes vías:

Cable: FTTH/DSL y sistemas de banda ancha fija, XDLS, ADSL, DSL en red privada de datos, de manera que el Operador es tanto el proveedor de acceso a Internet como del servicio audiovisual, y el Abonado cuenta con un decodificador en su poder.

Internet Autentificada: televisión sobre IP en red no privada pero de señal segura, encriptada y codificada, de manera que el proveedor de acceso a Internet no ha de ser necesariamente la PLATAFORMA, pero que solo permite el acceso a los Usuarios, mediante una fórmula de autentificación (por ejemplo, log-in y contraseña), y debidamente protegida de forma que no pueda transferirse a no Usuarios, bajo cualquiera de los siguientes modelos de negocio:

TVE: (*TV Everywhere*) Servicio de Televisión de Pago asociado a un Operador al que el Abonado puede acceder a través de Internet, en dispositivos fijos o móviles, como una extensión de su actual Servicio de Televisión de Pago lineal para el que dispone de un decodificador.

OTT: (*Over the Top*) Servicio de Televisión de Pago que se articula a través de una conexión a Internet que se contrata de forma independiente, sin necesidad de contar con una suscripción a un Servicio de Televisión de Pago lineal y en que, por tanto, el Abonado no dispone de decodificador.

Internet: (www) Televisión sobre IP en red pública de libre acceso.

Satélite: Antena máster de satélite (SMATV), transmisión satelital directa al receptor (DTH o DBS).

Terrestre: Ondas hertzianas, DMB, DVB-H, DVB-SH.

Operador: Entidad debidamente autorizada por la PLATAFORMA que opera una plataforma mediante la cual se otorga a los Usuarios el acceso al Servicio de Televisión por medio de los Medios y Sistemas Autorizados.

Periodo de Licencia: Ámbito temporal durante el cual la PLATAFORMA puede ejercer los derechos cedidos en este contrato con respecto a los Canales y/o el Contenido No Lineal.

Programa: Cada una de las obras o grabaciones audiovisuales de cualquier género o temática que sean objeto de difusión en los Canales y/o se incluyan como Contenido No Lineal.

SSAI: (*Server-side ad insertion)* Aplicación tecnológica que permite el envío e inserción de publicidad en un canal que se recibe por el Usuario en un dispositivo con acceso a Internet.

Servicio de Televisión: Oferta de canales de televisión y otros contenidos audiovisuales, de titularidad y responsabilidad editorial de la PLATAFORMA, disponibles para los Usuarios bajo el modelo FAST.

Sistemas: Modalidad económica de recepción de contenidos dentro de servicios audiovisuales lineales:

FAST: (*Free Ad-supported Television*) Servicio lineal de Televisión Gratuita que se pone a disposición del espectador a través de Internet y que se sustenta primordialmente por ingresos publicitarios.

Televisión Gratuita: Acceso gratuito a una secuencia programada de contenidos audiovisuales, sin otro coste para el espectador que el de los cánones gubernamentales, en su caso.

Televisión de Pago: Acceso a una secuencia programada de contenidos audiovisuales mediante el pago por el Abonado de una cuota de suscripción periódica.

PPV: (*Pay Per View*) Acceso a un contenido audiovisual determinado mediante el pago por el Abonado de un precio específico, a la concreta hora programada.

O no lineales:

EST: (*Electronic Sell Through*): acceso a un contenido audiovisual determinado previo pago de una tarifa única que permite su descarga y almacenamiento ya sea de forma permanente (*DTO o download to own*) o por un período de tiempo limitado (*DTR o download to rent*).

VOD: (*Video On Demand*) acceso al visionado de un determinado contenido audiovisual, en el momento escogido por el usuario, en alguna de las modalidades que siguen:

Catch-Up: Acceso en modalidad SVOD durante los treinta (30) días siguientes a su primer pase en un determinado Canal.

FVOD: Acceso sin coste para el espectador, ya sea de manera autentificada o no.

SVOD: (*Subscription VOD*) Acceso como complemento a la suscripción a Televisión de Pago, y sin coste adicional para el Abonado (SVOD de Acompañamiento) y/o mediante el pago de una tarifa o periódica que permite al Abonado acceder a todos los contenidos presentes en el servicio, con independencia de su uso efectivo (SVOD Independiente).

TVOD: (*Transactional VOD*) acceso mediante el pago de un precio específico por el contenido en concreto.

Usuario: individuo o entidad que puede recibir el Servicio de Televisión de la PLATAFORMA, ya sea con o sin registro previo, de forma gratuita.

II.3. ANUNCIOS PUBLICITARIOS DE CARÁCTER AUDIOVISUAL

F074. AUTORIZACIÓN GRABACIÓN EN ESTABLECIMIENTO Y LICENCIA DE USO DE MARCA

En......., a [...] de .... de 20........

REUNIDOS

De una parte, ...(en adelante, "***EMPRESA 1***").

Y, de otra parte, D./Dña. [...], mayor de edad, con D.N.I. número [...], en nombre y representación de **[...].**, con domicilio social en [...], C.P. [...] y N.I.F. [...], en su calidad de [...], en virtud de escritura de poder otorgada ante el Notario de [...], D. [...], en fecha [...], con el número [...] de su protocolo (en adelante, la "***EMPRESA 2***").

MANIFIESTAN

1. Que la EMPRESA 2 es una entidad mercantil dedicada, entre otras actividades propias de su objeto social, a [...].

2. Que EMPRESA 1 es una entidad mercantil dedicada, entre otras actividades propias de su objeto social, a la prestación de servicios de administración de bienes inmuebles.

3. Que la EMPRESA 2 tiene la intención de llevar a cabo la grabación de una serie de secuencias audiovisuales, así como la realización de determinadas fotografías en el marco del proyecto denominado, provisional o definitivamente, "[...]" (en adelante, el "***Proyecto***"), y que tiene una finalidad comercial. En particular, el Proyecto está inicialmente destinado a ser emitido en [...].

4. Que la EMPRESA 2 está interesada en grabar, en el marco del referido Proyecto, los días [...] en [LOCALIZACIÓN] (en adelante, las "***Instalaciones***"), titularidad de EMPRESA 1, para lo cual requiere la autorización previa de EMPRESA 1.

5. Que, mediante la presente autorización para la grabación en establecimiento y licencia de uso de logotipo (en adelante, la "***Autorización***"), EMPRESA 1 autoriza a la EMPRESA 2 a grabar en las referidas Instalaciones para la puesta en marcha del referido Proyecto, así como a publicar, difundir y utilizar, en los términos establecidos en la Autorización, y única y exclusivamente para la finalidad de explotar el Proyecto, una serie de grabaciones e imágenes tomadas en las Instalaciones (en adelante, las "***Imágenes***").

6. Que, a los efectos de lo anteriormente expuesto, EMPRESA 1 autoriza a título gratuito a la EMPRESA 2, el acceso a las Instalaciones, así como a llevar a cabo en el interior/exterior de las mismas las grabaciones que precise para la puesta en marcha del Proyecto, autorizando expresamente a la EMPRESA 2, sin limitación temporal y espacial, la explotación en exclusiva y con facultad de cesión a terceros del Proyecto que incorpore las grabaciones realizadas en el interior/exterior de las Instalaciones.

7. Que la EMPRESA 2 se compromete, durante la grabación de las secuencias en las Instalaciones y la explotación del Proyecto, a observar cuantas instrucciones le sean dadas por EMPRESA 1. En concreto, la EMPRESA 2 se compromete a mantener indemne a EMPRESA

1 de cualesquiera daños que fueran ocasionados como consecuencia de la grabación en las Instalaciones. Asimismo, EMPRESA 1 se reserva, en todo caso, el derecho a aprobar las grabaciones audiovisuales u obra audiovisual resultante de la ejecución de la presente Autorización.

8. Que, de conformidad con lo establecido en el párrafo quinto anterior, EMPRESA 1 otorga a favor de la EMPRESA 2, respecto del logotipo, marca y nombre comercial de EMPRESA 1, una licencia de uso no exclusivo, con facultad de conceder sublicencias no exclusivas con la extensión necesaria para que la EMPRESA 2 pueda explotar las Imágenes, si bien únicamente dentro del marco del Proyecto, y sin que la EMPRESA 2 deba abonar contraprestación alguna por dicho uso. El logotipo de EMPRESA 1 presenta el siguiente diseño: [...].

9. Que, con respecto a aquellos elementos de EMPRESA 1 distintos del referido en el párrafo octavo anterior (a título meramente enunciativo y no limitativo, marcas, logos, diseños, etc.) que hayan quedado incorporados en las Imágenes como consecuencia de encontrarse dispuestos y visibles en las Instalaciones, EMPRESA 1 otorga a la EMPRESA 2 una licencia de uso en los mismos términos que los establecidos en el párrafo anterior.

10. Que esta licencia de uso no implica, en ningún caso, una cesión de la titularidad de los derechos de propiedad intelectual e industrial sobre cualesquiera elementos distintivos de EMPRESA 1, que seguirán siendo titularidad de EMPRESA 1 en todo momento.

11. Que la EMPRESA 2 garantiza que, en la medida en que en dichas Imágenes aparecieran personas físicas identificadas o identificables, recabará la correspondiente autorización de dichas personas para la explotación del contenido patrimonial de su derecho a la propia imagen, manteniendo en todo caso indemne a EMPRESA 1 por cualquier reclamación de terceros en relación con este concepto.

Y, en prueba de conformidad con cuanto antecede, EMPRESA 1 y la EMPRESA 2 firman por duplicado y a un solo efecto la presente Autorización en la fecha y lugar indicados ut supra.

[...]	.....
____________________	____________________
D./Dña. [...]	D./Dña. [...]

F075. CONTRATO DE PRODUCCIÓN AUDIOVISUAL PUBLICITARIA

En ...., a .... de .... de ....

DE UNA PARTE:

[Anunciante en nombre propio]

[Agencia en nombre y por cuenta del anunciante]

[Agencia en nombre propio]

(en adelante, el "**Promotor**").

DE OTRA PARTE:

D./Dña. ...., mayor de edad, con D.N.I. ...., en nombre y representación de la compañía .... domiciliada en ...., calle ...., inscrita en el Registro Mercantil de ...., tomo......, folio....., inscripción ....., con nº de CIF .... (en adelante, la "**Productora**").

Las partes se reconocen capacidad suficiente para suscribir con todas sus consecuencias el presente contrato de prestación de servicios de producción audiovisual y en su virtud,

EXPONEN

I. Que el Promotor se encuentra interesado en contratar los servicios de la Productora para realizar una obra/s audiovisual/es que formará parte de la campaña publicitaria denominada "................" para su producto ...., de la marca ....(en adelante, el "Proyecto").

II. Que la Productora, por su parte, presta servicios de producción de obras y grabaciones audiovisuales, contando con una amplia experiencia en el sector, y dispone dentro de su organización de personal capacitado y de los medios técnicos, materiales y de estructura necesarios para el desarrollo de las actividades propias de su objeto social.

Ambas partes están interesadas en formalizar un contrato de prestación de servicios con base en las siguientes,

ESTIPULACIONES

PRIMERA.– Objeto. Descripción del Proyecto.

Por medio del presente contrato, el Promotor encarga a la Productora, que acepta, la realización y producción de una o varias obras audiovisuales que integrarán el Proyecto, conforme a las creatividades y directrices previamente aprobadas, recogidas en el guion definitivo y demás documentación técnica que se incorpora como anexo.

La Productora llevará a cabo la ejecución del Proyecto de acuerdo con los parámetros, requisitos, instrucciones, orientaciones y guiones suministrados por el Promotor, asumiendo la obligación de ajustarse a los estándares de calidad y a la normativa aplicable en materia de propiedad intelectual, industrial y derechos de imagen.

A tal efecto, el Promotor encomienda a la Productora la realización de las actividades descritas en los siguientes anexos, que forman parte integrante del presente contrato:

Anexo I: Presupuesto detallado.

Anexo II: Memoria de Producción.

Anexo III: Calendario estimado.

Anexo IV: Guion aprobado.

Asimismo, constituye objeto esencial del presente contrato la regulación de la cesión, en favor del Promotor, de todos los derechos de propiedad intelectual, industrial y de imagen que se incorporen o generen en el marco del Proyecto, incluyendo, con carácter enunciativo y no limitativo, los derechos de reproducción, distribución, comunicación pública, transformación y cualesquiera otros reconocidos por la normativa aplicable, en la máxima amplitud posible, para su explotación pacífica, ilimitada en el tiempo y en todo el mundo, por cualquier medio, formato o sistema actual, sin restricción alguna, en los términos que se establecen en las cláusulas siguientes.

SEGUNDA.– Exclusividad. Subcontratación.

2.1. Exclusividad y Garantías

La Productora declara y garantiza que ostenta, de forma originaria o derivativa, todos los derechos, licencias y autorizaciones necesarias para la producción del Proyecto objeto del presente contrato, incluyendo los derechos de propiedad intelectual, industrial y de imagen que resulten imprescindibles para su ejecución.

En consecuencia, la Productora asumirá con carácter exclusivo la responsabilidad sobre la producción del Proyecto, manteniendo indemne y exonerando al Promotor de cualquier reclamación, judicial o extrajudicial, que pudiera formularse por terceros en relación con la producción, salvo aquellas derivadas de la participación en el Proyecto de terceros expresamente impuestos o contratados con carácter previo por el Promotor (tales como trabajadores del Promotor, celebridades, embajadores de marca, influencers o elenco propuesto por el Promotor).

2.2. Prohibición de cesión

La Productora no podrá ceder ni transferir a terceros, total o parcialmente, los derechos y obligaciones derivados del presente contrato sin el consentimiento previo, expreso y por escrito del Promotor, salvo la cesión de derechos de crédito de carácter económico conforme a la normativa vigente.

2.3. Subcontratación

La Productora podrá subcontratar determinados servicios de producción, siempre que:

a) La subcontratación no implique cesión de derechos ni obligaciones esenciales del contrato.

b) La Productora continúe siendo única responsable frente al Promotor del cumplimiento íntegro de las obligaciones contractuales, respondiendo solidariamente de los actos, omisiones, faltas o negligencias de sus subcontratistas, agentes y empleados.

2.4. *Ausencia de relación con el Promotor*

No existirá relación contractual, laboral ni de dependencia alguna entre el Promotor y los subcontratistas, sus empleados o agentes, derivada de la ejecución del presente contrato. El Promotor no asumirá responsabilidad alguna frente a dichos terceros, salvo respecto del personal cuya contratación haya sido expresamente impuesta por el Promotor.

2.5. Indemnidad y Reclamaciones

La Productora se obliga a mantener indemne al Promotor frente a cualquier reclamación, coste, gasto o responsabilidad que pudiera derivarse de actuaciones de subcontratistas, incluyendo honorarios de defensa jurídica y representación procesal.

En caso de reclamación directa contra el Promotor por parte de un subcontratista, su personal o agentes, el Promotor notificará a la Productora para consensuar la solución, pudiendo retener las cantidades reclamadas de las facturas pendientes de pago a la Productora o, en su defecto, repercutirlas contra ésta, que vendrá obligada a su pago inmediato.

TERCERA.– Vigencia y duración

El presente contrato surtirá efectos desde la fecha de su firma por ambas partes y permanecerá vigente hasta el cumplimiento íntegro de todas las obligaciones contractuales, extendiéndose durante el periodo necesario para garantizar:

i. La finalización completa de la producción del Proyecto, conforme a lo previsto en el Anexo II ("Memoria de Producción") y el Anexo III ("Calendario"), incluyendo la entrega y aceptación formal por el Promotor de todos los materiales pactados.

ii. La cesión efectiva y definitiva a favor del Promotor de todos los derechos de propiedad intelectual, industrial y de imagen que resulten necesarios para la explotación pacífica del Proyecto con la máxima amplitud posible, en los términos establecidos en la estipulación 11 y demás disposiciones aplicables, sin limitación territorial ni temporal.

iii. El cumplimiento total de las obligaciones asumidas por ambas partes, incluidas las relativas a garantías, indemnidades, confidencialidad y cualquier otra obligación derivada del presente contrato.

En todo caso, la vigencia del contrato se entenderá prorrogada automáticamente hasta la completa formalización de la cesión de derechos y la satisfacción de todas las obligaciones pendientes, sin perjuicio de las acciones que correspondan en caso de incumplimiento.

CUARTA.– Facultades de las Partes

a) Facultades del Promotor:

El Promotor se reserva, con carácter irrenunciable, las siguientes facultades:

i. Control y supervisión: Realizar el seguimiento del desarrollo de la producción en todas sus fases, verificando su adecuación a lo pactado en el Anexo II ("Memoria de Producción") y demás documentación contractual, pudiendo formular observaciones y requerir medidas correctoras hasta la obtención y aceptación formal de la versión definitiva del Proyecto.

ii. Acceso a información: Solicitar y obtener, a primer requerimiento, toda la información necesaria sobre la producción, incluyendo copias de contratos, licencias, permisos, pólizas, facturas y demás documentación mercantil, contable o técnica, con facultad para efectuar dicho control directamente o a través de terceros designados, incluso en las instalaciones de la Productora.

iii. Designación de responsable: Nombrar un responsable que actuará como interlocutor único frente a la Productora, cuya aprobación será requisito indispensable para cualquier decisión relevante sobre la producción, especialmente respecto a la versión definitiva de las obras que integran el Proyecto.

iv. Coordinación interna: En caso de existir varios responsables designados por el Promotor, éstos deberán nombrar un portavoz que transmitirá instrucciones vinculantes a la Productora en nombre del Promotor durante todo el proceso de producción.

b) Facultades de la Productora:

La Productora se reserva las siguientes facultades:

i. Solicitud de adjudicación: Requerir al Promotor la entrega del documento formal de adjudicación del Proyecto.

ii. Acceso a información esencial: Solicitar al Promotor la información, especificaciones y documentación necesarias para la correcta ejecución del Proyecto.

iii. Propuestas técnicas: Formular indicaciones o sugerencias para el adecuado desarrollo del Proyecto, incluyendo la colaboración del Promotor en la revisión de informes y otorgamiento de aprobaciones en tiempo oportuno, o en su caso, la comunicación motivada de disconformidad.

iv. Exoneración por versiones no autorizadas: Quedar eximida de toda responsabilidad derivada de la explotación, difusión o uso por parte del Promotor de cualquier versión del Proyecto que no haya sido expresamente aprobada por la Productora.

QUINTA.– Obligaciones del Promotor

El Promotor se obliga a:

a) Cumplimiento contractual y pago:

Cumplir en plazo con todas las obligaciones asumidas en el presente contrato, incluyendo el pago íntegro y puntual de los honorarios y demás cantidades pactadas en el Anexo I (Presupuesto), en las fechas previstas en el Anexo II (Memoria de Producción). El incumplimiento de esta obligación facultará a la Productora para suspender la ejecución del Proyecto hasta la regularización del pago, sin perjuicio de las acciones legales que correspondan.

b) Entrega de materiales e información:

Facilitar a la Productora, en tiempo y forma, todos los materiales, creaciones publicitarias, información, especificaciones y documentación necesarios para la correcta ejecución del Proyecto. Dichos elementos deberán ser completos, exactos y adecuados, garantizando que su uso no infringe derechos de terceros ni vulnera normativa aplicable. El Promotor responderá frente a la Productora por cualquier reclamación derivada de la falta de titularidad o licencias sobre dichos materiales.

c) Colaboración activa y aprobaciones:

Colaborar con la Productora en la revisión de informes y otorgamiento de las aprobaciones solicitadas, en los plazos acordados, o en su caso, comunicar de forma motivada las razones de disconformidad. El Promotor se compromete a mantener una coordinación eficaz para evitar retrasos en la producción.

d) Designación de interlocutor único:

Nombrar un responsable que actuará como interlocutor único frente a la Productora, con facultades para transmitir instrucciones vinculantes y otorgar las aprobaciones necesarias durante todo el proceso de producción. En caso de existir varios responsables, el Promotor deberá designar un portavoz que centralice la comunicación, evitando contradicciones y garantizando la validez de las decisiones adoptadas.

e) Garantía de derechos y licencias:

Asegurar que todo material, marca, imagen, pista de música, diseño o elemento facilitado a la Productora cuenta con las autorizaciones necesarias para su uso en el Proyecto, manteniendo indemne a la Productora frente a cualquier reclamación de terceros por infracción de derechos de propiedad intelectual, industrial o de imagen.

SEXTA.– Obligaciones de la Productora

La Productora se compromete a cumplir todas las obligaciones derivadas del presente contrato, ajustándose estrictamente al Presupuesto, Memoria de Producción y Calendario estimado, expresamente aprobados por ambas partes y que se incorporan como Anexos I, II y III, formando parte inseparable del mismo.

Corresponden a la Productora las siguientes obligaciones:

a) Recursos humanos y técnicos:

Proporcionar personal suficiente, debidamente cualificado y especializado, así como todos los recursos técnicos y materiales necesarios para la ejecución del Proyecto, garantizando los más altos estándares de calidad conforme a los usos y prácticas de la industria audiovisual.

b) Cumplimiento normativo:

Cumplir todas las disposiciones legales vigentes en materia tributaria, laboral, sindical, de Seguridad Social, prevención de riesgos laborales y seguridad e higiene, respecto de todos los proveedores, agentes, trabajadores y personal subcontratado que intervengan en la ejecución del Proyecto, asumiendo la responsabilidad exclusiva por cualquier incumplimiento.

c) Seguro de responsabilidad civil:

Contratar y mantener vigente un Seguro de Responsabilidad Civil por un importe mínimo de .... euros, que cubra las contingencias derivadas del cumplimiento y desarrollo del Proyecto, así como los daños a terceros durante el periodo comprendido entre el inicio y la finalización del rodaje. La Productora se obliga a acreditar, a requerimiento del Promotor, la existencia de la póliza y el pago de las primas correspondientes.

d) Permisos y licencias:

Gestionar y obtener, por su exclusiva cuenta y cargo, todos los permisos, licencias y autorizaciones necesarios para la correcta ejecución del Proyecto, respondiendo frente al Promotor por cualquier daño o perjuicio derivado de su incumplimiento. En caso de imposibilidad sobrevenida por causas extraordinarias, la Productora propondrá alternativas para minimizar los daños.

e) Confidencialidad del personal:

Garantizar que todo el personal adscrito al Proyecto cumple puntualmente con los encargos asignados y observa estrictamente los deberes de confidencialidad y no divulgación respecto de cualquier información o documentación relacionada con el Proyecto, conforme a lo previsto en la estipulación 18.

f) Obligaciones específicas en la producción audiovisual:

- Negociar y contratar, por su cuenta y riesgo, al director-realizador, productor y demás equipo técnico y artístico, así como los recursos técnicos necesarios para la producción.

- Mantener a disposición del Promotor un listado actualizado de los principales miembros del equipo técnico y artístico, entregándolo a primer requerimiento. El Promotor podrá solicitar la sustitución de cualquier miembro, asumiendo los costes derivados de dicha sustitución si la solicitud proviene del Promotor.
- Asumir todos los gastos y retribuciones detallados en los anexos, incluyendo extras, dietas, desplazamientos, copias de materiales, alquileres de equipos, localizaciones, decorados, grabación, sonorización, platós, etc.
- Obtener, con carácter previo a la ejecución, todas las autorizaciones y/o cesiones de derechos de propiedad intelectual, industrial, imagen y otros derechos análogos sobre las aportaciones, intervenciones o prestaciones realizadas para la producción, con la amplitud suficiente para garantizar la cesión pactada en favor del Promotor. Se excluyen los derechos sobre materiales aportados directamente por el Promotor.
- Contratar, en su nombre y a su cargo, los seguros necesarios para la prestación de los servicios audiovisuales, con compañías de acreditada solvencia, sin perjuicio de lo previsto en la estipulación 17.
- Implementar las medidas necesarias para obtener los consentimientos y autorizaciones requeridos por personas, entidades o autoridades administrativas participantes.
- Realizar las adaptaciones o modificaciones necesarias en guiones, montajes y demás elementos creativos conforme a las indicaciones del Promotor, sin derecho a contraprestación adicional, salvo que dichas modificaciones no estuvieran contempladas en el *briefing* o en el Anexo II, en cuyo caso se requerirá la aprobación previa de un presupuesto adicional.
- Ejecutar todas las funciones propias de la producción ejecutiva conforme a los usos y prácticas de la industria audiovisual.

g) Conservación y devolución de Materiales del Promotor:

La Productora se compromete a respetar de forma rigurosa todas las instrucciones que le proporcione el Promotor para garantizar la correcta conservación, custodia y utilización de los materiales que éste le entregue (en adelante, los "Materiales del Promotor"), adoptando las medidas técnicas y organizativas necesarias para evitar su deterioro, pérdida, destrucción o uso indebido.

La Productora procederá a la devolución íntegra de los Materiales del Promotor al finalizar la producción o en cualquier otro momento en que así lo requiera el Promotor, en el plazo máximo de .... días naturales desde la recepción de la correspondiente notificación, en el mismo estado en que fueron entregados, salvo el desgaste propio del uso autorizado.

h) Uso de Marcas y signos distintivos:

Entre los Materiales del Promotor podrán incluirse marcas, logotipos, nombres comerciales, diseños, elementos publicitarios y/o signos distintivos titularidad del Promotor o de terceros respecto de los cuales el Promotor ostenta la correspondiente licencia (en adelante, las "Marcas").

Con la entrega de dichos materiales, el Promotor concede a la Productora una autorización limitada, no exclusiva, intransferible y revocable para utilizar las Marcas únicamente en el marco del Proyecto y para los fines expresamente autorizados, siguiendo las directrices de imagen corporativa que el Promotor proporcione en cada momento.

La Productora se compromete, en todo caso, a:

i. No alterar, modificar ni desnaturalizar las Marcas bajo ningún concepto.

ii. No utilizar las Marcas de manera que pueda perjudicar el prestigio, reputación o imagen del Promotor o de los terceros titulares.

iii. No asociar las Marcas con otros signos, marcas o elementos no autorizados previamente y por escrito por el Promotor.

iv. Cumplir todas las indicaciones que el Promotor transmita para la protección, mantenimiento y preservación de la fuerza distintiva y renombre de las Marcas.

La Productora no podrá conceder sublicencias ni autorizaciones de uso de las Marcas a terceros, ni permitir su utilización fuera del ámbito del Proyecto, sin el consentimiento previo, expreso y por escrito del Promotor. El incumplimiento de estas obligaciones facultará al Promotor para revocar la autorización y exigir la retirada inmediata de las Marcas, sin perjuicio de las acciones legales que correspondan por daños y perjuicios.

SÉPTIMA.– Precio y Presupuesto

La Productora se compromete a ejecutar la totalidad del Proyecto objeto del presente contrato dentro del límite presupuestario detallado en el Anexo I (Presupuesto), asumiendo la obligación de aportar todos los medios técnicos, humanos y materiales necesarios para su correcta ejecución, con plena responsabilidad respecto de sus obligaciones legales de carácter laboral, civil, mercantil, fiscal y de seguridad social.

Se excluyen expresamente de este compromiso los medios que hayan sido impuestos o contratados directamente por el Promotor con carácter previo, tales como trabajadores del Promotor, celebridades, embajadores de marca, influencers o elenco propuesto por el Promotor.

El precio total por la prestación de los servicios será de .... euros, más los impuestos que correspondan conforme a la legislación vigente.

La contraprestación pactada comprende, con carácter enunciativo y no limitativo:

i. La remuneración por todos los conceptos y prestaciones que la Productora se obliga a aportar para la realización del Proyecto, incluida la cesión de derechos de propiedad intelectual, industrial y de imagen sobre todas las ideas, creatividades y aportaciones realizadas en virtud del presente contrato.

ii. El pago de las remuneraciones correspondientes a directores, realizadores, artistas, intérpretes, autores y demás titulares de derechos que participen en el Proyecto, tanto por la prestación de sus servicios como por la cesión de sus derechos, salvo aquellos derechos de remuneración que, conforme a la normativa aplicable, deban ser gestionados a través de entidades de gestión colectiva.

iii. La gestión y pago de los derechos de fijación, sincronización y demás autorizaciones necesarias para la incorporación de obras musicales, audiovisuales, plásticas o de cualquier otra naturaleza en el Proyecto.

iv. El pago por cualesquiera derechos adicionales que resulten necesarios para garantizar la explotación pacífica e ilimitada del Proyecto por parte del Promotor, conforme a lo previsto en la estipulación 11.

OCTAVA.– Facturación y forma de pago

El pago de las cantidades indicadas se realizará conforme al calendario y procedimiento establecidos en el Anexo II (Memoria de Producción). Todos los impuestos y tasas serán asumidos por la parte a la que correspondan según la normativa vigente.

Las facturas deberán cumplir los requisitos fiscales y mercantiles aplicables, extendiéndose en original y una copia, y no podrán tener fecha anterior a la indicada en el presente contrato. Las facturas deberán remitirse a la dirección designada por el Promotor.

En caso de discrepancia sobre alguna partida o reclamación de terceros, dicha partida será excluida de la factura, abonándose el resto, e incorporándose la partida discutida en la siguiente factura una vez resuelta la controversia.

Como condición para el pago, la Productora deberá entregar al Promotor el certificado acreditativo de encontrarse al corriente en el cumplimiento de sus obligaciones tributarias, conforme al artículo 43.1.f) de la Ley General Tributaria (Ley 58/2003). Dicho certificado tendrá una validez de doce (12) meses desde su emisión y deberá renovarse anualmente mientras dure la relación contractual.

NOVENA.– Calendario de Producción.

La Productora y el Promotor se obligan a cumplir estrictamente el Calendario de Producción previsto en el Anexo III ("Calendario estimado"), que forma parte integrante del presente contrato.

La entrega del máster final y de cualquier otro material definitivo especificado en la Memoria de Producción se realizará en fecha ...., salvo que las partes pacten por escrito una modificación.

El incumplimiento por parte de la Productora del calendario, cuando no sea imputable al Promotor, facultará a éste para reclamar a la Productora la correspondiente indemnización por daños y perjuicios, incluyendo los costes adicionales, penalizaciones contractuales con terceros y cualquier pérdida derivada del retraso, salvo en supuestos de caso fortuito o fuerza mayor debidamente acreditados.

Si el retraso obedece a causas justificadas o a modificaciones solicitadas por el Promotor que afecten a la fecha de entrega, las partes fijarán de común acuerdo una nueva fecha y, en su caso, ajustarán el presupuesto conforme a las variaciones introducidas. Esta misma regla se aplicará cuando las modificaciones impliquen costes adicionales no contemplados en el presupuesto inicial.

DÉCIMA.– Aspectos laborales y tributarios.

La Productora, como empleadora del personal que intervenga en la ejecución del Proyecto, asume todas las obligaciones derivadas de la legislación laboral, de Seguridad Social y de prevención de riesgos laborales, así como las disposiciones fiscales y mercantiles vigentes.

La Productora declara:

a) Estar al corriente en el pago de salarios y cuotas a la Seguridad Social, acreditándolo mediante el certificado de la Entidad Gestora previsto en el artículo 42.1 del Estatuto de los Trabajadores, que aportará en el momento de la firma y cada vez que sea requerido por el Promotor.

b) Cumplir con las obligaciones en materia de Prevención de Riesgos Laborales, garantizando la seguridad y salud de todo el personal adscrito al Proyecto.

c) Estar al corriente en el cumplimiento de sus obligaciones tributarias, aportando el certificado de la Agencia Tributaria conforme al artículo 43 de la Ley General Tributaria (Ley 58/2003), tanto en la firma del contrato como cuando sea requerido por el Promotor.

El Promotor queda exonerado de cualquier responsabilidad subsidiaria frente a la Administración o frente a los empleados de la Productora. En consecuencia, la Productora será responsable y mantendrá indemne al Promotor frente a cualquier reclamación, sanción o procedimiento derivado del incumplimiento de sus obligaciones laborales, fiscales o de seguridad social, incluyendo los costes de defensa jurídica.

UNDÉCIMA.– Derechos de Propiedad Intelectual

Salvo disposición expresa en el Anexo II (Memoria de Producción), la Productora cede y transfiere en exclusiva al Promotor, desde el momento de la creación y con carácter irrevocable, todos los derechos de explotación que, conforme a la legislación española y normativa internacional aplicable, se deriven o puedan derivarse de la ejecución del Proyecto, por todo el plazo de protección legal y sin limitación territorial ni de medios.

Esta cesión comprende la facultad del Promotor para ejercer los derechos directamente o a través de terceros, con carácter gratuito u oneroso, y para cederlos total o parcialmente, en exclusiva o no, a cualquier tercero, sin necesidad de autorización adicional de la Productora, que presta su consentimiento expreso en este acto.

La cesión incluye, con carácter enunciativo y no limitativo, los siguientes derechos patrimoniales reconocidos por la Ley de Propiedad Intelectual:

Derecho de Reproducción: Facultad de fijar o hacer fijar la obra, total o parcialmente, de forma provisional o permanente, sobre cualquier soporte físico o digital, por cualquier sistema o procedimiento, incluyendo la digitalización y almacenamiento electrónico.

Derecho de Distribución: Facultad de poner a disposición del público el original o copias de la obra en cualquier soporte tangible, mediante venta, alquiler, préstamo o cualquier otra forma de transferencia temporal o definitiva.

Derecho de Comunicación Pública: Facultad de realizar cualquier acto que permita el acceso de una pluralidad de personas a la obra sin previa distribución de ejemplares, por cualquier medio, soporte o sistema, incluyendo:

(i) Proyección, exhibición o emisión en lugares accesibles al público.

(ii) Radiodifusión terrestre o por satélite, analógica o digital.

(iii) Transmisión por cable, fibra óptica u otros medios análogos.

(iv) Retransmisión simultánea o diferida por entidad distinta de la de origen.

(v) Puesta a disposición interactiva en Internet o redes similares, bajo demanda.

(vi) Inclusión en bases de datos accesibles al público.

Derecho de Transformación: Facultad de adaptar, modificar o transformar la obra para generar obras derivadas, incluyendo traducción, doblaje, subtitulado, cambios de título, fragmentación, montaje y cualquier otra modificación necesaria para su explotación.

Explotaciones Derivadas y Secundarias: Facultad de utilizar o licenciar elementos de la obra (título, personajes, imágenes, decorados, vestuario, etc.) para productos derivados, merchandising, videojuegos, aplicaciones interactivas, servicios online y nuevas tecnologías, así como la utilización de extractos, secuencias, fotogramas o elementos sonoros en otras obras o producciones.

Asimismo, se incluyen los derechos de remuneración reconocidos por la legislación vigente a los productores audiovisuales y fonográficos (copia privada, retransmisión por cable, comunicación pública en lugares accesibles al público, etc.), así como los derechos sobre premios y reconocimientos.

Se entienden incluidos en la cesión todos los elementos creados en el marco del Proyecto: masters originales de imagen y sonido, brutos, descartes, copias, guiones, fotografías, artes finales, maquetas, shooting boards, storyboards, materiales preparatorios y promocionales, así como los necesarios para doblaje y subtitulado.

Si para la correcta ejecución de los Servicios el Promotor entrega a la Productora documentación, marcas o cualquier otro material (en adelante, "Materiales del Promotor"), su uso por la Productora no implicará adquisición de derecho alguno sobre ellos.

El Promotor podrá autorizar a la Productora, de forma no exclusiva y limitada, el uso de dichos materiales únicamente para cumplir las obligaciones derivadas del presente contrato, durante su vigencia y conforme a lo estipulado.

Una vez obtenida la versión definitiva de las obras y tras su comunicación pública por el Promotor o terceros autorizados, la Productora podrá utilizar fragmentos o la totalidad de la producción con fines curriculares y promocionales, exclusivamente en:

a) Bobina profesional de la Productora.

b) Página web oficial (sin opción de descarga).

c) Redes sociales propias.

Será necesaria autorización expresa del Promotor para:

a) Versiones diferentes a las aprobadas.

b) Presentación en festivales o concursos.

En todo caso, la Productora deberá respetar las directrices de imagen corporativa y las obligaciones sobre marcas y materiales del Promotor.

La Productora se obliga a:

i. Obtener previamente y por escrito todas las autorizaciones, licencias y cesiones de derechos de propiedad intelectual, industrial y de imagen de terceros intervinientes (actores, modelos, compositores, intérpretes, editores, etc.), garantizando que dichas cesiones se realizan a favor del Promotor con la amplitud necesaria para permitir la explotación pacífica del Proyecto.

ii. Suscribir cuantos documentos sean necesarios para la plena efectividad de la cesión, incluyendo contratos, escrituras, apoderamientos y registros ante autoridades competentes.

iii. No realizar ningún acto que impida o dificulte el ejercicio pacífico de los derechos cedidos.

Si el incumplimiento por parte de la Productora de cualquiera de las obligaciones o garantías recogidas en esta cláusula diera lugar a una reclamación contra el Promotor por violación de derechos de propiedad intelectual y/o industrial, la Productora se compromete a resarcir al Promotor por todos los gastos y perjuicios ocasionados, incluyendo indemnizaciones, intereses, honorarios de abogados y procuradores, costas judiciales, peritajes y cualquier otro concepto derivado de la reclamación.

DUODÉCIMA.– Derechos de imagen

La Productora se encargará de gestionar los derechos de imagen de los intervinientes en los spots, conforme a los términos, límites y condiciones establecidos en la Memoria de Producción y/o en el Presupuesto.

En caso de que sea necesaria la renovación de dichos derechos por ampliación de plazos, territorios o medios de difusión, la Productora se compromete a emplear sus mejores esfuerzos para obtener dicha renovación. No obstante, la decisión final sobre la concesión de la renovación corresponderá, en todo caso, al titular de los derechos cedidos.

DECIMOTERCERA.– Entrega y custodia de materiales.

La Productora entregará al Promotor todos los materiales del Proyecto conforme a lo previsto en los Anexos II ("Memoria de Producción") y III ("Presupuesto").

Previo requerimiento del Promotor, la Productora deberá entregar un archivo compacto que incluya las imágenes de interés, incorporando, en su caso, tomas falsas y cualquier otro material que pueda resultar útil para el archivo definitivo del Promotor.

La entrega del material del Proyecto se realizará en formato digital, cumpliendo los parámetros de calidad establecidos en el Anexo II ("Memoria de Producción") y dentro de los plazos fijados en el Anexo III ("Calendario estimado"), garantizando en todo caso la periodicidad prevista para la emisión del Proyecto.

El Promotor podrá rechazar los materiales entregados si el contenido no coincide con los elementos aprobados o con las modificaciones posteriores autorizadas por escrito.

Asimismo, el Promotor podrá solicitar la realización de cambios en las obras audiovisuales que integran el Proyecto cuando, tras el visionado técnico, se detecten defectos en la calidad pactada entre las partes, todo ello sin coste adicional para el Promotor.

La Productora será responsable de la custodia de los materiales audiovisuales que el Promotor le confíe durante un plazo de .... años contados desde la entrega del máster final de producción correspondiente al Proyecto ejecutado.

DECIMOCUARTA.– Compromisos y garantías.

La Productora formula las siguientes declaraciones, compromisos y garantías, que constituyen condiciones esenciales para la contratación de sus servicios por el Promotor, aplicables desde la firma del presente contrato y durante toda su vigencia:

a) Que es una sociedad válidamente constituida conforme a la legislación española.

b) Que aportará todos los medios y recursos necesarios para la ejecución del Proyecto, siendo de su exclusiva responsabilidad la reposición o sustitución de aquellos que resulten necesarios. En consecuencia, asumirá íntegramente el cumplimiento de las obligaciones fiscales, laborales, sociales y mercantiles derivadas de la gestión y contratación del personal y medios materiales afectos al Proyecto.

c) Que las personas físicas o jurídicas que intervengan en el Proyecto bajo su responsabilidad serán contratadas conforme a la normativa aplicable y se encontrarán al corriente de todas sus obligaciones legales, especialmente en materia laboral, fiscal y de Seguridad Social.

d) Que las personas seleccionadas para participar en el Proyecto estarán vinculadas contractualmente a la Productora conforme a la normativa vigente, en particular la legislación laboral y fiscal.

e) Que el Proyecto y las obras audiovisuales que lo integran, así como los materiales asociados, no infringen ni infringirán derechos de terceros, incluidos derechos de propiedad intelectual, industrial, honor, intimidad, imagen o reputación. Salvo disposición contraria en el Anexo II ("Memoria de Producción"), la Productora será la única responsable de obtener las cesiones, autorizaciones y licencias necesarias para la realización y explotación del Proyecto.

f) Que garantizará que el Proyecto y las obras que lo componen no vulneran normas sobre:

(i) Propiedad intelectual e industrial;

(ii) Derecho de la competencia y competencia desleal;

(iii) Protección del honor, intimidad, propia imagen y privacidad;

(iv) Protección de datos personales;

(v) Responsabilidad empresarial y medioambiental; ni infringirán derechos u obligaciones de naturaleza civil, penal, administrativa o de cualquier otra índole.

g) Que dispone y mantendrá vigentes todos los permisos, autorizaciones administrativas y licencias legalmente exigibles para la ejecución del Proyecto, así como un seguro combinado de producción con compañía de acreditada solvencia y las coberturas necesarias en materia de riesgos laborales y responsabilidad civil.

h) Que, a través de su servicio propio o externo de Prevención de Riesgos Laborales, podrá acreditar ante el Promotor, si éste lo solicita, mediante certificados expedidos por la entidad correspondiente:

i. Cumplimiento de la normativa en materia de prevención.

ii. Realización de la evaluación de riesgos.

iii. Formación e información del personal en prevención.

iv. Vigilancia de la salud del personal adscrito al Proyecto.

i) Que informará al Promotor de forma inmediata sobre cualquier circunstancia que pudiera implicar la infracción de derechos de propiedad intelectual, industrial o de terceros en relación con la explotación del Proyecto.

j) Que el Promotor no deberá abonar cantidad alguna ni royalties a terceros por el ejercicio de los derechos cedidos en virtud del presente contrato.

k) Que cumplirá con la normativa medioambiental aplicable (europea, estatal, autonómica y local), asumiendo la responsabilidad por su incumplimiento. En particular, la Productora se compromete a:

i. Minimizar el uso de plásticos, fomentando menaje reutilizable y envases retornables.

ii. Reducir el consumo de papel, priorizando medios digitales y, cuando sea necesario, empleando papel reciclado o certificado (FSC, PEFC).

iii. Favorecer la contratación de proveedores que promuevan la inclusión social y laboral.

iv. Disponer de contenedores para la segregación y gestión adecuada de residuos.

v. Respetar la conservación del medio ambiente en rodajes exteriores, restaurando los espacios a su estado original una vez finalizada la producción.

DECIMOQUINTA.– Terminación, Resolución y Suspensión del Contrato

15.1 Terminación convencional

El presente contrato podrá darse por terminado por las siguientes causas:

(i) Por el transcurso íntegro del período de vigencia pactado.

(ii) Por fusión, escisión, cesión global de activo y pasivo o transmisión de participaciones sociales de la Productora que determine que la sociedad resultante, beneficiaria o cesionaria quede bajo el control de empresas competidoras actuales o potenciales del Promotor o de su grupo.

(iii) Cuando la Productora enajene o grave más del 25% de sus bienes o derechos en un plazo inferior a seis meses, en condiciones económicas inferiores a las de mercado atendida la naturaleza de dichos bienes, o cuando modifique sustancialmente su objeto social, actividades o naturaleza jurídica de forma que afecte negativamente a su solvencia.

15.2 Resolución

Sin perjuicio de lo anterior, el contrato podrá resolverse en los siguientes supuestos:

a) Por cualquiera de las partes, en caso de incumplimiento sustancial de las obligaciones contractuales por la otra parte, siempre que, tras requerimiento escrito para subsanar el incumplimiento, éste no se haya corregido en el plazo de .... días naturales.

b) Por el Promotor, sin necesidad de alegar causa, mediante notificación escrita con una antelación mínima de .... meses. En este caso, el Promotor abonará a la Productora las cantidades pendientes, el margen industrial correspondiente al trabajo efectivamente realizado y los costes en que hubiera incurrido hasta la fecha de la notificación, siempre que sean imputables al Promotor conforme a lo pactado.

c) Por incumplimiento grave o reiterado de la Productora respecto a las fechas de ejecución previstas en el Plan de Producción.

d) Por falta de obtención por la Productora de los derechos que se ceden en virtud del presente contrato.

e) Por cesión o explotación, en beneficio propio o de terceros, de los derechos que corresponden al Promotor o que hayan sido cedidos por la Productora en el marco del contrato.

15.3 Aplazamiento o suspensión

Si el Promotor solicitara unilateralmente, sin causa justificada, un cambio en las fechas previstas en el calendario del Proyecto, las partes negociarán de buena fe un nuevo calendario y, en su caso, un presupuesto ajustado que permita la continuidad de los servicios en condiciones satisfactorias.

En tal supuesto, el Promotor asumirá los gastos incurridos, devengados o comprometidos por la Productora hasta la fecha de la solicitud, siempre que sean inevitables y documentalmente justificados, así como los incrementos de coste previamente acordados entre las partes, incluyendo el beneficio industrial correspondiente.

La Productora se compromete a actuar con la máxima diligencia para reducir al mínimo los gastos y honorarios derivados del aplazamiento. Las partes formalizarán por escrito el acuerdo sobre el nuevo calendario y presupuesto. Si no fuera posible alcanzar dicho acuerdo por imposibilidad material o compromisos previos de la Productora con terceros, el aplazamiento se considerará cancelación definitiva, aplicándose las consecuencias previstas para la resolución.

Asimismo, si el aplazamiento o suspensión se debiera a causas imputables al Promotor, la Productora podrá reclamar los gastos ocasionados por la demora, incluyendo el beneficio industrial devengado hasta la fecha del incumplimiento.

DECIMOSEXTA.– Consecuencias de la terminación. Responsabilidad e Indemnizaciones

16.1 Obligaciones del Promotor

El Promotor se obliga a abonar a la Productora los servicios efectivamente prestados, en las cantidades, precios y condiciones estipuladas en el presente contrato.

Asimismo, el Promotor designará y facultará a una persona para adoptar las decisiones oportunas relativas al Proyecto, incluyendo la aprobación de los documentos que así lo requieran.

En el supuesto de que la Productora fuera objeto de una reclamación judicial, extrajudicial, administrativa o de cualquier otra índole derivada de un incumplimiento imputable al Promotor en la utilización de los derechos cedidos, el Promotor se compromete a mantener indemne a la Productora, asumiendo todos los costes, gastos, daños y perjuicios ocasionados, incluyendo, a título enunciativo:

i. Honorarios de abogados, procuradores, peritos, árbitros.

ii. Aranceles notariales, tasas públicas, derechos de funcionarios e impuestos directamente relacionados.

iii. Cantidades impuestas por resolución firme, judicial o laudo arbitral, incluidas indemnizaciones a terceros, multas, apremios, costas y cualquier otro concepto, incluso frente a Administraciones Públicas españolas o extranjeras.

16.2 Obligaciones de la Productora

La Productora responderá frente al Promotor y frente a terceros por los daños y perjuicios que, tanto ella como las personas de las que deba responder legal o contractualmente, pudieran ocasionar al Promotor, a su personal o a terceros, cuando dichos daños deriven de acciones u omisiones en el cumplimiento de sus obligaciones contractuales, mediando negligencia, culpa o dolo.

La Productora se compromete a mantener indemne al Promotor frente a cualquier reclamación de terceros por daños y perjuicios causados en el marco del Proyecto, asumiendo todos los costes y gastos derivados, incluyendo los conceptos detallados en el apartado anterior.

Asimismo, la Productora será responsable de cualquier reclamación por muerte o accidente de sus empleados o del personal a su cargo, exonerando al Promotor de toda responsabilidad. Igualmente, responderá por los daños que dichos empleados pudieran causar a otras personas o entidades, asumiendo todas las responsabilidades exigibles conforme a la legislación vigente.

En caso de concurrencia de culpas o intervención de terceros en la producción del daño, las responsabilidades se graduarán conforme al grado de intervención de cada parte.

La responsabilidad de la Productora no quedará limitada por la aprobación de documentos o informaciones proporcionadas por el Promotor, salvo que dichas informaciones condicionen de forma determinante la producción del Proyecto o se basen en datos no accesibles para la Productora.

En todo caso, la aprobación por el Promotor de cualquier documento o proyecto no exime a la Productora, como autora del mismo, de la responsabilidad prevista en este contrato.

Sin perjuicio de lo anterior, si la Productora fuera objeto de una reclamación judicial, extrajudicial, administrativa o de cualquier otra índole por las causas indicadas, se compromete a mantener indemne al Promotor, asumiendo todos los costes, gastos, daños y perjuicios ocasionados, incluyendo, a título enunciativo:

i. Honorarios de abogados, procuradores, peritos, árbitros y amigables componedores.

ii. Aranceles notariales, tasas públicas, derechos de funcionarios e impuestos directamente relacionados.

iii. Cantidades impuestas por resolución firme, judicial o laudo arbitral, incluidas indemnizaciones a terceros, multas, apremios, costas y cualquier otro concepto, incluso frente a Administraciones Públicas españolas o extranjeras.

DECIMOSÉPTIMA.– Fuerza Mayor

Ninguna de las Partes será responsable por el incumplimiento de sus obligaciones contractuales cuando dicho incumplimiento sea consecuencia de Fuerza Mayor o Caso Fortuito, conforme a lo dispuesto en el Código Civil.

La aparición de una situación de Fuerza Mayor o Caso Fortuito deberá ser comunicada por escrito a la otra Parte en un plazo máximo de .... horas desde que la Parte afectada tenga conocimiento de su existencia.

Cada Parte se compromete a emplear sus mejores esfuerzos, dentro de lo razonablemente posible, para evitar o mitigar los efectos derivados de la situación de Fuerza Mayor o Caso Fortuito, así como para procurar la continuidad del presente contrato.

En tales casos, los plazos para el cumplimiento de las obligaciones contractuales se prorrogarán automáticamente por un período equivalente al tiempo perdido como consecuencia de la situación de Fuerza Mayor o Caso Fortuito.

Si la situación de Fuerza Mayor o Caso Fortuito afectara a la totalidad de las obligaciones de una Parte, o a una parte sustancial de las mismas, y se prolongara de forma ininterrumpida durante más de .... meses, la Parte no afectada podrá instar la resolución del contrato, mediante notificación escrita con una antelación mínima de .... días naturales.

La resolución del contrato por esta causa no eximirá a las Partes del cumplimiento de las obligaciones surgidas con anterioridad a la situación de Fuerza Mayor o Caso Fortuito.

En todo caso, la Productora se compromete a actuar con la máxima diligencia para reducir al mínimo los gastos y honorarios que pudieran devengarse o comprometerse durante la situación de Fuerza Mayor.

Si se produjera la resolución del contrato por esta causa, el Promotor abonará a la Productora todas las cantidades pendientes de pago, así como los costes en que ésta hubiera incurrido con anterioridad a la notificación de la resolución y que sean imputables al Promotor conforme a lo estipulado en el presente contrato.

DECIMOCTAVA.– Seguros

La Productora se obliga a suscribir y mantener en vigor, durante toda la vigencia del presente contrato y a su exclusivo cargo, las siguientes pólizas de seguro:

a) Seguros Sociales: Cobertura de todos los trabajadores asignados a la producción de la obra audiovisual, conforme a lo dispuesto por la legislación vigente.

b) Seguro de Responsabilidad Civil: Para cubrir las reclamaciones de terceros derivadas de la ejecución de las obligaciones contractuales, por daños materiales o personales y sus perjuicios consecuenciales. Esta póliza deberá cumplir las siguientes condiciones:

   i. Contar con un capital asegurado mínimo de ....euros, conforme a lo previsto en la estipulación 6.c) del presente contrato.

   ii. Incluir expresamente la cobertura de Responsabilidad Civil Patronal, frente a reclamaciones de empleados de la Productora y de sus subcontratistas.

Las pólizas mencionadas actuarán como cobertura primaria, respondiendo en primera instancia frente a cualquier otra póliza que pudiera resultar aplicable.

Los seguros deberán contratarse con entidades aseguradoras de reconocida solvencia y prestigio. Sin perjuicio de lo anterior, la Productora podrá suscribir, a su cargo, pólizas complementarias que estime necesarias para garantizar la cobertura total de sus riesgos y responsabilidades derivados del contrato.

La Productora queda obligada a informar por escrito al Promotor de cualquier incidencia que afecte a la vigencia o condiciones de las pólizas contratadas. Asimismo, el Promotor podrá requerir en cualquier momento la entrega del original de las pólizas o copias legitimadas, así como los recibos o justificantes que acrediten el pago de las primas correspondientes.

La Productora, bajo su exclusiva responsabilidad, exigirá a sus subcontratistas la contratación de los seguros necesarios, sin que ello le exima de su responsabilidad frente al Promotor.

El coste de todas las pólizas contratadas deberá figurar en el presupuesto de producción correspondiente. La Productora no estará obligada a contratar ningún seguro adicional al mencionado en la estipulación 6.c) que no esté expresamente reflejado en dicho presupuesto.

DECIMONOVENA.– Confidencialidad

Durante la ejecución del Proyecto objeto del presente contrato, ambas Partes, asumiendo un compromiso recíproco de confidencialidad, podrán suministrarse información propia, incluyendo comunicaciones verbales, que tenga carácter confidencial (en adelante, la "Información Confidencial").

Cada Parte se obliga a mantener estrictamente la confidencialidad de la Información Confidencial recibida de la otra Parte, absteniéndose de venderla, cederla, publicarla, reproducirla o divulgarla por cualquier medio, sin el consentimiento previo y por escrito de la Parte que la revele (en adelante, el "Revelador").

Se considerará Información Confidencial toda aquella relativa a clientes, ventas, productos, sistemas de organización y funcionamiento, así como cualquier otro dato de naturaleza similar, recogido en soporte físico o electrónico, salvo que se indique expresamente lo contrario.

No obstante, no tendrá la consideración de Información Confidencial aquella que el receptor (en adelante, el "Receptor") pueda demostrar fehacientemente que:

a) Es de conocimiento público o accesible al público sin mediar acto u omisión del Receptor.

b) Era conocida por el Receptor antes de su entrega, sin obligación de confidencialidad.

c) Ha sido desarrollada de forma independiente por el Receptor, sin acceso a la Información Confidencial.

El Receptor deberá tratar la Información Confidencial con el mismo grado de diligencia que aplica a su propia información reservada, y nunca inferior al estándar de un buen profesional. La Información Confidencial solo podrá ser compartida con empleados, agentes, asesores o entidades del mismo grupo empresarial que tengan interés directo en el Proyecto, garantizando que todos ellos respeten las obligaciones de confidencialidad.

En caso de revelación a terceros, el Receptor deberá suscribir con éstos un acuerdo de confidencialidad equivalente al presente, respondiendo frente al Revelador por cualquier incumplimiento.

La Información Confidencial podrá ser revelada únicamente cuando exista requerimiento legal por parte de autoridad judicial, administrativa o reguladora, siempre que:

a) Se entregue conforme a las disposiciones aplicables sobre tratamiento confidencial; y

b) Se limite su uso al propósito legalmente exigido.

Este contrato no otorga licencia ni autorización alguna para utilizar la Información Confidencial con fines distintos a los expresamente previstos. El incumplimiento de estas obligaciones facultará a la Parte afectada para reclamar la indemnización por los daños y perjuicios ocasionados, sin perjuicio de otras acciones legales que correspondan.

El Revelador podrá exigir la devolución o destrucción de la Información Confidencial, obligación que el Receptor deberá cumplir en un plazo máximo de .... días naturales desde el requerimiento.

Las obligaciones de confidencialidad subsistirán durante la vigencia del contrato y por un período adicional de .... años tras su terminación.

VIGÉSIMA.– Protección y tratamiento de Datos de carácter personal

Cada Parte, como responsable del tratamiento, informa que los datos personales de:

(i) Los firmantes del contrato (datos identificativos, de contacto, firma y documentación acreditativa de representación).

(ii) Las personas designadas para notificaciones o coordinación del Proyecto (datos identificativos y de contacto).

Serán tratados con la finalidad de gestionar la ejecución, desarrollo, control y cumplimiento del presente contrato, así como para el cumplimiento de obligaciones legales, incluyendo las derivadas de la normativa sobre prevención del blanqueo de capitales y financiación del terrorismo.

Los datos se conservarán durante la vigencia del contrato y, una vez finalizado, quedarán bloqueados durante los plazos de prescripción legal, tras lo cual serán eliminados de forma segura.

Los firmantes y personas de contacto podrán ejercer sus derechos de acceso, rectificación, supresión, oposición, limitación del tratamiento y portabilidad, mediante solicitud escrita acompañada de copia de documento acreditativo de identidad, dirigida a:

Promotor: ....

Productora: ....

Asimismo, podrán contactar con el Delegado de Protección de Datos de cada Parte (si lo hubiera) en las direcciones indicadas y presentar reclamación ante la Agencia Española de Protección de Datos (www.aepd.es) si consideran vulnerados sus derechos.

Cada Parte asumirá las responsabilidades que le correspondan conforme a la normativa aplicable en materia de protección de datos. La Productora garantiza que, en caso de acceso autorizado, aplicará las medidas técnicas y organizativas necesarias para garantizar la seguridad, confidencialidad e integridad de los Datos Personales, evitando su alteración, pérdida, tratamiento o acceso no autorizado.

El incumplimiento de estas obligaciones facultará al Promotor para exigir la indemnización por los daños y perjuicios ocasionados, sin perjuicio de otras acciones legales que correspondan.

VIGÉSIMOPRIMERA.– Resolución de conflictos

En caso de discrepancia entre lo dispuesto en el presente contrato y lo establecido en los anexos que forman parte integrante del mismo, prevalecerán las disposiciones contenidas en este contrato, salvo que los anexos regulen expresamente términos económicos, plazos u otras condiciones específicas, en cuyo caso se aplicará lo previsto en dichos anexos.

El presente contrato se regirá por lo expresamente pactado en el mismo, por la normativa mercantil aplicable y, en particular, por la legislación sobre competencia, propiedad intelectual e industrial. De forma supletoria, serán aplicables las disposiciones del Código Civil.

Para la interpretación, cumplimiento y ejecución del presente contrato, así como para la resolución de cualquier controversia derivada del mismo, las Partes, con renuncia expresa a cualquier otro fuero que pudiera corresponderles, se someten a la jurisdicción y competencia de los Tribunales de la ciudad de ....

Anexos:

Anexo I: Presupuesto.

Anexo II: Memoria de Producción.

Anexo III: Calendario estimado.

Anexo IV: Guion aprobado.

II.4. US CONTRACTS

F076. PRODUCT PLACEMENT AND CLEARANCE AGREEMENT

This product placement and clearance agreement ("Agreement") is made as of ____________________, 20__ (the "Effective Date") by and between ____________________ ("Company"), on the one hand, and ______________________ ("Owner"), on the other hand, in connection with Company's use of Owner's product known as ________________________ ("Product") in and in connection with Licensee's audiovisual production currently entitled "________________" (the "Project").

In consideration of the payment to Company in the amount of ____________________________ United States Dollars (US$ ________) (the "Payment") and other good and valuable consideration, receipt and sufficiency of which is hereby acknowledged, as set forth hereunder, Owner grants to Company, its subsidiaries, affiliates, nominees, licensees, their successors and assignees, and those acting with their authority, the non-exclusive irrevocable right to include, photograph, and film the Product, as well as all or part of the trademark(s), logo(s), photographs, artwork, text, and identifiable characters (collectively, the "Marks") associated with the Product for inclusion, reproduction, exhibition, and exploitation in and in connection with the Project, and in the advertising, publicizing, promotion, trailers, and exploitation thereof, throughout the universe, in perpetuity, by all manner, methods, and media, whether now known or hereafter devised. Owner acknowledges that all right, title, and interest in and to the Project is owned solely by Company.

Owner warrants and represents that: (i) it is the owner of all right, title, and interest in the Product and the Marks that appear in such Product or the direct provider of the service(s) as stated above or an authorized representative of the Product and the Marks that appear in such Product and/or the direct provider of the service(s); and (ii) it has the right to enter this Agreement and grant the rights granted to Company hereunder. Owner further warrants and represents that no other permissions need to be obtained by Company from any third-party persons and/or entities with respect to the usage of the Product and the Marks that appear in such Product and/or services in the Project as set forth herein. Company warrants and represents that Company shall use the Product in a recognizable manner in the Project as follows:

____

____

Neither Company's depiction nor Company's use of the Product hereunder shall intentionally disparage either Owner or the Product. Owner hereby indemnifies and holds Company harmless from and against all claims and expenses (including, without limitation, reasonable outside legal fees and expenses) incurred by reason of the breach of any warranty, undertaking, representation, agreement, or certification made hereunder by Owner's or Owner's negligent action or omissions hereunder.

All aspects of Owner's credit shall be determined in Company's sole discretion. No casual or inadvertent failure to accord credit as set forth above shall constitute a breach of this Agreement.

Company is not obligated to develop, produce, distribute, or otherwise exploit the Project or, if commenced, to continue the development, production, distribution, or exploitation of such. Regardless of whether or not Company elects to develop, produce, distribute, and/or exploit the Project, or commences the same, except as otherwise provided in this Agreement, Company is not obligated to include the Product(s) and the Marks that appear in such Product(s) and/or make use of the services in the Project, and, in any such event, Owner shall not be entitled to a refund of the Payment.

Owner shall not authorize, circulate, publish, or otherwise disseminate any news articles or publicity of any kind relating directly or indirectly to the use of the Product and/or Marks in the Project without the express written consent of Company.

Owner expressly understands and agrees that if Company breaches this Agreement, the damage, if any, caused Owner thereby will not be irreparable or otherwise sufficient to entitle Owner to injunctive or other equitable relief. Owner agrees that the rights and remedies available to Owner in any such event shall be strictly limited to the right, if any, to recover actual, monetary damages limited to the amount of Owner's Payment specified herein above but not consequential damages or lost profits in an action at law, and Owner shall not be entitled by reason of any such breach to terminate or rescind this Agreement, to restrain Company's exercise of any of Company's rights hereunder, to enjoin Company's use of the results and proceeds of Owner's services hereunder, or to restrain or otherwise impair the distribution or exhibition of the Project, its advertising, promotion, or any other exploitation thereof.

Owner shall not disclose to any person, firm, corporation, or other entity any confidential or proprietary information or trade secrets (collectively referred to as "Confidential Information") of Company, its affiliates, subsidiaries, owners, officers, directors, employees, or agents obtained or learned by Owner while providing services to Company, including, without limitation, information about the Project or any other projects being developed, produced, or distributed by Company. Owner recognizes and acknowledges that the Confidential Information of Company is a valuable, special, and unique asset of and belongs solely to Company. Notwithstanding the foregoing, Owner may disclose such Confidential Information pursuant to a subpoena or other legal process after giving prior written notice to Company, which notice shall specify the Confidential Information to be disclosed and the circumstances of such disclosure, if and to the extent known to Owner. For the avoidance of doubt, Owner's confidentiality and publicity restrictions hereunder shall apply to all media whatsoever, including, without limitation, any social networking site, micro-blogging service, online forum, personal website or blog, or user-generated or user-uploaded content website (e.g., Facebook, Twitter, Instagram, Snapchat, TikTok, etc.).

Owner agrees to execute such further documents and instruments as Company may request in order to effectuate the terms and intentions of this Agreement, and in the event Owner fails or is unable to execute any such documents or instruments, Owner hereby appoints Company as Owner's irrevocable attorney-in-fact to execute any such documents or instruments, provided that said documents and instruments shall not be inconsistent with the terms and conditions of this Agreement. Company's rights under this Paragraph constitute a power coupled with an interest and are irrevocable.

Company shall have the right to assign this Agreement (or any of its rights and obligations hereunder) to any person, firm, or corporation, and such assignment shall constitute a novation, and Company shall be released and discharged of and from all duties, obligations, and liabilities arising under this Agreement. This Agreement shall not be assignable by Owner and any purported assignment thereof shall be null and void from the making thereof.

The terms and conditions hereof shall be interpreted and governed by .... law applicable to contracts entered into and to be wholly performed in .... without reference to choice of law rules. For all purposes, including without limitation in connection with any petition to confirm an arbitration award obtained per this Section, the parties hereto consent to the jurisdiction

and venue of the state courts of the State of .... in the City and County of New York or the federal courts of the United States in the Southern District of .... located in the City and County of .... Any dispute arising hereunder shall be resolved solely through binding arbitration, before a single arbitrator familiar with entertainment law, and conducted in .... under and per the .... Streamlined (for claims under US$............) or the .... Comprehensive (for claims over US$............) Arbitration Rules and Procedures ("............"), as said rules may be amended from time to time. The parties agree to accept service of process per .... The arbitrator shall issue a written opinion that includes the factual and legal basis for any decision and award within thirty (30) days from the date the arbitration hearing concludes. Any award shall be final, binding, and non-appealable. The arbitration will be confidential and conducted in private and will not be open to the public or media. No matter relating to the arbitration (including but not limited to, the testimony, evidence, or result) may be: (i) made public in any manner or form; (ii) reported to any news agency or publisher; or (iii) disclosed to any third party not involved in the arbitration. The prevailing party shall be entitled to reimbursement of its reasonable outside attorneys' fees and costs.

This Agreement contains the entire understanding of the parties hereto relating to the subject matter hereof and supersedes any prior negotiations, understandings, or agreements of the parties (written or oral) relating to the subject matter hereof. The terms of this Agreement shall commence on the date hereof and be without limitation. This document may be executed and delivered by facsimile or other electronic transmission and/or by PDF signature. If this Agreement is translated into any other languages, in whole or in part, then, in the event of any conflict, the English language version of the Agreement shall control.

IN WITNESS WHEREOF, the undersigned have executed this Agreement of the Effective Date.

OWNER	**COMPANY**
______________________	______________________
By: ______________________	By: ______________________
Its: ______________________	Its: ______________________

F077. NON-UNION PERFORMER AGREEMENT MINORS

Dated: ________________________________ (the "Effective Date")

The following are the basic terms covering the non-union performer agreement ("Agreement") dated as of the Effective Date, between ______________ ("Company"), and ______________ ("Artist") in connection with the audiovisual production presently entitled "______________" (the "Project"), in the role of "______________" (the "Role").

1. Engagement of a Minor: It is understood between the parties that Artist is under the age of eighteen (18). As such, a parental consent form shall be signed by Artist's legal guardian (the "Guardian") as set forth in "Exhibit A" (attached hereto and incorporated herein by reference) and a trustee statement completed as set forth in "Exhibit B" (attached hereto and incorporated herein by reference).

2. Conditions Precedent: Company's obligations hereunder are subject to its receipt of, in a form and per terms and conditions satisfactory to Company, the following (collectively, the "Conditions Precedent"): (i) a copy of this Agreement executed by Artist and Artist's legal guardian (the "Guardian") (including all exhibits attached hereto); (ii) all forms and documents necessary for Company to engage Artist; and (iii) all forms and documents necessary to enable Company to effect payment to Artist, including, without limitation, all tax and identification forms required by Company, and Artist's submission to Company of original documents satisfactory to Company to demonstrate Artist's employment eligibility to perform services in all locations in which Company will require Artist's services.

3. Services: Company hereby engages Artist to render all acting services required by Company in connection with the Role when and where Company so requires, as follows:

   a. Start Date: Commencing on or about ________________ (the "Start Date") (subject to a two [2] week push or pull on either side thereof due to exigencies of production or extensions due to events of "Force Majeure").

   b. Pre-Production Services: Artist shall report for the rendition of exclusive services as reasonably required by Company in connection with pre-production activities (i.e., make-up, wardrobe, tests, prosthetic fittings (if any), and pre-records) on the Project as requested by Company prior to the Start Date (the "Pre-Production Period"). The Pre-Production Period shall precede the Start Date and need not be consecutive as to the day thereof; provided, however, that to the extent Artist's services in connection with the Pre-Production Period do not immediately and contiguously precede the Start Date, such services are subject to Artist's then-professional availability, provided that Artist shall use reasonable good faith efforts to be available for the rendition of such services when and where reasonably requested by Company.

   c. Production Services: Artist shall render exclusive services in connection with principal photography of the Project commencing on the Start Date and continuing for approximately ______________ (____) [days/weeks], which days need not be consecutive, excluding periods of suspension, if any, and hiatus (the "Production Period") and for such additional period(s) ("Additional Period(s)"), if any, following the Production Period as is necessary for Artist to complete all reasonably required services in connection with the production of the Project (including, without limitation, reshoots, so-called "cover shots," and alternate scenes as may be required by Company following principal photography of the Project). Artist's services during the Additional Periods, if any, shall be subject to Artist's then-existing contractual professional availability, provided Artist shall make good faith efforts to be reasonably available. Such services shall be rendered to Artist's reasonable ability, in a competent, conscientious, and professional manner, as such services are commonly performed in connection with first-class productions in the entertainment industry.

d. Post-Production Services: If Company so requests, Artist shall render services in connection with post-production of the Project, including, without limitation, so-called "cover shots" and alternate scenes and dialogue which can be incorporated into the Project, reshoots, looping, ADR, dialogue, and dubbing (the "Post-Production Period"), which days are subject to Artist's then-existing contractual professional availability, provided that Artist shall use reasonable good faith efforts to be available for the rendition of such services when and where reasonably requested by Company. The Pre-Production Period, the Production Period, and the Post-Production Period are collectively referred to herein as the "Service Period."

e. Location: All Artist services during principal photography will be provided in or around the [LOCATION] area (the "Location"). For purposes of this Agreement, Artist expressly understands and agrees that Artist shall be deemed a local hire.

4. Compensation: Subject to the full performance of Artist's services and obligations required hereunder and Artist not being in breach of this Agreement, Artist shall receive compensation in an amount equal to US$____________________ per [day/week] ("Fixed Compensation"), payable per Company's normal payroll schedule, one (1) week in arrears. Provided Company first provides Artist notice and an opportunity to pay, Artist authorizes Company to deduct and withhold from Artist's compensation hereunder the following: (i) any telephone and restaurant charges which Company has not agreed to pay and other fixed indebtedness of Artist to Company; (ii) should Company pay Artist in respect of any period of suspension, Company may deduct an equivalent amount from any compensation thereafter accruing hereunder; and (iii) union dues and assessments (if applicable) to the extent permitted by law if Artist fails to pay same. All deductions required by law will be made by Company. It is understood between the parties that Artist is under the age of eighteen (18). Per the Coogan Law, fifteen percent (15%) of one hundred percent (100%) of Artist's compensation hereunder shall be allocated to a trust account (the "Coogan Account") as set forth in Exhibit B.

5. Credit: Company shall have sole discretion on placement and position of credit to Artist, if any, regarding the Project, billing block, and paid advertisements. All aspects of credit (e.g., type, size, placement, duration, etc.) shall be at Company's sole discretion. No casual or inadvertent failure to comply with the provisions of this clause shall be deemed a breach of this Agreement by Company. Consequently, Artist's rights and remedies hereunder shall be limited to the right, if any, to obtain damages at law, and Artist shall have no right in such event to rescind this Agreement or any rights granted to Company hereunder or to enjoin or restrain the distribution or exhibition of the Project.

6. Name and Likeness: Company shall have the right, in perpetuity and throughout the universe, in all media now known or hereafter devised, to use Artist's name, likeness, voice, and biography in connection with the development, production, exhibition, advertising, promotion, and other exploitation of the Project and all subsidiary and ancillary rights of any nature relating to the Project, including without limitation, for "behind-the-scenes" footage, "making of" films, DVD value-added footage and other footage, DVD extras, interviews, excerpts from the Project, electronic press kits, featurettes, trailers, videos, and promotional films, and to reproduce

the same in any manner and any medium whatsoever, in perpetuity, throughout the universe, without further compensation.

7. No Nudity: Artist shall not be required to perform nude or in any simulated sex scenes, unless otherwise agreed to by Artist in writing.

8. Transportation: Artist is solely responsible for getting to and from the Location unless out of the jurisdiction of the Location. For clarification, Artist shall be deemed a local hire.

9. Non-Union: This Agreement is not and shall not be subject to any collective bargaining agreement or to the jurisdiction of any union or guild (including, without limitation, SAG-AFTRA). Artist shall not do anything that would cause this Agreement to become subject to any collective bargaining agreement or to the jurisdiction of any union or guild (including, without limitation, SAG-AFTRA).

10. Work for Hire/Results and Proceeds: The results and proceeds of Artist's services hereunder, including without limitation all material composed, submitted, added, created, or interpolated by Artist hereunder (the "Work") is a "work made for hire" for Company under U.S. Copyright Law, prepared within the scope of Artist's employment and/or as a work specially ordered or commissioned. Accordingly, Company is considered the sole and exclusive author and owner of the Work and all right, title, and interest therein, throughout the universe, in perpetuity and in all languages. Insofar as the Work or any part thereof is ever determined to not be solely authored and owned by Company as a "work made for hire," then to the fullest extent available and for the full term of protection otherwise accorded to Artist by law, Artist hereby exclusively and irrevocably assigns, transfers, grants, and pre-assigns to Company all Artist's right, title, and interest in and to the Work now or hereafter created throughout the universe, in perpetuity and in all languages. Artist and Company are aware and hereby acknowledge that new rights to the Work may come into being or be recognized in the future, under the law or in equity ("New Exploitation Rights"), and that new (or changed) technology, uses, media, formats, modes of transmission, and methods of distribution, dissemination, exhibition, and performance ("New Exploitation Methods") are being and will inevitably continue to be developed in the future, which would offer new opportunities for exploiting the Work. Artist intends to and does hereby assign, grant, and convey to Company all rights to such New Exploitation Rights and New Exploitation Methods with respect to the Work. The parties acknowledge and agree that the compensation payable to Artist as set forth herein includes adequate and equitable remuneration for Artist's assignment of the so-called "rental and lending rights" and constitutes a complete buy-out of all such rental and lending rights hereunder, and, to the fullest extent permitted by applicable law, constitutes a complete worldwide buyout of all rental and lending rights in perpetuity. If under the applicable law of any territory or jurisdiction any additional or different form of compensation is required to satisfy the requirement of equitable remuneration, then it is agreed that the grant to Company of the rental and lending rights shall nevertheless be fully effective, and Company shall pay Artist such compensation or, if necessary, the parties shall in good faith negotiate the amount and nature thereof per applicable law. Since Company has already paid or agreed to pay Artist equitable remuneration for the rental and lending rights, Artist hereby assigns to Company all compensation for the rental and lending rights payable or which may become payable to Artist on account or in the nature of a tax or levy, through a collecting society or otherwise. Artist shall cooperate fully with Company in the collection and payment to Company of such compensation. Artist hereby waives throughout the universe the benefits of any law, doctrine, or principle known as "droit moral" or "moral rights of authors" or any similar law, doctrine, or principle however denominated to the maximum extent permitted by any such law, doctrine, or principle. Artist hereby agrees to execute any document Company deems in its interest to

confirm Company's ownership of the Work. Neither the suspension nor termination of Artist's services nor the expiration of this Agreement shall in any way adversely affect Company's ownership of the Work.

11. Production Guidelines and crisis.......... Testing: Artist shall comply with all of Company's production guidelines, procedures, and protocols. Additionally, Artist acknowledges and agrees that it is of the essence of this Agreement that Artist submit to crisis.......... testing if, where, when, and as required by Company. Company highly recommends and encourages vaccinations for all eligible candidates.

12. Loan Out Company: If Artist's services hereunder are rendered through a loan-out company ("Lender"), the following provisions shall apply: (a) All references to "Artist" in this Agreement shall be deemed to be references to Lender and Artist jointly; (b) Lender and Artist represent and warrant that Lender has the full right, power, and authority to enter into this agreement and grant the rights granted to Company herein without the consent of any third party and that neither Lender nor Artist is subject to any conflicting obligation or any disability which will or might prevent Lender or Artist from the performance of this Agreement; (c) Payments of compensation hereunder will be made to Lender and not to Artist. If Company is subjected to any expenses or other liability because of a failure to withhold, report, or pay taxes in connection with the compensation payable hereunder, Lender and Artist shall indemnify and hold Company harmless therefrom; and (d) Artist confirms that (i) Artist has read and understands the Agreement, and (ii) Lender has the authority to grant the rights and furnish Artist's services per the provisions hereof. Further, as a material inducement to Company, Artist agrees to abide by and be personally bound by the terms and provisions of this Agreement as if Artist were a direct party hereto, and to look solely to Lender for payment of all compensation due Artist in connection with Artist's services and grant of rights hereunder.

13. Notices: All notices to Company and Artist (and payments to Artist) shall be sent to the addresses provided below. Such notices and payments shall be sent by U.S Mail, certified or registered (return receipt requested), by personal delivery (provided that a signed copy is obtained indicating that such delivery was made), or by e-mail or facsimile.

    a. To Company

    b. To Artist and Guardian (and Lender, if applicable)

14. Suspension/Termination:

    a. Artist's Default: An event of "Default" shall exist hereunder if Artist at any time materially breaches any material provision of this Agreement; if Artist at any time fails, refuses, or neglects (otherwise than because of Artist's Disability, as defined below but including non-essential [e.g., not medically or governmentally mandated] self-isolation or self-quarantine, to timely perform services hereunder; if Artist shall during the period in which services are to be provided by Artist hereunder, take into Artist's body narcotics or hallucinogens which are not either available over the counter or as prescribed by Artist's physician for illness or conditions of Artist or if Artist shall be unable to perform the service required of Artist hereunder because of self-infliction of wounds or digestion of alcoholic beverages; or if at any time, Artist causes Company to be notified that Artist intends to fail, refuse, or neglect to render services hereunder or to report to render services to the full limit of Artist's ability as reasonably required hereunder, or to fully comply with Artist's obligations hereunder; if Artist fails to fully perform hereunder; or if Artist is in default under any other agreement with Company under which Artist is required to render services in connection with the Project. Notwithstanding anything to the contrary contained in this Agreement (including, without limitation, any pay or play provisions herein), if any Default (subject to a two (2) hour cure period during the Production Period and twenty-four (24) hour cure period at all other times, if such Default is curable) occurs hereunder, Company may terminate this Agreement either during the continuance of such Default or within a reasonable time thereafter, and in the event of such termination, Company shall have no further obligations to Artist (financial or otherwise). Such termination shall be without prejudice to Company's rights against Artist under any provision hereof, at law, in equity, or otherwise. Regardless of whether Artist cures a Default hereunder or not, Company maintains the right to seek damages or other remedies in connection with such Default. Nothing contained in this Paragraph shall be construed as to limit any other rights or remedies Company may have under this Agreement or at law or in equity because of any Default of Artist. Any failure by Artist to report to Company as, where, and when reasonably instructed by Company for the rendition of Artist's services hereunder which is caused by intoxication or the influence of illegal drugs (or legal drugs exceeding prescribed amounts) may, at Company's option, also be treated by Company as an event of Default hereunder. All rights granted to Company under this Agreement shall survive termination of this Agreement.

b. Artist's Disability: "Disability" shall exist hereunder if Artist becomes incapacitated or prevented from fully performing and complying with Artist's obligations hereunder because of Artist's illness or mental, physical, or other disability, medically required self-isolation as a result of exposure to a highly infectious disease, or if Artist fails to comply with any obligation hereunder because of any cause rendering such non-compliance excusable at law. Any failure by Artist to report to Company as, where, and when reasonably instructed by Company for the rendition of Artist's services hereunder which is caused by intoxication or the influence of illegal drugs (or legal drugs exceeding prescribed amounts) may, at Company's option, also be treated by Company as an event of Disability hereunder. During any Disability period, all of Company's obligations to Artist (financial and otherwise) shall be suspended, and the running of time shall be suspended. Notwithstanding anything to the contrary contained in this Agreement (including, without limitation, any pay or play provisions herein), in the event of Artist's Disability hereunder, Company may terminate this Agreement at any time after such Disability continues for a consecutive period of seven (7) days or ten (10) days in the aggregate, and in the event of such termination, Company shall have no further obligations to Artist (financial and otherwise). All rights granted to Company under this Agreement shall survive termination of this Agreement.

c. Force Majeure: An event of "Force Majeure" shall exist hereunder if Company's operations concerning the Project, or the conduct of Company's business generally, are materially impaired, hampered, interrupted, prevented, suspended, postponed, or discontinued by reason outside Company's control, including, without limitation, as a result of any Act of God; war; accident; fire; strike; lock-out or other labor controversy; riot; civil disturbance; act of public enemy; any epidemic or pandemic; law, enactment, rule, restraint, order, or act of any governmental instrumentality or military authority (including, without limitation, government declared states of emergency); failure or inability to obtain any necessary permit or license; failure of technical facilities; inability to obtain sufficient labor, technical, or other personnel (including, without limitation, cast or crew members); failure, delay, or reduction in transportation facilities or water, electricity, or other public utilities; death, disability, disfigurement (concerning cast only), or unavailability of, or inability to obtain life, accident, cast, or health insurance (i.e., so-called "cast insurance") for, at customary rates and subject only to customary exclusions and deductible amounts, a principal member of the cast, any producer, or key crew member, or inability to obtain visas, labor permits, or other governmental licenses for any such persons (other than Artist); any breach by any third party of its obligations to Company in connection with the Project; or any other cause not reasonably within Company's control or which Company could not by reasonable diligence have avoided. During any Force Majeure period, all of Company's obligations to Artist (financial and otherwise) shall be suspended, and the running of time shall be suspended. During any suspension for a Force Majeure Event that continues for longer than five (5) days, Artist may render services to a third party, subject to a forty-eight (48) hour recall. Notwithstanding anything to the contrary contained in this Agreement, if any event of Force Majeure occurs hereunder, Company by written notice may terminate this Agreement at any time after such Force Majeure event continues for four (4) weeks, and in the event of such termination, Company shall have no further obligations to Artist (financial and otherwise). Artist may terminate Artist's obligations under this Agreement if such Force Majeure event continues for more than eight (8) weeks unless Company continues to pay Artist, provided Artist shall not have the right to terminate Artist's obligations under this Agreement in the event of a labor dispute or strike with any union or guild. All rights granted to Company under this Agreement shall survive termination of this Agreement.

15. Representations and Warranties: Artist represents and warrants that (i) the results and proceeds of Artist's services hereunder are and shall be original and unique with Artist in all respects; (ii) neither the results and proceeds of Artist's services hereunder nor any part thereof are taken from or based upon any other material except material wholly owned by Artist or provided by Company; (iii) the results and proceeds of Artist's services hereunder do not and will not violate or infringe upon the trademark, trade name, copyright, patent, literary, dramatic, musical, artistic, personal, civil, or property right or any other right of any person or entity; and (iv) the production, distribution, or exploitation of any motion picture based on the results and proceeds of Artist's services hereunder do not and will not violate the rights of privacy or publicity of any person or entity, constitute a defamation against any person or entity, or violate any other right of any other person or entity.

16. Indemnification: Artist agrees to indemnify and hold harmless Company, its parent, affiliates, subsidiaries, owners, officers, directors, agents, and employees of all thereof from and against all liabilities, actions, claims, demands, losses, damages, costs, and expenses (including reasonable attorneys' fees) caused by or arising from any breach or alleged breach of any warranty, representation, or agreement made by Artist hereunder. Company's approval of any material furnished by Artist hereunder shall not constitute a waiver of Artist's indemnity with regard thereto, other than concerning actual or potential claims relating to such material, which claims are disclosed in writing by Artist to Company prior to such approval by Company.

17. No Injunctive Relief: Artist expressly understands and agrees that if Company breaches this Agreement, the damage, if any, caused Artist thereby will not be irreparable or otherwise sufficient to entitle Artist to injunctive or other equitable relief. Artist agrees that the rights and remedies available to Artist in any such event shall be strictly limited to the right, if any, to recover damages limited to the amount of Artist's fixed compensation specified hereinabove but not consequential damages or lost profits in an action at law, and Artist shall not be entitled because of any such breach to terminate or rescind this Agreement, to restrain Company's exercise of any of Company's rights hereunder, to enjoin Company's use of the results and proceeds of Artist's services hereunder, or to otherwise enjoin, restrain, or interfere with the production, distribution, exhibition, or other exploitation of the Project or any part thereof.

18. Federal Communications Act: Artist affirms that neither Artist, nor any person acting for Artist, gave or agreed to give to any person associated in any manner with the Project any portion of Artist's compensation for arranging Artist's services in connection with the Project or anything else of value for arranging Artist's services in connection with the Project. Artist unders-

tands that failure to disclose to Company any such arrangement constitutes a federal crime. Artist is aware that it is a federal offense unless disclosed to Company prior to broadcast, for Artist to accept or agree to accept anything of value other than Artist's regular compensation for services in connection with the Project paid by Company, for promoting any product, service, or venture on the air. Artist will immediately notify Company if any person attempts to induce Artist to do anything in violation of the foregoing. Artist shall indemnify Company from all liability that may arise from Artist's breach of this Paragraph. Artist shall not endorse any product or service in the Project or any advertising or promotion thereof without the prior written approval of Company in each instance.

19. Confidentiality: Artist hereby acknowledges and agrees that Artist shall not directly or indirectly issue or permit the issuance of any publicity or disclose any information concerning this Agreement, Artist's engagement services under this Agreement, the results and proceeds of Artist's services under this Agreement, the Project, Company, or Company's business or production methods. For clarity, Artist's confidentiality and publicity restrictions hereunder shall apply to all media whatsoever, including, without limitation, any social networking site, micro-blogging service, online forum, personal website or blog, or user-generated or user-uploaded content website (e.g., Facebook, Twitter, Snapchat, Instagram, TikTok, etc.).

20. No Guests to the Set or Photography: Artist shall not be permitted to bring any guest(s) to the set without the prior written approval of the line producer. No personal photography is permitted on or around the set.

21. Publicity: If Company so requests, Artist shall, for no additional consideration other than as set forth herein, render all services in connection with publicity concerning the Project as, when, and where reasonably requested by Company, subject to Artist's then-prior contractual professional commitments in the entertainment industry, provided that Artist shall use reasonable good faith efforts to meet the schedules proposed by Company.

22. Cure: If Company fails to make any payment required hereunder, Company shall not be deemed in default hereunder unless Company shall have failed to make such payment within five (5) business days after Company's receipt of written notice from Artist demanding such payment. Artist's rights and remedies hereunder for any such default shall be limited to the recovery of monetary damages and reasonable, outside attorneys' fees, if any.

23. Alcohol/Drug-Free Workplace/Sexual Harassment/Creative Differences/Safety/Firearms/Weapons:

    a. In conformance with federal laws regarding a drug-free workplace, Artist agrees that Artist will not engage in the unlawful manufacture, distribution, dispensation, possession, or use of a controlled substance in the workplace. Artist understands that violation of this provision may result in the immediate dismissal and termination of this Agreement. Use of alcohol or drugs during hours of engagement is grounds for Artist's immediate dismissal and termination of this Agreement.

    b. Additionally, Artist acknowledges that flagrant violation of safety rules or discrimination due to gender, race, orientation, or creed will not be permitted and constitutes grounds for immediate dismissal and termination of this Agreement.

    c. No sexual harassment will be tolerated. Sexual harassment is grounds for immediate dismissal and is to be reported to Company immediately. Company's policy against sexual harassment and other forms of unlawful harassment is as follows: Any unlawful verbal, physical, or visual harassment by any employee is prohibited. All employees must be allowed to work in an environment free from unsolicited and unwelcome sexual overtures. Sexual harassment does not refer to occasional compliments or other generally acceptable social behavior. It refers to behavior that is not welcome, personally offensive, or undermines or weakens morale, and therefore interferes with the work effectiveness of its victims and their co-workers. Sexual harassment may include but is not limited to, such conduct as: (i) offensive sex-oriented verbal "kidding," jokes, or abuse; (ii) pressure for sexual activity; (iii) offensive, unwanted physical contact such as patting, pinching, or repeated brushing against another's body; and (iv) demand for sexual favors, accompanied by implied or overt promises of preferential treatment or threats concerning an individual's employment status. All forms of unlawful harassment are prohibited. If Artist becomes aware of any harassment, this information should be communicated, without fear of retaliation, to Artist's immediate supervisor, department manager, the production manager, or Company. Company will continue its practice of taking prompt and necessary steps to investigate and, where appropriate, correct any situation. Artist hereby agrees to attend any sexual harassment briefings or other meetings that Company requests be attended by personnel rendering services on the Project.

d. No Fraternization: Company recognizes that consenting romantic or sexual relationships may develop between a supervisor and a subordinate (whether such supervision is direct or indirect). These relationships frequently lead to complications and significant difficulties for the supervisor, the subordinate, others in the workplace, and Company. If a consenting romantic or sexual relationship between a supervisor and a direct or indirect subordinate should develop, Company requires the supervisor to disclose this information to Company's human resources department to ensure that there are no issues of actual or apparent favoritism, conflict of interest, sexual harassment, or any other negative impact on others in the work environment. Upon being informed or learning of the existence of such a relationship, Company will take steps that it deems appropriate to protect the workplace environment.

e. Company reserves the right to terminate Artist's services if it appears to Company, in Company's reasonable good faith discretion, that Artist is not capable of meeting the production requirements of the Project, or if Artist and Company have any disagreements over the creative aspects of the Project which Company reasonably and in good faith believes are insurmountable or can only be rectified by replacement of Artist, or if Artist's actions concerning other cast and crew are, in the good faith judgment of Company, disruptive of the production of the Project.

f. Possession or use of a weapon in the workplace is prohibited and is grounds for immediate termination of this Agreement.

24. Morals: If Artist commits, or, if based upon an allegation supported by a reasonable investigation by Company (or its assigns or licensees), is alleged to have committed, an act or an offense under federal, state, or local laws or which, in the sole and reasonable discretion of Company (or its assigns or licensees), brings Artist into public disrepute, contempt, scandal, or ridicule, or which reflects or would reflect unfavorably upon Company (or its assigns or licensees), or the Project, or otherwise injures or would injure the success of the Project, Company (or its assigns or licensees) shall have the right, in addition to and without prejudice to any other remedy of Company of any kind or nature set forth herein, to (i) treat such act as a material breach or default under the applicable provisions of this Agreement and suspend or terminate this Agreement with immediate effect and (ii) delete the billing provided for in the

Agreement from any exhibition or other uses of all or part of the Project, including, without limitation, in connection with the advertising and promotion thereof.

25. Use of Data: Artist hereby acknowledges that for purposes connected with the Agreement, including compliance with this Agreement and Company's legal and regulatory obligations, Company may collect, use, and otherwise process certain individually identifiable information about Artist and Artist's associates (collectively "Data Subjects") provided by Artist, including without limitation personal data such as name, address, email address, government ID, banking and insurance information, and sensitive personal data such as race or ethnic origin, health conditions and health insurance, criminal convictions and history, and trade union information (collectively "Personal Data"). Artist further acknowledges that the processing of Personal Data may involve transfer or disclosure to Company's affiliated companies, Company's employees and agents, and to third parties, including without limitation, third-party service providers, external advisors, government agencies, regulators and authorities, courts and other tribunals, and other persons connected with Company or the Project and that such transfer may be to countries that may not provide a level of protection to Personal Data equivalent to that provided by Artist's home country, but in such instances Company shall use reasonable endeavors to have in place adequate measures to ensure the security of the Personal Data. To ensure that the Personal Data remains as accurate as possible, Artist hereby agrees to inform Company as soon as reasonably practicable of any changes thereto. Artist also represents and warrants that Artist is authorized to disclose Personal Data to Company. Company hereby informs Artist that Artist may have certain rights in respect of Personal Data (such as access, rectification, and portability) and that further information about these rights and Company's processing of personal data generally can be obtained upon request from Company.

26. Assignment: Company shall have the right to assign this Agreement (or any of its rights and obligations hereunder) to any person, firm, or corporation, and such assignment shall constitute a novation, and Company shall be released and discharged of and from all duties, obligations, and liabilities arising under this Agreement. This Agreement shall not be assignable by Artist and any purported assignment thereof shall be null and void from the making thereof.

27. Waiver: The waiver by either party of any breach of this Agreement shall not constitute a waiver of any subsequent breach. Any waiver must be in writing to be effective.

28. No Obligation to Produce: Company shall have no obligation to, nor does it make any warranty or representation that it shall, produce, release, or distribute the Project, or continue the release and distribution of the Project if released, or otherwise exploit any rights granted to Company hereunder.

29. Commitment to Others: Artist shall not have the right or authority to, and shall not, employ any person in any capacity, or contract for the purchase or rental of any article or material, or make any commitment, agreement, or obligation whereby Company shall be required to pay any monies or other consideration without Company's prior written consent in each instance.

30. Further Documents: Artist agrees to execute such further documents and instruments as Company may reasonably request to effectuate the terms and intentions of this Agreement, and if Artist fails or is unable to execute any such documents or instruments, Artist hereby appoints Company as Artist's attorney in fact to execute any such documents or instruments, provided that said documents and instruments shall be consistent with the terms and conditions of this Agreement. Company's rights under this Paragraph constitute a power coupled with an interest and are irrevocable.

31. Severability: Nothing contained in this Agreement shall require the commission of any act, or payment of any monies, which is contrary to an express provision of law, public policy, or any provision of any applicable guild or collective bargaining agreement. If there shall exist any conflict between any provisions contained herein and any such law, policy, or agreement, the latter shall prevail; and the provision or provisions herein affected shall be curtailed, limited, or eliminated solely to the extent necessary to remove such conflict; and as so modified this Agreement shall continue in full force and effect.

32. Governing Law/Arbitration: The terms and conditions hereof shall be interpreted and governed by New York law applicable to contracts entered into and to be wholly performed in New York without reference to choice of law rules. The parties consent to the jurisdiction and venue of the state courts of the State of New York in the City and County of New York or the federal courts of the United States of the Southern District of New York located in the City and County of New York. The prevailing party in any dispute shall be entitled to reimbursement of its reasonable outside attorneys' fees and costs. Arbitration of disputes between the parties hereto shall be governed by the Federal Arbitration Act and in conformity with the procedures of the applicable New York arbitration law. The arbitration shall be conducted before a single arbitrator per the JAMS Employment Arbitration Rules and Procedures (the "JAMS Rules") in effect at the time the claim is made but shall not pre-empt any SAG mandated arbitration, which shall take precedence over any other proceedings, and a judgment upon any award rendered by the arbitrator may be entered in any court having jurisdiction. If the parties cannot agree on an arbitrator, the JAMS Rules shall govern selection. A copy of the current rules can be viewed online at http://www.jamsadr.com/rules-employment-arbitration and will be provided upon request. Such arbitration shall be filed with JAMS and heard in New York, New York. All rights, causes of action, remedies, and defenses available under applicable law are available to the parties and shall be applicable as through a court of law, including the right to file a motion for summary judgment. The arbitrator shall apply the applicable statute of limitations to any claim. Any party may be represented at the arbitration by an attorney or other representative selected by the party, at such party's cost, and the arbitrator shall apply, as applicable, federal or New York substantive law and law of remedies. The arbitrator's remedial authority shall be no greater than that which is available under the statutory or common law theory asserted, and the arbitrator shall not have the power to add to, subtract, or modify the terms of this arbitration provision except where necessary for the enforcement of this arbitration provision. The arbitrator shall allow equal time at the arbitration hearing to both parties and the hearing shall be set for no more than five (5) full-length days unless the parties stipulate otherwise or the party requesting additional time demonstrates, in writing, good cause for requiring additional hearing days. Any party may request the right to file post-hearing closing briefs within two (2) weeks of concluding the arbitration hearing. The arbitrator lacks the power to commit errors of law or legal reasoning or to make factual findings unsupported by the evidence, and the award may be vacated or corrected by a court for exceeding arbitral powers. The court may enter judgment upon a final arbitration award either by (i) confirming the award or (ii) vacating, modifying, or correcting the award on any ground referenced in the Federal Arbitration Act or other similar state law. The arbitrator shall issue a written opinion that includes the factual and legal basis for any decision and award within thirty (30) days from the date the arbitration hearing concludes, or the post-hearing briefs (if requested) are filed, whichever is later. The applicable party shall bear the cost of the arbitrator's fees and other costs unique to arbitration to the extent required by applicable law. Nothing herein shall be interpreted to preclude the bringing of an administrative charge or complaint, or communicating in any way, with the Equal Employment Opportunity Commission, the National Labor Relations

Board, the Securities and Exchange Commission, the United States Department of Labor, or any other federal, state, or local agency or official.

33. Relationship of the Parties: Nothing contained herein shall constitute a partnership between or joint venture by the parties or constitute either party as the agent of the other.

34. Entire Agreement: This Agreement expresses the entire understanding of the parties hereto and replaces all former agreements, negotiations, or understandings, written or oral, relating to the subject matter hereof. This Agreement cannot be modified, supplemented, or amended except by a written instrument executed by the parties hereto, and may be executed by electronic, PDF, or facsimile signatures and in one or more counterparts, each of which shall be deemed an original and all of which taken together shall constitute one and the same instrument. If this Agreement is translated into any other language, in whole or in part, then, in the event of any conflict, the English language version of the Agreement shall control.

35. Pre-Engagement Procedures: This Agreement and Artist's engagement, are contingent upon Artist's successful completion of all required pre-engagement procedures. Company may terminate this Agreement and Artist's engagement if, after commencement of Artist's services, Company learns that Artist has failed to successfully complete required pre-engagement procedures.

[Signature page follows]

IN WITNESS WHEREOF, the parties hereto have executed this Agreement as of the Effective Date.

COMPANY

____

By: _______________
Its: Authorized Signatory

ACCEPTED AND AGREED TO:

ARTIST

Signed _______________

Name (please print) _______________

Soc. Sec. No.: _______________

LOAN OUT (If applicable)

Signed: _______________

By: _______________

Its: _______________

GUARDIAN

Signed _______________

Name (please print) _______________

PLEASE FILL OUT

NAME	
LOAN OUT (if applicable)	
ADDRESS	
PHONE:	CELL HOME FAX
Social Security #/Federal ID #:	
Emergency Contact Information	Name: Contact Information: Relation:

EXHIBIT A
PARENTAL AGREEMENT

Dated: _______________________________

This Parental Agreement ("Agreement") by and between _______________ ("Company") and _______________________ ("Guardian") is made with reference to the following facts:

A. Company has engaged ______________________________, a minor ____________ (___) years of age, born on __________________________ (the "Minor"), per the Non-Union Performer Agreement dated as of the Effective Date (the "Minor Contract"), to render services for Company in connection with the audiovisual production currently entitled "________________" (the "Project").

B. Guardian is the ____________________ [mother/father/legal guardian] of Minor and is entitled to the physical care, custody, and control of Minor.

C. The parties hereto contemplate and understand that a petition may be made by Producer to the Supreme or Surrogate's Court in New York for the approval by such Court of said Minor's Contract.

D. Guardian understands that Company will rely on this Agreement in: (a) entering into and performing the Minor's Contract; and (b) undertaking substantial expenditures in addition to the compensation payable pursuant to the Minor's Contract.

NOW, THEREFORE, the parties, in consideration of the mutual promises herein contained and other good and valuable consideration, agree as follows:

1. Guardian warrants and represents that the above recitals are true and correct, that Guardian has the sole physical care, custody, and control of the Minor, that no judgment, order, or decree has been made by any Court awarding the custody of the Minor to any other person or in any other manner affecting the status or the right of Guardian as parent or legal guardian of the Minor, that the Minor has not been emancipated, and that the Guardian has not in any way relinquished to the Minor or to any other person, firm, or corporation, the earnings of the Minor under the aforementioned Minor's Contract nor the right to collect, receive, or control such earnings, except as hereinafter expressly provided.

2. Guardian hereby irrevocably and perpetually releases, relinquishes, and quitclaims to Minor all salary and compensation payable to the Minor pursuant to the Minor's Contract and agrees not to claim any such salary or compensation or demand that Company pay such salary or compensation to anyone other than the Minor directly, or pursuant to instructions from the Minor.

3. Guardian hereby consents to the execution by the Minor of the Minor's Contract. Guardian acknowledges that Guardian has read the Minor's Contract and is familiar with all the terms, covenants, and conditions contained therein and that Guardian will not revoke said consent during the minority of the Minor.

4. Guardian agrees to cooperate fully with Producer by providing information, executing such documents as Producer may require, and giving testimony, if necessary, in securing the approval of the Minor's Contract by any court(s) of competent jurisdiction. Without limiting the foregoing, Guardian hereby agrees that Producer may petition the Supreme or Surrogate's Court in New York or other applicable court (herein called the "Court") as provided by law for approval of Minor's Contract. Guardian further agrees that a copy of this Agreement may be filed with such application for approval as evidence of the consent herein granted. Guardian hereby waives notice of any hearing before the Court with respect to such application. Guardian acknowledges 12 New York Code of Rules and Regulations, Part 186-3.5, and New York Estates, Powers, and Trusts Law §7-7.1, or such other applicable law provides for the set aside of fifteen percent (15%) of the gross earnings pursuant to the Minor's Contract for deposit into one or more blocked trust accounts established and maintained for the benefit of the Minor, subject to the order of said Court. Guardian hereby consents to serve as sole or guardian or trustee thereof if the Court so appoints Guardian.

5. Guardian hereby consents to the distribution, exhibition, and other exploitation of the Project without limitation and the use of Minor's name, likeness, voice, and biographical material in connection with publicity and advertising of the Project; and Guardian expressly releases the Company, its licensees, and assigns from all claims which may arise out of said exhibition and distribution of the Project. The foregoing is subject to the provisions of the Minor's Contract.

6. This Agreement shall apply to the Minor's Contract, to all modifications, extensions, and amendments thereto, as well as to all other agreements between Company and the Minor regarding the Project whether entered into before or after the Minor's Contract.

7. This Agreement shall inure to the benefit of and be binding upon the parties hereto, their respective successors, assigns, next of kin, heirs, administrators, executors, officers, and agents, as applicable.

8. If only one Guardian signs this Parental Agreement, then such Guardian will be deemed to represent and warrant that said Guardian has the exclusive authority to act on behalf of the Minor and on behalf of the non-signing parent or non-signing legal guardian insofar as all matters related to the Project are concerned and will indemnify and hold Company, its successors, licensees, and assigns and their respective officers, directors, shareholders, employees, and agents harmless from any and all damages, liabilities, costs, or expenses of any kind or nature, including reasonable attorney's fees, which may be claimed by the non-signing parent or non-signing legal guardian, including, without limitation, any claim in any way related to Minor's attempt to disaffirm or disavow the Minor's Contract on the ground of Minor's minority or otherwise, or to set aside, modify, or attack any Court order approving the Minor's Contract. If this Parental Agreement is translated into any other languages, in whole or in part, then, in the event of any conflict, the English language version of this Parental Agreement shall control.

IN WITNESS WHEREOF, the parties hereto have executed this Agreement as of the first date written above.

GUARDIAN:

By: ______________________

Printed Name: ______________________

Telephone: ______________________

Guardian Email: ______________________

COMPANY:

By: ______________________

Its: Authorized Signatory

EXHIBIT B

MINORS EMPLOYMENT CONTRACT INFORMATION SHEET/TRUSTEE'S STATEMENT

TRUSTEE'S STATEMENT

IMPORTANT

In accordance with 12 New York Code of Rules and Regulations, Part 186-3.5, and New York Estates, Powers, and Trusts Law §7-7.1, or such other applicable law, the Trustee must either complete this form OR provide a photocopy of a Trustee's Statement which complies therewith.

INFORMATION ABOUT THE MINOR'S

BLOCKED TRUST ACCOUNT

Minor's Full Legal Name: ______________________________

First Middle Last

Full Name of Trustee(s): ______________________________

Name of Financial Institution: ______________________________

Address of Financial Institution: ______________________________

Street Address

______________ ______________ ______________

City State Zip Code

Financial Institution Contact: ______________ Telephone: ______________

Exact Name of Account: ______________

Account Number: ______________

In accordance with 12 New York Code of Rules and Regulations, Part 186-3.5, and New York Estates, Powers, and Trusts Law §7-7.1, or such other applicable law, I am attaching hereto a true and accurate photocopy of any information received from the financial institution confirming the creation of the account, such as an account agreement, account terms, passbook, or other similar writings.

I hereby declare under penalty of perjury under the laws of the State of New York that the facts set forth above are true and correct.

______________ Date: ______________

By: ______________ [Print Name]

____

F078. NON-UNION PERFORMER AGREEMENT

Dated: ________________________________ (the "Effective Date")

The following are the basic terms covering the non-union performer agreement ("Agreement") dated as of the Effective Date, between ______________ ("Company"), and ______________________ ("Artist") in connection with the audiovisual production presently entitled "________________" (the "Project"), in the role of "_____________" (the "Role").

1. Conditions Precedent: Company's obligations hereunder are subject to its receipt of, in a form and per terms and conditions satisfactory to Company, the following (collectively, the "Conditions Precedent"): (i) a copy of this Agreement executed by Artist; (ii) all forms and documents necessary for Company to engage Artist; and (iii) all forms and documents necessary to enable Company to effect payment to Artist, including, without limitation, all tax and identification forms required by Company, and Artist's submission to Company of original documents satisfactory to Company to demonstrate Artist's employment eligibility to perform services in all locations in which Company will require Artist's services.
2. Services: Company hereby engages Artist to render all acting services required by Company in connection with the Role when and where Company so requires, as follows:
   a. Start Date: Commencing on or about __________________ (the "Start Date") (subject to a two [2] week push or pull on either side thereof due to exigencies of production or extensions due to events of "Force Majeure" [defined below]).
   b. Pre-Production Services: Artist shall report for the rendition of exclusive services as reasonably required by Company in connection with pre-production activities (i.e., make-up, wardrobe, tests, prosthetic fittings (if any), and pre-records) on the Project as requested by Company prior to the Start Date (the "Pre-Production Period"). The Pre-Production Period shall precede the Start Date and need not be consecutive as to the day thereof; provided, however, that to the extent Artist's services in connection with the Pre-Production Period do not immediately and contiguously precede the Start Date, such services are subject to Artist's then-professional availability, provided that Artist shall use reasonable good faith efforts to be available for the rendition of such services when and where reasonably requested by Company.
   c. Production Services: Artist shall render exclusive services in connection with principal photography of the Project commencing on the Start Date and continuing for approximately _______________ (____) day(s), which days need not be consecutive, excluding periods of suspension, if any, and hiatus (the "Production Period") and for such additional period(s) ("Additional Period(s)"), if any, following the Production Period as is necessary for Artist to complete all reasonably required services in connection with the production of the Project (including, without limitation, reshoots, so-called "cover shots," and alternate scenes as may be required by Company following principal photography of the Project). Artist's services during the Additional Periods, if any, shall be subject to Artist's then-existing contractual professional availability, provided Artist shall make good faith efforts to be reasonably available. Such services shall be rendered to Artist's reasonable ability, in a competent, conscientious, and professional manner, as such services are commonly performed in connection with first-class productions in the entertainment industry.

d. Post-Production Services: If Company so requests, Artist shall render services in connection with post-production of the Project, including, without limitation, so-called "cover shots" and alternate scenes and dialogue which can be incorporated into the Project, reshoots, looping, ADR, dialogue, and dubbing (the "Post-Production Period"), which days are subject to Artist's then-existing contractual professional availability, provided that Artist shall use reasonable good faith efforts to be available for the rendition of such services when and where reasonably requested by Company. The Pre-Production Period, Production Period, and Post-Production Period are collectively defined as the "Service Period."

e. Location: All Artist services during principal photography will be provided in or around the [LOCATION] area (the "Location"). For purposes of this Agreement, Artist expressly understands and agrees that Artist shall be deemed a local hire.

3. Compensation: Subject to the full performance of Artist's services and obligations required hereunder and Artist not being in breach of this Agreement, Artist shall receive compensation in an amount equal to US$____________________ per [day/week] ("Fixed Compensation"), payable per Company's normal payroll schedule, one (1) week in arrears. Provided Company first provides Artist notice and an opportunity to pay, Artist authorizes Company to deduct and withhold from Artist's compensation hereunder the following: (i) any telephone and restaurant charges which Company has not agreed to pay and other fixed indebtedness of Artist to Company; (ii) should Company pay Artist in respect of any period of suspension, Company may deduct an equivalent amount from any compensation thereafter accruing hereunder; and (iii) union dues and assessments (if applicable) to the extent permitted by law if Artist fails to pay same. All deductions required by law will be made by Company.

4. Credit: Company shall have sole discretion on placement and position of credit to Artist, if any, regarding the Project, billing block, and paid advertisements. All aspects of credit (e.g., type, size, placement, duration, etc.) shall be at Company's sole discretion. No casual or inadvertent failure to comply with the provisions of this clause shall be deemed a breach of this Agreement by Company. Consequently, Artist's rights and remedies hereunder shall be limited to the right, if any, to obtain damages at law, and Artist shall have no right in such event to rescind this Agreement or any rights granted to Company hereunder or to enjoin or restrain the distribution or exhibition of the Project.

5. Name and Likeness: Company shall have the right, in perpetuity and throughout the universe, in all media now known or hereafter devised, to use Artist's name, likeness, voice, and biography in connection with the development, production, exhibition, advertising, promotion, and other exploitation of the Project and all subsidiary and ancillary rights of any nature relating to the Project, including without limitation, for "behind-the-scenes" footage, "making of" films, DVD value-added footage and other footage, DVD extras, interviews, excerpts from the Project, electronic press kits, featurettes, trailers, videos, and promotional films, and to reproduce the same in any manner and any medium whatsoever, in perpetuity, throughout the universe, without further compensation.

6. No Nudity: Artist shall not be required to perform nude or in any simulated sex scenes, unless otherwise agreed to by Artist in writing.

7. Transportation: Artist is solely responsible for getting to and from the Location unless out of the jurisdiction of the Location. For clarification, Artist shall be deemed a local hire.

8. Non-Union: This Agreement is not and shall not be subject to any collective bargaining agreement or to the jurisdiction of any union or guild (including, without limitation, SAG-AFTRA). Artist shall not do anything that would cause this Agreement to become subject to any collective

bargaining agreement or to the jurisdiction of any union or guild (including, without limitation, SAG-AFTRA).

9. Work for Hire/Results and Proceeds: The results and proceeds of Artist's services hereunder, including without limitation all material composed, submitted, added, created, or interpolated by Artist hereunder (the "Work") is a "work made for hire" for Company under U.S. Copyright Law, prepared within the scope of Artist's employment and/or as a work specially ordered or commissioned. Accordingly, Company is considered the sole and exclusive author and owner of the Work and all right, title, and interest therein, throughout the universe, in perpetuity and in all languages. Insofar as the Work or any part thereof is ever determined to not be solely authored and owned by Company as a "work made for hire," then to the fullest extent available and for the full term of protection otherwise accorded to Artist by law, Artist hereby exclusively and irrevocably assigns, transfers, grants, and pre-assigns to Company all Artist's right, title, and interest in and to the Work now or hereafter created throughout the universe, in perpetuity and in all languages. Artist and Company are aware and hereby acknowledge that new rights to the Work may come into being or be recognized in the future, under the law or in equity ("New Exploitation Rights"), and that new (or changed) technology, uses, media, formats, modes of transmission, and methods of distribution, dissemination, exhibition, and performance ("New Exploitation Methods") are being and will inevitably continue to be developed in the future, which would offer new opportunities for exploiting the Work. Artist intends to and does hereby assign, grant, and convey to Company all rights to such New Exploitation Rights and New Exploitation Methods with respect to the Work. The parties acknowledge and agree that the compensation payable to Artist as set forth herein includes adequate and equitable remuneration for Artist's assignment of the so-called "rental and lending rights" and constitutes a complete buy-out of all such rental and lending rights hereunder, and, to the fullest extent permitted by applicable law, constitutes a complete worldwide buyout of all rental and lending rights in perpetuity. If under the applicable law of any territory or jurisdiction any additional or different form of compensation is required to satisfy the requirement of equitable remuneration, then it is agreed that the grant to Company of the rental and lending rights shall nevertheless be fully effective, and Company shall pay Artist such compensation or, if necessary, the parties shall in good faith negotiate the amount and nature thereof per applicable law. Since Company has already paid or agreed to pay Artist equitable remuneration for the rental and lending rights, Artist hereby assigns to Company all compensation for the rental and lending rights payable or which may become payable to Artist on account or in the nature of a tax or levy, through a collecting society or otherwise. Artist shall cooperate fully with Company in the collection and payment to Company of such compensation. Artist hereby waives throughout the universe the benefits of any law, doctrine, or principle known as "droit moral" or "moral rights of authors" or any similar law, doctrine, or principle however denominated to the maximum extent permitted by any such law, doctrine, or principle. Artist hereby agrees to execute any document Company deems in its interest to confirm Company's ownership of the Work. Neither the suspension nor termination of Artist's services nor the expiration of this Agreement shall in any way adversely affect Company's ownership of the Work.

10. Production Guidelines and crisis........ Testing: Artist shall comply with all of Company's production guidelines, procedures, and protocols. Additionally, Artist acknowledges and agrees that it is of the essence of this Agreement that Artist submit to crisis........ testing if, where, when, and as required by Company. Violation of this Paragraph shall be deemed a material breach of this Agreement. Company highly recommends and encourages vaccinations for all eligible candidates.

11. Loan Out Company: If Artist's services hereunder are rendered through a loan-out company ("Lender"), the following provisions shall apply: (a) All references to "Artist" in this Agreement shall be deemed to be references to Lender and Artist jointly; (b) Lender and Artist represent and warrant that Lender has the full right, power, and authority to enter into this agreement and grant the rights granted to Company herein without the consent of any third party and that neither Lender nor Artist is subject to any conflicting obligation or any disability which will or might prevent Lender or Artist from the performance of this Agreement; (c) Payments of compensation hereunder will be made to Lender and not to Artist. If Company is subjected to any expenses or other liability because of a failure to withhold, report, or pay taxes in connection with the compensation payable hereunder, Lender and Artist shall indemnify and hold Company harmless therefrom; and (d) Artist confirms that (i) Artist has read and understands the Agreement, and (ii) Lender has the authority to grant the rights and furnish Artist's services per the provisions hereof. Further, as a material inducement to Company, Artist agrees to abide by and be personally bound by the terms and provisions of this Agreement as if Artist were a direct party hereto, and to look solely to Lender for payment of all compensation due Artist in connection with Artist's services and grant of rights hereunder.

12. Notices: All notices to Company and Artist (and payments to Artist) shall be sent to the addresses provided below. Such notices and payments shall be sent by U.S Mail, certified or registered (return receipt requested), by personal delivery (provided that a signed copy is obtained indicating that such delivery was made), or by e-mail or facsimile.

    To Company

    [INCLUDE DATA]

    To Artist (and Lender, if applicable)

    [INCLUDE DATA]

13. Suspension/Termination:

    a. Artist's Default: An event of "Default" shall exist hereunder if Artist at any time materially breaches any material provision of this Agreement; if Artist at any time fails, refuses, or neglects (otherwise than because of Artist's Disability, as defined below but including non-essential [e.g., not medically or governmentally mandated] self-isolation or self-quarantine to timely perform services hereunder; if Artist shall during the period in which services are to be provided by Artist hereunder, take into Artist's body narcotics or hallucinogens which are not either available over the counter or as prescribed by Artist's physician for illness or conditions of Artist or if Artist shall be unable to perform the service required of Artist hereunder because of self-infliction of wounds or digestion of alcoholic beverages; or if at any time, Artist causes Company to be notified that Artist intends to fail, refuse, or neglect to render services hereunder or to report to render services to the full limit of Artist's ability as reasonably required hereunder, or to fully comply with Artist's obligations hereunder; if Artist fails to fully perform hereunder; or if Artist is in default under any other agreement with Company under which Artist is required to render services in connection with the Project. Notwithstanding anything to the contrary contained in this Agreement (including, without limitation, any pay or play provisions herein), if any Default (subject to a two (2) hour cure period during the Production Period and twenty-four (24) hour cure period at all other times, if such Default is curable) occurs hereunder, Company may terminate this Agreement either during the continuance of such Default or within a reasonable time thereafter, and in the event of such termination, Company shall have no further obligations to Artist (financial or otherwise). Such termination shall be without prejudice to Company's rights against Artist under any provision hereof, at law, in equity, or otherwise. Regardless of whether Artist cures a Default hereunder or not, Company maintains the right to seek damages or other remedies in connection with such Default. Nothing contained in this Paragraph shall be construed as to limit any other rights or remedies Company may have under this Agreement or at law or in equity because of any Default of Artist. Any failure by Artist to report to Company as, where, and when reasonably instructed by Company for the rendition of Artist's services hereunder which is caused by intoxication or the influence of illegal drugs (or legal drugs exceeding prescribed amounts) may, at Company's option, also be treated by Company as an event of Default hereunder. All rights granted to Company under this Agreement shall survive termination of this Agreement.

b. Artist's Disability: "Disability" shall exist hereunder if Artist becomes incapacitated or prevented from fully performing and complying with Artist's obligations hereunder because of Artist's illness or mental, physical, or other disability, medically required self-isolation as a result of exposure to a highly infectious disease, or if Artist fails to comply with any obligation hereunder because of any cause rendering such non-compliance excusable at law. Any failure by Artist to report to Company as, where, and when reasonably instructed by Company for the rendition of Artist's services hereunder which is caused by intoxication or the influence of illegal drugs (or legal drugs exceeding prescribed amounts) may, at Company's option, also be treated by Company as an event of Disability hereunder. During any Disability period, all of Company's obligations to Artist (financial and otherwise) shall be suspended, and the running of time shall be suspended. Notwithstanding anything to the contrary contained in this Agreement (including, without limitation, any pay or play provisions herein), in the event of Artist's Disability hereunder, Company may terminate this Agreement at any time after such Disability continues for a consecutive period of seven (7) days or ten (10) days in the aggregate, and in the event of such termination, Company shall have no further obligations to Artist (financial and otherwise). All rights granted to Company under this Agreement shall survive termination of this Agreement.

c. Force Majeure: An event of "Force Majeure" shall exist hereunder if Company's operations concerning the Project, or the conduct of Company's business generally, are materially impaired, hampered, interrupted, prevented, suspended, postponed, or discontinued by reason outside Company's control, including, without limitation, as a result of any Act of God; war; accident; fire; strike; lock-out or other labor controversy; riot; civil disturbance; act of public enemy; any epidemic or pandemic; law, enactment, rule, restraint, order, or act of any governmental instrumentality or military authority (including, without limitation, government declared states of emergency); failure or inability to obtain any necessary permit or license; failure of technical facilities; inability to obtain sufficient labor, technical, or other personnel (including, without limitation, cast or crew members); failure, delay, or reduction in transportation facilities or water, electricity, or other public utilities; death, disability, disfigurement (concerning cast only), or unavailability of, or inability to obtain life, accident, cast, or health insurance (i.e., so-called "cast insurance") for, at customary rates and subject only to customary exclusions and deductible amounts, a principal member of the cast, any producer, or key crew member, or inability to obtain visas, labor permits, or other governmental licenses for any such persons (other than Artist); any breach by any third party of its obligations to Company in connection with the Project; or any other cause not reasonably within Company's control or which Company could not by reasonable diligence have avoided. During any Force Majeure period, all of Company's obligations to Artist (financial and otherwise) shall be suspended, and the running of time shall be suspended. During any suspension for a Force Majeure Event that continues for longer than five (5) days, Artist may render services to a third party, subject to a forty-eight (48) hour recall. Notwithstanding anything to the contrary contained in this Agreement, if any event of Force Majeure occurs hereunder, Company by written notice may terminate this Agreement at any time after such Force Majeure event continues for four (4) weeks, and in the event of such termination, Company shall have no further obligations to Artist (financial and otherwise). Artist may terminate Artist's obligations under this Agreement if such Force Majeure event continues for more than eight (8) weeks unless Company continues to pay Artist, provided Artist shall not have the right to terminate Artist's obligations under this Agreement in the event of a labor dispute or strike with any union or guild. All rights granted to Company under this Agreement shall survive termination of this Agreement.

14. Representations and Warranties: Artist represents and warrants that (i) the results and proceeds of Artist's services hereunder are and shall be original and unique with Artist in all respects; (ii) neither the results and proceeds of Artist's services hereunder nor any part thereof are taken from or based upon any other material except material wholly owned by Artist or provided by Company; (iii) the results and proceeds of Artist's services hereunder do not and will not violate or infringe upon the trademark, trade name, copyright, patent, literary, dramatic, musical, artistic, personal, civil, or property right or any other right of any person or entity; and (iv) the production, distribution, or exploitation of any motion picture based on the results and proceeds of Artist's services hereunder do not and will not violate the rights of privacy or publicity of any person or entity, constitute a defamation against any person or entity, or violate any other right of any other person or entity.

15. Indemnification: Artist agrees to indemnify and hold harmless Company, its parent, affiliates, subsidiaries, owners, officers, directors, agents, and employees of all thereof from and against all liabilities, actions, claims, demands, losses, damages, costs, and expenses (including reasonable attorneys' fees) caused by or arising from any breach or alleged breach of any warranty, representation, or agreement made by Artist hereunder. Company's approval of any material furnished by Artist hereunder shall not constitute a waiver of Artist's indemnity with regard thereto, other than concerning actual or potential claims relating to such material, which claims are disclosed in writing by Artist to Company prior to such approval by Company.

16. No Injunctive Relief: Artist expressly understands and agrees that if Company breaches this Agreement, the damage, if any, caused Artist thereby will not be irreparable or otherwise sufficient to entitle Artist to injunctive or other equitable relief. Artist agrees that the rights and remedies available to Artist in any such event shall be strictly limited to the right, if any, to recover damages limited to the amount of Artist's fixed compensation specified hereinabove but not consequential damages or lost profits in an action at law, and Artist shall not be entitled because of any such breach to terminate or rescind this Agreement, to restrain Company's exercise of any of Company's rights hereunder, to enjoin Company's use of the results and proceeds of Artist's services hereunder, or to otherwise enjoin, restrain, or interfere with the production, distribution, exhibition, or other exploitation of the Project or any part thereof.

17. Federal Communications Act: Artist affirms that neither Artist, nor any person acting for Artist, gave or agreed to give to any person associated in any manner with the Project any portion of Artist's compensation for arranging Artist's services in connection with the Project or anything else of value for arranging Artist's services in connection with the Project. Artist understands that failure to disclose to Company any such arrangement constitutes a federal crime. Artist is aware that it is a federal offense unless disclosed to Company prior to broadcast, for Artist to accept or agree to accept anything of value other than Artist's regular compensation for services in connection with the Project paid by Company, for promoting any product,

service, or venture on the air. Artist will immediately notify Company if any person attempts to induce Artist to do anything in violation of the foregoing. Artist shall indemnify Company from all liability that may arise from Artist's breach of this Paragraph. Artist shall not endorse any product or service in the Project or any advertising or promotion thereof without the prior written approval of Company in each instance.

18. Confidentiality: Artist hereby acknowledges and agrees that Artist shall not directly or indirectly issue or permit the issuance of any publicity or disclose any information concerning this Agreement, Artist's engagement services under this Agreement, the results and proceeds of Artist's services under this Agreement, the Project, Company, or Company's business or production methods. For clarity, Artist's confidentiality and publicity restrictions hereunder shall apply to all media whatsoever, including, without limitation, any social networking site, micro-blogging service, online forum, personal website or blog, or user-generated or user-uploaded content website (e.g., Facebook, Twitter, Snapchat, Instagram, TikTok, etc.).

19. No Guests to the Set or Photography: Artist shall not be permitted to bring any guest(s) to the set without the prior written approval of the line producer. No personal photography is permitted on or around the set.

20. Publicity: If Company so requests, Artist shall, for no additional consideration other than as set forth herein, render all services in connection with publicity concerning the Project as, when, and where reasonably requested by Company, subject to Artist's then-prior contractual professional commitments in the entertainment industry, provided that Artist shall use reasonable good faith efforts to meet the schedules proposed by Company.

21. Cure: If Company fails to make any payment required hereunder, Company shall not be deemed in default hereunder unless Company shall have failed to make such payment within five (5) business days after Company's receipt of written notice from Artist demanding such payment. Artist's rights and remedies hereunder for any such default shall be limited to the recovery of monetary damages and reasonable, outside attorneys' fees, if any.

22. Alcohol/Drug-Free Workplace/Sexual Harassment/Creative Differences/Safety/Firearms/Weapons:

    a. In conformance with federal laws regarding a drug-free workplace, Artist agrees that Artist will not engage in the unlawful manufacture, distribution, dispensation, possession, or use of a controlled substance in the workplace. Artist understands that violation of this provision may result in the immediate dismissal and termination of this Agreement. Use of alcohol or drugs during hours of engagement is grounds for Artist's immediate dismissal and termination of this Agreement.

    b. In addition to the foregoing, Artist acknowledges that flagrant violation of safety rules or discrimination due to gender, race, orientation, or creed will not be permitted and constitutes grounds for immediate dismissal and termination of this Agreement.

    c. No sexual harassment will be tolerated. Sexual harassment is grounds for immediate dismissal and is to be reported to Company immediately. Company's policy against sexual harassment and other forms of unlawful harassment is as follows: Any unlawful verbal, physical, or visual harassment by any employee is prohibited. All employees must be allowed to work in an environment free from unsolicited and unwelcome sexual overtures. Sexual harassment does not refer to occasional compliments or other generally acceptable social behavior. It refers to behavior that is not welcome, personally offensive, or undermines or weakens morale, and therefore interferes with the work effectiveness of its victims and their co-workers. Sexual harassment may include but is not limited to, such conduct as: (i) offensive sex-oriented verbal "kidding," jokes, or abuse; (ii) pressure for sexual activity; (iii) offensive, unwanted physical contact such as patting, pinching, or repeated brushing against another's body; and (iv) demand for sexual favors, accompanied by implied or overt promises of preferential treatment or threats concerning an individual's employment status. All forms of unlawful harassment are prohibited. If Artist becomes aware of any harassment, this information should be communicated, without fear of retaliation, to Artist's immediate supervisor, department manager, the production manager, or Company. Company will continue its practice of taking prompt and necessary steps to investigate and, where appropriate, correct any situation. Artist hereby agrees to attend any sexual harassment briefings or other meetings that Company requests be attended by personnel rendering services on the Project.

d. No Fraternization: Company recognizes that consenting romantic or sexual relationships may develop between a supervisor and a subordinate (whether such supervision is direct or indirect). These relationships frequently lead to complications and significant difficulties for the supervisor, the subordinate, others in the workplace, and Company. If a consenting romantic or sexual relationship between a supervisor and a direct or indirect subordinate should develop, Company requires the supervisor to disclose this information to Company's human resources department to ensure that there are no issues of actual or apparent favoritism, conflict of interest, sexual harassment, or any other negative impact on others in the work environment. Upon being informed or learning of the existence of such a relationship, Company will take steps that it deems appropriate to protect the workplace environment.

e. Company reserves the right to terminate Artist's services if it appears to Company, in Company's reasonable good faith discretion, that Artist is not capable of meeting the production requirements of the Project, or if Artist and Company have any disagreements over the creative aspects of the Project which Company reasonably and in good faith believes are insurmountable or can only be rectified by replacement of Artist, or if Artist's actions concerning other cast and crew are, in the good faith judgment of Company, disruptive of the production of the Project.

f. Possession or use of a weapon in the workplace is prohibited and is grounds for immediate termination of this Agreement.

23. Morals: If Artist commits, or, if based upon an allegation supported by a reasonable investigation by Company (or its assigns or licensees), is alleged to have committed, an act or an offense under federal, state, or local laws or which, in the sole and reasonable discretion of Company (or its assigns or licensees), brings Artist into public disrepute, contempt, scandal, or ridicule, or which reflects or would reflect unfavorably upon Company (or its assigns or licensees), or the Project, or otherwise injures or would injure the success of the Project, Company (or its assigns or licensees) shall have the right, in addition to and without prejudice to any other remedy of Company of any kind or nature set forth herein, to (i) treat such act as a material breach or default under the applicable provisions of this Agreement and suspend or terminate this Agreement with immediate effect and (ii) delete the billing provided for in the Agreement from any exhibition or other uses of all or part of the Project, including, without limitation, in connection with the advertising and promotion thereof.

24. Use of Data: Artist hereby acknowledges that for purposes connected with the Agreement, including compliance with this Agreement and Company's legal and regulatory obligations,

Company may collect, use, and otherwise process certain individually identifiable information about Artist and Artist's associates (collectively "Data Subjects") provided by Artist, including without limitation personal data such as name, address, email address, government ID, banking and insurance information, and sensitive personal data such as race or ethnic origin, health conditions and health insurance, criminal convictions and history, and trade union information (collectively "Personal Data"). Artist further acknowledges that the processing of Personal Data may involve transfer or disclosure to Company's affiliated companies, Company's employees and agents, and to third parties, including without limitation, third-party service providers, external advisors, government agencies, regulators and authorities, courts and other tribunals, and other persons connected with Company or the Project and that such transfer may be to countries that may not provide a level of protection to Personal Data equivalent to that provided by Artist's home country, but in such instances Company shall use reasonable endeavors to have in place adequate measures to ensure the security of the Personal Data. To ensure that the Personal Data remains as accurate as possible, Artist hereby agrees to inform Company as soon as reasonably practicable of any changes thereto. Artist also represents and warrants that Artist is authorized to disclose Personal Data to Company. Company hereby informs Artist that Artist may have certain rights in respect of Personal Data (such as access, rectification, and portability) and that further information about these rights and Company's processing of personal data generally can be obtained upon request from Company.

25. Assignment: Company shall have the right to assign this Agreement (or any of its rights and obligations hereunder) to any person, firm, or corporation, and such assignment shall constitute a novation, and Company shall be released and discharged of and from all duties, obligations, and liabilities arising under this Agreement. This Agreement shall not be assignable by Artist and any purported assignment thereof shall be null and void from the making thereof.

26. Waiver: The waiver by either party of any breach of this Agreement shall not constitute a waiver of any subsequent breach. Any waiver must be in writing to be effective.

27. No Obligation to Produce: Company shall have no obligation to, nor does it make any warranty or representation that it shall, produce, release, or distribute the Project, or continue the release and distribution of the Project if released, or otherwise exploit any rights granted to Company hereunder.

28. Commitment to Others: Artist shall not have the right or authority to, and shall not, employ any person in any capacity, or contract for the purchase or rental of any article or material, or make any commitment, agreement, or obligation whereby Company shall be required to pay any monies or other consideration without Company's prior written consent in each instance.

29. Further Documents: Artist agrees to execute such further documents and instruments as Company may reasonably request to effectuate the terms and intentions of this Agreement, and if Artist fails or is unable to execute any such documents or instruments, Artist hereby appoints Company as Artist's attorney in fact to execute any such documents or instruments, provided that said documents and instruments shall be consistent with the terms and conditions of this Agreement. Company's rights under this Paragraph constitute a power coupled with an interest and are irrevocable.

30. Severability: Nothing contained herein shall require the commission of any act, or payment of any monies, which is contrary to an express provision of law, public policy, or any provision of any applicable guild or collective bargaining agreement. If there shall exist any

conflict between any provisions contained herein and any such law, policy, or agreement, the latter shall prevail; and the provision or provisions herein affected shall be curtailed, limited, or eliminated to the extent (but only to the extent) necessary to remove such conflict; and as so modified this Agreement shall continue in full force and effect.

31. Governing Law/Arbitration: The terms and conditions hereof shall be interpreted and governed by New York law applicable to contracts entered into and to be wholly performed in New York without reference to choice of law rules. The parties consent to the jurisdiction and venue of the state courts of the State of New York in the City and County of New York or the federal courts of the United States of the Southern District of New York located in the City and County of New York. The prevailing party in any dispute shall be entitled to reimbursement of its reasonable outside attorneys' fees and costs. Arbitration of disputes between the parties hereto shall be governed by the Federal Arbitration Act and in conformity with the procedures of the applicable New York arbitration law. The arbitration shall be conducted before a single arbitrator per the JAMS Employment Arbitration Rules and Procedures (the "JAMS Rules") in effect at the time the claim is made but shall not pre-empt any SAG mandated arbitration, which shall take precedence over any other proceedings, and a judgment upon any award rendered by the arbitrator may be entered in any court having jurisdiction. If the parties cannot agree on an arbitrator, the JAMS Rules shall govern selection. A copy of the current rules can be viewed online at http://www.jamsadr.com/rules-employment-arbitration and will be provided upon request. Such arbitration shall be filed with JAMS and heard in New York, New York. All rights, causes of action, remedies, and defenses available under applicable law are available to the parties and shall be applicable as through a court of law, including the right to file a motion for summary judgment. The arbitrator shall apply the applicable statute of limitations to any claim. Any party may be represented at the arbitration by an attorney or other representative selected by the party, at such party's cost, and the arbitrator shall apply, as applicable, federal or New York substantive law and law of remedies. The arbitrator's remedial authority shall be no greater than that which is available under the statutory or common law theory asserted, and the arbitrator shall not have the power to add to, subtract, or modify the terms of this arbitration provision except where necessary for the enforcement of this arbitration provision. The arbitrator shall allow equal time at the arbitration hearing to both parties and the hearing shall be set for no more than five (5) full-length days unless the parties stipulate otherwise or the party requesting additional time demonstrates, in writing, good cause for requiring additional hearing days. Any party may request the right to file post-hearing closing briefs within two (2) weeks of concluding the arbitration hearing. The arbitrator lacks the power to commit errors of law or legal reasoning or to make factual findings unsupported by the evidence, and the award may be vacated or corrected by a court for exceeding arbitral powers. The court may enter judgment upon a final arbitration award either by (i) confirming the award or (ii) vacating, modifying, or correcting the award on any ground referenced in the Federal Arbitration Act or other similar state law. The arbitrator shall issue a written opinion that includes the factual and legal basis for any decision and award within thirty (30) days from the date the arbitration hearing concludes, or the post-hearing briefs (if requested) are filed, whichever is later. The applicable party shall bear the cost of the arbitrator's fees and other costs unique to arbitration to the extent required by applicable law. Nothing herein shall be interpreted to preclude the bringing of an administrative charge or complaint, or communicating in any way, with the Equal Employment Opportunity Commission, the National Labor Relations Board, the Securities and Exchange Commission, the United States Department of Labor, or any other federal, state, or local agency or official.

32. Relationship of the Parties: Nothing contained herein shall constitute a partnership between or joint venture by the parties or constitute either party as the agent of the other.

33. Entire Agreement: This Agreement expresses the entire understanding of the parties hereto and replaces all former agreements, negotiations, or understandings, written or oral, relating to the subject matter hereof. This Agreement cannot be modified, supplemented, or amended except by a written instrument executed by the parties hereto, and may be executed by electronic, PDF, or facsimile signatures and in one or more counterparts, each of which shall be deemed an original and all of which taken together shall constitute one and the same instrument. If this Agreement is translated into any other language, in whole or in part, then, in the event of any conflict, the English language version of the Agreement shall control.

34. Pre-Engagement Procedures: This Agreement and Artist's engagement, are contingent upon Artist's successful completion of all required pre-engagement procedures. Company may terminate this Agreement and Artist's engagement if, after commencement of Artist's services, Company learns that Artist has failed to successfully complete required pre-engagement procedures.

[Signature page follows]

IN WITNESS WHEREOF, the parties hereto have executed this Agreement as of the Effective Date.

COMPANY

____

By: ______________________________

Its: Authorized Signatory

ACCEPTED AND AGREED TO:

ARTIST

Signed ______________________________

Name (please print) ______________________________

Soc. Sec. No.: ______________________________

LOAN OUT (If applicable)

Signed: ______________________________

By: ______________________________

Its: ______________________________

PLEASE FILL OUT

NAME	
LOAN OUT (if applicable)	
ADDRESS	
PHONE:	CELL HOME FAX
Social Security #/Federal ID #:	
Emergency Contact Information	Name: Contact Information: Relation:

F079. NUDITY/SIMULATED SEX RIDER

Dated as of: ________________________________ (the "Effective Date")

Subject: "______________________"/Performer: ____________________________ ("Artist")

Loan Out (if applicable):

Reference is made in this rider ("Rider") to the non-union performer agreement (the "Agreement") dated as of ______________________________, between _________________ ("Company") on the one hand, and Artist on the other hand, in connection with the audiovisual production currently entitled "_________________" (the "Project").

Notwithstanding anything to the contrary contained in the Agreement, Artist and Company hereby agree as follows:

1. Artist hereby acknowledges and agrees that Artist has been provided with and has read the script for the Project. Accordingly, Artist has been notified and understands that as part of the "Role" (as defined in the Agreement), Artist shall be required to appear nude and/or semi-nude and/or perform simulated sex in the Project as set forth in Schedule A attached hereto (the "Scenes"). For this Rider, nudity is defined as the display of any part of the body which would be revealed if Artist were not wearing a bathing suit (Speedo or bikini, respectively, for male and female actors). Artist acknowledges and agrees that Artist approves of such Scenes as set forth herein. Company shall advise the director and line producer or unit production manager of the Project of the parameters of Artist's consent to appear nude and/or engage in simulated sex acts.
2. Following Artist's execution of this Rider whereby Artist agrees to appear as described in the nude and/or in performing the described simulated sexual activity in the Project, Company thereafter may make changes in the nude and/or sex scene(s), as may be necessary to accommodate production exigencies or creative decisions, including, without limitation, adding additional nudity and/or sex scene(s), and Artist hereby agrees to perform therein, provided that Artist is given no less than forty-eight (48) hour notice of such changes and such changes shall not require Artist to appear in a greater degree of nudity or to perform simulated sexual activity that is more graphic than as described in the Scenes attached hereto in Schedule A without Artist's consent.
3. Without limiting the foregoing, Artist shall have the right to meaningfully consult with the director of the Project prior to the time that such Scenes are to be photographed regarding how such Scenes will be photographed, provided the director and/or Company's final decision shall control.
4. Company agrees that during the showing of dailies which contain the Scenes, Company shall limit the personnel viewing such dailies to essential personnel only (i.e., personnel whom the director or producer reasonably designates in good faith as having essential business reasons for viewing such dailies). The filming of the Scenes shall be on a closed set, and no one except essential personnel shall be present. No still photography or video shall be taken during the rehearsal or filming of the Scenes, and no cell phone cameras or any other cameras not used for filming the Project will be allowed on set during the rehearsal or filming of the Scenes without the prior written consent of Artist. It is agreed that Artist hereby consents to still photography being taken by essential personnel solely for continuity, but such still pho-

tography shall not be released without Artist's prior written consent. Additionally, there shall be no video playback outside of the closed set, and no still or video playback will be present on set regarding the Scenes.

5. Company agrees that all footage trims and outtakes of the Scenes involving Artist shall be kept in a secure location accessible only by necessary personnel.

6. Pursuant to the terms and conditions of the Agreement, Company owns all results and proceeds of Artist's services rendered pursuant to the Agreement (including this Rider) and has the exclusive right to use, license, and exploit the Project, and Artist's performance therein, throughout the world, in perpetuity, in all media whether now known or hereafter devised.

7. The Agreement (including this Rider) constitutes the entire understanding of the parties hereto and replaces all former agreements, understandings, and representations relating in any way to the subject matter hereof. No modification, alteration, or amendment of the Agreement (including this Rider) shall be valid or binding unless it is in writing and signed by the party to be charged with such modification, alteration, or amendment. If this Rider (or the Agreement) is translated into any other languages, in whole or in part, then, in the event of any conflict, the English language version of this Rider and the Agreement shall control.

[*signature page follows*]

IN WITNESS WHEREOF, the parties hereto have executed this Nudity/Simulated Sex Rider as of the Effective Date.

ARTIST	**COMPANY**
By:	By:
An Individual	For: ____________________
SS #:	Its: Authorized Signatory
Loan Out (If applicable)	
By:	
For:	[Print Name of loan out]
Its: Authorized Signatory	

SCHEDULE A

[See attached script pages]

F080. LOCATION FACILITY AGREEMENT

Date: ____________________________________

This agreement ("Agreement") relates to the real property located at ____________________ ____________________ ("Premises"). The undersigned, ______________________________ ("Owner"), hereby grants to __________________ ("Company") the right to use the Premises upon the following terms and conditions:

1. Company and its employees, personnel, agents, contractors, and suppliers, have the right to enter upon the Premises with vehicles, equipment sets, and facilities required during production of the audiovisual production currently entitled "__________________" (the "Project") for ______________________________________, commencing on or about the date of _____ ________________________________ and continuing until completion of all scenes and work required (subject to change and extension on account of weather conditions or changes in production schedule), but not later than the date of ____________________________________ ____________.

2. Company may place vehicles and equipment on the Premises and agrees to remove the same after the completion of work and leave the property in as good condition as when received, reasonable wear and tear from uses permitted herein excepted.

3. As consideration for the rights granted herein, and provided Company actually does so enter and remain upon the Premises as contemplated by the terms of this Agreement, Company agrees to pay Owner US$_____________ (which sum is based upon a rate of US$_______________ per day of use), payable upon completion of all work contemplated. For the purposes of this Agreement, a "day" shall be determined according to Company's call time, so that if Company requires the Premises for night photography, the passing of a calendar day at midnight will not constitute a second day.

4. Owner represents and warrants: that Owner is the owner of the Premises (or agent for the owner); has the full right and authority to enter into this Agreement and to grant to Company the license and other rights granted herein; and that the consent of no other person or company is required for Company's use of the Premises as contemplated hereunder.

5. Prior to Owner exercising any remedy available under this Agreement or otherwise, Owner shall give Company notice of a material default hereunder (if such default is curable) and accorded three (3) days (reducible to twenty-four (24) hours for exigent circumstances) to cure such default; provided that Owner shall not be deemed to waive any claim for damages arising before, during or after such cure period if such default is not cured by Company.

6. Company and Owner each indemnify and hold harmless the other from any loss, damage, cost, and expense (including reasonable attorneys' fees) resulting from the breach by the indemnifying party of any of the terms of this Agreement to the extent such loss, damage, cost, and expense is covered by insurance.

7. In the event of any breach by Company of any warranty or agreement made hereunder or arising out of, resulting from, or incurred because Company's use of the Premises, Owner is limited to its remedy at law for damages, if any, and in no event may rescind or terminate this Agreement or any of the rights granted to Company hereunder or to enjoin, restrain, or otherwise impair the production, distribution, advertising, or other exploitation of the Project.

8. Upon Company's vacation of the Premises (the "Exit Date"), Owner shall inspect the Premises and if Owner does not provide Company with written notice of any objection to the condition

of the Premises within two (2) days of the Exit Date, Owner is deemed to have approved the condition of the Premises.

9. Owner expressly agrees, acknowledges, and understands that Company's use of the Property may subject Owner to everyday risk to which Owner is unaccustomed (individually and collectively "Risk(s)"). Owner freely and knowingly consents to and acknowledges Owner is voluntarily accepting this Risk(s) with full and complete knowledge of the potential dangers involved in said Risk(s) and agrees to accept and assume all liability of any nature whatsoever of personal and emotional injury of any nature whatsoever on Owner's behalf or of any heir, dependent, spouse, or significant other. Owner also explicitly acknowledges, agrees, and understands that Owner knowingly volunteered to accept the Risk(s). Owner asserts that Owner understands the potential negative impacts the Risk(s) and Picture may have on Owner's health; and Owner understands and acknowledges that Company is materially relying on this assertion in connection with the Project and in entering this Agreement. By entering this Agreement, Owner freely and knowingly consents to the waivers, releases, and indemnities set forth in this Agreement and any other agreement that Owner has executed or may execute in the future in connection with the Project. In connection to the terms of this Paragraph, TO THE MAXIMUM EXTENT PERMITTED BY LAW, ON BEHALF OF OWNER AND OWNER'S HEIRS, NEXT OF KIN, SPOUSES, GUARDIANS, EMPLOYEES, AGENTS, CONTRACTORS, REPRESENTATIVES, EXECUTORS, ADMINISTRATORS, SUCCESSORS, LICENSEES, AND ASSIGNS (COLLECTIVELY, THE "RELEASING PARTIES"), OWNER HEREBY IRREVOCABLY AND UNCONDITIONALLY RELEASES AND FOREVER DISCHARGES EACH OF THE RELEASED PARTIES (AS DEFINED BELOW) FROM ALL CLAIMS, ACTIONS, COMPLAINTS, DAMAGES, DEMANDS, ALLEGATIONS, SUITS, LIABILITIES, LOSSES, LIENS, COSTS, EXPENSES, INJURIES, AND CAUSES OF ACTION, OF ANY KIND WHATSOEVER, (COLLECTIVELY, "CLAIMS") (INCLUDING, WITHOUT LIMITATION, ATTORNEYS' FEES) ARISING OUT OF, RESULTING FROM, OR RELATING TO, IN ANY WAY, IN CONNECTION WITH THE RISKS, SOLELY ON LEGAL OR EQUITABLE THEORIES BASED UPON ANY ALLEGED PERSONAL OR EMOTIONAL INJURY, AND DEATH, TO THE EXTENT THAT SUCH CLAIM IS NOT COVERED BY INSURANCE SECURED BY COMPANY AND EXCLUDING ANY RELEASED CLAIMS TO THE EXTENT CAUSED BY OR ARISING FROM THE NEGLIGENCE OR INTENTIONALLY TORTIOUS CONDUCT OF COMPANY OR ITS EMPLOYEES, OFFICERS, AGENTS, OR INDEPENDENT CONTRACTORS (COLLECTIVELY, THE "RELEASED CLAIMS"). TO THE MAXIMUM EXTENT PERMITTED BY LAW, OWNER SHALL NOT SUE, INSTITUTE ANY OTHER PROCEEDINGS, OR MAKE ANY CLAIM AGAINST ANY OF THE RELEASED PARTIES OR ANYONE ELSE FOR ANY CAUSE OF ACTION BASED ON ANY OF THE RELEASED CLAIMS. As used herein, the term "Released Parties" shall mean and refer to Company, any licensees or assignees of the Project or the Results and Proceeds, all participants, all other persons and entities rendering services in connection with the Project or otherwise connected to the Project or this Agreement, all parent, subsidiary, related and affiliated entities, licensees, successors, assigns, sponsors, and advertisers of each of the foregoing, all of the respective directors, officers, employees, principals, executives, on-air talent, agents, contractors, partners, shareholders, representatives, and members of each of the foregoing, and the respective heirs, next of kin, spouses, guardians, representatives, executors, administrators, successors, licensees, and assigns of each of the foregoing.

10. The terms and conditions hereof shall be interpreted and governed by New York law applicable to contracts entered into and to be wholly performed in New York without reference to choice of law rules. For all purposes, including without limitation in connection with any petition to confirm an arbitration award obtained per this Section, the parties hereto consent to the jurisdiction and venue of the state courts of the State of New York in the City and County

of New York or the federal courts of the United States in the Southern District of New York located in the City and County of New York. Any dispute arising hereunder shall be resolved solely through binding arbitration, before a single arbitrator familiar with entertainment law, and conducted in New York, New York under and per the JAMS Streamlined (for claims under US$250,000.00) or the JAMS Comprehensive (for claims over US$250,000.00) Arbitration Rules and Procedures ("JAMS Rules"), as said rules may be amended from time to time. The parties agree to accept service of process per JAMS Rules. The arbitrator shall issue a written opinion that includes the factual and legal basis for any decision and award within thirty (30) days from the date the arbitration hearing concludes. Any award shall be final, binding, and non-appealable. The arbitration will be confidential and conducted in private and will not be open to the public or media. No matter relating to the arbitration (including but not limited to, the testimony, evidence, or result) may be: (i) made public in any manner or form; (ii) reported to any news agency or publisher; or (iii) disclosed to any third party not involved in the arbitration. The prevailing party shall be entitled to reimbursement of its reasonable outside attorneys' fees and costs.

11. All information disclosed to or obtained by Owner or representatives, employees, or agents of the Premises (each a "Party" and collectively the "Parties") concerning or relating to the Project, including, but not limited to, Owner's and Parties' participation in the Project as well as the activities occurring on and around the Premises occurring in connection with the Project (collectively, the "Confidential Information"), shall be strictly confidential, and Owner hereby agrees not to disclose, and to cause each of the Parties not to disclose, any such Confidential Information to any individual or entity. Owner acknowledges and agrees that any disclosure of such Confidential Information by Owner or any Party in violation of this Agreement shall constitute a material breach of this Agreement and shall cause Company irreparable injury. Owner further agrees that in the event of any disclosure by Owner or any Party in violation of this Agreement, Owner shall be liable to Company and Owner agrees that Company shall have the right to utilize all available remedies under the law, including both financial and injunctive relief, to seek retribution for any breach of this confidentiality provision by Owner or any Party. Owner expressly agrees that Company shall be entitled to all relief available to Company as reasonable compensation for the significant harm which will be incurred by Company because of any such disclosure or breach of this Agreement by Owner or any Party. In addition, if requested by Company, Owner will assist Company in securing a confidentiality waiver from each Party.

12. All aspects of the publicity and promotion for the Project shall be at Company's and its designee's sole discretion. During and after Company's use of the Premises, neither Owner, nor any of Owner's employees or agents shall directly, or through any publicity representative or otherwise, circulate, publish, or otherwise disseminate any news story, article, book, or other publicity relating to Company's participation in the Project and the subject matter of this Agreement, Company, or the Project. The foregoing shall not be deemed to prohibit Owner from issuing publicity that includes incidental references to the Project and Owner's involvement therein, provided the same occurs after the initial press release for the Project has been issued by Company and does not mention the Project, Company or any other person or entity involved therewith in an unfavorable or derogatory manner. Without limiting the foregoing in any manner, Owner acknowledges and agrees that it shall not at any time use any of Company's names, logos, trade names, or trademarks (including, but not limited to, the title of the Project), or those of any related companies, in connection with any kind of advertising and promotion, publicity, merchandise, tie-in, product or service. For the avoidance of doubt, Owner's confidentiality and publicity restrictions hereunder shall apply to all media whatsoever, including, without limitation, any social networking site, micro-blogging service,

online forum, personal website or blog, or user-generated or user-uploaded content website (e.g., Facebook, Twitter, Snapchat, Instagram, etc.).

13. This Agreement contains the full and complete understanding between the parties and supersedes all prior agreements and understandings pertaining hereto and cannot be modified except by a writing signed by each party. No other authorization is necessary to enable Company to use the property for the purposes herein contemplated. This Agreement may be executed in one or more counterparts and may be executed and delivered by facsimile or other electronic transmission or by PDF signature. If this Agreement is translated into any other languages, in whole or in part, then, in the event of any conflict, the English language version of the Agreement shall control.

14. **ANY MODIFICATION(S) OR CHANGE(S) TO THIS LOCATION FACILITY AGREEMENT, WHETHER IN THE FORM OF INTERLINEATION(S) OR AN ADDENDUM, ATTACHMENT, EXHIBIT, OR THE LIKE, IS INVALID, NOT BINDING AND OF NO FORCE OR EFFECT UNLESS AND UNTIL (I) SUCH MODIFICATION(S) OR CHANGE(S) IS INITIALED BY, AND (II) THIS AGREEMENT IS SIGNED BY, AN AUTHORIZED PRODUCTION EXECUTIVE.**

IN WITNESS WHEREOF, the parties hereto have executed this Agreement as of the Effective Date above.

OWNER	**COMPANY**
____________________	____________________
By: ____________________	Authorized Signatory for
Its: Authorized Signatory	____________________
FEIN/SSN: ____________________	

F081. LOCATION AGREEMENT

Date: ______________________________________ ("Effective Date")

"____

__________" (the "Project")

For good and valuable consideration, the receipt and sufficiency of which is hereby acknowledged, the undersigned, ______________________________ ("Owner"), hereby grants to ____________________ ("Company") the right to use and photograph the real and personal property described below, upon the following terms and conditions (the "Agreement"):

1. Company and its employees, agents, contractors, licensees, and assigns are granted the exclusive right and license to enter, remain upon and leave the premises known and/or described as: ______________________________ ____________________ ______________________ ("Property"), in any manner whatsoever, by Company's personnel and equipment, including access to and egress from the Property, for the purpose of using the Property as a location for filming the Project. Owner further grants to Company the right to make use of any and all photographs (audio visual scenes, stills, videotape, or otherwise) and audio recordings (collectively, "Photographs") of, on, in and about the Property, together with all scenery, equipment, buildings, or other property thereon, and if necessary, to make and remove preparations for photography including erecting and maintaining temporary audio visual sets, structures, and scenery as Company may desire.

2. Without limiting the preceding paragraph, the rights granted in this Agreement include the right to photograph all structures and signs located on the Property (including, but not limited to, the exterior and interior of such structures and the names, logos, verbiage, trademark, and tradenames owned or controlled by Owner), the right to refer to the Property by its correct name or any fictitious name, the right to attribute fictitious events as occurring on the Property, and the right to replicate the Property.

3. Company may take possession of the Property on or about ____________________ (which date is subject to change on account of weather conditions or changes in the production schedule) and may continue in possession until the completion of all photographing and recording for which Company may desire the use of the Property (the "Term").

4. Notwithstanding anything to the contrary in this Agreement, in the event that Company's use of the Property is prevented or hampered by weather or occurrences beyond Company's control (each, a "Force Majeure Event"), Company shall have the right to use the Property for an amount of additional time equal to the time that was not used due to the Force Majeure Event, commencing at a mutually agreeable time following the end of the Force Majeure Event.

5. Company agrees to use reasonable care to prevent damage to the Property during photography, and, unless Owner advises otherwise, will leave the Property in substantially the same condition as when entered by Company, except for reasonable wear and tear from uses contemplated under this Agreement. Company has the right to remove all its sets, structures and other material and equipment from the Property.

6. Owner expressly agrees, acknowledges, and understands that Company's use of the Property may subject Owner to everyday risk to which Owner is unaccustomed (individually and collectively "Risk(s)"). Owner freely and knowingly consents to and acknowledges Owner is voluntarily accepting this Risk(s) with full and complete knowledge of the potential dangers

involved in said Risk(s) and agrees to accept and assume any and all liability of any nature whatsoever of personal and emotional injury of any nature whatsoever on Owner's behalf or of any heir, dependent, spouse, or significant other. Owner also explicitly acknowledges, agrees, and understands that Owner knowingly volunteered to accept the Risk(s). Owner asserts that Owner understands the potential negative impacts the Risk(s) and Picture may have on Owner's health; and Owner understands and acknowledges that Company is materially relying on this assertion in connection with the Project and in entering this Agreement. By entering this Agreement, Owner freely and knowingly consents to the waivers, releases, and indemnities set forth in this Agreement and any other agreement that Owner has executed or may execute in the future in connection with the Project. In connection to the terms of this Paragraph, TO THE MAXIMUM EXTENT PERMITTED BY LAW, ON BEHALF OF OWNER AND OWNER'S HEIRS, NEXT OF KIN, SPOUSES, GUARDIANS, EMPLOYEES, AGENTS, CONTRACTORS, REPRESENTATIVES, EXECUTORS, ADMINISTRATORS, SUCCESSORS, LICENSEES, AND ASSIGNS (COLLECTIVELY, THE "RELEASING PARTIES"), OWNER HEREBY IRREVOCABLY AND UNCONDITIONALLY RELEASES AND FOREVER DISCHARGES EACH OF THE RELEASED PARTIES (AS DEFINED BELOW) FROM ANY AND ALL CLAIMS, ACTIONS, COMPLAINTS, DAMAGES, DEMANDS, ALLEGATIONS, SUITS, LIABILITIES, LOSSES, LIENS, COSTS, EXPENSES, INJURIES, AND CAUSES OF ACTION, OF ANY KIND WHATSOEVER, (COLLECTIVELY, "CLAIMS") (INCLUDING, WITHOUT LIMITATION, ATTORNEYS' FEES) ARISING OUT OF, RESULTING FROM, OR RELATING TO, IN ANY WAY, IN CONNECTION WITH THE RISKS, SOLELY ON LEGAL OR EQUITABLE THEORIES BASED UPON ANY ALLEGED PERSONAL OR EMOTIONAL INJURY, AND/OR DEATH, TO THE EXTENT THAT SUCH CLAIM IS NOT COVERED BY INSURANCE SECURED BY COMPANY AND EXCLUDING ANY RELEASED CLAIMS TO THE EXTENT CAUSED BY OR ARISING FROM THE NEGLIGENCE OR INTENTIONALLY TORTIOUS CONDUCT OF COMPANY OR ITS EMPLOYEES, OFFICERS, AGENTS, OR INDEPENDENT CONTRACTORS (COLLECTIVELY, THE "RELEASED CLAIMS"). TO THE MAXIMUM EXTENT PERMITTED BY LAW, OWNER SHALL NOT SUE, INSTITUTE ANY OTHER PROCEEDINGS, OR MAKE ANY CLAIM AGAINST ANY OF THE RELEASED PARTIES OR ANYONE ELSE FOR ANY CAUSE OF ACTION BASED ON ANY OF THE RELEASED CLAIMS. As used herein, the term "Released Parties" shall mean and refer to Company, any licensees or assignees of the Project and/or the Results and Proceeds, all participants, all other persons and entities rendering services in connection with the Project or otherwise connected to the Project or this Agreement, all parent, subsidiary, related and affiliated entities, licensees, successors, assigns, sponsors, and advertisers of each of the foregoing, all of the respective directors, officers, employees, principals, executives, on-air talent, agents, contractors, partners, shareholders, representatives, and members of each of the foregoing, and the respective heirs, next of kin, spouses, guardians, representatives, executors, administrators, successors, licensees, and assigns of each of the foregoing.

7. Owner represents and warrants that Owner is the owner of the Property (or agent for the owner) and has the full right and authority to enter into this Agreement and grant to Company the license and other rights granted herein; that the consent of no other person or company is required for Company's use of the Property as contemplated hereunder; that the Property and every part thereof is in good physical condition and repair, and Company shall not be liable for any defect(s) with respect to the physical condition of the Property existing prior to Company's use of the Property; and that the Photographs and any use thereof in connection with the Project, or advertising and publicity relating to the Project, will not infringe or violate any right whatsoever of any person or company. Owner releases Company and all parent, sister, and related entities of Company, all licensees, successors, and assigns of Company, all distributors, exhibitors, stations, sponsors, and advertising agencies of the Project or other

program incorporating any Photographs taken on or of the Property (collectively "Affiliates"), and all of the officers, directors, agents, employees, and shareholders of each of the foregoing from any and all claims, demands, and costs arising from or related to any use of the Photographs made on the Property as contemplated herein. This release shall be binding on all of Owner's successors-in-interest and heirs.

8. All rights of every kind and nature, now known or hereafter devised (including without limitation all copyrights therein and all renewals, extensions and restorations of said copyrights), in and to any of the Photographs (including, without limitation, the irrevocable and perpetual right to exhibit in any and all media, throughout the universe, any and all Photographs made at and of the Property) are and shall remain vested in Company and its successors, assigns, and licensees. Neither Owner nor any tenant or other person or company now or hereafter having an interest in the Property shall have any right of action, including, without limitation, any right to injunctive relief, against Company or any other person or company arising out of any use of the Photographs whether or not such use is, or may be claimed to be, defamatory, untrue, or censurable in nature, and Owner and such other persons and companies hereby waive any and all rights of privacy, publicity, or any other rights of a similar nature in connection with the exploitation of any Photograph. In the event of any action or claim arising out of or related to this Agreement, the use of the Property or the use or exploitation of the Photographs made on or of the Property, Owner shall be limited to an action for money damages and Owner specifically acknowledges that Owner shall not be entitled to equitable or injunctive relief, all of which Owner knowingly waives. In no event shall Owner be permitted to prevent or inhibit the production, exhibition, distribution, broadcast, advertising, promotion or other use or exploitation of the Project or any Photographs made on or of the Property. Company may transfer and assign this Agreement or all or any of its rights or privileges hereunder to any entity or individual without restriction. Company has no obligation to produce the Project or any other audiovisual production, or to make any use of any Photograph in the Project or otherwise.

9. If, following the Term, Company requires use of the Property for additional use in connection with the Project, Owner shall permit Company to re-enter upon and again utilize the Property for such purpose. The dates for such additional use are subject to Owner's approval, which approval Owner, or any subsequent owner, tenant, or other person or company now or hereafter having an interest in the Property, shall not unreasonably withhold. If Company returns to the Property for such additional use, Company shall pay Owner the pro-rata portion of the Location Fee based on the length of time Company remains on the Property, payable when Company is again finished with, on, in, and about the Property. For clarity, all the terms and conditions of this Agreement apply to any subsequent occupation of the Property for such additional use, including Company's rights under Paragraphs 2 and 9.

10. Prior to Owner exercising any remedy available pursuant to this Agreement or otherwise, Owner shall give Company notice of a material default hereunder (if such default is curable) and Company shall be accorded thirty (30) days to cure such default.

11. Company and Owner each indemnify and hold harmless the other from any loss, damage, cost, and expense (including reasonable attorneys' fees) resulting from the breach by the indemnifying party of any of the terms of this Agreement to the extent such loss, damage, cost, and expense is covered by insurance.

12. Upon Company's vacation of the Property (the "Exit Date"), Owner shall inspect the Property and if Owner does not provide Company with written notice of any objection to the condition of the Property within two (2) days of the Exit Date, Owner is deemed to have approved the condition of the Property.

13. The terms and conditions hereof shall be interpreted and governed by New York law applicable to contracts entered into and to be wholly performed in New York without reference to choice of law rules. For all purposes, including without limitation in connection with any petition to confirm an arbitration award obtained per this Section, the parties hereto consent to the jurisdiction and venue of the state courts of the State of New York in the City and County of New York or the federal courts of the United States in the Southern District of New York located in the City and County of New York. Any dispute arising hereunder shall be resolved solely through binding arbitration, before a single arbitrator familiar with entertainment law, and conducted in New York, New York under and per the JAMS Streamlined (for claims under US$250,000.00) or the JAMS Comprehensive (for claims over US$250,000.00) Arbitration Rules and Procedures ("JAMS Rules"), as said rules may be amended from time to time. The parties agree to accept service of process per JAMS Rules. The arbitrator shall issue a written opinion that includes the factual and legal basis for any decision and award within thirty (30) days from the date the arbitration hearing concludes. Any award shall be final, binding, and non-appealable. The arbitration will be confidential and conducted in private and will not be open to the public or media. No matter relating to the arbitration (including but not limited to, the testimony, evidence, or result) may be: (i) made public in any manner or form; (ii) reported to any news agency or publisher; or (iii) disclosed to any third party not involved in the arbitration. The prevailing party shall be entitled to reimbursement of its reasonable outside attorneys' fees and costs.

14. Any and all information disclosed to or obtained by Owner and/or representatives, employees, and/or agents of the Property (each a "Party" and collectively the "Parties") concerning or relating to the Project, including, but not limited to, the premise and concept of the Project, the nature of certain events in the Project, Owner's and/or Parties' participation in the Project as well as the activities occurring on and around the Property occurring in connection with the Project, and the outcome of the Project (in the event the outcome occurs on the Property) (collectively, the "Confidential Information"), shall be strictly confidential, and Owner hereby agrees not to disclose, and to cause each of the Parties not to disclose, any such Confidential Information to any individual or entity. Owner acknowledges and agrees that any disclosure of such Confidential Information by Owner or any Party in violation of this Agreement shall constitute a material breach of this Agreement and shall cause Company and/or its Affiliates irreparable injury. Owner further agrees that in the event of any disclosure by Owner or any Party in violation of this Agreement, Owner shall be liable to Company and/or its Affiliates and Owner agrees that Company and/or its Affiliates shall have the right to utilize all available remedies under the law, including both financial and injunctive relief, to seek retribution for any breach of this confidentiality provision by Owner or any Party. Owner expressly agrees that Company and/or its Affiliates shall be entitled to all relief available to Company and/or its Affiliates as reasonable compensation for the significant harm which will be incurred by Company and/or its Affiliates as a result of any such disclosure and/or breach of this Agreement by Owner and/or any Party. In addition, if requested by Company, Owner will assist Company in securing a confidentiality waiver from each Party.

15. All aspects of the publicity and promotion for the Project shall be at Company's and its designee's sole discretion. During and after the filming of the Project on the Property, neither Owner, nor any of Owner's employees or agents shall directly, or through any publicity representative or otherwise, circulate, publish, or otherwise disseminate any news story, article, book, or other publicity relating to Company's participation in the Project and the subject matter of this Agreement, Company, and/or the Project. The foregoing shall not be deemed to prohibit Owner from issuing publicity that includes incidental references to the Project and Owner's involvement therein, provided the same occurs after the initial press release for the

Project has been issued by Company and does not mention the Project, Company, or any other person or entity involved therewith in an unfavorable or derogatory manner. Without limiting the foregoing in any manner, Owner acknowledges and agrees that is shall not at any time use any of Company's names, logos, trade names, or trademarks or any of its Affiliates' names, logos, trade names, or trademarks (including, but not limited to, the title of the Project), or those of any related companies, in connection with any kind of advertising and promotion, publicity, merchandise, tie-in, product, or service.

16. This Agreement contains the full and complete understanding between the parties and supersedes all prior agreements and understandings pertaining hereto and cannot be modified except by a writing signed by each party. This Agreement may be executed in one or more counterparts and may be executed and delivered by facsimile or other electronic transmission and/or by PDF signature. If this Agreement is translated into any other languages, in whole or in part, then, in the event of any conflict, the English language version of the Agreement shall control.

17. ANY MODIFICATION(S) OR CHANGE(S) TO THIS AGREEMENT, WHETHER IN THE FORM OF INTERLINEATION(S) OR AN ADDENDUM, ATTACHMENT, EXHIBIT OR THE LIKE, IS INVALID, NOT BINDING AND OF NO FORCE OR EFFECT UNLESS AND UNTIL (I) SUCH MODIFICATION(S) OR CHANGE(S) IS INITIALED BY, AND (II) THIS AGREEMENT IS SIGNED BY, AN AUTHORIZED PRODUCTION EXECUTIVE.

IN WITNESS WHEREOF, the parties hereto have executed this Agreement as of the Effective Date above.

OWNER

____

By: ______________________

Its: Authorized Signatory

FEIN/SSN:______________________

COMPANY

____

Authorized Signatory for

____

F082. NON-UNION INDEPENDENT CONTRACTOR AGREEMENT

Dated: ______________________________ (the "**Effective Date**")

__________________ ("**Company**") hereby engages the services of __________________ [Print Loan Out Company Name] ("**Lender**") furnishing the services of __________________ [Print Name] ("**Contractor**"), as an independent contractor, upon the terms and conditions herein set forth in connection with the audiovisual production tentatively entitled "______________" (the "**Project**").

1. Conditions Precedent: Company has no obligation to perform under this Agreement unless and until Company receives the following (collectively, the "Conditions Precedent"): (i) an executed original of this Agreement, in form and substance acceptable to Company, signed by Contractor (and all Exhibits attached hereto); (ii) Contractor's submission to Company of original documents satisfactory to Company to demonstrate Contractor's eligibility to perform services in all locations in which Company will require Contractor's services; and (iii) all forms and documents necessary to enable Company to effect payment to Contractor, including, without limitation, a completed form W-9, all documents required by the Immigration Reform and Control Act of 1986.

2. Loan Out Company: Contractor's services hereunder are rendered through Lender, as such, the following provisions shall apply: (i) All references to "Contractor" in this Agreement shall be deemed to be references to Lender and Contractor jointly; (ii) Lender and Contractor represent and warrant that Lender has the full right, power, and authority to enter into this Agreement and grant the rights granted to Company herein without the consent of any third party, and that neither Lender nor Contractor is subject to any conflicting obligation or any known disability which will prevent Lender or Contractor from the performance of this Agreement; (iii) Payments of compensation hereunder will be made to Lender and not to Contractor, (iv) In the event Company is subjected to any expenses or other liability by reason of a failure to withhold, report, or pay taxes in connection with the compensation payable hereunder, Lender and Contractor shall indemnify and hold Company harmless therefrom; (v) Lender is duly organized and validly exists in good standing under the laws of the state of its organization; and (vi) Contractor confirms that (a) Contractor has read and understands the Agreement, and (b) Lender has the authority to grant the rights and furnish Contractor's services in accordance with the provisions hereof. Further, as a material inducement to Company, Contractor to abide by and be personally bound by the terms and provisions of this Agreement as if Contractor were a direct party hereto, and to look solely to Lender for payment of all compensation due Contractor in connection with Contractor's services and grant of rights hereunder.

3. Services: Company hereby engages Contractor as a __________________________ to provide the services and deliverables (the "**Services**") set forth in one or more Statements of Work attached hereto (each a "SOW") in connection with the development, production, and marketing of the Project. The Services shall be rendered in a professional manner and in accordance with the terms of this Agreement and the specifications contained in the applicable SOW, and Contractor will comply with all reasonable directions of Company and will keep Company reasonably informed as to the progress and status of the Services. Contractor will apply such time, attention, resources, and skill as may be reasonably necessary or appropriate for Contractor's proper performance Services in a first-class, timely manner. Contract will also comply with all applicable laws, rules, and regulations governing their business.

4. Term: Contractor shall render the Services commencing as of the Effective Date and continuing until either: (i) either party elects to terminate the services upon fifteen (15) days' prior written notice to the non-terminating party; or (ii) completion of the final SOW, whichever is sooner (the "**Term**"). Contractor and Company reserve the right to terminate the Agreement for any reason. Upon termination, the Company shall only be obligated to pay the balance of any compensation for work performed by Contractor until the date of termination.

5. Compensation: Provided Contractor fully performs all Services required hereunder and is not in breach of this Agreement, in full consideration of all services to be rendered by Contractor, all rights now or hereafter to be granted by Contractor, and all warranties, representations, and agreements made by Contractor hereunder, Contractor shall be entitled to __________________ United States Dollars ($____________) per hour ("**Compensation**"), unless otherwise agreed by the parties in writing, payable within thirty (30) days of Company's receipt of the applicable invoice from Contractor which must provide details of services rendered and rate due. Contractor shall submit such invoices to Company on a biweekly basis, or as otherwise agreed by the parties. Payments may be reasonably delayed by reason of an intervening federal or state holiday. Contractor understands and agrees that the Compensation is a "flat fee" and Contractor shall not be entitled to any additional and/or so-called "overage" compensation for any services. No additional compensation shall be payable to Contractor for the rendering of services at night, on weekends, or on holidays.

6. Credit: Company shall have sole discretion on placement and position of credit to Contractor, if any, regarding the Project, billing block, and paid advertisements. All aspects of credit (e.g., type, size, placement, duration, etc.) shall be at Company's sole discretion. No casual or inadvertent failure to comply with the provisions of this clause shall be deemed a breach of this Agreement by Company. Consequently, Contractor's rights and remedies hereunder shall be limited to the right, if any, to obtain damages at law, and Contractor shall have no right in such event to rescind this Agreement or any rights granted to Company hereunder or to enjoin or restrain the distribution or exhibition of the Project.

7. Non-Union. Contractor acknowledges that Contractor is not a member of a union or collective bargaining agreement relevant to Contractor's services hereunder, and therefore, such services shall not be subject to any union or collective bargaining agreement.

8. Conflicts. Contractor shall advise Company immediately of any potential or actual conflicts prior to engaging in a Work or SOW with Company. If Contractor accepts an offer from a third party that may pose a conflict of interest to Contractor's Services, prior to engaging in any work with the third party Contractor must disclose the offer to Company in writing.

9. Results and Proceeds: The results and proceeds of Contractor's services hereunder, including without limitation all material composed, submitted, added, created, or interpolated by Contractor hereunder shall be referred to herein as the "**Work**." For good and valuable consideration, the receipt and sufficiency of which is hereby acknowledged, Contractor hereby exclusively and irrevocably assigns, transfers, grants, and pre-assigns to Company all Contractor's right, title, and interest in and to the Work now or hereafter created throughout the universe, in perpetuity and in all languages. Contractor and Company are aware and hereby acknowledge that new rights to the Work may come into being or be recognized in the future, under the law or in equity ("**New Exploitation Rights**"), and that new (or changed) technology, uses, media, formats, modes of transmission, and methods of distribution, dissemination, exhibition, and performance ("**New Exploitation Methods**") are being and will inevitably continue to be developed in the future, which would offer new opportunities

for exploiting the Work. Contractor intends to and does hereby assign, grant, and convey to Company all rights to such New Exploitation Rights and New Exploitation Methods with respect to the Work. The parties acknowledge and agree that the compensation payable to Contractor as set forth herein includes adequate and equitable remuneration for Contractor's assignment of the so-called "rental and lending rights" and constitutes a complete buy-out of all such rental and lending rights hereunder, and, to the fullest extent permitted by applicable law, constitutes a complete worldwide buyout of all rental and lending rights in perpetuity. If under the applicable law of any territory or jurisdiction any additional or different form of compensation is required to satisfy the requirement of equitable remuneration, then it is agreed that the grant to Company of the rental and lending rights shall nevertheless be fully effective, and Company shall pay Contractor such compensation or, if necessary, the parties shall in good faith negotiate the amount and nature thereof per applicable law. Since Company has already paid or agreed to pay Contractor equitable remuneration for the rental and lending rights, Contractor hereby assigns to Company all compensation for the rental and lending rights payable or which may become payable to Contractor on account or in the nature of a tax or levy, through a collecting society or otherwise. Contractor shall cooperate fully with Company in the collection and payment to Company of such compensation. Contractor hereby waives throughout the universe the benefits of any law, doctrine, or principle known as "droit moral" or "moral rights of authors" or any similar law, doctrine, or principle however denominated to the maximum extent permitted by any such law, doctrine, or principle. Contractor hereby agrees to execute any document Company deems in its interest to confirm Company's ownership of the Work. Neither the suspension nor termination of Contractor's services nor the expiration of this Agreement shall in any way adversely affect Company's ownership of the Work. Contractor hereby releases and discharges Company, Company's Contractors, agents, licensees, successors, and assignees from all claims, demands, or causes of action that Contractor may now have or may hereafter have for libel, defamation, invasion of privacy or right of publicity, infringement of copyright, or violation of any other right arising out of or relating to any utilization of the Work or based upon any failure or omission to make use thereof. Notwithstanding any other provision of this Agreement to the contrary, Contractor is not obligated to assign to the Company any rights in an invention for which no equipment, supplies, facilities, intellectual property, or trade secret information of the Company was used and that was developed entirely on the Contractor's own time (each, a "**Prior Invention**," collectively, "**Prior Inventions**"), unless (a) such Prior Invention relates (i) directly to the business of Company or (ii) to the Company's actual or demonstrably anticipated research or investigations or (b) such Prior Invention results from any work performed by the Contractor for the Company. Contractor will disclose any Prior Inventions Contractor believes Contractor has rights to in Exhibit B attached to this Agreement. If no Prior Inventions are listed on Exhibit B, Contractor represents that no Prior Inventions exist. Contractor shall obtain Company's written approval in each instance before knowingly incorporating Prior Inventions into the Work or otherwise utilizing them in connection with the Services.

10. Expenses: Contractor will be held personally responsible for purchases, rentals, and expenses not approved in advance in writing by Company. Contractor is responsible for expenses related to Work pursuant to this Agreement unless otherwise agreed in writing between Company and Contractor. Contractor shall be reimbursed for reasonable Work-related expenses that are pre-approved in writing by Company, which approval shall not be unreasonably withheld. Expenses shall be reimbursed within thirty (30) days following Contractor's provision of an invoice containing the expense reimbursement requests along with reasonable substantiation therefor to Company.

11. Insurance: Company shall not be liable for any damage or loss to Contractor's equipment or tools used while Contractor is performing services hereunder. Contractor shall be responsible for any uninsured loss of or damage to Contractor's personal property or any uninsured personal injury to Contractor. Use of a vehicle by Contractor not provided by Company shall be at Contractor's risk and Contractor shall be responsible for any loss, damage, or personal injury to third parties or to Contractor caused while using such vehicle, and it shall be Contractor's responsibility to maintain customary insurance to cover such risks.
12. Recoverables: Contractor shall be responsible for returning in a timely manner to Company on or before completion of the Project, all materials, equipment, and other items owned, purchased, rented by, or otherwise in the possession of, Company or its agents, assigns, or licensees ("**Recoverables**"). Contractor acknowledges and agrees that the Work, including, without limitation, correspondence, and documents, shall be the exclusive property of Company and any disclosure or use thereof by Contractor shall be deemed a material breach hereof. Recoverables shall include, without limitation, props, wardrobe, equipment, tools, materials, supplies, and film stock.
13. Harassment/Discrimination: Contractor acknowledges that flagrant violation of safety rules, sexual harassment, or discrimination due to gender, race, sexual orientation, age, disability, national origin, creed, or other protected traits under state law will not be permitted and constitutes grounds for immediate termination of this Agreement.
14. Safety/Weapons: Possession or use of a firearm or other weapon in the workplace is prohibited and is grounds for immediate dismissal and termination of this Agreement.
15. Morals: If Contractor commits, or, if based upon an allegation supported by a reasonable investigation by Company (or its assigns or licensees), is alleged to have committed, an act or an offense under federal, state, or local laws or which, in the sole and reasonable discretion of Company (or its assigns or licensees), brings Contractor into public disrepute, contempt, scandal or ridicule, or which reflects or would reflect unfavorably upon Company (or its assigns or licensees), or the Project, or otherwise injures or would injure the success of the Project, Company (or its assigns or licensees) shall have the right, in addition to and without prejudice to any other remedy of Company of any kind or nature set forth herein, to (i) treat such act as a material breach or default under the applicable provisions of this Agreement and suspend or terminate this Agreement and (ii) delete the credit/billing provided for in the Agreement from any exhibition or other uses of all or part of the Project, including without limitation in connection with the advertising and promotion thereof.
16. Use of Data: Contractor hereby acknowledges that for purposes connected with the Agreement, including compliance with this Agreement and Company's legal and regulatory obligations, Company may collect, use, and otherwise process certain individually identifiable information about Contractor, their relatives, and associates (collectively "Data Subjects") provided by Contractor, including without limitation personal data such as name, address, email address, government ID, banking and insurance information, and sensitive personal data such as race or ethnic origin, health conditions and health insurance, criminal convictions and history, and trade union information (collectively "Personal Data"). Contractor further acknowledges that the processing of Personal Data may involve transfer or disclosure to Company's affiliated companies, Company's employees, and agents, and to third parties, including without limitation, third party service providers, external advisors, government agencies, regulators and authorities, courts and other tribunals, and other persons connected with Company and/or the Project and that such transfer may be to countries that may not provide a level of protection to Personal Data equivalent to that provided by Contractor's

home country, but in such instances Company shall use reasonable endeavors to have in place adequate measures to ensure the security of the Personal Data. To ensure that the Personal Data remains as accurate as possible, Contractor hereby agrees to inform Company as soon as reasonably practicable of any changes thereto. Contractor also represents and warrants that she is authorized to disclose Personal Data to Company. Company hereby informs Contractor that Contractor may have certain rights in respect of Personal Data (such as access, rectification and portability) and that further information about these rights and Company's processing of personal data generally can be obtained upon request from Company.

17. Anti-Corruption Policy: Contractor is familiar with the requirements of the Foreign Corrupt Practices Act ("FCPA") and acknowledges that a violation of the FCPA constitutes a criminal offense. In connection with any services or anything of value Contractor provides or obtains hereunder, Contractor represents and warrants that Contractor has not, nor will on Contractor's behalf or on behalf of Company (or any related entity), directly or through any third party make or authorize any: offer, promise, or transfer, any payment or gift of money or anything of value (collectively, a "Contribution") to any person or entity, or take any action in furtherance of such offer, authorization, transfer, payment, or promise of a Contribution, with the knowledge or having a reasonable belief that all or a portion of the Contribution will be offered, transferred, given, or promised, directly or indirectly, to any "Government Official" or political party, leader, or candidate for government or political office in any foreign country, in order to either corruptly influence or induce any act or decision by any such official, party, leader, or candidate, or unlawfully omit to do any act, to obtain, retain, or direct business or unduly affect a decision or secure an improper advantage. "Government Official" shall mean any official or department, state agency, state-owned or controlled enterprise, or public international organization.

18. Independent Contractor: The relationship of Contractor to Company shall be exclusively that of an independent contractor and not that of an agent, partner, joint venturer, or employee. As an independent contractor, Contractor shall be a fiduciary with respect to matters within the scope of Contractor's engagement and shall have (but not be limited to) the following fiduciary duties: The duty not to act as, or on account of, an adverse party without Company's express written consent in each instance, and the duty not to compete with Company on its own accounts, or for any other, in matters relating to the scope of its engagement with Company. Contractor shall have no right or authority to make any contracts, agreements, or commitments in the name of or for the account of Company, nor to accept any orders on behalf of Company, nor to assume or create any obligation or liability of any kind, express or implied, on behalf of Company, nor to make any representation or warranty, express or implied, on behalf of Company, without prior written authorization signed by an officer of Company in each instance. **CONTRACTOR SHALL NOT BE COVERED BY, ENTITLED TO PARTICIPATE IN, OR RECEIVE ANY BENEFITS OF ANY RETIREMENT, PENSION, PROFIT SHARING, STOCK OPTION, BONUS, HOSPITALIZATION, VACATION, INSURANCE (NOT INCLUDING WORKMEN'S COMPENSATION, WHICH WILL BE PROVIDED BY COMPANY FOR ALL INDEPENDENT CONTRACTORS), DISABILITY, OR SIMILAR PLAN, ARRANGEMENT, OR BENEFIT MAINTAINED BY COMPANY FOR COMPANY'S EMPLOYEES. AS AN INDEPENDENT CONTRACTOR, CONTRACTOR UNDERSTANDS THAT CONTRACTOR IS NOT AN EMPLOYEE OF COMPANY, AND, THEREFORE, CONTRACTOR IS NOT ENTITLED TO ANY BENEFITS ACCORDED TO EMPLOYEES IN THE STATE OF CALIFORNIA OR ANY OTHER JURISDICTION. CONTRACTOR FURTHER EXPRESSLY WAIVES THE RIGHT TO FILE ANY AND ALL CLAIMS AGAINST COMPANY FOR UNEMPLOYMENT THROUGH THE CALIFORNIA EMPLOYMENT DEVELOPMENT DEPARTMENT, THE CALIFORNIA LABOR**

BOARD, THE NATIONAL LABOR RELATIONS BOARD, OR ANY OTHER FEDERAL, STATE, OR LOCAL AGENCY, OR OTHER ORGANIZATION INTENDED FOR EMPLOYEES AND NOT INDEPENDENT CONTRACTORS. Contractor warrants that Contractor will make all necessary payments due to the appropriate governmental agencies to comply with the foregoing, and Contractor shall indemnify, defend, and hold Company harmless from and against all claims, liabilities, costs, or expenses (including reasonable attorneys' fees) that may arise out of breach of the foregoing. The parties hereto stipulate that Contractor is self-employed or the employee of a third party for purposes of all local, state, and federal labor laws and regulations.

18. Contractor Obligations: Contractor will be issued a 1099 for services. Company shall not be obligated to withhold taxes payable to federal, state, or Local authorities, including FICA contributions, and Company shall be responsible only for the determination and payment of the entire fee to which Contractor is entitled per job contracted with Company. Accordingly, Contractor shall be responsible for the payment of all federal, state, and local taxes (including, but not limited to, FICA taxes), providing all necessary insurance (including, but not limited, to unemployment), and making all required records and reports relating to all engagements contracted with Company. Contractor shall also provide and obtain all licenses and certificates necessary, if any, for Contractor's services. Contractor's services shall comply with all federal, state, and local laws and regulations. Contractor retains exclusive control over the means and methods of performance of its services except as provided herein. Contractor's services shall meet the standards normally accepted in the entertainment industry. Contractor is not and will not become a party to any contract or agreement and is not and will not become subject to any law, rule, or regulation inconsistent with Contractor's obligation to Company. Contractor's obligation to Company is to complete the services described when contracted (for any individual job) and to meet any deadlines set forth by Company. Contractor has no obligation to work any particular hours or days or any particular number of hours or days, except as specified in this Agreement. Naturally, Contractor retains the right to contract for similar services with other businesses or individuals. Company agrees that it will have no right to control or direct the details, manner, or means by which Contractor accomplishes the results of the services performed for Company.

19. Immigration Reform and Control Act Of 1986 (IRCA): Contracting (or the engagement of services) hereunder is subject to Contractor providing the requisite documents required by the IRCA and completing and signing the required form I-9 pursuant to IRCA Section 274a.2. Contractor shall comply with the immigration verification contracting eligibility provisions required by law.

20. Force Majeure: In the event of any occurrence of an event of force majeure, including, without limitation, act of God, war, blackout, air raid, air raid alarm, act of public enemy, riot, epidemic, pandemic, fire, casualty, strike, or threat thereof, or other labor dispute, failure or inability to secure technical facilities or sufficient labor, order or decree of any governmental agency or tribunal (including, without limitation, government declared states of emergency), death, illness, incapacity, unavailability, disfigurement, failure, refusal, or neglect to perform of any Company personnel (including showrunners or executive producers), any principal member of the cast or production personnel (including directors or producers), failure of technical facilities or any other similar or dissimilar contingency beyond the control of Company, the production (including rehearsal, photography, or editing) of the Project is prevented, suspended, postponed, or discontinued, Company will have the right, exercisable in its sole discretion at any time from and after such prevention, suspension, postponement, or discontinuance: (i) to suspend and extend this Agreement and Contractor's

employment and compensation hereunder for a period equal to or less than the period (the "**Suspension Period**") of any such prevention, suspension, postponement, or discontinuance; and/or (ii) to terminate this Agreement and any or all of Company's obligations hereunder at any time including, without limitation, during or after any such Suspension Period by written notice to Contractor. For clarity, during a Suspension Period, no compensation shall accrue or become payable to Contractor.

21. Breach; Non-Performance; Incapacity: Without limiting Company's other rights or remedies, if Contractor breaches any provision of this Agreement, or fails, neglects, or refuses to perform fully any of Contractor's obligations hereunder as required by Company, or if Contractor refuses to perform Contractor's services hereunder because of Contractor's participation in or recognition of a strike or labor dispute, Company will not be required to pay Contractor any compensation with respect to the Project. Further, Company will not be required to pay Contractor any compensation for any period of Contractor's incapacity (i.e., any material, physical, mental, or other disability that renders Contractor incapable of fully performing all of Contractor's services hereunder). Company will have the right, at its election and without limiting any of Company's other rights or remedies: (i) to suspend and/or extend this Agreement and/or Contractor's employment and compensation hereunder for a period equal to or less than any such period of Contractor's breach, non-performance, or incapacity; and/or (ii) to terminate this Agreement and/or any or all of Company's obligations hereunder during the period of or at any time after such breach, non-performance, or incapacity by written notice to Contractor. Termination of this Agreement, whether by lapse of time, mutual consent, operation of law, exercise of a right of termination, or otherwise, shall terminate Company's obligation to pay Contractor any monies which have not accrued and become payable at the time of termination, but shall not waive any other rights Company may have, at law or otherwise, and shall not affect any right herein granted or warranty herein made by Contractor.

22. No Obligation: Company shall have no obligation to, nor does it make any warranty or representation that it shall, produce, release, or distribute the Project, or continue the release and distribution of the Project if released, or otherwise exploit any rights granted to Company hereunder.

23. No Exclusivity: During the Term of this Agreement, Contractor's services will be on a non-exclusive, no material interference basis.

24. Confidentiality: Contractor acknowledges that Contractor may be provided with knowledge and/or information (or access to knowledge and/or information) that is of a secret, confidential, or proprietary nature, including, but not limited to information relating to Company's business and projects (including the job, Work, or Project) and the existence of any such job, Work, Project, and/or business prior to public disclosure thereof by Company, the names of individuals associated with Company and/or any of Company's business and/or projects and/or the job, Work, or Project, and other such similar information (together "Confidential Information"). Contractor acknowledges and understands that it is a violation of the civil and criminal law to misappropriate, disclose, or improperly use any of Company's trade secret information and that the Confidential Information includes trade secrets. Contractor agrees in perpetuity not to disclose any Confidential Information to any person, group, firm, or entity whatsoever (including, but not limited to, family members, friends, associates, journalists, media organizations, newspapers, periodicals, magazines, publications, television stations, radio stations, publishers, databases, and any other enterprise involved in the print, wire, or electronic media, including individuals working directly or indirectly for, or on behalf of, any of said persons or entities) or make any use of any Confidential Information without

the prior written consent of Company in each instance. Contractor shall inform Company immediately if any persons or entity offers to pay or provide Contractor or any related party with any form of compensation in exchange for the disclosure of Confidential Information. For the purpose of this Agreement, disclosure of Confidential Information as set forth herein shall include, but not be limited to, engaging in conversation related to the job, Work, or Project, any of Company's projects or business with any individual in a public place (including, without limitation, restrooms, elevators, restaurants, or any other area in which there is not a reasonable expectation of privacy) because such conversations may be overheard. Contractor's confidentiality obligations hereunder shall apply to any and all media whatsoever, including, without limitation, any social networking site, online forum, personal website or blog, or any other website, service, platform, program, application, or other form or method of communication, whether now known or hereafter devised. In addition to the aforementioned provisions, the Contractor's confidentiality and publicity restrictions shall extend to any and all involvement or use with artificial intelligence (AI) technologies or systems, which include but are not limited to machine learning algorithms, deep learning networks, natural language processing tools, predictive analytics, robotics, and automation systems ("AI Technologies"). Contractor acknowledges that this includes any work performed under the terms of this Agreement where AI Technologies could be utilized or referenced. Any use of the Company's Confidential Information in conjunction with AI Technologies for writing, drafting, editing, creating, or modifying any written content, or for any other purposes associated with the Contractor's employment, including but not limited to content analysis, plagiarism checking, proofreading, stylistic improvements, or any other AI-driven applications, requires explicit or express pre-approval in writing from the Company. Moreover, and to the extent such AI Technologies content creation is pre-approved in writing by the Company, the Contractor shall not disclose, publish, distribute, or make available any written content that incorporates, reflects, or has been produced or modified using the Company's Confidential Information and AI Technologies, on any media or platform, including any AI-centric platform, conference, seminar, academic journal, blog, or similar outlet, without the explicit written consent of the Company. The Contractor's obligations under this clause shall remain effective indefinitely beyond the termination of this Agreement, or until such time as the Confidential Information becomes public knowledge through no fault of the Contractor. The Contractor acknowledges that any breach of these provisions may result in irreparable harm to the Company, and that the Company may seek appropriate legal remedies, including but not limited to injunctive relief, in the event of any such breach.

25. Notices: All notices to Company and Contractor (and payments to Lender) shall be sent to the addresses provided below. Such notices and payments shall be sent by U.S Mail, certified or registered (return receipt requested), by personal delivery (provided that a signed copy is obtained indicating that such delivery was made), or by e-mail or facsimile.

    To Company

    To Contractor and Lender

26. Representations & Warranties; Indemnification:

    a. Contractor represents and warrants that (i) the Work is and shall be original and unique with Contractor in all respects or in the public domain throughout the world; (ii) the Work does not and will not violate or infringe upon the trademark, trade name, copyright, patent, literary, dramatic, musical, artistic, personal, civil, or property right any other right of any person or entity; (iii) the production, distribution, or exploitation of any production based on the Work will not violate the rights of privacy or publicity of any person or entity, constitute a defamation against any person or entity, or violate any other right of any other person or entity; (iv) Contractor has the full right, power, and authority to enter into this Agreement and grant to Company all rights and services set forth herein; (v) Contractor is not subject to any contract, obligation, or disability which will prevent or interfere with the performance hereof; (vi) Contractor has not granted, nor shall Contractor agree to grant, any right that would conflict with or impair any of the rights granted hereunder.

b. Contractor shall indemnify, defend, and hold harmless Company, its licensees and assigns, and the officers, directors, agents, and employees of all thereof, from and against all liabilities, actions, claims, demands, losses, damages, and expenses (including reasonable attorney's fees) caused by or arising out of: (i) any breach of any of the warranties, representations, or agreements of Contractor hereunder; (ii) the exercise by Company of the rights granted to it hereunder; (iii) Company's use of the Work; (iv) any services or conduct by any subcontractor or third party engaged by Contractor in connection with this Agreement, to the extent such engagement is permitted in writing by Company; (v) any actual or alleged damage or injury to any person or property that arises out of or is related in any way, directly or indirectly, to the SOW or Work; (vi) Contractor's actual illegal, unauthorized, or improper use of the Work; or (vii) any claim that the Work or SOW infringe, misappropriate, or violate the rights of any third party, including, without limitation, copyrights, trade identities, trade secrets, or patents, except to the extent arising out of the use of the Company intellectual property. Contractor will pay all costs, damages, and expenses, including reasonable outside attorneys' fees, expenses, and costs, awarded against or otherwise incurred by the Company Indemnitees in connection with or arising from any such Losses. Contractor will not settle any such losses without Company's prior written consent. Company's approval of any material furnished by Contractor hereunder shall not constitute a waiver of Contractor's indemnity with regard thereto, other than regarding actual or potential claims relating to such material for which the claims are disclosed in writing by Contractor to Company prior to such approval by Company. Company and Contractor, upon the presentation of any such claim to either of them or the institution of any such action naming either or both as defendants, shall promptly notify the other of any such action giving such other party full details thereof.

27. No Guests: Contractor shall not be permitted to bring any guest(s) to the set without the prior written approval of Company. No personal photography is permitted on or around the set.

28. Name and Likeness: Contractor grants to Company, without further compensation, the perpetual right to use, display, and reproduce, and license others to use, display, and reproduce, the name, voice, sobriquet, likeness, and biography of Contractor in connection with any services Contractor may perform hereunder in connection with the Project and/or in connection with the advertising, promotion, exhibition, distribution, or other exploitation of the Project (including, without limitation, in connection with DVD value-added footage and extras, so-called bonus materials including EPKs, "making of" and "behind the scenes" productions, and similar promotional materials, etc., and Contractor hereby agrees and consents to the filming and exploitation thereof including without limitation the use of any so-called "screen grabs" and "clip grabs" from the Project and of behind-the-scenes photography and filmed interviews featuring Contractor) and/or in connection with any so-called "commercial tie-ups," merchandising, and/or the advertising or publicizing of any commodities, products, or services relating or referring to the Project, Company, or any licensor,

distributor, telecaster, network, platform, or other distributor of the Project, and/or any of their partners, affiliates, and licensees.

29. Federal Communications Act: Contractor affirms that neither Contractor nor any person acting for Contractor gave or agreed to give to any person associated in any manner with the Project any portion of Contractor's compensation for arranging Contractor's services in connection with the Project, or anything else of value for arranging Contractor's services in connection with the Project. Contractor understands that failure to disclose to Company any such arrangement constitutes a federal crime. Contractor is aware that it is a federal offense, unless disclosed to Company prior to broadcast, for Contractor to accept or agree to accept anything of value other than Contractor's regular compensation for services in connection with the Project as paid by Company for promoting any product, service, or venture on the air. Contractor will immediately notify Company if any person attempts to induce Contractor to do anything in violation of the foregoing. Contractor shall indemnify Company from all liability that may arise from Contractor's breach of this Paragraph. Contractor shall not endorse any product or service in the Project or in any advertising or promotion thereof without the prior written approval of Company.

30. Governing Law; Arbitration: The terms and conditions hereof shall be interpreted and governed by New York law applicable to contracts entered into and to be wholly performed in New York without reference to choice of law rules. The parties consent to the jurisdiction and venue of the state courts of the State of New York in the City and County of New York or the federal courts of the United States of the Southern District of New York located in the City and County of New York. The prevailing party in any dispute shall be entitled to reimbursement of its reasonable outside attorneys' fees and costs. Arbitration of disputes between the parties hereto shall be governed by the Federal Arbitration Act and in conformity with the procedures of the applicable New York arbitration law. The arbitration shall be conducted before a single arbitrator per the JAMS Employment Arbitration Rules and Procedures (the "JAMS Rules") in effect at the time the claim is made but shall not pre-empt any SAG mandated arbitration, which shall take precedence over any other proceedings, and a judgment upon any award rendered by the arbitrator may be entered in any court having jurisdiction. If the parties cannot agree on an arbitrator, the JAMS Rules shall govern selection. A copy of the current rules can be viewed online at http://www.jamsadr.com/rules-employment-arbitration and will be provided upon request. Such arbitration shall be filed with JAMS and heard in New York, New York. All rights, causes of action, remedies, and defenses available under applicable law are available to the parties and shall be applicable as through a court of law, including the right to file a motion for summary judgment. The arbitrator shall apply the applicable statute of limitations to any claim. Any party may be represented at the arbitration by an attorney or other representative selected by the party, at such party's cost, and the arbitrator shall apply, as applicable, federal or New York substantive law and law of remedies. The arbitrator's remedial authority shall be no greater than that which is available under the statutory or common law theory asserted, and the arbitrator shall not have the power to add to, subtract, or modify the terms of this arbitration provision except where necessary for the enforcement of this arbitration provision. The arbitrator shall allow equal time at the arbitration hearing to both parties and the hearing shall be set for no more than five (5) full-length days unless the parties stipulate otherwise or the party requesting additional time demonstrates, in writing, good cause for requiring additional hearing days. Any party may request the right to file post-hearing closing briefs within two (2) weeks of concluding the arbitration hearing. The arbitrator lacks the power to commit errors of law or legal reasoning or to make factual findings unsupported by the evidence, and the award may be vacated or corrected by a court for exceeding arbitral powers. The court may enter

judgment upon a final arbitration award either by (i) confirming the award or (ii) vacating, modifying, or correcting the award on any ground referenced in the Federal Arbitration Act or other similar state law. The arbitrator shall issue a written opinion that includes the factual and legal basis for any decision and award within thirty (30) days from the date the arbitration hearing concludes, or the post-hearing briefs (if requested) are filed, whichever is later. The applicable party shall bear the cost of the arbitrator's fees and other costs unique to arbitration to the extent required by applicable law. Nothing herein shall be interpreted to preclude the bringing of an administrative charge or complaint, or communicating in any way, with the Equal Employment Opportunity Commission, the National Labor Relations Board, the Securities and Exchange Commission, the United States Department of Labor, or any other federal, state, or local agency or official.

31. Tax Reporting: All per diems, mileage payments, and employee and contractor rentals will be reported to the Internal Revenue Service and state tax authorities as required by law. It is Contractor's responsibility to keep records for personal tax purposes. The undersigned understands that Contractor is responsible for all government remittances as required by law. Lender agrees to indemnify and hold Company harmless from and against any and all liabilities (including, without limitation, judgments, penalties, interest, damages, costs, expenses, and reasonable attorneys' fees) which Company may incur by reason of Lender's failure to assume and discharge any and all obligations imposed on employers, including, without limitation, payment of any tax or other sums required to be paid by an employer in respect of any remuneration paid or payable to an employee for services performed by such employee or deduction and/or withholding from the compensation payable under the Agreement any amounts required or permitted by law to be deducted and/or withheld by an employer from the compensation of an employee.

32. Controls: Company shall have complete, final, and unfettered control and approval of all business, financial, and creative aspects of and decisions regarding the Project. It is expressly agreed that Contractor shall not have any right of approval with respect to the Project all such approvals being vested solely in Company.

33. Waiver: A waiver by either party of any of the terms and conditions of this Agreement in any one instance shall not be deemed to be a waiver of such terms or conditions for the future or any subsequent breach thereof.

34. Headings: All paragraph headings and word highlighting, if any, are for convenience purposes only and do not in any way affect the terms of this Agreement.

35. Further Documents: Contractor agrees to execute such further documents and instruments as Company may reasonably request in order to effectuate the terms and intentions of this Agreement, and If Contractor fails or is unable to execute any such documents or instruments, Contractor hereby appoints Company as Contractor's attorney in fact to execute any such documents or instruments, provided that said documents and instruments shall not be inconsistent with the terms and conditions of this Agreement. Company's rights under this Paragraph constitute a power coupled with an interest and are irrevocable.

36. Remedies: No breach of this Agreement shall entitle Contractor to terminate or rescind the rights granted to Company herein, and Contractor hereby waives the right, in the event of any such breach, to file or enter into a class action claim against Company, to seek equitable relief, or to enjoin, restrain, or otherwise interfere with the production, distribution, exploitation, exhibition, or use of any of the rights granted hereunder, it being Contractor's understanding that Contractor's sole remedy shall be the right to recover actual monetary damages with respect to any such breach.

37. Assignment: This Agreement shall be binding upon and shall inure to the benefit of Company and shall be freely assignable thereby. Contractor may not assign any of Contractor's services, duties, rights, liabilities, and/or obligations described in this Agreement.

38. Entire Agreement: This Agreement contains the entire understanding of the parties relating to the subject matter herein contained. This Agreement can be changed or terminated only in a writing duly executed by both parties hereto. In entering into this Agreement the parties have not relied upon any representation or promise (written or oral) not contained herein. This Agreement may be signed in counterpart, each of which shall be deemed an original, but all of which together shall constitute the Agreement. This Agreement may be executed by facsimile or PDF (i.e., email), and each such facsimile and/or PDF signature shall be deemed to be an original. If this Agreement is translated into any other languages, in whole or in part, then, in the event of any conflict, the English language version of the Agreement shall control.

[Signature Page Follows]

IN WITNESS WHEREOF, the parties hereto have executed this Agreement as of the Effective Date.

LENDER	COMPANY
_________________________	_________________________
Its Authorized Agent	Its Authorized Agent

In consideration of, and as an inducement to, the execution of this Agreement by Company, Contractor makes the following representations, warranties, and promises: Contractor has a valid subsisting agreement with Lender under which Contractor is to render services for Lender for at least the full term of this Agreement, and that under the terms of Contractor's agreement with Lender, Lender has the right to enter into this Agreement With Company for the furnishing of Contractor's services upon the terms and conditions therein specified and to grant to Company all of the rights set forth herein. Contractor agrees that Contractor will look solely to Lender for compensation, and agrees to render services, assume such obligations, and grant such rights as may be necessary to enable Lender to perform fully its obligations hereunder. Contractor, in Contractor's individual capacity, represents and warrants to Company all matters and things which Lender has represented and warranted to Company hereunder. Contractor guarantees full and complete performance by Lender of all its obligations hereunder and agrees that Company may enforce its rights and remedies directly against Contractor without first resorting to its rights and remedies against Lender.

CONTRACTOR

____

An individual

EXHIBIT A
CREDIT SCHEDULE

FIRST NAME: ____ ____ ____ ____ ____ ____ ____ ____ ____ ____ ____ ____ ____ ____

LAST NAME: ____ ____ ____ ____ ____ ____ ____ ____ ____ ____ ____ ____ ____ ____

POSITION: ____ ____ ____ ____ ____ ____ ____ ____ ____ ____ ____ ____ ____ ____

____ ____ ____ ____ ____ ____ ____ ____ ____ ____ ____ ____ ____ ____

EXHIBIT B
CONFIDENTIALITY AND INVENTIONS AGREEMENT

PRIOR INVENTIONS. If none, list "none."

____

____

____

____

____

____

____

____

____

Scope of Work (SOW) #1

Between ________ and Contractor, ______________________ in furtherance of the Parties' Independent Contractor Agreement (the "Terms") dated as of __________________ (the "Effective Date"). This SOW, dated as of the Effective date, together with the Terms, shall be referred to collectively as the "Agreement."

Services:

Company agrees to engage Contractor to render the following services on a non-exclusive, no material interference basis:

a. ____
____

b. ____
____

Time Requirements:

Contractor shall render the above services when required by Company, currently anticipated to be as follows:

a. ____
____

b. ____
____

Contractor's services hereunder shall be rendered in accordance with the following:

Rate:

1. Weekly:.________________________
2. Daily:.________________________
3. Hourly: ______________________ Guarantee (if applicable):.______________________

ii. Additional (if any):

1. Kit Rental:.
2. Other:.

F083. EQUIPMENT RENTAL AGREEMENT

The parties agree as follows, as of ______________________________
("Effective Date")

Parties: ("Owner")

____

____

____________ ("Company")

Owner hereby grants to Company the following rights upon the following terms and conditions as of the Effective Date ("Agreement"):

1. The equipment to be leased is described in Exhibit A, attached hereto and incorporated by this reference ("Equipment"), to be used in connection with the production of the audiovisual production currently entitled "__________" (the "Project").
2. This lease term is for a total of ____ (__) [days/months], beginning as of ______________________ (the "Term").
3. As full and complete compensation and consideration for all of the rights and permissions granted to Company hereunder, Company shall pay to Owner ________________ United States Dollars (US$______________) (the "Fee"), which such Fee shall be inclusive of all transportation and usage costs throughout the Term. For purposes of clarification, and for no additional consideration beyond the Fee, Owner shall be responsible for delivering the Equipment to Company on such date and at such location as determined by Company in Company's sole discretion, and Owner shall be responsible for retrieving the Equipment on such date and at such location as determined by Company in Company's sole discretion.
4. In full and complete consideration of the Fee, Owner hereby grants to Company and its employees, agents, contractors, licensees, and assigns the right and license to full use and enjoyment of the Equipment during the Term for use in connection with the Project and any related advertising, promotion, publicity, and other exploitations of the Project, throughout the world, in perpetuity, by all means and media, whether now known or hereafter devised. Notwithstanding the foregoing, the rights granted to Company hereunder shall include Company's right to capture photographs (motion picture scenes, stills, videotape, or otherwise) and audio recordings, as well as all signs, names, logos, verbiage, trademark, and trade names of Owner on, in, or around the Equipment, and the right to refer to the Equipment by its correct name, any fictitious name, and the right to attribute fictitious events occurring on the Equipment, and the right to replicate the Equipment.
5. Company agrees to use reasonable, good faith care to prevent damage to the Equipment during the Term, and, unless Owner advises otherwise, will leave the Equipment in substantially the same condition as when received by Company, except for reasonable wear and tear from uses contemplated under this Agreement. Company has the right to remove all its sets, structures, and other material and equipment from the Equipment.

6. Upon Company's return of the Equipment at the end of the Term, Owner shall inspect the Equipment and if Owner does not provide Company with written notice of any objection to the condition of the Equipment within two (2) business days of the expiration of the Term, Owner is deemed to have approved the condition of the Equipment.

7. All aspects of the publicity and promotion for the Project shall be at Company's and its designees' sole discretion. During and after the Term, neither Owner, nor any of Owner's employees or agents shall directly, or through any publicity representative or otherwise, circulate, publish or otherwise disseminate any news story, article, book, or other publicity relating to Owner's participation in the Project, the subject matter of this Agreement, Company, the Project, or any information or activities regarding any individuals involved with the Project. All such information disclosed and/or obtained by Owner in connection with any of the foregoing shall be strictly confidential. The foregoing shall not be deemed to prohibit Owner from issuing publicity that includes incidental references to the Project and Owner's involvement therein, provided the same occurs after the initial press release for the Project has been issued by Company and does not mention the Project, Company or any other person or entity involved therewith in an unfavorable or derogatory manner. Without limiting the foregoing in any manner, Owner acknowledges and agrees that it shall not at any time use any of Company's names, logos, trade names, or trademarks or those of any of its affiliates' (including, but not limited to, the title of the Project), or those of any related companies, in connection with any kind of advertising and promotion, publicity, merchandise, tie-in, product or service. For the avoidance of doubt, Owner's confidentiality and publicity restrictions hereunder shall apply to all media whatsoever, including, without limitation, any social networking site, micro-blogging services, online forum, personal website or blog, or user-generated or user-uploaded content website (e.g., Facebook, Twitter, Snapchat, Instagram, etc.).

8. Owner hereby warrants and represents that Owner has the full right and authority to enter into this Agreement concerning the Equipment and that the consent or permission of no other person, firm, or corporation is necessary to enable the Company to enjoy full rights to use the Equipment. Owner further represents and warrants that Owner has tested the Equipment per reasonable industry standards and found it to be in working order immediately prior to the inception of this Agreement, and to the extent Company has disclosed to Owner all the intended uses of the Equipment, it is fit for its intended purpose.

9. In the event of a breach of this Agreement, Owner's remedies shall be limited solely to an action at law for actual monetary damages actually suffered, if any. In no event shall Owner be entitled to restrain or otherwise interfere with the development, production, exhibition, promotion, distribution, advertising, or other exploitation of the Project.

10. Owner shall indemnify and hold harmless Company from any claim, cause of action, loss, damage, cost, and expense (including attorneys' fees) resulting from the breach by or conduct of the Owner or any of its employees and agents, of, or regarding, any of the terms of this Agreement, Company's use and storage of the Equipment and use of the Equipment by any third party rendering services in connection with the Project and/or the production thereof, and the marketing, advertising, and exploitation of the Project and any element thereof.

11. This Agreement shall inure to the benefit of and be binding upon the successors and assigns of the parties. Company may transfer and assign this Agreement or all or any of its rights or privileges hereunder to any entity or individual without restriction. Company has no obligation to produce the Project or any other motion picture, or to make any use of the Equipment in connection with the Project or otherwise.

12. The terms and conditions hereof shall be interpreted and governed by New York law applicable to contracts entered into and to be wholly performed in New York without reference to choice of law rules. For all purposes, including without limitation in connection with any petition to confirm an arbitration award obtained per this Section, the parties hereto consent to the jurisdiction and venue of the state courts of the State of New York in the City and County of New York or the federal courts of the United States in the Southern District of New York located in the City and County of New York. Any dispute arising hereunder shall be resolved solely through binding arbitration, before a single arbitrator familiar with entertainment law, and conducted in New York, New York under and per the JAMS Streamlined (for claims under US$250,000.00) or the JAMS Comprehensive (for claims over US$250,000.00) Arbitration Rules and Procedures ("JAMS Rules"), as said rules may be amended from time to time. The parties agree to accept service of process per JAMS Rules. The arbitrator shall issue a written opinion that includes the factual and legal basis for any decision and award within thirty (30) days from the date the arbitration hearing concludes. Any award shall be final, binding, and non-appealable. The arbitration will be confidential and conducted in private and will not be open to the public or media. No matter relating to the arbitration (including but not limited to, the testimony, evidence, or result) may be: (i) made public in any manner or form; (ii) reported to any news agency or publisher; or (iii) disclosed to any third party not involved in the arbitration. The prevailing party shall be entitled to reimbursement of its reasonable outside attorneys' fees and costs.

13. This Agreement contains the full and complete understanding between the parties and supersedes all prior agreements and understandings pertaining hereto and cannot be modified except by a writing signed by each party. This Agreement may be executed in one or more counterparts and may be executed and delivered by facsimile or other electronic transmission and/or by PDF signature. If this Agreement is translated into any other languages, in whole or in part, then, in the event of any conflict, the English language version of the Agreement shall control.

14. ANY MODIFICATION(S) OR CHANGE(S) TO THIS AGREEMENT, WHETHER IN THE FORM OF INTERLINEATION(S) OR AN ADDENDUM, ATTACHMENT, EXHIBIT, OR THE LIKE, IS INVALID, NOT BINDING, AND OF NO FORCE OR EFFECT UNLESS AND UNTIL (I) SUCH MODIFICATION(S) OR CHANGE(S) IS INITIALED BY, AND (II) THIS AGREEMENT IS SIGNED BY, AN AUTHORIZED PRODUCTION EXECUTIVE.

[signature page follows]

AGREED AND ACCEPTED:

COMPANY	**OWNER**
______________________	______________________
Authorized Signatory for	By: ______________________
______________________	Its: ______________________

EXHIBIT A
Descriptions of Equipment

F084. AERIAL DRONE FILMING SERVICES AGREEMENT

This unmanned aerial services agreement (the "Agreement") is made and effective as of ______________________________ (the "Effective Date"), by and between ____________________ ("Operator") and ____________ ("Company") and is entered into with reference to the following facts:

Whereas, Operator has agreed to provide certain aerial video services (the "Services") to Company using an unmanned aerial vehicle (also known as, a drone) and camera system, as specified (the "UAV"), for the period stated below, for the purpose of aerial filming and photographing and recording certain footages and related uses in connection with the audiovisual production currently entitled "The Room Next Door" (the "Project"). All photography, filming, and recordings made with the UAV or otherwise per this Agreement will hereinafter be referred to as the "Footage."

The scope of Services shall consist of the following and may be altered only with the mutual consent of both parties:

NOW, THEREFORE, in consideration of the mutual covenants, agreements, representations, and warranties contained in this Agreement, the parties agree as follows:

1. UAV and Equipment.

a. UAV Make/Model/Serial Number and Camera System:

b. UAV Aircraft Agreed Market Value for Insurance Purpose: $ (not including camera).

c. Stabilized Gimbal Agreed Market Value for Insurance Purpose: $ (not including camera)

d. Camera Agreed Market Value for Insurance Purpose: $ (not including lens)

e. Lens Set Agreed Market Value for Insurance Purpose: $

2. Pilot/Personnel.

a. Pilot and Visual Observer. During the "Term" (as defined below) of this Agreement, the Remote Pilot in Command (PIC) of the UAV at all times will be: ("Remote PIC") and the dedicated visual observer will be ______________________________ ("VO").

b. Licenses/Permits. The Remote PIC, VO, and Operator shall have all current and valid licenses, certificates, medical certificates, exemptions, waivers, and/or permits issued by the Federal Aviation Administration or any applicable transportation authorities necessary to legally operate and pilot the UAV's used to provide the Services as contemplated herein. The type of license(s) held by Remote PIC is ______________________________.

c. Operation. Operator shall be solely responsible for the piloting, servicing, fueling, maintenance, and operation of the UAV. Operator agrees that it will not cause or allow the UAV to be loaned or rented to any third party, or flown by any party other than Operator's qualified Remote PIC during the Term of this Agreement. The UAV must be operated within visual line of sight of the Remote PIC or VO at all times. Furthermore, the operation of the UAV must be conducted with the VO who has no collateral duties and is not the Remote PIC during the UAV's operation. The VO must maintain visual sight of the aircraft at all times during UAV's flight operations without distraction in accordance with the Federal Aviation Administration ("**FAA**") requirements and standards. The VO and Remote PIC must be able to communicate verbally at all times; electronic messaging or texting is not permitted during UAV flight operations. The Remote PIC must be designated before the flight and cannot transfer such designation for the duration of the flight. The Remote PIC must ensure that the VO can perform their required duties. In addition, the Remote PIC must operate the UAV not closer than Five Hundred (500) feet to any nonparticipant without exception. The Remote PIC must abort the flight operation if circumstances or emergencies that could potentially degrade the safety of persons or property arise. The Remote PIC must terminate flight operations without causing undue hazard to persons or property in the air or on the ground.

d. FAA Message. Per the FAA's requirements and standards, the following message must be placed on any program or production call sheet: **AN UMANNED AIRCRAFT WILL BE FLOWN IN CLOSE PROXIMITY TO CREW AND EQUIPMENT, ANYONE WITH CONCERNS REGARDING THIS ACTIVITY SHOULD NOTIFY THE 1ST AD OR PRODUCTION MANAGEMENT PERSONNEL AT OR PRIOR TO CALL TIME OR PRIOR TO THE USE OF THE UAVS.**

e. Pilot Compensation. The Remote PIC, aerial coordinator, VO, and any other personnel contracted herein for the operation of the UAV will be employees of Operator and, if applicable, Operator shall be responsible for allocating individual payments to such personnel after such payments have been received by Operator from Company. Operator shall perform all obligations as employer of such Remote PIC, aerial coordinator, VO, and any such personnel.

f. Releases. Company may also photograph and film Operator's aerial coordinator, Remote PIC operating the UAV and/or VO and may photograph, film, and record the exterior of the UAV. In connection therewith, Operator will also cause the aerial coordinator, Remote PIC, or VO to sign all releases required for Company to use the aerial coordinator's and/or Remote PIC's name and likeness in the Footage without any additional compensation.

3. Term.

a. Operator agrees to make the UAV and Remote PIC available at times and places mutually acceptable to Operator and Company commencing on _______________ and continuing through _______________ **("Term") for filming the Footage for the Project.**

b. Should inclement weather, safety, UAV performance, and/or applicability of local regulations and restrictions prevent the UAV from flying, the Term for which Operator and Remote PIC's services are required will be extended for the length of time of such disruption. Additionally, upon receipt of notice from Company, Operator shall make the UAV available to Company upon the same terms and conditions outlined herein, for use on subsequent date(s) that may be necessary to complete Company's production requirements.

c. Company shall be given full, unrestricted, exclusive use of the UAV to accomplish the necessary filming and resulting Footage as Company requires in its sole discretion, subject only to the Remote PIC's discretion in matters of weather, safety, UAV performance, and applicability of local regulations and restrictions.

4. Rates, Charges & Terms of Payment. In consideration for the services to be provided by Operator hereunder, Company agrees to pay Operator an "all-in" fee of ____________________ ______________________________ United States Dollars (US$ __________) per ______________ ________________. Such fee shall constitute full and complete consideration for all use of the UAV, Remote PIC, and other services rendered and any rights granted herein. All maintenance, servicing, fuel, oil, and lubricants shall be at the expense of Operator. Payment shall be made to Operator upon acceptance by Company of the Footage and presentation to Company of proper invoicing specifying the charges, and payment to Operator hereunder shall be made by check upon receipt of invoice.

5. Training. Operator shall, at its sole cost and expense, provide all initial and recurrent training of personnel who shall perform services pursuant to this Agreement. Before being assigned to perform services under this Agreement, all personnel shall receive training as necessary to enable them to perform such services. Training shall be conducted in compliance with the highest industry standards and any applicable requirements of any governmental authority.

6. Removal of Personnel. Operator agrees that upon request of Company, Operator will remove from service any employee who, in the opinion of Company, displays improper conduct or is not qualified or necessary to perform the work assigned.

7. Independent Contractor. The parties hereto intend that Operator shall be deemed to be, for all purposes, an independent contractor. The parties acknowledge that Operator has represented that it has special knowledge and skills pertaining to the operation, maintenance, and inspection of the UAV, as well as the manuals and instructions generated by the manufacturer of the UAV and that Company has relied upon these representations of Operator in entering into this Agreement. The Remote PIC and any other crewmember, including, but not limited, to any VO, provided by Operator to perform its services under this Agreement shall be employees of Operator. Operator will not at any time directly or indirectly act or purport to act as agent, servant, or employee of Company. Operator shall have no authority to enter into any agreement, commitment, or obligation on behalf of Company or otherwise bind Company. Operator and its employees shall not be under the protection and/or coverage of Company's workers' compensation insurance or entitled to any other benefits of Company's employees. Operator shall exercise complete control over its employees. Other than Company providing a description of the necessary effects and/or film sequences for the Project, Operator shall be responsible for direct supervision of all phases of the services being performed to ensure the safe completion of the services in accordance with the terms of this Agreement.

8. Insurance. With respect to accidental damage to the UAV or third-party claims for alleged bodily injury or property damage or invasion of privacy, Operator shall, at its sole cost and expense, maintain in full force and effect during the term of this Agreement, policies of insurance of the types and in the minimum amounts as set forth below:

(a) Aviation Hull (aka Physical Damage) Insurance for the current insurable value of the UAV, which insurance shall be current and valid for the type of flying and/or use contemplated. Operator shall have a waiver of subrogation granted to Company and any payroll/personnel service company of record by Operator's insurance company.

(b) A primary policy(ies) of Aviation Liability Insurance Coverage or Commercial General Liability Coverage with limits of not less than Five Thousand United States Dollars (US$5,000,000) combined single limit, or any other such limit as determined by Company's Risk Management Department, which coverage shall include, but will not be limited to, the risk of third party bodily injury, death, property damage, or violation of right of privacy covering the operations contemplated under this Agreement. Such coverage shall provide that the indemnification and hold harmless provisions of this Agreement are insured under Operator's blanket contractual liability coverage. Such coverage shall also name Company, the Company Indemnitees (as defined in Paragraph 10 below) and any payroll/personnel service company of record as Additional Insureds during the service period, and Operator shall provide Company with an acceptable Certificate of Insurance and policy endorsement evidencing same. Such coverage will be primary with respect to the liabilities assumed under this Agreement, whereas any insurance maintained by the Additional Insureds is noncontributory to any of the Named Insured's insurance.

As respects any camera equipment used in conjunction with production, externally mounted units, internally mounted systems, and hand carried systems, Operator shall be responsible for loss or damage to the above equipment. Operator agrees to be responsible for arranging all necessary insurance coverage required by the owner of the equipment and will obtain from the insurer providing the physical damage coverage on the equipment a waiver of subrogation in favor of Company for the entire time the equipment is used in conjunction with the Project.

(c) The Remote PIC referenced in Paragraph 2 above ☐ **is** or ☐ **is not** a Remote PIC approved by Operator's insurers.

9. Warranties/Compliance with Laws.

a. Operator warrants, represents, and agrees that Operator is the sole and legal owner of the UAV or legally represents the owner of the UAV and that it has full legal right, power, and authority to enter into and fully perform this Agreement.

b. Operator warrants, represents, and agrees that Operator can perform its obligations hereunder pursuant to the Company's contemplated use herein. Operator shall disclose to its insurer the contemplated use herein.

c. Operator warrants, represents, and agrees that Operator is responsible for maintaining and inspecting the UAV to ensure that it is in a condition for safe operation and that the UAV is in good condition and is fit for the use contemplated herein.

d. Operator's proposed use of the UAV has been approved by the United States Secretary of Transportation through an exemption granted under Section 333 of the FAA Modernization and Reform Act of 2012 and/or complies with the requirements of the FAA Small Unmanned Aircraft Systems Rule (Title 14 CFR Part 107). Operator shall comply with all applicable laws, ordinances, rules, and regulations of all governmental agencies in the applicable territory insofar as they are applicable to the UAV and/or the services to be performed hereunder. Without limiting the foregoing, Operator shall obtain at its cost all permits, consents, approvals, exemptions, waivers, licenses, bonds, permissions, and any other documentation required, advisable, or desired in connection with the UAV and/or the services to be performed hereunder from all concerned governmental authorities, departments, and agencies, film commissions, customs authorities, telecommunications authorities, law enforcement, and any other governmental and/or regulatory entity in compliance with all applicable laws, and Operator will file any required flight plans with, obtain any permits from, and provide any notices required to be provided to any aviation authority prior to rendering the Services hereunder.

10. Hold Harmless & Indemnity.

a. In consideration of Company's payment to Operator of the sum specified in Paragraph 4 above, to the maximum extent permitted by law, Operator does hereby irrevocably and unconditionally for itself, its heirs, next of kin, spouses, guardians, contractors, representatives, executors, administrators, successors, assigns, employees, and agents, releases and forever discharges Company, its predecessors, successors, licensees, assigns, and its parent, subsidiary and affiliated companies, and the directors, officers, employees, subcontractors, all other persons and entities rendering services in connection with the Project or otherwise connected to the Project or Operator's services, all parent, subsidiary, and related and affiliated entities, licensees, successors, assigns, sponsors, agents, licensees, assigns, and advertisers of each of the foregoing, all of the respective directors, officers, employees, principals, executives, on-air talent, agents, contractors, partners, shareholders, representatives and members of each of the foregoing, and the respective heirs, next of kin, spouses, guardians, representatives, executors, administrators, successors, licensees, and assigns of each of the foregoing ("Company Indemnitees") from all claims, actions, complaints, damages, demands, allegations, suits, liabilities, losses, liens, costs, expenses, injuries, and causes of action, of any kind whatsoever (including, without limitation, attorneys' fees and costs) arising out of or related to, in any way, Operator's participation in the Activity(ies) and Operator's providing of, use or operation of the UAV, including without limitation any claims for liabilities or damage to the UAV or any third parties. To the maximum extent permitted by law, Operator shall not sue or make any claim against any of the Company Indemnitees or anyone else for any cause of action based on any of the released claims.

b. As between Operator and Company, Operator agrees to be solely responsible for all injury or other damage to the UAV, any third parties or any property arising out of or related to Operator's use or operation of the UAV. Company shall be liable for acts or omissions of its agents, employees and subcontractors which directly result in injury or damage to any third party or to the UAV.

c. Operator agrees to defend, indemnify, and hold harmless Company, its successors, licensees, assigns, and its parent, subsidiary, and affiliated companies, and the directors, officers, and employees and their estates, agents, licensees, and assigns of each of the foregoing, from and against all claims, liabilities, damages, costs, expenses, and causes of action arising out of or related to: (a) Operator's providing of and operation of the UAV; (b) Operator's negligence regarding the UAV; (c) the airworthiness of the UAV; (d) any manufacturing defects in the UAV; and (e) any failure to properly maintain the UAV.

d. Subject to the foregoing, Company agrees to defend, indemnify, and hold harmless Operator, its successors, licensees, assigns, and its parent, subsidiary, and affiliated companies, and the directors, officers, employees and their agents, licensees, and assigns of each of the foregoing, from all claims, liabilities, damages, costs, expenses, and causes of action arising out of or related to Company's negligence with respect to the UAV to the extent such liability is not covered by Operator's insurance policy relating to the UAV; provided that Company's maximum liability to Operator hereunder shall be limited to the cost to repair or replace the UAV not to exceed ____________________ Dollars ($__________) and provided further that such liability shall be adjusted downward after taking into account any contributory negligence of Operator or its agents, employees, or subcontractors. For avoidance of doubt, Company shall not defend, indemnify, or hold harmless Operator, its successors, licensees, assigns, or its parent, subsidiary, or affiliated companies, or the directors, officers, employees or their estates, agents, licensees, or assigns of any of the foregoing, from any claims, liabilities, damages, costs, expenses, or causes of action arising out of or related to: (a) Operator's providing of or operation of the UAV; (b) Operator's negligence with respect to the UAV; (c) the airworthiness of the UAV; (d) any manufacturing defects in the UAV; and/ or (e) any failure to properly maintain the UAV.

11. Force Majeure. If Company is prevented from using the UAV by reason of fire, strike, act of God or the elements, weather-related delays, any direct or indirect impact of a novel coronavirus (e.g., crisis........ or any mutation variation thereof) (including, without limitation, restrictions placed on venues or other locations in connection with the Project, the delay or inability for Company to obtain equipment or third party services, any persons working on the Project contracting such virus or being placed in quarantine, whether, self-quarantine or otherwise, and regardless of whether such delays are covered by insurance or not), or other cause beyond the control of Company, this Agreement shall be temporarily suspended during the period of such interruption, provided that if such event lasts longer than two (2) weeks, Company shall have the right to terminate this Agreement without further obligation.

12. Ownership. Operator acknowledges and agrees that Company shall own and shall have unlimited and exclusive rights to exhibit and exploit all Footage photographed and recorded using the UAV throughout the universe in perpetuity and in all media, whether known or unknown. Company is not obligated to actually use the UAV or to include any Footage in the Project. All results and proceeds of the services rendered by Operator (and any of Operator's employees and sub-contractors, as applicable) (including, without limitation, the Footage) shall be prepared within the scope of this Agreement and shall constitute a "work made for hire" in accordance with US Copyright law. As such, Company shall be the sole author and owner of all of the delivery materials created in connection with the services (the "Materials") including, but not limited to, copyright in and to the Materials, and Company shall have the sole right to use, exploit, advertise, merchandise, and exhibit the Materials in the Project and in all media, whether now known or hereafter devised, throughout the world, in all languages and in perpetuity, as Company in its sole discretion shall determine, including, but not limited to, the use of the Materials or any parts thereof in subsequent productions without any additional compensation to Operator, and in connection with "making of," behind-the-scenes, and documentary films related to the Project. Company, as the sole owner of the Materials, shall have the unqualified and unrestricted right to cut, edit, and to otherwise change any portion of the Materials as Company shall determine in its sole discretion without any obligation of any kind whatsoever to Operator. In connection therewith, Operator represents and warrants that each person who creates, prepares, or produces for or on behalf of Operator (as an independent contractor or otherwise) any documentation or other copyrightable material involving the Materials or any individual component, trademarks therein, whether or not actually used in the Project, has been informed by Operator (and will be required to execute an agreement memorializing same) that such material is a "work made for hire" under US copyright laws, and Operator acknowledges further that in the event that the material is determined by a court of competent jurisdiction not to be a "work made for hire" under US copyright laws, such person shall automatically and irrevocably assign to Company the copyright in the material, including all right, title, and interest therein, in perpetuity. Further, if, for any reason, such results and proceeds (i.e., the Materials) are determined not to be a "work made for hire" under US copyright laws then Operator exclusively and irrevocably assigns to Company, in perpetuity, all rights (including, but not limited to, all copyrights and renewals and extensions thereof) in and to the results and proceeds of such services. Operator hereby irrevocable waives, and shall cause each person who creates, prepares, or produces any Materials for Operator to waive, any so called "moral rights" in favor of Company (including its employees and assignees). Operator shall have the entire responsibility of an employer (and as the contracting party) with respect to all persons and entities whose services are to be provided in connection with the UAV and the Services. In connection therewith, Operator has discharged and hereafter will discharge all the obligations of an employer (and/or as a contracting party) under all applicable federal, state, and local laws, including, without limitation, those relating to taxes and unemployment compensation. Further, Operator will comply with all applicable collective bargaining agreements pursuant to which services are to be performed in connection with this Agreement or otherwise in connection with the Services. Any such approved engagement must be on terms and in a form pre-approved by Company in writing and, under all circumstances, Operator shall remain primarily responsible and liable for all obligations and liabilities in connection with such engagement.

13. Miscellaneous.

a. Entire Agreement. This Agreement embodies the entire understanding, written or oral, in effect between the parties relating to the subject matter hereof and supersedes any agreement, written or oral that may currently exist between Operator and Company. This Agreement can be modified only by a written instrument signed by both parties.

b. Severability. If any provision of this Agreement is determined to be illegal, invalid or unenforceable in whole or in part, such illegality, invalidity or unenforceability shall attach only to such provision or part of such provision and the remaining part of such provision and all other provisions of this Agreement shall continue in full force and effect.

c. Production Guidelines: Operator shall comply with all Company's production guidelines, procedures, and protocols.

d. Remedies. In the event of any breach or alleged breach of this Agreement by Company, Operator's sole remedy will be an action at law for actual money damages, and Operator will not have the right to rescind this Agreement or to seek any equitable or injunctive remedy enjoining or otherwise interfering with the development, production, distribution, exhibition, promotion, advertising, or other exploitation of the Materials, Footage, or Program or any part thereof.

e. Governing Law; Arbitration: The terms and conditions hereof shall be interpreted and governed by New York law applicable to contracts entered into and to be wholly performed in New York without reference to choice of law rules. The parties consent to the jurisdiction and venue of the state courts of the State of New York in the City and County of New York or the federal courts of the United States of the Southern District of New York located in the City and County of New York. The prevailing party in any dispute shall be entitled to reimbursement of its reasonable outside attorneys' fees and costs. Arbitration of disputes between the parties hereto shall be governed by the Federal Arbitration Act and in conformity with the procedures of the applicable New York arbitration law. The arbitration shall be conducted before a single arbitrator per the JAMS Employment Arbitration Rules and Procedures (the "JAMS Rules") in effect at the time the claim is made but shall not pre-empt any SAG mandated arbitration, which shall take precedence over any other proceedings, and a judgment upon any award rendered by the arbitrator may be entered in any court having jurisdiction. If the parties cannot agree on an arbitrator, the JAMS Rules shall govern selection. A copy of the current rules can be viewed online at http://www.jamsadr.com/rules-employment-arbitration and will be provided upon request. Such arbitration shall be filed with JAMS and heard in New York, New York. All rights, causes of action, remedies, and defenses available under applicable law are available to the parties and shall be applicable as through a court of law, including the right to file a motion for summary judgment. The arbitrator shall apply the applicable statute of limitations to any claim. Any party may be represented at the arbitration by an attorney or other representative selected by the party, at such party's cost, and the arbitrator shall apply, as applicable, federal or New York substantive law and law of remedies. The arbitrator's remedial authority shall be no greater than that which is available under the statutory or common law theory asserted, and the arbitrator shall not have the power to add to, subtract, or modify the terms of this arbitration provision except where necessary for the enforcement of this arbitration provision. The arbitrator shall allow equal time at the arbitration hearing to both parties and the hearing shall be set for no more than five (5) full-length days unless the parties stipulate otherwise or the party requesting additional time demonstrates, in writing, good cause for requiring additional hearing days. Any party may request the right to file post-hearing closing briefs within two (2) weeks of concluding the arbitration hearing. The arbitrator lacks the power to commit errors of law or legal reasoning or to make factual findings unsupported by the evidence, and the award may be vacated or corrected by a court for exceeding arbitral powers. The court may enter judgment upon a final arbitration award either by (i) confirming the award or (ii) vacating, modifying, or correcting the award on any ground referenced in the Federal Arbitration Act or other similar state law. The arbitrator shall issue a written opinion that includes the factual and legal basis for any decision and award within thirty (30) days from the date the arbitration hearing concludes, or the post-hearing briefs (if requested) are filed, whichever is later. The applicable party shall bear the cost of the arbitrator's fees and other costs unique to arbitration to the extent required by applicable law. Nothing herein shall be interpreted to preclude the bringing of an administrative charge or complaint, or communicating in any way, with the Equal Employment Opportunity Commission, the National Labor Relations Board, the Securities and Exchange Commission, the United States Department of Labor, or any other federal, state, or local agency or official.

f. Assignment. Company may assign this Agreement or all or any part of Company's rights hereunder to any person or entity. Operator may not assign any of its rights hereunder without obtaining Company's prior written consent.

g. Counterparts, etc. This Agreement may be signed in counterparts and such counterparts taken together shall constitute a single instrument. Delivery of an executed counterpart of this Agreement by electronic means, including without limitation, by electronic delivery in portable document form (".pdf"), shall be equally effective as delivery of a manually executed counterpart of this Agreement. The parties acknowledge and agree that in any legal proceedings between them respecting or in any way relating to this Agreement, each waives the right to raise any defense based on the execution hereof in counterparts or the delivery of such executed counterpart by electronic means. If this Agreement is translated into any other languages, in whole or in part, then, in the event of any conflict, the English language version of the Agreement shall control.

[signature page follows]

IN WITNESS WHEREOF, the parties hereto have executed this Agreement as of the Effective Date.

OPERATOR

By:

Its:

COMPANY

Authorized Signatory for

____

F085. ACQUIRED MATERIALS LICENSE "AGREEMENT" —NO FEE—

"Licensor": ______________________________

Address: ______________________________

____

____

Phone: ______________________________

Email: ______________________________

Detailed Description of Materials: ______________________________

____

____

____

For good and valuable consideration, the receipt and sufficiency of which is hereby acknowledged, Licensor hereby irrevocably grants _______ ("Licensee") and its respective parents, successors, licensees, and assigns, the non-exclusive right and license, but not the obligation, to use and incorporate the following acquired material as more fully described above (the "Property") (check one):

☐ Film/Video Footage ☐ Still Photograph ☐ Other (as described above)

in any manner Licensee sees fit in connection with Licensee's audiovisual production currently entitled "__________________" (the "Project"), and to use and authorize others to use the Property as so incorporated in the Project in the distribution, sale, licensing, marketing, advertising, promotion, merchandising, exhibition, and other exploitation of the Project in all markets and media (whether now known or hereafter developed), throughout the universe, in perpetuity.

Licensor warrants and represents that Licensor has the right to grant all rights granted herein, the consent of no other party is required in connection with the grant of rights herein, and Licensee's use of the Property as permitted herein will not infringe on the rights of any third party (including, but not limited to, any trademarks, copyrights, patents, literary, or other property rights, right of privacy or publicity, or so-called "moral rights"). Licensor will indemnify and hold Licensee and its parents, successors, licensees, and assigns, harmless from and against all claims, damages, liabilities, costs, and expenses arising out of any breach of the foregoing warranty. Licensor acknowledges that Licensee is materially relying on this permission, potentially at substantial cost to Licensee, and Licensor hereby agrees not to assert any claim of any nature whatsoever against anyone relating to the exercise of the permissions granted hereunder.

In the event of a breach by Licensee of the provisions of this Agreement, Licensor is limited to its remedies at law for actual monetary damages and in no event may Licensor rescind or terminate this Agreement or any of the rights granted to Licensee hereunder or seek to enjoin, restrain, or otherwise impair the distribution or exhibition of the Project, its advertising, promotion, or any other exploitation thereof.

Licensor shall not disclose to any person, firm, corporation, or other entity any confidential or proprietary information or trade secrets (collectively referred to as "Confidential Information") of Licensee, its affiliates, subsidiaries, owners, officers, directors, employees, or agents obtained or learned by Licensor, including, without limitation, information about the Project or any other projects being developed, produced, or distributed by Licensee. Licensor recognizes and acknowledges that the Confidential Information of Licensee is a valuable, special, and unique asset of and belongs solely to Licensee. For the avoidance of doubt, Licensor's confidentiality and publicity restrictions hereunder shall apply to all media whatsoever, including, without limitation, any social networking site, micro-blogging service, online forum, personal website or blog, or user-generated or user-uploaded content website (e.g., Facebook, Twitter, Snapchat, Instagram, etc.).

This Agreement may be assigned by Licensee. Any changes, amendments, or other modifications to this Agreement will be in writing signed by both parties hereto. This Agreement contains the entire understanding of the parties regarding the subject matter hereof and replaces all former agreements, negotiations, or understandings (written or oral) relating to the subject matter hereof. All notices to be sent by either party hereunder will be in writing and delivered by hand, facsimile, or registered mail at the address of the party designated by each party in writing.

The terms and conditions hereof shall be interpreted and governed by New York law applicable to contracts entered into and to be wholly performed in New York without reference to choice of law rules. For all purposes, including without limitation in connection with any petition to confirm an arbitration award obtained per this Section, the parties hereto consent to the jurisdiction and venue of the state courts of the State of New York in the City and County of New York or the federal courts of the United States in the Southern District of New York located in the City and County of New York. Any dispute arising hereunder shall be resolved solely through binding arbitration, before a single arbitrator familiar with entertainment law, and conducted in New York, New York under and per the JAMS Streamlined (for claims under US$250,000.00) or the JAMS Comprehensive (for claims over US$250,000.00) Arbitration Rules and Procedures ("JAMS Rules"), as said rules may be amended from time to time. The parties agree to accept service of process per JAMS Rules. The arbitrator shall issue a written opinion that includes the factual and legal basis for any decision and award within thirty (30) days from the date the arbitration hearing concludes. Any award shall be final, binding, and non-appealable. The arbitration will be confidential and conducted in private and will not be open to the public or media. No matter relating to the arbitration (including but not limited to, the testimony, evidence, or result) may be: (i) made public in any manner or form; (ii) reported to any news agency or publisher; or (iii) disclosed to any third party not involved in the arbitration. The prevailing party shall be entitled to reimbursement of its reasonable outside attorneys' fees and costs.

This Agreement may be executed in one or more counterparts and may be executed and delivered by facsimile or other electronic transmission and/or by PDF signature. If this Agreement is translated into any other languages, in whole or in part, then, in the event of any conflict, the English language version of the Agreement shall control.

AGREED AND ACCEPTED:

	LICENSOR		LICENSEE
SIGNATURE	______________	SIGNATURE	______________
PRINTED NAME	______________	PRINTED NAME	______________
FOR:	______________	FOR:	______________
DATE:	______________	DATE:	______________

F086. ACQUIRED MATERIALS LICENSE "AGREEMENT" —FEE—

"Licensor": ______________________

Address: ______________________

____

____

Phone: ______________________

Email: ______________________

Detailed Description of Materials: ______________________

____

____

____

For good and valuable consideration, the receipt and sufficiency of which is hereby acknowledged, Licensor hereby irrevocably grants __________ ("Licensee") and its respective parents, successors, licensees, and assigns, the non-exclusive right and license, but not the obligation, to use and incorporate the following acquired material as more fully described above (the "Property") (check one):

☐ Film/Video Footage ☐ Still Photograph ☐ Other (as described above)

in any manner Licensee sees fit in connection with Licensee's audiovisual production currently entitled "_________________" (the "Project"), and to use and authorize others to use the Property as so incorporated in the Project in the distribution, sale, licensing, marketing, advertising, promotion, merchandising, exhibition, and other exploitation of the Project in all markets and media (whether now known or hereafter developed), throughout the universe, in perpetuity. **As additional consideration for the rights granted hereunder, Licensee agrees to pay to Licensor, and Licensor agrees to accept, a license fee of United States Dollars (US$__________), payable as follows: __________ ________________________________.**

Licensor warrants and represents that Licensor has the right to grant all rights granted herein, the consent of no other party is required in connection with the grant of rights herein, and Licensee's use of the Property as permitted herein will not infringe on the rights of any third party (including, but not limited to, any trademarks, copyrights, patents, literary, or other property rights, right of privacy or publicity, or so-called "moral rights"). Licensor will indemnify and hold Licensee and its parents, successors, licensees, and assigns, harmless from and against all claims, damages, liabilities, costs, and expenses arising out of any breach of the foregoing warranty. Licensor acknowledges that Licensee is materially relying on this permission, potentially at substantial cost to Licensee, and Licensor hereby agrees not to assert any claim of any nature whatsoever against anyone relating to the exercise of the permissions granted hereunder.

In the event of a breach by Licensee of the provisions of this Agreement, Licensor is limited to its remedies at law for actual monetary damages and in no event may Licensor rescind or terminate this Agreement or any of the rights granted to Licensee hereunder or seek to enjoin, restrain, or otherwise impair the distribution or exhibition of the Project, its advertising, promotion, or any other exploitation thereof.

Licensor shall not disclose to any person, firm, corporation, or other entity any confidential or proprietary information or trade secrets (collectively referred to as "Confidential Information") of Licensee, its affiliates, subsidiaries, owners, officers, directors, employees, or agents obtained or learned by Licensor, including, without limitation, information about the Project or any other projects being developed, produced, or distributed by Licensee. Licensor recognizes and acknowledges that the Confidential Information of Licensee is a valuable, special, and unique asset of and belongs solely to Licensee. For the avoidance of doubt, Licensor's confidentiality and publicity restrictions hereunder shall apply to all media whatsoever, including, without limitation, any social networking site, micro-blogging service, online forum, personal website or blog, or user-generated or user-uploaded content website (e.g., Facebook, Twitter, Snapchat, Instagram, etc.).

This Agreement may be assigned by Licensee. Any changes, amendments, or other modifications to this Agreement will be in writing signed by both parties hereto. This Agreement contains the entire understanding of the parties regarding the subject matter hereof and replaces all former agreements, negotiations, or understandings (written or oral) relating to the subject matter hereof. All notices to be sent by either party hereunder will be in writing and delivered by hand, facsimile, or registered mail at the address of the party designated by each party in writing.

The terms and conditions hereof shall be interpreted and governed by New York law applicable to contracts entered into and to be wholly performed in New York without reference to choice of law rules. For all purposes, including without limitation in connection with any petition to confirm an arbitration award obtained per this Section, the parties hereto consent to the jurisdiction and venue of the state courts of the State of New York in the City and County of New York or the federal courts of the United States in the Southern District of New York located in the City and County of New York. Any dispute arising hereunder shall be resolved solely through binding arbitration, before a single arbitrator familiar with entertainment law, and conducted in New York, New York under and per the JAMS Streamlined (for claims under US$250,000.00) or the JAMS Comprehensive (for claims over US$250,000.00) Arbitration Rules and Procedures ("JAMS Rules"), as said rules may be amended from time to time. The parties agree to accept service of process per JAMS Rules. The arbitrator shall issue a written opinion that includes the factual and legal basis for any decision and award within thirty (30) days from the date the arbitration hearing concludes. Any award shall be final, binding, and non-appealable. The arbitration will be confidential and conducted in private and will not be open to the public or media. No matter relating to the arbitration (including but not limited to, the testimony, evidence, or result) may be: (i) made public in any manner or form; (ii) reported to any news agency or publisher; or (iii) disclosed to any third party not involved in the arbitration. The prevailing party shall be entitled to reimbursement of its reasonable outside attorneys' fees and costs.

This Agreement may be executed in one or more counterparts and may be executed and delivered by facsimile or other electronic transmission and/or by PDF signature. If this Agreement is translated into any other languages, in whole or in part, then, in the event of any conflict, the English language version of the Agreement shall control.

AGREED AND ACCEPTED:

	LICENSOR		LICENSEE
SIGNATURE	______________	SIGNATURE	______________
PRINTED NAME	______________	PRINTED NAME	______________
FOR:	______________	FOR:	______________
DATE:	______________	DATE:	______________

III. ÁMBITO MUSICAL

SUMARIO. III.1. MÚSICA EN ÁMBITO CINEMATOGRÁFICO Y TELEVISIVO. F087. CONTRATO DE COMPOSICIÓN Y PRODUCCIÓN MUSICAL DE LA BANDA SONORA ORIGINAL. III.2. INDUSTRIA MUSICAL. F088. CONTRATO DISCOGRÁFICO. F089. CONTRATO DE LICENCIA SOBRE GRABACIONES FONOGRÁFICAS (I). F090. CONTRATO DE LICENCIA SOBRE GRABACIONES FONOGRÁFICAS (II). F091. CONTRATO DE LICENCIA FONOGRÁFICA ENTRE DISCOGRÁFICA Y ARTISTA PARA LA EXPLOTACIÓN DIGITAL. F092. CONTRATO DE EDICIÓN DISCOGRÁFICO (I). F093. CONTRATO DE EDICIÓN DISCOGRÁFICO (II). F094. CONTRATO DE CO-EDICIÓN DISCOGRÁFICO. F095. CONTRATO PARA GRABACIÓN Y CESIÓN EXPLOTACIÓN REGISTROS SONOROS. F096. CONTRATO DE CESIÓN DE DERECHOS DE EXPLOTACIÓN DE CONTENIDOS. F097. CONTRATO DE PRODUCTOR DISCOGRÁFICO. F098. CESIÓN DE DERECHOS DE AUTOR PARA GRABACIÓN BENÉFICA. F099. CESIÓN DE DERECHOS ECONÓMICOS POR ACTUACIÓN MUSICAL A FAVOR DE ENTIDAD BENÉFICA. F100. CONTRATO DE COLABORACIÓN DE CANTANTE PARA LA GRABACIÓN DE UN DISCO DE OTRO ARTISTA DE DIFERENTE DISCOGRÁFICA. F101. CONDICIONES PARA LA PARTICIPACIÓN DE CANTANTE EN DISCO A FAVOR DE FUNDACIÓN SIN ANIMO DE LUCRO U ONG. F102. CONTRATO DE REPRESENTACIÓN ARTÍSTICA (I). F103. CONTRATO DE REPRESENTACIÓN ARTÍSTICA (II). F104. CONTRATO DE ACTUACIÓN MUSICAL (I). F105. CONTRATO DE ACTUACIÓN MUSICAL (II). F106. CONTRATO PARTICIPACIÓN DE ACTRIZ EN SERIE DE TELEVISIÓN MEDIANTE REPRESENTANTE. F107. CONTRATO DE CESIÓN DE DERECHOS DE ARTISTA INVITADO EN COLABORACIÓN DE OBRA MUSICAL

III.1. MÚSICA EN ÁMBITO CINEMATOGRÁFICO Y TELEVISIVO

F087. CONTRATO DE COMPOSICIÓN Y PRODUCCIÓN MUSICAL DE LA BANDA SONORA ORIGINAL

En ( ), a [ ] de [ ] de [ ]

DE UNA PARTE, D. [ ], mayor de edad, en nombre y representación de la sociedad [PRODUCTOR 1] con CIF [ ]y domicilio social en calle [ ], [ ]; constituida por tiempo indefinido el [ ] de [ ] de [ ] en escritura autorizada por el Notario de [ ], D. [ ], bajo el número [ ] de su protocolo, e inscrita en el Registro Mercantil de [ ], Tomo [ ], Folio [ ], Hoja [ ], Inscripción [ ].

En adelante, "Productor".

Y, DE OTRA PARTE, D. **[ ],** mayor de edad, en nombre y representación de la sociedad **[**PRODUCTOR 2**]** con CIF [ ]y domicilio social en calle **[ ], [ ];** constituida por tiempo indefinido el **[ ]** de **[ ]** de **[ ]** en escritura autorizada por el Notario de **[ ]**, D. **[ ],** bajo el número **[ ]** de su protocolo, e inscrita en el Registro Mercantil de **[ ]**, Tomo **[ ]**, Folio **[ ]**, Hoja **[ ]**, Inscripción [ ].

En adelante, "Compositor".

El Productor y el Compositor serán denominados conjuntamente como las "Partes"

EXPONEN

I. Que el Productor tiene la intención de producir un largometraje, con título provisional "( )" (en adelante, denominado "el Largometraje").

II. Que el Productor está interesado en contratar los servicios del Compositor para (i) la composición de las obras musicales y (ii) la producción musical y ejecutiva de la banda sonora original del Largometraje, en los términos del presente contrato.

III. Las Partes acuerdan que el encargo se llevará a cabo de forma personalísima por el Compositor.

IV. Que el Compositor está en disposición de prestar los servicios requeridos, así como de ceder al Productor los derechos de explotación sobre las Obras (conforme éstas vienen definidas más adelante), de conformidad con la Ley de Propiedad Intelectual (en adelante, la "Ley de Propiedad Intelectual"), en los términos y condiciones recogidos en el presente contrato.

Por todo lo anterior, las Partes han convenido celebrar el presente contrato de encargo de composición y producción musical de banda sonora original del Largometraje (en adelante, el "Contrato"), con sujeción a las siguientes

CLÁUSULAS

1. OBJETO

El presente Contrato tiene doble objeto:

1.1 El encargo del Productor al Compositor, que acepta la prestación de los siguientes servicios: (i) la composición de cuantas obras musicales resulten necesarias según el criterio del Productor para su inclusión en la banda sonora original del Largometraje (en adelante, la "Banda Sonora"); (ii) la fijación de la Banda Sonora en un soporte fonográfico para su uso comercial de forma independiente del Largometraje; y (iii) la supervisión del proceso de grabación y mezclado hasta que la producción de dicho fonograma finalice y éste sea entregado y aprobado por parte del Productor; y

1.2 La cesión en exclusiva por parte del Compositor al Productor, y la aceptación por parte de éste, de la totalidad de los derechos de explotación sobre el Largometraje y la Banda Sonora, en los términos previstos en la Cláusula 6 más adelante.

2. DESCRIPCIÓN DE LOS SERVICIOS

2.1 El Compositor (i) compondrá, orquestará y realizará arreglos a la Banda Sonora y (ii) producirá, grabará y entregará al Productor un master de grabación sonora original y totalmente mezclado de dicha Banda Sonora (el "Fonograma"), para su posible utilización en el futuro Largometraje que el Productor está produciendo, así como para cualquier otro fin permitido con arreglo al presente Contrato, como sigue:

- El Compositor prestará todos los servicios que normalmente prestan los compositores de música original para Largometrajes, y todos los servicios que habitualmente prestan los intérpretes y los productores de grabaciones sonoras que contengan música destinada a ser utilizada en programas de televisión, en cada caso de conformidad con todas las instrucciones y solicitudes del Productor.

- Antes de que el Compositor comience a componer la Banda Sonora, deberá discutir con el personal creativo designado por el Productor la ubicación, el tiempo y la naturaleza de la Banda Sonora. Posteriormente, y según sea necesario, el Compositor aclarará con dicho personal creativo cualquier duda o cuestión relacionada con la dirección creativa general de la Banda Sonora (por ejemplo, el género musical, el estilo, el tono, el tempo, el alcance y la escala de la Banda Sonora).

- El Compositor compondrá y arreglará la Banda Sonora y grabará, producirá y entregará al Productor, para su revisión, una maqueta de la grabación de la Banda Sonora y/o de cualesquier partes solicitadas de la misma (conjuntamente, la "Maqueta") de la forma y en el formato que se describe en el Anexo II o de aquellas otras formas y en aquellos otros formatos que pueda solicitar el Productor, todo ello de conformidad con el calendario establecido por éste y con cualquier otro requisito establecido en el presente Contrato. La Banda Sonora y la Maqueta estarán sujetas a la aprobación por escrito del Productor.

- Inmediatamente después de que el Productor haya aprobado por escrito la Banda Sonora y la Maqueta, el Compositor deberá grabar, producir, mezclar y entregar al Productor, para su revisión, el Fonograma e información precisa sobre el cue sheet de la Banda Sonora.

2.2 El Productor, como sus cesionarios, están facultados expresamente para utilizar las composiciones musicales que integren la Banda Sonora como parte integrante del Largometraje así como de forma aislada, independientemente o por separado del Largometraje. A efectos meramente ejemplificativos, el Productor, o sus cesionarios, podrán utilizar fragmentos de todas o parte de las composiciones musicales que constituyen la Banda Sonora a través de cualquier procedimiento o modalidad para fines de promoción y publicidad del Largometraje

2.3 El Compositor, por la presente se compromete a contratar, por su propia cuenta y riesgo, los artistas, intérpretes y ejecutantes necesarios para la producción del Fonograma. Asimismo, el Compositor se encargará de llevar a cabo la fijación de sus interpretaciones en el Fonograma y la realización de cuantos ensayos, sesiones y grabaciones sean necesarias para la finalización y entrega del Fonograma, en los plazos y términos previstos en el presente Contrato.

2.4 Queda entendido que la propiedad de todos y cada uno de los derechos de la Maqueta y del Fonograma pertenecen en exclusiva al Productor, tal y como se establece más adelante en la Cláusula 16. El Productor está facultado para realizar de forma exclusiva cualquier sincronización y ulterior explotación fonográfica de la Maqueta y del Fonograma, incluyendo la puesta a disposición de la Maqueta y del Fonograma al público y la distribución física de copias de la Maqueta y del Fonograma.

3. ESTÁNDARES DE CUMPLIMIENTO

3.1 Servicios profesionales. El Compositor cumplirá todas sus obligaciones derivadas del presente Contrato con la debida diligencia y profesionalidad, y prestará los servicios establecidos en la Cláusula 2 de forma prioritaria. El cumplimiento de los plazos constituye una condición esencial en lo que respecta a la prestación de servicios del Compositor y a la entrega de los Elementos Entregables (tal y como dicho término se define a continuación). Los servicios del Compositor se prestarán de forma no exclusiva, pero sin ocasionar interferencias significativas, en el entendimiento, no obstante, de que tales servicios se prestarán con exclusividad en los días de grabación del Fonograma. El Compositor deberá cumplir todas las leyes, ordenanzas, normativas, reglamentos, órdenes, licencias, permisos y demás requisitos administrativos aplicables en relación con los servicios objeto del presente Contrato.

3.3 El Compositor será responsable de pagar oportunamente todos los honorarios y costes incurridos en relación con la producción y entrega al Productor de la Banda Sonora, la Maqueta y/o el Fonograma (los "Elementos Entregables"), incluyendo todos los pagos adeudados a músicos, vocalistas, ingenieros, técnicos y cualquier persona o entidad que preste servicios o suministre equipos, instalaciones, derechos o material en relación con los Elementos Entregables. Sin perjuicio de lo anteriormente dispuesto, el Compositor será enteramente responsable de pagar todos los salarios y complementos aplicables a todas las personas que presten cualquier servicio o proporcionen cualquier material relacionado con los Elementos Entregables, en la medida en que dicho pago sea exigible en virtud de cualquier convenio colectivo o de otro modo.

3.4 El Compositor no celebrará ningún contrato en relación con ningún Elemento Entregable que contemple el pago de cantidades residuales, royalties u otros pagos con respecto a la distribución, difusión, exhibición o explotación de los Elementos Entregables. En el momento de la entrega de los Elementos Entregables, el Compositor deberá asegurarse de que no existan reclamaciones, cargas, restricciones, requisitos o gravámenes sobre los Elementos Entregables

4. PERIODO DE SERVICIOS Y CALENDARIO DE ENTREGA

4.1 El Compositor empezará a prestar sus servicios en la fecha de firma, salvo que las partes acuerden lo contrario por escrito, y continuará prestando sus servicios hasta la entrega de todos las Obras indicados en el Anexo II (en adelante, el "Periodo de Servicios").

4.2 El Compositor se compromete a entregar al Productor, en el mismo plazo previsto en el párrafo anterior, las Obras indicados en el Anexo II, en el soporte establecido en el mismo.

5. CESIÓN DE DERECHOS

5.1 En virtud del presente Contrato, el Compositor cede expresamente al Productor, en exclusiva, con la facultad de cesión a terceros de forma exclusiva como no exclusiva, la totalidad de los derechos de propiedad intelectual y derechos conexos, derechos de propiedad industrial, y/o de cualquier otra índole detallados en el Anexo I (en adelante, los "Derechos Cedidos") sobre el Largometraje y la Banda Sonora así como sobre todos las Obras creados a raíz de los servicios establecidos en el presente Contrato (en adelante, conjuntamente denominadas las "Obras") para su explotación con carácter mundial y durante todo el plazo máximo de duración de los Derechos Cedidos que permite la legislación española aplicable, hasta su paso a dominio público.

5.2 Los Derechos Cedidos comprenden la explotación por parte del Productor en sí misma o por terceros de las Obras en cualquier formato o soporte y por cualquier sistema, procedimiento o modalidad, comprendiendo, entre otras, las formas de explotación que se enumeran en el Anexo I del presente Contrato.

El Compositor reconoce y acepta que constituye una obligación esencial de conformidad con este Contrato la obtención de las cesiones de derechos de propiedad intelectual, industrial, imagen y de cualquier otro tipo en favor del Productor sobre las contribuciones de cualesquiera personas físicas o jurídicas que intervengan en la prestación de los servicios del Compositor con el mismo alcance dispuesto en la presente contrato.

6.3 Sin perjuicio y con independencia de la remuneración pactada en el presente Contrato, el Productor reconoce que el Compositor tiene derecho a percibir por mandato legal el contenido económico de los derechos de remuneración equitativa, de carácter irrenunciable e intransmisible, que conforme a lo previsto en los artículos 25 (copia privada), 90.2 (alquiler) y 90.4 (comunicación pública) de la Ley de Propiedad Intelectual le corresponde en calidad de autor de la Banda Sonora (en adelante, conjuntamente denominados los "Derechos de Remuneración Equitativa"). Por la presente, el Compositor informa al Productor que dichos derechos serán ejercidos por el Compositor a través de la entidad de gestión de derechos de propiedad intelectual correspondiente en la que el Compositor figure como socio a los efectos de la presente Cláusula.

6. CONTRAPRESTACIÓN Y FORMA DE PAGO.

6.1 Como total contraprestación por los servicios objeto del presente Contrato, así como por la cesión de todos y cada uno de los derechos sobre las Obras prevista en el mismo, el Productor abonará al Compositor el importe bruto total de (€.) más impuestos aplicables (en adelante, la "Contraprestación").

6.2 Todos los pagos al Compositor a cargo del Productor en virtud del presente Contrato serán transferidos a la siguiente cuenta bancaria, previa recepción de la correspondiente factura emitida por el Compositor.

7. IMPUESTOS

Cada una de las Partes será responsable, en la medida exigida por la legislación aplicable, de identificar y pagar todos los impuestos y demás tributos gubernamentales (así como cualesquiera sanciones, intereses y demás cantidades complementarias) que le correspondan con respecto a las operaciones o los pagos contemplados en el presente Contrato

8. GARANTÍAS DE LOS DERECHOS CEDIDOS

8.1 El Compositor garantiza (i) que es el autor y/o único y exclusivo titular de todos los derechos, títulos e intereses sobre las obras musicales que componen la Banda Sonora así como de las Obras y soportes que utilice para la producción ejecutiva de la Maqueta y del Fonograma (ii) que es el titular exclusivo de todos los Derechos Cedidos, (iii) que tiene la facultad y autoridad sin restricciones para suscribir el presente Contrato y para ceder los derechos objeto del presente Contrato y que no suscribirá ningún acuerdo que pueda de cualquier manera prohibir, limitar o restringir la ejecución del presente Contrato; (iv) que la Banda Sonora, la Maqueta y el Fonograma son completamente originales y no vulneran derechos de ninguna clase de ningún tercero; (v) que ninguna parte de la Banda Sonora, de la Maqueta y/o del Fonograma ha sido tomada o basada en otra obra o que, según el leal saber y entender del Compositor actuando de forma razonablemente prudente, difama o viola el derecho a la intimidad o la propia imagen de ninguna persona o corporación; (vi) que no hay ninguna parte de la Banda Sonora, de la Maqueta y/o del Fonograma en el dominio público ni existe ninguna limitación, carga, servidumbre o gravamen sobre los derechos cedidos que pueda impedir o dificultar, en todo o en parte su libre explotación por parte del Productor, licenciatarios y/o cesionarios; (vii) que no ha realizado ni realizará ningún acto susceptible de impedir o dificultar al Productor, licenciatarios y/o cesionarios el ejercicio pacífico y pleno de los Derechos Cedidos; (viii) que no se ha registrado todo o parte de la Banda Sonora, de la Maqueta ni del Fonograma en las Oficinas de Propiedad Intelectual de ningún país y no se han transmitido, cedido, licenciado y/o sub-licenciado los Derechos Cedidos a ningún tercero previamente a la Fecha de Firma del presente Contrato, ni de forma exclusiva ni no exclusiva; (ix) que no se ha otorgado ningún derecho, licencia o preferencia para adquirir los Derechos Cedidos; (x) que no existe ningún litigio pendiente y, según su leal saber y entender, no existe ninguna reclamación o potencial reclamación, ya sea judicial o extrajudicial, relacionada con o que pueda afectar negativamente a los Derechos Cedidos o al uso pacífico e ininterrumpido de los mismos por parte del Productor, licenciatarios y/o cesionarios; (xi) que no existe ninguna restricción, carga o gravamen sobre los Derechos Cedidos que pueda impedir o dificultar total o parcialmente la libre utilización de las Obras por el Productor, licenciatarios y/o cesionarios; y (xii) que no ha llevado ni llevará a cabo ninguna actuación susceptible de impedir o dificultar el uso y explotación pacíficos y completos de los Derechos Cedidos por parte del Productor, licenciatarios y/o cesionarios. En consecuencia, el Compositor será responsable ante cualquier acción o reclamación que realicen terceras partes contra el Productor, licenciatarios y/o cesionarios en relación con la cesión y/o disfrute de los Derechos Cedidos, aceptando su obligación de indemnizar y mantener indemne al Productor por cualquier daño que se produzca por esta razón.

9. INDEMNIZACIÓN

9.1 El Compositor indemnizará y mantendrá indemne al Productor, así como a sus sucesores, licenciatarios y/o cesionarios, por cualesquiera responsabilidades, daños, costes y gastos, incluyendo honorarios razonables de abogados, como consecuencia de reclamaciones o acciones de terceros derivadas de o relacionadas con alguna infracción o violación de derechos de cualquier persona o entidad que resulte de los servicios prestados por el Compositor en virtud del presente Contrato (incluyendo sin carácter limitativo, aquéllos que resulten por plagio o infracción de propiedad intelectual) así como de aquéllas reclamaciones o acciones de terceros derivadas de o relacionadas con el incumplimiento de cualesquiera obligaciones, manifestaciones y garantías del Compositor incluidas en el presente Contrato.

10. DERECHOS MORALES

10.1 En caso de que el Compositor desee ejercitar sus Derechos Morales o cualesquiera otros derechos semejantes ("Derechos Morales") reconocidos por cualquier legislación, se compromete a hacerlo de buena fe, de tal manera que dicho ejercicio no impacte de forma negativa la explotación de las Obras por parte del Productor o sus sucesores, licenciatarios y/o cesionarios.

11. CRÉDITOS

11.1 El Productor concederá un crédito al Compositor con el concepto "Música por", sustancialmente en la forma, tamaño y orden que el Productor determine a su exclusiva discreción. Ningún incumplimiento involuntario de las disposiciones de la presente Cláusula por parte del Productor o de cualquier tercero en lo que respecta al crédito ni ninguna falta u omisión, así como tampoco ningún error en la concesión de un crédito que sea imputable a actos de terceros ni ninguna omisión de un crédito cuando por cuestión de plazos sea inviable conceder un crédito, constituirá un incumplimiento del presente Contrato. El Productor hará esfuerzos razonables desde un punto de vista comercial para corregir en adelante cualquier incumplimiento, error u omisión por su parte tras recibir por escrito una notificación del Compositor al respeto.

12. CONFIDENCIALIDAD

12.1 En virtud del presente Contrato, el Compositor se compromete a guardar secreto respecto los términos del mismo y de toda aquella información (en lo sucesivo, la "Información Confidencial") que haya conocido con ocasión de su participación en el proceso de producción del Largometraje. En consecuencia, el Compositor se obliga tratar la Información Confidencial con la máxima confidencialidad y discreción y por tanto a no comunicar ni revelar dicha información a terceras personas ajenas a la producción del Largometraje, y, en particular, a ninguna persona que preste sus servicios a medios públicos de comunicación social, salvo previa autorización expresa y por escrito por parte del Productor.

12.2 El Compositor responderá e indemnizará al Productor por cualquier reclamación, coste, pérdida, daño o responsabilidad exigida al Productor como consecuencia directa o indirecta del incumplimiento por parte del Compositor de las obligaciones contempladas en la presente Cláusula.

13. PROTECCIÓN DE DATOS DE CARÁCTER PERSONAL

13.1. Las Partes cumplirán con todas las leyes de protección de datos aplicables, incluido el Reglamento General de Protección de Datos de la UE. Por lo que respecta al presente Contrato, las Partes se intercambiarán determinados datos personales ("Datos"), incluyendo, entre otros, su nombre, datos de contacto e información de pago. Cada Parte será el responsable del tratamiento de dichos Datos. Las Partes tratarán los datos en la medida de lo necesario para la ejecución del Contrato o para el cumplimiento de sus obligaciones legales, o en la medida en que sea necesario para sus propios intereses legítimos.

14. RESOLUCIÓN/SUSPENSIÓN DEL CONTRATO

14.1 El presente Contrato podrá ser resuelto por parte del Productor, mediante notificación por correo certificado dirigida al Compositor indicando la causa y la fecha de dicha resolución de este Contrato ("Fecha de Resolución"), en los casos siguientes: (i) Cuando resulte falsa o inexacta, total o parcialmente, cualquiera de las declaraciones y garantías otorgadas por el Compositor al Productor en virtud del presente Contrato; (ii) Cuando el Compositor incumpla cualquiera de los plazos de entrega estipulados en el Anexo II del presente Contrato; (iii) Cuando el Compositor incurra en cualquier otro incumplimiento de alguna de las estipulaciones del presente Contrato.

14.2 El Productor podrá asimismo resolver el presente Contrato en el supuesto de finalización anticipada, suspensión definitiva o abandono de la producción del Largometraje por el Productor por cualquier causa no imputable al Compositor. Asimismo, el Productor podrá resolver el presente Contrato en cualquier momento sin causa.

14.3 En cualquier caso, la suspensión o resolución del presente Contrato no afectará a las autorizaciones y cesiones de derechos de propiedad intelectual, industrial, de imagen, o de cualquier otra índole, realizadas en virtud del mismo, así como tampoco a las obligaciones de confidencialidad aplicables al Compositor, subcontratistas y cualesquiera otros terceros que pudieran prestar servicios para el Compositor que estén relacionados con los previstos en este Contrato. Por consiguiente, las citadas autorizaciones, cesiones y obligaciones seguirán siendo plenamente aplicables y exigibles con posterioridad al momento de suspensión o resolución del presente Contrato.

15. CESIÓN Y SUBCONTRATACIÓN

15.1 El Productor podrá ceder el presente Contrato a terceros, así como todo o parte de sus derechos y obligaciones dimanantes del presente Contrato, sin la necesidad de obtener la autorización del Compositor.

16. LEGISLACIÓN APLICABLE Y JURISDICCIÓN

16.1 El presente Contrato se regirá para lo no previsto en el mismo, por la legislación española vigente, y, en particular, por la Ley de Propiedad Intelectual y su normativa complementaria.

16.2 Las Partes se someten expresa y voluntariamente a la jurisdicción y competencia de los Tribunales de la ciudad de ( ) para resolver cualquier controversia que pudiera plantearse en relación con la interpretación y cumplimiento de este Contrato, con expresa exclusión de cualquier otro fuero que les pudiera corresponder.

EN PRUEBA DE SU CONFORMIDAD, las Partes han suscrito el presente Contrato por duplicado en la fecha indicada en el encabezamiento.

ACEPTADO Y FIRMADO:

El Compositor

____

El Productor

____

ANEXO I
CESION DE DERECHOS DE PROPIEDAD INTELECTUAL E INDUSTRIAL

La cesión exclusiva de derechos definida en el presente Contrato comprende todos los derechos de propiedad intelectual, derechos de propiedad industrial y cualesquiera derechos de explotación de cualquier otra naturaleza derivados de las Obras (incluyendo todas y cada una de sus versiones, así como los retoques, modificaciones y adaptaciones de las Obras). Esta cesión de derechos se realiza por el plazo máximo legal permitido por la legislación aplicable, para todo el universo, e incluye la facultad para el Productor de ceder dichos derechos a su vez a terceros, ya sea de forma exclusiva o no exclusiva. Los derechos cedidos conforme el presente Contrato podrán ser explotados en cualquier formato o soporte y a través de cualquier sistema o método, conjunta o separadamente, y en concreto, comprenden los siguientes derechos y tipos de explotación:

Derechos

1. Reproducción. Fijación directa o indirecta, temporal o permanente, total o parcial, de las Obras que permita su distribución y comunicación al público, por cualquier medio y en cualquier forma adecuada para incorporar las Obras y sus copias.

2. Distribución. Entrega de copias originales o reproducciones, totales o parciales, temporales o permanentes, tangibles o intangibles, con o sin contraprestación, las Obras en cualquier medio analógico o digital, incluyendo la venta, el alquiler, el préstamo, el depósito, los sistemas de recuperación electrónica, el acceso a bases de datos, independientemente de que dichas bases de datos estén protegidas o no en virtud de la Ley de Propiedad Intelectual ("Ley de Propiedad Intelectual") y cualquier otra forma de transmisión temporal o permanente de la posesión/propiedad de los ejemplares originales de las Obras, así como de sus reproducciones.

3. Comunicación al público. Facilitar el acceso a las Obras a una pluralidad de personas sin previa distribución de ejemplares entre cada una de ellas, de forma directa o indirecta, temporal o permanente, total o parcialmente, mediante contraprestación (precio, suscripción, pago de entrada y acceso condicionado) o de forma gratuita, a través de cualquier medio, soporte y procedimiento, tangible o intangible.

4. Puesta a disposición. Permitir al público el acceso a las Obras de tal forma que del público puedan acceder a ellos desde el lugar y en el momento que ellos elijan, a través de medios alámbricos o inalámbricos.

5. Transformación. La adaptación, reordenación, traducción y cualquier otra modificación de las Obras (incluida la autorización para transformar sucesivamente cualquier obra derivada), directa o indirectamente, temporal o permanentemente, en todo o en parte, mediante contraprestación o gratuitamente, por cualquier medio, soporte o proceso, ya sea tangible o intangible. Este derecho incluye la capacidad de explotar cualquier obra derivada de forma exclusiva, en todo el universo, a perpetuidad o durante el máximo plazo legal de protección (si es más corto) y en virtud de los mismos derechos y tipos de explotación establecidos en este Contrato.

6. Derechos de propiedad industrial. Todos los derechos de propiedad industrial que pudieran derivarse de las Obras, incluyendo, sin limitación, la capacidad para registrar (si lo permite la legislación aplicable) o proteger de otro modo marcas, diseños, patentes, modelos de utilidad, secretos comerciales o conocimientos técnicos que incluyan la totalidad o parte de las Obras, incluyendo la colaboración en la medida de lo necesario para la obtención por el Productor de tales derechos.

Medios de explotación

1. Explotación fonográfica. El derecho a grabar, producir, publicar y explotar de otro modo fonogramas y/o cualquier otra grabación sonora que incluya las Obras en todas y cada una de las formas de explotación.

2. Explotación radiofónica. El derecho a producir y explotar las Obras en programas de radio, podcasts o similar. La Explotación Radiofónica también incluirá el derecho a explotar la Copia y/o Acceso Temporal con respecto a las Obras mediante todas y cada una de las formas de emisión radiofónica preprogramada u otros medios inalámbricos conocidos o futuros, a través de todos y cada uno de los Medios de Transmisión a cualquier tipo de Dispositivo de Reproducción, incluyendo la producción e introducción de señales a un satélite.

3. Explotación editorial. El derecho a explotar partituras, libros, folletos o cualquier otra publicación impresa o digital basada en y/o que incluya las Obras.

4. Derechos de representación. El derecho a explotar las Obras o las adaptaciones de los mismos en el escenario en vivo con artistas intérpretes o ejecutantes que aparezcan en persona en presencia inmediata del público, e incluyendo, sin limitación, representaciones musicales, escénicas, recitales, disertaciones, actuaciones públicas, teatrales, dramáticas y dramático-musicales (óperas).

5. Explotación sincronizada en obras y/o grabaciones audiovisuales.

5.1. Explotación cinematográfica. El derecho a explotar las Obras sincronizada en obras y/o grabaciones audiovisuales mediante impresiones en serie de 35 mm o de otro ancho, a través de dispositivos de almacenamiento entregados físicamente o en otros formatos tecnológicos (incluyendo, a título enunciativo, mediante todos y cada uno de los Medios de Transmisión (tal y como se definen más adelante)), en las salas de cine que tengan licencia para ello, y que se dediquen principalmente a la actividad de exhibición de películas en las que la exhibición o proyección se produzca ante un público que haya adquirido entradas o, excepcionalmente, acceda gratuitamente.

5.2. Explotación no cinematográfica. El derecho a explotar las Obras sincronizados en obras y/o grabaciones audiovisuales a través de organizaciones que no se dedican principalmente a la exhibición de películas, tales como, a título meramente enunciativo, plataformas petrolíferas, escuelas, hospitales, hoteles, museos, instalaciones militares, puestos y misiones diplomáticas, aviones comerciales, aeronaves, trenes, autobuses, transbordadores y barcos ("Recintos no Cinematográficos"). El Productor podrá utilizar todos los formatos o medios tecnológicos (incluyendo, sin limitación, los Dispositivos de Vídeo Doméstico, cualquier Medio de Transmisión y/o Copia Temporal y/o Acceso (cada uno de estos términos tal y como se definen más adelante) para que las Obras sincronizadas en una obra o grabación audiovisual sean distribuidos o exhibidos en los Recintos no Cinematográficos.

5.3. Explotación de vídeo doméstico (Home Video). El derecho a (a) fabricar y/o autorizar la creación de una Copia y/o Acceso Permanente con respecto a las Obras codificados, almacenados, copiados o grabados en Dispositivos de Vídeo Doméstico y/o a través de EST (incluyendo, sin limitación, la copia digital y/o como copia gestionada protegida por AACS), tal y como se definen todos estos términos en este Anexo; y/o (b) reproducir, distribuir, poner a disposición, comunicar al público y explotar de cualquier otro modo dichos Dispositivos de Vídeo Doméstico y EST; y (c) ejercer los Derechos Bajo Demanda (tal y como se definen a continuación); con el propósito principal de que los consumidores lleven a cabo un acceso privado y no comercial en Dispositivos de Reproducción (tal y como se definen a continuación). La Explotación de Vídeo Doméstico (Home Video) también incluirá las copias de las Obras codificadas, almacenadas, copiadas o grabadas en los Dispositivos de Vídeo Doméstico y disponibles para su acceso desde dichos Dispositivos de Vídeo Doméstico en los Dispositivos de Reproducción durante un período limitado, sin perjuicio de que dichos Dispositivos de Vídeo Doméstico no proporcionen una Copia y/o Acceso Permanente.

5.4. Explotación televisiva. El derecho a explotar la Copia y/o Acceso Temporal mediante todas y cada una de las formas de televisión preprogramada que se conocen actualmente o que se conciban en el futuro, a través de todos y cada uno de los Medios de Transmisión a cualquier tipo de Dispositivo de Reproducción, con el propósito principal de que los consumidores accedan de forma privada y no comercial. Esto incluye la televisión gratuita, la televisión por suscripción y el PPV, tal y como se define a continuación.

5.5. Televisión Gratuita. La explotación como parte de un servicio de programación lineal previamente determinado, en el que no se cobra al espectador (salvo las tasas e impuestos gubernamentales del receptor) por la facultad de ver el servicio de programación compilado.

5.6. Televisión por Suscripción. La explotación como parte de un servicio de programación lineal preestablecido, en el que se cobra una cuota básica de suscripción al abonado por la facultad de visionar el servicio de programación compilado.

5.7. Pago por Visión o PPV. La transmisión de la programación elegida por un espectador, en la que: (a) la programación de la exhibición del programa está predeterminada, en su totalidad o en parte, por el servicio de programación; y (b) el espectador está obligado a pagar o se le cobra una tarifa separada por programa, por exhibición (incluyendo "pago por día" y near video on demand), en lugar de que el pago sea sobre una base de suscripción pre-programada.

6. Copia y/o Acceso Permanente. Cualquier duplicado de las Obras (o de una parte de los mismos), o el acceso a los Mismos, para permitir a los consumidores la recuperación y escucha futuras ilimitadas de las Obras sin ningún intercambio de contraprestación adicional por dicha recuperación y/o escucha futura ilimitadas de las Obras. A efectos aclaratorios, a un consumidor al que se le conceda una Copia y/o Acceso Permanente con respecto a las Obras se le podrá conceder un derecho de acceso permanente a una escucha de las Obras a través de una copia situada en la posesión física del consumidor y/o el acceso a las Obras desde una ubicación remota.

7. Copia y/o Acceso Temporal. Cualquier duplicación de las Obras (o de una parte de los mismos), o el acceso a su escucha, con el propósito principal de permitir al consumidor escuchar las Obras durante un período de escucha limitada que expira o se agota, tras lo cual el consumidor ya no puede acceder a las Obras; siempre y cuando una grabación iniciada por el consumidor de dichos materiales en o desde un Dispositivo de Reproducción, que el consumidor decida conservar sin ninguna autorización de El Productor y/o su licenciatario autorizado, no se considerará que invalide la naturaleza temporal de dicha Copia y/o Acceso Temporal.

8. Dispositivos. Todas y cada una de las formas y tipos de medios de almacenamiento electrónicos, mecánicos, magnéticos u ópticos (en todos los formatos y tamaños), incluyendo, sin limitación, el CD-ROM, CD+, mini disc, CDs interactivos, casete compacto digital (DCC), cintas digitales (DATs), Enhanced CD, Super Audio CD, DVD audio, DVIX, videocasetes, videodiscos, DVD, CD-RW, discos láser, CDI, discos Blu-ray, VCD, otros discos ópticos, discos duros, servidores de datos (dondequiera que se encuentren), reproductores de vídeo personales ("PVP"), grabadoras de vídeo personales ("PVR") y grabadoras de vídeo digitales ("DVR"), grabadoras de discos ópticos, lápices de memoria, tarjetas SD, memorias USB, cartuchos y chips semiconductores, o los equivalentes o sucesores de cualquiera de los anteriores, en todos y cada uno de los formatos, incluidos, sin limitación, los formatos estándar y de alta definición y en formatos 3D, en los que se codifiquen, almacenen, copien o graben las Obras, en todo o en parte.

9. Transmisión Electrónica o EST. Cualquier transmisión electrónica de las Obras (o de cualquier parte de los mismos), y/o cualquier licencia de reproducción requerida para los mismos, a través de todos y cada uno de los Medios de Transmisión, a partir de cuya transmisión el consumidor está autorizado a crear y mantener la Copia y/o el Acceso Permanente con respecto a las Obras.

10. Explotación en redes sociales. El derecho a explotar las Obras en plataformas de redes sociales, incluyendo, entre otras, WhatsApp, Snapchat, Facebook, Instagram, TikTok y X.

11. Dispositivos de reproducción. Todas y cada una de las formas de dispositivos electrónicos, mecánicos, magnéticos u ópticos que: (a) sean operados por los consumidores para su uso personal en sus lugares de residencia o en cualquier otro lugar, incluyendo, sin limitación, reproductores de videocasete, reproductores de disco, decodificadores, receptores de radio y/o televisión, discos duros de ordenador y servidores de datos (dondequiera que se encuentren), consolas de videojuegos, dispositivos RAM (por ejemplo tarjetas "Flash" o "Memory Sticks"), PVRs y equivalentes de PVRs, y/o cualquier dispositivo de este tipo que esté diseñado para ser portátil y destinado al uso personal, como ordenadores portátiles, reproductores portátiles de DVD y/o Blu-ray, asistentes personales digitales ("PDAs"), dispositivos personales de entretenimiento ("PEDs"), PVPs, dispositivos portátiles de visualización personal, dispositivos de telecomunicaciones móviles y otros dispositivos inalámbricos; y (b) den lugar a que las Obras sean reproducibles por parte del consumidor, ya sea directamente en los Dispositivos de Reproducción, o en equipos asociados, incluyendo, sin limitación, ordenadores, PDAs, PEDs, PVPs, terminales inalámbricos y dispositivos multimedia móviles.

12. Explotación bajo demanda. El derecho a explotar las Obras a través de todos y cada uno de los medios bajo demanda (incluyendo, sin limitación, el streaming y la Copia y/o Acceso Temporal cuando la hora de inicio de la exhibición del Programa no esté predeterminada o programada por el servicio de programación, sino que sea a discreción del espectador; incluyendo, sin limitación: (a) el streaming gratuito y/o con publicidad, en el que el usuario puede acceder a las Obras de forma gratuita ya que el servicio está apoyado por los ingresos publicitarios, el patrocinio u otros medios de apoyo no pagados por el usuario; (b) el streaming a la carta por suscripción, en el que el usuario paga una cuota de suscripción para acceder a un servicio en el que puede acceder a varias obras durante el periodo de suscripción. En cada caso a través de todos y cada uno de los Medios de Transmisión (incluyendo, sin limitación, el streaming y la Copia y/o Acceso Temporal) a cualquier tipo de Dispositivo de Reproducción, con el propósito principal del acceso privado por parte de los consumidores.

13. Medios de transmisión. Todos y cada uno de los medios y métodos de entrega de una copia de las Obras, incluyendo, a título enunciativo, todos los medios y métodos de streaming, descarga, emisión, transmisión, retransmisión, exhibición, distribución y otros medios y métodos de explotación, incluyendo, sin limitación, en forma abierta o encriptada, vía terrestre, alambre, cable, ondas de radio, fibra óptica, satélite, líneas telefónicas, DSL, transmisión inalámbrica por aire, redes privadas virtuales, y/o vía el Protocolo TCP/Internet sobre sistemas y redes de Internet abiertos y cerrados o cualquier otro protocolo de transmisión de datos, IPTV (es decir, la tecnología de compresión y entrega utilizada como parte de la infraestructura de back-end para la entrega de televisión por cable a través de Internet cerrada, y no para la entrega a través de la World Wide Web o Internet abierta). El término "Internet", tal y como se utiliza en el presente documento, se refiere al sistema mundial de redes informáticas interconectadas, de acceso público, que utiliza el conjunto de protocolos estándar de Internet, que incluye, sin limitación, los protocolos TCP/IP y UDP/IP.

14. Explotación interactiva. El derecho a explotar contenidos, programas informáticos, bases de datos, tokens no fungibles (NFT) o certificados de propiedad o autenticidad análogos, medios digitales y electrónicos en cualquier lenguaje de programación, hologramas, algoritmos, realidad virtual, realidad aumentada y conjuntos de instrucciones que permitan al usuario seleccionar entre los elementos del programa, individualmente o en combinación, que utilicen, representen o incorporen las Obras, en su totalidad o en parte, y/o cualquiera de los títulos, nombres, temas, sonidos, situaciones y/o historias representados en las Obras; el material gráfico, las marcas comerciales, y los objetos que aparecen o se representan en ellos, y que sea o incluya su uso en el marco de un juego de vídeo interactivo u otro tipo de interacción, incluyendo, sin limitación, el desarrollo de habilidades, el juego de rol, y/o la simulación de fantasía o real, ya sea que se juegue o participe individualmente, o con otra persona, o en una comunidad, red social o metaverso; por ordenador, por medios en línea, a través de una consola, cartucho o dispositivo periférico de ordenador, a través de la telefonía o de un dispositivo móvil, o de una herramienta, dispositivo o producto de juego patentado actualmente conocidos o desarrollados en el futuro, a través de una Copia y/o Acceso Permanente o a través de cualquier Copia y/o Acceso Temporal o a través de cualquier medio de transmisión, independientemente de la plataforma o el protocolo para el que se haya creado, escrito o diseñado (incluyendo, sin limitación, Nintendo DS, Sony PlayStation 4, Sony PlayStation 5, Nintendo Wii U, Nintendo Switch, Microsoft Xbox One, Microsoft Xbox Series X, ordenadores personales, juegos basados en reproductores set-top a través de un decodificador, juegos basados en reproductores set-top que funcionan junto con un DVD, un disco Blu-ray u otro reproductor de vídeo de set-top, televisión interactiva, banda ancha y cable, formatos de juego en línea, de descarga/carga digital; de Internet y las plataformas equivalentes y/o sucesoras). Los Derechos Interactivos incluirán, a título enunciativo, el derecho a explotar las Obras en juegos completos, precuelas, secuelas, spin offs, obras derivadas, paquetes de misiones, paquetes de expansión, bienes virtuales, guías de estrategia y libros de pistas (en forma impresa y/o electrónica), sitios de pistas en Internet y líneas telefónicas de pistas diseñadas para proporcionar a los consumidores pistas, consejos y otra información específicamente relacionada con dicho entretenimiento interactivo.

15. Merchandising. El derecho a explotar cualquier producto y servicio basado en las Obras, como juguetes, ropa, recuerdos, accesorios, figuras, juegos, maquetas, comida y bebida.

ANEXO II
MATERIALES

III.2. INDUSTRIA MUSICAL

F088. CONTRATO DISCOGRÁFICO

En....., a.. de.........

REUNIDOS

De una parte........... con domicilio social en............., que se denominará en adelante LA COMPAÑÍA y representada en este acto por................

Y de otra parte....................... con NIF............ y domicilio en............................. que se denominará en adelante EL ARTISTA.

INTERVIENEN

D.......... en la mencionada representación de la sociedad............., y......................., actuando en su propio nombre y derecho, y siendo en adelante denominados EL ARTISTA.

Dicho ARTISTA es conocido artísticamente como............

Ambas partes, reconociéndose mutuamente capacidad suficiente para la firma del presente contrato, acuerdan llevarlo a cabo, con arreglo a las siguientes

ANTECEDENTES

PRIMERO.– EL ARTISTA forma parte del conjunto musical..............., conjunto musical que tiene a su vez en vigor contrato de exclusividad artística con LA COMPAÑÍA, contrato de fecha............., para la fijación y explotación en exclusiva de las interpretaciones de los miembros de dicho conjunto musical.

SEGUNDO.– Sin perjuicio de que el contrato citado en el antecedente anterior ya vincula con carácter exclusivo, tanto individualmente como formando parte de cualquier grupo, conjunto o colectivo musical, a EL ARTISTA con LA COMPAÑÍA, las partes han decidido regular de forma específica las obligaciones de cada parte en lo relativo a las grabaciones individuales de EL ARTISTA en la forma que sigue.

CLÁUSULAS

I.– OBJETO DEL CONTRATO

a) En virtud del presente contrato de arrendamiento de servicios EL ARTISTA (individualmente o formando parte de cualquier grupo o conjunto) arrienda de forma exclusiva en la duración y términos que se especificarán más adelante, a favor de LA COMPAÑÍA sus servicios como intérprete vocal o instrumental en grabaciones y registros sonoros, destinados a su reproducción o publicación por cuantos procedimientos sonoros existan en la actualidad o puedan existir en el futuro, tales como

Discos Fonográficos, Musicassettes, Compact Disc, DCC (Digital Compact Cassette), Minidisc, Disco Numérico o cualquier otro sistema de reproducción sonora así como cualquier sistema de acoplamiento de imagen al sonido (sistemas audiovisuales) tales como Videoscopios, Videocassettes, Videodiscos, Laser Disc, DVD (Digital Video Disc), CD-I, CD-ROM, CD-Plus y otros procedimientos similares, ya utilicen soportes físicos o electrónicos, destinados a la explotación comercial. Esta relación es meramente enunciativa y no limitativa. Queda incluida dentro de las modalidades de explotación que LA COMPAÑÍA podrá emprender con las grabaciones objeto de este contrato, la explotación on-line en sus diversas formas, tanto mera comunicación pública, como puesta a disposición, distribución, etc., y bajo cualquier sistema actual o futuro que opere en Internet (entre ellos, de forma enunciativa, Downloading y streaming).

b) Para el buen fin de dicho objeto, EL ARTISTA, que se declara libre de cualquier otro compromiso, obligación o gravamen que pudiera impedirle lo aquí pactado, accederá cuando ello fuere preciso a que se proceda a las tomas necesarias tanto de vídeo como de sonido.

c) Todos estos derechos son concedidos a LA COMPAÑÍA tanto para España como para el resto del mundo, bien sea para su explotación de una forma directa, o a través de sus representantes, concesionarios o licenciados.

d) En aquellos supuestos en que EL ARTISTA sea autor o coautor de cualquier música o letra que sea grabada o registrada de cualquier forma en virtud del presente contrato, EL ARTISTA se compromete a editar tales obras musicales por medio de EDICIONES............ u otra que LA COMPAÑÍA designe, en las condiciones normales y acostumbradas en este tipo de contratos y siendo la participación del...% para EL ARTISTA y el...% para dicha editorial. En estos mismos casos, EL ARTISTA autoriza a LA COMPAÑÍA durante todo el plazo de la vigencia del Copyright, para fabricar, distribuir, ceder, vender y modificar todas las grabaciones que se realicen derivadas del presente contrato y lo mismo respecto de los vídeos y filmes que igualmente se lleven a cabo y ello por medio de Discos Fonográficos, Musicassettes, Compact Disc, DCC, Videocassettes, Videodisco, Laser Disc, etc., y en general con cualquier clase de formato actual o futuro. Esa autorización se extiende a la reproducción, comunicación pública y sincronización en cualquier medio de las citadas grabaciones, filmes y vídeos (requiriéndose, no obstante lo anterior, el consentimiento expreso de EL ARTISTA para la modificación de las grabaciones originales que se realicen al amparo del presente contrato, así como para la sincronización de las mismas en medios diferentes de películas cinematográficas). LA COMPAÑÍA, a través de la pertinente sociedad de gestión, satisfará los derechos de autor que a esta corresponda satisfacer según la legalidad vigente.

II.– DURACIÓN DEL CONTRATO

a) El presente contrato entrará en vigor el día de la fecha y tendrá una duración inicial de un año (periodo inicial).

b) EL ARTISTA concede a LA COMPAÑÍA.... opciones consecutivas y separadas, cada una de ellas por una duración de un año (períodos opcionales). Cada opción se entenderá tácitamente ejercitada por LA COMPAÑÍA siempre y cuando el contrato no sea denunciado por la misma, bien durante los.... meses siguientes a la terminación del período inicial o al de cada una de las opciones respecto de las sucesivas.

c) Durante el plazo de.... meses a partir de la finalización del presente contrato, LA COMPAÑÍA gozará del derecho de tanteo, y en su caso del de retracto, respecto de los futuros contratos que EL ARTISTA pretenda celebrar con cualquier tercero. Para el ejercicio por LA COMPAÑÍA de estos derechos, EL ARTISTA le notificará, en forma fehaciente, la persona, el período y las condiciones en que pretende realizar el nuevo contrato.

LA COMPAÑÍA tendrá un derecho de contratación preferente en igualdad de condiciones durante el plazo de....... días contado a partir de la recepción de la notificación fehaciente. Pasado éste sin que LA COMPAÑÍA haya hecho uso de su derecho, EL ARTISTA podrá libremente contratar con dicho tercero.

LA COMPAÑÍA gozará de un derecho de retracto para el supuesto de que el contrato celebrado por EL ARTISTA con dicho tercero se realice con persona distinta, por precio o en condiciones diferentes a las mencionadas fehacientemente. LA COMPAÑÍA ejercitará este derecho durante el plazo de....... días, a contar desde la fecha en que tenga conocimiento de dicha diferencia de persona, precio y/o condiciones.

III.- COMPROMISO DE GRABACIÓN

a) Durante el período inicial, EL ARTISTA se obliga a grabar un mínimo de.... disco de larga duración, entendiendo que dicho disco debe contener, al menos,.... canciones originales e inéditas obra (autoría) de EL ARTISTA.

b) Durante cada uno de los períodos opcionales EL ARTISTA se obliga a grabar por período un mínimo de un disco de larga duración, definido en los términos antes mencionados.

c) En el supuesto caso de que llegado el término del presente contrato no se hubiese cumplido el mínimo de registros acordados por causa no justificada por parte de LA COMPAÑÍA, y dentro de los..... primeros meses, EL ARTISTA podrá a petición escrita fehaciente, solicitar el cumplimiento de los registros pendientes. LA COMPAÑÍA tendrá el plazo de.. mes después de la recepción de esta petición, para decidir si desea o no realizar tal grabación bajo las condiciones aquí descritas. Transcurrido dicho plazo, y si EL ARTISTA no hubiese recibido contestación por parte de LA COMPAÑÍA, o si esta hubiese sido negativa, la obligación de grabación en exclusiva prevista en el presente contrato quedará sin efecto.

d) En los restantes casos, donde las grabaciones sujetas al presente contrato no se hayan cumplimentado, y salvo que LA COMPAÑÍA decida lo contrario, el período de este acuerdo será extendido hasta el día en que todas las grabaciones pendientes se hayan realizado.

Dentro de los.... meses siguientes a la fecha de terminación, LA COMPAÑÍA notificará por escrito a EL ARTISTA si decide o no extender el período de contrato. En caso de prórroga, LA COMPAÑÍA se compromete a cumplir las grabaciones pendientes dentro de un tiempo razonable. En el supuesto de que no se produzcan en dicho plazo las notificaciones mencionadas, el contrato se entenderá tácitamente prorrogado hasta cumplir las grabaciones pendientes.

IV.- OTROS COMPROMISOS DE EL ARTISTA

EL ARTISTA ya sea formando parte de un grupo conjunto, o bien individualmente, se compromete a:

a) Durante la vigencia de este contrato no participar, bien bajo su nombre o bajo seudónimo, en cualquier grabación de registros sonoros y/o visuales, por cuenta de o para cualquier otra entidad o persona distinta a LA COMPAÑÍA, salvo en aquellos casos en que ésta conceda su autorización por escrito. En caso de incumplimiento de esta cláusula EL ARTISTA perderá todos los derechos económicos que este contrato le otorga, sin perjuicio de que LA COMPAÑÍA haga uso de las acciones que la ley señale para el caso.

b) Durante la vigencia de este contrato, no autorizar el uso de su nombre, imagen o cualquier otro medio de identificación con el propósito de distribuir, vender, anunciar o explotar grabaciones que no pertenezcan a LA COMPAÑÍA. EL ARTISTA cede a LA COMPAÑÍA los derechos sobre su imagen para su comercialización en el contexto de este contrato, autorizándole a que ejercite las oportunas acciones legales en caso de utilización indebida de la misma por parte de terceros.

c) No realizar registros para cualquier otra compañía, persona o entidad dedicada a una actividad similar a la de LA COMPAÑÍA de aquellas obras que hubiesen grabado durante la vigencia de este contrato, mientras no hayan transcurrido......... años desde la finalización del presente contrato.

d) Durante la vigencia de este contrato, no participar, ni tener ningún compromiso de una forma directa o indirecta en ninguna actividad que pueda tener conflicto de intereses con la industria del disco o del vídeo ni por consiguiente en publicidad de cintas vírgenes. EL ARTISTA se compromete a cooperar con LA COMPAÑÍA en cuantas acciones ésta entable para combatir y reprimir toda grabación o copia de grabación ilícita de las interpretaciones de EL ARTISTA.

e) Informar inmediatamente a LA COMPAÑÍA sobre sus conciertos, galas y tours. Asimismo, en la medida que sea posible, interpretar los registros sujetos al presente contrato.

f) Proporcionar a LA COMPAÑÍA con carácter previo a cada grabación y con la suficiente antelación los datos de información de etiqueta a fin de posibilitar la inclusión de las oportunas menciones de los títulos, autores etc. en la carátula del disco.

V.- DERECHOS DE LA COMPAÑÍA

a) LA COMPAÑÍA obtiene el derecho exclusivo de propiedad con carácter definitivo sobre los registros sonoros y/o visuales de EL ARTISTA derivados del presente contrato en el mundo entero, y correspondiéndole sobre los mismos la condición de productor de fonogramas y/o grabaciones audiovisuales, con toda la amplitud que a tal condición confiere la vigente Ley de Propiedad Intelectual así como los tratados y disposiciones internacionales aplicables. Corresponde a LA COMPAÑÍA el derecho exclusivo de fijación de interpretaciones de EL ARTISTA, de reproducción, distribución, comunicación al público, puesta a disposición del público, transformación de tales interpretaciones fijadas (requiriéndose no obstante el acuerdo de EL ARTISTA para la realización de remezclas sobre grabaciones preexistentes), con la extensión suficiente para la fabricación, distribución —ya sea mediante copias físicas y/o electrónicas de los registros sonoros y/o visuales objeto del presente contrato— venta, radiación, fragmentación, ejecución pública, cesión, etc., sobre los citados registros, pudiendo, con entera libertad, hacer los acoplamientos que estime convenientes tanto en grabaciones de EL ARTISTA como con las de terceros, hacer compilaciones, etc.

Dentro de los derechos a los que se alude se encuentra la explotación on-line de las grabaciones que se realicen al amparo del presente contrato, entendiendo como explotación on-line la comercialización de las mismas a través de Internet o cualquier otro sistema de transmisión electrónica similar que pueda crearse en el futuro, y a través de cualquiera de los medios existentes en la actualidad o creados en el futuro para dicho tipo de explotación. LA COMPAÑÍA podrá por lo tanto comercializar las grabaciones bajo cualquier sistema (entre otros específicamente aquellos conocidos como streaming y down loading), y, en definitiva, ejercitar cualquier derecho de explotación reconocido y reconocible al productor fonográfico por la legislación española, europea, y por los tratados internacionales vigentes en la materia.

Para la grabación, reproducción, y publicación de los aludidos registros, LA COMPAÑÍA podrá utilizar cualquier medio de grabación o reproducción que exista en la actualidad o en el futuro, bien reproduzca sonido, o imagen y sonido de forma simultánea.

b) LA COMPAÑÍA obtiene el derecho de usar y de permitir a otros usar el nombre de EL ARTISTA (incluido cualquier nombre profesional adoptado), fotografías, imagen, material biográfico etc. con fines de publicidad, promoción, y comercio, siendo lo anterior aplicable a la explotación on-line, pudiendo LA COMPAÑÍA utilizar nombre, fotografías, imagen, material biográfico, etc., del artista, en páginas web controladas por LA COMPAÑÍA, sus afiliadas o licenciatarias, incluso utilizar el nombre de EL ARTISTA para denominar cualquier dominio controlado por LA COMPAÑÍA, todo ello en relación al objeto del presente contrato y siempre que no se menoscabe el derecho moral inherente a su condición de Artista.

EL ARTISTA se obliga a colaborar al máximo con LA COMPAÑÍA para desarrollar sus actividades artísticas ante el público, radio, televisión etc., de acuerdo con los planes promocionales establecidos por LA COMPAÑÍA. En caso de que EL ARTISTA no acudiera a algún acto o entrevista promocional, previamente acordada por LA COMPAÑÍA, sin la debida justificación, que deberá ser comunicada con antelación suficiente, LA COMPAÑÍA podrá dar por incumplido el presente contrato, con aplicación de las consecuencias previstas en el mismo, sin perjuicio del ejercicio de las acciones legales que considere oportunas.

En la realización de cualquier actividad promocional que requiera la presencia física de EL ARTISTA, será necesario el acuerdo de ambas partes, haciéndose cargo LA COMPAÑÍA de los gastos de desplazamiento de LOS ARTISTAS desde su lugar habitual de residencia, manutención y estancia en Hotel, como mínimo de....... estrellas, en régimen de alojamiento y desayuno. Cualquier otro gasto (teléfono, consumiciones, mini-bar etc...) deberá ser pagado por EL ARTISTA, pudiendo ser deducido de sus liquidaciones de royalties. Los desplazamientos en avión serán realizados en categoría preferente.

Ambas partes, de mutuo acuerdo, decidirán la necesidad de usar un estilista en la realización de cualquier actividad promocional y, en caso afirmativo, LA COMPAÑÍA correrá con los gastos del mismo.

c) EL ARTISTA estará a disposición de LA COMPAÑÍA para cumplir con los compromisos por ésta adquiridos con cualquier tercero para la promoción de las grabaciones objeto del presente contrato por un tiempo razonable desde la edición de cada uno de los discos que se editen al amparo del mismo.

d) LA COMPAÑÍA obtiene el derecho de comercializar los registros objeto del presente contrato bajo cualquier nombre, marca o sello que LA COMPAÑÍA o sus subsidiarios, afiliados o licenciados puedan elegir.

e) LA COMPAÑÍA y EL ARTISTA decidirán de mutuo acuerdo las siguientes cuestiones:

– Fijación de la fecha y el lugar en el que se realizará cada grabación fonográfica.

– Elección de los productores musicales-realizadores de cada grabación.

– Elección de las composiciones que serán fijadas.

– Elección de las fotografías o diseños que se utilicen en las cubiertas de los discos que se graben al amparo del presente contrato.

Sin embargo, será decisión exclusiva de LA COMPAÑÍA la obtención de la calidad técnica, artística y comercial de cada grabación.

Todo ello dentro de los presupuestos que LA COMPAÑÍA, según su criterio y a su única elección, decida.

f) La calidad de las grabaciones realizadas deberá ser objetivamente acorde con los medios materiales y económicos puestos por LA COMPAÑÍA al alcance de EL ARTISTA. En el caso de que LA COMPAÑÍA así lo decida, EL ARTISTA realizará nuevas tomas de sonido y/o vídeo hasta lograr un resultado plenamente satisfactorio para ambas partes.

g) En caso de que después de haber sido fijada una fecha para la grabación, EL ARTISTA no acudiera sin motivo justificado, en la fecha y hora previstas, LA COMPAÑÍA descontará a EL ARTISTA la cantidad necesaria para satisfacer los perjuicios ocasionados, tales como alquiler de estudio, músicos, etc., salvo que EL ARTISTA realice el pertinente aviso con al menos....... días de antelación.

h) LA COMPAÑÍA queda facultada para tomar las iniciativas pertinentes a la fabricación y venta de cualquier forma de registros interpretados por EL ARTISTA, sin limitación alguna y para todos los países del mundo. Igualmente es competencia de LA COMPAÑÍA todo cuanto se relaciona con la producción, establecimiento de precios y forma de distribución.

VI.– DERECHOS DE EL ARTISTA: ROYALTIES

a) Por su prestación artística EL ARTISTA percibirá en concepto de remuneración un canon o Royalty, calculado sobre la base especificada en el punto d), consistente en:

– Un....% (.......), desde la primera copia vendida hasta la......

– Un....% (.......), desde la copia...... vendida hasta la......

– Un....% (.......), desde la copia........ vendida en adelante.

El anterior royalty se reducirá en un.....% en el supuesto de ventas realizadas sobre formatos digitales de tecnología conocida en el momento de la firma de este contrato pero no utilizada aún para la distribución de fonogramas y/o videogramas, o cuya tecnología sea en la fecha presente aún desconocida.

b) Este porcentaje se reducirá un........% en los siguientes casos:

1. Ventas realizadas a través de clubes de discos.

2. Ventas de soportes anunciados en campañas de TV, si la campaña de TV correspondiente se llevase a cabo transcurridos...... meses desde la edición de tales soportes y para la venta que se produzca desde........ días hábiles antes del inicio de la campaña hasta pasados........ meses de la finalización de dicha campaña.

No obstante lo anterior, si alguno de los títulos es editado en soportes acoplado con otros de otros artistas, sí estará afectado por la reducción especificada dentro de los doce meses posteriores a la edición de tales soportes.

3. Ventas de soportes incluidos en categorías de precio inferiores en un....% al precio ordinario.

4. Ventas realizadas sobre soportes conocidos como single o maxi-single, cualquiera que sea su soporte físico.

5. Ventas de productos audiovisuales, Videodisco, Videocassette, Videoscopio, Laser Disc, etc (excluyendo el DVD Video).

6. Ventas on line o a través de cualquier sistema de comercio electrónico.

7. Ventas de grabaciones co-interpretadas con otros artistas, en el caso de que la colaboración del artista del que se trate devengue el pago de un royalty.

c) Sobre los soportes vendidos a precio de saldo no se satisfará ningún tipo de Royalty. Se entiende por precios de saldo aquellos que sean inferiores o iguales una vez deducidos los impuestos a los costes incrementados en un........%.

d) La base para el cálculo de Royalty será el precio de lista publicado por LA COMPAÑÍA a sus distribuidores deduciéndose todo tipo de impuestos y el....% en concepto de fundas, excepto para los soportes conocidos como Compact-Disc y DCC (Digital Compact Cassette), que tendrán una deducción en concepto de fundas del......%.

No obstante lo previsto en el párrafo anterior, la base para el cálculo del Royalty para ventas de las grabaciones objeto del presente contrato mediante archivos electrónicos a través de cualquier sistema de comercio electrónico, en cualquiera de las modalidades hoy conocidas o que se desarrollen el en futuro, y a través de cualquier medio o sistema de venta conocido o por conocer (Internet, telefonía móvil, etc.) será el....% de los ingresos obtenidos por LA COMPAÑÍA por tales ventas.

e) El número de unidades liquidable será el.....% de las vendidas y cobradas; no se computarán como unidades vendidas aquellas dadas a título gratuito como ejemplares de Promoción, primas de venta, y en general todas aquellas salidas sin cargo del almacén a LA COMPAÑÍA.

f) Si LA COMPAÑÍA editase registros compartiendo tal edición con registros de otro u otros artistas, el importe a percibir por EL ARTISTA será la parte proporcional de su participación en cada edición.

g) De los soportes vendidos fuera de España le corresponderá a EL ARTISTA..... de los ingresos netos obtenidos por LA COMPAÑÍA sobre los mismos.

h) EL ARTISTA, en aquellos casos en los que sea autor o titular de cualesquiera derechos de autor correspondientes a las obras musicales realizadas al amparo del presente contrato, autorizan a LA COMPAÑÍA, con facultades de cesión a terceros, para reproducir tales obras en los territorios de.......... y........., a un canon equivalente al......% de la tarifa oficial ("Statutory rate") vigente en cada momento, sin que resulte pagadero canon alguno por las obras contenidas en exceso de....... en cada disco de larga duración.

i) Cualquier ingreso obtenido por LA COMPAÑÍA por la comercialización de material producido al amparo del presente contrato cuya remuneración no esté prevista expresamente en el clausulado del mismo, y específicamente distinto de la venta de música (entendida como tal tanto la distribución de copias físicas en cualquier formato presente o futuro, como la transmisión electrónica de las mismas en cualquier medio o sistema) y previo cálculo de la cantidad neta de tal ingreso, se repartirá correspondiendo a LA COMPAÑÍA el....%, y el...% restante a EL ARTISTA. Entrarán en este concepto, a modo enunciativo, la comercialización de tonos producidos a partir de grabaciones realizadas al amparo del presente, dedicatorias, imágenes, ingresos por licencias para sincronización, etc.

VII.- DERECHOS DE EL ARTISTA: LIQUIDACIONES

a) LA COMPAÑÍA liquidará a EL ARTISTA el importe de los Royalties devengados por semestres naturales y dentro de los..... días siguientes al final de cada semestre.

b) LA COMPAÑÍA pagará tal cantidad una vez deducidos los impuestos vigentes, así como cualquier tipo de deuda que EL ARTISTA pueda tener con LA COMPAÑÍA.

c) Sobre los registros vendidos en el extranjero, LA COMPAÑÍA abonará los Royalties en moneda nacional una vez deducidos los impuestos, siendo el cambio aplicable el del día en que LA COMPAÑÍA percibiese el pago proveniente del extranjero.

d) En el supuesto de producirse cargo en las liquidaciones de Royalties en concepto de devoluciones o reservas por utilizarse el sistema de ventas con derecho a devolución o depósito, EL ARTISTA acepta que se efectúe en sus liquidaciones la correspondiente deducción por este concepto.

e) Independientemente de la duración de este contrato, EL ARTISTA continuará percibiendo el Royalty que les corresponda por las obras grabadas con LA COMPAÑÍA.

LA COMPAÑÍA podrá continuar vendiendo las grabaciones hechas por EL ARTISTA, tanto en España como en el extranjero, aún después de la terminación de este contrato.

f) EL ARTISTA podrá realizar las comprobaciones que estime pertinentes en las cuentas de LA COMPAÑÍA que se refieran a los registros realizados en virtud de lo previsto en el presente contrato, para verificar la exactitud de las liquidaciones semestrales, una vez al año y previo aviso a LA COMPAÑÍA con un mes de antelación.

VIII. OTROS

a) LA COMPAÑÍA tendrá derecho, si lo desea, a contratar a su favor una póliza de seguro de vida o incapacidad de EL ARTISTA, los cuales se comprometen a firmar cuanta documentación sea necesaria para este fin, así como a pasar el correspondiente examen médico. Los gastos ocasionados por el citado seguro serán por cuenta de LA COMPAÑÍA.

b) EL ARTISTA no podrá ceder ninguno de sus derechos y obligaciones sujetos al presente contrato a terceros, sin previo consentimiento escrito por parte de LA COMPAÑÍA.

c) Si EL ARTISTA, debido a enfermedad, accidente o causa mayor, no pudiera cumplir con las obligaciones previstas en este contrato, éste podrá ser prorrogado por LA COMPAÑÍA durante un tiempo equivalente a dicho período inhábil, o bien pura y simplemente rescindirlo sin perjuicio de los derechos ya adquiridos por LA COMPAÑÍA.

d) Si durante el tiempo del presente contrato, EL ARTISTA decidiesen cambiar material o sustancialmente su forma o medio de actuar, por el cual están reconocidos, o bien poner fin a su carrera artística, LA COMPAÑÍA tendrá el derecho de cancelar el presente contrato inmediatamente, sin perjuicio de ejercitar las acciones legales que pudieran corresponderle para el resarcimiento de los daños o perjuicios ocasionados.

e) A la expiración del presente contrato, aquellos derechos aquí concedidos por EL ARTISTA y que resulten necesarios para la explotación de las grabaciones de EL ARTISTA continuarán siendo detentados por LA COMPAÑÍA.

f) Cualquier modificación en la forma jurídica de LA COMPAÑÍA o transformación o fusión de LA COMPAÑÍA con otras personas jurídicas, no será obstáculo para la validez y continuidad de este contrato durante todo el período que queda establecido.

LA COMPAÑÍA se reserva, además, la facultad de hacerse sustituir durante la vigencia del presente contrato, por cualquier otra persona natural o jurídica, bien sea para todos los territorios o bien para parte de ellos, quedando en vigor, no obstante, todos y cada uno de las obligaciones y derechos aquí establecidos.

g) Con el fin de evitar cualquier duda, EL ARTISTA confirma que LA COMPAÑÍA tendrá, y aquí lo garantizan, la exclusividad sobre los derechos audiovisuales derivados del presente contrato. A los efectos del mismo, la expresión "derechos audiovisuales" se refiere al derecho de explotar todos los recursos audiovisuales en su más amplio significado.

A estos efectos queda claro que la intervención de EL ARTISTA (a título individual o formando parte de un grupo) en películas cinematográficas o de cualquier clase donde esté prevista su actuación musical como cantantes o instrumentistas, necesitará previamente la autorización de LA COMPAÑÍA, sin perjuicio de la opción de la misma a la exclusiva discográfica de la banda sonora y a la exclusiva videográfico-musical de la película en cuestión que fuese posible.

h) En caso de que se contrate un productor, será por cuenta de LA COMPAÑÍA y a su cargo el pago al mismo del correspondiente Royalty.

Si por mutuo acuerdo entre LA COMPAÑÍA y EL ARTISTA se decidiese la contratación por LA COMPAÑÍA de un productor determinado cuyo Royalty fuese superior al...% sobre los mismos supuestos establecidos en el punto VI precedente, el exceso sobre el citado...% será pagado al.....% por LA COMPAÑÍA, y EL ARTISTA.

X.- JURISDICCIÓN

Para cualquier litigio que pueda surgir de la interpretación del presente acuerdo o de su ejecución, se entienden competentes los Tribunales de......; no obstante, en caso de que los presuntos incumplimientos se hayan producido en otros países, ambas partes se reservan el derecho de entablar las acciones legales oportunas en los países respectivos sin perjuicio de que la acción principal pueda entablarse en...........

CLÁUSULA ADICIONAL.- PARTICIPACIÓN DE LA COMPAÑÍA EN INGRESOS

a) Como compensación por las actividades desarrolladas por LA COMPAÑÍA al amparo del presente contrato, impulsoras del resto de actividad artística de EL ARTISTA, a partir de la edición del disco correspondiente al período inicial y hasta transcurridos.... meses desde la finalización por cualquier causa del presente contrato, LA COMPAÑÍA percibirá el porcentaje indicado a continuación sobre cualquier ingreso que EL ARTISTA genere en relación con su actividad artística en España y aquellos países en los que se editen los discos objeto del presente contrato (a excepción de derechos de autor y royalties por venta de fonogramas):

   - Por los ingresos brutos derivados de las actuaciones en vivo (tanto en directo como en play-back total o parcial) de EL ARTISTA, EL ARTISTA satisfará a LA COMPAÑÍA un porcentaje del....% sobre la base especificada en el punto b).
   - Por los ingresos brutos derivados de la cesión de EL ARTISTA de sus derechos de imagen y/o nombre personal o artístico para cualquier fin, incluida la participación en campañas de publicidad, así como derivados de actividades de esponsorización (sponsorship), EL ARTISTA satisfará a LA COMPAÑÍA un porcentaje del.....% (diez por ciento) sobre la base especificada en el punto b).
   - Cualquier otro ingreso percibido por EL ARTISTA derivado de su actividad artística devengará un derecho económico similar a favor de LA COMPAÑÍA, el cual será negociado por las partes de buena fe.

b) Los anteriores porcentajes se aplicarán sobre la siguiente base:

   - Con carácter general, sobre los ingresos brutos totales generados por la actividad en cuestión a favor de EL ARTISTA, sus representantes, mediadores, agentes, subcontratados o derechohabientes (esto es, en el caso de una actuación en directo, el caché por todos los conceptos de EL ARTISTA en el caso de ser contratado por un tercero —completamente ajeno al artista—; en el caso de la cesión de derechos de imagen, el pago total devengado por dicha cesión; etc.).
   - En aquellos casos en los que sea directamente EL ARTISTA quien organice y promueva la actuación asumiendo el riesgo de la misma (actividad comúnmente conocida como "empresa" o conciertos "a taquilla"), sobre los ingresos brutos generados por la actuación deducido un.....% por los gastos asumidos por EL ARTISTA en el concierto en cuestión (publicidad, Sociedad General de Autores, alquiler del local).

c) Las cantidades resultantes de realizar los anteriores cálculos serán liquidadas por EL ARTISTA en períodos semestrales, debiendo presentar una liquidación pormenorizada a LA COMPAÑÍA dentro de los..... días siguientes al final de cada semestre natural.

d) EL ARTISTA autoriza expresamente a LA COMPAÑÍA a compensar las cantidades que a su favor se devenguen en aplicación de los apartados a) y b) anteriores con aquellas cantidades que ésta deba satisfacer a EL ARTISTA en virtud de éste o cualquier otro acuerdo. Las cantidades que se devenguen por los conceptos previstos en esta cláusula son independientes de las que se generen por la explotación de los Discos (royalties). De tal forma, no servirán para amortizar o aminorar cantidades entregadas por LA COMPAÑÍA, en su caso, como anticipo de royalties.

Y para que conste, firman el presente contrato, por triplicado y a un sólo efecto, en prueba de conformidad, ambas partes contratantes, en el lugar y fecha arriba indicados.

F089. CONTRATO DE LICENCIA SOBRE GRABACIONES FONOGRÁFICAS (I)

En..........., a.. de....... de..........

REUNIDOS

De una parte: D............, en nombre y representación de............, con domicilio en.........., a quién en lo sucesivo se le denominará EL LICENCIATARIO.

Y de otra: D....................., a quienes en lo sucesivo se denominará EL TITULAR.

Ambas partes, reconociéndose mutuamente capacidad suficiente para obligarse a través del presente contrato

EXPONEN

PRIMERO.– Que es voluntad de EL TITULAR licenciar a EL LICENCIATARIO, en los términos establecidos a continuación, los derechos de explotación sobre las grabaciones fonográficas y audiovisuales detalladas en documento anexo.

SEGUNDO.– EL TITULAR declara y garantiza que ostenta todos los derechos necesarios para obligarse en los términos del presente contrato, así como la capacidad de cederlos, en relación con las grabaciones fonográficas y audiovisuales detalladas en documento anexo.

TERCERO.– EL LICENCIATARIO declara poseer la infraestructura necesaria para asumir los derechos y obligaciones que contrae en este acto.

CUARTO.– Las partes convienen en definir los términos claves del presente contrato a los efectos de su uniforme interpretación, del modo siguiente

DEFINICIONES

a) "Masters" son las grabaciones originales o los duplicados de las grabaciones originales de las interpretaciones enumeradas en el anexo I al presente contrato, o en aquellos anexos sucesivos que, en su caso, las partes suscriban, en la forma de cintas estereofónicas en un sistema de grabación analógica o digital.

b) "Disco" o "Discos" se denominará a los acoples de fonogramas que se produzcan como resultado de la reproducción de los Masters en los diferentes tipos de soportes de sonido (cassettes, CD, DAT o cualquier otro) o audiovisuales (VHS, DVD etc.).

c) "Término de Vigencia" comenzará con la firma del presente contrato y se extenderá hasta transcurridos diez años desde la edición del Disco. Dicho período se prorrogará de forma automática por períodos idénticos salvo manifestación en contra de cualquiera de las partes, la cual deberá comunicarlo a la otra con una antelación mínima de....... meses a la finalización del período inicial o de cualquiera de sus prórroga.

d) "El Territorio" estará conformado por el territorio de EL MUNDO.

e) "Royalties" se denominará a la remuneración que deberá pagar EL LICENCIATARIO a EL TITULAR como contraprestación por la explotación que de los Discos realice. Esta remuneración incluirá todos los derechos de cualquier índole que EL TITULAR ostenta en relación con las grabaciones objeto de contrato y que en este acto transmite a EL LICENCIATARIO con el alcance establecido más adelante, incluido cualquier derecho que ostentase sobre los diseños de cubiertas que en su caso hubieran diseñado para la comercialización de los Masters y para cuyo uso facultare a EL LICENCIATARIO. El único derecho no incluido en los royalties es el derecho de autor sobre las obras contenidas en los Masters, que deberá ser pagado directamente por EL LICENCIATARIO a la correspondiente entidad de gestión de derechos de autor que corresponda.

f) "Cubiertas" se denominará al trabajo artístico desarrollado en el diseño de las portadas, portadillas o carátulas de los Discos y cuyos derechos de explotación ostenta EL TITULAR. EL TITULAR suministrará a EL LICENCIATARIO los materiales necesarios en la etapa de arte final para que este reproduzca las Cubiertas. EL TITULAR autoriza a EL LICENCIATARIO a diseñar sus propias Cubiertas en caso de no satisfacerle las proporcionadas por EL TITULAR. En el primer caso, cualquier derecho sobre los diseños de cubierta se considerará remunerado con el pago de los royalties estipulados en este contrato.

Hechas las declaraciones y definiciones anteriores, las partes convienen en obligarse según los términos y condiciones siguientes:

PRIMERA.– DERECHOS OBJETO DE LICENCIA

EL TITULAR licencia y garantiza a EL LICENCIATARIO, durante el Término de Vigencia del presente contrato y para el Territorio, los derechos exclusivos de explotación correspondientes al productor fonográfico y audiovisual sobre los Masters, a modo enunciativo y no limitativo, el derecho exclusivo a reproducir, distribuir, comunicar al público, poner a disposición del público, transformar y, en definitiva, producir, vender y publicitar los Discos objeto del presente contrato bien sea para su ejercicio de una forma directa, bien a través de sus representantes, concesionarios o licenciados, a través de los canales tradicionales de venta, incluidos en éstos canales los clubes de discos (venta a club) y la explotación electrónica (venta a través de Internet, venta a terminales de telefonía móvil, etc.), y ello en cualquier soporte o formato, físico o electrónico, conocido a la fecha de firma del presente contrato o que se desarrolle en el futuro, y siguiendo sus propios criterios comerciales.

Asimismo, formarán parte de la presente licencia, teniendo la consideración de Masters a los efectos del presente contrato desde el momento de su producción, cualquier grabación realizada sobre interpretaciones musicales de los artistas intérpretes principales de los Masters relacionadas con el lanzamiento o la explotación del Disco, tales como duetos con terceros artistas, edición especial Gira, etc.

EL TITULAR garantiza la absoluta exclusividad para la explotación por parte de EL LICENCIATARIO de los derechos anteriormente descritos en "el Territorio".

Asimismo, EL TITULAR licencia en exclusiva a EL LICENCIATARIO los derechos necesarios para publicitar y promocionar en el caso de considerarlo necesario los Discos, así como para comercializar materiales relacionados con los mismos, fundamentalmente los derechos de propiedad industrial sobre las marcas y signos distintivos contenidos en las Cubiertas o que sirvan para identificar a los artistas intérpretes de los mismos, el nombre de éstos, su imagen y datos biográficos, todo ello para su uso en exclusiva por EL LICENCIATARIO y para su destino a la promoción y publicidad de los Discos, así como a la comercialización de otras grabaciones tales como melodías monofónicas y polifónicas basadas en los Discos, imágenes, dedicatorias, etc. destinadas a terminales de telefonía móvil u otros productos que pueda EL LICENCIATARIO comercializar a partir del material relacionado con los Discos (portada, imágenes promocionales, etc.), incluyendo la comercialización de elementos de merchandising.

EL TITULAR autoriza en exclusiva asimismo a EL LICENCIATARIO a acoplar total o parcialmente las grabaciones incorporadas a los Discos en discos del mismo artista (en cuyo caso el diseño gráfico será responsabilidad y decisión de EL LICENCIATARIO aunque partiendo en el caso de las imágenes de material entregado por EL TITULAR previamente) o en discos compartidos con otros intérpretes editados por EL LICENCIATARIO o cualquier tercero (recopilatorios), así como la posibilidad de autorizar la sincronización de dichas grabaciones en cualquier medio. En el caso de las cesiones a terceros para su inclusión en álbumes recopilatorios que superen la vigencia de este contrato, no deberán realizarse por plazo superior a....... años desde finalizado el mismo.

SEGUNDA.– ENTREGA DE PARTES DE PRODUCCIÓN Y PLAZO DE EDICIÓN

EL TITULAR entregará a EL LICENCIATARIO las partes de producción del disco en un plazo no superior a los..... días a partir de la firma del presente. Dichas partes de producción deberán consistir en:

– El Máster de las grabaciones de audio en formato Multipistas, ProTools o cualquier otro previamente aceptado por escrito por EL LICENCIATARIO.

– El Máster de las grabaciones audiovisuales en formato Betacam o cualquier otro previamente aceptado por escrito por EL LICENCIATARIO.

– El diseño gráfico del disco, incluyendo portada, contraportada, páginas y libreto interiores y cualquier otro elemento gráfico que vaya a ser utilizado en la comercialización y/o la promoción del Disco.

– Las imágenes y datos biográficos que vayan a ser utilizados en la promoción del Disco.

– La información de etiqueta (label copy) del Máster completa.

A partir de la recepción completa y satisfactoria de lo anterior, EL LICENCIATARIO tendrá un plazo de..... días para editar el Disco en España, transcurridos los cuales los derechos sobre el Disco en cuestión revertirán a EL TITULAR salvo que las partes decidan lo contrario o el retraso no sea imputable a EL LICENCIATARIO, y ello sin perjuicio del resto de derechos de EL LICENCIATARIO derivados del presente contrato. EL LICENCIATARIO se compromete a fabricar en España las reproducciones del Disco que realice en el caso de que así lo indique EL TITULAR.

TERCERA.– MUESTRAS

EL LICENCIATARIO entregará a EL TITULAR........ copias de cada formato del Disco que se edite en ejecución de este contrato. Cualquier petición por encima de tal cifra será atendida al precio de lista publicado por EL LICENCIATARIO a sus clientes para el Disco, aplicando un descuento del.....%.

CUARTA.– CRÉDITOS

Los discos deberán ostentar en un lugar visible, tanto en el fonograma como en cubierta, la leyenda que EL TITULAR indique en función, en su caso, de cada cedente, siempre bajo un formato similar al siguiente:

"Producido bajo licencia de................"

QUINTA.– DERECHOS ECONÓMICOS DEL TITULAR

a) El Royalty a percibir por EL TITULAR en contraprestación por la totalidad de derechos licenciados en virtud del presente contrato un porcentaje del....% calculado sobre la base establecida en el apartado c) de esta cláusula:

Dicho royalty se reducirá en un....% para aquellas ventas que se realicen en formatos desconocidos en el momento de firmarse el presente documento o que siendo desconocidos no hayan sido utilizados hasta dicha fecha para la venta de fonogramas o videogramas.

b) Este porcentaje se reducirá en los siguientes porcentajes y en los siguientes casos:

1......% en el caso de ventas realizadas a clubes de discos y ventas en formato sencillo (single).

2.......% en el caso de ventas en series media o budget, entendiendo como tales aquellas incluidas en categorías de precio inferiores en un.....% al precio completo o full price utilizado por EL LICENCIATARIO en sus ventas en cada momento.

3.......% en el caso de licencias a terceros para la inclusión de cualquier Máster en recopilatorios, o en el caso de inclusión en recopilatorios propios.

c) La base para el cálculo de los Royalties será el precio de lista publicado por EL LICENCIATARIO a sus distribuidores (PPD) aplicado a la venta en concreto, deducidos todo tipo de impuestos, así como una deducción en concepto de fundas o packaging del.....% para soportes físicos digitales (a modo enunciativo, CD, DVD), y del..... para soportes físicos analógicos (a modo enunciativo, MC, VHS).

Lo establecido en el párrafo anterior no será aplicable para las ventas derivadas de la explotación electrónica antes definida. En tales casos, la base para el cálculo del Royalty será el.....% de los ingresos obtenidos por EL LICENCIATARIO por tales ventas aplicables a las grabaciones contenidas en los Discos.

d) El número de unidades liquidable será el....% de las vendidas, cobradas y no devueltas (salvo lo establecido en el párrafo anterior para explotación electrónica); no se computarán como unidades vendidas aquellas dadas a título gratuito como ejemplares de Promoción, primas de venta, y en general todas aquellas salidas sin cargo del almacén a EL LICENCIATARIO, las cuales se entregarán en cantidades razonables y dentro de los usos normales de la industria discográfica.

e) Si EL LICENCIATARIO editase grabaciones contenidas en el Máster con grabaciones no contenidas en el mismo (recopilatorios o similares), el importe a percibir por EL TITULAR será la parte proporcional de la participación de las grabaciones contenidas en el Máster en cada edición.

f) Para los Discos vendidos fuera del territorio de España, el porcentaje a aplicar será el.....% del Royalty establecido para España, con las mismas deducciones que en España, siendo la base para el cálculo del Royalty el PPD publicado por cada una de las compañías afiliadas o licenciatarias a sus distribuidores en los respectivos países, deducidos los impuestos que legalmente sean aplicables para este tipo de operaciones.

g) Los ingresos netos que EL LICENCIATARIO perciba por la cesión a terceros de los Masters para su sincronización, o cualquier ingreso no contemplado específicamente en el presente contrato (por ejemplo ingresos por explotación de tonos, imágenes o similares a través de terminales de telefonía móvil) serán repartidos entre las partes correspondiendo un.....% a cada una.

SEXTA.- LIQUIDACIONES DE ROYALTIES

a) EL LICENCIATARIO liquidará a EL TITULAR el importe de los Royalties devengados por semestres naturales y dentro de los..... días siguientes al final de cada semestre.

b) EL LICENCIATARIO pagará tal cantidad una vez deducidos los impuestos vigentes, así como cualquier tipo de deuda que EL TITULAR pueda tener con EL LICENCIATARIO.

c) Sobre los Discos vendidos en el extranjero, EL LICENCIATARIO abonará los Royalties en moneda nacional una vez deducidos los impuestos, siendo el cambio aplicable el del día en que EL LICENCIATARIO percibiese el pago proveniente del extranjero.

d) EL TITULAR autoriza a EL LICENCIATARIO a retener en cada liquidación de royalties una cantidad en previsión de futuras devoluciones, cantidad que no podrá ser superior al.....% del total liquidado, y que deberá ser regularizado a partir de la siguiente liquidación.

e) EL TITULAR podrá realizar las comprobaciones que estimen pertinentes en las cuentas de EL LICENCIATARIO que se refieran a los registros realizados en virtud de lo previsto en el presente contrato, para verificar la exactitud de las liquidaciones semestrales, una vez al año y previo aviso a EL LICENCIATARIO con un mes de antelación.

f) Cualquier modificación en la forma jurídica de EL LICENCIATARIO o transformación o fusión de EL LICENCIATARIO con otras personas jurídicas, no será obstáculo para la validez y continuidad de este contrato durante todo el período que queda establecido.

EL LICENCIATARIO se reserva, además, la facultad de hacerse sustituir durante la vigencia del presente contrato, por cualquier otra persona natural o jurídica, bien sea para todos los territorios o bien para parte de ellos, quedando en vigor, no obstante, todas y cada una de las obligaciones y derechos aquí establecidos.

SÉPTIMA.– FINALIZACIÓN DEL CONTRATO Y PERÍODO DE "SELL OF"

Una vez concluido el término de vigencia de los derechos de explotación aquí otorgados, EL LICENCIATARIO está obligado a cesar la producción de los Discos.

No obstante lo anterior, una vez concluido el término de vigencia del ejercicio de los derechos exclusivos de explotación, EL LICENCIATARIO contará con el derecho no exclusivo a vender y distribuir en EL TERRITORIO, durante un periodo de........ meses contados a partir de dicho vencimiento, el stock de Discos producidos con anterioridad y aún no vendidos. La cuantía y forma de los pagos durante el periodo de sell-off serán idénticas a las establecidas para la vigencia de los derechos exclusivos.

Durante el periodo de sell-off EL LICENCIATARIO podrá convenir con EL TITULAR un ajuste del precio que se utiliza como base para el cálculo de los royalties.

Una vez concluido el periodo de sell-off, EL TITULAR decidirá si prefiere la destrucción de los Discos que aún quedarán en stock o una negociación del destino de los mismos con EL LICENCIATARIO.

OCTAVA.– OPCIONES

EL TITULAR concede a EL LICENCIATARIO tres opciones consecutivas y separadas, cada una de ellas para la edición de los tres próximos discos que realicen los artistas intérpretes principales del Máster (detallados en documento anexo). Cada opción se entenderá tácitamente ejercitada por EL LICENCIATARIO siempre y cuando éste no manifieste lo contrario dentro de los..... días laborables siguientes a la recepción de cada una de las grabaciones, las cuales serán enviadas por EL TITULAR, como máximo, dentro de los...... días siguientes a la fecha de finalización de la grabación, siendo obligación esencial de EL TITULAR que tal finalización de la grabación no se produzca más tarde de..... meses desde la edición por EL LICENCIATARIO del Disco anterior.

EL TITULAR concede una opción para un..... disco que realicen el/los artista/s anteriormente descritos si, con anterioridad a la finalización del contrato, se hubieran fabricado en España de la totalidad de los discos editados hasta aquella fecha......... unidades o más, o facturado por todos los conceptos relacionados con el presente contrato......... € o más. Dicha tercera opción se realizará y estará sometida a las mismas condiciones establecidas para las...... primeras opciones a las que se hace referencia en el presente contrato.

En todos los casos anteriores, los nuevos discos tendrán a todos los efectos la consideración de Discos según en este contrato se definen, y las grabaciones originales o duplicados de la misma tendrán la consideración de Máster. La relación de grabaciones que lo/s compongan se adjuntará como anexo al presente contrato, sin que la falta de dicho anexo pueda suponer una falta de derecho por parte de EL LICENCIATARIO.

El Término de Vigencia para cada uno de los Discos sobre los que se ejercite la opción comenzará a contar a partir de la edición del mismo.

En tanto en cuanto permanezcan pendientes a favor de EL LICENCIATARIO cualquiera de las anteriores opciones, y hasta transcurridos..... meses desde el ejercicio de la última, la exclusividad que EL TITULAR posee y garantiza sobre las fijaciones sonoras y audiovisuales de las interpretaciones musicales del artista intérprete principal de los Discos y sobre la explotación de las mismas será aplicable también a EL LICENCIATARIO, de forma que toda interpretación musical que dicho artista grabe durante tal plazo será incluida dentro de los Discos del presente contrato y por lo tanto licenciado a EL LICENCIATARIO en los términos aquí establecidos.

En virtud de lo anterior, EL TITULAR garantiza a EL LICENCIATARIO que el contrato que le une con los mencionados artistas-intérpretes tiene una vigencia al menos suficiente para la grabación y explotación de los.... discos cuya opción aquí se concede, no pudiendo por lo tanto dichos artistas grabar para tercera compañía sin permiso de EL TITULAR, ni suscribir nuevo contrato de exclusividad artística, al menos hasta haber ofrecido todas las opciones a EL LICENCIATARIO y esperado la respuesta en los plazos previstos.

Los artistas-intérpretes mencionados firman el presente documento en señal de conformidad con el contenido del mismo, y de compromiso con EL LICENCIATARIO de grabación y opción de los... discos aquí pactados. Adicionalmente, se manifiestan de acuerdo en que en el caso resolución o rescisión anticipada por cualquier causa del contrato que les une con EL TITULAR (independientemente de quién promueva tal resolución) ofrecerán a EL LICENCIATARIO la contratación preferente en las condiciones previamente suscritas con EL TITULAR.

NOVENA.- MARKETING Y PROMOCIÓN

En aquellas acciones que EL LICENCIATARIO emprenda para promocionar las grabaciones objeto de licencia, EL TITULAR se compromete a colaborar al máximo con EL LICENCIATARIO en el desarrollo de dichas acciones, incluyendo la participación activa de los artistas intérpretes principales de los Masters.

EL TITULAR declara tener suscrito con dichos artistas intérpretes principales documentos privados por los que dichos artistas se obligan personalmente a responder del cumplimiento del presente documento, así como a permitir el uso de su nombre e imagen, material biográfico, etc, colaborar en la promoción del producto en términos tan extensos como sea necesario, no participar en grabaciones para otras personas distintas de EL TITULAR o sociedades a ésta última vinculadas, ni permitir la utilización de su nombre por terceros para grabaciones ajenas a las realizadas por tales sociedades, etc.

DÉCIMA.- RELACIONES CON TERCEROS

EL TITULAR garantiza a EL LICENCIATARIO la obligación de todas las personas físicas y/o jurídicas que hayan intervenido en los Discos (artistas, productores musicales y ejecutivos, músicos y cualquier otro colaborador) de dirigirse a EL TITULAR, y no a EL LICENCIATARIO, para reclamar cualquier cantidad en concepto de Royalties, cánones, fijos o cualquier otro concepto por la explotación del Máster, cantidades que serán satisfechas en su integridad, así como los de productores y cualquier otro colaborador, por EL TITULAR y únicamente reclamables a éste. EL TITULAR exonera expresamente a EL LICENCIATARIO de tales eventuales conflictos y reclamaciones, comprometiéndose a reembolsar a éste cualquier cantidad que debiera desembolsar como consecuencia de acciones derivadas de lo anterior en las que participara, incluyendo dentro de los costes que EL TITULAR asumiría en dicho supuesto el de la defensa legal que se decidiera contratar siguiendo un criterio de mayor eficacia.

A los efectos anteriores, EL TITULAR declara tener suscrito con el/los autores, artista/s, interpretes, músicos, productores, y cualquier otra persona participante en la grabación del Máster, documentos privados que permiten la pacífica explotación del Máster por EL LICENCIATARIO. De tal forma, EL TITULAR se hace responsable de la legítima, plena y pacífica explotación del Máster por parte de EL LICENCIATARIO, exonerándole de cualquier responsabilidad en la normal explotación del mismo y haciéndose cargo de cualquier reclamación de terceros motivada en el ejercicio por EL LICENCIATARIO de los derechos objeto de licencia, incluyendo dentro de los costes que EL TITULAR asumiría en dicho supuesto el de la defensa legal que se decidiera contratar siguiendo un criterio de mayor eficacia.

En cualquier momento podrá EL LICENCIATARIO solicitar, y EL TITULAR deberá mostrar, todos los documentos suscritos con las diferentes personas participantes en la grabación y producción de los Masters y su arte gráfico (artistas intérpretes y/o ejecutantes, productores artísticos, musicales, ejecutivos, técnicos, diseñadores, etc.). EL TITULAR declara haciéndose responsable que no existe ningún derechohabiente adicional sobre los Masters fuera de los que en tal supuesto detalle.

UNDÉCIMA.- DERECHOS DE TANTEO Y RETRACTO

EL LICENCIATARIO gozará de los derechos de tanteo y de retracto en el caso de decidir EL TITULAR deshacerse de todos o cualesquiera de los derechos que le corresponden sobre los Máster y sobre los servicios profesionales de los artistas principales participantes en los mismos, permaneciendo dicho derecho en vigor durante la vigencia del presente acuerdo y hasta transcurridos.... años desde su finalización.

DECIMOSEGUNDA.- EDICIÓN FUERA DE ESPAÑA

EL LICENCIATARIO dispondrá de un plazo de..... meses a contar desde la edición en España del Disco para editarlo en el resto de países que forman parte del Territorio.

Transcurrido tal plazo de.... meses, EL TITULAR podrá iniciar conversaciones con terceros para la edición del Disco en el país del que se trate. En el caso de detectar EL TITULAR interés, constatable en cualquier caso por EL LICENCIATARIO, en un determinado territorio, deberá comunicarlo a EL LICENCIATARIO, quien dispondrá de..... días laborables para constatar tal extremo y confirmar a EL TITULAR si decide editar en tal territorio a través de su compañía afiliada o licenciataria en el país del que se trate, al amparo del presente contrato y sin necesidad de satisfacer adelanto ni cantidad alguno ni realizar nuevos actos a los aquí previstos, o bien si opta por proceder a su licencia, en términos aceptables para EL LICENCIATARIO y en condiciones de mercado, a la compañía contactada por EL TITULAR.

DECIMOTERCERA.- LEY Y FUERO

Las partes convienen en cumplir de buena fe los términos y condiciones del presente contrato. Cualquier conflicto que surja con motivo de su interpretación o ejecución será resuelto de forma amigable. No obstante, en caso de no ser posible el acuerdo, las partes se someten de forma expresa a los Tribunales de......... y a la legislación española.

Y como prueba de conformidad se firma el presente contrato en la fecha y lugar indicados en el encabezamiento.

F090. CONTRATO DE LICENCIA SOBRE GRABACIONES FONOGRÁFICAS (II)

En..............., a..............

REUNIDOS

De una parte: D.............., con DNI............., actuando en nombre y representación de................., con domicilio social en................ y CIF:................, debidamente apoderado para este acto, en adelante el LICENCIATARIO.

Y de otra: D......................, a quienes en lo sucesivo se denominará EL LICENCIANTE.

Ambas partes, reconociéndose mutuamente capacidad suficiente para obligarse a través del presente contrato

EXPONEN

PRIMERO.– Que es voluntad de EL LICENCIANTE licenciar a EL LICENCIATARIO, en los términos establecidos a continuación, los derechos de explotación sobre las grabaciones fonográficas y audiovisuales (videoclips) detalladas en documento anexo (denominadas en lo sucesivo "La Canción").

SEGUNDO.– Que EL LICENCIANTE declara y garantiza que ostenta todos los derechos necesarios para obligarse en los términos del presente contrato, así como la capacidad de cederlos.

TERCERO.– Que EL LICENCIATARIO declara poseer la infraestructura necesaria para asumir los derechos y obligaciones que contrae en este acto.

CUARTO.– Que las partes convienen en definir los términos claves del presente contrato a los efectos de su uniforme interpretación, del modo siguiente

DEFINICIONES

a) "Máster/s" son las grabaciones originales o los duplicados de las Grabaciones, o en los sucesivos que, en su caso, las partes suscriban, en un sistema de grabación analógica o digital.

b) "Disco/s" y "Videoclips" se denominará a los acoples de fonogramas y/o grabaciones audiovisuales que se produzcan como resultado de la reproducción de los Masters en los diferentes tipos de soportes de sonido (CD, discos de vinilo o cualquier otro) y/o archivos electrónicos de sonido, soportes audiovisuales (videoclips) (DVD, Blue Ray, etc.) y/o archivos electrónicos audiovisuales.

c) "Término de Vigencia" comenzará con la firma del presente contrato y se extenderá hasta transcurridos......... años desde la primera edición por EL LICENCIATARIO en España, de los "Discos". Dicho período se prorrogará de forma automática por períodos idénticos salvo manifestación en contra de cualquiera de las partes, la cual deberá comunicarlo a la otra con una antelación mínima de......... meses a la finalización del período inicial o de cualquiera de sus prórrogas.

d) "El Territorio" estará conformado por todo el mundo.

e) "Royalties" se denominará a la remuneración que deberá pagar EL LICENCIATARIO a EL LICENCIANTE como contraprestación por la explotación que de las Grabaciones realice. Esta remuneración incluirá todos los derechos de cualquier índole que EL LICENCIANTE ostenta en relación con las Grabaciones y que en este acto transmite a EL LICENCIATARIO con el alcance establecido más adelante, incluido cualquier derecho que ostentase sobre los diseños de Cubiertas que en su caso hubieran diseñado para la comercialización de los Discos y Videoclips y para cuyo uso facultare a EL LICENCIATARIO. El único derecho no incluido en los royalties es el derecho de autor sobre las obras reproducidas en las Grabaciones, que deberá ser abonado directamente por EL LICENCIATARIO a la entidad de gestión de derechos de autor que corresponda.

f) "Cubiertas" se denominará al trabajo artístico desarrollado en el diseño de las portadas, portadillas, carátulas del/los álbum/es en el que se incluyan las Grabaciones, contraportadas y libretos de los mismos.

Hechas las declaraciones y definiciones anteriores, las partes convienen en obligarse según los términos y condiciones siguientes:

PRIMERA.- DERECHOS OBJETO DE LICENCIA

EL LICENCIANTE cede e a EL LICENCIATARIO, durante el Término de Vigencia y para El Territorio, todos los derechos de explotación correspondientes al productor fonográfico y audiovisual sobre "La Canción". A modo enunciativo y no limitativo, se ceden con carácter de exclusiva el derecho a reproducir, distribuir, comunicar al público, poner a disposición del público, transformar y, en definitiva, producir, comercializar y publicitar las Grabaciones, bien sea para su ejercicio de una forma directa, bien a través de sus representantes, concesionarios o licenciados, a través de los canales tradicionales de venta, incluidos en éstos los clubes de discos y Videoclips (venta a club) y la explotación electrónica (a través de Internet, telefonía móvil, etc.), y ello en cualquier soporte o formato, físico o electrónico, conocido a la fecha de firma del presente contrato o que se desarrolle en el futuro, y siguiendo sus propios criterios comerciales. EL LICENCIATARIO queda facultado en los términos aquí descritos, para explotar "La Canción" en forma individual y aislada o como parte del álbum de larga duración de la BSO de.............

De acuerdo con lo previsto en la presente cláusula, durante el Término de Vigencia y en El Territorio, corresponderá en exclusiva a EL LICENCIATARIO el ejercicio de todos los derechos inherentes a la condición de productor de fonogramas y/o de grabaciones audiovisuales de las Grabaciones, con el alcance previsto en el Texto Refundido de la Ley de Propiedad Intelectual y en la normativa comunitaria e internacional correspondiente.

EL LICENCIANTE autoriza a EL LICENCIATARIO, a acoplar" La Canción" en el disco de la Banda sonora original de la serie televisiva........... así como la posibilidad de autorizar la sincronización de dichas Grabaciones en cualquier medio siempre en el contexto de promoción o comunicación de la banda sonora o la serie...........

EL LICENCIATARIO queda facultado para el ejercicio de todos los derechos aquí señalados, para llevar a cabo la promoción y publicidad de "La Canción" en el Territorio y por el Término de Vigencia, en caso de considerarlo necesario.

EL LICENCIANTE declara expresamente y garantiza tener plena disposición sobre los derechos objeto de licencia, manifestando no existir sobre los mismos, gravamen o carga alguna, cesión previa a la presente o situación similar que pudiera perturbar la normal explotación por parte de EL LICENCIATARIO en los términos acordados en el presente documento. EL LICENCIANTE garantiza a EL LICENCIATARIO la veracidad de tal afirmación y se compromete a responder ante cualquier reclamación que éste pudiera tener con fundamento en tales derechos.

SEGUNDA.– ENTREGA DE PARTES DE PRODUCCIÓN Y PLAZO DE EDICIÓN

EL LICENCIANTE entregará a EL LICENCIATARIO las partes de producción de las Grabaciones en un plazo no superior a los........... días a partir de la firma del presente. Dichas partes de producción deberán consistir en:

– El Máster de las Grabaciones de audio en formato Wav.

– Las imágenes y datos biográficos que vayan a ser utilizados en la promoción de "La Canción".

– La información de etiqueta completa (label copy) del Máster.

TERCERA.– CRÉDITOS

Los Discos deberán ostentar en un lugar visible la leyenda que EL LICENCIANTE indique en función, en su caso, de cada cedente, siempre bajo un formato similar al siguiente:

"Canción" incluida por cortesía de................"

CUARTA.– DERECHOS ECONÓMICOS DEL TITULAR

El Royalty a percibir por EL LICENCIANTE en contraprestación por la cesión de derechos necesarios para las operaciones de distribución física y electrónica de las Grabaciones, será un porcentaje del.............% (prorrata tituli) calculado sobre los ingresos netos percibidos por EL LICENCIATARIO. A los efectos de la presente cláusula tendrá la consideración de Ingresos Netos la cantidad resultante tras deducir de la totalidad de ingresos brutos recibidos por el LICENCIATARIO por las explotaciones realizadas, los gastos, comisiones e impuestos que sean de aplicación a estas operaciones.

QUINTA.– LIQUIDACIONES DE ROYALTIES

a) EL LICENCIATARIO enviará a EL LICENCIANTE las liquidaciones de los Royalties devengados por semestres naturales y dentro de los.......... días siguientes al final de cada semestre.

b) EL LICENCIATARIO abonará a EL LICENCIANTE las cantidades que a éste corresponden una vez deducidos los impuestos vigentes. Cualquier pago que corresponda hacer por EL LICENCIATARIO a EL LICENCIANTE se hará efectivo, una vez recibida la correspondiente factura, en el plazo máximo establecido por la normativa vigente.

c) EL LICENCIANTE podrá realizar las comprobaciones que estimen pertinentes en las cuentas de EL LICENCIATARIO que se refieran al Álbum licenciado en el presente contrato, para verificar la exactitud de las liquidaciones semestrales, una vez al año y previo aviso a EL LICENCIATARIO con....... mes de antelación.

SEXTA.– DIRECCIÓN DE E-MAIL A EFECTOS DEL ENVÍO DE LIQUIDACIONES DE ROYALTIES

Para el caso de que EL LICENCIATARIO implemente un servicio de envío de las declaraciones de royalties a través de correo electrónico o e-mail, EL LICENCIANTE declara como dirección de e-mail a efectos del envío de las citadas liquidaciones el siguiente:......................., notificando a EL LICENCIATARIO por medio fehaciente cualquier cambio de dirección.

SÉPTIMA.– MARKETING Y PROMOCIÓN

En aquellas acciones que EL LICENCIATARIO emprenda para promocionar las Grabaciones objeto de licencia, EL LICENCIANTE se compromete a colaborar con EL LICENCIATARIO en el desarrollo de dichas acciones, incluida su aparición en la serie............... interpretando "la canción".

OCTAVA.– RELACIONES CON TERCEROS

EL LICENCIANTE garantiza a EL LICENCIATARIO que es titular en exclusiva de todos los derechos que cede en virtud de este contrato, así como de la obligación de todas las personas físicas y/o jurídicas que hayan intervenido en las Grabaciones (artistas, productores musicales y ejecutivos, músicos y cualquier otro colaborador) de dirigirse a EL LICENCIANTE y no a EL LICENCIATARIO, para reclamar cualquier cantidad en concepto de Royalties, cánones, fijos o cualquier otro concepto por la explotación de dichas grabaciones, cantidades que serán satisfechas en su integridad por EL LICENCIANTE y únicamente reclamables a éste. Asimismo, será por cuenta de EL LICENCIANTE la gestión de todos los permisos necesarios para la regrabación de las composiciones musicales fijadas en los Masters, en caso de que las mismas estuvieran sujetas a prohibición de regrabación, garantizando EL LICENCIANTE que cualquier cantidad, canon o royalty que corresponda abonar a cualquier tercero por las citadas regrabaciones, serán de exclusiva cuenta de EL LICENCIANTE.

Asimismo, EL LICENCIANTE declara tener suscrito con el/los autores, artista/s, interpretes, músicos, productores, titulares de derechos sobre grabaciones y/o fragmentos de grabaciones preexistentes incluidas en las grabaciones fijadas en el Máster (samples) y cualquier otra persona participante en la grabación del Máster y/o producción o diseño de las Cubiertas, documentos que permiten el ejercicio pacífico por EL LICENCIATARIO, de todos los derechos licenciados en virtud del presente, y particularmente la explotación de las Grabaciones. Respecto de los titulares de los derechos de autor de las composiciones musicales y grabaciones audiovisuales grabadas en el Máster, EL LICENCIANTE manifiesta y garantiza haber obtenido de los mismos, todos los permisos necesarios para la pacífica explotación de las Grabaciones por parte de EL LICENCIATARIO, en las condiciones indicadas en el presente contrato.

EL LICENCIANTE garantiza a EL LICENCIATARIO que es titular exclusivo de los derechos de propiedad industrial e intelectual que cede en virtud del presente contrato, y expresamente sobre el nombre del grupo/intérprete, título de las Grabaciones y/o del álbum de larga duración en el que éstas se incluyen, signos distintivos e imágenes contenidas en las Cubiertas, todo ello con extensión suficiente para la plena y pacífica ejecución del presente contrato por parte de EL LICENCIATARIO, manifestando que no existen, respecto de dichos contenidos, otros titulares de derechos ni carga o gravamen de tipo alguno, y exonerando expresamente a EL LICENCIATARIO, de cualquier reclamación de terceros vinculada a tales conceptos.

En cualquier momento podrá EL LICENCIATARIO solicitar, y EL LICENCIANTE deberá mostrar, todos los documentos suscritos con las diferentes personas participantes en la grabación y producción de los Masters y su arte gráfico (Cubiertas) (artistas intérpretes y/o ejecutantes, productores artísticos, musicales, ejecutivos, técnicos, diseñadores, etc.), así como los títulos de marca correspondientes. EL LICENCIANTE declara haciéndose responsable que no existe ningún derechohabiente adicional sobre los Masters fuera de los que en tal supuesto detalle.

EL LICENCIANTE exonera expresamente a EL LICENCIATARIO de cualquier conflicto y/o reclamación vinculada con los derechos cedidos en el presente y/o garantías otorgadas en el mismo. De tal forma, EL LICENCIANTE se hace responsable de la legítima, plena y pacífica explotación de las Grabaciones por parte de EL LICENCIATARIO, exonerándole de cualquier responsabilidad en la normal explotación del mismo y haciéndose cargo de cualquier reclamación de terceros motivada en el ejercicio por EL LICENCIATARIO de los derechos objeto de licencia, incluyendo dentro de los costes que EL LICENCIANTE asumiría en dicho supuesto el de la defensa legal que se decidiera contratar siguiendo un criterio de mayor eficacia.

DÉCIMA.- VARIOS

a) Cualquier modificación en la forma jurídica de EL LICENCIATARIO o transformación o fusión de EL LICENCIATARIO con otras personas jurídicas, no será obstáculo para la validez y continuidad de este contrato durante todo el período que queda establecido. EL LICENCIATARIO se reserva, además, la facultad de hacerse sustituir durante la vigencia del presente contrato, por cualquier otra persona natural o jurídica, bien sea para todos los territorios o bien para parte de ellos, quedando en vigor, no obstante, todas y cada una de las obligaciones y derechos aquí establecidos.

b) La no exigencia de las partes de cualquiera de los derechos de conformidad con el presente contrato no se considerará que constituye una renuncia a dichos derechos en el futuro.

c) Si se demuestra que alguna estipulación de este contrato es nula, ilegal o inexigible, la validez, legalidad y exigibilidad del resto de las estipulaciones no se verán afectadas por aquella.

d) El presente contrato no constituye en ningún caso sociedad, empresa conjunta, ni contrato de trabajo entre las partes.

e) Los encabezamientos de las distintas cláusulas son sólo a efectos informativos, y no afectarán la interpretación del contrato.

DECIMOPRIMERA.- NOTIFICACIONES

a) Todas las comunicaciones y/o notificaciones que deban de practicarse en relación con el presente contrato deberán realizarse por escrito en los domicilios que para cada parte constan en el encabezamiento. Cualquier cambio de domicilio a efectos de notificaciones deberá ser comunicado a la otra parte por escrito con la suficiente antelación.

b) En relación con cualesquiera permisos y autorizaciones que sean necesarios por parte de EL LICENCIATARIO al amparo del presente contrato (en caso de haberlos), se entenderá que EL LICENCIANTE da su consentimiento y autoriza cada una de dichas peticiones si EL LICENCIATARIO no recibe comunicación por escrito en sentido contrario dentro de los plazos indicados en el cuerpo del contrato o, en su defecto, en el plazo de........... días naturales siguientes a la fecha de la correspondiente petición formulada por EL LICENCIATARIO (sea por carta, fax, burofax y/o cualquier otro medio que deje constancia de la fecha de entrega, incluyendo correo electrónico).

c) El cambio de domicilio de EL LICENCIANTE deberá ser notificado a EL LICENCIATARIO por medio fehaciente.

DECIMOSEGUNDA.- PROTECCIÓN DE DATOS PERSONALES

a) A través del presente documento, EL LICENCIATARIO queda plenamente facultado para el tratamiento, en forma automatizada o no, de los datos personales proporcionados en el presente contrato, a efectos de dar cumplimiento a la relación contractual establecida entre EL LICENCIANTE y EL LICENCIATARIO y con los límites derivados de la prestación contratada. Asimismo, EL LICENCIANTE queda autorizado a ceder los referidos datos personales a las empresas del grupo internacional al que pertenece y a cualesquiera otras cuya intervención sea necesaria para satisfacer las finalidades convenidas en la mencionada relación contractual o que, por normas de control interno, deban conocer los mencionados datos, así como a las asociaciones o entidades análogas a las que EL LICENCIATARIO pueda pertenecer, con la finalidad de controlar y comunicar el grado de cumplimiento de dicha relación contractual a cualesquiera de las anteriores entidades que pudiesen estar interesadas.

b) En caso de que el presente contrato se celebre entre EL LICENCIATARIO y otra u otras personas jurídicas, éstas se obligan, por medio del presente contrato, a obtener el necesario consentimiento de aquellas personas físicas cuyos datos se faciliten a EL LICENCIATARIO tras informarles previamente de todos los extremos mencionados en la presente cláusula, consintiendo el o los representantes de dichas personas jurídicas que suscriben el presente acuerdo al tratamiento de sus propios datos personales en los mismos términos previstos en la presente cláusula.

c) En caso de que el presente contrato se celebre entre EL LICENCIATARIO y una o varias personas naturales representadas por un tercero, éste se obliga, por medio del presente contrato, a obtener el necesario consentimiento de aquellas personas físicas cuyos datos se faciliten a EL LICENCIATARIO tras informarles previamente de todos los extremos mencionados en la presente cláusula, consintiendo el representante de dichas personas naturales que suscribe el presente acuerdo al tratamiento de sus propios datos personales en los mismos términos previstos en la presente cláusula.

d) Aquellas personas naturales cuyos datos se faciliten a EL LICENCIATARIO podrán dirigirse a EL LICENCIATARIO, responsable del fichero que contiene sus datos personales, con el fin de acceder, rectificar y cancelar los datos indicados en este documento, lo cual podrá hacer dirigiéndose al domicilio social de la misma reseñado en la cabecera del presente documento, donde se encuentra situada la base de datos que contiene sus datos personales.

DECIMOTERCERA.– LEY Y FUERO

Las partes convienen en cumplir de buena fe los términos y condiciones del presente contrato. Cualquier conflicto que surja con motivo de su interpretación o ejecución será resuelto de forma amigable. No obstante, en caso de no ser posible el acuerdo, las partes se someten de forma expresa a los Tribunales de........... y a la legislación española.

Y como prueba de conformidad se firma el presente contrato en la fecha y lugar indicados en el encabezamiento.

F091. CONTRATO DE LICENCIA FONOGRÁFICA ENTRE DISCOGRÁFICA Y ARTISTA PARA LA EXPLOTACIÓN DIGITAL

En [ciudad], a [día] de [mes] de [año].

REUNIDOS

De una parte, D./Dña. [NOMBRE DEL ARTISTA] mayor de edad y NIF núm. [XXXXX], con domicilio a los efectos de este Contrato en [dirección] y correo electrónico [e-mail].

Y, de otra parte, D. [NOMBRE DEL REPRESENTANTE DE LA DISCOGRÁFICA], mayor de edad, con DNI y NIF núm. [XXXXX], con domicilio a los efectos del presente Contrato en [dirección].

INTERVIENEN

Dña. [NOMBRE DEL ARTISTA], en su propio nombre y derecho, en lo sucesivo denominado ARTISTA.

D./Dña. [NOMBRE DEL REPRESENTANTE DE LA DISCOGRÁFICA], en nombre y representación, como apoderados, [DENOMINACIÓN SOCIAL DE LA DISCOGRÁFICA] una división de la entidad [Grupo Empresarial de la DISCOGRÁFICA], con domicilio en [dirección], provista de CIF núm. [XXXXX]; en lo sucesivo denominada DISCOGRÁFICA.

MANIFIESTAN

I.- Que ARTISTA se dedica a la interpretación de canciones bajo el nombre artístico de [NOMBRE/APODO ARTÍSTICO DEL ARTISTA].

II.- Que ARTISTA es titular en exclusiva sin cargas ni limitaciones de [número con letras] (XX) grabación/es, de la cuales, [número con letras] (XX) con títulos tentativos *"[Título 1]" "[Título 2]"* y las [número con letras] (XX) restantes con título "[*por determinar]*" (audio y video), incluidas en el ámbito que del presente Contrato (en lo sucesivo, denominadas las grabaciones).

Que le interesa contratar con una compañía discográfica de carácter internacional para la explotación de las grabaciones en canales comerciales digitales, en álbumes recopilatorios, así como su reproducción en todo tipo de obras y grabaciones audiovisuales.

Que, en la duración de este contrato, se producirán la realización ejecutiva y técnica de [número con letras] (XX) videoclips musicales de la absoluta y exclusiva propiedad de DISCOGRÁFICA, con títulos tentativos *"[Título 1]" "[Título 2]"*, cuyos contratos se regularán una vez las partes determinen el productor encargado de tal servicio, y cuyas condiciones contractuales serán las que aparecen en el Anexo 2 al presente Contrato.

III.- DISCOGRÁFICA que está en condiciones de contratar con ARTISTA del modo interesado.

Lo que las partes llevan a efecto de común acuerdo por medio del presente Contrato con sujeción a las siguientes

CLÁUSULAS

PRIMERA.– CESIÓN DE DERECHOS SOBRE LAS GRABACIONES.

1.1 ARTISTA cede a DISCOGRÁFICA durante el periodo de explotación (establecido en el epígrafe 3.2 de la cláusula tercera siguiente) en todo el mundo y en exclusiva la facultad de llevar a cabo la explotación de los siguientes derechos fonográficos:

1.1.1 La explotación por Distribución Electrónica de las grabaciones, lo que incluye sin que su mención tenga carácter limitativo cualquier sistema o canal de venta, alquiler, préstamo, etc., mediante la descarga temporal o permanente, de las grabaciones de forma aislada, dentro de un álbum o en compilación con otras así como la descarga y el streaming de las grabaciones, etc., y todos los derechos necesarios para la efectiva realización de la misma en particular la reproducción, publicación, y puesta a disposición de las grabaciones, lo que incluye entre otros el tratamiento tecnológico, transformación, conversión de las grabaciones en formatos que resulten convenientes para la explotación por Distribución Electrónica, a título de ejemplo aquellos necesarios para la creación por DISCOGRÁFICA de productos a partir de las grabaciones (tonos reales, polifónicos, video tonos, polifónicos, ring back tones, tik tok, visualizers, NFTs, canvas, etc), la reproducción y exhibición en el sitio de venta al consumidor de las grabaciones, del material gráfico, de los nombres de los artistas, del título de las grabaciones, su alojamiento en el servidor correspondiente en la medida en que sea necesario para la explotación por Distribución Electrónica del mismo y el cobro a los consumidores o a los terceros autorizados de las cantidades obtenidas por la explotación por Distribución Electrónica de las grabaciones.

1.1.2 La explotación de las grabaciones en álbumes recopilatorios ya sean propios editados por DISCOGRÁFICA o editados por terceros, así como los derechos necesarios para la efectiva realización de la misma en particular la reproducción, publicación, distribución y puesta a disposición de las grabaciones en compilación con otras.

1.1.3 La explotación de las grabaciones sincronizadas total o parcialmente en cualquier tipo de contenido audiovisual, tales como, sin que su mención tenga carácter limitativo, anuncios publicitarios, obras audiovisuales, producciones cinematográficas o televisivas, series, páginas web, etc., con la conformidad previa y expresa de ARTISTA. Así como los derechos necesarios para la efectiva realización de la misma en particular la reproducción, publicación, distribución, comunicación pública y puesta a disposición de las grabaciones sincronizadas en el contenido audiovisual.

1.1.4 La recaudación de los derechos remuneratorios que se generen por la comunicación pública de las grabaciones.

1.2 Cualquier explotación distinta de las autorizadas a en el epígrafe 1.1 anterior requerirá el previo acuerdo por escrito de ambas partes.

1.3 DISCOGRÁFICA con la conformidad previa y expresa de ARTISTA, de modo no exclusivo y con respeto, en cualquier caso, a los compromisos profesionales previamente adquiridos por ARTISTA, podrá durante el periodo de explotación, negociar y concluir acuerdos y contratos con terceros conocidos en el mercado como acuerdos y contratos para actuaciones en medios, producciones, promoción de giras y conciertos y eventos musicales, con los consiguientes derechos de imagen. Correspondiendo en tal caso a ARTISTA el [número en letra] por ciento (XX%) de la totalidad de los ingresos netos, pactando las partes la comisión de DISCOGRÁFICA en un [número en letra] por ciento (XX%) de los ingresos netos.

SEGUNDA.– AUTORIZACIÓN AUTORAL Y PRIMERA OPCIÓN EDITORIAL.

Salvando y respetando la prioridad de compromisos anteriores a este contrato en esta materia, y sin perjuicio a los pagos que correspondan por Ley a las Entidades de Gestión de Derechos de

Propiedad Intelectual, en aquellos supuestos en que ARTISTA controle directa o indirectamente y/o ARTISTA sea autor o coautor de cualquier música y/o letra que sea interpretada por él o por otro artista en las grabaciones, autorizan a DISCOGRÁFICA durante el periodo de explotación, para reproducir y comunicar al público dichas canciones y la letra o letras de tales canciones en toda clase de medios y soportes que acompañen directa o indirectamente a las grabaciones y en la edición y publicidad de las mismas, y ARTISTA se compromete a ofrecer una primera opción para editar tales obras con la editorial que designen DISCOGRÁFICA en iguales condiciones en las que pretenda contratar con cualquier tercero. Esta obligación no es en sí misma una cesión de derechos de edición ya que requiere para ello la firma del correspondiente contrato de mutuo acuerdo entre las partes que lo otorguen, en su caso, según lo establecido anteriormente que deberá sujetarse en todo caso a lo establecido en la presente cláusula.

TERCERA.– DURACIÓN.

El presente Contrato entrará en vigor el día señalado en la fecha de encabezamiento y tendrá el siguiente periodo de duración:

3.1 Para el ejercicio de los derechos adquiridos por DISCOGRÁFICA en este Contrato respecto de las grabaciones, una duración hasta lo posterior de (i) CINCO años (5) años desde la edición digital en España de la última grabación de ARTISTA que se realice por DISCOGRÁFICA o (ii) *la recuperación en su totalidad del anticipo establecido en la cláusula 6.7,* lo que suceda primero. Llegado su vencimiento, se prorrogará automáticamente por períodos sucesivos de doce (12) doce meses a menos que cualquiera de las partes decida darlo por terminado, bastando para ello con que notifique a la otra parte su decisión en tal sentido, con una antelación mínima de treinta (30) días naturales a la terminación del período inicial de vigencia o de cualquiera de sus prórrogas (periodo de explotación).

CUARTA.– OBLIGACIONES de ....

4.1 Las grabaciones serán incluidas por DISCOGRÁFICA en sus propias informaciones a clientes y catálogos. .... venderá, distribuirá y explotará comercialmente las grabaciones en su propio nombre a todos sus clientes de la misma manera y con las mismas condiciones que las utilizadas por ésta para sus propios productos. Asimismo, realizará el cobro de toda la facturación correspondiente al contenido de ARTISTA de acuerdo con la política de DISCOGRÁFICA en esta materia.

Asimismo, las grabaciones computarán a favor de DISCOGRÁFICA en lo que respecta a las cuotas de *market share.*

4.2 Los derechos de autor por la explotación de las grabaciones objeto del presente Contrato serán a cargo de quien realice la explotación concreta con arreglo a la Ley.

4.3 La edición de las grabaciones incorporará las menciones habituales en la industria discográfica del modo acordado entre las partes y en especial *(p) y © [NOMBRE/MARCA DEL ARTISTA] distribuido en exclusiva por [DISCOGRÁFICA].*

4.4 Salvo acuerdo prioritario de las partes, las grabaciones se editarán en un plazo no superior a los tres (3) meses siguientes a la entrega de cada grabación y en un plazo no superior a tres (3) meses desde la edición efectiva de la grabación anterior a determinar de mutuo acuerdo entre las partes.

4.5 DISCOGRÁFICA manifiesta que asumirá la responsabilidad frente a terceros e indemnizará y reembolsará a ARTISTA en relación con cualquier acción, reclamación, demanda, responsabilidad, coste, cargo y gasto general, cualquiera que éste pudiera ser (incluyendo honorarios razonables de abogados y procuradores) en que ARTISTA pudieran verse envueltos o afectados como consecuencia de inexactitud de las manifestaciones efectuadas por DISCOGRÁFICA en el presente Contrato o como consecuencia de incumplimiento por parte de DISCOGRÁFICA de sus obligaciones.

QUINTA.- OTRAS OBLIGACIONES DE ARTISTA

5.1 ARTISTA deberá entregar, sin cargo alguno a DISCOGRÁFICA, nunca más tarde de [...], los materiales de las grabaciones sin demora tan pronto como estén producidas, esto es: las cintas de producción digitalizadas en formato profesional según indique DISCOGRÁFICA caso por caso incluyendo sin que su mención tenga carácter limitativo el mastering final, el disco óptico con arte y conceptos de material gráfico y literario y los materiales promocionales digitalizados de que disponga así como la información de etiqueta conteniendo como mínimo títulos, tiempos, autores y editoriales en su caso y el ISRC designado en su caso. En el caso de que ARTISTA no provea a DISCOGRÁFICA con el ISRC de las grabaciones podrá DISCOGRÁFICA asignarles su propio código ISRC.

Respecto de las siguientes grabaciones que ARTISTA produzca durante el periodo de exclusiva de este Contrato, vendrá obligado a entregar a DISCOGRÁFICA iguales materiales sin demora, dentro de un plazo prudencial, tan pronto como termine su producción.

ARTISTA se compromete a hacer sus mayores esfuerzos para que las grabaciones, a juicio de DISCOGRÁFICA, sean de la más alta calidad artística y musical, dentro de los usos del sector, y que al mismo tiempo gocen de grandes posibilidades de éxito comercial.

5.2 ARTISTA manifiesta que no pesan sobre las grabaciones, los materiales descritos en el párrafo 5.1 anterior y, en especial, sobre las composiciones incluidas en las grabaciones, impedimento o restricción alguna para su explotación por DISCOGRÁFICA en los términos pactados en este Contrato y que se ceden libres de cargas y al corriente de gastos de producción, por consiguiente, ARTISTA será el único responsable de los pagos de cualquier clase que pudieran existir como consecuencia de la explotación de las grabaciones por DISCOGRÁFICA y sus cesionarios autorizados con respecto a ARTISTA, intérpretes, músicos, productores, estudios de grabación y conceptos de producción en general a que hubiese lugar, exonerando a DISCOGRÁFICA, de toda responsabilidad al respecto.

5.3 ARTISTA manifiesta que indemnizará a DISCOGRÁFICA y que reembolsará a ésta en relación con cualquier acción, reclamación, demanda, responsabilidad, coste, cargo y gasto en general, cualquiera que este pudiera ser (incluyendo honorarios razonables de abogados y procuradores) en que DISCOGRÁFICA pudiera verse envuelta o afectada como consecuencia de inexactitud de cualquiera de las manifestaciones efectuadas por ARTISTA en el presente Contrato o como consecuencia de incumplimiento por parte de ARTISTA de sus obligaciones.

SEXTA.- CONTRAPRESTACIÓN.

6.1 DISCOGRÁFICA abonará a ARTISTA, como total y única contraprestación por los siguientes conceptos:

6.1.1 Por los derechos de explotación por Distribución Electrónica de las grabaciones el [número en letra] por ciento (XX%) de la Base de Liquidación por la Explotación por distribución electrónica de las grabaciones.

6.1.2 Por los derechos de explotación de las grabaciones en álbumes recopilatorios propios y sincronizaciones en contenidos audiovisuales el [número en letra] por ciento (XX%) de la Base de Liquidación. No obstante, únicamente para aquellos casos de álbumes recopilatorios en los que intervengan distintos artistas simultáneamente con ARTISTA, el porcentaje correspondiente sobre la Base de Liquidación de estos derechos de explotación se calculará, *prorrata numeris*, conforme a la partición de ARTISTA en los álbumes recopilatorios.

6.1.3 Los derechos remuneratorios por la comunicación pública de las grabaciones corresponderá en un [número en letra] por ciento (XX%) a ARTISTA y en un [número en letra] por ciento (XX%) a DISCOGRÁFICA. Las partes darán instrucción a AGEDI para que proceda abonar a ARTISTA y a DISCOGRÁFICA los ingresos que se devenguen de la comunicación pública de las grabaciones en los mencionados porcentajes.

6.2 La liquidación y el pago de dicha contraprestación será hecha por semestres naturales vencidos, dentro de los noventa (90) días siguientes a la terminación de cada uno de ellos. Se tendrá la dirección de correo electrónico indicada en el encabezado como válida a efectos de envío de liquidaciones y registro en nuestras plataformas de gestión.

6.3 DISCOGRÁFICA podrá no presentar ni pagar la liquidación pactada cuando se dé la doble condición de que la cantidad devengada a favor de ARTISTA en un semestre sean iguales o inferiores a [IMPORTE en letra] EUROS (XX.-€) y al tiempo el saldo acumulado de la liquidación de dicho semestre sea igual o inferior a dicho importe. Cuando dicha circunstancia continúe más de un año, ARTISTA podrán solicitar a DISCOGRÁFICA la información acumulada, notificando su deseo a ésta que vendrá obligada a facilitarla dentro de los sesenta días siguientes al recibo de la notificación. La liquidación y el pago de cánones no realizada en virtud de lo establecido en el párrafo anterior deberá realizarse por DISCOGRÁFICA tan pronto como el semestre o semestres siguientes se alcance o supere el repetido importe.

6.4 La liquidación y pago de los cánones pactados siempre se realizará en base a las informaciones recibidas por DISCOGRÁFICA sobre explotaciones de las grabaciones objeto de este Contrato y por las cantidades que le hayan sido pagadas efectivamente. En el supuesto de que en algún país del extranjero exista restricción para la transferencia de moneda, el canon girará sobre las cantidades que efectivamente reciba DISCOGRÁFICA. No obstante, la otra parte tendrá derecho a percibir en el país de la restricción y en el banco por él designado, la parte del canon correspondiente, sobre la cantidad que no haya podido ser objeto de transferencia. Serán en todo caso deducibles los gastos de transferencia y el importe que pudiera ser retenido por los distintos Estados.

6.5 Para la realización de los pagos estipulados en el presente compromiso será necesario que ARTISTA entregue a DISCOGRÁFICA, con carácter previo, la correspondiente factura extendida según la legislación fiscal vigente en cada momento, y DISCOGRÁFICA los realizará en las fechas que tenga establecidas en cada momento para realizarlos. Así mismo ARTISTA se compromete a cumplimentar y entregar los formularios necesarios para cursar el alta de ARTISTA como proveedor y la documentación relacionada con la misma que DISCOGRÁFICA le solicite.

Los pagos se realizarán a la cuenta bancaria que notifique ARTISTA de la que deberá ser titular y presentar correspondiente certificado de titularidad.

Cualquier modificación de la cuenta bancaria debe ser comunicada por escrito por ARTISTA a DISCOGRÁFICA indicando los datos de la nueva cuenta y acompañado del correspondiente certificado de titularidad de la nueva cuenta a nombre de ARTISTA con la suficiente antelación. A efectos de gestión de pagos y las comprobaciones oportunas DISCOGRÁFICA podrá contactar con ARTISTA telefónicamente y/o por correo electrónico.

6.6 ARTISTA con una frecuencia no superior a una vez cada dos años, tendrá derecho de auditar e inspeccionar a su cargo la inspección los libros y registros una de la otra, exclusivamente en relación con los cargos, abonos, facturas y liquidaciones y pagos establecidos en este contrato y la documentación de la que dichos conceptos se deriven o resulte necesaria para su cálculo, con excepción de la documentación no relacionada directamente con la ejecución del presente contrato y limitándose en todo caso la inspección a la documentación y registros producidos o recibidos por las partes. Dicha auditoria, en su caso, requerirá su previa notificación con una antelación mínima de 30 días naturales a la fecha prevista para su comienzo y se realizará durante un período máximo de noventa (90) días naturales, a partir de la fecha que mejor convenga a las partes, determinada de mutuo acuerdo y no más tarde de los 60 días naturales desde el recibo de la notificación; deberá ser llevada a cabo por un auditor independiente con experiencia y solvencia contrastada respecto a la materia a analizar, en las oficinas de DISCOGRÁFICA durante las horas normales de trabajo de estas y realizarse de modo que no altere el curso normal del trabajo de la misma. En el caso de que la mencionada auditoría tenga lugar, tanto el auditor independiente como ARTISTA estará obligado a mantener estricta confidencialidad tanto del resultado de la auditoría como de los datos o información a los que tengan acceso con motivo de la misma, lo que significa no revelar, divulgar o publicar ninguna información o dato obtenidos en virtud de la misma, a ninguna persona entidad o corporación cualesquiera que fuesen distintos de cualquier órgano administrativo o judicial que interviniera en un procedimiento relativo al presente contrato.

6.7 En concepto de anticipo a cuenta de los cánones o cantidades que se devengue a favor de ARTISTA, DISCOGRÁFICA abonará a ARTISTA la cantidad de [IMPORTE en letra] EUROS (XX.-€) más IVA que se abonará a la firma del presente Contrato junto con la entrega de las tres (3) primeras grabaciones, siendo el anticipo mencionado anteriormente recuperable y no retornable a cuenta de las cantidades ingresadas por las entidades de gestión colectiva, que por cualquier concepto y grabación le correspondan a ARTISTA, en virtud del presente Contrato, o cualquier otro suscrito o que suscriba por ARTISTA o cualquier entidad en la que traiga causa.

SÉPTIMA.– MARKETING Y PUBLICIDAD.

7.1 La promoción y publicidad de las grabaciones corresponderá a ARTISTA, sin perjuicio de la posibilidad de DISCOGRÁFICA de realizarla, con la conformidad previa y expresa de ARTISTA, por cualquier medio conocido o por conocer incluyendo el merchandising de cualquier artículo estrictamente relacionado con las grabaciones, exclusivamente con dicha finalidad promocional.

La promoción y publicidad de las grabaciones corresponderá a ARTISTA.

7.2 DISCOGRÁFICA queda autorizada por ARTISTA para la utilización del nombre propio y artístico de ARTISTA, de productores artísticos y otros participantes en las grabaciones, y de sus fotografías e imágenes representadas por cualquier medio plástico, datos sobre su vida, etc. Así como de sus marcas registradas y de las que utilicen ARTISTA o sean de su propiedad, nombre de los distintos personajes con los que actúe, etc., en exclusiva por lo que se refiere a la edición, y explotación en general de las grabaciones, siempre y cuando no supongan o puedan suponer un menoscabo o daño reputacional a ARTISTA o cualesquiera terceros, relacionados o no con las grabaciones.

OCTAVA.– TERMINACIÓN ANTICIPADA.

8.1 Cualquier parte podrá dar por terminado anticipadamente este Contrato mediante comunicación escrita a la otra parte, si cualquiera de ellas:

1) Cometiera cualquier incumplimiento de este Contrato (siempre que no fuese debido por errores de cálculo o contabilidad) y no lo remediase dentro de los treinta (30) días siguientes a la recepción de la comunicación escrita de la otra parte especificando el incumplimiento y solicitando su remedio.

2) Diese lugar a la demanda judicial de la otra parte por terceros y/o le produjera cualquier perjuicio efectivo, responsabilidad, coste, cargo y/o gasto en general diferente a los que correspondan por ejecución de este Contrato como consecuencia de inexactitud de cualquiera de las manifestaciones efectuadas en el mismo.

3) Realizara acuerdos con sus acreedores o se viera incursa en cualquier procedimiento concursal o de liquidación.

8.2 En los casos de incumplimiento por razón de fuerza mayor o causa fortuita, cualquiera de las partes podrá también dar por terminado este Contrato mediante comunicación por escrito en el supuesto de que el incumplimiento se mantuviese durante un período superior a seis (6) meses consecutivos.

8.3 Cualquier terminación de este Contrato tendrá lugar sin perjuicio de cualesquiera derechos cumplidos y obligaciones satisfechas hasta el momento de la resolución que deberán ser tratados de acuerdo con las previsiones del Contrato. En este sentido, como consecuencia de la terminación anticipada del Contrato, se extinguirán las obligaciones de las partes que no sean exigibles a la fecha de la rescisión, con la única excepción de la obligación de DISCOGRÁFICA, o de su eventual sucesor o cesionario, de abonar a ARTISTA las regalías o retribuciones correspondientes a las grabaciones, conforme a lo establecido en la cláusula sexta, que ya hubiesen sido fijados y demás material producido durante la vigencia de este Contrato, y la de ARTISTA de no grabar y fijar grabaciones para DISCOGRÁFICA en los términos que se establecen en el presente Contrato, revirtiendo todos los derechos sobre las grabaciones a sus originarios derechohabientes, y en particular, los derechos fonográficos estipulados en la cláusula primera.

8.4 Lo establecido en los párrafos anteriores se entiende sin perjuicio de las acciones establecidas por la ley a favor de la parte que padezca el incumplimiento, inexactitud o acuerdo citados, que podrá optar, en vez de por la resolución del Contrato, por exigir el cumplimiento de la obligación contravenida con resarcimiento en cualquier caso de los daños y perjuicios que procediera incluyendo el coste razonable de los honorarios de Abogado y Procurador.

NOVENA.- CESIÓN DE DERECHOS Y NOTIFICACIONES.

9.1 Todos los derechos y obligaciones que DISCOGRÁFICA obtiene de y frente a ARTISTA por el presente Contrato podrán ser cedidos, sin más trámite, en cualquier momento, a cualquier compañía de su grupo o a las del grupo al que pertenezca en cada momento, en el sentido del artículo 42 del Código de Comercio.

9.2 Cualquier notificación y comunicación que las partes deban efectuarse con motivo de la interpretación o cumplimiento del presente Contrato se realizará válidamente, salvo que en el presente Contrato se indique de otro modo, mediante carta certificada, telegrama o burofax con texto certificado, en todo caso con acuse de recibo, a las direcciones de las partes que figuran en el encabezamiento de la presente o a las que se comuniquen la una a la otra en el futuro por cualquiera de dichos medios y correo electrónico certificado a la dirección de correo electrónica que figure en el encabezamiento.

DÉCIMA.- GENERALIDADES, LEY APLICABLE Y FUERO.

10.1 Se adjunta a este Contrato formando parte inseparable del mismo como anexo 1 lista de definiciones que serán de aplicación al mismo.

10.2 A los efectos de lo previsto en el Reglamento (UE) 2016/679 de 27 de abril de 2016, así como la Ley Orgánica 3/2018, de 5 de diciembre, de Protección de Datos Personales y garantía de los derechos digitales, DISCOGRÁFICA informa al ARTISTA que los datos de carácter personal recabados o que se recaben con ocasión de la firma del presente contrato, así como cualquier otro facilitados o se pueda originar en el futuro con ocasión del desarrollo del presente contrato serán incluidos en un fichero de datos de carácter personal de titularidad de [Grupo Empresarial de la DISCOGRÁFICA] con domicilio social en [dirección] y CIF núm. [XXXXX], durante la vigencia del contrato y el tiempo suficiente para cumplir con la legislación aplicable y las obligaciones y hacer valer los derechos que se deriven del Contrato.

El tratamiento de los datos personales es necesario jurídicamente para poder dar cumplimiento a la relación contractual, siendo imposible su formalización y desarrollo sin el acceso a los mismos y siendo por tanto la base jurídica que legitima este tratamiento la correcta ejecución de la relación contractual entre el ARTISTA y DISCOGRÁFICA.

La finalidad del tratamiento en general es posibilitar la gestión de la relación contractual entre ARTISTA y DISCOGRÁFICA y el cumplimiento de cualquier prestación que se derive de esta, y en especial permitir la comunicación entre el ARTISTA y DISCOGRÁFICA, principalmente por teléfono, y por correo electrónico, elaborar liquidaciones, realizar pagos, gestionar reservas de alojamiento y transportes, gestión de derechos y elaboración de reportes, gestión y análisis financiero y comercial de la carrera y los productos del ARTISTA, gestión de páginas web y redes sociales, desarrollo de materiales y actividades de marketing y promoción, dar correctamente crédito a las interpretaciones del ARTISTA.

DISCOGRÁFICA podrá ceder, comunicar o de cualquier modo dar acceso a los datos a empresas de su grupo cuya información más detallada puede obtener en [Enlace/URL a la web de privacidad de la DISCOGRÁFICA] o a otras empresas con las que concluya acuerdos de colaboración en desarrollo del contrato tales como Medios de Comunicación, Promotores, Aseguradoras, Agencias de Viajes, Entidades Bancarias, Asesoría Fiscal, Soporte Administrativo, Empresas de Hosting (Servidores) y archivo de documentación de acuerdo con las finales descritas en el párrafo anterior. Asimismo, se informa de que sus datos de carácter personal podrían ser cedidos, al objeto de dar cumplimiento a obligaciones legales a la Administración Pública (Hacienda, Seguridad Social, etc.) y Auditores externos. Los anteriores terceros podrán estar radicados en España o en el extranjero, los cuales pueden encontrarse dentro de la UE o en terceros países que no ofrecen un nivel de protección equiparable en materia de protección de datos personales a los estándares exigidos en la UE en cuyo caso se formalizarán los acuerdos necesarios y se tomarán las medidas legales necesarias para garantizar adecuadamente la seguridad de los datos.

ARTISTA tendrán en todo momento conforme a lo dispuesto en la ley el derecho de acceso, corrección/rectificación, cancelación/supresión limitación, portabilidad y oposición, en su caso, contactando con DISCOGRÁFICA en la siguiente dirección: [e-mail del DPO/privacidad de la DISCOGRÁFICA]

Asimismo, si ARTISTA considerara que el tratamiento no se ajusta a la normativa vigente podrá presentar una reclamación ante la autoridad de control www.aepd.com.

ARTISTA puede ponerse en contacto con el delegado de protección de datos de [Grupo Empresarial de la DISCOGRÁFICA] por correo electrónico en la siguiente dirección: [e-mail del DPO/ privacidad del Grupo Empresarial]

ARTISTA manifiesta que ha leído y comprendido como DISCOGRÁFICA recopila y trata su información.

10.3 ARTISTA se compromete, tanto durante la vigencia de este Contrato como después de su terminación, a no divulgar de ninguna manera la información relativa al contenido del presente Contrato y a custodiarla con la máxima diligencia y evitar su reproducción. Lo anterior no impedirá a los abogados y asesores de ARTISTA que tengan la necesidad de conocer los términos del Contrato para asesorar al ARTISTA a acceder a la información. El ARTISTA se obliga a exigir a los abogados y asesores, idénticas obligaciones de confidencialidad que los asumidos por el propio ARTISTA y será responsable frente a DISCOGRÁFICA de cualquier incumplimiento de éstos.

Se entenderá por "información confidencial" a los efectos del presente Contrato, las condiciones y términos dispuestos en su clausulado, las finanzas, el método de trabajo y otros asuntos sobre los que ARTISTA haya tenido conocimiento durante o como resultado de este Contrato, cualquier grabación, títulos de álbumes o canciones, letras, arreglos musicales, o cualquier otra información relacionada con las grabaciones y sus planes de lanzamiento así como cualquier material que se realice en ejecución del presente Contrato.

No obstante, lo anterior, el ARTISTA podrá revelar la "información confidencial" cuando venga obligado en virtud de Ley, norma o requerimiento de autoridad judicial o administrativa legalmente habilitada para ello siempre que informe previamente a DISCOGRÁFICA de tal revelación, haga indicación expresa a dicha autoridad del carácter confidencial de la información y la información revelada sea la estrictamente necesaria al objeto del requerimiento.

No se entenderá comprendida dentro del deber de confidencialidad la información que fuese o deviniese de conocimiento público, salvo como resultado de cualquier acto u omisión llevado a cabo por el ARTISTA o sus asesores y Abogados.

En el supuesto de que las partes no suscriban el Contrato, ARTISTA se obliga a destruirlo inmediatamente por cualquier procedimiento que impida que pueda volver a ser leído o reproducido.

La vulneración de la obligación de confidencialidad aquí asumida facultará a DISCOGRÁFICA a reclamar una indemnización por los daños y perjuicios causados

10.4 La falta de acción, por cualquiera de las partes frente a cualquier infracción de una disposición del presente Contrato, no se considerará condonación de ni renuncia frente a cualquier otra infracción de la misma, o de cualquier otra disposición del mismo.

10.5 Si alguna de las disposiciones del presente Contrato se declara inválida, nula o resulta imposible de cumplir, en su totalidad o en parte, las partes se obligan a negociar de nuevo sin demora y bajo el principio de buena fe todos los apartados afectados por dicha invalidez o imposibilidad, continuando en vigor el resto de lo estipulado en el mismo.

10.6 Los encabezamientos de los apartados tienen la finalidad de facilitar la lectura y no afectarán a la ejecución o interpretación del presente Contrato.

10.7 Este Contrato se rige por las leyes españolas. Las partes renuncian al fuero que en cualquier momento pudiera corresponderles y se someten expresamente al de los Tribunales de ...., para el conocimiento y decisión de las cuestiones que pudieran derivarse de su interpretación y cumplimiento.

Y para que conste y en señal de conformidad, ambas partes firman telemáticamente este contrato mediante firma electrónica a la que dan valor jurídicamente equivalente a la firma manuscrita.

ARTISTA	DISCOGRÁFICA
[Nombre del artista]	[Nombre del apoderado]

Anexo 1. DEFINICIONES

- Grabación/es: Cualquier fijación o registro de cualquier duración, sólo de sonido, es decir de audio, o de sonido con imágenes visuales, es decir audiovisual, adecuada bien para ser comunicada públicamente en salas de cine, por televisión, a través de internet, etc., para sacar reproducciones de la misma denominadas en este contrato soportes de audio y soportes de vídeo, bien para ser incorporada o almacenada en una base de datos o en cualquier servidor o dispositivo y de ahí suministrada a los distintos usuarios y clientes finales o bien en general para ser explotada comercial y/o económicamente por cualquier medio o sistema actualmente conocido o que en el futuro se desarrolle, y en todos los casos realizada con dichos fines.

- Soporte físico: Cualquier soporte tangible de audio y/o soporte de video
- Explotación por Distribución Electrónica: La distribución y/o puesta a disposición de las grabaciones objeto de este contrato por procedimientos electrónicos o de cualquier otra índole, conocida o por conocer, ya sea por medio de redes de comunicación telefónicas, informáticas o a través de cualquier sistema de transmisión analógica o digital de contenidos gráficos y/o de audio y/o vídeo por cualquier medio ya sea cable, fibra óptica, satélite, ondas hercianas, etc., y en general la realizada a través de cualesquiera medios de difusión electrónica y redes informáticas, como por ejemplo, y sin que su mención tenga carácter limitativo, por Internet, telefonía móvil, etc.
- Sitio de venta al consumidor: significa el sitio web ubicado en la "World Wide Web" propiedad de DISCOGRÁFICA o de un tercero con el que DISCOGRÁFICA tenga un acuerdo de explotación por Distribución Electrónica o que esté controlada de algún modo por este tercero desde la cual se pone a disposición del público las grabaciones para el acceso a través de ordenadores, teléfonos o dispositivos móviles o aparatos similares a través del cual sea posible el acceso a Internet, red de telefonía móvil o similar.
- Streaming o Escucha: es la transmisión de una grabación vía Internet o telefonía móvil mediante servidores que emitan de modo que el consumidor final pueda escuchar o visionar la grabación pero que dicho consumidor no pueda almacenar o descargar en modo alguno la grabación en dicho ordenador o dispositivo y sin que pueda interactuar con la grabación, de modo que cuando cese la transmisión, cese la escucha simultáneamente de la grabación.
- Downloading o Descarga: es aquella transmisión digital electrónica de una grabación y/o producto cuyo resultado es la obtención de una copia electrónica digital que se crea en el ordenador personal, teléfono móvil u otro dispositivo del consumidor.
- video: significará una grabación audiovisual que incorpora como banda sonora la reproducción de la grabación de audio de un tema de ARTISTA junto con la interpretación del ARTISTA o cualquier otra representación visual.
- Edición de las grabaciones: se entenderá tanto la publicación como la puesta a disposición y/o la distribución o venta de las mismas a los consumidores en cualquier soporte o formato digital (explotación por distribución electrónica mediante downloading o streaming, etc) o en cualquier soporte físico. Así se entenderá que cualquier grabación de este contrato está editada cuando se haya puesto a disposición y/o a su venta al público, en uno cualquiera de los soportes o formatos citados sin que sea necesario para ello que se haya hecho en todos.
- Precio de lista: Significará el usado por DISCOGRÁFICA o sus licenciadas o cesionarios autorizados para cargar y facturar sus productos a sus clientes de acuerdo con la lista de precios editada en cada momento por DISCOGRÁFICA o sus licenciadas o cesionarios autorizados en caso de ventas por canales normales o el precio de cesión establecido en los casos de ventas de saldo, clubes, por correo, proyectos especiales y otros métodos no tradicionales de distribución.

En caso de venta de grabaciones en soporte físico a través de venta directa (D2C), se tomará como base para el cálculo de precio de lista, por la explotación que realice [Grupo Empresarial de la DISCOGRÁFICA] a través de la tienda diseñada para la venta online directa a consumidores, el setenta (70%) del precio de venta al público (PVP) menos los impuestos aplicables en cada momento.

Cuando el producto consista en un dispositivo o aparato que permita el registro, almacenamiento y reproducción de contenidos en general en el que se incluya precargada o almacenada cualquier grabación o contenido objeto de éste contrato, como por ejemplo un reproductores MP3, "pen drive's", tarjetas de memoria, teléfonos, etc., se aplicará como precio de lista el resultado de restar al correspondiente precio cargado por DISCOGRÁFICA o sus licenciadas o cesionarios autorizados a sus clientes el coste del dispositivo o aparato en cuestión.

En el caso de ventas de soportes físicos junto con otros productos o artículos (tales como entradas, merchandising, experiencias, contenido digital) o encartados con publicaciones de cualquier tipo, se aplicará como precio de lista el resultado de restar al correspondiente precio cargado por DISCOGRÁFICA o sus licenciadas o cesionarios autorizados a sus clientes el porcentaje que en el coste total del conjunto representen los mencionados productos, artículos o publicaciones.

En el caso de ventas de soportes de vídeo del tipo descrito como laserdisc, VHS, DVD, SACD, CD ROM, Blue Ray, etc, se aplicará como precio de lista el resultado de restar al correspondiente precio cargado por DISCOGRÁFICA o sus licenciadas o cesionarios autorizados a sus clientes el porcentaje que en el total del producto esté representado por los contenidos distintos de la propia grabación que contengan con un mínimo del 50%.

- Base de Liquidación, significará:
- todos los importes realmente recibidos por DISCOGRÁFICA o por cualquiera de las los licenciatarios habituales de DISCOGRÁFICA (tal como las compañías afiliadas del [grupo empresarial de la DISCOGRÁFICA]) en cada territorio por la explotación por Distribución Electrónica de las grabaciones y usos por telefonía móvil y en línea deducidos siempre que sean a cargo de DISCOGRÁFICA o de sus licenciatarios habituales, los costes de digitalización, tráfico y los gastos de intermediación de cualquier operador/integrador de telecomunicaciones, y otros agentes y terceros que realicen físicamente las misma y las tareas conexas con las explotaciones mencionadas, y las cantidades a favor de cualquiera entidades de gestión colectiva de derechos de propiedad intelectual con arreglo la Ley (tales como por ejemplo las que representen a autores, a editores, a intérpretes y ejecutantes, etc.). *("Ingresos en origen").*
- todos los importes realmente recibidos por DISCOGRÁFICA, libres de impuestos, por la explotación por Distribución Electrónica de las grabaciones y usos por telefonía móvil y en línea deducidos siempre que sean a cargo de DISCOGRÁFICA, los costes de digitalización, tráfico y los gastos de intermediación de cualquier operador/integrador de telecomunicaciones, y otros agentes y terceros que realicen físicamente las misma y las tareas conexas con las explotaciones mencionadas, y las cantidades a favor de cualquiera entidades de gestión colectiva de derechos de propiedad intelectual con arreglo la Ley (tales como por ejemplo las que representen a autores, a editores, a intérpretes y ejecutantes, etc.) *("Ingresos netos").*

Queda establecido que, además de lo anterior, cuando DISCOGRÁFICA o cualquiera de las compañías realice directamente la explotación por Distribución Electrónica al consumidor (D2C) se tomará como base para el cálculo de precio de lista, por la explotación que realice [Grupo Empresarial de la DISCOGRÁFICA] a través de la tienda diseñada para la venta online directa a consumidores, el setenta (70%) del precio de venta al público (PVP) menos los impuestos aplicables en cada momento.

- el precio de lista en el caso de venta de soportes físicos de recopilatorios editados por DISCOGRÁFICA calculado bajo el criterio "prorrata tituli, por unidad vendida, facturada y efectivamente cobrada deduciendo del mismo los descuentos comerciales y por pronto pago en su caso y además un 25% (veinticinco por ciento) en concepto de fundas y packaging. *("Precio de Lista o PPD")*

No se considerarán unidades vendidas ni se tendrán en cuenta para calcular los cánones establecidos, los que VIRGIN pudiese entregar como muestras sin valor, primas de venta, ni los que sean objeto de devolución por los clientes como defectuosos o con arreglo a operaciones de depósito o con garantía de devolución, ni tampoco los que puedan ser vendidos en forma de liquidación con un descuento superior al 70% (setenta por ciento) del precio de lista.

- todos los importes realmente recibidos por DISCOGRÁFICA, libres de impuestos, por:
- cualquier otra utilización de las grabaciones en que el ingreso de DISCOGRÁFICA consista en un pago a tanto alzado, deducidos siempre que sean a cargo de DISCOGRÁFICA gastos de agentes y terceros que realicen físicamente la misma y tareas conexas o de intermediación, y en su caso las cantidades a favor de cualquier titular de derechos de imagen, propiedad industrial e intelectual o entidades de gestión colectiva de derechos de propiedad intelectual con arreglo la Ley
- cualquier ingreso de DISCOGRÁFICA obtenido por la licencia a terceros de las grabaciones en álbumes recopilatorios

  ("*Ingresos Netos*")
- facturación neta: se entenderá por facturación neta la cantidad total facturada por DISCOGRÁFICA a los clientes por la venta de soportes físicos de las grabaciones, incluidos todos los conceptos excepto el IVA, menos los descuentos, las devoluciones y los impagados en su caso.

ANEXO 2
CAMBIO CONDICIONES DURACIÓN Y CONTRAPRESTACIÓN DE VIDEOCLIPS MUSICALES DE ARTISTA

Como consecuente de la firma del presente Contrato, por medio de la presente, las partes acordamos:

1. Que, en la duración del Contrato, se firmará entre el Productor correspondiente elegido entre las partes y DISCOGRÁFICA la realización ejecutiva y técnica de [número con letras] (XX) videoclips musicales con motivo inicial de los lanzamientos de las grabaciones con títulos tentativos "*[Título 1]*" "*[Título 2]*" interpretadas por ARTISTA (en adelante, contrato de VIDEOCLIP), a través del cual DISCOGRÁFICA adquirirá la absoluta y exclusiva propiedad de estas.
2. Que VIDEOCLIP será, y así lo reconoce ARTISTA, de la absoluta y exclusiva propiedad de DISCOGRÁFICA, a quien corresponderán en exclusiva, por la duración que la ley establece para los derechos de explotación de los productores y fonogramas y de grabaciones audiovisuales, y para todo el mundo, todos los derechos presentes y futuros de explotación de las mismas, en particular los de reproducción, distribución, puesta a disposición, comunicación pública y transformación, lo que incluye entre otros derechos, aunque sin que la siguiente enumeración tenga carácter limitativo, los de venta, alquiler, préstamos, cesión, uso, sincro-

nización de cualquier clase, retransmisión y comunicación, incluso por emisoras de radio y televisión por cualquier sistema de transmisión, telefonía móvil, Internet, etc.

3. Que en relación única y exclusivamente con el VIDEOCLIP, se acuerda modificar el punto 3.2. establecido dentro de la cláusula TERCERA.– DURACIÓN del Contrato, cuya redacción se sustituirá en todo por la siguiente:

   "El presente contrato entrará en vigor el día señalado en la fecha de encabezamiento y tendrá la duración establecida en la ley para los derechos de explotación de los productores de fonogramas y grabaciones audiovisuales, para los derechos adquiridos por DISCOGRÁFICA en el Contrato respecto el VIDEOCLIP, en lo sucesivo periodo de explotación"

   Así como el punto 6.1.1. dentro de cláusula SEXTA.– CONTRAPRESTACIÓN del contrato, cuya redacción se sustituirá en todo por la siguiente: *"DISCOGRÁFICA abonará a ARTISTA, como total y única contraprestación:*

   6.1.1 Por los derechos de explotación por Distribución Electrónica de las grabaciones el [número en letras] por ciento (XX%) (TREINTA POR CIENTO) de la Base de Liquidación por la Explotación por distribución electrónica de las grabaciones".

4. Que DISCOGRÁFICA se compromete a (i) asumir los gastos y desembolsos derivados de la producción de VIDEOCLIP; y (ii) a realizar una inversión mínima garantizada por VIDEOCLIP de XXXXXX EUROS (XXXXXX-€). No obstante, lo anterior, las partes acuerdan que uno de los VIDEOCLIP, a elección de ARTISTA, tendrá una inversión mínima garantizada de [IMPORTE en letras] (XXX.-€) por parte de DISCOGRÁFICA.

Este anexo se considerará en adelante como anexo al Contrato de los que formará parte a todos los efectos y que en lo no modificado por la presente permanecerá en sus propios términos.

DISCOGRÁFICA

Una division de [Grupo Empresarial de la DISCOGRÁFICA]

CONFORME [Nombre/s de los apoderado/s de la DISCOGRÁFICA]

D./Dña. [Nombre del Artista]

F092. CONTRATO DE EDICIÓN DISCOGRÁFICO (I)

En..........., a................

DE UNA PARTE, Dña............... con NIF............., mayor de edad, con domicilio en................, en adelante EL AUTOR.

Y DE OTRA PARTE,............... con domicilio social en........... y con CIF............., representada en este acto por............ con DNI nº............. en su calidad de apoderada, con poderes suficientes para otorgar este acto (el "EDITOR").

Ambas partes se reconocen mutuamente la capacidad legal necesaria para formalizar el presente contrato y por medio de este documento

EXPONEN

I. Que el AUTOR afirma ser titular en pleno dominio de las obras enumeradas en el Anexo I de este contrato (en lo sucesivo, las "Obras") y que las mismas no infringen ningún derecho de propiedad intelectual preexistente, que no las tiene sujetas a carga ni gravamen alguno y le cabe respecto de ellas la más libre disponibilidad, así como que está plenamente facultado para celebrar este contrato y ceder los derechos que por el mismo se conceden, quedando el EDITOR exonerado de toda responsabilidad ante cualquier reclamación de terceros.

La titularidad mencionada le corresponde, en concepto de AUTOR Y/O COMPOSITOR MUSICAL en la forma y participación que se detalla en el Anexo I de este contrato, el cual forma parte integrante e inseparable del mismo.

Asimismo, el AUTOR declara ser miembro de SGAE para todos los derechos objeto de gestión colectiva necesaria por parte de esta entidad.

II. Que el EDITOR ejerce legalmente su actividad como editor musical, de acuerdo con la normativa vigente.

III. De acuerdo con lo expuesto, ambas partes, de mutuo acuerdo, celebran el presente contrato de edición (el "Contrato") bajo las siguientes

ESTIPULACIONES

PRIMERA.– OBJETO DEL CONTRATO. AUTOR otorga al EDITOR su consentimiento para que éste, por sí o por tercero, divulgue, publique, reproduzca, distribuya y ejerza los derechos cedidos en virtud de este Contrato, en exclusiva, sobre las Obras, sin más limitación que las que dimanen del Contrato y de la Ley.

SEGUNDA.– DERECHOS CEDIDOS. El AUTOR cede al EDITOR en exclusiva todos los derechos de explotación sobre las Obras, incluyendo, a título enunciativo: El DERECHO DE REPRODUCCIÓN GRÁFICA Y DISTRIBUCIÓN DE EJEMPLARES IMPRESOS de las Obras, bien sea de forma gratuita o bien mediante

a) contraprestación, venta, alquiler, préstamo o cualesquiera otros métodos de explotación comercial o

b) modalidades de explotación, inclusive las de reproducción por medios gráficos, fonográficos, videográficos, digitales, audiovisuales, así como tratamiento de datos y soportes o sistemas de almacenamiento conocidos como multimedia (a título meramente enunciativo: CD ROM, CD Interactivos, Bases de datos, Redes Digitales tipo Internet, etc.) y su distribución por medio de ejemplares o redes telemáticas.

Igualmente, queda comprendida la cesión de los derechos de remuneración compensatoria en la proporción en que no sea irrenunciable para el AUTOR, regulados en el vigente Texto Refundido de la Ley de Propiedad Intelectual (en adelante, "TRLPI").

b) El DERECHO DE REPRODUCCIÓN, entendido como fijación, directa o indirecta, provisional o permanente, por cualquier medio y en cualquier forma, de las Obras, en su integridad o fragmentadas, o de su música y/o letra, en un medio que permita su comunicación y la obtención de copias; en cualesquiera soportes, ya sean de sonido o de imagen y sonido, analógico o digital, de almacenamiento (como multimedia) o de cualquier otro tipo, inclusive, a título meramente enunciativo, soportes fonográficos, videográficos, DVD, CD Rom, CD Interactivos, Redes Digitales tipo Internet, Bases de Datos, etc.; y el DERECHO DE DISTRIBUCIÓN de las Obras así reproducidas en cualquier forma, bien sea de forma gratuita o bien mediante contraprestación, venta, alquiler o préstamo (comprendiendo la cesión tanto los correspondientes derechos de autorización como, en la medida en que sean renunciables, los derechos a obtener una remuneración compensatoria) o bien por otro método de explotación comercial.

Dentro de estos derechos cedidos se encuentra además el DERECHO DE PRIMERA FIJACIÓN de las Obras o de parte de ellas, ya sea con destino a una explotación de carácter comercial o publicitario, para inclusión en obras audiovisuales, incluyendo videojuegos, como tono para telefonía o informática o cualquier otro uso por medio conocido; así como el derecho a la remuneración del artículo 25 TRLPI, en la proporción que no sea irrenunciable para el AUTOR.

c) El DERECHO DE COMUNICACIÓN PÚBLICA, entendido como todo acto por el cual la totalidad o parte de las Obras se ponen a disposición de una pluralidad de sujetos sin necesidad de previa distribución de ejemplares, incluyéndose, a título meramente enunciativo y no limitativo, la representación escénica, recitación, disertación y ejecución pública de las Obras mediante cualquier medio o procedimiento; la proyección o exhibición pública de las Obras, incorporadas a un soporte audiovisual; la emisión de las Obras por radiodifusión o por cualquier otro medio que sirva para la difusión inalámbrica de signos o sonidos, comprendiendo el concepto de emisión la producción de señales portadoras de programas hacia un satélite, cuando la recepción de las mismas por el público no es posible sino a través de entidad distinta de la de origen; la radiodifusión o comunicación al público vía satélite de las Obras; la transmisión de las Obras al público por hilo, cable, fibra óptica u otro procedimiento análogo, sea o no mediante abono; la retransmisión, por cualquiera de los medios citados en los apartados anteriores y por entidad distinta de la de origen, de las Obras radiodifundidas; la emisión o transmisión, en lugar accesible al público, mediante cualquier instrumento idóneo, de las Obras radiodifundidas; el derecho de puesta a disposición del público de las Obras por procedimientos alámbricos o inalámbricos, que faciliten el acceso a las Obras por cualquier persona desde el lugar y momento que ella elija, a través de cualquier tipo de red electrónica o digital, incluida Internet, o el acceso público en cualquier forma a las Obras incorporadas a una base de datos. Todo ello en cualquier modalidad de explotación, inclusive a título meramente enunciativo, las modalidades de acceso gratuito (como pueden ser las de Free TV), o acceso de pago (como Pay TV o Pay per View), y para cualquier medio de difusión (incluyendo, a título enunciativo, los digitales y analógicos).

Queda igualmente cedido el derecho a la remuneración compensatoria del artículo 90 del TRLPI, en la proporción que no sea irrenunciable para el AUTOR.

d) El DERECHO DE TRANSFORMACIÓN mediante arreglos musicales, adaptaciones y/o traducciones de las Obras a cualquier lengua o idioma, fragmentaciones, y cualquier otra modificación de la que derive una obra diferente, incluso con la posibilidad de que la obra derivada no sea una obra musical; Y EL DERECHO A INCLUIR LAS OBRAS EN OTRAS OBRAS O PRESTACIONES, incluyendo la creación de obras compuestas, la inclusión de las Obras, total o parcialmente, en "ringtones", "tonos", "politonos", "truetones", "realtones", "ring-back tones" o similares, su incorporación a bases de datos, producciones multimedia (ya sean "on line" u "off line") o páginas WEB, UMTS o WAP, la sincronización de las Obras en cualquier tipo de obra y/o grabación sonora, visual y/o audiovisual, con cualquier tipo de fin (desinteresado, comercial, publicitario, etc.) o asociada a cualquier servicio y/o producto.

Esta cesión lleva aparejada necesariamente la autorización para suscribir acuerdos que incluyan repartos de porcentajes sobre las obras resultantes de la transformación o incorporación, bien entendido siempre que en la parte que corresponda al AUTOR y al EDITOR se respetarán los porcentajes establecidos en la cláusula séptima del presente documento. En los supuestos de adaptación, el porcentaje del adaptador se establecerá según las normas aplicables de la correspondiente entidad de gestión.

e) El DERECHO DE COLECCIÓN: AUTOR renuncia a favor de EDITOR al derecho de colección, conforme se regula en el artículo 22 TRLPI.

El EDITOR podrá asimismo autorizar el uso del título de las Obras para cualquier utilización (como, por ejemplo, uso promocional, para obras audiovisuales, para licenciar a un tercero el uso de una marca sobre el mismo, etc.).

TERCERA.– SALVAGUARDA DEL DERECHO MORAL DEL AUTOR. Queda reservado al AUTOR su Derecho Moral. Este será respetado en todo momento por el EDITOR, que exigirá a los terceros con que contrate la salvaguarda del mismo.

CUARTA.– TERRITORIO. Los derechos se conceden para el territorio de todo el UNIVERSO (el "TERRITORIO").

En los Estados en los que exista entidad de gestión de derechos de autor con contrato de representación suscrito con las entidades de gestión españolas, los derechos de gestión colectiva se ejercerán por medio de aquellas. En los Estados en que no exista representación con entidad (es) de gestión, el AUTOR autoriza al EDITOR para el licenciamiento y cobro directo de cuantos derechos se ceden en virtud de este Contrato, bien entendido que el AUTOR no podrá exigir al EDITOR la persecución en dichos Estados de infracciones de los derechos sobre las Obras, dada la dificultad que las circunstancias jurídico-políticas de dichos Estados puede implicar.

QUINTA.– PLAZO DE VIGENCIA DEL CONTRATO. La duración inicial de este contrato es de......... años, prorrogable automáticamente por periodos iguales (........) años salvo acuerdo expreso de las partes. En caso de que una de las partes no quisiera renovar el contrato a su vencimiento será la encargada de notificar a SGAE la disolución del mismo.

SEXTA.– INDIVISIBILIDAD DE LAS OBRAS. Si las Obras estuviesen integradas por géneros distintos (literario o musical), no obstante considerarse indivisibles, el EDITOR está facultado para utilizar o autorizar a otros para que utilicen por separado tanto su letra como su música. En este caso, y en virtud de tal indivisibilidad, todos los autores de las Obras así utilizadas participarán en los rendimientos que se obtengan en la proporción establecida en este Contrato.

SÉPTIMA.– CONTRAPRESTACIÓN ECONÓMICA. Como contraprestación por los derechos cedidos, el EDITOR se obliga a satisfacer al AUTOR los siguientes porcentajes de los rendimientos que se obtengan por la explotación de las Obras:

a) Reproducción y distribución de ejemplares impresos.

La participación del AUTOR será del.......... POR CIENTO del precio de venta al detallista, deducidos impuestos indirectos, de cada ejemplar efectivamente vendido en firme en España. En los casos de Obras creadas en colaboración, dicho porcentaje será calculado proporcionalmente a la participación de cada uno de los autores en la autoría de la Obra. Las cantidades netas que por este concepto se reciban del extranjero serán distribuidas al........... POR CIENTO el AUTOR y.......... POR CIENTO el EDITOR.

Cuando las Obras hayan sido impresas en un álbum conjuntamente con otras, el EDITOR abonará al AUTOR los porcentajes estipulados anteriormente, en proporción al número de obras contenidas en dicho álbum (pro rata numeris).

Las liquidaciones correspondientes serán practicadas y enviadas por el EDITOR al AUTOR dentro de los.......... días siguientes al fin de cada año natural.

b) Reproducción/Distribución Mecánica:

El reparto entre AUTOR y EDITOR es el establecido en el Anexo I de este Contrato.

El AUTOR reconoce que su porcentaje le será abonado a través de la entidad de gestión indicada en el Expositivo I, salvo para el reparto de las cantidades recaudadas por licencias de primera fijación u otras cantidades que el EDITOR pudiera percibir a tanto alzado, así como en el caso de derechos de reproducción y distribución mecánica cobrados en los países mencionados en el párrafo segundo de la cláusula cuarta.

c) Comunicación Pública:

El reparto entre AUTOR y EDITOR es el establecido en el Anexo I de este Contrato.

El AUTOR reconoce que su porcentaje le será abonado a través de la entidad de gestión indicada en el Expositivo I, salvo para el reparto de las cantidades recaudadas por derechos de comunicación pública que se pudieran cobrar en los países mencionados en el párrafo segundo de la cláusula cuarta.

d) Transformación, sincronización e incorporación a obras o prestaciones:

El reparto entre AUTOR y EDITOR es el establecido en el Anexo I de este Contrato.

Salvo para el caso de que alguna modalidad quede reservada a la entidad de gestión indicada en el Expositivo I por normativa interna de la misma (en cuyo caso el AUTOR reconoce que su porcentaje le será abonado a través de la misma), el reparto de las cantidades recaudadas se realizará por el EDITOR.

El AUTOR reconoce que los cobros que según lo anterior queden reservados para su realización a través de la entidad de gestión indicada en el expositivo I le serán abonados por ella, para los territorios cuyo control ha sido encomendado a dicha entidad y mientras siga vigente su mandato con ella, o por cualquier otra entidad de gestión a la cual en un futuro le sea encomendada dicha recaudación. El AUTOR conoce que el EDITOR ni siquiera tiene acceso a sus datos personales y económicos según obran en poder de la entidad de gestión, por lo que exime al EDITOR de toda responsabilidad respecto de las liquidaciones y pagos cuya recaudación y reparto sea competencia de la entidad de gestión.

Los importes cobrados por el EDITOR por los conceptos relacionados anteriormente y que no hayan sido confiados a la entidad de gestión para su reparto serán liquidados por el EDITOR al AUTOR dentro de los.... días siguientes al fin de cada semestre natural (......... y..........) en los términos de la cláusula octava. En cualquier caso, el EDITOR no viene obligado a practicar liquidaciones por los conceptos referidos en las precedentes letras a), b), c) y d) más que por derechos efectivamente cobrados por él y no confiados a la entidad de gestión para su reparto, sin que en ningún caso deba anticipar pagos al AUTOR sobre impagados, pagos fallidos, créditos de dudoso cobro, etc., riesgo que asumirán ambas partes.

El EDITOR podrá imprimir, fabricar y distribuir gratuitamente ejemplares impresos o soportes sonoros y/o audiovisuales, así como autorizar actos puntuales de comunicación pública sin contraprestación económica, con destinos promocionales; entrando tal distribución o comunicación dentro de las actividades promocionales inherentes al contrato de edición, dentro de los usos del sector. El AUTOR no podrá exigir contraprestación alguna por tal explotación gratuita.

OCTAVA.– FORMA DE PAGO. En los plazos de la cláusula anterior, el EDITOR enviará al AUTOR o sus derechohabientes las liquidaciones expresivas de las cantidades por las que el AUTOR debe remitir la correspondiente factura para proceder a su cobro. El EDITOR no viene obligado al pago en tanto no reciba factura expedida conforme a Ley, pago que realizará en la forma de pago acordada con el AUTOR o sus derechohabientes.

NOVENA.– DOMICILIO PARA NOTIFICACIONES Y PAGOS. El AUTOR designa como domicilio a efectos de comunicaciones y pagos (incluidos los envíos de liquidaciones) el del encabezamiento del Contrato, obligándose a comunicar mediante telegrama, burofax conducto notarial u otro medio que permita acreditar fehacientemente tal comunicación, cualquier cambio de domicilio o de lugar (cuenta) de pago, cambio que obligará al EDITOR a los.. días hábiles desde la recepción de la comunicación que le haga el AUTOR notificándole tal cambio de domicilio o lugar de pago.

DÉCIMA.– OBLIGACIONES DEL EDITOR.

a) Realizar, en la medida exigible según Ley, una edición impresa de las Obras, en un plazo no superior a dos años, a partir de la fecha de este Contrato. En la primera página de dicha edición figurará, a nombre del AUTOR y del EDITOR, la nota de reserva de derechos tras la palabra "copyright" o su símbolo ©.

b) Observar la diligencia necesaria en el cumplimiento de las formalidades requeridas por las leyes para la protección efectiva de las Obras.

c) Realizar cuanto sea necesario para asegurar a las Obras una explotación permanente y continua, de acuerdo con su naturaleza y según los usos de la profesión y satisfacer a su costa los gastos de toda índole derivados de tal explotación y del ejercicio de los derechos de explotación concedidos, tales como los de promoción y propaganda, por cualquier medio, y los de publicación de ejemplares impresos y/o fabricación de soportes sonoros, así como los de distribución de ejemplares o copias, cuyo precio fijará libremente el EDITOR.

UNDÉCIMA.– OBLIGACIONES DEL AUTOR.

a) Entregar al EDITOR en un plazo de quince días el manuscrito completo de las Obras totalmente acabadas (partitura y letra, en su caso) o, en su defecto, un soporte audio o que contenga una grabación sonora de las Obras que permita al EDITOR la reproducción gráfica según lo estipulado en la cláusula décima (a).

b) El AUTOR y el EDITOR se exoneran mutuamente de la obligación de someter, corregir y aprobar las pruebas de la tirada de la edición gráfica y/o las pruebas de fabricación, corte, acetatos, matrices y mastering de soportes sonoros.

DUODÉCIMA.– AUTORIZACIÓN PARA CESIÓN A TERCEROS. El EDITOR podrá vender, ceder o traspasar, parcial o totalmente, los derechos adquiridos en virtud del Contrato, así como confiar la explotación de los mismos a terceros, sin restricción ni limitación más que la de reservar al AUTOR los porcentajes de participación estipulados.

A título enunciativo, el EDITOR podrá concertar (i) contratos de subedición para cualquiera de los Estados del TERRITORIO, pudiendo ceder a otros editores extranjeros hasta el...% de los derechos adquiridos por el EDITOR según este Contrato (en este caso, las participaciones de los arregladores y/o adaptadores se regirán de conformidad con las normas establecidas por las Entidades de gestión del o de los países correspondientes); así como (ii) contratos de coedición, pudiendo ceder a otros editores el porcentaje que considere conveniente de los derechos atribuidos a su participación editorial y/o incluso, las facultades de gestión y administración (siempre de conformidad con las normas vigentes que para estos casos existan en la(s) entidad (es) de gestión del o los países correspondientes).

DECIMOTERCERA.– REGISTRO DE LAS OBRAS. El EDITOR podrá inscribir las Obras en los Registros de Propiedad Intelectual, Copyright u otros del TERRITORIO, así como sus renovaciones, a nombre del EDITOR o del AUTOR, debiendo el AUTOR colaborar en lo que sea preciso.

DECIMOCUARTA.– UTILIZACIÓN DE IMAGEN, DATOS Y NOMBRE DEL AUTOR.

El EDITOR, a efectos de promoción o ejercicio de los derechos cedidos, podrá utilizar la imagen, el nombre y los datos biográficos del AUTOR, sin que este pueda exigir ninguna remuneración económica como contraprestación. Igualmente, el AUTOR autoriza a EDITOR (i) la inclusión de sus datos personales en una base de datos propia y/o del grupo de empresas a que pertenezca y (ii) el tratamiento de los mismos de acuerdo con la legislación vigente, con la finalidad del mantenimiento, seguimiento y control de la presente relación contractual. Asimismo, el AUTOR autoriza la cesión de sus datos personales a las entidades de gestión, coeditores y subeditores únicamente en la medida en que pueda resultar conveniente para la ejecución del presente Contrato y/o para la gestión de los derechos cedidos en virtud del mismo. El AUTOR podrá ejercitar los derechos de acceso, cancelación, rectificación u oposición dirigiéndose por escrito a la dirección de EDITOR (señalada más arriba).

DECIMOQUINTA.– DERECHOS DE TANTEO Y RETRACTO A FAVOR DEL EDITOR.

La cesión de derechos otorgada no alcanza a las modalidades de utilización o difusión inexistentes o desconocidas al tiempo de la cesión. Ahora bien, si en el futuro el EDITOR quisiera explotar los derechos por medio de una modalidad y/o medio actualmente desconocido, lo comunicará al AUTOR, entendiéndose que el mismo está conforme si en... días no comunica su oposición en la forma acordada en el presente Contrato para notificaciones. El EDITOR ostentará un derecho de tanteo y, en su caso, de retracto, respecto de dichas nuevas modalidades de utilización y/o de difusión

DECIMOSEXTA.– DEFENSA DE LOS DERECHOS. El EDITOR podrá entablar, a su costa, por sí o por apoderado cualquier reclamación extrajudicial, judicial y/o administrativa en defensa de los derechos del AUTOR y/o del EDITOR sobre las Obras. Las indemnizaciones netas que se obtengan como consecuencia de dichas reclamaciones o procedimientos, una vez deducidos los gastos, serán repartidas entre el EDITOR y el AUTOR de conformidad con los porcentajes de reparto establecidos en la cláusula séptima de este Contrato. El AUTOR queda obligado a otorgar al EDITOR, o a la(s) persona(s) que éste designe, poderes notariales bastantes para llevar a efecto los aludidos procedimientos.

DECIMOSÉPTIMA.– SUCESIÓN MORTIS CAUSA. En el caso de sucesión mortis causa, el EDITOR no vendrá obligado al cumplimiento de ninguna de las obligaciones derivadas del este Contrato hasta que no se den las siguientes condiciones: (i) que los derechohabientes acrediten la sucesión con los documentos y formalidades que exija la Ley, (ii) que los derechohabientes, caso de ser más de uno, comuniquen fehacientemente al EDITOR quién de ellos es el administrador de los derechos sucesorios a efectos del presente Contrato; y (iii) que con posterioridad a cada liquidación, le sea remitida la correspondiente factura.

DECIMOCTAVA: ELEVACIÓN A ESCRITURA PÚBLICA. Este Contrato podrá ser elevado a escritura pública a petición de cualquiera de las partes, viniendo la contraparte obligada a realizar las actuaciones imprescindibles a este fin, y siendo a cargo del que lo solicita todos los gastos que se produzcan.

DECIMONOVENA.– LEGISLACIÓN APLICABLE Y SUMISIÓN JURISDICCIONAL.

Este Contrato se regirá por las Leyes españolas y, para toda cuestión o diferencia dimanante del mismo, las partes se someten a la jurisdicción de los Tribunales de..........., con renuncia expresa a cualquier otro fuero que pudiera corresponderles.

VIGÉSIMA.– ENTRADA EN VIGOR. El presente Contrato entrará en vigor a partir de la fecha de su firma, y redundará en beneficio de las partes y de sus sucesores y concesionarios.

Las partes leen por sí el presente Contrato, que se extiende por triplicado y a un solo efecto, y encontrándolo conforme, lo firman en el lugar y fecha indicados ut supra.

F093. CONTRATO DE EDICIÓN DISCOGRÁFICO (II)

En............, a...........

REUNIDOS

DE UNA PARTE:............... con domicilio social en............., representada por Don............, Director General de............ y actuando como órgano de contratación de la sociedad, en adelante denominado EDITOR.

Y DE OTRA,.............. con DNI nº.......... y domicilio en.........., en lo sucesivo denominado AUTOR.

Ambas partes se reconocen mutuamente la capacidad legal necesaria para formalizar el presente Contrato y por medio de este documento,

EXPONEN

I.– Que AUTOR es titular del pleno dominio de su composición musical............... y que la misma no infringe el copyright de cualquier otra obra, afirmando no tenerla sujeta a carga ni gravamen alguno y caberle respecto de ella la más libre disponibilidad, así como estar plenamente facultado para celebrar este contrato y ceder los derechos que por el mismo se conceden, quedando EDITOR exonerado de toda responsabilidad ante cualquier eventual reclamación por parte de terceros.

La titularidad mencionada le corresponde, en concepto de creador, en la forma y participación que se detalla seguidamente:

MÚSICA:.....% LETRA.........%

Asimismo, AUTOR declara estar afiliado a la Entidad de Gestión SGAE para los derechos de reproducción mecánica, y a la Entidad de Gestión SGAE para los derechos dramáticos, de ejecución y de comunicación pública.

D............ Código SGAE..................

II.– Que EDITOR ejerce legalmente su actividad, de acuerdo con la normativa vigente.

Y que en atención a lo expuesto, ambas partes, de mutuo acuerdo celebran el presente contrato bajo las siguientes:

ESTIPULACIONES

PRIMERA.– AUTOR otorga a EDITOR su consentimiento expreso para divulgar y publicar, en régimen de exclusiva, las obras objeto de este contrato, sin más restricción ni limitación que aquellos que dimanen del presente Contrato, y de la legislación vigente aplicable.

SEGUNDA.– AUTOR cede a EDITOR, también en régimen de exclusiva, la totalidad de derechos de explotación de las obras objeto de este Contrato y, en particular, los siguientes:

a) El derecho de reproducción gráfica y de distribución de los ejemplares impresos de las obras, bien sea de forma gratuita o bien mediante contraprestación, venta, alquiler o cualquier otros métodos de explotación comercial.

b) El derecho de reproducción mecánica derivado de la fijación (grabación) y reproducción sonora o audiovisual de las obras, en cualquier soporte que permita su comunicación pública y la obtención de copias de todas o parte de ellas, así como la reproducción de dichos soportes y su distribución, bien sea de forma gratuita o bien mediante contraprestación, venta, alquiler, préstamo o cualquiera otros métodos de explotación comercial. Se incluye expresamente la reproducción de la obra en cualquier formato analógico o digital, citando de manera enunciativa y no exhaustiva la reproducción en cd rom, cd+, mini-disc, láser disc, compact disc, DVD, telefonía móvil, etc, así como la reproducción de la obra en archivos y redes digitales on line, tales como intranet, internet, páginas web, etc. Y la comunicación pública de dichos soportes. Queda igualmente incluido el derecho a la remuneración compensatoria establecida en el artículo 25 de la vigente Ley de Propiedad Intelectual. Queda también comprendido el derecho de inclusión o de sincronización (primera fijación) de las obras completas o fragmentadas en cualquier grabación audiovisual, obra audiovisual, spot publicitario, programas derivados, etc., cualquiera que sea el soporte utilizado.

c) El derecho de comunicación pública en toda su amplitud: representación y ejecución por todos los medios y procedimientos, exhibición o proyección a partir de soportes sonoros y/o audiovisuales, emisión y retransmisión por radio y televisión (incluso si se efectúan vía satélite), transmisión inalámbrica y/o por cable, hilo, fibra óptica o cualquier otro procedimiento análogo, la emisión y retransmisión on-line de la obra y su puesta a disposición a través de redes digitales interactivas y de redes de telecomunicación informática de cualquier tipo. La difusión pública de las obras comunicadas, representadas, ejecutadas, exhibidas, proyectadas, emitidas, transmitidas, radiodifundidas y/o televisadas.

d) El derecho de transformación mediante arreglos musicales, adaptaciones y/o traducciones de las obras a cualquier lengua o idioma, y cualquier otra modificación en su forma, incluyendo la autorización para la constitución de obras compuestas.

e) El derecho a explotar la totalidad o parte de la obra objeto del presente contrato mediante producciones conocidas como "de multimedia", ya sea "on line" u "off line", el derecho a incorporar la totalidad o parte de dicha composición en obras "de multimedia" cuando se trate de nuevas creaciones y los derechos de explotación enumerados en la presente estipulación (segunda) que recaigan sobre las creaciones derivadas o compuestas fruto de la citada explotación "de multimedia", independientemente de que la legislación aplicable al acto de explotación sea la del país de origen o la del de destino de dicho acto.

TERCERA.– Queda reservado en favor del AUTOR las facultades comprensivas del Derecho Moral, que serán respetadas en todo momento por el EDITOR, quien exigirá a terceros con los que contrate la salvaguardia de este derecho.

CUARTA.– EL EDITOR ejercitará los derechos concedidos en el territorio de TODO EL MUNDO, en adelante denominado TERRITORIO.

QUINTA.– La duración del presente contrato es de..... años, a contar desde la fecha de su firma, prorrogables por períodos de....... años, salvo denuncia por cualquiera de las partes suscribientes con un mes de antelación a la finalización del periodo inicial o de cualquiera de sus prórrogas. Sin perjuicio de lo anterior, dicho contrato podrá resolverse con anterioridad al vencimiento del contrato o de cualquiera de sus prórrogas, si en el plazo de....... años las obras no han generado derechos de remuneración.

SEXTA.– Si las obras objeto de este Contrato estuviesen integradas por aportaciones de diferentes autores y alguna de ellas perteneciese a géneros distintos (literario o musical), no obstante considerarse indivisibles aquéllas, el EDITOR está facultado para utilizar, o autorizar a otros que utilicen por separado, tanto las letras como las músicas de las obras. Todos los AUTORES de las obras así utilizadas participarán en los rendimientos que se obtengan en la proporción establecida en el presente Contrato.

SÉPTIMA.– Como contraprestación por los derechos aquí cedidos, el EDITOR se obliga a satisfacer al AUTOR los siguientes porcentajes de los rendimientos que se obtengan por la explotación de las obras:

a) Reproducción y distribución de ejemplares impresos.

La participación será del..... POR CIENTO del precio de venta al público, deducidos impuestos, de cada ejemplar vendido en firme en España.

Cuando las obras hayan sido impresas en un álbum juntamente con otras, EDITOR abonará a AUTOR los porcentajes estipulados anteriormente, en proporción a las obras contenidas en dicho álbum.

Las liquidaciones correspondientes serán practicadas por EDITOR a AUTOR dentro de los........ días siguientes al fin de cada año natural.

b) Reproducción Mecánica, distribución y copia privada

AUTOR:................. POR CIENTO

EDITOR:................. POR CIENTO

AUTOR reconoce que estos porcentajes les serán abonados a través de la Entidad de Gestión indicada en el Expositivo I, para los territorios cuyo control ha sido encomendado a dicha Entidad y mientras siga vigente su mandato con ella, o por cualquier otra Entidad de Gestión a la cual en un futuro le sea encomendada dicha recaudación. AUTOR exime por tanto a EDITOR de toda responsabilidad al respecto.

c) Comunicación Pública:

AUTOR:............. POR CIENTO

EDITOR:............. POR CIENTO

AUTOR reconoce que estos porcentajes le serán abonados a través de la Entidad de Gestión indicada en el Expositivo I, para los territorios cuyo control ha sido encomendado a dicha Entidad y mientras siga vigente su mandato con ella, o por cualquier otra Entidad de Gestión a la cual en un futuro le sea encomendada dicha recaudación. AUTOR exime por tanto al EDITOR de toda responsabilidad al respecto.

OCTAVA.– Cuando fuese contratada la sub-edición de las obras para cualquier país extranjero comprendido en el TERRITORIO, las participaciones de los arregladores y/o adaptadores se regirán de conformidad con las normas establecidas por las Entidades de Gestión del o de los países correspondientes.

NOVENA.– AUTOR autoriza expresamente a EDITOR para percibir y hacer efectiva la cobranza de cuantos derechos se generen por la explotación de las obras en aquellos países donde las mencionadas Entidades de Gestión no tengan representación. La liquidación de tales derechos será practicada por EDITOR a AUTOR según los porcentajes fijados en la estipulación Séptima a), b) y c), y dentro de los....... días siguientes al fin de cada año natural.

DÉCIMA.– EDITOR podrá imprimir, fabricar y distribuir gratuitamente ejemplares impresos o soportes sonoros con destino a promoción a usuarios de los medios y/o entes de producción profesionales. Tales ejemplares y copias se entenderán excluidos de lo dispuesto en la estipulación Segunda, sin que AUTOR pueda exigir contraprestación alguna por razón de dicha distribución.

UNDÉCIMA.– EDITOR queda autorizado, de conformidad con lo previsto en la estipulación Segunda a otorgar autorizaciones de utilización y licencias de sincronización (primera fijación) de la obra completa o fragmentada, de manera onerosa o gratuita. Las cantidades que EDITOR reciba por estos conceptos, en el supuesto de cesión onerosa, serán liquidadas directamente por EDITOR a AUTOR, dentro de los........... días siguientes al......... y......... de cada año, de acuerdo con el reparto estipulado en la estipulación Séptima b). En todo caso, la fijación realizada en grabaciones u obras audiovisuales producidas o coproducidas por................ se otorgará con carácter gratuito. Las autorizaciones concedidas por el EDITOR deberán comunicarse al AUTOR oportunamente.

DUODÉCIMA.– EDITOR queda obligado:

a) En caso de ediciones impresas, en la primera página de esta edición impresa figurará la palabra "copyright" o su símbolo @ seguido del año de la publicación, del nombre del autor, del nombre y domicilio del editor y de la indicación relativa al territorio al que alcanzan los derechos de EDITOR.

b) A observar la diligencia necesaria en el cumplimiento de las formalidades requeridas por las Leyes para la protección efectiva de las obras.

c) A satisfacer a su costa los gastos de toda índole derivados del ejercicio de los derechos de explotación concedidos, tales como los de promoción y propaganda, por cualquier medio, y los de publicación de ejemplares impresos y/o fabricación de soportes sonoros, así como los de distribución de ejemplares o copias, cuyo precio podrá fijar libremente el EDITOR. Sin perjuicio de lo anterior,......... no producirá la grabación audiovisual necesaria para la explotación de las músicas.

d) Y a realizar cuanto sea necesario para asegurar a las obras una explotación permanente y continua, de acuerdo con su naturaleza y según los usos de la profesión.

AUTOR y EDITOR se exoneran mutuamente de la obligación de someter, corregir y aprobar las pruebas de la tirada de la edición gráfica y/o las pruebas de fabricación, corte, acetatos, matrices y mastering de soportes sonoros.

AUTOR renuncia a favor de EDITOR al derecho de colección, dado el carácter de exclusiva de este convenio.

DECIMOTERCERA.– EDITOR tendrá la facultad de vender, ceder o traspasar, parcial o totalmente, los derechos adquiridos en virtud del presente Contrato, así como de confiar la explotación de las obras a terceros, sin ninguna restricción ni limitación, incluso en régimen de co-edición y/o sub-edición, con o a cualquier otro editor pero con la obligación de reservar a favor del AUTOR los porcentajes de participación estipulados en este Contrato.

Las cesiones que el EDITOR pueda hacer en régimen de sub-edición estarán sujetas a las normas vigentes que para estos casos existan en la Sociedad General de Autores y Editores.

EDITOR estará asimismo facultado para autorizar el uso del título de las obras incluso como título de películas cinematográficas, videogramas, producciones de televisión y cualesquiera otras obras o producciones audiovisuales.

DECIMOCUARTA.– AUTOR autoriza a EDITOR a que realice la inscripción de las obras en los Registros de Propiedad Intelectual, Copyright u otros, de los países que correspondan al TERRITORIO concedido, así como las correspondientes renovaciones, bien a nombre de EDITOR o de los AUTORES indistintamente, firmando cuantos documentos sean precisos para ello.

DECIMOQUINTA.– La cesión de los derechos aquí otorgada no alcanza a las modalidades de utilización o de difusión inexistentes o desconocidas al tiempo de la cesión. Ahora bien, si en el futuro, el EDITOR quisiera explotar los derechos por medio de una modalidad o medio actualmente desconocido, lo comunicará fehacientemente a los AUTOR, entendiéndose que el mismo presta su entera conformidad si en plazo de............. días no hace reserva alguna.

DECIMOSEXTA.– EDITOR queda facultado para entablar por sí o por medio de apoderado cualquier procedimiento, judicial o administrativo, en defensa de los derechos correspondientes al AUTOR sobre las obras objeto de este Contrato, siendo de cuenta de EDITOR los gastos de toda índole que se puedan derivar de estas actuaciones. Las indemnizaciones netas que se obtengan como consecuencia de dichos procedimientos, una vez deducidos los gastos ocasionados, serán repartidas en partes iguales entre EDITOR y AUTOR. El AUTOR queda obligado a otorgar a EDITOR o a las personas que éste designe, poderes notariales bastantes para llevar a efecto los aludidos procedimientos.

DECIMOSÉPTIMA.– Cuando EDITOR sea demandado por cualquier causa relacionada con el contenido de este contrato, AUTOR se obliga a personarse en el procedimiento judicial abierto, tal como permite el artículo 13 de la Ley de Enjuiciamiento Civil.

DECIMOCTAVA.– En lo no previsto en el presente Contrato, se estará a lo dispuesto en la Ley de Propiedad Intelectual y demás normativa aplicable.

DECIMONOVENA.– Para toda duda, cuestión o diferencia dimanante del presente Contrato, las partes se someten expresamente a la jurisdicción de los Tribunales de.......... con renuncia expresa a cualquier otro fuero que pudiera corresponderles.

VIGÉSIMA.– El presente Contrato entrará en vigor, con toda la fuerza de obligar, a partir de la fecha del mismo, y redundará en beneficio de las partes y de sus sucesores y concesionarios.

VIGESIMOPRIMERA.– Este Contrato podrá ser elevado a escritura pública a petición de cualquiera de las partes, siendo a cargo del que lo solicite todos los gastos que se produzcan.

Las partes leen por sí el presente Contrato, que se extiende por duplicado y encontrándolo conforme, lo firman en el lugar y fecha indicados en el encabezamiento.

F094. CONTRATO DE CO-EDICIÓN DISCOGRÁFICO

En....., a... de..... de........

REUNIDOS

De una parte,............, domiciliado en................ con CIF.........., representado en este acto por Don............., en su calidad de representante legal, y............, domiciliado en..........., con CIF..........., representado en este acto por Doña..............., en su calidad de representante legal, en lo sucesivo denominado EDITOR.

Y de otra,............, domiciliado en calle........... y NIF..........., representado en este acto por Don............., en su calidad de representante legal, en adelante denominado CO-EDITOR.

Reconociéndose ambas partes la capacidad legal necesaria para formalizar el presente contrato, en virtud del presente documento

ACUERDAN

PRIMERO.– Explotar conjuntamente, en régimen de co-edición, en el territorio de........., ampliable en aquellos países en que se publiquen dichas obras por medio de CO-EDITOR, y durante un periodo de.......... AÑOS desde la fecha de este convenio, prorrogables mediante acuerdo escrito de las partes, la(s) obra(s) titulada(s):

....

que previamente ha(n) sido contratada(s) editorialmente por EDITOR ORIGINAL, mediante documento suscrito con el (los) autor (es) el (los) autor (es).........., con fecha........., y Don..........., con fecha...........

SEGUNDO.– Que dicho régimen de co-edición, en cuanto a ingresos se refiere, se establece en la siguiente proporción:

Derechos de Comunicación Pública:...........: 34%

................: 33%

................: 33%

Derechos de Reproducción Mecánica:...........: 34%

................: 33%

................: 33%

A tal efecto, EDITOR ORIGINAL procederá a rectificar las claves de reparto en la SGAE.

TERCERO.– Que son obligaciones de CO-EDITOR:

1.– Asegurarse de la publicación en soporte fonográfico de las obras objeto de este contrato.

2.– Realizar un seguimiento del pago de los derechos de autor correspondientes, por la fabricación del disco por parte de la compañía discográfica, que incluya las obras objeto de este contrato, comprometiéndose al pago de dichos derechos fonomecánicos en caso de que la compañía discográfica elegida por CO-EDITOR no cumpliera con sus obligaciones ante la Sociedad General de Autores y Editores (SGAE).

3.– Comprometerse a conseguir de la compañía discográfica que publique el disco, un nivel de promoción adecuado a las necesidades del artista.............

CUARTO.– Que EDITOR ORIGINAL se encargará de la publicación y distribución exclusiva de la(s) obra(s) en edición papel; siempre y cuando la demanda del mercado lo requiera; comprometiéndose a reproducir conjuntamente su nombre y el de CO-EDITOR como co-editores de la(s) obra(s) en el mismo cuerpo tipográfico.

QUINTO.– Que CO-EDITOR se compromete a reembolsar a EDITOR ORIGINAL el............ de todas las inversiones realizadas y que tengan su origen en la publicación de la(s) obra(s) (tales como arreglos, copias, autografías, imprenta y litografía, papel de impresión, etc.,) todo ello debidamente justificado.

SEXTO.– Que EDITOR ORIGINAL conservará su facultad exclusiva de otorgar licencias, dentro de los términos que tiene convenidos con el (los) autor (es), para la utilización de la(s) obra(s) en todos los medios y soportes, incluida la publicidad.

SÉPTIMO.– Que, consecuentemente con lo expuesto, EDITOR ORIGINAL llevará la dirección administrativa de cuanto pueda afectar a la(s) obra(s) objeto de este convenio y muy en especial en todo lo relativo a posibles cesiones de la(s) misma(s) para el extranjero.

OCTAVO.– Que EDITOR ORIGINAL liquidará a CO-EDITOR, dentro de los.......... DÍAS siguientes a la finalización de los semestres naturales de cada año, cualquier ingreso consecuencia de los derechos cedidos en este documento, producido en los territorios pactados y que perciba de manera directa durante la vigencia del presente convenio.

NOVENO.– Que CO-EDITOR no podrá vender, ceder y/o traspasar a terceros los derechos adquiridos por este convenio sin contar con la conformidad de EDITOR ORIGINAL.

DÉCIMO.– Que ambas partes se someten expresamente, para cualquier cuestión que pudiera derivarse de la interpretación o incumplimiento de este convenio, a los Tribunales de..........., haciendo expresa renuncia a cualquier otra competencia que, por razón de fuero e incluso de nacionalidad, pudiera corresponderles ahora o en lo sucesivo.

Lo que, en prueba de conformidad, firman por triplicado, en el lugar y fecha indicados al principio.

F095. CONTRATO PARA GRABACIÓN Y CESIÓN EXPLOTACIÓN REGISTROS SONOROS

En......., a......................

REUNIDOS

De una parte, D.., mayor de edad, domiciliado en..., con DNI..................., en lo sucesivo denominado INTERPRETE.

Y de otra. D................, COMO REPRESENTANTE LEGAL DE.............., mayor de edad, con domicilio.............., con DNI..........., y con CIF de............, nº........, en lo sucesivo denominados PRODUCTOR

Reconociéndose mutuamente la capacidad legal necesaria para formalizar el presente contrato, por este documento,

EXPONEN

I. Que PRODUCTOR ejerce legalmente su actividad, de acuerdo con la normativa vigente.

II. Que INTERPRETE ha realizado la grabación de las obras que figuran en el anexo que se adjunta a este contrato, y que esta grabación ha sido retribuida como se expone en la estipulación sexta del presente contrato. Y que dichas obras son de dominio contrastado y propio de los firmantes y que las dataciones que son causa de este contrato quedan en propiedad de la PRODUCTORA Y que en atención a lo expuesto, ambas partes, de mutuo acuerdo celebran el presente contrato bajo las siguientes:

ESTIPULACIONES

PRIMERA.– INTÉRPRETE otorga a PRODUCTOR su consentimiento expreso para divulgar y publicar en exclusiva la(s) obra(s) objeto del presente contrato, sin restricción, ni limitación alguna.

SEGUNDA.– INTÉRPRETE cede en exclusiva a PRODUCTOR, con respecto a la(s) obra(s) mencionada(s) en el expositivo I los derechos de explotación en general de la(s) misma(s) y, en particular:

a) El de reproducción en forma gráfica y distribución (gratuita o mediante contraprestación, en venta, alquiler, etc...) de los ejemplares impresos.

b) El de reproducción mediante la fijación de la(s) obra(s) en cualquier soporte mecánico, visual y/o sonoro que permita su comunicación y la obtención de copias de toda o parte de ella(s), así como la reproducción pública en dichos soportes y su distribución mediante venta, alquiler o cualquier otra forma.

También queda comprendido el derecho de inclusión (sincronización) de la obra completa o fragmentada en cualquier soporte audiovisual o sonoro.

c) El de la comunicación pública de la(s) obra(s): representación y ejecución (por todos los medios y procedimientos); la proyección o exhibición a partir de soportes sonoros y/o audiovisuales; la emisión por radio o televisión (incluso la efectuada vía satélite de telecomunicación o radiodifusión); la retransmisión inalámbrica y la difusión pública de las obras radiodifundidas o televisadas y la transmisión por cable de esas mismas obras.

d) El derecho a explotar la totalidad o parte de la obra objeto del presente contrato mediante producciones conocidas como "de multimedia", ya sea "on line" u "off line", el derecho a incorporar la totalidad o parte de dicha composición en obras "de multimedia" cuando se trate de nuevas creaciones y los derechos de explotación enumerados en la presente estipulación (segunda) que recaigan sobre las creaciones derivadas o compuestas fruto de la citada explotación "de multimedia", independientemente de que la legislación aplicable al acto de explotación sea la del país de origen o la del de destino de dicho acto.

e) El derecho a la utilización del nombre, imagen, locución, interpretación y arreglos, así como cualquier otra variación del interprete respecto a la grabación de la obra(s) arriba indicada(s), quedando en propiedad de la PRODUCTOR los derechos de todo tipo que pudieran generarse a partir de la explotación de la obra por cualquier medio, en cualquier soporte y en cualquier tiempo o territorio.

TERCERA.– Queda reservado a INTÉRPRETE su derecho moral, el cual será respetado por PRODUCTOR, quién se obliga a exigir a los terceros con los que contrate, la salvaguarda de tal derecho.

CUARTA.– PRODUCTOR ejercitará los derechos concedidos en el territorio de todo el mundo, en adelante denominado TERRITORIO.

QUINTA.– La duración del presente contrato es por todo el tiempo que conceden las actuales Leyes y Convenciones Internacionales, y las que en lo sucesivo se dicten o acuerden.

SEXTA.– Como contraprestación por los derechos aquí cedidos, PRODUCTOR ha retribuido a INTÉRPRETE la cantidad que se establece en los usos habituales de la profesión.–............€

SÉPTIMA.– PRODUCTOR podrá imprimir y distribuir gratuitamente ejemplares impresos de la(s) obra(s), con destino a su propaganda, entre orquestas, conjuntos musicales etc... INTÉRPRETE y PRODUCTOR se exoneran mutuamente de la obligación de someter y corregir las pruebas de la tirada de la edición gráfica.

OCTAVA.– PRODUCTOR tendrá la facultad de vender, ceder o traspasar parte o la totalidad de los derechos adquiridos en virtud del presente contrato, así como de confiar la explotación de la(s) obra(s), sin limitación no restricción de ningún género, incluso en régimen de colaboración, con cualquier otra PRODUCTOR.

F096. CONTRATO DE CESIÓN DE DERECHOS DE EXPLOTACIÓN DE CONTENIDOS

En........, a.. de.......... de..............

REUNIDOS

De una parte

.... con CIF......... constituida en escritura pública otorgada el día.. de............. de.... ante el Notario de........ Don............., inscrita en el Registro Mercantil de....... Tomo....... Folio... Sección.. Hoja........ y domiciliada socialmente en C/.................., representada en este acto por Don................., con DNI número.............. en su calidad de Administrador, facultado para este acto según la Escritura de Apoderamiento otorgada ante el Notario de........, D....................., el día......... de........ de........, con el número............ de su protocolo (en adelante, "LA CEDENTE").

De otra parte

D..............., mayor de edad, con NIF.............. y domicilio profesional en..............., actuando en nombre y representación de la mercantil............... (en adelante "LA CESIONARIA"), con CIF............ y con domicilio en..........., en su calidad de Apoderado de la misma, con poderes suficientes para la firma de este contrato según consta en la escritura del Registro Mercantil de........., otorgada ante el Notario D............, de fecha.......... y nº de protocolo........., que manifiesta no han sido revocados.

En adelante, la expresión "Partes" designará conjuntamente a......... y a.............. La expresión "Parte" designará individualmente a cualquiera de ellos.

Las Partes se reconocen mutuamente la capacidad jurídica necesaria y suficiente para obligarse conforme a Derecho, así como la representación con que actúan, y al efecto

EXPONEN

I. Que LA CEDENTE es una compañía cuya actividad principal se basa en.. Ello no obstante, y aunque no forma parte del objeto principal de la compañía, fruto de la creación de una campaña publicitaria, LA CEDENTE es titular o ha adquirido legalmente de los autores y/o titulares de los derechos de propiedad intelectual sobre la obra detallada en el anexo I.

II. Que LA CESIONARIA es una compañía dedicada entre otras cosas, a la explotación (directamente y/o a través de terceros) de contenidos de diversa naturaleza a través del servicio de descarga desde dispositivos móviles y/o aplicaciones de telefonía para Voz por IP (VoIP), siendo ofrecidos dichos servicios desde distintos canales de comercialización, entre otros, los servicios se ofrecen desde soportes digitales (web, wap, i-mode, etc.), físicos (prensa, etc.).

III. Que LA CESIONARIA está interesada en adquirir los derechos de explotación del contenido que se especifica en el Anexo I al presente contrato para su comercialización a través del servicio de personalización de terminales telefónicos e Internet que gestiona.

IV. Que LA CEDENTE está legalmente capacitada para ceder los referidos derechos de propiedad intelectual conforme a lo previsto en el presente contrato. En este sentido, LA CEDENTE manifiesta ser titular o haber adquirido legalmente de los autores y/o titulares de los derechos de propiedad intelectual sobre la mencionada obra musical, la totalidad de los derechos que son susceptibles de ser objeto de cesión del presente Contrato, incluyendo la autorización para el uso del nombre del/de los artista/s con la finalidad de promocionar el producto o servicio, y libera a LA CESIONARIA de cualquier responsabilidad derivada del incumplimiento de la presente afirmación.

V. Que interesando a LA CEDENTE la cesión de los mencionados derechos para la utilización del contenido señalado, y a LA CESIONARIA adquirirlos, las Partes suscriben el presente CONTRATO DE CESIÓN DE DERECHOS DE EXPLOTACIÓN (en adelante, el "Contrato") con arreglo a las siguientes

ESTIPULACIONES

PRIMERA.– DEFINICIONES

A los efectos del presente Contrato, se entenderá por:

Fonograma: es la grabación de una obra musical. Si bien suele entenderse por fonogramas los discos, las cintas, los compactos, también son fonogramas cualesquiera otros productos en que se fije una obra musical, a efectos del presente contrato, se denominarán fonogramas a todos aquellos archivos digitales en los que se fije una obra musical, ya fuere en formato audio (.mp3,.cda o.wav) o en cualquier otro tipo de formato que pudiere ser necesario para su utilización en el presente Contrato. Cada fonograma en formato digital deberá coincidir con la grabación comercializada por el productor de fonogramas bajo otro tipo de formato (compacto, vinilo, etc...), a excepción de lo referente a su duración.

Productor de fonogramas. Es el empresario bajo cuya iniciativa y responsabilidad se realiza la grabación de una obra musical. Al productor le corresponde el derecho exclusivo de autorizar la reproducción y distribución del fonograma. A efectos del presente Contrato, el productor de fonogramas se corresponderá con..............

Ring Back Tone: es el sonido que escucha el usuario-emisor de una llamada, desde que la compañía operadora ha conectado con el terminal móvil del usuario-receptor hasta que éste acepta la llamada (en adelante, también denominado en el presente Contrato como "RBT").

True Tone: es el sonido que se reproduce en el Terminal del receptor de una llamada y que contiene como sonido una música o sonido original (en adelante, también denominado en el presente Contrato como "TT").

FullTrack: es la distribución por cualquier medio o canal, de los autorizados en este Contrato, de la totalidad del sonido de una música o sonido original (en adelante, también denominado en el presente contrato como "FT").

Servicio SMS Premium: servicio consistente en la compra de contenidos o servicios por parte del usuario, realizada a través del envío y recepción de un SMS que el usuario envía a un número de destino y que recibe una respuesta del mismo, cerrando el ciclo del pedido y generando un coste adicional al propio del SMS en sí mismo.

Servicio WAP e IMODE Premium: Servicio consistente en la descarga de contenidos para el teléfono móvil mediante navegación WAP e I-Mode durante la cual el usuario selecciona dichos contenidos o servicios, los cuales tienen un coste añadido al propio de la navegación.

Peerade: aplicación de telefonía de Voz por IP desarrollada por LA CESIONARIA que permite a sus usuarios realizar y/o recibir llamadas a través de redes de VoIP y personalizar su ordenador o terminal con diversos tonos o sonidos (peertones, peerbacktones, vídeos, buzones y cualesquiera otros soportes o formatos que en un futuro LA CESIONARIA decida incorporar para su venta a través de dicha aplicación). El pago de dichos tonos o sonidos se realiza directamente a........... mediante tarjeta de crédito por parte de los usuarios. En adelante y a los efectos de este Contrato, también denominada simplemente como "aplicación y/o terminal de VoIP".

Peertones: es el sonido que escucha el receptor de una llamada realizada a través de Peerade en su ordenador o terminal, mientras acepta o rechaza la misma. Este sonido es emitido vía streaming desde un servidor central de forma que no se generan copias del archivo. Tiene una duración igual que los Ring Tones utilizados en telefonía móvil.

Peerbacktones: es el sonido que escucha el usuario-emisor de una llamada realizada a través de Peerade, hasta que el usuario-receptor acepta dicha llamada. Este sonido es emitido vía streaming desde un servidor central de forma que no se generan copias del archivo. Tiene una duración igual que los Ring Back Tones utilizados en telefonía móvil.

Descarga: es la acción de enviar o entregar una copia del fonograma original para ser guardado en el terminal telefónico del usuario.

Terminal de telefonía: es cualquier dispositivo electrónico susceptible de realizar y recibir llamadas de telefonía, de telefonía móvil, fija o sobre redes de VoIP.

Operadora o compañía operadora. La compañía proveedora de servicios de telefonía móvil.

Base de datos de...........: es la estructura física (hardware) y lógica (software) propiedad de........... en la que serán almacenados los ficheros originales de LA CEDENTE. Desde ellos se harán las descargas a los teléfonos móviles de los usuarios y en ellos quedarán registradas todas las descargas para la posterior liquidación de los royalties establecidos en el presente Contrato, con excepción del servicio de RBT prestado directamente por las operadoras de telefonía móvil y desde su base de datos y plataforma.

Usuario. Es el titular de Terminal de telefonía móvil o de VoIP que solicita la descarga y/o compra del Contenido.

SEGUNDA.– CONTENIDOS OBJETO DE LA PRESENTE CESIÓN

El contenido objeto de la presente cesión se reduce a:

– La grabación fonográfica que se describe en el Anexo 1.

– Nombres, marcas y logotipos relacionados con el anterior.

LA CEDENTE, cede y entrega a favor de LA CESIONARIA los derechos de explotación sobre el Contenido que pone a disposición de LA CESIONARIA, en la fecha de firma del contrato, por cualquiera de las vías o medios señalados en la Cláusula Octava. LA CESIONARIA, por medio de su representante en este acto, lo acepta y recibe.

El Contenido objeto de este acuerdo pertenecerá originaria o derivativamente a.............

La cesión de los derechos de explotación abarca todos los que fueren necesarios para la efectiva comercialización del Contenido en la forma y modo previsto en el presente Contrato, en particular:

– Derecho de reproducción

– Derecho de distribución

– Derecho de comunicación pública

– Derecho de transformación

No obstante, ambas Partes dejan constancia expresa que la cesión de derechos reflejada en el presente documento será amplia y suficiente para poder comercializar y distribuir legalmente el Contenido propiedad de............ a través de los Servicios en la forma descrita en este Contrato, lo cual afirman, constituye el objeto esencial del presente Contrato, de tal modo que si para el correcto funcionamiento del Servicio fuera necesario ceder el uso de algún derecho adicional a los mencionados, o bien por el contrario resultase que la cesión de alguno de los derechos mencionados no es necesario, tal circunstancia se aplicará de forma automática, entendiéndose que en todo momento la cesión de derechos contenida en este Contrato es y será lo suficientemente amplia para permitir el objeto del mismo.

En relación con lo anterior, se pacta expresamente que será responsabilidad exclusiva de LA CEDENTE gestionar y liquidar los derechos económicos que pudieran corresponderles a los distintos artistas, intérpretes y ejecutantes de las obras musicales de los fonogramas objeto del presente Contrato, tanto por su gestión individual como colectiva, de tal modo que ninguno de los artistas, intérpretes y ejecutantes pueda exigir a LA CESIONARIA el abono de tales derechos.

TERCERA.– FORMAS DE EXPLOTACIÓN AUTORIZADAS.

Se autoriza a LA CESIONARIA a explotar el Contenido a través de la puesta a disposición de los usuarios de terminales de telefonía para su descarga y venta en alguna de las siguientes modalidades (en adelante, el/los Servicios):

– Ringback tones y Peerback Tones (tonos para llamada en espera).

– True Tones (tonos con melodías reales) para terminales de telefonía móvil y/o de VoIP.

– FullTracks (totalidad del sonido de una música o sonido original) para terminales de telefonía móvil y/o de VoIP.

Los anteriores Servicios podrá prestarlos.......... de forma directa y bajo su/s marca/s comerciales, como a través de terceros con los cuales hubiera suscrito los oportunos contratos de puesta a disposición de contenidos (y bajo la marca de dichos terceros, en la forma conocida como "marca blanca").

CUARTA.– LIMITACIÓN EN LA FORMA DE EXPLOTACIÓN

LA CESIONARIA queda autorizada en los términos de este Contrato, en la medida que el Contenido facilitado por LA CEDENTE sea instalados en su Base de datos y sea de igual modo descargados desde ésta, sin otorgar importancia a:

– El medio de comunicación que se utilice para promocionar la venta o descarga del Contenido.

– Si la promoción la lleva a cabo.......... directamente, o a través de terceros y/o bajo la marca de éstos.

– El canal de comercialización elegido para vender las descargas. Con carácter enunciativo, que no limitativo, se hace mención expresa a la posibilidad de LA CESIONARIA de comercializar los Contenidos de LA CEDENTE a través de los servicios SMS Premium, Wap Premium, i-mode, prensa y aplicaciones de Voz por IP.

No obstante lo anterior, LA CEDENTE reconoce mediante el presente documento que CONOCE y ACEPTA el hecho de que el servicio de RBT se presta a través de las plataformas habilitadas al efecto por las operadoras de telefonía móvil, lo que conlleva necesariamente que el Contenido, en relación con dicho servicio, sea instalado en la Base de Datos de dichos operadores y sean descargado desde estas.

Cualquier uso de los derechos cedidos distinto al establecido en el presente Contrato no está autorizado, y conllevará la rescisión del mismo. Atendiendo a lo expuesto, se exceptúa de lo previsto en la presente cláusula lo establecido a efectos de publicidad y promoción en la Cláusula DÉCIMA.

QUINTA.– CONTRAPRESTACIÓN Y PAGO

5.1. Precio

El coste de la cesión de los derechos de explotación sobre los Contenidos propiedad de LA CEDENTE será el resultado de aplicar determinados porcentajes sobre el precio de venta al público percibido efectivamente por la Operadora de telefonía móvil por descarga realizada por un usuario o sobre el PVP efectivamente percibido por........... por cada venta de Contenido que realicen sus usuarios para aplicaciones de Voz por IP.

Dichos porcentajes son los siguientes:

– Ringback Tones o Peerback Tones:......% PVP

– True Tones:.....% PVP

– Peertones:.......% PVP

– Fulltrack a través de telefonía móvil o de VoIP:......% PVP

A dichas cantidades se les añadirá el correspondiente Impuesto sobre el Valor Añadido vigente en el momento del devengo del precio.

No se incluirán en el cómputo del total facturación las descargas o ventas de Contenidos realizadas por el usuario con carácter gratuito o promocional, entendiéndose por promocional aquéllas que supongan una rebaja superior al........% del precio medio de tarifa de cada contenido objeto del Contrato. La carga de la prueba en este apartado corresponderá a LA CESIONARIA.

5.2. Facturación

El precio así calculado será satisfecho mensualmente por LA CESIONARIA, de acuerdo con el siguiente procedimiento. En los..... días siguientes a cada mes natural, LA CESIONARIA facilitará a LA CEDENTE un informe del total de descargas realizadas durante el mes facturado, basado siempre en un informe previo emitido por la operadora. A la recepción del informe, LA CEDENTE emitirá factura por el total de descargas, más el correspondiente Impuesto sobre el Valor Añadido. De igual modo y en los mismos plazos procederá LA CESIONARIA para las ventas de Contenido a través de Voz por IP.

Esta factura será satisfecha por LA CESIONARIA de la siguiente forma:

RBT, Peerback Tones: en el plazo de......... días naturales a contar desde la fecha de recepción de la factura emitida por LA CEDENTE, siempre que LA CESIONARIA haya recibido de la operadora la liquidación y el pago correspondiente al mes al que se refiere la factura. De no ser así, y previa acreditación de la circunstancia que corresponda a LA CEDENTE, el pago tendrá lugar dentro de los.......... días hábiles siguientes a la recepción de las liquidaciones por parte de la operadora.

Fulltrack, True Tones y Peertones: en el plazo de........... días naturales a contar desde la fecha de recepción de la factura emitida por la CEDENTE.

SEXTA.– DURACIÓN

La duración de la cesión de los derechos de explotación sobre los mencionados Contenidos será de....... años a contar desde la firma del presente Contrato. Transcurrido el plazo de........., se renovará tácitamente por años naturales, en tanto que ninguna de las Partes inste su terminación con un preaviso de........ meses.

Sin perjuicio de lo establecido en el párrafo anterior LA CESIONARIA podrá resolver el contrato en cualquier momento, previo aviso con....... meses de antelación.

SÉPTIMA.– ÁMBITO TERRITORIAL

La cesión de los derechos de explotación de los Contenidos y objeto de este Contrato se concede a LA CESIONARIA para su explotación en Latinoamérica y España, que en adelante y en este Contrato será referido como el "Territorio".

OCTAVA.– PUESTA A DISPOSICIÓN DE LOS CONTENIDOS

LA CEDENTE, previo aviso a LA CESIONARIA remitido por correo electrónico a la dirección establecida en la cláusula decimoquinta describirá los contenidos que se ponen a disposición de la CESIONARIA (y por tanto, son susceptibles de comercialización por ésta), pondrá los Contenidos a disposición de LA CESIONARIA por alguna de las siguientes formas: por correo electrónico a las direcciones de correo electrónico que.......... le indique a estos efectos; mediante acceso ftp, en formato digitalizado que, como mínimo, será MP3 a 192 kps, o en su equivalente WAV a 16 bits —para las grabaciones fonográficas y/o videográficas—, y en formato jpg, con una resolución de, como mínimo, 72 dpi y tamaño de 3 x 3 cms. —para el caso de las imágenes y diseños— y asimismo podrán ser remitidos los Contenidos, con los estándares mínimos anteriormente señalados, vía correo ordinario a la dirección especificada en la Cláusula Decimoquinta.

Será responsabilidad de LA CESIONARIA formatear, y en su caso, fragmentar adecuadamente los Contenidos para posibilitar su explotación a través de los Servicios previstos. Su formateo no podrá suponer transformación ni alteración de los Contenidos, salvo por su fragmentación.

Junto con los Contenidos anteriores, LA CEDENTE facilitará a LA CESIONARIA la información básica relacionada con los mismos (nombre del artista intérprete de las grabaciones y/o cuya imagen sea cedida, título de la grabación y/o imagen, etc.).

LA CESIONARIA elegirá a su criterio cuáles de los Contenidos de LA CEDENTE puestos a su disposición, va a explotar por medio de los Servicios.

La cesión de los Contenidos puestos a disposición de LA CEDENTE en ningún caso tendrá carácter exclusivo (salvo que las partes así lo acuerden en documento que habrá de figurar por escrito), hallándose LA CEDENTE, facultada para cederlos con la misma finalidad a favor de terceros. Tampoco LA CESIONARIA tendrá la obligación de explotar exclusivamente los Contenidos de LA CEDENTE, pudiendo explotar a través del Servicio cualesquiera contenidos de terceros.

NOVENA.– CONTROL DE LAS DESCARGAS:

LA CESIONARIA facilitará a........ un acceso on-line, en tiempo real, a las descargas o ventas de sus Contenidos efectuadas a través del/los Servicio/s. Lo anterior no será aplicable para el servicio de RBT dado que la descarga de Contenidos para estos servicios en todo caso se realiza desde la base de datos del operador de telefonía móvil y a través de su plataforma.

DÉCIMA.– PUBLICIDAD Y PROMOCIÓN. COMERCIALIZACIÓN DEL SERVICIO.

LA CEDENTE autoriza expresamente a LA CESIONARIA a utilizar el Contenido cedido en actividades de promoción y publicidad por cualquier medio sin limitación (con carácter enunciativo, que no exhaustivo, entre otros, televisión, radio, Internet, revistas y periódicos, aplicaciones de Voz por IP etc.).

Dicha publicidad podrá consistir en insertar parte del fonograma original en forma de preescucha [estando incluidas las preescuchas a través de Internet o de locuciones IVR (Interactive Voice Response)], el título de la canción y/o los nombres de artistas, intérpretes y/o ejecutantes del fonograma objeto del Contrato en sus folletos o anuncios publicitarios, cualquiera que sea el medio de comunicación utilizado para ello.

Las actividades de promoción y publicidad podrán ser desarrolladas directamente bien por LA CESIONARIA o por cualquier tercero autorizado por ella, pero limitada a la publicidad y promoción del Contenido de los Servicios descritos en el presente Contrato.

Debido a su carácter promocional, y en la medida que LA CEDENTE puede resultar asimismo beneficiada de la publicidad realizada por LA CESIONARIA, no se devengará renta ni precio alguno como consecuencia de las actividades de promoción y publicidad desarrolladas por LA CESIONARIA.

DECIMOPRIMERA.– OBLIGACIONES Y DERECHOS DE LAS PARTES

Obligaciones de LA CEDENTE:

LA CEDENTE se compromete a respetar y cumplir todas y cada una de las obligaciones estipuladas en este contrato, y en su virtud expresamente se obliga a:

a) Respetar la cesión de sus derechos de propiedad intelectual, conforme a la duración y el Territorio pactados.

b) No realizar ningún negocio jurídico ni otro tipo de cesión que perjudique o impida la explotación de los mismos en la forma y con la finalidad prevista en el presente Contrato.

c) Informar de forma inmediata a LA CESIONARIA de cualquier plagio, copia o reproducción no autorizada por parte de un tercero no autorizado del que, por cualquier motivo, tenga conocimiento.

d) LA CEDENTE se responsabilizará ante LA CESIONARIA de cualquier reclamación judicial y extrajudicial que pueda surgir por parte de los titulares de los derechos de propiedad intelectual sobre el fonograma y Contenidos objeto del Contrato con motivo de la cesión de derechos que en él se efectúa, dejando a LA CESIONARIA indemne de cualquier daño, perjuicio o responsabilidad que pudiera derivarse como consecuencia de tales reclamaciones.

Obligaciones de LA CESIONARIA:

LA CESIONARIA se compromete a cumplir y respetar todas y cada una de las obligaciones estipuladas en el presente acuerdo y en su virtud expresamente se obliga a:

a) Ejercitar los derechos de explotación que se adquieren en virtud de este Contrato.

b) Respetar los derechos morales que recaigan sobre el fonograma objeto de este Contrato.

c) Abonar los pagos en la forma y plazos acordados.

d) Abonar los derechos de propiedad intelectual correspondientes a los autores de las obras musicales incluidas en el fonograma objeto del presente Contrato. LA CESIONARIA manifiesta disponer actualmente de una licencia que permite esta utilización y que está registrada en la SGAE con el número............................

DECIMOSEGUNDA.– CONFIDENCIALIDAD

LA CEDENTE se compromete a partir de la firma de este Contrato, a guardar la más estricta confidencialidad respecto del objeto del mismo, por lo que no revelará en forma alguna y por ningún medio, directa o indirectamente, ningún tipo de información relativa al mismo que pueda vulnerar los intereses de LA CESIONARIA.

A la expiración de este Contrato, LA CEDENTE remitirá inmediatamente a LA CESIONARIA toda la documentación escrita, incluidas las copias, de estos materiales confidenciales o relativa a ellos, no hará ulterior uso de los mismos y realizará cuantos esfuerzos razonables sean precisos para asegurar que no se hace ulterior uso de ellos por los empleados, agentes y/o contratistas de LA CEDENTE.

No se considerará violación de lo dispuesto en esta cláusula la información que cualquiera de las Partes deba entregar o dar a conocer a entidades oficiales o instituciones públicas en cumplimiento de sus obligaciones legales.

DECIMOTERCERA.– LIMITACIÓN DE RESPONSABILIDAD

LA CEDENTE se compromete a vigilar que ningún Contenido entregado con arreglo al presente contrato infrinja los derechos de terceros —en particular los de autor y los de propiedad industrial— o las leyes en vigor. Por tanto, LA CEDENTE exonera a.......... de toda responsabilidad que pudiera derivarse por infracción de derechos de terceros y le mantiene indemne de cualquier reclamación que pudiera surgir por este motivo.

Con excepción de lo dispuesto en el apartado anterior, las Partes bajo ninguna circunstancia responderán por cualesquiera daños que pueda sufrir la otra, sean indirectos, incidentales o consecuenciales, incluyendo pero no limitados a daños por lucro cesante o pérdida de información confidencial y similares, por interrupción de actividades, daños personales, pérdida de privacidad, o por cualquier otro concepto, incluso si las Partes han sido advertidas de la posibilidad de dichos daños.

DECIMOCUARTA.– NULIDAD

La nulidad o invalidez de alguna de las estipulaciones o cláusulas no afectará a la validez de las restantes. En el supuesto de que un Tribunal declarara tal invalidez, este Contrato continuará vigente en todas las demás cláusulas, comprometiéndose todas las Partes a adecuar el contenido que resultara vaciado por aquella desaparición.

DECIMOQUINTA.– NOTIFICACIONES

Cualquier notificación que se efectúe entre las Partes se hará por escrito de cualquier forma que certifique la recepción por la Parte notificada.

Todo cambio de domicilio deberá ser notificado a la otra Parte de forma inmediata confirmándose la recepción del mensaje.

A los efectos de practicar las oportunas notificaciones, ambas Partes designan como personas de contacto a:

Por parte de la CEDENTE Por la CESIONARIA:

....

email:.................... email:....................

DECIMOSEXTA.– CESIÓN

Las Partes no podrán ceder a terceros, ni total, ni parcialmente, la realización objeto del presente Contrato o de cualquiera de sus anexos, salvo que medie autorización previa, expresa y escrita de la otra Parte.

No obstante lo anterior, se faculta a......... para ceder los derechos y obligaciones del presente Contrato o cualquiera de sus anexos, a terceras empresas filiales de........... cuyo capital pertenezca mayoritariamente a............. sin que ello suponga modificación alguna de los términos pactados. Esta circunstancia será oportunamente notificada a LA CESIONARIA.

DECIMOCUARTA.– LEY APLICABLE Y FORO JUDICIAL

El presente contrato se rige por lo estipulado en el mismo. En defecto de regulación se aplicará e interpretará según lo establecido en la legislación española aplicable a la materia y en particular a lo establecido en la Ley de Propiedad Intelectual.

Las partes intervinientes se comprometen a resolver amigablemente cualquier diferencia que sobre el presente acuerdo pueda surgir. En el caso de no ser posible una solución amigable, y resulte procedente acudir a la vida judicial, ambas partes acuerdan someterse a la jurisdicción de los Tribunales de............, con renuncia expresa de cualquier otro fuero que pudiera corresponderles.

Y en prueba de su conformidad, las partes suscriben el presente Contrato, por duplicado ejemplar, y en un solo efecto, en el lugar y fecha indicados en el encabezamiento.

F097. CONTRATO DE PRODUCTOR DISCOGRÁFICO

D............

DNI:............

Doña............

DNI:...............

En.................., a..................

Muy Sres. nuestros:

Por la presente les confirmamos las conversaciones mantenidas con Vds. en relación con vuestro trabajo a realizar para............, S.A., (en lo sucesivo "LA COMPAÑÍA") como directores musicales (coloquialmente "PRODUCTOR" —como se les denominará en adelante—) de una grabación con las características detalladas en el Anexo nº I que se adjunta al presente contrato.

El citado trabajo de dirección musical se llevará a cabo de acuerdo con las siguientes condiciones:

PRIMERA.– DEFINICIONES

Con carácter previo, se realizan las siguientes definiciones para su validez a lo largo del presente contrato.

a) Máster: Cinta original de la grabación para cuya dirección es Ud. contratado, la cual deberá ser entregada a LA COMPAÑÍA una vez mezclada y masterizada en condiciones técnica y comercialmente satisfactorias para ésta en formato multipistas, ProTools o cualquier otro soporte aceptado por LA COMPAÑÍA. En la cinta o cintas originales EL PRODUCTOR incluirá la totalidad de las fijaciones sobre ejecuciones o interpretaciones de EL ARTISTA o de cualquiera de los participantes en la Grabación desde sus comienzos, las cuales serán propiedad de LA COMPAÑÍA con la extensión y facultades de explotación aquí previstas.

b) Disco: Cualquier tipo de soporte sonoro o audiovisual, fonográfico o videográfico (fonograma o videograma) existente en el momento de la firma del presente contrato o que sea desarrollado en un futuro, ya sea físico ya electrónico ya en cualquier otra modalidad por desarrollar, en que sea reproducido, total o parcialmente, el Máster. A modo enunciativo, serán Discos a los efectos del presente contrato los soportes físicos conocidos como Compact Disc (CD), cassette (MC), Digital Video Device (DVD), Videocassette, Compact Disc Video, Laser Disc, o los formatos electrónicos como. aac,.mp3,.wav,.mpeg4,. avi, etc.,.

SEGUNDA.– COMPROMISOS DEL PRODUCTOR

EL PRODUCTOR asume los siguientes compromisos a ejecutar en virtud del presente contrato:

a) Llevar a cabo los servicios de realización contratados, dirigidos a la dirección musical de las sesiones de preparación, ensayos, grabación, mezcla, masterización, y, en general, de todos los pasos necesarios para obtener el Máster en las condiciones aquí acordadas. Dicha labor se realizará con absoluto respeto al concepto musical del ARTISTA y siguiendo las instrucciones emanadas de la dirección artística de LA COMPAÑÍA. Los anteriores servicios requerirán necesariamente su presencia física en todos y cada uno de los diferentes pasos necesarios para la obtención del máster, desde ensayos de los músicos e intérpretes hasta la fijación de sus interpretaciones, la mezcla y masterización de la grabación obtenida, etc..

b) No reutilizar en grabaciones para productores fonográficos distintos de LA COMPAÑÍA aquellos arreglos musicales que en su caso realice en ejecución del presente contrato, así como no inspirarse en el sonido y estilo musical resultante en la Grabación para dirigir otras grabaciones distintas de forma tal que puedan conducir a la confusión en el público.

c) Hacer sus mejores esfuerzos por completar sus Servicios de Producción de forma que la Grabación tenga la mejor calidad artística y técnica y las mejores perspectivas comerciales posibles.

d) Finalizar la Grabación y entregar el Máster conteniendo la misma antes del día establecido en el documento Anexo n° I como "Fecha Máxima de Entrega", en las condiciones técnicas y comerciales satisfactorias para LA COMPAÑÍA y dentro de las directrices marcadas por esta.

e) Entregar junto con el Máster y en la fecha indicada en el punto d) anterior la Información de etiqueta o label copy completa, según los requerimientos a tal efecto de LA COMPAÑÍA. En el caso de errores u omisiones a criterio de LA COMPAÑÍA, EL PRODUCTOR se compromete a cumplir con lo que ésta solicite en un plazo razonable, no superior a........ días hábiles desde la solicitud a tal efecto.

f) Recabar, archivar, custodiar y tener a disposición de LA COMPAÑÍA para el momento en el que esta decida solicitarlos, sin límite de tiempo, la documentación completa de cesión de derechos de explotación por parte de todos aquellos derechohabientes participantes en la Grabación cuyos derechos deba obtener LA COMPAÑÍA para la pacífica explotación del álbum, y como mínimo de artistas intérpretes y/o ejecutantes (músicos, vocalistas, orquestas, etc.), autores (en el caso de que durante el proceso de grabación se hubiera realizado cualquier acto que requiera su consentimiento o el de la entidad de gestión que corresponda, como alteración, transformación o uso de una obra preexistente, etc.) y cualesquiera otros.

Dicha documentación deberá ser en los términos establecidos en el documento Anexo n° II que se adjunta al presente, debiendo ser autorizada por LA COMPAÑÍA por escrito cualquier variación a dichos términos.

En cualquier caso, las prestaciones de todos los participantes en la Grabación y la cesión de derechos oportuna será remunerada con la cantidad fija que EL PRODUCTOR haya pactado con cada uno de ellos dentro de los presupuestos aprobados por LA COMPAÑÍA, no debiéndose devengar a favor de aquellos cantidad variable, fija o por cualquier concepto por la explotación que de la Grabación realice LA COMPAÑÍA.

EL PRODUCTOR se responsabiliza del cumplimiento íntegro de lo anterior y de la pacífica explotación de LA COMPAÑÍA, sin pago a los anteriores fuera de lo presupuestado para la producción de la Grabación, eximiéndola en caso de inexactitud o falta de cumplimiento por su parte de lo anterior.

En el caso de que EL PRODUCTOR optara por no archivar y custodiar la documentación aquí referida, podrá entregarla a LA COMPAÑÍA junto con el resto de información requerida en esta cláusula, en cuyo caso será responsabilidad de EL PRODUCTOR dejar constancia de dicha entrega, constancia sin cuya existencia se presumirá que continúa, la documentación, en posesión de EL PRODUCTOR.

g) Contratar y subcontratar la totalidad de medios técnicos y humanos necesarios para la realización de la Grabación (estudios, músicos, vocalistas, ingenieros, copistas, transportistas, etc.) dentro de los presupuestos diseñados o aprobados por LA COMPAÑÍA y no excederse de dichos presupuestos, sometiendo a aprobación escrita de LA COMPAÑÍA cualquier desviación o incremento de dichos presupuestos. Para la presente producción, el productor contará con la cantidad que se prevé en el documento Anexo nº I como "Presupuesto Máximo de Grabación", presupuesto con el que deberá hacer frente a todos los gastos necesarios relacionados con la producción suficientes para completar la misma y entregarla a LA COMPAÑÍA en las condiciones acordadas, de forma que LA COMPAÑÍA no tendrá que hacer frente a gasto alguno relacionado con dicha producción una vez satisfecha la cantidad establecida (o desviaciones aprobadas por ésta por escrito), y debiendo cubrir en particular con dicha cantidad todos lo gastos de grabación, estudio, músicos, arreglos, máster, mastering, alquileres de equipos, tiempo de copiados, copias de escucha y de producción que se realicen, dietas, gastos de desplazamiento y estancia, honorarios y cualquier gasto personal (incluidos gastos de teléfono, internet,...) etc., de todo el personal involucrado en la grabación (músicos, ingenieros, coristas, etc.) y en general todos los conexos con la grabación y producción objeto del presente contrato. Dicha cantidad será satisfecha, contra la presentación de las facturas correspondientes, en un....% al inicio de la grabación en estudio, y el....% restante a la entrega del máster y aceptación del mismo por parte de LA COMPAÑÍA en las condiciones establecidas en este contrato.

En el caso de que LA COMPAÑÍA y PRODUCTOR, de mutuo acuerdo, decidan superar el presupuesto previsto en el Anexo nº 1, LA COMPAÑÍA podrá asumir el exceso sobre la anterior cantidad y descontarlo de las liquidaciones de royalties u otras cantidades que corresponda recibir a EL PRODUCTOR.

TERCERA.– DERECHOS SOBRE LA GRABACIÓN

EL PRODUCTOR reconoce la plena y absoluta propiedad de la Grabación y del Máster por parte de LA COMPAÑÍA, quien será la legítima titular, en su condición de productor fonográfico originario, de los derechos de explotación sobre la Grabación, capacitada por lo tanto para su más completa explotación en cualquier tipo de Disco y en cualquier otra forma, así como a cederla, transmitirla, licenciarla, gravarla, descatalogarla, etc..

El presente contrato es un contrato de arrendamiento de servicios, consecuencia de lo cual queda completamente extinguido con la entrega del Máster en las condiciones técnicas, artísticas, comerciales, etc., pactadas en el presente contrato salvo en aquellos compromisos de las partes que superen dicho momento (a modo enunciativo, la obligación de pago de royalty de LA COMPAÑÍA y los compromisos relativos a responsabilidad sobre la documentación de participantes, reutilización de arreglos y resultados de la Grabación por parte de EL PRODUCTOR). En consecuencia, EL PRODUCTOR, como contratado de LA COMPAÑÍA, no gozará de derecho alguno sobre la Grabación de tipo patrimonial, moral ni de ningún otro tipo.

Nada de lo establecido en el presente contrato supondrá obligación o compromiso alguno por parte de LA COMPAÑÍA de editar las Grabaciones.

CUARTA.– ROYALTIES

a) Como contraprestación por los Servicios de Producción, la COMPAÑÍA pagará al PRODUCTOR un canon o Royalty del.........% calculado sobre la base especificada en el siguiente punto d) y repartido de la siguiente forma:

a.1)...% de Royalty para D.........

a.2)...% de Royalty para D.........

b) El royalty establecido en el párrafo anterior se reducirá en los siguientes casos y en los siguientes porcentajes:

b.1)...% en el caso de ventas realizadas a través métodos de correo directo, incluyendo entre ellas la denominada "venta a club" (ventas realizadas a través de clubes de discos).

b.2)....% en el caso de ventas producidas simultáneamente a la realización de campañas de televisión para la promoción del Disco en cuestión, pero únicamente en el caso de que tal campaña de comienzo.... meses después de la primera edición de dicho Disco, y para las ventas que se produzcan desde veinte días hábiles antes del inicio de la campaña hasta pasados...... meses de la finalización de la misma.

No obstante lo anterior, cuando cualquiera de las grabaciones que componen la Grabación sea incluida en un álbum recopilatorio, la deducción aquí establecida sí se aplicará desde la edición del disco, independientemente del tiempo transcurrido desde dicha edición hasta la fecha de la campaña de televisión.

b.3)...% en el caso de ventas de Discos a un precio igual o inferior al...% del precio de lista de la compañía calificado como Standard Full Price dentro de su listado de precios vigente en cada momento (incluyendo las conocidas como "Serie Media" o "Serie Budget").

b.4)...% en el caso de ventas producidas en formatos físicos conocidos como "Single" o "Maxi-single", así como en el caso de ventas de soportes audiovisuales de cualquier tipo.

b.5)....% en el caso de ventas realizadas mediante transmisión electrónica de los temas que componen la Grabación.

c) Sobre los soportes vendidos a precio de saldo no se abonará Royalty alguno. Se entienden por precios de saldo aquellos que sean inferiores o iguales, una vez deducidos los impuestos, a los costes incrementados en un....%

d) La base para el cálculo de los Royalties será el precio de lista publicado por LA COMPAÑÍA a sus distribuidores (PPD) aplicado a la venta en concreto, deducidos todo tipo de impuestos, así como una deducción en concepto de fundas o packaging del..% para soportes físicos digitales (a modo enunciativo, CD, DVD), y del..% para soportes físicos analógicos (a modo enunciativo, MC, VHS).

Lo establecido en el párrafo anterior no será aplicable para las ventas derivadas de la explotación electrónica antes definida. En tales casos, la base para el cálculo del Royalty será el...% de los ingresos obtenidos por EL LICENCIATARIO por tales ventas aplicables a las grabaciones contenidas en los Discos.

e) El número de unidades liquidables será el.......% de las vendidas y cobradas, no computándose como unidades vendidas aquellas entregadas de forma gratuita como ejemplares de promoción, primas de venta y, en general, todas aquellas salidas del almacén de LA COMPAÑÍA que no obedezcan a contraprestación alguna. Tampoco serán consideradas unidades vendidas aquellas devueltas a LA COMPAÑÍA

f) Si LA COMPAÑÍA o un licenciatario de ésta editase en un mismo Disco temas comprendidos en la Grabación junto con otras grabaciones no sujetas al presente contrato, el royalty a percibir por EL PRODUCTOR se prorrateará en función de la parte que representen los temas comprendidos en la Grabación sobre el total de grabaciones incluidas en el Disco en cuestión.

g) Para los soportes vendidos fuera del territorio de España, el porcentaje a aplicar será el....% del Royalty establecido para España, con las mismas deducciones que en España, siendo la base para el cálculo del Royalty el PPD publicado por cada una de las compañías afiliadas o licenciatarias a sus distribuidores en los respectivos países, deducidos los impuestos que legalmente sean aplicables para este tipo de operaciones.

h) En el caso de ser EL PRODUCTOR autor o coautor de cualquiera de las obras fijadas en la Grabación, autoriza a LA COMPAÑÍA, con facultades de cesión a terceros, para reproducir tales obras en los territorios de Estados Unidos y Canadá, a un canon equivalente al....% de la tarifa oficial ("Statutory rate") vigente en cada momento, sin que resulte pagadero canon alguno por las obras contenidas en exceso de..... en cada disco de larga duración. En el caso de que las sociedades correspondientes en dichos territorios negaran la validez de la autorización aquí conferida y recaudaran para EL PRODUCTOR cantidades por encima de los términos descritos, LA COMPAÑÍA podrá descontar de las liquidaciones de royalties a EL PRODUCTOR dichas cantidades en exceso.

QUINTA.– LIQUIDACIONES

a) LA COMPAÑÍA liquidará a EL PRODUCTOR el importe de los royalties devengados a su favor por semestres naturales, dentro de los... días siguientes al final de cada uno de los semestres naturales.

b) LA COMPAÑÍA pagará el resultado de las liquidaciones una vez deducidos los impuestos vigentes, así como cualquier tipo de cantidad pendiente que EL PRODUCTOR o sus derechohabientes puedan tener con LA COMPAÑÍA por anticipos o cualquier otro concepto, en ambos casos, derivados del presente contrato.

c) Sobre los registros vendidos en el extranjero, LA COMPAÑÍA abonará los Royalties una vez deducidos los impuestos que le fueran aplicables, incluyendo los withholding taxes o las retenciones internacionales que resulten de aplicación, utilizando como cambio aplicable a la liquidación el vigente el día en que LA COMPAÑÍA perciba el pago proveniente del extranjero.

d) En el supuesto de producirse cargos en las liquidaciones de Royalties en concepto de devoluciones o reservas, por utilizarse algún sistema de ventas con derecho de devolución o depósito, EL PRODUCTOR acepta que se efectúe en sus liquidaciones de Royalties la correspondiente deducción por este concepto.

e) Independientemente de la duración de este contrato, EL PRODUCTOR continuará percibiendo el Royalty que le corresponda por las obras grabadas para LA COMPAÑÍA, a menos que se produzca un incumplimiento por parte de EL PRODUCTOR, lo cual dará derecho a LA COMPAÑÍA a retener los pagos del mencionado Royalty a la espera de la resolución de dicho incumplimiento.

f) EL PRODUCTOR podrá realizar las comprobaciones que estime pertinentes en las cuentas de LA COMPAÑÍA que se refieren a los registros realizados en virtud de lo previsto en el presente contrato, para verificar la exactitud de las liquidaciones semestrales, aunque nunca con una frecuencia superior a una vez al año, mediando un preaviso mínimo de... mes, y no pudiendo retrotraerse las liquidaciones comprobadas más allá de los..... últimos semestres.

g) Cualquier modificación en la forma jurídica de LA COMPAÑÍA, o la transformación, compraventa o fusión de/por LA COMPAÑÍA con/por otras personas jurídicas, no será obstáculo para la validez y continuidad de este contrato.

LA COMPAÑÍA se reserva, además, la facultad de hacerse sustituir durante la vigencia del presente contrato, por cualquier otra persona natural o jurídica, bien sea para todos los territorios o bien para parte de ellos, quedando en vigor, no obstante, todas y cada una de las obligaciones y derechos aquí establecidos.

SEXTA.– JURISDICCIÓN

Para la resolución de cualquier litigio que pueda surgir de la aplicación del presente contrato, bien en su interpretación bien en su ejecución, ambas partes se someten a los Tribunales de...... No obstante lo anterior y para el supuesto de que los incumplimientos se hayan producido en terceros países, ambas partes se reservan el derecho a entablar cuantas acciones legales estimen oportunas en los países respectivos, sin perjuicio de que la acción principal pueda entablarse en.........

Ambas partes leen el presente contrato y, encontrándolo conforme, lo firman en.........., a....................

Sin más que comunicarle, quedamos a la espera de que nos devuelva debidamente firmadas las copias que del presente contrato acompañamos.

Atentamente,

F098. CESIÓN DE DERECHOS DE AUTOR PARA GRABACIÓN BENÉFICA

Muy señores míos:

Por la presente les informo y expreso mi voluntad de ceder los derechos de autor correspondientes a las obras abajo indicadas y que son de mi autoría en parte o completamente, en cuanto a los porcentajes que me correspondan exclusivamente para el concierto que........... realiza el........... en el Teatro.............. para la campaña benéfica de................

Las obras son:

....

Ruego tomen nota de este hecho para obrar con conocimiento y actuar correspondientemente.

F099. CESIÓN DE DERECHOS ECONÓMICOS POR ACTUACIÓN MUSICAL A FAVOR DE ENTIDAD BENÉFICA

Normativa aplicable: Arts. 42 y ss. Real Decreto Legislativo 1/1996, de 12 de abril, por el que se aprueba el texto refundido de la Ley de Propiedad Intelectual, regularizando, aclarando y armonizando las disposiciones legales vigentes sobre la materia.

En............, a................

SGAE

Director Gestión Socios

Muy señor mío:

Como vd. conoce, realicé mi intervención como artista en el concierto............ que se celebró el pasado día:............ en el Teatro............., organizado por:.............. para su campaña..............

Mi participación en el mencionado concierto fue a título gratuito, impulsada por mí simpatía tanto hacia las entidades organizadoras, como por el hermoso fin que motivó este acto.

Por lo anterior, por medio la presente le informo que he decidido ceder los derechos económicos que se devenguen en el citado concierto a favor de la.................., por la comunicación pública en dicho concierto............ de obras de mí autoría que son:

....

Deberán hacer efectivo el ingreso de la cantidad que resulte de lo anteriormente expresado en la cuenta corriente número:.......... de titularidad de:

....

....

Dirección..........

CIF..............

Atentamente

F100. CONTRATO DE COLABORACIÓN DE CANTANTE PARA LA GRABACIÓN DE UN DISCO DE OTRO ARTISTA DE DIFERENTE DISCOGRÁFICA

En............., a.....................

De una parte: Dña........., mayor de edad, con DNI..........., actuando en su propio nombre y representación, y también en representación de............. como administradora única, con domicilio social en.............. y CIF núm.......... (en adelante..............);

De otra parte:

D.............., mayor de edad, con DNI........... y D............., mayor de edad, con DNI............., en nombre y representación de la mercantil............., con domicilio a estos efectos en............... y CIF............, en adelante "............. ",

EXPONEN

I. Que es deseo de las partes regularizar la realización y explotación de una (1) colaboración fonográfica producida por........... y realizada por la artista musical conocida profesionalmente como.......... (en adelante, ".............."), con la participación del artista exclusivo de..........., D........... (en adelante, "...........").

II. Que la referida colaboración se titula tentativamente "............." (en adelante, la "Grabación"), y será incluida en el nuevo álbum de Artista........... cuyo título está todavía por confirmar "............" (en adelante, el "ÁLBUM").

III. Que en atención a lo anterior, las partes acuerdan suscribir el presente Contrato de Colaboración, por el que regulan sus relaciones en base a las siguientes

CLÁUSULAS

PRIMERO.– Condiciones Generales

1............. no podrá utilizar la grabación como single (incluida la realización de videoclip), sin la autorización previa y expresa de..................

2................ no deberá abonar a............ (y/o.............) royalty alguno por la explotación de la Grabación. Lo anterior será sin perjuicio de la responsabilidad de............ de abonar directamente a Artista................ y/o productor de la Grabación los royalties que pueda devengar la explotación de la misma en caso de ser necesario.

3.............., como productora de la Grabación, y responsable de todos los gastos derivados de la producción y grabación de la misma, será titular exclusiva de todos los derechos de propiedad intelectual y de explotación sobre la Grabación reconocidos por la ley.

Asimismo,.......... asignará a la Grabación su ISRC, que en este caso será el siguiente:

ISRC:..................

4. En virtud de lo anterior,......... será la única responsable de hacer frente a cualquier reclamación de terceros por la inclusión de "samples" y/o por temas autorales/editoriales relacionados con la obra musical incorporada en la Grabación.

5. La autorización de.......... en cuanto a la Grabación, además de la comparecencia del........., presupone el consentimiento de............ a dicha colaboración, e implica el levantamiento momentáneo de su exclusiva sobre las grabaciones de éste último para que pueda intervenir en la Grabación.

No obstante lo anterior, nada de lo establecido en este Acuerdo menoscabará de forma alguna los derechos exclusivos de explotación y de propiedad intelectual que......... tiene sobre la grabaciones, fonográficas y/o audiovisuales, y la imagen y el nombre de..............

5............. entregará al Departamento Jurídico de............, libre de cargo, una semana antes del lanzamiento de la Grabación, una cinta o máster de producción en formato CDR o DAT, conteniendo la Grabación con la mezcla y masterización definitiva y la correspondiente información de etiqueta, para que.......... de su aprobación definitiva a la Grabación, sin la cual la presente cesión carecerá de validez alguna.

6. El nombre y la imagen de........... podrá aparecer en la contraportada, libreto y los créditos de los productos en los que se incluya la Grabación. Cualquier otro uso distinto del nombre y/o la imagen de.......... requerirá autorización previa y por escrito de.............

7. El territorio del presente acuerdo es el mundo y su duración es la máxima reconocida por la legislación aplicable a los productores de fonogramas.

SEGUNDO.– Cesión de derechos a favor de..............

1. Por la presente.......... cede a........... de forma exclusiva y gratuita, sin limitación territorial alguna y por el plazo máximo reconocido por la legislación aplicable a los productores fonográficos, todos los derechos de propiedad intelectual y de explotación necesarios para que........... pueda a llevar a cabo la explotación de la participación de........... en la Grabación en los términos descritos en el presente acuerdo. Queda por lo tanto bien claro que.......... podrá, a modo ilustrativo y no limitativo, explotar la Grabación en álbumes y en otros productos monográficos de........... (como, a modo ilustrativo, cualesquiera Álbumes, Grandes Éxitos y productos exclusivos), explotar en forma individual la Grabación (de forma conjunta y/o por separado) a través de redes digitales interactivas tales como Internet y/o Telefonía Móvil, a través de streaming, downloading y/o cualquier otro sistema de explotación análogo, así como incluir la Grabación en recopilatorios, bandas sonoras, etc., sin necesidad de recabar el consentimiento previo de............ Esto se aplicará tanto a explotaciones físicas como a electrónicas.

2. Por la explotación de la Grabación,............ no deberá abonar a........... (y/o..........) royalty y/o contraprestación alguna, sin perjuicio de que será exclusiva responsabilidad de........ abonar, según proceda, cualesquiera contraprestaciones a........... y los correspondientes productores artísticos y/o ejecutivos de la Grabación.

3. Sólo........, previo consentimiento por escrito de..........., podrá dar autorización para la sincronización y/o el "sampling" de la Grabación y para la inclusión de la misma en recopilatorios multi-artista.

4. Será responsabilidad exclusiva de......... la obtención y el pago de cualesquiera derechos autorales y/o editoriales derivados de las explotaciones que realice.

5............ incluirá en todo soporte que incluya la Grabación los créditos ".............", y/o lo que las partes acuerden.

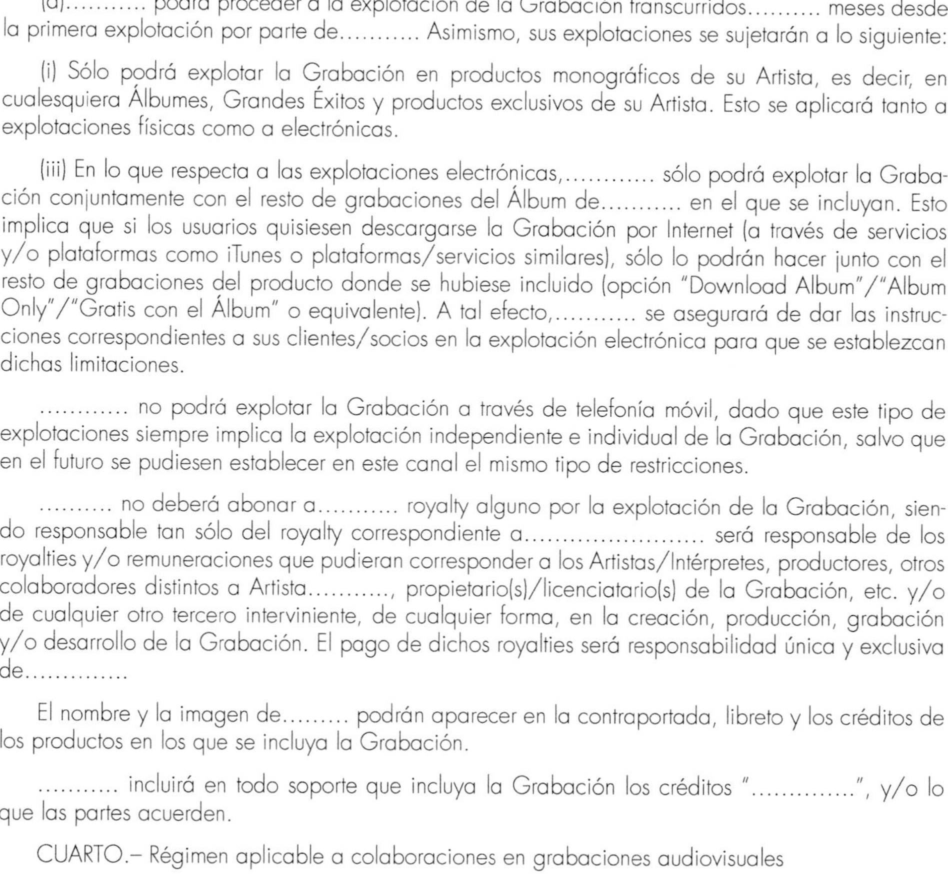

TERCERO.– Explotación por parte de................:

(a).......... podrá proceder a la explotación de la Grabación transcurridos.......... meses desde la primera explotación por parte de.......... Asimismo, sus explotaciones se sujetarán a lo siguiente:

(i) Sólo podrá explotar la Grabación en productos monográficos de su Artista, es decir, en cualesquiera Álbumes, Grandes Éxitos y productos exclusivos de su Artista. Esto se aplicará tanto a explotaciones físicas como a electrónicas.

(iii) En lo que respecta a las explotaciones electrónicas,............ sólo podrá explotar la Grabación conjuntamente con el resto de grabaciones del Álbum de.......... en el que se incluyan. Esto implica que si los usuarios quisiesen descargarse la Grabación por Internet (a través de servicios y/o plataformas como iTunes o plataformas/servicios similares), sólo lo podrán hacer junto con el resto de grabaciones del producto donde se hubiese incluido (opción "Download Album"/"Album Only"/"Gratis con el Álbum" o equivalente). A tal efecto,........... se asegurará de dar las instrucciones correspondientes a sus clientes/socios en la explotación electrónica para que se establezcan dichas limitaciones.

.... no podrá explotar la Grabación a través de telefonía móvil, dado que este tipo de explotaciones siempre implica la explotación independiente e individual de la Grabación, salvo que en el futuro se pudiesen establecer en este canal el mismo tipo de restricciones.

.... no deberá abonar a.......... royalty alguno por la explotación de la Grabación, siendo responsable tan sólo del royalty correspondiente a....................... será responsable de los royalties y/o remuneraciones que pudieran corresponder a los Artistas/Intérpretes, productores, otros colaboradores distintos a Artista..........., propietario(s)/licenciatario(s) de la Grabación, etc. y/o de cualquier otro tercero interviniente, de cualquier forma, en la creación, producción, grabación y/o desarrollo de la Grabación. El pago de dichos royalties será responsabilidad única y exclusiva de.............

El nombre y la imagen de........ podrán aparecer en la contraportada, libreto y los créditos de los productos en los que se incluya la Grabación.

.... incluirá en todo soporte que incluya la Grabación los créditos ".............", y/o lo que las partes acuerden.

CUARTO.– Régimen aplicable a colaboraciones en grabaciones audiovisuales

1. Todos los términos del presente Acuerdo relativos a la Grabación se aplicarán, mutatis mutandi, a la explotación de grabaciones audiovisuales que incluyan Colaboraciones Audiovisuales de los Artistas de ambas Partes. A modo enunciativo, dichas colaboraciones podrán ser en conciertos en directo, videoclips, making of, lyric vídeos, pseudovideos, etcétera, (en caso de que.......... así lo autorice expresamente) y se podrá proceder a su explotación a través de los mismos medios, formatos y soportes que los contemplados para la Grabación; esto podrá incluir la comercialización en formato físico (a través de su venta en formato DVD o similar, etc.) de la grabación audiovisual que contenga la Colaboración Audiovisual, así como cualquier explotación electrónica que implique la "puesta a disposición" de la misma (sea a través de Internet, Telefonía Móvil y/o sistemas similares).

QUINTO.– Protección de datos y confidencialidad

1. Los datos personales de las personas físicas que intervengan en la firma y ejecución del presente Contrato, ya sea en su propio nombre o en nombre y representación de las Partes, se incorporarán a ficheros de los que es responsable la otra Parte, para el desarrollo de la relación contractual y el cumplimiento de obligaciones legales. Las Partes podrán ceder los datos a las entidades de gestión de derechos de propiedad intelectual y a aquellas empresas que participen en la explotación

objeto del presente Contrato en la medida necesaria para su ejecución, ya se encuentren dentro o fuera de la Unión Europea (por ejemplo, discográficas y otras empresas del grupo). El titular de los datos personales podrá ejercitar los derechos de acceso, rectificación, oposición y cancelación respecto del tratamiento del que cada Parte es responsable, dirigiéndose por escrito a la dirección de la otra Parte que figura en el encabezamiento. Cada una de las Partes, antes de facilitar a la otra Parte cualquier dato personal de cualquier persona física, habrá informado a esta persona de lo previsto en esta cláusula y cumplido cualesquiera otros requisitos aplicables para efectuar dicha comunicación, no teniendo la Parte receptora que realizar ninguna actuación adicional frente a dicha persona.

2. Hasta transcurrido un periodo de.......... años tras la finalización de la vigencia de este Contrato, las Partes se obligan a mantener estricta confidencialidad respecto de los términos y condiciones del presente contrato, así como cualquier otra información intercambiada entre las partes en relación con el mismo, obligándose las Partes a no revelar dichos términos y condiciones a tercero alguno, excepto que así fuera requerido en procedimiento judicial, en cuyo caso igualmente las partes se obligan mutuamente a comunicarse tal circunstancia. No obstante lo anterior, las Partes podrán divulgar la información confidencial a otras entidades con las que subcontrate servicios específicos, a otras compañías del grupo empresarial al que pertenece, así como a entidades de gestión colectiva o asesores legales, si bien informándoles del carácter confidencial de la información.

SEXTO.– Legislación aplicable, resolución de conflictos y jurisdicción:

1. El presente Acuerdo, además de por sus propios pactos se regirá por la legislación española.

2. La relación contractual de las partes es de naturaleza civil/mercantil, con exclusión expresa en todo caso de cualquier norma de tipo laboral y/o de asociación más allá de lo estipulado en el presente Acuerdo

3. Para cualquier disputa que pudiera surgir en relación con la interpretación o ejecución del presente Acuerdo, las partes, con renuncia expresa al fuero que pudiera resultar competente, acuerdan someterse a la jurisdicción de los Tribunales de................

Y en prueba de conformidad con todo lo anterior, las partes suscriben el presente documento, por duplicado y a un solo efecto, en el lugar y la fecha arriba indicados.

F101. CONDICIONES PARA LA PARTICIPACIÓN DE CANTANTE EN DISCO A FAVOR DE FUNDACIÓN SIN ANIMO DE LUCRO U ONG

Muy Sres. nuestros:

Por medio de la presente venimos a confirmar la autorización por nuestra compañía y las condiciones aplicables a la realización de la grabación de audio titulada "............" (en lo sucesivo la GRABACIÓN) por nuestra artista exclusiva............ (en lo sucesivo ARTISTA) junto con la artista............, así como a la propiedad y explotación de la misma:

PRIMERA.– PRODUCCIÓN DE LA GRABACIÓN

1.1.........., llevará a cabo bajo su iniciativa y a su coste y cargo la realización ejecutiva, técnica y artística de la GRABACIÓN para su inclusión en un álbum librodisco con carácter solidario y recopilatorio de diversas grabaciones de distintas artistas titulado "..........." (en lo sucesivo el ALBUM).

1.2. El coste para la realización de la grabación ha sido asumido por............, lo que incluye cualquier concepto en general necesario para la pre-producción, producción, mezcla y mastering de la GRABACIÓN y, en especial, aunque sin que la siguiente enumeración tenga carácter limitativo, los siguientes conceptos: locales, estudios y técnicos de grabación, ingenieros, músicos y director de orquesta, voces y artistas, ARTISTA, materiales de producción y mezclas de la GRABACIÓN, productores artísticos y ejecutivos, viajes y estancias de los profesionales citados, obtención de las autorizaciones de todo orden y en general de todos los participantes en las GRABACIÓN, etc.

1.3............ manifiesta que cuenta, con las autorizaciones necesarias para la edición y explotación pacífica de la GRABACIÓN y en especial, aunque sin que la siguiente enumeración tenga carácter limitativo, con las de: técnicos de grabación, estudios, músicos, autores en caso de arreglos o transformación de obras originales, realización de samplings, etc.

1.4........... hará entrega a.......... sin demora de todos los materiales intermedios y finales derivados de la producción de la GRABACIÓN así como la información de etiqueta de la GRABACIÓN y todas las autorizaciones anteriormente mencionadas en especial copia del contrato de producción ejecutiva y artística de la grabación y copia de cualquier documentación suscrita con ARTISTA para la realización de la GRABACIÓN.

SEGUNDA.– PROPIEDAD DE LA GRABACIÓN

2.1. La GRABACIÓN será en todo momento propiedad de........... y a la misma corresponderán todos los derechos de explotación económica de la misma y de los materiales intermedios sin limitación alguna en el tiempo ni en el espacio. De acuerdo con ello,.......... no podrá, salvo por la autorización otorgada en este contrato, directa ni indirectamente, hacer uso alguno de ningún material intermedio (copias, partituras, etc.) empleado en la realización física de la GRABACIÓN. Tampoco permitirá.......... que tal uso se realice por parte de ningún tercero.

2.2. Se entiende que a.......... corresponden en exclusiva como propietaria de la........... todos los derechos sobre dicha grabación una vez realizada, en particular los de reproducción, distribución, transformación, comunicación pública y puesta a disposición, lo que incluye entre otros derechos aunque sin que la siguiente enumeración tenga carácter limitativo los de edición, venta, alquiler, préstamo, cesión, uso, sincronización de cualquier clase, retransmisión y comunicación, incluso por emisoras de radio y televisión por cualquier sistema de transmisión, Internet, telefonía móvil, etc., en el territorio de todo el mundo y por el plazo de duración que otorga la ley a los derechos del productor fonográfico.

Podrá, por tanto,.............., a su conveniencia, sin otras limitaciones en el tiempo y en el espacio que las establecidas expresamente en la presente autorización, iniciar o cesar la explotación de la grabación, por sí sola o en compilación con otras, así como realizar dicha explotación por sí o por terceros, total o parcialmente, pudiendo, por tanto, fabricar y vender y explotar en general, así como reproducir, ejecutar, difundir, etc., por cualquiera de los medios o formatos conocidos o por conocer, la GRABACIÓN.

Asimismo,.......... podrá hacer uso, si lo desea, del nombre e imagen de todos los participantes citados y en especial del director artístico, en relación con la edición de la GRABACIÓN y su presentación, publicidad y promoción.

2.3. Por la explotación que realice.......... de la GRABACIÓN,............ no deberá a abonar a.......... contraprestación alguna.

Cualquier gasto o remuneración que pueda corresponder a cualquier tercero por la explotación de la GRABACIÓN, de tal modo que cualquier reclamación relativa al pago de cualquiera de los elementos, equipos, músicos, productores, estudios, sindicatos, etc. participantes o relacionados con la GRABACIÓN, será de la exclusiva cuenta y a cargo de..........., relevando.......... a nuestra compañía expresamente de responsabilidad en tal sentido y viniendo obligada ésta al pago sin demora a............. de cualquier cantidad que tuviéramos que abonar por tales reclamaciones.

TERCERA.– CONDICIONES DE LICENCIA

En consideración a la iniciativa de........ en la realización de la GRABACIÓN,.......... concede licencia exclusiva a........ para reproducir y editar la GRABACIÓN incluida en el ÁLBUM y explotar dicho ÁLBUM en situación de exclusividad durante los........ meses siguientes a la edición del mismo esto es el...............

3.1. Territorio: El Mundo.

3.2. Royalty: La presente licencia se concede con carácter gratuito sujeta a las siguientes condiciones

a) Ninguno de los artistas que colaboran en el álbum o sus compañías discográficas obtenga remuneración alguna por su colaboración.

b) La totalidad de los fondos obtenidos por la explotación del álbum sean destinados al fin solidario informado a.........., esto es a apoyar los programas de..............

3.3. Formatos autorizados: Formatos físicos DiscoLibro y electrónicos a través de Internet. Queda claro que la explotación debe ser siempre junto con el resto de las grabaciones incluidas en el ALBUM y nunca de manera separada, permitiéndose la venta de la grabación en Internet únicamente bajo la modalidad comúnmente conocida como "Album Only" o en "Bundle".

Cualquier otro uso distinto de la GRABACIÓN o su inclusión en álbumes o soportes distintos del ALBUM, requerirá la previa autorización por escrito de........., especialmente, y sin que los siguientes ejemplos tengan carácter limitativo, la transformación, sincronización, etc. Asimismo......... no podrá llevar a cabo la edición como single, ya sea promocional o comercial, de la GRABACIÓN salvo autorización previa y expresa de...........

En los casos y formatos autorizados para la explotación por distribución electrónica de la GRABACIÓN, ésta no se hará disponible a través de o en conjunción con cualquier servicio de piratería, red de peer to peer (o entidades afiliadas) o entidad que utilice Peer Caching Software...........

deberá utilizar reglas de control de derechos digitales o encriptar y proteger la GRABACIÓN con un "industry standard digital rights management system" (DRM).

3.4. Créditos: El nombre del ARTISTA únicamente podrá aparecer en los créditos de libreto del ALBUM, y, en su caso, en la contraportada del mismo, en ningún caso de forma más destacada respecto al del resto de los artistas participantes en el ALBUM. Cualquier utilización del nombre o imagen del ARTISTA de un modo distinto al mencionado en este acuerdo requerirá nueva y previa autorización por escrito de...........

Deberá expresarse de forma clara y legible la leyenda: "..............", e incluir la reserva de derechos de la GRABACIÓN:.............. asimismo estará obligado a dar las oportunas instrucciones al fabricante, para la inclusión del código ISRC de la GRABACIÓN que.......... asigne y comunique a..........., tras la entrega por esta última de la información de etiqueta de la GRABACIÓN.

Con carácter previo a la edición al menos con........ días hábiles como mínimo a esta nos deberán ustedes facilitar boceto o muestra del material gráfico del ALBUM donde aparezca la mención gráfica.

Queda completamente excluida la utilización de la GRABACIÓN en unión de cualquier tipo de publicidad de terceros, ya sea en las propias carátulas, inlays, etiquetas etc. del ÁLBUM incluyendo la GRABACIÓN o en encartes separados; ya sea en la publicidad que en cualquier medio se haga del mencionado ÁLBUM. Todo ello se entiende sin la previa y expresa autorización de......... a tal fin.

3.5. Muestras:......... deberá facilitar sin cargo cinco ejemplares de todos los formatos del ALBUM tan pronto como sea editado a.......... y así mismo una copia de la información de etiqueta original o label copy donde figuren los datos de la edición final y la fecha de la misma

3.6. Miscelánea: Las grabaciones objeto de autorización deberán ser editadas en su versión original previamente aprobada por........., sin que puedan ser modificadas, versionadas, alteradas, arregladas o mezcladas en modo alguno.

La licencia otorgada en este epígrafe se condiciona con carácter resolutorio a que la lista de temas finalmente incluidos en el ALBUM no difiera de manera significativa de la lista tentativa enviada por ustedes a nuestra compañía y a que las menciones de cortesía anteriormente establecidas figuren del modo en que se ha establecido. Ante el incumplimiento por ustedes de cualquiera de las condiciones establecidas en esta licencia nuestra compañía podrá dar por finalizado anticipadamente la misma viniendo ustedes obligados desde ese mismo momento a cesar de manera inmediata en la utilización de las grabaciones aquí autorizadas, bastará para ello la comunicación que en tal sentido les dirija nuestra compañía indicando al tiempo el incumplimiento en que base su decisión

CUARTA.– CARÁCTER SOLIDARIO DE LA LICENCIA

4.1.......... se compromete a destinar la totalidad de los beneficios netos de la explotación del ÁLBUM, al proyecto solidario fin solidario informado a.........., esto es a apoyar programas de..............

4.2. A los efectos del presente contrato, se entiende por beneficios netos el resultado económico, directa o indirectamente obtenido por la explotación comercial del ALBUM tras las deducciones que por impuestos correspondan, así como las deducciones de los gastos efectivos y razonables de producción del mismo, en su caso, incluyendo el coste de grabación en estudio profesional, la realización del máster, gastos de fabricación y gastos de promoción.

4.3. La cesión anterior se hace en el entendido de que la explotación del la GRABACIÓN tendrá lugar en el marco del proyecto solidario que supone el ALBUM y que ningún participante en las mismas, o terceras compañías obtienen beneficio económico directo o indirecto alguno, de modo que si.......... de cualquier modo tuviera conocimiento de que los beneficios netos no son destinados al proyecto solidario.......... revocará la licencia gratuita a favor de........... y tendrá derecho a percibir la totalidad de los beneficios obtenidos por......... por los conceptos recogidos en el presente documento. Todo ello sin perjuicio a que, debido al incumplimiento anterior,........... pueda optar por la resolución del presente contrato y la indemnización por........... por los daños y perjuicios ocasionados a...............

4.4. Asimismo con el objetivo de garantizar el cumplimiento de su compromiso de destinar la totalidad de los beneficios obtenidos por la explotación del ALBUM,............ se obliga a suministrar a............ semestralmente, en los meses de........... de cada año balance de los beneficios obtenidos, así como a justificar el destino de los mismos.

A petición de.........., la............ deberá suministrar igualmente la documentación que requiera para la acreditación de las partidas que compongan el balance de explotación del ALBUM así como del destino de los beneficios de la misma.

QUINTA.– GENERALIDADES

5.1............ autoriza el tratamiento automatizado de sus datos personales facilitados o puestos de manifiesto con ocasión del desarrollo del presente contrato, para la ejecución del mismo, así como para la oferta de productos y servicios de........... y la cesión de los datos a empresas de su grupo o a otras empresas con las que concluya acuerdos de colaboración en desarrollo del contrato y la explotación de la GRABACIÓN, radicadas en España o en el extranjero, respetando, en todo caso, la legislación española sobre protección de los datos de carácter personal. Los interesados tendrán en todo momento el derecho de acceder, rectificar y, en su caso, cancelar los datos personales que se incluirán en el fichero automatizado mediante petición escrita dirigida a............

5.2............ podrá auditar e inspeccionar sus libros y registros exclusivamente en relación con los cargos, abonos, facturas, liquidaciones y pagos establecidos en este contrato, así como la documentación de la que dichos conceptos se deriven o resulte necesaria para su cálculo, con excepción de la documentación no relacionada directamente con la ejecución del presente contrato y limitándose en todo caso la inspección a la documentación y registros producidos o recibidos por........... Dicha auditoria, en su caso, requerirá su previa notificación con una antelación mínima de......... días naturales a la fecha prevista para su comienzo, y deberá ser llevada a cabo por un auditor independiente, en sus oficinas, durante las horas normales de trabajo y realizarse de tal modo que no altere el curso normal del trabajo.

5.3. En el caso de que la mencionada auditoria tenga lugar, tanto el auditor independiente como........... estarán obligados a mantener estricta confidencialidad, lo que significa no revelar, divulgar o publicar ninguna información o dato obtenidos en virtud de la misma, a ninguna persona, entidad o corporación cualesquiera que fuesen distintos de cualquier órgano administrativo o judicial que interviniera en un procedimiento relativo al presente contrato.

5.4. La falta de acción, por cualquiera de las partes frente a cualquier infracción de lo pactado en el presente documento, no se considerará condonación ni renuncia frente a cualquier otra infracción del mismo.

5.5. Si alguna de las disposiciones del presente compromiso se declara inválida, nula o resulta imposible de cumplir o fuese modificada, en su totalidad o en parte, el resto de las condiciones del mismo seguirán vigentes, las partes se obligan a negociar de nuevo sin demora y bajo el principio de buena fe todos los apartados afectados por dicha invalidez o imposibilidad, continuando en vigor el resto de lo estipulado en el mismo.

5.6. Este compromiso se rige por las leyes españolas. Ambas partes renunciamos al fuero que en cualquier momento pudiera corresponderles y nos sometemos expresamente al de los Tribunales de.............., para el conocimiento y decisión de las cuestiones que pudieran derivarse de la interpretación y cumplimiento del presente compromiso.

Sin otro particular y rogándoles que en señal de conformidad con cuanto antecede se sirvan devolvernos, debidamente firmada por Uds., la copia que de la presente se acompaña, aprovechamos para saludarles muy atentamente,

F102. CONTRATO DE REPRESENTACIÓN ARTÍSTICA (I)

En.........., a......... de..............

REUNIDOS

De una parte:........... mayor de edad, con DNI..........., con domicilio en........., calle.............., quien interviene en su propio nombre y derecho, designado en adelante como EL ARTISTA.

De otra parte, D.............., con DNI nº..........., quien actúa en representación de........... con CIF nº.........., domiciliada en.............; en adelante EL REPRESENTANTE.

EXPONEN

1.– Que EL ARTISTA se dedica a la composición, grabación e interpretación de temas musicales propios y ajenos, y no tiene cedidos con anterioridad al día de hoy a ningún tercero, directa o indirectamente, los derechos objeto de este contrato y que, por lo tanto, es titular del pleno dominio de ellos y que, como consecuencia, asume las responsabilidades que de toda índole se pudieran derivar.

2.– Que EL REPRESENTANTE está dedicado a la representación artística y comercial y que posee una infraestructura y organización adecuada para llevar a buen término este cometido.

En consideración a lo expuesto, ambas partes se reconocen capacidad suficiente para el otorgamiento del presente contrato de representación artística y comercial exclusiva de acuerdo a los siguientes

ACUERDOS

PRIMERO.– EL ARTISTA concede a EL REPRESENTANTE la representación en exclusiva de todas sus actividades artístico-comerciales y de imagen, negociando y gestionando sus contratos profesionales, en relación a las actuaciones musicales que se celebren en el periodo de vigencia, que se estipula en el presente documento.

SEGUNDO.– EL ARTISTA se declara libre de todo compromiso que pueda condicionar u obstaculizar la realización del presente contrato o de sus prórrogas, si las hubiere. Asimismo, EL ARTISTA se compromete, durante la vigencia del presente contrato, a no participar, bien bajo su nombre o bajo seudónimo, en cualquier actuación musical, teatral, cinematográfica o televisiva, grabación de registros sonoros y/o visuales o cualquier otra actividad profesional recogida en este documento, por cuenta de o para cualquier otra entidad o persona distinta de EL REPRESENTANTE. En caso de incumplimiento de esta cláusula, EL ARTISTA perderá todos los derechos que este contrato le otorga, sin perjuicio de que EL MANAGER haga uso de las acciones que la Ley señale para el caso.

TERCERO.– EL ARTISTA faculta a EL REPRESENTANTE para negociar, firmar y comprometer en su nombre contratos artístico-comerciales o de imagen con terceros. EL ARTISTA deberá cumplir los contratos pactados por EL REPRESENTANTE, previa aceptación por parte de EL ARTISTA de los mismos.

CUARTO.– EL ARTISTA se compromete a acudir físicamente a todo requerimiento que en virtud de la representación exclusiva, objeto de este contrato, le haga EL REPRESENTANTE, previa aceptación por parte de EL ARTISTA de los mismos.

Paralelamente, EL REPRESENTANTE se compromete y obliga a prestar al ARTISTA, durante todo el tiempo de vigencia del presente contrato, un permanente y completo servicio de asesoramiento profesional y técnico, de cuantos aspectos profesionales le incumban, comprometiéndose a cumplir su deber de información frente al ARTISTA, referido, tanto al estado de la negociación con posibles terceros como a las condiciones de contratación con éstos.

QUINTO.– El ámbito territorial al que se refiere la representación objeto de este contrato, es todo el MUNDO, bien sea su explotación de una forma directa, o a través de sus representantes.

SEXTO.– EL REPRESENTANTE cobrará, en concepto de remuneración por su trabajo, el.....% de los ingresos brutos realmente satisfechos, generados por las actividades del ARTISTA descritas en el presente contrato, excepto pactos descritos en las cláusulas adicionales. En ese......% está incluido el pago del porcentaje a los agentes de zona en los directos.

De igual forma, se aplicará el mencionado porcentaje del...........% a cualquier contraprestación que se acuerde en torno a la gira, incluyendo de manera enunciativa y no limitativa conceptos como sponsors o patrocinios, porcentajes sobre taquillaje, merchandising, etc.

Los ingresos percibidos por EL ARTISTA, en concepto de derechos de autor y royalties de la Compañía Discográfica, no generarán porcentaje alguno de remuneración para EL REPRESENTANTE.

SÉPTIMO.– La duración del presente contrato será de........... años a partir de la fecha de la firma del presente documento y se considerará renovado al finalizar este tiempo por periodos anuales prorrogables, siempre que no se comunique por escrito lo contrario a la otra parte,... mes antes de su conclusión.

A la expiración del plazo establecido en el presente contrato, en caso de existir acuerdos pactados pendientes de ejecución y/o contratos aún no extinguidos, gestionados por EL REPRESENTANTE y aceptados por EL ARTISTA, serán de aplicación los mismos derechos aquí concedidos al REPRESENTANTE hasta la total resolución de los mismos.

OCTAVO.– El incumplimiento por cualquiera de las partes de alguno de los acuerdos pactados, o la rescisión unilateral del contrato, no libera de las obligaciones aquí determinadas; quedando facultada la otra parte a exigir el derecho a indemnización que por daños y perjuicios pueda corresponder.

NOVENO.– Ambas partes se someten a los Tribunales de............ con renuncia expresa de su propio fuero, si lo tuvieren, para cuantas cuestiones pudieran derivarse de la interpretación o incumplimiento del presente contrato.

Y en prueba de conformidad, firman el presente contrato por duplicado y a un solo efecto, en el lugar y fecha indicados.

F103. CONTRATO DE REPRESENTACIÓN ARTÍSTICA (II)

En.......... a....... de 20......

REUNIDOS

De una parte,......... con domicilio en...................... y NIF número............., en su condición de director de........., en adelante EL REPRESENTANTE.

De otra,......................, con domicilio en............................

.... y DNI.........., en adelante NOMBRE ARTÍSTICO, quien interviene en su propio nombre y representación, en adelante EL ARTISTA.

EXPONEN

I. Que EL ARTISTA está interesado en contratar los servicios de EL REPRESENTANTE, a fin de que éste tome a su cargo la dirección, organización y representación en todo lo relacionado con su actividad profesional.

II. Que habiendo llegado a un acuerdo sobre la forma en que deberá desarrollar la gestión, EL REPRESENTANTE y los derechos y obligaciones de ambas partes, han convenido suscribir el presente contrato privado con arreglo a las siguientes

CLÁUSULAS

PRIMERA.– OBJETO DEL CONTRATO

Por medio del presente contrato privado, EL ARTISTA designa como gestor único y exclusivo de su actividad profesional para todo el mundo a EL REPRESENTANTE, quién acepta, asumiendo la dirección y organización de todo aquello que se relacione directa o indirectamente con su actividad profesional.

Durante la vigencia del presente contrato, estará incluido dentro del objeto del mismo, toda actividad que desarrolle EL ARTISTA en el ámbito musical, sea conjuntamente o por separado, incluso si se lleva a cabo la actividad en unión de terceras personas.

El presente contrato privado tiene para EL REPRESENTANTE carácter no exclusivo, por lo que está en libertad para prestar sus servicios a terceros sin limitación alguna.

SEGUNDA.– DESARROLLO DEL CONTRATO

1°.– En desarrollo del presente contrato privado EL REPRESENTANTE asume las funciones:

a.– Promover, negociar, concluir y firmar contratos, negocios y representación de EL ARTISTA, en todo lo relacionado con el objeto del presente contrato privado, y en particular aquellos que tengan por objeto sus conciertos, giras, galas, actuaciones públicas, merchandising, patrocinio de actividades musicales, intervenciones en medios de comunicación, gestión de la publicidad de sus actividades, contratos de grabación discográficos y audiovisuales, utilización de los derechos de imagen, etc.

b.– Cooperar en el cumplimiento de las obligaciones y compromisos asumidos por el artista con terceras personas en ejecución y desarrollo del presente contrato privado.

c.– Representar a EL ARTISTA ante todo tipo de entidades pública o privadas, promoviendo, siguiendo y gestionando ante dichas entidades todos los asuntos relacionados o derivados de la actividad profesional de EL ARTISTA.

d.– Velar en todo momento por la protección de los intereses profesionales, artísticos y económicos de EL ARTISTA.

e.– Mantener informado a EL ARTISTA de la líneas generales de las negociaciones que se entablan en su nombre y de los contratos de las partes.

f.– Seguir en el desarrollo de la su actividad las directrices que con carácter general se establezcan por ambas partes.

g.– Percibir todas las cantidades que en el desarrollo del presente contrato deban ser abonadas a EL ARTISTA, realizando al efecto cuantas gestiones y acciones sean necesarias, hasta obtener el cobro de las mismas.

h.– Abonar a EL ARTISTA en el plazo máximo de........ días desde su efectiva percepción cualquier ingreso que a su favor se hubiera obtenido, previa la correspondiente liquidación.

Para el ejercicio de las anteriores actividades EL REPRESENTANTE gozará de un amplio margen de confianza y libertad de actuación, y contará con su propio personal, organización y servicios administrativos, pudiendo delegar a su libre criterio en terceras personas físicas o jurídicas las facultades que le atribuye el presente contrato privado.

2º– Por su parte, EL ARTISTA asume los siguientes compromisos.

a.– Contratar con la intermediación de EL REPRESENTANTE todas sus actividades profesionales, citándose con carácter meramente enunciativo y por lo tanto no limitativo: grabaciones sonoras y/o audiovisuales, actuaciones en medios de comunicación, apariciones públicas y conciertos, contratos de patrocinio, de giras y conciertos, merchandising, publicidad, etc., así como cuantos contratos o acuerdos complementarios para el desarrollo de tales actividades sean precisos.

EL ARTISTA se compromete a mantener puntualmente informado a EL REPRESENTANTE de las actividades ajenas a este contrato privado que pudieran desarrollar durante su vigencia, a fin de mantener la necesaria coordinación para que tales actividades no interfieran la correcta programación y desarrollo del resto de las actividades, siempre y cuando estén de acuerdo las dos partes.

b.– Informar a EL REPRESENTANTE con la antelación precisa de los criterios fiscales y contables que deberán seguirse en la contratación de EL ARTISTA, y particularmente de la forma en que deben realizarse en su nombre los ingresos y pagos.

En todo caso EL REPRESENTANTE queda expresamente liberado por el artista de cuantas responsabilidades legales, fiscales o contables pudieran derivarse para EL ARTISTA de los contratos suscritos en su nombre o de los pagos e ingresos que se produzcan.

c.– Reconocer durante la vigencia del contrato el derecho a EL REPRESENTANTE a designarse públicamente como manager exclusivo del mismo, por lo que el nombre y el logotipo de EL REPRESENTANTE u otros nombre comerciales, deberán figurar en todas las piezas promocionales o publicitarias que de EL ARTISTA y de sus actividades sean realizadas.

d.– Cumplir y respetar en todo momento los compromisos que asuma EL REPRESENTANTE en nombre de EL ARTISTA, siempre y cuando ambas partes estén de acuerdo.

TERCERA.– CONDICIONES ECONÓMICAS

1ª Retribuciones:

Como contraprestación por sus servicios EL REPRESENTANTE percibirá las siguientes cantidades:

1°.1.– EL........ POR CIENTO de todos los ingresos brutos obtenidos por EL ARTISTA por los siguientes conceptos:

a.– Por la realización de conciertos, galas, actuaciones o giras, tanto en España como en el extranjero. Si en dicha contratación interviniera alguna persona física o jurídica, la comisión que dicho intermediario tuviera que percibir, será abonada a partes iguales entre EL REPRESENTANTE en concepto de gestión comercial y EL ARTISTA en concepto de producción local, infraestructuras y todo lo necesario para el buen desarrollo del concierto.

b.– Por actuaciones en televisión, cine, radio, u otros medios de comunicación.

c.– Por la publicidad de cualquier índole, tanto si se realiza por acuerdos directamente con empresas o entidades, como si se lleva a cabo a través de agencias de publicidad o de intermediarios, siempre que sean derivadas de la carrera artística de EL ARTISTA.

d.– Por patrocinios, tanto de entidades públicas como privadas.

e.– Por la venta de objetos de merchandising, tales como camisetas, gorras, libros, pegatinas, etc tanto si se realiza directamente por EL REPRESENTANTE como si lleva a cabo a través de terceras personas o entidades.

1°.2.– En aquellos conciertos, actuaciones o actividades en los cuales EL REPRESENTANTE y EL ARTISTA asuman parcial o totalmente el riesgo del resultado económico que se obtenga, los beneficios o perdidas se repartirán entre ambas partes contratantes al......... por ciento (....%) siempre que ambas partes estén de acuerdo.

2°– Liquidaciones y pagos:

Dentro de los treinta días siguientes a la efectiva percepción de cualquier ingreso que se produzca en desarrollo de este contrato privado. EL REPRESENTANTE deberá efectuar la correspondiente liquidación, abonando a EL ARTISTA la cantidad que le corresponda.

3°– Gastos

Serán de la exclusiva de EL REPRESENTANTE todos los gastos generales de la oficina en la que desarrolla la actividad profesional de EL ARTISTA, a excepción de la figura del road manager, técnicos, músicos, bailarines, equipamientos, viajes, hoteles, y todo lo que conlleve a la realización de cualquier actividad que serán a cargo de EL ARTISTA.

Los gastos generales ocasionados por la publicidad y comercialización de conciertos, entre ellos: revistas del sector, mailing postal, e-mailing (internet) serán a cargo de EL REPRESENTANTE, excepto la fabricación y envío de la cartelería o cualquier material que anuncie la celebración de un concierto y/o actividad que será a cargo de EL ARTISTA.

Todo gasto que se realice y se tenga que hacer cargo EL ARTISTA deberá ser consultado y presentado proyecto de antemano a éste por parte del EL REPRESENTANTE.

CUARTA.– DURACIÓN DEL CONTRATO PRIVADO

El presente contrato privado entrara en vigor el día de la fecha reseñada en el encabezamiento y tendrá una duración de..... años finalizando por lo tanto el............. de 20........ A la conclusión del presente contrato, éste se renovará automáticamente por un periodo de.... años, y así sucesivamente, a no ser que una de las partes notifique lo contrario...... días antes de su finalización.

QUINTA.– EFECTOS DE LA RESOLUCIÓN DEL CONTRATO

El presente contrato privado se resolverá por la voluntad de las partes, llegando al vencimiento del plazo inicial, comunicándolo con la antelación prevista en la cláusula anterior, por cualquiera de las causas previstas en la legislación vigente para la resolución de contratos o por incumplimiento grave de una de las partes de las obligaciones establecidas en el presente contrato privado.

En el supuesto de que en el momento en el que la resolución deba surgir efecto se estuviera realizando una gira o mediaran menos de....... días para su inicio, la resolución no surgirá efecto hasta transcurridos..... (...) días de la conclusión de la gira en cuestión.

Resuelto el contrato privado, EL REPRESENTANTE continuará devengando las retribuciones que le correspondan conforme a lo establecido en la cláusula TERCERA por los contratos negociados por él, aunque los pagos establecidos en los mismos estuvieran aún pendientes de devengo o liquidación, por lo que deberá practicarse una liquidación provisional que deberá complementarse a medida que vayan produciéndose nuevos ingresos.

SEXTA.– SUSTITUCIÓN DE LAS PARTES

En el supuesto de que EL ARTISTA decidiera ceder total o parcialmente a favor de una sociedad civil o mercantil los derechos de la explotación de su nombre o imagen, u otros derechos relacionados con las actividades objeto del presente acuerdo, deberá comunicarlo a EL REPRESENTANTE con carácter previo, y en todo caso, la sociedad en cuestión deberá cumplir y respetar las obligaciones de EL ARTISTA derivadas del presente contrato privado, sin que sufran alteración las cláusulas del mismo, ni los derechos y obligaciones que de él se deriva para ambas partes.

Si EL ARTISTA hiciera uso del derecho establecido en el párrafo anterior, éste responderá de forma solidaria de las deudas contraídas con EL REPRESENTANTE por parte de la sociedad a favor de la que hubieran cedido estos derechos.

SÉPTIMA.– LEY APLICABLE

Este contrato privado se regirá por las disposiciones civiles y mercantiles españolas que sean de aplicación y muy especialmente por la práctica usual en este tipo de relación contractual.

OCTAVA.– SOMETIMIENTO A LOS TRIBUNALES

Por la interpretación, ejecución y desarrollo del presente contrato privado y para cuantas incidencias pudieran derivarse del mismo, las partes, con renuncia expresa a cualquier otro fuero al que pudieran tener derechos, se someten a la jurisdicción y competencia de los Tribunales de...........

Y en prueba de conformidad con cuanto acontece, firman las partes el presente documento, en duplicado ejemplar, en el lugar y fecha señalados en el encabezamiento.

F104. CONTRATO DE ACTUACIÓN MUSICAL (I)

En........, a... de..... de.....

REUNIDOS

De un lado, Don........, con DNI........, en nombre y representación de la compañía........... S.L., con domicilio en........, calle........, núm.......... CIF............ En Adelante, la EMPRESA.

De otro,.............. con DNI............. y, que interviene en nombre y representación de la compañía.........., con domicilio en............ CIF............

Ambas partes reconociéndose capacidad legal necesaria y suficiente para el otorgamiento del presente contrato,

EXPONEN

I. Que la EMPRESA ha organizado el acto........, que se celebrará el próximo día.. de.... de....., estando interesada en que.......... (en adelante, la ARTISTA) actué como cantante durante el citado acto.

II. Que corresponde a............ la gestión y explotación de la realización e intervención de la ARTISTA en eventos musicales, por lo que las partes acuerdan formalizar el presente CONTRATO DE ARRENDAMIENTO DE SERVICIOS (en adelante el "Contrato") con arreglo a las siguientes

ESTIPULACIONES

PRIMERA.– La EMPRESA contrata con........... la actuación de la ARTISTA como cantante durante el acto........, que organiza, a su riesgo y ventura, LA EMPRESA y que tendrá lugar el día.... de..... de...., en..............., sito en.........

SEGUNDA.– La actuación de la ARTISTA se dividirá en......... intervenciones durante el acto de......... y tendrá una duración máxima, total y conjunta (esto es, comprensiva de ambas intervenciones), de entre... y..... minutos, intervalo de tiempo en el que la ARTISTA interpretará canciones libremente elegidas por esta última, acompañada al piano por el músico habitual de la ARTISTA.

Salvo la retribución del músico reseñado en el párrafo precedente, que corresponderá a............, todos los medios materiales y humanos precisos para la actuación (a título de ejemplo y sin animo exhaustivo, escenario, luz, sonido, micrófonos, piano, técnicos, montaje, transporte.....,) serán organizados y contratados por la EMPRESA, siendo todo ello de exclusiva cuenta y cargo, riesgo y responsabilidad de esta última, que, en todo caso, tendrá necesariamente en cuenta las siguientes especificaciones:

A.– Se habilitará a efectos de la actuación aquí contratada un pequeño escenario, en el que se instalará un piano de media cola acústico, con espacio suficiente para la cantante y la instalación de los monitores de sonido junto al pianista y la cantante, por lo que el escenario, debe tener unas dimensiones de tres metros de largo por tres metros de ancho. Si existiere dicho escenario ya elevado, debe instalarse una lona negra que actué como aislante entre el suelo y los músicos.

B.– La iluminación de la actuación deberá ser acorde al tipo de actuación contratada y estar a cargo de un técnico de luces.

C.– La micrófono para el piano acústico y la cantantes, así como los monitores de escucha y el equipo de sonido, deberá ser el adecuado a la vista de las condiciones de la sala y deberá ser instalado y supervisados por técnico competente. Especialmente, deberá corregirse la afinación del piano una vez ubicado en el escenario.

D.– Se habilitará un pequeño camerino para uso de la ARTISTA y el músico, con buena iluminación y un espejo, en el que se hallará a disposición de ambos diversas botellas de agua mineral.

TERCERA.– Por la citada actuación,............ percibirá una retribución de.......... EUROS, más su correspondiente IVA por importe de..........., en total........ EUROS que será abonada, en cuanto a la suma de........... EUROS a la firma del presente contrato, sirviendo el presente documento de eficaz carta de pago, en cuanto a la suma de...... euro, será pagada antes del día.......... y la restante suma de.......... antes de la actuación aquí contratada, en ambos casos, necesariamente mediante trasferencia bancaria a la siguiente cuenta corriente............... Dentro de las... horas anteriores a la celebración del acto, la EMPRESA deberá acreditar el pago de la citada retribución y su IVA.

Las partes pactan que, con la firma del presente contrato, la anterior retribución se entiende devengada a favor de.......... S.L., por lo que en el supuesto que la actuación aquí contratada no se celebrase por causa no imputable de forma directa a la ARTISTA, la EMPRESA deberá abonar a............ la total retribución antes reseñada. Este acuerdo ha sido elemento esencial para que preste su consentimiento........... al presente contrato.

CUARTA.– El presente contrato podrá resolverse en los casos previstos en la Ley. Especialmente,......... podrá resolver, automáticamente y sin más trámite, el presente contrato en los siguientes supuestos: A.– Falta de pago de las cantidades reseñadas en la estipulación tercera de este contrato en la forma y plazo previstos en dicha estipulación B.– Falta de acreditación por la EMPRESA del pago dentro del plazo señalado en la predicha estipulación tercera. C.– La suspensión o aplazamiento del acto......, y/o de la actuación contratada, siempre que tal circunstancia no sea imputable a la ARTISTA o........... D.– La falta de cumplimiento por la EMPRESA, total o parcialmente, de las especificaciones reseñadas en la estipulación quinta.

Las partes pactan que con la firma del presente contrato, la retribución reseñada en la estipulación tercera se entiende devengada a favor de..........., por lo que en el supuesto que la actuación aquí contratada no se celebrase por cualquier causa no imputable de forma directa a la ARTISTA, la EMPRESA deberá abonar a.............. la citada total retribución pactada aun cuando dicha actuación no se celebrase, riesgo éste de no celebración de la actuación en los términos de este párrafo y consiguiente pago de retribución que expresamente aquí asume la EMPRESA. Todo ello sin perjuicio de las acciones que asistan tanto a........... como a la ARTISTA caso de incumplimiento de sus obligaciones por LA EMPRESA, especialmente la de indemnización de daños y perjuicios. Este acuerdo ha sido elemento esencial para que preste su consentimiento........... al presente contrato.

QUINTA.– En cualquier caso, la ARTISTA y............., quedarán liberados del presente contrato, sin que nada tenga que reclamar la EMPRESA salvo la devolución de las cantidades que hubiera abonado en virtud de lo dispuesto en la estipulación tercera, en el supuesto que, por indisposición o enfermedad certificada por facultativo competente, la ARTISTA estuviese imposibilitada para actuar en el acto.

Ambas partes otorgan y firman el presente contrato por duplicado, previa su lectura íntegra, el cual declaran entender y con cuyo contenido están conformes.

F105. CONTRATO DE ACTUACIÓN MUSICAL (II)

En.............., a..............

CELEBRADO ENTRE:	
.... (En adelante..........) CIF........... Dirección..............	.... (En adelante LA ENTIDAD) CIF........... Dirección...........
Representada por .... NIF:.............	Representada por .... NIF:...............

LA ENTIDAD ha suscrito un contrato de exclusividad con DÑA............, con NIF................ (en lo sucesivo EL ARTISTA) para la contratación del mismo en todas aquellas actividades relacionadas con su intervención en obras y grabaciones audiovisuales, y es titular en exclusiva de los derechos de explotación que se deriven de las actuaciones del ARTISTA, estando facultada para percibir los rendimientos que procedan.

Mediante el presente documento,............ contrata con LA ENTIDAD la participación del ARTISTA en el PROGRAMA para la realización de la interpretación o ejecución artística o intervención objeto del presente contrato, con sujeción a las CONDICIONES GENERALES que se adjuntan y, en su caso, a las CONDICIONES PARTICULARES que convengan las partes.

PROGRAMA:...............

EMISIÓN:......................

OBJETO: INTERPRETACIÓN DE LA VERSIÓN DEL TEMA MUSICAL ".........." JUNTO CON...............

TIEMPO DE LA PRESTACIÓN:................

CONDICIONES PARTICULARES:

La cesión de derechos de propiedad intelectual se otorga con carácter gratuito. Sin perjuicio de lo anterior, en el supuesto de que se llevara a cabo la explotación de un DVD del PROGRAMA, EL ARTISTA suscribirá un contrato con.......... que establezca, de mutuo acuerdo, las condiciones de explotación y contraprestación, o en su caso, un royalty prorrata tituli/tempori sobre los soportes del DVD vendidos que contengan LA OBRA AUDIOVISUAL y MUSICAL realizadas en virtud de este acuerdo.

CONDICIONES GENERALES

1.– LA ENTIDAD garantiza que dispone de legitimación suficiente para suscribir el presente contrato, y que se encuentra en posesión del justo título sobre los derechos de explotación de las interpretaciones del ARTISTA de una manera suficiente, respondiendo LA ENTIDAD de su ejercicio pacífico por..............

2.– LA ENTIDAD se compromete a que EL ARTISTA preste sus servicios de forma diligente para la correcta grabación del PROGRAMA, atendiendo a las indicaciones de los responsables de Producción y Dirección del PROGRAMA, acudiendo al lugar de grabación que sea designado en el horario y fecha que se le comunique y colaborando en cuantos ensayos, pruebas, grabaciones, etc. se consideren necesarios, sin percibir por ello LA ENTIDAD ni EL ARTISTA remuneración adicional alguna.

3.– La prestación de los servicios contratados tiene naturaleza mercantil. LA ENTIDAD será la única responsable del cumplimiento de todas las obligaciones de carácter laboral, civil, mercantil, fiscal y de pago de la Seguridad Social que se deriven del desempeño de las actividades objeto del presente contrato, eximiendo expresamente a.......... de toda responsabilidad ante cualquier reclamación del ARTISTA o de terceros, pudiendo en todo caso........... exigir la acreditación del cumplimiento de las obligaciones expuestas............... podrá retener de las facturas pendientes de pago las cantidades correspondientes, ante reclamaciones del fisco o de la Seguridad Social.

4.– LA ENTIDAD cede en exclusiva a............, con facultad de cesión a terceros en exclusiva, para todo el mundo, por el máximo plazo de tiempo de protección establecido por la Ley de Propiedad Intelectual, los derechos de fijación, reproducción, distribución, comunicación pública, puesta a disposición, doblaje, incluido el doblaje al castellano neutro, y transformación de su fijación, de la intervención EL ARTISTA, así como sus registros sonoros, voz e imagen en orden a la explotación televisiva (incluyendo de forma enunciativa y no exhaustiva, la televisión por ondas hertzianas, por cable, vía satélite —en todos los casos tanto analógico como digital—, TV previo pago, TV codificada, TV en abierto, o cualquier otra modalidad de emisión, transmisión o retransmisión, ya sea digital o analógica, y en general a través de todas las modalidades de comunicación pública previstas en el artículo 20.2 de la Ley de Propiedad Intelectual), cinematográfica, videográfica, en formato videocasete, laserdisc, vídeodisc, CDI, CDI-DV, CDRom, DVD, vídeo a la carta, bajo demanda o casi bajo demanda u otros que pudieran crearse, telefonía móvil, Internet y cualquier otra tecnología de comunicación a través de banda ancha móvil o fija, discográfica o impresa, a través de merchandising,............

5.– La decisión final acerca de los contenidos y fotogramas a incluir en la versión definitiva de EL PROGRAMA, corresponde a........................ no adquiere compromiso alguno respecto a la emisión de EL PROGRAMA en la que participa EL ARTISTA, a su periodicidad o al horario en que pudiera realizarse o a la inclusión de los planos o secuencias en los que aparezca EL ARTISTA en el montaje final............ podrá permitir realizar emisiones parciales de EL PROGRAMA y, en su caso, de las intervenciones en el mismo del ARTISTA, así como escoger los planos o secuencias que considere más adecuados para la emisión, la promoción o comercialización de EL PROGRAMA.

6.–........... proporcionará al ARTISTA los servicios de vestuario, maquillaje, peluquería Y DESPLAZAMIENTO. Para el supuesto de que fuera necesario alojamiento en un hotel,............ se hará cargo de dicho gasto.

7.– El presente contrato se configura con carácter de exclusiva durante su vigencia

8.– LA ENTIDAD indemnizará a.......... de cuantos daños y perjuicios pudiera ocasionarse a la misma por el incumplimiento de las obligaciones que asume en virtud del presente contrato.

9.– Por la suspensión/extinción del contrato que........... mantiene con LA CADENA y que es causa del presente,........... podrá suspender/extinguir el presente contrato, sin que se derive por ello ninguna otra obligación para............ que la mera comunicación de dicha suspensión o extinción a LA ENTIDAD.

10.– Los datos personales que se recogen por el presente contrato serán objeto de tratamiento automatizado y serán incorporados a ficheros de responsabilidad de..........., con la finalidad de gestionar la relación contractual y su utilización en futuros procesos de convocatoria o selección.

Se podrán ejercitar sus derechos de acceso, rectificación, si bien la cancelación no será posible cuando los datos sean necesarios para el mantenimiento y cumplimiento de la relación contractual entre LA ENTIDAD y...............

11.– Para la interpretación y resolución de los conflictos que pudieran surgir como consecuencia de este contrato, y con renuncia expresa a cualquier fuero que pudiera corresponderles, las partes se someten a la jurisdicción de los Tribunales de...........

F106. CONTRATO PARTICIPACIÓN DE ACTRIZ EN SERIE DE TELEVISIÓN MEDIANTE REPRESENTANTE

En................, a..............

REUNIDOS

DE UNA PARTE: D..............., con DNI nº................. como administrador único de la sociedad "......................". con CIF..........., domicilio social en.........., con nº de la Seguridad Social de la empresa en Régimen General:............... y en Régimen de Artistas:............

Y de otra, Don.................... mayor de edad, con DNI nº......, que actúa para este acto en nombre y representación de la sociedad......, con CIF.........................., y con domicilio social en....... (en lo sucesivo el "REPRESENTANTE").

(Denominados conjuntamente en adelante las "Partes")

Ambas Partes con plena capacidad legal para obligarse en la calidad con que actúan, que expresa y mutuamente se reconocen, libre y espontáneamente

MANIFIESTAN

I. Que la PRODUCTORA va a llevar a cabo la producción de la primera y la segunda temporada de la obra audiovisual seriada titulada provisionalmente "....................." (en adelante la "OBRA"), que constará de... capítulos la primera temporada y........... capítulos la segunda, de una duración aproximada de........ minutos cada uno, para lo que desea que Doña.., (en lo sucesivo el "ACTOR/ACTRIZ"), con DNI nº.., preste sus servicios como ACTOR/ACTRIZ en dicha OBRA, que va a ser contratada por la cadena de televisión.............. (en lo sucesivo, LA CADENA).

II. Que el REPRESENTANTE es una agencia de representación de conocidos artistas y actores que se encarga de su búsqueda y selección para su participación en producciones televisivas, cinematográficas, audiovisuales y, en general, en eventos y diversos acontecimientos sociales y de medios de comunicación, o de otra índole.

III. Que la PRODUCTORA está interesado en que el REPRESENTANTE realice los servicios de mediación necesarios para conseguir la participación del ACTOR/ACTRIZ como actor/actriz de la OBRA.

En mérito de lo expresado, las Partes han acordado el presente contrato que se regirá por las siguientes,

CLÁUSULAS

PRIMERA.– SERVICIOS DE MEDIACIÓN

EL REPRESENTANTE se obliga a realizar en favor de la PRODUCTORA los servicios necesarios para conseguir la participación del ACTOR/ACTRIZ como actor/actriz de la OBRA, y en particular a:

A continuar realizando toda la actividad tendente y necesaria para poner en contacto al PRODUCTOR con el ACTOR/ACTRIZ.

A gestionar, promover y garantizar las intervenciones del ACTOR/ACTRIZ en relación con la OBRA, que incluyen, entre otras, la realización de ensayos, la realización de sesiones de rodaje, la realización de sesiones de maquillaje, peluquería, estilismo y vestuario, la realización de sesiones de fotografía, actividades de carácter promocional y, en general, cualesquiera otras actividades que resulten necesarias para la producción de la OBRA.

A colaborar con carácter general en cuantas labores de mediación, en relación con el ACTOR/ ACTRIZ, pudiera necesitar la PRODUCTORA para la producción de la OBRA.

SEGUNDA.– PERIODO DE COMPROMISO

Este contrato entrará en vigor en la fecha de su firma y seguirá vigente hasta la terminación por cualquier causa del contrato laboral celebrado en esta misma fecha entre el ACTOR/ACTRIZ y la PRODUCTORA, fecha en la que quedará por tanto extinguido de modo automático y sin necesidad de comunicación ni preaviso.

TERCERA.– SERVICIOS DE MEDIACIÓN REALIZADOS POR EL REPRESENTANTE CON ANTERIORIDAD A LA ENTRADA EN VIGOR DE ESTE CONTRATO

El REPRESENTANTE ha venido realizando una labor de puesta en contacto y mediación entre la PRODUCTORA y el ACTOR/ACTRIZ con anterioridad a la entrada en vigor de este contrato con la finalidad de alcanzar los acuerdos necesarios que se han plasmado en el presente contrato y en el contrato laboral antes citado.

CUARTA.– REMUNERACIÓN POR LOS SERVICIOS PRESTADOS

Como contraprestación por los servicios de mediación recogidos en la cláusula Primera anterior y por los servicios de mediación anteriores a la entrada en vigor de este contrato recogidos en la cláusula Tercera del mismo, la PRODUCTORA abonará al REPRESENTANTE la suma total de.... euros, por capítulo, más el IVA correspondiente y menos las retenciones e impuestos que en su caso procedan, por cada capítulo en que efectivamente participe el ACTOR/ACTRIZ. Esta remuneración será actualizable según el correspondiente IPC.

El abono de la anterior cantidad se realizará, mediante transferencia bancaria a la cuenta que a tal efecto designe el REPRESENTANTE, a los... días de la presentación de la correspondiente factura, que se entregará a la finalización de cada mes.

QUINTA.– RESOLUCIÓN ANTICIPADA

No obstante lo dispuesto en la cláusula Segunda de este contrato, las Partes quedan facultadas para resolver unilateral mente el presente contrato mediante simple notificación escrita a la otra parte, antes del término fijado en la citada cláusula, cuando cualquiera de las Partes:

a) Incumpla cualquiera de las obligaciones y pactos contenidos en el presente contrato.

En este caso, la parte que pretenda resolver el presente contrato deberá previamente notificar por correo certificado con acuse de recibo a la parte incumplidora la obligación u obligaciones que a su entender se estén vulnerando, concediendo a dicha parte incumplidora un plazo máximo de.... días desde la recepción de la citada notificación para subsanar el incumplimiento en cuestión.

b) Se constituya en suspensión de pagos, quiebra, concurso de acreedores o cualquiera otra situación de insolvencia jurídica o de hecho.

c) En caso de resolución del contrato laboral suscrito en esta misma fecha entre el PRODUCTOR y el ACTOR/ACTRIZ.

SEXTA.– CONFIDENCIALIDAD

Las Partes acuerdan mantener absoluta confidencialidad sobre el presente contrato, exceptuándose la revelación del mismo en cumplimiento de la normativa aplicable o de requerimiento de las autoridades competentes.

Si alguna norma o autoridad requiriese la publicación o revelación de alguna información que afecte o pueda afectar a alguno de los términos de este contrato, la parte con obligación de efectuar dicha publicación o proporcionar tal información comunicará por adelantado a la otra parte la necesidad de proceder en tal sentido, acordando ambas en la medida de lo posible el contenido de la publicación o comunicación.

SÉPTIMA.– LEY Y JURISDICCIÓN

Las Partes someten el presente contrato a la Ley española. Este contrato tiene carácter mercantil y se regirá por sus propias cláusulas y en lo que en ellas no estuviere previsto, por las disposiciones del Código de Comercio, y en su defecto, por lo dispuesto en el Código Civil.

Cualquier duda o divergencia entre las partes se someterá a la competencia de los Tribunales de......, renunciando las partes expresamente a cualquier otro fuero que pudiera corresponderles.

OCTAVA.– NOTIFICACIONES

Todas las notificaciones o comunicaciones que las Partes se efectúen entre sí en relación con el presente contrato, deberán realizarse por escrito y enviarse por correo certificado con acuse de recibo o telefax, a las direcciones descritas en el encabezamiento.

NOVENA.– PROTECCIÓN DE DATOS

En cumplimiento de la ley de Servicios de la Sociedad de la Información de comercio electrónico y de la Ley Orgánica de protección de Datos de carácter personal, el firmante autoriza y consiente a que sus datos personales se incluyan en los ficheros de la EMPRESA así como su utilización y tratamiento, automatizados o no, siempre que tengan la finalidad el desenvolvimiento del presente contrato, así mismo serán cedidos a la Asesoría, empleados de la misma y terceras entidades vinculadas a esta y a cualquier entidad bancaria con que trabaje la PRODUCTORA, para que se puedan pagar las retribuciones pactadas.

Y en prueba de conformidad, las Partes firman el presente contrato por triplicado, en el lugar y fecha indicados en el encabezamiento,

F107. CONTRATO DE CESIÓN DE DERECHOS DE ARTISTA INVITADO EN COLABORACIÓN DE OBRA MUSICAL

A los [XX] días del mes de [XX] del año [XX] se celebra el presente contrato ("**Contrato**") entre las siguientes

PARTES

- De una parte, **[nombre y apellidos del artista invitado]**, artista intérprete profesionalmente conocido como "[nombre/apodo artístico]" (en adelante, el "**ARTISTA INVITADO**"), de nacionalidad [...], identificado con documento de identidad núm. [XXX], garantizando contar con facultades suficientes a los fines del presente y constituyendo domicilio en [dirección].
- Y, de otra parte, **[nombre y apellidos del artista principal]**, artísticamente conocido como "[nombre/apodo artístico]" (en adelante, el "**ARTISTA PRINCIPAL**"), de nacionalidad [...], identificado con documento de identidad núm. [XXX], garantizando contar con facultades suficientes a los fines del presente y constituyendo domicilio en [dirección].

En adelante, el **"ARTISTA INVITADO"** y el **"ARTISTA PRINCIPAL"** serán referidos conjuntamente como las **"PARTES**" e individualmente cada uno como la "**Parte"**.

ACUERDAN

1. DECLARACIONES

Las **PARTES** declaran y garantizan que:

1.1. El **ARTISTA PRINCIPAL** es titular de todos los derechos de propiedad intelectual sobre las fijaciones sonoras ("**Fonogramas**"), y sobre las fijaciones audiovisuales ("**Videogramas**") denominadas "[TÍTULO]" ("**Fijaciones**"), interpretadas conjuntamente por el **ARTISTA PRINCIPAL** y el **ARTISTA INVITADO**. En tal calidad, el **ARTISTA PRINCIPAL** tiene la más amplia capacidad para disponer de cualquier forma de las **Fijaciones**. Asimismo, el **ARTISTA PRINCIPAL** también posee el pleno derecho, no así la obligación, de utilizar el nombre, seudónimo, fotografías o imágenes y datos artísticos y biográficos del **ARTISTA INVITADO** en publicidades, comunicaciones, tapas, carátulas, láminas, etiquetas y otros impresos exclusivamente relacionados con las **Fijaciones.**

1.2. El **ARTISTA INVITADO** garantiza que, tanto (i) al momento de la grabación de las **Fijaciones** y (ii) al momento de la firma del presente **Contrato**, no tenía ni tiene obligaciones que le sean atribuibles y que pudieran de forma alguna colisionar con los derechos que aquí se otorgan. Siendo pacíficos los derechos que en este acto son conferidos, el **ARTISTA INVITADO** se compromete a mantener indemne e indemnizar al **ARTISTA PRINCIPAL** frente a cualquier eventual reclamo que como consecuencia del presente pudiera suscitarse.

1.3. El **ARTISTA INVITADO** participó en su carácter de artista intérprete, en calidad de "*main artist*" en las **Fijaciones** denominadas "[TÍTULO]" (ISRC AUDIO: [XXXXX] y ISRC VIDEO: [XXXXX]). Los servicios del **ARTISTA INVITADO** se proporcionarán sobre la base de "trabajo realizado por encargo".

1.4. Una vez terminada la grabación de las Fijaciones, XXXXXX enviará las mismas al ARTISTA INVITADO para que éste dé su conformidad y visto bueno.

1.5. Ambas **PARTES** desean fijar los derechos del **ARTISTA PRINCIPAL** como única titular de las **Fijaciones** y los derechos económicos que el **ARTISTA INVITADO** tendrá por su participación como artista intérprete de las mismas.

2. OBJETO

2.1. EL **ARTISTA INVITADO** por medio de la presente cede en favor del **ARTISTA PRINCIPAL** a perpetuidad y para todo el mundo, todos los derechos que pudieran corresponderle con relación a los servicios prestados como artista intérprete de dichas **Fijaciones**, en la extensión necesaria para llevar a cabo cualquiera de las explotaciones comerciales permitidas.

2.2. En consecuencia, el **ARTISTA PRINCIPAL** será única titular de las **Fijaciones**, con los más amplios derechos de utilización, disposición y explotación comercial o no comercial sobre tales **Fijaciones**, incluyendo la contratación con distribuidores, integradores, plataformas, sincronizaciones, adaptaciones, transformaciones, remixes y cualquier otra forma de comercialización y/o publicación conocida o a crearse, incluyendo, pero no limitándose a cualquier tipo de activo virtual o digital.

2.3. Asimismo, el **ARTISTA INVITADO** por medio de la presente cede en favor del **ARTISTA PRINCIPAL**, a perpetuidad y para todo el mundo, todos los derechos de imagen correspondientes a su participación como artista intérprete de las **Fijaciones,** en la extensión necesaria para llevar a cabo cualquiera tipo de explotación comercial.

3. CONTRAPRESTACIÓN

Como contraprestación por su participación en las **Fijaciones**, el **ARTISTA PRINCIPAL** o quien ésta indique, en su nombre y por escrito, abonará al **ARTISTA INVITADO**:

3.1. Regalías: Una regalía equivalente al **[número en letras] por ciento (XX%)** de todo lo que el **ARTISTA PRINCIPAL** perciba de cualquier tercero como consecuencia de la explotación comercial de las **Fijaciones**, una vez recuperados los costos.

3.2. Liquidaciones y pago de las regalías: Toda vez que las **Fijaciones** se encuentran actualmente sujetas a una licencia exclusiva de distribución con [NOMBRE DE LA EMPRESA DISTRIBUIDORA], éste último efectuará trimestralmente, de acuerdo con el año calendario, la liquidación de las regalías que se devenguen a favor del **ARTISTA INVITADO,** en tanto se encuentre vigente el vínculo de distribución exclusiva, efectuando los pagos respectivos, calculados en [especificar la divisa: dólares estadounidenses/euros] (USD/€), dentro de los treinta (30) días posteriores al fin de cada trimestre, una vez que el **ARTISTA INVITADO** emita y presente la factura correspondiente en legal forma.

3.3. Se deja expresa constancia de que los derechos mencionados refieren exclusivamente a la distribución digital de las **Fijaciones**, dejando expresamente excluidos derechos de autor y editoriales.

3.4. No obstante, lo anterior, las Partes acuerdan que corresponderá, al **ARTISTA INVITADO**, un [número en letras] por ciento (XX%) de cualesquiera cantidades devengadas en [especificar los países, regiones y/o territorios, incluido a nivel mundial] en concepto de derechos editoriales por la composición musical de las **Fijaciones**, incluidas las cantidades gestionadas por las entidades de gestión colectiva correspondientes, por las explotaciones de las **Fijaciones** para dichos derechos editoriales.

4. CLÁUSULA DE CONFIDENCIALIDAD Y NO DIVULGACIÓN

Las **PARTES** mantendrán confidencial la existencia del **Contrato**, así como cualquier información y documentación que fuere mutuamente suministrada en el marco del **Contrato** (la "**Información Confidencial**"). No obstante, ello, las **PARTES** podrán comunicar la **Información Confidencial** a sus socios, directores, gerentes, empleados, asesores externos, y a otras personas vinculadas a las **PARTES**, que deban conocer la **Información Confidencial** para un mejor desarrollo del **Contrato**. Se exceptúa de esta obligación de **Información Confidencialidad** aquella que: (i) sea de dominio público; (ii) tome estado público, en el futuro, por causas no atribuibles a las **PARTES**; (iii) fuere requerida

—a cualquiera de las **PARTES**— por alguna autoridad pública con jurisdicción y competencia para hacerlo; en cuyo caso, de ser legalmente permitido, la **Parte** requerida deberá notificar tal circunstancia a la otra **Parte**, con suficiente antelación, a fin de que esta última tome los recaudos legales a los que tuviere derecho; o (iv) exista contrato entre las **PARTES** para su difusión. La **Parte** receptora de la **Información Confidencial**, deberá proteger la misma y pondrá —en tal cometido— el mismo cuidado y diligencia con el que protege su propia información confidencial.

Por último, las **PARTES** se comprometen a no realizar declaraciones o asumir conductas (en forma personal ni a través de redes sociales, letras de canciones, contenidos audiovisuales, entrevistas ni —en general— de ninguna otra forma posible) que de algún modo pudieran perjudicar o atentar contra los intereses y prestigio de la otra **Parte**.

5. CRÉDITOS

5.1. El **ARTISTA PRINCIPAL** incluirá, en todo soporte y/o plataforma que incluya las Fijaciones, mención del ARTISTA INVITADO como colaborador en calidad de "*main artist*" o "artista principal" en créditos, así como en los títulos de los vídeos de las Fijaciones que figuren en la plataforma de YouTube, en formato "*Visualizer*".

5.2. Toda referencia al **ARTISTA INVITADO** deberá realizarse conforme a su nombre artístico completo y oficial: "[nombre/apodo artístico del ARTISTA INVITADO]". Los nombres y menciones de las **PARTES** aparecerán siempre en el mismo tamaño e igualdad de condiciones, salvo pacto en contrario.

5.3. A tal efecto, el **ARTISTA INVITADO** autoriza al **ARTISTA PRINCIPAL** a utilizar su nombre para fines comerciales, promocionales y publicitarios de las Fijaciones realizado al amparo del presente Contrato, sin coste adicional alguno.

5.4. Esta autorización permanecerá vigente para los fines anteriormente expresados, sin limitación temporal o condición alguna, aun habiendo expirado la vigencia del presente Contrato.

6. PROTECIÓN DE DATOS

6.1. En cumplimiento del Reglamento (UE) 2016/679, General de Protección de Datos ("**RGPD**"), y de la Ley Orgánica 3/2018 ("**LOPDGDD**"), las Partes quedan informadas de que los datos personales facilitados en el marco del presente Contrato serán tratados por **[PARTE RESPONSABLE DEL TRATAMIENTO]**, con la finalidad de gestionar, ejecutar y mantener la relación contractual derivada del mismo, así como para el cumplimiento de las obligaciones legales aplicables.

6.2. El tratamiento se basa en la **ejecución del Contrato** (art. 6.1.b RGPD) y, en su caso, en el **cumplimiento de obligaciones legales** (art. 6.1.c RGPD). Los datos podrán ser comunicados a administraciones públicas, entidades financieras, distribuidores, agregadores o empresas auxiliares estrictamente necesarias para la explotación del fonograma/videograma o para la gestión administrativa, actuando estas últimas como Encargados del Tratamiento conforme al artículo 28 RGPD.

6.3. Los datos se conservarán mientras dure la relación contractual y, posteriormente, durante los plazos exigidos por ley o necesarios para atender posibles responsabilidades derivadas del Contrato o de la explotación de la obra musical o audiovisual.

6.4. La Parte interesada podrá ejercer sus derechos de **acceso, rectificación, supresión, oposición, limitación y portabilidad** mediante comunicación escrita dirigida a **[EMAIL/DIRECCIÓN DEL RESPONSABLE]**, acreditando su identidad. Asimismo, podrá presentar una reclamación ante la autoridad de control competente (en España, www.aepd.es).

6.5. El tratamiento de imagen, voz o interpretaciones artísticas vinculadas a la obra musical o audiovisual se regirá por lo dispuesto en las cláusulas de cesión de derechos y autorizaciones incluidas en el presente Contrato.

7. GENERALES

7.1. **Comunicaciones**: Todas las comunicaciones que deban cursarse entre las **PARTES** y que hagan a la validez, cumplimiento o incumplimiento de este **Contrato**, serán cursadas por escrito mediante medios fehacientes a los domicilios constituidos en el encabezado del presente.

Todas las demás comunicaciones entre las **PARTES** que hagan a la ejecución de este **Contrato** podrán ser cursadas válidamente mediante correo electrónico, a cuyo fin las **PARTES** señalan los siguientes (que podrán cambiarlos por otros, informando previamente a la otra **Parte**):

- El **ARTISTA PRINCIPAL:** [e-mail]
- La **[EMPRESA DISTRIBUIDORA]:** [e-mail]
- El **ARTISTA INVITADO:** [e-mail]

7.2. **Domicilios:** Las **PARTES** constituyen domicilios en los indicados en el encabezamiento, donde serán válidas todas las notificaciones que se cursen. Podrán cambiarlos por otros, notificando tal circunstancia a la otra **Parte** por escrito.

7.3. **Cesión:** El **ARTISTA PRINCIPAL** podrá ceder los derechos emergentes del presente **Contrato** debiendo dejar a salvo los términos acordados en el presente.

7.4. **Legislación y Fuero:** Este Contrato se rige por las leyes españolas. Sin perjuicio de que las **PARTES** procurarán solucionar en forma directa y negociada cualquiera diferencia que tengan sobre la interpretación y ejecución de este **Contrato**, se someten voluntariamente a la jurisdicción de los Tribunales ordinarios de [ciudad], con renuncia a toda otra jurisdicción que les pudiera corresponder.

En prueba de conformidad y en la fecha indicada en el encabezado se firman dos (2) ejemplares de un mismo tenor y a un solo efecto.

IV. OBRAS LITERARIAS Y TRADUCCIONES DE OBRAS

F108. CONTRATO DE CESIÓN DE DERECHOS DE OBRA LITERARIA PARA SU ADAPTACIÓN A OBRA CINEMATOGRÁFICA

En ....a ... de .... de 20......

REUNIDOS

De una parte, ...(en adelante, "**LA AUTORA y/o LA CEDENTE**").

De otra parte, ...(en adelante "**LA GUIONISTA**").

Y, por último, ...(en adelante "**LA PRODUCTORA**").

En adelante, conjuntamente, las "**Partes**" e independientemente, la "**Parte**".

Las Partes se reconocen capacidad legal suficiente para contratar y obligarse en la representación que actúan, siendo responsables de la veracidad de sus manifestaciones,

MANIFIESTAN

I.- Que Dª .... es Autora, en el sentido que otorga el Texto Refundido de la Ley de Propiedad Intelectual (aprobado por el Real Decreto Legislativo 1/1996, de 12 de abril), y titular única de pleno derecho de la obra literaria titulada "..........." (en adelante, "**EL CUENTO**") que pertenece al libro de cuentos titulado ....en fecha ...., cuyos derechos conserva LA AUTORA.

De la misma manera, LA AUTORA ha creado un personaje .... denominado "......", creado y desarrollado como el personaje principal del CUENTO (en adelante, "**EL PERSONAJE**"), siendo la Autora y titular exclusiva de todos los derechos sobre el mismo.

II.- Que LA AUTORA y LA GUIONISTA suscribieron, en fecha................, Contrato de opción de cesión de derechos para la adaptación audiovisual del CUENTO (en adelante, "**LA OPCIÓN**"), de cuantos derechos son objeto el presente Contrato.

III.- Que LA PRODUCTORA está interesada en la producción de un largometraje audiovisual inspirado en dicho PERSONAJE, titulado provisionalmente "............" (en lo sucesivo "**LA OBRA AUDIOVISUAL, LA OBRA y/o LA PELÍCULA**").

IV.- Que la PRODUCTORA desea adquirir en exclusiva todos los derechos de adaptación audiovisual del PERSONAJE, para su incorporación en la OBRA AUDIOVISUAL, actualmente en fase de financiación.

V.- Que LA AUTORA acepta ejecutar la OPCION a favor de LA GUIONISTA y LA PRODUCTORA, así como ceder a favor de LA PRODUCTORA todos los derechos descritos en el Exponendo IV del presente Contrato de cesión de derechos (en adelante, "**el Contrato**"), tal y como más adelante se declara.

Por todo ello ambas Partes, establecen de común acuerdo los siguientes,

PACTOS

PRIMERO.– Objeto

Es objeto del presente Contrato:

- En primer lugar, LA GUIONISTA ejecuta mediante el presente acto el derecho de OPCIÓN, y cede a LA PRODUCTORA en exclusiva y de manera irrevocable, dicho derecho de OPCIÓN otorgado por LA AUTORA, aceptando ésta última dicha cesión, a los efectos oportunos y en los términos económicos descritos en el PACTO SEXTO.
- Asimismo y en el mismo acto, LA PRODUCTORA adquiere, y LA AUTORA acepta ceder todos los derechos de propiedad intelectual, salvo los morales, sobre el PERSONAJE y la trama propia del mismo, en exclusiva, con carácter irrevocable, por el máximo periodo de protección de duración de los derechos, hasta su entrada en dominio público, con facultad de cesión a terceros, para su transformación y adaptación en la OBRA AUDIOVISUAL y cualquier otra forma de explotación de ésta, de cualquier naturaleza y/o formato.

Ambas Partes otorgan su conformidad a las cesiones bajo las condiciones por ellas pactadas y así recogidas en este mismo Contrato.

SEGUNDO.– CESIÓN DE DERECHOS

Los derechos de explotación que comprende la presente cesión son los derechos de reproducción, distribución, comunicación pública, doblaje y/o subtitulado, la puesta a disposición del público de copias en cualquier sistema o formato y su utilización en el ámbito doméstico, y los de explotación y transformación del PERSONAJE para su transformación y adaptación en la OBRA AUDIOVISUAL, total o fragmentada, con vistas a su comercialización cinematográfica (se incluye igualmente la exhibición en salas no comerciales: hoteles, medios de transporte, etc.), televisiva (cable, satélite, terrestre y en definitiva, de cualquier tipo) y on line (comunicación pública a través de redes de telecomunicación, p.e. Internet), la reproducción en videogramas (video, CD, DCD-ROM, DVD, Blue-Ray, etc.) y su distribución mediante venta, alquiler, préstamo o cualquier otra forma onerosa o gratuita.

Igualmente, quedan cedidos a LA PRODUCTORA todos los derechos de propiedad intelectual que se pudieran derivar del objeto del presente Contrato en particular los DERECHOS DE REPRODUCCIÓN, DISTRIBUCIÓN, COMUNICACIÓN PÚBLICA Y AL PÚBLICO, TRANSFORMACIÓN, ADAPTACIÓN del PERSONAJE, en régimen de exclusiva y hasta el paso de los mencionados derechos a dominio público. LA PRODUCTORA podrá proceder desde la firma del presente Contrato y en cualquier momento a su registro tanto intelectual como industrial, en cualquier clase del nomenclátor internacional.

Según lo estipulado en el artículo 89.2 del Texto Refundido de la Ley de Propiedad Intelectual, LA AUTORA se reserva los derechos sobre EL CUENTO y el personaje original del mismo para una nueva edición del mimo y/o para su representación escénica. En todo caso, LA AUTORA antes de hacer pública la representación teatral o nueva publicación editorial del CUENTO, deberá consultar y solicitar autorización por escrito a LA PRODUCTORA, a efectos de evitar coincidencia en calendario de explotación del CUENTO y/o la representación teatral con la OBRA AUDIOVISUAL, para no perjudicar la normal explotación de la OBRA AUDIOVISUAL.

LA PRODUCTORA se reserva en exclusividad todos los derechos sobre el remake, secuela o spin off de la OBRA AUDIOVISUAL, cuyo personaje se basa en EL PERSONAJE objeto del presente Contrato.

La cesión de todos los derechos descritos se hará efectiva desde la firma del presente Contrato y tendrá validez incluso aún cuando se resuelva el Contrato ya sea por incumplimiento de LA AUTORA o por cualquier otro motivo.

A su vez, LA AUTORA acepta que la divulgación de la OBRA AUDIOVISUAL corresponde en exclusiva a LA PRODUCTORA.

LA AUTORA no podrá, de acuerdo con lo dispuesto en el artículo 89.2 del TRLPI, ofrecer a terceros la posibilidad de transformar el CUENTO y EL PERSONAJE en otra obra audiovisual hasta que hubieran transcurridos QUINCE (15) años desde que pusiera la OBRA a disposición de LA PRODUCTORA.

Sin perjuicio de las disposiciones anteriores, LA AUTORA se reserva el derecho a figurar como autora del PERSONAJE, a los efectos del registro del mismo en las entidades de gestión que correspondan.

TERCERO.– CESIÓN A TERCEROS

LA PRODUCTORA tendrá plena libertad creativa en la adaptación y desarrollo del PERSONAJE dentro de la OBRA AUDIOVISUAL, sin que LA AUTORA pueda intervenir en el proceso, y sin que LA PRODUCTORA este obligada a ser objeto de supervisión ni aprobación por parte de LA AUTORA. Para ello, LA AUTORA autoriza a LA PRODUCTORA a incluir a terceros colaboradores que participen como guionistas, escaletistas, dialoguistas, traductores de guión, correctores de guión u otros intervinientes para su ADAPTACIÓN del PERSONAJE objeto del Contrato a la OBRA AUDIOVISUAL.

LA AUTORA autoriza a LA PRODUCTORA la facultad para que ésta ceda cualquier de los derechos adquiridos, de forma parcial o total, a terceros y por el máximo periodo de protección legal, hasta su entrada en dominio público, debiendo respetar el cesionario los derechos reservados a LA AUTORA en este Contrato.

CUARTO.– ÁMBITO GEOGRÁFICO DE LA CESIÓN Y DURACIÓN DE LA CESIÓN

La cesión de los derechos de explotación prevista en el presente Contrato es válida a nivel mundial, en cualquier idioma y sin límite de tiempo. Para ello LA AUTORA cede todos los derechos descritos y en cualquier ámbito a LA PRODUCTORA, pudiendo la misma ceder los derechos, total o parcialmente, que estimare oportunos a terceros. Este ámbito y duración comprende en exclusiva todos los derechos de reproducción, distribución, comunicación pública y transformación del PERSONAJE entre los que se encuentran todos los derechos de autor y propiedad intelectual patrimonial e industrial derivados de su todo ello según lo establecido en los pactos del presente Contrato para su adaptación cinematográfica en una OBRA AUDIOVISUAL. La presente cesión dejará de ser válida cuando los mismos pasen a dominio público.

QUINTO.– GARANTÍAS

LA AUTORA garantiza a LA PRODUCTORA que es la propietaria única y titular exclusiva de los derechos de autor del CUENTO, EL PERSONAJE aportados al presente Contrato. Del mismo modo, LA AUTORA manifiesta que EL PERSONAJE aportado al presente Contrato ha sido inscrito en el registro de la propiedad intelectual, por lo que garantiza el ejercicio pacífico de los derechos que cede en virtud del presente Contrato.

Asimismo, LA AUTORA responde ante LA PRODUCTORA, así como frente a terceros subadquirientes de derechos sobre EL PERSONAJE y del CUENTO, de la originalidad de los mismos y asume toda responsabilidad por cualquier reclamación o reivindicación judicial o extrajudicial en relación con la titularidad de los derechos objeto del presente Contrato, responsabilizándose de todo pago o indemnización a que pudiere haber lugar, incluidas las indemnizaciones por daños y perjuicios que pudieran ejercitarse contra LA PRODUCTORA por terceros que pudieran entender infringidos sus derechos de propiedad intelectual.

LA AUTORA debe poner en conocimiento de LA PRODUCTORA, en el más breve plazo posible y sin demora indebida, toda infracción de los derechos de propiedad intelectual que un tercero haya realizado o abiertamente prepare y de los que haya tenido conocimiento.

Asimismo, LA AUTORA garantiza a LA PRODUCTORA el uso pacífico de los derechos que cede en virtud del presente Contrato, y que sobre los mismos no pesa carga ni gravamen de ninguna clase o derechos de terceros, manteniendo indemne a LA PRODUCTORA de cualquier reclamación en relación con cualesquiera cargas o gravámenes.

La PRODUCTORA no adquiere compromiso alguno respecto de la emisión, comercialización o distribución de la OBRA AUDIOVISUAL.

SEXTO.- REMUNERACIÓN

Por la ejecución de la OPCIÓN por parte de LA GUIONISTA, y la cesión de la misma a LA PRODUCTORA, LA PRODUCTORA abonará a LA AUTORA la cantidad total de ....€ (............. EUROS). El pago de dicha cantidad se hará a la firma del presente Contrato por todas las Partes.

Por otro lado, como contraprestación por la cesión de derechos, LA PRODUCTORA abonará a LA AUTORA la cantidad total de ....€ (..............EUROS), cantidad que se abonará de la siguiente manera, 100% a la firma por todas las Partes del presente Contrato.

LA AUTORA acepta que cualquier elemento objeto del presente Contrato queda comprendido en la remuneración pactada y, por tanto, renuncia a cualquier revisión ulterior de dicha cantidad por su parte o por parte de terceros en su nombre. Asimismo, LA AUTORA reconoce que el abono de estas cantidades constituye su retribución única por la totalidad de los aspectos con el presente Contrato, así como por la cesión de sus derechos de imagen, no teniendo derecho a percibir cantidades adicionales, lo cual, conoce y acepta expresamente ante la PRODUCTORA.

Los pagos se realizarán contra factura emitida por LA AUTORA conforme a la legislación aplicable, mediante transferencia bancaria al siguiente número de cuenta: [...]. Cada una de las Partes asumirá las comisiones y cargos de su propio banco.

Las cantidades establecidas en el presente Contrato serán consideradas brutas y se deberán incrementar por el IVA que corresponda.

SEPTIMO.- REGISTROS

LA AUTORA autoriza a LA PRODUCTORA para que por éste acceda a los registros de Propiedad Intelectual, marcas en el registro correspondiente y cualesquiera otro Registro de similar naturaleza a fin de registrar el personaje susceptibles de inscripción y cuya autoría sea atribuible conforme a la normativa de aplicación a LA PRODUCTORA y a fin de garantizar el pacífico ejercicio de los derechos que adquieran.

De igual modo, LA AUTORA faculta a LA PRODUCTORA a proceder desde la firma del presente Contrato y en cualquier momento al registro de la adaptación del personaje ya sea en cualquier tratamiento o guion cinematográfico tanto en Registro de Propiedad Intelectual como industrial, en cualquier clase del nomenclátor internacional.

OCTAVO.- TÍTULOS DE CRÉDITO

LA PRODUCTORA se compromete a que figure el nombre completo de LA AUTORA en los títulos de crédito de la OBRA AUDIOVISUAL como AUTORA del CUENTO titulado "............". En el supuesto que participaran otros guionistas en la escritura cinematográfica de la adaptación del PERSONAJE y desarrollo del Guion cinematográfico de la OBRA AUDIOVISUAL, aparecerán en los títulos de crédito los nombres de LA GUIONISTA y todos los guionistas participantes en el desarrollo de la OBRA AUDIOVISUAL, proporcionalmente al resultado final que se integre de su prestación de servicios en la OBRA AUDIOVISUAL, y en todo caso, en la forma detallada en su caso por terceros adquirentes de derechos de explotación o distribución de LA OBRA AUDIOVISUAL.

En todo caso, se mencionará a LA AUTORA en los títulos de crédito de la OBRA AUDIOVISUAL, como AUTORA del CUENTO y el PERSONAJE preexistente, que deberá indicarse de la siguiente forma:

Personaje principal inspirado en la mujer pájaro de la obra literaria original "............", de ....

NOVENO.- CONFIDENCIALIDAD

LA AUTORA se compromete a no comunicar a terceras personas información acerca de LA OBRA AUDIOVISUAL, de la producción, su rodaje, así como su contenido parcial o total de cualquiera de los tratamientos o guion definitivo, o cualquier otra circunstancia relacionada con EL PPERSONAJE que la PRODUCTORA quiere adaptar. En caso de producirse tal infracción sobre los extremos expuestos se produciría un incumplimiento de Contrato con derecho a indemnización ajustado según lo manifestado en la PACTO DÉCIMO. La obligación de secreto relacionada con LA OBRA AUDIOVISUAL cesará cuando LA OBRA AUDIOVISUAL se haga pública.

LA AUTORA se compromete a no hacer declaraciones públicas ni comentarios en redes sociales y/o internet que perjudiquen la normal explotación de LA OBRA AUDIOVISUAL, a juicio de ésta última. En el supuesto de que LA PRODUCTORA así lo decida, LA AUTORA seguirá las directrices detalladas de LA PRODUCTORA en las comunicaciones públicas en prensa y redes sociales relacionados con la OBRA AUDIOVISUAL y su explotación, en el supuesto de que así le sea requerido por LA PRODUCTORA.

LA AUTORA se compromete a no presentar a terceros una nueva edición del CUENTO y/o la posible representación escénica del mismo para su explotación sin consentimiento por escrito de LA PRODUCTORA, ya sea para desarrollar una transformación y adaptación del CUENTO o del PERSONAJE, o sea para usar el citado material del CUENTO para el desarrollo de otros formatos de tratamientos, guion en otros proyectos etc.

DECIMO.- RESOLUCIÓN DEL CONTRATO

El presente Contrato podrá ser resuelto por mutuo acuerdo de las Partes, con los efectos que ellas determinen. En todo caso el contrato podrá ser resuelto por las causas:

- El incumplimiento total o parcial de la otra Parte de alguna de las condiciones u obligaciones esenciales de este Contrato, siempre que el incumplimiento no haya sido subsanado por la Parte incumplidora en el plazo de TREINTA (30) días desde que hubiera recibido notificación fehaciente de la Parte que exige el cumplimiento.

  En el caso de incumplir el deber de confidencialidad reflejado en el PACTO NOVENO del Contrato, LA PRODUCTORA tendrá derecho al resarcimiento de los daños y perjuicios que se le hubieran causado por la brecha de información y el incumplimiento del deber de secreto.

- Las demás establecidas por la Ley.

LA AUTORA no cederá los derechos cedidos a LA PRODUCTORA en el PACTO SEGUNDO a terceros mientras se mantenga la vigencia del presente Contrato. En caso de darse tal circunstancia se resolverá el Contrato de manera automática por incumplimiento de LA AUTORA, debiendo LA AUTORA abonar a LA PRODUCTORA una indemnización ajustada al perjuicio causado de todos los ingresos que LA AUTORA hubiera podido obtener en cualquier medio o plataforma por su utilización o cesión de sus derechos, incluidos dichos ingresos sobre todos los derechos que pudieran adquirir por tal uso, y por los perjuicios causados a LA PRODUCTORA.

Además, el Contrato quedará resuelto automáticamente si, transcurridos CINCO (5) años desde la firma del presente Contrato, LA PRODUCTORA no hubiera conseguido financiación suficiente para acometer la OBRA AUDIOVISUAL y no hubiera comenzado en dicho plazo la producción de la misma. La resolución del Contrato tendrá como resultado que los derechos cedidos a LA PRODUCTORA en el presente Contrato revertirán a LA AUTORA, de modo que, en tal caso, LA PRODUCTORA no ostentará ningún derecho sobre EL PERSONAJE. En caso de que el Contrato quede resuelto por esta causa, las Partes no tendrán derecho a reclamarse nada más.

UNDECIMO.– NOTIFICACIONES

Todas las comunicaciones entre las Partes se realizarán por un medio fehaciente que deje constancia de su envío y recepción. En caso de realizarse por medio postal debe enviarse a la dirección del encabezamiento. Asimismo, se consideran válidas las notificaciones realizadas vía electrónica, en los siguientes e-mails:

- E-mail de LA AUTORA: ...
- Email de LA GUIONISTA: .....
- Email de LA PRODUCTORA: ....

En el supuesto que una de las Partes cambie de e-mail deberá comunicárselo a las Partes de forma fehaciente, para que consten los nuevos datos de contacto entre las Partes.

DECIMOSEGUNDO.– RESOLUCIÓN DE CONFLICTOS Y JURISDICCIÓN

Ambas Partes acuerdan que en caso de discrepancia, se someten a los Tribunales de la ciudad de ....(...........) para el conocimiento de cuantos conflictos deriven del presente Contrato.

Y en prueba de conformidad, ambas partes firman por triplicado y a un solo efecto, el presente Contrato en el lugar y fecha que figura en el encabezamiento del mismo

PRODUCTORA

Fdo.: ____________________

LA AUTORA

Fdo.: ____________________

LA GUIONISTA

Fdo.: ____________________

F109. CONTRATO DE CESIÓN DE DERECHOS DE EXPLOTACIÓN DIGITAL DE UNA TRADUCCIÓN

En..., a..., de..... de.....,

REUNIDOS

de una parte,....., que actúa en su propio nombre y representación, mayor de edad, con domicilio en..... y DNI núm...... (en adelante el TRADUCTOR)

y de otra....., con domicilio social en..... y CIF núm......, representado por....., en calidad de..... (en adelante el EDITOR), reconociéndose mutuamente la capacidad legal necesaria para la firma del presente contrato,

MANIFIESTAN

1. Que el TRADUCTOR es autor de la traducción de la obra....., de..... (en adelante la TRADUCCIÓN) y titular de cuantos derechos son objeto del presente contrato.

2. Que el EDITOR desea adquirir los derechos de reproducción y comunicación pública de la TRADUCCIÓN, en la modalidad de puesta a disposición en línea, con arreglo a las condiciones que a continuación se expresan:

A) (*Si hay un contrato de edición anterior*) Que con fecha..... ambas partes suscribieron un contrato de edición por el que el TRADUCTOR cedió al EDITOR los derechos de reproducción y distribución de la TRADUCCIÓN, dejando constancia de la voluntad de ambas partes de continuar la explotación de la mencionada TRADUCCIÓN en otras formas.

B) Que con esta misma fecha ambas partes suscriben un contrato de edición, por el que el TRADUCTOR cede los derechos de reproducción y distribución de la TRADUCCIÓN, dejando constancia el EDITOR de su voluntad de tratar esa TRADUCCIÓN con arreglo a las distintas modalidades de explotación, no pudiendo en ningún caso aprovechar los ingresos generados por la explotación digital para amortizar el anticipo de los ingresos generados por la explotación en papel.

En atención a lo expuesto,

ACUERDAN

Que el presente contrato de cesión de derechos de explotación digital se regirá por las siguientes cláusulas:

Primera. El TRADUCTOR cede al EDITOR, con carácter [exclusivo] [no exclusivo] los derechos de reproducción digital y comunicación pública, en la modalidad de puesta a disposición en línea, de la TRADUCCIÓN titulada....., para su explotación comercial en lengua..... y dentro del ámbito territorial de..... El EDITOR se obliga a realizar esas operaciones por su cuenta y riesgo, en las condiciones pactadas y con sujeción a lo dispuesto en la Ley de Propiedad Intelectual.

A los efectos del presente contrato se entiende por reproducción digital la fijación directa o indirecta, provisional o permanente, por medio y forma digital de la TRADUCCIÓN de un modo que permita su puesta a disposición del público.

A esos efectos, el TRADUCTOR autoriza expresamente al EDITOR a dar a la TRADUCCIÓN el pertinente formato digital, incorporándole, en su caso, los necesarios sistemas de protección.

En los supuestos de explotación que impliquen la incorporación de elementos de interactividad que modifiquen la TRADUCCIÓN, especialmente en el caso de producciones multimedia o de introducción de textos publicitarios, ambas partes se pondrán de acuerdo para establecer la versión digital definitiva.

Segunda. El TRADUCTOR responderá ante el EDITOR de la autoría y originalidad de su TRADUCCIÓN y del ejercicio pacífico de los derechos que le cede por el presente contrato, manifestando que sobre ellos no ha contraído ni contraerá compromisos o gravámenes de ninguna especie que atenten a los derechos que puedan corresponder al EDITOR o a terceros de conformidad con lo en él estipulado. Asume también la total responsabilidad frente a cualquier acción, reclamación o conflicto derivados del incumplimiento de las obligaciones que se establecen.

Tercera. La cesión de derechos al EDITOR por parte del TRADUCTOR se ajustará a las siguientes condiciones económicas:

(*Cláusula optativa: En concepto de anticipo a cuenta de los derechos que puedan corresponderle, el TRADUCTOR percibirá la cantidad de... euros al entregar la TRADUCCIÓN.*)

1. (*Variante A*) Como remuneración por los derechos que cede por el presente contrato, el TRADUCTOR percibirá el...% del precio de venta al público, según catálogo y sin IVA, de cada uno de los usos realizados de la puesta a disposición en línea de su TRADUCCIÓN.

En este supuesto, cuando se trate de una explotación cedida a un tercero, ambas partes se repartirán la cantidad pagada por éste (sea editor, plataforma digital o importador/exportador) en concepto de derechos del TRADUCTOR, en los siguientes porcentajes:

...% Traductor

...% Editor

1. (*Variante B*) Como remuneración de los derechos que cede por el presente contrato, el TRADUCTOR percibirá el...% de los ingresos netos que obtenga el EDITOR de la explotación de la TRADUCCIÓN, tanto si es directa como mediante su cesión a terceros. Se entenderá por ingresos netos la cantidad resultante de la diferencia entre el precio de venta al público y los descuentos hechos a plataformas digitales de comunicación y/o minoristas, en su caso, y cualesquiera impuestos que fueran de aplicación. Las deducciones no podrán superar en ningún caso el 50% del precio de venta al público.

2. Si no se pacta un anticipo a cuenta de los derechos de explotación digital de la TRADUCCIÓN, el TRADUCTOR percibirá sus derechos desde la primera utilización de la puesta a disposición de la TRADUCCIÓN que genere ingresos para el EDITOR.

3. Si transcurridos dos años de la firma del presente contrato, las condiciones del mercado en cuanto a precios, estructuras de coste y modos de explotación o modelos de negocio aplicables a la puesta a disposición por medios digitales hubiesen sufrido cambios sustanciales, ambas partes, sin perjuicio de la validez y efectos del presente contrato, negociarán de buena fe nuevos términos que les permitan llegar a un acuerdo para modificar las condiciones económicas acordadas. Las

partes considerarán igualmente la adecuación del presente contrato a los cambios legislativos que puedan producirse.

4. En ningún caso se considerará como generadora de remuneración para el TRADUCTOR la denominada "consulta rápida" o "visualización previa", realizada por un usuario con el único objeto de determinar su posible interés por la TRADUCCIÓN, siempre que esa actuación no produzca ningún ingreso.

5. El TRADUCTOR autoriza al EDITOR a percibir cualquier suma de dinero que reciba de un tercero de conformidad con el presente contrato.

Cuarta. El TRADUCTOR entregará al EDITOR la TRADUCCIÓN objeto del presente contrato, en condiciones de ser reproducida, en un plazo no superior a... meses contados desde la fecha de este documento. Si, transcurrido un mes de la fecha señalada, el TRADUCTOR no ha realizado la entrega, el EDITOR podrá resolver el contrato y el TRADUCTOR habrá de devolver, en su caso, las cantidades percibidas.

Por su parte, el editor se obliga a poner en línea la TRADUCCIÓN en un plazo no superior a... meses a contar desde la fecha de la entrega de la TRADUCCIÓN.

(Recomendación: El plazo para la puesta en línea de la TRADUCCIÓN no debería ser superior a seis meses).

Si la TRADUCCIÓN no fuera puesta en línea en el plazo previsto, el presente contrato quedará resuelto y las cantidades percibidas anticipadamente por el TRADUCTOR pasarán a ser definitivamente de su propiedad.

Quinta. El EDITOR remitirá al TRADUCTOR los juegos de pruebas destinados a la corrección del texto, y el TRADUCTOR se los devolverá en un plazo máximo de..... días, con las modificaciones a que hubiese lugar, que se incorporarán al texto. Si transcurrido dicho plazo el TRADUCTOR no le devolviera las pruebas corregidas, el EDITOR se encargará de su corrección. El TRADUCTOR solo hará las modificaciones que sean imprescindibles y que no supongan una proporción superior al.... % del texto, sin que se contabilicen como tales las de carácter simplemente ortográfico o tipográfico, que correrán siempre por cuenta del EDITOR. Toda corrección superior al citado porcentaje correrá a cargo del TRADUCTOR.

Sexta. El EDITOR se obliga a que el nombre del TRADUCTOR figure de forma destacada en todas las comunicaciones públicas de la TRADUCCIÓN, así como en la publicidad o anuncios que por cualquier medio publiquen el EDITOR y sus plataformas de comunicación.

Asimismo, el EDITOR se obliga a gestionar el ISBN de la TRADUCCIÓN y a introducir las innovaciones informáticas que permitan su identificación y seguimiento automático, así como a observar las formalidades administrativas requeridas para su puesta en línea.

Séptima. El EDITOR gestionará de forma directa o indirecta la explotación de los derechos cedidos, buscando su más amplia difusión conforme a los usos habituales en el ámbito de la explotación digital.

Se compromete a velar por que se empleen estándares de calidad en la explotación, tanto en las plataformas como en los dispositivos digitales, teniendo en cuenta criterios de movilidad, interoperabilidad, disponibilidad, conectividad e interactividad.

Octava. El EDITOR informará semestralmente al TRADUCTOR del número de veces que se haya utilizado la puesta a disposición de su TRADUCCIÓN y del importe devengado, facilitando el acceso del TRADUCTOR a los contadores de descargas o emisiones de la TRADUCCIÓN realizadas por la plataforma o plataformas digitales encargadas de la puesta a disposición.

El EDITOR pagará al TRADUCTOR las cantidades que le correspondan en concepto de derechos dentro de los treinta (30) días siguientes al envío de la comunicación mencionada en el párrafo anterior. El TRADUCTOR podrá comprobar los datos que reciba del EDITOR, quien estará obligado a conservar y facilitarle toda la información necesaria.

Novena. El EDITOR deberá efectuar la detracción, declaración e ingreso en el Tesoro Público de las cantidades que por cualquier concepto impositivo hubiera de satisfacer el TRADUCTOR por los rendimientos de la propiedad intelectual objeto del presente contrato, en todos los impuestos o gravámenes en que el EDITOR, por disposición legal, tenga la condición de sustituto del TRADUCTOR contribuyente.

Décima. El presente contrato tendrá una duración de... años contados desde la fecha en que el TRADUCTOR ponga a disposición del EDITOR su TRADUCCIÓN en condiciones de ser reproducida. Extinguido el contrato, el EDITOR gozará de un derecho de opción preferente para suscribir un nuevo contrato de comunicación pública de la TRADUCCIÓN, en iguales términos y condiciones que el TRADUCTOR pueda convenir con terceros.

(Recomendación: La duración del contrato no debería ser superior a cinco años).

Undécima. El presente contrato se considerará extinguido cuando el número de utilizaciones de la puesta a disposición de la TRADUCCIÓN, según dos liquidaciones consecutivas, sea inferior a...

Duodécima. El EDITOR no podrá saldar la TRADUCCIÓN mediante una rebaja sustancial de su precio de venta sin consentimiento del TRADUCTOR.

Decimotercera. La extinción del presente contrato por el transcurso del término pactado implicará el cese inmediato de la puesta a disposición de la TRADUCCIÓN.

Decimocuarta. El EDITOR podrá establecer la forma más adecuada de puesta a disposición y comercialización de la TRADUCCIÓN, llevándolas a cabo por sí mismo o a través de terceros por cualquier medio: emisión, descarga, copia, suscripción, acceso, licencia de uso, etc. A estos efectos el TRADUCTOR declara conocer y aceptar las formas y los medios de comunicación del editor para la explotación digital de la TRADUCCIÓN.

Decimoquinta. El TRADUCTOR autoriza al EDITOR a utilizar su nombre, voz e imagen en la publicidad de la TRADUCCIÓN por cualesquiera medios de difusión.

(Asimismo, siempre que sus posibilidades profesionales y disponibilidades se lo permitan, se compromete a asistir a los eventos y actos de promoción que el EDITOR estime necesarios, en las fechas que se determinen de común acuerdo y corriendo a cargo del EDITOR, en su caso, los gastos de desplazamiento.)

Decimosexta. El EDITOR no podrá transmitir a terceros, a título gratuito ni oneroso, en todo ni en parte, los derechos que el presente contrato le confiere, sin la autorización previa y por escrito del TRADUCTOR, y la cesión se limitará a los derechos de explotación que le hayan sido expresamente cedidos. El TRADUCTOR no podrá denegar esa autorización sin causa justificada.

El EDITOR advertirá por escrito al tercero cesionario que deberá respetar todas las obligaciones contraídas con el TRADUCTOR en virtud de lo dispuesto en el presente contrato.

Las cantidades devengadas por la cesión de derechos a terceros no se tendrán en cuenta para la amortización del anticipo, si se hubiere pactado, de la explotación principal, y serán objeto de contabilidad separada.

Las cesiones de derechos de transformación serán objeto de contrato escrito, en documento distinto del presente contrato.

(Cláusula optativa: El TRADUCTOR cede en exclusiva al editor la gestión y agencia para representarlo en la cesión a terceros de los derechos de explotación de propiedad intelectual, para su ejercicio en el país o en el extranjero, por iniciativa propia o través de terceros. El EDITOR podrá pactar entonces con los terceros interesados contraprestaciones porcentuales o a tanto alzado diferentes de las aquí acordadas, previa conformidad del TRADUCTOR, durante el periodo de vigencia del presente contrato. En caso de celebrarse un contrato de cesión de derechos a propuesta del EDITOR, los beneficios netos obtenidos se distribuirán del siguiente modo:... % para el EDITOR y... para el TRADUCTOR)

Decimoséptima. Estarán exentas de liquidación al TRADUCTOR, aunque deberán serle notificadas, las utilizaciones de la puesta a disposición de la TRADUCCIÓN que el EDITOR autorice gratuitamente con fines de promoción o crítica de la obra traducida. El máximo de utilizaciones para estos fines será de...

Decimoctava. El TRADUCTOR podrá utilizar un mínimo de... veces sin cargo alguno la TRADUCCIÓN puesta a disposición, utilización que no podrá ser objeto de comercio ni devengará derechos para el TRADUCTOR. Asimismo, podrá adquirir del EDITOR, con un descuento del...%, las utilizaciones de la puesta a disposición que precise para su uso particular o, sin fines lucrativos, con destino a terceros.

(Recomendación: Se recomienda establecer el mismo descuento que el editor aplique a las plataformas de comunicación pública).

Decimonovena. El TRADUCTOR faculta expresamente al EDITOR para el ejercicio de las acciones pertinentes en orden a la protección y defensa de los derechos objeto de la presente cesión, obligándose a prestar su colaboración en todo lo que sea requerido por el EDITOR y tenga por objeto amparar los derechos de propiedad intelectual, y a comunicar al EDITOR cualquier información de que disponga y que pueda perjudicar los derechos que al EDITOR corresponden en virtud del presente contrato.

En el mismo sentido, el EDITOR se obliga a prestar su colaboración en todo lo que sea requerido por el TRADUCTOR y que tenga por objeto amparar los derechos de propiedad intelectual, y a comunicar al TRADUCTOR cualquier información que conozca y que pueda perjudicar los derechos que al TRADUCTOR corresponden en virtud del presente contrato, con especial atención a sus derechos morales.

El EDITOR tomará todas las medidas a su alcance para evitar infracciones de los derechos del TRADUCTOR sobre la TRADUCCIÓN, y en particular se compromete a asegurar la explotación digital de la TRADUCCIÓN en condiciones que protejan los derechos morales del TRADUCTOR.

Vigésima. El presente contrato se aplicará e interpretará de conformidad con lo dispuesto en el Real Decreto Legislativo 1/1996, de 12 de abril, Texto Refundido de la Ley de Propiedad intelectual, y disposiciones concordantes y de general aplicación.

Vigesimoprimera. Para las comunicaciones entre las partes, éstas designan como domicilio las direcciones consignadas en el encabezamiento. Deberán notificar a la otra parte cualquier cambio de dirección.

Vigesimosegunda. Ambas partes convienen en esforzarse por resolver amigablemente las dudas, diferencias o conflictos que puedan surgir sobre el cumplimiento o interpretación del presente contrato.

Las partes acuerdan someter a mediación cualquier controversia que pueda suscitarse con motivo de la interpretación, ejecución, validez, eficacia o cualquier otra contingencia que se relacione directa o indirectamente con el presente contrato, así como la reparación de los daños y perjuicios que pudieran derivar de su incumplimiento. El proceso de mediación se realizará ante la Comisión Mixta de Editores y Traductores de la Sección Autónoma de Traductores de Libros de la Asociación Colegial de Escritores de España (ACE Traductores), que, salvo acuerdo previo de partes en la elección del o los mediadores de esa institución, designará al mediador o mediadores intervinientes de acuerdo con el Reglamento de mediación de esa institución que las partes declaran conocer y aceptar considerándolo parte integrante del presente contrato.

En caso que la mediación no prospere, las partes se obligan a someter el diferendo a Arbitraje ante la misma institución, quien designará al árbitro o árbitros a solicitud de cualquiera de las partes, todo ello de acuerdo con sus normas de procedimiento que las partes declaran conocer y aceptar, considerándolas parte integrante del presente contrato. El laudo será definitivo y vinculante para las partes, quienes renuncian expresamente a interponer recurso alguno. Las partes renuncian asimismo a cualquier otro fuero o jurisdicción.

Y en prueba de conformidad, ambas partes firman el presente documento en el lugar y fecha indicados en el encabezamiento.

Firmado:	Firmado:
EL TRADUCTOR	EL EDITOR

F110. CONTRATO DE EDICIÓN (I)

En ...., a ..... de .... de 202..

REUNIDOS

De una parte, ..., mayor de edad y con NIF ...., quien interviene en nombre y representación, de la sociedad ...., entidad domiciliada en ...., provista de C.I.F. .... (en adelante, el **EDITOR**).

Y de otra, D. ...., mayor de edad, titular de N.I.F.: ...., con domicilio en ...., quien interviene en su propio nombre y representación (en adelante denominado, el **AUTOR**).

MANIFIESTAN

I.- Que el AUTOR es el creador y titular de los derechos de explotación del texto de una obra original de título provisional "................................" (en adelante la OBRA).

II.- Que el EDITOR está interesado en adquirir los derechos de explotación del texto de la OBRA y el AUTOR en su cesión al mismo, en los términos y condiciones acordados en el presente Contrato.

III.- Que, a tal efecto, habiendo llegado el AUTOR y el EDITOR (en adelante comúnmente denominados, las Partes) a un acuerdo y reconociéndose mutuamente capacidad de obrar y jurídica suficiente para este acto, libremente suscriben el presente Contrato con arreglo a los siguientes

PACTOS

PRIMERO.– Objeto.

El presente Contrato tiene por objeto la cesión de los derechos de explotación del texto de la OBRA que el AUTOR hace al EDITOR, en forma exclusiva y con la extensión necesaria para su explotación y comercialización según lo previsto en los pactos siguientes.

Los derechos adquiridos por el EDITOR podrán ser ejercidos por sí mismo o por cualquier sociedad perteneciente a su grupo empresarial.

El AUTOR, asimismo, se compromete en exclusividad con el EDITOR, obligándose a no suscribir con terceros ningún contrato para la edición y publicación de cualesquiera otras obras durante el período comprendido entre los seis (6) meses inmediatamente anteriores a la fecha de entrega consignada en el Pacto Segundo y los seis (6) meses posteriores a la misma.

SEGUNDO.– Entrega del manuscrito original y pruebas

El AUTOR entregará al EDITOR la totalidad del texto de la OBRA no más tarde del día ..... de .... de 202.., en el domicilio del EDITOR, y en soporte informático.

La entrega de la OBRA en la fecha consignada en este Pacto tiene la consideración de elemento esencial del presente acuerdo. En consecuencia, si transcurrido un (1) mes desde dicha fecha sin que el AUTOR hubiera hecho entrega del manuscrito original, el EDITOR tendrá derecho a resolver el presente contrato, bastando para ello la comunicación al AUTOR en tal sentido, en la forma prevista en el Pacto Decimoctavo por incumplimiento de acuerdo contractual.

En este supuesto, los trabajos que para el cumplimiento del presente Contrato hubiera efectuado el AUTOR quedarán a su libre disposición. El EDITOR deberá entregar al AUTOR aquella/s parte/s del manuscrito que hubieran sido puestas a disposición del EDITOR para su consideración. Por su parte el AUTOR estará obligado a devolver los importes que le hubieran sido satisfechos por el EDITOR hasta ese momento. Dichos importes serán reembolsados por el AUTOR de forma íntegra, es decir, éste reintegrará el importe total percibido incluyendo las retenciones de impuestos que se hubieran practicado de acuerdo con la normativa legal vigente.

Se entenderá que el EDITOR presta su conformidad al manuscrito original entregado por el AUTOR, si en el plazo de un (1) mes a contar desde la fecha de recepción del manuscrito no comunica al AUTOR su disconformidad, junto con las modificaciones que proponga introducir para que el AUTOR lleve a cabo las mismas.

TERCERO.– Pruebas de tirada.

El EDITOR remitirá al AUTOR los juegos de pruebas de la OBRA destinados a la corrección.

El AUTOR se compromete a devolver al EDITOR, en un plazo máximo de una (1) semana a contar desde la fecha de su recepción, los juegos de pruebas destinados a la corrección de textos. Una vez superado dicho plazo sin que los mismos hayan sido entregados por el AUTOR, el EDITOR queda facultado para obtener por sí mismo dicha corrección sin responsabilidad alguna frente al AUTOR.

El AUTOR asumirá la totalidad de los gastos de cualquier índole debidos a su iniciativa, siempre y cuando las correcciones a introducir en la OBRA supongan un aumento superior al cinco (5) por ciento del costo total de la composición de la OBRA, sin que se contabilicen como tales las de carácter tipográfico, que siempre irán a cargo del EDITOR.

CUARTO.– Remuneración económica.

1) En concepto de anticipo y a cuenta de los derechos que le corresponden al AUTOR de acuerdo con lo estipulado en el apartado 2) de este Pacto, el EDITOR abonará al AUTOR la cantidad de .... (.................-€) EUROS, que será satisfecho al AUTOR de conformidad con los siguientes plazos: 33% a la firma del Contrato, 33% a la entrega del texto original de la OBRA y el 34% restante a la publicación de la OBRA.

2) En concepto de remuneración por la cesión de los derechos de propiedad intelectual objeto de este contrato, el EDITOR satisfará al AUTOR:

a) El .... (.......%) por ciento para los ejemplares comercializados en la modalidad de tapa dura, rústica, y ediciones de lujo o de bibliófilo.

b) El .... (......%) por ciento, por los ejemplares comercializados en la modalidad de ediciones económicas o de bolsillo, ediciones ilustradas, ediciones resumidas o compendiadas, ediciones para escuelas y por los ejemplares comercializados a través del canal correo, organizaciones de venta directa y quioscos.

c) El .... (......%) por ciento por los ejemplares comercializados en el canal club en todas las modalidades de edición.

Los anteriores porcentajes se calcularán, en cada caso, sobre el precio de venta al público sin I.V.A.

d) El .... (........%) por ciento de los ingresos netos que reciba el EDITOR por la explotación de la OBRA en formato libro electrónico (e-book), y ediciones multimedia (incluyéndose expresamente bajo esta rúbrica los denominados e-books enriquecidos o enhanced e-books), ya sea mediante su explotación directa por el EDITOR, o a través de cesiones o autorizaciones a terceros, incluyéndose expresamente cualquier modalidad de suscripción digital.

e) El .... (.......%) por ciento de los ingresos netos que reciba el EDITOR por la explotación de la OBRA en formato audiolibro, ya sea mediante su explotación directa por el EDITOR, o a través de cesiones o autorizaciones a terceros, incluyéndose expresamente cualquier modalidad de suscripción digital.

Se entiende por "ingresos netos" las cantidades que recibe el EDITOR de sus clientes según las facturas emitidas por las ventas reales, menos IVA y menos descuentos y otras asignaciones pagadas a los socios en la distribución, no pudiendo tales descuentos o asignaciones exceder el 50% del precio de venta al público recomendado en el canal digital, menos IVA), o las cantidades que reciba el EDITOR de terceros por la explotación que estos realicen de la OBRA, en el supuesto de cesiones o autorizaciones a su favor.

En el caso que la OBRA formase parte de una operación en la que se incluyan varias obras de diferentes autores, el AUTOR percibirá el porcentaje que le corresponda calculado en función de participación de la OBRA en relación con el resto de títulos cedidos por el EDITOR, teniendo en cuenta que en conjunto se abonará a todos los autores de las obras implicadas en la operación el 25% de los ingresos netos que perciba el EDITOR.

En el caso de ediciones en formato digital comercializadas a través de redes telemáticas, no se considerarán versiones diferentes a efectos de precios, los diferentes software que se utilicen para la "bajada" y reproducción de la OBRA por el usuario.

f) El .... (........%) por ciento de los productos de merchandising derivados de la OBRA, fabricados y comercializados directamente por el EDITOR, calculado sobre el precio final de venta al distribuidor (P.V.C.), sin IVA.

g) Para ediciones especiales de venta a entidades privadas o públicas, inclusiones parciales en revistas y diarios (pre- y post-publicación), actos de serialización radiofónica, así como operaciones especiales con terceras entidades, el AUTOR percibirá el royalty especificado en el punto a) de este pacto calculado sobre el precio por ejemplar o acto acordado en cada operación.

h) Por las cesiones de derechos o autorizaciones para la edición de la OBRA en formato libro y para cualesquiera otras modalidades de explotación distintas de las contempladas en la letra d), otorgadas a favor de terceros, el AUTOR recibirá el .... (.......%) por ciento de los ingresos que de ellas se deriven para el EDITOR.

El EDITOR detraerá de la primera o primeras liquidaciones que efectúe a favor del AUTOR las cantidades que le haya abonado en concepto del anticipo acordado en el apartado 1) de este Pacto, excepción hecha de lo dispuesto (en su caso) para las cantidades obtenidas de cesiones o autorizaciones a terceros que se regirán a los efectos de amortización del anticipo por lo dispuesto en el Pacto Undécimo de este contrato. A los efectos del presente instrumento, la fecha de devengo de las cantidades debidas por el EDITOR en concepto de liquidaciones será aquella en la que el AUTOR dé su conformidad a la misma, conformidad que deberá ser comunicada al EDITOR como paso previo al pago de la remuneración que por tales conceptos resulte de la misma.

Todas las cantidades que el EDITOR deba abonar al AUTOR en virtud del presente Pacto serán hechas efectivas mediante transferencia bancaria a la cuenta del banco/caja de ahorro que expresamente designa el AUTOR:

A los efectos de lo indicado en este punto, el EDITOR comunica al AUTOR que tiene establecido como día de pago el veinticinco (25) de cada mes, por lo que todos los pagos derivados de cualquier contraprestación económica pactada en el presente documento se harán efectivos el primer día veinticinco (25) después de la fecha de recepción de la factura a cargo del EDITOR. Dicha factura deberá obrar en poder del EDITOR con una antelación mínima de veinte (20) días sobre el día de pago aquí establecido, de no ser así el pago se aplazará al día veinticinco (25) del mes siguiente.

El AUTOR faculta expresamente al EDITOR para la detracción, declaración e ingreso en el Tesoro Público de aquellas cantidades que por cualquier concepto impositivo hubiera de satisfacer el AUTOR, derivadas del rendimiento de los derechos patrimoniales sobre su OBRA, en todos aquellos supuestos impositivos o tributarios en que el EDITOR tenga por disposición legal la condición de sustituto del AUTOR como contribuyente.

QUINTO.– Número de ediciones, máximos y mínimos.

El EDITOR podrá realizar tantas ediciones de cada modalidad como estime conveniente, las cuales alcanzarán, para la primera edición un mínimo de quinientos (500) ejemplares y un máximo de doscientos mil (200.000) ejemplares, y para las siguientes ediciones un mínimo de cincuenta (50) ejemplares y un máximo de doscientos mil (200.000) ejemplares, con las reimpresiones que, dentro de esos límites, libremente decida el EDITOR, buscando asegurar a la OBRA la máxima difusión de conformidad con los usos del sector al que la OBRA pertenece.

Por lo que respecta a la edición a través de la red Internet, el EDITOR podrá realizar una edición que alcanzará un número mínimo de ejemplares equivalente al número de ejemplares adquiridos por el público, y un número máximo de un (1) millón de ejemplares.

El EDITOR, no obstante, podrá realizar las reimpresiones que considere oportunas, sin sujeción al mínimo de cincuenta (50) ejemplares establecidos en el primer párrafo de esta estipulación en los supuestos de impresión bajo demanda o "print on demand" (POD) con la finalidad de asegurar la buena difusión comercial de la OBRA".

SEXTO.– Ejemplares justificativos, promoción, mermas y otras operaciones.

En concepto de ejemplares justificativos el EDITOR reservará al AUTOR CINCO (5) ejemplares de la primera edición que efectúe de la OBRA y, en su caso, DOS (2) ejemplares de cada una de las sucesivas ediciones o reimpresiones que realice, siempre y cuando estas reimpresiones sean superiores a 300 ejemplares. Asimismo, facilitará al AUTOR cuantos ejemplares de su OBRA precise con un descuento del cuarenta (40) por ciento con respecto al P.V.P. de catálogo sin I.V.A., para su uso particular o con destino a terceros sin fines lucrativos.

Por lo que respecta a la edición on-line y distribución a través de la red Internet, y en concepto de ejemplares justificativos, el EDITOR entregará al Autor UN (1) ejemplar justificativo. Los ejemplares justificativos serán remitidos por el EDITOR al AUTOR a la dirección de correo electrónico indicada expresamente por el AUTOR a estos efectos: ....

La entrega de los Ejemplares Justificativos no comprende la puesta a disposición del programa de lectura.

En concepto de ejemplares destinados a la promoción, entregas a centros oficiales y a la reposición de ejemplares deteriorados en su producción, el EDITOR queda facultado para deducir de cada impresión de la OBRA un diez (10) por ciento del total impreso si éste no excede de cuatro mil (4.000) ejemplares y el tres (3) por ciento de la cantidad de ejemplares impresos por encima de los cuatro (4.000) ejemplares indicados, aplicables a cada una de las ediciones.

Los ejemplares a los que se hace mención en los puntos precedentes no podrán ser destinados, por las PARTES, al comercio y sobre ellos no percibirá el AUTOR derecho o regalía algunos.

De conformidad con lo previsto en la Ley de Propiedad Intelectual, el EDITOR no podrá, sin consentimiento del AUTOR, vender como saldo ejemplares de la edición antes de dos (2) años de la inicial puesta en circulación de la misma.

Transcurrido dicho plazo, si el EDITOR decide vender como saldo los que le resten, lo notificará al AUTOR, quien podrá optar por adquirirlos ejerciendo tanteo sobre el precio de saldo o, en el caso de remuneración proporcional, percibirá a su favor los royalties especificados para la modalidad de edición de que se trate aplicados sobre el importe facturado por el EDITOR.

Si, tras el mismo plazo, el EDITOR decide destruir el resto de los ejemplares de una edición, lo comunicará al AUTOR, quien podrá exigir que se le entreguen gratuitamente todos o parte de los ejemplares. El AUTOR no podrá destinar dichos ejemplares a usos comerciales.

En el supuesto de que el EDITOR, de acuerdo con lo establecido en los párrafos anteriores, decida saldar o destruir los ejemplares de la OBRA en alguna de las modalidades de edición cedidas en el presente acuerdo, esta circunstancia no supondrá en ningún caso la extinción del Contrato. En consecuencia, el EDITOR podrá continuar comercializando la OBRA a través de aquellas modalidades de explotación no afectadas por las operaciones de saldo o destrucción, tanto en forma de libro como de libro electrónico (e-book), y ello durante todo el plazo de vigencia del Contrato.

Asimismo, extinguido el Contrato por cualesquiera causas, el EDITOR dentro de los tres (3) años siguientes y cualquiera que fuera la forma de distribución, podrá enajenar los ejemplares que le resten. El AUTOR podrá adquirir los ejemplares por el 60 por 100 de su P.V.P.

En todos los supuestos aquí previstos, el AUTOR dispondrá de un período de treinta (30) días siguientes al recibo de las correspondientes notificaciones, para el ejercicio de sus derechos.

SÉPTIMO.– Obligaciones del EDITOR.

El EDITOR se obliga a poner en circulación los ejemplares de la OBRA en un plazo no superior a los dos (2) años contados desde que el AUTOR le entregue el original de la misma en las condiciones adecuadas para llevar a cabo su reproducción.

El EDITOR se obliga a comunicar de forma previa y con una antelación suficiente, el inicio de la explotación de la OBRA en cualquiera de las modalidades de explotación cedidas en este documento por el AUTOR al EDITOR.

El EDITOR remitirá al AUTOR un Certificado de Control de Tirada comprensivo del número de ejemplares de que consta la edición o reimpresión de que se trate, junto con una declaración firmada por la industria de artes gráficas donde se realizó la impresión, en la que conste el número de ejemplares fabricados que fueron entregados al EDITOR y fecha de la entrega realizada.

El EDITOR se obliga asegurar a la OBRA una explotación continua y una difusión comercial conforme a los usos habituales del sector al que la OBRA pertenece.

El EDITOR, y en debido cumplimiento de los derechos morales del AUTOR, hará constar el nombre del AUTOR o seudónimo u otra mención que de forma expresa este le indique, de forma destacada en todos los ejemplares o soportes que publique de la OBRA y a incluir el símbolo © seguido del nombre del AUTOR u otra mención y el año de su edición, así como el Copyright de la editorial y el año de publicación.

El EDITOR remitirá al AUTOR las liquidaciones por ventas de la OBRA durante el primer trimestre de cada año, con relación al ejercicio inmediatamente anterior, cerradas a 31 de diciembre, certificando los datos relativos a la fabricación, distribución y existencias de los ejemplares de la OBRA. En el caso de que el saldo resultase favorable al AUTOR, y éste fuera superior a diez (10) euros, el EDITOR satisfará el importe que de ellas se deduzcan una vez recibida la conformidad del AUTOR a las mismas, de conformidad con lo establecido para ello en el Pacto Cuarto de este Contrato. En el supuesto de que el saldo favorable al AUTOR fuera inferior a diez (10) euros, el EDITOR estará facultado para retener el pago del importe resultante, el cual será acumulado a los que resulten de liquidaciones practicadas en años posteriores, comprometiéndose el EDITOR a su abono, una vez superado dicho límite.

El EDITOR podrá remitir las liquidaciones mediante el envío de un correo electrónico a la dirección indicada expresamente por el AUTOR en el Pacto Sexto.

Para las ediciones digitales de la OBRA, el EDITOR se asegurará de que la OBRA esté debidamente protegida contra la manipulación y las descargas y/o accesos incontrolados. El AUTOR tendrá derecho a solicitar la revisión por parte de una firma de auditoría de reconocido prestigio de la seguridad de la plataforma digital. En el caso de que dicha auditoría refleje serios fallos en la seguridad que hagan fácilmente accesible la copia de los contenidos exhibidos y permita compartir gratuitamente los archivos con terceros, el AUTOR tendrá el derecho a solicitar al EDITOR que cese de exhibir su OBRA en la plataforma digital en un plazo de tres días desde el momento de su notificación, hasta que éste instale las medidas de seguridad apropiadas.

Aun cuando ambas partes reconocen que no existe la seguridad total, la copia ilegal de archivos deberá ser sumamente dificultosa y exigir habilidades técnicas excepcionales. El EDITOR estará obligado a perseguir cualquier forma de abuso y pirateo de la OBRA que pueda producirse, mediante todas sus posibilidades y los medios legales necesarios. Las mismas condiciones de seguridad serán exigibles al tercero autorizado por el editor para la distribución de la OBRA en formato digital.

OCTAVO.– Obligaciones del AUTOR.

El AUTOR garantiza al EDITOR la autoría y originalidad de la OBRA objeto de este Contrato y que su creación no es resultado de la utilización de sistemas, herramientas o técnicas derivadas o vinculadas con la Inteligencia Artificial. Asimismo, garantiza que no ha cedido a terceros derecho alguno sobre la misma, ni existe ni ha constituido ni constituirá carga ni gravamen alguno sobre ella.

Asimismo, y por lo que respecta al material gráfico (fotografías, ilustraciones, diagramas y demás) y/o fragmentos o selecciones de obras ajenas que hayan sido suministrados por el AUTOR al EDITOR para su reproducción, total o parcial, en la OBRA, el AUTOR manifiesta que ha adquirido u ostenta todos los derechos necesarios para una correcta explotación de este material y/o fragmentos de obras ajenas junto a la OBRA, y se responsabiliza ante el EDITOR por cualesquiera reclamaciones que pudieran provenir de terceros que acrediten ostentar un mejor derecho.

Del mismo modo, el AUTOR responderá de cualquier reclamación por supuestas vulneraciones al derecho al honor, a la intimidad personal y familiar y a la propia imagen de las personas aludidas en la OBRA, haciéndose responsable y garantizando la total indemnidad del EDITOR, siendo de su exclusivo cargo todos los gastos derivados de las eventuales reclamaciones que pudieran producirse por este motivo, incluyendo tanto los gastos de abogado y procurador como los importes de las indemnizaciones que por daños y perjuicios pudieran establecerse.

Ni el AUTOR ni sus causahabientes podrán transmitir a terceros ninguno de los derechos de explotación cedidos a través del presente Contrato. El AUTOR tampoco podrá autorizar a sus causahabientes a llevar a cabo por sí mismos ni por terceros el ejercicio de los derechos de explotación cedidos sobre la OBRA, mientras se halle en vigor el presente Contrato.

El AUTOR declara expresamente hallarse habilitado por las leyes para el ejercicio de su profesión y de las actividades objeto de este Contrato, así como al corriente de sus obligaciones fiscales, de Seguridad Social, administrativas y de cualquier otra índole que a tal fin deba observar.

El AUTOR responderá ante el EDITOR por todos los gastos, daños y perjuicios que se le pudieran ocasionar como consecuencia de posibles lesiones a los derechos de toda índole que terceros pudieran ostentar sobre la OBRA objeto de este Contrato, así como por las acciones y reclamaciones que en base a ello se le pudieran formular, garantizando en definitiva total indemnidad al EDITOR en caso de contravención de lo previsto en los apartados anteriores. En tales supuestos será considerado como falta grave la falta de autoría u originalidad de la OBRA objeto de este contrato, en cuyo caso el AUTOR, además de soportar los gastos por reclamaciones, deberá indemnizar al EDITOR por los daños y perjuicios tanto económicos como morales que le han sido causados.

El AUTOR no podrá transmitir su posición contractual a terceras personas físicas o jurídicas sin la previa y expresa autorización del EDITOR.

NOVENO.– Carácter y extensión de los derechos cedidos.

En desarrollo del objeto del presente Contrato, el AUTOR cede al EDITOR, con carácter de exclusiva, los derechos económicos de propiedad intelectual derivados del texto de la OBRA, y para ser ejercidos por el EDITOR en todas las lenguas y para todo el mundo.

Por ello el AUTOR cede en exclusiva al EDITOR los derechos de reproducción, distribución, licencia de uso, comunicación pública y puesta a disposición mediante enlace, bajada (incluyendo, en este caso, la reproducción de la OBRA por el usuario a los efectos de su almacenamiento como libro electrónico para uso privado) u otro modo, y transformación, incluidos los de traducción y adaptación de la OBRA, para su explotación de forma única o fraccionada, en fascículos o seriada, en cualesquiera modalidades de edición en forma de libro, tales como tapa dura o cartoné, rústica, audiolibro, ediciones de lujo y de bibliófilo, ediciones ilustradas, ediciones especiales para empresas u otras editoriales, fascículos, ediciones para escuelas, ediciones resumidas o compendiadas, ediciones revisadas y actualizadas, comics y novelas gráficas, ediciones en soportes magnéticos o informáticos, así como su inclusión total o parcial en bases de datos, edición electrónica, digital y e-book, publicaciones parciales en diarios y revistas (pre- y post-publicación), soportes sonoros, serialización radiofónica, radiodifusión, incluyendo asimismo y a título de ejemplificación cualquier forma de comunicación pública con un componente de tecnología asistida por ordenador que requiera la interactividad entre el usuario y el software, de tal forma que el usuario pueda seleccionar (y en su caso almacenar en su ordenador para uso privado) entre distintos elementos alternativos del programa, o cualquier forma de contenido similar (productos multimedia y, en particular, los denominados enhanced e-books), y acceder a otros contenidos desde la OBRA. Se hace expresa mención de que la presente enumeración reviste carácter meramente enunciativo y en ningún caso limitativo.

A efectos aclaratorios, no se entiende comprendidos en la cesión objeto del presente Contrato los derechos de reproducción y licencia de uso de la OBRA para su inclusión total o parcial en bases de datos, servidores herramientas o plataformas que posibiliten sistemas de aprendizaje relacionados con la Inteligencia Artificial, ya sea este aprendizaje automático o supervisado, los cuales quedan reservados expresamente al AUTOR. No obstante, y sin perjuicio de lo anterior, el AUTOR se compromete a no ejercer estos derechos durante todo el tiempo de vigencia del presente Contrato sin la previa y expresa autorización del EDITOR.

A los efectos del presente Contrato, se entenderá por edición digital y/o electrónica on-line cualquier modalidad de explotación de la OBRA en redes digitales (Internet o Intranet), alámbricas o inalámbricas, incluyendo cualesquiera canales o destinos susceptibles de adscripción a Internet, tales como telefonía móvil y otros dispositivos de mano, protocolo WAP, o UMTS, televisión interactiva, digital, PDA o cable o por cualquier plataforma o transmisión de datos, ya sea en formato de libro electrónico (e-book), o mediante la incorporación de la OBRA en bases de datos en Internet, en aplicaciones diseñadas para aparatos de telefonía móvil u otros dispositivos de mano o para cualesquiera otras redes telemáticas a las que pueda accederse a través de sistemas o procedimientos informáticos, con o sin criterios de búsqueda, ya sea a través de streaming, descarga directa (downloading) o acceso "en la nube", así como mediante la inclusión de la OBRA en sistemas de suscripción digitales y en licencias de uso para el acceso a la OBRA por tiempo limitado, de forma remunerada o gratuita (incluyendo el denominado "préstamo" digital), entendiéndose que esta enumeración reviste un carácter meramente ejemplificativo y no limitativo.

Se entenderá por e-book o libro electrónico, la reproducción sin aditamento alguno, ya sea visual o sonoro, del texto de la OBRA para ser leída secuencialmente (sin el añadido de ningún otro material externo), en la que el texto está reproducido visualmente emulando la reproducción impresa del mismo, y que puede o no incluir elementos de búsqueda y que viene encriptado para descargas y/o accesos en streaming en lectores electrónicos (e-book readers) o en ordenadores personales, o en teléfonos móviles, siempre para uso privado y no para su reventa.

Se entenderá por Audiolibro la locución grabada en forma sonora reproduciendo de forma exacta e íntegra el texto de la OBRA, sin abreviaciones ni aditamento alguno, y leído secuencialmente, que viene encriptada para su descarga y/o acceso en dispositivos electrónicos, ordenadores personales o teléfonos móviles, siempre para uso privado y no para su reventa.

El EDITOR podrá editar y comercializar la OBRA aisladamente o en colección escogida o completa con otras del AUTOR que tenga contratadas a la fecha o pueda contratar en el futuro, en cualquiera de las modalidades de explotación cedidas, previa comunicación al AUTOR.

Asimismo, el EDITOR, podrá establecer la forma más adecuada de distribución y comercialización de la OBRA, llevándolo a cabo tanto por sí mismo como a través de terceros, y mediante cualesquiera canales de comercialización como pueden ser, con carácter enunciativo no limitativo, el de librerías, impresión bajo demanda (POD), venta directa a crédito, club, correos, quioscos, locales especializados, grandes superficies, sistemas de ventas especiales a entidades públicas y/o privadas, redes telemáticas (red Internet), alámbricas o inalámbricas, incluyendo cualesquiera canales o destinos susceptibles de adscripción a Internet, tales como telefonía móvil, protocolo WAP, o UMTS, televisión interactiva, digital, PDA o cable o por cualquier plataforma o transmisión de datos. A estos efectos el AUTOR declara conocer y aceptar la forma de distribución del EDITOR en lo relativo a la explotación de la OBRA y su difusión comercial.

El EDITOR podrá realizar cesiones o autorizaciones a terceras personas, físicas o jurídicas, exclusivas y no exclusivas, de los derechos que ostenta en virtud de este contrato, y en su caso, conceder a terceros las autorizaciones o licencias que estime pertinentes respecto a cualesquiera de los derechos y modalidades de explotación, incluyéndose expresamente, a título meramente indicativo, cualquier modalidad de suscripción digital mediante el canal de distribución club, la incorporación de la OBRA de forma permanente en sistemas cerrados tales como lectores digitales (e-readers) para su posterior acceso por los usuarios adquirentes de dichos dispositivos, y las licencias de uso para el acceso a la OBRA por tiempo limitado, de forma remunerada o gratuita, en plataformas y redes digitales y en establecimientos provistos de redes telemáticas (a título ejemplificativo, bibliotecas digitales, librerías digitales, hoteles, universidades, escuelas y otros centros de enseñanza, establecimientos comerciales, líneas aéreas, barcos, trenes y otros medios de transporte público, etc.)

DECIMO.– Actos promocio nales, nombre e imagen.

El AUTOR se obliga a facilitar su presencia en cuantos actos o eventos de promoción considere el EDITOR y el AUTOR necesarios para la promoción de la OBRA, siempre que sus posibilidades profesionales y disponibilidades de tiempo se lo permita.

El AUTOR autoriza al EDITOR, sin limitación territorial alguna ni en cuanto a los medios de difusión ni modalidades y/o formas de explotación, el uso de su nombre y de su imagen personal, su fotografía, retrato e imagen física, reproducida o generada por cualquier medio, así como su biografía para fines de promoción, explotación y comercialización de la OBRA a que este contrato se refiere.

El EDITOR podrá utilizar, por si mismo o a través de terceros, en el territorio del contrato, selecciones y/o extractos de la OBRA que no excedan del veinte por ciento (20%) del total del texto para llevar a cabo todo tipo de acciones publicitarias y/o promocionales de la OBRA en todo tipo de medios de comunicación pública, tales como radio, televisión, prensa y publicaciones periódicas, redes telemáticas on-line y off-line, redes sociales o cualesquiera otros medios de comunicación pública.

UNDECIMO.– Derechos subsidiarios.

El AUTOR cede en exclusiva al EDITOR, para su explotación en todo el mundo, bien directamente o mediante cesiones o autorizaciones a terceros, de conformidad con las prácticas del sector de que se trate, y durante el período de vigencia del presente Contrato, los siguientes derechos de propiedad intelectual de la OBRA:

1) El derecho de transformación para la TRADUCCIÓN de la OBRA a todas las lenguas distintas del castellano, así como los derechos de propiedad intelectual subyacentes y necesarios para la explotación de estas traducciones en cualquier forma, y en especial, mediante su reproducción, distribución, comunicación pública y/o nueva transformación.

2) El derecho de transformación para la ADAPTACIÓN de la OBRA a modalidades audiovisuales de explotación tales como cine, teatro, vídeo, televisión; así como los derechos de propiedad intelectual subyacentes y necesarios para este tipo de modalidades de explotación y, en especial, mediante su reproducción, distribución, comunicación pública y/o nueva transformación.

3) El derecho de transformación para la ADAPTACIÓN de la OBRA a comics y novelas gráficas, así como los derechos de propiedad intelectual subyacentes y necesarios para su explotación, en especial, su reproducción, distribución y comunicación pública.

4) Los derechos de reproducción y distribución, para la explotación de la OBRA a través del CANAL CLUB en formato libro.

5) Los derechos de reproducción y distribución para la explotación de la OBRA mediante su incorporación de forma permanente en sistemas cerrados tales como lectores digitales (e-readers) u otros dispositivos de mano para su posterior distribución y acceso a la misma por los usuarios adquirentes de dichos dispositivos.

6) El derecho de licencia de uso y comunicación pública para el acceso a la OBRA por tiempo limitado, de forma remunerada o gratuita (incluyendo el denominado "préstamo" digital) en plataformas y redes digitales y en establecimientos provistos de redes telemáticas (a título ejemplificativo, bibliotecas digitales, librerías digitales, hoteles, universidades, escuelas y otros centros de enseñanza, establecimientos comerciales, líneas aéreas, barcos, trenes y otros medios de transporte, etc.)

7) Los derechos de RADIODIFUSIÓN o SERIALIZACIÓN RADIOFÓNICA.

8) El derecho de transformación para la adaptación de la OBRA a cualquier modalidad de VIDEOJUEGO o para su incorporación a otras OBRAS MULTIMEDIA o COMPUESTAS (incluyéndose expresamente bajo esta rúbrica los denominados enhanced e-books) así como los derechos de propiedad intelectual subyacentes y necesarios (reproducción, distribución, comunicación pública y/o nueva transformación) para la explotación de estos resultados en cualquier forma, así como los derechos de merchandising que fueran necesarios, en su caso, para llevar a cabo esta explotación.

9) Los derechos de MERCHANDISING para la fabricación, distribución y venta de cualesquiera productos derivados de la OBRA, tales como objetos de artes plásticas, juegos, aplicaciones para dispositivos móviles (WAPPS) y, en general, toda clase de productos que se deriven o puedan derivarse de ella.

La remuneración que el AUTOR percibirá por la gestión que el EDITOR realice de estos derechos será la acordada previamente por las partes en las letras d), e) f) y h) del Pacto Cuarto, en función de la modalidad de explotación de que se trate. En el caso de que la OBRA forme parte de una operación en la que se incluyan varias obras de diferentes autores, el AUTOR percibirá este mismo porcentaje de los ingresos adjudicados a su OBRA entre los diferentes títulos implicados en la operación.

El AUTOR autoriza expresamente al EDITOR a que éste pueda destinar a la amortización del anticipo pactado en el punto 1) del Pacto Cuarto del presente Contrato aquellas cantidades que resulten a favor del AUTOR en virtud de la aplicación de la distribución de ingresos acordada en este Pacto, siempre y cuando dicho anticipo no se hubiera amortizado con las liquidaciones de royalties acordadas en el Pacto Cuarto. A estos efectos el EDITOR se compromete a llevar una cuenta actualizada del AUTOR en la que queden reflejadas todas las cantidades devengadas y abonadas a favor del AUTOR y a liquidarle el saldo a su favor una vez superados los importes entregados en concepto de anticipo.

Sin perjuicio de la duración del Contrato, el EDITOR podrá durante la vigencia del mismo, suscribir con terceros cesiones o autorizaciones relativas a la Obra y con alcance temporal de hasta quince (15) años desde la fecha del presente contrato. Si bien, el EDITOR se obliga a informar al AUTOR de aquellos contratos de licencia que excedan de la vigencia del mismo.

DUODECIMO.– Duración y prórroga.

El presente Contrato tendrá una duración de QUINCE (15) años contados desde la fecha en que el AUTOR ponga a disposición del EDITOR la OBRA en condiciones de ser reproducida. Terminado el Contrato por el transcurso del plazo indicado, se entenderá automáticamente renovado por períodos sucesivos de DIEZ (10) años, cada uno, si ninguna de las partes comunica a la otra, mediante carta certificada dirigida al domicilio que para cada uno de ellos figura en el presente instrumento, su intención de poner término al Contrato o a cualquiera de sus prórrogas, con una anticipación mínima de noventa (90) días a la fecha de término del período inicial o de cualquiera de sus prórrogas.

Extinguido el Contrato por cualquier causa, durante los seis (6) meses siguientes a la extinción del mismo, el EDITOR gozará de un derecho de opción preferente para suscribir un nuevo contrato de cesión de derechos de explotación sobre la OBRA, bien sobre la totalidad de los derechos y modalidades aquí cedidos, bien de forma parcial sobre determinados derechos y/o modalidades, en virtud del cual podrá adquirirlos en exclusiva para sucesivas ediciones, en los mismos términos y condiciones previstos en este Contrato.

Transcurrido dicho plazo, el EDITOR goza de un derecho de tanteo indefinido para realizar un nuevo contrato de cesión de derechos de explotación sobre la OBRA, bien sobre la totalidad bien de forma parcial, de los derechos y modalidades aquí cedidos, y en los mismos términos y condiciones del contrato de edición que el AUTOR pudiere haber acordado con un tercero.

A estos efectos, el AUTOR comunicará al EDITOR dichos términos y condiciones a fin de que el EDITOR ejercite su derecho de tanteo en el plazo de un (1) mes. En el caso de que el EDITOR no ejercite este derecho, el AUTOR podrá concluir el contrato de edición con el tercero y en los términos y condiciones comunicados al EDITOR, debiendo otorgar dicho contrato en escritura pública y entregar copia auténtica de ella al EDITOR.

Las notificaciones a que se refiere el presente Pacto deberán cursarse por conducto fehaciente. El AUTOR vendrá obligado a notificar las condiciones contractuales que pudieran ofrecer los terceros interesados.

DECIMOTERCERO.– Integridad, renuncia y modificación del contrato.

Las Partes reconocen que el presente Contrato constituye la integridad del acuerdo alcanzado entre las mismas, y anula y sustituye cualquier otro acuerdo anterior, escrito o verbal que sobre el mismo objeto pudiera existir.

La renuncia o falta de ejercicio de una de las Partes del cumplimiento de cualquiera de los derechos previstos en este Contrato, no podrá ser interpretado como una renuncia por dicha Parte a exigir el cumplimiento de otros derechos o del mismo derecho en el futuro.

Ninguna modificación o renuncia por una de las Partes de cualquiera de las disposiciones del presente Contrato será eficaz salvo que se realice por escrito y sea firmada por la Parte contra la cual dicha modificación o renuncia pretenda hacerse efectiva.

La declaración de nulidad de alguna de las cláusulas no afectará la vigencia del resto de las cláusulas del contrato que continuará plenamente válido y de obligado cumplimiento para las Partes.

DECIMOCUARTO.– Protección jurídica de la OBRA.

El EDITOR queda facultado para el ejercicio de cuantas acciones otorgue la Ley en orden a la protección y defensa de la presente cesión y de los derechos de explotación objeto de la misma, así como para la inscripción de ésta, si lo estima conveniente, en el Registro de la Propiedad Intelectual, o en cualesquiera otros registros públicos nacionales o internacionales, obligándose el AUTOR a prestar toda la colaboración que de su parte sea precisa para llevar a cabo tal inscripción.

El AUTOR deberá poner en conocimiento del EDITOR cualquier acto que pueda suponer una lesión o menoscabo de los derechos que cede mediante el presente Contrato, en el momento en que tenga conocimiento de ello, y se obliga a prestar toda la colaboración necesaria en las acciones y reclamaciones de toda índole que el EDITOR pudiera emprender para la defensa de los derechos cedidos sobre la OBRA.

DECIMOQUINTO.– Resolución.

El incumplimiento de cualquiera de las obligaciones por cualquiera de las Partes podrá dar derecho a la Parte que ha detectado el incumplimiento a instar la resolución del Contrato, sin perjuicio de la reclamación que, como consecuencia de ello y por daños y perjuicios, pudiera corresponderle.

Las Partes declaran que, al encontrarse el EDITOR constituido jurídicamente en forma de sociedad anónima, en cualesquiera supuestos de venta de acciones o participaciones accionariales por parte de los actuales titulares, bien a favor de otras sociedades del Grupo del Editor, bien a favor de terceros, así como cualesquiera actuaciones de escisión, fusión, absorción o aportación de esa Sociedad a favor de otra o de una nueva sociedad del grupo empresarial del EDITOR, la cual le sustituirá en todo en el contrato, no podrá considerarse que constituyan cambio de titularidad de la empresa en el sentido empleado en el apartado f) del artículo 68 de la vigente Ley de Propiedad Intelectual, por lo que este Contrato continuará rigiendo las relaciones entre el EDITOR y el AUTOR.

DECIMOSEXTO.– Derecho de opción.

En virtud del presente Contrato, y durante el período de vigencia del mismo, el AUTOR otorga al EDITOR un derecho de opción preferente para suscribir un nuevo contrato sobre la explotación de la primera obra que se proponga publicar el AUTOR después de la que es objeto en este Contrato.

En caso de que el AUTOR quiera explotar su próxima OBRA, lo notificará al EDITOR y le entregará el original de la misma. El EDITOR dispondrá de un plazo máximo de tres (3) meses a contar desde la fecha en que el AUTOR lo ponga a su disposición para ser examinado y, si aceptase su publicación, ambas Partes suscribirán un nuevo contrato. En el caso de que el EDITOR no ejercite este derecho o no aceptase la publicación de la nueva OBRA, el AUTOR podrá concluir contrato de edición con cualquier tercero interesado.

DECIMOSEPTIMO.– Confidencialidad.

El interés de ambas partes en la edición de la OBRA, y todos los datos, documentación o información de cualquier índole que una parte ponga o pueda poner a disposición o en conocimiento de la otra en virtud del presente Contrato, así como el contenido del mismo, tiene carácter confidencial y sólo pueden ser utilizados para el cumplimiento del presente Contrato, obligándose el AUTOR y el

EDITOR a no divulgarlos ni total ni parcialmente, en forma alguna, y a indemnizarse mutuamente por los daños y perjuicios que, en caso contrario, pudieran irrogarse.

DECIMOCTAVO.– Comunicaciones.

A los efectos de las comunicaciones que deban efectuarse en virtud del presente Contrato, que podrán realizarse para tal fin mediante burofax, fax, correo electrónico, o cualquier otro medio que otorgue fehaciencia tanto de su remisión como de su recepción, de la fecha de éstas y de su contenido, las partes fijan los domicilios que constan en el encabezamiento del presente documento.

Cuando alguna de las partes del presente Contrato cambiara su domicilio, las comunicaciones efectuadas en el último de los designados en forma surtirá plenos efectos, salvo que mediare mala fe en el notificante.

DECIMONOVENO.– Protección de datos.

De conformidad con lo dispuesto en el Reglamento UE 2016/679, de 27 de abril de 2016, los datos de carácter personal que faciliten las partes referidas a las personas de contacto o firmantes serán tratados con la finalidad de gestionar la relación contractual que se formalice entre ellas, siendo la base legitimadora del tratamiento el interés legítimo de las partes en mantener la relación contractual nacida del presente contrato.

Los datos proporcionados se conservarán mientras se mantenga la relación comercial. Una vez finalizada la referida relación contractual, los datos se conservarán bloqueados impidiendo su tratamiento, excepto para la puesta a disposición de los datos a los jueces y tribunales, el Ministerio Fiscal o las Administraciones Públicas competentes, para la exigencia de posibles responsabilidades derivadas del tratamiento y solo por el plazo de prescripción de las mismas. Una vez transcurrido el indicado periodo de tiempo, los datos serán eliminados.

Los datos no se cederán a terceros salvo en los casos en que exista una obligación legal.

Los interesados tienen derecho a obtener confirmación sobre si se están tratando sus datos personales, por tanto, tienen derecho a acceder a sus datos personales, rectificar los datos inexactos o solicitar su supresión cuando los datos ya no sean necesarios, acreditando su identidad, así como derecho a oponerse y a solicitar la limitación del tratamiento de sus datos y derecho a la portabilidad de sus datos. Los interesados podrán ejercitar sus derechos mediante comunicación dirigida a:

- AUTOR: ....
- EDITOR: ....

Los datos no serán objeto de transferencias internacionales.

Los interesados tienen derecho a presentar una reclamación ante la autoridad de Control, en el supuesto de que considere que se infringen sus derechos de protección de datos.

Los datos de contacto de los Delegados de Protección de Datos de cada una de las partes o de la persona responsable de los temas de protección de datos son los siguientes:

- AUTOR: ....
- EDITOR: ....

VIGÉSIMO.– Fuerza mayor.

Si cualquiera de las Partes no pudiera cumplir con las obligaciones asumidas respectivamente en el presente Contrato, o se viera limitada o impedida para llevar a efecto las mismas por cualquier motivo ajeno a su voluntad, incluyendo a título meramente indicativo, pero no limitativo, incendio, inundación, tormenta, terremoto, guerras o conflictos civiles, invasión, guerras (declaradas o no) con enemigos extranjeros, huelgas, epidemias, pandemias, o bien debido a cualquier ley, regulación, orden o acción de cualquier autoridad pública, la Parte afectada por dicho motivo será liberada, sin penalización alguna, de cumplir con este Contrato durante la duración de tales hechos.

Los plazos y obligaciones establecidos en el presente Contrato que no pudieran cumplirse por la concurrencia de alguna de las causas establecidas en el párrafo anterior, se extenderán por el periodo equivalente a dicha suspensión, siempre que dicho periodo de suspensión no sobrepase los seis (6) meses de duración. Si superase este término, cualquiera de las Partes tendrá el derecho a resolver este contrato, sin indemnización para la Parte contraria, bastando para ello la simple notificación a la otra Parte en la forma prevista en el Pacto anterior.

VIGESIMOPRIMERO.– Naturaleza, legislación y misceláneos.

Este Contrato tiene carácter civil y se regirá por sus propios Pactos y en lo que en ellos no esté previsto por el Real Decreto Legislativo 1/1996, de 12 de abril, por el que se aprueba el Texto Refundido de la Ley de Propiedad Intelectual, en cuanto a los derechos de propiedad intelectual sobre la OBRA. Supletoriamente, y en todo lo no previsto, se regirá por las disposiciones civiles, así como por los Tratados y Convenios internacionales que fueran de aplicación.

A los efectos del presente acuerdo, se entenderá como perteneciente a su grupo empresarial, cualquier sociedad en la que el EDITOR participe o sea participado por ella, directa o indirectamente, en un porcentaje igual o superior al veinticinco por ciento del capital social de la sociedad participada.

Los títulos incluidos en los encabezamientos de los Pactos del presente instrumento lo son únicamente con carácter descriptivo, no constituyendo en ningún momento parte integrante de los mismos.

Para la solución de cualquier discrepancia, cuestión o reclamación derivada directa o indirectamente de la interpretación o de la ejecución del presente Contrato, y siempre y cuando las partes hayan intentado alcanzar una solución amistosa como actuación previa, las partes renuncian al fuero que pudiera corresponderles y se someten formal y expresamente a la jurisdicción de los Tribunales de la ciudad de ....

En prueba de conformidad, las partes extienden y firman el presente documento por duplicado, aunque a un solo efecto, quedando uno en poder de cada una de las partes, en la ciudad y fecha al principio expresadas. Alternativamente, y de acuerdo con lo dispuesto en el Reglamento Europeo 910/2014 de Firma Electrónica, las partes otorgan a la firma electrónica avanzada valor jurídico equivalente al de su firma manuscrita. En este supuesto, y una vez firmado electrónicamente por todas las partes, se pondrá a su disposición una copia de este documento para su control y archivo.

EL EDITOR EL AUTOR

F111. CONTRATO DE EDICIÓN (II)

En la ciudad de ...., a...... de .... de 2.00...

INTERVIENEN

De una parte.- **Don ....**, mayor de edad, con domicilio a estos efectos, en ...., calle .... y con D.N.I. núm. ....

Interviene en nombre y representación, en su calidad de ...., de la sociedad .... (en adelante, EL EDITOR), con domicilio en ...., calle ...., provista de C.I.F. ...., con facultades suficientes para este acto.

De otra parte.- **Don ....** (en adelante EL AUTOR), mayor de edad, con domicilio, a efectos de este contrato, en ...., calle .... y provisto de D.N.I. núm. ....

Interviene en su propio nombre y derecho.

MANIFIESTAN

I) Que .... es autor de la obra .... (en lo sucesivo la OBRA) y titular en pleno dominio de cuantos derechos son objeto del presente Contrato.

II) Que el EDITOR se halla interesado en adquirir los derechos de reproducción, distribución y venta en forma de libro de la OBRA en las condiciones que se dirán.

III) Que, en méritos de todo lo anterior, ambas partes, reconociéndose la capacidad legal suficiente, celebran el presente Contrato de Edición de acuerdo con las siguientes,

CLÁUSULAS

Primera.– OBJETO DE LA CESION:

El AUTOR cede al EDITOR los derechos de reproducción, distribución y venta de la OBRA en forma de libro, para su explotación comercial en lengua ...., y para el ámbito territorial de ....

La cesión se entiende hecha con carácter exclusivo, para la modalidad de:

- Edición de tapa dura.
- Edición rústica.

La OBRA se publicará dentro de la Colección ....

El AUTOR se reserva todos los derechos que no son objeto de cesión en el presente Contrato. Si el EDITOR se propusiera otra modalidad de edición, con derechos de autor diferentes, deberá obtener previamente la aceptación por escrito del AUTOR.

Segunda.– CONDICIONES DE LA CESION:

A) Traducciones: Queda facultado el EDITOR para negociar con terceros la edición de la traducción de la OBRA a idioma distinto del pactado en este Contrato —con independencia de que esta gestión pueda realizarla también el AUTOR—, pero en aquel caso será necesaria la autorización del AUTOR sobre la traducción de la OBRA y la persona encargada de realizarla. En caso de que esta negociación llegue a buen fin por gestión del EDITOR, los beneficios netos obtenidos se distribuirán del modo siguiente: ......% para el EDITOR y .....% para el AUTOR. Si la gestión la realizara éste directamente, los beneficios obtenidos se distribuirán de la siguiente forma: ......% para el AUTOR y .....% para el EDITOR.

B) Derechos de adquisición preferente: El AUTOR cede al EDITOR, que lo acepta, un derecho de opción por un plazo de tres años a partir de la fecha del presente Contrato, para publicar la OBRA en las demás modalidades no amparadas por este Contrato (Bolsillo, Club, Fascículos, Ediciones Especiales, ...), en las condiciones que ambos acuerden.

El EDITOR gozará también de un derecho de opción preferente para adquirir los demás derechos de explotación (comunicación pública, transformación y colección) en iguales términos y condiciones que el AUTOR pueda convenir con terceros.

El AUTOR notificará de forma fehaciente al EDITOR los datos y condiciones objetivas y subjetivas correspondientes a la oferta que pudiera haber recibido de un tercero interesado en llevar a cabo cualesquiera actos de explotación a que se refiere el apartado anterior, disponiendo el EDITOR de un plazo de sesenta días para comunicar al AUTOR su voluntad de adquirir o no los derechos en cuestión en las mismas condiciones que le hayan sido ofertadas al AUTOR. Transcurrido dicho plazo sin que el EDITOR haga tal comunicación, o en cuanto manifieste que no se halla interesado en la adquisición en cuestión, el AUTOR podrá libremente celebrar el Contrato en las condiciones notificadas.

C) Transmisión de los derechos cedidos: El EDITOR sólo podrá transmitir a otro los derechos que se le ceden, con el consentimiento del AUTOR, expresado por escrito.

Tercera.– ENTREGA DEL ORIGINAL:

El AUTOR se obliga a entregar el original de la OBRA en condiciones de ser reproducida no más tarde del día......... de................ de 2.00...., en el domicilio del EDITOR, y en soporte informático.

Cuarta.– AUTORÍA Y EJERCICIO DE DERECHOS:

1.- El AUTOR responde ante el EDITOR de la autoría y originalidad de la OBRA y del ejercicio pacífico de los derechos que cede mediante el presente Contrato, manifestando que sobre los mismos no tiene contraídos ni contraerá compromisos o gravámenes de ninguna especie que atenten contra los derechos que al EDITOR o terceros les correspondan, de acuerdo con lo estipulado en este Contrato. A este respecto, el AUTOR se hace responsable frente al EDITOR de todas las cargas pecuniarias que pudieran derivarse para el EDITOR en favor de terceros con motivo de acciones, reclamaciones o conflictos derivados del incumplimiento de este Contrato por parte del AUTOR.

2.- Por su parte, el EDITOR se compromete a respetar los derechos morales del autor y a poner en conocimiento de éste cualquier infracción de los mismos que pudiera ser realizada por terceros.

3.- El EDITOR se obliga a que figure el nombre del AUTOR de forma destacada en todos los ejemplares de la OBRA que publique, y a incluir la mención internacional de reserva de propiedad intelectual seguida del nombre y apellidos o seudónimo del AUTOR y el año de la primera edición, además de la mención del copyright editorial, y a observar las formalidades administrativas requeridas para la circulación de la OBRA.

4.- El EDITOR queda facultado para realizar cuantos actos sean necesarios para la inscripción de los derechos sobre la OBRA en aquellos Registros Públicos que tenga por conveniente.

5.- EL EDITOR podrá perseguir las infracciones que afecten a las facultades que le han sido otorgadas por medio del presente Contrato. En consecuencia, en los supuestos de infracción podrá llevar a cabo las acciones judiciales y extrajudiciales que tenga por conveniente, comprometiéndose el AUTOR a prestar su colaboración en tales reclamaciones. Los costes derivados de las mismas serán sufragados por el EDITOR.

Quinta.– CONTRAPRESTACION:

El AUTOR percibirá como remuneración o contraprestación por los derechos cuya cesión es objeto del presente Contrato, el ......% del precio de venta al público (P.V.P.) sin I.V.A. por cada uno de los ejemplares vendidos.

Como anticipo a cuenta de los derechos que pueda corresponderle al AUTOR, el EDITOR pagará al AUTOR la cantidad de .... Euros, que se liquidarán en el momento en que el AUTOR entregue la OBRA.

En todas las cantidades que se paguen –por adelantos o derechos- se efectuarán las retenciones que de conformidad a la normativa fiscal sean aplicables.

El AUTOR autoriza al EDITOR a recibir –para reintegrársela a aquél- cualquier suma de dinero que deba ser abonada al AUTOR por un tercero de acuerdo con el presente Contrato.

Sexta.– PUBLICACION:

El EDITOR viene obligado a poner la obra a la venta en un plazo máximo de .... meses, a contar desde la fecha de entrega del original.

En caso de no publicación de la obra en el plazo previsto, el presente Contrato quedará automáticamente resuelto, y todas las cantidades percibidas por anticipado por el AUTOR quedarán definitivamente en propiedad del mismo.

El EDITOR remitirá al AUTOR los juegos de pruebas destinadas a la corrección del texto. El AUTOR deberá devolverlos en un plazo de .... días con las correcciones a que hubiere lugar, que deberán ser incorporadas al texto. El AUTOR hará las modificaciones imprescindibles y que no supongan una proporción superior al ......% del total del texto, sin que se contabilicen como tales las de carácter tipográfico que siempre irán a cargo del EDITOR.

El EDITOR no podrá introducir en la obra ninguna clase de alteraciones, modificaciones, adiciones o supresiones sin autorización expresa del AUTOR.

Asimismo, el EDITOR restituirá el original de la OBRA al AUTOR una vez finalizadas las operaciones de impresión y tirada de la misma.

Séptima.– EDICIONES Y NÚMERO DE EJEMPLARES:

Durante la vigencia del presente Contrato el EDITOR podrá efectuar un máximo de .... Ediciones de la OBRA, con un mínimo de .... Ejemplares y un máximo de ...., para la primera de ellas, y en las sucesivas un mínimo de .... Y un máximo de ...., con las reimpresiones que dentro de dichos totales libremente decida el EDITOR.

La edición o reimpresión de una obra se entenderá agotada cuando reste sin vender, en buen estado para la venta al público, un número de ejemplares inferior al ......% del total de edición o, en todo caso, a .... ejemplares; cuando el AUTOR no haya recibido ninguna liquidación transcurridos .... meses desde la fecha establecida para ello en la Cláusula Novena; o cuando transcurrido un periodo de .... Años desde la fecha de publicación de la OBRA, las liquidaciones anuales arrojen una venta inferior a .... ejemplares.

Octava.– CONTROL DE TIRADA:

Antes de la puesta en circulación de cada una de las ediciones o reimpresiones que realice el EDITOR, éste remitirá al AUTOR una certificación comprensiva del número de ejemplares de que conste la edición o reimpresión de que se trate, fecha de publicación de la OBRA y de su precio de venta al público. Esta certificación irá acompañada de una declaración jurada de la persona o entidad responsable de los talleres de impresión y encuadernación de la OBRA, en la que conste el número de ejemplares fabricados que fueron entregados al EDITOR y fecha de entrega o entregas efectuadas.

Novena.– EJEMPLARES GRATUITOS:

A) El AUTOR recibirá sin cargo alguno .... ejemplares de la primera edición y .... ejemplares de cada una de las nuevas ediciones y reimpresiones de la OBRA. Asimismo, el AUTOR podrá adquirir del EDITOR, con un descuento equivalente al descuento medio que el EDITOR aplique a los distribuidores de la OBRA, los ejemplares que precise para su uso particular o con destino a terceros, sin que en ningún caso puedan ser destinados al comercio. Sobre estos ejemplares no percibirá el AUTOR liquidación alguna.

B) También estarán exentos de liquidación al AUTOR, aunque deberán serle notificados, los ejemplares que el EDITOR entregue gratuitamente para fines de promoción y crítica de la OBRA. El máximo de ejemplares que podrá destinar el EDITOR a fines de promoción y crítica será de .... en el caso de la primera edición, y .... para las sucesivas.

Décima.– EXPLOTACION Y DISTRIBUCION:

El EDITOR distribuirá la OBRA en el plazo y condiciones estipulados, asegurando a la misma una explotación continua y una difusión comercial conforme a los usos habituales en el sector profesional de la edición.

El EDITOR comunicará al AUTOR la forma de distribución de la OBRA y qué entidad la va a realizar.

El AUTOR autoriza al EDITOR a que utilice su nombre e imagen en la publicidad de la OBRA. Igualmente se compromete a colaborar, a requerimiento del EDITOR, en los actos de promoción de la misma.

Undécima.– LIQUIDACIONES:

El EDITOR se obliga a presentar al AUTOR semestral/anualmente, durante el primer trimestre de período correspondiente, un certificado en el que consten las liquidaciones de las ventas de ejemplares de la OBRA durante el semestre/año natural inmediatamente anterior —aunque el resultado sea negativo—, con expresión del número de ejemplares publicados, vendidos, en depósito, distribuidos y en almacén, así como su precio de venta sin IVA según catálogo. En el caso de que el saldo resultase favorable al AUTOR, el EDITOR realizará el pago de las cantidades adeudadas dentro de los 30 días siguientes al envío del certificado.

El EDITOR se compromete a facilitar al AUTOR el examen de sus Libros de Contabilidad.

Asimismo, el AUTOR tendrá derecho a realizar, a su costa, la revisión por parte de una firma de auditoría de las liquidaciones efectuadas por el EDITOR, a cuyos efectos este último se compromete a facilitar el examen por parte de aquella de todos sus libros y documentos mercantiles.

Duodécima.– DURACION DEL CONTRATO:

El presente Contrato tendrá una duración de .... años (máximo 15 años), desde la fecha en que el AUTOR ponga a disposición del EDITOR la OBRA en condiciones de ser reproducida.

Una vez finalizado el Contrato, el EDITOR podrá vender aquellos ejemplares de la OBRA que hubieran quedado en su poder, durante el plazo de tres meses posterior a la fecha de finalización. Una vez cumplido ese término, el EDITOR deberá proceder a retirar de la circulación y venta cuantos ejemplares le restasen aún sin vender. El AUTOR podrá optar por adquirir del EDITOR los ejemplares en su poder, desde la misma fecha del vencimiento del Contrato, al 50 por 100 del precio de venta al público.

Sin perjuicio de lo anterior, el Contrato podrá quedar resuelto anticipadamente en los siguientes casos:

a) Cuando, agotada la última edición realizada, conforme a lo definido en la Cláusula Quinta, el EDITOR no efectúe la siguiente en el plazo de ...... meses.

b) Cuando el EDITOR ceda indebidamente a terceros los derechos objeto de este Contrato.

c) En los supuestos de liquidación o cambio de titularidad de la empresa editorial. Como quiera que el EDITOR se halla constituido como Entidad Mercantil, la venta de acciones o participaciones sociales por parte de los actuales titulares a favor de terceros, no se considerará que constituya cambio de titularidad de la empresa a estos efectos.

d) Si el EDITOR fuera declarado en estado de quiebra o de suspensión de pagos, la presente cesión quedará automáticamente resuelta, sin que nadie pueda considerarse autorizado a continuar la explotación de la OBRA, salvo el AUTOR, al que revertirán los derechos cedidos, sin perjuicio de que se decidan en los procedimientos judiciales oportunos, la clasificación, preferencia y pago de cuanto pueda acreditar el AUTOR.

e) Por las causas de resolución reconocidas en la Legislación vigente.

Décimo Tercera.– SALDO Y DESTRUCCION DE EJEMPLARES:

Si transcurridos dos años desde la fecha de su inicial puesta en circulación, el EDITOR dispone de los ejemplares que le resten de la OBRA para destruirlos o venderlos como saldo, éstos no devengarán la remuneración establecida en la Cláusula Tercera, pero el AUTOR tendrá derecho a adquirir directamente del EDITOR todos o parte de los ejemplares que le resten a precio de saldo o a percibir el 10 por ciento del precio que el EDITOR obtenga de la venta en saldo, debiendo comunicarle la opción elegida dentro del plazo de treinta días siguientes a la recepción de la comunicación que el EDITOR deberá haberle realizado fehacientemente a tal efecto.

En caso de venta en saldo o destrucción de los ejemplares, los derechos cedidos al EDITOR en el presente Contrato revertirán directamente al AUTOR, sin necesidad de preaviso y sin perjuicio de las cantidades ya pagadas o debidas aún al AUTOR.

Décimo Cuarta.– OBLIGACIONES FISCALES:

El AUTOR faculta expresamente al EDITOR para la detracción, declaración e ingreso en el Tesoro Público de aquellas cantidades que por cualquier concepto impositivo hubiera de satisfacer, derivadas de los rendimientos de la propiedad intelectual objeto de este Contrato, en todos aquellos impuestos o gravámenes en que el EDITOR tenga, por disposición legal, la condición de sustituto del AUTOR como Contribuyente.

Décimo Quinta.– ENTIDADES DE GESTIÓN:

Ambas partes se someten expresamente a lo dispuesto en el artículo 25 de la L.P.I. respecto a la participación en una remuneración compensatoria, por las reproducciones para uso privado de la OBRA, a través de la Entidad de Gestión correspondiente.

Décimo Sexta.– DOMICILIO:

Ambas partes designan como domicilios respectivos a efectos de notificaciones los que hacen constar en la cabecera de este Contrato, si bien podrán modificarlo mediante notificación remitida a la otra parte.

Décimo Séptima.– LEGISLACION APLICABLE:

El presente Contrato de Edición se regirá y será interpretado conforme a lo previsto en el Real Decreto Legislativo 1/1996, de 12 de abril, por el que se aprueba el Texto Refundido de la Ley de Propiedad Intelectual y, en general, por las disposiciones legales que le sean de aplicación.

Décimo Octava.– SUMISION:

- Opción A: ARBITRAJE:

  Para resolver cuantas divergencias pudieran surgir como consecuencia de la interpretación y ejecución del presente Contrato, ambas partes se someterán a un Arbitraje de Equidad, regulado por la Ley de Arbitrajes de Derecho Privado de Equidad, de fecha 23 de diciembre de 1953, que realizará el Tribunal que designe la Comisión Mixta de Editores y Autores.

- Opción B: JURISDICCIÓN:

  Ambas partes se someten para cualquier diferencia que pudiera surgir de la interpretación y cumplimiento del presente Contrato, a la jurisdicción y competencia de los Tribunales de ...., renunciando a su fuero propio, de ser otro.

Y en prueba de conformidad con cuanto antecede, suscriben el presente Contrato, por duplicado, en el lugar y fecha arriba indicados

EL EDITOR EL AUTOR

F112. CONTRATO DE REPRESENTACIÓN LITERARIA

En ...., el día ... de .... de ....

REUNIDOS:

De una parte, Don .... (nombre completo), con domicilio en .... (población), c/.................. y NIF .... De ahora en adelante el AUTOR.

Y de la otra, Doña Lia .... (nombre completo), con domicilio en .... (población), c/.......................... y NIF .... De ahora en adelante, la AGENTE.

EXPONEN:

I. Que Don .... es autor de la obra literaria titulada .... (en adelante, LA OBRA)

II. Que la AGENTE, en calidad de agente literaria, se encarga habitualmente de la promoción de todo tipo de obras literarias.

III. Que, puestos de común acuerdo, ambas Partes deciden suscribir el presente contrato, que se regirá por las siguientes,

CLÁUSULAS:

PRIMERA. OBJETO DEL CONTRATO.

El objeto del presente contrato es el encargo por parte del AUTOR a la AGENTE de la promoción y mediación de la OBRA ante editoriales españolas, con la finalidad de conseguir su publicación y distribución en este país.

El AUTOR concede al AGENTE la autorización necesaria para que, en su nombre y representación, lleve a cabo todas las negociaciones necesarias para conseguir el objetivo del contrato.

El AUTOR, en caso de aceptar las condiciones propuestas, cerrará y firmará el correspondiente contrato de cesión de derechos de explotación de la Obra directamente con la Editorial.

SEGUNDA. ÁMBITO DE VALIDEZ DEL CONTRATO.

El presente contrato será válido y producirá sus efectos exclusivamente en España a partir de la fecha de suscripción.

TERCERA. PACTO DE EXCLUSIVA.

EL AUTOR se obliga de forma exclusiva con la AGENTE y la garantiza el ejercicio pacífico de los derechos que cede por el presente contrato, y manifiesta que no tiene contraídos ni contraerá en el futuro compromisos o gravámenes que afecten a la realización del presente contrato.

CUARTA. OBLIGACIONES DE LA AGENTE.

La AGENTE se obliga a promover la Obra, realizando la gestión de todo tipo de actos con editoriales, productores y otras personas interesadas en la explotación de la Obra y a obtener de ellos las propuestas de los contratos necesarios para cumplir con el objetivo establecido en el pacto primero.

La AGENTE se compromete a velar por los intereses del AUTOR y a desarrollar su actividad de acuerdo con sus instrucciones, sin perjuicio del derecho que asiste a la AGENTE a la independencia en la forma de realizar sus funciones.

Asimismo, la AGENTE se compromete a velar por los derechos morales y patrimoniales del AUTOR y a poner en conocimiento de éste cualquier infracción de estos derechos que pudiera ser realizada por terceros.

QUINTA. OBLIGACIONES DEL AUTOR.

Pagar a la AGENTE el .... % de la remuneración que corresponda al AUTOR como consecuencia de la explotación de la Obra indicada en el expositivo primero.

Esta comisión se aplicará sobre el importe bruto de las cantidades acordadas en concepto de derechos de autor.

Notificar al AGENTE de forma fehaciente toda la información y los documentos necesarios para la realización de su trabajo.

El AUTOR está obligado a respetar el funcionamiento de la agencia reconociendo la independencia de la AGENTE en el desarrollo de su actividad, así como la capacidad necesaria para cumplir con el objeto del presente contrato.

SEXTA. GASTOS DERIVADOS DEL CUMPLIMIENTO DEL CONTRATO.

Los gastos ocasionados en el ejercicio de su intermediación serán a cargo de la AGENTE.

En caso de ser necesarios, los gastos adicionales para la defensa judicial y extrajudicial de los derechos de propiedad intelectual del AUTOR, como, por ejemplo: honorarios de abogados, minutas de notarios y otros, correrán a cargo del AUTOR, siempre que se hayan sometido a su aprobación preliminar.

SÉPTIMA. DURACIÓN DEL CONTRATO.

El presente contrato tendrá una duración de un año a contar desde su firma. Terminado el contrato por el transcurso del plazo indicado se entenderá renovado automáticamente por períodos sucesivos de un año, siempre que ninguna parte comunique a la otra, mediante carta certificada, su intención de poner fin al contrato con una anticipación mínima de un mes respecto a la fecha final del período inicial o a cualquiera de sus prórrogas.

En caso de que el contrato quede resuelto, la AGENTE seguirá percibiendo las comisiones devengadas de los contratos suscritos mediante su intervención hasta su terminación.

OCTAVA. CAUSAS DE EXTINCIÓN DEL CONTRATO.

La relación jurídica derivada del presente contrato se extinguirá por el transcurso del tiempo, de acuerdo con lo que establece la cláusula anterior y por las causas siguientes:

- Por mutuo acuerdo entre las partes. En este caso se pactarán las indemnizaciones que el AUTOR deberá compensar a la AGENTE, ya sea por los beneficios obtenidos o bien por los gastos realizados por la AGENTE en el desarrollo de su actividad y que no hayan sido amortizados.
- Por incumplimiento total o parcial de las obligaciones contraídas por las partes.

NOVENA. RÉGIMEN LEGAL Y JURISDICCIÓN APLICABLE.

El presente contrato se regirá y será interpretado de acuerdo con lo que prevé el Real Decreto legislativo 1/1996, del 12 de abril, por el que se aprueba el texto refundido de la Ley de Propiedad Intelectual y por las normas imperativas de la ley 12/1992, de 27 de mayo, sobre contrato de agencia.

Para todas las dudas e incidencias que puedan surgir de la interpretación y ejecución del presente contrato, serán competentes los tribunales de ...., con renuncia a cualquier otro foro que les pudiera corresponder.

Y como prueba de conformidad, las dos partes firman el presente contrato por duplicado y a un solo efecto en el lugar y la fecha indicada en el encabezamiento.

LA AGENTE EL AUTOR

F113. CONTRATO DE TRADUCCIÓN EN FAVOR DE EDITORIAL

En ...., a ..... de .... de 202..

REUNIDOS

De una parte, ..., mayor de edad, titular de N.I.F.: ...., con domicilio a estos efectos, en ...., quien interviene en nombre y representación de la sociedad ...., con C.I.F. .... y domicilio en ...., en su calidad de .... (en adelante, el **EDITOR**).

Y de otra, ..., mayor de edad, titular de N.I.F. ...., con domicilio en ...., quien interviene en su propio nombre y representación (en adelante, la **TRADUCTORA**).

MANIFIESTAN

I.- Que el EDITOR está interesado a traducir a la lengua castellana la obra titulada .... (en adelante denominada, la OBRA), de la que es autora ...., teniendo intención de proceder a su edición en la referida lengua.

II.- Que, a tal fin, el EDITOR está interesado en encomendar a la TRADUCTORA la traducción de la OBRA del .... al castellano, estando a su vez la TRADUCTORA interesado en realizar dicha traducción y ceder al EDITOR todos los derechos de explotación que ostente sobre la versión traducida de la OBRA.

A tal efecto, las partes, habiendo llegado a un acuerdo y reconociéndose mutuamente capacidad de obrar y jurídica y representación suficiente para este acto, libremente suscriben el presente contrato con arreglo a los siguientes

PACTOS

PRIMERO.- ENCARGO.

1.1.- El EDITOR encarga la traducción de la OBRA de la lengua .... a la lengua castellana a la TRADUCTORA, que acepta y se obliga a efectuarla ajustada fielmente al original, y de forma personal y directa.

1.2.- A los fines exclusivos de cumplir el encargo de este contrato, en este acto el EDITOR entrega una copia de la versión original de la OBRA a la TRADUCTORA, que confiesa recibirla a su entera satisfacción.

SEGUNDO.- CONTRAPRESTACIÓN.

2.1.- En concepto de anticipo y a cuenta de los derechos que le correspondan por el cumplimiento del encargo de realización de la traducción y de la cesión de derechos sobre la misma, el TRADUCTOR percibirá la cantidad única de ....

EUROS (.................€) brutos, que el EDITOR abonará en su totalidad al TRADUCTOR el día 25 del mes siguiente a aquel en que el EDITOR hubiese prestado su conformidad a la traducción según lo estipulado en el Pacto Tercero, o en su caso, el TRADUCTOR hubiera entregado la traducción tras introducir las modificaciones propuestas por el EDITOR de acuerdo con el pacto 4.3, previa presentación de la correspondiente factura.

En concepto de royalty:

a) Por los ejemplares vendidos en cualquiera de las ediciones establecidas en el Pacto Quinto, excepto la edición en libro electrónico, el .... (........) por ciento calculado, en cada caso, sobre el precio de venta al público sin I.V.A.

b) Por los ejemplares vendidos en ediciones de libro electrónico (e-book), audiolibro y ediciones multimedia (incluyéndose expresamente bajo esta rúbrica los denominados e-books enriquecidos o enhanced e-books), el .... (.......) por ciento de los ingresos netos que reciba el EDITOR por las descargas y/o accesos a la OBRA a través de Internet ya sea mediante su explotación directa por el EDITOR, o a través de cesiones o autorizaciones a terceros, incluyéndose expresamente cualquier modalidad de suscripción digital.

   Se entiende por "ingresos netos" las cantidades que recibe el EDITOR de sus clientes según las facturas emitidas por las ventas reales, menos IVA y menos descuentos y otras asignaciones pagadas a los socios en la distribución, no pudiendo tales descuentos o asignaciones exceder el 50% del precio de venta al público recomendado en el canal digital, menos IVA.

   En el caso de ediciones en formato digital comercializadas a través de redes telemáticas, no se considerarán versiones diferentes a efectos de precios, los diferentes softwares que se utilicen para la "bajada" y reproducción de la OBRA por el usuario.

En todos aquellos supuestos en los que por la concreta actividad profesional haya sido legalmente establecido, las cantidades se abonarán incrementadas con el Impuesto sobre el Valor Añadido (I.V.A.) correspondiente, y una vez practicada la retención que corresponda a cuenta del Impuesto sobre la Renta de las Personas Físicas (I.R.P.F.) que legalmente proceda.

2.2.- Todos los gastos ordinarios y extraordinarios que pudieran ocasionarse por la realización de la traducción serán a cuenta exclusiva de la TRADUCTORA, sin que el EDITOR deba anticiparle ni abonarle cantidad alguna por este concepto, ni en general ninguna cantidad adicional a la referida en el pacto 2.1.

2.3.- El EDITOR remitirá a la TRADUCTORA las liquidaciones por ventas de la OBRA durante el primer trimestre de cada año, con relación al ejercicio inmediatamente anterior, cerradas a 31 de diciembre, certificando los datos relativos a la fabricación, distribución y existencias de los ejemplares de la OBRA. En el caso de que el saldo resultase favorable a la TRADUCTORA, y éste fuera superior a diez (10) euros, el EDITOR satisfará el importe que de ellas se deduzcan una vez recibida la conformidad de la TRADUCTORA a las mismas. En el supuesto de que el saldo favorable a la TRADUCTORA fuera inferior a diez (10) euros, el EDITOR estará facultado para retener el pago del importe resultante, el cual será acumulado a los que resulten de liquidaciones practicadas en años posteriores, comprometiéndose el EDITOR a su abono, una vez superado dicho límite.

El EDITOR podrá remitir las liquidaciones mediante el envío de un correo electrónico a la dirección indicada expresamente por la TRADUCTORA en el Pacto Décimo.

Todas las cantidades que el EDITOR deba abonar a la TRADUCTORA en virtud del presente Pacto serán hechas efectivas mediante transferencia bancaria a la cuenta del banco/caja de ahorro que expresamente designa la TRADUCTORA.

A los efectos de lo indicado en este punto, el EDITOR comunica a la TRADUCTORA que tiene establecido como día de pago el veinticinco (25) de cada mes, por lo que todos los pagos derivados de cualquier contraprestación económica pactada en el presente documento, previo envío de la factura por parte de la TRADUCTORA al correo electrónico ...., se harán efectivos el primer día veinticinco (25) después de la fecha de recepción de la factura. Dicha factura deberá obrar en poder del EDITOR con una antelación mínima de veinte (20) días sobre el día de pago aquí establecido, de no ser así el pago se aplazará al día veinticinco (25) del mes siguiente.

TERCERO.– ENTREGA DE LA TRADUCCIÓN.

La TRADUCTORA ha entregado al EDITOR la totalidad de la traducción de la OBRA a fecha del presente contrato, en el domicilio del EDITOR, y en soporte informático.

CUARTO.– APROBACIÓN POR EL EDITOR.

4.1.- Se entenderá que el EDITOR presta su conformidad a la traducción si en el plazo de treinta (30) días a contar desde la fecha en que le hubiera sido entregada no comunica a la TRADUCTORA su disconformidad, junto con las modificaciones que proponga introducir.

4.2.- La TRADUCTORA dispondrá de un plazo de quince (15) días a contar desde aquél en que el EDITOR le hubiera comunicado su disconformidad, para entregar la traducción con las modificaciones propuestas por el EDITOR.

4.3.- En cualquier caso, transcurridos treinta (30) días desde la finalización del plazo indicado en el pacto 4.2. sin que la traducción hubiera sido entregada con las modificaciones propuestas por el EDITOR, éste tendrá derecho a resolver el presente contrato, bastando para ello la comunicación a la TRADUCTORA en tal sentido, en la forma prevista en el pacto decimosexto.

En este supuesto, la TRADUCTORA deberá devolver al EDITOR todas las cantidades que, en su caso, hubiese percibido de éste.

4.4.- El EDITOR también tendrá derecho a resolver el presente contrato si la traducción encargada y/o las modificaciones practicadas no se ajustan a los requisitos mínimos de calidad exigidos.

QUINTO.– CESIÓN EXCLUSIVA DE DERECHOS SOBRE LA TRADUCCIÓN.

5.1.- Entregada la traducción, aprobada ésta, en su caso, con las modificaciones propuestas por el EDITOR, y satisfecha la total cantidad prevista en el pacto 2.1., quedarán cedidos en exclusiva por la TRADUCTORA al EDITOR, para todos los países del mundo, sin necesidad de ningún otro acto ni del cumplimiento de ningún otro requisito por ninguna de las dos partes, los derechos de reproducción, distribución, licencia de uso, comunicación pública y puesta a disposición mediante enlace, bajada (incluyendo, en este caso, la reproducción de la OBRA por el usuario a los efectos de su almacenamiento como libro electrónico para uso privado) u otro modo y transformación, para su explotación de forma única o fraccionada, en fascículos o seriada, en cualesquiera modalidades de edición en forma de libro, tales como tapa dura o cartoné, rústica, ediciones económicas y/o de bolsillo, audiolibro, ediciones de lujo y de bibliófilo, ediciones ilustradas, comics y novelas gráficas, ediciones especiales para empresas u otras editoriales, fascículos, ediciones para escuelas, ediciones resumidas o compendiadas, ediciones en soportes magnéticos o informáticos, así como su inclusión total o parcial en bases de datos, edición electrónica, digital y e-book, publicaciones parciales en diarios y revistas (pre- y post-publicación), soportes sonoros, serialización radiofónica, radiodifusión, incluyendo asimismo y a título de ejemplificación cualquier forma de comunicación pública con un componente de tecnología asistida por ordenador que requiera la interactividad entre el usuario y el software, de tal forma que el usuario pueda seleccionar (y en su caso almacenar en su ordenador para uso privado) entre distintos elementos alternativos del programa, o cualquier forma de contenido similar (productos multimedia y, en particular, los denominados enhanced e-books), y acceder a otros contenidos desde la OBRA. Se hace expresa mención de que la presente enumeración reviste carácter meramente enunciativo y en ningún caso limitativo.

A efectos aclaratorios, exceptuando el uso y la reproducción de la Obra realizados en sistemas sin capacidad de aprendizaje ulterior, no se entienden comprendidos en la cesión objeto del presente Contrato los derechos de reproducción y licencia de uso de la OBRA para su inclusión total o parcial, de manera permanente, en bases de datos, servidores, herramientas o plataformas que posibiliten sistemas de aprendizaje relacionados con la Inteligencia Artificial, ya sea este aprendizaje automático o supervisado, los cuales quedan reservados expresamente a la TRADUCTORA. No obstante, y sin perjuicio de lo anterior, la TRADUCTORA se compromete a no ejercer estos derechos durante todo el tiempo de vigencia del presente Contrato sin la previa y expresa autorización del EDITOR.

En particular, el derecho de transformación sobre la traducción comprenderá, con carácter enunciativo, la retraducción a todas las lenguas y la adaptación de la obra traducida a modalidades audiovisuales de explotación tales como cine, teatro, vídeo, televisión; así como los derechos de propiedad intelectual subyacentes y necesarios (reproducción, distribución, comunicación pública y nueva transformación) para la explotación de estos resultados en cualquier forma.

A los efectos del presente Contrato, se entenderá por edición digital y/o electrónica on-line cualquier modalidad de explotación de la OBRA en redes digitales (Internet o Intranet), alámbricas o inalámbricas, incluyendo cualesquiera canales o destinos susceptibles de adscripción a Internet, tales como telefonía móvil y otros dispositivos de mano, protocolo WAP, o UMTS, televisión interactiva, digital, PDA o cable o por cualquier plataforma o transmisión de datos, ya sea en formato de libro electrónico (e-book), o mediante la incorporación de la OBRA en bases de datos en Internet, en aplicaciones diseñadas para aparatos de telefonía móvil u otros dispositivos de mano o para cualesquiera otras redes telemáticas a las que pueda accederse a través de sistemas o procedimientos informáticos, con o sin criterios de búsqueda, ya sea a través de streaming, descarga directa (downloading) o acceso "en la nube", así como mediante la inclusión de la OBRA en sistemas de suscripción digitales, mediante su incorporación de forma permanente en sistemas cerrados tales como lectores digitales (e-readers) u otros dispositivos de mano para su posterior acceso por los usuarios adquirentes de dichos dispositivos y las licencias de uso para el acceso a la OBRA por tiempo limitado, de forma remunerada o gratuita (incluyendo el denominado "préstamo" digital) en plataformas y redes digitales y en establecimientos provistos de redes telemáticas, tales como bibliotecas digitales, librerías digitales, hoteles, establecimientos comerciales, líneas aéreas, barcos, trenes y otros medios de transporte, etc., entendiéndose que esta enumeración reviste un carácter meramente enunciativo y no limitativo.

Se entenderá por e-book o libro electrónico, la reproducción sin aditamento alguno, ya sea visual o sonoro, del texto de la OBRA para ser leída secuencialmente (sin el añadido de ningún otro material externo), en la que el texto está reproducido visualmente emulando la reproducción impresa del mismo, y que puede o no incluir elementos de búsqueda y que viene encriptado para descargas y/o accesos en streaming a través de lectores electrónicos (e-book readers) o en ordenadores personales, o en teléfonos móviles, siempre para uso privado y no para su reventa.

Se entenderá por Audiolibro la locución grabada en forma sonora reproduciendo de forma exacta e íntegra el texto de la OBRA, sin abreviaciones ni aditamento alguno, y leído secuencialmente, que viene encriptada para su descarga y/o accesos en streaming (incluida la modalidad de podcast) en dispositivos electrónicos, ordenadores personales o teléfonos móviles, siempre para uso privado y no para su reventa.

5.2.- El EDITOR podrá editar la OBRA aisladamente o en colección con otras del autor de la versión original, o establecidas en base a otras características, en colecciones actualmente existentes, o en cualesquiera otras que pudiera crear en el futuro.

5.3.- El EDITOR podrá utilizar, por sí mismo o a través de terceros, en el territorio del contrato, selecciones y/o extractos de la OBRA que no excedan del veinte por ciento (20%) del total del texto para llevar a cabo todo tipo de acciones publicitarias y/o promocionales de la OBRA en todo tipo de medios de comunicación pública, tales como radio, televisión, prensa y publicaciones periódicas, redes telemáticas on-line y off-line, redes sociales o cualesquiera otros medios de comunicación pública.

5.4.- El EDITOR, podrá establecer la forma más adecuada de distribución y comercialización de la OBRA, llevándolo a cabo tanto por sí mismo como a través de terceros, y mediante cualesquiera canales de comercialización como pueden ser, con carácter enunciativo no limitativo, el de librerías, impresión bajo demanda (POD), venta directa a crédito, club en formato libro o digital, correos, quioscos, locales especializados, grandes superficies, sistemas de ventas especiales a entidades públicas y/o privadas, redes telemáticas (red Internet), alámbricas o inalámbricas, incluyendo cualesquiera canales o destinos susceptibles de adscripción a Internet, tales como telefonía móvil, protocolo WAP, o UMTS, televisión interactiva, digital, PDA o cable o por cualquier plataforma o transmisión de datos.

A tal fin, la TRADUCTORA declara expresamente en este acto conocer y aceptar los sistemas de distribución y comercialización del EDITOR, aceptándolos y reconociéndolos plenamente válidos para la óptima explotación de la traducción.

5.5.- Las Partes declaran que, al encontrarse el EDITOR constituido jurídicamente en forma de sociedad, cualquier acto que suponga una escisión, fusión, absorción o aportación de activos del EDITOR a favor de cualquier otra sociedad de su mismo grupo empresarial, sociedad ésta que en ese momento sustituirá al EDITOR en el presente contrato, no se considerará como cambio de titularidad de la empresa del EDITOR en el sentido empleado en el apartado f) del artículo 68 del Texto Refundido de la Ley de Propiedad Intelectual. A estos efectos se entenderá como perteneciente a su mismo grupo empresarial, cualquier sociedad en la que el EDITOR participe o sea participado por ella, directa o indirectamente, en un porcentaje igual o superior al veinticinco por ciento del capital social de la sociedad participada.

5.6.- Con comunicación a la TRADUCTORA y sin necesidad de obtener el previo consentimiento de la misma, el EDITOR podrá otorgar cesiones, autorizaciones o licencias exclusivas y no exclusivas a terceros, sean personas físicas o jurídicas, participadas o no por empresas del Grupo del EDITOR, en los términos que estime conveniente y dentro de los límites legales y del presente contrato, para el ejercicio de todos o alguno de los derechos y modalidades de explotación de la OBRA.

El EDITOR satisfará a la TRADUCTORA el veinte por ciento (20%) de los ingresos netos que obtuviera como consecuencia de las autorizaciones, cesiones o licencias, exclusivas y no exclusivas que pudiera otorgar a cualesquiera terceros, excepto en el supuesto de cesiones o autorizaciones de derechos digitales a terceros, en cuyo caso el EDITOR satisfará a la TRADUCTORA la remuneración contemplada en la letra b) del apartado 2.1. del Pacto Segundo.

Sin perjuicio de la duración del Contrato, el EDITOR podrá durante la vigencia del mismo, suscribir con terceros cesiones o autorizaciones relativas a la Obra y con alcance temporal de hasta quince (15) años desde la fecha del presente contrato. Si bien, el EDITOR se obliga a informar a la TRADUCTORA de aquellos contratos de licencia que excedan de la vigencia del mismo.

5.7.- La TRADUCTORA autoriza expresamente al EDITOR a que éste pueda destinar a la amortización del anticipo pactado en el párrafo primero del Pacto Segundo del presente contrato, aquellas cantidades que resulten a favor de la TRADUCTORA en virtud de la aplicación de la distribución de ingresos acordada en este pacto, siempre y cuando dicho anticipo no se amortizase con las liquidaciones de royalties acordadas en el Pacto Segundo. A estos efectos el EDITOR se compromete a llevar una cuenta corriente de la TRADUCTORA en la que queden reflejadas todas las cantidades devengadas y abonadas a favor de la TRADUCTORA y a liquidarle el saldo a su favor una vez superados los importes entregados en concepto de anticipo.

5.8.- La TRADUCTORA concede al EDITOR una opción preferente para otras modalidades de explotación.

SEXTO.- PLAZO DE LA CESIÓN.

6.1.- La cesión de derechos sobre la traducción se estipula por un plazo de quince (15) años contados desde la publicación de la OBRA. Terminado el contrato por el transcurso del plazo indicado, se entenderá automáticamente renovado por períodos sucesivos de diez (10) años, cada uno, si ninguna de las partes comunica a la otra, mediante carta certificada con acuse de recibo dirigida al domicilio que para cada uno de ellos figura en el presente instrumento, su intención de poner término al contrato o a cualquiera de sus prórrogas, con una anticipación mínima de noventa (90) días a la fecha de término del período inicial o de cualquiera de sus prórrogas.

6.2.- Extinguido el contrato por cualquier causa no imputable al EDITOR, éste gozará de un derecho de adquisición preferente sobre cualesquiera derechos y/o modalidades de edición y explotación de la traducción, el cual deberá ejercitar en el plazo de treinta (30) días a contar desde la fecha en que la TRADUCTORA le hubiera comunicado las condiciones ofertadas por un tercero a tal fin.

SÉPTIMO.- NÚMERO DE EDICIONES Y DE EJEMPLARES.

7.1.- El EDITOR podrá efectuar en cualquier modalidad tantas ediciones de la OBRA como estime conveniente, con un número mínimo de quinientos (500) ejemplares y un número máximo de doscientos mil (200.000) ejemplares para la primera edición y un mínimo de cincuenta (50) ejemplares y un máximo de doscientos mil (200.000) ejemplares para las sucesivas impresiones.

Por lo que respecta a la edición a través de la red Internet, el EDITOR podrá realizar una edición que alcanzará un número mínimo de ejemplares equivalente al número de ejemplares adquiridos por el público, y un número máximo de un (1) millón de ejemplares.

7.2.- El EDITOR remitirá a la TRADUCTORA una certificación comprensiva del número de ejemplares de que consta la edición o reimpresión de que se trate, firmada por la industria de artes gráficas donde se realizó la impresión, en la que conste el número de ejemplares fabricados que fueron entregados al EDITOR y fecha de la entrega realizada.

7.3.- El EDITOR, sin perjuicio de los límites establecidos anteriormente en este Pacto, podrá realizar las reimpresiones que considere oportunas, sin sujeción al mínimo de cincuenta (50) ejemplares establecidos en el primer párrafo de esta estipulación en los supuestos de impresión bajo demanda o "print on demand" (POD) con la finalidad de asegurar la buena difusión comercial de la OBRA".

OCTAVO.- PLAZO PARA LA PUESTA EN CIRCULACIÓN DE LOS EJEMPLARES.

El EDITOR se compromete a poner en circulación los ejemplares correspondientes a la primera edición de la OBRA en un plazo máximo de dos (2) años a contar desde la fecha en que la TRADUCTORA entregue la traducción con las modificaciones que, en su caso, hubiera propuesto el EDITOR en virtud del pacto 4.1.

NOVENO.– PRUEBAS DE TIRADA.

9.1.- La TRADUCTORA se obliga a devolver corregidas las primeras pruebas de tirada en el plazo de quince (15) días desde la fecha en que el EDITOR se las hubiera entregado.

Si transcurrido el plazo establecido en el párrafo anterior la TRADUCTORA no hubiera devuelto las pruebas de tirada corregidas, el EDITOR podrá proceder a la publicación de la OBRA en los términos en que se hallare redactada, sin que en tal caso la TRADUCTORA pueda reclamar daños ni perjuicios de ningún tipo por la versión publicada de la traducción.

9.2.- En todo caso, el EDITOR podrá introducir a su propio cargo correcciones de carácter tipográfico sin necesidad de autorización de la TRADUCTORA.

9.3.- Sin perjuicio de las correcciones de carácter tipográfico, las modificaciones que la TRADUCTORA introduzca en las pruebas de tirada y supongan elevar en más del cinco por ciento (5%) el coste de edición de la OBRA correrá a cargo de la TRADUCTORA.

9.4.- Las modificaciones que la TRADUCTORA pudiera introducir en las pruebas de tirada quedarán sujetas a la aprobación del EDITOR de acuerdo con lo previsto en el pacto cuarto del presente contrato.

DÉCIMO.– EJEMPLARES JUSTIFICATIVOS PARA LA TRADUCTORA.

10.1.- El EDITOR reservará a la TRADUCTORA tres (3) ejemplares gratuitos de la primera edición que efectúe de la OBRA. la TRADUCTORA en ningún caso podrá destinar al comercio ninguno de estos ejemplares.

Por lo que respecta a la edición on-line y distribución a través de la red Internet, y en concepto de ejemplares justificativos, el EDITOR entregará a la TRADUCTORA UN (1) ejemplar justificativo. Los ejemplares justificativos serán remitidos por el EDITOR a la TRADUCTORA a la dirección de correo electrónico indicada expresamente por la TRADUCTORA a estos efectos: ....

La entrega de los ejemplares justificativos no comprende la puesta a disposición del programa de lectura.

10.2.- La TRADUCTORA podrá adquirir ejemplares de la OBRA directamente solicitándoselos al EDITOR, el cual le efectuará un descuento del cuarenta por ciento (40%) sobre el precio de tarifa. La TRADUCTORA deberá abonar el importe de las correspondientes facturas en el momento de la entrega de los ejemplares mediante cheque nominativo extendido a nombre del EDITOR. En ningún caso la TRADUCTORA podrá destinar al comercio los ejemplares adquiridos.

10.3.- El EDITOR está autorizado a destinar, en conformidad con el acuerdo alcanzado en el contrato con el autor de la versión original de la OBRA, tantos ejemplares como sean precisos para la promoción, el envío de muestras a centros oficiales y a la crítica y reposición de ejemplares defectuosos o estropeados.

UNDÉCIMO.– GARANTÍAS PRESTADAS POR LA TRADUCTORA.

11.1.- La TRADUCTORA responde ante el EDITOR de la autoría y originalidad de la traducción, y del ejercicio pacífico de los derechos que cede mediante el presente contrato, garantizando que no es copia ni arreglo, simple alteración o modificación de ninguna otra efectuada por terceros. Asimismo, la TRADUCTORA garantiza al EDITOR que su creación no es resultado de la utilización de sistemas, herramientas o técnicas derivadas o vinculadas con la Inteligencia Artificial

11.2.- La TRADUCTORA garantiza al EDITOR que no ha cedido a terceros derecho alguno sobre la traducción objeto de este contrato, ni existe ni ha constituido ni constituirá carga ni gravamen alguno sobre la misma.

Ni la TRADUCTORA ni sus causahabientes podrán transmitir a terceros ninguno de los derechos de explotación cedidos a través del presente contrato. La TRADUCTORA tampoco podrá autorizar a sus causahabientes ni llevar a cabo por sí mismo ni por terceros el ejercicio de los derechos de explotación cedidos sobre la traducción, mientras se halle en vigor el presente contrato.

Asimismo, la TRADUCTORA no podrá transmitir su posición contractual a terceras personas físicas o jurídicas sin la previa y expresa autorización del EDITOR

11.3.- La TRADUCTORA declara expresamente hallarse habilitada por las leyes para el ejercicio de su profesión y de las actividades objeto de este contrato, así como al corriente de sus obligaciones fiscales, de Seguridad Social, administrativas y de cualquier otra índole que a tal fin deba observar.

11.4.- La TRADUCTORA responderá ante el EDITOR por todos los gastos, daños y perjuicios que se le pudieran ocasionar como consecuencia de posibles derechos de toda índole que terceros pudieran ostentar sobre la traducción objeto de este contrato, así como por las acciones y reclamaciones que en base a ello se le pudieran formular, garantizando en definitiva total indemnidad al EDITOR en caso de contravención de lo previsto en los apartados anteriores.

DUODÉCIMO.– PROTECCIÓN JURÍDICA DE LA TRADUCCIÓN.

12.1.- El EDITOR queda facultado para el ejercicio de cuantas acciones otorgue la ley en orden a la protección y defensa de la presente cesión y de los derechos de explotación objeto de la misma, así como para la inscripción de ésta, si lo estima conveniente, en el Registro de la Propiedad Intelectual, o en cualesquiera otros registros públicos, obligándose la TRADUCTORA a prestar toda la colaboración que de su parte sea precisa para llevar a cabo tal inscripción.

12.2.- La TRADUCTORA deberá poner en conocimiento del EDITOR cualquier acto que pueda suponer una lesión o menoscabo de los derechos que cede mediante el presente contrato, en el momento en que tenga conocimiento de ello, y se obliga a prestar toda la colaboración necesaria en las acciones y reclamaciones de toda índole que el EDITOR pudiera emprender para la defensa de los derechos cedidos sobre la traducción.

DECIMOTERCERO.– COPYRIGHT.

El EDITOR hará constar en la página de créditos en caso de edición en forma de libro, o en otro lugar visible en caso de edición en otro formato, el nombre de la TRADUCTORA, así como la mención del copyright de éste seguido del año de divulgación de la OBRA.

DECIMOCUARTO.– RESOLUCIÓN DEL CONTRATO.

Sin perjuicio de las causas de resolución del contrato previstas en los pactos 3.2. y 4.3., el incumplimiento de cualquiera de las disposiciones del presente contrato por cualquiera de las dos partes dará derecho a la otra a resolverlo y a obtener la indemnización de los daños y perjuicios que como consecuencia de ello se le pudieran ocasionar.

DECIMOQUINTO.– CONFIDENCIALIDAD DE LOS DATOS FACILITADOS A LA TRADUCTORA.

El interés del EDITOR en la edición de la OBRA, y todos los datos, documentación o información de cualquier índole que el EDITOR pone o pueda poner a disposición o en conocimiento de la TRADUCTORA en virtud del presente contrato tienen carácter confidencial y sólo pueden ser utilizados por la TRADUCTORA para el cumplimiento de este contrato, obligándose la TRADUCTORA a no divulgarlos total ni parcialmente en forma alguna, y a indemnizar al EDITOR por los daños y perjuicios que, en caso contrario, pudieran irrogarse a ésta.

DECIMOSEXTO.– COMUNICACIONES.

16.1.- A los efectos de las comunicaciones que deban efectuarse en virtud del presente Contrato, que podrán realizarse para tal fin mediante burofax, fax, correo electrónico, o cualquier otro medio que otorgue fe tanto de su remisión como de su recepción, de la fecha de éstas y de su contenido, las partes fijan los domicilios que constan en el encabezamiento del presente documento.

16.2.- Cuando alguna de las partes del presente Contrato cambiara su domicilio, las comunicaciones efectuadas en el último de los designados en forma surtirá plenos efectos, salvo que mediare mala fe en el notificante.

DECIMOSÉPTIMO.– FUERZA MAYOR.

Si cualquiera de las Partes no pudiera cumplir con las obligaciones asumidas respectivamente en el presente Contrato, o se viera limitada o impedida para llevar a efecto las mismas por cualquier motivo ajeno a su voluntad, incluyendo a título meramente indicativo, pero no limitativo, incendio, inundación, tormenta, terremoto, guerras o conflictos civiles, invasión, guerras (declaradas o no) con enemigos extranjeros, huelgas, epidemias, pandemias, o bien debido a cualquier ley, regulación, orden o acción de cualquier autoridad pública, la Parte afectada por dicho motivo será liberada, sin penalización alguna, de cumplir con este Contrato durante la duración de tales hechos.

Los plazos y obligaciones establecidos en el presente Contrato que no pudieran cumplirse por la concurrencia de alguna de las causas establecidas en el párrafo anterior se extenderán por el periodo equivalente a dicha suspensión, siempre que dicho periodo de suspensión no sobrepase los seis (6) meses de duración. Si superase este término, cualquiera de las Partes tendrá el derecho a resolver este contrato, sin indemnización para la Parte contraria, bastando para ello la simple notificación a la otra Parte en la forma prevista en el Pacto anterior.

DECIMOCTAVO.– PROTECCIÓN DE DATOS.

De conformidad con lo dispuesto en el Reglamento UE 2016/679, de 27 de abril de 2016, los datos de carácter personal que faciliten las partes referidas a las personas de contacto o firmantes serán tratados con la finalidad de gestionar la relación contractual que se formalice entre ellas, siendo la base legitimadora del tratamiento el interés legítimo de las partes en mantener la relación contractual nacida del presente contrato.

Los datos proporcionados se conservarán mientras se mantenga la relación comercial. Una vez finalizada la referida relación contractual, los datos se conservarán bloqueados impidiendo su tratamiento, excepto para la puesta a disposición de los datos a los jueces y tribunales, el Ministerio Fiscal o las Administraciones Públicas competentes, para la exigencia de posibles responsabilidades derivadas del tratamiento y solo por el plazo de prescripción de las mismas. Una vez transcurrido el indicado periodo de tiempo, los datos serán eliminados.

Los datos no se cederán a terceros salvo en los casos en que exista una obligación legal.

Los interesados tienen derecho a obtener confirmación sobre si se están tratando sus datos personales, por tanto, tienen derecho a acceder a sus datos personales, rectificar los datos inexactos o solicitar su supresión cuando los datos ya no sean necesarios, acreditando su identidad, así como derecho a oponerse y a solicitar la limitación del tratamiento de sus datos y derecho a la portabilidad de sus datos.

Los interesados podrán ejercitar sus derechos mediante comunicación dirigida a:

– ....

– ....

Los datos no serán objeto de transferencias internacionales.

Los interesados tienen derecho a presentar una reclamación ante la Autoridad de Control, en el supuesto de que considere que se infringen sus derechos de protección de datos.

Los datos de contacto de los Delegados de Protección de Datos de cada una de las partes o de la persona responsable de los temas de protección de datos son los siguientes:

– ....

– ....

DECIMONOVENO.– NATURALEZA Y LEY APLICABLE.

Este contrato tiene carácter civil y se regirá por sus propios pactos y en lo que en ellos no esté previsto, por las disposiciones del Real Decreto Legislativo 1/1996, de 12 de abril, por el que se aprueba el Texto Refundido de la Ley de Propiedad Intelectual, modificado por la Ley 5/1998, de 6 de marzo, en cuanto a los derechos de propiedad intelectual sobre la referida traducción.

Supletoriamente, en todo lo no previsto, se regirá por las restantes disposiciones mercantiles y civiles que resulten de aplicación.

VIGÉSIMO.– PACTO DE SUMISIÓN EXPRESA.

Para la solución de cualquier discrepancia, cuestión o reclamación derivada directa o indirectamente de la interpretación o de la ejecución del presente contrato, las partes renuncian al fuero que pudiera corresponderles, y se someten formal y expresamente a la jurisdicción de los Tribunales de ....

En prueba de conformidad, las partes extienden y firman el presente documento por duplicado, aunque a un solo efecto, quedando uno en poder de cada una de las partes, en la ciudad y fecha al principio expresadas. Alternativamente, y de acuerdo con lo dispuesto en el artículo 26 del Reglamento Europeo 910/2014 de Firma Electrónica, las partes otorgan a la firma electrónica avanzada valor jurídico equivalente al de su firma manuscrita. En este supuesto, y una vez firmado electrónicamente por todas las partes, se pondrá a su disposición una copia de este documento para su control y archivo.

EL EDITOR LA TRADUCTORA

F114. CONTRATO DE LICENCIA DE ILUSTRACIONES

En ...., a __ de .... de 20......

De una parte, **Dª. ....**, actuando en su propio nombre y representación, mayor de edad, con domicilio en ...., Calle .... nº .... y NIF ...., en adelante "la Licenciante".

De otra parte, **D.** ______________________________, en nombre y representación de la mercantil ____________________, con domicilio en ______________, Calle ____________________, nº _____, pta. ___ y CIF ____________, en adelante "la Licenciataria".

EXPONEN

1.- Que la Licenciante es propietaria y titular de las ilustraciones que se acompañan como Anexo I al presente contrato.

2.- Que la Licenciataria ha realizado y comercializado productos con unas ilustraciones muy similares a la de la Licenciante, que se acompaña como Anexo II al presente contrato.

3.- Que en virtud de todo lo anteriormente expuesto y en aras de evitar cualquier conflicto, las partes acuerdan celebrar el presente Contrato de Licencia. Por ello, las partes, según intervienen, de sus libres y espontáneas voluntades, manifiestan tener y se reconocen, mutua y recíprocamente, la capacidad legal necesaria para otorgar el presente documento conforme a las siguientes,

CLÁUSULAS

PRIMERA.**- OBJETO**: La Licenciante cede el Derecho de uso y explotación, con el carácter de No Exclusivo, a la Licenciataria, de las ilustraciones recogidas en el Anexo I adjunto a este contrato, para su utilización en los productos recogidos en el Anexo II, hasta que se agoten las existencias.

SEGUNDA.**- TERRITORIO**: El presente contrato se establece para ...., ..., ...

TERCERA.**- VIGENCIA**: En el ámbito temporal, la presente licencia entra en vigor en la fecha de .... y se extenderá hasta que se agoten las existencias, de las que se fabricó un total de ....

CUARTA.**- PRECIO**: En contraprestación, la Licenciataria se obliga a pagar a la Licenciante un canon, que se fija en la cantidad del ..... % sobre el PVP sin IVA de los productos efectivamente vendidos.

A la firma del presente contrato, se han vendido las siguientes unidades a los PVP reseñados, tal como se acredita con las certificaciones emitidas por la Licenciataria que se acompañan como Anexo III:

Eso supone que, a fecha de hoy, la Licenciataria adeuda a la Licenciante la cantidad de .... €, que son satisfechos a la firma del presente documento mediante ....

QUINTA.**– LIQUIDACIÓN:** Cuando se terminen de vender las existencias, la Licenciataria estará obligada a liquidar a la Licenciante el resto de unidades vendidas, mediante la presentación de los correspondientes certificados, y el abono del saldo resultante.

SEXTA.**– CESIÓN DE DERECHOS**: La Licenciataria no podrá ceder ni sublicenciar el presente contrato ni ninguno de los derechos en él contenidos a ningún tercero sin el consentimiento previo, expreso y por escrito de la Licenciante.

SÉPTIMA.**– JURISDICCIÓN Y COMPETENCIA:** Las Partes, con renuncia a su fuero propio si lo tuvieran, se someten a la jurisdicción de los tribunales de ....

OCTAVA.**– LEGISLACIÓN APLICABLE:** Este contrato tiene carácter mercantil y se regirá por sus propias cláusulas y en lo que en ellas no estuviera previsto las partes se atendrán a las disposiciones del Código de Comercio, usos mercantiles y en su defecto a lo dispuesto en el Código Civil.

NOVENA.**– DOMICILIO:** A los efectos de este contrato, serán domicilios para notificaciones los que figuran en el encabezamiento del mismo.

Y en prueba de conformidad con todo cuanto antecede, las partes firman el presente contrato en el lugar y fecha expresados en su encabezamiento.

Licenciante

Por ....

Licenciatario

F115. CONTRATO DE PROMESA DE CESION DE DERECHOS DE AUTOR

En ...., a ..... de .... de ....

REUNIDOS

DE UNA PARTE: D. ...., mayor de edad, de estado........................, (en su caso, nombre y apellidos del cónyuge y régimen económico matrimonial), de profesión........................., vecino de ...., calle................................., número ......; DNI............................; **D. ....,** mayor de edad, de estado.........................., (en su caso, nombre y apellidos del cónyuge y régimen económico matrimonial), de pofesión........................., vecino de ...., calle..........................., número ......; DNI..........................; **D. ....,** mayor de edad, de estado.........................., (en su caso, nombre y apellidos del cónyuge y régimen económico matrimonial), de profesión..........................., vecino de ...., calle..........................., número ......; DNI..........................; **D. ....,** mayor de edad, de estado.........................., (en su caso, nombre y apellidos del cónyuge y régimen económico matrimonial), de profesión..........................., vecino de ...., calle.............................., número ......; DNI...............................
(en adelante, todos ellos, los futuros Cedentes).

Todos los arriba enumerados intervienen en su propio nombre y derecho y tienen suficiente capacidad legal para llevar a cabo este contrato, siendo responsables de la veracidad de sus manifestaciones.

Y DE LA OTRA: D. ...., mayor de edad, y con DNI ...., actuando, en su condición de Administrador único, en nombre y representación de **................................,** empresa con domicilio en ...., calle ...., número ...., y con CIF .... (en adelante, la futura Cesionaria).

EXPONEN

Primero: Que Dª. ...., en su condición de autora o coautora de las obras que a continuación enumeramos, era titular de todos los derechos, tanto morales como patrimoniales sobre las mismas:

1. "....................................".
2. "....................................".
3. ".....................................".
4. ".....................................".
5. "...............................".

Segundo: Que la Sra. .... falleció en .... el ...... de .... de ...., dejando como herederos universales a sus hijos, D. ...., D. ...., D. ...., D. .... y D. ....

Tercero: Que, en su condición de herederos universales, los mencionados heredarán los derechos de propiedad intelectual sobra las obras enumeradas, sin que todavía se haya procedido a la adjudicación individualizada de las mismas.

Cuarto: Que, en el momento en el que se produzca la división y adjudicación de la herencia de la Sra. ...., cuatro de sus herederos, que son D. ...., D. ...., D. .... y D. ...., están interesados en ceder los derechos de explotación sobre las obras de su madre que les sean adjudicadas.

Quinto: Que por ello, y habiendo convenido con .... la cesión de los derechos de explotación de las obras que les hayan correspondido, formalizan por medio del presente contrato la pertinente **PROMESA DE CESIÓN DE DERECHOS**, por la cual,

ESTABLECEN

Primero: Que cuando se formalice la división y adjudicación de la herencia de Dª. ...., cuatro de sus herederos universales, que son D. ...., D. ...., D. ...., y D. ...., prometen ceder a .... los derechos económicos y de explotación de las obras listadas que les hayan sido adjudicadas.

Segundo: La formalización de dicha cesión deberá firmarse en un plazo no superior a .... desde la firma de la adjudicación de la herencia de Dª. ....

Tercero: Los cedentes ceden los conocidos como derechos patrimoniales. Los derechos patrimoniales deben ser considerados como un conjunto, es decir, como todas las posibilidades de explotación o disfrute económico derivadas de la utilización de las obras, cubriendo cualquier utilización. Estos son: los derechos de reproducción, distribución, comunicación pública, transformación y de colección.

Por el contrario, los derechos morales de las obras literarias, por su carácter irrenunciable e inalienable, no pueden ser cedidos, por lo que los titulares seguirán ostentándolos, entre los que se encuentran el derecho de paternidad y el de integridad de las obras.

Cuarto: La futura cesión tendrá carácter de exclusiva, se realizará para la totalidad del territorio mundial y su duración será indefinida, hasta la extinción de los derechos de explotación otorgados por la vigente Ley de Propiedad Intelectual.

Quinto: El precio pactado de la cesión será de .... Euros, que .... pagará en el momento de la firma del contrato definitivo de cesión de derechos de autor.

Sexto: Se entiende que la opción ejercitada por ....y el precio ofrecido por la misma lo es en concepto de libre de cargas y gravámenes de las obras, por lo que en caso de existir en la actualidad tales gravámenes o cargas deberán cancelarse en el momento del ejercicio de la opción concedida.

Séptimo: Cláusula Penal: En el caso de que los futuros Cedentes se retracten, incumplan los términos contenidos en la presente Promesa de Cesión de Derechos o no formalicen dicha cesión por cualquier concepto dentro del plazo estipulado en el presente instrumento, las partes acuerdan establecer una indemnización a favor de la futura Cesionaria de .... que deberán serle abonados al día siguiente de la fecha límite fijada en este contrato.

Octavo: Los posibles conflictos que puedan surgir en torno al presente contrato se someterán a los tribunales de la ciudad ....

Y las partes, encontrando conforme cuánto se ha expuesto y pactado en el presente documento privado, lo firman en el lugar y fecha arriba mencionados.

Fdo:...............................

F116. CONTRATO DE CESIÓN DE DERECHOS DE UNA TRADUCCIÓN

REUNIDOS

De una parte,...., con domicilio en.... y DNI...., en adelante EL TRADUCTOR, actuando en representación propia, y, de otra parte,...., en adelante EL EDITOR, con domicilio social en.... y CIF...., representado en este acto por.... en su calidad de Administrador, establecen los siguientes

PACTOS

Primero.- El EDITOR encarga al TRADUCTOR la traducción del.... al castellano de...., de...., cuyos derechos para.... declara tener.

El TRADUCTOR se compromete a entregar la TRADUCCIÓN al EDITOR no más tarde del..... En su presentación el TRADUCTOR seguirá las indicaciones del EDITOR. El incumplimiento de esta cláusula podrá ser causa de resolución del contrato.

Segundo.- Por la realización de la traducción el editor pagará al traductor, en concepto de anticipo a cuenta de los derechos de autor, la cantidad de.....

La cantidad total del costo de la TRADUCCIÓN será pagada en un plazo no superior a treinta (30) días a partir del momento en que el editor dé su conformidad a la misma. Dicha conformidad o disconformidad deberá ser declarada por el EDITOR en un plazo no superior a quince (15) días, a contar desde la fecha de recepción de la TRADUCCIÓN.

En caso de disconformidad razonada del EDITOR con la TRADUCCIÓN entregada, el EDITOR hará al TRADUCTOR las indicaciones oportunas para la reforma de la TRADUCCIÓN, señalándole un nuevo plazo de entrega acorde con las necesidades de la TRADUCCIÓN, y si el TRADUCTOR no realizase las modificaciones propuestas por el EDITOR en dicho plazo, éste podrá resolver este contrato, quedando liberado de la obligación de efectuar el pago mediante devolución de la TRADUCCIÓN al TRADUCTOR, sin necesidad de otras formalidades y sin que nada más puedan reclamarse las partes por esta causa.

El editor se compromete a someter las galeradas de la OBRA a la aprobación del TRADUCTOR con tiempo suficiente para que éste las revise y a no introducir en dicha OBRA cambios que éste no autorice.

Tercero.- Se ceden al EDITOR los derechos de reproducción, distribución y venta de la obra en forma de libro para su explotación comercial en lengua CASTELLANA y para el ámbito territorial de.....

Cuarto.- La cesión se entiende hecha en cualquiera de los posibles sistemas de comercialización, para las siguientes modalidades de edición:

a.- tapa dura o cartoné.

b.- rústica.

c.- ediciones económicas o de bolsillo.

d.-....

Quinto.- EL TRADUCTOR cede al EDITOR, que lo acepta, un derecho de opción preferente por un plazo de tres años a partir de la fecha del presente Contrato, para publicar la OBRA en otras modalidades no amparadas por este Contrato (Club, Fascículos, Ediciones especiales).

En caso de estar interesado el EDITOR en la cesión de los derechos de explotación bajo la forma de comunicación pública (formatos digitales), éstos se cederán en un contrato aparte.

El EDITOR gozará también de un derecho de opción preferente para adquirir los demás derechos de explotación (comunicación pública, transformación y colección) en iguales términos y condiciones que el TRADUCTOR pueda convenir con terceros.

Esta cesión de derechos se concierta en exclusiva a favor del EDITOR, con la expresa facultad de cederla a su vez a terceros, para el ámbito territorial.... y por un plazo de tiempo máximo de.... (el mismo plazo de duración del contrato como máximo) años. La cesión a terceros deberá serle comunicada previamente al TRADUCTOR, que percibirá el... % de la cantidad que reciba el EDITOR por la cesión.

Sexto.- Como remuneración por los derechos de autor, cuya cesión es objeto del presente contrato, el TRADUCTOR percibirá, una vez amortizado el anticipo, el ... % del precio de venta al público, según catálogo y sin IVA, por cada uno de los ejemplares vendidos en edición RÚSTICA, CARTONÉ Y BOLSILLO.

En caso de resolución del este contrato por no publicación de la obra, quedarán definitivamente en poder del TRADUCTOR las cantidades anticipadas.

Séptimo.- El EDITOR viene obligado a poner a la venta la obra en un plazo no superior a 12 meses a contar desde la fecha de entrega del original.

Octavo.- El EDITOR se obliga a que el nombre del TRADUCTOR figure, al menos, en lugar visible, en la página de créditos, así como la mención del Copyright de la traducción.

Noveno.- Durante la vigencia del presente contrato, el EDITOR podrá efectuar un máximo de .... ediciones para cada una de las modalidades convenidas, con un mínimo de.... ejemplares y un máximo de.... para cada una de ellas, con las reimpresiones que dentro de dichos totales libremente decida el EDITOR.

Décimo.- Antes de la puesta en circulación de los ejemplares impresos de la obra de cada una de las ediciones o reimpresiones que realice el EDITOR, éste remitirá al TRADUCTOR una certificación comprensiva del número de ejemplares de que conste la edición o reimpresión de que se trate, fecha de publicación de la OBRA y de su precio de venta al público. Esta certificación irá acompañada de una declaración jurada de la persona o entidad responsable de los talleres de impresión y encuadernación de la OBRA, en la que consten el número de ejemplares fabricados que fueron entregados al EDITOR y fecha de la entrega o entregas efectuadas.

Décimo primero.- Se considerará que está agotada la edición o reimpresión de la obra cuando el número de ejemplares sin vender sea inferior al 10 % del total de la edición o reimpresión y, en todo caso, inferior a 100, circunstancia que deberá ser comunicada al TRADUCTOR; cuando el TRADUCTOR no haya recibido ninguna liquidación transcurridos 12 meses desde la fecha establecida para ello; o cuando transcurrido un periodo de 3 años desde la fecha de publicación de la OBRA, las liquidaciones anuales arrojen una venta inferior a .... ejemplares (50 mínimo).

Décimo segundo.- El EDITOR se obliga a presentar anualmente al TRADUCTOR, durante el primer trimestre del año correspondiente, un certificado en el que se haga constar las liquidaciones de las ventas de ejemplares de la OBRA realizadas durante el año natural inmediatamente anterior —aunque el resultado sea negativo—, con expresión del número de ejemplares publicados, vendidos, en depósito, distribuidos y en almacén, así como su precio de venta sin IVA según catálogo. El pago lo realizará el EDITOR dentro de los 30 días siguientes al envío del citado certificado.

Décimo tercero.- EL TRADUCTOR faculta expresamente al EDITOR para la detracción, declaración e ingreso en el Tesoro Público de aquellas cantidades que por cualquier concepto impositivo hubiera de satisfacer al TRADUCTOR derivadas de los rendimientos de la propiedad intelectual objeto de este contrato, en todos aquellos impuestos o gravámenes en que el EDITOR tenga, por disposición legal, la condición de sustituto del Traductor-Contribuyente.

Décimo cuarto.- El presente contrato tendrá una duración de .... años contados desde la fecha de la firma del contrato. Extinguido el contrato, el EDITOR gozará de un derecho de opción preferente para suscribir un nuevo contrato de edición sobre la misma obra, en iguales términos y condiciones que el TRADUCTOR pueda convenir con terceros.

Décimo quinto.- Las partes declaran que, en el caso de encontrarse el EDITOR constituido jurídicamente en forma de sociedad anónima o limitada, la venta de acciones o participaciones sociales por parte de los actuales titulares en favor de terceros no podrá considerarse que constituye cambio de titularidad de la empresa, en el sentido empleado en el apartado 1) del artículo 68 de la Ley de Propiedad Intelectual (texto refundido aprobado por Real Decreto Legislativo 1/1996. De 12 de abril). Asimismo, el EDITOR, en el caso de constituir una persona física, podrá ceder los derechos que adquiere en virtud del presente contrato, a una sociedad anónima o limitada que constituya y en la que suscriba más de un 50 % del capital social, la cual le sustituirá en todo en el contrato como EDITOR.

Décimo sexto.- El EDITOR pondrá en conocimiento del TRADUCTOR la forma de distribución en lo relativo a la explotación de la obra y qué entidad la va a realizar.

Décimo séptimo.- Estarán exentos de liquidación al TRADUCTOR, aunque deberán serle notificados, los ejemplares que el EDITOR entregue gratuitamente para fines de promoción y crítica de la obra y reposición de ejemplares defectuosos o estropeados. El máximo de ejemplares de cada edición que podrá destinar el EDITOR a fines de promoción y crítica será de .....

Décimo octavo.- EL TRADUCTOR recibirá sin cargo alguno un mínimo de .... ejemplares de la primera edición y .... ejemplares por cada una de las nuevas ediciones o reimpresiones de la obra, los cuales no podrán ser destinados al comercio y no devengarán derechos para el TRADUCTOR. Asimismo, el TRADUCTOR podrá adquirir al EDITOR, con el descuento de un ... % los ejemplares que precise para su uso particular o con destino a terceros, sin fines lucrativos.

Décimo noveno.- El presente contrato de edición se regirá y será interpretado conforme a lo previsto la Ley de Propiedad Intelectual y, en general, por las disposiciones legales que le sean de aplicación.

Vigésimo.- Las partes acuerdan someter a mediación cualquier controversia que pueda suscitarse con motivo de la interpretación, ejecución, validez, eficacia o cualquier otra contingencia que se relacione directa o indirectamente con el presente contrato así como la reparación de los daños y perjuicios que pudieran derivar de su incumplimiento. El proceso de mediación se realizará ante la Comisión Mixta de Editores y Traductores de la Sección Autónoma de Traductores de Libros de la Asociación Colegial de Escritores de España (ACE Traductores), que, salvo acuerdo previo de partes en la elección del o los mediadores de esa institución, designará al mediador o mediadores intervinientes de acuerdo con el Reglamento de mediación de esa institución que las partes declaran conocer y aceptar considerándolo parte integrante del presente contrato.

Vigésimo primero.- En caso que la mediación señalada en el pacto anterior no prospere, las partes se obligan a someter el diferendo a Arbitraje ante la misma institución, quien designará al árbitro o árbitros a solicitud de cualquiera de las partes, todo ello de acuerdo con sus normas de procedimiento que las partes declaran conocer y aceptar, considerándolas parte integrante del presente contrato. El laudo será definitivo y vinculante para las partes, quienes renuncian expresamente a interponer recurso alguno. Las partes renuncian asimismo a cualquier otro fuero o jurisdicción.

En ...., a .... de ....

El editor El traductor

F117. CONTRATO DE CESIÓN DE DERECHOS DE EXPLOTACIÓN DE OBRA PLÁSTICA EN MEDIOS Y FORMATOS DIGITALES

REUNIDOS:

De una parte, D./Dña........................, mayor de edad, con DNI ...., actuando en su propio nombre y derecho, con domicilio en la calle... (en adelante, el ILUSTRADOR).

Y de otra parte, D./Dña................................, con DNI núm............, en nombre y representación de..., con domicilio social sito en.. y NIF núm..........., en calidad de de la citada entidad (en adelante, la EMPRESA).

Ambas partes se reconocen mutua y recíprocamente capacidad legal suficiente para suscribir el presente contrato, y a tal efecto,

MANIFIESTAN:

I. [Obra preexistente: Que D./Dña................................ es ilustrador de la obra "......................." (en adelante, la OBRA), editada y publicada por la EMPRESA en virtud del contrato de edición suscrito entre las partes a este efecto].

[Obra por encargo: Que D./Dña................................ se le encarga la creación de la obra "......................."(de ahora en adelante, la OBRA). Los detalles de su entrega y el precio por el encargo serán detallados en el Anexo unido al presente contrato.

II. Que, con la finalidad de ceder a la EMPRESA los derechos de explotación digital de la OBRA, las partes suscriben el presente contrato de CESIÓN DE DERECHOS, que se regirá por las siguientes,

CLÁUSULAS:

PRIMERA.– Cesión de derechos

El ILUSTRADOR cede a la EMPRESA, con facultad para sublicenciar o ceder a terceros, los derechos de reproducción, distribución y comunicación pública sobre la Obra, exclusivamente en su versión digital o electrónica, conforme a lo previsto en este Contrato.

SEGUNDA.– Alcance de la cesión

Como consecuencia de la cesión anterior, la EMPRESA queda facultada para:

i. Digitalizar y reproducir la Obra en los formatos previstos en este Contrato.

ii. Almacenar, distribuir y poner a disposición del público la Obra en cualquier soporte electrónico, incluyendo la autorización para su descarga y comercialización mediante las modalidades de explotación pactadas.

iii. Utilizar formatos de compresión y conversión tales como PDF, EPUB, JPG, GIF, TXT, RTF, HTML, DOC, MP3, RAR, ZIP, así como otros que resulten técnicamente necesarios.

iv. Adaptar la Obra para su explotación en teléfonos móviles, dispositivos electrónicos de lectura, tarjetas de memoria, discos audiovisuales de tecnología digital, bases digitales de intercambio de datos, páginas web y redes de comunicación online.

Todos los gastos e inversiones necesarios para el desarrollo de aplicaciones multimedia o adaptaciones tecnológicas correrán a cargo de la EMPRESA.

TERCERA.– Exclusividad y ámbito territorial

La cesión de derechos regulada en el presente Contrato se concede con carácter exclusivo, para su explotación en todo el mundo, y en los términos y condiciones establecidos en este Contrato.

CUARTA.– Titularidad de derechos y reconocimiento de autoría

El ILUSTRADOR manifiesta y garantiza que ostenta la titularidad originaria, plena y exclusiva de todos los derechos de propiedad intelectual sobre la OBRA objeto de cesión, sin limitación alguna. Asimismo, garantiza a la EMPRESA que los derechos cedidos en virtud del presente contrato son válidos, están libres de cargas o gravámenes y podrán ser disfrutados y explotados pacíficamente por la EMPRESA conforme a los términos pactados, sin que ello infrinja derechos de terceros.

Por su parte, la EMPRESA se obliga a reconocer la autoría del ILUSTRADOR, haciendo constar su nombre de forma destacada en los títulos de crédito de la OBRA.

QUINTA.– Autorización para adaptaciones técnicas y aprobación de pruebas

El ILUSTRADOR otorga su consentimiento expreso y autoriza a la EMPRESA a realizar las adaptaciones técnicas necesarias sobre la OBRA, exclusivamente con el fin de:

a) Ejecutar el proceso tecnológico de digitalización;

b) Adecuar la obra a las modalidades de explotación previstas en la Cláusula Segunda;

c) Implementar los procesos tecnológicos de transmisión y distribución a través de redes informáticas, siempre que dichas adaptaciones no alteren el contenido ni la forma estilística de la obra.

La EMPRESA remitirá al ILUSTRADOR los archivos de prueba en formato digital para su revisión y aprobación del resultado final. El ILUSTRADOR se compromete a devolver dichos archivos en un plazo máximo de .... días naturales, incorporando únicamente las modificaciones imprescindibles para garantizar la correcta ejecución, sin que ello suponga una transformación sustancial del archivo originalmente entregado.

SEXTA.– Remuneración y liquidación de derechos

6.1 Remuneración por cesión de derechos

El ILUSTRADOR percibirá, como contraprestación por la cesión de derechos regulada en este contrato, las siguientes cantidades, según la modalidad aplicable:

[Obra preexistente: Un ....% sobre el Precio de Venta al Público (PVP) sin IVA del libro digital, aplicación (APP) o cualquier soporte digital que incorpore la obra.

Obra por encargo: Las partes podrán pactar un anticipo a tanto alzado, imputable a cuenta del ....% sobre el PVP sin IVA del libro digital, APP o soporte digital que incorpore la obra].

6.2 Determinación del PVP y comunicación de modificaciones

El PVP será fijado por la EMPRESA, quien se obliga a notificar al ILUSTRADOR cualquier modificación con una antelación mínima de .... días naturales antes de su aplicación.

6.3 Acceso y descargas gratuitas

La EMPRESA facilitará al ILUSTRADOR los enlaces informáticos necesarios para:

i. Consultar en tiempo real las descargas de la obra.

ii. Realizar, como mínimo, ... descargas gratuitas de la obra.

6.4 Cesión a terceros

En caso de cesión a terceros de los derechos de explotación objeto del presente contrato, previa autorización expresa del ILUSTRADOR, éste percibirá una participación del ....% sobre la contraprestación total obtenida por la EMPRESA. A tal efecto, la EMPRESA se obliga a notificar al ILUSTRADOR los contratos celebrados en virtud de este apartado.

6.5 Informes y comunicaciones

La EMPRESA remitirá automáticamente al ILUSTRADOR todas las comunicaciones e informes relativos a ventas o descargas, procedentes de la propia EMPRESA, de la plataforma digital o del distribuidor.

6.6 Liquidaciones

La EMPRESA efectuará liquidaciones semestrales, calculadas conforme a los porcentajes pactados, y las remitirá al ILUSTRADOR junto con el detalle de ventas y descargas.

SÉPTIMA.– Medidas de seguridad y protección de contenidos

La EMPRESA se compromete a implementar y mantener todas las medidas técnicas y organizativas necesarias para garantizar la confidencialidad, integridad y seguridad de la OBRA y de los contenidos asociados, conforme a la normativa aplicable. Asimismo, declara disponer de sistemas adecuados para impedir que los adquirentes de libros digitales, aplicaciones o soportes digitales puedan realizar copias no autorizadas, asegurando la protección frente a actos de reproducción ilícita.

OCTAVA.– Duración y renovación del Contrato

El presente contrato tendrá una vigencia inicial de .... años contados desde la fecha de su firma. Transcurrido dicho plazo, se renovará automáticamente por períodos sucesivos de igual duración, salvo que cualquiera de las partes comunique a la otra su voluntad de no renovar, mediante notificación fehaciente con una antelación mínima de .... meses respecto de la fecha de vencimiento.

NOVENA.– Derecho preferente de adquisición

El ILUSTRADOR concede a la EMPRESA un derecho preferente de adquisición respecto de cualquier modalidad de explotación de la OBRA no prevista en este contrato.

A tal efecto, el ILUSTRADOR notificará a la EMPRESA, por escrito, las condiciones objetivas y subjetivas de cualquier oferta recibida de terceros para la explotación de dichas modalidades. La EMPRESA dispondrá de un plazo de .... días naturales para manifestar su voluntad de adquirir los derechos en cuestión en las mismas condiciones ofertadas.

En caso de que la EMPRESA no ejercite dicho derecho en el plazo indicado, el ILUSTRADOR quedará libre para contratar con el tercero en las condiciones notificadas.

DÉCIMA.– Ley aplicable, jurisdicción y competencia

El presente contrato se regirá por lo expresamente pactado en el mismo, por la normativa mercantil aplicable y, en particular, por la legislación sobre competencia, propiedad intelectual e industrial. De forma supletoria, serán aplicables las disposiciones del Código Civil. Para la interpretación, cumplimiento y ejecución del presente contrato, así como para la resolución de cualquier controversia derivada del mismo, las Partes, con renuncia expresa a cualquier otro fuero que pudiera corresponderles, se someten a la jurisdicción y competencia de los Tribunales de la ciudad de ....

Y en prueba de conformidad, las partes firman el presente contrato, que se extiende en dos ejemplares, en el lugar y fecha indicados en el encabezamiento.

EL ILUSTRADOR	LA EMPRESA

F118. CONTRATO DE OPCIÓN PARA LA ADQUISICIÓN DE DERECHOS DE TRANSFORMACIÓN DE OBRA LITERARIA EN OBRA AUDIOVISUAL

En ...., a .... de .... de ....

REUNIDOS

De una parte, D./Dña. ...., mayor de edad, con D.N.I. ...., en nombre y representación de la compañía .... domiciliada en ...., calle ...., inscrita en el Registro Mercantil de ...., tomo......, folio....., inscripción ....., con nº de CIF .... (en lo sucesivo, el **CEDENTE**).

De otra parte, D./Dña. ...., mayor de edad, con D.N.I. ...., en nombre y representación de la compañía .... domiciliada en ...., calle ...., inscrita en el Registro Mercantil de ...., tomo......, folio....., inscripción ....., con nº de CIF .... (en lo sucesivo, el **CESIONARIO**).

EXPONEN

I. Que en el marco de las actividades desarrolladas por el CESIONARIO, éste se halla interesado en obtener del CEDENTE un derecho de opción de compra de los derechos de transformación en orden a realizar la adaptación de la obra literaria titulada .... a obra audiovisual.

II. Que el CEDENTE se halla legitimado para otorgar el presente en virtud del contrato firmado en su día con el autor de la citada obra por medio del cual adquirió la calidad de agente (contrato que se adjunta como Anexo 1).

III. Que, en méritos de todo lo anterior, ambas partes, reconociéndose la capacidad legal suficiente, celebran el presente contrato y, a tal efecto,

ACUERDAN

PRIMERO.– CONCESIÓN DEL DERECHO DE OPCIÓN

El CEDENTE concede al CESIONARIO un derecho de opción exclusivo y preferente para adquirir los derechos de transformación de la obra literaria titulada "............" (en adelante, la "Obra Literaria") para su adaptación en una obra audiovisual (en adelante, la "Obra Audiovisual"), en la máxima amplitud posible, incluyendo la facultad de producir largometrajes, series, remakes, secuelas, precuelas, spin-offs y cualquier otra obra derivada, en cualquier idioma y formato, conforme a lo dispuesto en la normativa de aplicación.

SEGUNDO.– PRECIO Y CONDICIONES ECONÓMICAS

El precio por la concesión del derecho de opción asciende a la cantidad de .... euros, que el CESIONARIO abonará al CEDENTE en el momento de la firma del presente contrato. Dicha cantidad tendrá la consideración de pago a cuenta del precio total de la cesión de derechos, en caso de que el CESIONARIO ejercite la opción en los términos previstos.

TERCERO.– PLAZO PARA EL EJERCICIO DE LA OPCIÓN

El plazo para el ejercicio del derecho de opción será de .... meses, contados desde la fecha de firma del presente contrato, prorrogable por otros .... meses mediante notificación fehaciente y pago de la cantidad pactada para la prórroga. La comunicación podrá realizarse mediante transferencia bancaria dentro del plazo, que tendrá efectos de notificación fehaciente.

Transcurrido dicho plazo sin que el CESIONARIO haya ejercitado la opción en la forma prevista, el CEDENTE quedará plenamente liberado de las obligaciones asumidas en virtud del presente contrato, pudiendo disponer libremente de los derechos de adaptación audiovisual de la Obra, sin limitación ni restricción alguna.

CUARTO.– PROHIBICIÓN DE CESIÓN Y FACULTADES DE NEGOCIACIÓN

El presente contrato no podrá ser cedido, total o parcialmente, por ninguna de las partes sin el consentimiento previo, expreso y por escrito de la otra parte.

No obstante lo anterior, durante el período de vigencia de la opción, el CESIONARIO podrá entablar negociaciones con terceros para la formalización de contratos relacionados con la producción audiovisual basada en la Obra, sin que ello implique cesión de derechos ni vinculación alguna para el CEDENTE hasta el ejercicio efectivo de la opción.

QUINTO.– CAUSAS DE EXTINCIÓN ANTICIPADA

El presente contrato podrá extinguirse antes del vencimiento del plazo estipulado en la cláusula tercera por las siguientes causas:

1. Mutuo acuerdo entre las partes, formalizado por escrito.

2. Resolución unilateral por cualquiera de las partes, en caso de incumplimiento total o parcial de las obligaciones establecidas en el presente contrato o en la normativa aplicable, previa notificación fehaciente a la parte incumplidora, y sin perjuicio del derecho de la parte cumplidora a reclamar las indemnizaciones que correspondan por los daños y perjuicios ocasionados.

SEXTO.– NOTIFICACIONES

Todas las comunicaciones y/o notificaciones relacionadas con el presente contrato deberán realizarse por escrito y enviarse a los domicilios indicados en el encabezamiento del contrato, mediante medios que permitan acreditar su recepción (correo certificado, burofax o equivalente).

Cualquier cambio de domicilio a efectos de notificaciones deberá ser comunicado a la otra parte con una antelación mínima de .... días.

SÉPTIMO.– LEY APLICABLE, JURISDICCIÓN Y COMPETENCIA

El presente contrato se regirá e interpretará conforme a la legislación española vigente.

Para la interpretación, cumplimiento y ejecución del presente contrato, así como para la resolución de cualquier controversia derivada del mismo, las partes se someten expresamente a la jurisdicción de los Tribunales de ...., con renuncia a cualquier otro fuero que pudiera corresponderles.

Y en prueba de conformidad, las partes firman en presente contrato por duplicado ejemplar y a un solo efecto, en la ciudad y fecha indicadas en el encabezamiento.

El CEDENTE El CESIONARIO

V. PINTURA ARTÍSTICA Y ESCULTURA

SUMARIO. F119. CONTRATO DE PROMESA DE COMPRAVENTA DE OBRA DE ARTE. F120. CONTRATO PRIVADO DE COMPRAVENTA DE OBRA DE ARTE. F121. ESCRITURA DE COMPRAVENTA DE OBRA DE ARTE (I). F122. ESCRITURA DE COMPRAVENTA DE OBRA DE ARTE (II). F123. CONTRATO DE COMODATO DE BIEN CULTURAL (I). F124. CONTRATO DE COMODATO DE BIEN CULTURAL (II). F125. ACTA DE RECEPCIÓN DE OBRA DE ARTE PARA EXHIBICIÓN TEMPORAL EN MUSEO.

F119. CONTRATO DE PROMESA DE COMPRAVENTA DE OBRA DE ARTE

En.............., a.................

REUNIDOS

De una parte, por la PROMITENTE VENDEDORA.–

.........., mayor de edad, con domicilio en.......... y, provista de DNI nº..........

Y de otra, por la PROMITENTE COMPRADORA.–

D..........., mayor de edad, empresario, vecino de......... y provisto de DNI nº.............

INTERVIENEN

DOÑA........... (titular de la Colección........), interviene en su propio nombre y derecho,

El Sr.........., interviene en nombre y representación de la mercantil............, con domicilio social en.......... y CIF.........., en su calidad de Administrador único de la misma, tal y como consta inscrito en el Registro mercantil de.........., estando plenamente vigente dicho cargo y/o poder, y siendo suficiente para este otorgamiento, tal y como asegura el compareciente,

Todos los comparecientes en los conceptos indicados tienen, y mutuamente se reconocen, capacidad legal suficiente para otorgar y dotar de eficacia al presente CONTRATO DE PROMESA DE COMPRAVENTA, y a tal fin, libre y voluntariamente,

EXPONEN

I.– Que DOÑA.........., es dueña de las siguientes obras de arte:

1.– OBRA denominada.................

Se acredita la autenticidad de la citada obra, con certificado expedido por........... de fecha.............., que se acompaña como ANEXO I.1 a este documento.

Le pertenece a DOÑA........ por título de adquisición por disolución de sociedad de gananciales y donación de su difunto esposo, efectuada el día...............

Está libre de cargas y gravámenes, en perfectas condiciones de conservación y no ha sido declarada BIC ni incluida en el Inventario General de Bienes Muebles, según manifiesta su propietaria y resulta del Informe de Conservación y mapa de daños realizado por............. de fecha........., que se acompaña como ANEXO I.2.

2.– OBRA denominada..................

Se acredita la autenticidad de la citada obra, con certificado expedido por........... de fecha..........., que se acompaña como ANEXO II.1 a este documento.

Le pertenece a........... por título de adquisición por disolución de sociedad de gananciales y donación de su difunto esposo, efectuada el día...........

Está libre de cargas y gravámenes, en perfectas condiciones de conservación y no ha sido declarada BIC ni incluida en el Inventario General de Bienes Muebles, según manifiesta su propietaria y resulta del Informe de Conservación y mapa de daños realizado por............. de fecha........., que se acompaña como ANEXO II.2

3.– OBRA denominada..................

Se acredita la autenticidad de la citada obra, con certificado expedido por........... de fecha..........., que se acompaña como ANEXO II.1 a este documento.

Le pertenece a........... por título de adquisición por disolución de sociedad de gananciales y donación de su difunto esposo, efectuada el día...........

Está libre de cargas y gravámenes, en perfectas condiciones de conservación y no ha sido declarada BIC ni incluida en el Inventario General de Bienes Muebles, según manifiesta su propietaria y resulta del Informe de Conservación y mapa de daños realizado por............. de fecha........., que se acompaña como ANEXO II.2.

4.– OBRA denominada..................

Se acredita la autenticidad de la citada obra, con certificado expedido por........... de fecha..........., que se acompaña como ANEXO II.1 a este documento.

Le pertenece a........... por título de adquisición por disolución de sociedad de gananciales y donación de su difunto esposo, efectuada el día...........

Está libre de cargas y gravámenes, en perfectas condiciones de conservación y no ha sido declarada BIC ni incluida en el Inventario General de Bienes Muebles, según manifiesta su propietaria y resulta del Informe de Conservación y mapa de daños realizado por............. de fecha........., que se acompaña como ANEXO II.2.

II.– Que DOÑA.......... ha depositado las obras objeto de este contrato mencionadas en el expositivo anterior a favor del MUSEO.........., sito en la calle..........., sin perjuicio de los compromisos que asume en virtud de este contrato respecto del.............

III.– Que la mercantil.............., está interesada en adquirir por compraventa las cuatro obras de arte descritas en el expositivo primero.

IV.– Y siendo así, habiendo alcanzado las partes acuerdo al respecto, convienen en obligarse y suscribir el presente CONTRATO DE PROMESA DE COMPRAVENTA, que se regirá en adelante por las siguientes:

CLÁUSULAS

PRIMERA.– DOÑA............., se compromete a vender y transmitir a............., que representado en este acto por Don.............., se compromete a comprar y adquirir, el pleno dominio de las obras descritas en el Expositivo I de este documento, en perfectas condiciones de estado y conservación, como cuerpo cierto, con cuántos derechos le son inherentes o accesorios y en el estado de libre de cargas y gravámenes.

Durante el tiempo estipulado previo a la traslación del dominio, DOÑA.......... tendrá las obras a que se refiere este contrato temporalmente cedidas al MUSEO.........., a quien podrá informársele de la existencia de este contrato a juicio y voluntad de..............

La promesa de vender y comprar, respectivamente, no podrá ser considerada como una mera declaración de intenciones, sino como un verdadero contrato, con los derechos y obligaciones que se derivan del art. 1.451 del Código Civil, por existir conformidad entre las partes en el objeto y precio de la futura compraventa. En consecuencia, DOÑA......... no podrá vender las obras a ningún tercero ajeno a........... de no mediar previamente la renuncia de éste o su autorización fehaciente.

SEGUNDA.– El precio de la futura compraventa es de un total de............., individualizándose dicho precio por cada una de las obras de la siguiente forma:

1.– OBRA denominada............:............€

2.– OBRA denominada............:............€

3.– OBRA denominada............:............€

4.– OBRA denominada............:............€

TERCERA.– El pago de la cantidad arriba indicada se realizará por......... a DOÑA.......... en un plazo no superior a........ meses desde la firma del contrato, coincidiendo con el otorgamiento de la escritura pública de compraventa, mediante cheque bancario en favor de la vendedora, momento en que el comprador adquirirá el pleno dominio de las obras y será libre de continuar o no con la cesión de las obras al MUSEO............

La fecha exacta de otorgamiento de la citada escritura será comunicada por doña......... a......... con una antelación mínima de.... días.

CUARTA.– La escritura pública de compraventa se otorgará ante el Notario de......... Don..............................., o quien le sustituya en el protocolo, en el plazo indicado en la cláusula anterior.

Los gastos e impuestos que se produzcan como consecuencia del otorgamiento de la escritura pública de compraventa serán satisfechos de conformidad con la Ley.

QUINTA.– Se hace constar que las OBRAS cuya compraventa se compromete en este contrato han sido depositadas por DOÑA............. en la sede e instalaciones del MUSEO............ de conformidad con el acta de recepción de fecha......... y en virtud de convenio que se acompaña como ANEXO V. El depósito de las obras durará, al menos, hasta que llegue a perfeccionarse la compraventa, momento en que......... será libre para decidir si continuar con él a su nombre o finalizarlo.

SEXTA.– El presente contrato podrá resolverse en los supuestos contemplados en la ley. Será causa especial de resolución el incumplimiento por parte de............ de su obligación de formalizar escritura pública de compraventa y consiguiente pago en los términos y fechas indicadas.

Si transcurrido el plazo de.... meses desde la fecha de firma de este documento, DOÑA............. no comunicara a la compradora fecha y hora para la firma de la escritura de compraventa ante el Notario............ o por quien protocolo le sustituya, ello facultará a...... a elevar a público mediante acta notarial este contrato, depositando en dicho notario el importe del precio de la compraventa y pudiendo tomar las acciones legales que a su derecho convenga, incluyendo la reclamación de daños y perjuicios que le pudiera asistir.

SÉPTIMA.– El presente contrato no podrá ser objeto de cesión por las partes sin el previo consentimiento escrito y fehaciente de la otra parte.

OCTAVA.– Ambas partes se someten voluntariamente a los Tribunales del término jurisdiccional de........, con renuncia expresa a cualquier otro fuero y domicilio que pudiera corresponderles.

Y en prueba de conformidad, firman el presente documento, por triplicado, en el lugar y fecha arriba indicado.

F120. CONTRATO PRIVADO DE COMPRAVENTA DE OBRA DE ARTE

En................, a...........

REUNIDOS

De una parte, por la PARTE VENDEDORA.–

D..............., mayor de edad, agente exclusivo, vecino de....................... y, provisto de DNI n°...............

Y de otra, por la PARTE COMPRADORA.–

D.............., mayor de edad, empresario, vecino de........... y provisto de DNI n°................

INTERVIENEN

La parte vendedora, el Sr............., en nombre y representación de .... (Colección de arte...........), mayor de edad, con domicilio en............, en su calidad de agente exclusivo y mandatario autorizado según.............., que se acompaña a este documento como ANEXO I, estando plenamente vigente dicho cargo y/o poder, y siendo suficiente para este otorgamiento, tal y como asegura el compareciente,

Por su parte, el Sr............, interviene en nombre y representación de la mercantil................., con domicilio social en.......... y CIF......, en su calidad de Administrador único de la misma, tal y como consta inscrito en el Registro mercantil de........., estando plenamente vigente dicho cargo y/o poder, y siendo suficiente para este otorgamiento, tal y como asegura el compareciente,

Todos los comparecientes en los conceptos indicados tienen, y mutuamente se reconocen, capacidad legal suficiente para otorgar y dotar de eficacia al presente CONTRATO, y a tal fin, libre y voluntariamente,

EXPONEN

I.– Que DOÑA..........., es dueña de las siguientes obras de arte:

1.– OBRA denominada.................

Se acredita la autenticidad de la citada obra, con certificado expedido por............ de fecha.............., que se acompaña como ANEXO I.1 a este documento.

Le pertenece a DOÑA........ por título de adquisición por disolución de sociedad de gananciales y donación de su difunto esposo, efectuada el día...............

Está libre de cargas y gravámenes, en perfectas condiciones de conservación y no ha sido declarada BIC ni incluida en el Inventario General de Bienes Muebles, según manifiesta su propietaria y resulta del Informe de Conservación y mapa de daños realizado por............. de fecha........., que se acompaña como ANEXO I.2.

2.– OBRA denominada.................

Se acredita la autenticidad de la citada obra, con certificado expedido por........... de fecha............., que se acompaña como ANEXO I.1 a este documento.

Le pertenece a DOÑA....... por título de adquisición por disolución de sociedad de gananciales y donación de su difunto esposo, efectuada el día...............

Está libre de cargas y gravámenes, en perfectas condiciones de conservación y no ha sido declarada BIC ni incluida en el Inventario General de Bienes Muebles, según manifiesta su propietaria y resulta del Informe de Conservación y mapa de daños realizado por............. de fecha........., que se acompaña como ANEXO I.2.

3.– OBRA denominada.................

Se acredita la autenticidad de la citada obra, con certificado expedido por........... de fecha............., que se acompaña como ANEXO I.1 a este documento.

Le pertenece a DOÑA....... por título de adquisición por disolución de sociedad de gananciales y donación de su difunto esposo, efectuada el día...............

Está libre de cargas y gravámenes, en perfectas condiciones de conservación y no ha sido declarada BIC ni incluida en el Inventario General de Bienes Muebles, según manifiesta su propietaria y resulta del Informe de Conservación y mapa de daños realizado por............. de fecha........., que se acompaña como ANEXO I.2.

4.– OBRA denominada.................

Se acredita la autenticidad de la citada obra, con certificado expedido por........... de fecha............., que se acompaña como ANEXO I.1 a este documento.

Le pertenece a DOÑA....... por título de adquisición por disolución de sociedad de gananciales y donación de su difunto esposo, efectuada el día...............

Está libre de cargas y gravámenes, en perfectas condiciones de conservación y no ha sido declarada BIC ni incluida en el Inventario General de Bienes Muebles, según manifiesta su propietaria y resulta del Informe de Conservación y mapa de daños realizado por............. de fecha........., que se acompaña como ANEXO I.2.

II.– Que la mercantil............, está interesada en adquirir por compraventa las cuatro obras de arte descritas en el expositivo primero, siendo plena conocedora la citada mercantil del estado físico y jurídico de las mismas y que expresamente acepta.

III.– Y siendo así, habiendo alcanzado las partes acuerdo al respecto, convienen en obligarse y suscribir el presente CONTRATO DE COMPRAVENTA, que se regirá en adelante por las siguientes:

CLÁUSULAS

PRIMERA.– DOÑA............., representada en este acto por Don..............., vende y transmite a.............., que representado en este acto por Don........... compra, adquiere y recibe para su representante, el pleno dominio de las obras descritas en el Exponen I de este documento, en perfectas condiciones de estado y conservación, como cuerpo cierto, con cuántos derechos le son inherentes o accesorios y en el estado de libre de cargas y gravámenes.

SEGUNDA.– El precio de esta compraventa, según manifiestan los comparecientes, es de un total de........... euros individualizándose dicho precio por cada una de las obras de la siguiente forma:

1.– OBRA denominada...........:.......... €

2.– OBRA denominada...........:.......... €

3.– OBRA denominada...........:.......... €

4.– OBRA denominada...........:.......... €

TERCERA.– El pago de la cantidad arriba indicada se realizará por la compradora en el plazo máximo de.. meses contados desde la firma del presente documento, coincidiendo con el otorgamiento de la escritura pública de compraventa, mediante cheque bancario en favor de la vendedora o persona designada por ella, de conformidad con la estipulación siguiente.

CUARTA.– El presente contrato de compraventa se elevará a escritura pública ante el Notario de......... Don................, o quien le sustituya en el protocolo, en un plazo no superior a.... meses desde la firma de este contrato, debiendo, la parte vendedora comunicar a la parte compradora con un plazo mínimo de.. días, la fecha y hora para la correspondiente firma.

Las partes acuerdan que la escritura pública se otorgará, y por tanto también el pago del precio, a favor de la persona o personas, físicas o jurídicas, que la compradora designe, sin que ello suponga modificación del contenido del contrato en ninguno de sus extremos.

Los gastos e impuestos que se produzcan como consecuencia del otorgamiento de la escritura pública de compraventa serán satisfechos de conformidad con la Ley.

Así mismo, la vendedora se compromete a no realizar a partir de la fecha de firma del presente contrato, ningún tipo de acto o contrato de disposición o gravamen sobre las obras objeto de compraventa, así como a no realizar actos que pudieran suponer, directa o indirectamente, una minoración del valor de las mismas.

QUINTA.– Siendo parte esencial del acuerdo, las partes convienen hacer entrega de la posesión de las 4 obras objeto de este contrato en el plazo de.. días siguientes a la firma del presente, aun cuando no se haya formalizado ante notario la compraventa.

Esta entrega se realiza bajo la premisa de que LAS OBRAS serán depositadas directamente en la sede e instalaciones del MUSEO.........., asumiendo la parte VENDEDORA todos los gastos derivados del traslado de la obra a las instalaciones especificadas, verificándose en el momento de recepción por el MUSEO..... el buen estado de las mismas.

Al mismo tiempo LA COMPRADORA,.......... junto con el MUSEO.......... asumen todos los gastos del seguro, con una cobertura a todo riesgo del valor convenido (......... €) de las obra durante el período de tiempo de duración entre la entrega de las obras y su depósito en el MUSEO....... (al menos.. meses) y hasta el momento que se perfeccione la compraventa ante notario conforme a lo estipulado en la cláusula CUARTA de este contrato.

Una vez elevado a público la correspondiente escritura de compraventa ante notario, la parte compradora podrá, siempre bajo el mejor criterio de conservación y cuidado de las obras, proceder al cambio de ubicación de las mismas, así como su libre disposición.

SEXTA.– El incumplimiento por parte de LA COMPRADORA de su obligación de pago o en caso de no perfeccionarse la compraventa por la no asistencia en el día y hora notificada por la VENDEDORA, facultará a LA VENDEDORA para exigir su cumplimiento o resolver el presente Contrato y recuperar la plena posesión de LAS OBRAS.

Si transcurrido el plazo de.. meses desde la fecha de firma de este documento, sin que la VENDEDORA comunique a la compradora fecha y hora para la firma de escritura de compraventa ante el Notario............ o por quien protocolo le sustituya, facultará a la COMPRADORA a elevar a público mediante acta notarial este contrato, exigiendo su cumplimiento y pudiendo tomar las acciones legales que a su derecho convenga, incluyendo la reclamación de daños y perjuicios que le pudiera asistir.

SÉPTIMA.– Ambas partes se someten voluntariamente a los Tribunales del término jurisdiccional de......., con renuncia expresa a cualquier otro fuero y domicilio que pudiera corresponderles.

Y en prueba de conformidad, firman el presente documento, por triplicado, en el lugar y fecha arriba indicado.

F121. ESCRITURA DE COMPRAVENTA DE OBRA DE ARTE (I)

NÚMERO

En.........., ...

Ante mí,............., Notario de............. y de su Ilustre Colegio,

COMPARECEN:

DE UNA PARTE.– DOÑA............. (familiarmente y entre sus amistades conocida por el sólo nombre de..........), mayor de edad, casada, vecina de.............. provista de Documento Nacional de Identidad y Número de Identificación Fiscal............

DOÑA.............. (familiarmente y entre sus amistades conocida por el sólo nombre de............), mayor de edad, divorciada, vecina de..............., provista de Documento Nacional de Identidad y Número de Identificación Fiscal.................

Don.............. (familiarmente y entre sus amistades conocido por el sólo nombre de..........), mayor de edad, casado, vecino de............ provisto de Documento Nacional de Identidad y Número de Identificación Fiscal..............

DOÑA............... (familiarmente y entre sus amistades conocida por el sólo nombre de..............), mayor de edad, soltera, vecina de............, provista de Documento Nacional de Identidad y Número de Identificación Fiscal...........

Y DE OTRA.–.........., mayor de edad,...................

INTERVIENEN:

Todos ellos en su propio nombre y derecho.

Tienen, a mi juicio, los comparecientes, según intervienen, capacidad para otorgar esta Escritura, y,

EXPONEN:

I.– Que............., son dueños, por CUARTAS e IGUALES PARTES INDIVISAS, de lo siguiente:

OBRA denominada..................

Se acredita la autenticidad de la citada obra, con certificado expedido por Doña............., cuya firma en este acto legitimo. Los propietarios me exhibe y entregan el original del referido certificado, que yo notario incorporo a esta matriz.

TÍTULO.– Les pertenece, en la proporción indicada, por herencia de su madre Doña.........., según escritura de adjudicación de adición de herencia otorgada ante mí hoy con el número de protocolo anterior al de la presente

CARGAS.– Libre de cargas y gravámenes, y en perfectas condiciones de conservación según manifiestan sus propietarios, quienes igualmente manifiestan que no existe ninguna limitación para la transmisión a la compradora de la referida obra. No obstante yo, el Notario, hago la advertencia reglamentaria.

II.– Y que, llevando a efecto lo convenido, los señores comparecientes, según intervienen, otorgan la presente escritura de COMPRAVENTA, con arreglo a las siguientes:

ESTIPULACIONES:

PRIMERA.–..............., venden y transmiten a............., que compra y adquiere, el pleno dominio de la obra descrita en la exposición de esta escritura, en perfectas condiciones de estado y conservación, con cuántos derechos le son inherentes o accesorios y en el estado de libre de cargas y gravámenes.

La entrega de la obra por parte de los vendedores al comprador, no se realiza en este acto ni a través de la presente escritura sino que se lleva a cabo.......... y así se obligan los vendedores. En tanto en cuento no se lleve a cabo la entrega del cuadro, el riesgo de la perdida o deterioro de la obra aquí vendida corresponde a la parte vendedora

SEGUNDA.– El precio de esta compraventa, según manifiestan los comparecientes, es de................ euros que se abonan íntegramente en este acto mediante ocho cheques bancarios nominativos a favor de la parte vendedora procedentes de la cuenta de la que la compradora es titular número..............; copia de dichos cheques, fiel y exacta reproducción de sus originales que tengo a la vista y he cotejado, dejo incorporada a la presente.

Por los indicados importes recibidos, otorga la parte vendedora a favor de la parte compradora, carta de pago.

Yo el Notario advierto expresamente de la necesidad de acreditar el medio de pago utilizado en los términos previstos en la Ley 36/2006 de 29 de noviembre, de Medidas para la Prevención del Fraude Fiscal.

TERCERA.– Todos los gastos e impuestos que se originen con motivo del otorgamiento de ésta escritura serán soportados por las partes con arreglo a Ley, con la excepción de los gastos notariales del otorgamiento de esta escritura que será soportada por la compradora.

Además, se exceptúan los honorarios de intermediación de la Entidad.......... con domicilio en............ con CIF............, cuyo representante legal es Don..........., con DNI número............., que serán satisfechos por la parte vendedora.

CUARTA.– Cualquier trámite o actuación administrativa que fuere precisa o consecuencia de la presente compraventa corresponde llevarla a cabo a la parte vendedora.

Los intervinientes aceptan la incorporación de sus datos y la copia del documento de identidad a los ficheros de la Notaría con la finalidad de realizar las funciones propias de la actividad notarial y efectuar las comunicaciones de datos previstas en la Ley de las Administraciones Públicas y, en su caso, al Notario que suceda al actual en la plaza. Puede ejercitar sus derechos de acceso, rectificación, cancelación y oposición en la Notaría autorizante.

Hago las reservas y advertencias legales y, en especial, a efectos fiscales, la de que el plazo para presentar esta escritura a liquidación es el de treinta días hábiles, a contar desde hoy, la de la responsabilidad en que incurriría el sujeto pasivo de no efectuar dicha presentación, la de quedar la finca afecta al pago del impuesto correspondiente y la relativa a las consecuencias que puede originar la inexactitud de sus declaraciones.

Y yo, el Notario, DOY FE:

a.– De haber identificado a los comparecientes por medio de sus documentos identificativos, reseñados en la comparecencia, que me han sido exhibidos.

b.– De que los comparecientes, a mi juicio, tienen capacidad y están legitimados para el presente otorgamiento.

c.– De que el otorgamiento se adecua a la legalidad y a la voluntad libre y debidamente informada de los comparecientes.

d.– De haber leído este instrumento público a los otorgantes, previamente advertidos de su derecho a hacerlo por si, que han ejercido, y de que manifiestan haber quedado debidamente enterados del íntegro contenido del mismo, al que prestan su consentimiento, todo ello conforme al artículo 193 del Reglamento Notarial.

F122. ESCRITURA DE COMPRAVENTA DE OBRA DE ARTE (II)

ESCRITURA DE COMPRAVENTA DE OBRA DE ARTE, OTORGADA ENTRE

Don........... Y DON.................

NÚMERO

En.............., a...................

Ante mí,..........., Notario de............. y de su Ilustre Colegio, personado, previo requerimiento, en............., a solicitud del Sr.........,.................... COMPARECEN:

DE UNA PARTE.– DON..........., mayor de edad, empresario, vecino de..............., provisto de Documento Nacional de Identidad y Número de Identificación Fiscal...........

Y DE OTRA.– DON.............., de nacionalidad española, mayor de edad, soltero, empresario, vecino de..........., con Documento Nacional de Identidad y Número de identificación fiscal................

INTERVIENEN:

El primero en su propio nombre y derecho.

Y el último, como Apoderado, en nombre y representación de DON..........., de nacionalidad española, mayor de edad, casado en régimen de gananciales con Doña............, en virtud del poder especial y expreso para la operación que se realiza mediante esta escritura, que le tiene conferido según escritura, otorgada en.........., el día....., ante el Notario, Don......., con el número........ de su protocolo, copia autorizada de la cual tengo a la vista, y se acompañará a la que de la presente sea expedida, donde fuere menester...............................

Asevera el compareciente que el poder de referencia no le ha sido limitado, suspenso ni revocado.......................................

A los efectos prevenidos en el artículo 98 de la Ley 24/2001, y de conformidad con lo dispuesto en el Reglamento Notarial, hago constar que a mi juicio son suficientes las facultades representativas acreditadas para el otorgamiento de la presente escritura, en los términos que a continuación se indican.......................................

Tienen, a mi juicio, los comparecientes, según intervienen, capacidad para otorgar esta Escritura, y,

EXPONEN:

I.– Que DON..........., es dueño de lo siguiente:

OBRA denominada..................

Se acredita la autenticidad de la citada obra, con certificado expedido por Doña............, que me exhiben y del que deduzco fotocopia que dejo incorporada a esta matriz.

TÍTULO.– El compareciente manifiesta que le pertenece por compraventa a........... en fecha.............., careciendo de cualquier justificante o factura que acredite dicha titularidad, según resulta del acta de manifestación y protocolización instada por el mismo Sr......... ante el notario de........, Don............, el........, con número de protocolo....., que me exhibe el original.

CARGAS.– Libre de cargas y gravámenes, y en perfectas condiciones de conservación según manifiesta su propietario y resulta del Informe de Conservación realizado por................, provisto de Documento Nacional de Identidad......., del que el propietario me exhibe el original del que yo el Notario deduzco fotocopia que dejo incorporada a esta matriz.–.................................

El propietario igualmente manifiesta que no existe ninguna limitación para la transmisión a la compradora de la referida. No obstante yo, el Notario, hago la advertencia reglamentaria.

II.– Y que, llevando a efecto lo convenido, los señores comparecientes, según intervienen, otorgan la presente escritura de COMPRAVENTA, con arreglo a las siguientes:

ESTIPULACIONES:

PRIMERA.– DON..............., vende y transmite a DON............., que representado en este acto por Don............... compra, adquiere y recibe para su representante, el pleno dominio de la obra descrita en la exposición de esta escritura, en perfectas condiciones de estado y conservación, con cuántos derechos le son inherentes o accesorios y en el estado de libre de cargas y gravámenes.

La obra, por tanto, queda puesta en poder y posesión de la parte compradora, a su satisfacción, en este acto y en presencia del infrascrito.

SEGUNDA.– El precio de esta compraventa, según manifiestan los comparecientes, es de................ euros que se abonan íntegramente en este acto mediante un cheques bancario nominativos a favor de la parte vendedora procedentes de la cuenta de la que la compradora es titular número...............; copia de dicho cheque, fiel y exacta reproducción de su original que tengo a la vista y he cotejado, dejo incorporada a la presente.

Por el indicado importe recibido, otorga la parte vendedora a favor de la parte compradora, carta de pago.

Yo el Notario advierto expresamente de la necesidad de acreditar el medio de pago utilizado en los términos previstos en la Ley 36/2006 de 29 de noviembre, de Medidas para la Prevención del Fraude Fiscal.

TERCERA.– Todos los gastos e impuestos que se originen con motivo del otorgamiento de ésta escritura serán soportados por las partes con arreglo a Ley, con la excepción de los gastos notariales del otorgamiento de esta escritura que será soportada por la compradora.

Además, se exceptúan los honorarios de intermediación de la Entidad.........., con domicilio en.........., de..... con CIF..........., cuyo representante legal es............., con DNI número......., que serán satisfechos por la parte vendedora.

CUARTA.– Cualquier trámite o actuación administrativa que fuere precisa o consecuencia de la presente compraventa corresponde llevarla a cabo a la parte vendedora.

Los intervinientes aceptan la incorporación de sus datos y la copia del documento de identidad a los ficheros de la Notaría con la finalidad de realizar las funciones propias de la actividad notarial y efectuar las comunicaciones de datos previstas en la Ley de las Administraciones Públicas y, en su caso, al Notario que suceda al actual en la plaza. Puede ejercitar sus derechos de acceso, rectificación, cancelación y oposición en la Notaría autorizante.

Hago las reservas y advertencias legales y, en especial, a efectos fiscales, la de que el plazo para presentar esta escritura a liquidación es el de treinta días hábiles, a contar desde hoy, la de la responsabilidad en que incurriría el sujeto pasivo de no efectuar dicha presentación, la de quedar la finca afecta al pago del impuesto correspondiente y la relativa a las consecuencias que puede originar la inexactitud de sus declaraciones.

Y yo, el Notario, DOY FE:

a.– De haber identificado a los comparecientes por medio de sus documentos identificativos, reseñados en la comparecencia, que me han sido exhibidos.

b.– De que los comparecientes, a mi juicio, tienen capacidad y están legitimados para el presente otorgamiento.

c.– De que el otorgamiento se adecua a la legalidad y a la voluntad libre y debidamente informada de los comparecientes.

d.– De haber leído este instrumento público a los otorgantes, previamente advertidos de su derecho a hacerlo por si, que han ejercido, y de que manifiestan haber quedado debidamente enterados del íntegro contenido del mismo, al que prestan su consentimiento, todo ello conforme al artículo 193 del Reglamento Notarial.

e.– De que el presente instrumento público queda extendido en seis folios de papel timbrado de uso exclusivo para documentos notariales, serie................................, yo, el Notario, doy fe.

F123. CONTRATO DE COMODATO DE BIEN CULTURAL (I)

En......... a....... de...... de..........

REUNIDOS

De una parte, Doña........., en su calidad de concejala del Ayuntamiento de..........

De otra, don............, con DNI............. en su calidad de propietario de las obra relacionada en la cláusula primera, actuando en nombre propio.

Ambas partes se reconocen mutuamente plena competencia y capacidad para celebrar el presente contrato y

MANIFIESTAN

PRIMERO.– El Museo.......... (en adelante COMODATARIO) es un Museo de Titularidad municipal gestionado por la concejalía del Ayuntamiento de......... de Patrimonio artístico y cultural, sito en..............

SEGUNDO.– D............. (en adelante el COMODANTE) es propietario de los bienes que se relacionan en la cláusula primera y expresa su voluntad de cederlo en concepto de comodato al..............

El Museo............, por su parte considera de interés público exponer y difundir los citados bienes en este Museo que es referente de la vida y obra del pintor...........

Conforme a lo expuesto se conviene celebrar el presente contrato de comodato sujeto a las siguientes

CLÁUSULAS

PRIMERA.– DESCRIPCIÓN DE LA OBRA

El COMODANTE entrega en comodato al COMODATARIO las siguientes obras de arte:.................

SEGUNDA.– OBJETO

La obra se cede al Museo......... para su exhibición pública durante el plazo del comodato. La obra deberá estar expuesta en todo momento en un espacio que ofrezca las medidas de seguridad y conservación necesarias, durante todo el plazo de duración del presente comodato. En la exposición de las obras se utilizarán los créditos "Comodato de colección particular".

TERCERA.– CONSERVACIÓN

El COMODANTE entrega la citada obra de arte en perfecto estado de conservación, según análisis previo.

Mientras la obra se encuentre en poder del Museo en cumplimiento de lo especificado en el presente contrato, el Museo se compromete a conservarla custodiarla, a su exclusiva cuenta, cargo y riesgo, con el cuidado y la diligencia debida, teniendo siempre en cuenta la fragilidad, el valor, y la imposibilidad de reposición de la misma, con un debido control de la temperatura, humedad y luminosidad ambiental adecuada. Igualmente, se responsabiliza de la restauración de cualquier daño que pudiera sufrir durante la permanencia de las obra en su poder, aunque sea por causa ajena al propio Museo. El Museo no podrá limpiar la obra, ni restaurarla, ni someterla a ningún tipo de examen técnico científico sin la expresa autorización por escrito del COMODANTE.

En caso de peligro para la integridad y buen estado de conservación de la obra de arte, el Museo deberá actuar de forma diligente para protegerla, comunicando dicha circunstancia al COMODANTE a la mayor brevedad.

El COMODANTE se reserva el derecho a efectuar las inspecciones técnicas y de seguridad que considere necesarias.

CUARTA.– DURACIÓN DEL CONTRATO

Este comodato se pacta por un plazo de........... a partir de la fecha del presente contrato, y se presumirá renovado tácitamente a partir del vencimiento de dicho plazo inicial por periodos anuales, si ninguna de las partes manifiesta por escrito su intención de finalizarlo con tres meses de antelación a la fecha de conclusión del comodato o cualquiera de sus prórrogas.

QUINTA.– RESTITUCIÓN

El COMODATARIO se obliga a la restitución de la obra de arte en el momento de la finalización del presente contrato o prórroga vigente. Esta obligación es consustancial al presente acuerdo. La entrega que el COMODANTE realiza de estas obras de arte no entraña la transmisión de la propiedad sobre dicha obra ni la atribución al COMODATARIO de un derecho particular de uso y disfrute sobre las mismas.

SEXTA.– EMBALAJE, TRANSPORTE Y GASTOS

El COMODATARIO se encargará, a su coste, del embalaje y transporte de la obra al Museo............, sito en.............. Dicho cuadro se encuentra en el momento de entrega en.........., donde será recogido por el COMODATARIO.

Todos los gastos para restituir el objeto del comodato al domicilio del COMODANTE serán a cargo del COMODATARIO.

Estos gastos se realizarán de conformidad con la disponibilidad presupuestaria y con arreglo a lo establecido en la Ley de Contratos del Sector Público, así como en la Ley General Presupuestaria.

Las operaciones de desembalaje en el momento de la entrega de la obra deberán ser presenciada y conformada por un técnico que el Museo designe y por un representante del COMODANTE, si así fuese designado. El representante del Museo redactará un acta de entrega detallando el estado de conservación de la obra, que incluirá fotografías de la misma, y remitirá una copia al propietario.

El Museo procederá a la contratación de un seguro sobre la obra en la modalidad "clavo a clavo" a todo riesgo que cubra el tránsito de la obra desde su lugar de recogida hasta el Museo, y viceversa en el retorno de las misma. El seguro deberá reflejar la valoración a efectos de su aseguramiento, y en el mismo el COMODATARIO será el tomador del seguro y el COMODANTE el beneficiario en caso de siniestro. Así mismo se establecerá una "cláusula de demérito" en el seguro para cubrir una indemnización, en caso de producirse un daño que pueda restaurarse, por la disminución del valor económico de la obra derivada de ese hecho.

Cualesquiera otros gastos derivados del comodato que constituye el objeto del presente acuerdo correrán a cargo del COMODATARIO, incluyendo los que puedan derivarse de una correcta exhibición y difusión de las obras.

Una vez que las pieza ingrese en el Museo............, a tenor de lo dispuesto en la normativa reguladora del Patrimonio Histórico Español, durante todo el tiempo de su permanencia en el museo, el bien objeto de este comodato queda sometido al mismo régimen de protección establecido para los bienes de interés cultural adscritos al Museo........... y quedará integrada en los sistemas de seguridad que cubren al conjunto de bienes que forman parte de éste.

La salida de la obra de su lugar habitual, ya sea por restauración, préstamo para exposición, etc., contará con las debidas condiciones de conservación y seguridad, y le corresponde al COMODATARIO o, en su caso, a la entidad organizadora de la exposición, asumir todo coste generado, así como los de viajes y estancia de personal técnico que deba acompañar, instalar o inspeccionar dicha obra.

En el caso de préstamo de para exposiciones temporales fuera del Museo........., se requerirá la autorización expresa del COMODANTE. Así mismo, será preceptiva la contratación de un seguro en la modalidad "clavo a clavo", que incluya "cláusula de demérito", que cubra el transporte de la obra y todo el periodo de duración del préstamo, y que en el mismo el COMODANTE (propietario de la obra) aparezca como beneficiario en caso de cualquier siniestro. El Museo........ se responsabilizará de que el transporte, manejo, seguro y exhibición de la pieza se realice en las condiciones adecuadas, garantizando que los mismos corran a cargo de la entidad exhibidora.

SÉPTIMA.– DERECHOS DE IMAGEN

Todos los derechos de imagen pertenecerán en todo momento al COMODANTE, que autoriza al Museo a promover la difusión de las obras mediante exposiciones o publicaciones tanto nacionales como internacionales, previa consulta y autorización escrita del COMODANTE.

La obra no podrá ser reproducida por medios mecánicos, electrónicos, o de cualquier otra índole sin la autorización expresa del COMODANTE.

OCTAVA.– CONFIDENCIALIDAD

Exceptuando aquellos casos en que sea preceptivo por imperativo legal informar a cualquier tercero, tanto la existencia de este documento como su contenido tienen el carácter de confidencial y por tanto no podrán ser divulgados a ningún tercero sin el previo consentimiento escrito de las dos partes. La presente cláusula se mantendrá en vigor incluso tras el término o resolución del presente contrato.

NOVENA.– NOTIFICACIONES

Todas las notificaciones que se deban enviar en relación con el presente acuerdo, deberán enviarse por escrito, por correo electrónico, fax, mensajero o correo certificado a las siguientes direcciones:

COMODATARIO:

Dirección:........

Fax:..........

Correo electrónico:............

COMODANTE:

Dirección:..............

Teléfono:.........

Fax:............

Correo electrónico:................

DÉCIMA.– CAUSAS DE RESOLUCIÓN

Si el COMODANTE estimase oportuno resolver el contrato deberá comunicarlo al Museo con una antelación mínima de un mes. Será causa de resolución de este comodato el incumplimiento de lo establecido por cualquiera de las dos partes; si las condiciones técnicas y de seguridad del comodato no son las adecuadas a juicio del COMODANTE; si se hace del comodato un uso distinto del expresado en este contrato.

DUODÉCIMA.– JURISDICCIÓN

Ambas partes acuerdan expresamente someter cuantas diferencias pudieran surgir entre ellas con motivo de la interpretación y cumplimiento del presente comodato, a los tribunales de ....

Y a los efectos oportunos, suscriben el presente documento por duplicado en la fecha indicada en el encabezamiento.

F124. CONTRATO DE COMODATO DE BIEN CULTURAL (II)

En............,................

REUNIDOS

De una parte, don..........., en calidad de.........., designado mediante.......... y de acuerdo a las competencias que el artículo......... de ....

De otra, don............, con DNI......... actuando en su calidad de administrador único de la entidad.........., con CIF.........., propietaria de la obra relacionada en la cláusula primera.

Ambas partes se reconocen mutuamente plena competencia y capacidad para celebrar el presente contrato y

MANIFIESTAN

PRIMERO.– El Museo....... (en adelante COMODATARIO) es un Museo de Titularidad Estatal gestionado por ....

SEGUNDO.–......... (en adelante el COMODANTE) es la propietaria del bien que se relaciona en la cláusula primera y en su nombre Don............., expresa su voluntad de cederlo en concepto de comodato al Museo............

El Museo..........., por su parte considera de interés público exponer y difundir el citado bien en este Museo que es referente de la vida y obra del pintor...........

TERCERO.– El Reglamento de Museos de Titularidad Estatal y del Sistema Español de Museos aprobado por Real Decreto 620/1987, de 10 de abril, regula en su capítulo III los Depósitos de Fondos Museísticos.

Conforme a lo expuesto se conviene celebrar el presente contrato de comodato sujeto a las siguientes

CLÁUSULAS

PRIMERA.– DESCRIPCIÓN DE LA OBRA

El COMODANTE entrega en comodato al COMODATARIO la siguiente obra de arte:

Título: "............"

Autor:.............

Material/técnica:...........

Medidas:..........

Fecha:..............

Valoración Seguro:...........

SEGUNDA.– OBJETO

La obra se cede al Museo........... para su exhibición pública durante el plazo del comodato. La obra deberá estar expuesta en todo momento en un espacio que ofrezca las medidas de seguridad y conservación necesarias, durante todo el plazo de duración del presente comodato. En la exposición de las obras se utilizarán los créditos "Comodato de colección particular".

TERCERA.– CONSERVACIÓN

El COMODANTE entrega la citada obra de arte en el estado de conservación que consta en el análisis previo y que deberá ser comprobado a su llega al Museo.

Mientras la obra se encuentre en poder del Museo en cumplimiento de lo especificado en el presente contrato, el Museo se compromete a custodiarla, a su exclusiva cuenta, cargo y riesgo, con el cuidado y la diligencia debida, teniendo siempre en cuenta la fragilidad, el valor, y la imposibilidad de reposición de la misma, con un debido control de la temperatura, humedad y luminosidad ambiental adecuada. Igualmente, se responsabiliza de la restauración de cualquier daño que pudiera sufrir durante la permanencia de las obra en su poder, aunque sea por causa ajena al propio Museo. El Museo no podrá limpiar la obra, ni restaurarla, ni someterla a ningún tipo de examen técnico científico sin la expresa autorización por escrito del COMODANTE.

En caso de peligro para la integridad y buen estado de conservación de la obra de arte, el Museo deberá actuar de forma diligente para protegerla, comunicando dicha circunstancia al COMODANTE a la mayor brevedad.

El COMODANTE se reserva el derecho a efectuar las inspecciones técnicas y de seguridad que considere necesarias.

CUARTA.– DURACIÓN DEL CONTRATO

Este comodato se pacta por un plazo de........ años a partir de la fecha del presente contrato, y se presumirá renovado tácitamente a partir del vencimiento de dicho plazo inicial por periodos anuales, si ninguna de las partes manifiesta por escrito su intención de finalizarlo con tres meses de antelación a la fecha de conclusión del comodato o cualquiera de sus prórrogas.

QUINTA.– RESTITUCIÓN

El COMODATARIO se obliga a la restitución de la obra de arte en el momento de la finalización del presente contrato o prórroga vigente. Esta obligación es consustancial al presente acuerdo. La entrega que el COMODANTE realiza de estas obras de arte no entraña la transmisión de la propiedad sobre dicha obra ni la atribución al COMODATARIO de un derecho particular de uso y disfrute sobre las mismas.

SEXTA.– EMBALAJE, TRANSPORTE Y GASTOS

El COMODANTE se encargará, a su coste, del embalaje y transporte de la obra al Museo.........., sito en la calle................

Todos los gastos para restituir el objeto del comodato al domicilio del COMODANTE serán a cargo del mismo.

Las operaciones de desembalaje en el momento de la entrega de la obra deberán ser presenciadas y conformadas por un técnico que el Museo designe y por un representante del COMODANTE, si así fuese designado. El representante del Museo redactará un acta de entrega detallando el estado de conservación de la obra, que incluirá fotografías de la misma, y remitirá una copia al propietario.

Cualesquiera otros gastos derivados del comodato que constituye el objeto del presente acuerdo correrán a cargo del COMODATARIO, incluyendo los que puedan derivarse de una correcta exhibición y difusión de las obras.

Estos gastos se realizarán de conformidad con la disponibilidad presupuestaria y con arreglo a lo establecido en la Ley vigente de Contratos del Sector Público.

Una vez que la pieza ingrese en el Museo........., a tenor de lo dispuesto en el artículo 60 de la Ley 16/1985, de 25 de junio, del Patrimonio Histórico Español, durante todo el tiempo de su permanencia en el museo, el bien objeto de este comodato queda sometido al mismo régimen de protección establecido para los bienes de interés cultural adscritos al Museo Sorolla y quedará integrada en los sistemas de seguridad que cubren al conjunto de bienes que forman parte de éste.

La salida de la obra de su lugar habitual, ya sea por restauración, préstamo para exposición, etc., contará con las debidas condiciones de conservación y seguridad, y le corresponde al COMODATARIO o, en su caso, a la entidad organizadora de la exposición, asumir todo coste generado, así como los de viajes y estancia de personal técnico que deba acompañar, instalar o inspeccionar dicha obra.

En el caso de préstamo para exposiciones temporales fuera del Museo........., se requerirá la autorización expresa del COMODANTE. Así mismo, será preceptiva la contratación de un seguro en la modalidad "clavo a clavo", que incluya "cláusula de demérito", que cubra el transporte de la obra y todo el periodo de duración del préstamo, y que en el mismo el COMODANTE (propietario de la obra) aparezca como beneficiario en caso de cualquier siniestro. El Museo......... se responsabilizará de que el transporte, manejo, seguro y exhibición de la pieza se realice en las condiciones adecuadas, garantizando que los mismos corran a cargo de la entidad exhibidora.

SÉPTIMA.– DERECHOS DE IMAGEN

Todos los derechos de imagen pertenecerán en todo momento al COMODANTE, que autoriza al Museo a promover la difusión de las obras mediante exposiciones o publicaciones tanto nacionales como internacionales, previa consulta y autorización escrita del COMODANTE.

La obra no podrá ser reproducida por medios mecánicos, electrónicos, o de cualquier otra índole sin la autorización expresa del COMODANTE.

OCTAVA.– CONFIDENCIALIDAD

Exceptuando aquellos casos en que sea preceptivo por imperativo legal informar a cualquier tercero, tanto la existencia de este documento como su contenido tienen el carácter de confidencial y por tanto no podrán ser divulgados a ningún tercero sin el previo consentimiento escrito de las dos partes. La presente cláusula se mantendrá en vigor incluso tras el término o resolución del presente contrato.

NOVENA.– NOTIFICACIONES

Todas las notificaciones que se deban enviar en relación con el presente acuerdo, deberán enviarse por escrito, por correo electrónico, fax, mensajero o correo certificado a las siguientes direcciones:

Si al COMODATARIO:

MUSEO...........

....

Fax:...............

Correo electrónico:................

Si al COMODANTE:

....

....

Teléfono:...........

Fax:...........

Correo electrónico:..............

DÉCIMA.– CAUSAS DE RESOLUCIÓN

Si el COMODANTE estimase oportuno resolver el contrato deberá comunicarlo al Museo con una antelación mínima de........ mes. Será causa de resolución de este comodato el incumplimiento de lo establecido por cualquiera de las dos partes; si las condiciones técnicas y de seguridad del comodato no son las adecuadas a juicio del COMODANTE; si se hace del comodato un uso distinto del expresado en este contrato.

DUODÉCIMA.– JURISDICCIÓN

Ambas partes acuerdan expresamente someter cuantas diferencias pudieran surgir entre ellas con motivo de la interpretación y cumplimiento del presente comodato, a los tribunales de ....

Y a los efectos oportunos, suscriben el presente documento por duplicado en la fecha indicada en el encabezamiento,

F125. ACTA DE RECEPCIÓN DE OBRA DE ARTE PARA EXHIBICIÓN TEMPORAL EN MUSEO

En.......... a..........., doña............., como directora y en representación del Museo........... recibe de............ y en su nombre su administrador único D.........., con DNI............., la siguiente pieza de su propiedad:

Título:..............

Autor:................

Material/técnica:...........

Medidas:..........

Fecha:..............

Valoración Seguro:................

En calidad de depósito temporal, hasta la firma del contrato de comodato que se acordará entre dicho propietario y el Ministerio de Educación, Cultura y Deporte.

Y en prueba de conformidad, firman la presente en el lugar y fecha señalados en el encabezamiento.

VI. PUBLICIDAD. INFLUENCERS Y CREADORES DE CONTENIDO EN REDES SOCIALES

SUMARIO. F126. ACUERDO DE CONFIDENCIALIDAD PARA CAMPAÑA PUBLICITARIA. F127. CONTRATO MARCO DE PATROCINIO. F128. ACUERDO MARCO CON DISCOGRÁFICA PARA CAMPAÑA PUBLICITARIA DEL ANUNCIANTE. F129. CONTRATO DE CESIÓN DE DERECHOS DE IMAGEN Y PATROCINIO. F130. CONTRATO DE ENCARGO DE PRODUCCIÓN DE CONTENIDO PUBLICITARIO. F131. CONTRATO DE PATROCINIO Y SERVICIOS PROMOCIONALES EN ÁMBITO DEPORTIVO. F132. ACUERDO DE CONSULTORÍA Y GESTION DE PROYECTO DE POSICIONAMIENTO NATURAL Y ANALÍTICA EN ÁMBITO PUBLICITARIO. F133. CONTRATO DE PRESTACIÓN DE SERVICIOS DE DIFUSIÓN PUBLICITARIA. F134. CONTRATO DE PRESTACIÓN DE SERVICIOS DE MEDIOS EN ÁMBITO PUBLICITARIO. F135. CONTRATO DE ACCESO A PRESTACIÓN DE SERVICIOS DIGITALES Y CESIÓN DE BASES DE DATOS EN EL ÁMBITO PUBLICITARIO. F136. CONTRATO DE DESARROLLO DE APLICACIÓN INFORMÁTICA PARA FINES PUBLICITARIOS. F137. CONTRATO DE EMPLAZAMIENTO PUBLICITARIO DE PRODUCTO EN VIDEOCLIP. VI.2. INFLUENCERS Y CREADORES DE CONTENIDO. F138. HOJA DE ENCARGO A INFLUENCER CON INTERMEDIARIO. F139. HOJA DE ENCARGO A INFLUENCER SIN INTERMEDIARIO. F140. CONTRATO DE PRESTACIÓN DE SERVICIOS PUBLICITARIOS PARA CREADORES DE CONTENIDO.

VI.1. PUBLICIDAD

F126. ACUERDO DE CONFIDENCIALIDAD PARA CAMPAÑA PUBLICITARIA

En [ciudad], el [día] de [mes] de [año].

De una parte, **[DENOMINACIÓN SOCIAL DE LA AGENCIA]**, con domicilio social en [dirección], provista de CIF núm. [XXX] e inscrita en el Registro Mercantil de [ciudad]; debidamente representada en este acto por D./Dña. [nombre y apellidos del representante], mayor de edad, de nacionalidad [nacionalidad], con pasaporte de su nacionalidad núm. [XXXXX], en calidad de apoderado [mancomunado/solidario/único] de la sociedad, según consta en escritura de apoderamiento, otorgada en fecha [fecha] ante el Notario de [ciudad], D./Dña. [nombre del notario], bajo el número [XXX] de su protocolo (en adelante, la "***AGENCIA***").

Y, de otra parte, **[DENOMINACIÓN SOCIAL DE LA EMPRESA]**, con domicilio social en [dirección], provista de CIF núm. [XXX] e inscrita en el Registro Mercantil de [ciudad]; debidamente representada en este acto por D./Dña. [nombre y apellidos del representante], mayor de edad, de nacionalidad [nacionalidad], con pasaporte de su nacionalidad núm. [XXXXX], en calidad de apoderado [mancomunado/solidario/único] de la sociedad, según consta en escritura de apoderamiento, otorgada en fecha [fecha] ante el Notario de [ciudad], D./Dña. [nombre del notario], bajo el número [XXX] de su protocolo (en adelante, la "***EMPRESA***").

La AGENCIA y la EMPRESA conjuntamente denominadas las **Partes** y cada una de ellas una **Parte**. Todas las Partes se reconocen recíprocamente capacidad suficiente para este Acto y

EXPONEN

I. Que las Partes tienen la intención de [...] con objeto de [definir objeto del proyecto o campaña] (en lo sucesivo, el "***Proyecto***").

II. Que, en relación con el Proyecto, las Partes se intercambiarán entre ellas cierta información y documentación de carácter confidencial, y sujeta a derechos de propiedad, únicamente con el propósito de estudiar y evaluar adecuadamente el Proyecto.

III. Que las Partes han acordado establecer los términos y condiciones bajo los cuales las Partes se suministrarán, recíprocamente, la información confidencial, y mantendrán la confidencialidad de la misma.

Y en base a lo expuesto, las Partes acuerdan formalizar el presente Acuerdo de Confidencialidad con sujeción a las siguientes

CLÁUSULAS

PRIMERA.- INFORMACIÓN CONFIDENCIAL

A los efectos del presente documento, se entiende por Información Confidencial (en lo sucesivo, la "**Información Confidencial**") la siguiente información facilitada por una de las Partes a la otra Parte:

(a) cualquier información, cualquiera que fuese su naturaleza (bien técnica, financiera, operacional, comercial, de personal, de gestión o de otro tipo), facilitada por una de las Partes a la otra Parte, en relación con el Proyecto, incluyendo a efectos meramente enunciativos, la relacionada con sus servicios, clientes, tarifas, precios, productos, planificación estratégica, estrategias de marketing, proyectos, información financiera, operaciones, relaciones con clientes, planes de negocio, e informes internos de rendimiento relacionados con actividades empresariales de cualquiera de las Partes, así como aquella información que fuese generada a partir de la Información Confidencial.

(b) cualquier información, diseño, proceso, procedimiento, fórmula, o mejora, de carácter científico o técnico, con valor comercial y de carácter secreto sea o no patentable o registrable.

(c) toda clase de material, documentación, informes, datos, especificaciones, software informático, código base, código objeto, diagrama de flujo, bases de datos, invenciones, información, "know-how", "show-how" y secretos comerciales, de carácter confidencial y privado, sean o no patentables o registrables, incluyendo, a efectos meramente enunciativos y no limitativos, toda clase de documentos, invenciones, sustancias, notas de laboratorio e ingeniería, dibujos, diagramas, programas de ordenador y datos, especificaciones, listas de materiales, equipos, modelos y prototipos, y cualquier otra manifestación tangible (incluyendo información contenida en ordenadores o en cualquier soporte digital) de lo anterior, que existan en la actualidad o puedan existir en el futuro.

(d) Todo dato de carácter personal (en lo sucesivo, "***Dato de Carácter Personal***"), con arreglo a su definición contenida en el art 4.1 del Reglamento Europeo de Protección de Datos Personales (2016/679), de 27 de abril de 2016, relativo a la protección de las personas físicas en lo que respecta al tratamiento de datos personales y a la libre circulación de estos datos (en adelante, "***RGPD***"), así como cualquier otra normativa nacional que se encuentre en vigor.

SEGUNDA.– OBLIGACIONES DE CONFIDENCIALIDAD

Salvo autorización expresa y por escrito de la Parte que haya suministrado la Información Confidencial, cada una de las Partes deberá, con respecto a la Parte que le haya suministrado cualquier Información Confidencial:

(a) limitar el acceso a la Información Confidencial recibida a aquellos administradores, directores, empleados, representantes o asesores, que a efectos de la adecuada valoración del Proyecto tengan necesidad de tener conocimiento de la misma;

(b) advertir a aquellos administradores, directores, empleados, representantes o asesores, que tengan acceso a la Información Confidencial, de la naturaleza confidencial de la misma y de las obligaciones contraídas con arreglo al presente Contrato de Confidencialidad;

(c) adoptar las medidas oportunas mediante acuerdos u órdenes para que aquellos empleados que tengan acceso a la Información Confidencial cumplan con las obligaciones derivadas de este Acuerdo de Confidencialidad;

(d) proteger la Información Confidencial recibida empleando un grado de diligencia razonable, que en ningún caso será inferior al grado de diligencia empleado por las Partes para proteger su propia información o material confidencial;

(e) utilizar la Información Confidencial recibida únicamente para la adecuada valoración del Proyecto;

(f) no revelar la Información Confidencial recibida a terceros; y

(g) no revelar a terceros la existencia de conversaciones entre las Partes en relación con el Proyecto.

A la simple solicitud y a elección de la Parte que haya suministrado la Información Confidencial, la Parte que haya recibido tal información empleará todos los medios razonables para destruir o devolver toda Información Confidencial, bien sea escrita, grabada o en cualquier otro soporte que se pudiera encontrar recogida. La destrucción o devolución de la Información Confidencial no relevará a la Parte receptora de la Información Confidencial de su obligación de tratar la misma como estrictamente confidencial.

TERCERA.– EXCEPCIONES A LAS OBLIGACIONES DE CONFIDENCIALIDAD

Las restricciones relativas al uso, reproducción, transmisión o acceso a la Información Confidencial a que se refiere la Estipulación Segunda anterior no serán de aplicación en los casos en que la información:

(a) fuera de dominio público antes de la fecha del presente Acuerdo o deviniese accesible públicamente, en publicación impresa o en publicaciones de general circulación, sin que en dicha circunstancia hubiese intervenido incumplimiento alguno por la Parte receptora de la información;

(b) fuera obtenida legalmente por la Parte receptora de la información de cualquier tercero que no estuviese sujeto por obligaciones de confidencialidad similares con la Parte que hay suministrado la información.

(c) deba ser obligatoriamente facilitada en virtud de disposición legal o por resolución válidamente emitida por cualquier autoridad administrativamente competente, tribunal u órgano jurisdiccional, legalmente facultado para obligar a tal disponibilidad, únicamente en cuanto a la información que deba ser facilitada, siempre y cuando, la Parte receptora de la información así requerida notifique inmediatamente a la Parte suministradora de la información de la recepción de tal requerimiento, a fin de que la Parte suministradora de la información pueda evaluar si existe posibilidad de eludir el mismo o pueda prestar cualquier apoyo razonablemente solicitado por la Parte receptora de la información;

(d) sea revelada por la Parte receptora de la información, previa autorización escrita de la Parte suministradora de la información.

CUARTA.– PROPIEDAD DE LA INFORMACIÓN CONFIDENCIAL

Toda la Información Confidencial revelada por una de las Partes será de su exclusiva propiedad, esté o no dicha información protegida o registrada. En ningún caso se entenderá implícito en modo alguno, que el hecho de que una de las Partes facilita u otra Información Confidencial, signifique la concesión de licencia o la cesión de cualquier naturaleza a favor de la Parte receptora de la información de cualesquiera derechos de patente, marca, modelo de utilidad, diseño, copyright, o derecho alguno de propiedad industrial o intelectual.

Ninguna de las Partes podrá utilizar la Información Confidencial recibida de la otra Parte para su propio uso, ni para el desarrollo de sus propios proyectos, productos, diseños, invenciones o cualquier otro bien tangible o intangible, para contratar laboral o mercantilmente a cualquier empleado o prestador de servicios de la otra Parte, o para inducir a los clientes, proveedores, suministradores y quienes mantengan relación comercial con la otra Parte a romper o denunciar sus relaciones contractuales con ésta o a trabajar con otros competidores de dicha Parte.

No se concede por el presente contrato ninguna licencia ni ningún derecho a la Parte receptora, ni por implicación ni por cualquier otro medio, con respecto a ninguna solicitud de patente, patente, reclamación de derechos de patente u otros derechos de propiedad o de la propiedad intelectual de la Parte reveladora.

QUINTA.– INCUMPLIMIENTO Y RESPONSABILIDAD

La Parte receptora de la Información Confidencial responderá frente a la Parte suministradora de la Información Confidencial de cualquier daño directo derivado del incumplimiento de cualesquiera obligaciones dimanantes del presente Acuerdo, siendo, además, responsable solidario frente a la Parte receptora del incumplimiento de la obligación de confidencialidad por parte de sus empleados, socios, asociados o de cualquier persona de la que deba responder civilmente.

Las Partes acuerdan expresamente excluir los daños indirectos o lucro cesante de la responsabilidad por daños y perjuicios.

SEXTA.– DATOS DE CARÁCTER PERSONAL

Sin perjuicio de lo estipulado en este Acuerdo, las Partes se comprometen a cumplir con la normativa relativa a protección de Datos de Carácter Personal que sea de aplicación, tanto a nivel europeo (RGPD), como la normativa española vigente.

Por ello, las Partes entienden que cualquier Información Confidencial consistente en Datos de Carácter Personal se encuentra sujeta a regulación específica del Derecho europeo y español y que será revelada para propósitos directamente relacionados con las actividades legítimas de las Partes. Asimismo, tal revelación tendrá únicamente el alcance permitido de conformidad con el RGPD y cualquier otra normativa española que resulte aplicable. Antes de llevar a cabo cualquier acceso, cesión o transferencia internacional de Datos de Carácter Personal, las Partes estudiarán si los mismos se encuentran permitidos y de las precauciones a adoptar.

En cualquier caso, las Partes tendrán en cuenta en cada caso si el acceso, la cesión o la transferencia internacional de Datos de Carácter Personal es estrictamente necesaria, si los Datos de Carácter Personal pueden ser separados de la restante Información Confidencial y si los Datos de Carácter Personal pueden ser sujetos a un proceso de disociación antes de dicho acceso, cesión o transferencia internacional.

SÉPTIMA.– DURACIÓN

Este Acuerdo tendrá una duración indefinida desde la fecha de firma, inclusive para las obligaciones de confidencialidad sobre los secretos de empresa de las Partes sobre la cual las Parte mantendrán la confidencialidad por tiempo indefinido. Una vez finalizada la relación contractual por cualquier causa, la Parte receptora de la información confidencial procederá a la devolución de la misma a la Parte suministradora.

OCTAVA.– PRODUCTOS Y SERVICIOS COMPETIDORES

Cada Parte reconoce que cualquiera de las otra Partes puede estar ofreciendo en la actualidad, o puede estar desarrollando proyectos, productos o servicios que compitan en la actualidad o en el futuro con productos o servicios que cualquiera de las otras Partes ofrezca en la actualidad o pueda ofrecer en el futuro. Con arreglo a las obligaciones expresamente recogidas en el presente Acuerdo, ni este Acuerdo, ni las conversaciones o comunicaciones entre las partes firmantes afectarán el derecho de las partes a desarrollar, realizar, hacer uso, suministrar o comercializar cualquier producto o servicio o dedicarse a otras operaciones o relaciones comerciales, solo o con terceros, en el presente o en el futuro, incluyendo aquellas que pudieran competir con los ofrecidos por la otra parte y a aquellos de naturaleza similar al Proyecto.

NOVENA.– CARÁCTER DE LA RELACIÓN

Las obligaciones establecidas en el presente Acuerdo vinculan a las Partes y a sus respectivos sucesores legales en las respectivas actividades, incluyendo cualquier persona jurídica resultante de una fusión, adquisición o cualquier otra reestructuración que pudiera sufrir cualquiera de las firmantes.

El presente Acuerdo no crea una asociación o sociedad entre las Partes, ni obliga a las Partes a celebrar ningún otro contrato o relación profesional de ninguna naturaleza.

DÉCIMA.– LEY APLICABLE Y JURISDICCIÓN

Este acuerdo, su validez, constitución y efectos se regirá e interpretará conforme a la ley española.

Las Partes acuerdan de forma expresa que toda controversia que pueda surgir respecto del presente Acuerdo se someterá a los Tribunales de [ciudad], renunciando las Partes de forma expresa a cualquier fuero que pudiera corresponderles.

En prueba de plena conformidad, las Partes firman el presente Acuerdo, por duplicado y a un solo efecto, en la fecha expresada en su encabezamiento.

1 La AGENCIA	2 La EMPRESA
3	7
4	8
5 ______________________	9 ______________________
6 D./Dª [nombre del representante]	10 D./Dª [nombre del representante]
11	12

F127. CONTRATO MARCO DE PATROCINIO

REUNIDOS

De una parte, ...(en adelante, "***EMPRESA 1***").

De otra parte, ...con N.I.F. [...], domicilio social en [...], representada en este acto por D./Dña. [...], mayor de edad, con D.N.I. [...], en su condición de [...] (en adelante, "***EMPRESA 2***").

En adelante, ambas partes se denominarán conjuntamente como las "***Partes***" y, cuando corresponda, individualmente como la "***Parte***".

MANIFIESTAN

I. Que EMPRESA 1 es una entidad mercantil dedicada, entre otras actividades propias de su objeto social, ...

II. Que EMPRESA 2 es una entidad mercantil dedicada, entre otras actividades propias de su objeto social, ...

III. Que EMPRESA 2 está interesada en suscribir con EMPRESA 1 un acuerdo basado en el patrocinio de éste y que, en el marco de dicho patrocinio, se desarrollen campañas, actividades y cualesquiera acciones previamente acordadas entre las Partes, tendentes a promocionar la marca de EMPRESA 2 y sus productos.

IV. Que las Partes están interesadas en suscribir el presente contrato marco de patrocinio y desarrollo de acciones de promoción (en adelante, el "***Contrato***") con la finalidad de establecer las condiciones que regirán dicho patrocinio suscrito entre las Partes y los aspectos particulares que definan en cada una de las acciones de promoción a desarrollar y, reconociéndose mutuamente la capacidad legal necesaria para contratar y obligarse, lo llevan a efecto conforme a las siguientes

ESTIPULACIONES

PRIMERA.– Objeto.

1.1. Es objeto del presente Contrato el desarrollo del patrocinio, con carácter no exclusivo, en favor de EMPRESA 1 por parte de EMPRESA 2, por medio del cual se desarrollarán acciones de promoción sobre la marca y productos de EMPRESA 2 (en adelante, las "***Acciones***").

1.2. En este sentido, el presente Contrato se configurará como el marco jurídico de la relación contractual entre las Partes para cada una de las Acciones que EMPRESA 1 tenga que desarrollar, remitiéndose las Partes a un Anexo para establecer las condiciones particulares que regirán cada una de las Acciones.

1.3. Cada Anexo acordado por las Partes se considerará como parte integrante del Contrato y, en ningún caso, podrán contradecir las estipulaciones convenidas en el mismo, prevaleciendo el Contrato en caso de discrepancia.

1.4. Las Partes acuerdan que la suscripción del presente Contrato, en ningún caso, determina la obligación de EMPRESA 1 de desarrollar todas las Acciones propuestas por EMPRESA 2, por lo que dichas Acciones deberán ser desarrolladas de común acuerdo entre las Partes conforme al contexto de cada momento.

1.5. Es asimismo objeto del presente Contrato la cesión de los derechos de propiedad intelectual, industrial, de imagen y cualesquiera otros que pudieran derivarse de la relación contractual entre las Partes.

SEGUNDA.– Duración.

2.1. El presente Contrato entrará en vigor en la fecha de su firma y permanecerá vigente durante un periodo inicial de un (1) año, prorrogándose tácitamente por periodos sucesivos de duración anual, salvo comunicación expresa y por escrito de forma fehaciente de alguna de las Partes con, al menos, un (1) mes de antelación sobre la finalización del plazo inicial o de cualquiera de sus prórrogas, de su voluntad inequívoca e incondicionada de no prorrogar el mismo.

En todo caso, el Contrato se prorrogará tácitamente hasta un periodo máximo de tres (3) años, salvo pacto expreso en contrario por las Partes.

2.2. Ambas Partes acuerdan que las estipulaciones del presente Contrato, con intención expresa o implícita de que continúen en vigor tras el momento de resolución o vencimiento del mismo, se mantendrán vigentes y continuarán vinculando a ambas Partes según lo estipulado.

TERCERA.– Descripción y desarrollo de las Acciones.

3.1. Las Acciones consistirán, principalmente, en la planificación, creación, desarrollo, edición y/o publicación de determinados contenidos pactados de común acuerdo entre las Partes (en adelante, los "***Contenidos***"), así como la determinación, planificación, difusión o participación en determinados actos promocionales.

3.2. Los Acciones serán desarrolladas por parte de los jugadores, staff técnico y/o colaboradores de EMPRESA 1 (en adelante, los "***Miembros del Club***"), que se determinen de forma expresa mediante el correspondiente Anexo que contenga las condiciones sobre las que llevar a cabo las referidas Acciones.

3.3. Las Partes aceptan expresamente que las Acciones desarrolladas por los Miembros del Club serán matizadas a través del correspondiente Anexo, que vendrá a establecer las condiciones particulares que regirán los Contenidos o las Acciones en concreto.

3.4. Tanto EMPRESA 1 como EMPRESA 2 se comprometen a desarrollar las Acciones que a cada uno le correspondan conforme a la máxima calidad y diligencia exigibles, velando en todo caso por los intereses de ambas Partes. EMPRESA 2 declara ser plenamente conocedora de la buena imagen y reputación de EMPRESA 1, obligándose por tal motivo a guardar el máximo respeto y diligencia a la hora de proponer y desarrollar las Acciones objeto del presente Contrato.

CUARTA.– Condiciones para el desarrollo del patrocinio y de las Acciones.

4.1. Las Partes se comprometen a colaborar de buena fe para coordinar las Acciones a desarrollar por los Miembros del Club y cualesquiera otros aspectos que se deriven de las Acciones.

4.2. En todo caso, las Partes reconocen que EMPRESA 1 no comenzará a desarrollar las Acciones sin que las Partes hayan firmado el correspondiente Anexo que configure las condiciones particulares que regirán dichas Acciones.

4.3. EMPRESA 1 se compromete a trasladar a los Miembros del Club todas las instrucciones y condiciones particulares relativas a las Acciones a desarrollar y a velar por su cumplimiento.

4.4. Las Partes se comprometen a cumplir estrictamente con la legislación aplicable en materia de publicidad y cualesquiera otras normativas de aplicación en relación con los Contenidos desarrollados en cada caso. En el caso de que EMPRESA 1 entienda que alguna de las Acciones propuestas o establecidas por el Anexo no cumple con cualquier ley, la moral o el orden público, le dará traslado a EMPRESA 2 de esta situación a la mayor brevedad posible, cesando en sus actuaciones. Por tales razones, las Partes reconocen que dicho cese no conllevará ningún tipo de resarcimiento por daños o perjuicios.

QUINTA.– Condiciones económicas.

5.1. Por el patrocinio suscrito entre las Partes, EMPRESA 2 abonará a EMPRESA 1 una cantidad anual de **.............(.............-€)**, sin impuestos incluidos (en adelante, la "***Remuneración***").

5.2. La Remuneración se abonará de forma fraccionada conforme al siguiente calendario de pagos:

5.3. EMPRESA 2 abonará las cantidades establecidas en el párrafo anterior en un plazo máximo de treinta (30) días desde la recepción de la correspondiente factura expedida por EMPRESA 1 a la siguiente cuenta bancaria, titularidad de EMPRESA 1: [...].

5.4. La Remuneración incluye la planificación, desarrollo y publicación de los contenidos y actividades que sean acordadas por las Partes, así como la cesión de los derechos de propiedad intelectual, industrial, de imagen para su uso y explotación por parte de EMPRESA 2, conforme a lo establecido en la Estipulación Séptima, sin perjuicio de las condiciones particulares que se pudieran pactar

SEXTA.– Exclusividad.

6.1. EMPRESA 1 garantiza que, con la suscripción de este Contrato, no llevará a cabo acuerdos de patrocinio con los siguientes competidores de EMPRESA 2:

SÉPTIMA.– Propiedad intelectual e industrial. Derechos de imagen.

7.1. Cada una de las Partes reconoce la titularidad de la otra o de cualesquiera otros terceros respecto de todos los derechos de propiedad intelectual, industrial, derechos de imagen y cualesquiera otros análogos sobre los textos, imágenes, fotografías, tecnologías, marcas, logos, nombres de dominio, aplicaciones informáticas y cualesquiera otros elementos, creaciones, invenciones o signos distintivos de su respectiva propiedad desarrollados con carácter previo o independiente al presente Contrato, y nada de lo establecido en el Contrato supondrá el otorgamiento a favor de la otra Parte de ningún derecho o licencia con respecto a los mismos, salvo pacto expreso en contrario por las Partes.

A los efectos de este Contrato, se entiende por "Derechos de Propiedad Intelectual e Industrial" todos los derechos reconocidos por cualquier normativa aplicable de propiedad intelectual e industrial para cualquier finalidad y para cualquier modalidad de uso (en particular, los derechos de autor, los derechos afines o conexos a los derechos de autor o el derecho sui generis sobre bases de datos), así como todos los derechos reconocidos por cualquier normativa aplicable de propiedad industrial (en particular, marcas, patentes, modelos de utilidad, diseños industriales y nombres de dominio), incluyendo igualmente el know-how, estén registrados, solicitados o sin registrar, e incluyendo en cualquier caso la facultad de solicitar los registros e inscripciones oportunos para la obtención o protección de tales derechos.

7.2. Las Partes manifiestan ser legítimos titulares de sus respectivos Derechos de Propiedad Intelectual e Industrial, por lo que responderán y deberán mantener indemne a la otra Parte por cualquier daño, reclamación o sanción que se le pueda ocasionar como consecuencia de su utilización.

7.3. Sin perjuicio de lo anterior, y en la medida en que sea necesario para la correcta ejecución de las Acciones objeto del presente Contrato, las Partes autorizan, gratuitamente, con carácter de no exclusiva y para el territorio universal, desde este momento y hasta la fecha de finalización o resolución del presente Contrato, el uso recíproco de las marcas, logotipos, nombres comerciales, contenidos sonoros, audiovisuales, señales y demás signos distintivos de las cuales son titulares y que se reseñen en todo caso en el correspondiente Anexo (en adelante, conjuntamente, los "***Signos***"), si bien única y exclusivamente en las formas y modalidades pactadas de común acuerdo por las Partes en virtud del presente Contrato, con la aprobación previa y por escrito de la Parte titular de los Signos y, en todo caso, con la exclusiva finalidad de promocionar y publicitar las Acciones, quedando revocada dicha licencia de uso a la finalización o resolución del Contrato.

En particular, EMPRESA 2 autoriza a EMPRESA 1 a usar sus Signos con la finalidad de que EMPRESA 1 pueda incluir los Signos de EMPRESA 2 en los distintos materiales promocionales y/o decorativos de las Acciones a desarrollar en el marco del presente Contrato.

7.4. Las Partes reconocen que dicha autorización en ningún caso contraviene ni supone una infracción de cualesquiera derechos de las Partes ni de terceros, manteniendo indemne a la otra Parte por cualquier daño, reclamación o sanción que se le pueda ocasionar como consecuencia de la misma.

7.5. Queda bien entendido entre las Partes que la ejecución de las Acciones necesariamente implica la explotación de los derechos de imagen colectivos de los Miembros del Club que lleven a cabo las Acciones. A tal fin, EMPRESA 1 garantiza que para ello ha obtenido u obtendrá autorización suficiente por parte de los Miembros del Club para permitir la explotación de tales derechos de imagen colectivos, siempre en el marco del Contrato y en relación con las Acciones, para lo cual se detallarán en el correspondiente Anexo las condiciones de dicha autorización de explotación para cada Acción.

OCTAVA.– Responsabilidades y garantías.

8.1. Las Partes garantizan mutuamente el cumplimiento de la totalidad de los compromisos que asumen en virtud del presente Contrato, manteniendo indemne a la otra Parte de cualquier tipo de daño, perjuicio, gasto o sanción, en caso de cualquier reclamación judicial o extrajudicial de terceros por cualquier causa vinculada con los derechos y obligaciones derivados del presente Contrato.

8.2. Las Partes garantizan mutuamente que en todo momento se encontrarán al corriente de pago de sus obligaciones con la Agencia Tributaria y la Seguridad Social, exonerando a la otra Parte de cualquier responsabilidad generada como consecuencia de cualquier reclamación judicial o extrajudicial de terceros por estos conceptos.

8.3. En particular, EMPRESA 1 garantiza que dispone de todos los derechos de propiedad intelectual, industrial, así como los derechos de imagen, u otros análogos, que sean necesarios para la correcta ejecución del presente Contrato y, en particular, los correspondientes a los Miembros del Club, manteniendo indemne a EMPRESA 2 por cualesquiera reclamaciones que se deriven de la explotación de los mismos en el marco de las actividades de promoción.

NOVENA.– Resolución del Contrato.

9.1. Además de las causas legalmente previstas, será causa de resolución anticipada del Contrato el incumplimiento por cualquiera de las Partes de las obligaciones materiales asumidas en virtud del mismo o de cualesquiera anexos suscritos, siempre que la Parte que inste la resolución hubiese cumplido sus obligaciones y haya requerido previamente a la Parte incumplidora el cumplimiento de la obligación u obligaciones incumplidas y, transcurridos ....(.........) días naturales desde la recepción del requerimiento, la Parte incumplidora no hubiese subsanado el incumplimiento del que se tratase.

9.2. Asimismo, serán causas de resolución anticipada del Contrato la falta de entendimiento o desavenencia constante entre las Partes en el desarrollo del mismo, la falta o retraso en el pago por parte de EMPRESA 2 de la Remuneración, cualquier actuación por cualquiera de las Partes que dañe la buena imagen o reputación de la otra, o el incumplimiento de la ley, la moral o el orden público.

9.3. La resolución del presente Contrato conllevará la devolución por cada una de las Partes de cualesquiera documentos, datos, informes, informaciones y cualquier otro tipo de material que le hubieran sido suministrados por la otra y sobre los cuales, en virtud del presente Contrato, no correspondiese a aquélla derecho alguno. No obstante lo anterior, cuando así lo requiera la Parte titular de tales materiales, esta obligación de devolución podrá ser sustituida por la obligación de destrucción de los mismos.

DÉCIMA.– Cesión y subcontratación.

10.1. EMPRESA 2 no podrá ceder, traspasar o subrogar a terceros, ni subcontratar con ellos, los derechos y obligaciones derivados de este Contrato, ni utilizar para la ejecución de las Acciones a ninguna otra sociedad o grupo sin el expreso consentimiento y autorización previos de EMPRESA 1, más allá de lo dispuesto expresamente en el presente Contrato.

10.2. En el caso de que EMPRESA 2, con la autorización expresa de EMPRESA 1, ceda, traspase o subcontrate a terceros cualesquiera derechos y obligaciones adquiridos en virtud de este Contrato, ello no afectará a sus obligaciones adquiridas en virtud del mismo, respondiendo en todo caso frente a EMPRESA 1 de las actuaciones de las entidades subcontratadas.

DÉCIMOP PRIMERA.– Confidencialidad.

11.1. Las Partes se comprometen a guardar estricta confidencialidad con respecto al contenido del presente Contrato, así como de toda la información que se derive con motivo de la formalización del mismo.

11.2. En particular, las Partes se obligan a mantener estricta confidencialidad sobre todos aquellos datos, documentación y demás información que hayan sido suministrados en o para la ejecución del Contrato o que por su propia naturaleza deban ser tratados como tal. Asimismo, se comprometen a no comunicar esta información a ninguna otra persona o entidad, no pudiendo reproducirla, utilizarla, venderla, licenciarla, exponerla, publicarla o revelarla de cualquier forma sin autorización expresa de la otra Parte, a salvo de lo dispuesto para dar cumplimiento al presente Contrato.

11.3. Esta obligación de confidencialidad se mantendrá vigente durante el plazo de vigencia del propio Contrato y seguirá en vigor con carácter indefinido tras la terminación, por cualquier causa, del mismo.

DECIMOSEGUNDA.– Notificaciones.

Cualquier notificación o comunicación que deba efectuarse entre las Partes se realizará en el domicilio señalado por cada una de ellas en el encabezamiento de este Contrato, obligándose a notificar su cambio en caso de que éste se llegase a producir. Sin perjuicio de lo anterior, las comunicaciones y notificaciones que deban efectuarse, como consecuencia del presente Contrato se realizarán por escrito y se remitirán por correo, telefax, correo electrónico o cualquier otro medio que permita tener constancia de su envío y recepción por el destinatario.

DECIMOTERCERA.– Legislación aplicable y jurisdicción.

En todo lo no previsto en el presente Contrato, así como en la interpretación y resolución de los conflictos que pudieran surgir entre las Partes como consecuencia del mismo, será de aplicación la legislación española, sometiéndose las Partes expresamente y de forma voluntaria a los Tribunales de la ciudad de ....(España).

Y, en prueba de conformidad con cuanto antecede, las Partes firman este Contrato por duplicado y a un solo efecto, en el lugar y fecha indicados en el encabezamiento.

EMPRESA 1 EMPRESA 2

F128. ACUERDO MARCO CON DISCOGRÁFICA PARA CAMPAÑA PUBLICITARIA DEL ANUNCIANTE

ACUERDO MARCO – [CAMPAÑA PUBLICITARIA/PROYECTO DEL ANUNCIANTE] ("DEAL MEMO")

En [ciudad], a [día] de [mes] de [año]

PARTES CONTRATANTES

De una parte, **[DENOMINACIÓN SOCIAL DE LA AGENCIA]**, con domicilio social en [dirección], provista de CIF núm. [XXX] e inscrita en el Registro Mercantil de [ciudad]; debidamente representada en este acto por D./Dña. [nombre y apellidos del representante], mayor de edad, de nacionalidad [nacionalidad], con pasaporte de su nacionalidad núm. [XXXXX], en calidad de apoderado [mancomunado/solidario/único] de la sociedad, según consta en escritura de apoderamiento, otorgada en fecha [fecha] ante el Notario de [ciudad], D./Dña. [nombre del notario], bajo el número [XXX] de su protocolo (en adelante, la "***AGENCIA***")

La AGENCIA actúa en el presente Deal Memo como principal y por mandato de su cliente **[DENOMINACIÓN SOCIAL DEL CLIENTE/ANUNCIANTE]**, con CIF núm. [XXXXX] y con domicilio en [dirección] (en adelante, denominado el "***ANUNCIANTE"***), en virtud del contrato suscrito entre estas últimas en fecha [...].

De una parte, **[DENOMINACIÓN SOCIAL DE LA DISCOGRÁFICA]**, con domicilio social en [dirección], provista de CIF núm. [XXX] e inscrita en el Registro Mercantil de [ciudad]; debidamente representada en este acto por D./Dña. [nombre y apellidos del representante], mayor de edad, de nacionalidad [nacionalidad], con pasaporte de su nacionalidad núm. [XXXXX], en calidad de apoderado [mancomunado/solidario/único] de la sociedad, según consta en escritura de apoderamiento, otorgada en fecha [fecha] ante el Notario de [ciudad], D./Dña. [nombre del notario], bajo el número [XXX] de su protocolo (en adelante, la "***DISCOGRÁFICA***")

En adelante, conjuntamente denominadas las "***Partes***" y cada una de ellas una "***Parte***".

1. DESCRIPCIÓN ACCIÓN DE LA ACTIVIDAD

A partir de la firma del presente contrato (en adelante, el "***Deal Memo***"), cualquier nuevo acuerdo con artistas musicales de o controlados por la DISCOGRÁFICA (en adelante, el/los "***Artista/s***") que tenga por finalidad la participación de estos en [especificar/definir la campaña y/o proyecto publicitario de la marca/producto del ANUNCIANTE que se vaya a llevar a cabo] (en adelante, el "***Proyecto***") se deberá regir por lo contenido en el presente Deal Memo, acordando expresamente las Partes que cualquier acuerdo marco suscrito en relación con el Proyecto, con anterioridad al presente Deal Memo, mantendrá sus efectos únicamente respecto de los artistas que hubieran participado en dicho Proyecto hasta la fecha de firma del presente Deal Memo.

De acuerdo con lo anterior, la DISCOGRÁFICA y la AGENCIA han llegado a un acuerdo de colaboración en el que la DISCOGRÁFICA aportará la cesión de los derechos de propiedad intelectual necesarios para la realización, por parte del ANUNCIANTE, de determinadas grabaciones audiovisuales (en adelante, las "***GRABACIONES AUDIOVISUALES***") de diferentes Artistas.

El ANUNCIANTE se encargará de la producción de las GRABACIONES AUDIOVISUALES.

Las GRABACIONES AUDIOVISUALES consistirán en las siguientes piezas: i) una (1) "Pieza principal" y ii) un (1) "*Teaser*" por cada Artista. Ambas piezas incluirán un [especificar acciones relativas a la promoción de la marca/producto, por ejemplo: "*drinking shot*" o consumo de producto], siendo el guion trabajado por el ANUNCIANTE y, en todo caso, consensuado entre las Partes. Tanto la publicación de las GRABACIONES AUIDOVISUALES como la fragmentación (o edición) de las GRABACIONES AUDIOVISUALES requerirá la autorización previa y por escrito de la DISCOGRÁFICA.

A modo aclaratorio, las GRABACIONES AUDIOVISUALES incluirán la inserción de los productos del ANUNCIANTE (en adelante, los "***Productos***"). Asimismo, incluirán el consumo de los Productos por parte de los Artistas, salvo que respecto a algún Artista esta circunstancia no se hubiera pactado expresamente.

Los Artistas de o controlados por la DISCOGRÁFICA, o de cualquier filial de ésta, se elegirán de mutuo acuerdo entre las Partes de entre aquellos cuyos compromisos profesionales se lo permitan. Las Partes acuerdan expresamente que redactarán un anexo para regularizar cuestiones específicas para cada Artista (en adelante, los "***Anexos***"), reconociendo que únicamente las condiciones específicas de los Anexos prevalecerán sobre las condiciones generales que apliquen a los Artistas en este Deal Memo.

El ANUNCIANTE podrá promocionar las GRABACIONES AUDIOVISUALES en todas sus redes sociales [especificar aquí las RRSS oficiales del ANUNCIANTE]. La primera publicación en redes será el *teaser* y enlace para ver la Pieza principal. La segunda publicación en redes será un *reminder* para ver el capítulo (con enlace de nuevo a la Pieza Principal). En total, el ANUNCIANTE realizará [número con letras] (XX) publicaciones, [número con letras] (XX) por cada canal [especificar qué RRSS oficiales del ANUNCIANTE], [número con letras] (XX) grabaciones audiovisuales en [especificar qué RRSS oficiales del ANUNCIANTE] para redireccionar a las GRABACIONES AUDIOVISUALES.

Las Partes se comprometen a apoyar el Proyecto en sus redes sociales y páginas webs, requiriendo cualquier comentario la previa y expresa aprobación de la otra Parte.

Queda expresamente prohibida la inserción de cualquier tipo de publicidad a excepción de la propia marca del ANUNCIANTE. Asimismo, los Artistas incluirán un enlace a la web donde estén alojadas las GRABACIONES AUDIOVISUALES, y harán mención a la marca del ANUNCIANTE en todas sus redes sociales y perfiles utilizando uno de los siguientes *hashtags*: **[especificar qué *#hashtags* se usarán]**, o el que las Partes acuerden.

Asimismo, la DISCOGRÁFICA se compromete a enviar a la AGENCIA una captura de pantalla de los datos analíticos de cada una de las publicaciones realizadas por los Artistas en todas sus redes sociales, en el marco del presente Deal Memo, con el fin de que la AGENCIA y el ANUNCIANTE puedan comprobar el impacto de las mismas.

2. TITULARIDAD Y USO DE LAS GRABACIONES AUDIOVISUALES

El presente Deal Memo incluye la autorización de uso de los derechos de imagen de los Artistas, para realizar y utilizar las GRABACIONES AUDIOVISUALES, en todos los soportes y canales *on* y *off line* del ANUNCIANTE, salvo que expresamente las Partes acuerden otra cosa en los Anexos.

Queda entendido entre las Partes que la propiedad de las GRABACIONES AUDIOVISUALES será ostentada en exclusiva por el ANUNCIANTE, si bien el ANUNCIANTE únicamente podrá explotarlas en los términos autorizados más abajo en esta misma cláusula. Dicho derecho de propiedad intelectual y material sobre las GRABACIONES AUDIOVISUALES se extenderá con independencia de la finalización o resolución de este Deal Memo, durante el plazo máximo de vigencia que la legislación aplicable reconozca a la propiedad intelectual de los productores de grabaciones y/u obras audiovisuales. Cualquier explotación adicional a la indicada en el presente Deal Memo (o en sus respectivos Anexos) deberá ser regulada en un documento independiente.

No obstante, lo anterior, las grabaciones fonográficas interpretadas por los Artistas que se sincronicen en las GRABACIONES AUDIOVISUALES (en adelante, las "***Grabaciones Fonográficas***") son titularidad de la DISCOGRÁFICA en exclusiva, pudiendo explotarlas sin restricciones ni limitaciones de ningún tipo, siempre que cuenten con la autorización previa, expresa y por escrito del ANUNCIANTE.

El ANUNCIANTE, durante el periodo que se indica a continuación, podrá comunicar públicamente las GRABACIONES AUDIOVISUALES en los medios propios del ANUNCIANTE, esto es la página web [especificar el enlace/URL de la web del ANUNCIANTE], las redes sociales y el canal español de [especificar las RRSS oficiales del ANUNCIANTE] del ANUNCIANTE, de forma gratuita para el usuario. Asimismo, con fines promocionales, la DISCOGRÁFICA autoriza al ANUNCIANTE a explotar las GRABACIONES AUDIOVISUALES en todos los soportes y canales *online* y *offline*, con posibilidad de adaptar el contenido de las GRABACIONES AUDIOVISUALES, ya sea total o parcialmente, a todas las piezas publicitarias incluidas en el plan de amplificación de medios del ANUNCIANTE para promocionar el contenido de las GRABACIONES AUDIVISUALES (como, por ejemplo, publicidad exterior, *display/banners* de todo tipo, cortes del vídeo para uso en piezas de TV, cortes de vídeo para piezas de video *online*, Música en.mp3 para promocionar en radio, etc.) por un periodo de [número en letras] (XX) años desde el lanzamiento de cada una de las GRABACIONES AUDIOVISUALES y sin límite territorial siempre que dichos usos y las piezas estén aprobados previamente y por escrito por la DISCOGRÁFICA. Queda bien entendido entre las partes que el ANUNCIANTE podrá hacer uso, únicamente en los términos previstos en el presente Deal Memo, de las GRABACIONES AUDIOVISUALES y de las Grabaciones Fonográficas.

Queda bien entendido que la DISCOGRÁFICA no podrá explotar las GRABACIONES AUDIOVISUALES, ni durante el periodo de vigencia ni una vez finalizada la duración del presente Deal Memo, sin el consentimiento previo, expreso y por escrito del ANUNCIANTE.

El ANUNCIANTE será el único responsable de la integración de los Productos en las GRABACIONES AUDIOVISUALES, siendo igualmente responsable del cumplimiento de las previsiones y límites legales aplicables a las actividades desarrolladas en virtud del presente Deal Memo, manteniendo indemne al ANUNCIANTE en todo momento frente a posibles reclamaciones judiciales y extrajudiciales de terceros respecto de la integración del ANUNCIANTE en las GRABACIONES AUDIOVISUALES.

Quedará expresamente prohibido que el ANUNCIANTE permita al usuario el acceso (mediante *streaming*, *downloading* o cualquier otra forma) a las Grabaciones Fonográficas de forma independiente a la GRABACIÓN AUDIOVISUAL de que se trate.

Queda entendido que, en los casos en los que la DISCOGRÁFICA no ostente los derechos exclusivos sobre los Artistas que participen en las GRABACIONES AUDIOVISUALES, la DISCOGRÁFICA podrá ceder los derechos adquiridos en virtud del Deal Memo a dichos Artistas y/o a las compañías discográficas que ostenten los derechos de tales Artistas, siempre que estos respeten los términos del mismo y no cedan los derechos a otros terceros sin autorización previa del ANUNCIANTE.

3. DURACIÓN Y TERRITORIO

El presente Deal Memo entrará en vigor desde la fecha de su firma, y terminará en el momento que finalice la última de las autorizaciones concedidas.

El ANUNCIANTE podrá explotar las GRABACIONES AUDIOVISUALES de la forma indicada anteriormente por un plazo de [número en letras] (XX) años desde el lanzamiento de cada GRABACIÓN AUDIOVISUAL y sin limitación territorial. Una vez transcurrido dicho plazo, el ANUNCIANTE se compromete a ocultar las GRABACIONES AUDIOVISUALES de Internet.

Sin perjuicio de lo anterior, la explotación por parte del ANUNCIANTE de las Grabaciones Fonográficas interpretadas por los Artistas que se sincronicen en las GRABACIONES AUDIOVISUALES se llevará a cabo durante el máximo plazo de duración que, a tales efectos, permitan las leyes que resulten de aplicación. La DISCOGRÁFICA, como propietaria de las Grabaciones Fonográficas, podrá realizar su explotación en el territorio de todo el Mundo.

4. CONTRAPRESTACIÓN

La AGENCIA abonará a la DISCOGRÁFICA, en nombre del ANUNCIANTE, las cantidades que se acuerden para cada Artista a la firma del correspondiente Anexo, una vez haya recibido la AGENCIA la factura emitida por la DISCOGRÁFICA conforme a la legalidad vigente.

Quedan a salvo cualesquiera derechos de gestión colectiva que puedan corresponder a la explotación de las GRABACIONES AUDIOVISUALES de acuerdo con lo indicado en este Deal Memo, que deberán ser gestionados y abonados por quien corresponda de acuerdo con la legislación vigente.

No obstante, lo anterior, la obligación de pago de la AGENCIA se sujeta a las siguientes condiciones suspensivas, siendo necesario que se cumplan ambas. Es decir, hasta que no se cumplan de manera sucesiva ambas condiciones, la obligación de pago de la AGENCIA no será exigible:

(a) La AGENCIA reciba el pago correspondiente debido del ANUNCIANTE, de acuerdo con el modelo retributivo reflejado en el presente Deal Memo.

(b) La DISCOGRÁFICA emita la correspondiente factura que refleje a la AGENCIA la aportación económica prevista en la presente estipulación.

Cualquier incumplimiento de la obligación de pago de la AGENCIA que traiga causa de un retraso, directa o indirectamente, por parte del ANUNCIANTE del abono de las cantidades que correspondan, no podrá ser considerado como un incumplimiento por parte de la AGENCIA de su obligación de pago, siendo responsable el ANUNCIANTE del pago en dicho supuesto.

Asimismo, la AGENCIA no será responsable de la falta de pago de la cuantía a la DISCOGRÁFICA cuando el impago sea directa o indirectamente imputable a la DISCOGRÁFICA por incumplimiento de sus obligaciones conforme al presente Deal Memo.

Queda bien entendido que, en todo caso, la AGENCIA sólo es responsable respecto la obligación de pago, no siendo responsable por cualesquiera obligaciones adicionales. En este sentido, la AGENCIA sólo será responsable por el incumplimiento de la obligación de pago, y sólo en aquellos casos en que la DISCOGRÁFICA haya cumplido con sus obligaciones de acuerdo con lo previsto en este Deal Memo.

5. GARANTÍAS

La AGENCIA garantiza a la DISCOGRÁFICA haber obtenido todas las autorizaciones necesarias por parte del ANUNCIANTE para desarrollar el objeto del presente Deal Memo, exonerando a la DISCOGRÁFICA de cualquier responsabilidad frente a el ANUNCIANTE por la inexactitud de lo garantizado en la presente estipulación.

Las Partes garantizan ser titulares de los materiales aportados por cada una de ellas o que cuentan con los derechos necesarios sobre dichos materiales, incluyendo, sin carácter limitativo, derechos de propiedad intelectual e industrial, de propia imagen, y cualesquiera otros, para ejecutar el objeto del presente Deal Memo. Asimismo, garantizan que dichos materiales no vulneran derechos de propiedad intelectual, industrial o cualesquiera otros derechos de terceros.

Las Partes garantizan mutuamente el cumplimiento de la totalidad de los compromisos que asumen en virtud del presente Deal Memo y se mantendrán indemnes en caso de cualquier reclamación judicial o extrajudicial de terceros, por cualquier causa vinculada a los derechos y obligaciones dimanantes del presente Deal Memo, y asumirán en todo momento la correcta ejecución de los términos del mismo, respondiendo por ello ante la otra Parte.

Las Partes garantizan mutuamente que en todo momento se encontrarán al corriente del pago de sus obligaciones con la Agencia Tributaria y la Seguridad Social, exonerando a la otra Parte de cualquier responsabilidad generada como consecuencia de cualquier reclamación judicial o extrajudicial de terceros por estos conceptos.

Las Partes garantizan que, en la prestación de los servicios objeto del presente Deal Memo, actuarán con buena fe y con la máxima diligencia exigible, manteniendo a la otra parte indemne por cualquier reclamación que pudiera derivarse de sus actuaciones.

En particular, el ANUNCIANTE manifiesta y garantiza lo siguiente:

i. Que es licenciatario en exclusiva y/o en la medida suficiente y necesaria como para que puedan llevarse a cabo de forma pacífica todas las acciones objeto de este Deal Memo, de todos los derechos de propiedad intelectual, industrial y de cualquier otro tipo sobre todos los elementos de la propia marca del ANUNCIANTE y del logotipo, denominativo gráfico y signo distintivo [especificar aquí la marca/producto del ANUNCIANTE], y cualesquiera diseños, ilustraciones, fotografías, logotipos, marcas, signos distintivos, gráficos o cualquier otro elemento utilizado, aportado o proporcionado por el ANUNCIANTE y/o por las personas físicas o jurídicas controladas y/o contratadas por el ANUNCIANTE en el contexto del presente Deal Memo, incluidos los Productos. Todos estos derechos, elementos y materiales provistos por el ANUNCIANTE son de su exclusiva propiedad o control como licenciatarios. En este sentido, el ANUNCIANTE exime a la DISCOGRÁFICA de toda responsabilidad derivada de reclamaciones de terceros en relación con el uso y/o explotación de los referidos derechos, elementos y materiales de las formas descritas en el marco del presente Deal Memo, obligándose el ANUNCIANTE a mantener a la DISCOGRÁFICA a salvo e indemne de cualquier daño y/o perjuicio por tales conceptos.

ii. Que la relación con los consumidores de los Productos es de su exclusiva responsabilidad, y exime a la DISCOGRÁFICA de toda responsabilidad en relación con cualquier reclamación de estos últimos en relación con dichos Productos, obligándose el ANUNCIANTE a mantener a la DISCOGRÁFICA a salvo e indemne de cualquier daño y/o perjuicio por tales conceptos.

iii. Que correrá con todos los costes de producción de las GRABACIONES AUDIOVISUALES y será responsable de obtener todos los permisos, autorizaciones o cesiones de derechos de propiedad intelectual, propiedad industrial e imagen de todos los participantes en las GRABACIONES AUDIOVISUALES (tales como actores, presentadores, productores, técnicos, etc., incluidos los *Influencers*) necesarios para la pacífica explotación por parte del ANUNCIANTE de las GRABACIONES AUDIOVISUALES objeto del presente Deal Memo, con la excepción de la cesión de imagen y de propiedad intelectual de los Artistas, que será obtenida por la DISCOGRÁFICA y regulada mediante los Anexos, exonerando a la DISCOGRÁFICA de cualquier responsabilidad por la inexactitud de lo garantizado en la presente estipulación.

iv. Que se compromete a obtener los derechos necesarios por parte de los correspondientes editores para la sincronización editorial de obras fonográficas en las GRABACIONES AUDIOVISUALES, abonando el ANUNCIANTE las cantidades que fueran solicitadas por dichos editores. Si las partes acordaran que fuera la DISCOGRÁFICA quien debiera gestionar algún permiso editorial, dicha circunstancia deberá constar en el Anexo del Artista que corresponda.

v. Que no está autorizada a explotar las GRABACIONES AUDIOVISUALES de modo distinto al estrictamente pactado en este documento. Se incluye expresamente en la presente prohibición cualquier tipo de explotación, fuera de las permitidas por el presente Deal Memo, de las GRABACIONES AUDIOVISUALES por cualquier medio/formato que implique la venta, distribución y/o puesta a disposición de soportes físicos y/o electrónicos, fonográficos y/o audiovisuales, de las mismas.

Por su parte, la DISCOGRÁFICA manifiesta y garantiza, a la AGENCIA y al ANUNCIANTE, lo siguiente:

i. Que es el titular y/o cesionario de todos los derechos de propiedad intelectual, de imagen y cualesquiera otros de los Artistas que sean necesarios para la producción de las GRABACIONES AUDIOVISUALES, garantizando la pacífica explotación de las mismas en la forma convenida en el presente Deal Memo por parte de la AGENCIA y/o el ANUNCIANTE, exonerando a la AGENCIA y al ANUNCIANTE de cualquier responsabilidad por la inexactitud de lo garantizado en la presente estipulación.

ii. Que ostenta la titularidad de todas las Grabaciones Fonográficas y los elementos que las integren, incluidos a título enunciativo y no limitativo, clips musicales, sonidos, secuencias de sonido, interpretaciones o ejecuciones artísticas, y en general, cualquier fijación de sonido expresado por cualquier medio y/o soporte tangible o intangible, actualmente conocido o que se invente en el futuro, objeto de protección por el ordenamiento jurídico vigente en materia de propiedad intelectual o no, y que la DISCOGRÁFICA desarrolle para la prestación de los servicios del presente Deal Memo, bien por ser creación propia y original o por haber obtenido los derechos de terceros, y se compromete a adquirir la totalidad de las autorizaciones y cesiones de los derechos de propiedad intelectual, industrial, de imagen y cualesquiera otros que sean necesarios con el alcance que, en su caso, fuese necesario a efectos de ejecutar el objeto del presente Deal Memo, garantizando además su uso pacífico por parte de la AGENCIA y el ANUNCIANTE, y manifestando que, sobre los mismos, no existen cargas o gravámenes de ningún tipo que le impidan disponer de ellos o que atenten contra los derechos que a la AGENCIA o al ANUNCIANTE le corresponden de acuerdo con lo estipulado en este Deal Memo.

iii. Que ha obtenido, de todos y cada uno de los Artistas que participen en la elaboración y desarrollo de las GRABACIONES AUDIOVISUALES, la cesión de todos los derechos de explotación en la forma tan amplia como sea necesaria para el buen cumplimiento de lo estipulado en el presente Deal Memo, obligándose la DISCOGRÁFICA a mantener al

ANUNCIANTE y/o a la AGENCIA a salvo e indemne de cualquier daño y/o perjuicio por tales conceptos.

iv. Que responderá frente a la AGENCIA con motivo de cualquier acción o reclamación ejercitada por terceros fundamentada en la titularidad de derechos sobre las Grabaciones Fonográficas y cualquiera de los elementos que las componen.

v. Que es un tercero independiente, de forma que no podrá ser considerado, ni de hecho ni de derecho, empleado de la AGENCIA, sin existir identificación ni confusión de sus respectivas empresas, por lo cual serán por cuenta y cargo exclusivamente de la DISCOGRÁFICA todos los gastos, cualesquiera que estos sean, correspondientes al pago de seguridad social, tributos y cualquier otro, de forma que no podrá comprometerse en forma alguna la responsabilidad de la AGENCIA por razón del objeto de este Deal Memo.

vi. Que será responsable de cualquier cumplimiento defectuoso o incumplimiento de sus obligaciones contractuales y/o cualesquiera pérdidas, daños y perjuicios sufridos por la AGENCIA y/o por terceros como resultado de la prestación de los servicios objeto del presente Deal Memo.

En todo caso, la AGENCIA sólo será responsable de los daños directos derivados del incumplimiento de su obligación de pago. No será responsable de los daños indirectos, lucro cesante o pérdida de beneficios que pudieran producirse como consecuencia de cualquier incumplimiento de este Deal Memo.

La responsabilidad total de la AGENCIA por cualquier incumplimiento de sus obligaciones estará limitada al importe correspondiente a la tarifa recibidas por la misma durante el año contractual en el que el incumplimiento hubiera ocurrido, de acuerdo con lo establecido en el correspondiente Deal Memo entre las Partes.

La AGENCIA no se hará, en ningún caso, responsable de las deudas contraídas por la DISCOGRÁFICA con la Seguridad Social anteriores, existentes ni posteriores a la celebración del presente Deal Memo, quedando también exonerado de la responsabilidad solidaria regulada en el artículo 42 del Estatuto de los Trabajadores.

El incumplimiento de cualquiera de las anteriores garantías por parte de la DISCOGRÁFICA, asumidas en virtud de este Deal Memo, dará a la AGENCIA el derecho a repercutir sobre la DISCOGRÁFICA la cuantía económica que haya asumido indebidamente, incluyendo las posibles sanciones administrativas o judiciales consecuencia del incumplimiento de lo convenido en esta estipulación. A tal fin, la AGENCIA podrá retener de las facturas pendientes de pago las cantidades correspondientes.

6. CONFIDENCIALIDAD

La información contenida en el marco de este Deal Memo tiene carácter estrictamente confidencial. Por ello, la confidencialidad en el intercambio de información entre las Partes se constituye en uno de los pilares de la relación contractual que en este momento se formaliza, e impone las más altas exigencias de protección frente a revelaciones ilegítimas de la misma.

Las Partes se obligan a mantener estricta confidencialidad respecto de los términos y condiciones del presente Deal Memo, así como cualquier otra información intercambiada entre las Partes en relación con el mismo y en general, tendrá la consideración de información confidencial, a estos efectos, cualesquiera documentos, especificaciones, borradores, muestras, infografías, *know-how*, técnicas, informes y datos de marketing, información de investigación de marketing, estrategias de negocio, marketing y publicidad, informes de ventas, resultados de investigaciones, negociaciones, datos pertenecientes a los productos o negocios de la otra Parte, así como cualquier otro dato expresado de forma oral y/o escrita o en cualquier soporte tangible o intangible referente a las Partes, y en particular, cualquier información sobre la tecnología [especificar la tecnología propiedad del ANUNCIANTE] y cualquier información relacionada con ésta a la que puedan tener acceso (en adelante, la "**Información Confidencial**"), obligándose las Partes a usar esta información única y exclusivamente para los fines establecidos en este Deal Memo, y a no revelar dichos términos y condiciones a tercero alguno, excepto que así fuera requerido en procedimiento judicial, en cuyo caso igualmente las Partes se obligan mutuamente a comunicarse tal circunstancia. Asimismo, la confidencialidad alcanzará a toda la información que, por cualquier medio, llegue a estar a disposición de las Partes con objeto del presente Deal Memo.

Cualquier violación de esta necesaria exigencia de mutua confidencialidad constituye una violación de la más básica consideración de buena fe que debe presidir cualquier relación comercial y profesional entre las Partes. En este sentido, las Partes acuerdan no ceder ni revelar, bajo ningún concepto, la Información Confidencial a terceros, no pudiendo reproducirla, utilizarla, venderla, licenciarla, exponerla, publicarla o revelarla de cualquier forma sin autorización expresa de la otra Parte.

Adicionalmente, las Partes reconocen la especial protección que deberá regir respecto de las condiciones económicas del acuerdo, comprometiéndose a no divulgar su contenido. El incumplimiento de dicha obligación facultará a la Parte cumplidora a exigir, en concepto de cláusula penal, el equivalente a la remuneración total pactada en el presente Deal Memo a favor de la AGENCIA, sin perjuicio de los daños y perjuicios que en su caso correspondan.

En caso de no atender alguna de las Partes a la obligación de confidencialidad aquí establecida, la Parte agraviada se reservará la facultad de rescindir el presente Deal Memo, sin perjuicio de su derecho de reclamar cualesquiera daños y perjuicios de acuerdo con lo establecido por la legislación vigente.

El deber de confidencialidad se mantendrá en vigor durante la vigencia del presente Deal Memo y subsistirá y permanecerá en vigor, de manera indefinida, tras la finalización y/o resolución del presente Deal Memo.

7. PROTECCIÓN DE DATOS

La identificación de las Partes es un requisito necesario para la formalización del presente Deal Memo, por lo que no podrá llevarse a cabo el mismo sin que concurra el citado requisito. Los datos serán conservados durante todo el tiempo en que esta subsista y aún después, hasta que prescriban las eventuales responsabilidades derivadas de ella.

Los datos personales de las personas físicas que intervengan en la firma y ejecución del presente Deal Memo, ya sea en su propio nombre o en nombre y representación de las Partes, se incorporarán a ficheros de los que es responsable la otra Parte, para el desarrollo de la relación contractual y el cumplimiento de obligaciones legales, en consecuencia, la base jurídica es el cumplimiento de la relación contractual.

En el caso de que fuese a producirse algún tipo de acceso a datos de carácter personal (en adelante, "**Datos de Carácter Personal**"), las Partes acuerdan incorporar los Datos de Carácter Personal que pudiesen figurar en el presente Deal Memo, así como los que se generasen durante la ejecución del mismo (incluyendo, en su caso, su dirección de correo electrónico), a sus respectivos ficheros, y a utilizar y tratar dichos datos en cualquier lugar en que las mismas desarrollen su actividad empresarial.

Cada una de las Partes firmantes y, en su caso, su representante, quedan informados de que sus Datos de Carácter Personal serán tratados por la otra Parte con la finalidad de permitir el desarrollo, cumplimiento y control de la relación de prestación de servicios concertada, siendo la base del tratamiento el cumplimiento de la relación contractual. La identificación de las Partes es un requisito necesario para la formalización del presente Deal Memo, por lo que no podrá llevarse a cabo el mismo sin que concurra el citado requisito.

Dichos datos solo serán conservados y tratados mientras se encuentre en vigor la presente relación contractual y aún después, hasta que prescriban las eventuales responsabilidades derivadas de ella, o el periodo en que puedan ser legal o contractualmente exigibles. Los datos de las Partes podrán ser comunicados a bancos y entidades financieras, para la gestión de cobros y pagos y a las Administraciones Públicas en los casos previstos en la Ley, para los fines en ellos definidos.

Las Partes podrán solicitar el acceso a los datos personales, su rectificación, su supresión, oposición, portabilidad de los datos y limitación de su tratamiento, en el domicilio de la otra Parte que figura en el encabezamiento de este Deal Memo, así como formular una reclamación ante la Agencia Española de Protección de Datos.

A tal efecto, si fuese a producirse algún tipo de acceso a Datos de Carácter Personal, las Partes se comprometen a:

i. Cumplir con la normativa relativa a protección de datos de carácter personal que sea de aplicación, tanto a nivel europeo, esto es, el Reglamento (UE) General de Protección de Datos, 2016/679 de 27 de abril de 2016 (en adelante, "**RGPD**"), como la normativa española vigente.

ii. Firmar el correspondiente anexo de Encargo de Tratamiento, de acuerdo con lo previsto en la normativa aplicable.

Asimismo, las Partes entienden que cualquier Información Confidencial consistente en Datos de Carácter Personal se encuentra sujeta a regulación específica del Derecho europeo y español y que será revelada para propósitos directamente relacionados con las actividades legítimas de las Partes. Asimismo, tal revelación tendrá únicamente el alcance permitido de conformidad con el RGPD y cualquier otra normativa española que resulte aplicable. Antes de llevar a cabo cualquier acceso, cesión o transferencia internacional de Datos de Carácter Personal, las Partes estudiarán si los mismos se encuentran permitidos y de las precauciones a adoptar.

En cualquier caso, las Partes tendrán en cuenta en cada caso si el acceso, la cesión o la transferencia internacional de Datos de Carácter Personal es estrictamente necesaria, si los Datos de Carácter Personal pueden ser separados de la restante Información Confidencial y si los Datos de Carácter Personal pueden ser sujetos a un proceso de disociación antes de dicho acceso, cesión o transferencia internacional.

Atendiendo a lo anterior, cada Parte podrá ceder los datos, con sujeción al cumplimiento de lo dispuesto en el RGPD en lo referente a las transferencias internacionales de datos, finalidad de la cesión, consentimiento y ejercicio de derechos de los interesados, a las entidades de gestión de derechos de propiedad intelectual y a aquellas empresas que participen en la explotación objeto del presente Deal Memo en la medida necesaria para su ejecución, ya se encuentren dentro o fuera de la Unión Europea (por ejemplo, discográficas y otras empresas del grupo de la DISCOGRÁFICA, en cuyo caso se notificará de las medidas que se hayan tomado para garantizar los niveles mínimos de protección de los mencionados datos).

Asimismo, se informa que terceras empresas que presten servicios de gestión a cada una de las Partes podrán tener acceso a dichos datos en el marco de la prestación del mencionado servicio.

En todo caso, las Partes, en lo referente al tratamiento de los Datos de Carácter Personal a los que tuvieran acceso, incluidos en los referidos ficheros, se comprometen a cumplir sus obligaciones de confidencialidad, prohibición de cesión a terceros (excepto a los bancos y entidades financieras, Administraciones Públicas, entidades de gestión y terceras empresas aprobadas previamente por las partes en el correspondiente anexo de Encargo de Tratamiento, conforme a lo establecido en la presente estipulación), y establecimiento de medidas de seguridad del nivel que corresponda, así como a que todos sus empleados o cualquier tercero del que traigan causa que puedan tener acceso a documentos o Información Confidencial, asuman tales compromisos de secreto y confidencialidad y el cumplimiento de la legislación en materia de protección de datos tanto a nivel europeo como la normativa española vigente.

Cualquiera de las Partes y/o las personas firmantes del presente Deal Memo podrán ejercitar sus derechos de acceso, rectificación, cancelación, oposición, limitación, portabilidad y supresión respecto del tratamiento del que cada Parte es responsable, dirigiendo un escrito a la otra Parte a la dirección que figura en el encabezamiento de este Deal Memo y a la atención del Delegado de Protección de Datos, así como formular una reclamación ante la Agencia Española de Protección de Datos. Asimismo, cualquiera de las Partes podrá interponer una reclamación ante las autoridades competentes en materia de protección de datos.

8. ANTICORRUPCIÓN

Las Partes se obligan, durante la vigencia del presente Deal Memo y en el desarrollo de sus obligaciones asumidas en virtud del mismo, a cumplir estrictamente con todas las leyes y normativa aplicables en el Territorio relativas a anti soborno y anticorrupción, incluyendo (i) no incurrir en conducta alguna que pudiera estar tipificada en cualquiera de los delitos tipificados en el Código Penal, concretamente en su Título XIX, Capítulos V, VI y VII, es decir, en los delitos de cohecho, tráfico de influencias o malversación, entre otros; (ii) cumplir con la Ley Anti-corrupción británica (*Bribery Act 2010*); (iii) cumplir con lo estipulado en el Convenio de la OCDE de lucha contra la corrupción de agentes públicos extranjeros en las transacciones comerciales internacionales, obligándose las Partes, durante la prestación de los servicios objeto del presente Deal Memo, a no ofrecer dádiva o promesa, o a prevalerse de su relación personal con cualquier autoridad o funcionario público, con el fin de obtener un rendimiento o beneficio ilícito a su favor.

A este respecto, y con el objeto de cumplir con la obligación descrita en el párrafo anterior, las Partes se obligan a implementar las medidas, procedimientos y políticas internas oportunas, las cuales deberán estar, en todo momento, a disposición de la otra Parte para su revisión.

9. INDEPENDENCIA DE LAS PARTES

Las Partes declaran expresamente que no se encuentran vinculados por relación laboral alguna y que el presente Deal Memo no supone dependencia entre las mismas, más allá de los servicios contratados.

Cada Parte desarrollará su actividad con la independencia propia de un empresario pudiendo organizar, con respeto a lo pactado en el presente Deal Memo, su actividad profesional y horario libremente.

10. RESOLUCIÓN

Además de por las causas legalmente previstas, será causa de resolución anticipada del presente Deal Memo cuando cualesquiera de las Partes incumpliere alguna de las obligaciones asumidas por ella en virtud de este Deal Memo, en cuyo caso la contraparte podrá resolver el mismo, siempre que hubiese cumplido sus obligaciones, si previo requerimiento por medio fehaciente al incumplidor ("**notificación de denuncia de contrato**") transcurriesen diez (10) días laborables desde la notificación de dicho requerimiento sin que el incumplidor hubiese atendido o subsanado el mismo, sin perjuicio todo ello, del resarcimiento de los daños y perjuicios que la parte cumplidora hubiera sufrido como consecuencia de la conducta de la incumplidora y sujeto asimismo a lo dispuesto en la legislación aplicable.

La terminación anticipada de este Deal Memo se entiende sin perjuicio de la indemnización por daños y perjuicios que, en su caso, pudiera corresponderle a alguna de las Partes, y que estará limitada al importe correspondiente a la tarifa recibida por las mismas durante el año contractual en el que el incumplimiento hubiera ocurrido.

La resolución del presente Deal Memo conllevará la devolución por cada una de las Partes de cualesquiera documentos, datos, informes, informaciones y cualquier otro tipo de material que le hubieran sido suministrados por la otra y sobre los cuales, en virtud del presente Deal Memo, no correspondiese a aquélla derecho alguno.

11. MISCELÁNEA

Este Deal Memo constituye la totalidad de lo pactado por las Partes en relación con el objeto del mismo, y sustituye a cualesquiera otros acuerdos, convenios, antecedentes, negociaciones, y cualesquiera otras comunicaciones, verbales o escritos, existentes entre las Partes hasta la fecha de firma del presente Deal Memo y que estuviesen relacionados con el objeto del mismo.

Todos los anexos que pudieran acompañarse formarán parte integrante del presente Deal Memo, al que complementarán y desarrollarán. No obstante lo anterior, lo dispuesto en el texto del presente Deal Memo prevalecerá, en cuanto existiera contradicción, sobre lo establecido en los anexos que se pudieran acompañar al mismo.

Como única excepción, las Partes reconocen que las condiciones específicas que se establezcan para cada Artista en sus Anexos correspondientes prevalecerán sobre las condiciones generales que para éstos pueda fijar el presente Deal Memo, de conformidad con lo indicado en la Estipulación Primera de este Deal Memo.

Este Deal Memo podrá ser modificado únicamente mediante acuerdo por escrito entre las Partes, debidamente firmado por sus representantes legales, careciendo de validez y eficacia cualquier modificación del mismo que no se recoja conforme a lo indicado en la presente estipulación.

En el caso de que alguna de las estipulaciones del presente Deal Memo fuese declarada nula y sin efecto, en todo o en parte, dicha nulidad no afectará a la validez del resto del Deal Memo o de las demás disposiciones del mismo en base a los deseos de las Partes, permaneciendo dichas disposiciones en vigor sin que queden afectadas por dicha declaración de nulidad.

La estipulación declarada nula o anulable será, de común acuerdo entre las Partes, sustituida por una nueva que la supla, o interpretada de un modo legalmente aceptable, que sea de un tenor lo más aproximado posible a la estipulación que las Partes habrían formalizado de haber tenido conocimiento de la ineficacia de la estipulación en cuestión.

Los encabezamientos de las distintas estipulaciones son meramente informativos y no afectarán, calificarán o ampliarán la interpretación del presente Deal Memo.

El no ejercicio o ejecución por parte de cualquiera de las Partes de cualquier derecho o disposición contenido en el presente Deal Memo no constituirá una renuncia al mismo, salvo reconocimiento y acuerdo por escrito por su parte.

12. NOTIFICACIONES

Cualquier notificación que cualquiera de las partes deba dirigir a la otra en virtud del presente Deal Memo, se efectuará por correo electrónico a las siguientes direcciones:

La AGENCIA: [e-mail]

La DISCOGRÁFICA: [e-mail]

13. LEY APLICABLE Y JURISDICCIÓN COMPETENTE

En todo lo no previsto en las presentes estipulaciones, así como en la interpretación y resolución de los conflictos que pudieran surgir entre las Partes como consecuencia del mismo, este Deal Memo se somete a la legislación española vigente que resulte de aplicación.

Las partes, con renuncia a cualquier fuero que pudiera corresponderles, se someten expresamente a la jurisdicción de los Tribunales de [ciudad], para resolver cualquier duda o controversia que pudiese surgir en la interpretación y ejecución del presente Deal Memo.

Por la AGENCIA

____

D./Dña. [nombre y apellidos del representante]

Por la DISCOGRÁFICA

____

D./Dña. [nombre y apellidos del representante]

ANEXO [XX] [CAMPAÑA PUBLICITARIA/PROYECTO DEL ANUNCIANTE]: PARTICIPACIÓN DE [NOMBRE/APODO DEL ARTISTA]

En [ciudad], día] de [mes] de [año].

El ANUNCIANTE realizará las siguientes GRABACIONES AUDIOVISUALES con la participación de [nombre y apellidos del artista] (en adelante, el "***Artista***") en los términos establecidos en el Deal Memo salvo por las siguientes especificaciones:

- No está autorizado el uso de las GRABACIOS AUDIOVISUALES y/o de la imagen, nombre o voz de Artista en leds.
- El ANUNCIANTE podrá explotar las GRABACIONES AUDIOVISUALES y las piezas promocionales aprobadas por la DISCOGRÁFICA hasta el [día] de [mes] de [año].
- La DISCOGRÁFICA obtendrá y abonará el permiso editorial que es necesario para llevar a cabo la sincronización de la Obra musical acordada por las partes en las GRABACIONES AUDIOVISUALES.

Por la cesión de derechos de imagen, nombre y de propiedad intelectual de Artista respecto a su participación en el proyecto XXXXXXXXXXXX, así como por la autorización para llevar a cabo la sincronización fonográfica en la GRABACIÓN AUDIOVISUAL, la AGENCIA abonará a la DISCOGRÁFICA la cantidad de **[IMPORTE en letras] (XXX.-€)** más los impuestos que sean de aplicación, a la firma del presente anexo y una vez haya recibido la AGENCIA la factura emitida por la DISCOGRÁFICA conforme a la legalidad vigente.

Salvo por lo establecido en este Anexo, serán de aplicación el resto de las condiciones del Deal Memo.

F129. CONTRATO DE CESIÓN DE DERECHOS DE IMAGEN Y PATROCINIO

En.........., a............

REUNIDOS

DE UNA PARTE,

D................, mayor de edad, con DNI..........., quien interviene en nombre y representación de la sociedad............., con CIF............, domiciliada en.........., inscrita en el Registro Mercantil de........., tomo........, folio......., hoja......., inscripción........, en su calidad de Director General según escritura de delegación de facultades, otorgada ante el Notario de..........., D.........., en fecha.........., con número....... de su protocolo. (En adelante,.......)

DE OTRA PARTE,

En su propio nombre y derecho, Doña............, mayor de edad, vecina de........, con DNI........... (En adelante,...........).

MANIFIESTAN

I. Que....... es una sociedad que tiene por objeto la comercialización y venta al por mayor de vehículos y repuestos de la marca........ en España. (En adelante, la Marca).

II. Que......... es una piloto con licencia federativa en vigor que se declara libre de todo compromiso relacionado con un objeto idéntico o similar al de la presente.

III. Que........ está interesada en utilizar la imagen de.......... para fines publicitarios y promocionales y.........., en autorizar dicho uso a cambio de una retribución, en los términos y condiciones que más adelante se especifican.

IV. Que en consecuencia, las partes (en adelante, las "Partes") han convenido en formalizar el presente contrato de autorización de uso de imagen, conformidad con las siguientes,

ESTIPULACIONES

PRIMERA.– Objeto del contrato

Constituye el objeto del presente contrato la autorización por....... a.........., a cambio de una retribución, del uso de su imagen para fines publicitarios y promocionales de la Marca........, y por lo tanto, podrá utilizar la imagen de........... en los términos estipulados en el presente contrato durante el periodo contractual.

SEGUNDA.– Honorarios y forma de pago

Como consecuencia de la cesión de sus derechos de imagen,......... emitirá a........ una factura por un importe total de......... con el IVA correspondiente. Del importe de la misma se descontará el porcentaje de retención aplicable según la legislación vigente.

El pago se llevará a cabo previa la presentación de la correspondiente factura por parte de..........., bajo la modalidad de transferencia bancaria, en un plazo máximo de....... días desde la presentación de la correspondiente factura.

TERCERA.– Obligaciones de...........

.... se obliga a colaborar publicitariamente con........ en los términos siguientes:

a)........ se compromete a no promocionar productos o servicios que sean competencia directa de la Marca.

b)......... se compromete a participar en los eventos publicitarios que organice........., corriendo...... con los gastos de desplazamiento, manutención y alojamiento de........ si fueran necesarios.

c)........ acepta no suscribir con terceros ningún otro contrato con empresas que puedan ser competencia directa de la Marca durante el periodo del contrato.

d) Al no tener....... la exclusividad de la imagen de......., ésta podrá autorizar el uso de su imagen a terceros, siempre que éstos no sean competidores directos de la Marca.

CUARTA.– Obligaciones de.........

a)........ vendrá obligada a pagar los honorarios en los términos y condiciones establecidos en la cláusula segunda.

b)....... se compromete a no desacreditar la reputación de...........

c)........ intentará aprovechar los medios de que disponga a fin de mejorar la imagen de..........

d).......... comunicará de forma fehaciente con al menos......... días de antelación la fecha, hora y lugar donde requiera la presencia de.......... para el evento pactado.

QUINTA.– Duración

El presente contrato entrará en vigor el día.........., fecha en la cual será plenamente eficaz entre las partes y finalizará el día...............

SEXTA.– Cesión del derecho de imagen.

............., bajo los términos pactados en este contrato, reconoce a........... haber cedido sus derechos de imagen, por lo que en consecuencia, ésta autoriza a........ a explotar publicitariamente su imagen hasta el día............

SÉPTIMA.– Autorización para el uso y explotación de la cesión de imagen.

La firma de este contrato conlleva la autorización a........ para la grabación total o parcial de la colaboración publicitaria de......... por medio de fotografías, vídeos, entrevistas, spots televisivos o eventos para darle un uso comercial, publicitario, etc. que consideren oportuno, sin derecho por su parte a recibir compensación económica adicional a la ya pactada en este contrato.

OCTAVA.– Causas de incumplimiento y resolución anticipada.

El incumplimiento por cualquiera de las partes de las obligaciones resultantes del presente contrato dará derecho a la parte que hubiere cumplido las suyas a exigir el cumplimiento de la obligación o a promover la resolución del contrato de acuerdo con lo dispuesto en el artículo 1124 del Código Civil.

Sin perjuicio de lo anterior se establece expresamente que el incumplimiento por parte de.......... de las obligaciones previstas en los apartados b) y d) de la estipulación TERCERA, conllevará la obligación por parte de la misma de abonar a.......... una penalización no sustitutiva de daños y perjuicios e intereses por un importe equivalente al precio recibido en virtud del presente contrato a la fecha en que hubiere cometido el incumplimiento.

El contrato se podrá resolver anticipadamente por las siguientes causas:

a) El incumplimiento por cualquiera de las Partes de las obligaciones esenciales asumidas por cada una de ellas en este contrato. Tendrán la consideración de obligación no esencial aquéllas que, no vulnerando la naturaleza y el espíritu de este contrato, pudieran subsanarse en el plazo máximo de un mes a computar desde la fecha del requerimiento efectuado al incumplidor por la Parte afectada por el incumplimiento.

b) El incumplimiento reiterado de una obligación no esencial o su no subsanación en el plazo establecido en el apartado anterior.

c) El mutuo acuerdo de las Partes, con los efectos que en el mismo se establezcan.

La resolución del contrato, cualquiera que sea su causa, requerirá que la parte que la decida, la notifique fehacientemente a la otra, con expresión de la causa que dé lugar a ella y ello en todo caso dejando a salvo la reclamación de daños y perjuicios que pueda corresponder a cualquiera de las partes.

NOVENA.– Notificaciones.

Todas las notificaciones y comunicaciones que procedan a efectos del presente contrato se harán por escrito, mediante cualquier medio con el que el remitente pueda acreditar su emisión al destinatario y su contenido, y se dirigirán a las direcciones que figuran en el encabezamiento de este documento.

A efectos de notificaciones, las Partes podrán variar sus direcciones, que han quedado indicadas en el encabezamiento, comunicándolo a la otra parte por escrito, en la forma indicada en el apartado anterior.

DÉCIMA.– Confidencialidad.

La existencia de este documento y su contenido tendrá el carácter de confidencial, no pudiéndose revelar, en relación con el mismo o su contenido, información alguna a terceros distintos de las Partes o sus abogados salvo que ello venga impuesto por ley o por otra obligación impuesta por autoridades administrativas o judiciales (i), o para dar cumplimiento a lo previsto en este Contrato (ii). De darse el supuesto (i), será necesario que exista un requerimiento previo de una autoridad competente (judicial o administrativa) y la Parte requerida habrá de informar previamente y por escrito a la otra parte de todos los extremos relativos a la información/documentación que va a facilitar a la citada autoridad.

Únicamente tendrá efectos liberatorios de esta obligación de confidencialidad el consentimiento expreso y escrito de la otra Parte. Dicha obligación de confidencialidad se extiende a cuanta información haya recibido cada Parte de las otras durante las negociaciones del presente.

UNDÉCIMA.– Acuerdo único.

Cuanto se recoge en este acuerdo sustituye a cualesquiera otros acuerdos o pactos sobre el mismo objeto que pudieran existir entre las Partes, verbales o escritos, que quedan sin valor o efecto a partir del día de hoy.

Carecerá de validez y eficacia cualquier modificación del presente que no se recoja por escrito.

DUODÉCIMA.– Inexistencia de renuncia.

El no ejercicio por una de las Partes de cualquier derecho o acción que le asistan en virtud de este acuerdo o la renuncia a exigir el cumplimiento de alguna de las obligaciones previstas en el mismo:

(i) no liberará a la otra Parte del cumplimiento íntegro de las restantes obligaciones contenidas en el presente; y (ii) no se entenderá como una renuncia a exigir en un futuro el cumplimiento de cualquier obligación o a ejercer derechos o acciones previstas en este acuerdo.

La dispensa, aplazamiento o renuncia a alguno de los derechos o acciones derivados del presente, o a una parte de las mismas, únicamente será vinculante si consta por escrito y podrá quedar sujeta a las condiciones que el otorgante de dicha dispensa, aplazamiento o renuncia considere oportunas.

DECIMOTERCERA.– Nulidad.

La posible declaración, por órgano judicial o administrativo, de ilegalidad, nulidad, invalidez o inexigibilidad de una o más cláusulas del presente o de parte de las mismas, no acarreará la ilegalidad, nulidad, invalidez o inexigibilidad de las demás cláusulas ni de las restantes partes de las mismas, las cuales permanecerán plenamente válidas en todo aquello que proceda, todo ello siempre que las cláusulas o parte de las mismas declaradas ilegales, nulas, inválidas o inexigibles no sean esenciales.

Las cláusulas o partes de las mismas declaradas ilegales, nulas, inválidas o no exigibles se entenderán eliminadas de este acuerdo o no aplicables en esa circunstancia, según los casos, y las Partes negociarán de buena fe su sustitución y las medidas que se adecuen en mayor medida a la finalidad pretendida por las mismas.

DECIMOCUARTA.– Protección de datos

En cumplimiento de lo dispuesto en la normativa vigente en materia de Protección de Datos de Carácter Personal, se informa a los intervinientes de que los datos personales que figuran en este Contrato y los que se deriven de la relación, serán tratados por ambas partes para la gestión de la relación contractual.

La base para el tratamiento de los datos es la correcta ejecución del contrato firmado entre las partes. Es necesario facilitar dichos datos pues en caso contrario no sería posible gestionar la relación contractual.

Los datos se conservarán mientras se mantenga le relación y no se solicite su supresión y en cualquier caso en cumplimiento de plazos legales de prescripción que le resulten de aplicación.

No se cederán datos a terceros, salvo obligación legal ni están previstas transferencias internacionales de dichos datos.

Los interesados pueden ejercitar sus derechos de acceso, rectificación, supresión, portabilidad y la limitación u oposición dirigiéndose por escrito a los domicilios de cada una de las partes que figuran en el encabezado del presente contrato.

Asimismo, los interesados tienen derecho a reclamar ante la Autoridad de Control (Agencia Española de Protección de Datos: www.agpd.es).

DECIMOQUINTA.– Jurisdicción

Las Partes, con renuncia expresa a cualquier otro fuero que les pudiera corresponder, se someten voluntariamente para la resolución de los conflictos que puedan surgir respecto a la interpretación o ejecución del mismo, a la jurisdicción de los Tribunales de la ciudad de...........

Y en prueba de conformidad, firman los comparecientes por triplicado ejemplar el presente contrato en la fecha y lugar indicados en el encabezamiento.

F130. CONTRATO DE ENCARGO DE PRODUCCIÓN DE CONTENIDO PUBLICITARIO

En .... a ....de .... de 20......

REUNIDOS

DE UNA PARTE:

(A) ...... (en adelante, "**EMPRESA 1**") y,

DE OTRA PARTE:

(B) .... (en adelante, "**LA PRODUCTORA**").

Asimismo, se identificará conjuntamente a EMPRESA 1 y a LA PRODUCTORA como las "**Partes**" e individualmente a cada una de ellas como la "**Parte**".

Todos los intervinientes declaran que los poderes con que actúan se hallan vigentes y que no han sido limitados, suspendidos o revocados y que, por su virtud, tienen plena capacidad para el otorgamiento del presente **CONTRATO DE ENCARGO DE PRODUCCIÓN DE CONTENIDO PUBLICITARIO**, y a estos efectos:

EXPONEN

I. Que constituye la actividad de EMPRESA 1.............

II. Que EMPRESA 1 tiene intención de llevar a cabo una campaña publicitaria para su marca "*EMPRESA 1*" en colaboración con ....., en la que se crearán diferentes contenidos (en adelante, la **"Marca"**).

III. Que en el objeto social de LA PRODUCTORA figura la producción de contenidos audiovisuales, habiendo presentado a EMPRESA 1 un proyecto para la realización de una producción de contenido publicitario para cuya ejecución afirma ostentar los más amplios derechos, libres de cualesquiera cargas y gravámenes.

IV. Que EMPRESA 1 desea poder contratar con LA PRODUCTORA la producción de dicho contenido publicitario conforme con los términos del presente contrato y sus anexos.

IV. Que en este contexto, ambas Partes acuerdan la celebración del presente **CONTRATO DE ENCARGO DE PRODUCCIÓN DE CONTENIDO PUBLICITARIO** (en adelante, el "**Contrato**") que someten a las siguientes:

CLÁUSULAS

OBJETO

EMPRESA 1 encarga a LA PRODUCTORA, en virtud de este Contrato, la producción y realización de diferentes vídeos sobre experiencias para medios digitales, de acuerdo con las creatividades elaboradas a tal efecto (en adelante, "**las Piezas**"), para lo cual encomienda a LA PRODUCTORA, que acepta, la realización de las actividades que se recogen en el **Anexo I**, todas ellas relacionadas con las Piezas.

Las Piezas serán realizados de acuerdo con los documentos "**Alcance de los Servicios**", "**Diseño de Producción y Calendario**" y "**Materiales y Calidades Técnicas**", que se adjuntan al Contrato como **Anexo I**, **II** y **III,** respectivamente.

Asimismo, es objeto del presente Contrato la regulación de la cesión de todos los derechos de propiedad intelectual, industrial y de imagen que se incorporen a las Piezas, necesarios para su pacífica explotación con la mayor amplitud posible por parte de EMPRESA 1.

Del mismo modo, es objeto del presente Contrato el desarrollo y mantenimiento de la APP soporte donde se visualizarán las Piezas.

INTERPRETACIÓN

Las palabras en singular podrán adoptar el plural y viceversa, cuando el texto o la interpretación del Contrato lo exijan.

Siempre que en el Contrato se indique que LA PRODUCTORA debe realizar determinado trabajo "por su cuenta", "a su cargo", "sin cargas adicionales para EMPRESA 1" u otra expresión similar, se entenderá que LA PRODUCTORA no podrá recibir compensación adicional de EMPRESA 1 por tal trabajo.

Los términos utilizados en el presente Contrato y que no se encuentren especialmente definidos en el mismo se entenderá que tienen el significado previsto en los Anexos al mismo.

OBLIGACIONES DE LA PRODUCTORA

LA PRODUCTORA se obliga a producir las Piezas de conformidad con los términos y condiciones del presente Contrato y sus anexos correspondientes.

LA PRODUCTORA dedicará los medios necesarios para la eficaz realización de las Piezas, según las instrucciones de EMPRESA 1.

LA PRODUCTORA se compromete a producir las Piezas objeto del presente Contrato de conformidad con los principios de legalidad, veracidad y autenticidad recogidos en nuestro ordenamiento jurídico y específicamente en el Código de Publicidad Audiovisual y demás legislación complementaria o venidera, prestando especial atención a la normativa sobre protección de menores.

LA PRODUCTORA facilitará a EMPRESA 1 cuanta documentación e información sea solicitada por éste, teniendo EMPRESA 1 derecho a examinar, en cualquier momento, el estado y progreso de la producción de las Piezas. Durante la producción de las Piezas, será responsabilidad de LA PRODUCTORA solicitar de EMPRESA 1, la información complementaria que precise, avisarle de las dificultades encontradas y emprender las acciones necesarias para resolver y asegurar la producción de las Piezas en los plazos contractuales.

Si por error u omisión de características técnicas de la producción pactadas entre las Partes por parte de LA PRODUCTORA, durante la producción de las Piezas, hubiera de rehacerse una parte del mismo, el coste correspondiente será de cuenta y cargo de LA PRODUCTORA, todo ello sin perjuicio de aquellas otras responsabilidades establecidas en este Contrato.

Cualquier nota de prensa o comunicación que LA PRODUCTORA tenga intención de realizar a los distintos medios y referentes a cualquiera de las marcas, imagen, logotipos y denominaciones sociales de EMPRESA 1, se realizará con el consentimiento previo y por escrito de esta última. De incumplirse esta obligación por LA PRODUCTORA, ello facultará a EMPRESA 1 para la resolución automática del Contrato, sin perjuicio de solicitud de la indemnización que por daños pudiere corresponder.

PLAN DE PRODUCCIÓN Y CONDICIONES DE EMISIÓN. PENALIZACIONES

LA PRODUCTORA llevará a cabo las actividades encomendadas conforme al **Anexo II** "**Diseño de Producción y Calendario**", y cumplirá con el objeto del Contrato, para que EMPRESA 1 pueda emitir las Piezas según las necesidades de emisión que previamente le hayan sido comunicadas por esta última, y por tanto la realización de las tareas encomendadas a LA PRODUCTORA en una fecha posterior a la pactada en el "**Diseño de Producción y Calendario**", tendrá la consideración de incumplimiento de una obligación esencial de Contrato dando derecho a EMPRESA 1 a la resolución del mismo conforme a lo previsto en la Cláusula XIX, siempre y cuando el retraso en la entrega no venga motivado por modificaciones o rectificaciones realizadas a requerimiento de EMPRESA 1 y que no estuvieran contempladas en el presupuesto inicial.

PRESUPUESTO

LA PRODUCTORA asume el compromiso de llevar a cabo la totalidad de las actividades encomendadas en el presente Contrato dentro del límite presupuestario que se detalla en el presente Contrato, comprometiéndose frente a EMPRESA 1 a poner los medios que resulten necesarios para la ejecución de las Piezas, asumiendo en consecuencia los costes y retribuciones de los recursos materiales y humanos necesarios para su producción, (incluida cualquier posible desviación presupuestaria que se produjera por causas ajenas a EMPRESA 1), con total responsabilidad como empresa respecto a sus obligaciones legales de carácter laboral, civil, mercantil y fiscal.

DURACIÓN DEL CONTRATO

El Contrato surtirá efectos desde la fecha de su firma y extenderá su vigencia hasta la finalización y entrega de las Piezas a plena satisfacción de EMPRESA 1 conforme el siguiente apartado:

La duración se extiende al período de tiempo que corresponde con: (i) la finalización de la producción de las Piezas, conforme al **Anexo II** "**Diseño de Producción y Calendario**", (ii) la cesión de los derechos de propiedad intelectual e industrial que LA PRODUCTORA debe realizar a favor de EMPRESA 1 para la realización y explotación de las Piezas con la máxima amplitud posible y de forma ilimitada en el tiempo.

PRECIO

El precio total fijado por la prestación de servicios que se detalla en el Anexo I

El pago de la cantidad total se realizará en el momento de la entrega de las Piezas a plena satisfacción de EMPRESA 1.

Dicho pago se realizará contra la presentación de la correspondiente factura, trascurridos 60 días fecha de factura ajustado a día 10, y será gestionado mediante confirming por una entidad bancaria a elección de EMPRESA 1.

Todos los impuestos y tasas serán a cargo de la Parte a la que corresponda según la legislación vigente.

FACTURACIÓN Y PAGO

De todas las facturas deberá extenderse original y una (1) copia cumpliendo con los requerimientos fiscales y mercantiles vigentes, sin cuyos requisitos no serán aceptadas. La fecha de la factura no podrá ser nunca anterior a las fechas indicadas en la cláusula VIII del presente Contrato.

A efecto de llevar a cabo los pagos, LA PRODUCTORA se obliga a entregar a EMPRESA 1 el certificado de encontrarse al corriente en el cumplimiento de las obligaciones tributarias con Hacienda a tenor de lo establecido en el artículo 43.1 F de la Ley General Tributaria —Ley 58/2003—.

Dicho certificado, que tendrá validez durante los 12 meses siguientes a la fecha de emisión del mismo, deberá ser anualmente prorrogado por iguales períodos a los de la prórroga de su vigencia.

DERECHOS DE EXPLOTACIÓN

LA PRODUCTORA afirma obtener, original y/o derivativamente, los derechos o autorizaciones necesarios para proponer a EMPRESA 1 la producción de las Piezas que aquí se regula, por lo tanto asumirá con exclusividad, exonerando totalmente a EMPRESA 1, de cualquier responsabilidad que se genere como consecuencia de cualquier reclamación efectuada por tercero en relación con la producción de las Piezas.

En virtud de este Contrato, LA PRODUCTORA autoriza a EMPRESA 1 a explotar en exclusiva, sin limitación alguna de carácter geográfico y con la limitación temporal descrita en la Cláusula VII, la totalidad de los derechos de reproducción, distribución, comunicación pública y transformación (incluido remake) sobre los personajes, la estructura, la escenografía y demás elementos de propiedad intelectual o industrial que en virtud de su originalidad o de su registro sea titularidad, de manera derivada de LA PRODUCTORA y su adquisición pudiera resultar necesaria para la producción y emisión de las Piezas. A estos efectos, LA PRODUCTORA garantiza a EMPRESA 1 el derecho a explotar sin limitación alguna de carácter territorial, temporal o de otra naturaleza cualesquiera obras derivadas de la idea original, sin limitación temporal alguna.

En caso de que EMPRESA 1 decida ampliar el número de países en los que se proceda a la difusión de las Piezas, ésta deberá abonar los honorarios correspondientes a los derechos de explotación de las referidas Piezas, de conformidad con lo dispuesto en el **Anexo I.**

MARCAS Y NOMBRES DE DOMINIO

EMPRESA 1 podrá explotar, en exclusiva, los derechos de propiedad industrial derivados de las Piezas y de cada uno de los elementos característicos que lo integran, incluyendo el título sin ningún límite territorial y sin limitación temporal, y por el precio pactado en la Cláusula VIII. Dicha facultad comprende expresamente, cualquier desarrollo desde obras o contenidos relacionados con las Piezas en sistemas interactivos y en sistemas on-line (especialmente Internet).

Los derechos citados en esta cláusula, son adquiridos por EMPRESA 1 con la facultad de cederlos y licenciarlos a terceros, en la forma que estime más conveniente y sin ninguna clase de limitación.

COMPROMISOS Y GARANTÍAS

LA PRODUCTORA se compromete a obtener, a favor de EMPRESA 1, con anterioridad al momento de la grabación, de cada uno de los participantes contratados o aportados por ella (el director-realizador, los autores de los guiones o diálogos, de las creaciones intelectuales, que en su caso se incorporen al formato de las Piezas, de las composiciones musicales, los personajes famosos u otras personas que aporten su imagen para la realización de las Piezas, los artistas intérpretes o ejecutantes, etc.) para todas y cada una de las partes de las Piezas y para el propio formato del mismo, los derechos renunciables de propiedad intelectual, industrial o de imagen que sean necesarios tanto para la producción como para la explotación de las Piezas y de cualquiera de sus aportaciones independientes, en exclusiva por parte de EMPRESA 1, de acuerdo con lo previsto en la Cláusula X, en cualquier modalidad y por cualquier medio, sin ningún límite territorial y con la limitación temporal descrita en la cláusula VII. A estos efectos, LA PRODUCTORA deberá obtener el compromiso, expreso y por escrito por parte de los autores de que no dispondrán de sus aportaciones con fines comerciales, ni explotarán de ningún otro modo comercial las mismas.

LA PRODUCTORA cede a EMPRESA 1 la totalidad de los derechos que hubieran adquirido de cada uno de los participantes contratados o aportados por ellos para la producción de las Piezas.

INGRESOS DE LOS DERECHOS DE EXPLOTACIÓN

Corresponde a EMPRESA 1, la facultad de explotar las Piezas, así como la totalidad de los ingresos derivados de la referida explotación si los hubiere.

ENTREGA DE MATERIAL

LA PRODUCTORA entregará a EMPRESA 1 el material de las Piezas con sujeción a los parámetros de calidad contenidos en el Anexo III y en las fechas establecidas en el "**Diseño de producción y Calendario**" garantizando, en todo caso, la periodicidad prevista de emisión de las Piezas.

EMPRESA 1 podrá rechazar los materiales entregados en el supuesto de que el contenido de los mismos no coincida con los elementos aprobados y presentados a EMPRESA 1, o con cualquiera de las modificaciones posteriores aprobadas por escrito.

PERSONAL DE LA PRODUCTORA

LA PRODUCTORA dispondrá en todo momento del personal necesario, en número y cualificación, para la realización del servicio que se oferta, garantizando la eficiencia del mismo. El número total de trabajadores a asignar será siempre a criterio de la Dirección Técnica de LA PRODUCTORA, así como la organización material de los trabajos a realizar.

OBLIGACIONES LABORALES, FISCALES Y DE PREVENCIÓN DE RIESGOS

LA PRODUCTORA como empresario del personal que emplee como consecuencia de este contrato, asume cuantas obligaciones se deriven de la legislación laboral y, en especial, de las disposiciones vigentes en cada momento en materia de Seguridad Social. LA PRODUCTORA declara hallarse al corriente del cumplimiento de sus obligaciones legales en materia laboral y tener aseguradas las contingencias que con motivo de la ejecución de los Trabajos puedan afectar a todos los trabajadores que intervengan en la prestación de servicios objeto de este contrato. En particular LA PRODUCTORA declara estar al corriente en el pago de los salarios de su personal y en el pago de las correspondientes cuotas a la Seguridad Social, lo cual acredita mediante la certificación de la Entidad Gestora de la Seguridad Social a que se refiere el art. 42, nº 1 del Estatuto de los Trabajadores, la cual aporta en el momento de la firma del presente documento. Dicha certificación deberá ser facilitada por LA PRODUCTORA anualmente y en cualquier momento que sea requerido por EMPRESA 1.

CESIÓN Y SUBCONTRATACIÓN

LA PRODUCTORA no podrá ceder o transferir a terceros, en todo o en parte, los derechos y obligaciones que surgen del Contrato sin el previo consentimiento por escrito de EMPRESA 1, excepto los derechos y créditos de carácter económico que puedan ser cedidos de acuerdo con la normativa vigente. El cesionario, en todo caso, asumirá íntegramente todos los derechos y obligaciones que resultan del presente Contrato, sean anteriores o posteriores al momento en la cesión sea efectiva, siendo no obstante el cedente responsable de modo solidario.

FUERZA MAYOR

Ninguna de las Partes será responsable por el incumplimiento de sus obligaciones contractuales, como consecuencia de Fuerza Mayor o Caso Fortuito, tal y como se definen en el Código Civil. El surgimiento de una situación de Fuerza Mayor o Caso Fortuito será comunicada a la otra Parte en un plazo máximo de 48 horas, por medio escrito, desde que haya tenido conocimiento de su existencia.

Cada una de las Partes empleará sus mejores esfuerzos (siempre que estén a su alcance) para evitar o mitigar los efectos de una situación de Fuerza Mayor o Caso Fortuito, así como para asegurar la continuación normal del presente Contrato.

En estos casos, los plazos de cumplimiento de obligaciones estipulados se prolongarán por un período equivalente al tiempo perdido por causa de Fuerza Mayor o Caso Fortuito.

La resolución, en su caso, no eximirá a las Partes del cumplimiento de las obligaciones surgidas con anterioridad a la situación de Fuerza Mayor o Caso Fortuito.

RESOLUCIÓN DEL CONTRATO

Sin perjuicio de lo dispuesto en la Cláusula XXI, el Contrato podrá resolverse en los casos siguientes:

a) A instancia de cualquiera de las Partes, en caso de incumplimiento sustancial por la otra Parte, total o parcial, de las obligaciones establecidas en el Contrato, cuando, una vez sea requerido por escrito por la parte cumplidora para solventar el incumplimiento, siempre que ello sea posible, no haya procedido a ello en el plazo de diez (10) días hábiles.

b) A instancia de EMPRESA 1, sin necesidad de alegar justa causa, siempre que lo notifique por escrito a LA PRODUCTORA con una antelación de un mes. En este caso, EMPRESA 1 abonará a LA PRODUCTORA todas las cantidades que se encontrasen pendientes de pago le reembolsará el margen industrial de la misma por el trabajo realizado y los costes en que, con anterioridad a la notificación de la resolución, hubiere incurrido y fueran imputables a EMPRESA 1 de acuerdo con los términos de este Contrato.

c) El incumplimiento grave y/o reiterado por parte de LA PRODUCTORA de las fechas de ejecución acordadas en el Plan de Producción.

d) La falta de la obtención por parte de LA PRODUCTORA de los derechos que se ceden en el presente Contrato.

e) La cesión o explotación en beneficio propio o de terceros de los derechos que corresponden a EMPRESA 1, o los cedidos por LA PRODUCTORA en el marco de este Contrato.

CONSERVACIÓN DEL CONTRATO

La nulidad o inaplicabilidad de cualquier cláusula o parte de este Contrato no consideradas esenciales, no afectará a la validez del resto.

VIGENCIA DE LAS CLÁUSULAS

Las estipulaciones incluidas en el presente Contrato con intención expresa o implícita de que continúen en vigor tras el momento de la resolución o vencimiento del mismo, se mantendrán en vigor y continuarán vinculando a ambas Partes conforme a lo estipulado. En particular, las cláusulas que de acuerdo con lo anterior permanecerán vigentes serán las siguientes: IX, X, XIII, XXII, XXIII y XXIV.

PROTECCIÓN DE DATOS

En la ejecución de la producción de las Piezas a que se refiere el Contrato, LA PRODUCTORA accederá a datos de carácter personal incluidos en ficheros titularidad de EMPRESA 1, convirtiéndose en tales casos en encargado del tratamiento (en adelante, el "**Encargado del Tratamiento**") de tales datos de carácter personal.

El acceso a los datos de carácter personal titularidad del EMPRESA 1 no tiene la consideración de comunicación o cesión de datos, sino de simple acceso a los mismos por parte del Encargado del Tratamiento, necesario para la realización de las obligaciones objeto del Contrato.

CONFIDENCIALIDAD

Durante la producción de las Piezas objeto del Contrato, cada Parte, asumiendo un compromiso recíproco de confidencialidad suministrará a la otra Parte cierta información propia, incluyendo comunicaciones verbales, que tienen el carácter de confidencialidad (en adelante "**INFORMACIÓN CONFIDENCIAL**").

Cada Parte se compromete a mantener estrictamente la confidencialidad de la Información Confidencial de la otra Parte, así como a no venderla, intercambiarla, publicarla o de cualquier otra manera a revelarla a nadie, por cualquier medio, incluyendo fotocopia o reproducción, sin el consentimiento previo y por escrito de la Parte que revele la Información Confidencial (en adelante "**REVELADOR**").

Se entenderá por información Confidencial todos los datos, de cualquier naturaleza, referentes o relacionados con clientes, ventas, movimientos, productos, sistemas de organización y funcionamiento, etc. de EMPRESA 1 o las filiales de su grupo empresarial y LA PRODUCTORA, recogidos en cualquier tipo de soporte físico o electrónico.

Toda la información anterior tendrá el carácter de Información Confidencial a menos que expresamente se especifique lo contrario.

Cierta información no será considerada como Información Confidencial cuando la Parte a la que haya sido revelada (en adelante, el "**RECEPTOR**") pueda claramente demostrar:

a) que tal información sea información de conocimiento público, o en términos generales sea accesible al público, sin que medie para ello ningún acto, omisión o falta del Receptor.

b) Que con anterioridad a la entrega de dicha información al Receptor, el Receptor o alguna de sus filiales ya la tuviera en su poder.

c) Que la información ha sido producida independientemente por sus empleados o consultores del Receptor o cualquiera de sus filiales, siempre y cuando quienes la hubiesen producido no hubiesen tenido acceso a la Información Confidencial en poder del Receptor o sus filiales. En este caso, el Receptor deberá demostrar que sus empleados o consultores no tuvieron acceso a las Información Confidencial.

RESPONSABILIDAD

LA PRODUCTORA responderá frente a EMPRESA 1 y frente a terceros de cualesquiera daños y perjuicios que, tanto el propio LA PRODUCTORA como las personas de las que deba responder legal o contractualmente, pudieran ocasionar a EMPRESA 1 o al personal de él dependiente o a dichos terceros, y que tengan su causa en una acción u omisión en el cumplimiento de sus obligaciones por parte de LA PRODUCTORA o por parte de cualesquiera de las personas mencionadas, y en las que intervenga cualquier clase de negligencia, culpa o dolo.

LA PRODUCTORA responderá y mantendrá indemne a EMPRESA 1 de cualesquiera reclamaciones de terceros a EMPRESA 1 en concepto de daños y perjuicios causados que tengan su causa en una acción u omisión en el cumplimiento de sus obligaciones por parte de LA PRODUCTORA o por parte de cualesquiera de las personas mencionadas, y en las que intervenga cualquier clase de negligencia, culpa o dolo.

NORMATIVA APLICABLE

En lo no previsto en las presentes estipulaciones, este Contrato se someterá a las normas de Derecho Privado. El Derecho aplicable al presente Contrato será el Derecho español.

JURISDICCIÓN

Las Partes se comprometen a cumplir el presente Contrato de buena fe, resolviendo por medio de negociaciones y acuerdos amistosos cualquier diferencia que pudiera surgir entre ellas respecto de la aplicación, desarrollo, cumplimiento, interpretación y ejecución del mismo.

Las Partes se someten expresamente a la jurisdicción y competencia de los Tribunales de la ciudad de .... para resolver toda diferencia o litigio relativo al Contrato, particularmente en cuanto a su interpretación, ejecución o inejecución, ya sobrevenga antes o tras su expiración, y que según la opinión de una de las Partes, éstas sean incapaces de resolver por mutuo acuerdo.

El sometimiento de los conflictos entre las Partes a los citados órganos judiciales, no faculta a ninguna de ellas para suspender el cumplimiento de sus obligaciones según Contrato.

En prueba de conformidad de cuanto antecede, se firma el presente Contrato, en todas sus hojas, en duplicado ejemplar, en el lugar y fecha señalados en el encabezamiento.

Por EMPRESA 1 **Por LA PRODUCTORA**

F131. CONTRATO DE PATROCINIO Y SERVICIOS PROMOCIONALES EN ÁMBITO DEPORTIVO

En [ciudad], a [día] de [mes] de [año].

REUNIDOS

De una parte, **[DENOMINACIÓN SOCIAL DEL ANUNCIANTE]**, con domicilio social en [dirección], provista de CIF núm. [XXX] e inscrita en el Registro Mercantil de [ciudad]; debidamente representada en este acto por D./Dña. [nombre y apellidos del representante], mayor de edad, de nacionalidad [nacionalidad], con pasaporte de su nacionalidad núm. [XXXXX], en calidad de apoderado [mancomunado/solidario/único] de la sociedad, según consta en escritura de apoderamiento, otorgada en fecha [fecha] ante el Notario de [ciudad], D./Dña. [nombre del notario], bajo el número [XXX] de su protocolo (en adelante, el "***ANUNCIANTE***").

De otra parte, **[DENOMINACIÓN SOCIAL DE LA AGENCIA]**, con domicilio social en [dirección], provista de CIF núm. [XXX] e inscrita en el Registro Mercantil de [ciudad]; debidamente representada en este acto por D./Dña. [nombre y apellidos del representante], mayor de edad, de nacionalidad [nacionalidad], con pasaporte de su nacionalidad núm. [XXXXX], en calidad de apoderado [mancomunado/solidario/único] de la sociedad, según consta en escritura de apoderamiento, otorgada en fecha [fecha] ante el Notario de [ciudad], D./Dña. [nombre del notario], bajo el número [XXX] de su protocolo (en adelante, la "***AGENCIA***").

Y, de otra, **[DENOMINACIÓN SOCIAL DEL ANUNCIANTE]**, con domicilio social en [dirección], provista de CIF núm. [XXX] e inscrita en el Registro Mercantil de [ciudad]; debidamente representada en este acto por D./Dña. [nombre y apellidos del representante], mayor de edad, de nacionalidad [nacionalidad], con pasaporte de su nacionalidad núm. [XXXXX], en calidad de apoderado [mancomunado/solidario/único] de la sociedad, según consta en escritura de apoderamiento, otorgada en fecha [fecha] ante el Notario de [ciudad], D./Dña. [nombre del notario], bajo el número [XXX] de su protocolo (en adelante, la "***ORGANIZACIÓN***").

En adelante, conjuntamente denominadas las "***Partes***" e individualmente, cuando proceda, una "***Parte***". Reconociéndose todas las Partes la capacidad legal necesaria para obligarse y para otorgar el presente contrato

EXPONEN

I. Que el ANUNCIANTE es una entidad mercantil dedicada, entre otras actividades propias de su objeto social, a la gestión de la comunicación de la [**nombre de la marca/producto del ANUNCIANTE**] (en adelante, la "***Marca***"), con el fin de promocionar los productos de el ANUNCIANTE.

II. Que la ORGANIZACIÓN es una organización de *eSports* cuyo principal objetivo es crecer en el ámbito de los deportes electrónicos y posicionarse como uno de los equipos referentes, apostando por la profesionalización del sector. A tal efecto, la ORGANIZACIÓN ha alcanzado un acuerdo con **[socio deportivo del ANUNCIANTE]** para la creación de un equipo, denominado "**[nombre del equipo de e-Sports]**" (en adelante, el "***Equipo***"), dedicado en exclusiva a la disciplina de "**League of Legends**" de deportes electrónicos.

III. Que, en consecuencia, la ORGANIZACIÓN participará, bajo su Equipo "**[nombre del equipo de e-Sports]**", en la "Liga de Videojuegos Profesional" a nivel nacional, en la competición de "[nombre de la competición/videojuego]", que se desarrolla actualmente en un doble formato: (i) liga, bajo el nombre de "**Competición Principal**"; y (ii) copa, bajo el nombre de "**Competición Secundaria**", que completa el calendario competitivo (en adelante, conjuntamente denominadas la "***Competición***").

IV. Que la AGENCIA es una entidad mercantil dedicada, entre otras actividades propias de su objeto social, a la organización y gestión de la actividad publicitaria de sus clientes, incluyendo la consultoría en deportes, cultura y entretenimiento, identificación de patrocinios y activación de las marcas en los distintos entornos, y en consecuencia, presenta y plantea a el ANUNCIANTE una propuesta para el patrocinio de la ORGANIZACIÓN, bajo el Equipo de *eSports*, para [número en letras] (XX) temporadas de la Competición, que incluye tanto la Competición Principal como la Competición Secundaria.

V. Que, en virtud de ello, el ANUNCIANTE está interesada en asociar, de forma regular y durante todo el periodo de vigencia del presente contrato, la marca del Equipo y la imagen de sus miembros, con sus propias actividades y acciones publicitarias relativas a la Marca "[**nombre de la marca/producto del ANUNCIANTE**]" para la Competición.

VI. Que la ORGANIZACIÓN está interesada en contar con el ANUNCIANTE como colaborador principal, incorporando la publicidad de la Marca del ANUNCIANTE en su Equipo, así como en promover y difundir los productos asociados con la Marca para la Competición.

VII. Que el ANUNCIANTE manifiesta que la AGENCIA será su agente comercial y estratégico para todo lo relativo a esta acción de patrocinio, y estará habilitado para gestionar e intermediar en los pagos a la ORGANIZACIÓN por parte del ANUNCIANTE en concepto de tarifas que se deriven del presente contrato. No obstante, y con independencia de las obligaciones contraídas por la AGENCIA con respecto al pago de las correspondientes cantidades a la ORGANIZACIÓN en virtud de la Estipulación Cuarta del presente contrato, siempre y cuando cuente con la previa autorización expresa del ANUNCIANTE para la realización de dichos pagos, el ANUNCIANTE seguirá siendo responsable del pago del Fee Total y la Comisión por servicios, según se definen en la mencionada estipulación y en los términos contenidos en la misma.

VIII. Que sobre la base de lo anterior, las Partes están interesadas en suscribir el presente contrato de prestación de servicios de activación de patrocinio y servicios promocionales (en adelante, el "***Contrato***") y, reconociéndose mutuamente la capacidad legal necesaria para contratar y obligarse, lo llevan a efecto conforme a las siguientes

ESTIPULACIONES

PRIMERA.– Objeto.

1.1. Es objeto del presente Contrato establecer los términos y condiciones en base a los cuales el ANUNCIANTE llevará a cabo la promoción de sus productos de la Marca "[**nombre de la marca/producto del ANUNCIANTE**, mediante su asociación con el Equipo y a la imagen de sus miembros, y en relación con la Competición. Las acciones, incluidos patrocinios y otros derechos asociados, que conformarán parte del contenido objeto del presente Contrato, se detallan en el ***Anexo I*** (en adelante, los "***Servicios***" y/o las "***Acciones Promocionales***"), sin perjuicio de que las Partes, por escrito, pudieran acordar otras acciones adicionales a realizar por la ORGANIZACIÓN, en el marco del presente Contrato.

1.2. La labor de la AGENCIA, en virtud del presente Contrato, quedará limitada a la intermediación entre el ANUNCIANTE y el Equipo, velando por el puntual cumplimiento de sus obligaciones y derechos. Dada su experiencia en la gestión de patrocinios, la AGENCIA se encargará de velar activamente por el cumplimiento de las prestaciones publicitarias aquí pactadas con el ANUNCIANTE.

SEGUNDA.– Duración y Territorio.

2.1. El presente Contrato entrará en vigor el día [XX] de [mes] de [año], y permanecerá vigente hasta la finalización, de manera oficial, de las dos (2) temporadas de la Competición en las que participará el Equipo, y que se presume entre [mes] de [año] y [mes] de [año]; una vez transcurrido dicho plazo, el Contrato se entenderá extinguido. Sin perjuicio de lo anterior, las Partes podrán acordar, expresamente y por escrito, la renovación del Contrato con, al menos, un (1) mes de antelación a la fecha de finalización del mismo.

En este sentido, las Partes convienen establecer un compromiso de permanencia para el ANUNCIANTE durante los dos (2) años de vigencia inicial del Contrato, de modo que la resolución anticipada del mismo dará lugar a la aplicación de la penalización prevista en la Estipulación 8.3.

No obstante, lo anterior, el Contrato podrá ser resuelto por cualquier de las Partes, durante el periodo de vigencia acordado, en el caso de mediar incumplimiento contractual por parte de la ORGANIZACIÓN, dejando sin aplicación la penalización prevista en la Estipulación 8.3, siempre que la Parte incumplidora no haya subsanado el incumplimiento en un plazo de quince (15) días hábiles.

2.2. Las estipulaciones del presente Contrato, con intención expresa o implícita de continuar en vigor tras el momento de resolución o vencimiento del mismo, tales como la cesión de derechos y/o la confidencialidad, se mantendrán en vigor y continuarán vinculando a ambas Partes según lo estipulado.

2.3. El ámbito de difusión de los patrocinios y acciones promocionales en virtud del presente Contrato será, en todo caso, para el territorio de España, sin perjuicio de que los contenidos publicados en cualquier tipo de medios, por su propia naturaleza digital, podrán encontrarse accesibles desde cualquier lugar del mundo (en adelante, conjuntamente el "***Territorio***").

2.4. En el eventual caso de que:

(i) el Equipo descendiese de categoría, de tal forma que no pudiese disputar la Competición nacional durante la temporada 20XX-20XX, el ANUNCIANTE se reserva el derecho a (i) renegociar las cifras de inversión pactadas en la Estipulación Cuarta del presente Contrato, o (ii) en caso de no llegar a un acuerdo entre las Partes, con una anterioridad de seis (6) semanas al comienzo de la segunda temporada, resolver el presente Contrato, sin que por dicha resolución correspondiese a la ORGANIZACIÓN ni al Equipo compensación o indemnización alguna; o

(ii) el Equipo participase en alguna competición europea (por haberse clasificado tras la conclusión de la Competición nacional en la temporada 20XX-20XX) durante la segunda temporada pactada en este Contrato (esto es, durante la Temporada 20XX-20XX), las Partes se reservan el derecho a pactar un presupuesto adicional al negociado en la Estipulación Cuarta del presente Contrato; o

(iii) finalizase el acuerdo alcanzado entre la ORGANIZACIÓN y **[socio deportivo del ANUNCIANTE]**para la creación del Equipo dentro de la disciplina de "League of Legends" de deportes electrónicos, de tal forma que el Equipo se disolviese y no pudiese seguir participando en la Competición, el ANUNCIANTE se reserva el derecho de resolver el presente Contrato, sin que por dicha resolución correspondiese a la ORGANIZACIÓN ni al Equipo compensación o indemnización alguna; o

(iv) finalizase el acuerdo alcanzado entre la ORGANIZACIÓN y **[socio deportivo del ANUNCIANTE]**para la creación del Equipo dentro de la disciplina de .... de deportes electrónicos, de tal forma que el Equipo se disolviese, pero la ORGANIZACIÓN consiguiese formar un nuevo equipo con plaza propia que le permitiese seguir participando en la Competición, el ANUNCIANTE tendrá un derecho preferente, frente a cualesquiera potenciales patrocinadores, para la suscripción del correspondiente contrato de patrocinio con dicho nuevo equipo, en caso de así desearlo el ANUNCIANTE.

(v) finalizase o se cancelase, por causas ajenas a las Partes, la totalidad de la Competición, esto es, tanto la .... como la ...., no pudiendo ejecutarse el objeto del presente Contrato, el mismo quedará sin efecto, sin que las Partes puedan requerir compensación o indemnización alguna. En caso de que una de las dos competiciones (........... o ....) finalice o se cancele por causas ajenas a las Partes, estas podrán negociar los fees por la competición restante, y solicitar la resolución contractual si las Partes no llegan a un acuerdo.

TERCERA.– Condiciones de las acciones a realizar por las Partes.

3.1. En todo caso, las Partes deberán cumplir con la legislación aplicable, incluidas cualesquiera políticas o códigos de conducta que pudiesen resultarles de aplicación. En particular, cada una de ellas será responderá del cumplimiento de la legislación aplicable en relación con las obligaciones que le correspondan en virtud del presente Contrato, manteniendo indemne a la otra por cualesquiera incumplimientos, de conformidad con lo dispuesto en la Estipulación Séptima.

3.2. Condiciones de las acciones a realizar por la AGENCIA.

3.2.1. Las acciones que llevará a cabo la AGENCIA consistirán en las acciones de consultoria, negociación, seguimiento y reporting, así como todas aquellas acciones que fuesen necesarias para la buena implementación de las actividades de patrocinio de la Marca, y lo hará en relación y de acuerdo con los Servicios contenidos en el Anexo I y para la Competición.

3.2.2. No obstante, lo anterior, queda bien entendido entre las Partes que, en ningún caso, la AGENCIA se responsabiliza de la ejecución de los Servicios detallados en el Anexo I, ni cualesquiera otros servicios adicionales que las Partes pudieran pactar en el futuro, y que son objeto del presente Contrato, salvo que la incorrecta consecución de los Servicios sea consecuencia directa de un incumplimiento de las obligaciones propias de la AGENCIA.

3.2.3. Asimismo, la AGENCIA actuará en beneficio de la buena imagen del ANUNCIANTE, poniendo sus mayores esfuerzos en obtener la mayor visibilidad para la Marca "[**nombre de la marca/producto del ANUNCIANTE**, A tal efecto, el ANUNCIANTE, la AGENCIA y el Equipo pactarán, por documento escrito anexo al presente Contrato como ***Anexo II***, los parámetros generales y objetivos de visibilidad para la Marca, poniendo sus mayores esfuerzos en el cumplimiento de los mismos. Sin embargo, la AGENCIA no garantiza la visibilidad de la Marca de una manera concreta o específica, dado que la misma dependerá de distintos factores, incluyendo pero no limitado al Equipo, la Competición, el organizador de la Competición, así como otros terceros.

3.2.4. La AGENCIA realizará los pagos a la ORGANIZACIÓN en concepto de tarifas que se deriven del presente Contrato por cuenta y en nombre del ANUNCIANTE. No obstante, y con independencia de las obligaciones contraídas por la AGENCIA con respecto al pago de las correspondientes cantidades a la ORGANIZACIÓN en virtud de la Estipulación Cuarta del presente contrato, el ANUNCIANTE seguirá siendo responsable del pago del Fee Total y la Comisión por servicios, según se definen en la mencionada estipulación y en los términos contenidos en la misma.

3.2.5. La AGENCIA se compromete a dar cumplimiento al Código de Conducta del ANUNCIANTE, que se presenta anexo al presente Contrato como ***Anexo VI***, y a actuar según los valores contenidos en dicho Código.

3.3. Condiciones de las acciones a realizar por el ANUNCIANTE.

3.3.1. El ANUNCIANTE se compromete al apoyo al patrocinio del Equipo durante dos (2) temporadas completas de la Competición, con las salvedades establecidas en la Estipulación Segunda y a salvo de una eventual resolución contractual en virtud de la Estipulación Octava, mediante el pago de las cantidades que se establecen en la Estipulación Cuarta.

3.3.2. En cuanto a la difusión de las Acciones Promocionales será, en todo caso, decisión del ANUNCIANTE, si bien deberán estar consensuadas por todas las Partes, y siempre y cuando se realicen en relación con la Competición y se encuentren dentro del límite del Territorio y las condiciones acordadas entre las Partes en este Contrato.

3.3.3. Asimismo, los derechos del ANUNCIANTE durante toda la vigencia del presente Contrato serán los siguientes:

(i) Derecho a utilizar todos los signos distintivos, logotipos e imágenes de la ORGANIZACIÓN y el Equipo. Y en particular, el ANUNCIANTE tendrá derecho a la integración de los elementos de la Marca "[**nombre de la marca/producto del ANUNCIANTE** en el logotipo del Equipo, tal y como se dispone en el ***Anexo V*** (en adelante, la ***"Integración"***).

No obstante, lo anterior, el ANUNCIANTE podrá decidir si mantener o no la Integración durante la segunda temporada de la Competición; en caso de que el ANUNCIANTE manifestase su negativa a mantener dicha Integración, el ANUNCIANTE no tendrá obligación de abonar la cantidad convenida en la Estipulación 4.1.(ii).(a).2.

(ii) Durante la primera temporada de la Competición, no existirá derecho de *naming* alguno ni para la Marca ni para cualesquiera otros potenciales patrocinadores, de tal forma que el ANUNCIANTE no podrá incluir ni integrar el nombre de su Marca en el nombre del Equipo.

No obstante, lo anterior, al inicio de la segunda temporada de la Competición, el ANUNCIANTE podrá decidir, de manera preferente, si incluir e integrar el nombre de su Marca en el nombre del Equipo, de la siguiente manera: "[**nombre de la marca/producto del ANUNCIANTE + Nombre del Equipo**]" (en adelante, el ***"Naming"***).

En este sentido, si el ANUNCIANTE, como patrocinador principal, manifestase su negativa a dicho Naming, la ORGANIZACIÓN podrá negociar namings asociados a su Equipo con otros patrocinadores. En tal caso, el ANUNCIANTE, en virtud de su derecho de adquisición preferente, podrá replantear su negativa inicial respecto al Naming del Equipo, y renegociar los términos, condiciones y presupuestos del mismo, más el IVA correspondiente (en adelante, los "***Presupuestos del Naming***"), los cuales se recogerán en documento aparte, como ***Anexo IX*** al presente Contrato, correspondiendo a la AGENCIA un diez por ciento (10%) sobre dichos Presupuestos del Naming en concepto de Comisión por servicios.

Si finalmente el ANUNCIANTE y la ORGANIZACIÓN no llegasen a un acuerdo respecto al Naming, el ANUNCIANTE podrá resolver el presente Contrato, a salvo de la correspondiente indemnización por daños y perjuicios y pago de cualesquiera cantidades que la AGENCIA hubiese adelantado a la ORGANIZACIÓN en virtud de la Estipulación Cuarta del presente Contrato. No obstante, lo anterior, el ANUNCIANTE no será responsable, en ningún caso, de ningún pago de cualesquiera cantidades que hubiese realizado la AGENCIA sin la previa autorización expresa de el ANUNCIANTE.

(iii) Derecho a utilizar la designación de "Patrocinador Oficial" del Equipo, en calidad de patrocinador principal y en relación con su Marca, y para todo el Territorio y la Competición.

(iv) Derecho a utilizar los Contenidos Elaborados, y cualesquiera otros materiales y/o contenidos facilitados por la ORGANIZACIÓN, conforme a lo establecido en la Estipulación 6.4, en relación con el patrocinio del Equipo, de tal forma que podrán ser utilizados por el ANUNCIANTE en todos los materiales de comunicación, relaciones públicas, promoción y/o publicidad relacionados con la Marca y para todo el Territorio y en relación con la Competición.

No obstante, lo anterior, el uso de los contenidos y/o materiales descritos en el párrafo anterior deberá ser validado y confirmado, previamente y de manera expresa, por las Partes, en un plazo máximo de setenta y dos (72) horas.

(v) Derecho a que la imagen de su Marca sea incorporada en los soportes y comunicaciones que se realicen en relación con cualquier evento y/o acción que se celebre por la ORGANIZACIÓN y/o el Equipo en relación con la Competición, de manera preferente con respecto a otras empresas patrocinadoras, en calidad de patrocinador principal. Y en particular, el ANUNCIANTE tendrá derecho a que la Marca aparezca, de manera preferente, en los medios propios de la ORGANIZACIÓN, entendiéndose como tales, a modo enunciativo y no limitativo: (i) la pagina web oficial de la ORGANIZACIÓN y/o el Equipo; y (ii) cualesquiera redes sociales en las que tenga presencia la ORGANIZACIÓN y/o el Equipo.

3.4. Condiciones de los derechos y las acciones a realizar por la ORGANIZACIÓN.

3.4.1. La ORGANIZACIÓN se compromete a prestar y ejecutar la totalidad de los Servicios, de acuerdo con los estándares de calidad, disponibilidad, fiabilidad y respuesta propios del sector y, en todo caso, de acuerdo con los términos y condiciones establecidos en el presente Contrato. Para ello, la ORGANIZACIÓN empleará sus propios medios, activos, materiales y recursos, incluidos pero no limitados a todos aquellos contenidos en el Anexo I, de conformidad con lo dispuesto en el presente Contrato.

3.4.2. Cualesquiera cambios en cuanto a fechas o duraciones de la Acciones Promociales previstos en el presente Contrato, deberán ser comunicados por la ORGANIZACIÓN al ANUNCIANTE con la antelación suficiente y acordados por las Partes. En el caso de fechas, estos últimos serán, en su caso, acordados con el ANUNCIANTE de acuerdo con la agenda del Equipo y la Competición.

3.4.3. Al inicio de la segunda temporada de la Competición, el ANUNCIANTE podrá decidir, de manera preferente, si encargarse del *Naming* del Equipo.

En este sentido, si el ANUNCIANTE, como patrocinador principal, manifestase su negativa a dicho Naming, la ORGANIZACIÓN podrá negociar namings asociados a su Equipo con otros patrocinadores. En tal caso, el ANUNCIANTE, en virtud de su derecho de adquisición preferente, podrá replantear su negativa inicial respecto al Naming del Equipo, y renegociar los términos, condiciones y presupuestos del mismo, más el IVA correspondiente (en adelante, los "***Presupuestos del Naming***"), los cuales se recogerán en documento aparte, como Anexo IX al presente Contrato, correspondiendo a la AGENCIA un diez por ciento (10%) sobre dichos Presupuestos del Naming en concepto de Comisión por servicios.

Si finalmente el ANUNCIANTE y la ORGANIZACIÓN no llegasen a un acuerdo respecto al Naming, el ANUNCIANTE podrá resolver el presente Contrato, a salvo de la correspondiente indemnización por daños y perjuicios y pago de cualesquiera cantidades que la AGENCIA hubiese adelantado a la ORGANIZACIÓN en virtud de la Estipulación Cuarta del presente Contrato. No obstante, lo anterior, el ANUNCIANTE no será responsable, en ningún caso, de ningún pago de cualesquiera cantidades que hubiese realizado la AGENCIA sin la previa autorización expresa del ANUNCIANTE.

3.4.4. Asimismo, los derechos de la ORGANIZACIÓN durante toda la vigencia del presente Contrato serán los siguientes:

(i) Derecho a utilizar todos los signos distintivos, logotipos e imágenes de la Marca en relación con la Competición y para la creación de todos los Contenidos Elaborados. A tal efecto, la ORGANIZACIÓN se compromete a cumplir con la Integración de la Marca, tal y como se dispone en el Anexo V.

(ii) La creación de Contenidos Elaborados, utilizando los signos distintivos, logotipos e imágenes de la Marca en relación con la Competición, deberá ser previamente aprobado por las Partes, en un plazo máximo de setenta y dos (72) horas.

3.4.5. La ORGANIZACIÓN se compromete a dar cumplimiento al Código de Conducta del ANUNCIANTE, que se presenta anexo al presente Contrato como ***Anexo VI***, y a actuar según los valores contenidos en dicho Código.

CUARTA.– Contraprestación económica.

4.1. Las Partes convienen que, en concepto de contraprestación económica por el patrocinio descrito y los Servicios prestados, el ANUNCIANTE abonará a la ORGANIZACIÓN, la cantidad total de [**IMPORTE TOTAL en letras**] EUROS (**XXXXX**.-€) (en adelante, el "***Fee Total***"), a lo que debe sumarse la cantidad total de [IMPORTE en letras] (XXX.-€), en concepto de remuneración a la AGENCIA como fee de agencia, correspondiente al DIEZ POR CIENTO (10%) del Fee Total (en adelante, la "***Comisión por servicios***").

Las cantidades anteriormente mencionadas se desglosan de la siguiente manera:

(i) [IMPORTE en letras] EUROS (XXX.-€) pagaderos durante la primera temporada, conforme al calendario de pagos detallado en la Estipulación 4.3, correspondientes a los siguientes conceptos:

(a) [IMPORTE en letras] EUROS (XXX.-€) (en adelante, el "***Fee de la Primera Temporada***"), de los cuales:

1. [IMPORTE en letras] EUROS (XXX.-€) corresponden a los Servicios a prestar por la ORGANIZACIÓN durante la primera temporada; y
2. [IMPORTE en letras] EUROS (XXX.-€) corresponden a la Integración de la Marca durante la primera temporada.

(b) [IMPORTE en letras] EUROS (XXX.-€), equivalentes al diez por ciento (10%) sobre la cantidad anterior, como Comisión por servicios de la AGENCIA, en concepto de fee de agencia, durante la primera temporada.

(ii) [IMPORTE en letras] EUROS (XXX.-€), pagaderos durante la segunda temporada, conforme al calendario de pagos detallado en la Estipulación 4.3, correspondientes a los siguientes conceptos:

(a) [IMPORTE en letras] EUROS (XXX.-€) (en adelante, el "***Fee de la Segunda Temporada***"), de los cuales:

1. [IMPORTE en letras] EUROS (XXX.-€) corresponden a los Servicios a prestar por el patrocinio de la ORGANIZACIÓN durante la segunda temporada; y

2. [IMPORTE en letras] EUROS (XXX.-€) corresponden a la Integración de la Marca durante la segunda temporada. No obstante, en caso de que el ANUNCIANTE manifestase su negativa a mantener esta Integración, el ANUNCIANTE no tendrá obligación de abonar la cantidad aquí convenida.

(b) [IMPORTE en letras] EUROS (XXX.-€), equivalentes al diez por ciento (10%) sobre la cantidad anterior, como Comisión por servicios de la AGENCIA, en concepto de fee de agencia, durante la segunda temporada.

No obstante, si el ANUNCIANTE manifestase su negativa a mantener la Integración mencionada en el punto anterior, entonces el ANUNCIANTE deberá abonar a la AGENCIA la cantidad de [IMPORTE en letras] EUROS (XXX.-€), correspondientes al diez por ciento (10%) sobre la cantidad resultante de la diferencia entre el Fee de la Segunda Temporada y la cuantía a abonar por la Integración de la Marca durante la segunda temporada.

4.2. El ANUNCIANTE abonará a la ORGANIZACIÓN, a través de su agente comercial reconocido la AGENCIA, el Fee Total, más el IVA correspondiente. A tal fin, el ANUNCIANTE efectuará el pago a la AGENCIA, quien intermediará entre ambas entidades a tal efecto.

4.3. El pago de dichas cantidades se efectuará, previa presentación de factura, conforme al siguiente calendario de pagos:

(i) **Primer pago**: el ANUNCIANTE se compromete a abonar a la ORGANIZACIÓN, a través de su agente comercial reconocido la AGENCIA, la cantidad de [IMPORTE en letras] EUROS (XXX.-€), correspondientes al cincuenta por ciento (50%) del Fee de la Primera Temporada.

Esta cantidad será adelantada por la AGENCIA, quien la abonará a la ORGANIZACIÓN, previa presentación de factura, a fecha de firma del presente Contrato, esto es, a [día] de [mes] de [año].

Asimismo, el ANUNCIANTE se compromete a abonar a la AGENCIA la cantidad de [IMPORTE en letras] EUROS (XXX.-€), correspondiente a la mitad de la Comisión por servicios de la primera temporada.

El ANUNCIANTE se obliga a abonar a la AGENCIA las referidas cantidades del primer pago, previa presentación de factura por parte de la AGENCIA a [día] de [mes] de [año]. A tal fin, el ANUNCIANTE suscribe, a fecha de firma de este Contrato, la correspondiente carta de compromiso de pago (en adelante, la "***Carta de Pago***"), en los términos dispuestos en el ***Anexo VIII*** al presente Contrato.

(ii) **Segundo pago**: el ANUNCIANTE se compromete a abonar a la ORGANIZACIÓN, a través de su agente comercial reconocido la AGENCIA, y a los seis (6) meses del primer pago, esto es, a [día] de [mes] de [año], la cantidad de [IMPORTE en letras] EUROS (XXX.-€), correspondientes al restante cincuenta por ciento (50%) del Fee de la Primera Temporada.

Esta cantidad será adelantada por la AGENCIA, quien la abonará a la ORGANIZACIÓN, previa presentación de factura, a [día] de [mes] de [año].

Asimismo, el ANUNCIANTE se compromete a abonar a la AGENCIA, a los seis (6) meses del primer pago, esto es, a [día] de [mes] de [año], la cantidad de [IMPORTE en letras] EUROS (XXX.-€), correspondiente a la mitad restante de la Comisión por servicios de la primera temporada.

El ANUNCIANTE se obliga a abonar a la AGENCIA las referidas cantidades del segundo pago, previa presentación de factura por parte de la AGENCIA, a [día] de [mes] de [año]. A tal fin, el ANUNCIANTE suscribe, a fecha de firma de este Contrato, la correspondiente Carta de Pago, en los términos dispuestos en el Anexo VIII al presente Contrato.

(iii) **Tercer pago**: el ANUNCIANTE se compromete a abonar a la ORGANIZACIÓN, a través de su agente comercial reconocido la AGENCIA, y a los doce (12) meses del primer pago, esto es, a [día] de [mes] de [año], una (1) de las dos cantidades a continuación, según la circunstancia que tenga lugar:

(a) si el ANUNCIANTE mantuviese la Integración de la Marca, la cantidad de [IMPORTE en letras] EUROS (XXX.-€), correspondientes al cincuenta por ciento (50%) del Fee de la Segunda Temporada; o

(b) si el ANUNCIANTE decidiese no mantener la Integración de la Marca, la cantidad de [IMPORTE en letras] EUROS (XXX.-€), correspondientes al cincuenta por ciento (50%) de la cantidad resultante de la diferencia entre el Fee de la Segunda Temporada y la cuantía a abonar por Integración de la Marca durante la segunda temporada.

Estas cantidades serán adelantadas por la AGENCIA, quien la abonará a la ORGANIZACIÓN, previa presentación de factura, a [día] de [mes] de [año].

Asimismo, el ANUNCIANTE se compromete a abonar a la AGENCIA, a los doce (12) meses del primer pago, esto es, a [día] de [mes] de [año], una (1) de las dos cantidades a continuación, según la circunstancia que tenga lugar:

(a) Si el ANUNCIANTE mantuviese la Integración de la Marca, la cantidad de [IMPORTE en letras] EUROS (XXX.-€), correspondiente a la mitad de la Comisión por servicios de la segunda temporada; o

(b) Si el ANUNCIANTE decidiese no mantener la Integración de la Marca, la cantidad de [IMPORTE en letras] EUROS (XXX.-€), correspondiente a la mitad de la Comisión por servicios que correspondería a la AGENCIA en virtud del apartado 4.3.(iii).(b) anterior.

El ANUNCIANTE se obliga a abonar a la AGENCIA las referidas cantidades del segundo pago, previa presentación de factura por parte de la AGENCIA, a [día] de [mes] de [año]. A tal fin, el ANUNCIANTE suscribe, a fecha de firma de este Contrato, la correspondiente Carta de Pago, en los términos dispuestos en el Anexo VIII al presente Contrato.

(iv) **Cuarto y ultimo pago**: el ANUNCIANTE se compromete a abonar a la ORGANIZACIÓN, a través de su agente comercial reconocido la AGENCIA, y a los dieciocho (18) meses del primer pago, esto es, a [día] de [mes] de [año], una (1) de las dos cantidades a continuación, según la circunstancia que tenga lugar:

(a) si el ANUNCIANTE mantuviese la Integración de la Marca, la cantidad de [IMPORTE en letras] EUROS (XXX.-€), correspondientes al restante cincuenta por ciento (50%) del Fee de la Segunda Temporada; o

(b) si el ANUNCIANTE decidiese no mantener la Integración de la Marca, la cantidad de [IMPORTE en letras] EUROS (XXX.-€), correspondientes al restante cincuenta por ciento (50%) de la cantidad resultante de la diferencia entre el Fee de la Segunda Temporada y la cuantía a abonar por Integración de la Marca durante la segunda temporada.

Estas cantidades serán adelantadas por la AGENCIA, quien la abonará a la ORGANIZACIÓN, previa presentación de factura, a [día] de [mes] de [año].

Asimismo, el ANUNCIANTE se compromete a abonar a la AGENCIA, a los dieciocho (18) meses del primer pago, esto es, a [día] de [mes] de [año], una (1) de las dos cantidades a continuación, según la circunstancia que tenga lugar:

(a) si el ANUNCIANTE mantuviese la Integración de la Marca, la cantidad de [IMPORTE en letras] EUROS (XXX.-€), correspondiente a la mitad restante de la Comisión por servicios de la segunda temporada.

(b) si el ANUNCIANTE decidiese no mantener la Integración de la Marca, la cantidad de [IMPORTE en letras] EUROS (XXX.-€), correspondiente a la mitad restante de la Comisión por servicios que correspondería a la AGENCIA en virtud del apartado 4.3.(iv).(b) anterior.

El ANUNCIANTE se obliga a abonar a la AGENCIA las referidas cantidades del segundo pago, previa presentación de factura por parte de la AGENCIA, a [día] de [mes] de [año]. A tal fin, el ANUNCIANTE suscribe, a fecha de firma de este Contrato, la correspondiente Carta de Pago, en los términos dispuestos en el Anexo VIII al presente Contrato.

4.4. A las citadas cantidades se les aplicarán los impuestos y deducciones que legalmente procedan.

4.5. A excepción de lo dispuesto en el apartado 4.3.(i) anterior en referencia al primer pago, en el caso de que el ANUNCIANTE se retrase en el pago de las facturas respecto al plazo establecido en los puntos anteriores, la ORGANIZACIÓN aplicará un recargo por intereses de demora del EURIBOR (a 3 meses) más 2 puntos diarios desde la fecha de retraso en el pago.

4.6. Cuando el ANUNCIANTE formulara reclamaciones en relación con una determinada factura a la AGENCIA, abonará aquellos conceptos respecto de los que no haya planteado reserva y ello, dentro de las fechas acordadas. Los conceptos discutidos y no pagados no devengarán intereses a favor de la AGENCIA ni el Equipo sino hasta el momento en que facilite la justificación necesaria en relación con el concepto discutido.

Asimismo, en caso de resolución contractual por cualquiera de las causas establecidas en la Estipulación Segunda o por cualquier causa prevista en la Ley, el plan de pago presentado arriba, quedará sin efecto en el momento de resolución, sin que el ANUNCIANTE deba a abonar cantidad alguna a la AGENCIA ni al Equipo desde el momento de la resolución contractual, a salvo de la indemnización por daños y perjuicios que pudieran corresponder y cantidades adelantadas por la AGENCIA pendientes de abonar por el ANUNCIANTE a la fecha de resolución contractual.

El ANUNCIANTE notificará por escrito a la AGENCIA cualquier discrepancia en relación con las facturas en el plazo treinta (30) días a partir de la recepción de la factura. En caso contrario, se considerará que la factura es indiscutible.

QUINTA.– Exclusividad.

5.1. La marca el ANUNCIANTE gozará de exclusividad publicitaria en el sector de las galletas, snacks y chocolates, durante la vigencia del presente Contrato, tanto en la Competición como en cualesquiera medios, eventos y/o acciones en los que la ORGANIZACIÓN y/o el Equipo tengan presencia.

A tal efecto, la ORGANIZACIÓN se compromete a no suscribir contratos de patrocinio, así como cualesquiera contratos de activación de patrocinio, donación o inversión respecto al sector de las galletas, snacks y chocolates. Asimismo, tampoco otorgará ni reconocerá ningún derecho, ni podrá realizar acciones promocionales o actividades análogas de las previstas en el presente Contrato, a cualesquiera otras empresas cuya/s marca/s opere/n en el sector de las galletas, snacks y chocolates.

Igualmente, la ORGANIZACIÓN se compromete a no suscribir contratos de patrocinio de ningún tipo con marcas relativas a tabaco y alcohol.

5.2. Sin perjuicio de lo anterior, dicha obligación no afectará a la AGENCIA, la cual podrá suscribir cuantos acuerdos con terceros estime oportunos para la prestación de servicios idénticos a los prestados al ANUNCIANTE en virtud del presente Contrato, siempre y cuando no se trate de empresas competidoras del ANUNCIANTE en relación con su Marca "[**nombre de la marca/producto del ANUNCIANTE**]" y el objeto del presente Contrato, para cualquier ámbito territorial y temporal y durante la vigencia del mismo Contrato.

SEXTA.– Propiedad intelectual e industrial.

6.1. Para la prestación de los Servicios y la activación del patrocinio y los derechos objeto de este Contrato, el ANUNCIANTE y la ORGANIZACIÓN se ceden mutuamente el derecho a utilizar los siguientes signos distintivos y marcas:

(i) Por parte del ANUNCIANTE: los signos distintivos y logotipos de la Marca, así como los propios del ANUNCIANTE, tal como éstos se reflejan en el ***Anexo III***.

(ii) Por parte de la ORGANIZACIÓN: los signos distintivos y logotipos del Equipo, así como los propios de la ORGANIZACIÓN, tal como éstos se reflejan en el ***Anexo IV***.

6.2. El uso de tales marcas y logos, por la Parte no titular, se limitará a la ejecución de los activos de patrocinio objeto de este Contrato, sin que ninguna de ellas pueda hacer un uso de las mismas distinto del aquí previsto. De la misma forma, las citadas marcas y logotipos deberán ser utilizadas por la otra Parte con el formato, diseño, colores, tipografía, etc., que se recogen en los Anexos III y IV, así como según el manual de uso de que dispusiese cada titular, en su caso.

6.3. Asimismo, la cesión de uso de cualquier material que incluya el logotipo de la Marca y/o el ANUNCIANTE, por parte del ANUNCIANTE en favor de la ORGANIZACIÓN y/o el Equipo, no constituye ningún tipo de cesión de derecho de propiedad intelectual y/o industrial sobre el mismo, estando circunscrito dicho uso a la ejecución de las condiciones comerciales incluidas en el presente Contrato. La producción y el uso de dicho material, y en particular para la Integración de la Marca, se realizará bajo la supervisión y autorización previa del ANUNCIANTE, con el fin de controlar el buen uso de la Marca por parte de la ORGANIZACIÓN.

6.4. Cada una de las Partes reconoce la titularidad de la otra o de cualesquiera otros terceros respecto de todos sus derechos de propiedad intelectual, industrial y cualesquiera otros análogos sobre textos, imágenes, fotografías, tecnologías, marcas, logos, nombres de dominio, y cualesquiera otros elementos, creaciones, invenciones o signos distintivos de su propiedad.

En particular, todos los derechos de propiedad intelectual, industrial y cualesquiera otros análogos sobre cualesquiera fotografías, imágenes, vídeos y/o cualquier otra clase de contenidos audiovisuales, creaciones, informes, documentación o cualesquiera otros materiales elaborados por la ORGANIZACIÓN en el marco del presente Contrato (en adelante, los "***Contenidos Elaborados***") serán titularidad exclusiva de la ORGANIZACIÓN, sin que pueda entenderse que ésta cede el ANUNCIANTE derecho alguno sobre aquéllas. Ello sin perjuicio de que, en función del material de que se trate, la ORGANIZACIÓN pueda conceder al ANUNCIANTE una licencia de uso y explotación, que en todo caso tendrá carácter de no exclusiva, para todo el mundo y hasta el paso de los derechos a dominio público, salvo que el ANUNCIANTE y la ORGANIZACIÓN acordasen otra cosa, lo cual deberá realizarse en todo caso de mutuo acuerdo, expresamente y por escrito.

6.5. Asimismo, queda bien entendido entre las Partes que la ejecución de los Servicios implica la explotación de los derechos de imagen de los integrantes del Equipo (en adelante, los "***Integran-***

tes"). En este sentido, la ORGANIZACIÓN autoriza expresamente al ANUNCIANTE a hacer uso de las imágenes personales de los Integrantes a fin de que puedan fijar dichas imágenes en cualesquiera soporte o medios, limitado al Territorio del presente Contrato y duración del mismo. La presente autorización de uso de imagen sólo faculta el uso de las imagenes de los Integrantes del Equipo en tanto en cuanto se haga conjuntamente con la Marca y en relación con las acciones necesarias para ejecutar el objeto del presente Contrato.

6.6. La citada licencia de uso marcario se ciñe exclusivamente al uso de la Marca "[**nombre de la marca/producto del ANUNCIANTE**]" sin que el ANUNCIANTE pueda hacer uso de las mismas con cualesquiera otras marcas o productos que no sean los de la propia Marca, y siempre de acuerdo con la normativa legal vigente y las condiciones que en cada momento pudieran acordarse entre las Partes y, en todo caso, única y exclusivamente a los efectos de cumplir con lo previsto en el presente Contrato.

En todo caso, la licencia de uso marcario y autorización de uso de imágenes otorgado a el ANUNCIANTE mediante el presente sólo será ejecutable por parte del ANUNCIANTE en la medida en que la ORGANIZACIÓN haya revisado previamente los materiales que incorporen las marcas o las imágenes de los Integrantes de la ORGANIZACIÓN, en un plazo máximo de setenta y dos (72) horas en jornada habil, habiendolo autorizado el uso e incoporación de los mismos con carácter previa y por escrito.

6.7. El ANUNCIANTE se compromete a facilitar a la ORGANIZACIÓN la información y materiales necesarios con el fin de que ésta pueda llevar a cabo los Servicios. Asímismo, el ANUNCIANTE otorga en favor de la ORGANIZACIÓN una licencia no exclusiva, limitada a la duración y ejecución del presente Contrato, sobre su Marca, y en concreto, sobre los logotipos y signos distintivos tal y como éstos se reflejan en el Anexo III, con carácter no exclusivo, limitada a la duración y Territorio del presente Contrato, sublicenciable, a los únicos efectos de activar los patrocinios y llevar a cabo los Servicios, incluso mediante su incorporación a cualesquiera materiales que sean desarrollados en virtud del mismo, y siempre de acuerdo con la normativa legal vigente y las condiciones que en cada momento pudieran acordarse entre las Partes.

En todo caso, la licencia de uso marcario y autorización de uso de imágenes otorgado a la ORGANIZACIÓN mediante el presente sólo será ejecutable por parte de la ORGANIZACIÓN en la medida en que el ANUNCIANTE haya revisado previamente, en un plazo máximo de setenta y dos (72) horas en jornada hábil, los materiales que incorporen las marcas o las creaciones, habiendolo autorizado el uso e incoporación de los mismos con carácter previa y por escrito.

6.8. El ANUNCIANTE y la ORGANIZACIÓN respectivamente, así como sus integrantes, conservarán sus derechos de propiedad industrial sobre sus marcas y demás signos distintivos que les petenezcan, sin perjuicio de la licencia de uso que se otorga en virtud de la presente Estipulación, que tendrá en todo caso una vigencia igual a la duración del Contrato.

6.9. El ANUNCIANTE reconoce la titularidad de la ORGANIZACIÓN sobre la información no divulgada y *know-how* empleados por la ORGANIZACIÓN en la prestación de los Servicios objeto de este Contrato, correspondiendo los mismos exclusivamente a la ORGANIZACIÓN y obligándose el ANUNCIANTE a mantener estricta confidencialidad sobre aquéllos, de conformidad con lo establecido en el presente Contrato.

El ANUNCIANTE se abstendrá de utilizarlos, duplicarlos, compartirlos o difundirlos en forma alguna, ya sea oral o escrita o de cualquier otro modo, sin la autorización expresa, previa y por escrito de persona debidamente autorizada por la ORGANIZACIÓN. Asimismo, el ANUNCIANTE se obliga a no explotar por sí mismo, ni mediante la intervención de terceros, sin autorización expresa de la ORGANIZACIÓN a tal fin, las ideas, estrategias o conocimientos que, desarrollados y/o creados por la ORGANIZACIÓN al amparo del presente Contrato, no hayan sido ejecutados o llevados a la práctica por parte de la ORGANIZACIÓN.

6.10. Queda bien entendido entre las Partes que en virtud del presente Contrato no existe, por parte de la AGENCIA, ningún tipo de cesión de propiedad intelectual, incustrial, imagen o cualquiera otro, en favor del ANUNCIANTE, que pudiera derivarse de la aparición y participación activa de la AGENCIA (o cualquiera de sus miembros, empleados o personal) en las Acciones Promocionales previstas en este Contrato.

La ORGANIZACIÓN únicamente realizará las acciones concretas previstas en este Contrato, o cualquier otra que pudieran acordar las Partes, con el único fin de que el ANUNCIANTE pueda llevar a cabo la difusión de los Contenidos Elaborados y los materiales promocionales previamente divulgados y/o publicados por la ORGANIZACIÓN en los soportes publicitarios o medios de comunicación acordados por las Partes, difusión que en cualquier caso estará limitada a los términos exigidos por dichos soportes publicitarios, medios de comuncación o cualquier otro tercero (por ejemplo, redes sociales).

6.11. El presente Contrato, así como todos los materiales utilizados en virtud del mismo, quedan sujetos a que lo permitan las autoridades que regulan las competiciones en las que participan los Activos, o cualquier organismo que suceda en competencias a éstos, y que tengan la facultad y el poder de establecer las leyes y reglas que regulan y/o afecten a los Activos u organismos que los sucedan. La AGENCIA mantendrá informada al ANUNCIANTE acerca de dichas competeciones a efectos de cumplimiento de las reglas de las mismas.

SÉPTIMA.– Responsabilidades y garantías.

7.1. Las Partes garantizan mutuamente el cumplimiento de la totalidad de los compromisos que asumen, y se mantendrán indemnes en caso de cualquier reclamación judicial o extrajudicial de terceros por cualquier causa vinculada con los derechos y obligaciones dimanantes del presente Contrato, y asumirán en todo momento la correcta ejecución de los términos del mismo respondiendo por ello ante la otra Parte.

7.2. Las Partes garantizan mutuamente que, en todo momento, se encontrarán al corriente del pago de sus obligaciones con la Agencia Tributaria y la Seguridad Social, exonerando a la otra Parte de cualquier responsabilidad generada como consecuencia de cualquier reclamación judicial o extrajudicial de terceros por estos conceptos.

7.3. Las Partes garantizan ser titulares de los materiales aportados por cada una de ellas o que cuentan con los derechos necesarios sobre dichos materiales, incluyendo, sin carácter limitativo, derechos de propiedad intelectual e industrial, de propia imagen, y cualesquiera otros, para ejecutar el objeto del presente Contrato. Asimismo, garantizan que dichos materiales no vulneran derechos de propiedad intelectual, industrial o cualesquiera otros derechos de terceros.

En particular, la ORGANIZACIÓN declara, asumiendo frente a la AGENCIA y el ANUNCIANTE cualquier responsabilidad al respecto, tener todos los derechos necesarios para realizar los Servicios objeto del presente Contrato, incluidos los derechos de propiedad intelectual e industrial, así como los de imagen u otros análogos de los Contenidos Elaborados, así como de cualesquiera otros contenidos y/o materiales, que eventualmente serán objeto del patrocinio de las Acciones Promociales, garantizando su uso pacífico por parte de la AGENCIA y el ANUNCIANTE, ajustado a derecho y sin injerencias, debiendo dejar a éstas indemnes en cualquier caso.

En este sentido, la ORGANIZACIÓN declara y garantiza que:

(i) Toda publicidad y/o materiales de marketing (incluyendo marcas, diseños gráficos, sonidos, video, software, documentos de estrategia de marketing, etc.), suministrado por la ORGANIZACIÓN (o cualquier tercero que actúe en su nombre) al ANUNCIANTE y/o la AGENCIA, así como cualesquiera contenidos de páginas web de las que sea titular u opere la ORGANIZACIÓN (en adelante, la "***Website***") en relación con los Servicios no deberán:

(a) Ser falsos o engañosos, injuriosos o desleales.

(b) Infringir o violar cualquier derecho de propiedad intelectual de un tercero.

(c) Dañar o afectar negativamente la operatividad de una website, red informática o cualquier equipo de un tercero.

(ii) Cualquier Website incluye las menciones legales relativas a privacidad y cumple con la normativa de protección de datos personales.

(iii) Ha obtenido u obtendrá el consentimiento previo, expreso y por escrito de los Integrantes del Equipo, así como de cualesquiera terceros, en su caso, para otorgar los derechos y autorizaciones reflejados en el presente Contrato, y en particular los derechos de imagen de los Integrantes, respecto de los cuales la ORGANIZACIÓN otorga al ANUNCIANTE, en virtud de la Estipulación 6.5 anterior, un derecho de explotación sobre los mismos en relación con las prestaciones objeto del presente Contrato.

7.4. En virtud de lo anterior, la ORGANIZACIÓN indemnizará y mantendrá indemne a la AGENCIA y/o el ANUNCIANTE frente a cualesquiera daños, pérdidas, responsabilidades, costes, gastos, honorarios, reclamaciones o procedimientos judiciales que resulten de:

(i) el uso por la AGENCIA y/o el ANUNCIANTE de los Contenidos Elaborados, y cualesquiera otros contenidos y/o materiales, proporcionados por la ORGANIZACIÓN a través de cualquier vía; y/o

(ii) cualquier incumplimiento de la ORGANIZACIÓN de sus obligaciones y garantías establecidas en este Contrato.

La ORGANIZACIÓN garantiza al ANUNCIANTE y/o la AGENCIA que no infringirá, en el desarrollo del presente Contrato, ningún derecho sobre la imagen corporativa, propiedad intelectual e industrial, o cualquier otro, que pudiere ostentar el ANUNCIANTE, la AGENCIA o un tercero.

Asimismo, la AGENCIA queda, expresamente, eximida de toda responsabilidad derivada de reclamaciones de terceros, con motivo del contenido o forma de la publicidad insertada a petición del ANUNCIANTE, quien se responsabiliza de y se obliga a dejar indemne a la AGENCIA de cualquier reclamación dirigida contra ella, haciendo frente a cuantos gastos, daños y perjuicios se hubieren derivado, siempre teniendo en cuenta lo establecido en la presente Estipulación 7.4, salvo que las reclamaciones sean consecuencia directa de un incumplimiento de las obligaciones propias de la AGENCIA.

7.5. En caso de que las condiciones del patrocinio y/o de las Acciones Promocionales objeto del presente Contrato varíen por causas ajenas a la AGENCIA y/o la ORGANIZACIÓN, ésta no asumirá ningún tipo de responsabilidad más allá de hacer sus mejores esfuerzos para negociar un patrocinio de igual nivel y repercusión, sin que sea posible reclamar la devolución de las cantidades ya abonadas por parte del ANUNCIANTE.

7.6. La AGENCIA pondrá su mayor empeño para facilitar estimaciones de las audiencias de los soportes publicitarios y/o medios de comunicación, según se definen en el ***Anexo VII*** del presente Contrato, pero no incurrirá en responsabilidad por estimaciones inexactas salvo en los supuestos de negligencia imputables a la AGENCIA. En este sentido, el ANUNCIANTE podrá resolver el presente Contrato, sin obligación de resarcir económicamente a la AGENCIA y/o la ORGANIZACIÓN, una vez finalizada la Primera Temporada, en el caso de que no se alcanzasen los siguientes porcentajes en cuanto a la estimación de audiencias del Anexo VII:

(i) Un mínimo del CINCUENTA POR CIENTO (50%) de las estimaciones de audiencia para la Competición; y

(ii) Un mínimo del OCHENTA POR CIENTO (80%) de las estimaciones de audiencia para los activos del Equipo.

7.7. La AGENCIA no será responsable de cualquier retraso u omisión de publicación o cualquier error en la inserción de anuncios salvo en los supuestos de negligencia o culpa incurrida por la AGENCIA.

7.8. Ni la AGENCIA ni el ANUNCIANTE serán responsables, ni estarán por tanto obligados a indemnizar a la ORGANIZACIÓN, por un uso no autorizado por parte de terceros de los Contenidos Elaborados, así como de cualesquiera otros contenidos y/o materiales (publicitarios o no) de la ORGANIZACIÓN, con independencia de que estén asociados a la Marca, al Equipo y/o a la Competición, ya sea durante la vigencia del presente Contrato como una vez terminado el mismo, siendo esta una circunstancia ajena a la AGENCIA y al ANUNCIANTE que escape completamente a su control. Todo ello siempre que previamente se haya actuado con la diligencia debida por parte de la AGENCIA y el ANUNCIANTE para que ese material que está en posesión de las mencionadas partes (la AGENCIA y el ANUNCIANTE) no haya sido cedido ni haya caído en manos de un tercero.

La AGENCIA y el ANUNCIANTE únicamente serán responsables, por tal uso por parte de un tercero, cuando este último haya accedido a los materiales directamente a través de los respectivos sistemas, archivos y/o establecimientos de la AGENCIA y/o el ANUNCIANTE, y nunca cuando tal tercero acceda a los mismos, por su cuenta, a través de los medios de comunicación o soportes publicitarios empleados para la difusión de las campañas o Acciones Promocionales (por ejemplo, descarga de imágenes por Internet).

7.9. Queda bien entendido entre las Partes que, ni la AGENCIA ni el ANUNCIANTE, tienen ninguna obligación con respecto la prestación de los Servicios, la creación del Equipo y/o la elaboración de los Contenidos Elaborados, siendo la ORGANIZACIÓN el único responsable de gestionar y, en su caso, obtener las licencias y aprobaciones necesarias para la creación del Equipo, la elaboración de dichos Contenidos Elaborados y/o la puesta en marcha y prestación de los Servicios, así como asegurarse de que cuenta con la seguridad necesaria y que cumple con todas las obligaciones legales correspondientes. La ORGANIZACIÓN mantendrá indemne a la AGENCIA y al ANUNCIANTE por cualesquiera daños, perjuicios y/o reclamaciones de terceros que pudieran derivarse para cualquiera de éstas como consecuencia de un incumplimiento de lo aquí establecido.

En este sentido, las Partes acuerdan que, ningún caso, la AGENCIA será responsable de cualquier cumplimiento defectuoso o incumplimiento de las obligaciones contractuales y/o cualesquiera daños sufridos por el ANUNCIANTE como resultado de la ejecución del patrocinio objeto de este Contrato, firmado entre el ANUNCIANTE y la ORGANIZACIÓN.

7.10. En ningún caso las Partes serán responsables de daños indirectos, lucro cesante o pérdida de beneficios que pudieran producirse como consecuencia de cualquier incumplimiento de este Contrato. Asimismo, las Partes reconocen que responsabilidad máxima que pudiera corresponder a la AGENCIA por cualquier causa derivada del presente Contrato, se limitará, siempre que la legislación vigente lo permita, al importe de la Comisión, conforme a lo establecido en la Estipulación Cuarta, que hubiese sido efectivamente abonada por el ANUNCIANTE a la AGENCIA en virtud del presente Contrato.

OCTAVA.– Resolución del Contrato.

8.1. Además de por las causas legalmente previstas, será causa de resolución anticipada del Contrato el incumplimiento por cualquiera de las Partes de las obligaciones materiales asumidas en virtud del mismo, siempre que la Parte que inste la resolución hubiese cumplido sus obligaciones y haya requerido previamente a la Parte incumplidora el cumplimiento de la obligación u obligaciones incumplidas y, transcurridos diez (10) días desde la recepción de tal requerimiento, la Parte incumplidora no hubiese subsanado el incumplimiento de que se trate.

En especial, serán causas de resolución anticipada del Contrato la falta de entendimiento o desavenencia constante entre las Partes en el desarrollo del mismo, así como la falta o el retraso en el pago por parte del ANUNCIANTE de la contraprestación prevista en la Estipulación Cuarta, y/o cualquier actuación por cualquiera de las Partes que dañe la buena imagen o reputación de la otra o de cualquier persona física o jurídica relacionada con la misma, o el incumplimiento de las leyes, la moral y/o el orden público.

8.2. La resolución del presente Contrato conllevará la devolución por cada una de las Partes de cualesquiera documentos, datos, informes, informaciones y cualquier otro tipo de material que le hubieran sido suministrados por la otra y sobre los cuales, en virtud del presente Contrato, no correspondiente a aquélla derecho alguno.

8.3. La terminación anticipada del Contrato o el transcurso del plazo establecido o de cualquiera de sus prórrogas no dará a las Partes derecho a indemnización de ningún tipo, a salvo de los daños y perjuicios que pudieran ser causados a la Parte contraria por dolo o culpa y sin perjuicio de lo dispuesto a continuación.

No obstante, lo anterior, ambas Partes acuerdan que las estipulaciones 7, 9 y 10 del presente Contrato, con intención expresa o implícita de que continúen en vigor tras el momento de resolución o vencimiento del mismo, se mantendrán en vigor y continuarán vinculando a ambas Partes según lo estipulado.

En este sentido, la resolución del Contrato por parte del ANUNCIANTE antes de la fecha prevista de terminación en virtud de la Estipulación Segunda de este Contrato llevará aparejada una penalización equivalente al importe del Fee Total y de la Comisión de la AGENCIA que restasen por abonar al momento de la resolución, que el ANUNCIANTE deberá abonar a cada una de las Partes según les corresponda en virtud de la Estipulación Cuarta. En el caso de que la resolución del presente Contrato por parte del ANUNCIANTE se deba a un incumplimiento por parte de la ORGANIZACIÓN, la AGENCIA conservará el derecho a exigir la referida indemnización correspondiente al importe de la Comisión fijada.

La referida penalización tiene carácter cumulativo y no sustitutivo a efectos de lo dispuesto en el artículo 1.152 del Código Civil.

8.4. Asimismo, cuando la resolución del Contrato se deba a causa no imputable a la AGENCIA y/o la ORGANIZACIÓN, el ANUNCIANTE deberá abonar a la AGENCIA y/o la ORGANIZACIÓN las cantidades correspondientes a los gastos en que ésta hubiese incurrido en cumplimiento de sus obligaciones en virtud del presente Contrato, así como los daños y perjuicios que dicha resolución le hubiera podido ocasionar.

8.5. No obstante lo anterior, las Partes acuerdan expresamente que las estipulaciones 7, 9 y 10 del presente Contrato se mantendrán en vigor tras la resolución del Contrato y continuarán vinculando a ambas Partes según lo estipulado.

NOVENA.– Confidencialidad.

9.1. Las Partes se comprometen a guardar estricta confidencialidad con respecto al contenido del presente Contrato, así como de toda la información que se derive con motivo de la formalización del mismo.

Dicha obligación de confidencialidad se extiende a todos los informes y datos de marketing, información de investigación de marketing, estrategias de negocio, marketing y publicidad, informes de ventas, resultados de investigaciones, negociaciones y otros datos pertenecientes a los productos o negocios de la otra Parte, procesos confidenciales, documentos, negocios, clientes, operaciones, instalaciones, cuentas, finanzas, transacciones, *"know how"*, o cualquier otro aspecto relacionado con la actividad de la otra Parte, con la colaboración, y cualquier otra que haya llegado a su conocimiento con ocasión del cumplimiento de las prestaciones objeto de este Contrato o por cualquier otro medio. Asimismo, se comprometen a no comunicar esta información a ninguna otra persona o entidad, no pudiendo reproducirla, utilizarla, venderla, licenciarla, exponerla, publicarla o revelarla de cualquier forma sin autorización expresa de la otra Parte.

En particular, será considerado como información confidencial a los efectos del presente Contrato todo el know-how o saber hacer, entendiéndose por tal, sin que el siguiente listado tenga carácter limitativo, todos los aspectos relacionados con conocimientos útiles de la AGENCIA y de cualquier empresa de su grupo que permiten a la AGENCIA tener ventajas competitivas en el mercado y que tienen carácter industrial, tecnológico y/o comercial. En particular, cualesquiera aspectos relacionados con el desarrollo o perfeccionamiento tecnológico ya patentado o susceptible de serlo, conocimientos adquiridos por el ANUNCIANTE y/o la ORGANIZACIÓN, en particular, para la correcta ejecución del objeto del Contrato, y cuantos datos de tipo técnico o comercial tenga a su disposición la AGENCIA relativos a la ejecución del objeto del Contrato, incluyendo en particular todos los conocimientos que pueden proporcionar a la AGENCIA y a su Grupo una ventaja competitiva en la competencia económica, abarcando tanto los conocimientos tecnológicos como los industriales y los comerciales.

Así pues, el ANUNCIANTE y la ORGANIZACIÓN declaran conocer y aceptan que las tarifas negociadas por la AGENCIA (en adelante, las "***Tarifas***") en nombre de sus clientes son secreto de empresa y no es información conocida por el público y sus competidores y su divulgación a terceros, incluyendo agencias de publicidad o cualquier proveedor de planificación y compra de medios, puede originar que soportes publicitarios retiren dichas Tarifas. Por ello, el ANUNCIANTE y la ORGANIZACIÓN acuerdan que, durante el plazo de este Contrato, así como tras su terminación, dichas Tarifas deberán ser mantenidas en estricta confidencialidad y tratadas como secreto de empresa y sin el previo consentimiento por escrito de la AGENCIA, el ANUNCIANTE como cualquiera de sus agentes o empleados podrán divulgar información relativa a las Tarifas a terceros.

9.2. Las obligaciones aquí asumidas se mantendrán invariables con carácter indefinido aún tras la resolución de este Contrato, por cualquier causa que fuere.

DÉCIMA.– Protección de datos.

10.1. La identificación de las Partes es un requisito necesario para la formalización del presente Acuerdo, por lo que no podrá llevarse a cabo el mismo sin que concurra el citado requisito. Por ello, cada una de las Partes queda informada de que los datos de contacto de sus representantes y empleados, serán tratados por la otra Parte con la finalidad de permitir el desarrollo, cumplimiento y control de la relación de prestación de servicios concertada, siendo la base del tratamiento el cumplimiento de la relación contractual y conservándose los datos durante todo el tiempo en que esta subsista y aún después, hasta que prescriban las eventuales responsabilidades derivadas de ella.

Los datos de las Partes podrán ser comunicados a los bancos y cajas de ahorros para la gestión de cobros y pagos y a la Agencia Tributaria y demás Administraciones Públicas, a los efectos de llevar a cabo las declaraciones tributarias correspondientes y cumplir con sus respectivas obligaciones legales de conformidad con la normativa vigente.

10.2. En el caso de que fuese a producirse algún tipo de acceso a datos de carácter personal, las Partes se comprometen a:

i. Cumplir con la normativa relativa a protección de datos de carácter personal que sea de aplicación, tanto a nivel europeo, esto es, el Reglamento General de Protección de Datos 2016/679 del Parlamento Europeo y del Consejo (en adelante, "***RGPD***"), como la normativa española vigente.

ii. Firmar el correspondiente anexo de acceso a datos de carácter personal, de acuerdo con lo previsto en la normativa aplicable.

Asimismo, las Partes entienden que cualquier Información Confidencial consistente en datos de carácter personal se encuentra sujeta a regulación específica del Derecho europeo y español y que será revelada para propósitos directamente relacionados con las actividades legítimas de las Partes. Asimismo, tal revelación tendrá únicamente el alcance permitido de conformidad con el RGPD y cualquier otra normativa española que resulte aplicable. Antes de llevar a cabo cualquier acceso, cesión o transferencia internacional de datos de carácter personal, las Partes estudiarán si los mismos se encuentran permitidos y de las precauciones a adoptar.

En cualquier caso, las Partes tendrán en cuenta en cada caso si el acceso, la cesión o la transferencia internacional de datos de carácter personal es estrictamente necesaria, si los datos de carácter personal pueden ser separados de la restante Información Confidencial y si los datos de carácter personal pueden ser sujetos a un proceso de disociación antes de dicho acceso, cesión o transferencia internacional.

En todo caso, las Partes, en lo referente al tratamiento de los datos de carácter personal a los que tuvieran acceso, incluidos en los referidos ficheros, se comprometen a cumplir sus obligaciones de confidencialidad, prohibición de cesión a terceros y establecimiento de medidas técnicas y organizativas necesarias y adecuadas, así como a que todos sus empleados o cualquier tercero del que traigan causa que puedan tener acceso a documentos o Información Confidencial, asuman tales compromisos de secreto y confidencialidad y el cumplimiento de la legislación en materia de protección de datos tanto a nivel europeo como la normativa española vigente.

10.3. Las Partes podrán solicitar el acceso a los datos personales, su rectificación, su supresión, su portabilidad y la limitación de su tratamiento, así como oponerse al mismo, en la dirección postal de la otra Parte que figura en el encabezamiento de esta Adenda, dirigiendo un escrito a la atención del Delegado de Protección de Datos de la otra Parte, así como en su caso, formular una reclamación ante la Agencia Española de Protección de Datos (www.aepd.es).

UNDÉCIMA.– No contratación de empleados.

Las Partes se comprometen, durante la duración de este Contrato como tras el periodo de seis (6) meses tras la terminación de este Contrato por cualquier causa, a no contratar mediante relación laboral o autónoma u otro tipo de relación contractual a cualquier persona que preste o haya prestado servicios a la otra Parte de forma laboral o mediante prestación de servicios, ni inducir o tratar de inducir a cualquier trabajador de una de las Partes para que preste sus servicios o pase a ser empleado (por cuenta propia, ajena o de cualquier otro modo) de la otra Parte o de cualquier sociedad en la que dicha Parte ostente algún tipo de participación social o ejerza cualquier función directiva.

DUODÉCIMA.– Cesión y subcontratación.

12.1. Este Contrato es *intuitu personae* para las Partes, y por tanto ninguna de ellas está facultada para ceder, traspasar o subrogar a terceros, ni subcontratar con ellos las obligaciones y derechos asumidos por cada una de ellas en virtud del presente Contrato, ni utilizar para la ejecución de las actividades a ningún tercero sin el expreso consentimiento y autorización de la otra Parte.

A los efectos del presente Contrato, la prestación de los Servicios por cualquiera de las empresas del grupo de la AGENCIA y el ANUNCIANTE no tendrán la consideración de cesión o subcontratación, siendo la AGENCIA y el ANUNCIANTE libre de valerse, para la prestación de dichos Servicios, de cualquiera de las empresas de su grupo de empresas, en el sentido del artículo 42 del Código de Comercio, así como de sus agencias creativas.

Asimismo, las Partes convienen que la AGENCIA podrá ceder o subcontratar determinados servicios a otros terceros cuando ello sea necesario para la correcta ejecución del objeto del presente Contrato, con la necesidad de obtener la previa autorización del ANUNCIANTE para tal cesión o subcontratación.

12.2. La subcontratación que realice cualquiera de las Partes para cumplir con lo contemplado en este Contrato no afectará a sus obligaciones adquiridas, respondiendo frente a la otra Parte de las actuaciones de los sujetos subcontratados. Asimismo, cada una de las Partes exigirá por escrito a sus subcontratistas idénticas obligaciones y responsabilidades relativas a aspectos sociales, laborales, legales y de confidencialidad que se recogen en el presente Contrato.

DECIMOTERCERA.– Notificaciones.

Cualquier notificación o comunicación que deba efectuarse entre las Partes con motivo del presente Contrato se realizará en el domicilio señalado por cada una de ellas en el encabezamiento de este Contrato, obligándose a notificar su cambio en caso de que éste se llegase a producir. Sin perjuicio de ello, las comunicaciones y notificaciones que deban efectuarse como consecuencia del presente Contrato se realizarán por escrito y se remitirán por correo, telefax, correo electrónico o cualquier otro medio que permita tener constancia de su envío y recepción por el destinatario.

DECIMOCUARTA.– Carácter Mercantil.

Ambas Partes reconocen que el presente Contrato, en cuanto celebrado entre dos entidades independientes, tiene carácter mercantil, no pudiéndose interpretar en ningún caso que dé lugar a una relación de representación ni relación laboral alguna entre las Partes contratantes ni entre una Parte contratante y cualquier empleado de la otra Parte.

DECIMOQUINTA.– Miscelánea.

15.1. Este Contrato constituye la totalidad de lo pactado por las Partes en relación con el objeto del mismo, y sustituye cualesquiera otros acuerdos, convenios, antecedentes, negociaciones, y cualesquiera otras comunicaciones, verbales o escritos, existentes entre las Partes hasta la fecha de firma del presente Contrato y que estuviesen relacionados con el objeto del mismo.

Todos los Anexos que pudieran acompañarse formarán parte integrante del presente Contrato, al que complementarán y desarrollarán. No obstante lo anterior, lo dispuesto en el texto del presente Contrato prevalecerá, en cuanto existiera contradicción, sobre lo establecido en los Anexos que se pudieran acompañar al mismo.

15.2. Este Contrato podrá ser modificado únicamente mediante acuerdo por escrito entre las Partes, debidamente firmado por sus representantes legales, careciendo de validez y eficacia cualquier modificación del mismo que no se recoja conforme a lo indicado en el presente apartado.

15.3. En el caso de que alguna de las Estipulaciones del presente Contrato fuese declarada nula y sin efecto, en todo o en parte, dicha nulidad no afectará a la validez del resto del Contrato o de las demás disposiciones del mismo en base a los deseos de las Partes, permaneciendo dichas disposiciones en vigor sin que queden afectadas por dicha declaración de nulidad.

La estipulación declarada nula o anulable será, de común acuerdo entre las Partes, sustituida por una nueva que la supla, o interpretada de un modo legalmente aceptable, que sea de un tenor lo más aproximado posible a la estipulación que las Partes habrían formalizado de haber tenido conocimiento de la ineficacia de la estipulación en cuestión.

15.4. Los encabezamientos de las distintas estipulaciones son meramente informativos, y no afectarán, calificarán o ampliarán la interpretación del presente Contrato.

15.5. El no ejercicio o ejecución por parte de cualquiera de las Partes de cualquier derecho o disposición contenido en el presente Contrato no constituirá una renuncia al mismo, salvo reconocimiento y acuerdo por escrito por su parte.

DECIMOSEXTA.– Anticorrupción.

16.1. Las Partes se obligan, durante la vigencia del presente Contrato y en el desarrollo de sus obligaciones asumidas en virtud del mismo, a (i) no incurrir en conducta alguna que pudiera estar tipificada en cualquiera de los delitos tipificados en el Código Penal, concretamente en su Título XIX, Capítulos V, VI y VII, es decir, en los delitos de cohecho, tráfico de influencias o malversación, entre otros, así como a (ii) cumplir estrictamente con todas las leyes y normativa aplicables en el Territorio relativa a anti-soborno y anti-corrupción, incluyendo la Ley Anti-corrupción británica *(Bribery Act 2010)* y lo estipulado en el Convenio de la OCDE de lucha contra la corrupción de agentes públicos extranjeros en las transacciones comerciales internacionales, obligándose, durante la prestación de los Servicios objeto del presente Contrato, a no ofrecer dádiva o promesa, o a prevalerse de su relación personal con cualquier autoridad o funcionario público, con el fin de obtener un rendimiento o beneficio ilícito bien a su favor bien a favor de la otra Parte.

16.2. A este respecto, y con el objeto de cumplir con la obligación descrita en el párrafo anterior, las Partes se obligan a implementar las medidas, procedimientos y políticas internas oportunas para lograr este fin.

16.3. El incumplimiento de lo establecido en esta estipulación por cualquiera de las Partes será considerado como un incumplimiento de este Contrato.

DECIMOSÉPTIMA.– Legislación aplicable y jurisdicción competente.

17.1. Las Partes acuerdan que, para cuantas cuestiones surjan en relación con la interpretación o aplicación del presente Contrato, así como para la resolución de los conflictos que pudieran surgir entre ellas como consecuencia del mismo, la normativa aplicable será la legislación española.

17.2. Asimismo, las Partes, con renuncia expresa y voluntaria a su propio fuero o al que pudiera corresponderles, para la interpretación y resolución de los conflictos que pudieran surgir entre ellas como consecuencia de este Contrato se someten expresamente a la Jurisdicción de los Tribunales de [ciudad].

Y, en prueba de conformidad con cuanto antecede, las Partes firman el presente documento por triplicado, en el lugar y fecha indicados en el encabezamiento.

La AGENCIA	El ANUNCIANTE
________________________	________________________
D./Dña. [nombre y apellidos del representante]	D./Dña. [nombre y apellidos del representante]

La ORGANIZACIÓN

____

D./Dña. [nombre y apellidos del representante]

Anexo I
Detalle de los Servicios

La prestación de los Servicios, en relación con el patrocinio de la ORGANIZACIÓN, se materializará principalmente a través de las actividades descritas a continuación:

ASSETS PATROCINIO "[nombre de la marca/producto del ANUNCIANTE + Nombre del Equipo]"			
Categoría	**Nombre**	**Cantidad**	**Comentarios**
Branding	Integración Logo de la Marca en logo del Equipo	Permanente	
Branding	Logo encabezado RRSS equipo y jugadores	Permanente	
Branding	Logo en camiseta oficial del equipo	Permanente	Espacio premium pecho + 1 manga
Branding	Logo banners y creatividades RRSS	Permanente	Espacio premium
Branding	Logo careta final de vídeo	Permanente	Espacio de premium
Branding	Logo banner patrocinadores web	Permanente	Espacio premium
Branding	Logo + Descripción Sección patrocinadores web	Permanente	1ª Posición-Main Sponsor
Branding	Logo en otros soportes de branding (Packs merchandising, abonos Gamergy, Flyers y otros soportes de print y digital)	Permanente	(Packs merchandising, abonos Gamergy, Flyers y otros soportes de print y digital)
Advertising	Publicación promocionada en canales del equipo o de los jugadores	1/semana	Incluye la sesión fotográfica por parte del Equipo/Marca Tiene derecho a entregar las piezas

ASSETS PATROCINIO "[nombre de la marca/producto del ANUNCIANTE + Nombre del Equipo]"			
Categoría	**Nombre**	**Cantidad**	**Comentarios**
Content	Vídeo de presentación del acuerdo junto con el proyecto del Equipo	1/total	Incluye producción y edición de piezas
Content	Momentos de Marca	3/semana	Formato Stories o píldora de vídeo en Twitter
Content	Momentos de Marca (Recopilatorio)	1/mes	Pieza de contenido con recopilatorio de los mejores momentos para Instagram, Twitter y YouTube
Content	Rueda de prensa Pre-partido	1/jornada	Pieza de contenido previa a la jornada con jugador o staff técnico con pregunta patrocinada de la Marca, Distribución en canales sociales y YouTube, con careta de entrada, branding photocall y product placement
Content	Pieza post-partido	1/jornada	Pieza de contenido posterior a la jornada con los mayores fails y jugadas más LoL del partido. Distribución en canales sociales y YouTube, con careta de entrada y ofrecido por la Marca.
Content	Player streamings con colección Streamloots	TBD	Creación de un overlay con branding de la Marca, y colección de cartas streamloots (diseño opcional equipo o Kitchen) product placement y posibilidad de introducir preroll o branded content en directo
Activación	Meet & Greet Experience Gaming House	2/año	Dinámica de activación en la que el ganador podrá pasar unos días en la Gaming House del Equipo y vivir una auténtica experiencia (generación de contenidos, campaña de comunicación en RRSS, Welcome Pack de la Marca...)
Activación	Sorteo mensual Pack Gamer	1/mes	Sorteo mensual con dinámica de activación en RRSS que incluye Merchandising de la ORGANIZACIÓN, Producto de la Marca y productos gamer (costes cubiertos por el equipo)
Activación	El "tiempo justo" de Marca	1/jornada	Dinámica de activación en RRSS cada jornada que involucre a las partidas (adivinar el tiempo que va a durar las partidas, y el que más se aproxime se lleva un pack de producto de la Marca)
Eventos	Presencia en 3 eventos	3 Eventos	Incluye gastos de producción de stands, branding..
Eventos	3 Momentos de Marca	3 Eventos	Incluye gastos de producción y gestión
Eventos	Meet & Greet players	3 Eventos	
Especial	Sala especial de Marca [nombre de la sala]	Permanente	Sala brandeada "[**nombre de la marca/producto del ANUNCIANTE**]" Y activaciones especiales de contenido y experiencias con jugadores (Incluye gastos de producción de la sala)

ASSETS PATROCINIO "[nombre de la marca/producto del ANUNCIANTE + Nombre del Equipo]"			
Categoría	**Nombre**	**Cantidad**	**Comentarios**
Derechos	Derechos de uso de IP del Equipo	Permanente	
Derechos	Derechos de imagen del Equipo y jugadores	Permanente	
Derechos	Derechos de uso y distribución de los contenidos generados por el equipo para la marca	Permanente	
Derechos	Derechos de uso de IP e Imagen en packaging	Permanente	
Derechos	Derecho a realizar activaciones adicionales (Gaming House, IMC, Sorteos y contenidos en canales propios)	Permanente	

Cualquier otro servicio adicional podrá ser acordado entre las Partes, a través de la firma de un documento anexo al presente Contrato.

Anexo II
Parámetros generales y objetivos de visibilidad de la Marca

Anexo III
Signos distintivos del ANUNCIANTE

Anexo IV
Signos distintivos de la ORGANIZACIÓN

Anexo V
Integración de los elementos de la Marca "[nombre de la marca/producto del ANUNCIANTE]" en el logotipo del Equipo

Anexo VI
Código de Conducta del ANUNCIANTE

Anexo VII
Estimaciones de las audiencias

Anexo VIII
Carta de compromiso de pago

Confirmación pago anticipado – Compromiso de pago:

- Cliente: **[DENOMINACIÓN SOCIAL DEL ANUNCIANTE]**
- Importe: [IMPORTE en letras] EUROS (XXX.-€) (más IVA)
- Proveedor: **[DENOMINACIÓN SOCIAL DE LA ORGANIZACIÓN]**
- CIF del Proveedor: (XXXXX)
- Campaña Publicitaria: **Patrocinio y servicios promocionales**

Sirva la firma del presente documento como reconocimiento de que **[DENOMINACIÓN SOCIAL DE OTRA SOCIEDAD DEL MISMO GRUPO QUE LA AGENCIA]** (en adelante, la "***SOCIEDAD DEL GRUPO***"), en sustitución de **[DENOMINACIÓN SOCIAL DE LA AGENCIA]** (en adelante, la "***AGENCIA***") como acreedor principal frente al Cliente y deudor principal frente al Proveedor en virtud del contrato de patrocinio y servicios promocionales suscrito en fecha [día] de [mes] de [año] entre el Cliente, el Proveedor y la AGENCIA (en adelante, el "***Contrato***"), abonará la cantidad total arriba indicada al Proveedor de forma anticipada y previa, sin haber recibido aún el pago de los correspondientes importes por parte del Cliente, y según el calendario de pagos descrito en el Contrato.

En este sentido, el Cliente se compromete a realizar los correspondientes pagos a la SOCIEDAD DEL GRUPO, previa presentación de factura, en el plazo de noventa (90) días desde la fecha de emisión de la misma.

De esta manera, y de acuerdo con el Contrato firmado entre Cliente, Proveedor y la AGENCIA, reconocemos la facultad de la AGENCIA de poder anular y/o resolver las contrataciones realizadas con cualquier tercero en caso de no cumplir el Cliente los compromisos de pago adquiridos. En caso de concurrir las circunstancias que den lugar a un incumplimiento de dichos compromisos, mantendremos indemnes a la AGENCIA y a la SOCIEDAD DEL GRUPO de cualquier responsabilidad que el Proveedor pudiera atribuirles, con la correspondiente asunción de los costes y/o gastos que el incumplimiento de nuestro compromiso de pago pudiera ocasionar a la AGENCIA y/o a la SOCIEDAD DEL GRUPO, y todo ello sin perjuicio de la indemnización por daños y perjuicios que a la AGENCIA, la SOCIEDAD DEL GRUPO o al Proveedor pudiera corresponderles.

Atentamente,

D./Dña. [nombre y apellidos del representante], apoderado/a del Cliente.

Firmado por poder y en representación del Cliente en fecha [día] de [mes] de [año].

F132. ACUERDO DE CONSULTORÍA Y GESTION DE PROYECTO DE POSICIONAMIENTO NATURAL Y ANALÍTICA EN ÁMBITO PUBLICITARIO

En [ciudad], a [día] de [mes] de [año].

REUNIDOS

De una parte, **[DENOMINACIÓN SOCIAL DEL CLIENTE]**, con domicilio social en [dirección], provista de CIF núm. [XXX] e inscrita en el Registro Mercantil de ....; debidamente representada en este acto por D./Dña. [nombre y apellidos del representante], mayor de edad, de nacionalidad [nacionalidad], con pasaporte de su nacionalidad núm. [XXXXX], en calidad de apoderado [mancomunado/solidario/único] de la sociedad, según consta en escritura de apoderamiento, otorgada en fecha [fecha] ante el Notario de [ciudad], D./Dña. [nombre del notario], bajo el número [XXX] de su protocolo (en adelante, el "**CLIENTE**").

De una parte, **[DENOMINACIÓN SOCIAL DE LA AGENCIA]**, con domicilio social en [dirección], provista de CIF núm. [XXX] e inscrita en el Registro Mercantil de ....; debidamente representada en este acto por D./Dña. [nombre y apellidos del representante], mayor de edad, de nacionalidad [nacionalidad], con pasaporte de su nacionalidad núm. [XXXXX], en calidad de apoderado [mancomunado/solidario/único] de la sociedad, según consta en escritura de apoderamiento, otorgada en fecha [fecha] ante el Notario de [ciudad], D./Dña. [nombre del notario], bajo el número [XXX] de su protocolo (en adelante, la "**AGENCIA**").

La AGENCIA y el CLIENTE, en adelante conjuntamente denominadas las "**Partes**" e individualmente, una "**Parte**". Las Partes, a fecha de hoy, han llegado al siguiente acuerdo de campaña (en adelante, el "***Contrato***"), y exponen las siguientes

CLÁUSULAS

PRIMERA. OBJETO.

1.1. Proyecto de optimización en motores de búsqueda SEO (por sus siglas en inglés: *Search Engine Optimization*) y Analítica.

1.2. El objeto del Contrato será dar los primeros pasos para trabajar en el posicionamiento de la URL (enlace a la web del CLIENTE) entre los primeros resultados naturales de Google, principal motor de búsqueda en España, si bien las buenas prácticas a seguir aplicarán igualmente para otros buscadores como Bing, aumentando el grado de indexabilidad y optimización de los contenidos, y del propio sitio web, por el conjunto de terminologías asociadas al sector [sector del CLIENTE] y definidas de mutuo acuerdo entre las Partes. Los servicios y actividades que de manera concreta se llevarán a cabo para cumplir con el objeto del presente Contrato son los que se especifican en el **Anexo I**.

SEGUNDA. ACTIVIDADES.

2.1. Las actividades, detalladas en el Anexo I del presente Contrato y que la AGENCIA llevará a cabo para lograr el objetivo de campaña (en adelante, los "**Servicios**"), serán los siguientes:

a. SEO On-site (Técnico)

  a.1. Auditoría técnica completa del prelanzamiento de la web/producto digital del CLIENTE.

a.2. Keyword Research con una revisión.

a.3. Análisis de competidores orgánicos (5 máx.).

a.4. *SEO Always-on:* soporte continuo a las implementaciones técnicas.

a.5. Reuniones mensuales (tras entregas): estrategia de palabras clave con una revisión.

b. Analítica

b.1. Auditoría inicial.

b.2. Implementación Google Tag Manager.

b.3. Plan de medición.

b.4. Etiquetado de la página.

b.5. Definición de propiedades, vistas, filtros y audiencias.

b.6. Reuniones mensuales.

2.2. En el caso de que el CLIENTE solicite a la AGENCIA la prestación de otros servicios distintos de los enumerados en el Anexo I y Cláusula 2.1 del presente Contrato, los mismos se concretarán de mutuo acuerdo por las Partes para cada caso concreto, fijándose la compensación que la AGENCIA percibirá del CLIENTE en función del alcance y contenido del servicio solicitado.

TERCERA. EJECUCIÓN Y COORDINACIÓN DE LOS TRABAJOS.

3.1. Los Servicios contratados en virtud del presente se realizarán en los lugares que en cada ocasión se convenga por las Partes, en función de las necesidades de cada uno de los Servicios.

3.2. A este respecto, y en el supuesto de que parte de los Servicios contratados a la AGENCIA en virtud del presente Contrato se realicen en las instalaciones del CLIENTE, este último se compromete a poner a disposición de la AGENCIA un espacio en sus instalaciones para su personal, facilitando el acceso a las mismas al personal de la AGENCIA, sujeto a las políticas y estándares de control y seguridad que en todo momento resulten de aplicación a instancias del CLIENTE.

En estos supuestos, y de conformidad con lo dispuesto en la normativa para la prevención de riesgos laborales (artículo 24 de LPRL 31/95 y RD 171/2004), el CLIENTE se compromete a coordinar y la AGENCIA se compromete a comunicar a sus empleados, representantes, funcionarios, agentes, personal o subcontratistas, y a procurar su cumplimiento con las reglamentaciones internas, los arreglos para el acceso a las instalaciones, los principios de prevención de riesgos laborales, las normas de salud y seguridad aplicables y, de ser necesario, la firma de registros de entrada y/o el uso de medios de identificación visibles.

Asimismo, antes del comienzo de la comisión de los Servicios, las Partes se comprometen a formalizar, mediante los documentos legales que sean de aplicación en cada momento, las condiciones y garantías necesarias para la comisión de los Servicios, de conformidad con toda la legislación aplicable.

3.3. En ningún caso podrá el CLIENTE dirigirse directamente a los empleados de la AGENCIA con el fin de darles instrucciones para la realización de los Servicios objeto del presente Contrato, a excepción de lo relativo a aquellas políticas y estándares de control y seguridad que resulten de aplicación. A estos efectos, la AGENCIA designará a sus interlocutores que coordinarán junto con los que designe el CLIENTE, el seguimiento de la prestación de los Servicios contratados.

3.4. La relación entre las Partes tiene exclusivamente carácter mercantil, no existiendo vínculo laboral alguno entre el CLIENTE y el personal de la AGENCIA que eventualmente se desplazase al domicilio del CLIENTE, por lo que ambas Partes serán absolutamente independientes y autónomas.

3.5. Las Partes colaborarán activamente para el cumplimiento por parte de los empleados de la AGENCIA de las medidas en materia de prevención de riesgos laborales que resulten de aplicación conforme a la normativa en vigor.

3.6. En caso de que los cambios producidos en el algoritmo o las herramientas de Google impliquen una reconfiguración de más de un QUINCE POR CIENTO (15%) de la planificación del proyecto, se considerará presupuestar las horas incurridas en dicha replanificación, sujeto a expresa aprobación del CLIENTE.

Tales cambios generarán, además, una adecuación de los plazos de ejecución de los Servicios objeto del presente contrato que será negociada de buena fe entre las Partes.

CUARTA. ANULACION DE ÓRDENES.

4.1. Si el CLIENTE solicitara cualquier anulación o cambio en la contratación de la que resultaran costes adicionales (como ajuste de precio, gastos de cancelación etc.), el CLIENTE reembolsará a la AGENCIA los costes adicionales.

4.2. La AGENCIA no será responsables de los daños y perjuicios o de costes adicionales incurridos por el CLIENTE como consecuencia de dicha anulación.

QUINTA. ÁMBITO TERRITORIAL.

La AGENCIA prestará los Servicios al CLIENTE en el territorio que queda definido en el **Anexo II** (en adelante, el "**Territorio**"), junto con aquellos territorios o países que las Partes puedan en un futuro incluir, a través de un acuerdo que las Partes deberán suscribir por escrito de acuerdo con lo previsto en la Cláusula 2.2 del presente Contrato.

SEXTA. NATURALEZA DEL CONTRATO Y EXCLUSIVIDAD.

6.1. El presente Contrato tiene la naturaleza de un contrato de arrendamiento de servicios y, en consecuencia, no supone en modo alguno la existencia de una relación laboral, de agencia o sociedad entre las Partes.

En este sentido, la AGENCIA actuará en el Territorio definido como proveedor de los Servicios detallados en el Anexo 1, así como aquellos servicios adicionales que se desarrollen en virtud de lo previsto en la Cláusula 2.2 del presente.

6.2. Se acuerda expresamente que el nombramiento de la AGENCIA bajo los términos del presente Contrato tiene carácter de exclusivo en el Territorio definido y durante el período establecido en el mismo, el CLIENTE no contratará a ninguna otra persona física o jurídica, agencia de publicidad, agencia de medios o cualquier compañía con el objeto de prestar al CLIENTE cualquiera de los Servicios que forman parte del objeto del presente Contrato sin previo consentimiento escrito de la AGENCIA.

SÉPTIMA. DURACIÓN.

7.1. El presente Contrato entrará en vigor a partir de la fecha que figura en su encabezamiento hasta el .... Dicho plazo se entenderá prorrogado automáticamente por períodos anuales sucesivos, salvo que cualquiera de las Partes denuncie el Contrato, mediante comunicación fehaciente dirigida a la otra Parte, con al menos dos meses de antelación a la fecha de vencimiento o de cualquiera de sus prórrogas.

7.2. No obstante lo establecido en el párrafo anterior, este Contrato podrá ser resuelto de forma inmediata, por cualquiera de las Partes, cuando alguna de las Partes incumpliera las obligaciones asumidas bajo este Contrato y si tal incumplimiento no se subsanara a satisfacción razonable de la otra Parte dentro de los treinta (30) días desde la notificación del incumplimiento, y ello sin perjuicio de los daños y perjuicios en que pudiera haber incurrido la Parte que lo incumpliera.

7.3. Las Partes acuerdan que los gastos derivados de la cancelación o suspensión de las Actividades desarrolladas por la AGENCIA en virtud del presente Contrato, con anterioridad a la notificación de resolución prevista en los números anteriores, serán asumidos por el CLIENTE y cualesquiera de los Servicios prestados serán remunerados en los términos previstos en este Contrato.

7.4. Si al transcurrir los plazos de preaviso definidos en los números anteriores, algún medio o proveedor rehúsa relevar a la AGENCIA de las obligaciones que emanen de algún Contrato no cancelable, hecho con la autorización del CLIENTE, éste reembolsará a la AGENCIA por los gastos en los que haya incurrido en relación con este Contrato.

OCTAVA. RETRIBUCIÓN.

8.1. Como contraprestación (en adelante, el "**Fee**") por los Servicios prestados por la AGENCIA, el CLIENTE pagará a la AGENCIA una retribución fija de .... anuales (más el IVA correspondiente) en concepto de Fee.

8.2. La retribución de la AGENCIA será revisable anualmente en función del comportamiento del mercado y de los presupuestos asignados.

8.3. La AGENCIA no repercutirá al CLIENTE importe alguno en concepto de gastos y/o suplidos por el desarrollo y ejecución de las actividades a que se obliga conforme a la Cláusula precedente, desarrollando las mismas íntegramente a su cargo.

8.4. La retribución establecida en la presente Cláusula para la AGENCIA cubre únicamente los Servicios especificados en el mismo. En el caso de que fuera necesario ampliar dichos Servicios, a petición del CLIENTE, la retribución de la AGENCIA se verá incrementada, debiendo las Partes, en tal caso, proceder de mutuo acuerdo a su determinación en un documento que se adjuntará como anexo inseparable al presente Contrato, de acuerdo con lo previsto en la Cláusula 2.2 del presente Contrato.

NOVENA. FACTURACIÓN Y TÉRMINOS DE PAGO.

9.1. La AGENCIA facturará al CLIENTE, en función de las condiciones económicas reguladas en la Cláusula Octava, según la siguiente forma de pago:

- [IMPORTE en letra] EUROS (XXX.- €), sin/con IVA incluido, para las actividades de SEO.
- [IMPORTE en letra] EUROS (XXX.- €), sin/con IVA incluido, para las actividades de Analítica.

La facturación se realizará de acuerdo al siguiente cuadro:

Actividad	mes-año	mes-año	mes-año	mes-año	mes-año	mes-año	mes-año	TOTAL
SEO	X.-€	X+1.-€	X+2.-€	X+3.-€	X+4.-€	X+5.-€	X+6.-€	**X+n.-€**
Analítica	X.-€	X+1.-€	X+2.-€	X+3.-€	X+4.-€	X+5.-€	X+6.-€	**X+n.-€**

9.2. En el caso de que el CLIENTE se retrase en el pago de las facturas respecto al plazo establecido en el punto anterior, la AGENCIA aplicará un recargo por intereses de demora del EURIBOR (a 3 meses) más dos (2) puntos diarios desde la fecha de retraso en el pago.

9.3. Cuando el CLIENTE formulara reclamaciones en relación con una determinada factura el CLIENTE abonará aquellos conceptos respecto de los que no haya planteado reserva y ello, dentro de las fechas acordadas. Los conceptos discutidos y no pagados no devengarán intereses a favor de la AGENCIA sino hasta el momento en que facilite la justificación necesaria en relación con el concepto discutido.

El CLIENTE notificará por escrito a la AGENCIA cualquier discrepancia en relación con las facturas en el plazo de cinco (5) días a partir de la recepción de la factura. En caso contrario se considerará que la factura es indiscutible.

9.4. Sin perjuicio del cargo de intereses de demora establecidos en el presente Contrato, una vez se produzca un impago o retraso de una factura y el CLIENTE no haya abonado el pago dentro del plazo de treinta (30) días desde que la AGENCIA haya notificado al CLIENTE por escrito tal incumplimiento, la AGENCIA estará facultada para realizar lo siguiente:

a) Suspender inmediatamente todas sus obligaciones en relación con la prestación de los Servicios y de cualquier compromiso de pago de cualquier naturaleza adquirido de conformidad con este Contrato; y/o

b) Resolver el presente Contrato de conformidad con lo establecido en la Cláusula 7.2.

DÉCIMA. PROPIEDAD INTELECTUAL E INDUSTRIAL.

10.1. La AGENCIA cederá al CLIENTE, previo pago de la totalidad de sus honorarios correspondientes y recogidos en este Contrato, todos los derechos de propiedad intelectual, industrial y cualesquiera otros derechos respecto los materiales elaborados por la AGENCIA en el marco del presente Contrato (en adelante, los "**Materiales Entregables**"). Tendrá la consideración de Materiales Entregables aquellos materiales, creatividades, imágenes, fotografías, dibujo, textos y demás elementos creados en virtud del presente Contrato en concepto de versiones finales, siempre y cuando hayan sido entregados al CLIENTE y aceptados por el mismo.

En este sentido, los Materiales Entregables serán titularidad exclusiva del CLIENTE, con derecho a cesión a terceros, en exclusiva o no, sin más restricciones que las derivadas imperativamente de la Ley.

Queda bien entendido entre las Partes que todos los derechos de propiedad intelectual e industrial, así como cualesquiera otros análogos, sobre los Materiales Entregables indicados en la presente Cláusula pertenecerán al CLIENTE, reteniendo ésta la plena titularidad sobre los mismos.

10.2. En todo caso, la AGENCIA se reserva todos los derechos de propiedad intelectual sobre las propuestas y materiales que sean rechazados por el CLIENTE.

Asimismo, la AGENCIA se reserva todos los derechos de propiedad intelectual, industrial y demás derechos análogos respecto a los materiales preexistentes (en adelante, los "**Materiales Preexistentes"**), entendidos como aquellos materiales que no hayan sido creados en el marco del presente Contrato, incluyendo documentos de trabajo en bruto, informaciones, documentos, archivos editables, procesos, procedimientos, herramientas propiedad de la AGENCIA, software, código fuente, imágenes, dibujos, creatividades, entre otros.

Queda bien entendido entre las Partes que todos los derechos de propiedad intelectual e industrial, así como cualesquiera otros análogos, sobre los Materiales Preexistentes indicados en la presente Cláusula pertenecerán a la AGENCIA, reteniendo ésta la plena titularidad sobre los mismos.

10.3. En relación con los derechos de imagen, de propiedad intelectual e industrial de obras preexistentes o cuya titularidad es de terceros protegidas por la Propiedad intelectual o industrial se negociarán expresamente por cuenta del CLIENTE por la AGENCIA en cada caso, informando previamente al CLIENTE del importe económico y de las condiciones con el fin de que este último pueda decidir si adquirirlos y, en su caso, las condiciones de explotación. Si el CLIENTE no respetara las condiciones anteriores y la AGENCIA fuera reclamado por esta actuación, el CLIENTE deberá compensar los posibles gastos e indemnizaciones que la AGENCIA tuviera que asumir por dicha conducta.

10.4. En relación con los programas informáticos que se pongan a disposición del CLIENTE para la ejecución de los Servicios, y sobre los elementos integrados en los mismos (en adelante, denominados conjuntamente como las "***Herramientas***"), la AGENCIA otorga al CLIENTE una licencia limitada al Territorio, no exclusiva, revocable, no transferible a terceros y durante la vigencia del presente Contrato para acceder y usar las Herramientas con el único y exclusivo fin de gestionar y controlar la planificación de espacios publicitarios y, en todo caso, para cumplir con el objeto del presente Contrato. Esta licencia condicionada al cumplimiento por parte del CLIENTE de los términos previstos en el presente Contrato.

La licencia otorgada en virtud del presente Contrato sólo constituye una licencia de uso en las condiciones descritas en el presente Contrato, no entendiéndose en ningún caso que se habilite para su explotación, reproducción, difusión pública, cesión y/o venta total o parcial de ninguna forma.

La propiedad intelectual de todos los elementos que conforman estas Herramientas, así como su código fuente, diseño, estructura, tecnología, documentación, manuales y demás elementos en él contenidos; así como sus mejoras y actualizaciones, son propiedad de la AGENCIA, o bien esta dispone, en su caso, de los derechos de uso y explotación de los mismos.

10.5. Sin perjuicio de lo dispuesto anteriormente, el CLIENTE se compromete al cumplimiento de los propios términos y condiciones de las Herramientas y que son facilitados por terceros.

10.6. El CLIENTE mantendrá indemne a la AGENCIA respecto de cualesquiera daños que la AGENCIA pudiera sufrir como consecuencia de cualquier incumplimiento de las manifestaciones o garantías otorgadas en la presente Cláusula de Propiedad Intelectual e Industrial.

UNDÉCIMA. CONFIDENCIALIDAD.

11.1. La información contenida en el marco de este Contrato tiene carácter estrictamente confidencial. Por ello, la confidencialidad en el intercambio de información entre las Partes se constituye en uno de los pilares de la relación contractual que en este momento se formaliza, e impone las más altas exigencias de protección frente a revelaciones ilegítimas de la misma.

11.2. Cualquier violación de esta necesaria exigencia de mutua confidencialidad constituye una violación de la más básica consideración de buena fe que debe presidir cualquier relación comercial y profesional entre las Partes.

11.3. Cada Parte mantendrá en estricto secreto y se obliga a no divulgar, copiar reproducir o hacer uso de otro modo de información confidencial, *know-how*, técnicas, informes y datos de marketing, información de investigación de marketing, estrategias de negocio, marketing y publicidad, informes de ventas, resultados de investigaciones, negociaciones y otros datos pertenecientes a los productos o negocios de la otra Parte a las que tenga acceso de forma oral, escrita o en cualquier soporte de la otra Parte y que únicamente podrá ser usada para el fin de este Contrato (en adelante, la "***Información Confidencial***"). La confidencialidad alcanzará a toda la información que, por cualquier medio, llegue a estar a disposición de las Partes con objeto del presente Contrato.

11.4. La obligación de confidencialidad permanecerá durante la validez de este Contrato y sobrevivirá por tiempo indefinido a la terminación o expiración de este Contrato por cualquier causa, siempre que la información no haya devenido pública.

11.5. Salvo autorización expresa y por escrito de la otra Parte, cada Parte deberá:

a) limitar el acceso a cualquier Información Confidencial recibida estrictamente a aquellos empleados del Receptor que a efectos de la adecuada valoración del Proyecto tengan necesidad de tener conocimiento de la misma;

b) advertir a aquellos de sus empleados que tengan acceso a la Información Confidencial de la naturaleza confidencial de la misma y de las obligaciones contraídas con arreglo al presente Contrato;

c) adoptar las medidas oportunas para garantizar que aquellos de sus empleados que tengan acceso a la Información Confidencial cumplan con las obligaciones derivadas de este Contrato;

d) responder solidariamente de cualquier incumplimiento de las obligaciones de este Contrato por parte de sus empleados;

e) proteger la Información Confidencial recibida empleando un grado máximo de diligencia, que en ningún caso será inferior al grado de diligencia empleada por el Receptor para proteger su propia información o material confidenciales;

f) no revelar la Información Confidencial a terceros;

g) utilizar la Información Confidencial recibida únicamente para la adecuada valoración del Proyecto.

11.6. Las restricciones relativas al uso, reproducción, transmisión o acceso a la Información Confidencial no serán de aplicación en los casos en que la información:

a) fuera de dominio público antes de la fecha del presente Contrato o deviniese accesible públicamente en publicación impresa o en publicaciones de general circulación, sin que en dicha circunstancia hubiese intervenido incumplimiento alguno del Receptor;

b) deba ser obligatoriamente facilitada en virtud de disposición legal o por resolución válidamente emitida por cualquier autoridad administrativamente competente, tribunal u órgano jurisdiccional, legalmente facultado para obligar a tal disponibilidad, únicamente en cuanto a la información que deba ser facilitada, siempre y cuando, el Receptor así requerido notifique inmediatamente a la Reveladora de la recepción de tal requerimiento, a fin de que la Reveladora pueda evaluar si existe posibilidad de eludir el mismo o pueda prestar cualquier apoyo razonablemente solicitado por el Receptor.

11.7. En el caso en que cualquiera de las Partes sea requerida por una autoridad competente a los efectos de revelar cualquier información y/o dato amparada por el derecho de confidencialidad que se prevé en esta Cláusula, con carácter previo a atender el requerimiento, la Parte requerida deberá comunicarlo a la otra Parte a los efectos de que ésta pueda colaborar facilitando a la requerida información o las aclaraciones que puedan ser necesarios.

11.8. Las Partes reconocen la especial protección que deberá regir respecto de las condiciones económicas del Contrato, comprometiéndose a no divulgar su contenido. El incumplimiento de dicha obligación facultará a la Parte cumplidora a exigir, en concepto de cláusula penal, el equivalente a la remuneración total pactada en el presente contrato, sin perjuicio de los daños y perjuicios que en su caso correspondan.

11.9. Cada Parte se declara solidariamente responsable frente a la otra de cualquier violación cometida por sus actuales accionistas o socios, administradores o gerentes, empleados o por las personas por las que deba responder civilmente.

DUODÉCIMA. GARANTÍAS Y RESPONSABILIDAD.

12.1. Será responsabilidad del CLIENTE y la AGENCIA mantener la debida diligencia para la obtención del buen fin en el cumplimiento de sus respectivas obligaciones en el marco del presente Contrato. Las Partes garantizan que, en la prestación de los Servicios objeto del presente Contrato, actuarán con buena fe y con la máxima diligencia exigible, manteniendo a la otra Parte indemne por cualquier reclamación que pudiera derivarse de sus actuaciones.

12.2. Las Partes garantizan mutuamente que en todo momento se encontrarán al corriente del pago de sus obligaciones con la Agencia Tributaria y la Seguridad Social, exonerando a la otra Parte de cualquier responsabilidad generada como consecuencia de cualquier reclamación judicial o extrajudicial de terceros por estos conceptos.

12.3. La AGENCIA, en aras de un compromiso ético, garantiza que en todos sus trabajos se conducen y aplican bajo los principios de Buenas Prácticas, recogidos en las *Directrices para Webmasters* de Google, Bing/Yahoo! y otros sitios especializados del sector, y que se resumen en:

- Directrices de diseño.
- Directrices de contenido.
- Directrices técnicas.
- Directrices de calidad.

A tal efecto, la AGENCIA deberá informar al CLIENTE periódicamente, durante la vigencia del presente Contrato, sobre las acciones desarrolladas y el grado de ejecución de cada uno de los Servicios previstos en el Anexo I, quedando a disponibilidad del CLIENTE para analizar y resolver cualesquiera cuestiones que surjan sobre el contenido del mismo.

12.4. Si el CLIENTE no aportase a la AGENCIA las garantías requeridas para una campaña determinada, la AGENCIA tendrá el derecho de rechazar cualquier reserva futura de inserción, así como cancelar cualquier reserva anticipada que pudiera haber realizado, sin que dicha cancelación constituya un incumplimiento del presente Contrato y sin que el CLIENTE pueda reclamar daños y perjuicios.

12.5. El CLIENTE garantiza ser titular o haber obtenido las debidas autorizaciones de los titulares de los derechos de propiedad intelectual, industrial, y otros análogos respecto cualesquiera materiales, documentos, creatividades, páginas web, software que entregue a la AGENCIA en virtud del presente Contrato para la ejecución del mismo, así como del cumplimiento de la legalidad vigente, dejando indemne a la AGENCIA frente a cualquier reclamación que pudiera presentarse por terceros por los daños derivados de la infracción de lo anteriormente expuesto.

Asimismo, el CLIENTE garantiza el cumplimiento de la normativa de protección de datos de carácter personal que sea de aplicación tanto a nivel europeo, esto es, el Reglamento General de Protección de Datos, como la normativa española vigente.

En línea con lo anterior, el CLIENTE garantiza hacer constar de forma clara, visible y accesible desde sus entornos, páginas web y contenidos, sus datos identificativos y como único responsable de los mismos, poniendo los correspondientes avisos legales en dichos contenidos, incluyendo con carácter enunciativo y no limitativo políticas de privacidad y políticas de uso.

12.6. La AGENCIA será responsable de los daños directos derivados del incumplimiento de cualesquiera obligaciones dimanantes del presente contrato. No obstante, la AGENCIA no será responsable de los daños indirectos, lucro cesante o daños reputacionales que pudieran producirse como consecuencia de cualquier incumplimiento a este contrato.

La responsabilidad total de la AGENCIA por cualquier incumplimiento de este contrato estará limitada al importe correspondiente a los Fees percibidos por la misma durante el año contractual en el que el incumplimiento hubiera ocurrido.

12.7. La AGENCIA garantiza el desarrollo y ejecución de los Servicios en los plazos previstos, si bien queda eximida de toda responsabilidad por aquellos retrasos que se deriven:

i. del incumplimiento del CLIENTE en el plazo de aceptación de las diferentes fases integradoras de los Servicios objeto del presente contrato, cuando ello esté contractualmente regulado o acordado por las Partes a requerimiento de la AGENCIA;

ii. de supuestos de fuerza mayor, conforme vienen definidos en las normas civiles y lo establecido en la Cláusula Decimoséptima.

12.8. La AGENCIA quedará exento de responsabilidad en los casos siguientes:

a. Demoras derivadas de cambios drásticos en el algoritmo del buscador. Si bien dentro de la labor de la AGENCIA está velar porque dichos cambios afecten lo menos posible la web del CLIENTE, escapan de su control previo, debiendo analizar posible impacto a la web luego de que se producen, dando las recomendaciones pertinentes.

b. Demoras derivadas de cambios drásticos en la forma en que trabajan las herramientas o mecanismos de administración facilitados por Google.

c. Demoras imputables al CLIENTE, a proveedores y/o cualesquiera otros terceros, incluyendo, con carácter enunciativo y no limitativo, la falta de entrega de materiales, herramientas y/o cualesquiera otros elementos necesarios para la prestación de los Servicios, e incorrecciones en la ejecución de las instrucciones proporcionadas por la AGENCIA y que pueden llevar a resultados no esperados por el CLIENTE.

12.9. En caso de que las Partes incumplan cualquiera de sus obligaciones derivadas del presente Contrato, la Parte no infractora podrá optar entre exigir el cumplimiento específico por la otra Parte o resolver el presente Contrato. En ambos casos, la Parte no infractora tendrá asimismo derecho a exigir una indemnización por los daños y perjuicios causados de acuerdo con los términos y condiciones establecidos en la presente cláusula.

DECIMOTERCERA. RESOLUCIÓN DEL CONTRATO

13.1. Además de las causas legalmente previstas, será causa de resolución anticipada del Contrato el incumplimiento por cualquiera de las Partes de las obligaciones materiales asumidas en virtud del mismo, siempre que la Parte que inste la resolución hubiese cumplido sus obligaciones y haya requerido previamente a la Parte incumplidora el cumplimiento de la obligación u obligaciones incumplidas y, transcurridos quince (15) días desde la recepción de tal requerimiento, la Parte incumplidora no hubiese subsanado el incumplimiento de que se trate.

La resolución del presente Contrato conllevará, a elección de la AGENCIA, la desinstalación, devolución o destrucción, mutua de todas las informaciones, informes, documentos, y cualquier tipo de información o material relacionados con la Aplicación que las Partes se hubieran facilitado con el objeto de que éstos pudieran llevar a cabo los servicios en condiciones óptimas. Dicha devolución se completará en los quince (15) días naturales siguientes a la resolución, lo cual las Partes deberán demostrar fehacientemente. La AGENCIA correrá con todos los gastos que conlleven dicha devolución o destrucción.

La terminación anticipada del Contrato o el transcurso del plazo establecido en la Estipulación Segunda no dará a las Partes derecho a indemnización alguna, salvo que concurran daños y perjuicios directos causados por dolo o culpa, aplicándose en todo caso aquellas limitaciones establecidas en la Cláusula Duodécima.

13.2. La resolución del presente Contrato conllevará la devolución por cada una de las Partes de cualesquiera documentos, datos, informes, informaciones y cualquier otro tipo de material que le hubieran sido suministrados por la otra y sobre los cuales, en virtud del presente Contrato, no correspondiese a aquélla derecho alguno.

DECIMOCUARTA. PROTECCIÓN DE DATOS.

14.1. La identificación de las Partes es un requisito necesario para la formalización del presente Contrato, por lo que no podrá llevarse a cabo el mismo sin que concurra el citado requisito. Por ello, cada una de las Partes queda informada de que los datos de contacto de sus representantes y empleados, serán tratados por la otra Parte con la finalidad de permitir el desarrollo, cumplimiento y control de la relación de prestación de Servicios concertada, siendo la base del tratamiento el cumplimiento de la relación contractual y conservándose los datos durante todo el tiempo en que esta subsista y aún después, hasta que prescriban las eventuales responsabilidades derivadas de ella.

Los datos de las Partes podrán ser comunicados a los bancos y cajas de ahorros para la gestión de cobros y pagos y a la Agencia Tributaria y demás Administraciones Públicas, a los efectos de llevar a cabo las declaraciones tributarias correspondientes y cumplir con sus respectivas obligaciones legales de conformidad con la normativa vigente.

14.2. En el caso de que fuese a producirse algún tipo de acceso a datos de carácter personal, las Partes se comprometen a:

Cumplir con la normativa relativa a protección de datos de carácter personal que sea de aplicación, tanto a nivel europeo, esto es, el Reglamento General de Protección de Datos 2016/679 del Parlamento Europeo y del Consejo (en adelante, "**RGPD**"), como la normativa española vigente.

Firmar el correspondiente anexo de acceso a datos de carácter personal, de acuerdo con lo previsto en la normativa aplicable.

Asimismo, las Partes entienden que cualquier Información Confidencial consistente en Datos de Carácter Personal se encuentra sujeta a regulación específica del Derecho europeo y español y que será revelada para propósitos directamente relacionados con las actividades legítimas de las Partes. Asimismo, tal revelación tendrá únicamente el alcance permitido de conformidad con el RGPD y cualquier otra normativa española que resulte aplicable. Antes de llevar a cabo cualquier acceso, cesión o transferencia internacional de Datos de Carácter Personal, las Partes estudiarán si los mismos se encuentran permitidos y de las precauciones a adoptar.

En cualquier caso, las Partes tendrán en cuenta en cada caso si el acceso, la cesión o la transferencia internacional de Datos de Carácter Personal es estrictamente necesaria, si los Datos de Carácter Personal pueden ser separados de la restante Información Confidencial y si los Datos de Carácter Personal pueden ser sujetos a un proceso de disociación antes de dicho acceso, cesión o transferencia internacional.

En todo caso, las Partes, en lo referente al tratamiento de los Datos de Carácter Personal a los que tuvieran acceso, incluidos en los referidos ficheros, se comprometen a cumplir sus obligaciones de confidencialidad, prohibición de cesión a terceros y establecimiento de medidas técnicas y organizativas necesarias y adecuadas, así como a que todos sus empleados o cualquier tercero del que traigan causa que puedan tener acceso a documentos o Información Confidencial, asuman tales compromisos de secreto y confidencialidad y el cumplimiento de la legislación en materia de protección de datos tanto a nivel europeo como la normativa española vigente.

14.3. Las Partes podrán solicitar el acceso a los datos personales, su rectificación, su supresión, su portabilidad y la limitación de su tratamiento, así como oponerse al mismo, en la dirección postal de la otra Parte que figura en el encabezamiento de esta Adenda, dirigiendo un escrito a la atención del Delegado de Protección de Datos de la otra Parte, así como en su caso, formular una reclamación ante la Agencia Española de Protección de Datos (www.aepd.es).

DECIMOQUINTA. SUBCONTRATACIÓN.

15.1. Este contrato es *intuitu personae* para las Partes y por tanto ninguna de las partes está facultada para ceder su posición contractual a ningún tercero salvo que hubiere obtenido el consentimiento por escrito de la otra parte.

15.2. A los efectos del presente Contrato, la prestación de los Servicios por cualquiera de las empresas del grupo al que pertenezca la AGENCIA no tendrá la consideración de cesión o subcontratación, siendo ésta libre de velarse, para la prestación de dichos Servicios, de cualquiera de las empresas de su grupo de empresas, en el sentido del artículo 42 del Código de Comercio.

Asimismo, las Partes convienen que la AGENCIA podrá ceder o subcontratar determinados servicios a otros terceros cuando ello sea necesario para la correcta ejecución del objeto del presente Contrato, sin necesidad de obtener la previa autorización del CLIENTE para tal cesión o subcontratación.

15.3. Las Partes manifiestan expresamente que la subcontratación de servicios en ningún caso constituirá un incumplimiento del deber de confidencialidad con arreglo a la Cláusula Undécima del presente Contrato.

DECIMOSEXTA. ANTICORRUPCIÓN.

16.1. Las Partes se obligan, durante la vigencia del presente Contrato y en el desarrollo de sus obligaciones asumidas en virtud del mismo, a cumplir estrictamente con todas las leyes y normativa aplicables en el Territorio relativa a anti soborno y anticorrupción, incluyendo (i) no incurrir en conducta alguna que pudiera estar tipificada en cualquiera de los delitos tipificados en el Código Penal, concretamente en su Título XIX, Capítulos V, VI y VII, es decir, en los delitos de cohecho, tráfico de influencias o malversación, entre otros; (ii) cumplir con la Ley Anti-corrupción británica (*Bribery Act 2010*); (iii) cumplir con lo estipulado en el Convenio de la OCDE de lucha contra la corrupción de agentes públicos extranjeros en las transacciones comerciales internacionales, obligándose, durante la prestación de los Servicios objeto del presente Contrato, a no ofrecer dádiva o promesa, o a prevalerse de su relación personal con cualquier autoridad o funcionario público, con el fin de obtener un rendimiento o beneficio ilícito bien a su favor bien a favor de la otra Parte.

16.2. A este respecto, y con el objeto de cumplir con la obligación descrita en el párrafo anterior, las Partes se obligan a implementar las medidas, procedimientos y políticas internas oportunas para lograr este fin.

DECIMSÉPTIMA. FUERZA MAYOR.

17.1. En caso de que cualquiera de las Partes se vea afectada por actos, omisiones, circunstancias o causas fuera de su control (en adelante, "***Fuerza Mayor***"), incluyendo inundación, terremoto, huracán u otro desastre natural incendio, epidemia o pandemia, guerras, embargos, ataques terroristas, guerra civil, energía nuclear contaminación química o biológica, cumplimiento de cualquier ley u orden gubernamental, reglamento, regulación, o cualquier medida adoptada por una autoridad gubernamental o pública (incluyendo pero no limitado al cambio de divisas), cualquier conflicto laboral, incluyendo pero no limitado a la huelga (que no sea en cada caso por la Parte que pretenda apoyarse en esta cláusula, o empresas de un mismo grupo como parte), se comunicará de inmediato a la otra Parte de la naturaleza y medida de los mismos.

17.2. Ninguna de las Partes será considerada que incumple este Contrato, o es responsable frente a la otra, por razones de cualquier retraso en el cumplimiento o incumplimiento de cualquiera de sus obligaciones bajo el presente Contrato en la medida en que tal demora o incumplimiento se deba a Fuerza Mayor cualquier causa de la que se haya notificado a la otra Parte y, por lo tanto, el plazo de ejecución se prolongará en consecuencia. En el caso de que la Fuerza Mayor se prolongue durante un período superior a DOS (2) meses, el presente Contrato podrá ser terminado por cualquiera de las Partes inmediatamente después de realizada notificación previa por escrito.

DECIMOCTAVA. NOTIFICACIONES

Cualquier notificación o comunicación que deba efectuarse entre las Partes se realizará en el domicilio señalado por cada una de ellas en el encabezamiento de este Contrato, obligándose a notificar su cambio en caso de que éste se llegase a producir. Sin perjuicio de ello, las comunicaciones y notificaciones que deban efectuarse como consecuencia del presente Contrato se realizarán por escrito y se remitirán por correo, telefax, correo electrónico o cualquier otro medio que permita tener constancia de su envío y recepción por el destinatario.

DECIMONOVENA. MISCELÁNEA.

19.1. Este Contrato constituye la totalidad de lo pactado por las Partes en relación con el objeto del mismo, y sustituye a cualesquiera otros acuerdos, convenios, antecedentes, negociaciones, y cualesquiera otras comunicaciones, verbales o escritos, existentes entre las Partes hasta la fecha de firma del presente Contrato y que estuviesen relacionados con el objeto del mismo.

19.2. Este Contrato podrá ser modificado únicamente mediante acuerdo por escrito entre las Partes, debidamente firmado por sus representantes legales, careciendo de validez y eficacia cualquier modificación del mismo que no se recoja conforme a lo indicado en el presente apartado.

19.3. Los encabezamientos de las distintas cláusulas son meramente informativos, y no afectarán, calificarán o ampliarán la interpretación del presente Contrato.

19.4. En el caso de que alguna de las cláusulas del presente Contrato fuese declarada nula y sin efecto, en todo o en parte, dicha nulidad no afectará a la validez del resto del Contrato o de las demás disposiciones del mismo en base a los deseos de las Partes, permaneciendo dichas disposiciones en vigor sin que queden afectadas por dicha declaración de nulidad.

La cláusula declarada nula o anulable será, de común acuerdo entre las Partes, sustituida por una nueva que la supla, o interpretada de un modo legalmente aceptable, que sea de un tenor lo más aproximado posible a la cláusula que las Partes habrían formalizado de haber tenido conocimiento de la ineficacia de la cláusula en cuestión.

19.5. El no ejercicio o ejecución por parte de la AGENCIA de cualquier derecho o disposición contenido en el presente Contrato no constituirá una renuncia al mismo, salvo reconocimiento y acuerdo por escrito por su parte.

19.6. Cada una de las Partes soportará sus propios costes derivados de la negociación, preparación y otorgamiento de este Contrato. Si los hubiera, los honorarios notariales serán soportados por las Partes por igual.

VIGÉSIMA. NO CONCURRENCIA.

Las Partes se comprometen, durante la duración de este Contrato como tras el periodo de doce (12) meses tras la terminación de este Contrato por cualquier causa, a no contratar mediante relación laboral o autónoma u otro tipo de relación contractual a cualquier persona que preste o haya prestado servicios a la otra Parte de forma laboral o mediante prestación de los Servicios, ni inducir o tratar de inducir a cualquier trabajador de una de las Partes para que preste sus servicios o pase a ser empleado (por cuenta propia, ajena o de cualquier otro modo) de la otra Parte o de cualquier sociedad en la que dicha Parte ostente algún tipo de participación social o ejerza cualquier función directiva.

VIGÉSIMOPRIMERA. LEGISLACIÓN APLICABLE Y JURISDICCIÓN.

21.1. En todo lo no previsto en el presente Contrato, así como en la interpretación y resolución de los conflictos que pudieran surgir entre las Partes como consecuencia del mismo, será de aplicación la Legislación Española.

21.2. Las Partes, renunciando expresamente al fuero que pudiere corresponderles, se someten a la jurisdicción y competencia de los Tribunales de ...., para la resolución de cualquier disputa que pudiere surgir en relación con la interpretación y ejecución de lo pactado en el presente Contrato.

****

Y en prueba de conformidad con cuanto antecede y con voluntad de obligarse, las Partes firman el presente Contrato en duplicado ejemplar, y a un solo efecto, en el lugar y fecha indicados en el encabezamiento.

EL CLIENTE	**LA AGENCIA**
....	....
D./Dña. [...]	D./Dña. [...]
Título: [...]	Título: [...]
	....
	D./Dña. [...]
	Título: [...]

ANEXO I – ACTIVIDADES DETALLADAS

De acuerdo con lo previsto en las Cláusulas 1.1 y 2 del presente Contrato, a continuación, se detallan las actividades que la AGENCIA llevará a cabo a fin de ejecutar el objeto del Contrato y lograr el objetivo de campaña y que serán:

1. SEO On-site (Técnico).

   1.1. Auditoría técnica completa del prelanzamiento de la web/producto digital del CLIENTE:

      1.1.1. La AGENCIA auditará el sitio web del CLIENTE desde la perspectiva SEO y elaborará un documento destinado a sus desarrolladores, con las recomendaciones necesarias para que el sitio web de posicione en los resultados no pagados para las principales búsquedas de su target.

      1.1.2. Es responsabilidad del CLIENTE hacer la correcta implementación de estas recomendaciones, para aumentar las posibilidades de subir de posición en los buscadores.

      1.1.3. La implementación de estas recomendaciones no garantiza fehacientemente la consecución de objetivos.

      1.1.4. Materiales Entregables: un documento de Auditoría técnica completa.

   1.2. Keyword Research con una revisión:

      1.2.1. La AGENCIA acordará con el CLIENTE la selección de una muestra representativa de palabras clave organizadas en temáticas y territorios, que responda a las principales búsquedas del target del CLIENTE.

      1.2.2. La selección de temas y territorios estará enfocada a conseguir un incremento de tráfico orgánico y de referentes a través de la optimización y generación de contenidos afines.

      1.2.3. Materiales Entregables: un documento de Keyword Research y una revisión a dicho documento.

   1.3. Análisis de competidores orgánicos:

      1.3.1. La AGENCIA realizará un análisis de cuáles competidores aparecen posicionados en primeras páginas de resultados de búsqueda para las consultas derivadas de la estrategia de temas y territorios (Keyword Research).

      1.3.2. Se analizará un máximo de 5 competidores identificados y acordados entre el CLIENTE e la AGENCIA.

      1.3.3. El objetivo será identificar quiénes son los actores principales de competencia, que no necesariamente son los competidores de mercado de CLIENTE, y detectar posibles oportunidades de posicionamiento y buenas prácticas de la industria.

      1.3.4. Materiales Entregables: un documento de Análisis de competidores orgánicos.

   1.4. SEO Always-on Soporte continuo a las implementaciones técnicas:

      1.4.1. La AGENCIA realizará un seguimiento constante de las novedades en el ámbito de buscadores, actualizaciones de algoritmos y servicios, así como de sus plataformas de apoyo y comunicará dichas novedades a CLIENTE en la identificación de nuevas oportunidades de optimización.

1.4.2. La AGENCIA efectuará un seguimiento periódico a través de Google Search Console y otras herramientas para garantizar que no existan problemas de indexación y rastreo en la página.

1.5. Reuniones mensuales (tras entregas).

1.5.1. Una vez se realice una entrega, la AGENCIA convocará a una reunión con el CLIENTE para discutir el entregable realizado, aclarar dudas generadas y garantizar el alineamiento de todas las partes con la estrategia y actividades planteadas.

1.5.2. El resto del seguimiento se realizará vía correo electrónico o llamada en conferencia.

2. Analítica.

2.1. Auditoría inicial:

2.1.1. Auditoría técnica completa de Google Analytics y Google Tag Manager

2.1.2. La AGENCIA auditará las herramientas de analítica actuales de CLIENTE y elaborará un documento destinado a sus colaboradores, con las recomendaciones necesarias para que el sitio web de CLIENTE esté configurado correctamente.

2.2. Implementación Google Tag Manager:

2.2.1. La AGENCIA realizará la implementación de todas las configuraciones necesarias en Google Analytics para garantizar una correcta medición de los elementos analíticos del proyecto de CLIENTE.

2.3. Plan de medición:

2.3.1. La AGENCIA realizará todas las pruebas necesarias para garantizar la correcta implementación y funcionamiento de todos los cambios arriba aplicados de CLIENTE.

2.4. Etiquetado de la página:

2.4.1. La AGENCIA realizará la implementación de todas las etiquetas, activadores y variables vía Google Tag Manager necesarias para garantizar una correcta medición de los elementos analíticos del proyecto de CLIENTE.

2.5. Definición de propiedades, vistas, filtros y audiencias

2.5.1. La AGENCIA creará las vistas necesarias para cada canal y se las hará llegar a CLIENTE en función de los temas y decisiones aprobadas.

2.6. Reuniones mensuales.

****

EL CLIENTE

....

D./Dña. [...]

Título: [...]

LA AGENCIA

....

D./Dña. [...]

Título: [...]

....

D./Dña. [...]

Título: [...]

ANEXO II – TERRITORIO

[Especificar los países, regiones y/o territorios específicos]

F133. CONTRATO DE PRESTACIÓN DE SERVICIOS DE DIFUSIÓN PUBLICITARIA

En ...., a [día] de [mes] de [año].

REUNIDOS

De una parte, **D./Dña. [nombre y apellidos del representante]**, mayor de edad, de nacionalidad [nacionalidad], con DNI núm. [XXXXX], con domicilio a estos efectos en [dirección y ciudad].

De una parte, **[DENOMINACIÓN SOCIAL DE LA AGENCIA]**, con domicilio social en [dirección], provista de CIF núm. [XXX] e inscrita en el Registro Mercantil de ....; debidamente representada en este acto por D./Dña. [nombre y apellidos del representante], mayor de edad, de nacionalidad [nacionalidad], con pasaporte de su nacionalidad núm. [XXXXX], en calidad de apoderado [mancomunado/solidario/único] de la sociedad, según consta en escritura de apoderamiento, otorgada en fecha [fecha] ante el Notario de [ciudad], D./Dña. [nombre del notario], bajo el número [XXX] de su protocolo (en adelante, la "**AGENCIA**").

Y de una parte, **D./Dña. [nombre y apellidos del representante]**, mayor de edad, de nacionalidad [nacionalidad], con DNI núm. [XXXXX], con domicilio a estos efectos en [dirección y ciudad].

INTERVIENEN

Los primeros, en nombre y representación de la entidad deportiva **[DENOMINACIÓN SOCIAL DE LA ENTIDAD]** (en adelante, denominado el "**EQUIPO**"), en sus calidades de [cargo dentro de la entidad/tipo de apoderado], actuando en uso de las facultades conferidas mediante escritura de poder otorgada ante el Notario de [ciudad], D./Dña. [nombre del notario], en fecha [fecha], con números de Protocolo [XXX], con domicilio social en [dirección] y CIF núm. [XXXXX].

Los segundos, en nombre y representación de la agencia **[DENOMINACIÓN SOCIAL DE LA AGENCIA]**, con domicilio social en [dirección], provista de CIF núm. [XXX] e inscrita en el Registro Mercantil de ....; debidamente representada en este acto por D./Dña. [nombre y apellidos del representante], mayor de edad, de nacionalidad [nacionalidad], con pasaporte de su nacionalidad núm. [XXXXX], en calidad de apoderado [mancomunado/solidario/único] de la sociedad, según consta en escritura de apoderamiento, otorgada en fecha [fecha] ante el Notario de [ciudad], D./Dña. [nombre del notario], bajo el número [XXX] de su protocolo (en adelante, la "**AGENCIA**").

El EQUIPO y la AGENCIA, conjuntamente denominadas las "**Partes**" e individualmente, cuando proceda, una "**Parte**"; ambas Partes, en el concepto en que respectivamente intervienen, y reconociéndose mutuamente capacidad legal suficiente para obligarse en Derecho, de común acuerdo,

EXPONEN

I.- Que el EQUIPO es una entidad deportiva que es titular de los derechos de explotación comercial, de publicidad e imagen que se deriven de la publicidad, tanto estática como dinámica, situada en el estadio "[nombre del estadio]" (en adelante, el "**Estadio**").

II.- Que la AGENCIA es una entidad mercantil dedicada, entre otras actividades propias de su objeto social, a la planificación y gestión de la actividad publicitaria de sus clientes, entre los que se encuentra **[DENOMINACIÓN SOCIAL DE LA MARCA y/o ANUNCIANTE PARA EL QUE TRABAJA LA AGENCIA]** (en adelante, el "**CLIENTE**").

III.- Que, estando el CLIENTE interesado en contratar durante la temporada deportiva 20XX/20XX determinados espacios publicitarios en dicho Estadio para la promoción de su marca y productos, ha encomendado a la AGENCIA la ejecución de las correspondientes acciones a tal fin.

IV.- Que la AGENCIA, actuando en el presente contrato como principal y por mandato del CLIENTE en virtud del acuerdo firmado entre ambas entidades con fecha ...., concierta con el EQUIPO la prestación de servicios publicitarios, que se materializará en la ejecución de una serie de prestaciones por parte del EQUIPO a favor del CLIENTE, a cambio de una aportación económica determinada por parte de la AGENCIA en nombre del CLIENTE, en los términos y condiciones que las Partes acuerden en el presente documento.

V.- Que, en base a lo anteriormente expuesto, las Partes intervinientes convienen en celebrar el presente **CONTRATO DE PRESTACIÓN DE SERVICIOS DE DIFUSION PUBLICITARIA** (en adelante, el "**Contrato**"), el cual llevan a efecto a tenor de las siguientes.

CLÁUSULAS

Primera.– Objeto.

1.1. Es objeto del presente Contrato establecer las condiciones sobre la base de las cuales la AGENCIA, como principal y por mandato del CLIENTE, encarga al EQUIPO, que acepta, la exhibición de publicidad dinámica (entendida en el sentido descrito en la presente cláusula) de la(s) marca(s) del CLIENTE, con el/los logotipo(s) incluido(s) en el **Anexo I**, en los términos y condiciones establecidos en este Contrato (en adelante, los "**Servicios**").

La publicidad dinámica en el Estadio consiste en el [**nombre del sistema de publicidad perimetral]**, ubicado al borde del terreno de juego en [definir los lados del estadio donde se colocarán las vallas: fondo norte o sur, laterales este u oeste, etc.], también denominada "**[nombre del sistema televisivo – ejemplo: *U Televisiva*]**" (en adelante, los "**Soportes**").

1.2. No obstante, lo anterior, las Partes, de común acuerdo por escrito, podrán introducir modificaciones en los Servicios previstos en el Contrato, así como la inclusión de cualquier otro servicio concreto que sea necesario para dar satisfacción al objeto del Contrato. Dichos servicios adicionales se incluirán al Contrato mediante Anexos, Propuestas de Servicios o Presupuestos detallados que formarán parte indivisible del mismo.

Segunda.- Condiciones de la prestación de los Servicios.

2.1. Las Partes convienen que el alcance de los Servicios de publicidad objeto del presente Contrato se circunscribe al territorio de España (en adelante, el "**Territorio**"). No obstante, las Partes podrán pactar, de mutuo acuerdo y por escrito, la extensión o reducción del Territorio, obligándose, de producirse tal circunstancia, a realizar el ajuste que pudiese resultar necesario sobre el resto de los términos del Contrato.

2.2. Asimismo, las Partes convienen que los Servicios se llevarán a cabo en los Soportes mencionados en la Cláusula Primera anterior y, en la "**[nombre del sistema televisivo – ejemplo: *U Televisiva*]**" mediante el [**Sistema Publicitario específico – ejemplo: *Sistema Live Ad*]**.

2.3. Ambas Partes se comprometen a llevar a cabo cuantas acciones sean necesarias para la correcta ejecución del presente Contrato. Asimismo, se comprometen a cumplir con la legislación aplicable en cada momento, incluidas cualesquiera políticas o códigos de conducta que pudieran resultarles de aplicación y, en particular, la regulación vigente en cada momento en materia de publicidad, con escrupuloso respeto de los principios de legalidad, veracidad y autenticidad recogidos en el ordenamiento jurídico.

Cada una de las Partes será responsable del cumplimiento de la legislación aplicable en relación con las obligaciones que le correspondan en virtud del presente Contrato, manteniendo indemne a la otra Parte por cualesquiera incumplimientos.

2.4. La actividad a desarrollar por el EQUIPO se limitará a aquellos Servicios que sean, en cada caso concreto, pactados por las Partes en el Contrato o, en su caso, en el correspondiente Anexo, Propuesta de Servicios o Presupuesto adjunto al presente Contrato.

En particular, los Servicios a prestar por parte de EQUIPO en virtud del Contrato consistirán en garantizar la aparición de la(s) marca(s) del CLIENTE, con los logotipos incluidos en el **Anexo I**, en los Soportes justo tras el marcaje de cualquier gol en formato de spot, es decir, el EQUIPO garantizará tantos spots del CLIENTE como goles se produzcan en un mismo partido. Sin perjuicio de lo anterior, las Partes acuerdan que el tiempo real comprometido de aparición en televisión de la(s) marca(s) del CLIENTE, haya o no haya goles, es treinta (30) segundos por spot publicitario y de periodo mínimo garantizado de un (1) minuto por partido.

2.5. El EQUIPO prestará los Servicios objeto del Contrato de acuerdo con los estándares de calidad, disponibilidad, fiabilidad y respuesta propios del sector y, en todo caso, de acuerdo con las condiciones establecidas en el presente Contrato. En este sentido, se compromete a prestar dichos Servicios eficazmente y de acuerdo con los extremos indicados en el Contrato.

En especial, el EQUIPO garantiza la inclusión de los logotipos y marcas del CLIENTE según los diseños incluidos en el **Anexo I** en los Soportes.

2.6. La AGENCIA, por su parte, viene obligada al pago del precio tal y como se establece en la Cláusula Quinta del Contrato.

2.7. Asimismo, la AGENCIA se compromete a facilitar al EQUIPO la información necesaria con el fin de que éste pueda llevar a cabo los Servicios acordados.

Sin perjuicio de lo anterior, la AGENCIA facilitará al EQUIPO todo el material de branding necesario para la presencia de las marcas del CLIENTE en el Estadio, en los términos y condiciones establecidos en el Contrato, y que previamente le haya entregado el CLIENTE, con el fin de que el EQUIPO cumpla con sus obligaciones determinadas en virtud de lo previsto en esta Cláusula.

Queda bien entendido entre las Partes que, sin perjuicio de lo dispuesto en la presente Cláusula, la creación del branding publicitario de las marcas del CLIENTE, incluidas en el **Anexo I**, correrá a cargo del CLIENTE, sin perjuicio de que la instalación, en su caso, de dicho branding publicitario correrá a cargo y por cuenta del EQUIPO. En todo caso, la AGENCIA se compromete a entregarlos al EQUIPO, con un mínimo de dos (2) días de anticipación a la fecha de exhibición y en el soporte informático correspondiente, para que el EQUIPO cumpla con sus obligaciones determinadas en virtud de lo previsto en esta Cláusula, sin perjuicio de los posibles retrasos en que la AGENCIA pueda incurrir como consecuencia de retrasos en la creación por parte del CLIENTE.

2.8. El EQUIPO se reserva el derecho de rechazar los materiales publicitarios proporcionados que contengan cualquier texto o imagen que pudiera herir la sensibilidad de los espectadores o afectar negativamente a la imagen del EQUIPO o de cualquiera de los contratos que pueda tener en el momento de la firma de este Contrato.

A tal efecto, el EQUIPO se compromete a comunicar a la AGENCIA el rechazo justificado de los materiales por alguna de las causas previstas en el párrafo anterior con la antelación suficiente para que la AGENCIA pueda modificar los materiales y proporcionar nuevas versiones para que ambas Partes cumplan con sus obligaciones derivadas del presente Contrato.

El EQUIPO se compromete a respetar el buen nombre y la imagen del CLIENTE en todos los contenidos publicitarios objeto del presente Contrato.

2.9. La relación existente entre las Partes es de carácter exclusivamente mercantil. No existe vínculo laboral alguno entre ninguna de las Partes.

2.10. Queda bien entendido entre las Partes que el presente Contrato no establece una relación de exclusividad entre ellas, ni entre el EQUIPO y el CLIENTE, por lo que, durante la vigencia del Contrato, el EQUIPO podrá contratar con terceros en relación con la prestación de servicios de publicidad en los Soportes del Estadio, sin perjuicio de que se compromete a mantener al CLIENTE como anunciante del mismo, en las condiciones establecidas en este Contrato y durante la vigencia del mismo.

No obstante, el EQUIPO se compromete a no suscribir ningún contrato que tenga un objeto idéntico o análogo al presente Contrato con ninguna persona, física o jurídica, cuya actividad comercial entre en conflicto con la del CLIENTE, es decir, la producción y comercialización de refrescos.

Tercera.– Eventos comprendidos.

La difusión publicitaria a la que se refieren los Servicios se realizará durante todos los partidos que se celebren en el Estadio durante todo el plazo de vigencia del Contrato, correspondientes al [Competición Principal – ejemplo: *LaLiga*] y a la [Competición Secundaria – ejemplo: *Copa de S.M. el Rey*] (con excepción de su partido final), sean o no retransmitidos por televisión o por cualquier sistema.

Cuarta.– Duración.

4.1. El presente Contrato entrará en vigor el [día] de [mes] de [año], con independencia del momento en el que se produzca su firma, y mantendrá su vigencia durante los partidos correspondientes a la Temporada Deportiva 20XX/20XX, es decir, desde el [día] de [mes] de [año] hasta el [día] de [mes] de [año].

4.2. Transcurrido ese plazo, las Partes podrán acordar la prórroga o renovación del Contrato mediante acuerdo expreso y por escrito, fijando en su caso el periodo de vigencia de tal prórroga, de tal manera que el CLIENTE tendrá el derecho a seguir como anunciante en posteriores Temporadas Deportivas en las mismas condiciones pactadas en este Contrato, salvo la cláusula quinta (Precio), durante los años en que se mantenga vigente el Contrato.

4.3. Sin perjuicio de lo anterior, ambas Partes acuerdan que las estipulaciones del presente Contrato y en particular las cláusulas 7, 8 y 12, con intención implícita o expresa que continúen en vigor tras el momento de resolución o vencimiento del mismo, se mantendrán en vigor y continuarán vinculando a ambas Partes según lo estipulado en el Contrato.

Quinta.– Precio.

Ambas Partes acuerdan que el Precio a pagar por la AGENCIA, por mandato del CLIENTE, al EQUIPO por la totalidad de los Servicios de publicidad objeto de este Contrato es de **[IMPORTE en letras] EUROS** (**XXX.-€**), más los impuestos y deducciones que legalmente sean de aplicación.

Sexta.– Forma de pago.

6.1. El Precio pactado en la Cláusula Quinta anterior será facturado por el EQUIPO a la AGENCIA en un único plazo, con fecha [día] de [mes] de [año], y por el importe total del mismo, equivalente a [IMPORTE en letras] EUROS (XXX.-€).

Los importes indicados en la presente Estipulación serán incrementados con el IVA que resulte de aplicación.

6.2. Estas cantidades se abonarán por la AGENCIA, por mandato del CLIENTE, contra la presentación de las correspondientes facturas por parte del EQUIPO, mediante transferencia bancaria, al número de cuenta que EQUIPO designe a tal efecto, dentro de los treinta/sesenta/noventa (30/60/90) días siguientes a la recepción de la correspondiente factura.

6.3. A efectos de pago de las facturas de las cantidades anteriores, el EQUIPO deberá entregar, a la firma del presente Contrato, certificado o declaración de encontrarse al corriente en el cumplimiento de las obligaciones tributarias con Hacienda, en cumplimiento de lo establecido en el art.43.1. F de la Ley General Tributaria (Ley 58/2003), que tendrá validez durante los doce (12) meses siguientes a su fecha.

Séptima.– Propiedad intelectual e industrial.

7.1. Cada una de las Partes reconoce la titularidad de la otra y de cualesquiera otros terceros, en particular del CLIENTE, respecto de todos sus derechos de propiedad intelectual, industrial y de cualesquiera otros derechos análogos sobre textos, imágenes, fotografías, tecnologías, marcas, logos, nombres de dominio, y cualesquiera otros elementos, creaciones, invenciones o signos distintivos de su propiedad.

7.2. Nada de lo establecido en el Contrato supondrá el otorgamiento a favor de la otra Parte de ningún derecho o licencia con respecto a los mismos, salvo pacto expreso en contrario por las Partes.

7.3. Queda bien entendido entre las Partes que, a título meramente enunciativo y no limitativo, todas las marcas, logotipos, nombres comerciales, contenidos sonoros, audiovisuales, señales y signos del CLIENTE se encuentran protegidos por los derechos de propiedad intelectual e industrial, por lo que queda terminantemente prohibido que el EQUIPO, o cualquier tercero, pueda reproducir, copiar, modificar o manipular de ningún otro modo cualquiera de los mismos, más allá de lo previsto al objeto de dar cumplimiento a las obligaciones asumidas en virtud del presente Contrato. Cualquier uso de los mismos por parte de aquéllos deberá contar con la aprobación previa y por escrito del CLIENTE.

Octava.– Declaraciones y garantías.

8.1. Las Partes garantizan mutuámente que tienen plena capacidad y que están facultadas para formalizar y otorgar el presente Contrato y sus respectivos Anexos, así como para cumplir con las obligaciones que les corresponden y otorgar todos los derechos y autorizaciones concedidas en virtud del presente Contrato. Asimismo, garantizan mutuamente que se encontrarán al corriente del pago de sus obligaciones con la Tributaria y la Seguridad Social, exonerando a la otra Parte, y en especial al CLIENTE, de cualquier responsabilidad generada como consecuencia de cualquier reclamación judicial o extrajudicial de terceros vinculada con estos conceptos, así como con los derechos y obligaciones dimanantes del Contrato.

8.2. Igualmente, las Partes garantizan el cumplimiento íntegro de la totalidad de las obligaciones que asumen en virtud del presente Contrato, así como de la normativa que les pueda resultar de aplicación, y se mantendrán indemnes en caso de cualquier reclamación judicial o extrajudicial de terceros por cualquier causa vinculada con los derechos y obligaciones dimanantes del presente Contrato y/o de la normativa aplicable, asumiendo en todo momento la correcta ejecución de los términos del mismo y respondiendo por ello ante la otra Parte.

En particular, el EQUIPO garantiza la prestación eficaz de los Servicios, en las condiciones establecidas en el Contrato, quedando dicho incumplimiento o cumplimiento defectuoso salvaguardado de cualquier conflicto que pudiese surgir entre las Partes durante el periodo de vigencia del Contrato, obligándose el EQUIPO a asumir el pago de cualquier cantidad económica que fuese necesaria para resarcir a la AGENCIA y/o al CLIENTE de cualquier daño o perjuicio sufrido, debiendo dejar indemne a éstas, en cualquier caso.

8.3. La AGENCIA garantiza ser titular o contar con los derechos o autorizaciones necesarias, en particular del CLIENTE, sobre los materiales y/o signos distintivos facilitados en su caso al EQUIPO, incluyendo, sin carácter limitativo, derechos de propiedad intelectual e industrial, de propia imagen, y cualesquiera otros, con el alcance que en su caso fuese necesario a efectos de ejecutar el objeto del presente Contrato. Asimismo, garantiza que dichos materiales no vulneran derechos de propiedad intelectual, industrial o cualesquiera otros derechos de terceros, en particular del CLIENTE, asumiendo cualquier responsabilidad al respecto y manteniendo indemne al EQUIPO. La AGENCIA deberá notificar al EQUIPO en caso de que existiese cualquier limitación.

El EQUIPO se compromete en todo caso a utilizar dichos materiales y/o signos distintivos únicamente para cumplir con la prestación de los Servicios acordados.

8.4. En ningún caso las Partes serán responsables de daños indirectos, lucro cesante o pérdida de beneficios que pudieran producirse como consecuencia de cualquier incumplimiento de este Contrato.

Novena.– Resolución por incumplimiento.

9.1. En el supuesto de que la AGENCIA incumpliese sus obligaciones de pago del Precio acordado, en la forma y plazos que constan en este Contrato, el EQUIPO tendrá derecho a exigir, previo envío de carta certificada con acuse de recibo, el cumplimiento de sus obligaciones. En el supuesto de que la AGENCIA no subsanase el citado incumplimiento en el plazo de treinta días desde la recepción de la mencionada carta, el EQUIPO podrá optar por resolver el presente Contrato, sin perjuicio del abono de los intereses y del resarcimiento de daños y perjuicios que proceda, según lo dispuesto en el artículo 1124 del Código Civil.

9.2. En el supuesto que el EQUIPO incumpliese sus obligaciones previstas en el presente Contrato, la AGENCIA tendrá derecho a exigir, previo envío de carta certificada con acuse de recibo, el cumplimiento de sus obligaciones por parte del EQUIPO. En el supuesto de que el EQUIPO no subsanase el citado incumplimiento en el plazo de treinta días desde la recepción de la mencionada carta, la AGENCIA podrá optar por resolver el presente Contrato, sin perjuicio del abono de los intereses y del resarcimiento de daños y perjuicios que proceda, según lo dispuesto en el artículo 1124 del Código Civil.

Décima.– Resolución anticipada del Contrato.

10.1. Las Partes, de mutuo acuerdo, podrán poner fin al Contrato en cualquier momento, expresándolo por escrito en un documento firmado por representantes autorizados de cada una de ellas.

10.2. La resolución del presente Contrato conllevará la devolución de cualesquiera documentos, datos, informes, informaciones y cualquier otro tipo de material que le hubieran sido suministrados por la otra, y sobre los cuales, en virtud del presente Contrato, no correspondiera, a aquella Parte, derecho alguno sobre la misma.

Decimoprimera.– Cesión y subcontratación.

11.1. Este Contrato es *intuitu personae* para las Partes, y por tanto ninguna de ellas podrá ceder, traspasar o subrogar a terceros, ni subcontratar con ellos, las obligaciones y derechos asumidos por cada una de ellas en virtud del presente Contrato, ni utilizar para la ejecución de las actividades a ningún tercero sin el expreso consentimiento y autorización de la otra Parte.

11.2. La subcontratación que realice cualquiera de las Partes para cumplir con lo contemplado en este Contrato no afectará a sus obligaciones adquiridas, respondiendo frente a la otra de las actuaciones de los sujetos subcontratados.

Decimosegunda.– Confidencialidad.

12.1. Las Partes se comprometen a guardar estricta confidencialidad con respecto al contenido del presente Contrato, así como de toda la información que se derive con motivo de la formalización del mismo.

Dicha obligación de confidencialidad se extiende a todas las informaciones y procesos confidenciales, documentos, negocios, clientes, operaciones, instalaciones, cuentas, finanzas, transacciones, "*know how*", o cualquier otro aspecto relacionado con la actividad de la otra Parte y/o del CLIENTE, y cualquier otra que haya llegado a su conocimiento con ocasión del cumplimiento de las prestaciones objeto de este Contrato o por cualquier otro medio. Asimismo, las Partes se comprometen a no comunicar esta información a ninguna otra persona o entidad, no pudiendo reproducirla, utilizarla, venderla, licenciarla, exponerla, publicarla o revelarla de cualquier forma sin autorización expresa de la Parte titular de tal información.

En particular, será considerado como información confidencial a los efectos del presente Contrato todo el know-how o saber hacer, entendiéndose por tal, sin que el siguiente listado tenga carácter limitativo, todos los aspectos relacionados con conocimientos útiles de la AGENCIA, del CLIENTE y de cualquier empresa del Grupo al que pertenezcan éstas y que le permiten tener ventajas competitivas en el mercado y que tienen carácter industrial, tecnológico o comercial. En particular, cualesquiera aspectos relacionados con el desarrollo o perfeccionamiento tecnológico ya patentado o susceptible de serlo, conocimientos de la otra Parte adquirido para la correcta ejecución del objeto del presente Contrato, y cuantos datos de tipo técnico o comercial tenga a su disposición cada una de las Partes relativos a la ejecución del objeto del presente Contrato, incluyendo en particular todos los conocimientos que pueden proporcionarles una ventaja competitiva en la legítima competencia económica, abarcando tanto los conocimientos tecnológicos como los industriales y los comerciales.

12.2. El acuerdo de confidencialidad establecido en la presente Cláusula tendrá validez durante la vigencia del Contrato y seguirá en vigor por tiempo indefinido tras la extinción, por cualquier causa, del mismo.

Decimotercera.– Tratamiento de datos personales inter-Partes.

13.1 Los datos del personal, laboral o mercantil de las Partes, así como sus representantes en este contrato, a los que las Partes tengan acceso en virtud de la relación contractual, serán utilizados únicamente con el fin de ejecutar, cumplir y exigir el cumplimiento de las obligaciones y responsabilidades derivadas del presente contrato, y gestionar la relación entre ellas, sobre la base de la existencia de la relación contractual que lo exige y del interés legítimo que ostentan las Partes en ello.

Este tratamiento resulta indispensable para poder cumplir con las finalidades arriba expuestas y, por tanto, obligatorio, de tal modo que, en caso de no llevarse a cabo, devendría imposible su consecución.

13.2 Las Partes se comprometen a trasladar a su respectivo personal la información contenida en esta cláusula, sin perjuicio de que asimismo la otra Parte informe al respecto directamente a cada una de dichas personas de serle ello posible.

Los datos de estas personas no se cederán ni comunicarán a terceros salvo obligación legal. Estos datos serán tratados mientras sean personal, laboral o mercantil, de las Partes y continúe la relación contractual entre ellas y posteriormente serán conservados durante un plazo adicional de 5 años, si bien durante dicho plazo quedarán debidamente bloqueados y únicamente serán tratados, de darse el caso, para el cumplimiento de una obligación legal que le sea aplicable y exigible a las Partes, o para la formulación el ejercicio o la defensa de reclamaciones.

13.3 Las personas representantes, y demás personal laboral o mercantil arriba referidos, tienen derecho a solicitar a las Partes el acceso a sus datos personales, la rectificación, la supresión y la portabilidad de los mismos, la limitación de su tratamiento, así como a oponerse a su tratamiento y, en su caso, revocar su consentimiento. Para ejercer cualquiera de estos derechos pueden dirigirse a las siguientes direcciones:

El EQUIPO:
Dirección postal: [dirección]
Correo electrónico: [e-mail del DPO]

La AGENCIA:
Dirección postal: [dirección]
Correo electrónico: [e-mail del DPO]

13.4 Asimismo, cualquiera de las personas mencionadas tiene derecho a presentar una reclamación ante la autoridad de control competente (Agencia Española de Protección de Datos u organismo que lo sustituya en el futuro), si considera que se ha producido algún tipo de vulneración en relación con el tratamiento de sus datos personales.

Decimocuarta.– Notificaciones y comunicaciones.

Cualesquiera notificaciones y comunicaciones que las Partes deban hacerse entre sí lo serán por medio de telefax, burofax, carta o telegrama con acuse de recibo, o cualquier otro procedimiento escrito que permita tener constancia de su recepción por el destinatario, dirigido a las siguientes direcciones:

Para **el EQUIPO**:

- [Denominación social del EQUIPO]
- Dirección: [...]
- A la atención de: [...]

Para **la AGENCIA**:

- [Denominación social de la AGENCIA]
- Dirección: [...]
- A la atención de: [...]

Decimoquinta.– Miscelánea.

15.1. Este Contrato constituye la totalidad de lo pactado por las Partes en relación con el objeto del mismo, y sustituye a cualesquiera otros acuerdos, convenios, antecedentes, negociaciones, y cualesquiera otras comunicaciones, ya sean verbales o escritos, existentes entre las Partes hasta la fecha de firma del presente Contrato y que estuviesen relacionados con el objeto del mismo.

Todos los Anexos que pudieran acompañarse formarán parte integrante del presente Contrato, al que complementarán y desarrollarán. No obstante lo anterior, lo dispuesto en el texto del presente Contrato prevalecerá, en cuanto existiera contradicción, sobre lo establecido en los Anexos que se pudieran acompañar al mismo, salvo que en tal Anexo las Partes indicasen expresamente lo contrario.

15.2. Este Contrato podrá ser modificado únicamente mediante acuerdo por escrito entre las Partes, debidamente firmado por sus representantes legales, careciendo de validez y eficacia cualquier modificación del mismo que no se recoja conforme a lo indicado en el presente apartado.

15.3. En el supuesto de que cualquier disposición del presente Contrato sea declarada nula por algún tribunal competente, el resto de las disposiciones del presente Contrato continuarán teniendo plenos efectos. Cualquier disposición del presente Contrato que sea declarada parcialmente nula continuará teniendo plenos efectos en la parte que no haya sido declarada nula.

La disposición declarada nula o anulable será, de común acuerdo entre las Partes, sustituida por una nueva que la supla, o interpretada de un modo legalmente aceptable, que sea de un tenor lo más aproximado posible a la estipulación que las Partes habrían formalizado de haber tenido conocimiento de la ineficacia de la estipulación en cuestión.

15.4. Los encabezamientos de las distintas Cláusulas son meramente informativos y no afectarán, calificarán o ampliarán la interpretación del presente Contrato.

15.5. El no ejercicio o ejecución por parte de cualquiera de las Partes de cualquier derecho o disposición contenido en el presente Contrato no constituirá una renuncia al mismo, salvo reconocimiento y acuerdo expreso y por escrito por su parte.

Decimosexta.– Otras Garantías.

16.1. Ambas Partes manifiestan con relación a las transacciones previstas al amparo de este Contrato y/o relacionadas directa o indirectamente con el mismo, incluyendo, pero sin limitarse, a la propia negociación del Contrato y al cumplimiento de las obligaciones derivadas del mismo, además de cumplirse el Código Ético del EQUIPO, disponible en [web del EQUIPO] que las Partes aceptan expresamente, se ha dado cumplimiento a las siguientes circunstancias:

a) Se han cumplido los estándares y procedimientos establecidos para combatir la corrupción y el soborno en sus respectivos códigos internos de conducta;

b) No se ha violado lo dispuesto en relación con la corrupción y el soborno por el Código Penal.

c) No se han cometido, con relación a la otra Parte o sus empleados, ninguna de las siguientes conductas: prometer, ofrecer o conceder un beneficio económico o de otra naturaleza, no justificado, con el fin de obtener o conseguir, por sí o por persona interpuesta, un trato de favor, una ventaja comercial, financiera o de cualquier naturaleza así como conseguir o conservar un contrato u obtener otro beneficio irregular en la realización de sus actividades económicas, induciendo a la realización de un acto injusto o a la abstención de un acto que se debiera practicar en el ejercicio del cargo correspondiente o como recompensa del ya realizado

d) No solicitarán a la otra Parte la suscripción de ningún documento adicional al presente Contrato para llevar a cabo el efectivo cumplimiento de las obligaciones que hayan asumido en el mismo, salvo que de forma expresa dicha obligación conste pactada en el presente Contrato.

16.2. En tal sentido, las Partes recíprocamente se garantizan:

1. Que no existe acuerdo o contrato alguno por virtud del cual se haya pagado o haya que pagar, directa o indirectamente, alguna cantidad por la suscripción de este Contrato a algún directivo o empleado de la otra Parte.

2. Que no tienen conocimiento de ningún acuerdo o contrato por virtud del cual alguna suma o parte del precio pagado por cualquiera de las Partes a un tercero, por ejemplo, una comisión u otro pago a un agente relacionado en las negociaciones, si los hubiere, se haya pagado a algún directivo o empleado de ninguna de las Partes.
3. Que, si tuvieran conocimiento de alguna información concerniente a la existencia de alguno de estos pagos, informarán a la otra Parte de forma inmediata de todos los detalles relacionados con los mismos.

Decimoséptima.– Legislación aplicable.

El presente Contrato se regirá por la legislación española y, en particular, por las disposiciones previstas en la vigente Ley General de Publicidad, y estará sometido a la normativa dictada en materia de publicidad por la Real Federación Española de Fútbol, la Liga Nacional de Fútbol Profesional o cualquier otro organismo con competencias en la materia.

Decimoctava.– Jurisdicción competente.

Las Partes con renuncia expresa a cualquier otro fuero que pudiera corresponderles, se someten a la jurisdicción y competencia de los .... Tribunales de [ciudad] para la resolución de cualquier litigio relacionado con el presente Contrato.

En prueba de conformidad con cuanto antecede, las Partes firman el presente Contrato por duplicado ejemplar en el lugar y fecha señalados en el encabezamiento.

El EQUIPO	**La AGENCIA**
____________________	____________________
D./Dña. [nombre y apellidos del representante]	D./Dña. [nombre y apellidos del representante]

ANEXO I
MARCAS DEL CLIENTE INCLUIDAS

- Especificar producto/marca 1
- Especificar producto/marca 2
- Especificar producto/marca 3
- [...]

F134. CONTRATO DE PRESTACIÓN DE SERVICIOS DE MEDIOS EN ÁMBITO PUBLICITARIO

En ...., a [día] de [mes] de [año].

REUNIDOS

De una parte, **[DENOMINACIÓN SOCIAL DEL CLIENTE]**, con domicilio social en [dirección], provista de CIF núm. [XXX] e inscrita en el Registro Mercantil de [ciudad]; debidamente representada en este acto por D./Dña. [nombre y apellidos del representante], mayor de edad, de nacionalidad [nacionalidad], con pasaporte de su nacionalidad núm. [XXXXX], en calidad de apoderado [mancomunado/solidario/único] de la sociedad, según consta en escritura de apoderamiento, otorgada en fecha [fecha] ante el Notario de [ciudad], D./Dña. [nombre del notario], bajo el número [XXX] de su protocolo (en adelante, el "***CLIENTE***").

Y, de otra parte, **[DENOMINACIÓN SOCIAL DE LA AGENCIA]**, con domicilio social en [dirección], provista de CIF núm. [XXX] e inscrita en el Registro Mercantil de [ciudad]; debidamente representada en este acto por D./Dña. [nombre y apellidos del representante], mayor de edad, de nacionalidad [nacionalidad], con pasaporte de su nacionalidad núm. [XXXXX], en calidad de apoderado [mancomunado/solidario/único] de la sociedad, según consta en escritura de apoderamiento, otorgada en fecha [fecha] ante el Notario de [ciudad], D./Dña. [nombre del notario], bajo el número [XXX] de su protocolo (en adelante, la "**AGENCIA**").

EXPONEN

I. Que el CLIENTE es una sociedad que tiene como objeto principal [...].

II. Que el CLIENTE desea contratar a la AGENCIA como proveedora de servicios, la compra, adquisición y arrendamiento de espacios publicitarios en distintos soportes a diferentes entidades y medios de difusión y comunicación (en adelante, los "***Medios***") dentro del ámbito territorial definido en el Contrato.

III. Que la AGENCIA reúne todos los requisitos exigidos por la legislación vigente para la realización y el desarrollo de actividades publicitarias y, en concreto, las propias de una "agencia de planificación y compra de medios".

IV. Que, en vista de lo anterior, las Partes desean determinar los términos y condiciones que regulen la prestación de los mencionados servicios de acuerdo y conforme a las siguientes

CLÁUSULAS

1. OBJETO DEL CONTRATO.

El CLIENTE designa a la AGENCIA como único y exclusivo proveedor y asesor dentro del ámbito territorial definido en el artículo 4 (en adelante, el "***Territorio***") para la prestación al CLIENTE de servicios relativos a la planificación y compra, adquisición y arrendamiento de espacios publicitarios a diferentes entidades y medios de difusión y comunicación (en adelante, los "***Medios***") y en distintos soportes. Los servicios que de manera concreta se llevarán a cabo para cumplir con el objeto del presente Contrato son los que se especifican en el Anexo 1 (en adelante, los "***Servicios***").

2. OTROS SERVICIOS.

En el caso de que el CLIENTE solicite a la AGENCIA la prestación de otros servicios distintos de los enumerados en Anexo 1, los mismos se concretarán de mutuo acuerdo por las Partes para cada caso concreto, fijándose la compensación que la AGENCIA percibirá del CLIENTE en función del alcance y contenido del servicio solicitado.

3. NATURALEZA DEL CONTRATO Y EXCLUSIVIDAD.

3.1. El presente Contrato tiene la naturaleza de un contrato de arrendamiento de servicios y, en consecuencia, no supone en modo alguno la existencia de una relación laboral, de agencia o sociedad entre las Partes.

En este sentido, la AGENCIA actuará en el Territorio definido como proveedor de servicios tanto en relación con la compra de tiempo y espacio a los Medios (mediante la emisión de las correspondientes órdenes de compra) como en relación con el resto de los Servicios que no sean los anteriores y que figuran detallados en el Anexo 1.

3.2. Se acuerda expresamente que el nombramiento de la AGENCIA bajo los términos del presente Contrato tiene carácter de exclusivo en el Territorio definido y durante el período establecido en el mismo, el CLIENTE no contratará a ninguna otra persona física o jurídica, agencia de publicidad, agencia de medios o cualquier compañía con el objeto de prestar al CLIENTE cualquiera de los Servicios que forman parte del objeto del presente Contrato sin previo consentimiento escrito de la AGENCIA.

4. AMBITO TERRITORIAL.

La AGENCIA prestará los Servicios al CLIENTE en el Territorio que queda definido en el Anexo 2 junto con aquellos territorios o países que las Partes puedan en un futuro incluir, a través de un acuerdo que las Partes deberán suscribir por escrito.

5. DURACIÓN.

5.1. El presente Contrato entrará en vigor a partir del [día] de [mes] de [año] hasta el [día] de [mes] de [año], período que se considerará como "**Período Mínimo**". Dicho plazo se entenderá prorrogado automáticamente por períodos anuales sucesivos, salvo que cualquiera de las Partes denuncie el Contrato, mediante comunicación fehaciente dirigida a la otra parte, con al menos tres meses de antelación a la fecha de vencimiento del "período mínimo" o de cualquiera de sus prórrogas.

5.2. No obstante, lo establecido en el número anterior, este Contrato podrá ser resuelto de forma inmediata por cualquiera de las Partes en los siguientes supuestos:

a) Si una de las Partes incumpliera las obligaciones asumidas bajo este Contrato y si tal incumplimiento no se subsanara a satisfacción razonable de la otra parte dentro de los treinta (30) días desde la notificación del incumplimiento, y ello sin perjuicio de los daños y perjuicios en que pudiera haber incurrido la parte que lo incumpliera.

b) Si una de las Partes estuviera sometida a un proceso voluntario o impuesto por la Ley, de disolución con o sin liquidación, cese o suspensión de la actividad empresarial o modificación radical de la misma, si se llegase a acordar la incautación o administración judicial de la empresa, si se iniciase o admitiese a trámite un proceso de quiebra o suspensión de pagos. Dicha resolución deberá ser notificada con siete (7) días de antelación.

5.3. Las Partes acuerdan que los gastos derivados de la cancelación o suspensión de cualquier contratación realizada por la AGENCIA con los Medios u otros terceros en virtud del presente Contrato, con anterioridad a la notificación de resolución prevista en los números anteriores, serán asumidos por el CLIENTE y el servicio prestado será remunerado en los términos previstos en este Contrato.

5.4. En caso de resolución por los motivos enunciados en los números anteriores la AGENCIA tendrá derecho a cancelar cualquier acuerdo suscrito con terceros para prestar los Servicios efectivamente acordado en virtud de lo descrito en el presente Contrato.

5.5. Si al transcurrir los plazos de preaviso definidos en los números anteriores, algún Medio o proveedor rehúsa relevar a la AGENCIA de las obligaciones que emanen de algún Contrato no cancelable, hecho con la autorización del CLIENTE, éste reembolsará a la AGENCIA por los gastos en los que haya incurrido en relación con este Contrato.

6. PROCEDIMIENTOS DE TRABAJO.

6.1. La AGENCIA y el CLIENTE celebrarán una reunión de briefing en la que el CLIENTE dará a la AGENCIA toda la información necesaria en relación con sus productos, marketing, estrategias, objetivos, prioridades y presupuestos publicitarios. Además, el CLIENTE facilitará a la AGENCIA cualquier otra información que la AGENCIA estime razonablemente necesaria para la realización de los Servicios.

6.2. La AGENCIA desarrollará y proporcionará al CLIENTE una estrategia de medios por escrito, en relación con las actividades del CLIENTE basándose en la reunión briefing anteriormente indicada.

6.3. La AGENCIA desarrollará un ***Plan de Medios***.

6.4. El CLIENTE deberá aprobar el Plan de Medios por escrito en el plazo suficiente en función de las fechas límite de contratación de los Medios definidos en dicho plan. Con este fin, el CLIENTE designará a las personas autorizadas para aprobar el Plan de Medios.

6.5. Aprobado el plan por escrito por parte del CLIENTE, la AGENCIA contratará y organizará la compra y adquisición de todo lo detallado en el Plan de Medios.

6.6. La AGENCIA y el CLIENTE mantendrán al menos una (1) reunión anual durante cada año contractual para evaluar y revisar la actividad correspondiente al año anterior en relación con el Plan de Medios.

7. ANULACION DE ÓRDENES.

7.1. En el caso de que el CLIENTE desee cancelar campañas contratadas, deberá notificarlo por escrito a la AGENCIA, y ésta realizará los esfuerzos razonables para que el Medio acepte tal cancelación, no garantizando la AGENCIA tal aceptación por parte del medio al que se le haya solicitado tal anulación.

7.2. Si el CLIENTE solicitara cualquier anulación o cambio en la contratación de campañas de la que resultaran costes adicionales (como ajuste de precio, gastos de cancelación, descuentos inferiores de los Medios), el CLIENTE reembolsará a la AGENCIA los costes adicionales incurridos y compensará a la AGENCIA con el fee de cancelación establecido en la cláusula 8.2.

7.3. La AGENCIA y/o cualesquiera de sus Medios no serán responsables de los daños y perjuicios o de costes adicionales incurridos por el Cliente como consecuencia de dicha anulación.

8. RETRIBUCION.

8.1. Como contraprestación por los Servicios prestados por la AGENCIA, el CLIENTE pagará a la AGENCIA los siguientes honorarios (en adelante y conjuntamente los "***Fees***"):

a) Un "Fee Fijo" de […]€ a facturar en […] mensualidades a partir de […], 2021 incluido.

b) Un "Fee Variable" o Pagos de Incentivos en Relación con los Resultados, de […].-€ en función de criterios cuantitativos y/o cualitativos a determinar entre la AGENCIA y el CLIENTE. Este Fee se abonará en los primeros meses del año siguiente, no más tarde del mes de [mes] tras consensuar ambas Partes la información necesaria para la cuantificación de dicho Fee.

8.2. En el caso de que la AGENCIA haya prestado los Servicios de acuerdo con el Plan de Medios y la AGENCIA haya anulado totalmente o parte de los Servicios a petición del CLIENTE, la AGENCIA podrá cobrar un fee de cancelación ("***Fee de Cancelación***") en compensación por los costes correspondientes al trabajo realizado por la AGENCIA para tal cancelación en función de las condiciones generales de los medios o soportes.

8.3 La AGENCIA concederá al CLIENTE una bonificación anual sobre la inversión neta en los Medios gestionados desde [especificar el país] según se refleja en el Anexo 3. Estas sobreprimas se calcularán, sobre la inversión neta en medios display (excluyendo search/facebook response/afiliación, así como aquellas acciones que no se refieran a alquiler de espacios publicitarios-gastos de producción, tecnología, media activation, etc.).

De igual forma, aquellos soportes que por política comercial (fuere del medio que fuere) no contemple devolución de sobreprimas no estarán incluidas en la base de cálculo de devoluciones.

Esta bonificación se liquidará a ejercicio vencido, mediante factura de abono. Para el pago de la bonificación será necesario que previamente hayan sido liquidadas todas las deudas vencidas; así mismo, se descontarán los intereses financieros generados como consecuencia de retrasos en el pago de las facturas que se hayan producido.

8.4 La retribución de la AGENCIA será revisable anualmente en función del comportamiento del mercado y de los presupuestos asignados.

9. FACTURACIÓN-CONDICIONES DE PAGO.

9.1. La AGENCIA facturará mensualmente al CLIENTE por el coste de los espacios contratados en los Medios, así como por los Fees acordados.

El plazo de pago de facturas relativas a Televisión será a cuarenta y cinco (45) días a contar desde la fecha de factura para España.

Para el resto de los Medios, las condiciones de pago serán de sesenta (60) días desde la fecha de factura.

9.2. En caso de que el CLIENTE requiera a la AGENCIA para comprar Medios fuera de España, todas las alteraciones de precios, que se produzcan debido a fluctuaciones en los tipos de cambio serán cargadas en su totalidad al CLIENTE.

9.3. En el caso de que el CLIENTE se retrase en el pago de las facturas respecto al plazo establecido en el punto anterior, la AGENCIA aplicará un recargo por intereses de demora del EURIBOR (a 3 meses) más 2 puntos diario desde la fecha de retraso en el pago.

9.4. Cuando el CLIENTE formulara reclamaciones en relación con una determinada factura el CLIENTE abonará aquellos conceptos respecto de los que no haya planteado reserva y ello, dentro de las fechas acordadas. Los conceptos discutidos y no pagados no devengarán intereses a favor de la AGENCIA sino hasta el momento en que facilite la justificación necesaria en relación con el concepto discutido.

El CLIENTE notificará por escrito a la AGENCIA cualquier discrepancia en relación con las facturas en el plazo de cinco (5) días a partir de la recepción de la factura. En caso contrario se considerará que la factura es indiscutible.

9.5. Sin perjuicio del cargo de intereses de demora establecidos en el presente Contrato, una vez se produzca un impago o retraso de una factura y el CLIENTE no haya abonado el pago dentro del plazo de treinta/sesenta (30/60) días desde que la AGENCIA haya notificado al CLIENTE por escrito tal incumplimiento, la AGENCIA estará facultada para realizar lo siguiente:

a) Anular las contrataciones realizadas con los Medios de conformidad con lo establecido en la cláusula 7.

b) Suspender inmediatamente todas sus obligaciones en relación con la contratación de Medios y de cualquier compromiso de pago de cualquier naturaleza adquirido de conformidad con este Contrato; y/o

c) Resolver el presente Contrato de conformidad con lo establecido en la cláusula 5.2.

10. RESPONSABILIDADES.

10.1. Será responsabilidad del CLIENTE y la AGENCIA mantener la debida diligencia para la obtención del buen fin en el cumplimiento de sus respectivas obligaciones en el marco del presente Contrato.

10.2. El CLIENTE declara y garantiza que:

a) toda publicidad y/o materiales de marketing (incluyendo marcas, diseños gráficos, sonidos, video, software, documentos de estrategia de marketing, etc.), suministrado por el CLIENTE (o cualquier tercero que actúe en su nombre) a la AGENCIA, así como cualesquiera contenidos de páginas web de las que sea titular u opere el CLIENTE en relación con los Servicios no deberán:

(i) Ser falsos o engañosos, injuriosos o desleales:

(ii) Infringir o violar cualquier derecho de propiedad intelectual o industrial de un tercero; y

(iii) Dañe o afecte negativamente la operatividad de una website, red informática o cualquier equipo de un tercero y/o de los Medios

b) cualquier Website incluye las menciones legales relativas a privacidad y cumple con la normativa de protección de datos personales.

10.3. El CLIENTE indemnizará y mantendrá indemne a la AGENCIA frente a cualquier daño, pérdidas, responsabilidades, costes, gastos, honorarios, reclamaciones o procedimientos judiciales que resulten de:

a) el uso por la AGENCIA de los contenidos proporcionados por el CLIENTE a través de cualquier vía; y/o

b) cualquier incumplimiento del CLIENTE de sus obligaciones y garantías establecidas en este Contrato.

10.4. La AGENCIA queda, expresamente, eximida de toda responsabilidad derivada de reclamaciones de terceros, con motivo del contenido o forma de la publicidad insertada a petición del CLIENTE, quien se responsabiliza de y se obliga a dejar indemne a la AGENCIA de cualquier reclamación dirigida contra ella, haciendo frente a cuantos gastos, daños y perjuicios se hubieren derivado.

10.5. La AGENCIA no será responsable de cualquier retraso u omisión de publicación o cualquier error en la inserción de anuncios salvo en los supuestos de negligencia incurrida por la AGENCIA.

10.6. La AGENCIA pondrá su mayor empeño para facilitar estimaciones de las audiencias de los Medios, pero no incurrirá en responsabilidad por estimaciones inexactas salvo en los supuestos de negligencia imputables a la AGENCIA.

10.7. En ningún caso las Partes serán responsables de daños indirectos, lucro cesante o pérdida de beneficios que pudieran producirse como consecuencia de cualquier incumplimiento de este Contrato.

10.8. La responsabilidad total de la AGENCIA por cualquier incumplimiento de este Contrato estará limitada al importe correspondiente a los Fees recibidos por la AGENCIA durante el año contractual en el que el incumplimiento hubiera ocurrido.

11. PROPIEDAD INTELECTUAL E INDUSTRIAL

11.1 La AGENCIA cederá al CLIENTE, previo pago de la totalidad de sus honorarios correspondientes y recogidos en este Contrato, todos los derechos de propiedad intelectual, industrial y cualesquiera otros derechos respecto los materiales elaborados por la AGENCIA en el marco del presente Contrato (en adelante, los "***Materiales Entregables***"). Tendrá la consideración de Materiales Entregables aquellos materiales, creatividades, imágenes, fotografías, dibujo, textos y demás elementos creados en virtud del presente Contrato en concepto de versiones finales, siempre y cuando hayan sido entregados al CLIENTE y aceptados por el mismo.

En este sentido, los Materiales Entregables serán titularidad exclusiva del CLIENTE, con derecho a cesión a terceros, en exclusiva o no, sin más restricciones que las derivadas imperativamente de la Ley.

Queda bien entendido entre las Partes que todos los derechos de propiedad intelectual e industrial, así como cualesquiera otros análogos, sobre los Materiales Entregables indicados en la presente Estipulación pertenecerán al CLIENTE, reteniendo ésta la plena titularidad sobre los mismos.

11.2. En todo caso, la AGENCIA se reserva todos los derechos de propiedad intelectual sobre las propuestas y materiales que sean rechazados por el CLIENTE.

Asimismo, la AGENCIA se reserva todos los derechos de propiedad intelectual, industrial y demás derechos análogos respecto a los materiales preexistentes (en adelante, los "***Materiales Preexistentes"***), entendidos como aquellos materiales que no hayan sido creados en el marco del presente Contrato, incluyendo documentos de trabajo en bruto, informaciones, documentos, archivos editables, procesos, procedimientos, herramientas propiedad de la AGENCIA, software, código fuente, imágenes, dibujos, creatividades, entre otros.

Queda bien entendido entre las Partes que todos los derechos de propiedad intelectual e industrial, así como cualesquiera otros análogos, sobre los Materiales Preexistentes indicados en la presente Estipulación pertenecerán a la AGENCIA, reteniendo ésta la plena titularidad sobre los mismos.

11.2 En relación con los derechos de imagen, de propiedad intelectual e industrial de obras preexistentes o cuya titularidad es de terceros protegidas por la Propiedad intelectual o industrial se negociarán expresamente por cuenta del CLIENTE por la AGENCIA en cada caso, informando previamente al CLIENTE del importe económico y de las condiciones con el fin de que este último pueda decidir si adquirirlos y, en su caso, las condiciones de explotación. Si el CLIENTE no respetara las condiciones anteriores y la AGENCIA fuera reclamado por esta actuación, el CLIENTE deberá compensar los posibles gastos e indemnizaciones que la AGENCIA tuviera que asumir por dicha conducta.

11.3. En relación con los programas informáticos (ej. CCS Benchmark) y sobre los elementos integrados en los mismos (en adelante, denominadas conjuntamente como las "***Herramientas***"), la AGENCIA otorga al CLIENTE una licencia limitada al Territorio, no exclusiva, revocable, no transferible a terceros y durante la vigencia del presente Contrato para acceder y usar las Herramientas con el único y exclusivo fin de gestionar y controlar la planificación de espacios publicitarios y, en todo caso, para cumplir con el objeto del presente Contrato. Esta licencia condicionada al cumplimiento por parte del CLIENTE de los términos previstos en el presente Contrato.

La licencia otorgada en virtud del presente Contrato sólo constituye una licencia de uso en las condiciones descritas en el presente Contrato, no entendiéndose en ningún caso que se habilite para su explotación, reproducción, difusión pública, cesión y/o venta total o parcial de ninguna forma.

La propiedad intelectual de todos los elementos que conforman estas Herramientas, así como su código fuente, diseño, estructura, tecnología, documentación, manuales y demás elementos en él contenidos; así como sus mejoras y actualizaciones, son propiedad de la AGENCIA, o bien esta dispone, en su caso, de los derechos de uso y explotación de los mismos.

11.4. Sin perjuicio de lo dispuesto anteriormente, el CLIENTE se compromete al cumplimiento de los propios términos y condiciones de las Herramientas y que son facilitados por terceros.

11.5. El CLIENTE mantendrá indemne a la AGENCIA respecto de cualesquiera daños que la AGENCIA pudiera sufrir como consecuencia de cualquier incumplimiento de las manifestaciones o garantías otorgadas en la presente cláusula de Propiedad Intelectual.

12. GARANTÍAS FINANCIERAS

Si el CLIENTE no aporta a la AGENCIA o a los Medios las garantías requeridas para una campaña determinada, la AGENCIA tendrá el derecho de rechazar cualquier reserva futura de inserción, así como cancelar cualquier reserva anticipada que pudiera haber realizado.

En el caso de las campañas de Televisión, el CLIENTE facilitará los correspondientes avales, para garantizar el pago de los espacios publicitarios contratados, requeridos por las cadenas de televisión en sus condiciones de contratación, avales que deben entregarse previo al inicio de las campañas.

13. ANTICORRUPCIÓN.

13.1. Las Partes se comprometen a cumplir estrictamente con todas las leyes y normativa aplicables en el Territorio relativa a anti-soborno y anti-corrupción, incluyendo la Ley Anti-corrupción británica (Bribery Act 2010) y Líneas Directrices del Convenio OCDE para empresas multinacionales relativa a la lucha contra la corrupción en las transacciones comerciales.

13.2. El incumplimiento de lo establecido en esta cláusula por cualquiera de las Partes será considerado como un incumplimiento de este Contrato de conformidad con la cláusula 13.2.

14. CONFIDENCIALIDAD.

14.1. Cada parte mantendrá en estricto secreto y se obliga a no divulgar, copiar reproducir o hacer uso de otro modo de información confidencial, know-how, técnicas, Planes de Medios o tarifas negociadas de Medios, informes y datos de marketing, información de investigación de marketing, estrategias de negocio, marketing y publicidad, informes de ventas, resultados de investigaciones, negociaciones y otros datos pertenecientes a los productos o negocios de la otra parte a las que tenga acceso de forma oral, escrita o en cualquier soporte de la otra parte y que únicamente podrá ser usada para el fin de este Contrato (en adelante "Información Confidencial).

14.2. La obligación de confidencialidad permanecerá durante la validez de este Contrato y sobrevivirá por tiempo indefinido a la terminación o expiración de este Contrato por cualquier causa.

14.3. Salvo autorización expresa y por escrito de la otra Parte, cada parte deberá:

a) limitar el acceso a cualquier Información Confidencial recibida estrictamente a aquellos empleados del Receptor que a efectos de la adecuada valoración del Proyecto tengan necesidad de tener conocimiento de la misma;

b) advertir a aquellos de sus empleados que tengan acceso a la Información Confidencial de la naturaleza confidencial de la misma y de las obligaciones contraídas con arreglo al presente Contrato;

c) adoptar las medidas oportunas para garantizar que aquellos de sus empleados que tengan acceso a la Información Confidencial cumplan con las obligaciones derivadas de este Contrato;

d) responder solidariamente de cualquier incumplimiento de las obligaciones de este Contrato por parte de sus empleados;

e) proteger la Información Confidencial recibida empleando un grado máximo de diligencia, que en ningún caso será inferior al grado de diligencia empleada por el Receptor para proteger su propia información o material confidenciales;

f) no revelar la Información Confidencial a terceros;

g) utilizar la Información Confidencial recibida únicamente para la adecuada valoración del Proyecto.

14.4. Las restricciones relativas al uso, reproducción, transmisión o acceso a la Información Confidencial no serán de aplicación en los casos en que la información:

a) fuera de dominio público antes de la fecha del presente Contrato o deviniese accesible públicamente en publicación impresa o en publicaciones de general circulación, sin que en dicha circunstancia hubiese intervenido incumplimiento alguno del Receptor;

b) deba ser obligatoriamente facilitada en virtud de disposición legal o por resolución válidamente emitida por cualquier autoridad administrativamente competente, tribunal u órgano jurisdiccional, legalmente facultado para obligar a tal disponibilidad, únicamente en cuanto a la información que deba ser facilitada, siempre y cuando, el Receptor así requerido notifique inmediatamente a la Reveladora de la recepción de tal requerimiento, a fin de que la Reveladora pueda evaluar si existe posibilidad de eludir el mismo o pueda prestar cualquier apoyo razonablemente solicitado por el Receptor.

14.5. Cada parte se declara solidariamente responsable frente a la otra de cualquier violación cometida por sus actuales accionistas o socios, administradores o gerentes, empleados o por las personas por las que deba responder civilmente.

14.6. EL CLIENTE declara conocer y acepta que las tarifas negociadas por la AGENCIA (**Tarifas**) en nombre de sus clientes son secreto de empresa y no es información conocida por el público y sus competidores y su divulgación a terceros, incluyendo agencias de publicidad cualquier proveedor de planificación y compra de medios puede originar que los Medios retiren dichas Tarifas. Por ello, el CLIENTE acuerda que, durante el plazo de este Contrato, así como tras su terminación, dichas tarifas deberán ser mantenidas en estricta confidencialidad y tratadas como secreto de empresa y sin el previo consentimiento por escrito de la AGENCIA, tanto el CLIENTE como cualquiera de sus agentes o empleados no podrán divulgar información relativa a las Tarifas a terceros.

15. PROTECCIÓN DE DATOS.

15.1. La identificación de las Partes es un requisito necesario para la formalización del presente Contrato, por lo que no podrá llevarse a cabo el mismo sin que concurra el citado requisito. Por ello, cada una de las Partes queda informada de que los datos de contacto de sus representantes y empleados serán tratados por la otra Parte con la finalidad de permitir el desarrollo, cumplimiento y control de la relación de prestación de servicios concertada, siendo la base del tratamiento el cumplimiento de la relación contractual y conservándose los datos durante todo el tiempo en que esta subsista y aún después, hasta que prescriban las eventuales responsabilidades derivadas de ella.

Los datos de las Partes podrán ser comunicados a los bancos y cajas de ahorros para la gestión de cobros y pagos y a la Agencia Tributaria y demás Administraciones Públicas, a los efectos de llevar a cabo las declaraciones tributarias correspondientes y cumplir con sus respectivas obligaciones legales de conformidad con la normativa vigente.

15.2. En el caso de que fuese a producirse algún tipo de acceso a datos de carácter personal, las Partes se comprometen a:

i. Cumplir con la normativa relativa a protección de datos de carácter personal que sea de aplicación, tanto a nivel europeo, esto es, el Reglamento General de Protección de Datos 2016/679 del Parlamento Europeo y del Consejo (en adelante, "RGPD"), como la normativa española vigente.

ii. Firmar el correspondiente anexo de acceso a datos de carácter personal, de acuerdo con lo previsto en la normativa aplicable.

Asimismo, las Partes entienden que cualquier Información Confidencial consistente en Datos de Carácter Personal se encuentra sujeta a regulación específica del Derecho europeo y español y que será revelada para propósitos directamente relacionados con las actividades legítimas de las Partes. Asimismo, tal revelación tendrá únicamente el alcance permitido de conformidad con el RGPD y cualquier otra normativa española que resulte aplicable. Antes de llevar a cabo cualquier acceso, cesión o transferencia internacional de Datos de Carácter Personal, las Partes estudiarán si los mismos se encuentran permitidos y de las precauciones a adoptar.

En cualquier caso, las Partes tendrán en cuenta en cada caso si el acceso, la cesión o la transferencia internacional de Datos de Carácter Personal es estrictamente necesaria, si los Datos de Carácter Personal pueden ser separados de la restante Información Confidencial y si los Datos de Carácter Personal pueden ser sujetos a un proceso de disociación antes de dicho acceso, cesión o transferencia internacional.

En todo caso, las Partes, en lo referente al tratamiento de los Datos de Carácter Personal a los que tuvieran acceso, incluidos en los referidos ficheros, se comprometen a cumplir sus obligaciones de confidencialidad, prohibición de cesión a terceros y establecimiento de medidas técnicas y organizativas necesarias y adecuadas, así como a que todos sus empleados o cualquier tercero del que traigan causa que puedan tener acceso a documentos o Información Confidencial, asuman tales compromisos de secreto y confidencialidad y el cumplimiento de la legislación en materia de protección de datos tanto a nivel europeo como la normativa española vigente.

15.3. Las Partes podrán solicitar el acceso a los datos personales, su rectificación, su supresión, su portabilidad y la limitación de su tratamiento, así como oponerse al mismo, en la dirección postal de la otra Parte que figura en el encabezamiento de esta Adenda, dirigiendo un escrito a la atención del Delegado de Protección de Datos de la otra Parte, así como en su caso, formular una reclamación ante la Agencia Española de Protección de Datos (www.aepd.es).

16. NO CONTRATACIÓN DE EMPLEADOS.

Las Partes se comprometen, durante la duración de este Contrato como tras el periodo de seis (6) meses tras la terminación de este Contrato por cualquier causa, a no contratar mediante relación laboral o autónoma u otro tipo de relación contractual a cualquier persona que preste o haya prestado servicios a la otra Parte de forma laboral o mediante prestación de servicios, ni inducir o tratar de inducir a cualquier trabajador de una de las Partes para que preste sus servicios o pase a ser empleado (por cuenta propia, ajena o de cualquier otro modo) de la otra Parte o de cualquier sociedad en la que dicha Parte ostente algún tipo de participación social o ejerza cualquier función directiva.

17. FUERZA MAYOR.

En caso de que cualquiera de las Partes se vea afectada por actos, omisiones, circunstancias o causas fuera de su control (Fuerza Mayor), incluyendo inundación, terremoto, huracán u otro desastre natural incendio, epidemia o pandemia, guerras, embargos, ataques terroristas, guerra civil, energía nuclear contaminación química o biológica, cumplimiento de cualquier ley u orden gubernamental, reglamento, regulación, o cualquier medida adoptada por una autoridad gubernamental o pública (incluyendo, pero no limitado, al cambio de divisas), cualquier conflicto laboral, incluyendo pero no limitado a la huelga (que no sea en cada caso por la Parte que pretenda apoyarse en esta cláusula, o empresas de un mismo grupo como parte), se comunicará de inmediato a la otra Parte de la naturaleza y medida de los mismos. Ninguna de las Partes será considerada que incumple este Contrato, o es responsable frente a la otra, por razones de cualquier retraso en el cumplimiento o incumplimiento de cualquiera de sus obligaciones bajo el presente Contrato en la medida en que tal demora o incumplimiento se deba a Fuerza Mayor cualquier causa de la que se haya notificado a la otra Parte y por lo tanto, el plazo de ejecución se prolongará en consecuencia. En el caso de que la fuerza mayor se prolongue durante un período superior a dos (2) meses, el presente Contrato podrá ser terminado por cualquiera de las Partes inmediatamente después de realizada notificación previa por escrito.

18. LEY APLICABLE Y JURISDICCIÓN COMPETENTE.

El presente Contrato se regirá y será interpretado de acuerdo con las Leyes de España. Las Partes con renuncia expresa a su Fuero, si lo tuvieran, se someten a los Tribunales de ....

19. MISCELÁNEA.

19.1. Cesión. Este Acuerdo es *intuitu personae* para las partes y por tanto ninguna de las partes está facultada para ceder su posición contractual a ningún tercero salvo que hubiere obtenido el consentimiento por escrito de la otra parte.

A los efectos del presente Contrato, la prestación de los Servicios por cualquiera de las empresas del grupo al que pertenezca la AGENCIA no tendrá la consideración de cesión o subcontratación, siendo ésta libre de velarse, para la prestación de dichos Servicios, de cualquiera de las empresas de su grupo de empresas, en el sentido del artículo 42 del Código de Comercio.

Asimismo, las Partes convienen que la AGENCIA podrá ceder o subcontratar determinados servicios a otros terceros cuando ello sea necesario para la correcta ejecución del objeto del presente Contrato, sin necesidad de obtener la previa autorización del CLIENTE para tal cesión o subcontratación.

Las Partes manifiestan expresamente que la subcontratación de servicios en ningún caso constituirá un incumplimiento del deber de confidencialidad con arreglo a la cláusula 14 del presente Contrato.

19.2. Costes y Gastos. Cada una de las partes soportará sus propios costes derivados de la negociación, preparación y otorgamiento de este Acuerdo. Si los hubiera, los honorarios notariales serán soportados por las partes por igual.

19.3. Notificaciones. Todas las notificaciones relativas a este Contrato serán remitidas por correo certificado con acuse de recibo a las direcciones establecidas en el encabezamiento del mismo.

19.4. Salvaguarda. Todas las cláusulas del presente Contrato deben ser interpretadas de forma independiente y autónoma, no viéndose afectado el resto del contenido del Contrato en caso de que una de ellas haya sido declarada nula por sentencia judicial firme o se acuerde como ilícita o inaplicable por las partes o cualquier autoridad administrativa.

Y en prueba de su conformidad, se firma por duplicado, a un sólo efecto, en el lugar y fecha arriba indicados.

EL CLIENTE	LA AGENCIA
D./Dña. [nombre del representante]	D./Dña. [nombre del representante]

Anexo 1
Servicios

Estrategia, planificación y compra de medios

(a) Definición de las necesidades y prioridades de comunicación;

(b) Identificación de la contribución de medios a las prioridades de marketing;

(c) Definición del mercado objetivo;

(d) Cuantificación de la presión publicitaria necesaria;

(e) Comprensión, establecimiento e identificación de la eficacia publicitaria;

(f) Recogida de datos y preparación de la inversión competitiva y análisis de la presión;

(g) Interpretación del público objetivo para el análisis de medios;

(h) Selección de medios;

(i) Presupuesto y plan de optimización y gestión;

(j) Recomendación de ideas para el tratamiento creativo de los medios;

(k) Desarrollo de líneas directrices/estrategias de compra de medios;

(l) Análisis e integración de reboses publicitarios;

(m) Compra de tiempo y espacio de medios;

(n) Preparación y presentación del análisis post-compra;

(o) Gestión y planificación de las campañas de Performance Display a través de la planificación de los soportes concretos o la plataforma de compra programática.

1.1.b Servicios Internacionales de Coordinación (Opcional)

La AGENCIA prestará servicios internacionales de coordinación y gestión.

Anexo 20
Territorio

[Especificar los países, regiones y/o territorios]

Anexo 3
Extraprimas

MEDIO* [...] % DEVOLUCIÓN EXTRAPRIMA

TELEVISIÓN [...] %

RADIO [...] %

CINE [...] %

PRENSA [...] %

REVISTAS [...] %

INTERNET [...] %

EXTERIOR [...] %

* % sobre la base de inversión. Quedan excluidos de esta base: Gastos de producción, Costes, Acciones Especiales, Patrocinios, Non-media, Buscadores, Google, Social Media, Video online, Redes de afiliación, sites nicho, Tecnología, Compra programática, tramitaciones, así como aquellos soportes que no entreguen extraprimas a la AGENCIA. En caso de que las extraprimas dejen de ser otorgadas o se vean reducidas drásticamente, a consideración de la AGENCIA, serán revisadas, previo acuerdo por escrito de ambas partes, y acordadas para el año contractual en curso. Las extraprimas se abonarán una vez hayan sido liquidadas las deudas vencidas.

F135. CONTRATO DE ACCESO A PRESTACIÓN DE SERVICIOS DIGITALES Y CESIÓN DE BASES DE DATOS EN EL ÁMBITO PUBLICITARIO

En [ciudad], a [día] de [mes] de [año].

REUNIDOS

De una parte, **[DENOMINACIÓN SOCIAL DEL PROVEEDOR DE SERVICIOS DIGITALES]**, con domicilio social en [dirección], provista de CIF núm. [XXX] e inscrita en el Registro Mercantil de [ciudad]; debidamente representada en este acto por D./Dña. [nombre y apellidos del representante], mayor de edad, de nacionalidad [nacionalidad], con pasaporte de su nacionalidad núm. [XXXXX], en calidad de apoderado [mancomunado/solidario/único] de la sociedad, según consta en escritura de apoderamiento, otorgada en fecha [fecha] ante el Notario de [ciudad], D./Dña. [nombre del notario], bajo el número [XXX] de su protocolo (en adelante, el "***Proveedor***").

Y, de otra parte, **[DENOMINACIÓN SOCIAL DE LA AGENCIA]**, con domicilio social en [dirección], provista de CIF núm. [XXX] e inscrita en el Registro Mercantil de [ciudad]; debidamente representada en este acto por D./Dña. [nombre y apellidos del representante], mayor de edad, de nacionalidad [nacionalidad], con pasaporte de su nacionalidad núm. [XXXXX], en calidad de apoderado [mancomunado/solidario/único] de la sociedad, según consta en escritura de apoderamiento, otorgada en fecha [fecha] ante el Notario de [ciudad], D./Dña. [nombre del notario], bajo el número [XXX] de su protocolo (en adelante, la "***Agencia***").

En lo sucesivo, el Proveedor y la Agencia podrán ser denominados individualmente como la "***Parte***" y conjuntamente como las "***Partes***". Ambas Partes se reconocen recíprocamente capacidad legal y de representación suficiente para otorgar el presente **Contrato de Prestación de Servicios Digitales y Cesión de Bases de Datos** (en adelante, el "***Contrato***") y, al efecto:

EXPONEN

I. Que el Proveedor distribuye y/o suministra anuncios y campañas de publicidad de terceros a través de envíos de comunicaciones comerciales a los usuarios de bases de datos propias del Proveedor o cedidas por terceros.

II. Que, para el envío de comunicaciones comerciales, el Proveedor hará uso de bases de datos titularidad suya o de bases de datos de terceros, las cuales contienen datos de carácter personal, que han sido obtenidos y cedidos de conformidad con la legislación vigente en materia de protección de datos o de una base de datos titularidad de la Agencia o cedida a la Agencia (en adelante, la "***Base de Datos del Cliente de la Agencia***") (en adelante, conjuntamente, las "***Bases de datos***").

III. Que, la Agencia es una empresa dedicada a la prestación de servicios publicitarios y de estrategia de medios, que comparece en el presente acto jurídico siguiendo las instrucciones de sus clientes (en adelante, indistintamente el "**Cliente de la Agencia**" y/o los "**Clientes de la Agencia**"), en calidad de encargada del tratamiento.

IV.- Que, la Agencia está interesada en que el Proveedor envíe comunicaciones comerciales y campañas publicitarias a los usuarios de las Bases de Datos. De igual manera, la Agencia está interesada en ampliar la Base de Datos del Cliente de la Agencia incorporando los nuevos datos obtenidos a través de las comunicaciones comerciales.

V. Que el Proveedor está interesado en prestar los servicios de envíos comerciales e incorporar en su caso los nuevos datos obtenidos a la Base de Datos del Cliente de la Agencia.

VI. Que, las Partes, según intervienen, se reconocen capacidad recíproca para formalizar el presente Contrato, que se regirá por el principio de buena fe contractual, así como los principios generales del Derecho y por las siguientes,

ESTIPULACIONES

1. Objeto.

1.1. El objeto del presente Contrato es regular las condiciones en virtud de las cuales el Proveedor prestará a la Agencia los Servicios, y en particular, todos aquellos servicios necesarios para la realización del envío de comunicaciones comerciales (en adelante, los "**Servicios**"), utilizando para ello bases de datos de su titularidad, de terceros o facilitadas por la Agencia.

1.2. Para la prestación de los Servicios anteriormente definidos, el Proveedor se encargará de que se emitan las comunicaciones comerciales en nombre de la Agencia a las personas cuyos datos personales hayan sido incluidos en las Bases de Datos, conforme a las instrucciones de la Agencia y demás Responsables del Tratamiento. El Proveedor hará sus mejores esfuerzos para que no existan datos duplicados en las distintas Bases de Datos utilizadas, de forma que no se realicen reenvíos de las comunicaciones comerciales.

1.3 En el supuesto de que la Agencia encargue a el Proveedor el tratamiento inicial de los registros (en adelante, los "***Leads***") obtenidos derivados de las comunicaciones comerciales enviadas, ya sea porque el Proveedor desarrolle el sitio web donde los usuarios puedan registrarse (en adelante, las "***Landing***") o bien porque la Agencia ceda dichos datos al Proveedor, ésta agregará dichos leads y datos personales a la Base de Datos del Cliente de la Agencia con el fin de poder realizar nuevas comunicaciones comerciales de conformidad con las mejores prácticas y legalidad vigente.

1.4. El encargo y contratación de los Servicios se detallará mediante sucesivas **órdenes de compra**, que incluirán las especificaciones técnicas y económicas, así como las condiciones comerciales aplicables, y se adjuntarán al presente Contrato como anexos del mismo, quedando dichos anexos incorporados al presente Contrato de manera sucesiva, y rigiéndose, en lo no contemplado expresamente en los mismos, por las disposiciones de éste.

2. Finalidades de la utilización de la Base de Datos del Cliente de la Agencia.

La Base de Datos del Cliente de la Agencia únicamente podrá utilizarse para la consecución de las siguientes finalidades:

a. Emisión de comunicaciones comerciales sobre productos de los Clientes de la Agencia.

b. La obtención de datos de terceros, necesaria para mantener la Base de Datos del Cliente de la Agencia actualizada, será realizada por el tiempo de vigencia del presente Contrato, salvo acuerdo particular en contrario entre las Partes y de conformidad con las condiciones que en cada momento acuerde el Proveedor con los cedentes de los datos.

3. Condiciones de la incorporación de datos a la Base de Datos del Cliente de la Agencia.

3.1. El objeto de la incorporación de datos a la Base de Datos del Cliente de la Agencia alcanzará a todos los campos de la Base de Datos del Cliente de la Agencia indicados en el anexo I del presente Contrato, incluyendo todos los ficheros, archivos electrónicos o analógicos, que sean necesarios para la correcta utilización y explotación de la Base de Datos del Cliente de la Agencia.

3.2. La Agencia, por cuenta de los Clientes de la Agencia, manifiesta que las campañas publicitarias no fomentan o promocionan el uso de contenidos ilegales, inmorales, contrarios a la moral pública, garantizando al Proveedor que el envío de correos electrónicos a los usuarios de la Base de Datos del Cliente de la Agencia cuenta con la previa y expresa autorización de los Clientes de la Agencia respecto de su contenido.

3.3. El Proveedor garantiza a la Agencia que los datos incorporados a la Base de Datos del Cliente de la Agencia derivados de las Landing creadas por el Proveedor se han obtenido de forma legítima, si bien los Clientes de la Agencia serán los responsables del tratamiento de dichos datos.

3.4. El acceso de los Clientes de la Agencia a los datos incorporados a la Base de Datos del Cliente de la Agencia podrá realizarse mediante envío físico en soporte magnético o mediante la puesta a disposición en una dirección web disponible para su descarga, previa autenticación mediante usuario y contraseña.

3.5. La Agencia y el Proveedor garantizan que todos los datos personales que aporten a la Base de Datos del Cliente de la Agencia han sido obtenidos de forma lícita y conforme a la legislación vigente, y se comprometen aportar, en cualquier momento, la justificación del consentimiento de los titulares de sus bases de datos cumpliendo con la normativa aplicable en materia de protección de datos.

3.6. En el supuesto de que el Proveedor este contratada para desarrollar las referidas Landing y recibir los leads generados por los usuarios procedentes de las bases de datos cedidas por los Clientes de la Agencia, la Agencia, por cuenta de los Clientes de la Agencia, manifiesta que autoriza al Proveedor para añadir esos leads a la Base de Datos del Cliente de la Agencia y hacer uso de la información personal, para el envío de comunicaciones comerciales y campañas publicitarias titularidad del Proveedor.

4. Protección de Datos.

a. Tratamiento.

4.a.1. En el Anexo I se describe el alcance, la finalidad y la duración del encargo de tratamiento regulado en la presente Estipulación (incluido el tipo de datos personales y las categorías de interesados).

4.a.2 El Proveedor:

1. sólo tratará los datos personales de los Clientes de la Agencia de acuerdo con las instrucciones documentadas de este Contrato o con cualesquiera otras que la Agencia le remita por escrito, salvo que alguna Ley Aplicable determine otra cosa ("**Instrucciones de Tratamiento**");
2. notificará a la Agencia si alguna ley aplicable requiere que se traten los datos personales de forma diferente de lo previsto en las Instrucciones de Tratamiento, salvo que dicha ley aplicable lo prohíba. Dicha notificación se realizará antes de iniciar el tratamiento; y
3. notificará a la Agencia si, en su opinión, el tratamiento de los datos personales de los Clientes de la Agencia, de acuerdo con lo previsto en las Instrucciones de Tratamiento, infringe la legislación de protección de datos;
4. mantendrá todos los datos personales de los Clientes de la Agencia separados de todos los demás datos personales del Proveedor o de otros clientes del Proveedor.
5. El Proveedor es responsable del contenido legal de las Landing que desarrolle y deberá cumplir con todas las leyes y normativas aplicables, incluidas las normas relativas a privacidad y protección de datos.

b. Sub-encargados del tratamiento adicionales.

4.b.1. El Proveedor podrá contratar a otros encargados del tratamiento ("***sub-encargados del tratamiento adicionales***") para que traten los datos personales de los Clientes de la Agencia con:

1. la autorización por escrito de la Agencia, que no deberá ser denegada, condicionada o demorada injustificadamente. Desde la firma de este Anexo, se proporciona la citada autorización con respecto a aquellos sub-encargados adicionales enumerados en el Anexo I; y

2. cuando exista un contrato que obligue al sub-encargado del tratamiento adicional a condiciones sustancialmente similares a las asumidas por el Proveedor en este Contrato para el tratamiento de los datos personales de los Clientes de la Agencia.

   En caso de que el sub-encargado adicional incumpla sus obligaciones derivadas del contrato celebrado con el Proveedor, el Proveedor será responsable frente a la Agencia y los Clientes de la Agencia por lo que respecta a dicho incumplimiento del sub-encargado del tratamiento adicional.

4.b.2. En caso de que el Proveedor, de forma adicional, integre datos personales de otros responsables del tratamiento en la Base de Datos del Cliente de la Agencia, deberá comprometerse a obligar a éstos a garantizar contractualmente el origen lícito de los datos y la posibilidad de que los Clientes de la Agencia los traten para las finalidades descritas en el presente Contrato.

4.b.3. Una vez cumplido el objeto del Contrato que justifica el tratamiento de los datos personales de los Clientes de la Agencia, o cuando la Agencia lo solicite por escrito, el Proveedor procederá a eliminar los datos personales de los Clientes de la Agencia, eliminando todas las copias de los mismos, salvo que, conforme a la ley aplicable, los datos personales de los Clientes de la Agencia puedan conservarse bloqueados durante los plazos de prescripción de las responsabilidades que puedan derivarse del Tratamiento. Transcurridos estos plazos, el Proveedor procederá a la eliminación definitiva de los datos personales del Cesionario, sin perjuicio de las copias de dicha Base de Datos que esté tratando en calidad de responsable del tratamiento.

c. Seguridad y delegación.

4.c.1. El Proveedor:

1. implementará y mantendrá durante la vigencia del presente Contrato todas las medidas técnicas y organizativas que sean necesarias para proteger los datos personales de los Clientes de la Agencia frente a su divulgación, alteración, pérdida, deterioro o destrucción, ya sea de forma accidental, ilegitima o ilícita; y

2. adoptará todas aquellas medidas razonables a fin de asegurar que los empleados no tratan los datos personales de los Clientes de la Agencia para otro fin que no sea el previsto en las Instrucciones de Tratamiento (a no ser que alguna ley aplicable disponga otra cosa) estando obligados a mantener la seguridad y confidencialidad de los datos personales de los Clientes de la Agencia a los que tengan acceso.

d. Notificaciones.

4.d.1 El Proveedor, sin dilación indebida y en todo caso dentro de las 24 horas siguientes, notificará a los Clientes de la Agencia si:

3. tiene conocimiento o sospecha de un Incidente de Seguridad; o

4. recibe una solicitud por parte de los interesados a los que se refieren los Datos Personales de los Clientes de la Agencia con la finalidad de ejercer cualquiera de los derechos previstos en la Legislación de Protección de Datos.

4.d.2 La Agencia (a cargo de los Clientes de la Agencia) facilitará información y apoyo, según soliciten los Clientes, en la tramitación y contestación a dichas notificaciones, de acuerdo con sus obligaciones contempladas en la Legislación de Protección de Datos.

e. Auditorías.

4.e.1. Cuando el Proveedor reciba una notificación escrita y por adelantado de la Agencia, y siempre que ésta sea razonable, el Proveedor:

1. permitirá la Agencia o a los Clientes de la Agencia llevar a cabo auditorías e inspecciones de sus sistemas y procesos relacionados tanto con las actividades que pudieran afectar a la licitud y calidad del tratamiento de los datos tratados por cuenta de los Clientes de la Agencia como, siempre y cuando se garantice:

    1.1. que la auditoría o inspección se lleva a cabo dentro del horario normal de trabajo, procurando la mínima interrupción al trabajo del Proveedor y de otros clientes del Proveedor; y

    1.2 que toda la información obtenida y generada por la Agencia, los Clientes de la Agencia o sus auditores en relación con dichas auditorías o inspecciones se mantenga estrictamente confidencial, salvo que ésta deba ser comunicada a la autoridad reguladora o competente o así lo exija la ley aplicable;

2. proporcionará a la Agencia o a sus Clientes de la Agencia toda aquella información razonablemente necesaria para verificar que el Proveedor está cumpliendo con sus obligaciones según la legislación de protección de datos; y

3. asistirá y cooperará con la Agencia y los Clientes de la Agencia en la realización de evaluaciones de impacto sobre la protección de datos y de consultas previas a las autoridades reguladoras que la Agencia o los Clientes de la Agencia, razonablemente, consideren necesarias de acuerdo con la legislación de protección de datos y en relación con los datos personales de los Clientes de la Agencia.

5. Propiedad intelectual e industrial.

5.1. El Proveedor cederá al Cliente de la Agencia, previo pago de la totalidad de sus honorarios correspondientes y recogidos en este Contrato, todos los derechos de propiedad intelectual, industrial y cualesquiera otros derechos respecto los materiales elaborados por el Proveedor en el marco del presente Contrato (en adelante, los "***Materiales Entregables***"). Tendrán la consideración de Materiales Entregables aquellos materiales, creatividades, imágenes, fotografías, dibujo, textos y demás elementos creados en virtud del presente Contrato en concepto de versiones finales, siempre y cuando hayan sido entregados a la Agencia y/o al Cliente de la Agencia y aceptados por los mismos, pudiendo el Proveedor también hacer uso de ellos en el marco de la prestación de los Servicios.

En este sentido, los Materiales Entregables, y en particular, las Bases de Datos, serán titularidad exclusiva del Cliente de la Agencia, con derecho de cesión a terceros, en exclusiva o no, y hasta el paso de los derechos a dominio público, sin más restricciones que las derivadas imperativamente de la Ley, de tal manera que el Cliente de la Agencia retendrá en exclusiva todos los derechos para explotar los Materiales Entregables, así como las Bases de Datos, o disponer de los mismos libremente y/u otorgar cuantos actos o licencias estime oportunos, sin otra obligación hacia el Proveedor que satisfacerle el precio estipulado

Queda bien entendido entre las Partes que todos los derechos de propiedad intelectual e industrial, así como cualesquiera otros análogos, sobre los Materiales Entregables indicados en la presente Estipulación pertenecerán al Cliente de la Agencia, reteniendo ésta la plena titularidad sobre los mismos, y, en particular, a modo enunciativo y sin carácter limitativo, los derechos de extracción y reutilización respecto de las Bases de Datos.

En línea con lo anterior, el Cliente de la Agencia será el responsable del tratamiento de los datos personales de las Bases de Datos, encontrándose debidamente protegidas por los derechos de propiedad intelectual e industrial. Por ello, tanto la Agencia como el Cliente de la Agencia deberán tratar la base de datos de la misma forma que harían con cualquier otro contenido que fuera de su propiedad.

5.2. En todo caso, el Proveedor se reserva todos los derechos de propiedad intelectual, industrial y demás derechos análogos respecto a los materiales preexistentes (en adelante, los "***Materiales Preexistentes***"), entendidos como aquellos materiales que no hayan sido creados en el marco del presente Contrato, incluyendo bases de datos de su titularidad previa, documentos de trabajo en bruto, informaciones, documentos, archivos editables, procesos, procedimientos, herramientas propiedad del Proveedor, *software*, código fuente, imágenes, dibujos, creatividades, entre otros.

Queda bien entendido entre las Partes que todos los derechos de propiedad intelectual e industrial, así como cualesquiera otros análogos, sobre los Materiales Preexistentes indicados en la presente Estipulación pertenecerán al Proveedor, reteniendo ésta la plena titularidad sobre los mismos.

5.3. Todos los nombres comerciales o marcas referenciadas en las Bases de Datos son propiedad de sus respectivos dueños, siendo éstos los únicos autorizados para negar su uso. En caso de que cualquier titular de derechos de propiedad industrial o intelectual reclame el cese del uso de algún contenido de su propiedad, el cesionario se compromete al cese inmediato del mismo.

Igualmente, la Agencia otorga al Proveedor una licencia no exclusiva, intransferible y limitada a las acciones necesarias para la remisión de las comunicaciones comerciales objeto del presente Contrato sobre los derechos de propiedad intelectual e industrial de los Clientes de la Agencia, entre otros, sobre sus marcas, nombres comerciales, textos literarios, imágenes, diseños, etc.

6. Responsabilidad.

6.1. La Agencia y el Proveedor garantizan que los datos personales que aporten a la Base de Datos del Cliente de la Agencia son completamente lícitos y se han obtenido conforme a la normativa vigente.

6.2. sin perjuicio de lo anterior, la Agencia se responsabiliza de los incumplimientos de la normativa de protección de datos personales, así como de cualquier otra normativa que pudiera ser aplicable en materia de privacidad y protección de datos personales.

6.3. No obstante, lo anterior, el Proveedor reconoce que los Servicios objeto del presente Contrato, y en particular la distribución de anuncios y/o campañas de publicidad de los Clientes de la Agencia, a través de envíos de comunicaciones comerciales a los usuarios de Bases de Datos, se realizan, en todo caso, desde los sistemas propios del Proveedor, en su calidad de proveedor de los Servicios, siendo el Proveedor responsable único de cualesquiera incumplimientos de la Ley de Servicios de la Sociedad de la Información y del Comercio Electrónico, respecto de los Materiales Entregables que resulten de su creación y, en ningún caso respecto de los Materiales Preexistentes que la Agencia o los Clientes de la Agencia puedan entregar al Proveedor para cumplir el objeto del presente Contrato, manteniendo en cualquier caso indemne e indemnizando a la Agencia y/o los Clientes de la Agencia como consecuencia de reclamaciones de terceros relacionadas con lo previsto en este apartado.

7. Duración.

7.1. El presente Contrato entrará en vigor en la fecha de su firma y se mantendrá en vigor hasta que tenga lugar una de las causas de extinción enumeradas en la estipulación 7.2 a continuación.

7.2. El presente Contrato podrá extinguirse por las siguientes causas:

a. Por el incumplimiento de las obligaciones principales del presente Contrato.

b. Por ser declarada cualquiera de las Partes en estado judicial de suspensión de pagos, quiebra o concurso de acreedores y fuese demostrada una situación de insolvencia o cese de actividades, o se iniciase un proceso de liquidación o disolución.

c. Por las demás causas previstas en Derecho.

d. Por acuerdo entre las Partes.

e. Por decisión unilateral de una de las Partes con un preaviso por escrito de dos (2) días a la otra Parte.

8. Legislación aplicable y tribunales.

8.1. Para la resolución de todas las controversias o cuestiones relacionadas con el presente Contrato, será de aplicación directa la legislación española, renunciando expresamente a cualquier otro tipo de legislación aplicable.

8.2. Del mismo modo, las Partes se someten expresamente, renunciando a cualquier otro foro competente, a los Tribunales de [ciudad].

Y, en prueba de conformidad, se firma el presente Contrato, en dos ejemplares, en el lugar y fecha *ut supra*.

D./Dña. [nombre del representante/ apoderado] **El PROVEEDOR**	D./Dña. [nombre del representante/ apoderado] **LA AGENCIA**

ANEXO I

Objeto, Naturaleza y Finalidad del Tratamiento	El Proveedor tratará, como encargada del tratamiento, con el fin de prestar los Servicios descritos en el Contrato, datos personales pertenecientes a las siguientes categorías: ☐ Información biométrica ☐ Información sobre navegación en línea ☐ Datos de contacto ☐ Información Financiera ☐ Identificadores gubernamentales ☐ Información de la familia ☐ Datos financieros ☐ Información de las Redes Sociales ☐ Viajes y gastos ☐ Información sobre la cuenta del usuario ☐ Otros (especificar): Los datos personales del detallados en el apartado anterior se relacionan con los siguientes afectados: ☐ Empleados del Cliente. ☐ Consumidores y usuarios del Cliente. ☐ Otros (especificar): Consumidores y usuarios potenciales Las actividades de tratamiento que se llevarán a cabo por el Proveedor con relación a los datos personales de los Clientes de la Agencia son concretamente las siguientes: ☐ Recolección de datos ☐ Registro de datos ☐ Organización de datos ☐ Estructuración de datos ☐ Almacenamiento de datos ☐ Adaptación de datos ☐ Alteración de datos ☐ Recuperación de datos ☐ Consultaría con respecto a datos ☐ Uso de datos ☐ Divulgación de datos ☐ Difusión de datos o la puesta a disposición de los mismos a terceros ☐ Combinación de datos ☐ Borrado de datos ☐ Destrucción de data ☐ Otros (especificar): Envío de comunicaciones comerciales El objeto del tratamiento se indica a continuación: ☐ Desarrollo empresarial y marketing ☐ Gestión de Recursos Humanos ☐ Servicios tecnológicos (ej. Infraestructura, servicios de alojamiento, software) ☐ Otros (especificar):
Duración	La duración del tratamiento o proceso descrito en el presente Anexo corresponde a la duración del Contrato.
DPO del Proveedor	[e-mail]

Sub-encargados adicionales y transferencias autorizadas			
Nombre (Establecer aquí el nombre y dirección registrada del sub-encargado adicional)	**Servicios** (Establecer aquí los servicios que se permiten con relación a los datos personales de los Clientes de la Agencia)	Ubicación/Transferencias (Establecer aquí la ubicación en la cual la entidad trata los datos personales de los Clientes de la Agencia, indicando donde y de quien ha sido transferido en su caso)	**Mecanismos** (Establecer aquí el mecanismo acordado para asegurar que toda transferencia cumpla con la legislación de protección de datos, así como el presente Contrato)
			☐ Transferencia a un país, territorio, varios territorios de un país, o bien a una organización internacioncl que la Comisión de la UE haya considerado adecuado. ☐ Normas corporativas de carácter vinculante serán de aplicación (Art 47 GDPR) ☐ La cláusula estándar de protección de datos (Art 46(2)(c) o (d) GDPR) será de aplicación
			☐ Transferencia a un país, territorio o varios territorios de un país, o bien a una organización internacional que la Comisión de la UE haya considerado adecuado. ☐ Normas corporativas de carácter vinculante serán de aplicación (Art 47 GDPR) ☐ La cláusula estándar de protección de datos (Art 46(2)(c) o (d) GDFR) será de aplicación

F136. CONTRATO DE DESARROLLO DE APLICACIÓN INFORMÁTICA PARA FINES PUBLICITARIOS

En ...., a [día] de [mes] de [año].

REUNIDOS

De una parte**, [DENOMINACIÓN SOCIAL DE LA AGENCIA]**, con domicilio social en [dirección], provista de CIF núm. [XXX] e inscrita en el Registro Mercantil de [ciudad]; debidamente representada en este acto por D./Dña. [nombre y apellidos del representante], mayor de edad, de nacionalidad [nacionalidad], con pasaporte de su nacionalidad núm. [XXXXX], en calidad de apoderado [mancomunado/solidario/único] de la sociedad, según consta en escritura de apoderamiento, otorgada en fecha [fecha] ante el Notario de [ciudad], D./Dña. [nombre del notario], bajo el número [XXX] de su protocolo (en adelante, la "***Agencia***").

Y, de otra parte, **[DENOMINACIÓN SOCIAL DE LA EMPRESA-CLIENTE]**, con domicilio social en [dirección], provista de CIF núm. [XXX] e inscrita en el Registro Mercantil de [ciudad]; debidamente representada en este acto por D./Dña. [nombre y apellidos del representante], mayor de edad, de nacionalidad [nacionalidad], con pasaporte de su nacionalidad núm. [XXXXX], en calidad de apoderado [mancomunado/solidario/único] de la sociedad, según consta en escritura de apoderamiento, otorgada en fecha [fecha] ante el Notario de [ciudad], D./Dña. [nombre del notario], bajo el número [XXX] de su protocolo (en adelante, la "***Empresa***").

La Empresa y la Agencia, en adelante conjuntamente denominadas las ***"Partes"*** e individualmente, cuando proceda, una ***"Parte"***. Las Partes se reconocen recíprocamente capacidad suficiente para este acto y

EXPONEN

I. Que la Agencia es una entidad mercantil dedicada, entre otras actividades propias de su objeto social, a [definir el objeto social y actividades de la Agencia].

II. Que, a tal fin, la Agencia desea contar con una serie de herramientas y/o desarrollos informáticos que le permita mejorar y optimizar la operativa de [definir para qué se usarán las Herramientas y en qué buscan mejorar los activos de la Empresa] (en adelante, las "***Herramientas***").

III. Que la Empresa es una entidad mercantil dedicada, entre otras actividades propias de su objeto social, [al diseño, desarrollo y mantenimiento de todo tipo de programas de herramientas y software].

IV. Que, siendo interés de la Agencia contratar los servicios de la Empresa a los efectos de desarrollar determinadas Herramientas, y estando la Empresa interesada en ofrecer sus servicios a tal fin, ambas Partes, reconociéndose mutuamente la capacidad legal necesaria para contratar y obligarse con arreglo a Derecho, suscriben el presente contrato (en adelante, el "***Contrato***"), conforme a las siguientes

ESTIPULACIONES

PRIMERA.– Objeto.

1.1. Es objeto del presente Contrato establecer los términos y condiciones sobre la base de los cuales la Agencia encargará a la Empresa los servicios de desarrollo, alojamiento, y mantenimiento de las Herramientas, así como cualesquiera otros que, en el marco de la normal ejecución del objeto del Contrato, fuesen inherentes al mismo (en adelante, conjuntamente los "***Servicios***").

El encargo y contratación de los Servicios relativos a las Herramientas se detallará mediante sucesivos anexos que incluirán las especificaciones técnicas y condiciones comerciales aplicables (en adelante, los "**Anexos"**), y se adjuntarán al presente Contrato como ***Anexo I*** del mismo, quedando dichos Anexos incorporados al presente Contrato y rigiéndose, en lo no contemplado expresamente en las mismas, por las disposiciones de éste.

En caso de conflicto entre un Anexo y el presente Contrato, prevalecerá lo previsto en el presente Contrato. Asimismo, en todo lo no regulado expresamente en un Anexo, será de aplicación lo estipulado en este Contrato.

1.2. Es asimismo objeto del presente Contrato establecer el régimen de titularidad de derechos de propiedad intelectual, industrial y cualesquiera otros que pudieran derivarse de esta relación contractual.

SEGUNDA.– Duración.

2.1. El presente Contrato entrará en vigor el día de su firma, indicada en el encabezamiento, y permanecerá vigente mientras se sigan contratando y encargando los Servicios relativos a las Herramientas mediante sucesivas Hojas de Encargo, de forma expresa y por escrito, de modo que la duración del Contrato quedará ampliada en consonancia con los nuevos plazos pactados en las Hojas de Encargo.

Con respecto a los servicios de alojamiento, mantenimiento informático, soporte técnico, entre otros, de las Herramientas, serán especificados en las Hojas de Encargo, si bien se regirán por las condiciones generales establecidas en las Estipulaciones Séptima y Octava del presente Contrato.

2.2. No obstante, lo anterior, ambas Partes acuerdan que las estipulaciones del presente Contrato, con intención expresa o implícita de que continúen en vigor tras el momento de resolución o vencimiento del mismo, se mantendrán vigentes y continuarán vinculando a ambas Partes según lo estipulado.

TERCERA.– Condiciones económicas.

3.1 Las condiciones económicas se establecerán de manera individualizada para cada uno de los Servicios, siendo pactadas de mutuo acuerdo por las Partes, y se recogerán en los Anexos correspondientes.

3.2. El pago de dichas cantidades se efectuará, previa presentación de las correspondientes facturas en los distintos hitos que se marque en cada proyecto aprobado por la Agencia mediante transferencia bancaria en los treinta/sesenta (30/60) días siguientes a la fecha de recepción de la correspondiente factura a la siguiente cuenta corriente titularidad de la Empresa:

[...]

A efectos de pago de las facturas de las cantidades anteriores, la Empresa deberá entregar a la Agencia, a la firma del presente Contrato, certificado de encontrarse al corriente en el cumplimiento de las obligaciones tributarias con Hacienda, en cumplimiento de lo establecido en el art. 43.1 F de la Ley General Tributaria (Ley 58/2003), que tendrá validez durante los doce (12) meses siguientes a su fecha, para el pago de las facturas emitidas dentro de este periodo. La entrega de esta documentación es indispensable para los pagos a efectuar por la Agencia con arreglo a este Contrato.

3.3. La contraprestación pactada en este Contrato por parte de la Agencia incluye la retribución por la cesión de los derechos de propiedad intelectual e industrial y de cualesquiera otros derechos, incluidos los de imagen, contemplada en el presente Contrato para todas las modalidades de explotación.

CUARTA.– Condiciones de la prestación de los Servicios.

4.1. La Empresa prestará los Servicios objeto del presente Contrato de acuerdo con los estándares de calidad, disponibilidad, fiabilidad y respuesta propios del sector y, en todo caso, de acuerdo con los términos y condiciones establecidos en el presente Contrato y sus Anexos. Para ello, la Empresa empleará sus propios medios, equipos, materiales y recursos, de conformidad con lo dispuesto en el presente Contrato.

4.2. Los Servicios objeto del presente Contrato se prestarán en los siguientes términos y condiciones generales:

(i) La Empresa seguirá todas las pautas e instrucciones que le sean comunicadas por la Agencia.

(ii) La Empresa se obliga a gestionar y obtener, a su cargo, todas las licencias, permisos y autorizaciones administrativas que pudieren ser necesarias para la realización de los Servicios objeto del presente Contrato.

(iii) La Empresa responderá de la corrección y precisión de los documentos y materiales que aporte a la Agencia en ejecución del Contrato y avisará sin dilación a la Agencia cuando detecte un error para que ésta pueda adoptar las medidas y acciones correctoras que estime oportunas.

(iv) La Empresa responderá de los daños y perjuicios que se deriven para la Agencia y/o sus clientes, en particular de las reclamaciones que pueda realizar un tercero, y que tengan su causa directa o indirecta en una actuación de la Empresa, o de su personal, en la ejecución del Contrato o que deriven de la falta de diligencia referida anteriormente.

(v) Las obligaciones establecidas para la Empresa por la presente cláusula serán también de obligado cumplimiento para sus posibles empleados, colaboradores, tanto externos como internos, y subcontratistas, por lo que la Empresa responderá frente a la Agencia si tales obligaciones son incumplidas por tales empleados o colaboradores.

(vi) La Empresa ejecutará el Contrato realizando de manera competente y profesional la totalidad del objeto del presente Contrato, cumpliendo los niveles de calidad exigidos.

La Empresa garantiza a la Agencia que todos los materiales utilizados para la elaboración de las Herramientas, así como su puesta en marcha, no vulneran derechos de terceros, no suponen una infracción de la normativa aplicable, ni son contrarios a la moral, a la buena fe o al orden público, respondiendo frente a la Agencia de la veracidad de lo anterior.

4.3. La Empresa prestará los Servicios de desarrollo de las Herramientas objeto del presente Contrato en los términos y condiciones que se establecen en el presente Contrato y los Anexos correspondientes. Asimismo, las características de las Herramientas, sus funciones, especificaciones y el plan de su desarrollo serán los que se detallan en las correspondientes Anexos.

En cualquier caso, la Empresa se compromete a acatar todas las instrucciones y pautas que le sean marcadas por la Agencia para el desarrollo de las Herramientas, y deberá incluir en las mismas o utilizar para su desarrollo cualesquiera materiales, elementos, textos, imágenes o plantillas que sean facilitadas por la Agencia a tal fin. Concretamente, la Empresa se ceñirá a las pautas marcadas por la Agencia para realizar el *look & feel* de las Herramientas para obtener el resultado deseado por la Agencia.

4.4. La Agencia podrá, en todo momento, (i) conocer la situación en que se encuentra el desarrollo de las Herramientas; (ii) examinar la adecuación de las Herramientas a las especificaciones técnicas anteriormente descritas; y (iii) revisar el grado de avance de las Herramientas en función del plan de desarrollo establecido.

Durante las distintas fases del plan de desarrollo de las Herramientas y hasta la entrega de la versión definitiva de la misma, la Empresa se compromete a realizar entregas parciales de los desarrollos de las Herramientas a la Agencia, la cual podrá requerir a la Empresa para que realice las correcciones que considere pertinentes hasta la versión definitiva de las Herramientas.

4.5. La Empresa ejecutará el Contrato realizando de manera competente y profesional los Servicios, cumpliendo los niveles de calidad exigidos y cuidando diligentemente los materiales de la Agencia que tuviera que utilizar como consecuencia del Contrato.

4.6. Los derechos de explotación sobre las Herramientas, nuevas versiones de las mismas y cualesquiera otras funcionalidades adicionales que sean solicitadas, corresponderán a la Agencia en los términos indicados en la Estipulación Undécima de este Contrato con respecto a las Herramientas. Las Partes negociarán de buena fe, en cualquier caso, las condiciones económicas que hayan de regir tales desarrollos.

QUINTA.– Comprobación de los Servicios.

5.1. En un plazo máximo de treinta (30) días hábiles a partir de la fecha de entrega de la versión definitiva de las Herramientas, la Agencia realizará las comprobaciones y las prueba necesarios para verificar el buen funcionamiento de la misma antes de su aceptación. Dichas pruebas determinarán la calidad, operatividad y desarrollo de las Herramientas conforme a las especificaciones técnicas y de diseño reguladas en los Anexos correspondientes del presente Contrato.

Tras la citada comprobación, y siempre y cuando las pruebas son satisfactorias, la Agencia notificará a la Empresa su aceptación. En caso contrario, tendrá un plazo de treinta (30) días hábiles desde la entrega para efectuar las reclamaciones y observaciones que considere necesarias para el buen funcionamiento de las Herramientas. la Agencia colaborará de buena fe con la Empresa en el proceso de corrección o de reparación.

5.2. Notificado por la Agencia un fallo a la Empresa, o en caso de que las Herramientas no supere el nivel mínimo de calidad exigido, la Empresa procederá a realizar las correcciones necesarias para llegar al resultado exigido y al buen funcionamiento de las Herramientas en un plazo que se acordará de mutuo acuerdo por las Partes. Si, tras las correcciones, la versión corregida de las Herramientas conforme a las observaciones de la Agencia fuese entregada a ésta y, transcurridos treinta (30) días hábiles desde dicha entrega, la Empresa no recibiera nueva notificación, se entenderá que las reservas manifestadas previamente han sido subsanadas y, por tanto, se entenderá aprobada la entrega de dicha versión de las Herramientas.

5.3. Aceptadas las Herramientas por la Agencia, las Partes firmarán un documento de aceptación definitiva de las Herramientas según el modelo adjunto como ***Anexo II***. Dicho documento quedará unido al presente Contrato.

Junto con la entrega definitiva de las Herramientas, la Empresa proporcionará a la Agencia los códigos, librerías y programas fuente de las Herramientas, completamente documentados y comentados, desarrolladas para aquélla, así como toda la documentación técnica utilizada al efecto. La Empresa destruirá la información confidencial aportada por la Agencia para facilitar o posibilitar la ejecución de los Servicios objeto del presente Contrato.

5.4. Aceptadas las Herramientas, la Empresa garantiza el perfecto funcionamiento de las mismas, garantía que tendrá una duración de dos (2) años, desde su aceptación.

En el caso de detectarse una incidencia en el plazo de garantía, la Agencia lo notificará a la Empresa para que en un plazo de cinco días (5) hábiles. de una respuesta, definiendo en la misma la causa del fallo y plazo de resolución que no deberá sobrepasar los diez (10) días hábiles.

SEXTA.– Aportación de medios y contratación de personal.

6.1. Salvo que las Partes acuerden expresamente lo contrario, la Empresa ejecutará el objeto del presente Contrato en los lugares que determine y utilizando sus propios medios. No obstante, y cuando resultase necesario para el adecuado cumplimiento del Contrato, la Agencia podrá permitir a la Empresa el acceso a sus instalaciones con el fin de que ésta pueda prestar los Servicios adecuadamente.

6.2. La ejecución del objeto del presente Contrato se efectuará conforme a los propios medios y equipo con que cuenta la Empresa, aunque ésta deberá seguir las directrices de la Agencia.

La Empresa utilizará sus propios materiales, equipos, sistemas informáticos y recursos para la prestación de los Servicios objeto del presente Contrato. En el caso de que la Agencia facilite a la Empresa cualesquiera recursos para la ejecución del presente Contrato, la Empresa los empleará únicamente para la prestación de los servicios, absteniéndose de utilizarlos para cualesquiera otros fines, salvo que las Partes acuerden expresamente lo contrario.

El personal que forme el equipo de trabajo destinado por la Empresa al desarrollo de las Herramientas estará vinculado a la Empresa por alguna de las formas de contratación admitidas en Derecho o como socios de la misma, y será de cuenta de ésta, en su caso, la Seguridad Social de los mismos, así como cualquier otra obligación laboral, fiscal o mercantil que pudiera derivarse del cumplimiento de sus funciones. En consecuencia, dicho personal estará exclusivamente vinculado a la Empresa, quien supervisará y será único responsable del comportamiento y realizaciones del mencionado equipo en el cumplimiento de sus funciones.

6.3. La Agencia podrá solicitar de la Empresa en cualquier momento, los justificantes acreditativos de los extremos mencionados y, en especial, de que la Empresa se encuentra al corriente en el pago de las cuotas de la Seguridad Social.

6.4. La Empresa se obliga a desarrollar el objeto del presente Contrato conforme a la máxima calidad y diligencia exigible, teniéndose especialmente en cuenta que la Agencia le ha escogido por el alto nivel de calidad de sus trabajos anteriores.

SÉPTIMA.– Seguimiento y control.

7.1. Para conseguir una mayor eficacia en la ejecución del presente Contrato, la Agencia se reserva el derecho de designar un coordinador, cuya función primordial será la coordinación de los esfuerzos de ambas Partes, así como la resolución de todos los problemas que pudieran derivarse en el desarrollo de las Herramientas.

7.2. Este coordinador será el responsable que deberá determinar la idoneidad y adecuación de los Servicios prestados en cada ocasión por la Empresa conforme a las especificaciones técnicas descritas en cada Anexo, pudiendo seguir día a día el desarrollo de las Herramientas. Asimismo, estará razonablemente a disposición de la Empresa para cualquier cuestión que surja durante la ejecución de las Herramientas.

OCTAVA.– Propiedad intelectual e industrial.

8.1. Cada una de las Partes reconoce la titularidad de la otra o de cualesquiera otros terceros respecto de todos sus derechos de propiedad intelectual, industrial y cualesquiera otros análogos sobre textos, imágenes, fotografías, tecnologías, marcas, logos, nombres de dominio, y cualesquiera otros elementos, creaciones, invenciones o signos distintivos de su titularidad.

8.2. Todos los derechos de propiedad intelectual, industrial y cualesquiera otros análogos sobre cualesquiera contenidos, creaciones, informes, documentación, imágenes o cualesquiera otros materiales elaborados por la Agencia en el marco del presente Contrato serán titularidad exclusiva de ésta, sin que pueda entenderse que corresponde a la Empresa derecho alguno sobre aquéllos.

Queda bien entendido entre las Partes que todos los derechos de propiedad intelectual e industrial, así como cualesquiera otros análogos, sobre los materiales indicados en el párrafo precedente, así como sobre cualquier otro elemento relacionado con aquéllos o derivado de los mismos, pertenecerán en todo momento a la Agencia, reteniendo ésta la plena titularidad sobre los mismos.

8.3. A su vez, por medio del presente Contrato, la Empresa cede en exclusiva a la Agencia, con facultad de cesión a terceros, en exclusiva o no, para todo el mundo y hasta el paso de los derechos a dominio público, por cualquier medio y bajo cualquier forma, todos los derechos de propiedad intelectual e industrial, así como cualesquiera otros derechos, incluidos los de imagen, y, en especial, los de reproducción, distribución, comunicación pública y transformación, sobre las Herramientas, códigos fuente y objeto, así como todos los demás sus elementos creativos y componentes, incluyendo cualesquiera elementos asociados a las mismas.

En virtud de dicha cesión a favor de la Agencia del derecho de transformación, la Agencia podrá, por sí misma o por medio de terceras personas físicas o jurídicas, llevar a cabo una y sucesivas obras derivadas y/o compuestas de las Herramientas y explotarlas, durante el máximo período de tiempo contemplado en la legislación vigente, para todo el mundo, por cualquier medio y bajo cualquier forma.

De este modo, los desarrollos de las Herramientas elaboradas por la Empresa, cualesquiera materiales y las propias Herramientas que se produzca en virtud de este Contrato serán propiedad exclusiva de la Agencia, la cual podrá ceder total o parcialmente todos los derechos de explotación sobre las Herramientas, y disponer de los mismos con total libertad, sin que por ello la Empresa tenga derecho a recibir retribución adicional alguna.

La Empresa no podrá disponer de los trabajos encomendados ni de cualesquiera aportaciones a las Herramientas que realice en virtud del presente Contrato en forma aislada, salvo con autorización previa y por escrito de la Agencia. Asimismo, la Empresa no podrá hacer uso de las Herramientas desarrolladas en virtud del presente Contrato salvo autorización previa y expresa de la Agencia. Queda claro entre las Partes que cualquier vulneración a lo previsto en la presente Estipulación será considerada una vulneración de los derechos de propiedad intelectual e industrial de la Agencia.

8.4. En el caso de que la Empresa quiera utilizar las marcas y demás signos distintivos propiedad de la Agencia en las Herramientas, a los exclusivos efectos de la ejecución del presente Contrato, la Empresa deberá solicitar a la Agencia la previa autorización, por escrito; asimismo, una vez que la Agencia conceda dicha autorización, la Empresa deberá seguir las instrucciones expresas recibidas de la Agencia y la normativa legal vigente que resultase de aplicación.

No obstante, lo anterior, la Agencia conservará sus derechos de propiedad industrial sobre sus marcas y demás signos distintivos, sin perjuicio de la licencia que sobre los mismos se otorga en virtud del presente Contrato, la cual tendrá una vigencia igual a la duración del mismo.

8.5. La remuneración por la cesión de los derechos de propiedad intelectual e industrial y de cualesquiera otros derechos, incluidos los de imagen, sobre las Herramientas previstas en los Anexos, según los establecido en la Estipulación Tercera se entiende incluida en la contraprestación pactada en los Anexos según lo establecido en este Contrato, no teniendo por tanto la Empresa derecho a reclamar de la Agencia ninguna otra cantidad adicional de dinero.

NOVENA.– Obligaciones de las Partes.

9.1. Obligaciones de la Empresa.

a) Cumplir todas y cada una de las obligaciones establecidas en el presente Contrato.

b) Prestar los Servicios solicitados por la Agencia en el presente Contrato y en cada Anexo hasta su completa finalización, lo cual, en el caso de existir Entregables, sucederá en el momento de su entrega a la Agencia a total satisfacción de ésta según lo dispuesto en este Contrato.

c) Cumplir con las responsabilidades profesionales derivadas de la prestación de los Servicios objeto de este Contrato, aportando los medios humanos y materiales necesarios para el adecuado cumplimiento de lo establecido en el mismo, comprometiéndose a realizar los Servicios y tareas descritos en el presente Contrato y en cada Anexo de forma íntegra, poniendo toda su experiencia y capacidad profesional al servicio de esa labor.

d) Actuar en todo momento en su propio nombre utilizando exclusivamente la marca, nombre comercial o signo identificativo que le sea propio y sin que en ningún caso pueda hacer uso de la marca, nombre comercial y/o cualquier otro signo identificativo correspondiente a la Agencia, ni a los clientes de ésta, sin la expresa autorización de las partes afectadas.

e) Cumplir la normativa vigente en cada momento en materia de protección de datos de carácter personal y de prevención de blanqueo de capitales y financiación del terrorismo, así como cualquier otra que pueda resultarle de aplicación.

f) Actuar en todo momento con la mayor diligencia y buena fe, velando por los intereses de la Agencia y de los clientes de ésta, así como, en especial, a realizar eficazmente los Servicios objeto del presente Contrato.

g) Las obligaciones establecidas para la Empresa por el presente Contrato serán también de obligado cumplimiento para sus empleados, colaboradores externos e internos, y subcontratistas en su caso, respondiendo la Empresa ante de ésta si tales obligaciones son incumplidas por dichos sujetos.

9.2. Obligaciones de la Agencia.

a) Cumplir todas y cada una de las obligaciones establecidas en el presente Contrato.

b) Proporcionar a la Empresa cuanta información y documentos sean precisos para la prestación por la misma de los servicios objeto del presente Contrato.

c) Pagar a la Empresa la contraprestación fijada en la Estipulación Tercera del presente Contrato.

DÉCIMA.– Responsabilidades y garantías.

10.1. Las Partes garantizan el cumplimiento íntegro de la totalidad de las obligaciones que asumen en virtud del presente Contrato, y se mantendrán indemnes en caso de cualquier reclamación judicial o extrajudicial de terceros por cualquier causa vinculada con los derechos y obligaciones dimanantes del presente Contrato, asumiendo en todo momento la correcta ejecución de los términos del mismo y respondiendo por ello ante la otra Parte.

10.2. Las Partes garantizan ser titulares de los materiales aportados por cada una de ellas o que cuentan con los derechos necesarios sobre dichos materiales, incluyendo, sin carácter limitativo, derechos de propiedad intelectual e industrial, de propia imagen, y cualesquiera otros, para ejecutar el objeto del presente Contrato. Asimismo, garantizan que dichos materiales no vulneran derechos de propiedad intelectual, industrial o cualesquiera otros derechos de terceros.

10.3. Con respecto a los materiales aportados por la Empresa, ésta garantiza a la Agencia ser plena titular de los derechos, licencias y/o autorizaciones necesarias para hacer posible el cumplimiento del objeto del presente Contrato, en particular en materia de propiedad intelectual e industrial.

Asimismo, la Empresa garantiza la autoría y originalidad de las Herramientas y de todos los elementos que la integran (incluidos el código fuente, el código objeto, documentación preparatoria, manuales de uso, así como cualquier otro elemento relacionado o derivado de aquéllos), así como su uso pacífico por parte de la Agencia, manifestando que sobre los mismos no existen cargas o gravámenes de ningún tipo que le impidan disponer de ellos o que atenten contra los derechos que a la Agencia le corresponden de acuerdo con lo estipulado en este Contrato.

A tales efectos, la Empresa manifiesta haber obtenido de todas y cada una de las personas que participen en la elaboración y desarrollo de las Herramientas la cesión de todos los derechos de explotación en la forma tan amplia como sea necesaria para el buen cumplimiento de lo estipulado en el presente Contrato.

En virtud de lo anterior, la Empresa responderá frente a la Agencia con motivo de cualquier acción o reclamación ejercitada por terceros fundamentada en la titularidad de derechos sobre las Herramientas y cualquiera de los elementos que la componen.

10.4. La Empresa garantiza haber adoptado todas las medidas y haber contratado todos aquellos servicios y productos necesarios y existentes en el mercado para prevenir que las Herramientas y los elementos incluidos en las mismas no contengan o se vean afectados por virus o cualquier otra aplicación destructiva.

10.5. De igual forma, salvo que concurra dolo o negligencia por parte de la Agencia, la Empresa garantiza el correcto funcionamiento de todas las funcionalidades descritas en este Contrato, por un periodo de dos (2) años contados a partir de la fecha de aceptación de la versión definitiva de las Herramientas, comprometiéndose la Empresa a subsanar cualquier error que le sea imputable que pudiera aparecer durante el indicado periodo, corriendo a su cargo todos los gastos que ello ocasione.

10.6. La Empresa será responsable de cualquier cumplimiento defectuoso o incumplimiento de sus obligaciones contractuales y/o cualesquiera pérdidas, daños y perjuicios sufridos por la Agencia y/o por terceros como resultado de la prestación de los Servicios objeto del presente Contrato.

Sin perjuicio de lo anterior, la Empresa será responsable en todo caso de:

a) Los contenidos y vínculos de terceros incorporados en las Herramientas que no hayan sido expresamente solicitados por la Agencia, manteniendo en cualquier caso indemne a ésta por cualquier daño y/o perjuicio directo o indirecto que pudiera sufrir como consecuencia de reclamaciones de terceros relacionados con lo previsto en este apartado y en el marco del presente Contrato, incluyendo los gastos que, por costas judiciales, se originen por la defensa de la Agencia en cualquier procedimiento, expediente o reclamación instado contra ésta, o que tenga que instar, fuese cual fuese la instancia, órgano o autoridad ante la que se haya presentado, por desistimiento, cumplimiento defectuoso y/o incumplimiento por la Empresa de sus obligaciones derivadas del presente Contrato y/o de las responsabilidades que debe hacer frente según lo previsto en el mismo.

b) Las reclamaciones de terceros relacionadas con los contenidos incluidos en las Herramientas, ya sean propios o de terceros, y de las fuentes de las que proceden y/u origen de la información, cuando dichos contenidos no hayan sido facilitados por la Agencia, manteniendo en cualquier caso indemne a ésta como consecuencia de reclamaciones de terceros relacionadas con lo previsto en este apartado y en el marco del presente Contrato, incluyendo los gastos que, por costas judiciales, se originen por la defensa de la Agencia, en cualquier procedimiento, expediente o reclamación instado contra ésta, o que tenga que instar, fuese cual fuese la instancia, órgano o autoridad ante la que se haya presentado, por desistimiento, cumplimiento defectuoso y/o incumplimiento por la Empresa de sus obligaciones derivadas del presente Contrato y/o de las responsabilidades que debe hacer frente según lo previsto en el mismo.

10.7. El incumplimiento de cualquiera de las anteriores garantías dará a la Agencia el derecho a repercutir sobre la Empresa la cuantía económica que haya asumido indebidamente, incluyendo daños y perjuicios, lucro cesante, y/o las posibles sanciones administrativas o judiciales consecuencia del incumplimiento de lo convenido en esta estipulación. A tal fin, la Agencia podrá retener de las facturas pendientes de pago las cantidades correspondientes.

UNDÉCIMA.– Resolución del Contrato.

11.1. Además de por las causas legalmente previstas, será causa de resolución anticipada del Contrato el incumplimiento por cualquiera de las Partes de las obligaciones materiales asumidas en virtud del mismo, siempre que la Parte que inste la resolución hubiese cumplido sus obligaciones y haya requerido previamente a la Parte incumplidora el cumplimiento de la obligación u obligaciones incumplidas y, transcurridos diez (10) días desde la recepción de tal requerimiento, la Parte incumplidora no hubiese subsanado el incumplimiento de que se trate.

En especial, será causa de resolución anticipada del Contrato la falta de entendimiento o desavenencia constante entre las Partes en el desarrollo del mismo, así como cualquier incumplimiento de las leyes, la moral y/o el orden público.

Con carácter adicional, la Agencia podrá resolver el presente Contrato, de forma unilateral y anticipada, sin penalización alguna con la única obligación de pagar las cantidades devengadas hasta ese momento, siempre que lo notifique con una antelación mínima de un (1) mes.

11.2. La resolución del presente Contrato conllevará la devolución por cada una de las Partes de cualesquiera documentos, datos, informes, informaciones y cualquier otro tipo de material que le hubieran sido suministrados por la otra y sobre los cuales, en virtud del presente Contrato, no correspondiese a aquélla derecho alguno.

11.3. La resolución anticipada del Contrato o el transcurso del plazo establecido o de cualquiera de sus prórrogas no dará a las Partes derecho a indemnización de ningún tipo, a salvo de los daños y perjuicios que pudieran ser causados a la Parte contraria por dolo o culpa.

Asimismo, queda bien entendido entre las Partes que la resolución anticipada de cualesquiera servicios de alojamiento, mantenimiento informático y soporte técnico de las Herramientas no implica, salvo indicación en contrario, la resolución de la totalidad de los Servicios prestados por la Empresa a la Agencia en virtud del presente Contrato.

11.4. Cualesquiera materiales y contenidos generados por la Empresa en el marco de su relación con la Agencia, incluyendo expresamente las Herramientas desarrolladas, pertenecerán en exclusiva a la Agencia, sin que corresponda cantidad adicional alguna a la Empresa como consecuencia de la resolución anticipada por cualquier causa del Contrato.

DUODÉCIMA.– Cesión y subcontratación.

12.1. Este Contrato es *intuitu personae* para la Empresa, y por tanto ésta no podrá ceder, traspasar o subrogar a terceros, ni subcontratar con ellos, los derechos y obligaciones derivados de este Contrato, ni utilizar para la ejecución de las actividades a ninguna otra sociedad o grupo sin el expreso consentimiento y autorización de la Agencia.

Para que dicha cesión resulte válida, el cesionario deberá suscribir el presente Contrato, o manifestar expresamente por escrito que se subroga en los derechos y obligaciones derivados del mismo.

12.2. La subcontratación por parte de la Empresa de servicios contemplados en este Contrato no afectará a sus obligaciones adquiridas, y responderá frente a la Agencia de las actuaciones del personal de los subcontratistas.

Sin perjuicio de lo anterior, la Empresa exigirá por escrito a sus subcontratistas idénticas obligaciones y responsabilidades relativas a aspectos sociales, laborales, legales y de confidencialidad que se recogen en el presente Contrato.

12.3. No obstante, lo señalado en los párrafos anteriores, no se reputará cesión ni subcontratación la transmisión de los derechos y obligaciones dimanantes del presente Contrato en favor de cualquier entidad integrada en el grupo de sociedades al que pertenece la Agencia, definido de conformidad con lo dispuesto en el artículo 42 del Código de Comercio, en cuyo caso no se devengará ningún tipo de derecho económico en favor de la Empresa.

DECIMOTERCERA.– Confidencialidad.

13.1. La información contenida en el marco de este Contrato, incluyendo expresamente toda información, *know-how* y conocimientos técnicos respecto las Herramientas desarrolladas en virtud del presente, tiene carácter estrictamente confidencial. Por ello, la confidencialidad en el intercambio de información entre la Agencia y la Empresa se constituye en uno de los pilares de la relación contractual que en este momento se formaliza, e impone las más altas exigencias de protección frente a revelaciones ilegítimas de la misma.

13.2. Cualquier violación de esta necesaria exigencia de confidencialidad constituye una violación de la más básica consideración de buena fe que debe presidir cualquier relación comercial y profesional entre las Partes.

13.3. Los términos del Contrato y la información que la Empresa adquiera como consecuencia de la ejecución del mismo son de naturaleza confidencial y no podrán ser reveladas, ni en todo ni en parte, ni por la Empresa, ni por tercero sin el previo acuerdo de la Agencia, con excepción de las comunicaciones a los asesores financieros y/o jurídicos de cada una de las Partes y de aquellas efectuadas dentro del cumplimiento de obligaciones legales o demandas de información efectuadas por las autoridades administrativas o judiciales competentes.

13.4. La Empresa se obliga a mantener estricta confidencialidad sobre todos aquellos datos, documentación y demás información que hayan sido suministrados por la Agencia, incluyendo información respecto las Herramientas, *know-how*, su funcionamiento o conocimientos adquiridos en virtud de las mismas, o a que la Empresa hubiera tenido acceso, en o para la ejecución del Contrato en o para la ejecución del Contrato o que por su propia naturaleza deba ser tratada como tal.

13.5. Tendrá la consideración de información confidencial, a estos efectos, cualesquiera documentos, especificaciones, borradores, muestras, infografías, *know-how*, técnicas, informes y datos de marketing, información de investigación de marketing, estrategias de negocio, marketing y publicidad, informes de ventas, resultados de investigaciones, negociaciones, datos pertenecientes a los productos o negocios de POSTERSCOPE, así como cualquier otro dato expresado de forma oral y/o escrita o en cualquier soporte tangible o intangible referente a la Agencia, y en particular, los programas y/o aplicaciones proporcionados por la Agencia a emplear por la Empresa en el desarrollo de este Contrato, y en particular, todos los datos, resultados obtenidos y *know-how* o saber hacer de las Herramientas que se generen o sean consecuencia de dicho desarrollo, entendiéndose por tal, sin que el siguiente listado tenga carácter limitativo, todos los aspectos relacionados con conocimientos útiles de la Agencia que le permiten tener ventajas competitivas en el mercado y que tienen carácter industrial, tecnológico y/o comercial, y que únicamente podrán ser usados por la Empresa para el fin de este Contrato (en adelante, la "***Información Confidencial***").

Asimismo, la confidencialidad alcanzará a toda la información que, por cualquier medio, llegue a estar a disposición de la Empresa con objeto del presente Contrato, incluyendo todo listado de contactos, clientes o potenciales clientes a que la Empresa pudiera tener acceso durante la vigencia del presente Contrato y relacionado con el objeto del mismo.

13.6. Salvo autorización expresa y por escrito de la Agencia, la Empresa deberá:

i. limitar el acceso a cualquier Información Confidencial recibida estrictamente a aquellos de sus empleados que, a efectos de la adecuada prestación de los Servicios objeto del presente Contrato, tengan necesidad de tener conocimiento de la misma;

ii. advertir a aquellos de sus empleados que tengan acceso a la Información Confidencial de la naturaleza confidencial de la misma y de las obligaciones contraídas con arreglo al presente Contrato;

iii. adoptar las medidas oportunas para garantizar que aquellos de sus empleados que tengan acceso a la Información Confidencial cumplan con las obligaciones derivadas de este Contrato;

iv. responder solidariamente de cualquier incumplimiento de las obligaciones de este Contrato por parte de sus empleados;

v. proteger la Información Confidencial recibida empleando un grado máximo de diligencia, que en ningún caso será inferior al grado de diligencia empleada por la Empresa para proteger su propia información o material confidenciales;

vi. no revelar la Información Confidencial a terceros;

vii. utilizar la Información Confidencial recibida únicamente para la adecuada prestación de los Servicios objeto del presente Contrato;

viii. no divulgar o explotar, sea cual fuere la modalidad, la Información Confidencial suministrada por la Agencia y los resultados o relaciones derivados de la misma con ocasión del desarrollo de este Contrato;

ix. no confeccionar copias o duplicados de la Información Confidencial.

A tales efectos, la Empresa se compromete a no emplear la Información Confidencial a otros efectos distintos de los derivados de este Contrato, y acuerda no cederla, revelarla, entregarla o suministrarla, ya sea en todo o en parte, a terceros, no pudiendo reproducirla, utilizarla, venderla, licenciarla, exponerla, publicarla o revelarla de cualquier forma sin autorización expresa de la Agencia.

13.7. En caso de finalización de este Contrato, por cualquier causa, la Empresa se compromete a hacer entrega a la Agencia, de forma inmediata, de toda la Información Confidencial que, como consecuencia de este Contrato, obre en su poder o en poder de sus empleados, sin que la Empresa tenga derecho a retener copia alguna de la mencionada Información Confidencial.

13.8. Las restricciones relativas al uso, reproducción, transmisión o acceso a la Información Confidencial no serán de aplicación en los casos en que la información:

i. fuera de dominio público antes de la fecha del presente Contrato o deviniese accesible públicamente en publicación impresa o en publicaciones de general circulación, sin que en dicha circunstancia hubiese intervenido incumplimiento alguno de la Empresa;

ii. deba ser obligatoriamente facilitada en virtud de disposición legal o por resolución válidamente emitida por cualquier autoridad administrativamente competente, tribunal u órgano jurisdiccional, legalmente facultado para obligar a tal disponibilidad, únicamente en cuanto a la información que deba ser facilitada, siempre y cuando la Empresa, así requerida, notifique inmediatamente a la Agencia de la recepción de tal requerimiento, a fin de que la Empresa pueda evaluar si existe posibilidad de eludir el mismo o pueda prestar cualquier apoyo razonablemente solicitado por la Agencia.

iii. haya sido su transmisión a terceros aprobada o consentida previamente y por escrito, con carácter general y sin restricciones, por la Agencia.

13.9. La Empresa se declara solidariamente responsable frente a la Agencia de cualquier violación cometida por sus actuales accionistas o socios, administradores o gerentes, empleados o por las personas por las que deba responder civilmente.

13.10. La presente Estipulación de confidencialidad tendrá validez durante la vigencia del Contrato y subsistirá y permanecerá en vigor, de manera indefinida, tras la terminación y/o resolución del presente Contrato. La Empresa se compromete además a no registrar ni utilizar ningún logotipo, nombre comercial, marca o signo distintivo asociado a las Herramientas, incluido el nombre o características del mismo, que gozan igualmente de la consideración de Información Confidencial.

DECIMOCUARTA.– Protección de datos.

14.1. La identificación de las Partes es un requisito necesario para la formalización del presente Contrato, por lo que no podrá llevarse a cabo el mismo sin que concurra el citado requisito. Por ello, cada una de las Partes queda informada de que los datos de contacto de sus representantes y empleados, serán tratados por la otra parte con la finalidad de permitir el desarrollo, cumplimiento y control de la relación de prestación de servicios concertada, siendo la base del tratamiento el cumplimiento de la relación contractual y conservándose los datos durante todo el tiempo en que esta subsista y aún después, hasta que prescriban las eventuales responsabilidades derivadas de ella.

Los datos de las Partes podrán ser comunicados a los bancos y cajas de ahorros para la gestión de cobros y pagos y a la Agencia Tributaria y demás Administraciones Públicas, a los efectos de llevar a cabo las declaraciones tributarias correspondientes y cumplir con sus respectivas obligaciones legales de conformidad con la normativa vigente.

14.2. En el caso de que fuese a producirse algún tipo de acceso a datos de carácter personal, las Partes se comprometen a:

i. Cumplir con la normativa relativa a protección de datos de carácter personal que sea de aplicación, tanto a nivel europeo, esto es, el Reglamento General de Protección de Datos 2016/679 del Parlamento Europeo y del Consejo (en adelante, "***RGPD***"), como la normativa española vigente.

ii. Firmar el correspondiente ***Anexo III*** de acceso a datos de carácter personal, de acuerdo con lo previsto en la normativa aplicable.

Asimismo, las Partes entienden que cualquier Información Confidencial consistente en datos de carácter personal se encuentra sujeta a regulación específica del Derecho europeo y español y que será revelada para propósitos directamente relacionados con las actividades legítimas de las Partes. Asimismo, tal revelación tendrá únicamente el alcance permitido de conformidad con el RGPD y cualquier otra normativa española que resulte aplicable. Antes de llevar a cabo cualquier acceso, cesión o transferencia internacional de datos de carácter personal, las Partes estudiarán si los mismos se encuentran permitidos y de las precauciones a adoptar.

En cualquier caso, las Partes tendrán en cuenta en cada caso si el acceso, la cesión o la transferencia internacional de datos de carácter personal es estrictamente necesaria, si los datos de carácter personal pueden ser separados de la restante Información Confidencial y si los datos de carácter personal pueden ser sujetos a un proceso de disociación antes de dicho acceso, cesión o transferencia internacional.

En todo caso, las Partes, en lo referente al tratamiento de los datos de carácter personal a los que tuvieran acceso, incluidos en los referidos ficheros, se comprometen a cumplir sus obligaciones de confidencialidad, prohibición de cesión a terceros y establecimiento de medidas técnicas y organizativas necesarias y adecuadas, así como a que todos sus empleados o cualquier tercero del que traigan causa que puedan tener acceso a documentos o Información Confidencial, asuman tales compromisos de secreto y confidencialidad y el cumplimiento de la legislación en materia de protección de datos tanto a nivel europeo como la normativa española vigente.

14.3. Las Partes podrán solicitar el acceso a los datos personales, su rectificación, su supresión, su portabilidad y la limitación de su tratamiento, así como oponerse al mismo, en la dirección postal de la otra Parte que figura en el encabezamiento de esta Adenda, dirigiendo un escrito a la atención del Delegado de Protección de Datos de la otra Parte, así como en su caso, formular una reclamación ante la Agencia Española de Protección de Datos (www.aepd.es).

DECIMOQUINTA.– Anticorrupción.

15.1. Las Partes se obligan, durante la vigencia del presente Contrato y en el desarrollo de sus obligaciones asumidas en virtud del mismo, a (i) no incurrir en conducta alguna que pudiera estar tipificada en cualquiera de los delitos tipificados en el Código Penal, concretamente en su Título XIX, Capítulos V, VI y VII, es decir, en los delitos de cohecho, tráfico de influencias o malversación, entre otros, así como a (ii) cumplir estrictamente con todas las leyes y normativa aplicables en el Territorio relativa a anti-soborno y anti-corrupción, incluyendo la Ley Anti-corrupción británica *(Bribery Act 2010)* y lo estipulado en el Convenio de la OCDE de lucha contra la corrupción de agentes públicos extranjeros en las transacciones comerciales internacionales, obligándose, durante la prestación de los Servicios objeto del presente Contrato, a no ofrecer dádiva o promesa, o a prevalerse de su relación personal con cualquier autoridad o funcionario público, con el fin de obtener un rendimiento o beneficio ilícito bien a su favor bien a favor de la otra Parte.

15.2. A este respecto, y con el objeto de cumplir con la obligación descrita en el párrafo anterior, las Partes se obligan a implementar las medidas, procedimientos y políticas internas oportunas para lograr este fin.

DECIMOSEXTA.– Notificaciones.

Cualquier notificación o comunicación que deba efectuarse entre las Partes se realizará en el domicilio señalado por cada una de ellas en el encabezamiento de este Contrato, obligándose a notificar su cambio en caso de que éste se llegase a producir. Sin perjuicio de ello, las comunicaciones y notificaciones que deban efectuarse como consecuencia del presente Contrato se realizarán por escrito y se remitirán por correo, telefax, correo electrónico o cualquier otro medio que permita tener constancia de su envío y recepción por el destinatario.

DECIMOSÉPTIMA.– Miscelánea.

17.1. Este Contrato constituye la totalidad de lo pactado por las Partes en relación con el objeto del mismo, y sustituye a cualesquiera otros acuerdos, convenios, antecedentes, negociaciones, y cualesquiera otras comunicaciones, verbales o escritos, existentes entre las Partes hasta la fecha de firma del presente Contrato y que estuviesen relacionados con el objeto del mismo.

Todos los Anexos que pudieran acompañarse formarán parte integrante del presente Contrato, al que complementarán y desarrollarán. No obstante, lo anterior, lo dispuesto en el texto del presente Contrato prevalecerá, en cuanto existiera contradicción, sobre lo establecido en los Anexos que se pudieran acompañar al mismo, a excepción de lo previsto expresamente en las Hojas de Encargo, de conformidad con lo indicado en la Estipulación Primera de este Contrato.

17.2. Este Contrato podrá ser modificado únicamente mediante acuerdo por escrito entre las Partes, debidamente firmado por sus representantes legales, careciendo de validez y eficacia cualquier modificación del mismo que no se recoja conforme a lo indicado en el presente apartado.

17.3. En el caso de que alguna de las Estipulaciones del presente Contrato fuese declarada nula y sin efecto, en todo o en parte, dicha nulidad no afectará a la validez del resto del Contrato o de las demás disposiciones del mismo en base a los deseos de las Partes, permaneciendo dichas disposiciones en vigor sin que queden afectadas por dicha declaración de nulidad.

La Estipulación declarada nula o anulable será, de común acuerdo entre las Partes, sustituida por una nueva que la supla, o interpretada de un modo legalmente aceptable, que sea de un tenor lo más aproximado posible a la estipulación que las Partes habrían formalizado de haber tenido conocimiento de la ineficacia de la estipulación en cuestión.

17.4. Los encabezamientos de las distintas Estipulaciones son meramente informativos y no afectarán, calificarán o ampliarán la interpretación del presente Contrato.

17.5. El no ejercicio o ejecución por parte de cualquiera de las Partes de cualquier derecho o disposición contenido en el presente Contrato no constituirá una renuncia al mismo, salvo reconocimiento y acuerdo por escrito por su parte.

DECIMOCTAVA.– Legislación aplicable y Jurisdicción competente.

18.1. Las Partes acuerdan que la interpretación del presente Contrato, así como la resolución de los conflictos que pudieran surgir entre ellas como consecuencia del mismo, se regirán por la Ley española.

18.2. Asimismo, para cuantas cuestiones se deriven del presente Contrato, las Partes, con expresa y voluntaria renuncia al fuero propio que pudiera corresponderles, se someten expresa y voluntariamente a los Tribunales de la ciudad de [ciudad].

Y en prueba de conformidad con cuanto antecede y con voluntad de obligarse, las Partes firman el presente documento en duplicado ejemplar y a un solo efecto en el lugar y fecha indicados en el encabezamiento.

La AGENCIA	**La EMPRESA**
____________________	____________________
D./Dª. [nombre del representante]	D./Dª. [nombre del representante]
____________________	
D./Dª. [nombre del representante]	

ANEXO I
ESPECIFICACIONES TÉCNICAS Y CONDICIONES COMERCIALES

[...]

ANEXO II
ENTREGA DE LAS HERRAMIENTAS

En ...., a [día] de [mes] de [año].

DOCUMENTO DE ENTREGA DE LA APLICACIÓN INFORMÁTICA

REUNIDOS

De una parte**, [DENOMINACIÓN SOCIAL DE LA AGENCIA]**, con domicilio social en [dirección], provista de CIF núm. [XXX] e inscrita en el Registro Mercantil de [ciudad]; debidamente representada en este acto por D./Dña. [nombre y apellidos del representante], mayor de edad, de nacionalidad [nacionalidad], con pasaporte de su nacionalidad núm. [XXXXX], en calidad de apoderado [mancomunado/solidario/único] de la sociedad, según consta en escritura de apoderamiento, otorgada en fecha [fecha] ante el Notario de [ciudad], D./Dña. [nombre del notario], bajo el número [XXX] de su protocolo (en adelante, la "***Agencia***").

Y, de otra parte, **[DENOMINACIÓN SOCIAL DE LA EMPRESA-CLIENTE]**, con domicilio social en [dirección], provista de CIF núm. [XXX] e inscrita en el Registro Mercantil de [ciudad]; debidamente representada en este acto por D./Dña. [nombre y apellidos del representante], mayor de edad, de nacionalidad [nacionalidad], con pasaporte de su nacionalidad núm. [XXXXX], en calidad de apoderado [mancomunado/solidario/único] de la sociedad, según consta en escritura de apoderamiento, otorgada en fecha [fecha] ante el Notario de [ciudad], D./Dña. [nombre del notario], bajo el número [XXX] de su protocolo (en adelante, la "***Empresa***").

En adelante, conjuntamente denominadas las "***Partes***".

DECLARAN

I. Que en fecha [día] de [mes] de [año], las Partes suscribieron un contrato de desarrollo y mantenimiento de aplicación informática, por el que la Empresa se comprometía a realizar la entrega a la Agencia de una herramienta informática para la obtención de información sobre las mejores zonas para planificar el medio exterior en función de una audiencia definida (en adelante, la "***Herramienta***").

II. Que en el citado contrato la Empresa cedía a la Agencia todos los derechos de explotación de propiedad intelectual e industrial sobre la Herramienta.

III. Que, en este acto, la Empresa entrega a la Agencia la Herramienta con todos sus elementos y documentos según se especifica a continuación:

1. El Soporte Informático [...] [*indicar tipo de soporte*], con el código fuente, código objeto, manuales de uso, documentación preparatoria y diagramas de flujo de la Herramienta y sus pruebas, entorno de generación del ejecutable a partir del código fuente, entorno de control de versiones y el resto de documentación.
2. Guía Técnica de la Herramienta, que incluye el diseño de la misma, descripción de la codificación de la Herramienta y guía de pruebas que garantizan su correcto funcionamiento.
3. Manual del Usuario, con la información necesaria para que los usuarios utilicen correctamente la Herramienta, desglosado por los diferentes perfiles de usuario.
4. Guía de Instalación, en su caso, con la información necesaria para realizar la implementación de la Herramienta en los sistemas informáticos requeridos.
5. Guía de Soporte, con la información necesaria para realizar el mantenimiento de la Herramienta.
6. Tarjeta de Garantía, donde se especifica el período de garantía, condiciones y exclusiones de la misma conforme al contrato celebrado.

IV. Que la Agencia recibe la Herramienta con todos sus elementos y su documentación anteriormente detallados.

V. Que las Partes dan por realizada la entrega de la Herramienta pactada en su día.

Y en prueba de conformidad con cuanto antecede y con voluntad de obligarse, las Partes firman el presente documento en duplicado ejemplar en el lugar y fecha indicados en el encabezamiento. Las Partes unirán este documento a la copia del contrato citado en el encabezamiento.

La AGENCIA	**La EMPRESA**
D./Dª. [nombre del representante]	D./Dª. [nombre del representante]
D./Dª. [nombre del representante]	

ANEXO III
CONTRATO DE ACCESO A DATOS DE CARÁCTER PERSONAL

(A cumplimentar en caso de que las Partes accedan a datos de carácter personal)

F137. CONTRATO DE EMPLAZAMIENTO PUBLICITARIO DE PRODUCTO EN VIDEOCLIP

En [ciudad], a [día] de [mes] de [año].

INTERVIENEN

De una parte, **[DENOMINACIÓN SOCIAL DE LA AGENCIA]**, con domicilio social en [dirección], provista de CIF núm. [XXX] e inscrita en el Registro Mercantil de [ciudad]; debidamente representada en este acto por D./Dña. [nombre y apellidos del representante], mayor de edad, de nacionalidad [nacionalidad], con pasaporte de su nacionalidad núm. [XXXXX], en calidad de apoderado [mancomunado/solidario/único] de la sociedad, según consta en escritura de apoderamiento, otorgada en fecha [fecha] ante el Notario de [ciudad], D./Dña. [nombre del notario], bajo el número [XXX] de su protocolo (en adelante, la "***AGENCIA***").

Y, de otra parte, **[DENOMINACIÓN SOCIAL DE LA DISCOGRÁFICA]**, con domicilio social en [dirección], provista de CIF núm. [XXX] e inscrita en el Registro Mercantil de [ciudad]; debidamente representada en este acto por D./Dña. [nombre y apellidos del representante], mayor de edad, de nacionalidad [nacionalidad], con pasaporte de su nacionalidad núm. [XXXXX], en calidad de apoderado [mancomunado/solidario/único] de la sociedad, según consta en escritura de apoderamiento, otorgada en fecha [fecha] ante el Notario de [ciudad], D./Dña. [nombre del notario], bajo el número [XXX] de su protocolo (en adelante, la "***DISCOGRÁFICA***").

Aseguran los comparecientes conforme intervienen que los poderes, cargos y facultades con los que actúan, son suficientes para suscribir el presente contrato, se hayan vigentes y que no les han sido revocados, limitados ni suspendidos y, en adelante, conjuntamente denominadas las "***Partes***" y cada una de ellas una "***Parte***"

EXPONEN

I.- Que la DISCOGRÁFICA, en su condición de productor de fonogramas y grabaciones audiovisuales, ostenta en exclusiva y para todo el mundo los derechos de Propiedad Intelectual y de explotación relativos a las interpretaciones musicales de D./Dña. [nombre y apellidos del artista], artísticamente conocido como [nombre/apodo artístico] (en adelante, "***ARTISTA***"), así como los derechos de imagen y nombre relativos a éste, ostentando igualmente en exclusiva para este acto, los derechos de representación artística (*management*) de ARTISTA.

II.- Que la AGENCIA actúa en el presente contrato como principal y por mandato de **[DENOMINACIÓN SOCIAL DEL ANUNCIANTE]** (en adelante la "***MARCA***") y esta última está interesada en contar con la participación de **ARTISTA** para utilizar su imagen y su nombre para la promoción de su bebida refrescante denominada "**[MARCA/PRODUCTO DEL ANUNCIANTE]**" (en adelante, el "***PRODUCTO***"). Dicha participación se realizará mediante la inserción del PRODUCTO en el próximo videoclip que se realizará relativo a la grabación fonográfica de ARTISTA titulada ""**[TÍTULO DE LA CANCIÓN/SINGLE DEL ARTISTA]**" (en adelante el "***VIDEOCLIP***") de acuerdo con lo establecido en el presente Contrato.

III.- Que puestas previamente de acuerdo todas las partes, de sus libres y espontáneas voluntades han decidido otorgar el presente contrato de colaboración, que se ajustará en su ejecución a las siguientes

ESTIPULACIONES

PRIMERA.– Objeto del Contrato.

Es objeto del presente contrato regular la inserción del **PRODUCTO** – *product placement* – en el **VIDEOCLIP** y que será grabado el [día] de [mes] de [año], así como regular y establecer las condiciones para vincular la imagen y nombre de ARTISTA con el PRODUCTO, mediante la realización de diferentes actividades, todo ello a cambio de la contraprestación económica que se detalla más adelante.

SEGUNDA.– Condiciones del emplazamiento.

a) GRABACIÓN DEL VIDEOCLIP.

La DISCOGRÁFICA se compromete a llevar a cabo, por su cuenta y riesgo, la grabación y producción del VIDEOCLIP del ARTISTA y en el que realizará el emplazamiento del PRODUCTO, y que será explotado comercialmente a través de los canales habituales de explotación de videoclips musicales sin que, a tales efectos, la DISCOGRÁFICA pueda garantizar la difusión del VIDEOCLIP que se grabe al amparo del presente acuerdo por estar condicionada, dicha difusión y/o explotación a las necesidades del mercado. No obstante, lo anterior, si por cualquier motivo la DISCOGRÁFICA no emitiera el VIDEOCLIP en su canal de [especificar el canal oficial del ARTISTA y/o la DISCOGRÁFICA en RRSS: YouTube, TikTok, etc.], la AGENCIA tendrá derecho a resolver el presente contrato, devolviéndose a AGENCIA la contraprestación establecida en la cláusula cuarta del presente contrato.

La inserción del PRODUCTO en el VIDEOCLIP habrá de realizarse con una duración mínima de cuatro (4) segundos y máxima de seis (6) segundos, debiendo el ARTISTA [especificar aquí la acción que debe realizar el ARTISTA con respecto al PRODUCTO, para promocionarlo]. En todo caso, la inserción del PRODUCTO en el VIDEOCLIP no podrá:

- Adquirir un protagonismo y/o presencia destacada en el transcurso del VIDEOCLIP.
- Afectar al "discurso narrativo" del VIDEOCLIP, debiendo aparecer el PRODUCTO perfectamente integrado en situaciones cotidianas.
- Ningún interviniente en el VIDEOCLIP (incluido ARTISTA) puede incitar directa/indirectamente a la compra, adquisición y/o arrendamiento de bienes o servicios, realizar promociones concretas de éstos o dar prominencia indebida al PRODUCTO.
- Hacer referencia hablada al PRODUCTO.

En la medida de lo posible y dentro de las directrices señaladas, la DISCOGRÁFICA tratará de que la aparición del PRODUCTO sea clara y centrada.

Para la adecuada integración del PRODUCTO en el VIDEOCLIP, la AGENCIA cederá gratuitamente a la DISCOGRÁFICA un número razonable de unidades del PRODUCTO.

b) OTRAS ACCIONES.

La AGENCIA proporcionará a la DISCOGRÁFICA un PRODUCTO de *merchandising* de la MARCA para que lo firme el ARTISTA y lo devuelva a la AGENCIA para que la MARCA pueda ofrecerlo en la tienda virtual para fans de la MARCA [especificar aquí la URL/enlace a la web del PRODUCTO, de la MARCA, etc.]. Asimismo, a efectos publicitarios de dicho PRODUCTO en la tienda virtual y su difusión en los perfiles sociales de la MARCA, la DISCOGRÁFICA proporcionará una fotografía con la imagen del ARTISTA posando junto con dicho producto de *merchandising* de la MARCA.

- El ARTISTA deberá realizar [número en letra] (XX) post en sus perfiles de redes sociales, incluyendo el #*hashtag* a determinar por la AGENCIA, así como la mención (@MARCA) a los perfiles de la MARCA.

La DISCOGRÁFICA se compromete a enviar a la AGENCIA una captura de pantalla de los datos analíticos de cada una de las publicaciones realizadas por el ARTISTA en todas sus redes sociales, en el marco del presente contrato, con el fin de que la AGENCIA y la MARCA puedan comprobar el impacto publicitario de las mismas.

c) TITULARIDAD DEL VIDEOCLIP Y DERECHOS DE AUTOR.

Sin perjuicio de todo lo anterior, queda entendido que la propiedad del VIDEOCLIP será ostentada en exclusiva y para todo el mundo, por la DISCOGRÁFICA, pudiendo explotarlo sin restricciones ni limitaciones de ningún tipo.

Queda aclarado que el presente acuerdo, no contempla ni se refiere a la autorización para el ejercicio de los derechos de los derechohabientes de la obra musical contenida en el VIDEOCLIP, quedando los mismos excluidos del presente acuerdo.

TERCERA.– Duración y Territorio de explotación del VIDEOCLIP.

La explotación del VIDEOCLIP que incorpore la imagen del PRODUCTO se podrá llevar a cabo por parte de la DISCOGRÁFICA durante el máximo plazo de protección que otorguen las leyes a los productores de fonogramas en todos los países del mundo.

El presente Contrato entrará en vigor desde la fecha de su firma, y terminará en el momento que se complete la última de las acciones descritas en el apartado b) de la cláusula Segunda.

CUARTA.– Retribución por los servicios pactados.

El importe total por las acciones especificadas en este contrato asciende a **[IMPORTE EN LETRAS] EUROS (XXX.-€)** más los impuestos aplicables, de los cuales, [IMPORTE en letras] (XX.-€) serán abonados en concepto autorización de uso de derechos de imagen del ARTISTA y el restante ([IMPORTE en letras] (XX.-€)) por la prestación de servicios objeto del presente.

La cantidad total acordada será abonada a la DISCOGRÁFICA por parte de la AGENCIA, a treinta/sesenta (30/60) días después de la emisión y entrega de la pertinente factura, todo ello mediante transferencia bancaria.

QUINTA.– Protección de datos y confidencialidad.

Los datos personales de las personas físicas que intervengan en la firma y ejecución del presente Contrato, ya sea en su propio nombre o en nombre y representación de las Partes, se incorporarán a ficheros de los que es responsable la otra Parte, para el desarrollo de la relación contractual y el cumplimiento de obligaciones legales, en consecuencia, la base jurídica es el cumplimiento de la relación contractual. Dichos datos solo serán tratados mientras se encuentre en vigor la presente relación contractual y durante los 6 años posteriores o el período en que puedan ser legal o contractualmente exigibles. Cada Parte podrá ceder los datos, con sujeción al cumplimiento de lo dispuesto en el RGPD (Reglamento (UE) 2016/679 de 27 de abril de 2016) en lo referente a las transferencias internacionales de datos, finalidad de la cesión, consentimiento y ejercicio de derechos de los interesados- a las entidades de gestión de derechos de propiedad intelectual y a aquellas empresas que participen en la explotación objeto del presente Contrato en la medida necesaria para su ejecución, ya se encuentren dentro o fuera de la Unión Europea (por ejemplo, discográficas y otras empresas del grupo [especificar el grupo empresarial al que pertenece la DISCOGRÁFICA], en cuyo caso se notificará de las medidas que se hayan tomado para garantizar los niveles mínimos de protección de los mencionados datos) Asimismo, se informa que terceras empresas que prestan servicios de gestión a cada una de las Parte podrán tener acceso a dichos datos en el marco de la prestación del mencionado servicio. El titular de los datos personales podrá ejercitar los derechos de acceso, rectificación, oposición, limitación, portabilidad y supresión respecto del tratamiento del que cada

Parte es responsable, dirigiéndose por escrito a la dirección de la otra Parte que figura en el encabezamiento. En el caso de la Agencia el titular de los datos se podrá poner en contacto a través de la dirección .... Asimismo, cualquiera de las Partes podrá interponer una reclamación ante las autoridades competentes en materia de protección de datos.

Las Partes se obligan a mantener estricta confidencialidad respecto de los términos y condiciones del presente contrato, así como cualquier otra información intercambiada entre las Partes en relación con el mismo, obligándose las Partes a no revelar dichos términos y condiciones a tercero alguno, excepto que así fuera requerido en procedimiento judicial, en cuyo caso igualmente las Partes se obligan mutuamente a comunicarse tal circunstancia. En caso de no atender alguna de las Partes a la obligación de confidencialidad aquí establecida, la parte agraviada se reservará la facultad de resolver el presente contrato, sin perjuicio de su derecho de reclamar cualesquiera daños y perjuicios de acuerdo con lo establecido por la legislación vigente.

SEXTA.– Propiedad industrial.

La DISCOGRÁFICA queda autorizada expresamente para la utilización en el VIDEOCLIP de las marcas relativas al PRODUCTO que le indique la MARCA, al objeto de poder llevar a cabo exclusivamente el *product placement* que motiva este contrato.

Igualmente, la AGENCIA y la MARCA quedan autorizadas, expresamente para la utilización del VIDEOCLIP en sus presentaciones profesionales y exposición de porfolios profesionales.

SÉPTIMA.– Derechos de Imagen.

El presente Contrato incluye la autorización de uso de la imagen del ARTISTA para su uso en el producto de *merchandising*. La AGENCIA deberá recabar la aprobación del ARTISTA a la imagen que se utilice en el producto de *merchandising* y en los soportes indicados en la cláusula Segunda apartado b) y, en particular, para la publicación de la imagen del ARTISTA en la tienda virtual para fans de la MARCA.

OCTAVA.– Responsabilidad y garantías.

La DISCOGRÁFICA será el único responsable de la integración del PRODUCTO en el VIDEOCLIP, siendo igualmente responsable del cumplimiento de las previsiones y límites legales aplicables a las actividades desarrolladas en virtud del presente contrato, manteniendo indemne a la AGENCIA y a la MARCA en todo momento frente a posibles reclamaciones judiciales y extrajudiciales de terceros respecto de la integración de la MARCA y/o PRODUCTO en el VIDEOCLIP.

La DISCOGRÁFICA será responsable de obtener todos los permisos, autorizaciones o cesiones de derechos de propiedad intelectual, propiedad industrial e imagen de todos los participantes en el VIDEOCLIP y cualesquiera otros que sean necesarios con el alcance que, en su caso, fuese necesario a efectos de ejecutar el objeto del presente contrato.

En línea con el párrafo precedente, la DISCOGRÁFICA garantiza ostentar la titularidad del VIDEOCLIP y los elementos que las integren, bien por ser producción propia o por haber obtenido los derechos de terceros, y se compromete a adquirir la totalidad de las autorizaciones y cesiones de los derechos de propiedad intelectual, industrial, de imagen, manifestando que, sobre los mismos, no existen cargas o gravámenes de ningún tipo. Asimismo, la DISCOGRÁFICA será responsable de la gestión y el pago que haya realizar, en su caso, a las editoriales derivado de la vinculación de la MARCA con las obras musicales incluidas en el VIDEOCLIP.

La DISCOGRÁFICA responderá frente a la AGENCIA con motivo de cualquier acción o reclamación ejercitada por terceros fundamentada en la titularidad de derechos sobre el VIDEOCLIP y cualquiera de los elementos que las componen, así como del resto de acciones publicitarias contempladas en el presente contrato.

NOVENA.– Notificaciones.

Todas las notificaciones que cualquiera de las partes deba dirigir a la otra, de conformidad con las condiciones establecidas en el presente contrato, se efectuarán por escrito y se enviarán de forma que se tenga la seguridad de que han llegado a su destino.

Se establece como domicilio y representante de las Partes a efectos de notificaciones las personas físicas que firman el presente contrato en representación de sus respectivas sociedades partes de este contrato y en los domicilios indicados más arriba.

A efectos prácticos, las Partes podrán realizar comunicaciones y notificaciones por correo electrónico o fax siempre que exista confirmación expresa de recepción por la otra parte.

DÉCIMA.– Nulidad parcial y buena fe. Incumplimiento y resolución.

Si un tribunal de justicia o cualquier autoridad competente declarase nula o ineficaz cualquier cláusula del presente contrato, el resto del contrato mantendrá su plena vigencia y eficacia, salvo en el supuesto de que la cláusula declarada nula o ineficaz fuera de naturaleza sustancial para el contrato de manera que se frustraran los objetivos económicos, jurídicos y comerciales perseguidos por las partes.

En caso de que la cláusula declarada nula o ineficaz no fuera de naturaleza sustancial, las partes, de buena fe, tratarán de sustituir la misma por otra válida y legalmente exigible que logre, en la máxima medida posible, los objetivos perseguidos por las partes en la cláusula nula o ineficaz.

Cualquiera de las partes podrá proceder a la resolución unilateral del presente Contrato en caso de fuerza mayor que impidiera a la otra el cumplimiento de obligaciones adquiridas en virtud del presente Contrato.

La resolución del presente Contrato, cualquiera que sea su causa, no afectará o limitará en modo alguno los derechos que la Ley de Propiedad Intelectual reconoce a la DISCOGRÁFICA en su condición de productor fonográfico del VIDEOCLIP y en concreto el derecho de propiedad que la DISCOGRÁFICA ostenta sobre el VIDEOCLIP.

Además de por las causas legalmente previstas, en el caso de que cualesquiera de las partes incumpliera alguna de las obligaciones asumidas por ella en virtud de este contrato, la contraparte podrá resolver el mismo de manera anticipada, siempre que la Parte que inste la resolución hubiese cumplido sus obligaciones y haya requerido previamente a la Parte incumplidora el cumplimiento de la obligación u obligaciones incumplidas y, transcurridos treinta (30) días desde la recepción de tal requerimiento, la Parte incumplidora no hubiese subsanado el incumplimiento de que se trate, sin perjuicio todo ello, del resarcimiento de los daños y perjuicios que la parte cumplidora hubiera sufrido como consecuencia de la conducta de la incumplidora.

UNDÉCIMA.– Ley aplicable.

Para lo no previsto en este contrato las partes actuarán con arreglo a la legislación vigente y en este sentido las Partes acuerdan que la interpretación del presente contrato, así como la resolución de los conflictos que pudieran surgir entre ellas como consecuencia del mismo, se regirán por la Ley española. Los posibles litigios se resolverán sometiéndose a los Tribunales de [ciudad] renunciando las partes a cualquier otro foro que pudiera corresponderles.

Sin perjuicio de lo anterior, las partes se comprometen a realizar sus mejores esfuerzos para resolver de forma amistosa y de buena fe sus diferencias antes de recurrir a los órganos jurisdiccionales competentes.

Y en prueba de conformidad, por cuanto antecede, ambas partes de común acuerdo firman el presente documento por duplicado, en el lugar y fecha indicados en el encabezamiento.

Por la DISCOGRÁFICA

____

D./Dña. [nombre y apellidos del representante]

Por la AGENCIA

____

D./Dña. [nombre y apellidos del representante]

VI.2. INFLUENCERS Y CREADORES DE CONTENIDO

F138. HOJA DE ENCARGO A INFLUENCER CON INTERMEDIARIO

En [ciudad], a [día] de [mes] de [año].

Esta Hoja de Encargo constituye un encargo y ejecución de servicios para la campaña [Especificar la denominación de la campaña] (en adelante, la "**Campaña Publicitaria**"), que se ejecuta a favor del anunciante [Rellenar la marca del anunciante] (en adelante, el "**Cliente**"), rigiéndose por lo siguiente:

<table>
<tr><td>AGENCIA
Denominación social: [XXX]
CIF: [XXX]
Dirección: [XXX]</td><td></td><td>PROVEEDOR
Denominación social: [denominación social completa ej. Influencers, S.A.]
CIF: [XXX]
Dirección: [XXX]</td></tr>
<tr><td colspan="3"></td></tr>
<tr><td colspan="3">DESCRIPCIÓN DE LOS SERVICIOS

El Proveedor se compromete a contratar los siguientes creadores de contenido (en adelante, el "Influencer") para la prestación de servicios:

[Incorporar los Influencers que prestarán los servicios. Es importante incluir datos suficientes para poder identificar a los mismos.]

El Influencer realizará las siguientes acciones en el marco de su participación en la Campaña Publicitaria:

[Incorporar las publicaciones que los Influencers tendrán que realizar, las redes sociales donde se realizará la publicación, así como los datos específicos sobre el producto, la duración del vídeo y/o las características de la publicación, la asistencia al rodaje en cuestión, la entrega de un informe sobre los datos de publicación y/o la emisión de las acciones una vez transcurrido un periodo de 1 semana y 1 mes después de haberse llevado a cabo, incluyendo los indicadores y datos solicitados por la AGENCIA, etc., así como la realización de campañas y/o servicios de Paid Media]</td></tr>
<tr><td colspan="3">CALENDARIO DE PUBLICACIONES Y ENVÍO DE CONTENIDOS

A continuación, se incluye un calendario a cumplir por el Proveedor y/o el Influencer en el cual se indica las fechas en las que:

o el Cliente entregará al Proveedor los materiales necesarios para la prestación de servicios;

o [ELIMINAR EN CASO DE QUE EL PROVEEDOR NO TENGA QUE ENVIAR LOS CONTENIDOS PARA PREVIA APROBACIÓN] el Proveedor deberá enviar los contenidos encargados en virtud de la Hoja de Encargo a la AGENCIA, con independencia del formato de dichos contenidos (ya sean vídeos, fotografías, textos, audios, etc.), para la aprobación por parte del Cliente en el plazo de [incluir el plazo ej. con 2 días laborales de antelación];</td></tr>
</table>

- **[ELEGIR UNA OPCIÓN] [OPCIÓN 1:]** [el Cliente autorizará los Contenidos creados o bien solicitará la modificación de los mismos] **[EN CASO DE ELEGIR LA OPCIÓN 1, LA MARCA SERÁ RESPONSABLE DEL CONTENIDO PUBLICITARIO Y CUALQUIER INCUMPLIMIENTO CON LA NORMATIVA VIGENTE]**; **[OPCIÓN 2:]** [el Proveedor publicará los contenidos sin previa aprobación del Cliente o la AGENCIA;]
- el Influencer deberá publicar el Contenido en su cuenta de [definir las RRSS oficiales del influencer] de acuerdo con lo previsto en este documento. Se garantiza la titularidad de los siguientes perfiles del Influencer en redes sociales: [...]

[INCLUIR OTRAS ESPECIFICACIONES EN SU CASO]

[INSERTAR EL CALENDARIO DE PUBLICACIONES Y ENVÍO DE CONTENIDOS]

CONDICIONES ECONÓMICAS

La AGENCIA pagará al Proveedor la cuantía total de [Rellenar la cuantía total a pagar en letras] EUROS ([Rellenar con números] €) más IVA y retenciones legalmente aplicables.

El pago se realizará a la cuenta bancaria indicada por el Proveedor, en el plazo de [sesenta/noventa] ([60/90]) días a contar desde la recepción de la correspondiente factura. La cuantía establecida en el presente documento constituye la contraprestación total por todas las partidas previstas en el presente documento.

CONDICIONES DEL SERVICIO

El Proveedor se compromete a cumplir con los siguientes términos y condiciones durante la prestación del servicio:

- **[OPCIONAL, ELIMINAR EN CASO DE QUE NO PROCEDA]** El Proveedor y el Influencer seguirán los Guidelines e indicaciones del Cliente, adjuntos al presente como Anexo II. **[Incluir el Anexo II con los Guidelines o directrices del Cliente o políticas del cliente]**
- El Cliente o la AGENCIA podrá solicitar la edición de los contenidos creados en el marco de este documento un máximo de [incluir veces que se podrá solicitar la reedición. Ej. tres veces] veces. Reediciones adicionales se pactarán entre las partes, con un coste adicional en su caso.
- El Proveedor garantiza que los contenidos creados y publicados en virtud del presente documento se mantendrán visibles en las correspondientes redes sociales durante un plazo mínimo de [Incluir plazo mínimo. Ej. 6 meses] a contar desde la fecha de publicación de los mismos.
- **[OPCIONAL, ELIMINAR EN CASO DE QUE NO PROCEDA]** Asimismo, el Proveedor garantiza que el Influencer no publicará ningún contenido de ningún tipo dentro de un período mínimo de [ocho (8) (esta cantidad puede variar según el caso)] horas antes y [doce (12) (esta cantidad puede variar según el caso)] horas después de la publicación efectiva de los contenidos y/o materiales desarrollados y publicados en el contexto de la prestación de servicios.

El Proveedor también garantiza que el Influencer no publicará ningún contenido en relación con otras marcas, empresas o particulares, incluido cualquier contenido de carácter personal, el mismo día de la publicación efectiva del contenido creado en el contexto de la prestación de servicios (esta limitación se aplica únicamente a [definir las redes sociales específicas]).

En cuanto a [definir las redes sociales específicas y/o el tipo de publicación de las mismas], los materiales creados en el contexto de la provisión de servicios se publicarán durante el horario de mayor audiencia del Influencer, y este contenido tendrá prioridad y se publicará en primer lugar y antes de cualquier otro tipo de contenido incluido en dicho horario de mayor audiencia.

Además, el Proveedor garantiza que el Influencer no publicará ningún contenido publicitario de otras marcas, empresas o particulares, en ninguna red social o plataforma el mismo día de la publicación efectiva del contenido creado en el contexto de la prestación de servicios.

- **[OPCIONAL, ELIMINAR EN CASO DE QUE NO PROCEDA]** la AGENCIA podrá prescindir de los servicios del Proveedor cuando concurran causas razonables, abonándole un [incluir % correspondiente. Ej. 30%]% de la cuantía acordada en este documento.
- **[OPCIONAL, ELIMINAR O MODIFICAR EN CASO DE QUE NO PROCEDA]** En caso de incumplimiento de lo previsto en esta Hoja de Encargo, el Proveedor responderá frente a la AGENCIA, indemnizándole un [20% (este porcentaje puede variar según el caso)] de la cuantía acordada en este documento.
- **[OPCIONAL, ELIMINAR O MODIFICAR EN CASO DE QUE NO PROCEDA]** la AGENCIA podrá prescindir de los servicios del Proveedor cuando concurran causas razonables, abonándole un [30% (este porcentaje puede variar según el caso)] de la cuantía acordada en este documento.

FUERZA MAYOR

Las partes acuerdan que la AGENCIA quedará eximida de su responsabilidad por el incumplimiento de sus obligaciones como consecuencia de un supuesto de fuerza mayor, entendiéndose como tal aquellos que no hubieran podido preverse o que, pudiendo ser previstos, fueran inevitables.

A los efectos de este documento, serán causas de fuerza mayor cualesquiera actos, omisiones, circunstancias o causas fuera del control de las partes, incluyendo inundación, terremoto, huracán u otro desastre natural, incendio, epidemia o pandemia, guerras, embargos, ataques terroristas, guerra civil, energía nuclear, contaminación química o biológica, cumplimiento de cualquier ley u orden gubernamental, reglamento, regulación, o cualquier medida adoptada por una autoridad gubernamental o pública (incluyendo, pero no limitado, al cambio de divisas), cualquier conflicto laboral, incluyendo pero no limitado a la huelga (que no sea convocada o instada por la AGENCIA, o empresas de un mismo grupo como parte), o elemento insustituible.

El surgimiento de una situación de fuerza mayor será comunicado al Proveedor, de manera inmediata, una vez se hubiese tenido conocimiento de su existencia. La AGENCIA deberá justificarla convenientemente, empleando sus mejores esfuerzos, siempre que estén a su alcance, para evitar o mitigar los efectos de una situación de fuerza mayor, así como para asegurar la continuación normal del presente documento.

En caso de producirse una situación de fuerza mayor que impida la realización y/o activación de la campaña por parte de la AGENCIA, ésta no será considerada un incumplimiento de la AGENCIA a los efectos del presente documento.

EXCLUSIVIDAD [TODA ESTA CLÁUSULA ES OPCIONAL, ELIMINAR EN CASO DE QUE NO PROCEDA]

El Proveedor garantiza que la Influencer no contratará o prestará cualquier tipo de Servicios a competidores directos o indirectos del Cliente, y en particular no participará en campañas publicitarias de tales competidores desde [Incluir fecha de inicio de la exclusividad] antes de la participación de la Influencer en la Campaña Publicitaria y hasta [Incluir fecha de finalización de la exclusividad] después de la misma.

El presente compromiso de exclusividad se extiende al sector de [Establecer el sector de los Cliente. Ej. El sector de juguetes], y en particular, a [Especificar ej. Juguetes interactivos], así como cualquier otro producto similar o que pueda entenderse incluido o ser sustitutivo de los anteriores.

PROPIEDAD INTELECTUAL

[HAY QUE ELEGIR UNA DE LAS SIGUIENTES OPCIONES SEGÚN LO QUE SE HAYA NEGOCIADO CON EL CLIENTE Y PROVEEDOR]

[OPCIÓN 1: cesión plena de derechos] En caso de que exista una cesión de Propiedad Intelectual e Industrial, esta se regirá de acuerdo con lo dispuesto en las Condiciones Generales de Contratación que se indican en el apartado siguiente. **[OPCIONAL, ELIMINAR EN CASO DE QUE NO PROCEDA]** El coste adicional por la cesión de derechos prevista en las Condiciones Generales de Contratación será de [Rellenar la cuantía total a pagar] EUROS ([Rellenar con números] €) más IVA y retenciones legalmente aplicables, cuantía que está incluida íntegramente en la remuneración detallada en las Condiciones Económicas establecidas en el presente documento.

[OPCIÓN 2: la titularidad será del proveedor, y sólo nos cede el derecho de uso de los contenidos] El Proveedor mantiene plena titularidad sobre los contenidos creados en virtud del presente documento, otorgando a la AGENCIA y al Cliente un mero derecho de uso sobre los mismos. El citado derecho de uso será exclusivamente de forma orgánica, es decir, el uso será gratuito y sin inversión publicitaria en las redes sociales, para los servicios objeto de la presente Hoja de Encargo, bajo los términos y condiciones de las mismas, y durante el tiempo estipulado en el presente documento. **[OPCIONAL, ELIMINAR EN CASO DE QUE NO PROCEDA]** El coste adicional correspondiente al derecho de uso otorgado en virtud de esta cláusula será de [Rellenar la cuantía total a pagar] EUROS ([Rellenar con números] €) más IVA y retenciones legalmente aplicables, cuantía que está incluida íntegramente en la remuneración detallada en las Condiciones Económicas establecidas en el presente documento.

[OPCIÓN 3: la titularidad será del proveedor, y sólo nos cede el derecho de uso de los contenidos en entornos de paid social media] El Proveedor mantiene plena titularidad sobre los contenidos creados en virtud del presente documento, otorgando a la AGENCIA y al Cliente un mero derecho de uso sobre los mismos. El citado derecho de uso será de forma orgánica (uso será gratuito y sin inversión publicitaria), así como mediante la modalidad de contenido de pago, para los servicios objeto de la presente Hoja de Encargo, bajo los términos y condiciones de las mismas, y durante el tiempo estipulado en el presente documento. **[ESCOGER LOS SOPORTES PERMITIDOS]** En concreto, el derecho otorgado mediante la presente permite el uso de los contenidos a través de [las redes sociales, redes y plataformas del cliente, así como mediante otras plataformas y ventanas de explotación de carácter digital].

[OPCIONAL- LIMITE AL USO: ELIMINAR EN CASO DE QUE NO PROCEDA] El derecho de uso de los contenidos, en los términos previstos en la presente Hoja de Encargo se sujetará a un máximo de [Completar el límite aplicable Ej. número de impactos, o limite cuantitativa].

[OPCIONAL – COSTE ADICIONAL: ELIMINAR EN CASO DE QUE NO PROCEDA] El coste adicional correspondiente al derecho de uso otorgado en virtud de esta cláusula será de [Rellenar la cuantía total a pagar] EUROS ([Rellenar con números] €) más IVA y retenciones legalmente aplicables, cuantía que está incluida íntegramente en la remuneración detallada en las Condiciones Económicas establecidas en el presente documento.

CONDICIONES GENERALES Y DE PRIVACIDAD

El Proveedor reconoce y confirma que ha leído y está de acuerdo con las Condiciones Generales de Contratación de Influencers ([Enlace/URL donde se alojan las condiciones generales de contratación]):

Sí ☐ No ☐

El Proveedor reconoce y confirma que tiene la capacidad legal necesaria para firmar el presente documento y cumplir con lo dispuesto en el mismo:

Sí ☐ No ☐

El Proveedor reconoce, como Encargado del Tratamiento, que el Contrato de acceso a datos personales recogido en el Apéndice de las Condiciones Generales de Contratación aplicarán a las actividades de tratamiento acordadas en la presente Hoja de Encargo y detalladas en el Anexo I a la misma, en cumplimiento de lo establecido en el art. 28.3 del Reglamento 2016/679, de 27 de abril de 2016, relativo a la protección de las personas físicas en lo que respecta al tratamiento de datos personales y a la libre circulación de estos datos (RGPD).

Sí ☐ No ☐

La presente Hoja de Encargo incluye todos aquellos anexos incorporados a la misma, así como las Condiciones Generales de Contratación de Influencers. Al firmar abajo y/o dar inicio a la prestación de servicios el Proveedor se comprometen a cumplir con los correspondientes términos y condiciones:

PROVEEDOR

Firma:

Fecha: [XXX]

Nombre: [XXX]

Cargo: [XXX]

ANEXO I

El presente Anexo I describe las actividades de tratamiento necesarias para la prestación de los servicios acordados en la presente Hoja de Encargo, que el Proveedor deberá desarrollar en cumplimiento del Apéndice de las Condiciones Generales.

[Nombre completo del Influencer/Creador de Contenido]	*El Proveedor está tratando datos personales bajo la responsabilidad del Cliente ("**Datos Personales del Cliente**") con el fin de prestar los servicios descritos en las Condiciones Generales y en la presente Hoja de Encargo.* *Las actividades de tratamiento que se llevarán a cabo por el Proveedor con relación a los Datos Personales del Cliente son concretamente las siguientes:* ☐ *Recolección de datos* ☐ *Registro de datos* ☐ *Organización de datos* ☐ *Estructuración de datos* ☐ *Almacenamiento de datos* ☐ *Adaptación de datos* ☐ *Alteración de datos* ☐ *Recuperación de datos* ☐ *Consultaría con respecto a datos* ☐ *Uso de datos* ☐ *Divulgación de datos* ☐ *Difusión de datos o la puesta a disposición de los mismos a terceros* ☐ *Combinación de datos* ☐ *Borrado de datos* ☐ *Destrucción de data* ☐ *Otros (especificar):* *El objeto del tratamiento se indica a continuación:* ☐ *Recolección de datos del ganador/es de un concurso* ☐ *Divulgación de los datos del ganador/es de un concurso* ☐ *Otros (especificar):*
Duración	*La duración del tratamiento o proceso descrito en el presente Anexo corresponde a la duración de la Campaña Publicitaria.*
Datos Personales	*El objeto del tratamiento de los Datos Personales del Cliente en virtud de la Presente Hoja de Encargo incluye las siguientes categorías o tipos de datos:* ☐ *Datos identificativos* ☐ *Identificadores gubernamentales* ☐ *Datos de contacto* ☐ *Información de las redes sociales* ☐ *Información sobre la cuenta de usuario* ☐ *Aficiones/intereses* ☐ *Información sobre navegación en línea* ☐ *Datos financieros* ☐ *Otros (especificar):*
Afectados o interesados	Los Datos Personales del Cliente detallados en el apartado anterior se relacionan con los siguientes afectados: ☐ Ganadores del concurso organizado en nombre del Cliente ☐ Empleados del Cliente ☐ Consumidores y/o usuarios ☐ Otros (especificar):

<table>
<tr><td>Restricciones específicas</td><td colspan="3">El tratamiento de Datos Personales del Cliente se sujeta a las restricciones detalladas en las Condiciones Generales y en la presente Hoja de Encargo. En caso de conflicto entre las Condiciones Generales y la presente Hoja de Encargo, la presente Hoja de Encargo prevalecerá.</td></tr>
<tr><td>DPO del Encargado del Tratamiento</td><td colspan="3">[...]</td></tr>
<tr><td colspan="4">Proveedores con acceso a datos del Proveedor ("Sub-Encargados Adicionales") y Transferencias</td></tr>
<tr><td>Nombre
(Establecer aquí el nombre y dirección registrada del Sub-Encargado Adicional)</td><td>Servicios
(Establecer aquí los servicios que se permiten con relación a los Datos Personales del Cliente)</td><td>Ubicación/Transferencias
(Establecer aquí la ubicación en la cual la entidad trata los Datos Personales del Cliente indicando donde y de quien ha sido transferido en su caso)</td><td>Mecanismos
(Establecer aquí el mecanismo acordado para asegurar que toda transferencia cumpla con la Legislación de Protección de Datos, así como con lo pactado entre las partes)</td></tr>
<tr><td></td><td></td><td></td><td>☐ Transferencia a un país, territorio, varios territorios de un país, o bien a una organización internacional que la Comisión de la UE haya considerado adecuado.
☐ Normas corporativas de carácter vinculante serán de aplicación (Art 47 GDPR)
☐ La cláusula estándar de protección de datos (Art 46(2)(c) o (d) GDPR) será de aplicación</td></tr>
<tr><td></td><td></td><td></td><td>☐ Transferencia a un país, territorio o varios territorios de un país, o bien a una organización internacional que la Comisión de la UE haya considerado adecuado.
☐ Normas corporativas de carácter vinculante serán de aplicación (Art 47 GDPR)
☐ La cláusula estándar de protección de datos (Art 46(2)(c) o (d) GDPR) será de aplicación</td></tr>
</table>

F139. HOJA DE ENCARGO A INFLUENCER SIN INTERMEDIARIO

En [ciudad], a [día] de [mes] de [año].

Esta Hoja de Encargo constituye un encargo y ejecución de servicios para la campaña [Especificar la denominación de la campaña] (en adelante, la "**Campaña Publicitaria**"), que se ejecuta a favor del anunciante [Rellenar la marca del anunciante] (en adelante, el "**Cliente**"), rigiéndose por lo siguiente:

<table>
<tr><td>AGENCIA

Denominación social: [XXX]

CIF: [XXX]

Dirección: [XXX]</td><td></td><td>PROVEEDOR

Nombre: [Nombre completo del Influencer/Creador de Contenido]

DNI: [XXX]

Dirección: [XXX]</td></tr>
<tr><td colspan="3"></td></tr>
<tr><td colspan="3">DESCRIPCIÓN DE LOS SERVICIOS

El Proveedor, en calidad de creador de contenido, realizará las siguientes acciones en el marco de su participación en la Campaña Publicitaria:

[Incorporar las publicaciones que tendrá que realizar, las redes sociales donde se realizará la publicación, así como los datos específicos sobre el producto, la duración del vídeo y/o las características de la publicación, la asistencia al rodaje en cuestión, la entrega de un informe sobre los datos de publicación y/o la emisión de las acciones una vez transcurrido un periodo de 1 semana y 1 mes después de haberse llevado a cabo, incluyendo los indicadores y datos solicitados por la AGENCIA, etc., así como la realización de campañas y/o servicios de Paid Media]</td></tr>
<tr><td colspan="3">CALENDARIO DE PUBLICACIONES Y ENVÍO DE CONTENIDOS

A continuación, se incluye un calendario a cumplir por el Proveedor en el cual se indica las fechas en las que:

o el Cliente entregará al Proveedor los materiales necesarios para la prestación de servicios;

o [ELIMINAR EN CASO DE QUE EL PROVEEDOR NO TENGA QUE ENVIAR LOS CONTENIDOS PARA PREVIA APROBACIÓN] el Proveedor deberá enviar los contenidos encargados en virtud de la Hoja de Encargo a la AGENCIA para la aprobación por parte del Cliente en el plazo de [incluir el plazo ej. con 2 días laborales de antelación], con independencia del formato de dichos contenidos (ya sean vídeos, fotografías, textos, audios, etc.).

o ELEGIR UNA OPCIÓN] [OPCIÓN 1:] [el Cliente autorizará los Contenidos creados o bien solicitará la modificación de los mismos] [EN CASO DE ELEGIR LA OPCIÓN 1, LA MARCA SERÁ RESPONSABLE DEL CONTENIDO PUBLICITARIO Y CUALQUIER INCUMPLIMIENTO CON LA NORMATIVA VIGENTE]; [OPCIÓN 2:] [el Proveedor publicará los contenidos sin previa aprobación del Cliente o la AGENCIA;]</td></tr>
</table>

- o el Proveedor deberá publicar el Contenido en su cuenta de [definir las RRSS oficiales del influencer] de acuerdo con lo previsto en este documento. Se garantiza la titularidad de los siguientes perfiles del influencer en redes sociales: [...]

[INCLUIR OTRAS ESPECIFICACIONES EN SU CASO]

[INSERTAR EL CALENDARIO DE PUBLICACIONES Y ENVÍO DE CONTENIDOS]

CONDICIONES ECONÓMICAS

La AGENCIA pagará al Proveedor la cuantía total de [Rellenar la cuantía total a pagar en letras] EUROS ([Rellenar con números] €) más IVA y retenciones legalmente aplicables.

El pago se realizará a la cuenta bancaria indicada por el Proveedor, en el plazo de [sesenta/noventa] ([60/90]) días a contar desde la recepción de la correspondiente factura. La cuantía establecida en el presente documento constituye la contraprestación total por todas las partidas previstas en el presente documento.

CONDICIONES DEL SERVICIO

El Proveedor se compromete a cumplir con los siguientes términos y condiciones durante la prestación del servicio:

- o **[OPCIONAL, ELIMINAR EN CASO DE QUE NO PROCEDA]** El Proveedor seguirá los Guidelines e indicaciones del Cliente, adjuntos al presente como Anexo II. **[Incluir el Anexo II con los Guidelines o directrices del Cliente o políticas del cliente]**
- o El Cliente o la AGENCIA podrá solicitar la edición de los contenidos creados en el marco de este documento un máximo de [incluir veces que se podrá solicitar la reedición. Ej. tres] veces. Reediciones adicionales se pactarán entre las partes, con un coste adicional en su caso.
- o El Proveedor garantiza que los contenidos creados y publicados en virtud del presente documento se mantendrán visibles en las correspondientes redes sociales durante un plazo mínimo de [Incluir plazo mínimo. Ej. 6 meses] a contar desde la fecha de publicación de los mismos.
- o **[OPCIONAL, ELIMINAR EN CASO DE QUE NO PROCEDA]** Asimismo, el Proveedor garantiza que no publicará ningún contenido de ningún tipo dentro de un período mínimo de [ocho (8) (esta cantidad puede variar según el caso)] horas antes y [doce (12) (esta cantidad puede variar según el caso)] horas después de la publicación efectiva de los contenidos y/o materiales desarrollados y publicados en el contexto de la prestación de servicios.

  El Proveedor también garantiza que no publicará ningún contenido en relación con otras marcas, empresas o particulares, incluido cualquier contenido de carácter personal, el mismo día de la publicación efectiva del contenido creado en el contexto de la prestación de servicios (esta limitación se aplica únicamente a [definir las redes sociales específicas]).

  En cuanto a [definir las redes sociales específicas y/o el tipo de publicación de las mismas], los materiales creados en el contexto de la provisión de servicios se publicarán durante el horario de mayor audiencia del influencer, y este contenido tendrá prioridad y se publicará en primer lugar y antes de cualquier otro tipo de contenido incluido en dicho horario de mayor audiencia.

Además, el Proveedor garantiza que no publicará ningún contenido publicitario de otras marcas, empresas o particulares, en ninguna red social o plataforma el mismo día de la publicación efectiva del contenido creado en el contexto de la prestación de servicios.

- **[OPCIONAL, ELIMINAR EN CASO DE QUE NO PROCEDA]** La AGENCIA podrá prescindir de los servicios del Proveedor cuando concurran causas razonables, abonándole un [incluir % correspondiente. Ej. 30%]% de la cuantía acordada en este documento.
- **[OPCIONAL, ELIMINAR O MODIFICAR EN CASO DE QUE NO PROCEDA]** En caso de incumplimiento de lo previsto en esta Hoja de Encargo, el Proveedor responderá frente a la AGENCIA, indemnizándole un [20% (este porcentaje puede variar según el caso)] de la cuantía acordada en este documento.
- **[OPCIONAL, ELIMINAR O MODIFICAR EN CASO DE QUE NO PROCEDA]** La AGENCIA podrá prescindir de los servicios del Proveedor cuando concurran causas razonables, abonándole un [30% (este porcentaje puede variar según el caso)] de la cuantía acordada en este documento.

FUERZA MAYOR

Las partes acuerdan que la AGENCIA quedará eximida de su responsabilidad por el incumplimiento de sus obligaciones como consecuencia de un supuesto de fuerza mayor, entendiéndose como tal aquellos que no hubieran podido preverse o que, pudiendo ser previstos, fueran inevitables.

A los efectos de este documento, serán causas de fuerza mayor cualesquiera actos, omisiones, circunstancias o causas fuera del control de las partes, incluyendo inundación, terremoto, huracán u otro desastre natural, incendio, epidemia o pandemia, guerras, embargos, ataques terroristas, guerra civil, energía nuclear, contaminación química o biológica, cumplimiento de cualquier ley u orden gubernamental, reglamento, regulación, o cualquier medida adoptada por una autoridad gubernamental o pública (incluyendo, pero no limitado, al cambio de divisas), cualquier conflicto laboral, incluyendo pero no limitado a la huelga (que no sea convocada o instada por la AGENCIA, o empresas de un mismo grupo como parte), o elemento insustituible.

El surgimiento de una situación de fuerza mayor será comunicado al Proveedor, de manera inmediata, una vez se hubiese tenido conocimiento de su existencia. la AGENCIA deberá justificarla convenientemente, empleando sus mejores esfuerzos, siempre que estén a su alcance, para evitar o mitigar los efectos de una situación de fuerza mayor, así como para asegurar la continuación normal del presente documento.

En caso de producirse una situación de fuerza mayor que impida la realización y/o activación de la campaña por parte de la AGENCIA, ésta no será considerada un incumplimiento de la AGENCIA a los efectos del presente documento.

EXCLUSIVIDAD [TODA ESTA CLÁUSULA ES OPCIONAL, ELIMINAR EN CASO DE QUE NO PROCEDA]

El Proveedor no contratará o prestará cualquier tipo de Servicios a competidores directos o indirectos del Cliente, y en particular no participará en campañas publicitarias de tales competidores desde [Incluir fecha de inicio de la exclusividad] antes de la participación del Proveedor en la Campaña Publicitaria y hasta [Incluir fecha de finalización de la exclusividad] después de la misma.

El presente compromiso de exclusividad se extiende al sector de [Establecer el sector de los Cliente. Ej. El sector de juguetes], y en particular, a [Especificar ej. Juguetes interactivos], así como cualquier otro producto similar o que pueda entenderse incluido o ser sustitutivo de los anteriores.

PROPIEDAD INTELECTUAL

[HAY QUE ELEGIR UNA DE LAS SIGUIENTES OPCIONES SEGÚN LO QUE SE HAYA NEGOCIADO CON EL CLIENTE Y PROVEEDOR]

[OPCIÓN 1: cesión plena de derechos] En caso de que exista una cesión de Propiedad Intelectual e Industrial, esta se regirá de acuerdo con lo dispuesto en las Condiciones Generales de Contratación que se indican en el apartado siguiente. **[OPCIONAL, ELIMINAR EN CASO DE QUE NO PROCEDA]** El coste adicional por la cesión de derechos prevista en las Condiciones Generales de Contratación será de [Rellenar la cuantía total a pagar] EUROS ([Rellenar con números] €) más IVA y retenciones legalmente aplicables, cuantía que está incluida íntegramente en la remuneración detallada en las Condiciones Económicas establecidas en el presente documento.

[OPCIÓN 2: la titularidad será del proveedor, y sólo nos cede el derecho de uso de los contenidos] El Proveedor mantiene plena titularidad sobre los contenidos creados en virtud del presente documento, otorgando a la AGENCIA y al Cliente un mero derecho de uso sobre los mismos. El citado derecho de uso será exclusivamente de forma orgánica, es decir, el uso será gratuito y sin inversión publicitaria en las redes sociales, para los servicios objeto de la presente Hoja de Encargo, bajo los términos y condiciones de las mismas, y durante el tiempo estipulado en el presente documento. **[OPCIONAL, ELIMINAR EN CASO DE QUE NO PROCEDA]** El coste adicional correspondiente al derecho de uso otorgado en virtud de esta cláusula será de [Rellenar la cuantía total a pagar] EUROS ([Rellenar con números] €) más IVA y retenciones legalmente aplicables, cuantía que está incluida íntegramente en la remuneración detallada en las Condiciones Económicas establecidas en el presente documento.

[OPCIÓN 3: la titularidad será del proveedor, y sólo nos cede el derecho de uso de los contenidos en entornos de paid social media] El Proveedor mantiene plena titularidad sobre los contenidos creados en virtud del presente documento, otorgando a la AGENCIA y al Cliente un mero derecho de uso sobre los mismos. El citado derecho de uso será de forma orgánica (gratuito y sin inversión publicitaria en las redes sociales), así como mediante la modalidad de contenido de pago, para los servicios objeto de la presente Hoja de Encargo, bajo los términos y condiciones de las mismas, y durante el tiempo estipulado en el presente documento.

[ESCOGER LOS SOPORTES PERMITIDOS] En concreto, el derecho otorgado mediante la presente permite el uso de los contenidos a través de [las redes sociales, redes y plataformas del cliente, así como mediante otras plataformas y ventanas de explotación de carácter digital].

[OPCIONAL- LIMITE AL USO: ELIMINAR EN CASO DE QUE NO PROCEDA] El derecho de uso respecto los contenidos, en los términos previstos en la presente Hoja de Encargo se sujetará a un máximo de [Completar el límite aplicable Ej. número de impactos, o límite cuantitativo].

[OPCIONAL – COSTE ADICIONAL: ELIMINAR EN CASO DE QUE NO PROCEDA] El coste adicional correspondiente al derecho de uso otorgado en virtud de esta cláusula será de [Rellenar la cuantía total a pagar] EUROS ([Rellenar con números] €) más IVA y retenciones legalmente aplicables, cuantía que está incluida íntegramente en la remuneración detallada en las Condiciones Económicas establecidas en el presente documento.

CONDICIONES GENERALES Y DE PRIVACIDAD
El Proveedor reconoce y confirma que ha leído y está de acuerdo con las Condiciones Generales de Contratación de Influencers ([Enlace/URL donde se alojan las condiciones generales de contratación])
Sí ☐ No ☐
El Proveedor reconoce y confirma que tiene la capacidad legal necesaria para firmar el presente documento y cumplir con lo dispuesto en el mismo:
Sí ☐ No ☐
El Proveedor reconoce, como Encargado del Tratamiento, que el Contrato de acceso a datos personales recogido en el Apéndice de las Condiciones Generales de Contratación aplicarán a las actividades de tratamiento acordadas en la presente Hoja de Encargo y detalladas en el Anexo I a la misma, en cumplimiento de lo establecido en el art. 28.3 del Reglamento 2016/679, de 27 de abril de 2016, relativo a la protección de las personas físicas en lo que respecta al tratamiento de datos personales y a la libre circulación de estos datos (RGPD).
Sí ☐ No ☐

La presente Hoja de Encargo incluye todos aquellos anexos incorporcdos a la misma, así como las Condiciones Generales de Contratación de Influencers. Al firmar abajo y/o dar inicio a la prestación de servicios el Proveedor se comprometen a cumplir con los correspondientes términos y condiciones:

PROVEEDOR
Firma:
Fecha: [XXX]
Nombre: [Nombre completo del Influencer/ Creador de Contenido]

ANEXO I

El presente Anexo I describe las actividades de tratamiento necesarias para la prestación de los servicios acordados en la presente Hoja de Encargo, que el Proveedor deberá desarrollar en cumplimiento del Apéndice de las Condiciones Generales.

[Nombre completo del Influencer/Creador de Contenido]	*El Proveedor está tratando datos personales bajo la responsabilidad del Cliente ("**Datos Personales del Cliente**") con el fin de prestar los servicios descritos en las Condiciones Generales y en la presente Hoja de Encargo.* *Las actividades de tratamiento que se llevarán a cabo por el Proveedor con relación a los Datos Personales del Cliente son concretamente las siguientes:* ☐ *Recolección de datos* ☐ *Registro de datos* ☐ *Organización de datos* ☐ *Estructuración de datos* ☐ *Almacenamiento de datos* ☐ *Adaptación de datos* ☐ *Alteración de datos* ☐ *Recuperación de datos* ☐ *Consultaría con respecto a datos* ☐ *Uso de datos* ☐ *Divulgación de datos* ☐ *Difusión de datos o la puesta a disposición de los mismos a terceros* ☐ *Combinación de datos* ☐ *Borrado de datos* ☐ *Destrucción de data* ☐ *Otros (especificar):* *El objeto del tratamiento se indica a continuación:* ☐ *Recolección de datos del ganador/es de un concurso* ☐ *Divulgación de los datos del ganador/es de un concurso* ☐ *Otros (especificar):*
Duración	*La duración del tratamiento o proceso descrito en el presente Anexo corresponde a la duración de la Campaña Publicitaria.*
Datos Personales	*El objeto del tratamiento de los Datos Personales del Cliente en virtud de la Presente Hoja de Encargo incluye las siguientes categorías o tipos de datos:* ☐ *Datos identificativos* ☐ *Identificadores gubernamentales* ☐ *Datos de contacto* ☐ *Información de las redes sociales* ☐ *Información sobre la cuenta de usuario* ☐ *Aficiones/intereses* ☐ *Información sobre navegación en línea* ☐ *Datos financieros* ☐ *Otros (especificar):*
Afectados o interesados	Los Datos Personales del Cliente detallados en el apartado anterior se relacionan con los siguientes afectados: ☐ Ganadores del concurso organizado en nombre del Cliente ☐ Empleados del Cliente ☐ Consumidores y/o usuarios ☐ Otros (especificar):

Restricciones específicas	*El tratamiento de Datos Personales del Cliente se sujeta a las restricciones detalladas en las Condiciones Generales y en la presente Hoja de Encargo. En caso de conflicto entre las Condiciones Generales y la presente Hoja de Encargo, la presente Hoja de Encargo prevalecerá.*		
DPO del Encargado del Tratamiento	*[...]*		
Proveedores con acceso a datos del Proveedor ("Sub-Encargados Adicionales") y Transferencias			
Nombre (Establecer aquí el nombre y dirección registrada del Sub-Encargado Adicional)	**Servicios** (Establecer aquí los servicios que se permiten con relación a los Datos Personales del Cliente)	**Ubicación/Transferencias** (Establecer aquí la ubicación en la cual la entidad trata los Datos Personales del Cliente indicando donde y de quien ha sido transferido en su caso)	**Mecanismos** (Establecer aquí el mecanismo acordado para asegurar que toda transferencia cumpla con la Legislación de Protección de Datos, así como con lo pactado entre las partes)
			☐ *Transferencia a un país, territorio, varios territorios de un país, o bien a una organización internacional que la Comisión de la UE haya considerado adecuado.* ☐ *Normas corporativas de carácter vinculante serán de aplicación (Art 47 GDPR)* ☐ *La cláusula estándar de protección de datos (Art 46(2)(c) o (d) GDPR) será de aplicación*
			☐ *Transferencia a un país, territorio o varios territorios de un país, o bien a una organización internacional que la Comisión de la UE haya considerado adecuado.* ☐ *Normas corporativas de carácter vinculante serán de aplicación (Art 47 GDPR)* ☐ *La cláusula estándar de protección de datos (Art 46(2)(c) o (d) GDPR) será de aplicación*

F140. CONTRATO DE PRESTACIÓN DE SERVICIOS PUBLICITARIOS PARA CREADORES DE CONTENIDO

En [ciudad], a [día] de [mes] de [año].

REUNIDOS

De una parte, **[DENOMINACIÓN SOCIAL DEL ANUNCIANTE]**, con domicilio social en [dirección], provista de CIF núm. [XXX] e inscrita en el Registro Mercantil de [ciudad]; debidamente representada en este acto por D./Dña. [nombre y apellidos del representante], mayor de edad, de nacionalidad [nacionalidad], con pasaporte de su nacionalidad núm. [XXXXX], en calidad de apoderado [mancomunado/solidario/único] de la sociedad, según consta en escritura de apoderamiento, otorgada en fecha [fecha] ante el Notario de [ciudad], D./Dña. [nombre del notario], bajo el número [XXX] de su protocolo (en adelante, el "***ANUNCIANTE***").

Y, de otra parte, D./Dña. **[NOMBRE Y APELLIDOS DEL CREADOR DE CONTENIDO]**, mayor de edad, de nacionalidad [nacionalidad], con domicilio a estos efectos en [dirección], titular de NIF núm. [XXXXX], en vigor, en su propio nombre y representación (en adelante, la "***COLABORADORA***").

El ANUNCIANTE y la COLABORADORA serán conjuntamente denominadas como las "***Partes***" e individualmente como una "***Parte***".

EXPONEN

I. Que el ANUNCIANTE es una entidad mercantil dedicada, entre otras actividades propias de su objeto social, a la distribución, venta y comercialización de ingredientes alimenticios, nutracéuticos y farmacéuticos; la distribución, venta y comercialización de complementos alimenticios, tanto bajo marca propia como bajo marca blanca; y la distribución, venta y comercialización de producto alimenticios.

II. Que la COLABORADORA tiene los estudios y conocimientos necesarios para la ideación, creación y explicación de materiales veraces y actualizados.

III. Que el ANUNCIANTE está interesada en llevar a cabo con la COLABORADORA las acciones publicitarias descritas y en los términos y condiciones establecidos en este contrato.

IV. Que, en virtud de todo lo anterior, encontrándose las Partes facultadas para suscribir el presente contrato de prestación de servicios y cesión de derechos (en adelante, el "**Contrato**"), y reconociéndose mutuamente la capacidad legal necesaria para contratar y obligarse, lo llevan a efecto conforme a las siguientes

CLÁUSULAS

1. OBJETO DEL CONTRATO.

1.1. El presente Contrato tiene por objeto regular la prestación por parte de la COLABORADORA a favor del ANUNCIANTE, de los Servicios descritos en el **Anexo 1** adjunto en este Contrato para la Campaña descrita también en el citado Anexo, y explotación por el

ANUNCIANTE de los Contenidos; todo ello, en los términos y condiciones establecidos en este Contrato y, en particular, en el Anexo 1.

Los términos en mayúsculas que no sean expresamente definidos en las cláusulas del Contrato tendrán el significado que se les da en el Anexo 1.

1.2. Así mismo, es objeto del presente Contrato la cesión a favor del ANUNCIANTE de todos los Derechos de Propiedad Intelectual e Industrial (término definido más adelante) sobre los Contenidos (término definido en la cláusula 5) con el alcance de la cesión establecido en la cláusula 5.

2. NATURALEZA JURÍDICA DEL CONTRATO.

2.1. El presente Contrato es de naturaleza mercantil, no existiendo vinculación laboral alguna entre el ANUNCIANTE y la COLABORADORA.

2.2. La COLABORADORA manifiesta y garantiza estar al día en el cumplimiento de las obligaciones fiscales y con la Seguridad Social que para ella derivan del desarrollo de su actividad profesional y se compromete a cumplir puntualmente con dichas obligaciones mientras este Contrato esté en vigor.

3. DURACIÓN.

3.1. Este Contrato inicia sus efectos en la fecha de su firma, indicada en el encabezamiento (en adelante "**Fecha de Efectos**"), y durará hasta la finalización del plazo de duración de la Campaña, indicado en el Anexo 1 adjunto a este Contrato; lo anterior sin perjuicio de los plazos de entrega y ejecución establecidos en el citado anexo, que la COLABORADORA deberá cumplir, de lo indicado en la cláusula 3.2 siguiente y de la terminación anticipada del Contrato.

3.2. El presente Contrato se renovará automáticamente por períodos sucesivos de un año, salvo que cualquiera de las partes notifique por escrito su intención de no renovar con una antelación mínima de treinta (30) días antes de la fecha de término del Contrato en vigor.

3.3. Sin perjuicio de la duración del Contrato, las Partes acuerdan que las cláusulas del presente Contrato, con intención expresa de que continúen en vigor tras el momento de resolución o vencimiento del mismo, se mantendrán en vigor y continuarán vinculando a las Partes según lo estipulado. En particular, continuarán en vigor y seguirán vinculando a las Partes las cláusulas 5, 8, 11 y 13, relativas a propiedad intelectual e industrial, manifestaciones, garantías y responsabilidades, confidencialidad y a legislación aplicable, respectivamente.

4. TÉRMINOS ADICIONALES DE LA PRESTACIÓN DE SERVICIOS.

4.1. La COLABORADORA prestará los Servicios conforme a los términos y condiciones establecidos en el presente Contrato y, en particular, en el Anexo 1, y haciendo sus mayores esfuerzos para cumplir con la máxima calidad, diligencia y profesionalidad exigibles a los profesionales de su sector.

4.2. De forma adicional a lo anterior, sin perjuicio de otras garantías y compromisos que asume a lo largo de este Contrato, la COLABORADORA cumplirá en todo momento con lo indicado a continuación:

(a) prestar los Servicios cumpliendo con los plazos de entrega de los Contenidos y los plazos de ejecución indicados en el Anexo 1;

(b) crear Contenidos de su única autoría y originales (no pueden ser una copia de contenidos de terceros, aunque pueden estar inspirados en estos) y publicarlos, únicamente con la aprobación previa y por escrito del ANUNCIANTE, en los Canales indicados en el Anexo 1 y cumpliendo en todo momento lo dispuesto en el presente Contrato. El contenido de las publicaciones deberá cumplir con las instrucciones y los criterios establecidos por el ANUNCIANTE, incluyendo su formato, mensaje y elementos visuales, de acuerdo con la Campaña y los Productos específicos a promocionar —identificados en el Anexo 1—, que serán previamente proporcionados por el ANUNCIANTE. La versión final de los Contenidos será revisada y aprobada por el ANUNCIANTE antes de su publicación en los Canales indicados en dicho Anexo 1;

(c) incluir en cada publicación las menciones y hashtags indicados en el Anexo 1 u otros que el ANUNCIANTE le indique si necesario, y conforme a las indicaciones que esta proporcione;

(d) no solicitar y/o involucrar a terceros, salvo que se acuerde lo contrario por escrito con el ANUNCIANTE, en la realización de los Contenidos, debido al carácter personal de las obligaciones derivadas del Contrato. En particular, salvo acuerdo expreso por escrito con el ANUNCIANTE, no se podrán representar en los Contenidos a terceros, signos distintivos ni productos de ninguna empresa distinta de el ANUNCIANTE ni ningún elemento que, para su aparición, grabación y/o explotación del contenido, requieran autorización, licencia o cesión de tercero, salvo que cuente con la aprobación previa y por escrito de el ANUNCIANTE;

(e) leer y cumplir en todo momento los términos y condiciones y las políticas de privacidad de los Canales, así como las normativas internas de publicación de contenido de dichos Canales, en especial, aquella relativa al contenido que pudiese ser accesible por menores de edad;

(f) los Contenidos deberán cumplir y respetar las normativas vigentes en España, evitando cualquier tipo de contenido que pueda resultar ofensivo, difamatorio o que infrinja los derechos de terceros;

(g) abstenerse de realizar afirmaciones que atribuyan a los Productos la capacidad de prevenir, tratar o curar una enfermedad humana;

(h) abstenerse, asimismo, de realizar cualquier actuación que menoscabe el buen nombre y la reputación comercial de el ANUNCIANTE, durante la vigencia del Contrato, y una vez finalizado el mismo. En especial no denigrar a los Productos, a los correspondientes signos distintivos ni al ANUNCIANTE de ninguna manera y por ningún medio y, en general, no tener un comportamiento que pueda demeritar la inversión publicitaria;

(i) no publicar contenido que sea parte de los Contenidos encargados en ningún canal, incluyendo los Canales, así como contenido que no haya sido objeto de la Acción pero que mencione los productos del ANUNCIANTE o la Marca del ANUNCIANTE, sin contar con la aprobación previa y por escrito del ANUNCIANTE.

(j) Modificar o repetir los Servicios para los Contenidos sobre los que el ANUNCIANTE solicite modificaciones o su repetición, en el plazo indicado por el ANUNCIANTE, sin que por ello se derive pago de contraprestación adicional a la Retribución pactada en este Contrato. En este sentido, se establece que el ANUNCIANTE podrá solicitar modificaciones o repeticiones: (1) en el caso de que la COLABORADORA incurra en error por no ajustarse objetivamente al *brief* (guion) o a la Campaña; y (2) en el caso de que el Contenido no cumpla con los parámetros de calidad habituales en el sector y en el perfil de la COLABORADORA. Cualquier solicitud de cambio o corrección en los Contenidos por parte del ANUNCIANTE deberá realizarse en un plazo razonable antes de la publicación, garantizando que la COLABORADORA dispone del tiempo suficiente para efectuar los ajustes requeridos sin afectar a su carga de trabajo;

Una vez aprobados los Contenidos por el ANUNCIANTE, la COLABORADORA no podrá negar su autorización para publicar, salvo que así lo haya solicitado por escrito al ANUNCIANTE;

(k) entregar al ANUNCIANTE, si lo solicita, los Informes de Audiencia indicados en el Anexo 1, suministrando las analíticas sobre los datos de publicación de la Acción en el periodo indicado en el Anexo 1 o, en su defecto, transcurridos siete (7) días hábiles desde la terminación de la Acción, de la forma en que sea suministrada por la red social;

(l) el Contenido publicado deberá permanecer visible durante un mínimo de doce (12) meses a contar desde su publicación, a excepción de [definir excepciones, si las hubiere. Por ejemplo: stories de IG, que dejan de estar disponibles a las 24 horas]. No obstante, lo anterior, la COLABORADORA eliminará u ocultará (según indique el ANUNCIANTE) el contenido publicado en [definir las RRSS y/o los formatos específicos de foto o vídeo de dichas RRSS] relacionado con los Contenidos, de forma inmediata, si así el ANUNCIANTE se lo solicita;

(m) no participar en actividades de promoción, publicidad, colaboración, asesoramiento o asociación de imagen con las siguientes marcas y/o productos (en adelante, las "***Marcas***"): [definir los sectores, marcas competidoras y/o productos específicos que quedan afectados por la exclusividad].

Esta exclusividad aplica a cualquier tipo de actividad, incluyendo pero no limitándose a: (i) **promoción activa** (entendiéndose como tal aquellas publicaciones patrocinadas, códigos de descuento, enlaces de afiliado, menciones comerciales o cualquier acción destinada a incentivar la compra de productos de estas Marcas en canales y redes sociales); (ii) **charlas, seminarios y píldoras educativas** (entendiéndose como tal la participación en eventos educativos, formativos o divulgativos en los que se promocionen directamente los productos de estas Marcas); (iii) **colaboración en podcasts y entrevistas** (entendiéndose como tal la participación de la COLABORADORA en programas de audio, video, entrevistas o cualquier otro formato de difusión pública organizado directamente por estas Marcas); y (iv) **asesoramiento técnico o profesional** (entendiéndose como tal aquellas colaboraciones en las que la COLABORADORA pueda aparecer como imagen, asesora o participante en actividades organizadas de estas Marcas, salvo en los casos excepcionales previstos en el presente Contrato).

En caso de otras marcas con productos similares no incluidas en esta lista, las Partes se comprometen a negociar de mutuo acuerdo si deben ser objeto de restricción bajo esta cláusula, respetando los principios de equidad y proporcionalidad.

(n) La exclusividad establecida en la cláusula 4.2.m) precedente no será aplicable a la participación de la COLABORADORA en congresos científicos, médicos, de salud y/o nutrición, entre otros, incluso cuando estos eventos fuesen patrocinados por alguna de las Marcas incluidas en la lista de exclusividad. Las Partes acuerdan que la COLABORADORA tendrá plena libertad para asistir y participar en dichos eventos en calidad de profesional del sector con fines educativos y divulgativos, sin que ello suponga una vulneración de la exclusividad pactada con el ANUNCIANTE, comprometiéndose en todo caso la COLABORADORA a no asociar su imagen con las Marcas patrocinadoras, ni a fomentar la promoción activa de sus productos.

No obstante, lo anterior, cuando el congreso, seminario y/o evento fuese organizado directamente por una de las Marcas listadas en la cláusula 4.2.m) en calidad de **organizador principal** de los mismos, la COLABORADORA solicitará al ANUNCIANTE su posible participación en calidad de profesional en formación, comprometiéndose en todo caso la COLABORADORA a no asociar su imagen con las Marcas organizadoras, ni a fomentar la promoción activa de sus productos.

(o) La exclusividad establecida en la cláusula 4.2.m) no será aplicable a ningún congreso, seminario, podcast, entrevista, colaboración y/o evento organizado por [definir aquí posibles compromisos previos que tuviese la COLABORADORA anteriores a la firma de este Contrato, así como fechas en las que tuviera que asistir], sin que ello suponga una vulneración de la exclusividad pactada con el ANUNCIANTE.

En estos casos, la COLABORADORA se compromete a informar al ANUNCIANTE sobre el calendario de eventos tan pronto como tenga conocimiento del mismo, y limitará su participación al lanzamiento, promoción y venta estricta del libro en relación con la editorial, evitando cualquier tipo de promoción o referencia a productos o suplementos de las Marcas excluidas en la cláusula 4.2.m).

(p) mantener su estilo habitual en la generación de contenidos en sus canales, incluyendo los Canales, durante la duración del presente Contrato.

4.3. El ANUNCIANTE se compromete a:

(a) Poner a disposición de la COLABORADORA, información y/o documentación relacionada con el Proyecto, para la correcta ejecución de la Campaña, con la excepción del blog, para el que el ANUNCIANTE proporcionará únicamente directrices generales sobre los temas a tratar en el mismo para su elaboración (en adelante, el "***Material***").

En consecuencia, el Material proporcionado por el ANUNCIANTE no incluirá, en ningún caso, contenidos redactados, investigaciones, estudios propios ni ningún otro tipo de información que constituya la base de los textos elaborados por la COLABORADORA para el blog. La selección de información, investigación, desarrollo y redacción de los Contenidos del blog será responsabilidad exclusiva de la COLABORADORA, quien realizará dicha tarea de manera independiente y original.

El Material, así como los Derechos de Propiedad Intelectual e Industrial (término definido más adelante) que de ello se deriven, pertenecen al ANUNCIANTE y son parte de su Información Confidencial (término definido más adelante), con independencia del soporte en el que esté contenido o del momento y condiciones relativas a su acceso por parte de la COLABORADORA. Las Partes acuerdan que será, asimismo, de aplicación al Material lo establecido en la cláusula 5 de este Contrato.

(b) Pagar la contraprestación en la forma y la cantidad acordadas en este Contrato.

(c) Reconocer y acreditar debidamente la autoría y participación de la COLABORADORA en los Contenidos generados en virtud del presente Contrato. Para ello, deberá nombrarla expresamente en cualquier material promocional, publicitario o de difusión en que se incluyan dichos Contenidos, incluyendo, pero no limitándose a publicaciones en redes sociales, página web, campañas digitales y materiales impresos. Asimismo, el ANUNCIANTE se obliga a remitir y vincular dichos Contenidos a los perfiles, canales y plataformas de la COLABORADORA en redes sociales y/o su página web, asegurando una adecuada atribución de crédito. En caso de omisión de este reconocimiento, la COLABORADORA tendrá derecho a exigir la rectificación inmediata.

(d) Una vez aprobados los Contenidos por el ANUNCIANTE, responsabilizarse sobre cualquier reclamación, observación o problema legal derivado del contenido publicado, que recaerá exclusivamente en el ANUNCIANTE, eximiendo a la COLABORADORA de cualquier responsabilidad al respecto.

5. PROPIEDAD INTELECTUAL E INDUSTRIAL.

5.1. A efectos del presente Contrato, por "***Derechos de Propiedad Intelectual e Industrial***" se entenderá cualquier derecho en relación con invenciones (incluyendo modelos de utilidad y patentes), signos distintivos (incluyendo marcas y nombres comerciales), diseños (incluyendo diseños registrados y diseños no registrados), información confidencial (incluyendo secretos empresariales y know-how), obras literarias, artísticas o científicas (incluyendo los derechos de autor y derechos afines y sui-generis), así como obras de ingeniería, programas de ordenador y algoritmos, bases de datos, topografías de semiconductores, y cualquier otro derecho que resulte de la actividad intelectual e industrial reconocida en la legislación aplicable.

5.2. La COLABORADORA reconoce expresamente que, a la fecha de suscripción del presente Contrato, no tiene, y la ejecución del mismo no le conferirá, ningún Derecho de Propiedad Intelectual e Industrial ni de naturaleza análoga sobre los bienes, contenidos, know-how, servicios y cualesquiera otros activos de propiedad intelectual e industrial titularidad del ANUNCIANTE a los que pudiera tener acceso o que el ANUNCIANTE hubiera creado, desarrollado o inventado antes o durante la ejecución de este Contrato, como por ejemplo, el Material, la Marca, los *briefs* y los productos objeto de la Acción (todo lo anterior, conjuntamente denominado, los "***Activos***"), conservando el ANUNCIANTE la propiedad y titularidad exclusiva sobre los mismos en los términos permitidos por la ley.

En el caso de que, para la ejecución del presente Contrato, fuese necesario el uso de o acceso a algún Activo del ANUNCIANTE, este uso o acceso en ningún caso se entenderá como concesión de licencia, transmisión, cesión o concesión de derecho o interés alguno sobre el mismo a favor de la COLABORADORA, salvo que las Partes así lo acordasen por escrito. Por lo anterior, los Activos serán entregados por el ANUNCIANTE a los únicos y solos efectos de la ejecución de la Campaña por parte de la COLABORADORA, conservando el ANUNCIANTE la plena y exclusiva titularidad y propiedad de estos. Cualquier uso de los Activos por parte de la COLABORADORA distinto al mencionado, requerirá el previo consentimiento por escrito del ANUNCIANTE, así como constituirá un incumplimiento de contrato y la infracción de la legislación aplicable, según corresponda. Sin embargo, se entenderá que no constituye un "uso distinto" la inclusión incidental de dichos Activos en el portafolio profesional de la COLABORADORA, salvo que el ANUNCIANTE indique lo contrario por escrito y con justificación razonable.

En el momento de terminación del presente Contrato por cualquier causa, la COLABORADORA se compromete a cesar de forma inmediata en el uso de cualesquiera Activos del ANUNCIANTE a los que haya podido tener acceso, así como devolver al ANUNCIANTE los mismos. No obstante, la COLABORADORA podrá conservar copias digitales de trabajos en los que haya intervenido exclusivamente para fines de archivo, pruebas de ejecución contractual o incorporación en su portafolio profesional, salvo que el ANUNCIANTE indique expresamente lo contrario en casos debidamente justificados.

5.3. Salvo que se regule una limitación en la titularidad sobre los Contenidos y/o en la explotación de los mismos en el Anexo 1, queda bien entendido entre las Partes que el ANUNCIANTE será la propietaria y titular exclusiva, con facultad de transmisión y licencia a terceros en exclusiva o no (a criterio del ANUNCIANTE), para todo el mundo y cualquier universo, durante todo el plazo de protección reconocido legalmente para el derecho de que se trate, para cualquier finalidad y para cualquier modalidad de uso, forma, medio, procedimiento, actos, campos y sistemas de explotación (en adelante, todo lo anterior, el "***Alcance de la Titularidad***"), de los Entregables, los *briefs*, las fotos, videos, creaciones, obras (incluyendo, literarias, artísticas y científicas), documentación, informes e información y cualesquiera desarrollos, derivados de la prestación de Servicios objeto de este Contrato (en adelante, todo lo anterior será conjuntamente denominado, los "***Contenidos***"), en cualquier de sus versiones, incluyendo borradores y definitivas, y sean o no susceptibles de protección por Derechos de Propiedad Intelectual e Industrial, así como de todos los Derechos de Propiedad Intelectual e Industrial que de ellos se pudieran generar. Queda bien entendido entre las Partes que en el concepto "Contenidos", a los efectos de cesión de Derechos de Propiedad Intelectual e Industrial, incluirá todo lo anteriormente listado.

De conformidad con lo anterior, la COLABORADORA cede al ANUNCIANTE, en exclusiva, con facultad de cesión y licencia a terceros en exclusiva o no, todos los derechos (incluidos los Derechos de Propiedad Intelectual e Industrial) sobre los Contenidos, con el Alcance de la Titularidad, pudiéndolos explotar en su integridad o en parte, de forma independiente o incorporada a otras obras y/o prestaciones. A efectos aclaratorios, en lo que respecta a la cesión de los derechos reconocidos por la legislación de propiedad intelectual (derechos de autor, derechos afines y sui generis), entre los derechos cedidos a favor del ANUNCIANTE se encuentran, a título enunciativo, pero no limitativo, los derechos de reproducción, comunicación pública, distribución, reordenación, traducción, adaptación, arreglo o cualquier otra transformación, en todas sus modalidades.

No obstante, lo anterior, la COLABORADORA conservará el derecho a incluir los Contenidos en su portafolio profesional, salvo que el ANUNCIANTE indique expresamente lo contrario en casos debidamente justificados.

5.4. La remuneración por la cesión de los Derechos de Propiedad Intelectual e Industrial sobre los Contenidos se encuentra incluida en la Retribución indicada en la cláusula 7, exclusivamente para su uso dentro del marco de la Campaña, no teniendo, por tanto, la COLABORADORA derecho a reclamar del ANUNCIANTE ninguna otra cantidad adicional de dinero.

5.5. La COLABORADORA se compromete y asume la responsabilidad de prestar los Servicios con estricto respeto en todo caso de los Derechos de Propiedad Intelectual e Industrial o de cualquier otra naturaleza de terceros, garantizando que no realizará ningún acto susceptible de impedir o dificultar al ANUNCIANTE la plena y pacífica tenencia, explotación y comercialización de los Contenidos.

No obstante, lo anterior, en caso de que el ANUNCIANTE modifique, edite o haga uso de los Contenidos de una manera no prevista en este Contrato, será responsable de cualquier infracción que pudiera derivarse de dicho uso. El ANUNCIANTE también se compromete a realizar las comprobaciones necesarias antes de la explotación de los Contenidos para garantizar su conformidad con la normativa aplicable.

5.6. En el supuesto de que la COLABORADORA estuviera interesada en utilizar para la prestación de sus Servicios cualquier elemento preexistente objeto de Derechos de Propiedad Intelectual e Industrial titularidad de un tercero o sujeto a licencia de uso limitada, la COLA-

BORADORA deberá comunicárselo previamente por escrito al ANUNCIANTE, identificando en detalle el elemento preexistente que pretende utilizar y las limitaciones que le son de aplicación. El uso de dichos elementos deberá ser autorizado previamente y por escrito por el ANUNCIANTE.

5.7. La COLABORADORA reconoce que no tiene, ni tendrá, ningún Derecho de Propiedad Intelectual o Industrial o de otra naturaleza, derivado de o relacionado con el Proyecto.

5.8. La extinción del Contrato por cualquier causa en ningún caso afectará a la propiedad y titularidad exclusiva del ANUNCIANTE sobre los Contenidos, que seguirán siendo de aplicación en los términos y con el alcance previstos en esta cláusula, quedando el ANUNCIANTE, por tanto, facultada para utilizar y explotar los trabajos ya realizados por la COLABORADORA con el alcance previsto en esta cláusula 5 y, si el ANUNCIANTE lo estima oportuno, hasta la ejecución del Proyecto y con posterioridad al mismo.

6. AUTORIZACIÓN DE USO DE IMAGEN.

6.1. En razón al tipo de actividad cubierta por el objeto del presente Contrato, como condición necesaria para participar en el Proyecto y prestar sus Servicios, la COLABORADORA, como gestora también de los derechos de imagen y cuenta oficial de la COLABORADORA en los Canales, concede al ANUNCIANTE el derecho a utilizar su imagen, voz, nombre y nombre de usuario/*nickname* y otros nombres de perfiles que use la COLABORADORA (conjuntamente, la "**Imagen**") en relación con la Acción, los Contenidos y con el alcance regulado en este Contrato y, en particular, i) autoriza al ANUNCIANTE a utilizar la Imagen en relación con los Contenidos y la Campaña, y, por lo tanto, la promoción del Material/Producto facilitado por el ANUNCIANTE, ii) declara y acepta que el ANUNCIANTE pueda utilizar la Imagen en su totalidad o en parte, incluso con fines promocionales y publicitarios, y iii) declara que la Retribución, tal como se define más adelante, también cubre lo que se debe por esta autorización de uso. Cualquier otro uso distinto y/o adicional, incluyendo campañas publicitarias adicionales o sublicencias a terceros, requerirá la autorización expresa y por escrito de la COLABORADORA. Esta autorización comprende la reproducción, distribución, comunicación pública y cualquier otro tipo de utilización de la Imagen como parte de los Contenidos, con respeto a los derechos concedidos en la cláusula 5, durante el período de tiempo indicado en el Anexo 1, sin perjuicio de que el ANUNCIANTE seguirá siendo la titular y propietaria de los Contenidos en los términos y condiciones establecidos en la cláusula 5 y de lo indicado en el párrafo siguiente.

En relación con la permanencia de los Contenidos cuya explotación pudiera estar limitada en el tiempo por así constar en el Anexo 1 en los Canales una vez transcurridos los plazos indicados en el Anexo 1, la COLABORADORA conoce y acepta que los Contenidos pueden permanecer en dichos Canales como contenido histórico o residual. Esto significa que el Contenido podrá seguir visible como parte del archivo o historial de los Canales, sin que se requiera una eliminación o despublicación activa por parte de la productora y sin que esto conlleve incumplimiento alguno por parte del ANUNCIANTE o indemnización a favor de la COLABORADORA.

6.2. La COLABORADORA declara y garantiza contar con los derechos y autorizaciones pertinentes para la gestión de los derechos de Imagen, de su cuenta en los Canales y, por lo tanto, para la explotación y comercialización por el ANUNCIANTE o terceros autorizados por esta, cuando corresponda en los términos establecidos en la cláusula 5, de los Contenidos que incorporen la Imagen de la COLABORADORA con el alcance regulado en este Contrato.

6.3. Asimismo, la COLABORADORA declara y garantiza que no existen impedimentos de ningún tipo, incluidos los contractuales, que impidan o limiten el derecho del ANUNCIANTE a utilizar la Imagen y explotar los Contenidos para las finalidades, incluida la finalidad de promocionar los productos del ANUNCIANTE y su Marca, y con el alcance previsto en el Contrato.

6.4. La COLABORADORA conoce y acepta que el ANUNCIANTE podrá conceder autorizaciones, licencias y cesiones para la explotación de los Contenidos por parte de terceros, dentro del marco de la Acción y la Campaña acordada, tal y como consta en la cláusula 5 anterior. No obstante, cualquier sublicencia o cesión de derechos a terceros que implique un uso promocional o publicitario de la Imagen de la COLABORADORA distinto y/o adicional a la Acción y/o la Campaña, requerirá la autorización expresa y por escrito de la COLABORADORA.

7. CONTRAPRESTACIÓN.

7.1. Por la prestación de la totalidad de Servicios para la Campaña en los términos pactados en el Contrato y detallados en el **Anexo 1**, la autorización de uso de Imagen y la cesión de Derechos de Propiedad Intelectual e Industrial, el ANUNCIANTE abonará a la COLABORADORA la cantidad fija, total y única de **[IMPORTE con letras]** (**XXX.-€**), cuantía a la que se le aplicarán los impuestos y las retenciones fiscales vigentes en cada momento (la "***Retribución***"),

7.2. Además de la Retribución fija, la COLABORADORA percibirá una **retribución variable del [número en letras] por ciento (XX%)** en concepto de comisión sobre las ventas netas generadas a través de los Contenidos publicados en el marco de la Campaña.

7.3. Asimismo, el ANUNCIANTE realizará inversión en publicidad en **[definir las RRSS y/o plataformas donde realizará inversión publicitaria]** con el objetivo de aumentar la visibilidad de los Contenidos publicados por la COLABORADORA, utilizando dos (2) métodos principales:

i. Mediante "***Whitelisting***":

a. Se utilizarán contenidos generados por la COLABORADORA conforme a un *brief* facilitado por el ANUNCIANTE.

b. Estos contenidos serán promocionados desde la cuenta de la COLABORADORA a través de [definir las RRSS y/o los formatos específicos de foto o vídeo de dichas RRSS].

c. El contenido aparecerá como publicidad en los [definir las RRSS y/o los formatos específicos de foto o vídeo de dichas RRSS] de la cuenta de la COLABORADORA, manteniendo la coherencia con su estilo y comunicación.

ii. Mediante **publicidad desde la cuenta del ANUNCIANTE:**

a. Se utilizarán contenidos generados por la COLABORADORA o producidos por el ANUNCIANTE en sesiones de grabación específicas.

b. Los anuncios podrán ser en formato podcast, vídeo o imagen, según la estrategia publicitaria del ANUNCIANTE.

c. En los anuncios se mencionará la cuenta de la COLABORADORA en el *copy* del anuncio.

d. El contenido será publicado como publicidad desde los [definir las RRSS y/o los formatos específicos de foto o vídeo de dichas RRSS] o posts de la cuenta oficial del ANUNCIANTE (@[cuenta oficial de las RRSS corresponientes)].

El ANUNCIANTE gestionará el presupuesto y enlazará las cuentas publicitarias para garantizar el control de inversión y el alcance de las publicaciones patrocinadas

7.4. El presupuesto inicial será de **importe en letras] euros (XX.-€) por día**, sin límite prefijado, el cual será objeto de reajuste según los resultados obtenidos en cada cápsula de Contenido:

i. **Si la inversión genera un impacto positivo en ventas**, el ANUNCIANTE podrá aumentar progresivamente el presupuesto diario para maximizar la rentabilidad.

ii. Si la inversión no obtiene los resultados esperados, el ANUNCIANTE podrá redirigir el presupuesto a otras cápsulas de Contenido.

iii. Cada cápsula de Contenido tendrá un período de prueba de [número en letras] (XX) días, durante el cual se evaluará su desempeño antes de tomar decisiones sobre su continuidad, conforme a lo establecido en la cláusula 7.1 del presente Contrato.

7.5. Cualquier cesión adicional de derechos de imagen o propiedad intelectual fuera de la Campaña deberá ser negociada y remunerada de forma independiente entre las Partes.

7.6. La Retribución será abonada a la COLABORADORA en los plazos indicados en el Anexo 1 mediante transferencia bancaria a la cuenta titularidad de la COLABORADORA, previa emisión por esta de la correspondiente factura: a un plazo máximo de treinta/sesenta (30/60) días naturales.

7.7. El importe de la Retribución incluye todos los gastos en que pueda incurrir la COLABORADORA para la prestación de los servicios y generación de los Contenidos. El ANUNCIANTE no asumirá el pago de ningún desembolso, gasto, coste o pago de cualquier otra naturaleza adicional a la Retribución, salvo que lo haya autorizado previamente y por escrito.

7.8. Asimismo, el importe de la Retribución comprende cualquier compensación y/o remuneración que pudiera corresponder a la COLABORADORA por la cesión y explotación de derechos regulada en la cláusula 5, exclusivamente para la Campaña, no teniendo, por tanto, ninguna de las partes mencionadas, derecho a reclamar del ANUNCIANTE ninguna otra cantidad de dinero a estos efectos.

8. RESPONSABILIDADES Y GARANTÍAS.

8.1. Sin perjuicio de otras responsabilidades, compromisos y garantías que asume en el Contrato, la COLABORADORA declara y garantiza lo siguiente:

(a) estar al día en el cumplimiento de las obligaciones fiscales y con la Seguridad Social y se compromete a cumplir puntualmente con dichas obligaciones mientras el Contrato esté en vigor.

(b) que la COLABORADORA prestará sus Servicios con estricto respeto y cumplimiento a lo pactado en el presente Contrato.

(c) que no existen impedimentos de ningún tipo, incluidos los contractuales, que impidan o limiten el derecho del ANUNCIANTE a utilizar la Imagen y explotar los Contenidos para las finalidades, incluida la finalidad de promocionar los Productos y su marca, y con el alcance previsto en el Contrato, comprometiéndose a informar al ANUNCIANTE en caso de que surjan situaciones que puedan afectar dicho uso.

(d) que los Contenidos no contendrán ningún elemento que pueda dar lugar a violaciones y/o infracciones de derechos de terceros, incluyendo, a título enunciativo, pero no limitativo, cualquier Derecho de Propiedad Intelectual e Industrial, de imagen y/o cualquier legislación aplicable en el territorio donde se difundan los Contenidos como consecuencia del Contrato. En este sentido, la COLABORADORA garantiza cumplir en todo momento en la creación de los Contenidos y promoción de los Productos y la Marca, con la normativa que le sea de aplicación a la COLABORADORA, los Productos y a los Contenidos, entre ella, a título enunciativo pero no limitativo, con toda la legislación aplicable en materia de propiedad intelectual e industrial, datos personales, prácticas comerciales desleales y publicidad, incluida expresamente, a título enunciativo pero no limitativo, la Ley 13/2022, de 7 de julio, General de Comunicación Audiovisual (LGCA), Ley 34/2002, de 11 de julio, de Servicios de la Sociedad de la Información y de comercio electrónico, Ley 34/1988, de 11 de noviembre, General de Publicidad, la Ley 3/1991, de 10 de enero, de Competencia Desleal, el Código de Conducta sobre el Uso de Influencers en la Publicidad de Asociación Española de Anunciantes (AEA) y la Asociación para la Autorregulación de la Comunicación Comercial (Autocontrol), y los códigos de conducta de auto y corregulación que le sean de aplicación, en el territorio correspondiente, y a indemnizar y eximir al ANUNCIANTE de cualquier reclamación, coste, cargo y gasto que pueda derivarse del incumplimiento de lo anterior. No obstante, lo anterior, el ANUNCIANTE será responsable de realizar una revisión previa de los Contenidos antes de su publicación para garantizar su conformidad con la legislación vigente.

8.2. Cada Parte garantiza el cumplimiento de la totalidad de los compromisos y obligaciones que asume en virtud de este Contrato. En consecuencia, la Parte incumplidora responderá frente a cualquier reclamación o reivindicación judicial o extrajudicial que pudiera presentarse con motivo del incumplimiento de las garantías ofrecidas y/u obligaciones que asume en virtud del presente Contrato, responsabilizándose la Parte incumplidora de cualquier pago o indemnización a que pudiera haber lugar, y manteniendo indemne a la otra Parte en todo momento. No obstante, lo anterior, en caso de incumplimiento, la Parte afectada deberá notificarlo por escrito a la Parte incumplidora, otorgándole un plazo razonable para su subsanación.

8.3. En el caso de que una reclamación judicial o extrajudicial se interpusiera directamente contra el ANUNCIANTE como consecuencia del incumplimiento por la COLABORADORA de las garantías y/u obligaciones ofrecidas y asumidas en virtud del presente Contrato, la COLABORADORA asumirá cualquier pago o indemnización que pudiera existir, incluyendo, entre otros, el pago de honorarios de abogados y procuradores, así como las tasas judiciales y costas que en su caso fuesen de aplicación, hasta un máximo equivalente a la Retribución total percibida por la COLABORADORA en el marco de este Contrato.

No obstante, si la reclamación surge de una acción conjunta, error en las directrices proporcionadas por el ANUNCIANTE, cambios exigidos por esta o su intervención directa en la aprobación y publicación de los Contenidos, la responsabilidad será compartida entre ambas Partes, en proporción a su grado de contribución en el incumplimiento.

8.4. Asimismo, el ANUNCIANTE será responsable de verificar que los Contenidos aprobados cumplan con la normativa aplicable y con los códigos de conducta del sector publicitario antes de su publicación. En caso de que el ANUNCIANTE apruebe o exija cambios en los Contenidos que posteriormente generen una reclamación, asumirá su parte de responsabilidad y los costos derivados de la misma. Ambas Partes se comprometen a colaborar en el cumplimiento de la normativa aplicable en materia de publicidad, comunicación audiovisual y protección del consumidor, así como en la observancia de los códigos de conducta y buenas prácticas del sector publicitario.

La COLABORADORA se compromete a elaborar los Contenidos siguiendo las instrucciones facilitadas por el ANUNCIANTE, quien, en su condición de entidad promotora de la Campaña y responsable de la definición del mensaje publicitario, tendrá la facultad de revisar, aprobar y, en su caso, solicitar modificaciones sobre dichos Contenidos antes de su publicación.

Adicionalmente, la COLABORADORA se compromete a revisar previamente los Contenidos antes de su envío al ANUNCIANTE, con el fin de confirmar que se ajustan a los estándares legales, de transparencia y de identificación publicitaria exigidos por la normativa vigente, con especial atención a la Ley General de Comunicación Audiovisual y a los códigos de conducta del sector.

En caso de que los Contenidos, una vez aprobados o modificados por el ANUNCIANTE, generen una reclamación, requerimiento o procedimiento por parte de terceros o de autoridades competentes, cada Parte asumirá la responsabilidad que le corresponda en función del grado de participación que haya tenido en la elaboración, definición y validación del mensaje publicitario, de conformidad con la normativa aplicable y los códigos de conducta del sector, teniendo en cuenta, en particular, el rol del ANUNCIANTE como anunciante.

8.5. Lo dispuesto en la presente cláusula 8 será de aplicación y estará vigente durante y con posterioridad a la terminación del Contrato con independencia de la causa de la terminación del mismo.

9. TERMINACIÓN ANTICIPADA.

9.1. Sin perjuicio de los demás supuestos de resolución previstos en el presente Contrato y en la Ley, cada Parte podrá resolver de forma anticipada el presente Contrato mediante notificación escrita con una antelación mínima de treinta (30) días hábiles, salvo en caso de incumplimiento grave.

9.2. En particular, el ANUNCIANTE tendrá derecho a resolver de forma anticipada y unilateralmente el presente Contrato, mediante notificación escrita a la COLABORADORA, si se produce alguno de los siguientes supuestos, que se consideran justa causa de resolución, sin perjuicio del derecho del ANUNCIANTE a iniciar acciones de indemnización por los daños y perjuicios sufridos:

(a) si el ANUNCIANTE considera que los Contenidos creados y/o publicados por la COLABORADORA no se ajustan a este Contrato, a las expectativas, son de calidad inadecuada y/o son contrarios al decoro y al buen nombre y reputación del ANUNCIANTE, siempre que el ANUNCIANTE no los hubiese aprobado definitivamente y hubiese solicitado previamente su corrección en un plazo razonable (mínimo de 5 días hábiles), cuando la COLABORADORA no los hubiese subsanado adecuadamente;

(b) Si en la prestación de sus Servicios, la COLABORADORA, incumple la normativa que le sea de aplicación a su profesión, entre ella, la LGCA;

(c) Si la COLABORADORA incumple las obligaciones esenciales del Contrato, debidamente notificadas y no subsanadas en el plazo estipulado en la cláusula 9.2.; y/o

(d) Si la COLABORADORA incumple sus obligaciones de confidencialidad en virtud del presente Contrato.

En cualquier caso, si la resolución del Contrato se debe a causas imputables al ANUNCIANTE, la COLABORADORA tendrá derecho a una compensación proporcional a los Servicios efectivamente prestados hasta la fecha de terminación.

9.3. Por su parte, la COLABORADORA tendrá derecho a resolver de forma anticipada y unilateral el presente Contrato mediante notificación escrita al ANUNCIANTE si se produce alguno de los siguientes supuestos, los cuales se considerarán justa causa de resolución y darán lugar, en su caso, a la correspondiente reclamación por daños y perjuicios:

(a) si el ANUNCIANTE incurre en acciones, declaraciones públicas o conductas empresariales que sean manifiestamente contrarias al decoro, la ética profesional o al buen nombre y reputación de la COLABORADORA, incluyendo, pero no limitándose a campañas de comunicación o marketing engañosas, prácticas empresariales fraudulentas, o cualquier otro comportamiento que pueda afectar negativamente la imagen pública de la COLABORADORA y/o sus redes sociales y canales propios de comunicación;

(b) si el ANUNCIANTE es objeto de escándalo público, procedimiento judicial o administrativo sancionador por prácticas ilegales, falta de transparencia empresarial o cualquier otra situación que pueda afectar gravemente la reputación de la COLABORADORA por su vinculación contractual con la empresa; y/o

(c) si el ANUNCIANTE incumple de manera grave sus compromisos contractuales, incluyendo la falta de pago reiterada de la Retribución pactada, imposición de condiciones de trabajo no razonables o modificaciones unilaterales del contrato sin consentimiento expreso de la COLABORADORA.

En caso de resolución anticipada por alguna de las causas previstas en la presente cláusula, la COLABORADORA tendrá derecho a recibir la retribución por los Servicios prestados hasta la fecha de resolución, sin perjuicio de reclamar al ANUNCIANTE los daños y perjuicios que dicha resolución le haya ocasionado, incluyendo el daño reputacional sufrido, de haberlo.

La resolución del Contrato en virtud de esta cláusula no eximirá al ANUNCIANTE del cumplimiento de cualquier otra obligación pendiente a la fecha de resolución, incluidas las obligaciones de pago y compensación económica por daños y perjuicios reconocidas en esta cláusula y en la legislación aplicable.

9.4. Asimismo, será causa de resolución anticipada de este Contrato, el incumplimiento por cualquiera de las Partes de cualquiera de las obligaciones aquí reguladas, salvo que el incumplimiento sea susceptible de subsanación, en cuyo caso, la Parte cumplidora enviará notificación escrita a la Parte incumplidora en la que se le comunicarán los detalles del incumplimiento y el requerimiento para que sea subsanado, pudiéndose en este último supuesto resolver el Contrato si el incumplimiento no queda subsanado en el plazo de diez (10) días naturales desde la recepción de la notificación. La terminación por esta causa dará lugar a la indemnización de daños y perjuicios a favor de la Parte cumplidora.

No obstante, lo anterior, en caso de resolución anticipada injustificada por parte del ANUNCIANTE, la COLABORADORA tendrá derecho a recibir la totalidad de la Retribución acordada por los Servicios prestados y a reclamar los daños y perjuicios derivados de dicha terminación anticipada.

9.5. Disposiciones comunes a todos los supuestos de terminación del Contrato (sin perjuicio de otras disposiciones establecidas a lo largo del Contrato):

i. La COLABORADORA entregará al ANUNCIANTE el Material y los Contenidos, así como cualquier otro Activo relacionado con aquellos que tenga bajo su custodia en el plazo de cinco (5) días a contar desde la fecha de terminación del Contrato, entendiéndose transmitido a título de propiedad al ANUNCIANTE de forma automática, sin que la COLABORADORA pueda negarse a ello por la existencia de reclamaciones económicas o de otro tipo contra el ANUNCIANTE.

ii. El ANUNCIANTE abonará a la COLABORADORA las cantidades pendientes de pago por la prestación de los Servicios efectivamente ejecutada hasta la fecha de finalización del presente Contrato por cualquier causa.

10. PROTECCIÓN DE DATOS DE CARÁCTER PERSONAL.

10.1. En lo que respecta a los datos personales de las personas de contacto y/o de los firmantes del Contrato o pedido inicial de las Partes, estos serán, a su vez, tratados por la Parte contraria con la finalidad de gestionar la relación contractual entre las Partes y llevar a cabo la ejecución del objeto del Contrato. Por lo anterior, la base legal para dicho tratamiento es la ejecución de contrato.

10.2. Dichos datos personales serán conservados por ambas Partes mientras dure la relación que por medio del presente Contrato las une, no obstante, una vez terminada la relación contractual, los conservarán debidamente bloqueados, para su puesta a disposición de las Administraciones Públicas competentes, Jueces y Tribunales o el Ministerio Fiscal durante el plazo de prescripción de las acciones que pudieran derivarse de la relación mantenida entre las Partes y/o los plazos de conservación previstos legalmente. Las Partes procederán a la supresión física de estos datos personales una vez transcurridos dichos plazos.

10.3. Por otra parte, los interesados pueden ejercitar, si lo desean, sus derechos de acceso, rectificación y supresión de datos, así como solicitar que se limite el tratamiento de sus datos personales, oponerse al mismo, solicitar la portabilidad de sus datos, así como no ser objeto de decisiones individuales automatizadas, remitiendo una comunicación por escrito a:

- El ANUNCIANTE: [dirección] y/o [e-mail].
- La COLABORADORA: [dirección] y/o [e-mail].

En el caso de que, para cursar la solicitud, fuese necesario información adicional para la identificación del interesado, se podrá solicitar al interesado que facilite la información adicional necesaria.

10.4. Asimismo, las Partes informan a las personas de contacto que podrán plantear una reclamación ante la Agencia Española de Protección de Datos en aquellos casos en los que lo estimen oportuno.

10.5. Si el tratamiento de los datos de carácter personal incluyera otros datos distintos a los de la identidad de las Partes, éstas se comprometen a tomar las medidas oportunas y firmar cualesquiera documentos sean requeridos de conformidad con la legislación aplicable.

11. CONFIDENCIALIDAD.

11.1. Salvo que de otra forma se disponga en este Contrato, o por acuerdo entre las Partes, toda la información que, facilitada por una Parte (la Parte Reveladora) a la otra (la Parte

Receptora), ya sea con anterioridad o con posterioridad a la fecha de suscripción del presente Contrato, y que sea consecuencia de su ejecución será y se entenderá que ha sido recibida por la Parte receptora como confidencial y se utilizará exclusivamente para los fines de ejecución de este Contrato ("**Información Confidencial**"). A efectos de este Contrato, se entenderá que el término "Información Confidencial" comprende, a título enunciativo, pero no limitativo, toda la información susceptible de ser revelada por la Parte Reveladora de palabra, por escrito o por cualquier otro medio o soporte, tangible o intangible, actualmente conocido o que se invente en el futuro, y facilitada como consecuencia de este Contrato, incluyendo el Proyecto, la Campaña, los términos pactados en este Contrato, los Servicios, cualquier información relativa a aspectos financieros, comerciales, técnicos y/o industriales de la Parte Reveladora, el contenido del presente Contrato, las condiciones económicas pactadas entre las Partes, los Activos (que incluye el Material), los Contenidos y el Proyecto.

11.2. La Parte Receptora se obliga a tratar toda la Información Confidencial, de forma estrictamente confidencial (exceptuando con la COLABORADORA para la prestación por esta de sus servicios para la Campaña), cumpliendo las siguientes obligaciones:

a) Usar la Información Confidencial solamente para lo estrictamente necesario para la ejecución de las obligaciones que asumen en virtud de este Contrato, asumiendo ambas Partes la responsabilidad por todo uso distinto al mismo, realizado por esta o por las personas físicas o jurídicas a las que haya permitido el acceso o haya revelado la Información Confidencial.

b) Mantener en secreto toda la Información Confidencial que se maneje como consecuencia de este Contrato y protegerla con un grado de diligencia y control que garantice la confidencialidad y, cuando corresponda, el carácter de secreto de la Información Confidencial, comprometiéndose a seguir cualquier tipo de indicación o instrucción del ANUNCIANTE en este sentido.

c) Custodiar la Información Confidencial en áreas de acceso restringido, manteniendo la misma, en todo momento, separada del material confidencial de terceros y ello al objeto de evitar cualquier tipo de mezcla.

d) Disponer de medios y procedimiento para prevenir la pérdida de información, comunicando a la Parte Reveladora toda filtración de información de la que tenga/llegue a tener conocimiento, si bien dicha comunicación no exime a la COLABORADORA de responsabilidad, pero si la incumple dará lugar a cuantas responsabilidades se deriven de dicha omisión.

e) No publicar, ni realizar copias, o distribuir, revelar o de otra forma difundir, ni por sí misma ni a través de terceros, en ningún caso y en ningún medio o soporte, la Información Confidencial, salvo que cuente con el previo, inequivocable y por escrito consentimiento de esta.

f) Devolver a la Parte Reveladora, dentro del plazo que esta le indique a estos efectos, toda la Información Confidencial y sus copias que posea en cualquier soporte, en cuanto reciba una solicitud de la Parte Reveladora en este sentido o en caso de resolución de este Contrato por cualquier causa. En caso de que no fuera posible la devolución de la Información Confidencial (o sus copias), por cualquier razón, la Parte Receptora lo deberá comunicar a la Parte Reveladora dando prueba de la imposibilidad de devolución. En tal caso, las Partes se obligan a destruir la Información Confidencial (y sus copias) en el plazo y según las modalidades que le indique la

Parte Reveladora, acreditándolo de forma fehaciente mediante la expedición de un certificado de destrucción.

11.3. En caso de que la Parte Receptora resulte legal o judicialmente obligada a revelar todo o parte de la Información Confidencial, por cualquier resolución de una autoridad gubernamental o reguladora o de un Tribunal o por una ley imperativa, la Parte Reveladora deberá notificar por escrito tal circunstancia a la Parte Reveladora, sin demora indebida, para dar a esta la oportunidad de intervenir y adoptar medidas tendientes a eliminar o reducir el daño que la revelación de su Información Confidencial le podría causar. En caso de que tal daño no pueda ser evitado o reducido, la Parte Receptora revelará únicamente aquella Información Confidencial que haya sido solicitada, tratando de limitar la misma a lo estrictamente necesario para dar cumplimiento al requerimiento, de tal forma que perjudique lo menos posible a la Parte Reveladora, y haciendo esfuerzos razonables para obtener garantías de que la Información Confidencial será tratada de manera confidencial y reservada por la autoridad correspondiente.

11.4. El incumplimiento por la Parte Receptora de lo estipulado en la presente cláusula dará lugar a la correspondiente indemnización a favor de la Parte Reveladora por los daños y perjuicios causados. En este sentido, la Parte Receptora será, así mismo, responsable frente a la Parte Reveladora de cualquier revelación o infracción de las obligaciones contenidas en esta cláusula, cometidas por su personal y/o por terceros vinculados con la Parte Reveladora (incluyendo la COLABORADORA).

11.5. Las obligaciones de confidencialidad contenidas en esta cláusula inician su vigencia en la Fecha de Efectos, extendiéndose a toda la Información Confidencial a la que pudiera haber tenido acceso con anterioridad, y permanecerá vigente mientras dure el Contrato y una vez finalizado el mismo, por un lapso adicional de dos años (esto es, sin que para ello haya intervenido el incumplimiento del Contrato por ninguna de las Partes o de otras obligaciones de confidencialidad por parte de cualquier tercero).

12. MISCELÁNEA.

12.1. Efecto del Contrato.

Este Contrato y sus anexos constituye el total acuerdo entre las Partes en relación con el objeto del mismo y sustituye a cualquier otro acuerdo, discusión o negociación, en forma oral o escrita, que entre las Partes pudiera haberse dado con anterioridad a la Fecha de Efectos.

12.2. Modificaciones.

Cualquier modificación del contenido de este Contrato solo será efectiva si se realiza por escrito y con el consentimiento de ambas Partes.

12.3. Cesión del Contrato. Subcontratación.

i. La COLABORADORA no podrá ceder los derechos y obligaciones que asumen en virtud del presente Contrato. Igualmente, no se permite la subcontratación de la prestación de los servicios, debiendo ser estos prestados por la COLABORADORA directa y únicamente, salvo que cuente con el consentimiento previo y por escrito del ANUNCIANTE.

ii. El ANUNCIANTE podrá ceder su posición contractual en el Contrato y/o los derechos y obligaciones dimanantes del mismo a cualquier tercero sin requerir para ello una autorización adicional de la COLABORADORA, no obstante, en el caso de cesión de su posición contractual, el ANUNCIANTE se lo comunicará a la COLABORADORA.

12.4. **Costes.**

Cada una de las Partes soportará sus propios costes derivados de la negociación, preparación y otorgamiento de este Contrato.

12.5. **Ilegalidad.**

La nulidad o inaplicabilidad de cualquier término o cláusula de este Contrato a cualquier circunstancia o parte, no afectará a la validez del mismo ni a la validez del resto de sus términos y cláusulas, ni a la aplicación de dicho término o cláusula a otra circunstancia o parte, todo lo cual será válido y aplicable hasta donde sea permitido por la Ley.

12.6. **Firma del Contrato.**

El presente Contrato podrá ser firmado en soporte papel, por duplicado ejemplar y en todas sus páginas. Asimismo, las Partes reconocen y aceptan que el presente Contrato pueda ser ejecutado mediante firma electrónica o digital, que será considerada como una firma original a todos los efectos y tendrá la misma fuerza y efecto que una firma original.

13. LEY APLICABLE Y JURISDICCIÓN COMPETENTE.

13.1. El presente Contrato, su interpretación y cumplimiento, se regirá por la ley española común.

13.2. Para todo litigio, controversia, discrepancia o reclamación que pudiera surgir en relación con el presente Contrato, su interpretación, incumplimiento o resolución, las Partes se someten, con renuncia expresa al fuero que pudiera corresponderles, a la jurisdicción de los Tribunales de [ciudad].

Y, en prueba de conformidad, las Partes firman el presente Contrato en el lugar y fecha indicados en el encabezamiento.

Por el ANUNCIANTE	Por la COLABORADORA
______________________	______________________
D./Dña. [nombre del representante]	D./Dña. [nombre del colaborador]

Anexo 1
Condiciones particulares de la Acción

Descripción de la Acción o Campaña:

La finalidad de la presente Acción es que la COLABORADORA cree, produzca y publique contenido relacionado con **[OBJETO DE LA CAMPAÑA]** para fortalecer la comunicación entre el ANUNCIANTE y su comunidad digital. El alcance, formatos y entregables serán los definidos en este Anexo.

Servicios que prestará la COLABORADORA y Plazos de Ejecución:

La COLABORADORA se compromete a:

- **Redacción de artículos para blog:** redactar [número en letras] (XX) de artículo(s) para el blog del ANUNCIANTE, con una extensión de [rango de palabras] palabras.
- **Publicación de contenido compartido:** la COLABORADORA elaborará, producirá y publicará [número en letras] (XX) vídeos mensuales en formato [establecer el formato de los vídeos en función de las redes sociales] como post compartido con el ANUNCIANTE en los Canales y Redes Sociales del ANUNCIANTE.
- **Generación de materiales visuales:** la COLABORADORA elaborará el material visual bajo las directrices generales del ANUNCIANTE, si bien mantendrá cierto grado de creatividad y originalidad sobre los mismos. El ANUNCIANTE colaborará en el proceso creativo del contenido, participando activamente en su ideación.

  El ANUNCIANTE se reserva el derecho a realizar sesiones de fotos y grabación de contenido con la COLABORADORA, a definir de común acuerdo, destinada a la creación de material gráfico y audiovisual que será utilizado tanto en canales orgánicos como en campañas de pago durante la duración del Contrato.
- **Compromiso de patrocinio en los Canales:** la COLABORADORA se compromete a patrocinar contenido relacionado con la colaboración en sus redes sociales mediante campañas de pago (*paid social*) durante la duración de la Campaña.
- **Compromiso de participar en un máximo de [número en letras] (XX) eventos anuales** como embajadora de la marca y que así el ANUNCIANTE pueda contar con la COLABORADORA para alguna charla, evento y fortalecer así vínculos.

Compromisos que adquiere el ANUNCIANTE en relación con la Campaña:

- **Publicidad de pago (*Paid Media*):** el ANUNCIANTE podrá invertir en publicidad digital para potenciar el alcance de los Contenidos creados por la COLABORADORA, mediante:
  - "***Whitelisting***": yso de los contenidos de la COLABORADORA desde el perfil de la COLABORADORA para campañas pagadas
  - **Publicidad desde la cuenta del ANUNCIANTE**:
    - Difusión de contenidos creados por la COLABORADORA o producidos en sesiones con el ANUNCIANTE.
    - Formatos posibles: [vídeos, imágenes, stories, podcasts, etc.], con mención a las redes sociales de la COLABORADORA en los anuncios.
- El ANUNCIANTE gestionará la inversión publicitaria y enlazará las cuentas para controlar el alcance y la rentabilidad. El presupuesto inicial será de **[importe en letras] euros (XX.-€) por día**, ajustable según los resultados:

- o Aumento progresivo si las ventas son positivas.
- o Redirección de inversión a otras cápsulas si el rendimiento no es el esperado.
- o Evaluación de cada cápsula durante **[número en letras] (XX) días** antes de tomar decisiones sobre su continuidad.

Duración de la Campaña: sin perjuicio de que el Contrato inicia su vigencia en la Fecha de Efectos y sin perjuicio de los plazos de entrega y de ejecución indicados en este Anexo 1, la Campaña se inicia el [día] de [mes] de [año] y finalizará el [día] de [mes] de [año], y se renovará conforme a lo establecido en la cláusula 3 del Contrato.

Marcas de el ANUNCIANTE usadas en la Campaña por la COLABORADORA: [especificar las marcas del ANUNCIANTE].

Productos de el ANUNCIANTE objeto de la Campaña: [especificar los productos del ANUNCIANTE].

Hashtags que la COLABORADORA deberá usar: [se especificarán en el *brief* mensual ó detallar los #hashtags y las redes sociales del ANUNCIANTE].

Entregables (que forman parte de los Contenidos): [definir]

Forma y formato de entrega de los Entregables:

- [definir]
- [definir]
- El ANUNCIANTE deberá recibir los Contenidos para aprobación con un plazo de antelación mínimo de veinticuatro (24) horas antes de la fecha y hora de publicación.

Canales: las cuentas oficiales de la COLABORADORA en las siguientes redes sociales: [definir las URLs/enlaces a las RRSS oficiales de la COLABORADORA].

Derechos de Propiedad Intelectual e Industrial: el ANUNCIANTE ostentará los Derechos de Propiedad Intelectual e Industrial sobre los Contenidos conforme a lo indicado en la cláusula 5 del presente Contrato, con la excepción de [definir excepciones, si las hubiere. Por ejemplo: stories de IG, que dejan de estar disponibles a las 24 horas].

En los siguientes medios: los Canales y/o [definir las URLs/enlaces a las RRSS oficiales de la COLABORADORA].

Autorización de Uso de Imagen.

La COLABORADORA autoriza al ANUNCIANTE al uso de su Imagen conforme a lo dispuesto en la cláusula 6 del Contrato y, en particular, conforme a lo indicado a continuación:

- **Autorización uso de la Imagen para canales orgánicos:** la COLABORADORA cede los derechos de uso de su imagen para su difusión en los canales orgánicos del ANUNCIANTE, incluyendo sitio web, redes sociales y newsletters, durante la duración de la Campaña.
- **Autorización uso de la Imagen para canales de pago:** la COLABORADORA autoriza el uso de su Imagen para su uso en campañas de pago gestionadas por el ANUNCIANTE durante el período de duración de la Campaña.

Pagos: los pagos se harán mensualmente, a treinta/sesenta (30/60) días de fecha de factura incluyendo tanto la retribución fija como la retribución variable del [número en letras] por ciento (XX%) de comisión sobre las ventas netas.

VII. E-SPORTS

SUMARIO. F141. CONTRATO DE PATROCINIO DE E-SPORTS ENTRE ORGANIZADOR] Y AGENCIA. F142. CONTRATO DE TRABAJO DE CREADOR DE CONTENIDO EN EL SECTOR DE E-SPORTS.

F141. CONTRATO DE PATROCINIO DE E-SPORTS ENTRE ORGANIZADOR] Y AGENCIA

En [ciudad], a [día] de [mes] de [año].

REUNIDOS

De una parte, **[DENOMINACIÓN SOCIAL DE LA AGENCIA]**, con domicilio social en [dirección], provista de CIF núm. [XXX] e inscrita en el Registro Mercantil de [ciudad]; debidamente representada en este acto por D./Dña. [nombre y apellidos del representante], mayor de edad, de nacionalidad [nacionalidad], con pasaporte de su nacionalidad núm. [XXXXX], en calidad de apoderado [mancomunado/solidario/único] de la sociedad, según consta en escritura de apoderamiento, otorgada en fecha [fecha] ante el Notario de [ciudad], D./Dña. [nombre del notario], bajo el número [XXX] de su protocolo (en adelante, la "**AGENCIA**").

Y, de otra parte, **[DENOMINACIÓN SOCIAL DE LA EMPRESA ORGANIZADORA]**, con domicilio social en [dirección], provista de CIF núm. [XXX] e inscrita en el Registro Mercantil de [ciudad]; debidamente representada en este acto por D./Dña. [nombre y apellidos del representante], mayor de edad, de nacionalidad [nacionalidad], con pasaporte de su nacionalidad núm. [XXXXX], en calidad de apoderado [mancomunado/solidario/único] de la sociedad, según consta en escritura de apoderamiento, otorgada en fecha [fecha] ante el Notario de [ciudad], D./Dña. [nombre del notario], bajo el número [XXX] de su protocolo (en adelante, el "**ORGANIZADOR**").

La alusión a ambas empresas, conjunta o indistintamente, se hará como las "**Partes**" y cada una de ellas, una "**Parte**".

Los comparecientes, reconociéndose, con carácter recíproco, capacidad legal suficiente para otorgar el presente contrato de patrocinio (en adelante, el "**Contrato**") en sus respectivas representaciones

EXPONEN

I. Que el ORGANIZADOR es una sociedad cuya actividad principal es la gestión y explotación de competiciones de videojuegos profesionales a nivel nacional, de entre las cuales, la Liga de Videojuegos Profesional (en adelante, la "**LVP**") es la competición principal. La LVP se desarrolla actualmente en formato de liga y de copa. En cuanto al formato de liga, entre otras competiciones, se lleva a cabo a través de la denominada "**[nombre de la Liga A]**" para el videojuego [nombre del videojuego A] (en adelante, la "**Liga A**"), de la denominada "**[nombre de la Liga B]**" para el videojuego [nombre del videojuego B] (en adelante, la "**Liga B**") y de la denominada "**[nombre de la Liga C]**", como liga de segunda división del videojuego [nombre del videojuego C] (en adelante, la "**Liga C**"). En cuanto al formato de copa, entre otras competiciones, se lleva a cabo a través de la denominada "**[nombre de la Copa A]**" para el videojuego [nombre del videojuego A] (en adelante, "**Copa A**") y de la denominada "**[nombre de la Liga de Segunda División]**" para el [nombre del videojuego D] (en adelante, la "**Liga de Segunda División**"). En adelante, la alusión a las competiciones, conjunta o indistintamente, se hará como las "**Competiciones**" y, cada una de ellas, como la "**Competición**".

II. Que, asimismo, el ORGANIZADOR realiza retransmisiones regulares vía *streaming* por diversos canales y medios de sus Competiciones, y tiene previsto ceder imágenes de sus Competiciones para crear contenidos de eSports que serán distribuidos a través de una plataforma digital temática, en modalidad "*video on demand*".

III. Que la AGENCIA es una entidad mercantil dedicada, entre otras actividades propias de su objeto social, a la prestación de servicios relacionados con patrocinios deportivos, marketing y publicidad, con una amplia experiencia y reputación en dicho sector.

IV. Que la AGENCIA actúa en el presente acto como principal y por mandato de su cliente [DENOMINACIÓN SOCIAL DEL ANUNCIANTE] (en adelante, el "**ANUNCIANTE**"), en virtud del contrato suscrito entre estas últimas en fecha [día] de [mes] de [año].

V. Que la AGENCIA realizará los pagos al ORGANIZADOR en concepto de las tarifas que se deriven del presente Contrato por cuenta y en nombre de el ANUNCIANTE. No obstante, el ANUNCIANTE seguirá siendo responsable único de todas las tarifas, pagos y demás obligaciones de acuerdo con el presente Contrato.

VI. Que el ANUNCIANTE es una compañía que produce y comercializa productos destinados a la electrónica y la asistencia sanitaria, incluyendo, con carácter enunciativo y no limitativo, productos de imagen y sonido, cuidado personal y para el hogar, cuidado del bebé, salud bucal, iluminación e imageología, entre otros, para lo cual desarrolla acciones promocionales y publicitarias dirigidas a aumentar la notoriedad y consideración de sus productos.

VII. Que el ANUNCIANTE está interesada en participar en algunas de las Competiciones del ORGANIZADOR en calidad de "***Title Sponsor***" y/o de "**Patrocinador Oficial**", así como a incorporar publicidad en otras competiciones. A estos efectos, el ORGANIZADOR ha presentado un paquete de activos de patrocinio, que ha sido aceptado por el ANUNCIANTE, y que se adjunta al presente Contrato como **Anexo I** (en adelante, la "**Propuesta**").

VIII. Que, en virtud de lo anterior, las Partes han alcanzado un acuerdo sobre los términos y condiciones que han de regir este Contrato de patrocinio, y que se recogen en las siguientes

CLÁUSULAS

PRIMERA.– OBJETO.

1.1. El presente Contrato tiene como objeto la inclusión del ANUNCIANTE en el programa de patrocinio de las Competiciones y, en concreto, su designación como:

(i) "Patrocinador Oficial de la Liga A", para la Liga A del videojuego "[nombre del videojuego A], para los *splits* de [año].

(ii) "Patrocinador Oficial de la Liga B" para la Liga B del videojuego "[nombre del videojuego B]", de [año].

(iii) "Patrocinador Oficial de la Liga C", para la Liga C del videojuego "[nombre del videojuego C]", de [año].

(iv) "Patrocinador Oficial de la Copa A" para la Copa A del videojuego "[nombre del videojuego A], de [año].

(v) "*Title Sponsor* de la Liga de Segunda División", para la segunda división nacional del videojuego "[nombre del videojuego D]", de [año].

Se incluye en la Propuesta un calendario de los periodos de celebración de las Competiciones en el [año].

1.2. Los Activos de Patrocinio (tal y como se definen más adelante) que se reconocen al ANUNCIANTE, en virtud de este Contrato, únicamente podrán ser ejecutados en las Competiciones para los videojuegos expresamente señalados anteriormente, quedando por tanto excluida su activación en versiones de las Competiciones para otros videojuegos, en otras competiciones u en otros videojuegos.

1.3. Dichas designaciones tendrán la duración que resulte de la vigencia del presente Contrato y comportarán los derechos y obligaciones que a lo largo del mismo se detallan. el ANUNCIANTE únicamente podrá utilizar estas designaciones con el literal aquí señalado, sin que pueda incluir variantes en las mismas. No obstante, se deja constancia de que dichas denominaciones sí podrán ser modificadas en el supuesto de cambio en la denominación de las Competiciones, por cambio, por ejemplo, del *Title Sponsor* de las mismas. Por lo tanto, en el supuesto de que durante el periodo de vigencia de este Contrato las Competiciones modificasen su denominación, la designación del ANUNCIANTE como Patrocinador Oficial o *Title Sponsor* de las mismas se adaptará automáticamente a la nueva denominación, sin que tal cambio suponga cambio alguno en el contenido, derechos y obligaciones que dimanan de este Contrato, más allá del simple cambio de denominación de las Competiciones, pudiendo el ANUNCIANTE hacer uso de las nuevas denominaciones en los mismos términos que los actuales.

SEGUNDA.– DERECHOS INHERENTES A LA CATEGORÍA DE PATROCINADOR OFICIAL Y DE *TITLE SPONSOR*.

2.1. Designación y aparición de marcas y logos.

2.1.1. El ANUNCIANTE designa la marca comercial "**[nombre del producto del ANUNCIANTE]**", que tendrá presencia en las Competiciones mediante los signos distintivos reproducidos en el **Anexo II**, propiedad de su grupo empresarial, como la única marca a la que irán asociadas las citadas denominaciones y la imagen de las Competiciones (en adelante, la "**Marca del ANUNCIANTE**"). Por tanto, todos los Activos de Patrocinio reconocidos en el presente Contrato se reconocen únicamente en relación con la Marca del ANUNCIANTE, sin que pueda el ANUNCIANTE utilizarlos en relación con cualquier otra marca o producto de su propiedad.

2.1.2. Asimismo, el ORGANIZADOR designa las marcas comerciales, logotipos y denominaciones de las Competiciones, estipuladas en el **Anexo III**, a las que irá asociada la Marca del ANUNCIANTE en el contexto del presente Contrato. En este sentido, el ORGANIZADOR cede al ANUNCIANTE el derecho de uso de la imagen de las Competiciones, incluyendo las mencionadas marcas reflejadas en el **Anexo III**, licencia que se otorga de acuerdo con los límites y condiciones establecidas en la cláusula Séptima del presente Contrato.

2.1.3. La aparición de la Marca del ANUNCIANTE junto a las marcas del resto de patrocinadores de las Competiciones se realizará en igualdad de condiciones (ubicación, visibilidad, tamaño, etc.), respecto a patrocinadores de la misma categoría ("**Oficiales**" para la Liga A, la Liga B, la Liga C y la Copa A y "***Title Sponsor***" para la Liga de Segunda División).

Se deja expresa constancia de que la aparición de la Marca del ANUNCIANTE en la web de dichas Competiciones o de la LVP no irá acompañada en ningún caso de un enlace a la página web del ANUNCIANTE o de cualesquiera distribuidores de sus productos.

2.2. Derechos asociados a los distintos patrocinios.

2.2.1. La condición aquí reconocida de "Patrocinador Oficial" y/o de "*Title Sponsor*" otorga al ANUNCIANTE los siguientes activos de patrocinio sobre las Competiciones:

a) La condición aquí reconocida de "Patrocinador Oficial de la Liga A" otorga al ANUNCIANTE los activos de patrocinio que se detallan en las páginas [XXX] de la Propuesta (en adelante, los "**Activos de la Liga A**").

b) La condición aquí reconocida de "Patrocinador Oficial de la Liga B" otorga al ANUNCIANTE los activos de patrocinio que se detallan en las páginas [XXX] de la Propuesta (en adelante, los "**Activos de la Liga B**").

c) La condición aquí reconocida de "Patrocinador Oficial de la Liga C" otorga al ANUNCIANTE los activos de patrocinio que se detallan en las páginas [XXX] de la Propuesta (en adelante, los "**Activos de la Liga C**").

d) La condición aquí reconocida de "Patrocinador Oficial de la Copa A" otorga al ANUNCIANTE los activos de patrocinio que se detallan en las páginas [XXX] de la Propuesta (en adelante, los "**Activos de la Copa A**").

e) La condición aquí reconocida de "*Title Sponsor* de la Liga de Segunda División" otorga al ANUNCIANTE los activos de patrocinio que se detallan en las páginas [XXX] de la Propuesta (en adelante, los "**Activos de la Liga de Segunda División**")

Las citadas páginas de la Propuesta se dan aquí como reproducidos a todos los efectos.

2.2.2. A efectos del presente Contrato, los activos de patrocinio recogidos en el anterior apartado 2.2.1 y los activos adicionales definidos en el siguiente apartado 2.3, serán denominados, conjuntamente, como los "**Activos de Patrocinio**".

2.3. Activos adicionales.

2.3.1. Con carácter adicional, el ORGANIZADOR reconoce al ANUNCIANTE los siguientes derechos publicitarios:

(i) Desarrollo de secciones en las Competiciones patrocinadas.

(ii) [Número en letra] (XX) vídeos formativos en "[nombre del videojuego A]" y [número en letra] (XX) vídeos formativos en "[nombre del videojuego B]".

(iii) Un máximo de [número en letra] (XX) activaciones a lo largo del año, todavía por definir.

(iv) Activación en las finales de las Competiciones patrocinadas.

(v) Suelo en eventos principales en los que la LVP posea espacio propio (un máximo de [número en letra] (XX) eventos y [número en letra] metros cuadrados (XXm2) por evento).

(vi) Derecho de uso de las marcas del ORGANIZADOR, de la LVP y/o de las Competiciones y el uso de los recursos de las Competiciones de las que .... es patrocinador. No obstante, no se incluye el uso comercial de las marcas del ORGANIZADOR, LVP y/o las Competiciones.

2.3.2. Asimismo, el ORGANIZADOR, en virtud del presente Contrato, autoriza expresamente al ANUNCIANTE para que, con carácter general, durante la celebración de las Competiciones, y en particular durante los eventos presenciales de las mismas, directamente o a través de terceros, capte, mediante fotografías y/o grabaciones audiovisuales, su imagen durante su participación en las Competiciones y haga uso de dichas fotografías y/o grabaciones audiovisuales, sin limitación temporal ni territorial, a través de cualquier medio de explotación o difusión, incluyendo, entre otros, medios de comunicación escrita, medios digitales, sitios web, blogs y redes sociales, siendo responsabilidad única y exclusiva del ANUNCIANTE recabar las correspondientes autorizaciones y cesiones de derechos de imagen de las personas que aparezcan en dichas fotografías y/o autorizaciones.

2.3.3. No obstante, lo anterior, a no ser que el ANUNCIANTE lo autorice previamente por escrito, el ORGANIZADOR se compromete (i) a no celebrar, durante la duración de las Competiciones, un acuerdo de patrocinio con objeto similar al de este Contrato con ningún tercero que comercialice productos de afeitado masculino, idénticos o similares, que compitan con la Marca del ANUNCIAN-

TE y, en particular, (ii) a no colocar (ni permitir la colocación) de elementos publicitarios ni organizar (ni permitir la organización) de eventos o actividades promocionales encaminados, directa o indirectamente, a promover el consumo de productos de afeitado masculino idénticos o similares a los comercializados por el ANUNCIANTE.

2.4. Modificación de los Activos de Patrocinio.

En caso de que, durante la vigencia del presente Contrato, el ORGANIZADOR deba modificar, eliminar o aplazar, total o parcialmente, alguno de los Activos de Patrocinio asociados al presente Contrato (por ejemplo, por limitación impuesta por el *publisher* del videojuego o por el acaecimiento de circunstancias extraordinarias que le obliguen a ello) y que, debido a este hecho, la visibilidad de la Marca del ANUNCIANTE se vea afectada a la baja, ambas Partes acordarán de buena fe el aplazamiento de la ejecución de los Activos de Patrocinio afectados o, si no fuera posible, su sustitución por nuevos activos de repercusión y valor igual o superior o, en caso de no ser esto tampoco posible, se reducirá el importe del patrocinio en la parte correspondiente a los Activos de Patrocinios no disfrutados por el ANUNCIANTE. En todos los casos, la cuantificación de los activos será aprobada por ambas Partes y este hecho no será considerado incumplimiento contractual por ninguna de las Partes, ni dará derecho a ninguna de ellas a reclamar indemnización por daños y perjuicios.

TERCERA.- EXCLUSIVIDAD.

La Marca del ANUNCIANTE gozará de exclusividad publicitaria en el sector de [sector/categoría del producto] en las Competiciones, así como en cualesquiera de los eventos presenciales asociados a las Competiciones a los que hace referencia el presente Contrato. Por tanto, el ORGANIZADOR no otorgará ni reconocerá ningún derecho de los previstos en el presente Contrato a cualesquiera otras empresas cuya/s marca/s opere/n en el sector del [sector/categoría del producto].

No obstante, esta exclusividad no aplica a:

(i) Otras competiciones que organice el ORGANIZADOR distintas de las Competiciones u otros eventos presenciales –organizados o coorganizados por el ORGANIZADOR, o en los que el ORGANIZADOR tome parte como un contenido de los mismos- distintos de los señalados en el Contrato.

(ii) Futuras ediciones de las Competiciones, finalizado el periodo de vigencia de este Contrato, salvo acuerdo expreso entre las Partes, que deberá ser formalizado mediante adenda a este Contrato o un nuevo contrato de patrocinio. La firma de este Contrato no otorga al ANUNCIANTE derecho preferente o de tanteo alguno para futuras ediciones de las Competiciones.

(iii) Patrocinios de equipos y jugadores participantes en las Competiciones, que gozan de plena libertad para suscribir directamente los contratos de patrocinios que consideren oportunos, sin que éstos queden limitados por el derecho de exclusiva aquí concedido.

CUARTA.- DURACIÓN DEL CONTRATO.

4.1. Sin perjuicio de la fecha de su firma, y de manera retroactiva, la vigencia del presente Contrato se inicia con efectos retroactivos en fecha [día] de [mes] de [año] y se extenderá hasta el [día] de [mes] de [año].

4.2. Sin perjuicio de lo anterior, ambas Partes acuerdan que las cláusulas del presente Contrato, con la intención, implícita o expresa, de que continúen en vigor tras el momento de resolución o vencimiento del mismo, se mantendrán en vigor y continuarán vinculando a ambas Partes según lo estipulado en el Contrato.

QUINTA.- CONTRAPRESTACIÓN.

5.1. Como contraprestación por el patrocinio objeto del presente Contrato y los Activos de Patrocinio objeto del mismo, la AGENCIA abonará al ORGANIZADOR la cantidad total y conjunta de **[IMPORTE en letra]** (**XXXXX.-€**), más el IVA que corresponda (en adelante, la "**Contraprestación Total**"). El citado importe ha sido pactado como contraprestación conjunta y global por la totalidad del Contrato. Las cantidades económicas que no estén especificadas en la presente cláusula no están incluidas.

5.2. El pago de dicha Contraprestación Total se realizará de acuerdo con el siguiente calendario de facturación:

[Definir aquí el calendario de facturación]

5.3. El pago de las mencionadas facturas se hará efectivo por la AGENCIA en el plazo de treinta/sesenta/noventa (30/60/90) días a contar desde la fecha de emisión de las mismas, mediante transferencia bancaria a la cuenta que el ORGANIZADOR indique en las mismas. Dichas facturas se emitirán a:

[DENOMINACIÓN SOCIAL DE LA AGENCIA]

[Dirección de la AGENCIA]

Ambas Partes acuerdan que, en caso de que cualquiera de las Competiciones no se celebrase, total o parcialmente, y/o en caso de que la programación de las mismas se viera gravemente alterada, en ambos casos por causas ajenas a las Partes, las Partes se comprometen a negociar de buena fe el aplazamiento o, en su defecto, la sustitución de los Activos de Patrocinio que se vieran afectados por otros de igual valor y, si ello no fuere posible, el ORGANIZADOR se compromete a devolver a la AGENCIA las cantidades económicas abonadas hasta el momento por los Activos de Patrocinio que no se hubieran podido ejecutar, tal y como se establece en la cláusula 2.4.

5.4. La obligación de pago de la AGENCIA se sujeta a las siguientes condiciones suspensivas, siendo necesario que se cumplan ambas. Es decir, hasta que no se cumplan de manera sucesiva ambas condiciones, la obligación de pago de la AGENCIA no será exigible:

(a) La AGENCIA reciba el pago correspondiente debido del ANUNCIANTE, de acuerdo con el modelo retributivo reflejado en el Contrato.

(b) El ORGANIZADOR emita la correspondiente factura que refleje el modelo de retribución acordado y confirmado entre las Partes, a la AGENCIA.

La AGENCIA no será responsable de la falta de pago de la cuantía, cuando dicho impago sea directa o indirectamente imputable al ORGANIZADOR o el ANUNCIANTE, o cuando exista incumplimiento de las obligaciones de las mismas.

No obstante, lo anterior, el impago o pago parcial de cualquiera de dichas facturas, siempre y cuando se cumpla la condición suspensiva anterior, facultará al ORGANIZADOR a suspender con carácter automático los Activos de Patrocinio otorgados al ANUNCIANTE en este Contrato, y hasta tanto no se produzca su completo pago, todo ello sin perjuicio del derecho de resolución contractual que le corresponda de acuerdo con la cláusula Octava y de la correspondiente reclamación por daños y perjuicios que pudiera proceder, dentro de los términos establecidos en la cláusula Duodécima.

5.5. La AGENCIA sólo será responsable por el incumplimiento de pago en aquellos casos en que el ORGANIZADOR haya cumplido con sus obligaciones de acuerdo con lo previsto en este Contrato.

5.6. En todo caso, la AGENCIA sólo será responsable de los daños directos derivados del incumplimiento de su obligación de pago. No será responsable de los daños indirectos, lucro cesante o pérdida de beneficio que pudieran producirse como consecuencia de cualquier incumplimiento a este Contrato.

La responsabilidad total de la AGENCIA por cualquier incumplimiento de sus obligaciones estará limitada al importe determinado en la presente cláusula.

SEXTA.– COSTES.

6.1. Serán a cargo del ORGANIZADOR, de manera enunciativa y no limitativa, los gastos relativos al diseño, producción, ejecución, instalación y desinstalación, etc., del material publicitario y promocional, físico y online, compartido con otros patrocinadores de cada una de las Competiciones.

6.2. Por el contrario, todos los costes de producción de espacio propio, *branding* de elementos o realización de acciones comerciales del ANUNCIANTE en los eventos presenciales de las Competiciones, están excluidos de la contraprestación señalada en la cláusula quinta, y serán de cuenta y cargo del ANUNCIANTE.

SÉPTIMA.– USO DE LAS MARCAS.

7.1. Para la prestación de los servicios y la activación de los Activos de Patrocinio objeto de este Contrato, cada Parte cede a la otra el derecho a utilizar los siguientes signos distintivos y marcas:

(i) Por parte del ORGANIZADOR: la marca y logo de las Competiciones, tal como éstos se reflejan en el **Anexo III**.

Las marcas anteriormente mencionadas y reflejadas en el **Anexo III**, pueden ser eventualmente modificadas, lo cual será debidamente puesto en conocimiento del ANUNCIANTE.

(ii) Por parte del ANUNCIANTE: la marca y logo de *"[nombre del producto del ANUNCIANTE]"*, tal como éstos se reflejan en el **Anexo II**.

7.2. El uso de tales marcas y logos por la Parte no titular se limitará a la ejecución de los Activos de Patrocinio objeto de este Contrato, sin que ninguna de ellas pueda hacer un uso de las mismas distinto del aquí previsto. De la misma forma, las citadas marcas y logotipos deberán ser utilizadas por la otra Parte con el formato, diseño, colores, tipografía, etc., que se recogen en los **Anexos II** y **III**, así como según el manual de uso de que disponga cada titular y, en su caso, consultándose las Partes en caso de duda sobre los aspectos reseñados.

Queda expresamente prohibido el uso por el ANUNCIANTE de marcas y logos relativos a competiciones distintas no incluidas en el objeto de este Contrato, así como el uso de imágenes de las Competiciones (incluyendo equipos, jugadores, etc.) sin el previo y expreso permiso del ORGANIZADOR por escrito o, en su caso, del titular de los derechos de tales imágenes. A su vez, queda prohibido el uso por el ORGANIZADOR de las marcas y otros logos relativos a otros productos del ANUNCIANTE no incluidas expresamente en el objeto de este Contrato, así como el uso de imágenes de productos diferentes de los reseñados en el presente Contrato, sin expreso permiso del ANUNCIANTE por escrito.

7.3. Asimismo, la cesión de uso de cualquier material que incluya el logo del ANUNCIANTE y/o del ORGANIZADOR, de la LVP o de las Competiciones, de una Parte a favor de la otra, no constituye ningún tipo de cesión de derecho de propiedad intelectual y/o industrial sobre el mismo, estando circunscrito dicho uso a la ejecución de las condiciones comerciales incluidas en el presente Contrato. La producción y el uso de dicho material se realizará bajo la supervisión y autorización previa de la Parte titular con el fin de controlar el buen uso de las marcas de cada una de las Partes.

7.4. El ORGANIZADOR cede al ANUNCIANTE el derecho de uso de imagen de las Competiciones, incluyendo sus marcas, logotipos y denominaciones correspondientes reflejadas en el **Anexo III**, para la realización de promociones y campañas específicas relacionadas con las Competiciones, durante la vigencia del presente Contrato, tanto a nivel nacional como internacional. Todas las aplicaciones de las imágenes deberán ser aprobadas previamente por el ORGANIZADOR. Asimismo, se deja expresa constancia de que el ORGANIZADOR cede el derecho de uso de la marca de la LVP y de las Competiciones, así como los recursos de las Competiciones de las que el ANUNCIANTE es patrocinador, sin incluir, en ningún caso, el uso comercial de las mismas.

7.5. Todos los materiales publicitarios que pretenda utilizar cada Parte y que incorporen las marcas de la otra Parte, deberán ser aprobadas previamente por el titular de la misma. Esta aprobación solo podrá ser denegada razonada y motivadamente, en un plazo máximo de cuarenta y ocho (48) horas (excluyendo sábados, domingos y festivos en la ciudad donde la Parte que debe emitir la aprobación tenga sus oficinas), a contar desde el momento de recepción de la comunicación, contadas desde la recepción de una solicitud realizada por la Parte que va a usar la marca de la otra Parte a tal efecto, en la que se expresarán detalladamente los términos de la acción promocional propuesta. La falta de comunicación por parte de la Parte autorizante dentro del plazo mencionado será interpretada como una aprobación de la autorización solicitada, en concepto de silencio positivo.

7.6. El presente Contrato no constituye, en ningún caso, transferencia o autorización de uso del patrimonio marcario de ninguna de las Partes, por cuya razón, cualquier uso del mismo que no esté previsto en el Contrato queda expresamente prohibido, salvo la previa, expresa y escrita autorización del titular.

A tal efecto, tanto la AGENCIA y el ANUNCIANTE como el ORGANIZADOR, reconocen expresamente que no adquieren, por virtud del presente Contrato, derecho alguno sobre las marcas, logotipos, y denominaciones relacionadas con el mismo, sino tan sólo un derecho de uso para los fines y en las condiciones recogidas en el presente Contrato, y limitado a la vigencia del mismo.

Igualmente, las Partes se abstendrán de utilizar cualquier logo y marca que, aunque presente similitud o parecido, no sea estrictamente el logo y marca propiedad de la otra Parte y/o el uso de las cuales no haya sido autorizado expresamente por éste.

OCTAVA.– PROPIEDAD INTELECTUAL E INDUSTRIAL.

A título enunciativo, pero no limitativo, todas las marcas, logotipos, nombres comerciales, contenidos sonoros, audiovisuales, señales y signos de las Partes se encuentran protegidos por los derechos de propiedad intelectual e industrial por lo que queda terminantemente prohibido que la otra Parte, o cualquier tercero, puedan reproducir, copiar, modificar o manipular de ningún otro modo cualquiera de los mismos, más allá de lo previsto al objeto de dar cumplimiento a las obligaciones asumidas en virtud del presente Contrato. Cualquier uso de los mismos por parte de alguna de las Partes, y/o las Competiciones, distinto al acordado en el presente documento, deberá contar con la aprobación previa y por escrito de la Parte titular.

NOVENA.– RESOLUCIÓN ANTICIPADA DEL CONTRATO.

9.1. Además de por las causas legalmente previstas, el presente Contrato podrá resolverse por cualquiera de las siguientes causas:

a) Por mutuo acuerdo de las Partes.

b) Por la falta de entendimiento o desavenencia constante entre las Partes en el desarrollo del mismo, así como cualquier incumplimiento por cualquiera de ellas de las leyes, la moral y/o el orden público.

c) Si una de ellas incumple cualquiera de las obligaciones asumidas para con la otra, de acuerdo con los términos establecidos en el presente Contrato.

Si el ANUNCIANTE, la AGENCIA o el ORGANIZADOR no cumplieran debida y temporáneamente sus obligaciones en los términos y condiciones pactados en el Contrato, la Parte incumplidora vendrá obligada a solucionar este incumplimiento o cumplimiento defectuoso en el plazo de quince (15) días contados desde la recepción del requerimiento que, a tal efecto, le hiciera la otra Parte, siempre que la naturaleza del acto incumplido permita la subsanación.

Si la solución no fuera posible o no se realizase en este plazo, la Parte cumplidora podrá optar entre exigir una reducción de la prestación comprometida proporcional al incumplimiento o cumplimiento defectuoso de la Parte incumplidora, o resolver el Contrato, en ambos casos con indemnización de los daños y perjuicios que, en su caso, hayan sido ocasionados.

d) En el supuesto de que, durante la duración del presente Contrato, los directores, empleados o representantes de alguna de las Partes lleven a cabo actos, comportamientos o manifestaciones, personales o institucionales, que, de forma razonable, dañen el buen nombre o la imagen de la otra Parte, o de cualquiera de sus marcas o de sus empleados o que pudiera suponer un descrédito para su consideración. Estos hechos (a título de ejemplo; comportamientos inmorales, delictivos o injuriosos respecto a la otra Parte, sus marcas o sus colaboradores) facultarán a la Parte perjudicada a retirar el patrocinio y la campaña publicitaria, resolviendo el presente Contrato.

9.2. En este último supuesto, así como en el supuesto (c) cuando el incumplimiento que dé lugar a la resolución sea imputable al ORGANIZADOR, la AGENCIA y/o el ANUNCIANTE, la Parte perjudicada tendrá derecho a percibir una indemnización por los daños y perjuicios que tal resolución ocasione (así como por cualquier otro concepto relacionado con tal resolución), que no podrán exceder del importe que haya sido abonado por la AGENCIA al ORGANIZADOR a la fecha de resolución.

Asimismo, si por cualquier causa imputable al ORGANIZADOR y/o a las Competiciones, éstos no respetasen los Activos de Patrocinio concedidos en virtud del presente Contrato en los términos en que en el mismo han sido pactados, la AGENCIA no vendrá obligada al pago de la contraprestación convenida, y en su caso podrá solicitar el reembolso de lo que hubiere avanzado y no se hubiese ejecutado.

9.3. En el supuesto de resolución contractual por aplicación del apartado (b), cuando el incumplimiento sea imputable al ANUNCIANTE, el ORGANIZADOR tendrá derecho a percibir como total indemnización por los daños y perjuicios que tal resolución ocasione (así como por cualquier otro concepto relacionado con tal resolución), una cantidad igual al importe pendiente de pago por el ANUNCIANTE por la temporada en curso. En el supuesto que, a la fecha de resolución, el ORGANIZADOR haya ya cobrado el total importe correspondiente al patrocinio de la temporada en curso, no estará obligada a la devolución de importe alguno.

9.4. En aquellos casos en que por causas no imputables al ORGANIZADOR no pudiese hacerse valer alguno de los Activos de Patrocinio que el ANUNCIANTE tiene concedidos en virtud de este Contrato o hubiese de cancelarse o posponerse alguna de las acciones previstas, las Partes, de buena fe, se comprometen a negociar el aplazamiento de la ejecución de los Activos de Patrocinio correspondientes o, en su defecto, la sustitución de dichas acciones por otras de contenidos equivalente o la concesión de derechos por otros también equivalentes. En caso de que no se llegase a un acuerdo sobre dicha materia o si fuese imposible dicho aplazamiento o posterior sustitución, la contraprestación establecida para la Competición afectada se deberá reducir en función de los

Activos de Patrocinio de imposible cumplimiento o de las acciones que no se hayan podido llevar a cabo, y ello de conformidad con lo establecido en la cláusula 2.4.

9.5. La resolución del presente Contrato conllevará la devolución por cada una de las Partes de cualesquiera documentos, datos, informes, informaciones y cualquier otro tipo de material que le hubieran sido suministrados por la otra y sobre los cuales, en virtud del presente Contrato, no correspondiese a aquélla derecho alguno.

9.6. La terminación del Contrato anticipada se entiende sin perjuicio de la indemnización por daños y perjuicios que, en su caso, pudiera corresponderle a alguna de las Partes, y que estará limitada al importe correspondiente a la tarifa recibida por las mismas durante el año contractual en el que el incumplimiento hubiera ocurrido.

DÉCIMA.– INDEMNIDAD.

10.1. Ni la AGENCIA ni el ANUNCIANTE adquieren, en virtud del presente Contrato, ninguna responsabilidad directa ni subsidiaria en relación con la organización de las Competiciones ni ninguno de los eventos presenciales de las Competiciones, ni frente a los participantes en las mismas, ni frente a las empresas a las que el ORGANIZADOR haya de contratar para la prestación de determinados servicios relacionados con la ejecución de los Activos de Patrocinio aquí concedidos al ANUNCIANTE.

10.2. El ORGANIZADOR no adquiere, en virtud del presente Contrato, ninguna responsabilidad directa ni subsidiaria frente a las empresas a las que la AGENCIA o el ANUNCIANTE hayan de contratar para la prestación de determinados servicios relacionados con la producción, montaje y desmontaje de su espacio propio en los eventos presenciales de las Competiciones.

10.3. De igual forma, ni la AGENCIA ni el ANUNCIANTE adquieren, en virtud del presente Contrato, ninguna responsabilidad directa ni subsidiaria frente a las empresas a las que el ORGANIZADOR haya de contratar para la prestación de determinados servicios relacionados con la producción, montaje y desmontaje de su espacio propio en los eventos presenciales de las Competiciones.

10.4. En este sentido, las Partes manifiestan tener suscrito un seguro de daños y de responsabilidad civil para la cobertura de cualesquiera responsabilidades que pudieran derivarse de la ejecución del presente Contrato. Este seguro protege y exonera a la otra Parte respecto a posibles reclamaciones de terceros que no les sean imputables.

10.5. Asimismo, cada una de las Partes mantendrá a la otra Parte exenta de cualquier reclamación de terceros que pudiera derivarse de un incumplimiento del Contrato y libre de toda responsabilidad por daños directos, indirectos, emergentes o lucros cesantes.

UNDÉCIMA.– CONFIDENCIALIDAD.

11.1. La información contenida en el marco de este Contrato tiene carácter estrictamente confidencial. Por ello, la confidencialidad en el intercambio de información entre las Partes se constituye en uno de los pilares de la relación contractual que en este momento se formaliza, e impone las más altas exigencias de protección frente a revelaciones ilegítimas de la misma.

11.2. Las Partes se obligan a mantener estricta confidencialidad respecto de los términos y condiciones del presente Contrato, así como cualquier otra información intercambiada entre las Partes en relación con el mismo y en general, tendrá la consideración de información confidencial, a estos efectos, cualesquiera documentos, especificaciones, borradores, muestras, infografías, *know-how*, técnicas, informes y datos de marketing, información de investigación de marketing, estrategias de negocio, marketing y publicidad, informes de ventas, resultados de investigaciones, negociaciones, datos pertenecientes a los productos o negocios de la otra Parte, así como cualquier otro dato expresado de forma oral y/o escrita o en cualquier soporte tangible o intangible referente a las Partes, y en particular, cualquier información sobre la tecnología utilizada por el ANUNCIANTE y cualquier información relacionada con ésta a la que puedan tener acceso (en adelante, la "**Información Confidencial**"), obligándose las Partes a usar esta información única y exclusivamente para los fines establecidos en este Contrato, y a no revelar dichos términos y condiciones a tercero alguno, excepto que así fuera requerido en procedimiento judicial, en cuyo caso igualmente las Partes se obligan mutuamente a comunicarse tal circunstancia. Asimismo, la confidencialidad alcanzará a toda la información que, por cualquier medio, llegue a estar a disposición de las Partes con objeto del presente Contrato.

Esta obligación de confidencialidad se extiende a cualquier persona que dependa de cualquiera de las Partes y que por razón de su cargo y/o funciones tenga acceso al contrato.

11.3. Cualquier violación de esta necesaria exigencia de mutua confidencialidad constituye una violación de la más básica consideración de buena fe que debe presidir cualquier relación comercial y profesional entre las Partes. En este sentido, las Partes acuerdan no ceder ni revelar, bajo ningún concepto, la Información Confidencial a terceros, no pudiendo reproducirla, utilizarla, venderla, licenciarla, exponerla, publicarla o revelarla de cualquier forma sin autorización expresa de la otra Parte.

Adicionalmente, las Partes reconocen la especial protección que deberá regir respecto de las condiciones económicas del acuerdo, comprometiéndose a no divulgar su contenido. El incumplimiento de dicha obligación facultará a la Parte cumplidora a exigir, en concepto de cláusula penal, el equivalente a la remuneración total pactada en el presente Contrato a favor del ORGANIZADOR, sin perjuicio de los daños y perjuicios que en su caso correspondan.

11.4. En caso de no atender alguna de las Partes a la obligación de confidencialidad aquí establecida, la Parte agraviada se reservará la facultad de rescindir el presente Contrato, sin perjuicio de su derecho de reclamar cualesquiera daños y perjuicios de acuerdo con lo establecido por la legislación vigente.

11.5. En el caso en que cualquiera de las Partes sea requerida por una autoridad competente a los efectos de revelar cualquier información y/o dato amparada por el derecho de confidencialidad que se prevé en esta cláusula, con carácter previo a atender el requerimiento, la Parte requerida deberá comunicarlo a la otra Parte a los efectos de que ésta pueda colaborar facilitando a la requerida información o las aclaraciones que puedan ser necesarios.

11.6. Esta obligación de confidencialidad se mantendrá en vigor durante la vigencia del presente Contrato, y subsistirá incluso tras la finalización y/o resolución del presente Contrato sin ninguna limitación temporal, de manera indefinida, siempre que la información no haya devenido pública.

No obstante, lo anterior, ambas Partes podrán, de mutuo acuerdo, realizar notas de prensa o comunicaciones a los medios a fin de dar a conocer el patrocinio del ANUNCIANTE, el contenido y fecha de las cuales será previamente pactado.

DUODÉCIMA.- RESPONSABILIDADES Y GARANTÍAS.

12.1. Las Partes garantizan mutuamente el cumplimiento de la totalidad de los compromisos que asumen en virtud del presente Contrato, manteniendo indemne a la otra Parte de cualquier tipo de daño, perjuicio, gasto y/o sanción, en caso de cualquier reclamación judicial o extrajudicial de terceros por cualquier causa vinculada con los derechos y obligaciones derivados del presente Contrato, y asumirán en todo momento la correcta ejecución de los términos del mismo, respondiendo por ello ante la otra Parte.

Así, cada una de las Partes será responsable de sus incumplimientos materiales de las obligaciones derivadas del Contrato, atendiendo en especial al régimen de responsabilidad civil contractual y/o extracontractual que se regulan en el Código Civil, así como del cumplimiento en su actuación de cualquier tipo de normativa que fuera de aplicación, incluyendo a modo meramente enunciativo, pero no limitativo, la legislación en materia de protección de datos de carácter personal.

12.2. Las Partes garantizan mutuamente que en todo momento se encontrarán al corriente del pago de sus obligaciones con la Agencia Tributaria y la Seguridad Social, exonerando a la otra Parte de cualquier responsabilidad generada como consecuencia de cualquier reclamación judicial o extrajudicial de terceros por estos conceptos.

12.3. Las Partes garantizan que, en la prestación de los servicios objeto del presente Contrato, actuarán con buena fe y con la máxima diligencia exigible, manteniendo a la otra Parte indemne por cualquier reclamación que pudiera derivarse de sus actuaciones.

12.4. En ningún caso ninguna de las Partes será responsable de cualquier cumplimiento defectuoso o incumplimiento de las obligaciones contractuales y/o cualesquiera daños sufridos por la otra Parte como resultado de la ejecución del objeto de este Contrato, salvo que ello les sea directa o indirectamente imputable.

Asimismo, las Partes actúan en este Contacto como terceros independientes, de forma que no podrán ser considerados, ni de hecho ni de derecho, empleados de la otra Parte, sin existir identificación ni confusión de sus respectivas empresas, por lo cual serán por cuenta y cargo exclusivamente de cada una de las Partes, todos los gastos, cualesquiera que estos sean, correspondientes al pago de seguridad social, tributos y cualquier otro que a cada una de ellas les corresponda, de forma que no podrá comprometerse en forma alguna la responsabilidad de la otra Parte por razón del objeto de este Contrato.

Las Partes no se harán, en ningún caso, responsables de las deudas contraídas por la otra Parte con la Seguridad Social anteriores, existentes ni posteriores a la celebración del presente Contrato, quedando también exoneradas de la responsabilidad solidaria regulada en el artículo 42 del Estatuto de los Trabajadores.

12.5. En caso de que las Partes incumplan cualquiera de sus obligaciones derivadas del presente Contrato, la Parte no infractora podrá optar entre exigir el cumplimiento específico por la otra Parte o resolver el presente Contrato. En ambos casos, la Parte no infractora tendrá asimismo derecho a exigir una indemnización por los daños y perjuicios causados, que estará limitada al importe correspondiente a las tarifas recibidas por la misma durante el año contractual en el que el incumplimiento hubiera ocurrido.

12.6. Las Partes son responsables de transmitir a cualquier empleado, propio o subcontratado, los términos del presente Contrato, siendo las Partes responsables frente a la otra Parte de cualquier uso fraudulento que en dicho sentido realicen o puedan realizar tanto sus empleados directos como sus empresas subcontratadas.

12.7. Asimismo, y con el fin de que las contraprestaciones ofertadas al ANUNCIANTE en el presente Contrato sean ejecutadas íntegramente y de forma correcta en relación con los diferentes eventos presenciales objeto del presente Contrato, el ORGANIZADOR autorizará, a través de las acreditaciones pertinentes a cuantas personas emplace el ANUNCIANTE a trabajar dentro del recinto de los mencionados eventos presenciales, ya sea personal propio o subcontratado a tales efectos.

Dichas personas podrán estar acreditadas para una actividad en concreto fuera del horario de apertura al público o bien dentro del horario de apertura al público, en función de las necesidades del ANUNCIANTE, que serán comunicadas de forma fehaciente al ORGANIZADOR y de acuerdo con el proceso establecido en el presente Contrato.

12.8. Ambas Partes acuerdan suscribir las correspondientes pólizas de seguro de daños materiales y de responsabilidad civil, comprometiéndose a cumplir las obligaciones establecidas a su cargo en las citadas pólizas y pagar las primas anuales.

Por su parte, el ORGANIZADOR manifiesta por la firma del presente Contrato que cumplirá con todas las normas y disposiciones que sean de aplicación a la organización y desarrollo de las Competiciones en todo momento, debiendo obtener y mantener a su cargo los permisos, autorizaciones y licencias que sean necesarios a tal fin; gestionando el pago de cualquier tributo y coste que comporte dicha obtención y mantenimiento; garantizando que las actividades y eventos que, en su caso, deba organizar y desarrollar, así como las personas, empresas, entidades, elementos, instalaciones, vehículos de todo tipo y/o entidades que intervengan en su organización, en especial el público que asista, participe o intervenga bajo cualquier título en tales eventos, cumpla con o disponga de, según el caso, todas las necesidades y regulaciones relativas a servicios de higiene y sanitarios, vigilancia privada, prevención de riesgos laborales, prevención de incendios, siniestros, asistencia médica y evacuación, así como con lo que sea preciso para su perfecto y legal desarrollo.

En todo caso, el ORGANIZADOR exime de responsabilidad al ANUNCIANTE y la AGENCIA en el caso de producirse algún incidente, accidente o siniestro, durante la preparación, desarrollo y finalización de cada uno de los eventos previstos en el Contrato. El ORGANIZADOR deberá comunicar al ANUNCIANTE, tan pronto como se produzca, cualquier expediente, incidencia, o accidente que afecte o pueda afectar a los referidos eventos.

12.9. En ningún caso las Partes serán responsables de daños indirectos, lucro cesante o pérdida de beneficios que pudieran producirse como consecuencia de cualquier incumplimiento de este Contrato. Asimismo, las Partes reconocen que la responsabilidad máxima que pudiera corresponder a la AGENCIA por cualquier causa derivada del presente Contrato se limitará, siempre que la legislación vigente lo permita, al importe de la Contraprestación Total, conforme a lo establecido en la cláusula Quinta, que hubiese sido efectivamente abonada por el ANUNCIANTE a la AGENCIA en virtud del presente Contrato.

DECIMOTERCERA.- PROTECCIÓN DE DATOS.

Los datos de carácter personal incluidos en el presente Contrato, en concreto los referidos a los legales representantes de las Partes firmantes, serán incorporados a los respectivos ficheros de cada una de las Partes y tratados con la exclusiva finalidad de llevar a cabo la gestión, desarrollo, cumplimiento y control de la relación contractual y el envío de información sobre su actividad empresarial, iniciativas y eventos que organicen y serán conservados durante su vigencia y mientras puedan derivarse responsabilidades de la ejecución del Contrato.

Para las finalidades de tratamiento mencionadas, los datos personales referidos podrán ser comunicados al resto de empresas del Grupo [nombre del grupo empresarial] al que el ORGANIZADOR pertenece.

Se podrá contactar con el Delegado de Protección de Datos de la Parte correspondiente y ejercitar los derechos de acceso, rectificación, supresión y, en su caso, oposición, portabilidad y limitación del tratamiento, indicando la Referencia: "Protección de Datos", en los siguientes puntos de contacto:

i. El ORGANIZADOR: [dirección del ORGANIZADOR]; o [e-mail del DPO del ORGANIZADOR]

ii. La AGENCIA: [dirección de la AGENCIA]; o [e-mail del DPO de la AGENCIA]

En el caso de que fuese a producirse algún tipo de acceso a datos de carácter personal, las Partes se comprometen a:

i. Cumplir con la normativa relativa a protección de datos de carácter personal que sea de aplicación, tanto a nivel europeo, esto es, el Reglamento General de Protección de Datos 2016/679 del Parlamento Europeo y del Consejo (en adelante, "RGPD"), como la normativa española vigente.

ii. Firmar el correspondiente anexo de acceso a datos de carácter personal, de acuerdo con lo previsto en la normativa aplicable.

DECIMOCUARTA.- ANTICORRUPCIÓN.

El ANUNCIANTE y la AGENCIA declaran que no tiene vinculación alguna (ni familiar ni personal) con personas del ORGANIZADOR y/o MEDIAPRO que ocupen cargos de alta dirección o directivos con capacidad de influir en la contratación objeto de este Contrato o en la fijación de sus condiciones económicas. Por vinculación familiar o personal se entiende: (i) cónyuge o persona con análoga relación de afectividad; y (ii) ascendientes, descendientes y colaterales hasta segundo grado, por consanguinidad o afinidad.

El ANUNCIANTE y la AGENCIA se compromete formalmente a notificar al ORGANIZADOR cualquier circunstancia que pueda generar un conflicto de interés respecto de la contratación descrita en este Contrato. Las Partes manifiestan que durante las negociaciones previas a la celebración del presente Contrato han actuado de forma ética y profesional y en cumplimiento de la normativa aplicable.

En este sentido, el ANUNCIANTE y la AGENCIA se adhieren al Código de Conducta del Grupo [nombre del grupo empresarial], el cual puede consultarse en la siguiente URL: [Enlace/URL al Código de Conducta]

Las Partes expresamente dejan constancia de que cumplirán en todo momento con todas las leyes que les resulten aplicables y, en especial, con las leyes, estatutos y reglamentos relativos a temas de soborno y corrupción (Leyes Anticorrupción), así como las leyes de prevención de blanqueo de capitales y la financiación del terrorismo.

A efectos de lo dispuesto anteriormente, serán considerados como actos de soborno y corrupción los enunciados a continuación: ofrecer y/o aceptar beneficios o ventajas no justificados para beneficiarse frente a terceros, o beneficiar a terceros frente a otros.

El incumplimiento de lo dispuesto en la presente cláusula deberá ser comunicado inmediatamente a la Parte afectada a través de las personas debidamente autorizadas de conformidad con sus procedimientos internos, y otorgará la facultad de resolver el Contrato, y en su caso, exigir la indemnización de daños y perjuicios que haya lugar en Derecho.

DECIMOQUINTA.- RENUNCIA.

La renuncia a cualquiera de los derechos o facultades derivados del Contrato para cada una de las Partes deberá realizarse por escrito. La omisión por cualquiera de las Partes a exigir el estricto cumplimiento de algún término contractual en una o más ocasiones no podrá ser considerado en ningún caso como renuncia, ni privará a esta Parte del derecho a exigir el estricto cumplimiento de la/s obligación/es contractual/es a posteriori.

DECIMOSEXTA.- NOTIFICACIONES.

16.1. Para todas las notificaciones y comunicaciones que deban efectuarse, las Partes se dirigirán a las siguientes direcciones

El ORGANIZADOR

Dirección:	
A la Atención de:	
Teléfono	
Email	

La AGENCIA

Dirección:	
A la Atención de:	
Teléfono	
Email	

16.2. Las comunicaciones entre las partes se realizarán por cualquier medio que permita acreditar su recepción, siendo válida en este sentido las comunicaciones por burofax, correo certificado o cualquier otro medio que deje constancia de su recepción.

DECIMOSÉPTIMA.– CESIÓN.

Ni el Contrato ni los derechos y obligaciones que en él se establecen podrán ser cedidos, traspasados o subrogados a terceros, ni subcontratar con ellos los derechos y obligaciones derivados de este Contrato, por ninguna de las Partes, ni utilizar para la ejecución de las actividades a ninguna otra sociedad o grupo, sin el previo consentimiento, expreso y por escrito, de la otra Parte.

Sin perjuicio de ello, el ORGANIZADOR podrá ceder, total o parcialmente, los derechos y obligaciones derivados del presente Contrato a cualquier entidad perteneciente a su mismo Grupo Empresarial, con comunicación escrita a la AGENCIA y asunción por parte del tercero del cumplimiento de todas las obligaciones contenidas en el presente Contrato.

DECIMOCTAVA.– INDEPENDENCIA DE LAS PARTES.

18.1. Ambas Partes declaran expresamente que no se encuentran vinculados por relación laboral alguna y que el presente Contrato no supone dependencia entre las mismas, más allá de los servicios contratados.

18.2. Cada Parte desarrollará su actividad con la independencia propia de un empresario pudiendo organizar, con respeto a lo pactado en el presente documento, su actividad profesional y horario libremente.

DECIMONOVENA.– FUERZA MAYOR.

19.1. Ambas Partes quedarán eximidas de su responsabilidad por el incumplimiento de sus obligaciones como consecuencia de un supuesto de fuerza mayor, entendiéndose como tal aquellos que no hubieran podido preverse o que, pudiendo ser previstos, fueran inevitables. El surgimiento de una situación de fuerza mayor será comunicado a la otra Parte de manera inmediata una vez se hubiese tenido conocimiento de su existencia. La Parte que alegue la situación de fuerza mayor deberá justificarla convenientemente.

19.2. Cada una de las Partes empleará sus mejores esfuerzos (siempre que estén a su alcance) para evitar o mitigar los efectos de una situación de fuerza mayor, así como para asegurar la continuación normal del presente Contrato.

19.3. Ambas Partes acuerdan que, en caso de que las Competiciones, así como los eventos presenciales asociados a las mismas, no llegaran a celebrarse por causas de fuerza mayor, o en caso de cancelación de las Competiciones por causas directamente imputables al ORGANIZADOR, ésta se compromete a compensar al ANUNCIANTE mediante cualesquiera contraprestaciones en activos que puedan ejecutarse en relación con las Competiciones, como por ejemplo, de manera enunciativa más no limitativa, formatos de competiciones *on-line*, entre otros.

No obstante, lo anterior, en caso de imposibilidad por parte del ORGANIZADOR de compensar al ANUNCIANTE por medio de las mencionadas contraprestaciones en activos, el ORGANIZADOR se compromete a devolver al ANUNCIANTE, por medio de la AGENCIA, las cantidades económicas abonadas hasta el momento por los servicios que no hayan podido ser efectivamente prestados, una vez descontados los gastos en los que el ORGANIZADOR justifique, suficientemente, que hubiese incurrido en la ejecución de las prestaciones que le correspondiera realizar con respecto al patrocinio acordado por medio del presente Contrato.

19.4. A efectos de este Contrato, serán causas de fuerza mayor cualesquiera actos, omisiones, circunstancias o causas fuera de su control, incluyendo inundación, terremoto, huracán u otro desastre natural, incendio, epidemia o pandemia, guerras, embargos, ataques terroristas, guerra civil, energía nuclear, contaminación química o biológica, cumplimiento de cualquier ley u orden gubernamental, reglamento, regulación, o cualquier medida adoptada por una autoridad gubernamental o pública (incluyendo pero no limitado al cambio de divisas), cualquier conflicto laboral, incluyendo pero no limitado a la huelga (que no sea en cada caso convocada o instada por la Parte que pretenda apoyarse en esta cláusula, o empresas de un mismo grupo como parte).

19.5. No obstante, lo anterior, de producirse la cancelación de las Competiciones y/o de cualesquiera de los eventos presenciales asociados a las mismas por causas directamente imputables al ANUNCIANTE, las cantidades económicas abonadas por la misma al ORGANIZADOR no le serán devueltas a ésta, debiendo el ANUNCIANTE adicionalmente abonar cualesquiera cantidades que quedaren pendientes de pago por servicios ya prestados y responder de los gastos en los que el ORGANIZADOR justifique, suficientemente, que hubiese incurrido en la ejecución de las prestaciones que le correspondiera realizar.

19.6. La resolución, en su caso, no eximirá a las Partes del cumplimiento de las obligaciones surgidas con anterioridad a la situación de fuerza mayor.

VIGÉSIMA.– MISCELÁNEA.

20.1. Este Contrato constituye la totalidad de lo pactado por las Partes en relación con el objeto del mismo, y sustituye a cualesquiera otros acuerdos, convenios, antecedentes, negociaciones, y cualesquiera otras comunicaciones, verbales o escritos, existentes entre las Partes hasta la fecha de firma del presente Contrato y que estuviesen relacionados con el objeto del mismo.

Todos los anexos que pudieran acompañarse formarán parte integrante del presente Contrato, al que complementarán y desarrollarán. No obstante, lo anterior, lo dispuesto en el texto del presente Contrato prevalecerá, en cuanto existiera contradicción, sobre lo establecido en los anexos que se pudieran acompañar al mismo.

20.2. Este Contrato podrá ser modificado únicamente mediante acuerdo por escrito entre las Partes, debidamente firmado por sus representantes legales, careciendo de validez y eficacia cualquier modificación del mismo que no se recoja conforme a lo indicado en el presente apartado. A tal efecto, ninguna modificación de este Contrato afectará a las Partes a no ser que se realice por escrito y sea firmada por representantes autorizados de ambas Partes.

20.3. En el caso de que alguna de las cláusulas del presente Contrato fuese declarada nula y sin efecto, en todo o en parte, dicha nulidad no afectará a la validez del resto del Contrato o de las demás disposiciones del mismo en base a los deseos de las Partes, permaneciendo dichas disposiciones en vigor sin que queden afectadas por dicha declaración de nulidad.

La cláusula declarada nula o anulable será, de común acuerdo entre las Partes, sustituida por una nueva que la supla, o interpretada de un modo legalmente aceptable, que sea de un tenor lo más aproximado posible a la cláusula que las Partes habrían formalizado de haber tenido conocimiento de la ineficacia de la cláusula en cuestión.

20.4. Los encabezamientos de las distintas cláusulas son meramente informativos y no afectarán, calificarán o ampliarán la interpretación del presente Contrato.

20.5. El no ejercicio o ejecución por parte de cualquiera de las Partes de cualquier derecho o disposición contenida en el presente Contrato no constituirá una renuncia al mismo, salvo reconocimiento y acuerdo por escrito por su parte.

VIGÉSIMOPRIMERA.– LEY APLICABLE Y JURISDICCIÓN.

21.1. Este Contrato se regirá por las leyes españolas.

21.2. Para cualquier cuestión de litigio relacionada con el cumplimiento, incumplimiento o interpretación del presente Contrato, las partes se someten a la jurisdicción de los Tribunales de [ciudad], con renuncia expresa a cualquier otro fuero que pudiere corresponderles.

Y en prueba de conformidad con todo lo que se ha dicho, ambas Partes, mediante sus representantes debidamente autorizados, subscriben y firman el presente Contrato en duplicado ejemplar y a un solo efecto en la fecha indicada al encabezamiento del presente.

La AGENCIA	El ORGANIZADOR
D./Dña. [nombre del apoderado]	D./Dña. [nombre del apoderado]

ANEXO I
PROPUESTA

Acceder a través del siguiente enlace:

[ENLACE A LA PROPUESTA]

ANEXO II
SIGNOS DISTINTIVOS Y MARCAS DEL ANUNCIANTE

ANEXO III
SIGNOS DISTINTIVOS Y MARCAS DEL ORGANIZADOR

F142. CONTRATO DE TRABAJO DE CREADOR DE CONTENIDO EN EL SECTOR DE E-SPORTS

En .... a [...] de [...] de 20......

REUNIDOS

De una parte, ...(en adelante, el "**Club**"),

De otra parte, D. [...] (en adelante, el "**Creador de Contenidos**"), con domicilio en [...], y D.N.I. número [...].

En lo sucesivo, ambas partes se denominarán conjuntamente como las "**Partes**" y cada una de ellas, por separado, la "**Parte**".

Ambas Partes reconocen mutuamente poseer la capacidad legal necesaria para vincularse en virtud de este contrato, por lo que

EXPONEN

I. Que el Club es una entidad que tiene como objeto social ....

II. Que el Creador de Contenidos es un profesional del sector de los *esports*, con amplia experiencia en este ámbito.

III. Que el Club está interesado en contratar los servicios del Creador de Contenidos para que forme parte del equipo de comunicación del Club.

IV. Que el Creador de Contenidos está interesado en prestar sus servicios al Club.

V. Que, de conformidad con lo anterior, las Partes suscriben el presente contrato de trabajo (en adelante, el "**Contrato**"), de conformidad con las siguientes

ESTIPULACIONES

1. OBJETO.

1.1. El presente Contrato se basa en la plena libertad del Creador de Contenidos para contratar y prestar servicios en cualquier club de *esports* de su libre elección, manifestando el Creador de Contenidos que no existe ningún precontrato, contrato, prórroga, novación o vínculo de cualquier otra naturaleza que pudiera impedirle cumplir de forma diligente y satisfactoria para el Club con las tareas descritas en la presente cláusula y las restantes disposiciones del Contrato.

1.2. El objeto del presente Contrato es la integración del Creador de Contenidos en las actividades de entrenamiento, competitivas y sociales del Club, así como en aquellas referentes a la promoción del Club y la generación de contenidos audiovisuales, sonoros, fotográficos, o de cualquier otra índole, relativos al Club o a los patrocinadores del mismo.

2. DURACIÓN.

El presente Contrato entrará en vigor el día [...] y permanecerá vigente hasta el [...].

3. JORNADA.

El presente Contrato se pacta a jornada completa con el máximo legalmente establecido. En atención a las especiales características del trabajo a desarrollar, la jornada de trabajo será flexible, de acuerdo con las necesidades del proyecto y dentro de los límites establecidos en las disposiciones laborales vigentes, pudiendo ser establecida su distribución dentro de las veinticuatro (24) horas de cada día, ya sea en régimen de jornada continuada o partida. El Creador de Contenidos se compromete a tener total disponibilidad para adecuar sus horarios de trabajo a las necesidades del proyecto y sin que ello dé lugar a ningún tipo de retribución adicional a favor del Creador de Contenidos.

4. LUGAR DE PRESTACIÓN DE LOS SERVICIOS.

4.1. El Creador de Contenidos prestará los servicios objeto de este Contrato en el centro de trabajo designado por el Club.

5. RETRIBUCIÓN.

El Creador de Contenidos percibirá una cantidad de [...] ([...]€) brutos anuales, pagadera dicha retribución en doce (12) mensualidades, por la prestación de sus servicios profesionales, en concepto de salario, dietas, compensación por viajes, ayuda a la vivienda, y cualquier otro concepto salarial.

6. VACACIONES.

El Creador de Contenidos tendrá derecho a [...] días hábiles de vacaciones anuales cuyo disfrute será acordado con el Club.

7. PROPIEDAD INTELECTUAL E INDUSTRIAL.

7.1. Mediante el presente Contrato, el Creador de Contenidos cede al Club, de forma exclusiva y con facultad de cesión a terceros, en exclusiva o no, todos los derechos de propiedad intelectual, industrial, o de cualquier otra índole, incluyendo a título meramente enunciativo, pero no limitativo, los derechos de fijación, reproducción, distribución, comunicación pública (incluyendo la puesta a disposición) y transformación, sobre todas las creaciones elaboradas, en todo o en parte, por el Creador de Contenidos en el marco de la relación laboral que mantiene con el Club o utilizando medios controlados por el Club, así como sobre cualquier actividad consistente en la participación en contenidos audiovisuales, sonoros, fotográficos, o de cualquier otra índole, de la que pudieran derivarse cualquier tipo de derechos.

7.2. La cesión contemplada en la Cláusula 7.1. se realiza con carácter territorial universal y durante el máximo plazo de vigencia de dichos derechos establecido legalmente.

7.3. El Creador de Contenidos se compromete a no registrar creaciones de propiedad intelectual, marcas, o nombres de dominio que incluyan o hagan referencia a activos titularidad del Club.

7.4. El Creador de Contenidos garantiza el uso pacífico e ininterrumpido de todos los derechos de propiedad intelectual, industrial, o de cualquier otra índole, que se ceden en virtud del presente Contrato. Además, el Creador de Contenidos se compromete a informar al Club, a la mayor brevedad posible, de cualquier circunstancia que pudiera afectar a dicho uso pacífico e ininterrumpido.

8. DERECHOS DE IMAGEN.

8.1. El Creador de Contenidos cede al Club, con carácter exclusivo, la explotación económica de sus derechos de imagen colectivos, de tal manera que el Club podrá utilizar y explotar libremente el nombre, la imagen y la voz del Creador de Contenidos, captados por sí mismo o por terceros, en entrenamientos, desplazamientos, eventos competitivos o de exhibición, concentraciones previas a dichos eventos, actividades sociales, actividades de promoción relativas al Club o a sus patrocinadores, así como en el marco de la creación de contenidos audiovisuales, sonoros, fotográficos, o de cualquier otra índole, relativos al Club o a los patrocinadores del mismo.

8.2. Asimismo, se entenderá encuadrada dentro de la cesión de derechos de imagen contemplada en la Cláusula 8.1. la libre explotación por parte del Club del nombre, la imagen y la voz del Creador de Contenidos cuando éste aparezca junto a uno o más miembros de los Equipos o el entrenador de cualquiera de los mismos, o en un contexto que permita asociar al Creador de Contenidos con el Club, tales como a título meramente enunciativo, pero no limitativo, apariciones junto a cualquier signo conectado al Club, como la equipación del Club, su escudo, su nombre o cualesquiera marcas registradas del Club.

9. EXCLUSIVIDAD.

9.1. Salvo que venga impuesto por compromisos adquiridos con anterioridad a este Contrato y los mismos se hubieran comunicado al Club con carácter previo a la firma del presente Contrato, durante su vigencia, el Creador de Contenidos se obliga a prestar sus servicios en exclusiva para el Club, obligándose, en concreto, a no efectuar ninguna intervención en otro equipo, club, empresa o entidad competidora, salvo autorización previa, expresa y por escrito del Club.

9.2. Asimismo, el Creador de Contenidos declara que no ha contraído ni contraerá compromiso profesional alguno que pueda interferir con la disponibilidad y dedicación a las que se compromete en virtud de este Contrato, el cual cumplirá con carácter prioritario en todo caso.

10. CONFIDENCIALIDAD.

10.1. Las Partes se comprometen a mantener estricta confidencialidad respecto de todos y cada uno de los pactos contenidos en este Contrato, no pudiendo ser revelados a terceros, salvo en aquellos trámites oficiales que la Ley requiera expresamente.

10.2. Asimismo, el Creador de Contenidos se obliga a mantener la confidencialidad respecto de toda la información, documentación o elementos análogos a los que acceda con ocasión del presente Contrato y la prestación de sus servicios.

11. RESOLUCIÓN.

El presente Contrato podrá ser resuelto por las causas legalmente previstas.

Y para que conste, en prueba de conformidad, las Partes firman el presente Contrato, por duplicado y a un solo efecto, en el lugar y fecha arriba mencionados.

_______________	_______________
EL CLUB	El Creador de Contenidos

VIII. INCENTIVOS FISCALES EN MATERIA DE ESPECTÁCULOS Y PRODUCCIONES AUDIOVISUALES

CONSTITUCION AIE. F159. DECLARACIÓN DE VOLUNTAD DE CONSTITUCIÓN DE UNA AIE. F160. ESTATUTOS DE UNA AIE. VIII.2.2. ACUERDOS. F161. OPCIÓN DE VENTA. F162. OPCIÓN DE COMPRA. F163. ACTA DE ASAMBLEA GENERAL POR LA QUE SE ACUERDA UN AUMENTO DE CAPITAL

VIII.1. GENERAL

F143. MODELO CONTRATO DE FINANCIACION DE LA PRODUCCION AUDIOVISUAL. INCENTIVOS FISCALES VIZCAYA

CONTRATO DE FINANCIACIÓN DE LA PRODUCCIÓN AUDIOVISUAL "[*]"

Entre
[*].
y
[*],

En [*], a [*]

COMPARECEN

De una parte:

[*], una sociedad de responsabilidad limitada española, con domicilio en [*], inscrita en el Registro Mercantil de [*] y provista de N.I.F. [*], debidamente representada en este acto por D./Dña. [*], mayor de edad, con D.N.I. [*], en vigor, y con domicilio a estos efectos en [*], en su condición de [*] de la referida sociedad; (en adelante, el "**Productor**" o "[*]").

Y de otra parte:

[*], de nacionalidad española, con domicilio social en c/[*], inscrita en el Registro Mercantil de [*] y provista de NIF número [*], debidamente representada en este acto por [*], de nacionalidad española, mayor de edad, con domicilio a estos efectos en c/[*], y titular del DNI número [*], en su calidad de [*] de la misma (en adelante, el "**Financiador**").

En adelante, el Productor y el Financiador serán referidos conjuntamente como las "**Partes**" y, cualquiera de ellos, separadamente como la "**Parte**".

Las Partes se reconocen, mutua y recíprocamente, capacidad para otorgar el presente contrato de financiación (el "**Contrato**"), y de mutuo y común acuerdo

EXPONEN

I. Que el Productor tiene por objeto principal la creación, producción, realización, distribución y comercialización de largometrajes y cortometrajes cinematográficos y de obras audiovisuales en general, series y programas de televisión, siendo contribuyente en el Impuesto sobre Sociedades conforme a la Norma Foral de Vizcaya 11/2013, de 5 de diciembre, del Impuesto Sobre Sociedades (en adelante, "**Norma Foral**").

II. Que el Productor, en la actualidad, está produciendo una obra audiovisual titulada provisionalmente "[*]" (en adelante, la "**Obra**" o la "**Producción**").

III. Que el Productor prevé que, para llevar a cabo dicha Producción, será necesario incurrir en un coste total estimado de [*] **([*]-€)**, por lo que el Productor está interesado en obtener financiación de terceros de parte de este importe.

IV. Los gastos de dicha producción darán derecho a la deducción por producciones españolas de largometrajes y cortometrajes cinematográficos y de series audiovisuales de ficción, animación o documental, prevista en el artículo 66 quater uno de la Norma Foral.

V. Que el Productor ostenta el control creativo absoluto sobre la Obra, llevando a cabo todas las tareas de producción efectiva de la misma y conservando todos los derechos de explotación de Propiedad Intelectual derivados de la Obra, y está interesado en recibir la financiación por parte del Financiador para el desarrollo de la Producción en los términos y condiciones que se regulan en el presente Contrato.

VI. Que en el **Anexo I** al presente Contrato se recoge la descripción de la producción de la Obra, identidad de sus productores, su presupuesto con descripción detallada de los gastos y las fuentes de financiación que se prevén obtener (incluyendo las aportaciones del Productor, las subvenciones y las cantidades a aportar por el contribuyente que participe en su financiación), así como el cálculo de la deducción por producción que se estima generar durante el año [*].

VII. Que el Financiador está interesado en participar en la financiación de la Producción mediante la realización de una aportación económica (en adelante, la "**Financiación**"), en los términos y condiciones previstos en el artículo 66 quinquies de la Norma Foral. En este sentido, la cantidad aportada por el Financiador le dará derecho a aplicar la deducción regulada en el artículo 66 quater uno de la Norma Foral.

En virtud de todo lo anterior, las Partes acuerdan suscribir el presente Contrato que se regirá por las siguientes

CLÁUSULAS

1. OBJETO DEL CONTRATO

1.1. El objeto del presente Contrato consiste en establecer: **(i)** los términos y condiciones en virtud de los cuales el Financiador concede al Productor la Financiación; y **(ii)** los derechos y obligaciones asumidos por las Partes en relación con dicha Financiación.

1.2. El Financiador aportará la correspondiente Financiación al Productor para sufragar una parte de los costes a incurrir en el desarrollo de la Producción, a cambio de tener acceso y poder acreditar la deducción del artículo 66 quater uno de la Norma Foral generada por el Productor en una cuantía equivalente al 120 % de sus aportaciones, al amparo de lo dispuesto en el artículo 66 quinquies de la Norma Foral. Las obligaciones del Financiador se considerarán cumplidas íntegramente con el desembolso de las cantidades comprometidas en el presente Contrato.

1.3. Por su parte, el Productor, a cambio de percibir la Financiación comprometida renuncia, en favor del Financiador, a acreditar y aplicar la deducción por producción de largometrajes y cortometrajes cinematográficos y de otras obras audiovisuales, así como de series audiovisuales de ficción, animación o documental, en cuantía equivalente al 120% de la financiación recibida, de acuerdo con lo dispuesto en el artículo 66 quater uno de la Norma Foral.

2. DESCRIPCIÓN DE LA PRODUCCIÓN Y PRESUPUESTO

2.1. La Obra se encuentra detallada en el **Anexo I** al presente Contrato.

2.2. Asimismo, en el **Anexo I** se describen de forma detallada los gastos de producción publicidad y promoción, y en particular aquellos realizados en territorio español y en Territorio Histórico. Sin perjuicio de lo anterior, las Partes reconocen la posibilidad de que ocurran una serie de supuestos que afecten al Retorno Fiscal (tal y como se define más adelante), como puede ser **(i)** la entrada en vigor de modificaciones normativas de cualquier índole, así como la publicación de resoluciones interpretativas o criterios de la Dirección General de Tributos o **(ii)** cualquier desviación a la baja del presupuesto total, en cualquier momento de la duración del Contrato, ya sea por disminución de los costes incurridos o por las subvenciones o ayudas recibidas.

En caso de que se den los supuestos contemplados en el párrafo anterior, la aportación del Financiador se reducirá proporcionalmente, de manera que se garantice el Retorno Fiscal del 20% sobre su aportación, aunque esto supusiera el reembolso de parte de la aportación recibida por el Productor.

3. FINANCIACIÓN

3.1. **Importe de la Financiación**:

El Financiador se compromete a entregar la Financiación de [*] **(**[*]**-€)** al Productor.

3.2. **Calendario estimado de los desembolsos**:

Las aportaciones se desembolsarán según el calendario de pagos dispuesto en el **Anexo II** del presente Contrato.

3.3. **Destino de la Financiación**:

El Productor destinará las aportaciones recibidas a sufragar, de forma exclusiva, los costes de producción de la Obra.

3.4. **Forma de Pago:**

La Financiación será entregada por el Financiador mediante transferencia bancaria a la cuenta bancaria siguiente:

IBAN: [*]

Titular: [*]

Concepto: FINANCIACIÓN A [*]– 66 quater uno y 66 quinquies Norma Foral

El Financiador deberá abonar la Financiación al Productor a la firma del presente Contrato.

Una vez el Productor haya recibido la Financiación, ello supondrá la más eficaz carta de pago y reconocimiento por parte del Productor de la entrega de la Financiación comprometida.

3.5. **Revisión de mutuo acuerdo de los importes y el calendario de desembolsos.**

En cualquier momento las Partes podrán acordar las modificaciones de las cuantías y las fechas de los desembolsos comprometidos para adecuarlas al desarrollo de la Producción.

3.6. **Acreditación de los gastos incurridos:**

El Productor deberá justificar la efectiva realización de los costes de producción susceptibles de formar parte de la base de la deducción prevista en el artículo 66 quater uno de la Norma Foral a solicitud del Financiador.

3.7. El Financiador podrá suspender la entrega de la Financiación comprometida en el caso de existencia de cualquier circunstancia que constituya un incumplimiento no subsanado por parte del Productor de cualquiera de sus obligaciones esenciales asumidas en virtud del Contrato. En tales casos, la suspensión de la entrega de la Financiación comprometida no se considerará un incumplimiento de las obligaciones del Financiador ni obstará al cobro, en su caso, de las cantidades previstas en el presente Contrato.

3.8. En todo caso, las aportaciones a realizar por el Financiador se realizarán con anterioridad a la obtención del certificado anual por el Productor recogido en el artículo 66 quater uno de la Norma Foral. En este sentido, el Financiador se compromete a realizar la transferencia referida antes de la fecha que se determine en el Contrato.

4. REINTEGRO DE LA FINANCIACIÓN Y RENTABILIDAD

4.1. Como consecuencia de esta Aportación, el Financiador tendrá derecho a aplicar en el ejercicio fiscal [*] una deducción fiscal en su Impuesto sobre Sociedades (en adelante "**IS**") sobre la parte de la cuota íntegra que, de conformidad con el contenido del artículo 66 quater uno, dependerá **(i)** del coste total de la Producción, entendiendo como coste, aquellos costes artísticos, técnicos y promocionales relativo a la Obra que haya realizado el Productor, **(ii)** la Financiación realizada por el Financiador y **(iii)** el Retorno Fiscal acordado en este Contrato.

4.2. Las Partes acuerdan que el reintegro de la Financiación y la rentabilidad asociada a la misma será el resultado de multiplicar la Financiación recogida en el apartado 3.1 por 1,2 (uno *coma* dos) (en adelante, el "**Retorno Fiscal**") dando lugar a una rentabilidad del 20% (en adelante "**Rentabilidad Fiscal**") sobre su Financiación y todo ello con independencia del impacto fiscal que, en su caso, esa Rentabilidad Fiscal pudiera tener para el Financiador.

4.3. El Productor reconoce que, conforme al referido artículo 66 quinquies, el importe de la Deducción del 66 quinquies es incompatible, total o parcialmente, con la Deducción del 66 quater uno de la Norma Foral, por lo que el Productor no tendrá derecho a aplicarse esta última deducción por aquella cuantía que corresponda a la deducción cedida, pudiendo aplicarla, en su caso, por el exceso.

4.4. Los desembolsos realizados por el Financiador no darán a este derecho a su devolución, ni a la percepción de intereses, ni a participar en la titularidad o los resultados de la Producción ni a adquirir derechos de propiedad intelectual o de otra índole respecto a los resultados del mismo, sino que tendrán como única contraprestación el acceso al Financiador a acreditar la deducción por producción de obras audiovisuales generada por el Productor en el ejercicio [*] (referida en este Contrato como la deducción fiscal) por importe equivalente al 120 % de sus aportaciones desembolsadas.

4.5. A los efectos de este Contrato se podrá computar como deducción máxima la que resulte acorde con el coste efectivo de la Obra y en los términos y condiciones previstos en el artículo 66 quater uno.

5. AJUSTES A LA DEDUCCIÓN FISCAL

5.1. Cualquier contingencia fiscal que pueda derivar de una minoración de la deducción fiscal acordada en el presente Contrato será asumida íntegramente por el Productor, quien procederá a sufragar el pago de la misma, quedando el Financiador exento de toda responsabilidad y pago. A efectos de mayor transparencia, se entiende por contingencia fiscal cualquier deuda tributaria con independencia de su naturaleza, que pueda imputarse al Financiador, como consecuencia de la minoración de la deducción fiscal acordada.

5.2. Asimismo, en caso de que se hubiera procedido a una desviación a la baja del presupuesto de la Producción en cualquier momento de la duración del Contrato, ya sea por disminución de los gastos y costes incurridos o por las subvenciones o ayudas recibidas y, el Productor no hubiera alcanzado el gasto total de la Financiación aquí otorgada y, con ello, no se hubiera generado la deducción total establecida en el presente Contrato, el Productor responderá frente al Financiador mediante el abono correspondiente al porcentaje de rentabilidad correspondiente hasta llegar al 120% de sus aportaciones desembolsadas.

5.3. Si la Administración Tributaria revisase la deducción, las Partes harán sus mejores esfuerzos y colaborarán de buena fe para la defensa de la deducción fiscal generada por el Productor y acreditada por el Financiador.

5.4. Si la deducción fuere cuestionada sobre la base de la calificación, de la cuantificación de la base de la deducción, del incumplimiento de los requisitos formales y obligaciones previstas en el artículo 66 quater uno de la Norma Foral o por cualquier motivo imputable a un incumplimiento del Productor y, finalmente, la Administración Tributaria redujera la deducción fiscal acreditable por el Financiador por debajo del 120% de sus desembolsos (netos de los reembolsos que hubieran procedido en virtud de la cláusula 3, el Productor deberá indemnizar al Financiador en el importe regularizado por la Administración Tributaria, con inclusión de los correspondientes intereses, recargos y sanciones que, en su caso, le fueran impuestos. En estos casos se aplicarán las siguientes reglas:

i. La defensa de la deducción fiscal, tanto en vía administrativa como judicial, será dirigida por el Productor. El Financiador le prestará todo el apoyo que fuere necesario para dicha defensa.

ii. Las costas y honorarios incurridos en dicha defensa serán por cuenta del Productor.

iii. Salvo consentimiento del Productor, el Financiador no podrá dar conformidad a las liquidaciones de la Administración Tributaria ni desistir de cualesquiera recursos o reclamaciones relacionadas con la deducción fiscal general por la producción y exhibición de la Producción.

iv. El Productor deberá satisfacer al Financiador la indemnización prevista en esta cláusula dentro del plazo de ingreso en periodo voluntario de la deuda tributaria. En caso de suspensión del ingreso, el Productor deberá satisfacer la correspondiente indemnización en el plazo de ingreso en periodo voluntario una vez finalizado el periodo de suspensión.

v. La decisión de solicitar o no la suspensión de la deuda tributaria corresponderá al Productor, quien, en su caso, correrá con los gastos de aportación de garantías, así como con los intereses que se devenguen durante el periodo de suspensión.

5.5. No procederán las indemnizaciones previstas en el apartado 5.4 anterior cuando la no aplicación de la deducción acreditada en el Impuesto sobre Sociedades del Financiador obedezca a razones imputables al propio Financiador, como pudieran ser, a título de ejemplo, que el Financiador no contara con cuota líquida suficiente para aplicar la deducción acreditada.

5.6. En estos casos, la defensa jurídica de la aplicación de la deducción fiscal corresponderá exclusivamente al Financiador. No obstante, el Productor le prestará el apoyo que fuera razonablemente necesario.

6. CAMBIOS NORMATIVOS

6.1. En caso de que por un cambio normativo se eliminase el incentivo fiscal previsto en el artículo 66 quater uno de la Norma Foral y/o el esquema de financiación previsto en el artículo 66 quinquies de la Norma Foral, el Financiador no efectuará las aportaciones que estuviesen pendientes de desembolsar y, con motivo del cambio normativo, no dieren lugar a la deducción fiscal. Las aportaciones desembolsadas con anterioridad a dicha supresión se consolidarán, siempre que existiera un régimen transitorio que permitiese al Financiador tener acceso y acreditar la deducción generada con carácter previo a dicha modificación normativa y sin perjuicio de los ajustes que correspondieran de acuerdo con la cláusula 3.

6.2. El Productor reembolsará las aportaciones que ya se hubiesen desembolsado y sobre las que, con motivo del cambio normativo, no permitiesen la aplicación de la deducción fiscal.

6.3. Este mismo régimen se aplicará en caso de que la Obra, con motivo del cambio normativo, dejase de tener acceso a la deducción prevista en el artículo 66 quater uno de la Norma Foral.

6.4. En caso de que por un cambio normativo o una interpretación jurisprudencial o administrativa se restringiese el incentivo fiscal previsto en el artículo 66 quater uno de la Norma Foral y/o el esquema de financiación previsto en el artículo 66 quinquies de la citada norma, como pudiera ser, a título de ejemplo, reduciendo la rentabilidad fiscal máxima del Financiador o determinando no aplicable la estructura de financiación prevista en el presente Contrato, el Financiador podrá desistir del Contrato y tendrá derecho a la devolución de las aportaciones previamente desembolsadas.

6.5. En caso de que el Financiador no desistiese del Contrato, ambas Partes negociarán de buena fe para adaptar el presente Contrato, teniendo en cuenta sus principios informadores, al cambio normativo.

7. DECLARACIONES Y GARANTÍAS

7.1. El Productor declara y garantiza al Financiador lo siguiente (las "**Declaraciones y Garantías**"):

a) Estado legal. El Productor es una entidad válidamente existente conforme a las leyes de España.

b) Información. Es veraz, correcta y exacta en todos sus aspectos esenciales toda la información y documentación suministrada o que se suministrará por el Productor:

i. al Financiador por razón de la negociación, firma y ejecución del presente Contrato (incluida toda la información contenida en el presente Contrato y sus Anexos); y

ii. al Instituto de Cinematografía y de las Artes Audiovisuales (en adelante, "**ICAA**") u organismo competente en la materia de la Diputación Foral de Vizcaya, a la Agencia Estatal de Administración Tributaria y a la Hacienda de Vizcaya, según sea el caso, el auditor externo en su caso (el "**Auditor Externo**") y cualesquiera entidades involucradas en la evaluación, calificación y control de (a) la evolución de la Producción, (b) la corrección de la Deducción del 66 quater uno de la Norma Foral que correspondería al Productor, (c) la corrección de la Deducción del 66 quinquies de la Norma Foral y (d) la veracidad, corrección y exactitud de las Declaraciones y Garantías.

c) La Producción.

i. El Productor cumple y cumplirá, en relación con las actividades que desarrolla y desarrollará en el marco de la Producción, con los requisitos establecidos en los artículos 66 quater uno y 66 quinquies de la Norma Foral, a los efectos de que la Productor obtenga el derecho a la deducción del 66 quater uno de la Norma Foral y que el Financiador pueda acreditar la deducción del 66 quinquies de la citada norma.

ii. El importe, la localización, la naturaleza, la Financiación y la realización de los gastos que se realizarán en el marco de la Producción se ajustan a los requisitos contenidos la normativa aplicable. Dichos gastos son los correspondientes a la producción, gastos para la obtención de copias y los gastos de publicidad y promoción a cargo del producto, los mismos se encuentran debidamente contabilizados y cuentan con sus soportes documentales justificativo

d) Consentimientos. El Productor ha obtenido todas y cada una de las preceptivas autorizaciones de sus órganos sociales para la firma del Contrato.

e) Inexistencia de incumplimiento. Ni la firma de este Contrato, ni el cumplimiento de cualquiera de los pactos en él contenidos, violan ni violarán, ni constituyen ni constituirán, un incumplimiento, ni hacen ni harán que se exceda o incumpla ninguna limitación, obligación o prohibición del Productor, o de las facultades de sus representantes, impuesta o que se contenga en: (i) cualquier ley, reglamento, resolución administrativa o decisión judicial, por los que el Productor esté vinculado o afectado; (ii) cualquier documento o regulación que contenga o establezca las normas constitutivas del Productor, y, en particular, en sus Estatutos sociales; o (iii) cualquier contrato, convenio u otro instrumento del que el Productor o sus socios sean parte.

f) Inexistencia de infracción. El Productor se halla al corriente en sus obligaciones en temas sociales, de propiedad intelectual e industrial, mercantiles, civiles, laborales, tributarias, administrativas y de subvenciones o ayudas y cumple con todas sus obligaciones contractuales y con toda la normativa que le resulta de aplicación, no habiéndose beneficiado de ninguna ayuda ilegal anterior declarada incompatible por una Decisión de la Comisión Europea.

g) Insolvencia. El Productor no ha incumplido sus obligaciones de pago, ni está en situación de insolvencia inminente o incurso en causa legal de disolución o concurso, o en situación que le obligue a la adopción de medidas para el restablecimiento de su equilibrio patrimonial, ni ha solicitado de sus acreedores quitas o esperas. En particular, el Productor declara que no conoce ninguna circunstancia económica-financiera o de cualquier otra clase que le impida hacer frente a sus obligaciones de pago durante el periodo de ejecución de la Producción.

7.2. Las Declaraciones y Garantías se entenderán reiteradas mientras el Contrato se mantenga en vigor.

8. OBLIGACIONES DEL PRODUCTOR

8.1. En virtud del presente Contrato, el Productor se obliga frente al Financiador a

a) Que la Producción haya sido realizada y terminada.

b) Cumplir con los requisitos previstos en el artículo 66 quater uno de la Norma Foral. En particular, obtención del correspondiente Certificado de Nacionalidad y el Certificado de Interés Cultural emitidos por el ICAA o por el órgano correspondiente de la Diputación Foral de Vizcaya con competencia en la materia; y la obligación de entregar una copia nueva y en perfecto estado de la producción en la Filmoteca Española o la filmoteca oficialmente reconocida por la respectiva Comunidad Autónoma.

A estos efectos, el Productor facilitará al Financiador una copia de los mencionados certificados en el plazo de dos meses desde su obtención.

c) Que se hayan entregado sendas copias nuevas y en perfecto estado de la Obra en la Filmoteca Española u organismo correspondiente de la Diputación Foral de Vizcaya.

d) Que el Productor mantenga la titularidad de la Obra durante los tres (3) años siguientes a la finalización de la misma.

8.2. Asimismo, el Productor se compromete a:

a) Asumir el riesgo y ventura de la producción y exhibición de la Obra.

b) A la realización en el ejercicio [*] de la Obra descrita, así como a incurrir en el presupuesto total indicado en el Contrato y que se constituye como requisito necesario para la obtención de los correspondientes Certificados, lo que permitirá la aplicación de la deducción por parte del Inversor.

c) A que el importe de la Financiación se destinará necesaria y directamente al pago de las facturas y gastos correspondientes a los costes de Producción que formen parte de la base de la de la Deducción del 66 quater uno de la Norma Foral, incluida la amortización de la financiación obtenida por el Productor para pagar dichas facturas y gastos.

d) A que la Producción obtenga el certificado anual emitido por el ICAA u organismo foral competente en la materia de la Diputación Foral de Vizcaya.

e) A que el importe de la Deducción del 66 quater uno de la Norma Foral, junto con las ayudas recibidas por el Productor para la Producción, no superen el 50% del coste total de producción, obligándose el Productor a presentar, junto con la autoliquidación del Impuesto sobre Sociedades en la que practique la Deducción del 66 quater uno de la Norma Foral, una relación del resto de ayudas o subvenciones públicas recibidas.

f) El Productor, en caso de ser necesario, adaptará la Producción y cumplirá con cuantos requisitos puedan surgir o necesitarse para la generación de la deducción del 66 quater uno de la Norma Foral y la práctica por el Financiador de la deducción del 66 quinquies de la citada norma.

g) Deberá mantener su domicilio social y fiscal en Vizcaya (territorio foral), al menos, hasta que el Promotor tenga derecho a la Deducción del 66 quater uno y el Financiador acredite en la declaración de Impuesto sobre Sociedades la Deducción del 66 quinquies.

h) Deberá comunicar inmediatamente al Financiador y al Auditor Externo de los sucesos, así como de las actuaciones administrativas o legales que puedan afectar a la ejecución de la Producción, así como del acaecimiento de cualquier causa o circunstancia de la que tenga conocimiento y/o puedan afectar al derecho del Productor la deducción del 66 quater uno de la Norma Foral y al derecho del Financiador a acreditar la deducción del 66 quinquies.

i) Deberá comunicar de forma inmediata al Financiador y al Auditor Externo de la concurrencia de cualquier circunstancia de la que tenga conocimiento y que tenga como consecuencia, o que razonablemente pueda esperarse que implique, una falta de veracidad, exactitud, integridad o, en general, un incumplimiento presente o previsto de las Declaraciones y Garantías.

j) Deberá cumplimentar y presentar, formal, materialmente y en plazo, sus declaraciones del Impuesto sobre Sociedades, dando cumplimiento a la normativa vigente, en especial en relación con la Deducción del 66 quater uno y la Deducción del 66 quinquies relativas a la Producción correspondientes a cada periodo impositivo, a los efectos de que el Financiador acredite la Deducción del 66 quinquies.

k) Deberá conservar los registros (especialmente contables y fiscales) y la documentación justificativa original del cumplimiento de las obligaciones resultantes del Contrato en cualquier soporte apropiado y que deberán contener suficiente información a fin de permitir realizar las evaluaciones, auditorías, revisiones, controles e inspecciones que, en su caso, puedan exigirse por parte del Auditor Externo y cualesquiera de las entidades involucradas en la evaluación, calificación y control de (a) la evolución de la Producción, (b) la concreción del 66 quater uno de la Norma Foral, (c) la concreción del 66 quinquies de la Norma Foral y, (d) la veracidad, corrección y exactitud de las Declaraciones y Garantías.

l) Deberá contabilizar los gastos de la Producción y los recursos con los que la financie asegurando la trazabilidad de dichos gastos y recursos, de modo que pueda acreditarse la aplicación de dichos recursos: (i) al pago de las facturas y gastos correspondientes a la Producción que formen parte de la base de la Deducción del 66 quater uno de la Norma Foral; y/o (ii) a la amortización de la financiación obtenida por el Productor para pagar dichas facturas y gastos.

m) Deberá colaborar, activamente y de común acuerdo con los asesores que en su caso designe el Financiador, con el ICAA u organismo competente en la materia de la Diputación Foral de Vizcaya, la Agencia Estatal de Administración Tributaria, el Auditor Externo y cualesquiera entidades involucradas en la evaluación, calificación y control (a) de la evolución de la Producción, (b) la concreción de la deducción del 66 quater uno de la Norma Foral (c) la concreción de la Deducción del 66 quinquies de la Norma Foral así como la veracidad y exactitud de las Declaraciones y Garantías. En caso de que se inicien cualesquiera actuaciones de comprobación e investigación por la Administración en relación con la deducción generada, el Productor deberá comunicar dicha circunstancia al Financiador en un plazo máximo de cinco (5) días naturales.

n) Deberá facilitar al Financiador, dentro de los seis meses siguientes al final del ejercicio [*], una certificación de las aportaciones realizadas y de la deducción traspasada correspondiente a este ejercicio, calculada de conformidad con las previsiones de este Contrato y de la normativa fiscal vigente, en los términos del modelo recogido en el **Anexo III**.

9. DERECHOS Y OBLIGACIONES DEL FINANCIADOR.

9.1. El Financiador se obliga a:

(a) Aportar la Financiación comprometida conforme a lo establecido en el presente Contrato.

(b) No intervenir en la toma de decisiones que resulten necesarias para la producción de la Obra objeto del presente Contrato.

(c) No difundir, bajo ninguna circunstancia, informaciones o detalles de la Producción de los que haya podido tener conocimiento, salvo por exigencia legal o reglamentaria.

(d) Presentar el contrato de financiación y la certificación del cumplimiento de los requisitos exigidos por el artículo 66 quinquies de la Norma Foral en una comunicación a la Administración tributaria, suscrita tanto por el Productor como por el Financiador, con anterioridad a 31 de diciembre de [*], la cual se adjunta como **Anexo III** al presente Contrato. Esta comunicación deberá estar correctamente cumplimentada siendo suscrita por las Partes en el momento de firma del presente Contrato.

(e) Cumplir con cualquier otra obligación prevista en el Contrato.

9.2. Por su parte, el Financiador tendrá el derecho a designar a un Auditor Externo independiente para llevar a cabo las evaluaciones, auditorías, revisiones, controles e inspecciones que, en su caso, estime necesario para la evaluación, calificación y control de, a título enunciativo pero no limitativo, de (a) la evolución de la Producción, (b) la concreción del 66 quater uno de la Norma Foral, (c) la concreción del 66 quinquies de la Norma Foral.

10. OTRAS OBLIGACIONES DE LAS PARTES

10.1. Las Partes suscribirán conjuntamente y remitirán a la Administración Tributaria, y con anterioridad a 31 de diciembre de cada año en el que permanezca vigente el presente Contrato, una comunicación en los términos previstos en el artículo 66 quinquies de la Norma Foral.

10.2. Asimismo, las Partes acuerdan colaborar y cumplir con todos los requisitos formales que se puedan desarrollar reglamentariamente respecto a la propia deducción y al esquema de financiación recogidos, respectivamente, en los artículos 66 quater uno y 66 quinquies de la Norma Foral.

10.3. Cada una de las Partes cumplirá las obligaciones previstas en la normativa fiscal necesarias para posibilitar la generación y el acceso a la deducción fiscal, en los términos previstos en el **Anexo IV**.

10.4. Para el cumplimiento de estas obligaciones y, en general, para facilitar el cumplimiento de la finalidad de este Contrato, ambas Partes cooperarán de buena fe y se prestarán la asistencia que sea razonable.

11. CESIÓN DEL CONTRATO

11.1. Tanto el Financiador como el Productor, no podrán ceder su posición contractual, a excepción de los supuestos de sucesión universal.

12. DERECHOS DE PROPIEDAD INTELECTUAL E INDUSTRIAL

12.1. Ninguna disposición del Contrato se entenderá como una concesión de derechos de propiedad intelectual o de otra índole respecto de los resultados de la Producción en favor del Financiador, cuya propiedad deberá ser en todo caso del Productor.

12.2. La titularidad de la totalidad de los resultados derivados de la Producción, así como de la totalidad de los derechos económicos y derechos de explotación sobre los mismos corresponderán exclusivamente al Productor, quien podrá ejercerlos tanto directa como indirectamente, a través de licencias o cualquier otra modalidad contractual por la que se ceda a terceros los derechos de explotación sobre los referidos resultados, total o parcialmente, de forma exclusiva o no exclusiva, sin necesidad de contar para ello con el consentimiento o conocimiento previo del Financiador y ello sin perjuicio de los acuerdos que el Productor haya podido asumir con terceros.

12.3. Quedan especialmente comprendidos en los derechos de explotación referidos, los que se recogen en el artículo 17 del Real Decreto Legislativo 1/1996 de 12 de abril, por el que se aprueba el Texto Refundido de la Ley de la Propiedad Intelectual (en adelante "**TRLPI**").

13. CONFIDENCIALIDAD Y PROTECCIÓN DE DATOS

13.1. Las Partes se obligan a no hacer pública ninguna clase de información acerca de la Financiación o cualquier otra circunstancia relacionada con el objeto del presente Contrato y/o la Producción, sin el previo acuerdo de las mismas. De igual modo se comprometen durante la vigencia del presente Contrato a no revelar, divulgar y/o hacer público a ningún tercero por ningún medio las informaciones, procesos, documentos, negocios, clientes, operaciones, instalaciones, cuentas, finanzas, transacciones, *know how* o cualquier otro aspecto relacionado con la actividad de cada una de ellas, que haya llegado a su conocimiento con ocasión del presente Contrato sin la previa autorización escrita de la otra Parte.

13.2. Se considerará, entre otras, como información confidencial la que se refiera a:

a) Las negociaciones relacionadas con este Contrato o con los documentos a que se hace referencia en el mismo.

b) La existencia o el contenido del Contrato o de los documentos o información a que se hace referencia en el mismo.

c) Cualquier información relacionada con la Obra.

d) Información relativa a las circunstancias fiscales de cualquiera de las Partes.

e) Las conversaciones o reuniones que cualquiera de las Partes mantenga con terceros (Administración Tributaria, asesores, etc.) en relación con este Contrato o la Obra.

13.3. Ambas Partes asumen, en particular, las siguientes obligaciones:

(a) No utilizarán la información confidencial para ningún propósito ajeno a la financiación de la serie al amparo del presente Contrato.

(b) Restringirán el acceso a la información confidencial a sus administradores, empleados, asesores y auditores, y a todos estos en la medida en que razonablemente sea necesario para la financiación de la serie al amparo del presente Contrato.

(c) No revelarán la información confidencial a ninguna persona distinta de las indicadas.

(d) Informarán a las personas a las que revelen la información confidencial de las presentes obligaciones de confidencialidad y dichas personas asumirán el compromiso de respetar dichas limitaciones.

(e) No utilizarán la información confidencial para la financiación o el desarrollo de otros proyectos o de la serie con otras personas.

(f) Pondrán en conocimiento de la otra Parte cualquier uso no autorizado de la información confidencial de los que tuvieran conocimiento.

13.4. Las obligaciones establecidas en la presente Cláusula, con respecto a la información confidencial, no serán de aplicación en los casos que dicha información:

i. Fuera de dominio público, con carácter previo a ser recibida o accedida por la otra Parte o que pase a formar parte del dominio público después de haber sido recibida o accedida por la otra Parte, siempre que ello no se deba a un incumplimiento de las obligaciones de esa Parte en virtud del presente Contrato.

ii. Sea revelada para cumplir con la legislación vigente o como consecuencia de una orden o requerimiento de los Tribunales o de la Administración.

13.5. La Presente obligación de confidencialidad permanecerá vigente durante toda la duración del presente Contrato, así como una vez finalizado o resuelto el mismo por cualquier causa por un periodo de cinco (5) años.

13.6. Las Partes se obligan a cumplir el Reglamento UE 2016/679 de 27 de abril de 2016 (RGPD), la Ley Orgánica 3/2018, de 5 de diciembre de Protección de Datos Personales y garantía de los derechos digitales y demás normativa aplicable en materia de protección de datos.

De conformidad con el Reglamento (UE) 2016/679 del Parlamento Europeo y del Consejo, de 27 de abril de 2016, relativo a la protección de las personas físicas en lo que respecta al tratamiento de datos personales y a la libre circulación de estos datos y por el que se deroga la Directiva 95/46/CE ("**RGPD**") y la Ley Orgánica 3/2018, de 5 de diciembre, de Protección de Datos Personales y garantía de los derechos digitales ("**LOPD**"), las Partes consienten y hacen constar que los datos personales de los firmantes del presente Contrato serán de uso exclusivo a efectos de la formalización y desarrollo del presente acuerdo de financiación, pudiendo figurar dichos datos en los ficheros de titularidad privada de cualquiera de las Partes, en cuyo caso las Partes se reconocen mutua y recíprocamente los derechos de acceso, rectificación, supresión, oposición, limitación y portabilidad, que podrán ejercitarse mediante escrito dirigido a los domicilios indicados en el encabezado.

La base legitimadora del tratamiento es la relación contractual entre las Partes. Las Partes reconocen que los datos de carácter personal que se proporcionen ahora o en el futuro serán tratados por la otra Parte con la finalidad de gestionar la relación contractual surgida del presente Contrato.

Los datos de carácter personal serán conservados por éstas con el fin indicado durante el tiempo exigido por la legislación aplicable y, en todo caso, hasta que prescriban las eventuales responsabilidades derivadas del presente Contrato.

Las Partes podrán comunicar los datos personales que obtengan a otras sociedades de su grupo, con la finalidad de poder llevar a cabo la centralización de procesos administrativos e informáticos.

14. VIGENCIA, INCUMPLIMIENTOS Y CAUSAS DE RESOLUCIÓN ANTICIPADA DEL CONTRATO

14.1. El presente Contrato entrará en vigor a la fecha de su firma y se mantendrá vigente hasta el cumplimiento de la totalidad de las obligaciones recogidas en el mismo

14.2. En caso de incumplimiento de alguna de las cláusulas del Contrato, la Parte cumplidora deberá comunicarlo a la otra Parte, que deberá subsanar dicho incumplimiento en un plazo máximo de quince (15) días naturales, transcurridos los cuales, si el incumplimiento no ha sido subsanado a satisfacción de la Parte cumplidora y la obligación incumplida es esencial, podrá ésta dar por resuelto el Contrato, con efectos inmediatos y sin necesidad de nueva comunicación.

15. RESPONSABILIDAD Y DAÑOS Y PERJUICIOS

15.1. En ningún caso podrá el Financiador ser considerado responsable de los daños y perjuicios causados por el Productor o por terceros como consecuencia, directa o indirecta, de la ejecución de la Producción, comprometiéndose el Productor a mantener totalmente indemne y resarcir al Financiador frente a cualquier pérdida, daño, perjuicio, carga, responsabilidad y gastos relacionados con cualquier reclamación (judicial o extrajudicial) que esté relacionada con el mismo.

15.2. El lucro cesante no será exigible por el Financiador en el supuesto de que las circunstancias referidas en el punto 15.1 anterior tengan su causa en una interpretación razonable de la normativa fiscal de aplicación que no sea compartida por la Administración Tributaria o en una modificación de dicha normativa.

15.3. El Productor procederá a la resolución del Contrato y la devolución del 100% de las cantidades satisfechas por el Financiador para el supuesto de que, finalmente, no se haya obtenido el certificado del ICAA u organismo competente en la materia de la Diputación Foral de Vizcaya por el Productor. El Contrato quedará resuelto de forma automática para el supuesto de que el referido certificado no se haya obtenido pasados dos meses desde la finalización del periodo impositivo. Del mismo modo, se procederá en caso de incumplimiento de la obligación de reinversión asumida por el Productor en la Cláusula 8.2 c) anterior.

15.4. En el caso de no se haya obtenido el certificado del ICAA u organismo competente en la materia de la Diputación Foral de Vizcaya por el Productor, la devolución de las referidas cantidades satisfechas por el Financiador será devueltas por el Productor al Financiador dentro del plazo de los quince (15) días hábiles siguientes a la fecha de resolución del Contrato, desde dicho momento las cantidades adeudadas devengarán los correspondientes intereses de demora calculados al cinco por ciento (5%), intereses que se devengarán diariamente.

16. NOTIFICACIONES

16.1. Salvo que expresamente se disponga otra cosa, las comunicaciones y notificaciones entre las Partes que se requieran por aplicación de su contenido, serán válidas y surtirán plenos efectos siempre que se realicen de forma escrita que permita probar razonablemente que la comunicación fue efectuada y el destinatario debió recibirla, tales como fax (cuando pueda acreditarse la fuente de procedencia, el destino del mismo y la confirmación del envío correspondiente), burofax o por correo electrónico con acuse de recibo.

16.2. Las y notificaciones entre las Partes deberán ser remitidas a los domicilios y personas señaladas al inicio del presente Contrato.

17. MISCELÁNEA

17.1. Encabezamientos:

Los encabezamientos y el índice utilizados en este Contrato se incluyen únicamente con fines de referencia y no afectarán a su interpretación.

17.2. Prevalencia:

Si existieran contradicciones entre el contenido de un documento complementario o un anexo y el contenido de las cláusulas de este Contrato, se deberá dar siempre preferencia al contenido de estas últimas.

17.3. Independencia e integración de las cláusulas:

La ilicitud, invalidez o inefectividad de cualquiera de las cláusulas del Contrato no afectará a la eficacia del resto, siempre que los derechos y obligaciones de las Partes derivados del Contrato no se vieran afectados de forma esencial. Se entiende por esencial cualquier situación que lesionare gravemente los intereses de cualquiera de las Partes, o que recayera sobre el objeto mismo del Contrato previsto en la cláusula 1. Dichas cláusulas deberán reemplazarse o integrarse con otras que, siendo conformes a la ley, respondan a la finalidad de las sustituidas.

17.4. Primacía y modificaciones del Contrato:

Este Contrato constituye el compromiso alcanzado a la fecha de su firma entre las Partes con respecto a las materias contenidas en el mismo y sustituye y deroga todos los acuerdos previos en relación con su objeto.

Todos los anexos forman parte integrante del Contrato y, sin perjuicio de lo previsto en la cláusula 17.2, tienen la misma validez y eficacia que si estuvieran incorporados a su cuerpo principal.

Las modificaciones que se hiciesen al Contrato deberán ser redactadas por escrito en un documento firmado por las Partes.

17.5. Gastos y tributos

Todos los gastos que se puedan derivar del asesoramiento individualizado de cada una de las Partes serán satisfechos por la Parte que los haya contratado, y aquellos gastos que se pudieran originar, en su caso, por la presentación o formalización del presente Contrato ante el Organismo competente serán satisfechos por el Productor.

Los impuestos que se devenguen como consecuencia del cumplimiento de cualesquiera obligaciones contenidas en este Contrato serán satisfechos por la Parte que la Ley señale en cada momento como sujeto pasivo.

17.6. Asesoramiento propio y exoneración

Sin perjuicio de las obligaciones asumidas bajo el presente Contrato, el Financiador manifiesta que la decisión de financiar la Producción se ha tomado exclusivamente con base en su propio asesoramiento legal, económico y fiscal, en base a su interés en participar en la financiación de la Producción a cambio de recibir un beneficio procedente tanto de la deducción establecida en la Norma Foral para las aportaciones de los productores, como de cualquier otro beneficio fiscal que se obtenga a través de la amortización de los gastos de la Producción y que conoce y acepta la existencia de los posibles riesgos, inherentes al presente Contrato, derivados de eventuales cambios normativos o de modificación de los criterios interpretativos relativos a las normas vigentes, los cuales podrían provocar una disminución o pérdida de su rentabilidad estimada, y como consecuencia de todo lo anterior, exonera al Productor y/o sus asesores legales de cualquier responsabilidad por el hecho de que dichas expectativas no pudieran cumplirse.

18. RÉGIMEN APLICABLE Y JURISDICCIÓN

18.1. El presente Contrato será regulado e interpretado de conformidad con la legislación española.

18.2. La validez, ejecución e interpretación del Contrato serán reguladas en todos sus aspectos por las leyes civiles y mercantiles españolas. Las Partes acuerdan que todo desacuerdo, disputa, controversia o reclamación relacionada con el presente Contrato, se resolverá definitivamente ante los Tribunales de Bilbao con expresa renuncia a su propio fuero o competencia.

En prueba de conformidad, las Partes contratantes firman y rubrican el presente Contrato en el lugar y fecha del encabezamiento.

EL PRODUCTOR	EL FINANCIADOR
[*]	[*]

Anexo I
Detalle y gastos de la Producción

A) Características de la Producción

- Título: [*]
- Idioma: [*]
- Formato: [*]
- Año de producción: [*]
- Productora: [*].

B) Gastos:

- Durante el ejercicio [*], la Productora ha registrado contablemente un gasto de asciende a [*] **(**[*]**-€)**, los cuales serán susceptibles de formar parte de la base de la Deducción del 66 quater uno de la Norma Foral.

El contribuyente aporta la cantidad de [*] **(**[*]**-€).**

Anexo II
Calendario de pagos

[*] **(**[*]**-€).** mediante transferencia a bancaria a la cuenta indicada en la cláusula 3.4 a la firma de este Contrato.

Anexo III

Trámite: GE041 Comunicación art. 39.7 de la Ley 27/2014, de 27 de noviembre, del Impuesto sobre Sociedades ("**LIS**")

A LA AGENCIA ESTATAL DE LA ADMINISTRACIÓN TRIBUTARIA

De una parte,

[*]**,** una sociedad de responsabilidad limitada española, con domicilio en [*], inscrita en el Registro Mercantil de [*] y provista de N.I.F. [*], debidamente representada en este acto por D./Dña. [*], mayor de edad, con D.N.I. [*], en vigor, y con domicilio a estos efectos en [*], en su condición de [*] de la referida sociedad; (en adelante, el "**Productor**" o "[*]").

Y de otra parte:

[*]., de nacionalidad española, con domicilio social en c/[*], inscrita en el Registro Mercantil de [*]y provista de NIF número [*], debidamente representada en este acto por [*], de nacionalidad española, mayor de edad, con domicilio a estos efectos en c/[*], y titular del DNI número [*], en su calidad de [*] de la misma (en adelante, el "**Financiador**").

Ambas Partes comparecen y como mejor proceda en Derecho;

EXPONEN

PRIMERO.– Que el Productor es una entidad de reconocido prestigio con amplia experiencia en la producción y promoción de largometrajes y cortometrajes cinematográficos y obras audiovisuales y que, durante el ejercicio [*], ha llevado a cabo, entre otros, la siguiente obra audiovisual:

- [*]

(en lo sucesivo, la "**Producción**").

SEGUNDO.– Que, asimismo la Ley 11/2020, de 30 de diciembre, de Presupuestos Generales del Estado para el año 2021, con efectos para los períodos impositivos que se inicien a partir de 1 de enero de 2021, modificó el artículo 39.7 de la LIS permitiendo extender la aplicación de la deducción del artículo 36.1 de la LIS a la que tiene derecho el correspondiente promotor, al contribuyente que participe en la financiación de la correspondiente Producción, bajo el cumplimiento de ciertos requisitos.

Dicho artículo 39.7 LIS fue posteriormente modificado por la Disposición Final 5ª de la *Ley 38/2022, de 27 de diciembre, para el establecimiento de gravámenes temporales energético y de entidades de crédito y establecimientos financieros de crédito y por la que se crea el impuesto temporal de solidaridad de las grandes fortunas, y se modifican determinadas normas tributarias*, con efectos para períodos impositivos que se inicien a partir de 1 de enero de 2021.

TERCERO.- Que, en el marco de la Producción, el Financiador y el Productor formalizaron el [*] de [*] de [*] un contrato de financiación en el sentido del artículo 39.7 de la LIS.

En virtud del mencionado contrato, el Financiador financia un total de [*] **([*]-€)** para sufragar, de forma exclusiva, los costes de la Producción a cambio de tener derecho a acreditar en su autoliquidación del Impuesto sobre Sociedades una deducción por obras audiovisuales generada por el Productor por importe de [*] **([*]-€)** (que se corresponden con los costes de la Producción y se generarán en [*]).

CUARTO.- Que el artículo 39.7 de la LIS, en su redacción vigente, establece lo siguiente:

"Para la aplicación de la deducción será necesario que el contribuyente que participe en la financiación presente el contrato de financiación y certificación del cumplimiento de los requisitos señalados en las letras a') y b') del apartado 1 (...) del artículo 36 de esta Ley, (...) en una comunicación a la Administración tributaria, suscrita tanto por la Productora como por el contribuyente que participa en la financiación de la producción, con anterioridad a la finalización del período impositivo en que este último tenga derecho a aplicar la deducción"

QUINTO.- Que, con el objetivo de cumplir con los mencionados requisitos formales, el Financiador y el Productor proceden a aportar la siguiente documentación:

a) Como **Documento Anexo Número 1**, copia del contrato de financiación formalizado en el sentido del 39.7 de la LIS.

SEXTO. –Que, según lo dispuesto en el artículo 39.7 de la LIS, realizamos la presente comunicación regulada, para el período impositivo ....

Por todo ello,

SOLICITAN

Que teniendo por presentado este escrito en tiempo y forma junto a la documentación que le acompaña, se sirva admitirlo a trámite y, en su virtud, se entienda por realizada la correspondiente comunicación como se indica en el art. 39.7 de la LIS en los términos anteriormente señalados.

En [*], a [*].

EL PRODUCTOR	**EL FINANCIADOR**
____________________	____________________
[*]	[*]
[*]	[*]

ANEXO III (FORAL)

Trámite: Comunicación art. 66 quinquies de la Norma Foral de Vizcaya 11/2013, de 5 de diciembre, del Impuesto Sobre Sociedades (la "**Norma Foral**")

A LA HACIENDA DE BIZKAIA

De una parte,

[*], una sociedad de responsabilidad limitada española, con domicilio en [*], inscrita en el Registro Mercantil de [*] y provista de N.I.F. [*], debidamente representada en este acto por D./Dña. [*], mayor de edad, con D.N.I. [*], en vigor, y con domicilio a estos efectos en [*], en su condición de [*] de la referida sociedad; (en adelante, el "**Productor**" o "[*]").

Y de otra parte:

[*]., de nacionalidad española, con domicilio social en c/[*], inscrita en el Registro Mercantil de [*]y provista de NIF número [*], debidamente representada en este acto por [*], de nacionalidad española, mayor de edad, con domicilio a estos efectos en c/[*], y titular del DNI número [*], en su calidad de [*] de la misma (en adelante, el "**Financiador**").

Ambas Partes comparecen y como mejor proceda en Derecho;

EXPONEN

PRIMERO.– Que el Productor es una entidad de reconocido prestigio con amplia experiencia en la producción y promoción de largometrajes y cortometrajes cinematográficos y obras audiovisuales y que, durante el ejercicio [*], ha llevado a cabo, entre otros, los siguientes eventos:

- [*]

(en lo sucesivo, la "**Producción**").

SEGUNDO.– Que la Norma Foral 11/2013, de 5 de diciembre, del Impuesto Sobre Sociedades, en virtud de su artículo 66 quinquies, permite extender la aplicación de la deducción del artículo 66 quater uno a la que tiene derecho el Promotor, al contribuyente que participe en la financiación de obras audiovisuales, bajo el cumplimiento de ciertos requisitos.

TERCERO.- Que, en el marco de la Producción, el Financiador y el Promotor formalizaron el [*] de [*] de [*] un contrato de financiación en el sentido del artículo 66 quinquies de la Norma Foral.

En virtud del mencionado contrato, el Financiador financia un total de [*] **([*]-€)** para sufragar, de forma exclusiva, los costes de la Producción a cambio de tener derecho a acreditar en su autoliquidación del Impuesto sobre Sociedades una deducción por obras audiovisuales generada por el Promotor por importe de [*] **([*]-€)** (que se corresponden con los costes de la Producción y se generarán en [*]).

CUARTO.- Que el artículo 66 quinquies de la Norma Foral, en su redacción vigente, establece lo siguiente:

"*Los contribuyentes que pretendan acogerse a la deducción prevista en este artículo deberán presentar el contrato de financiación a que se refiere su apartado 3 en una comunicación a la Administración tributaria, suscrita por todas las partes del contrato, con anterioridad a la finalización del período impositivo en que se genere la deducción, en los términos que reglamentariamente se establezcan.*"

QUINTO.- Que, con el objetivo de cumplir con los mencionados requisitos formales, el Financiador y el Promotor proceden a aportar la siguiente documentación:

b) Como **Documento Anexo Número 1**, copia del contrato de financiación formalizado en el sentido del artículo 66 quinquies de la Norma Foral.

Por todo ello,

SOLICITAN

Que teniendo por presentado este escrito en tiempo y forma junto a la documentación que le acompaña, se sirva admitirlo a trámite y, en su virtud, se entienda por realizada la correspondiente comunicación como se indica en el art. 66 quinquies de la Norma Foral en los términos anteriormente señalados.

En [*], a [*].

EL PROMOTOR	**EL FINANCIADOR**
___________________________	___________________________
[*] [*]	[*] [*]

Anexo IV

Obligaciones del Productor	Plazos
Realizar la solicitud de certificado emitido por el ICAA u organismo foral correspondiente	Dos meses desde el fin del ejercicio
Facilitar al Financiador una copia del certificado expedido por el ICAA u organismo foral correspondiente.	En los dos meses siguientes a la obtención de dichos certificados
Comunicar a la Agencia Tributaria el presente Contrato de financiación	Con anterioridad a la finalización del periodo impositivo.
Confeccionar y presentar las correspondientes declaraciones fiscales en tiempo y forma. En particular se consignará la renuncia expresa a la deducción fiscal por producción española de largometrajes cinematográficos y opción por su traspaso al Financiador en virtud del artículo 39.7 de la LIS y/o del artículo 66 quinquies de la Norma Foral, según corresponda.	Con anterioridad al 25 de julio del ejercicio siguiente
Obtener y aportar al Financiador un informe anual acreditativo de la ejecución de los costes relativos a la producción de la Producción emitido por el Productor, conforme a lo dispuesto en la cláusula 3.6	Con anterioridad al 31 de marzo del año siguiente
Emitir anualmente una certificación acreditativa de las aportaciones y deducciones correspondientes al Financiador en los términos del Anexo III.	Con anterioridad al 30 de junio del año siguiente
Obligación de entregar una copia nueva y en perfecto estado de la producción en la Filmoteca Española o la filmoteca oficialmente reconocida por la respectiva Comunidad Autónoma (art 36.1 LIS).	Antes del 31 de diciembre del año en que se genere la producción

Obligaciones del Financiador	Plazos
Desembolsar la financiación en los plazos establecidos en el Contrato	Según Anexo II
Comunicar a la Agencia Tributaria el presente Contrato de financiación	Con anterioridad a la finalización de cada periodo impositivo en que se genere la deducción
Confeccionar y presentar sus declaraciones fiscales en tiempo y forma. En particular, hará constar: – La acreditación y acceso a la deducción fiscal generada por el Productor. – En su caso, su opción expresa por aceptar el acceso a la deducción generada por el Productor en virtud del artículo 39.7 de la Ley del Impuesto sobre Sociedades y/o 66 quinquies de la Norma Foral, según sea aplicable.	Con anterioridad al 25 de julio del año siguiente

F144. MODELO CONTRATO DE FINANCIACION DE LA PRODUCCION AUDIOVISUAL. ARTÍCULO 36.1 LIS

CONTRATO DE FINANCIACIÓN DE LA PRODUCCIÓN AUDIOVISUAL "[*]"

Entre
[*].
y
[*],

En [*], a [*]

COMPARECEN

De una parte:

[*], una sociedad de responsabilidad limitada española, con domicilio en [*], inscrita en el Registro Mercantil de [*] y provista de N.I.F. [*], debidamente representada en este acto por D./Dña. [*], mayor de edad, con D.N.I. [*], en vigor, y con domicilio a estos efectos en [*], en su condición de [*] de la referida sociedad; (en adelante, el "**Productor**" o "[*]").

Y de otra parte:

[*], de nacionalidad española, con domicilio social en c/[*], inscrita en el Registro Mercantil de [*] y provista de NIF número [*], debidamente representada en este acto por [*], de nacionalidad española, mayor de edad, con domicilio a estos efectos en c/[*], y titular del DNI número [*], en su calidad de [*] de la misma (en adelante, el "**Financiador**").

En adelante, el Productor y el Financiador serán referidos conjuntamente como las "**Partes**" y, cualquiera de ellos, separadamente como la "**Parte**".

Las Partes se reconocen, mutua y recíprocamente, capacidad para otorgar el presente contrato de financiación (el "**Contrato**"), y de mutuo y común acuerdo

EXPONEN

I. Que el Productor tiene por objeto principal la creación, producción, realización, distribución y comercialización de largometrajes y cortometrajes cinematográficos y de obras audiovisuales en general, series y programas de televisión, siendo contribuyente en el Impuesto sobre Sociedades.

II. Que el Productor, en la actualidad, está produciendo una obra audiovisual titulada provisionalmente "[*]" (en adelante, la "**Obra**" o la "**Producción**").

III. Que el Productor prevé que, para llevar a cabo dicha Producción, será necesario incurrir en un coste total estimado de [*] **([*]-€)**, por lo que el Productor está interesado en obtener financiación de terceros de parte de este importe.

IV. Los gastos de dicha producción darán derecho a la deducción por producciones españolas de largometrajes y cortometrajes cinematográficos y de series audiovisuales de ficción, animación o documental, prevista en el artículo 36.1 de la Ley 27/2014, de 27 de noviembre, del Impuesto sobre Sociedades (en adelante, "**LIS**").

V. Que el Productor ostenta el control creativo absoluto sobre la Obra, llevando a cabo todas las tareas de producción efectiva de la misma y conservando todos los derechos de explotación de Propiedad Intelectual derivados de la Obra, y está interesado en recibir la financiación por parte del Financiador para el desarrollo de la Producción en los términos y condiciones que se regulan en el presente Contrato

VI. Que en el **Anexo I** al presente Contrato se recoge la descripción de la producción de la Obra, identidad de sus productores, su presupuesto con descripción detallada de los gastos y las fuentes de financiación que se prevén obtener (incluyendo las aportaciones del Productor, las subvenciones y las cantidades a aportar por el contribuyente que participe en su financiación), así como el cálculo de la deducción por producción que se estima generar durante el año [*].

VII. Que el Financiador está interesado en participar en la financiación de la Producción mediante la realización de una aportación económica (en adelante, la "**Financiación**"), en los términos y condiciones previstos en el artículo 39.7. de la LIS. En este sentido, la cantidad aportada por el Financiador le dará derecho a aplicar la deducción regulada en el artículo 36.1 de la LIS.

En virtud de todo lo anterior, las Partes acuerdan suscribir el presente Contrato que se regirá por las siguientes

CLÁUSULAS

2. OBJETO DEL CONTRATO

2.1. El objeto del presente Contrato consiste en establecer: **(i)** los términos y condiciones en virtud de los cuales el Financiador concede al Productor la Financiación; y **(ii)** los derechos y obligaciones asumidos por las Partes en relación con dicha Financiación.

2.2. El Financiador aportará la correspondiente Financiación al Productor para sufragar una parte de los costes a incurrir en el desarrollo de la Producción, a cambio de tener acceso y poder acreditar la deducción del artículo 36.1 de la LIS generada por el Productor en una cuantía equivalente al 120 % de sus aportaciones, al amparo de lo dispuesto en el artículo 39.7 de la LIS. Las obligaciones del Financiador se considerarán cumplidas íntegramente con el desembolso de las cantidades comprometidas en el presente Contrato.

2.3. Por su parte, el Productor, a cambio de percibir la Financiación comprometida renuncia, en favor del Financiador, a acreditar y aplicar la deducción por producción de largometrajes y cortometrajes cinematográficos y de otras obras audiovisuales, así como de series audiovisuales de ficción, animación o documental, en cuantía equivalente al 120% de la financiación recibida, de acuerdo con lo dispuesto en el artículo 39.7 de la LIS.

3. DESCRIPCIÓN DE LA PRODUCCIÓN Y PRESUPUESTO

3.1. La Obra se encuentra detallada en el Anexo I al presente Contrato.

3.2. Asimismo, en el Anexo I se describen de forma detallada los gastos de producción publicidad y promoción, y en particular aquellos realizados en territorio español. Sin perjuicio de lo anterior, las Partes reconocen la posibilidad de que ocurran una serie de supuestos que afecten al Retorno Fiscal (tal y como se define más adelante), como puede ser **(i)** la entrada en vigor de modificaciones normativas de cualquier índole, así como la publicación de resoluciones interpretativas o criterios de la Dirección General de Tributos o **(ii)** cualquier desviación a la baja del presupuesto total, en cualquier momento de la duración del Contrato, ya sea por disminución de los costes incurridos o por las subvenciones o ayudas recibidas.

En caso de que se den los supuestos contemplados en el párrafo anterior, la aportación del Financiador se reducirá proporcionalmente, de manera que se garantice el Retorno Fiscal del 20% sobre su aportación, aunque esto supusiera el reembolso de parte de la aportación recibida por el Productor.

4. FINANCIACIÓN

4.1. **Importe de la Financiación**:

El Financiador se compromete a entregar la Financiación de [*] **(**[*]**-€**) al Productor.

4.2. **Calendario estimado de los desembolsos**:

Las aportaciones se desembolsarán según el calendario de pagos dispuesto en el **Anexo II** del presente Contrato.

4.3. **Destino de la Financiación**:

El Productor destinará las aportaciones recibidas a sufragar, de forma exclusiva, los costes de producción de la Obra.

4.4. **Forma de Pago:**

La Financiación será entregada por el Financiador mediante transferencia bancaria a la cuenta bancaria siguiente:

IBAN: [*]

Titular: [*]

Concepto: FINANCIACIÓN A [*]– 36.1. Y 39.7 LIS

El Financiador deberá abonar la Financiación al Productor a la firma del presente Contrato.

Una vez el Productor haya recibido la Financiación, ello supondrá la más eficaz carta de pago y reconocimiento por parte del Productor de la entrega de la Financiación comprometida.

4.5. **Revisión de mutuo acuerdo de los importes y el calendario de desembolsos.**

En cualquier momento las Partes podrán acordar las modificaciones de las cuantías y las fechas de los desembolsos comprometidos para adecuarlas al desarrollo de la Producción.

4.6. **Acreditación de los gastos incurridos:**

El Productor deberá justificar la efectiva realización de los costes de producción susceptibles de formar parte de la base de la deducción prevista en el artículo 36.1 de la LIS a solicitud del Financiador.

4.7. El Financiador podrá suspender la entrega de la Financiación comprometida en el caso de existencia de cualquier circunstancia que constituya un incumplimiento no subsanado por parte del Productor de cualquiera de sus obligaciones esenciales asumidas en virtud del Contrato. En tales casos, la suspensión de la entrega de la Financiación comprometida no se considerará un incumplimiento de las obligaciones del Financiador ni obstará al cobro, en su caso, de las cantidades previstas en el presente Contrato.

4.8. En todo caso, las aportaciones a realizar por el Financiador se realizarán con anterioridad a la obtención del certificado anual por el Productor recogido en el artículo 36.1. de la LIS. En este sentido, el Financiador se compromete a realizar la transferencia referida antes de la fecha que se determine en el Contrato.

5. REINTEGRO DE LA FINANCIACIÓN Y RENTABILIDAD

5.1. Como consecuencia de esta Aportación, el Financiador tendrá derecho a aplicar en el ejercicio fiscal [*] una deducción fiscal en su Impuesto sobre Sociedades (en adelante "**IS**") sobre la parte de la cuota íntegra que, de conformidad con el contenido del artículo 36.1 de la LIS, dependerá **(i)** del coste total de la Producción, entendiendo como coste, aquellos costes artísticos, técnicos y promocionales relativo a la Obra que haya realizado el Productor, **(ii)** la Financiación realizada por el Financiador y **(iii)** el Retorno Fiscal acordado en este Contrato.

5.2. Las Partes acuerdan que el reintegro de la Financiación y la rentabilidad asociada a la misma será el resultado de multiplicar la Financiación recogida en el apartado 3.1 por 1,2 (uno *coma* dos) (en adelante, el "**Retorno Fiscal**") dando lugar a una rentabilidad del 20% (en adelante "**Rentabilidad Fiscal**") sobre su Financiación y todo ello con independencia del impacto fiscal que, en su caso, esa Rentabilidad Fiscal pudiera tener para el Financiador.

5.3. El Productor reconoce que, conforme al referido artículo 39.7 de la LIS, el importe de la Deducción del 39.7 LIS es incompatible, total o parcialmente, con la Deducción del 36.1 LIS, por lo que el Productor no tendrá derecho a aplicarse esta última deducción por aquella cuantía que corresponda a la deducción cedida, pudiendo aplicarla, en su caso, por el exceso.

5.4. Los desembolsos realizados por el Financiador no darán a este derecho a su devolución, ni a la percepción de intereses, ni a participar en la titularidad o los resultados de la Producción ni a adquirir derechos de propiedad intelectual o de otra índole respecto a los resultados del mismo, sino que tendrán como única contraprestación el acceso al Financiador a acreditar la deducción por producción de obras audiovisuales generada por el Productor en el ejercicio .... (referida en este Contrato como la deducción fiscal) por importe equivalente al 120 % de sus aportaciones desembolsadas.

5.5. A los efectos de este Contrato se podrá computar como deducción máxima la que resulte acorde con el coste efectivo de la Obra y en los términos y condiciones previstos en el artículo 36.1 de la LIS.

6. AJUSTES A LA DEDUCCIÓN FISCAL

6.1. Cualquier contingencia fiscal que pueda derivar de una minoración de la deducción fiscal acordada en el presente Contrato será asumida íntegramente por el Productor, quien procederá a sufragar el pago de la misma, quedando el Financiador exento de toda responsabilidad y pago. A efectos de mayor transparencia, se entiende por contingencia fiscal cualquier deuda tributaria con independencia de su naturaleza, que pueda imputarse al Financiador, como consecuencia de la minoración de la deducción fiscal acordada.

6.2. Asimismo, en caso de que se hubiera procedido a una desviación a la baja del presupuesto de la Producción en cualquier momento de la duración del Contrato, ya sea por disminución de los gastos y costes incurridos o por las subvenciones o ayudas recibidas y, el Productor no hubiera alcanzado el gasto total de la Financiación aquí otorgada y, con ello, no se hubiera generado la deducción total establecida en el presente Contrato, el Productor responderá frente al Financiador mediante el abono correspondiente al porcentaje de rentabilidad correspondiente hasta llegar al 120% de sus aportaciones desembolsadas.

6.3. Si la Administración Tributaria revisase la deducción, las Partes harán sus mejores esfuerzos y colaborarán de buena fe para la defensa de la deducción fiscal generada por el Productor y acreditada por el Financiador.

6.4. Si la deducción fuere cuestionada sobre la base de la calificación, de la cuantificación de la base de la deducción, del incumplimiento de los requisitos formales y obligaciones previstas en el artículo 36.1 de la LIS o por cualquier motivo imputable a un incumplimiento del Productor y, finalmente, la Administración Tributaria redujera la deducción fiscal acreditable por el Financiador por debajo del 120% de sus desembolsos (netos de los reembolsos que hubieran procedido en virtud de la cláusula 3, el Productor deberá indemnizar al Financiador en el importe regularizado por la Administración Tributaria, con inclusión de los correspondientes intereses, recargos y sanciones que, en su caso, le fueran impuestos. En estos casos se aplicarán las siguientes reglas:

i. La defensa de la deducción fiscal, tanto en vía administrativa como judicial, será dirigida por el Productor. El Financiador le prestará todo el apoyo que fuere necesario para dicha defensa.

ii. Las costas y honorarios incurridos en dicha defensa serán por cuenta del Productor.

iii. Salvo consentimiento del Productor, el Financiador no podrá dar conformidad a las liquidaciones de la Administración Tributaria ni desistir de cualesquiera recursos o reclamaciones relacionadas con la deducción fiscal general por la producción y exhibición de la Producción.

iv. El Productor deberá satisfacer al Financiador la indemnización prevista en esta cláusula dentro del plazo de ingreso en periodo voluntario de la deuda tributaria. En caso de suspensión del ingreso, el Productor deberá satisfacer la correspondiente indemnización en el plazo de ingreso en periodo voluntario una vez finalizado el periodo de suspensión.

v. La decisión de solicitar o no la suspensión de la deuda tributaria corresponderá al Productor, quien, en su caso, correrá con los gastos de aportación de garantías, así como con los intereses que se devenguen durante el periodo de suspensión.

6.5. No procederán las indemnizaciones previstas en el apartado 5.4 anterior cuando la no aplicación de la deducción acreditada en el Impuesto sobre Sociedades del Financiador obedezca a razones imputables al propio Financiador, como pudieran ser, a título de ejemplo, que el Financiador no contara con cuota líquida suficiente para aplicar la deducción acreditada.

6.6. En estos casos, la defensa jurídica de la aplicación de la deducción fiscal corresponderá exclusivamente al Financiador. No obstante, el Productor le prestará el apoyo que fuera razonablemente necesario.

7. CAMBIOS NORMATIVOS

7.1. En caso de que por un cambio normativo se eliminase el incentivo fiscal previsto en el artículo 36.1 de la LIS y/o el esquema de financiación previsto en el artículo 39.7 de la LIS, el Financiador no efectuará las aportaciones que estuviesen pendientes de desembolsar y, con motivo del cambio normativo, no dieren lugar a la deducción fiscal. Las aportaciones desembolsadas con anterioridad a dicha supresión se consolidarán, siempre que existiera un régimen transitorio que permitiese al Financiador tener acceso y acreditar la deducción generada con carácter previo a dicha modificación normativa y sin perjuicio de los ajustes que correspondieran de acuerdo con la cláusula 3.

7.2. El Productor reembolsará las aportaciones que ya se hubiesen desembolsado y sobre las que, con motivo del cambio normativo, no permitiesen la aplicación de la deducción fiscal.

7.3. Este mismo régimen se aplicará en caso de que la Obra, con motivo del cambio normativo, dejase de tener acceso a la deducción prevista en el artículo 36.1 de la LIS.

7.4. En caso de que por un cambio normativo o una interpretación jurisprudencial o administrativa se restringiese el incentivo fiscal previsto en el artículo 36.1 de la LIS y/o el esquema de financiación previsto en el artículo 39.7 de la citada norma, como pudiera ser, a título de ejemplo, reduciendo la rentabilidad fiscal máxima del Financiador o determinando no aplicable la estructura de financiación prevista en el presente Contrato, el Financiador podrá desistir del Contrato y tendrá derecho a la devolución de las aportaciones previamente desembolsadas.

7.5. En caso de que el Financiador no desistiese del Contrato, ambas Partes negociarán de buena fe para adaptar el presente Contrato, teniendo en cuenta sus principios informadores, al cambio normativo.

8. DECLARACIONES Y GARANTÍAS

8.1. El Productor declara y garantiza al Financiador lo siguiente (las "**Declaraciones y Garantías**"):

a) Estado legal. El Productor es una entidad válidamente existente conforme a las leyes de España.

b) Información. Es veraz, correcta y exacta en todos sus aspectos esenciales toda la información y documentación suministrada o que se suministrará por el Productor:

i. al Financiador por razón de la negociación, firma y ejecución del presente Contrato (incluida toda la información contenida en el presente Contrato y sus Anexos); y

ii. al Instituto de Cinematografía y de las Artes Audiovisuales (en adelante, "**ICAA**") u organismo competente en la materia de la Comunidad Autónoma correspondiente, a la Agencia Estatal de Administración Tributaria, el auditor externo en su caso (el "**Auditor Externo**") y cualesquiera entidades involucradas en la evaluación, calificación y control de (a) la evolución de la Producción, (b) la corrección de la Deducción del 36.1 LIS que correspondería al Productor, (c) la corrección de la Deducción del 39.7 de la LIS y (d) la veracidad, corrección y exactitud de las Declaraciones y Garantías.

c) La Producción.

i. El Productor cumple y cumplirá, en relación con las actividades que desarrolla y desarrollará en el marco de la Producción, con los requisitos establecidos en los artículos 36.1 y 39.7 de la LIS, a los efectos de que la Productor obtenga el derecho a la deducción del 36.1 LIS y que el Financiador pueda acreditar la deducción del 39.7 LIS.

ii. El importe, la localización, la naturaleza, la Financiación y la realización de los gastos que se realizarán en el marco de la Producción se ajustan a los requisitos contenidos la normativa aplicable. Dichos gastos son los correspondientes a la producción, gastos para la obtención de copias y los gastos de publicidad y promoción a cargo del producto, los mismos se encuentran debidamente contabilizados y cuentan con sus soportes documentales justificativo

d) Consentimientos. El Productor ha obtenido todas y cada una de las preceptivas autorizaciones de sus órganos sociales para la firma del Contrato.

e) Inexistencia de incumplimiento. Ni la firma de este Contrato, ni el cumplimiento de cualquiera de los pactos en él contenidos, violan ni violarán, ni constituyen ni constituirán, un incumplimiento, ni hacen ni harán que se exceda o incumpla ninguna limitación, obligación o prohibición del Productor, o de las facultades de sus representantes, impuesta o que se contenga en: (i) cualquier ley, reglamento, resolución administrativa o decisión judicial, por los que el Productor esté vinculado o afectado; (ii) cualquier documento o regulación que contenga o establezca las normas constitutivas del Productor, y, en particular, en sus Estatutos sociales; o (iii) cualquier contrato, convenio u otro instrumento del que el Productor o sus socios sean parte.

f) Inexistencia de infracción. El Productor se halla al corriente en sus obligaciones en temas sociales, de propiedad intelectual e industrial, mercantiles, civiles, laborales, tributarias, administrativas y de subvenciones o ayudas y cumple con todas sus obligaciones contractuales y con toda la normativa que le resulta de aplicación, no habiéndose beneficiado de ninguna ayuda ilegal anterior declarada incompatible por una Decisión de la Comisión Europea.

g) Insolvencia. El Productor no ha incumplido sus obligaciones de pago, ni está en situación de insolvencia inminente o incurso en causa legal de disolución o concurso, o en situación que le obligue a la adopción de medidas para el restablecimiento de su equilibrio patrimonial, ni ha solicitado de sus acreedores quitas o esperas. En particular, el Productor declara que no conoce ninguna circunstancia económica-financiera o de cualquier otra clase que le impida hacer frente a sus obligaciones de pago durante el periodo de ejecución de la Producción.

8.2. Las Declaraciones y Garantías se entenderán reiteradas mientras el Contrato se mantenga en vigor.

9. OBLIGACIONES DEL PRODUCTOR

9.1. En virtud del presente Contrato, el Productor se obliga frente al Financiador a

a) Que la Producción haya sido realizada y terminada.

b) Cumplir con los requisitos previstos en el artículo 36.1 apartados a') y b') de la LIS. En particular, obtención del correspondiente Certificado de Nacionalidad y el Certificado de Interés Cultural emitidos por el ICAA o por el órgano correspondiente de la Comunidad Autónoma con competencia en la materia; y la obligación de entregar una copia nueva y en perfecto estado de la producción en la Filmoteca Española o la filmoteca oficialmente reconocida por la respectiva Comunidad Autónoma.

A estos efectos, el Productor facilitará al Financiador una copia de los mencionados certificados en el plazo de dos meses desde su obtención.

c) Que se hayan entregado sendas copias nuevas y en perfecto estado de la Obra en la Filmoteca Española.

d) Que el Productor mantenga la titularidad de la Obra durante los tres (3) años siguientes a la finalización de la misma.

9.2. Asimismo, el Productor se compromete a:

a) Asumir el riesgo y ventura de la producción y exhibición de la Obra.

b) A la realización en el ejercicio [*] de la Obra descrita, así como a incurrir en el presupuesto total indicado en el Contrato y que se constituye como requisito necesario para la obtención de los correspondientes Certificados, lo que permitirá la aplicación de la deducción por parte del Inversor.

c) A que el importe de la Financiación se destinará necesaria y directamente al pago de las facturas y gastos correspondientes a los costes de Producción que formen parte de la base de la de la Deducción del 36.1 LIS, incluida la amortización de la financiación obtenida por el Productor para pagar dichas facturas y gastos.

d) A que el importe de la Deducción del 36.1, junto con las ayudas recibidas por el Productor para la Producción, no superen el 50% del coste total de producción, obligándose el Productor a presentar, junto con la autoliquidación del Impuesto sobre Sociedades en la que practique la Deducción del 36.1 LIS, una relación del resto de ayudas o subvenciones públicas recibidas.

e) El Productor, en caso de ser necesario, adaptará la Producción y cumplirá con cuantos requisitos puedan surgir o necesitarse para la generación de la deducción del 36.1 LIS y la práctica por el Financiador de la deducción del 39.7 LIS.

f) Deberá comunicar inmediatamente al Financiador y al Auditor Externo de los sucesos, así como de las actuaciones administrativas o legales que puedan afectar a la ejecución de la Producción, así como del acaecimiento de cualquier causa o circunstancia de la que tenga conocimiento y/o puedan afectar al derecho del Productor la deducción del 36.1 LIS y al derecho del Financiador a acreditar la deducción del 39.7 LIS.

g) Deberá comunicar de forma inmediata al Financiador y al Auditor Externo de la concurrencia de cualquier circunstancia de la que tenga conocimiento y que tenga como consecuencia, o que razonablemente pueda esperarse que implique, una falta de veracidad, exactitud, integridad o, en general, un incumplimiento presente o previsto de las Declaraciones y Garantías.

h) Deberá cumplimentar y presentar, formal, materialmente y en plazo, sus declaraciones del Impuesto sobre Sociedades, dando cumplimiento a la normativa vigente.

i) Deberá conservar los registros (especialmente contables y fiscales) y la documentación justificativa original del cumplimiento de las obligaciones resultantes del Contrato en cualquier soporte apropiado y que deberán contener suficiente información a fin de permitir realizar las evaluaciones, auditorías, revisiones, controles e inspecciones que, en su caso, puedan exigirse por parte del Auditor Externo y cualesquiera de las entidades involucradas en la evaluación, calificación y control de (a) la evolución de la Producción, (b) la concreción del 36.1 LIS, (c) la concreción del 39.7 LIS y, (d) la veracidad, corrección y exactitud de las Declaraciones y Garantías.

j) Deberá contabilizar los gastos de la Producción y los recursos con los que la financie asegurando la trazabilidad de dichos gastos y recursos, de modo que pueda acreditarse la aplicación de dichos recursos: (i) al pago de las facturas y gastos correspondientes a la Producción que formen parte de la base de la Deducción del 36.1 LIS; y/o (ii) a la amortización de la financiación obtenida por el Productor para pagar dichas facturas y gastos.

k) Deberá colaborar, activamente y de común acuerdo con los asesores que en su caso designe el Financiador, con el ICAA u organismo competente en la materia de la Comunidad Autónoma correspondiente, la Agencia Estatal de Administración Tributaria, el Auditor Externo y cualesquiera entidades involucradas en la evaluación, calificación y control (a) de la evolución de la Producción, (b) la concreción de la deducción del 36.1 LIS (c) la concreción de la Deducción del 39.7 LIS así como la veracidad y exactitud de las Declaraciones y Garantías. En caso de que se inicien cualesquiera actuaciones de comprobación e investigación por la Administración en relación con la deducción generada, el Productor deberá comunicar dicha circunstancia al Financiador en un plazo máximo de cinco (5) días naturales.

l) Deberá facilitar al Financiador, dentro de los seis meses siguientes al final del ejercicio [*], una certificación de las aportaciones realizadas y de la deducción traspasada correspondiente a este ejercicio, calculada de conformidad con las previsiones de este Contrato y de la normativa fiscal vigente, en los términos del modelo recogido en el Anexo III.

10. DERECHOS Y OBLIGACIONES DEL FINANCIADOR.

10.1.El Financiador se obliga a:

(a) Aportar la Financiación comprometida conforme a lo establecido en el presente Contrato.

(b) No intervenir en la toma de decisiones que resulten necesarias para la producción de la Obra objeto del presente Contrato.

(c) No difundir, bajo ninguna circunstancia, informaciones o detalles de la Producción de los que haya podido tener conocimiento, salvo por exigencia legal o reglamentaria.

(d) Presentar el contrato de financiación y la certificación del cumplimiento de los requisitos exigidos por el apartado 1 del artículo 36 de la LIS en una comunicación a la Administración tributaria, suscrita tanto por el Productor como por el Financiador, con anterioridad a 31 de diciembre de [*], la cual se adjunta como **Anexo III** al presente Contrato. Esta comunicación deberá estar correctamente cumplimentada siendo suscrita por las Partes en el momento de firma del presente Contrato.

(e) Cumplir con cualquier otra obligación prevista en el Contrato.

10.2.Por su parte, el Financiador tendrá el derecho a designar a un Auditor Externo independiente para llevar a cabo las evaluaciones, auditorías, revisiones, controles e inspecciones que, en su caso, estime necesario para la evaluación, calificación y control de, a título enunciativo pero no limitativo, de (a) la evolución de la Producción, (b) la concreción del 36.1 LIS, (c) la concreción del 39.7 LIS.

11. OTRAS OBLIGACIONES DE LAS PARTES

11.1. Las Partes suscribirán conjuntamente y remitirán a la Administración Tributaria, y con anterioridad a 31 de diciembre de cada año en el que permanezca vigente el presente Contrato, una comunicación en los términos previstos en el artículo 39.7 de la LIS.

11.2. Asimismo, las Partes acuerdan colaborar y cumplir con todos los requisitos formales que se puedan desarrollar reglamentariamente respecto a la propia deducción y al esquema de financiación recogidos, respectivamente, en los artículos 36.1 y 39.7 de la LIS.

11.3. Cada una de las Partes cumplirá las obligaciones previstas en la normativa fiscal necesarias para posibilitar la generación y el acceso a la deducción fiscal, en los términos previstos en el **Anexo IV**.

11.4. Para el cumplimiento de estas obligaciones y, en general, para facilitar el cumplimiento de la finalidad de este Contrato, ambas Partes cooperarán de buena fe y se prestarán la asistencia que sea razonable.

12. CESIÓN DEL CONTRATO

12.1. Tanto el Financiador como el Productor, no podrán ceder su posición contractual, a excepción de los supuestos de sucesión universal.

13. DERECHOS DE PROPIEDAD INTELECTUAL E INDUSTRIAL

13.1. Ninguna disposición del Contrato se entenderá como una concesión de derechos de propiedad intelectual o de otra índole respecto de los resultados de la Producción en favor del Financiador, cuya propiedad deberá ser en todo caso del Productor.

13.2. La titularidad de la totalidad de los resultados derivados de la Producción, así como de la totalidad de los derechos económicos y derechos de explotación sobre los mismos corresponderán exclusivamente al Productor, quien podrá ejercerlos tanto directa como indirectamente, a través de licencias o cualquier otra modalidad contractual por la que se ceda a terceros los derechos de explotación sobre los referidos resultados, total o parcialmente, de forma exclusiva o no exclusiva, sin necesidad de contar para ello con el consentimiento o conocimiento previo del Financiador y ello sin perjuicio de los acuerdos que el Productor haya podido asumir con terceros.

13.3. Quedan especialmente comprendidos en los derechos de explotación referidos, los que se recogen en el artículo 17 del Real Decreto Legislativo 1/1996 de 12 de abril, por el que se aprueba el Texto Refundido de la Ley de la Propiedad Intelectual (en adelante "**TRLPI**").

14. CONFIDENCIALIDAD Y PROTECCIÓN DE DATOS

14.1. Las Partes se obligan a no hacer pública ninguna clase de información acerca de la Financiación o cualquier otra circunstancia relacionada con el objeto del presente Contrato y/o la Producción, sin el previo acuerdo de las mismas. De igual modo se comprometen durante la vigencia del presente Contrato a no revelar, divulgar y/o hacer público a ningún tercero por ningún medio las informaciones, procesos, documentos, negocios, clientes, operaciones, instalaciones, cuentas, finanzas, transacciones, *know how* o cualquier otro aspecto relacionado con la actividad de cada una de ellas, que haya llegado a su conocimiento con ocasión del presente Contrato sin la previa autorización escrita de la otra Parte.

14.2. Se considerará, entre otras, como información confidencial la que se refiera a:

a) Las negociaciones relacionadas con este Contrato o con los documentos a que se hace referencia en el mismo.

b) La existencia o el contenido del Contrato o de los documentos o información a que se hace referencia en el mismo.

c) Cualquier información relacionada con la Obra.

d) Información relativa a las circunstancias fiscales de cualquiera de las Partes.

e) Las conversaciones o reuniones que cualquiera de las Partes mantenga con terceros (Administración Tributaria, asesores, etc.) en relación con este Contrato o la Obra.

14.3. Ambas Partes asumen, en particular, las siguientes obligaciones:

(a) No utilizarán la información confidencial para ningún propósito ajeno a la financiación de la serie al amparo del presente Contrato.

(b) Restringirán el acceso a la información confidencial a sus administradores, empleados, asesores y auditores, y a todos estos en la medida en que razonablemente sea necesario para la financiación de la serie al amparo del presente Contrato.

(c) No revelarán la información confidencial a ninguna persona distinta de las indicadas.

(d) Informarán a las personas a las que revelen la información confidencial de las presentes obligaciones de confidencialidad y dichas personas asumirán el compromiso de respetar dichas limitaciones.

(e) No utilizarán la información confidencial para la financiación o el desarrollo de otros proyectos o de la serie con otras personas.

(f) Pondrán en conocimiento de la otra Parte cualquier uso no autorizado de la información confidencial de los que tuvieran conocimiento.

14.4. Las obligaciones establecidas en la presente Cláusula, con respecto a la información confidencial, no serán de aplicación en los casos que dicha información:

i. Fuera de dominio público, con carácter previo a ser recibida o accedida por la otra Parte o que pase a formar parte del dominio público después de haber sido recibida o accedida por la otra Parte, siempre que ello no se deba a un incumplimiento de las obligaciones de esa Parte en virtud del presente Contrato.

ii. Sea revelada para cumplir con la legislación vigente o como consecuencia de una orden o requerimiento de los Tribunales o de la Administración.

14.5. La Presente obligación de confidencialidad permanecerá vigente durante toda la duración del presente Contrato, así como una vez finalizado o resuelto el mismo por cualquier causa por un periodo de cinco (5) años.

14.6. Las Partes se obligan a cumplir el Reglamento UE 2016/679 de 27 de abril de 2016 (RGPD), la Ley Orgánica 3/2018, de 5 de diciembre de Protección de Datos Personales y garantía de los derechos digitales y demás normativa aplicable en materia de protección de datos.

De conformidad con el Reglamento (UE) 2016/679 del Parlamento Europeo y del Consejo, de 27 de abril de 2016, relativo a la protección de las personas físicas en lo que respecta al tratamiento de datos personales y a la libre circulación de estos datos y por el que se deroga la Directiva 95/46/CE ("**RGPD**") y la Ley Orgánica 3/2018, de 5 de diciembre, de Protección de Datos Personales y garantía de los derechos digitales ("**LOPD**"), las Partes consienten y hacen constar que los datos personales de los firmantes del presente Contrato serán de uso exclusivo a efectos de la formalización y desarrollo del presente acuerdo de financiación, pudiendo figurar dichos datos en los ficheros de titularidad privada de cualquiera de las Partes, en cuyo caso las Partes se reconocen mutua y recíprocamente los derechos de acceso, rectificación, supresión, oposición, limitación y portabilidad, que podrán ejercitarse mediante escrito dirigido a los domicilios indicados en el encabezado.

La base legitimadora del tratamiento es la relación contractual entre las Partes. Las Partes reconocen que los datos de carácter personal que se proporcionen ahora o en el futuro serán tratados por la otra Parte con la finalidad de gestionar la relación contractual surgida del presente Contrato.

Los datos de carácter personal serán conservados por éstas con el fin indicado durante el tiempo exigido por la legislación aplicable y, en todo caso, hasta que prescriban las eventuales responsabilidades derivadas del presente Contrato.

Las Partes podrán comunicar los datos personales que obtengan a otras sociedades de su grupo, con la finalidad de poder llevar a cabo la centralización de procesos administrativos e informáticos.

15. VIGENCIA, INCUMPLIMIENTOS Y CAUSAS DE RESOLUCIÓN ANTICIPADA DEL CONTRATO

15.1. El presente Contrato entrará en vigor a la fecha de su firma y se mantendrá vigente hasta el cumplimiento de la totalidad de las obligaciones recogidas en el mismo

15.2. En caso de incumplimiento de alguna de las cláusulas del Contrato, la Parte cumplidora deberá comunicarlo a la otra Parte, que deberá subsanar dicho incumplimiento en un plazo máximo de quince (15) días naturales, transcurridos los cuales, si el incumplimiento no ha sido subsanado a satisfacción de la Parte cumplidora y la obligación incumplida es esencial, podrá ésta dar por resuelto el Contrato, con efectos inmediatos y sin necesidad de nueva comunicación.

16. RESPONSABILIDAD Y DAÑOS Y PERJUICIOS

16.1. En ningún caso podrá el Financiador ser considerado responsable de los daños y perjuicios causados por el Productor o por terceros como consecuencia, directa o indirecta, de la ejecución de la Producción, comprometiéndose el Productor a mantener totalmente indemne y resarcir al Financiador frente a cualquier pérdida, daño, perjuicio, carga, responsabilidad y gastos relacionados con cualquier reclamación (judicial o extrajudicial) que esté relacionada con el mismo.

16.2. El lucro cesante no será exigible por el Financiador en el supuesto de que las circunstancias referidas en el punto 15.1 anterior tengan su causa en una interpretación razonable de la normativa fiscal de aplicación que no sea compartida por la Administración Tributaria o en una modificación de dicha normativa.

16.3. El Productor procederá a la resolución del Contrato y la devolución del 100% de las cantidades satisfechas por el Financiador para el supuesto de que, finalmente, no se haya obtenido el certificado del ICAA u organismo competente en la materia de la Comunidad Autónoma correspondiente por el Productor. El Contrato quedará resuelto de forma automática para el supuesto de que el referido certificado no se haya obtenido pasados dos meses desde la finalización del periodo impositivo. Del mismo modo, se procederá en caso de incumplimiento de la obligación de reinversión asumida por el Productor en la Cláusula 8.2 c) anterior.

16.4. En el caso de no se haya obtenido el certificado del ICAA u organismo competente en la materia de la Comunidad Autónoma correspondiente por el Productor, la devolución de las referidas cantidades satisfechas por el Financiador será devueltas por el Productor al Financiador dentro del plazo de los quince (15) días hábiles siguientes a la fecha de resolución del Contrato, desde dicho momento las cantidades adeudadas devengarán los correspondientes intereses de demora calculados al cinco por ciento (5%), intereses que se devengarán diariamente.

17. NOTIFICACIONES

17.1. Salvo que expresamente se disponga otra cosa, las comunicaciones y notificaciones entre las Partes que se requieran por aplicación de su contenido, serán válidas y surtirán plenos efectos siempre que se realicen de forma escrita que permita probar razonablemente que la comunicación fue efectuada y el destinatario debió recibirla, tales como fax (cuando pueda acreditarse la fuente de procedencia, el destino del mismo y la confirmación del envío correspondiente), burofax o por correo electrónico con acuse de recibo.

17.2. Las y notificaciones entre las Partes deberán ser remitidas a los domicilios y personas señaladas al inicio del presente Contrato.

18. MISCELÁNEA

18.1. Encabezamientos:

Los encabezamientos y el índice utilizados en este Contrato se incluyen únicamente con fines de referencia y no afectarán a su interpretación.

18.2. Prevalencia:

Si existieran contradicciones entre el contenido de un documento complementario o un anexo y el contenido de las cláusulas de este Contrato, se deberá dar siempre preferencia al contenido de estas últimas.

18.3. Independencia e integración de las cláusulas:

La ilicitud, invalidez o inefectividad de cualquiera de las cláusulas del Contrato no afectará a la eficacia del resto, siempre que los derechos y obligaciones de las Partes derivados del Contrato no se vieran afectados de forma esencial. Se entiende por esencial cualquier situación que lesionare gravemente los intereses de cualquiera de las Partes, o que recayera sobre el objeto mismo del Contrato previsto en la cláusula 1. Dichas cláusulas deberán reemplazarse o integrarse con otras que, siendo conformes a la ley, respondan a la finalidad de las sustituidas.

18.4. Primacía y modificaciones del Contrato:

Este Contrato constituye el compromiso alcanzado a la fecha de su firma entre las Partes con respecto a las materias contenidas en el mismo y sustituye y deroga todos los acuerdos previos en relación con su objeto.

Todos los anexos forman parte integrante del Contrato y, sin perjuicio de lo previsto en la cláusula 17.2, tienen la misma validez y eficacia que si estuvieran incorporados a su cuerpo principal.

Las modificaciones que se hiciesen al Contrato deberán ser redactadas por escrito en un documento firmado por las Partes.

18.5. Gastos y tributos

Todos los gastos que se puedan derivar del asesoramiento individualizado de cada una de las Partes serán satisfechos por la Parte que los haya contratado, y aquellos gastos que se pudieran originar, en su caso, por la presentación o formalización del presente Contrato ante el Organismo competente serán satisfechos por el Productor.

Los impuestos que se devenguen como consecuencia del cumplimiento de cualesquiera obligaciones contenidas en este Contrato serán satisfechos por la Parte que la Ley señale en cada momento como sujeto pasivo.

18.6. Asesoramiento propio y exoneración

Sin perjuicio de las obligaciones asumidas bajo el presente Contrato, el Financiador manifiesta que la decisión de financiar la Producción se ha tomado exclusivamente con base en su propio asesoramiento legal, económico y fiscal, en base a su interés en participar en la financiación de la Producción a cambio de recibir un beneficio procedente tanto de la deducción establecida en la LIS para las aportaciones de los productores, como de cualquier otro beneficio fiscal que se obtenga a través de la amortización de los gastos de la Producción y que conoce y acepta la existencia de los posibles riesgos, inherentes al presente Contrato, derivados de eventuales cambios normativos o de modificación de los criterios interpretativos relativos a las normas vigentes, los cuales podrían provocar una disminución o pérdida de su rentabilidad estimada, y como consecuencia de todo lo anterior, exonera al Productor y/o sus asesores legales de cualquier responsabilidad por el hecho de que dichas expectativas no pudieran cumplirse.

19. RÉGIMEN APLICABLE Y JURISDICCIÓN

19.1. El presente Contrato será regulado e interpretado de conformidad con la legislación española.

19.2. La validez, ejecución e interpretación del Contrato serán reguladas en todos sus aspectos por las leyes civiles y mercantiles españolas. Las Partes acuerdan que todo desacuerdo, disputa, controversia o reclamación relacionada con el presente Contrato, se resolverá definitivamente ante los Tribunales de [*] con expresa renuncia a su propio fuero o competencia.

En prueba de conformidad, las Partes contratantes firman y rubrican el presente Contrato en el lugar y fecha del encabezamiento.

EL PRODUCTOR	**EL FINANCIADOR**
_______________	_______________
[*]	[*]

Anexo I
Detalle y gastos de la Producción

A) Características de la Producción

- Título: [*]
- Idioma: [*]
- Formato: [*]
- Año de producción: [*]
- Productora: [*].

B) Gastos:

- Durante el ejercicio [*], la Productora ha registrado contablemente un gasto de asciende a [*] **([*]-€)**, los cuales serán susceptibles de formar parte de la base de la Deducción del 36.1 LIS.

El contribuyente aporta la cantidad de [*] **([*]-€).**

Anexo II
Calendario de pagos

[*] **([*]-€).** mediante transferencia a bancaria a la cuenta indicada en la cláusula 3.4 a la firma de este Contrato.

Anexo III

Trámite: GE041 Comunicación art. 39.7 de la Ley 27/2014, de 27 de noviembre, del Impuesto sobre Sociedades ("**LIS**")

A LA AGENCIA ESTATAL DE LA ADMINISTRACIÓN TRIBUTARIA

De una parte,

[*], una sociedad de responsabilidad limitada española, con domicilio en [*], inscrita en el Registro Mercantil de [*] y provista de N.I.F. [*], debidamente representada en este acto por D./Dña. [*], mayor de edad, con D.N.I. [*], en vigor, y con domicilio a estos efectos en [*], en su condición de [*] de la referida sociedad; (en adelante, el "**Productor**" o "[*]").

Y de otra parte:

[*]., de nacionalidad española, con domicilio social en c/[*], inscrita en el Registro Mercantil de [*]y provista de NIF número [*], debidamente representada en este acto por [*], de nacionalidad española, mayor de edad, con domicilio a estos efectos en c/[*], y titular del DNI número [*], en su calidad de [*] de la misma (en adelante, el "**Financiador**").

Ambas Partes comparecen y como mejor proceda en Derecho;

EXPONEN

PRIMERO.– Que el Productor es una entidad de reconocido prestigio con amplia experiencia en la producción y promoción de largometrajes y cortometrajes cinematográficos y obras audiovisuales y que, durante el ejercicio [*], ha llevado a cabo, entre otros, la siguiente obra audiovisual:

- [*]

(en lo sucesivo, la "**Producción**").

SEGUNDO.– Que, asimismo la Ley 11/2020, de 30 de diciembre, de Presupuestos Generales del Estado para el año 2021, con efectos para los períodos impositivos que se inicien a partir de 1 de enero de 2021, modificó el artículo 39.7 de la LIS permitiendo extender la aplicación de la deducción del artículo 36.1 de la LIS a la que tiene derecho el correspondiente promotor, al contribuyente que participe en la financiación de la correspondiente Producción, bajo el cumplimiento de ciertos requisitos.

Dicho artículo 39.7 LIS fue posteriormente modificado por la Disposición Final 5ª de la *Ley 38/2022, de 27 de diciembre, para el establecimiento de gravámenes temporales energético y de entidades de crédito y establecimientos financieros de crédito y por la que se crea el impuesto temporal de solidaridad de las grandes fortunas, y se modifican determinadas normas tributarias*, con efectos para períodos impositivos que se inicien a partir de 1 de enero de 2021.

TERCERO.- Que, en el marco de la Producción, el Financiador y el Productor formalizaron el [*] de [*] de [*] un contrato de financiación en el sentido del artículo 39.7 de la LIS.

En virtud del mencionado contrato, el Financiador financia un total de [*] **([*]-€)** para sufragar, de forma exclusiva, los costes de la Producción a cambio de tener derecho a acreditar en su autoliquidación del Impuesto sobre Sociedades una deducción por obras audiovisuales generada por el Productor por importe de [*] **([*]-€)** (que se corresponden con los costes de la Producción y se generarán en [*]).

CUARTO.- Que el artículo 39.7 de la LIS, en su redacción vigente, establece lo siguiente:

"Para la aplicación de la deducción será necesario que el contribuyente que participe en la financiación presente el contrato de financiación y certificación del cumplimiento de los requisitos señalados en las letras a') y b') del apartado 1 (...) del artículo 36 de esta Ley, (...) en una comunicación a la Administración tributaria, suscrita tanto por la Productora como por el contribuyente que participa en la financiación de la producción, con anterioridad a la finalización del período impositivo en que este último tenga derecho a aplicar la deducción"

QUINTO.- Que, con el objetivo de cumplir con los mencionados requisitos formales, el Financiador y el Productor proceden a aportar la siguiente documentación:

c) Como **Documento Anexo Número 1**, copia del contrato de financiación formalizado en el sentido del 39.7 de la LIS.

SEXTO. –Que, según lo dispuesto en el artículo 39.7 de la LIS, realizamos la presente comunicación regulada, para el período impositivo ....

Por todo ello,

SOLICITAN

Que teniendo por presentado este escrito en tiempo y forma junto a la documentación que le acompaña, se sirva admitirlo a trámite y, en su virtud, se entienda por realizada la correspondiente comunicación como se indica en el art. 39.7 de la LIS en los términos anteriormente señalados.

En [*], a [*].

EL PRODUCTOR	**EL FINANCIADOR**
____________________	____________________
[*]	[*]

Anexo IV

Obligaciones del Productor	**Plazos**
Realizar la solicitud de certificado emitido por el ICAA u organismo foral correspondiente	Dos meses desde el fin del ejercicio
Facilitar al Financiador una copia del certificado expedido por el ICAA u organismo foral correspondiente.	En los dos meses siguientes a la obtención de dichos certificados
Comunicar a la Agencia Tributaria el presente Contrato de financiación	Con anterioridad a la finalización del periodo impositivo.
Confeccionar y presentar las correspondientes declaraciones fiscales en tiempo y forma. En particular se consignará la renuncia expresa a la deducción fiscal por producción española de largometrajes cinematográficos y opción por su traspaso al Financiador en virtud del artículo 39.7 de la LIS y/o del artículo 66 quinquies de la Norma Foral, según corresponda.	Con anterioridad al 25 de julio del ejercicio siguiente
Obtener y aportar al Financiador un informe anual acreditativo de la ejecución de los costes relativos a la producción de la Producción emitido por el Productor, conforme a lo dispuesto en la cláusula 3.6	Con anterioridad al 31 de marzo del año siguiente
Emitir anualmente una certificación acreditativa de las aportaciones y deducciones correspondientes al Financiador en los términos del Anexo III.	Con anterioridad al 30 de junio del año siguiente
Obligación de entregar una copia nueva y en perfecto estado de la producción en la Filmoteca Española o la filmoteca oficialmente reconocida por la respectiva Comunidad Autónoma (art 36.1 LIS).	Antes del 31 de diciembre del año en que se genere la producción

Obligaciones del Financiador	**Plazos**
Desembolsar la financiación en los plazos establecidos en el Contrato	Según Anexo II
Comunicar a la Agencia Tributaria el presente Contrato de financiación	Con anterioridad a la finalización de cada periodo impositivo en que se genere la deducción
Confeccionar y presentar sus declaraciones fiscales en tiempo y forma. En particular, hará constar: – La acreditación y acceso a la deducción fiscal generada por el Productor. – En su caso, su opción expresa por aceptar el acceso a la deducción generada por el Productor en virtud del artículo 39.7 de la Ley del Impuesto sobre Sociedades y/o 66 quinquies de la Norma Foral, según sea aplicable.	Con anterioridad al 25 de julio del año siguiente

F145. MODELO CONTRATO DE FINANCIACION DE LA PRODUCCION AUDIOVISUAL. ARTÍCULO 36.1 LIS CANARIAS

CONTRATO DE FINANCIACIÓN DE LA PRODUCCIÓN AUDIOVISUAL "[*]"

Entre
[*].
y
[*],

En [*], a [*]

COMPARECEN

De una parte:

[*], una sociedad de responsabilidad limitada española, con domicilio en [*], inscrita en el Registro Mercantil de [*] y provista de N.I.F. [*], debidamente representada en este acto por D./Dña. [*], mayor de edad, con D.N.I. [*], en vigor, y con domicilio a estos efectos en [*], en su condición de [*] de la referida sociedad; (en adelante, el "**Productor**" o "[*]").

Y de otra parte:

[*], de nacionalidad española, con domicilio social en c/[*], inscrita en el Registro Mercantil de [*] y provista de NIF número [*], debidamente representada en este acto por [*], de nacionalidad española, mayor de edad, con domicilio a estos efectos en c/[*], y titular del DNI número [*], en su calidad de [*] de la misma (en adelante, el "**Financiador**").

En adelante, el Productor y el Financiador serán referidos conjuntamente como las "**Partes**" y, cualquiera de ellos, separadamente como la "**Parte**".

Las Partes se reconocen, mutua y recíprocamente, capacidad para otorgar el presente contrato de financiación (el "**Contrato**"), y de mutuo y común acuerdo

EXPONEN

I. Que el Productor tiene por objeto principal la creación, producción, realización, distribución y comercialización de largometrajes y cortometrajes cinematográficos y de obras audiovisuales en general, series y programas de televisión, entre otras, en el territorio de [*] (Islas Canarias), y es una compañía con domicilio social y fiscal en las Islas Canarias, inscrita en la Sección [*] del Registro de Empresas y Obras Audiovisuales de Canarias (en adelante, "**REOAC**") de la Consejería de Universidades, Ciencia e Innovación y Cultura del Gobierno de Canarias y en el Registro Administrativo de Empresas Cinematográficas y Audiovisuales del Instituto de Cinematografía y de las Artes Audiovisuales (en adelante "**RAECA**" e "**Instituto de Cinematografía**"), siendo contribuyente en el Impuesto sobre Sociedades.

II. Que el Productor, en la actualidad, está produciendo una obra audiovisual titulada provisionalmente "[*]" (en adelante, la "**Obra**" o la "**Producción**").

III. Que el Productor prevé que, para llevar a cabo dicha Producción, será necesario incurrir en un coste total estimado de [*] **([*]-€)**, por lo que el Productor está interesado en obtener financiación de terceros de parte de este importe.

IV. Los gastos de dicha producción darán derecho a la deducción por producciones españolas de largometrajes y cortometrajes cinematográficos y de series audiovisuales de ficción, animación o documental, prevista en el artículo 36.1 de la Ley 27/2014, de 27 de noviembre, del Impuesto sobre Sociedades (en adelante, "**LIS**").

V. Que el Productor ostenta el control creativo absoluto sobre la Obra, llevando a cabo todas las tareas de producción efectiva de la misma y conservando todos los derechos de explotación de Propiedad Intelectual derivados de la Obra, y está interesado en recibir la financiación por parte del Financiador para el desarrollo de la Producción en los términos y condiciones que se regulan en el presente Contrato

VI. Que en el **Anexo I** al presente Contrato se recoge la descripción de la producción de la Obra, identidad de sus productores, su presupuesto con descripción detallada de los gastos y, en particular, de los que se vayan a realizar en territorio canario, y las fuentes de financiación que se prevén obtener (incluyendo las aportaciones del Productor, las subvenciones y las cantidades a aportar por el contribuyente que participe en su financiación), así como el cálculo de la deducción por producción que se estima generar durante el año [*].

VII. Que el Financiador está interesado en participar en la financiación de la Producción mediante la realización de una aportación económica (en adelante, la "**Financiación**"), en los términos y condiciones previstos en el artículo 39.7. de la LIS. En este sentido, la cantidad aportada por el Financiador le dará derecho a aplicar la deducción regulada en el artículo 36.1 de la LIS, con las particularidades previstas en el artículo 94 de la Ley 20/1991, de 7 de junio, de modificación de los aspectos fiscales del Régimen Económico Fiscal de Canarias (en adelante, la "**Ley 20/1991**") y en la Disposición Adicional Decimocuarta de la Ley 19/1994, de 6 de julio, de modificación del Régimen Económico y Fiscal de Canarias (en adelante, la "**Ley 19/1994**") que será desarrollada y regulada a lo largo del presente documento y de conformidad a lo dispuesto en citado artículo 39.7 LIS.

En virtud de todo lo anterior, las Partes acuerdan suscribir el presente Contrato que se regirá por las siguientes

CLÁUSULAS

1. OBJETO DEL CONTRATO

1.1. El objeto del presente Contrato consiste en establecer: **(i)** los términos y condiciones en virtud de los cuales el Financiador concede al Productor la Financiación; y **(ii)** los derechos y obligaciones asumidos por las Partes en relación con dicha Financiación.

1.2. El Financiador aportará la correspondiente Financiación al Productor para sufragar una parte de los costes a incurrir en el desarrollo de la Producción, a cambio de tener acceso y poder acreditar la deducción del artículo 36.1 de la LIS generada por el Productor en una cuantía equivalente al 120 % de sus aportaciones, al amparo de lo dispuesto en el artículo 39.7 de la LIS. Las obligaciones del Financiador se considerarán cumplidas íntegramente con el desembolso de las cantidades comprometidas en el presente Contrato.

1.3. Por su parte, el Productor, a cambio de percibir la Financiación comprometida renuncia, en favor del Financiador, a acreditar y aplicar la deducción por producción de largometrajes y cortometrajes cinematográficos y de otras obras audiovisuales, así como de series audiovisuales de ficción, animación o documental, en cuantía equivalente al 120% de la financiación recibida, de acuerdo con lo dispuesto en el artículo 39.7 de la LIS.

2. DESCRIPCIÓN DE LA PRODUCCIÓN Y PRESUPUESTO

2.1. La Obra se encuentra detallada en el Anexo I al presente Contrato.

2.2. Asimismo, en el Anexo I se describen de forma detallada los gastos de producción publicidad y promoción, y en particular aquellos realizados en territorio canario. Sin perjuicio de lo anterior, las Partes reconocen la posibilidad de que ocurran una serie de supuestos que afecten al Retorno Fiscal (tal y como se define más adelante), como puede ser **(i)** la entrada en vigor de modificaciones normativas de cualquier índole, así como la publicación de resoluciones interpretativas o criterios de la Dirección General de Tributos o **(ii)** cualquier desviación a la baja del presupuesto total, en cualquier momento de la duración del Contrato, ya sea por disminución de los costes incurridos o por las subvenciones o ayudas recibidas.

En caso de que se den los supuestos contemplados en el párrafo anterior, la aportación del Financiador se reducirá proporcionalmente, de manera que se garantice el Retorno Fiscal del 20% sobre su aportación, aunque esto supusiera el reembolso de parte de la aportación recibida por el Productor.

3. FINANCIACIÓN

3.1. **Importe de la Financiación**:

El Financiador se compromete a entregar la Financiación de [*] **(**[*]**-€**) al Productor.

3.2. **Calendario estimado de los desembolsos**:

Las aportaciones se desembolsarán según el calendario de pagos dispuesto en el **Anexo II** del presente Contrato.

3.3. **Destino de la Financiación**:

El Productor destinará las aportaciones recibidas a sufragar, de forma exclusiva, los costes de producción de la Obra.

3.4. **Forma de Pago:**

La Financiación será entregada por el Financiador mediante transferencia bancaria a la cuenta bancaria siguiente:

IBAN: [*]

Titular: [*]

Concepto: FINANCIACIÓN A [*]– 36.1. Y 39.7 LIS

El Financiador deberá abonar la Financiación al Productor a la firma del presente Contrato.

Una vez el Productor haya recibido la Financiación, ello supondrá la más eficaz carta de pago y reconocimiento por parte del Productor de la entrega de la Financiación comprometida.

3.5. **Revisión de mutuo acuerdo de los importes y el calendario de desembolsos.**

En cualquier momento las Partes podrán acordar las modificaciones de las cuantías y las fechas de los desembolsos comprometidos para adecuarlas al desarrollo de la Producción.

3.6. **Acreditación de los gastos incurridos:**

El Productor deberá justificar la efectiva realización de los costes de producción susceptibles de formar parte de la base de la deducción prevista en el artículo 36.1 de la LIS a solicitud del Financiador.

3.7. El Financiador podrá suspender la entrega de la Financiación comprometida en el caso de existencia de cualquier circunstancia que constituya un incumplimiento no subsanado por parte del Productor de cualquiera de sus obligaciones esenciales asumidas en virtud del Contrato. En tales casos, la suspensión de la entrega de la Financiación comprometida no se considerará un incumplimiento de las obligaciones del Financiador ni obstará al cobro, en su caso, de las cantidades previstas en el presente Contrato.

3.8. En todo caso, las aportaciones a realizar por el Financiador se realizarán con anterioridad a la obtención del certificado anual por el Productor recogido en el artículo 36.1. de la LIS. En este sentido, el Financiador se compromete a realizar la transferencia referida antes de la fecha que se determine en el Contrato.

4. REINTEGRO DE LA FINANCIACIÓN Y RENTABILIDAD

4.1. Como consecuencia de esta Aportación, el Financiador tendrá derecho a aplicar en el ejercicio fiscal [*] una deducción fiscal en su Impuesto sobre Sociedades (en adelante "**IS**") sobre la parte de la cuota íntegra que, de conformidad con el contenido del artículo 36.1 de la LIS y las particularidades previstas en su aplicación por el artículo 94 de la Ley 20/1991 y la Disposición Adicional Decimocuarta de la Ley 19/1994, dependerá **(i)** del coste total de la Producción, entendiendo como coste, aquellos costes artísticos, técnicos y promocionales relativo a la Obra que haya realizado el Productor, **(ii)** la Financiación realizada por el Financiador y **(iii)** el Retorno Fiscal acordado en este Contrato.

4.2. Las Partes acuerdan que el reintegro de la Financiación y la rentabilidad asociada a la misma será el resultado de multiplicar la Financiación recogida en el apartado 3.1 por 1,2 (uno *coma* dos) (en adelante, el "**Retorno Fiscal**") dando lugar a una rentabilidad del 20% (en adelante "**Rentabilidad Fiscal**") sobre su Financiación y todo ello con independencia del impacto fiscal que, en su caso, esa Rentabilidad Fiscal pudiera tener para el Financiador.

4.3. El Productor reconoce que, conforme al referido artículo 39.7 de la LIS, el importe de la Deducción del 39.7 LIS es incompatible, total o parcialmente, con la Deducción del 36.1 LIS, por lo que el Productor no tendrá derecho a aplicarse esta última deducción por aquella cuantía que corresponda a la deducción cedida, pudiendo aplicarla, en su caso, por el exceso.

4.4. Los desembolsos realizados por el Financiador no darán a este derecho a su devolución, ni a la percepción de intereses, ni a participar en la titularidad o los resultados de la Producción ni a adquirir derechos de propiedad intelectual o de otra índole respecto a los resultados del mismo, sino que tendrán como única contraprestación el acceso al Financiador a acreditar la deducción por producción de obras audiovisuales generada por el Productor en el ejercicio .... (referida en este Contrato como la deducción fiscal) por importe equivalente al 120 % de sus aportaciones desembolsadas.

4.5. A los efectos de este Contrato se podrá computar como deducción máxima la que resulte acorde con el coste efectivo de la Obra y en los términos y condiciones previstos en el artículo 36.1 de la LIS.

5. AJUSTES A LA DEDUCCIÓN FISCAL

5.1. Cualquier contingencia fiscal que pueda derivar de una minoración de la deducción fiscal acordada en el presente Contrato será asumida íntegramente por el Productor, quien procederá a sufragar el pago de la misma, quedando el Financiador exento de toda responsabilidad y pago. A efectos de mayor transparencia, se entiende por contingencia fiscal cualquier deuda tributaria con independencia de su naturaleza, que pueda imputarse al Financiador, como consecuencia de la minoración de la deducción fiscal acordada.

5.2. Asimismo, en caso de que se hubiera procedido a una desviación a la baja del presupuesto de la Producción en cualquier momento de la duración del Contrato, ya sea por disminución de los gastos y costes incurridos o por las subvenciones o ayudas recibidas y, el Productor no hubiera alcanzado el gasto total de la Financiación aquí otorgada y, con ello, no se hubiera generado la deducción total establecida en el presente Contrato, el Productor responderá frente al Financiador mediante el abono correspondiente al porcentaje de rentabilidad correspondiente hasta llegar al 120% de sus aportaciones desembolsadas.

5.3. Si la Administración Tributaria revisase la deducción, las Partes harán sus mejores esfuerzos y colaborarán de buena fe para la defensa de la deducción fiscal generada por el Productor y acreditada por el Financiador.

5.4. Si la deducción fuere cuestionada sobre la base de la calificación, de la cuantificación de la base de la deducción, del incumplimiento de los requisitos formales y obligaciones previstas en el artículo 36.1 de la LIS o por cualquier motivo imputable a un incumplimiento del Productor y, finalmente, la Administración Tributaria redujera la deducción fiscal acreditable por el Financiador por debajo del 120% de sus desembolsos (netos de los reembolsos que hubieran procedido en virtud de la cláusula 3, el Productor deberá indemnizar al Financiador en el importe regularizado por la Administración Tributaria, con inclusión de los correspondientes intereses, recargos y sanciones que, en su caso, le fueran impuestos. En estos casos se aplicarán las siguientes reglas:

   i. La defensa de la deducción fiscal, tanto en vía administrativa como judicial, será dirigida por el Productor. El Financiador le prestará todo el apoyo que fuere necesario para dicha defensa.

   ii. Las costas y honorarios incurridos en dicha defensa serán por cuenta del Productor.

   iii. Salvo consentimiento del Productor, el Financiador no podrá dar conformidad a las liquidaciones de la Administración Tributaria ni desistir de cualesquiera recursos o reclamaciones relacionadas con la deducción fiscal general por la producción y exhibición de la Producción.

   iv. El Productor deberá satisfacer al Financiador la indemnización prevista en esta cláusula dentro del plazo de ingreso en periodo voluntario de la deuda tributaria. En caso de suspensión del ingreso, el Productor deberá satisfacer la correspondiente indemnización en el plazo de ingreso en periodo voluntario una vez finalizado el periodo de suspensión.

   v. La decisión de solicitar o no la suspensión de la deuda tributaria corresponderá al Productor, quien, en su caso, correrá con los gastos de aportación de garantías, así como con los intereses que se devenguen durante el periodo de suspensión.

5.5. No procederán las indemnizaciones previstas en el apartado 5.4 anterior cuando la no aplicación de la deducción acreditada en el Impuesto sobre Sociedades del Financiador obedezca a razones imputables al propio Financiador, como pudieran ser, a título de ejemplo, que el Financiador no contara con cuota líquida suficiente para aplicar la deducción acreditada.

5.6. En estos casos, la defensa jurídica de la aplicación de la deducción fiscal corresponderá exclusivamente al Financiador. No obstante, el Productor le prestará el apoyo que fuera razonablemente necesario.

6. CAMBIOS NORMATIVOS

6.1. En caso de que por un cambio normativo se eliminase el incentivo fiscal previsto en el artículo 36.1 de la LIS y/o el esquema de financiación previsto en el artículo 39.7 de la LIS, el Financiador no efectuará las aportaciones que estuviesen pendientes de desembolsar y, con motivo del cambio normativo, no dieren lugar a la deducción fiscal. Las aportaciones desembolsadas con anterioridad a dicha supresión se consolidarán, siempre que existiera un régimen transitorio que permitiese al Financiador tener acceso y acreditar la deducción generada con carácter previo a dicha modificación normativa y sin perjuicio de los ajustes que correspondieran de acuerdo con la cláusula 3.

6.2. El Productor reembolsará las aportaciones que ya se hubiesen desembolsado y sobre las que, con motivo del cambio normativo, no permitiesen la aplicación de la deducción fiscal.

6.3. Este mismo régimen se aplicará en caso de que la Obra, con motivo del cambio normativo, dejase de tener acceso a la deducción prevista en el artículo 36.1 de la LIS.

6.4. En caso de que por un cambio normativo o una interpretación jurisprudencial o administrativa se restringiese el incentivo fiscal previsto en el artículo 36.1 de la LIS y/o el esquema de financiación previsto en el artículo 39.7 de la citada norma, como pudiera ser, a título de ejemplo, reduciendo la rentabilidad fiscal máxima del Financiador o determinando no aplicable la estructura de financiación prevista en el presente Contrato, el Financiador podrá desistir del Contrato y tendrá derecho a la devolución de las aportaciones previamente desembolsadas.

6.5. En caso de que el Financiador no desistiese del Contrato, ambas Partes negociarán de buena fe para adaptar el presente Contrato, teniendo en cuenta sus principios informadores, al cambio normativo.

7. DECLARACIONES Y GARANTÍAS

7.1. El Productor declara y garantiza al Financiador lo siguiente (las "**Declaraciones y Garantías**"):

a) Estado legal. El Productor es una entidad válidamente existente conforme a las leyes de España.

b) Información. Es veraz, correcta y exacta en todos sus aspectos esenciales toda la información y documentación suministrada o que se suministrará por el Productor:

i. al Financiador por razón de la negociación, firma y ejecución del presente Contrato (incluida toda la información contenida en el presente Contrato y sus Anexos); y

ii. al Instituto de Cinematografía y de las Artes Audiovisuales (en adelante, "**ICAA**") u organismo competente en la materia de la Comunidad Autónoma correspondiente, a la Agencia Estatal de Administración Tributaria, el auditor externo en su caso (el "**Auditor Externo**") y cualesquiera entidades involucradas en la evaluación, calificación y control de (a) la evolución de la Producción, (b) la corrección de la Deducción del 36.1 LIS que correspondería al Productor, (c) la corrección de la Deducción del 39.7 de la LIS y (d) la veracidad, corrección y exactitud de las Declaraciones y Garantías.

c) La Producción.

i. El Productor cumple y cumplirá, en relación con las actividades que desarrolla y desarrollará en el marco de la Producción, con los requisitos establecidos en los artículos 36.1 y 39.7 de la LIS, a los efectos de que la Productor obtenga el derecho a la deducción del 36.1 LIS y que el Financiador pueda acreditar la deducción del 39.7 LIS.

ii. El importe, la localización, la naturaleza, la Financiación y la realización de los gastos que se realizarán en el marco de la Producción se ajustan a los requisitos contenidos la normativa aplicable. Dichos gastos son los correspondientes a la producción, gastos para la obtención de copias y los gastos de publicidad y promoción a cargo del producto, los mismos se encuentran debidamente contabilizados y cuentan con sus soportes documentales justificativo

d) Consentimientos. El Productor ha obtenido todas y cada una de las preceptivas autorizaciones de sus órganos sociales para la firma del Contrato.

e) Inexistencia de incumplimiento. Ni la firma de este Contrato, ni el cumplimiento de cualquiera de los pactos en él contenidos, violan ni violarán, ni constituyen ni constituirán, un incumplimiento, ni hacen ni harán que se exceda o incumpla ninguna limitación, obligación o prohibición del Productor, o de las facultades de sus representantes, impuesta o que se contenga en: (i) cualquier ley, reglamento, resolución administrativa o decisión judicial, por los que el Productor esté vinculado o afectado; (ii) cualquier documento o regulación que contenga o establezca las normas constitutivas del Productor, y, en particular, en sus Estatutos sociales; o (iii) cualquier contrato, convenio u otro instrumento del que el Productor o sus socios sean parte.

f) Inexistencia de infracción. El Productor se halla al corriente en sus obligaciones en temas sociales, de propiedad intelectual e industrial, mercantiles, civiles, laborales, tributarias, administrativas y de subvenciones o ayudas y cumple con todas sus obligaciones contractuales y con toda la normativa que le resulta de aplicación, no habiéndose beneficiado de ninguna ayuda ilegal anterior declarada incompatible por una Decisión de la Comisión Europea.

g) Insolvencia. El Productor no ha incumplido sus obligaciones de pago, ni está en situación de insolvencia inminente o incurso en causa legal de disolución o concurso, o en situación que le obligue a la adopción de medidas para el restablecimiento de su equilibrio patrimonial, ni ha solicitado de sus acreedores quitas o esperas. En particular, el Productor declara que no conoce ninguna circunstancia económica-financiera o de cualquier otra clase que le impida hacer frente a sus obligaciones de pago durante el periodo de ejecución de la Producción.

7.2. Las Declaraciones y Garantías se entenderán reiteradas mientras el Contrato se mantenga en vigor.

8. OBLIGACIONES DEL PRODUCTOR

8.1. En virtud del presente Contrato, el Productor se obliga frente al Financiador a

a) Que la Producción haya sido realizada y terminada.

b) Cumplir con los requisitos previstos en el artículo 36.1 apartados a') y b') de la LIS. En particular, obtención del correspondiente Certificado de Nacionalidad y el Certificado de Interés Cultural emitidos por el ICAA o por el órgano correspondiente de la Comunidad Autónoma con competencia en la materia; y la obligación de entregar una copia nueva y en perfecto estado de la producción en la Filmoteca Española o la filmoteca oficialmente reconocida por la respectiva Comunidad Autónoma.

A estos efectos, el Productor facilitará al Financiador una copia de los mencionados certificados en el plazo de dos meses desde su obtención.

c) Que se obtenga el correspondiente Certificado Canario de Producción Audiovisual (en adelante, el "**Certificado Canario**") en virtud de lo dispuesto en el Decreto 18/2009, de 10 de febrero, por el que se crea el Registro de Empresas y Obras Audiovisuales de Canarias y se regula el procedimiento para la obtención del Certificado Canario de Obra Audiovisual y el Certificado Canario de Producción Audiovisual respecto de largometrajes y cortometrajes cinematográficos y series audiovisuales de ficción, animación o documental producidos en Canarias.

d) Que se hayan entregado sendas copias nuevas y en perfecto estado de la Obra en la Filmoteca Española y en la Filmoteca Canaria.

e) Que el Productor mantenga la titularidad de la Obra durante los tres (3) años siguientes a la finalización de la misma.

8.2. Asimismo, el Productor se compromete a:

a) Asumir el riesgo y ventura de la producción y exhibición de la Obra.

b) A la realización en el ejercicio [*] de la Obra descrita, así como a incurrir en el presupuesto total indicado en el Contrato y que se constituye como requisito necesario para la obtención de los correspondientes Certificados, lo que permitirá la aplicación de la deducción por parte del Inversor.

c) A que el importe de la Financiación se destinará necesaria y directamente al pago de las facturas y gastos correspondientes a los costes de Producción que formen parte de la base de la de la Deducción del 36.1 LIS, incluida la amortización de la financiación obtenida por el Productor para pagar dichas facturas y gastos.

d) Al cumplimiento de los requisitos exigidos **(i)**en el art. 36.1 de la LIS **(ii)** en el Decreto 18/2009, de 10 de febrero, para la generación de la deducción, y **(iii)** para la aplicación de los tipos incrementados previstos en Canarias recogidos en el artículo 94 de la Ley 20/1991 y la Disposición Adicional Decimocuarta de la Ley 19/1994, así como **(iv)** a obtener los Certificados a los que se hace referencia en la cláusula 8.1 de este Contrato y **(v)** a depositar las copias nuevas y en perfecto estado de la Obra en la Filmoteca Española y Filmoteca Canaria, antes del 31 de diciembre de ....

e) A que el importe de la Deducción del 36.1, junto con las ayudas recibidas por el Productor para la Producción, no superen el 50% del coste total de producción, obligándose el Productor a presentar, junto con la autoliquidación del Impuesto sobre Sociedades en la que practique la Deducción del 36.1 LIS, una relación del resto de ayudas o subvenciones públicas recibidas.

f) El Productor, en caso de ser necesario, adaptará la Producción y cumplirá con cuantos requisitos puedan surgir o necesitarse para la generación de la deducción del 36.1 LIS y la práctica por el Financiador de la deducción del 39.7 LIS.

g) Deberá comunicar inmediatamente al Financiador y al Auditor Externo de los sucesos, así como de las actuaciones administrativas o legales que puedan afectar a la ejecución de la Producción, así como del acaecimiento de cualquier causa o circunstancia de la que tenga conocimiento y/o puedan afectar al derecho del Productor la deducción del 36.1 LIS y al derecho del Financiador a acreditar la deducción del 39.7 LIS.

h) Deberá comunicar de forma inmediata al Financiador y al Auditor Externo de la concurrencia de cualquier circunstancia de la que tenga conocimiento y que tenga como consecuencia, o que razonablemente pueda esperarse que implique, una falta de veracidad, exactitud, integridad o, en general, un incumplimiento presente o previsto de las Declaraciones y Garantías.

i) Deberá cumplimentar y presentar, formal, materialmente y en plazo, sus declaraciones del Impuesto sobre Sociedades, dando cumplimiento a la normativa vigente.

j) Deberá conservar los registros (especialmente contables y fiscales) y la documentación justificativa original del cumplimiento de las obligaciones resultantes del Contrato en cualquier soporte apropiado y que deberán contener suficiente información a fin de permitir realizar las evaluaciones, auditorías, revisiones, controles e inspecciones que, en su caso, puedan exigirse por parte del Auditor Externo y cualesquiera de las entidades involucradas en la evaluación, calificación y control de (a) la evolución de la Producción, (b) la concreción del 36.1 LIS, (c) la concreción del 39.7 LIS y, (d) la veracidad, corrección y exactitud de las Declaraciones y Garantías.

k) Deberá contabilizar los gastos de la Producción y los recursos con los que la financie asegurando la trazabilidad de dichos gastos y recursos, de modo que pueda acreditarse la aplicación de dichos recursos: (i) al pago de las facturas y gastos correspondientes a la Producción que formen parte de la base de la Deducción del 36.1 LIS; y/o (ii) a la amortización de la financiación obtenida por el Productor para pagar dichas facturas y gastos.

l) Deberá colaborar, activamente y de común acuerdo con los asesores que en su caso designe el Financiador, con el ICAA u organismo competente en la materia de la Comunidad Autónoma de Canarias, la Agencia Estatal de Administración Tributaria, el Auditor Externo y cualesquiera entidades involucradas en la evaluación, calificación y control (a) de la evolución de la Producción, (b) la concreción de la deducción del 36.1 LIS (c) la concreción de la Deducción del 39.7 LIS así como la veracidad y exactitud de las Declaraciones y Garantías. En caso de que se inicien cualesquiera actuaciones de comprobación e investigación por la Administración en relación con la deducción generada, el Productor deberá comunicar dicha circunstancia al Financiador en un plazo máximo de cinco (5) días naturales.

m) Deberá facilitar al Financiador, dentro de los seis meses siguientes al final del ejercicio [*], una certificación de las aportaciones realizadas y de la deducción traspasada correspondiente a este ejercicio, calculada de conformidad con las previsiones de este Contrato y de la normativa fiscal vigente, en los términos del modelo recogido en el **Anexo III**.

9. DERECHOS Y OBLIGACIONES DEL FINANCIADOR.

9.1. El Financiador se obliga a:

(a) Aportar la Financiación comprometida conforme a lo establecido en el presente Contrato.

(b) No intervenir en la toma de decisiones que resulten necesarias para la producción de la Obra objeto del presente Contrato.

(c) No difundir, bajo ninguna circunstancia, informaciones o detalles de la Producción de los que haya podido tener conocimiento, salvo por exigencia legal o reglamentaria.

(d) Presentar el contrato de financiación y la certificación del cumplimiento de los requisitos exigidos por el apartado 1 del artículo 36 de la LIS en una comunicación a la Administración tributaria, suscrita tanto por el Productor como por el Financiador, con anterioridad a 31 de diciembre de [*], la cual se adjunta como **Anexo III** al presente Contrato. Esta comunicación deberá estar correctamente cumplimentada siendo suscrita por las Partes en el momento de firma del presente Contrato.

(e) Cumplir con cualquier otra obligación prevista en el Contrato.

9.2. Por su parte, el Financiador tendrá el derecho a designar a un Auditor Externo independiente para llevar a cabo las evaluaciones, auditorías, revisiones, controles e inspecciones que, en su caso, estime necesario para la evaluación, calificación y control de, a título enunciativo pero no limitativo, de (a) la evolución de la Producción, (b) la concreción del 36.1 LIS, (c) la concreción del 39.7 LIS.

10. OTRAS OBLIGACIONES DE LAS PARTES

10.1. Las Partes suscribirán conjuntamente y remitirán a la Administración Tributaria, y con anterioridad a 31 de diciembre de cada año en el que permanezca vigente el presente Contrato, una comunicación en los términos previstos en el artículo 39.7 de la LIS.

10.2. Asimismo, las Partes acuerdan colaborar y cumplir con todos los requisitos formales que se puedan desarrollar reglamentariamente respecto a la propia deducción y al esquema de financiación recogidos, respectivamente, en los artículos 36.1 y 39.7 de la LIS.

10.3. Cada una de las Partes cumplirá las obligaciones previstas en la normativa fiscal necesarias para posibilitar la generación y el acceso a la deducción fiscal, en los términos previstos en el **Anexo IV**.

10.4. Para el cumplimiento de estas obligaciones y, en general, para facilitar el cumplimiento de la finalidad de este Contrato, ambas Partes cooperarán de buena fe y se prestarán la asistencia que sea razonable.

11. CESIÓN DEL CONTRATO

11.1. Tanto el Financiador como el Productor, no podrán ceder su posición contractual, a excepción de los supuestos de sucesión universal.

12. DERECHOS DE PROPIEDAD INTELECTUAL E INDUSTRIAL

12.1. Ninguna disposición del Contrato se entenderá como una concesión de derechos de propiedad intelectual o de otra índole respecto de los resultados de la Producción en favor del Financiador, cuya propiedad deberá ser en todo caso del Productor.

12.2. La titularidad de la totalidad de los resultados derivados de la Producción, así como de la totalidad de los derechos económicos y derechos de explotación sobre los mismos corresponderán exclusivamente al Productor, quien podrá ejercerlos tanto directa como indirectamente, a través de licencias o cualquier otra modalidad contractual por la que se ceda a terceros los derechos de explotación sobre los referidos resultados, total o parcialmente, de forma exclusiva o no exclusiva, sin necesidad de contar para ello con el consentimiento o conocimiento previo del Financiador y ello sin perjuicio de los acuerdos que el Productor haya podido asumir con terceros.

12.3. Quedan especialmente comprendidos en los derechos de explotación referidos, los que se recogen en el artículo 17 del Real Decreto Legislativo 1/1996 de 12 de abril, por el que se aprueba el Texto Refundido de la Ley de la Propiedad Intelectual (en adelante "**TRLPI**").

13. CONFIDENCIALIDAD Y PROTECCIÓN DE DATOS

13.1. Las Partes se obligan a no hacer pública ninguna clase de información acerca de la Financiación o cualquier otra circunstancia relacionada con el objeto del presente Contrato y/o la Producción, sin el previo acuerdo de las mismas. De igual modo se comprometen durante la vigencia del presente Contrato a no revelar, divulgar y/o hacer público a ningún tercero por ningún medio las informaciones, procesos, documentos, negocios, clientes, operaciones, instalaciones, cuentas, finanzas, transacciones, *know how* o cualquier otro aspecto relacionado con la actividad de cada una de ellas, que haya llegado a su conocimiento con ocasión del presente Contrato sin la previa autorización escrita de la otra Parte.

13.2. Se considerará, entre otras, como información confidencial la que se refiera a:

a) Las negociaciones relacionadas con este Contrato o con los documentos a que se hace referencia en el mismo.

b) La existencia o el contenido del Contrato o de los documentos o información a que se hace referencia en el mismo.

c) Cualquier información relacionada con la Obra.

d) Información relativa a las circunstancias fiscales de cualquiera de las Partes.

e) Las conversaciones o reuniones que cualquiera de las Partes mantenga con terceros (Administración Tributaria, asesores, etc.) en relación con este Contrato o la Obra.

13.3. Ambas Partes asumen, en particular, las siguientes obligaciones:

(a) No utilizarán la información confidencial para ningún propósito ajeno a la financiación de la serie al amparo del presente Contrato.

(b) Restringirán el acceso a la información confidencial a sus administradores, empleados, asesores y auditores, y a todos estos en la medida en que razonablemente sea necesario para la financiación de la serie al amparo del presente Contrato.

(c) No revelarán la información confidencial a ninguna persona distinta de las indicadas.

(d) Informarán a las personas a las que revelen la información confidencial de las presentes obligaciones de confidencialidad y dichas personas asumirán el compromiso de respetar dichas limitaciones.

(e) No utilizarán la información confidencial para la financiación o el desarrollo de otros proyectos o de la serie con otras personas.

(f) Pondrán en conocimiento de la otra Parte cualquier uso no autorizado de la información confidencial de los que tuvieran conocimiento.

13.4. Las obligaciones establecidas en la presente Cláusula, con respecto a la información confidencial, no serán de aplicación en los casos que dicha información:

i. Fuera de dominio público, con carácter previo a ser recibida o accedida por la otra Parte o que pase a formar parte del dominio público después de haber sido recibida o accedida por la otra Parte, siempre que ello no se deba a un incumplimiento de las obligaciones de esa Parte en virtud del presente Contrato.

ii. Sea revelada para cumplir con la legislación vigente o como consecuencia de una orden o requerimiento de los Tribunales o de la Administración.

13.5. La Presente obligación de confidencialidad permanecerá vigente durante toda la duración del presente Contrato, así como una vez finalizado o resuelto el mismo por cualquier causa por un periodo de cinco (5) años.

13.6. Las Partes se obligan a cumplir el Reglamento UE 2016/679 de 27 de abril de 2016 (RGPD), la Ley Orgánica 3/2018, de 5 de diciembre de Protección de Datos Personales y garantía de los derechos digitales y demás normativa aplicable en materia de protección de datos.

De conformidad con el Reglamento (UE) 2016/679 del Parlamento Europeo y del Consejo, de 27 de abril de 2016, relativo a la protección de las personas físicas en lo que respecta al tratamiento de datos personales y a la libre circulación de estos datos y por el que se deroga la Directiva 95/46/CE ("**RGPD**") y la Ley Orgánica 3/2018, de 5 de diciembre, de Protección de Datos Personales y garantía de los derechos digitales ("**LOPD**"), las Partes consienten y hacen constar que los datos personales de los firmantes del presente Contrato serán de uso exclusivo a efectos de la formalización y desarrollo del presente acuerdo de financiación, pudiendo figurar dichos datos en los ficheros de titularidad privada de cualquiera de las Partes, en cuyo caso las Partes se reconocen mutua y recíprocamente los derechos de acceso, rectificación, supresión, oposición, limitación y portabilidad, que podrán ejercitarse mediante escrito dirigido a los domicilios indicados en el encabezado.

La base legitimadora del tratamiento es la relación contractual entre las Partes. Las Partes reconocen que los datos de carácter personal que se proporcionen ahora o en el futuro serán tratados por la otra Parte con la finalidad de gestionar la relación contractual surgida del presente Contrato.

Los datos de carácter personal serán conservados por éstas con el fin indicado durante el tiempo exigido por la legislación aplicable y, en todo caso, hasta que prescriban las eventuales responsabilidades derivadas del presente Contrato.

Las Partes podrán comunicar los datos personales que obtengan a otras sociedades de su grupo, con la finalidad de poder llevar a cabo la centralización de procesos administrativos e informáticos.

14. VIGENCIA, INCUMPLIMIENTOS Y CAUSAS DE RESOLUCIÓN ANTICIPADA DEL CONTRATO

14.1. El presente Contrato entrará en vigor a la fecha de su firma y se mantendrá vigente hasta el cumplimiento de la totalidad de las obligaciones recogidas en el mismo

14.2. En caso de incumplimiento de alguna de las cláusulas del Contrato, la Parte cumplidora deberá comunicarlo a la otra Parte, que deberá subsanar dicho incumplimiento en un plazo máximo de quince (15) días naturales, transcurridos los cuales, si el incumplimiento no ha sido subsanado a satisfacción de la Parte cumplidora y la obligación incumplida es esencial, podrá ésta dar por resuelto el Contrato, con efectos inmediatos y sin necesidad de nueva comunicación.

15. RESPONSABILIDAD Y DAÑOS Y PERJUICIOS

15.1. En ningún caso podrá el Financiador ser considerado responsable de los daños y perjuicios causados por el Productor o por terceros como consecuencia, directa o indirecta, de la ejecución de la Producción, comprometiéndose el Productor a mantener totalmente indemne y resarcir al Financiador frente a cualquier pérdida, daño, perjuicio, carga, responsabilidad y gastos relacionados con cualquier reclamación (judicial o extrajudicial) que esté relacionada con el mismo.

15.2. El lucro cesante no será exigible por el Financiador en el supuesto de que las circunstancias referidas en el punto 15.1 anterior tengan su causa en una interpretación razonable de la normativa fiscal de aplicación que no sea compartida por la Administración Tributaria o en una modificación de dicha normativa.

15.3. El Productor procederá a la resolución del Contrato y la devolución del 100% de las cantidades satisfechas por el Financiador para el supuesto de que, finalmente, no se haya obtenido el certificado del ICAA u organismo competente en la materia de la Comunidad Autónoma de Canarias por el Productor. El Contrato quedará resuelto de forma automática para el supuesto de que el referido certificado no se haya obtenido pasados dos meses desde la finalización del periodo impositivo. Del mismo modo, se procederá en caso de incumplimiento de la obligación de reinversión asumida por el Productor en la Cláusula 8.2 c) anterior.

15.4. En el caso de no se haya obtenido el certificado del ICAA u organismo competente en la materia de la Comunidad Autónoma de Canarias por el Productor, la devolución de las referidas cantidades satisfechas por el Financiador será devueltas por el Productor al Financiador dentro del plazo de los quince (15) días hábiles siguientes a la fecha de resolución del Contrato, desde dicho momento las cantidades adeudadas devengarán los correspondientes intereses de demora calculados al cinco por ciento (5%), intereses que se devengarán diariamente.

16. NOTIFICACIONES

16.1. Salvo que expresamente se disponga otra cosa, las comunicaciones y notificaciones entre las Partes que se requieran por aplicación de su contenido, serán válidas y surtirán plenos efectos siempre que se realicen de forma escrita que permita probar razonablemente que la comunicación fue efectuada y el destinatario debió recibirla, tales como fax (cuando pueda acreditarse la fuente de procedencia, el destino del mismo y la confirmación del envío correspondiente), burofax o por correo electrónico con acuse de recibo.

16.2. Las y notificaciones entre las Partes deberán ser remitidas a los domicilios y personas señaladas al inicio del presente Contrato.

17. MISCELÁNEA

17.1. Encabezamientos:

Los encabezamientos y el índice utilizados en este Contrato se incluyen únicamente con fines de referencia y no afectarán a su interpretación.

17.2. Prevalencia:

Si existieran contradicciones entre el contenido de un documento complementario o un anexo y el contenido de las cláusulas de este Contrato, se deberá dar siempre preferencia al contenido de estas últimas.

17.3. Independencia e integración de las cláusulas:

La ilicitud, invalidez o inefectividad de cualquiera de las cláusulas del Contrato no afectará a la eficacia del resto, siempre que los derechos y obligaciones de las Partes derivados del Contrato no se vieran afectados de forma esencial. Se entiende por esencial cualquier situación que lesionare gravemente los intereses de cualquiera de las Partes, o que recayera sobre el objeto mismo del Contrato previsto en la cláusula 1. Dichas cláusulas deberán reemplazarse o integrarse con otras que, siendo conformes a la ley, respondan a la finalidad de las sustituidas.

17.4. Primacía y modificaciones del Contrato:

Este Contrato constituye el compromiso alcanzado a la fecha de su firma entre las Partes con respecto a las materias contenidas en el mismo y sustituye y deroga todos los acuerdos previos en relación con su objeto.

Todos los anexos forman parte integrante del Contrato y, sin perjuicio de lo previsto en la cláusula 17.2, tienen la misma validez y eficacia que si estuvieran incorporados a su cuerpo principal.

Las modificaciones que se hiciesen al Contrato deberán ser redactadas por escrito en un documento firmado por las Partes.

17.5. Gastos y tributos

Todos los gastos que se puedan derivar del asesoramiento individualizado de cada una de las Partes serán satisfechos por la Parte que los haya contratado, y aquellos gastos que se pudieran originar, en su caso, por la presentación o formalización del presente Contrato ante el Organismo competente serán satisfechos por el Productor.

Los impuestos que se devenguen como consecuencia del cumplimiento de cualesquiera obligaciones contenidas en este Contrato serán satisfechos por la Parte que la Ley señale en cada momento como sujeto pasivo.

17.6. Asesoramiento propio y exoneración

Sin perjuicio de las obligaciones asumidas bajo el presente Contrato, el Financiador manifiesta que la decisión de financiar la Producción se ha tomado exclusivamente con base en su propio asesoramiento legal, económico y fiscal, en base a su interés en participar en la financiación de la Producción a cambio de recibir un beneficio procedente tanto de la deducción establecida en la LIS para las aportaciones de los productores, como de cualquier otro beneficio fiscal que se obtenga a través de la amortización de los gastos de la Producción y que conoce y acepta la existencia de los posibles riesgos, inherentes al presente Contrato, derivados de eventuales cambios normativos o de modificación de los criterios interpretativos relativos a las normas vigentes, los cuales podrían provocar una disminución o pérdida de su rentabilidad estimada, y como consecuencia de todo lo anterior, exonera al Productor y/o sus asesores legales de cualquier responsabilidad por el hecho de que dichas expectativas no pudieran cumplirse.

18. RÉGIMEN APLICABLE Y JURISDICCIÓN

18.1. El presente Contrato será regulado e interpretado de conformidad con la legislación española.

18.2. La validez, ejecución e interpretación del Contrato serán reguladas en todos sus aspectos por las leyes civiles y mercantiles españolas. Las Partes acuerdan que todo desacuerdo, disputa, controversia o reclamación relacionada con el presente Contrato, se resolverá definitivamente ante los Tribunales de [*] (Islas Canarias) con expresa renuncia a su propio fuero o competencia.

En prueba de conformidad, las Partes contratantes firman y rubrican el presente Contrato en el lugar y fecha del encabezamiento.

EL PRODUCTOR	**EL FINANCIADOR**
[*]	[*]

Anexo I
Detalle y gastos de la Producción

A) Características de la Producción

- Título: [*]
- Idioma: [*]
- Formato: [*]
- Año de producción: [*]
- Productora: [*].

B) Gastos:

- Durante el ejercicio [*], la Productora ha registrado contablemente un gasto de asciende a [*] **([*]-€)**, los cuales serán susceptibles de formar parte de la base de la Deducción del 36.1 LIS.

El contribuyente aporta la cantidad de [*] **([*]-€).**

Anexo II
Calendario de pagos

[*] **([*]-€).** mediante transferencia a bancaria a la cuenta indicada en la cláusula 3.4 a la firma de este Contrato.

Anexo III

Trámite: GE041 Comunicación art. 39.7 de la Ley 27/2014, de 27 de noviembre, del Impuesto sobre Sociedades ("**LIS**")

A LA AGENCIA ESTATAL DE LA ADMINISTRACIÓN TRIBUTARIA

De una parte,

[*], una sociedad de responsabilidad limitada española, con domicilio en [*], inscrita en el Registro Mercantil de [*] y provista de N.I.F. [*], debidamente representada en este acto por D./Dña. [*], mayor de edad, con D.N.I. [*], en vigor, y con domicilio a estos efectos en [*] (Islas Canarias), en su condición de [*] de la referida sociedad; (en adelante, el "**Productor**" o "[*]").

Y de otra parte:

[*]., de nacionalidad española, con domicilio social en c/[*], inscrita en el Registro Mercantil de [*]y provista de NIF número [*], debidamente representada en este acto por [*], de nacionalidad española, mayor de edad, con domicilio a estos efectos en c/[*], y titular del DNI número [*], en su calidad de [*] de la misma (en adelante, el "**Financiador**").

Ambas Partes comparecen y como mejor proceda en Derecho;

EXPONEN

PRIMERO.– Que el Productor es una entidad de reconocido prestigio con amplia experiencia en la producción y promoción de largometrajes y cortometrajes cinematográficos y obras audiovisuales y que, durante el ejercicio [*], ha llevado a cabo, entre otros, la siguiente obra audiovisual:

- [*]

(en lo sucesivo, la "**Producción**").

SEGUNDO.– Que, asimismo la Ley 11/2020, de 30 de diciembre, de Presupuestos Generales del Estado para el año 2021, con efectos para los períodos impositivos que se inicien a partir de 1 de enero de 2021, modificó el artículo 39.7 de la LIS permitiendo extender la aplicación de la deducción del artículo 36.1 de la LIS a la que tiene derecho el correspondiente promotor, al contribuyente que participe en la financiación de la correspondiente Producción, bajo el cumplimiento de ciertos requisitos.

Dicho artículo 39.7 LIS fue posteriormente modificado por la Disposición Final 5ª de la *Ley 38/2022, de 27 de diciembre, para el establecimiento de gravámenes temporales energético y de entidades de crédito y establecimientos financieros de crédito y por la que se crea el impuesto temporal de solidaridad de las grandes fortunas, y se modifican determinadas normas tributarias*, con efectos para períodos impositivos que se inicien a partir de 1 de enero de 2021.

TERCERO.- Que, en el marco de la Producción, el Financiador y el Productor formalizaron el [*] de [*] de [*] un contrato de financiación en el sentido del artículo 39.7 de la LIS.

En virtud del mencionado contrato, el Financiador financia un total de [*] **([*]-€)** para sufragar, de forma exclusiva, los costes de la Producción a cambio de tener derecho a acreditar en su autoliquidación del Impuesto sobre Sociedades una deducción por obras audiovisuales generada por el Productor por importe de [*] **([*]-€)** (que se corresponden con los costes de la Producción y se generarán en [*]).

CUARTO.- Que el artículo 39.7 de la LIS, en su redacción vigente, establece lo siguiente:

"Para la aplicación de la deducción será necesario que el contribuyente que participe en la financiación presente el contrato de financiación y certificación del cumplimiento de los requisitos señalados en las letras a') y b') del apartado 1 (...) del artículo 36 de esta Ley, (...) en una comunicación a la Administración tributaria, suscrita tanto por la Productora como por el contribuyente que participa en la financiación de la producción, con anterioridad a la finalización del período impositivo en que este último tenga derecho a aplicar la deducción"

QUINTO.- Que, con el objetivo de cumplir con los mencionados requisitos formales, el Financiador y el Productor proceden a aportar la siguiente documentación:

d) Como **Documento Anexo Número 1**, copia del contrato de financiación formalizado en el sentido del 39.7 de la LIS.

SEXTO. –Que, según lo dispuesto en el artículo 39.7 de la LIS, realizamos la presente comunicación regulada, para el período impositivo 2025.

Por todo ello,

SOLICITAN

Que teniendo por presentado este escrito en tiempo y forma junto a la documentación que le acompaña, se sirva admitirlo a trámite y, en su virtud, se entienda por realizada la correspondiente comunicación como se indica en el art. 39.7 de la LIS en los términos anteriormente señalados.

En [*], a [*].

EL PRODUCTOR	**EL FINANCIADOR**
______________________	______________________
[*]	[*]

Anexo IV

Obligaciones del Productor	**Plazos**
Realizar la solicitud de certificado emitido por el ICAA u organismo foral correspondiente	Dos meses desde el fin del ejercicio
Facilitar al Financiador una copia del certificado expedido por el ICAA u organismo foral correspondiente.	En los dos meses siguientes a la obtención de dichos certificados
Comunicar a la Agencia Tributaria el presente Contrato de financiación	Con anterioridad a la finalización del periodo impositivo.
Confeccionar y presentar las correspondientes declaraciones fiscales en tiempo y forma. En particular se consignará la renuncia expresa a la deducción fiscal por producción española de largometrajes cinematográficos y opción por su traspaso al Financiador en virtud del artículo 39.7 de la LIS y/o del artículo 66 quinquies de la Norma Foral, según corresponda.	Con anterioridad al 25 de julio del ejercicio siguiente
Obtener y aportar al Financiador un informe anual acreditativo de la ejecución de los costes relativos a la producción de la Producción emitido por el Productor, conforme a lo dispuesto en la cláusula 3.6	Con anterioridad al 31 de marzo del año siguiente
Emitir anualmente una certificación acreditativa de las aportaciones y deducciones correspondientes al Financiador en los términos del Anexo III.	Con anterioridad al 30 de junio del año siguiente
Obligación de entregar una copia nueva y en perfecto estado de la producción en la Filmoteca Española o la filmoteca oficialmente reconocida por la respectiva Comunidad Autónoma (art 36.1 LIS).	Antes del 31 de diciembre del año en que se genere la producción

Obligaciones del Financiador	**Plazos**
Desembolsar la financiación en los plazos establecidos en el Contrato	Según Anexo II
Comunicar a la Agencia Tributaria el presente Contrato de financiación	Con anterioridad a la finalización de cada periodo impositivo en que se genere la deducción
Confeccionar y presentar sus declaraciones fiscales en tiempo y forma. En particular, hará constar: – La acreditación y acceso a la deducción fiscal generada por el Productor. – En su caso, su opción expresa por aceptar el acceso a la deducción generada por el Productor en virtud del artículo 39.7 de la Ley del Impuesto sobre Sociedades y/o 66 quinquies de la Norma Foral, según sea aplicable.	Con anterioridad al 25 de julio del año siguiente

F146. CONTRATO DE FINANCIACIÓN DE PRODUCCION DE ESPECTACULOS EN VIVO. INCENTIVOS FISCALES VIZCAYA

CONTRATO DE FINANCIACIÓN DE LA PRODUCCIÓN DEL [*] "[*]"

Entre
[*]
y
[*],

En [*], a [*]

COMPARECEN

De una parte:

[*], una sociedad de responsabilidad limitada española, con domicilio en [*], inscrita en el Registro Mercantil de [*] y provista de N.I.F. [*], debidamente representada en este acto por D./Dña. [*], mayor de edad, con D.N.I. [*], en vigor, y con domicilio a estos efectos en [*], en su condición de [*] de la referida sociedad; (en adelante, el "**Promotor**" o "[*]").

Y de otra parte:

[*], de nacionalidad española, con domicilio social en c/[*], inscrita en el Registro Mercantil de [*] y provista de NIF número [*], debidamente representada en este acto por [*], de nacionalidad española, mayor de edad, con domicilio a estos efectos en c/[*], y titular del DNI número [*], en su calidad de [*] de la misma (en adelante, el "**Financiador**").

En adelante, el Promotor y el Financiador serán referidos conjuntamente como las "**Partes**" y, cualquiera de ellos, separadamente como la "**Parte**".

Las Partes se reconocen, mutua y recíprocamente, capacidad para otorgar el presente contrato de financiación (el "**Contrato**"), y de mutuo y común acuerdo

EXPONEN

I. Que el Promotor es una entidad dedicada, entre otras actividades, a la producción de espectáculos en vivo de artes escénicas y musicales, siendo contribuyente en el Impuesto sobre Sociedades conforme a la Norma Foral de Vizcaya 11/2013, de 5 de diciembre, del Impuesto Sobre Sociedades (en adelante, "**Norma Foral**").

II. Que el Promotor, en la actualidad, está produciendo el [Festival/Concierto] del artista [Nombre del Artista/Nombre del Festival o espectáculo] celebrado en [Lugar] el [Fecha(s)], (en adelante, la "**Producción**")[1].

---

1 **Nota al borrador**: este expositivo deberá ser adaptado según la tipología del concierto o espectáculo. En cualquier caso, se deben indicar las fechas, nombre del espectáculo o del artista, y el lugar concreto donde se celebrará.

III. Que el Promotor prevé que, para llevar a cabo dicha Producción, será necesario incurrir en un coste total estimado de [*] **([*]-€)**, por lo que el Promotor está interesado en obtener financiación de terceros de parte de este importe.

IV. Los gastos de dicha producción darán derecho a la deducción por espectáculos en vivo de artes escénicas y musicales, prevista en el artículo 66 quater dos de la Norma Foral.

V. Que el Promotor ostenta el control creativo absoluto sobre la Producción, llevando a cabo todas las tareas de producción efectiva de la misma y conservando todos los derechos de explotación de Propiedad Intelectual derivados de la Producción, y está interesado en recibir la financiación por parte del Financiador para el desarrollo de la Producción en los términos y condiciones que se regulan en el presente Contrato

VI. Que en el **Anexo I** al presente Contrato se recoge la descripción del espectáculo llevado a cabo, identidad de sus productores, presupuesto, fuentes de financiación que se prevén obtener, así como los gastos de la Producción que darán derecho a la deducción de la Producción que se estima generar durante el año.

VII. Que, con el fin de obtener por la Producción el derecho a la deducción en la cuota líquida del Impuesto sobre Sociedades, el Promotor cumplirá con todas las obligaciones y todos los requisitos previstos en el artículo 66 quater dos de la Norma Foral, conforme a los cálculos y los importes correspondientes.

VIII. Que el Financiador está interesado en participar en la financiación de la Producción mediante la realización de una aportación económica (en adelante, la "**Financiación**"), en los términos y condiciones previstos en el artículo 66 quinquies de la Norma Foral. En este sentido, la cantidad aportada por el Financiador le dará derecho a aplicar la deducción regulada en el artículo 66 quater de la Norma Foral.

En virtud de todo lo anterior, las Partes acuerdan suscribir el presente Contrato que se regirá por las siguientes

CLÁUSULAS

1. OBJETO DEL CONTRATO

1.1. El objeto del presente Contrato consiste en establecer: **(i)** los términos y condiciones en virtud de los cuales el Financiador concede al Promotor la Financiación; y **(ii)** los derechos y obligaciones asumidos por las Partes en relación con dicha Financiación.

1.2. El Financiador aportará la correspondiente Financiación al Promotor para sufragar una parte de los costes a incurrir en el desarrollo de la Producción, a cambio de tener acceso y poder acreditar la deducción del artículo 66 quater dos generada por el Promotor en una cuantía equivalente al 120 % de sus aportaciones, al amparo de lo dispuesto en el artículo artículo 66 quinquies de la Norma Foral. Las obligaciones del Financiador se considerarán cumplidas íntegramente con el desembolso de las cantidades comprometidas en el presente Contrato.

1.3. Por su parte, el Promotor, a cambio de percibir la Financiación comprometida renuncia, en favor del Financiador, a acreditar y aplicar la deducción por producción y exhibición de espectáculos en vivo de artes escénicas y musicales, en cuantía equivalente al 120% de la financiación recibida, de acuerdo con lo dispuesto en el artículo 66 quater dos de la Norma Foral.

2. DESCRIPCIÓN DE LA PRODUCCIÓN Y PRESUPUESTO

2.1. La Producción se encuentra detallada en el **Anexo I** al presente Contrato.

2.2. Asimismo, en el Anexo I se describen de forma detallada los gastos de producción publicidad y promoción, y en particular aquellos realizados en territorio español. Sin perjuicio de lo anterior, las Partes reconocen la posibilidad de que ocurran una serie de supuestos que afecten al Retorno Fiscal (tal y como se define más adelante), como puede ser **(i)** la entrada en vigor de modificaciones normativas de cualquier índole, así como la publicación de resoluciones interpretativas o criterios de la Dirección General de Tributos o **(ii)** cualquier desviación a la baja del presupuesto total, en cualquier momento de la duración del Contrato, ya sea por disminución de los costes incurridos o por las subvenciones o ayudas recibidas.

En caso de que se den los supuestos contemplados en el párrafo anterior, la aportación del Financiador se reducirá proporcionalmente, de manera que se garantice el Retorno Fiscal del 20% sobre su aportación, aunque esto supusiera el reembolso de parte de la aportación recibida por el Promotor.

3. FINANCIACIÓN

3.1. **Importe de la Financiación**:

El Financiador se compromete a entregar la Financiación de [*] **(**[*]**-€**) al Promotor.

3.2. **Calendario estimado de los desembolsos**:

Las aportaciones se desembolsarán según el calendario de pagos dispuesto en el **Anexo II** del presente Contrato.

3.3. **Destino de la Financiación**:

El Promotor destinará las aportaciones recibidas a sufragar, de forma exclusiva, los costes de producción de la Producción.

3.4. **Forma de Pago:**

La Financiación será entregada por el Financiador mediante transferencia bancaria a la cuenta bancaria siguiente:

IBAN: [*]

Titular: [*]

Concepto: FINANCIACIÓN A [*]– 66 quater dos y 66 quinquies Norma Foral.

El Financiador deberá abonar la Financiación al Promotor a la firma del presente Contrato.

Una vez el Promotor haya recibido la Financiación, ello supondrá la más eficaz carta de pago y reconocimiento por parte del Promotor de la entrega de la Financiación comprometida.

3.5. **Revisión de mutuo acuerdo de los importes y el calendario de desembolsos.**

En cualquier momento las Partes podrán acordar las modificaciones de las cuantías y las fechas de los desembolsos comprometidos para adecuarlas al desarrollo de la Producción.

3.6. **Acreditación de los gastos incurridos:**

El Promotor deberá justificar la efectiva realización de los costes de producción susceptibles de formar parte de la base de la deducción prevista en el artículo 66 quater dos de la Norma Foral a solicitud del Financiador.

3.7. El Financiador podrá suspender la entrega de la Financiación comprometida en el caso de existencia de cualquier circunstancia que constituya un incumplimiento no subsanado por parte del Promotor de cualquiera de sus obligaciones esenciales asumidas en virtud del Contrato. En tales casos, la suspensión de la entrega de la Financiación comprometida no se considerará un incumplimiento de las obligaciones del Financiador ni obstará al cobro, en su caso, de las cantidades previstas en el presente Contrato.

3.8. En todo caso, las aportaciones a realizar por el Financiador se realizarán con anterioridad a la obtención del certificado anual por el Promotor recogido en el artículo 66 quinquies de la Norma Foral. En este sentido, el Financiador se compromete a realizar la transferencia referida antes de la fecha que se determine en el Contrato.

4. REINTEGRO DE LA FINANCIACIÓN Y RENTABILIDAD

4.1. Como consecuencia de esta aportación, el Financiador tendrá derecho a aplicar en el ejercicio fiscal [*] una deducción fiscal en su Impuesto sobre Sociedades (en adelante "**IS**") sobre la parte de la cuota íntegra que, de conformidad con el contenido del artículo 66 quater dos de la Norma Foral, dependerá **(i)** del coste total de la Producción, entendiendo como coste, aquellos costes artísticos, técnicos y promocionales relativo a la Producción que haya realizado el Promotor, **(ii)** la Financiación realizada por el Financiador y **(iii)** el Retorno Fiscal acordado en este Contrato.

4.2. Las Partes acuerdan que el reintegro de la Financiación y la rentabilidad asociada a la misma será el resultado de multiplicar la Financiación recogida en el apartado 3.1 por 1,2 (uno *coma* dos) (en adelante, el "**Retorno Fiscal**") dando lugar a una rentabilidad del 20% (en adelante "**Rentabilidad Fiscal**") sobre su Financiación y todo ello con independencia del impacto fiscal que, en su caso, esa Rentabilidad Fiscal pudiera tener para el Financiador.

4.3. El Promotor reconoce que, conforme al referido artículo 66 quinquies de la Norma Foral, el importe de la deducción del 66 quinquies es incompatible, total o parcialmente, con la Deducción del 66 quater dos de la Norma Foral, por lo que el Promotor no tendrá derecho a aplicarse esta última deducción por aquella cuantía que corresponda a la deducción cedida, pudiendo aplicarla, en su caso, por el exceso.

4.4. Los desembolsos realizados por el Financiador no darán a este derecho a su devolución, ni a la percepción de intereses, ni a participar en la titularidad o los resultados de la Producción ni a adquirir derechos de propiedad intelectual o de otra índole respecto a los resultados del mismo, sino que tendrán como única contraprestación el acceso al Financiador a acreditar la deducción por producción y exhibición de espectáculos en vivo de artes escénicas y musicales generada por el Promotor en el ejercicio [*] (referida en este Contrato como la deducción fiscal) por importe equivalente al 120 % de sus aportaciones desembolsadas.

4.5. A los efectos de este Contrato se podrá computar como deducción máxima la que resulte acorde con el coste efectivo de la Producción y en los términos y condiciones previstos en el artículo 66 quater dos de la Norma Foral.

5. AJUSTES A LA DEDUCCIÓN FISCAL

5.1. Cualquier contingencia fiscal que pueda derivar de una minoración de la deducción fiscal acordada en el presente Contrato será asumida íntegramente por el Promotor, quien procederá a sufragar el pago de la misma, quedando el Financiador exento de toda responsabilidad y pago. A efectos de mayor transparencia, se entiende por contingencia fiscal cualquier deuda tributaria con independencia de su naturaleza, que pueda imputarse al Financiador, como consecuencia de la minoración de la deducción fiscal acordada.

5.2. Asimismo, en caso de que se hubiera procedido a una desviación a la baja del presupuesto de la Producción en cualquier momento de la duración del Contrato, ya sea por disminución de los gastos y costes incurridos o por las subvenciones o ayudas recibidas y, el Promotor no hubiera alcanzado el gasto total de la Financiación aquí otorgada y, con ello, no se hubiera generado la deducción total establecida en el presente Contrato, el Promotor responderá frente al Financiador mediante el abono correspondiente al porcentaje de rentabilidad correspondiente hasta llegar al 120% de sus aportaciones desembolsadas.

5.3. Si la Administración Tributaria revisase la deducción, las Partes harán sus mejores esfuerzos y colaborarán de buena fe para la defensa de la deducción fiscal generada por el Promotor y acreditada por el Financiador.

5.4. Si la deducción fuere cuestionada sobre la base de la calificación, de la cuantificación de la base de la deducción, del incumplimiento de los requisitos formales y obligaciones previstas en el artículo 66 quater dos de la Norma Foral o por cualquier motivo imputable a un incumplimiento del Promotor y, finalmente, la Administración Tributaria redujera la deducción fiscal acreditable por el Financiador por debajo del 120% de sus desembolsos (netos de los reembolsos que hubieran procedido en virtud de la cláusula 3, el Promotor deberá indemnizar al Financiador en el importe regularizado por la Administración Tributaria, con inclusión de los correspondientes intereses, recargos y sanciones que, en su caso, le fueran impuestos. En estos casos se aplicarán las siguientes reglas:

i. La defensa de la deducción fiscal, tanto en vía administrativa como judicial, será dirigida por el Promotor. El Financiador le prestará todo el apoyo que fuere necesario para dicha defensa.

ii. Las costas y honorarios incurridos en dicha defensa serán por cuenta del Promotor.

iii. Salvo consentimiento del Promotor, el Financiador no podrá dar conformidad a las liquidaciones de la Administración Tributaria ni desistir de cualesquiera recursos o reclamaciones relacionadas con la deducción fiscal general por la producción y exhibición de la Producción.

iv. El Promotor deberá satisfacer al Financiador la indemnización prevista en esta cláusula dentro del plazo de ingreso en periodo voluntario de la deuda tributaria. En caso de suspensión del ingreso, el Promotor deberá satisfacer la correspondiente indemnización en el plazo de ingreso en periodo voluntario una vez finalizado el periodo de suspensión.

v. La decisión de solicitar o no la suspensión de la deuda tributaria corresponderá al Promotor, quien, en su caso, correrá con los gastos de aportación de garantías, así como con los intereses que se devenguen durante el periodo de suspensión.

5.5. No procederán las indemnizaciones previstas en el apartado 5.4 anterior cuando la no aplicación de la deducción acreditada en el Impuesto sobre Sociedades del Financiador obedezca a razones imputables al propio Financiador, como pudieran ser, a título de ejemplo, que el Financiador no contara con cuota líquida suficiente para aplicar la deducción acreditada.

5.6. En estos casos, la defensa jurídica de la aplicación de la deducción fiscal corresponderá exclusivamente al Financiador. No obstante, el Promotor le prestará el apoyo que fuera razonablemente necesario.

6. CAMBIOS NORMATIVOS

6.1. En caso de que por un cambio normativo se eliminase el incentivo fiscal previsto en el artículo 66 quater dos de la Norma Foral y/o el esquema de financiación previsto en el artículo 66 quinquies de la Norma Foral, el Financiador no efectuará las aportaciones que estuviesen pendientes de desembolsar y, con motivo del cambio normativo, no dieren lugar a la deducción fiscal. Las aportaciones desembolsadas con anterioridad a dicha supresión se consolidarán, siempre que existiera un régimen transitorio que permitiese al Financiador tener acceso y acreditar la deducción generada con carácter previo a dicha modificación normativa y sin perjuicio de los ajustes que correspondieran de acuerdo con la cláusula 3.

6.2. El Promotor reembolsará las aportaciones que ya se hubiesen desembolsado y sobre las que, con motivo del cambio normativo, no permitiesen la aplicación de la deducción fiscal.

6.3. Este mismo régimen se aplicará en caso de que la Producción, con motivo del cambio normativo, dejase de tener acceso a la deducción prevista en el artículo 66 quater dos de la Norma Foral.

6.4. En caso de que por un cambio normativo o una interpretación jurisprudencial o administrativa se restringiese el incentivo fiscal previsto en el artículo 66 quater dos de la Norma Foral y/o el esquema de financiación previsto en el artículo 66 quinquies de la citada norma, como pudiera ser, a título de ejemplo, reduciendo la rentabilidad fiscal máxima del Financiador o determinando no aplicable la estructura de financiación prevista en el presente Contrato, el Financiador podrá desistir del Contrato y tendrá derecho a la devolución de las aportaciones previamente desembolsadas.

6.5. En caso de que el Financiador no desistiese del Contrato, ambas Partes negociarán de buena fe para adaptar el presente Contrato, teniendo en cuenta sus principios informadores, al cambio normativo.

7. DECLARACIONES Y GARANTÍAS

7.1. El Promotor declara y garantiza al Financiador lo siguiente (las "**Declaraciones y Garantías**"):

a) Estado legal. El Promotor es una entidad válidamente existente conforme a las leyes de España.

b) Información. Es veraz, correcta y exacta en todos sus aspectos esenciales toda la información y documentación suministrada o que se suministrará por el Promotor:

i. al Financiador por razón de la negociación, firma y ejecución del presente Contrato (incluida toda la información contenida en el presente Contrato y sus Anexos); y

ii. al Instituto Nacional de las Artes Escénicas y de la Música ("**INAEM**") u organismo competente en la materia de la Diputación Foral de Vizcaya, a la Agencia Estatal de Administración Tributaria, el auditor externo en su caso (el "**Auditor Externo**") y cualesquiera entidades involucradas en la evaluación, calificación y control de (a) la evolución de la Producción, (b) la corrección de la Deducción del 66 quater dos que correspondería al Promotor, (c) la corrección de la Deducción del 66 quinquies a aplicar por el Financiador y (d) la veracidad, corrección y exactitud de las Declaraciones y Garantías.

c) La Producción.

i. El Promotor cumple y cumplirá, en relación con las actividades que desarrolla y desarrollará en el marco del Festival, con los requisitos establecidos en los artículos

66 quater dos y 66 quinquies de la Norma Foral, a los efectos de que el Promotor obtenga el derecho a la Deducción del 66 quater dos y que el Financiador pueda acreditar la Deducción del 66 quinquies.

ii. El importe, la localización, la naturaleza, la Financiación y la realización de los gastos que se realizarán en el marco de la Producción se ajustan a los requisitos contenidos la normativa aplicable. Dichos gastos son de carácter artístico, técnico y promocional, los mismos se encuentran debidamente contabilizados y cuentan con sus soportes documentales justificativos.

d) Consentimientos. El Promotor ha obtenido todas y cada una de las preceptivas autorizaciones de sus órganos sociales para la firma del Contrato.

e) Inexistencia de incumplimiento. Ni la firma de este Contrato, ni el cumplimiento de cualquiera de los pactos en él contenidos, violan ni violarán, ni constituyen ni constituirán, un incumplimiento, ni hacen ni harán que se exceda o incumpla ninguna limitación, obligación o prohibición del Promotor, o de las facultades de sus representantes, impuesta o que se contenga en: (i) cualquier ley, reglamento, resolución administrativa o decisión judicial, por los que el Promotor esté vinculado o afectado; (ii) cualquier documento o regulación que contenga o establezca las normas constitutivas del Promotor, y, en particular, en sus Estatutos sociales; o (iii) cualquier contrato, convenio u otro instrumento del que el Promotor o sus socios sean parte.

f) Inexistencia de infracción. El Promotor se halla al corriente en sus obligaciones en temas sociales, de propiedad intelectual e industrial, mercantiles, civiles, laborales, tributarias, administrativas y de subvenciones o ayudas y cumple con todas sus obligaciones contractuales y con toda la normativa que le resulta de aplicación, no habiéndose beneficiado de ninguna ayuda ilegal anterior declarada incompatible por una Decisión de la Comisión Europea.

g) Insolvencia. El Promotor no ha incumplido sus obligaciones de pago, ni está en situación de insolvencia inminente o incurso en causa legal de disolución o concurso, o en situación que le obligue a la adopción de medidas para el restablecimiento de su equilibrio patrimonial, ni ha solicitado de sus acreedores quitas o esperas. En particular, el Promotor declara que no conoce ninguna circunstancia económica-financiera o de cualquier otra clase que le impida hacer frente a sus obligaciones de pago durante el periodo de ejecución de la Producción.

7.2. Las Declaraciones y Garantías se entenderán reiteradas mientras el Contrato se mantenga en vigor.

8. OBLIGACIONES DEL PROMOTOR

8.1. En virtud del presente Contrato, el Promotor se obliga frente al Financiador a

a) Que la Producción haya sido realizada y terminada.

b) Cumplir con los requisitos previstos en el artículo 66 quater dos de la Norma Foral. En particular, obtención del correspondiente Certificado otorgado por el INAEM o por el órgano correspondiente de la Diputación Foral de Vizcaya.

A estos efectos, el Promotor facilitará al Financiador una copia de los mencionados certificados en el plazo de dos meses desde su obtención.

8.2. Asimismo, el Promotor se compromete a:

a) Asumir el riesgo y ventura de la producción y exhibición de la Producción.

b) A la realización en el ejercicio [*] de la Producción descrita, así como a incurrir en el presupuesto total indicado en el Contrato y que se constituye como requisito necesario para la obtención de los correspondientes Certificados, lo que permitirá la aplicación de la deducción por parte del Inversor.

c) A que el importe de la Financiación se destinará necesaria y directamente al pago de las facturas y gastos correspondientes a los costes de Producción que formen parte de la base de la de la Deducción del 66 quater dos de la Norma Foral, incluida la amortización de la financiación obtenida por el Promotor para pagar dichas facturas y gastos.

d) A que la Producción obtenga el certificado anual emitido por el INAEM u correspondiente en la Diputación Foral de Vizcaya.

e) A que el importe de la Deducción del 66 quater dos, junto con las ayudas recibidas por el Promotor para el Festival, no superen el ochenta por ciento (80%) del coste total de producción, obligándose el Promotor a presentar, junto con la autoliquidación del Impuesto sobre Sociedades en la que practique la Deducción del 66 quater dos, una relación del resto de ayudas o subvenciones públicas recibidas.

f) El Promotor, en caso de ser necesario, adaptará el Festival y cumplirá con cuantos requisitos puedan surgir o necesitarse para la generación de la Deducción del 66 quater dos y la práctica por el Financiador de la Deducción del 66 quinquies.

g) Deberá mantener su domicilio social y fiscal en Vizcaya (territorio foral), al menos, hasta que el Promotor tenga derecho a la Deducción del 66 quater dos y el Financiador acredite en la declaración de Impuesto sobre Sociedades la Deducción del 66 quinquies.

h) Deberá comunicar inmediatamente al Financiador y al Auditor Externo de los sucesos, así como de las actuaciones administrativas o legales que puedan afectar a la ejecución de la Producción, así como del acaecimiento de cualquier causa o circunstancia de la que tenga conocimiento y/o puedan afectar al derecho del Promotor la deducción del 66 quater dos y al derecho del Financiador a acreditar la deducción del 66 quinquies.

i) Deberá comunicar de forma inmediata al Financiador y al Auditor Externo de la concurrencia de cualquier circunstancia de la que tenga conocimiento y que tenga como consecuencia, o que razonablemente pueda esperarse que implique, una falta de veracidad, exactitud, integridad o, en general, un incumplimiento presente o previsto de las Declaraciones y Garantías.

j) Deberá cumplimentar y presentar, formal, materialmente y en plazo, sus declaraciones del Impuesto sobre Sociedades, dando cumplimiento a la normativa vigente, en especial en relación con la Deducción del 66 quater dos y la Deducción del 66 quinquies relativas al Festival correspondientes a cada periodo impositivo, a los efectos de que el Financiador acredite la Deducción del 66 quinquies.

k) Deberá conservar los registros (especialmente contables y fiscales) y la documentación justificativa original del cumplimiento de las obligaciones resultantes del Contrato en cualquier soporte apropiado y que deberán contener suficiente información a fin de permitir realizar las evaluaciones, auditorías, revisiones, controles e inspecciones que, en su caso, puedan exigirse por parte del Auditor Externo y cualesquiera de las entidades involucradas en la evaluación, calificación y control de (a) la evolución de la Producción, (b) la concreción del 66 quater dos de la Norma Foral, (c) la concreción del 66 quinquies de la Norma Foal y, (d) la veracidad, corrección y exactitud de las Declaraciones y Garantías.

l) Deberá contabilizar los gastos de la Producción y los recursos con los que la financie asegurando la trazabilidad de dichos gastos y recursos, de modo que pueda acreditarse la aplicación de dichos recursos: (i) al pago de las facturas y gastos correspondientes a la Producción que formen parte de la base de la Deducción del 66 quater dos de la Norma Foral; y/o (ii) a la amortización de la financiación obtenida por el Promotor para pagar dichas facturas y gastos.

m) Deberá colaborar, activamente y de común acuerdo con los asesores que en su caso designe el Financiador, con el INAEM u organismo competente en la materia de la Diputación Foral de Vizcaya, la Agencia Estatal de Administración Tributaria, el Auditor Externo y cualesquiera entidades involucradas en la evaluación, calificación y control **(a)** de la evolución del Festival, **(b)** la concreción de la Deducción del 66 quater dos **(c)** la concreción de la Deducción del 66 quinquies **(d)** así como la veracidad y exactitud de las Declaraciones y Garantías. En caso de que se inicien cualesquiera actuaciones de comprobación e investigación por la Administración en relación con la deducción generada, el Promotor deberá comunicar dicha circunstancia al Financiador en un plazo máximo de cinco (5) días naturales.

n) En su caso, de los beneficios obtenidos en el desarrollo de estas actividades en el ejercicio en el que se genere el derecho a la Deducción, el Promotor destinará al menos el 50 por ciento (50%) a la realización de actividades que dan derecho a la aplicación de la deducción prevista en el art. 66 quater dos de la Norma Foral.

o) Deberá facilitar al Financiador, dentro de los seis meses siguientes al final del ejercicio [*], una certificación de las aportaciones realizadas y de la deducción traspasada correspondiente a este ejercicio, calculada de conformidad con las previsiones de este Contrato y de la normativa fiscal vigente, en los términos del modelo recogido en el **Anexo III**.

9. DERECHOS Y OBLIGACIONES DEL FINANCIADOR.

9.1. El Financiador se obliga a:

(a) Aportar la Financiación comprometida conforme a lo establecido en el presente Contrato.

(b) No intervenir en la toma de decisiones que resulten necesarias para la producción de la Producción objeto del presente Contrato.

(c) No difundir, bajo ninguna circunstancia, informaciones o detalles de la Producción de los que haya podido tener conocimiento, salvo por exigencia legal o reglamentaria.

(d) Presentar el contrato de financiación y la certificación del cumplimiento de los requisitos exigidos por el apartado 66 quinquies de la Norma Foral en una comunicación a la Administración tributaria, suscrita tanto por el Promotor como por el Financiador, con anterioridad a 31 de diciembre de [*], la cual se adjunta como **Anexo III** al presente Contrato. Esta comunicación deberá estar correctamente cumplimentada siendo suscrita por las Partes en el momento de firma del presente Contrato.

(e) Cumplir con cualquier otra obligación prevista en el Contrato.

9.2. Por su parte, el Financiador tendrá el derecho a designar a un Auditor Externo independiente para llevar a cabo las evaluaciones, auditorías, revisiones, controles e inspecciones que, en su caso, estime necesario para la evaluación, calificación y control de, a título enunciativo pero no limitativo, de (a) la evolución de la Producción, (b) la concreción del 66 quater dos de la Norma Foral, (c) la concreción del 66 quinquies de la Norma Foral.

10. OTRAS OBLIGACIONES DE LAS PARTES

10.1. Las Partes suscribirán conjuntamente y remitirán a la Administración Tributaria, y con anterioridad a 31 de diciembre de cada año en el que permanezca vigente el presente Contrato, una comunicación en los términos previstos en el artículo 66 quinquies de la Norma Foral.

10.2. Asimismo, las Partes acuerdan colaborar y cumplir con todos los requisitos formales que se puedan desarrollar reglamentariamente respecto a la propia deducción y al esquema de financiación recogidos, respectivamente, en los artículos 66 quater dos y 66 quinquies de la Norma Foral.

10.3. Cada una de las Partes cumplirá las obligaciones previstas en la normativa fiscal necesarias para posibilitar la generación y el acceso a la deducción fiscal, en los términos previstos en el **Anexo IV**.

10.4. Para el cumplimiento de estas obligaciones y, en general, para facilitar el cumplimiento de la finalidad de este Contrato, ambas Partes cooperarán de buena fe y se prestarán la asistencia que sea razonable.

11. CESIÓN DEL CONTRATO

11.1. Tanto el Financiador como el Promotor, no podrán ceder su posición contractual, a excepción de los supuestos de sucesión universal.

12. DERECHOS DE PROPIEDAD INTELECTUAL E INDUSTRIAL

12.1. Ninguna disposición del Contrato se entenderá como una concesión de derechos de propiedad intelectual o de otra índole respecto de los resultados de la Producción en favor del Financiador, cuya propiedad deberá ser en todo caso del Promotor.

12.2. La titularidad de la totalidad de los resultados derivados de la Producción, así como de la totalidad de los derechos económicos y derechos de explotación sobre los mismos corresponderán exclusivamente al Promotor, quien podrá ejercerlos tanto directa como indirectamente, a través de licencias o cualquier otra modalidad contractual por la que se ceda a terceros los derechos de explotación sobre los referidos resultados, total o parcialmente, de forma exclusiva o no exclusiva, sin necesidad de contar para ello con el consentimiento o conocimiento previo del Financiador y ello sin perjuicio de los acuerdos que el Promotor haya podido asumir con terceros.

12.3. Quedan especialmente comprendidos en los derechos de explotación referidos, los que se recogen en el artículo 17 del Real Decreto Legislativo 1/1996 de 12 de abril, por el que se aprueba el Texto Refundido de la Ley de la Propiedad Intelectual (en adelante "**TRLPI**").

13. CONFIDENCIALIDAD Y PROTECCIÓN DE DATOS

13.1. Las Partes se obligan a no hacer pública ninguna clase de información acerca de la Financiación o cualquier otra circunstancia relacionada con el objeto del presente Contrato y/o la Producción, sin el previo acuerdo de las mismas. De igual modo se comprometen durante la vigencia del presente Contrato a no revelar, divulgar y/o hacer público a ningún tercero por ningún medio las informaciones, procesos, documentos, negocios, clientes, operaciones, instalaciones, cuentas, finanzas, transacciones, *know how* o cualquier otro aspecto relacionado con la actividad de cada una de ellas, que haya llegado a su conocimiento con ocasión del presente Contrato sin la previa autorización escrita de la otra Parte.

13.2. Se considerará, entre otras, como información confidencial la que se refiera a:

a) Las negociaciones relacionadas con este Contrato o con los documentos a que se hace referencia en el mismo.

b) La existencia o el contenido del Contrato o de los documentos o información a que se hace referencia en el mismo.

c) Cualquier información relacionada con la Producción.

d) Información relativa a las circunstancias fiscales de cualquiera de las Partes.

e) Las conversaciones o reuniones que cualquiera de las Partes mantenga con terceros (Administración Tributaria, asesores, etc.) en relación con este Contrato o la Producción.

13.3. Ambas Partes asumen, en particular, las siguientes obligaciones:

a) No utilizarán la información confidencial para ningún propósito ajeno a la financiación de la serie al amparo del presente Contrato.

b) Restringirán el acceso a la información confidencial a sus administradores, empleados, asesores y auditores, y a todos estos en la medida en que razonablemente sea necesario para la financiación de la serie al amparo del presente Contrato.

c) No revelarán la información confidencial a ninguna persona distinta de las indicadas.

d) Informarán a las personas a las que revelen la información confidencial de las presentes obligaciones de confidencialidad y dichas personas asumirán el compromiso de respetar dichas limitaciones.

e) No utilizarán la información confidencial para la financiación o el desarrollo de otros proyectos o de la serie con otras personas.

f) Pondrán en conocimiento de la otra Parte cualquier uso no autorizado de la información confidencial de los que tuvieran conocimiento.

13.4. Las obligaciones establecidas en la presente Cláusula, con respecto a la información confidencial, no serán de aplicación en los casos que dicha información:

i. Fuera de dominio público, con carácter previo a ser recibida o accedida por la otra Parte o que pase a formar parte del dominio público después de haber sido recibida o accedida por la otra Parte, siempre que ello no se deba a un incumplimiento de las obligaciones de esa Parte en virtud del presente Contrato.

ii. Sea revelada para cumplir con la legislación vigente o como consecuencia de una orden o requerimiento de los Tribunales o de la Administración.

13.5. La Presente obligación de confidencialidad permanecerá vigente durante toda la duración del presente Contrato, así como una vez finalizado o resuelto el mismo por cualquier causa por un periodo de cinco (5) años.

13.6. Las Partes se obligan a cumplir el Reglamento UE 2016/679 de 27 de abril de 2016 (RGPD), la Ley Orgánica 3/2018, de 5 de diciembre de Protección de Datos Personales y garantía de los derechos digitales y demás normativa aplicable en materia de protección de datos.

De conformidad con el Reglamento (UE) 2016/679 del Parlamento Europeo y del Consejo, de 27 de abril de 2016, relativo a la protección de las personas físicas en lo que respecta al tratamiento de datos personales y a la libre circulación de estos datos y por el que se deroga la Directiva 95/46/CE ("**RGPD**") y la Ley Orgánica 3/2018, de 5 de diciembre, de Protección de Datos Personales y garantía de los derechos digitales ("**LOPD**"), las Partes consienten y hacen constar que los datos personales de los firmantes del presente Contrato serán de uso exclusivo a efectos de la formalización y desarrollo del presente acuerdo de financiación, pudiendo figurar dichos datos en los ficheros de titularidad privada de cualquiera de las Partes, en cuyo caso las Partes se reconocen mutua y recíprocamente los derechos de acceso, rectificación, supresión, oposición, limitación y portabilidad, que podrán ejercitarse mediante escrito dirigido a los domicilios indicados en el encabezado.

La base legitimadora del tratamiento es la relación contractual entre las Partes. Las Partes reconocen que los datos de carácter personal que se proporcionen ahora o en el futuro serán tratados por la otra Parte con la finalidad de gestionar la relación contractual surgida del presente Contrato.

Los datos de carácter personal serán conservados por éstas con el fin indicado durante el tiempo exigido por la legislación aplicable y, en todo caso, hasta que prescriban las eventuales responsabilidades derivadas del presente Contrato.

Las Partes podrán comunicar los datos personales que obtengan a otras sociedades de su grupo, con la finalidad de poder llevar a cabo la centralización de procesos administrativos e informáticos.

14. VIGENCIA, INCUMPLIMIENTOS Y CAUSAS DE RESOLUCIÓN ANTICIPADA DEL CONTRATO

14.1. El presente Contrato entrará en vigor a la fecha de su firma y se mantendrá vigente hasta el cumplimiento de la totalidad de las obligaciones recogidas en el mismo

14.2. En caso de incumplimiento de alguna de las cláusulas del Contrato, la Parte cumplidora deberá comunicarlo a la otra Parte, que deberá subsanar dicho incumplimiento en un plazo máximo de quince (15) días naturales, transcurridos los cuales, si el incumplimiento no ha sido subsanado a satisfacción de la Parte cumplidora y la obligación incumplida es esencial, podrá ésta dar por resuelto el Contrato, con efectos inmediatos y sin necesidad de nueva comunicación.

15. RESPONSABILIDAD Y DAÑOS Y PERJUICIOS

15.1. En ningún caso podrá el Financiador ser considerado responsable de los daños y perjuicios causados por el Promotor o por terceros como consecuencia, directa o indirecta, de la ejecución de la Producción, comprometiéndose el Promotor a mantener totalmente indemne y resarcir al Financiador frente a cualquier pérdida, daño, perjuicio, carga, responsabilidad y gastos relacionados con cualquier reclamación (judicial o extrajudicial) que esté relacionada con el mismo.

15.2. El lucro cesante no será exigible por el Financiador en el supuesto de que las circunstancias referidas en el punto 15.1 anterior tengan su causa en una interpretación razonable de la normativa fiscal de aplicación que no sea compartida por la Administración Tributaria o en una modificación de dicha normativa.

15.3. El Promotor procederá a la resolución del Contrato y la devolución del 100% de las cantidades satisfechas por el Financiador para el supuesto de que, finalmente, no se haya obtenido el certificado del INAEM u organismo competente en la materia de la Diputación Foral de Vizcaya por el Promotor. El Contrato quedará resuelto de forma automática para el supuesto de que el referido certificado no se haya obtenido pasados dos meses desde la finalización del periodo impositivo. Del mismo modo, se procederá en caso de incumplimiento de la obligación de reinversión asumida por el Promotor en la Cláusula 8.2 m) anterior.

15.4. En el caso de no se haya obtenido el certificado del INAEM u organismo competente en la materia de la Diputación Foral de Vizcaya correspondiente por el Promotor, la devolución de las referidas cantidades satisfechas por el Financiador será devueltas por el Promotor al Financiador dentro del plazo de los quince (15) días hábiles siguientes a la fecha de resolución del Contrato, desde dicho momento las cantidades adeudadas devengarán los correspondientes intereses de demora calculados al cinco por ciento (5%), intereses que se devengarán diariamente.

16. NOTIFICACIONES

16.1. Salvo que expresamente se disponga otra cosa, las comunicaciones y notificaciones entre las Partes que se requieran por aplicación de su contenido, serán válidas y surtirán plenos efectos siempre que se realicen de forma escrita que permita probar razonablemente que la comunicación fue efectuada y el destinatario debió recibirla, tales como fax (cuando pueda acreditarse la fuente de procedencia, el destino del mismo y la confirmación del envío correspondiente), burofax o por correo electrónico con acuse de recibo.

16.2. Las y notificaciones entre las Partes deberán ser remitidas a los domicilios y personas señaladas al inicio del presente Contrato.

17. MISCELÁNEA

17.1. Encabezamientos:

Los encabezamientos y el índice utilizados en este Contrato se incluyen únicamente con fines de referencia y no afectarán a su interpretación.

17.2. Prevalencia:

Si existieran contradicciones entre el contenido de un documento complementario o un anexo y el contenido de las cláusulas de este Contrato, se deberá dar siempre preferencia al contenido de estas últimas.

17.3. Independencia e integración de las cláusulas:

La ilicitud, invalidez o inefectividad de cualquiera de las cláusulas del Contrato no afectará a la eficacia del resto, siempre que los derechos y obligaciones de las Partes derivados del Contrato no se vieran afectados de forma esencial. Se entiende por esencial cualquier situación que lesionare gravemente los intereses de cualquiera de las Partes, o que recayera sobre el objeto mismo del Contrato previsto en la cláusula 1. Dichas cláusulas deberán reemplazarse o integrarse con otras que, siendo conformes a la ley, respondan a la finalidad de las sustituidas.

17.4. Primacía y modificaciones del Contrato:

Este Contrato constituye el compromiso alcanzado a la fecha de su firma entre las Partes con respecto a las materias contenidas en el mismo y sustituye y deroga todos los acuerdos previos en relación con su objeto.

Todos los anexos forman parte integrante del Contrato y, sin perjuicio de lo previsto en la cláusula 17.2, tienen la misma validez y eficacia que si estuvieran incorporados a su cuerpo principal.

Las modificaciones que se hiciesen al Contrato deberán ser redactadas por escrito en un documento firmado por las Partes.

17.5. Gastos y tributos

Todos los gastos que se puedan derivar del asesoramiento individualizado de cada una de las Partes serán satisfechos por la Parte que los haya contratado, y aquellos gastos que se pudieran originar, en su caso, por la presentación o formalización del presente Contrato ante el Organismo competente serán satisfechos por el Promotor.

Los impuestos que se devenguen como consecuencia del cumplimiento de cualesquiera obligaciones contenidas en este Contrato serán satisfechos por la Parte que la Ley señale en cada momento como sujeto pasivo.

17.6. Asesoramiento propio y exoneración

Sin perjuicio de las obligaciones asumidas bajo el presente Contrato, el Financiador manifiesta que la decisión de financiar la Producción se ha tomado exclusivamente con base en su propio asesoramiento legal, económico y fiscal, en base a su interés en participar en la financiación de la Producción a cambio de recibir un beneficio procedente tanto de la deducción establecida en la Norma Foral para las aportaciones de los productores, como de cualquier otro beneficio fiscal que se obtenga a través de la amortización de los gastos de la Producción y que conoce y acepta la existencia de los posibles riesgos, inherentes al presente Contrato, derivados de eventuales cambios normativos o de modificación de los criterios interpretativos relativos a las normas vigentes, los cuales podrían provocar una disminución o pérdida de su rentabilidad estimada, y como consecuencia de todo lo anterior, exonera al Promotor y/o sus asesores legales de cualquier responsabilidad por el hecho de que dichas expectativas no pudieran cumplirse.

18. RÉGIMEN APLICABLE Y JURISDICCIÓN

18.1. El presente Contrato será regulado e interpretado de conformidad con la legislación española y la Norma Foral.

18.2. La validez, ejecución e interpretación del Contrato serán reguladas en todos sus aspectos por las leyes civiles y mercantiles españolas. Las Partes acuerdan que todo desacuerdo, disputa, controversia o reclamación relacionada con el presente Contrato, se resolverá definitivamente ante los Tribunales de Bilbao con expresa renuncia a su propio fuero o competencia.

En prueba de conformidad, las Partes contratantes firman y rubrican el presente Contrato en el lugar y fecha del encabezamiento.

EL PROMOTOR	**EL FINANCIADOR**
______________________	______________________
[*]	[*]

Anexo I
Detalle y gastos de la Producción

A) Características de la Producción

- Artista(s) [*]
- Lugar: [*]
- Fecha: [*]
- Promotor: [*].

B) Gastos:

- Durante el ejercicio [*], el Promotor ha registrado contablemente un gasto de asciende a [*] **([*]-€)**, los cuales serán susceptibles de formar parte de la base de la Deducción del 66 quater dos de la Norma Foral.

El Financiador aporta la cantidad de [*] **([*]-€).**

Anexo II
Calendario de pagos

[*] **([*]-€).** mediante transferencia a bancaria a la cuenta indicada en la cláusula 3.4 a la firma de este Contrato.

Anexo III

Trámite: GE041 Comunicación art. 39.7 de la Ley 27/2014, de 27 de noviembre, del Impuesto sobre Sociedades ("**LIS**")

A LA AGENCIA ESTATAL DE LA ADMINISTRACIÓN TRIBUTARIA

De una parte,

[*]**,** una sociedad de responsabilidad limitada española, con domicilio en [*], inscrita en el Registro Mercantil de [*] y provista de N.I.F. [*], debidamente representada en este acto por D./Dña. [*], mayor de edad, con D.N.I. [*], en vigor, y con domicilio a estos efectos en [*], en su condición de [*] de la referida sociedad; (en adelante, el "**Promotor**" o "[*]").

Y de otra parte:

[*]**.**, de nacionalidad española, con domicilio social en c/[*], inscrita en el Registro Mercantil de [*]y provista de NIF número [*], debidamente representada en este acto por [*], de nacionalidad española, mayor de edad, con domicilio a estos efectos en c/[*], y titular del DNI número [*], en su calidad de [*] de la misma (en adelante, el "**Financiador**").

Ambas Partes comparecen y como mejor proceda en Derecho;

EXPONEN

PRIMERO.– Que el Promotor es una entidad de reconocido prestigio con amplia experiencia en la producción y promoción de espectáculos y que, durante el ejercicio ...., ha llevado a cabo, entre otros, los siguientes eventos:

- [*]

(en lo sucesivo, la "**Producción**").

SEGUNDO.– Que, asimismo la Ley 11/2020, de 30 de diciembre, de Presupuestos Generales del Estado para el año 2021, con efectos para los períodos impositivos que se inicien a partir de 1 de enero de 2021, modificó el artículo 39.7 de la LIS permitiendo extender la aplicación de la deducción del artículo 36.3 de la LIS a la que tiene derecho el correspondiente promotor, al contribuyente que participe en la financiación de la correspondiente Producción, bajo el cumplimiento de ciertos requisitos.

Dicho artículo 39.7 LIS fue posteriormente modificado por la Disposición Final 5ª de la *Ley 38/2022, de 27 de diciembre, para el establecimiento de gravámenes temporales energético y de entidades de crédito y establecimientos financieros de crédito y por la que se crea el impuesto temporal de solidaridad de las grandes fortunas, y se modifican determinadas normas tributarias*, con efectos para períodos impositivos que se inicien a partir de 1 de enero de 2021.

TERCERO.- Que, en el marco de la Producción, el Financiador y el Promotor formalizaron el [*] de [*] de [*] un contrato de financiación en el sentido del artículo 39.7 de la LIS.

En virtud del mencionado contrato, el Financiador financia un total de [*] **([*]-€)** para sufragar, de forma exclusiva, los costes de la Producción a cambio de tener derecho a acreditar en su autoliquidación del Impuesto sobre Sociedades una deducción por obras audiovisuales generada por el Promotor por importe de [*] **([*]-€)** (que se corresponden con los costes de la Producción y se generarán en [*]).

CUARTO.- Que el artículo 39.7 de la LIS, en su redacción vigente, establece lo siguiente:

"Para la aplicación de la deducción será necesario que el contribuyente que participe en la financiación presente el contrato de financiación y certificación del cumplimiento de (…) del requisito establecido en la letra a) del apartado 3 del artículo 36 de esta ley, según corresponda, en una comunicación a la Administración tributaria, suscrita tanto por el productor como por el contribuyente que participa en la financiación de la producción, con anterioridad a la finalización del período impositivo en que este último tenga derecho a aplicar la deducción."

QUINTO.- Que, con el objetivo de cumplir con los mencionados requisitos formales, el Financiador y el Promotor proceden a aportar la siguiente documentación:

e) Como **Documento Anexo Número 1**, copia del contrato de financiación formalizado en el sentido del 39.7 de la LIS.

SEXTO. –Que, según lo dispuesto en el artículo 39.7 de la LIS, realizamos la presente comunicación regulada, para el período impositivo [*].

Por todo ello,

SOLICITAN

Que teniendo por presentado este escrito en tiempo y forma junto a la documentación que le acompaña, se sirva admitirlo a trámite y, en su virtud, se entienda por realizada la correspondiente comunicación como se indica en el art. 39.7 de la LIS en los términos anteriormente señalados.

En [*], a [*].

EL PROMOTOR	**EL FINANCIADOR**
[*]	[*]

ANEXO III (FORAL)

Trámite: Comunicación art. 66 quinquies de la Norma Foral de Vizcaya 11/2013, de 5 de diciembre, del Impuesto Sobre Sociedades (la "**Norma Foral**")

A LA HACIENDA DE BIZKAIA

De una parte,

[*], una sociedad de responsabilidad limitada española, con domicilio en [*], inscrita en el Registro Mercantil de [*] y provista de N.I.F. [*], debidamente representada en este acto por D./Dña. [*], mayor de edad, con D.N.I. [*], en vigor, y con domicilio a estos efectos en [*], en su condición de [*] de la referida sociedad; (en adelante, el "**Promotor**" o "[*]").

Y de otra parte:

[*]**.**, de nacionalidad española, con domicilio social en c/[*], inscrita en el Registro Mercantil de [*]y provista de NIF número [*], debidamente representada en este acto por [*], de nacionalidad española, mayor de edad, con domicilio a estos efectos en c/[*], y titular del DNI número [*], en su calidad de [*] de la misma (en adelante, el "**Financiador**").

Ambas Partes comparecen y como mejor proceda en Derecho;

EXPONEN

PRIMERO.– Que el Promotor es una entidad de reconocido prestigio con amplia experiencia en la producción y promoción de espectáculos y que, durante el ejercicio ...., ha llevado a cabo, entre otros, los siguientes eventos:

- [*]

(en lo sucesivo, la "**Producción**").

SEGUNDO.– Que la Norma Foral 11/2013, de 5 de diciembre, del Impuesto Sobre Sociedades, en virtud de su artículo 66 quinquies, permite extender la aplicación de la deducción del artículo 66 quater dos a la que tiene derecho el Promotor, al contribuyente que participe en la financiación de espectáculos en vivo de artes escénicas y musicales, bajo el cumplimiento de ciertos requisitos.

TERCERO.- Que, en el marco de la Producción, el Financiador y el Promotor formalizaron el [*] de [*] de [*] un contrato de financiación en el sentido del artículo 66 quinquies de la Norma Foral.

En virtud del mencionado contrato, el Financiador financia un total de [*] **([*]-€)** para sufragar, de forma exclusiva, los costes de la Producción a cambio de tener derecho a acreditar en su autoliquidación del Impuesto sobre Sociedades una deducción por obras audiovisuales generada por el Promotor por importe de [*] **([*]-€)** (que se corresponden con los costes de la Producción y se generarán en [*]).

CUARTO.- Que el artículo 66 quinquies de la Norma Foral, en su redacción vigente, establece lo siguiente:

"Los contribuyentes que pretendan acogerse a la deducción prevista en este artículo deberán presentar el contrato de financiación a que se refiere su apartado 3 en una comunicación a la Administración tributaria, suscrita por todas las partes del contrato, con anterioridad a la finalización del período impositivo en que se genere la deducción, en los términos que reglamentariamente se establezcan."

QUINTO.- Que, con el objetivo de cumplir con los mencionados requisitos formales, el Financiador y el Promotor proceden a aportar la siguiente documentación:

f)°Como **Documento Anexo Número 1**, copia del contrato de financiación formalizado en el sentido del artículo 66 quinquies de la Norma Foral.

Por todo ello,

SOLICITAN

Que teniendo por presentado este escrito en tiempo y forma junto a la documentación que le acompaña, se sirva admitirlo a trámite y, en su virtud, se entienda por realizada la correspondiente comunicación como se indica en el art. 66 quinquies de la Norma Foral en los términos anteriormente señalados.

En [*], a [*].

EL PROMOTOR	**EL FINANCIADOR**
______________________	______________________
[*]	[*]

Anexo IV

Obligaciones del Productor	Plazos
Realizar la solicitud de certificado emitido por el ICAA u organismo foral correspondiente	Dos meses desde el fin del ejercicio
Facilitar al Financiador una copia del certificado expedido por el ICAA u organismo foral correspondiente.	En los dos meses siguientes a la obtención de dichos certificados
Comunicar a la Agencia Tributaria el presente Contrato de financiación	Con anterioridad a la finalización del periodo impositivo.
Confeccionar y presentar las correspondientes declaraciones fiscales en tiempo y forma. En particular se consignará la renuncia expresa a la deducción fiscal por producción española de largometrajes cinematográficos y opción por su traspaso al Financiador en virtud del artículo 39.7 de la LIS y/o del artículo 66 quinquies de la Norma Foral, según corresponda.	Con anterioridad al 25 de julio del ejercicio siguiente
Obtener y aportar al Financiador un informe anual acreditativo de la ejecución de los costes relativos a la producción de la Producción emitido por el Productor, conforme a lo dispuesto en la cláusula 3.6	Con anterioridad al 31 de marzo del año siguiente
Emitir anualmente una certificación acreditativa de las aportaciones y deducciones correspondientes al Financiador en los términos del Anexo III.	Con anterioridad al 30 de junio del año siguiente
Obligación de entregar una copia nueva y en perfecto estado de la producción en la Filmoteca Española o la filmoteca oficialmente reconocida por la respectiva Comunidad Autónoma (art 36.1 LIS).	Antes del 31 de diciembre del año en que se genere la producción

Obligaciones del Financiador	Plazos
Desembolsar la financiación en los plazos establecidos en el Contrato	Según Anexo II
Comunicar a la Agencia Tributaria el presente Contrato de financiación	Con anterioridad a la finalización de cada periodo impositivo en que se genere la deducción
Confeccionar y presentar sus declaraciones fiscales en tiempo y forma. En particular, hará constar: – La acreditación y acceso a la deducción fiscal generada por el Productor. – En su caso, su opción expresa por aceptar el acceso a la deducción generada por el Productor en virtud del artículo 39.7 de la Ley del Impuesto sobre Sociedades y/o 66 quinquies de la Norma Foral, según sea aplicable.	Con anterioridad al 25 de julio del año siguiente

F147. CONTRATO DE FINANCIACIÓN DE PRODUCCION DE ESPECTACULOS EN VIVO. ARTÍCULO 36.1 LIS

CONTRATO DE FINANCIACIÓN DE LA PRODUCCIÓN DEL [*] "[*]"

Entre
[*].
y
[*],

En [*], a [*]

COMPARECEN

De una parte:

[*], una sociedad de responsabilidad limitada española, con domicilio en [*], inscrita en el Registro Mercantil de [*] y provista de N.I.F. [*], debidamente representada en este acto por D./Dña. [*], mayor de edad, con D.N.I. [*], en vigor, y con domicilio a estos efectos en [*], en su condición de [*] de la referida sociedad; (en adelante, el "**Promotor**" o "[*]").

Y de otra parte:

[*], de nacionalidad española, con domicilio social en c/[*], inscrita en el Registro Mercantil de [*] y provista de NIF número [*], debidamente representada en este acto por [*], de nacionalidad española, mayor de edad, con domicilio a estos efectos en c/[*], y titular del DNI número [*], en su calidad de [*] de la misma (en adelante, el "**Financiador**").

En adelante, el Promotor y el Financiador serán referidos conjuntamente como las "**Partes**" y, cualquiera de ellos, separadamente como la "**Parte**".

Las Partes se reconocen, mutua y recíprocamente, capacidad para otorgar el presente contrato de financiación (el "**Contrato**"), y de mutuo y común acuerdo

EXPONEN

I. Que el Promotor es una entidad dedicada, entre otras actividades, a la producción de espectáculos en vivo de artes escénicas y musicales, siendo contribuyente en el Impuesto sobre Sociedades.

II. Que el Promotor, en la actualidad, está produciendo el [Festival/Concierto] del artista [Nombre del Artista/Nombre del Festival o espectáculo] celebrado en [Lugar] el [Fecha(s)], (en adelante, la "**Producción**")[2].

2 **Nota al borrador**: este expositivo deberá ser adaptado según la tipología del concierto o espectáculo. En cualquier caso, se deben indicar las fechas, nombre del espectáculo o del artista, y el lugar concreto donde se celebrará.

III. Que el Promotor prevé que, para llevar a cabo dicha Producción, será necesario incurrir en un coste total estimado de [*] **([*]-€)**, por lo que el Promotor está interesado en obtener financiación de terceros de parte de este importe.

IV. Los gastos de dicha producción darán derecho a la deducción por espectáculos en vivo de artes escénicas y musicales, prevista en el artículo 36.3 de la Ley 27/2014, de 27 de noviembre, del Impuesto sobre Sociedades (en adelante, "**LIS**").

V. Que el Promotor ostenta el control creativo absoluto sobre la Producción, llevando a cabo todas las tareas de producción efectiva de la misma y conservando todos los derechos de explotación de Propiedad Intelectual derivados de la Producción, y está interesado en recibir la financiación por parte del Financiador para el desarrollo de la Producción en los términos y condiciones que se regulan en el presente Contrato

VI. Que en el **Anexo I** al presente Contrato se recoge la descripción del espectáculo llevado a cabo, identidad de sus productores, presupuesto, fuentes de financiación que se prevén obtener, así como los gastos de la Producción que darán derecho a la deducción de la Producción que se estima generar durante el año.

VII. Que, con el fin de obtener por la Producción el derecho a la deducción en la cuota líquida del Impuesto sobre Sociedades, el Promotor cumplirá con todas las obligaciones y todos los requisitos previstos en el artículo 36.3 de la LIS, conforme a los cálculos y los importes correspondientes.

VIII. Que el Financiador está interesado en participar en la financiación de la Producción mediante la realización de una aportación económica (en adelante, la "**Financiación**"), en los términos y condiciones previstos en el artículo 39.7. de la LIS. En este sentido, la cantidad aportada por el Financiador le dará derecho a aplicar la deducción regulada en el artículo 36.3 de la LIS.

En virtud de todo lo anterior, las Partes acuerdan suscribir el presente Contrato que se regirá por las siguientes

CLÁUSULAS

1. OBJETO DEL CONTRATO

1.1. El objeto del presente Contrato consiste en establecer: **(i)** los términos y condiciones en virtud de los cuales el Financiador concede al Promotor la Financiación; y **(ii)** los derechos y obligaciones asumidos por las Partes en relación con dicha Financiación.

1.2. El Financiador aportará la correspondiente Financiación al Promotor para sufragar una parte de los costes a incurrir en el desarrollo de la Producción, a cambio de tener acceso y poder acreditar la deducción del artículo 36.3 de la LIS generada por el Promotor en una cuantía equivalente al 120 % de sus aportaciones, al amparo de lo dispuesto en el artículo 39.7 de la LIS. Las obligaciones del Financiador se considerarán cumplidas íntegramente con el desembolso de las cantidades comprometidas en el presente Contrato.

1.3. Por su parte, el Promotor, a cambio de percibir la Financiación comprometida renuncia, en favor del Financiador, a acreditar y aplicar la deducción por producción y exhibición de espectáculos en vivo de artes escénicas y musicales, en cuantía equivalente al 120% de la financiación recibida, de acuerdo con lo dispuesto en el artículo 39.7 de la LIS.

2. DESCRIPCIÓN DE LA PRODUCCIÓN Y PRESUPUESTO

2.1. La Producción se encuentra detallada en el **Anexo I** al presente Contrato.

2.2. Asimismo, en el Anexo I se describen de forma detallada los gastos de producción publicidad y promoción, y en particular aquellos realizados en territorio español. Sin perjuicio de lo anterior, las Partes reconocen la posibilidad de que ocurran una serie de supuestos que afecten al Retorno Fiscal (tal y como se define más adelante), como puede ser **(i)** la entrada en vigor de modificaciones normativas de cualquier índole, así como la publicación de resoluciones interpretativas o criterios de la Dirección General de Tributos o **(ii)** cualquier desviación a la baja del presupuesto total, en cualquier momento de la duración del Contrato, ya sea por disminución de los costes incurridos o por las subvenciones o ayudas recibidas.

En caso de que se den los supuestos contemplados en el párrafo anterior, la aportación del Financiador se reducirá proporcionalmente, de manera que se garantice el Retorno Fiscal del 20% sobre su aportación, aunque esto supusiera el reembolso de parte de la aportación recibida por el Promotor.

3. FINANCIACIÓN

3.1. **Importe de la Financiación**:

El Financiador se compromete a entregar la Financiación de [*] **(**[*]**-€)** al Promotor.

3.2. **Calendario estimado de los desembolsos**:

Las aportaciones se desembolsarán según el calendario de pagos dispuesto en el **Anexo II** del presente Contrato.

3.3. **Destino de la Financiación**:

El Promotor destinará las aportaciones recibidas a sufragar, de forma exclusiva, los costes de producción de la Producción.

3.4. **Forma de Pago:**

La Financiación será entregada por el Financiador mediante transferencia bancaria a la cuenta bancaria siguiente:

IBAN: [*]

Titular: [*]

Concepto: FINANCIACIÓN A [*]- 36.3. Y 39.7 LIS

El Financiador deberá abonar la Financiación al Promotor a la firma del presente Contrato.

Una vez el Promotor haya recibido la Financiación, ello supondrá la más eficaz carta de pago y reconocimiento por parte del Promotor de la entrega de la Financiación comprometida.

3.5. **Revisión de mutuo acuerdo de los importes y el calendario de desembolsos.**

En cualquier momento las Partes podrán acordar las modificaciones de las cuantías y las fechas de los desembolsos comprometidos para adecuarlas al desarrollo de la Producción.

3.6. **Acreditación de los gastos incurridos:**

El Promotor deberá justificar la efectiva realización de los costes de producción susceptibles de formar parte de la base de la deducción prevista en el artículo 36.3 de la LIS a solicitud del Financiador.

3.7. El Financiador podrá suspender la entrega de la Financiación comprometida en el caso de existencia de cualquier circunstancia que constituya un incumplimiento no subsanado por parte del Promotor de cualquiera de sus obligaciones esenciales asumidas en virtud del Contrato. En tales casos, la suspensión de la entrega de la Financiación comprometida no se considerará un incumplimiento de las obligaciones del Financiador ni obstará al cobro, en su caso, de las cantidades previstas en el presente Contrato.

3.8. En todo caso, las aportaciones a realizar por el Financiador se realizarán con anterioridad a la obtención del certificado anual por el Promotor recogido en el artículo 36.3. de la LIS. En este sentido, el Financiador se compromete a realizar la transferencia referida antes de la fecha que se determine en el Contrato.

4. REINTEGRO DE LA FINANCIACIÓN Y RENTABILIDAD

4.1. Como consecuencia de esta aportación, el Financiador tendrá derecho a aplicar en el ejercicio fiscal [*] una deducción fiscal en su Impuesto sobre Sociedades (en adelante "**IS**") sobre la parte de la cuota íntegra que, de conformidad con el contenido del artículo 36.3 de la LIS, dependerá **(i)** del coste total de la Producción, entendiendo como coste, aquellos costes artísticos, técnicos y promocionales relativo a la Producción que haya realizado el Promotor, **(ii)** la Financiación realizada por el Financiador y **(iii)** el Retorno Fiscal acordado en este Contrato.

4.2. Las Partes acuerdan que el reintegro de la Financiación y la rentabilidad asociada a la misma será el resultado de multiplicar la Financiación recogida en el apartado 3.1 por 1,2 (uno *coma* dos) (en adelante, el "**Retorno Fiscal**") dando lugar a una rentabilidad del 20% (en adelante "**Rentabilidad Fiscal**") sobre su Financiación y todo ello con independencia del impacto fiscal que, en su caso, esa Rentabilidad Fiscal pudiera tener para el Financiador.

4.3. El Promotor reconoce que, conforme al referido artículo 39.7 de la LIS, el importe de la Deducción del 39.7 LIS es incompatible, total o parcialmente, con la Deducción del 36.3 LIS, por lo que el Promotor no tendrá derecho a aplicarse esta última deducción por aquella cuantía que corresponda a la deducción cedida, pudiendo aplicarla, en su caso, por el exceso.

4.4. Los desembolsos realizados por el Financiador no darán a este derecho a su devolución, ni a la percepción de intereses, ni a participar en la titularidad o los resultados de la Producción ni a adquirir derechos de propiedad intelectual o de otra índole respecto a los resultados del mismo, sino que tendrán como única contraprestación el acceso al Financiador a acreditar la deducción por producción y exhibición de espectáculos en vivo de artes escénicas y musicales generada por el Promotor en el ejercicio [*] (referida en este Contrato como la deducción fiscal) por importe equivalente al 120 % de sus aportaciones desembolsadas.

4.5. A los efectos de este Contrato se podrá computar como deducción máxima la que resulte acorde con el coste efectivo de la Producción y en los términos y condiciones previstos en el artículo 36.3 de la LIS.

5. AJUSTES A LA DEDUCCIÓN FISCAL

5.1. Cualquier contingencia fiscal que pueda derivar de una minoración de la deducción fiscal acordada en el presente Contrato será asumida íntegramente por el Promotor, quien procederá a sufragar el pago de la misma, quedando el Financiador exento de toda responsabilidad y pago. A efectos de mayor transparencia, se entiende por contingencia fiscal cualquier deuda tributaria con independencia de su naturaleza, que pueda imputarse al Financiador, como consecuencia de la minoración de la deducción fiscal acordada.

5.2. Asimismo, en caso de que se hubiera procedido a una desviación a la baja del presupuesto de la Producción en cualquier momento de la duración del Contrato, ya sea por disminución de los gastos y costes incurridos o por las subvenciones o ayudas recibidas y, el Promotor no hubiera alcanzado el gasto total de la Financiación aquí otorgada y, con ello, no se hubiera generado la deducción total establecida en el presente Contrato, el Promotor responderá frente al Financiador mediante el abono correspondiente al porcentaje de rentabilidad correspondiente hasta llegar al 120% de sus aportaciones desembolsadas.

5.3. Si la Administración Tributaria revisase la deducción, las Partes harán sus mejores esfuerzos y colaborarán de buena fe para la defensa de la deducción fiscal generada por el Promotor y acreditada por el Financiador.

5.4. Si la deducción fuere cuestionada sobre la base de la calificación, de la cuantificación de la base de la deducción, del incumplimiento de los requisitos formales y obligaciones previstas en el artículo 36.3 de la LIS o por cualquier motivo imputable a un incumplimiento del Promotor y, finalmente, la Administración Tributaria redujera la deducción fiscal acreditable por el Financiador por debajo del 120% de sus desembolsos (netos de los reembolsos que hubieran procedido en virtud de la cláusula 3, el Promotor deberá indemnizar al Financiador en el importe regularizado por la Administración Tributaria, con inclusión de los correspondientes intereses, recargos y sanciones que, en su caso, le fueran impuestos. En estos casos se aplicarán las siguientes reglas:

i. La defensa de la deducción fiscal, tanto en vía administrativa como judicial, será dirigida por el Promotor. El Financiador le prestará todo el apoyo que fuere necesario para dicha defensa.

ii. Las costas y honorarios incurridos en dicha defensa serán por cuenta del Promotor.

iii. Salvo consentimiento del Promotor, el Financiador no podrá dar conformidad a las liquidaciones de la Administración Tributaria ni desistir de cualesquiera recursos o reclamaciones relacionadas con la deducción fiscal general por la producción y exhibición de la Producción.

iv. El Promotor deberá satisfacer al Financiador la indemnización prevista en esta cláusula dentro del plazo de ingreso en periodo voluntario de la deuda tributaria. En caso de suspensión del ingreso, el Promotor deberá satisfacer la correspondiente indemnización en el plazo de ingreso en periodo voluntario una vez finalizado el periodo de suspensión.

v. La decisión de solicitar o no la suspensión de la deuda tributaria corresponderá al Promotor, quien, en su caso, correrá con los gastos de aportación de garantías, así como con los intereses que se devenguen durante el periodo de suspensión.

5.5. No procederán las indemnizaciones previstas en el apartado 5.4 anterior cuando la no aplicación de la deducción acreditada en el Impuesto sobre Sociedades del Financiador obedezca a razones imputables al propio Financiador, como pudieran ser, a título de ejemplo, que el Financiador no contara con cuota líquida suficiente para aplicar la deducción acreditada.

5.6. En estos casos, la defensa jurídica de la aplicación de la deducción fiscal corresponderá exclusivamente al Financiador. No obstante, el Promotor le prestará el apoyo que fuera razonablemente necesario.

6. CAMBIOS NORMATIVOS

6.1. En caso de que por un cambio normativo se eliminase el incentivo fiscal previsto en el artículo 36.3 de la LIS y/o el esquema de financiación previsto en el artículo 39.7 de la LIS, el Financiador no efectuará las aportaciones que estuviesen pendientes de desembolsar y, con motivo del cambio normativo, no dieren lugar a la deducción fiscal. Las aportaciones desembolsadas con anterioridad a dicha supresión se consolidarán, siempre que existiera un régimen transitorio que permitiese al Financiador tener acceso y acreditar la deducción generada con carácter previo a dicha modificación normativa y sin perjuicio de los ajustes que correspondieran de acuerdo con la cláusula 3.

6.2. El Promotor reembolsará las aportaciones que ya se hubiesen desembolsado y sobre las que, con motivo del cambio normativo, no permitiesen la aplicación de la deducción fiscal.

6.3. Este mismo régimen se aplicará en caso de que la Producción, con motivo del cambio normativo, dejase de tener acceso a la deducción prevista en el artículo 36.3 de la LIS.

6.4. En caso de que por un cambio normativo o una interpretación jurisprudencial o administrativa se restringiese el incentivo fiscal previsto en el artículo 36.3 de la LIS y/o el esquema de financiación previsto en el artículo 39.7 de la citada norma, como pudiera ser, a título de ejemplo, reduciendo la rentabilidad fiscal máxima del Financiador o determinando no aplicable la estructura de financiación prevista en el presente Contrato, el Financiador podrá desistir del Contrato y tendrá derecho a la devolución de las aportaciones previamente desembolsadas.

6.5. En caso de que el Financiador no desistiese del Contrato, ambas Partes negociarán de buena fe para adaptar el presente Contrato, teniendo en cuenta sus principios informadores, al cambio normativo.

7. DECLARACIONES Y GARANTÍAS

7.1. El Promotor declara y garantiza al Financiador lo siguiente (las "**Declaraciones y Garantías**"):

a) Estado legal. El Promotor es una entidad válidamente existente conforme a las leyes de España.

b) Información. Es veraz, correcta y exacta en todos sus aspectos esenciales toda la información y documentación suministrada o que se suministrará por el Promotor:

i. al Financiador por razón de la negociación, firma y ejecución del presente Contrato (incluida toda la información contenida en el presente Contrato y sus Anexos); y

ii. Instituto Nacional de las Artes Escénicas y de la Música ("**INAEM**") u organismo competente en la materia de la Comunidad Autónoma correspondiente, a la Agencia Estatal de Administración Tributaria, el auditor externo en su caso (el "**Auditor Externo**") y cualesquiera entidades involucradas en la evaluación, calificación y control de (a) la evolución de la Producción, (b) la corrección de la Deducción del 36.3 LIS que correspondería al Promotor, (c) la corrección de la Deducción del 39.7 de la LIS a aplicar por el Financiador y (d) la veracidad, corrección y exactitud de las Declaraciones y Garantías.

c) La Producción.

i. El Promotor cumple y cumplirá, en relación con las actividades que desarrolla y desarrollará en el marco de la Producción, con los requisitos establecidos en los artículos 36.3 y 39.7 de la LIS, a los efectos de que la Promotor obtenga el derecho a la deducción del 36.3 LIS y que el Financiador pueda acreditar la deducción del 39.7 LIS.

ii. El importe, la localización, la naturaleza, la Financiación y la realización de los gastos que se realizarán en el marco de la Producción se ajustan a los requisitos contenidos la normativa aplicable. Dichos gastos son de carácter artístico, técnico y promocional, los mismos se encuentran debidamente contabilizados y cuentan con sus soportes documentales justificativos.

d) Consentimientos. El Promotor ha obtenido todas y cada una de las preceptivas autorizaciones de sus órganos sociales para la firma del Contrato.

e) Inexistencia de incumplimiento. Ni la firma de este Contrato, ni el cumplimiento de cualquiera de los pactos en él contenidos, violan ni violarán, ni constituyen ni constituirán, un incumplimiento, ni hacen ni harán que se exceda o incumpla ninguna limitación, obligación o prohibición del Promotor, o de las facultades de sus representantes, impuesta o que se contenga en: (i) cualquier ley, reglamento, resolución administrativa o decisión judicial, por los que el Promotor esté vinculado o afectado; (ii) cualquier documento o regulación que contenga o establezca las normas constitutivas del Promotor, y, en particular, en sus Estatutos sociales; o (iii) cualquier contrato, convenio u otro instrumento del que el Promotor o sus socios sean parte.

f) Inexistencia de infracción. El Promotor se halla al corriente en sus obligaciones en temas sociales, de propiedad intelectual e industrial, mercantiles, civiles, laborales, tributarias, administrativas y de subvenciones o ayudas y cumple con todas sus obligaciones contractuales y con toda la normativa que le resulta de aplicación, no habiéndose beneficiado de ninguna ayuda ilegal anterior declarada incompatible por una Decisión de la Comisión Europea.

g) Insolvencia. El Promotor no ha incumplido sus obligaciones de pago, ni está en situación de insolvencia inminente o incurso en causa legal de disolución o concurso, o en situación que le obligue a la adopción de medidas para el restablecimiento de su equilibrio patrimonial, ni ha solicitado de sus acreedores quitas o esperas. En particular, el Promotor declara que no conoce ninguna circunstancia económica-financiera o de cualquier otra clase que le impida hacer frente a sus obligaciones de pago durante el periodo de ejecución de la Producción.

7.2. Las Declaraciones y Garantías se entenderán reiteradas mientras el Contrato se mantenga en vigor.

8. OBLIGACIONES DEL PROMOTOR

8.1. En virtud del presente Contrato, el Promotor se obliga frente al Financiador a

a) Que la Producción haya sido realizada y terminada.

b) Cumplir con los requisitos previstos en el artículo 36.3 apartados a') y b') de la LIS. En particular, obtención del correspondiente Certificado otorgado por el INAEM o por el órgano correspondiente de la Comunidad Autónoma con competencia en la materia.

A estos efectos, el Promotor facilitará al Financiador una copia de los mencionados certificados en el plazo de dos meses desde su obtención.

8.2. Asimismo, el Promotor se compromete a:

a) Asumir el riesgo y ventura de la producción y exhibición de la Producción.

b) A la realización en el ejercicio [*] de la Producción descrita, así como a incurrir en el presupuesto total indicado en el Contrato y que se constituye como requisito necesario para la obtención de los correspondientes Certificados, lo que permitirá la aplicación de la deducción por parte del Inversor.

c) A que el importe de la Financiación se destinará necesaria y directamente al pago de las facturas y gastos correspondientes a los costes de Producción que formen parte de la base de la de la Deducción del 36.3 LIS, incluida la amortización de la financiación obtenida por el Promotor para pagar dichas facturas y gastos.

d) A que la Producción obtenga el certificado anual emitido por el INAEM u correspondiente en la Comunidad Autónoma.

e) A que el importe de la Deducción del 36.3, junto con las ayudas recibidas por el Promotor para la Producción, no superen el ochenta por ciento (80%) del coste total de producción, obligándose el Promotor a presentar, junto con la autoliquidación del Impuesto sobre Sociedades en la que practique la Deducción del 36.3 LIS, una relación del resto de ayudas o subvenciones públicas recibidas.

f) El Promotor, en caso de ser necesario, adaptará la Producción y cumplirá con cuantos requisitos puedan surgir o necesitarse para la generación de la deducción del 36.3 LIS y la práctica por el Financiador de la deducción del 39.7 LIS.

g) Deberá comunicar inmediatamente al Financiador y al Auditor Externo de los sucesos, así como de las actuaciones administrativas o legales que puedan afectar a la ejecución de la Producción, así como del acaecimiento de cualquier causa o circunstancia de la que tenga conocimiento y/o puedan afectar al derecho del Promotor la deducción del 36.3 LIS y al derecho del Financiador a acreditar la deducción del 39.7 LIS.

h) Deberá comunicar de forma inmediata al Financiador y al Auditor Externo de la concurrencia de cualquier circunstancia de la que tenga conocimiento y que tenga como consecuencia, o que razonablemente pueda esperarse que implique, una falta de veracidad, exactitud, integridad o, en general, un incumplimiento presente o previsto de las Declaraciones y Garantías.

i) Deberá cumplimentar y presentar, formal, materialmente y en plazo, sus declaraciones del Impuesto sobre Sociedades, dando cumplimiento a la normativa vigente.

j) Deberá conservar los registros (especialmente contables y fiscales) y la documentación justificativa original del cumplimiento de las obligaciones resultantes del Contrato en cualquier soporte apropiado y que deberán contener suficiente información a fin de permitir realizar las evaluaciones, auditorías, revisiones, controles e inspecciones que, en su caso, puedan exigirse por parte del Auditor Externo y cualesquiera de las entidades involucradas en la evaluación, calificación y control de (a) la evolución de la Producción, (b) la concreción del 36.3 LIS, (c) la concreción del 39.7 LIS y, (d) la veracidad, corrección y exactitud de las Declaraciones y Garantías.

k) Deberá contabilizar los gastos de la Producción y los recursos con los que la financie asegurando la trazabilidad de dichos gastos y recursos, de modo que pueda acreditarse la aplicación de dichos recursos: (i)al pago de las facturas y gastos correspondientes a la Producción que formen parte de la base de la Deducción del 36.3 LIS; y/o (ii) a la amortización de la financiación obtenida por el Promotor para pagar dichas facturas y gastos.

l) Deberá colaborar, activamente y de común acuerdo con los asesores que en su caso designe el Financiador, con el INAEM u organismo competente en la materia de la Comunidad Autónoma correspondiente, la Agencia Estatal de Administración Tributaria, el Auditor Externo y cualesquiera entidades involucradas en la evaluación, calificación y control **(a)** de la evolución de la Producción, **(b)** la concreción de la deducción del 36.3 LIS **(c)** la concreción de la Deducción del 39.7 LIS; **(d)** así como la veracidad y exactitud de las Declaraciones y Garantías. En caso de que se inicien cualesquiera actuaciones de comprobación e investigación por la Administración en relación con la deducción generada, el Promotor deberá comunicar dicha circunstancia al Financiador en un plazo máximo de cinco (5) días naturales.

m) En su caso, de los beneficios obtenidos en el desarrollo de estas actividades en el ejercicio en el que se genere el derecho a la Deducción, el Promotor destinará al menos el 50 por ciento (50%) a la realización de actividades que dan derecho a la aplicación de la deducción prevista en el art. 36.3 LIS.

n) Deberá facilitar al Financiador, dentro de los seis meses siguientes al final del ejercicio [*], una certificación de las aportaciones realizadas y de la deducción traspasada correspondiente a este ejercicio, calculada de conformidad con las previsiones de este Contrato y de la normativa fiscal vigente, en los términos del modelo recogido en el **Anexo III**.

9. DERECHOS Y OBLIGACIONES DEL FINANCIADOR.

9.1. El Financiador se obliga a:

(a) Aportar la Financiación comprometida conforme a lo establecido en el presente Contrato.

(b) No intervenir en la toma de decisiones que resulten necesarias para la producción de la Producción objeto del presente Contrato.

(c) No difundir, bajo ninguna circunstancia, informaciones o detalles de la Producción de los que haya podido tener conocimiento, salvo por exigencia legal o reglamentaria.

(d) Presentar el contrato de financiación y la certificación del cumplimiento de los requisitos exigidos por el apartado 3 del artículo 36 de la LIS en una comunicación a la Administración tributaria, suscrita tanto por el Promotor como por el Financiador, con anterioridad a 31 de diciembre de [*], la cual se adjunta como **Anexo III** al presente Contrato. Esta comunicación deberá estar correctamente cumplimentada siendo suscrita por las Partes en el momento de firma del presente Contrato.

(e) Cumplir con cualquier otra obligación prevista en el Contrato.

9.2. Por su parte, el Financiador tendrá el derecho a designar a un Auditor Externo independiente para llevar a cabo las evaluaciones, auditorías, revisiones, controles e inspecciones que, en su caso, estime necesario para la evaluación, calificación y control de, a título enunciativo pero no limitativo, de (a) la evolución de la Producción, (b) la concreción del 36.3 LIS, (c) la concreción del 39.7 LIS.

10. OTRAS OBLIGACIONES DE LAS PARTES

10.1. Las Partes suscribirán conjuntamente y remitirán a la Administración Tributaria, y con anterioridad a 31 de diciembre de cada año en el que permanezca vigente el presente Contrato, una comunicación en los términos previstos en el artículo 39.7 de la LIS.

10.2. Asimismo, las Partes acuerdan colaborar y cumplir con todos los requisitos formales que se puedan desarrollar reglamentariamente respecto a la propia deducción y al esquema de financiación recogidos, respectivamente, en los artículos 36.3 y 39.7 de la LIS.

10.3. Cada una de las Partes cumplirá las obligaciones previstas en la normativa fiscal necesarias para posibilitar la generación y el acceso a la deducción fiscal, en los términos previstos en el **Anexo IV**.

10.4. Para el cumplimiento de estas obligaciones y, en general, para facilitar el cumplimiento de la finalidad de este Contrato, ambas Partes cooperarán de buena fe y se prestarán la asistencia que sea razonable.

11. CESIÓN DEL CONTRATO

11.1. Tanto el Financiador como el Promotor, no podrán ceder su posición contractual, a excepción de los supuestos de sucesión universal.

12. DERECHOS DE PROPIEDAD INTELECTUAL E INDUSTRIAL

12.1. Ninguna disposición del Contrato se entenderá como una concesión de derechos de propiedad intelectual o de otra índole respecto de los resultados de la Producción en favor del Financiador, cuya propiedad deberá ser en todo caso del Promotor.

12.2. La titularidad de la totalidad de los resultados derivados de la Producción, así como de la totalidad de los derechos económicos y derechos de explotación sobre los mismos corresponderán exclusivamente al Promotor, quien podrá ejercerlos tanto directa como indirectamente, a través de licencias o cualquier otra modalidad contractual por la que se ceda a terceros los derechos de explotación sobre los referidos resultados, total o parcialmente, de forma exclusiva o no exclusiva, sin necesidad de contar para ello con el consentimiento o conocimiento previo del Financiador y ello sin perjuicio de los acuerdos que el Promotor haya podido asumir con terceros.

12.3. Quedan especialmente comprendidos en los derechos de explotación referidos, los que se recogen en el artículo 17 del Real Decreto Legislativo 1/1996 de 12 de abril, por el que se aprueba el Texto Refundido de la Ley de la Propiedad Intelectual (en adelante "**TRLPI**").

13. CONFIDENCIALIDAD Y PROTECCIÓN DE DATOS

13.1. Las Partes se obligan a no hacer pública ninguna clase de información acerca de la Financiación o cualquier otra circunstancia relacionada con el objeto del presente Contrato y/o la Producción, sin el previo acuerdo de las mismas. De igual modo se comprometen durante la vigencia del presente Contrato a no revelar, divulgar y/o hacer público a ningún tercero por ningún medio las informaciones, procesos, documentos, negocios, clientes, operaciones, instalaciones, cuentas, finanzas, transacciones, *know how* o cualquier otro aspecto relacionado con la actividad de cada una de ellas, que haya llegado a su conocimiento con ocasión del presente Contrato sin la previa autorización escrita de la otra Parte.

13.2. Se considerará, entre otras, como información confidencial la que se refiera a:

a) Las negociaciones relacionadas con este Contrato o con los documentos a que se hace referencia en el mismo.

b) La existencia o el contenido del Contrato o de los documentos o información a que se hace referencia en el mismo.

c) Cualquier información relacionada con la Producción.

d) Información relativa a las circunstancias fiscales de cualquiera de las Partes.

e) Las conversaciones o reuniones que cualquiera de las Partes mantenga con terceros (Administración Tributaria, asesores, etc.) en relación con este Contrato o la Producción.

13.3. Ambas Partes asumen, en particular, las siguientes obligaciones:

(a) No utilizarán la información confidencial para ningún propósito ajeno a la financiación de la serie al amparo del presente Contrato.

(b) Restringirán el acceso a la información confidencial a sus administradores, empleados, asesores y auditores, y a todos estos en la medida en que razonablemente sea necesario para la financiación de la serie al amparo del presente Contrato.

(c) No revelarán la información confidencial a ninguna persona distinta de las indicadas.

(d) Informarán a las personas a las que revelen la información confidencial de las presentes obligaciones de confidencialidad y dichas personas asumirán el compromiso de respetar dichas limitaciones.

(e) No utilizarán la información confidencial para la financiación o el desarrollo de otros proyectos o de la serie con otras personas.

(f) Pondrán en conocimiento de la otra Parte cualquier uso no autorizado de la información confidencial de los que tuvieran conocimiento.

13.4. Las obligaciones establecidas en la presente Cláusula, con respecto a la información confidencial, no serán de aplicación en los casos que dicha información:

i. Fuera de dominio público, con carácter previo a ser recibida o accedida por la otra Parte o que pase a formar parte del dominio público después de haber sido recibida o accedida por la otra Parte, siempre que ello no se deba a un incumplimiento de las obligaciones de esa Parte en virtud del presente Contrato.

ii. Sea revelada para cumplir con la legislación vigente o como consecuencia de una orden o requerimiento de los Tribunales o de la Administración.

13.5. La Presente obligación de confidencialidad permanecerá vigente durante toda la duración del presente Contrato, así como una vez finalizado o resuelto el mismo por cualquier causa por un periodo de cinco (5) años.

13.6. Las Partes se obligan a cumplir el Reglamento UE 2016/679 de 27 de abril de 2016 (RGPD), la Ley Orgánica 3/2018, de 5 de diciembre de Protección de Datos Personales y garantía de los derechos digitales y demás normativa aplicable en materia de protección de datos.

De conformidad con el Reglamento (UE) 2016/679 del Parlamento Europeo y del Consejo, de 27 de abril de 2016, relativo a la protección de las personas físicas en lo que respecta al tratamiento de datos personales y a la libre circulación de estos datos y por el que se deroga la Directiva 95/46/CE ("**RGPD**") y la Ley Orgánica 3/2018, de 5 de diciembre, de Protección de Datos Personales y garantía de los derechos digitales ("**LOPD**"), las Partes consienten y hacen constar que los datos personales de los firmantes del presente Contrato serán de uso exclusivo a efectos de la formalización y desarrollo del presente acuerdo de financiación, pudiendo figurar dichos datos en los ficheros de titularidad privada de cualquiera de las Partes, en cuyo caso las Partes se reconocen mutua y recíprocamente los derechos de acceso, rectificación, supresión, oposición, limitación y portabilidad, que podrán ejercitarse mediante escrito dirigido a los domicilios indicados en el encabezado.

La base legitimadora del tratamiento es la relación contractual entre las Partes. Las Partes reconocen que los datos de carácter personal que se proporcionen ahora o en el futuro serán tratados por la otra Parte con la finalidad de gestionar la relación contractual surgida del presente Contrato.

Los datos de carácter personal serán conservados por éstas con el fin indicado durante el tiempo exigido por la legislación aplicable y, en todo caso, hasta que prescriban las eventuales responsabilidades derivadas del presente Contrato.

Las Partes podrán comunicar los datos personales que obtengan a otras sociedades de su grupo, con la finalidad de poder llevar a cabo la centralización de procesos administrativos e informáticos.

14. VIGENCIA, INCUMPLIMIENTOS Y CAUSAS DE RESOLUCIÓN ANTICIPADA DEL CONTRATO

14.1. El presente Contrato entrará en vigor a la fecha de su firma y se mantendrá vigente hasta el cumplimiento de la totalidad de las obligaciones recogidas en el mismo

14.2. En caso de incumplimiento de alguna de las cláusulas del Contrato, la Parte cumplidora deberá comunicarlo a la otra Parte, que deberá subsanar dicho incumplimiento en un plazo máximo de quince (15) días naturales, transcurridos los cuales, si el incumplimiento no ha sido subsanado a satisfacción de la Parte cumplidora y la obligación incumplida es esencial, podrá ésta dar por resuelto el Contrato, con efectos inmediatos y sin necesidad de nueva comunicación.

15. RESPONSABILIDAD Y DAÑOS Y PERJUICIOS

15.1. En ningún caso podrá el Financiador ser considerado responsable de los daños y perjuicios causados por el Promotor o por terceros como consecuencia, directa o indirecta, de la ejecución de la Producción, comprometiéndose el Promotor a mantener totalmente indemne y resarcir al Financiador frente a cualquier pérdida, daño, perjuicio, carga, responsabilidad y gastos relacionados con cualquier reclamación (judicial o extrajudicial) que esté relacionada con el mismo.

15.2. El lucro cesante no será exigible por el Financiador en el supuesto de que las circunstancias referidas en el punto 15.1 anterior tengan su causa en una interpretación razonable de la normativa fiscal de aplicación que no sea compartida por la Administración Tributaria o en una modificación de dicha normativa.

15.3. El Promotor procederá a la resolución del Contrato y la devolución del 100% de las cantidades satisfechas por el Financiador para el supuesto de que, finalmente, no se haya obtenido el certificado del INAEM u organismo competente en la materia de la Comunidad Autónoma correspondiente por el Promotor. El Contrato quedará resuelto de forma automática para el supuesto de que el referido certificado no se haya obtenido pasados

dos meses desde la finalización del periodo impositivo. Del mismo modo, se procederá en caso de incumplimiento de la obligación de reinversión asumida por el Promotor en la Cláusula 8.2 m) anterior.

15.4. En el caso de no se haya obtenido el certificado del INAEM u organismo competente en la materia de la Comunidad Autónoma correspondiente por el Promotor, la devolución de las referidas cantidades satisfechas por el Financiador será devueltas por el Promotor al Financiador dentro del plazo de los quince (15) días hábiles siguientes a la fecha de resolución del Contrato, desde dicho momento las cantidades adeudadas devengarán los correspondientes intereses de demora calculados al cinco por ciento (5%), intereses que se devengarán diariamente.

16. NOTIFICACIONES

16.1. Salvo que expresamente se disponga otra cosa, las comunicaciones y notificaciones entre las Partes que se requieran por aplicación de su contenido, serán válidas y surtirán plenos efectos siempre que se realicen de forma escrita que permita probar razonablemente que la comunicación fue efectuada y el destinatario debió recibirla, tales como fax (cuando pueda acreditarse la fuente de procedencia, el destino del mismo y la confirmación del envío correspondiente), burofax o por correo electrónico con acuse de recibo.

16.2. Las y notificaciones entre las Partes deberán ser remitidas a los domicilios y personas señaladas al inicio del presente Contrato.

17. MISCELÁNEA

17.1. Encabezamientos:

Los encabezamientos y el índice utilizados en este Contrato se incluyen únicamente con fines de referencia y no afectarán a su interpretación.

17.2. Prevalencia:

Si existieran contradicciones entre el contenido de un documento complementario o un anexo y el contenido de las cláusulas de este Contrato, se deberá dar siempre preferencia al contenido de estas últimas.

7.3. Independencia e integración de las cláusulas:

La ilicitud, invalidez o inefectividad de cualquiera de las cláusulas del Contrato no afectará a la eficacia del resto, siempre que los derechos y obligaciones de las Partes derivados del Contrato no se vieran afectados de forma esencial. Se entiende por esencial cualquier situación que lesionare gravemente los intereses de cualquiera de las Partes, o que recayera sobre el objeto mismo del Contrato previsto en la cláusula 1. Dichas cláusulas deberán reemplazarse o integrarse con otras que, siendo conformes a la ley, respondan a la finalidad de las sustituidas.

17.4. Primacía y modificaciones del Contrato:

Este Contrato constituye el compromiso alcanzado a la fecha de su firma entre las Partes con respecto a las materias contenidas en el mismo y sustituye y deroga todos los acuerdos previos en relación con su objeto.

Todos los anexos forman parte integrante del Contrato y, sin perjuicio de lo previsto en la cláusula 17.2, tienen la misma validez y eficacia que si estuvieran incorporados a su cuerpo principal.

Las modificaciones que se hiciesen al Contrato deberán ser redactadas por escrito en un documento firmado por las Partes.

17.5. Gastos y tributos

Todos los gastos que se puedan derivar del asesoramiento individualizado de cada una de las Partes serán satisfechos por la Parte que los haya contratado, y aquellos gastos que se pudieran originar, en su caso, por la presentación o formalización del presente Contrato ante el Organismo competente serán satisfechos por el Promotor.

Los impuestos que se devenguen como consecuencia del cumplimiento de cualesquiera obligaciones contenidas en este Contrato serán satisfechos por la Parte que la Ley señale en cada momento como sujeto pasivo.

17.6. Asesoramiento propio y exoneración

Sin perjuicio de las obligaciones asumidas bajo el presente Contrato, el Financiador manifiesta que la decisión de financiar la Producción se ha tomado exclusivamente con base en su propio asesoramiento legal, económico y fiscal, en base a su interés en participar en la financiación de la Producción a cambio de recibir un beneficio procedente tanto de la deducción establecida en la LIS para las aportaciones de los productores, como de cualquier otro beneficio fiscal que se obtenga a través de la amortización de los gastos de la Producción y que conoce y acepta la existencia de los posibles riesgos, inherentes al presente Contrato, derivados de eventuales cambios normativos o de modificación de los criterios interpretativos relativos a las normas vigentes, los cuales podrían provocar una disminución o pérdida de su rentabilidad estimada, y como consecuencia de todo lo anterior, exonera al Promotor y/o sus asesores legales de cualquier responsabilidad por el hecho de que dichas expectativas no pudieran cumplirse.

18. RÉGIMEN APLICABLE Y JURISDICCIÓN

18.1. El presente Contrato será regulado e interpretado de conformidad con la legislación española.

18.2. La validez, ejecución e interpretación del Contrato serán reguladas en todos sus aspectos por las leyes civiles y mercantiles españolas. Las Partes acuerdan que todo desacuerdo, disputa, controversia o reclamación relacionada con el presente Contrato, se resolverá definitivamente ante los Tribunales de [*] con expresa renuncia a su propio fuero o competencia.

En prueba de conformidad, las Partes contratantes firman y rubrican el presente Contrato en el lugar y fecha del encabezamiento.

EL PROMOTOR	**EL FINANCIADOR**
_______________	_______________
[*]	[*]

Anexo I
Detalle y gastos de la Producción

a) Características de la Producción

- Artista(s) [*]
- Lugar: [*]
- Fecha: [*]
- Promotor: [*].

b) Gastos:

- Durante el ejercicio [*], el Promotor ha registrado contablemente un gasto de asciende a [*] **([*]-€)**, los cuales serán susceptibles de formar parte de la base de la Deducción del 36.3 LIS.

El Financiador aporta la cantidad de [*] **([*]-€).**

Anexo II
Calendario de pagos

[*] **([*]-€).** mediante transferencia a bancaria a la cuenta indicada en la cláusula 3.4 a la firma de este Contrato.

Anexo III

Trámite: GE041 Comunicación art. 39.7 de la Ley 27/2014, de 27 de noviembre, del Impuesto sobre Sociedades ("**LIS**")

A LA AGENCIA ESTATAL DE LA ADMINISTRACIÓN TRIBUTARIA

De una parte,

[*]**,** una sociedad de responsabilidad limitada española, con domicilio en [*], inscrita en el Registro Mercantil de [*] y provista de N.I.F. [*], debidamente representada en este acto por D./Dña. [*], mayor de edad, con D.N.I. [*], en vigor, y con domicilio a estos efectos en [*], en su condición de [*] de la referida sociedad; (en adelante, el "**Promotor**" o "[*]").

Y de otra parte:

[*]**.**, de nacionalidad española, con domicilio social en c/[*], inscrita en el Registro Mercantil de [*]y provista de NIF número [*], debidamente representada en este acto por [*], de nacionalidad española, mayor de edad, con domicilio a estos efectos en c/[*], y titular del DNI número [*], en su calidad de [*] de la misma (en adelante, el "**Financiador**").

Ambas Partes comparecen y como mejor proceda en Derecho;

EXPONEN

PRIMERO.– Que el Promotor es una entidad de reconocido prestigio con amplia experiencia en la producción y promoción de espectáculos y que, durante el ejercicio ...., ha llevado a cabo, entre otros, los siguientes eventos:

- [*]

(en lo sucesivo, la "**Producción**").

SEGUNDO.– Que, asimismo la Ley 11/2020, de 30 de diciembre, de Presupuestos Generales del Estado para el año 2021, con efectos para los períodos impositivos que se inicien a partir de 1 de enero de 2021, modificó el artículo 39.7 de la LIS permitiendo extender la aplicación de la deducción del artículo 36.3 de la LIS a la que tiene derecho el correspondiente promotor, al contribuyente que participe en la financiación de la correspondiente Producción, bajo el cumplimiento de ciertos requisitos.

Dicho artículo 39.7 LIS fue posteriormente modificado por la Disposición Final 5ª de la *Ley 38/2022, de 27 de diciembre, para el establecimiento de gravámenes temporales energético y de entidades de crédito y establecimientos financieros de crédito y por la que se crea el impuesto temporal de solidaridad de las grandes fortunas, y se modifican determinadas normas tributarias*, con efectos para períodos impositivos que se inicien a partir de 1 de enero de 2021.

TERCERO.- Que, en el marco de la Producción, el Financiador y el Promotor formalizaron el [*] de [*] de [*] un contrato de financiación en el sentido del artículo 39.7 de la LIS.

En virtud del mencionado contrato, el Financiador financia un total de [*] **([*]-€)** para sufragar, de forma exclusiva, los costes de la Producción a cambio de tener derecho a acreditar en su autoliquidación del Impuesto sobre Sociedades una deducción por obras audiovisuales generada por el Promotor por importe de [*] **([*]-€)** (que se corresponden con los costes de la Producción y se generarán en [*]).

CUARTO.- Que el artículo 39.7 de la LIS, en su redacción vigente, establece lo siguiente:

"Para la aplicación de la deducción será necesario que el contribuyente que participe en la financiación presente el contrato de financiación y certificación del cumplimiento de (...) del requisito establecido en la letra a) del apartado 3 del artículo 36 de esta ley, según corresponda, en una comunicación a la Administración tributaria, suscrita tanto por el productor como por el contribuyente que participa en la financiación de la producción, con anterioridad a la finalización del período impositivo en que este último tenga derecho a aplicar la deducción."

QUINTO.- Que, con el objetivo de cumplir con los mencionados requisitos formales, el Financiador y el Promotor proceden a aportar la siguiente documentación:

a) Como **Documento Anexo Número 1**, copia del contrato de financiación formalizado en el sentido del 39.7 de la LIS.

SEXTO. –Que, según lo dispuesto en el artículo 39.7 de la LIS, realizamos la presente comunicación regulada, para el período impositivo [*].

Por todo ello,

SOLICITAN

Que teniendo por presentado este escrito en tiempo y forma junto a la documentación que le acompaña, se sirva admitirlo a trámite y, en su virtud, se entienda por realizada la correspondiente comunicación como se indica en el art. 39.7 de la LIS en los términos anteriormente señalados.

En [*], a [*].

EL PROMOTOR	**EL FINANCIADOR**
_______________	_______________
[*]	[*]
[*]	[*]

Anexo IV

Obligaciones del Productor	**Plazos**
Realizar la solicitud de certificado emitido por el ICAA u organismo foral correspondiente	Dos meses desde el fin del ejercicio
Facilitar al Financiador una copia del certificado expedido por el ICAA u organismo foral correspondiente.	En los dos meses siguientes a la obtención de dichos certificados
Comunicar a la Agencia Tributaria el presente Contrato de financiación	Con anterioridad a la finalización del periodo impositivo.
Confeccionar y presentar las correspondientes declaraciones fiscales en tiempo y forma. En particular se consignará la renuncia expresa a la deducción fiscal por producción española de largometrajes cinematográficos y opción por su traspaso al Financiador en virtud del artículo 39.7 de la LIS y/o del artículo 66 quinquies de la Norma Foral, según corresponda.	Con anterioridad al 25 de julio del ejercicio siguiente
Obtener y aportar al Financiador un informe anual acreditativo de la ejecución de los costes relativos a la producción de la Producción emitido por el Productor, conforme a lo dispuesto en la cláusula 3.6	Con anterioridad al 31 de marzo del año siguiente
Emitir anualmente una certificación acreditativa de las aportaciones y deducciones correspondientes al Financiador en los términos del Anexo III.	Con anterioridad al 30 de junio del año siguiente

Obligaciones del Productor	Plazos
Obligación de entregar una copia nueva y en perfecto estado de la producción en la Filmoteca Española o la filmoteca oficialmente reconocida por la respectiva Comunidad Autónoma (art 36.1 LIS).	Antes del 31 de diciembre del año en que se genere la producción

Obligaciones del Financiador	Plazos
Desembolsar la financiación en los plazos establecidos en el Contrato	Según Anexo II
Comunicar a la Agencia Tributaria el presente Contrato de financiación	Con anterioridad a la finalización de cada periodo impositivo en que se genere la deducción
Confeccionar y presentar sus declaraciones fiscales en tiempo y forma. En particular, hará constar: – La acreditación y acceso a la deducción fiscal generada por el Productor. – En su caso, su opción expresa por aceptar el acceso a la deducción generada por el Productor en virtud del artículo 39.7 de la Ley del Impuesto sobre Sociedades y/o 66 quinquies de la Norma Foral, según sea aplicable.	Con anterioridad al 25 de julio del año siguiente

F148. COMUNICACIÓN A PRESENTAR POR EL PARTÍCIPE EN LA FINANCIACIÓN DE PRODUCCIONES CINEMATOGRÁFICAS O ARTES ESCÉNICAS Y MUSICALES

A LA AGENCIA ESTATAL DE LA ADMINISTRACIÓN TRIBUTARIA

De una parte:

********, mayor de edad con N.I.F *****, en nombre y representación de *******, con N.I.F. ****** y domicilio en ***** (en adelante, el "Productor" o "****").

Y de otra parte:

********, mayor de edad con N.I.F *****, en nombre y representación de *******, con N.I.F. ****** y domicilio en ***** (en adelante el "Financiador").

Ambas Partes comparecen y

EXPONEN

PRIMERO.– Que el Productor es una entidad dedicada a la [producción de obras audiovisuales/ producción y exhibición de espectáculos en vivo de artes escénicas y musicales] y que, durante el ejercicio ****, ha llevado a cabo la producción de ****

[Descripción]

- Idioma: ****
- Género: *****
- Formato: *******
- Periodo de producción/Exhibición: *****

(en lo sucesivo, la "Producción").

SEGUNDO.– Que la Ley 11/2020, de 30 de diciembre, de Presupuestos Generales del Estado para el año 2021, con efectos para los períodos impositivos que se inicien a partir de 1 de enero de 2021, introdujo en el artículo 39.7 de la LIS la posibilidad de extender la aplicación de la **[Según proceda: Deducción por inversiones en producciones cinematográficas/Deducción por producción de espectáculos en vivo (art. 36.3 LIS)]** al contribuyente que participe en la financiación de la correspondiente Producción, bajo el cumplimiento de los requisitos formales y materiales de la norma.

TERCERO.- Que, en el marco de la Producción descrita, el Financiador y el Productor firmantes en la presente COMUNICACIÓN, formalizaron el ** de **** de **** un contrato de financiación en el sentido del artículo 39.7 de la LIS.

En virtud del mencionado contrato, el Financiador aportó un total de ****** (**** €) para sufragar, de forma exclusiva, los costes de la Producción a cambio de tener derecho a acreditar en su autoliquidación del **[Impuesto sobre Sociedades/Impuesto Sobre la Renta de las Personas Físicas]** la deducción generada por el Productor por importe de ****** (***** €) corresponden a la ejecución de los costes de producción incurridos por el Productor y que se devengarán en el presente ejercicio.

CUARTO.- Que el artículo 39.7 de la LIS, en su redacción vigente, establece lo siguiente:

"Para la aplicación de la deducción será necesario que el contribuyente que participe en la financiación presente el contrato de financiación y certificación del cumplimiento de los requisitos señalados en las letras a') y b') del apartado 1 o del requisito establecido en la letra a) del apartado 3 del artículo 36 de esta ley, según corresponda, en una comunicación a la Administración tributaria, suscrita tanto por el productor como por el contribuyente que participa en la financiación de la producción, con anterioridad a la finalización del período impositivo en que este último tenga derecho a aplicar la deducción"

En consecuencia, con el objetivo de cumplir con los mencionados requisitos formales, el Financiador procede a aportar junto con la presente comunicación:

a) Como Documento Nº **, copia del contrato de financiación formalizado en el sentido del 39.7 de la LIS.

b) Como Documento Nº**, **[certificación del cumplimiento de los requisitos señalados en las letras a') y b') del apartado 1 del art. 36 de la LIS/certificado del requisito establecido en la letra a) del apartado 3 del artículo 36 de la LIS]**

QUINTO.– Ambas partes manifiestan que, la presente participación en la financiación de la obra no supone para el Financiador ninguna adquisición de derechos de propiedad intelectual o de otra índole respecto de los resultados de la producción, cuya propiedad es a todos los efectos del Productor.

SEXTO.– Que el Financiador y el Productor no están vinculados, en el sentido del artículo 18 de la LIS.

SEPTIMO. –Que, según lo dispuesto en el artículo 39.7 de la LIS, las partes firman la presente comunicación regulada, para el período impositivo ****.

Por todo ello,

SOLICITAN

Que teniendo por presentado este escrito en tiempo y forma junto a la documentación que le acompaña, se sirva admitirlo a trámite y, en su virtud de su contenido, se entienda realizada la comunicación indicada en el art. 39.7 de la LIS en los términos anteriormente señalados.

En ****, a **** de noviembre de ****

El Productor	El Financiador
_________________	_________________
*****************	*****************
*****************	*****************

F149. COMUNICACIÓN A PRESENTAR POR EL PARTÍCIPE EN LA FINANCIACIÓN DE PRODUCCIONES CINEMATOGRÁFICAS, OBRAS AUDIOVISUALES Y ESPECTÁCULOS EN VIVO DE ARTES ESCÉNICAS Y MUSICALES O EDICIÓN DE LIBROS (ÁLAVA)

A LA HACIENDA FORAL DE ÁLAVA
DIPUTACIÓN FORAL DE ÁLAVA – DEPARTAMENTO DE HACIENDA, FINANZAS Y PRESUPUESTOS

De una parte:

********, mayor de edad con N.I.F. *****, en nombre y representación de la entidad ********, con N.I.F. ****** y domicilio en ***** (en adelante, el "Financiador").

Y de otra parte:

********, mayor de edad con N.I.F. *****, en nombre y representación de la entidad ********, con N.I.F. ****** y domicilio en ***** (en adelante, el "Productor" o "****").

Ambas Partes comparecen y

EXPONEN

PRIMERO.– Que el Productor es una entidad dedicada a la producción de películas cinematográficas, otras obras audiovisuales y/o espectáculos en vivo de artes escénicas y musicales o edición de libros, con domicilio fiscal en el Territorio Histórico de Álava, que durante el ejercicio **** [ha llevado a cabo/va a llevar a cabo la producción de:]

[Descripción de la obra/espectáculo/libro]

- Título: *****
- Idioma: *****
- Género/tipo de obra: *****
- Formato: *****
- Periodo de producción/exhibición/edición: *****

(en lo sucesivo, la "Producción").

SEGUNDO.– Que la Norma Foral 37/2013, de 13 de diciembre, del Impuesto sobre Sociedades del Territorio Histórico de Álava (en adelante, la "NFIS Álava"), en su artículo 66 ter regula los incentivos para el fomento de la cultura y la deducción por inversiones y gastos en producciones audiovisuales, espectáculos en vivo de artes escénicas y musicales y edición de libros, y en su artículo 66 quater regula la participación en la financiación de dichas producciones, permitiendo a los contribuyentes que participen en su financiación aplicar en su propia autoliquidación la deducción generada por el productor.

TERCERO.– Que, en el marco de la Producción descrita, el Financiador y el Productor han suscrito un contrato de financiación en el sentido del artículo 66 quater de la NFIS Álava, mediante el cual el Financiador participa en la financiación de la Producción y adquiere el derecho a aplicar en su autoliquidación del Impuesto sobre Sociedades o del Impuesto sobre la Renta de no Residentes la deducción por inversiones y gastos en cultura generada por el Productor.

En virtud del mencionado contrato, el Financiador ha aportado/aportará un total de ___________ euros (__________ €), en los plazos e importes establecidos en el propio contrato, que se corresponden con el calendario de gastos de la Producción realizados y previstos por el Productor y que se devengarán en el presente ejercicio ________ y, en su caso, en los ejercicios ________.

CUARTO.– Que el artículo 66 quater de la NFIS Álava exige, para la aplicación del régimen de participación en la financiación, que:

1. El Productor y el Financiador suscriban un contrato de financiación, en el que se detallen, al menos:

- La identidad de las partes.
- La descripción de la Producción.
- El presupuesto y el desglose de gastos, con especial referencia a los realizados en el Territorio Histórico de Álava.
- La forma de financiación de la Producción y el calendario de aportaciones del Financiador.

2. Dicho contrato sea presentado ante la Hacienda Foral de Álava, mediante una comunicación suscrita por todas las partes, con anterioridad al inicio del período voluntario de declaración correspondiente al período impositivo en el que se genere la deducción, acompañada de la documentación exigida por la propia Norma Foral y su normativa de desarrollo.

En consecuencia, con el objetivo de cumplir con los mencionados requisitos formales, el Productor y el Financiador proceden a aportar, junto con la presente comunicación:

- Como Documento nº **, copia del contrato de financiación formalizado en el sentido del artículo 66 quater de la NFIS Álava.
- Como Documento nº **, copia de la certificación del cumplimiento de los requisitos culturales exigidos para la aplicación de la deducción, emitida por el órgano competente, en su caso.
- Como Documentos nº **...... (En su caso)

QUINTO.– Que la participación del Financiador en la Producción se limita exclusivamente a la cesión del derecho a aplicar la deducción generada por la misma, sin que implique transmisión de derechos de propiedad intelectual o de cualquier otra índole sobre la Producción, cuya titularidad permanece en todo caso en el Productor, en los términos establecidos en el contrato de financiación.

SEXTO.– Que el Productor y el Financiador declaran que no están vinculados en los términos previstos en la normativa del Impuesto sobre Sociedades de Álava que resulte de aplicación.

SÉPTIMO.– Que la presente comunicación se refiere al período impositivo ________ del Financiador, en el que éste tiene derecho a aplicar la deducción correspondiente a las aportaciones realizadas, en los términos previstos en los artículos 66 ter y 66 quater de la NFIS Álava.

Por todo ello,

SOLICITAN

Que, teniendo por presentado este escrito en tiempo y forma y por aportada la documentación que se acompaña, esa Administración tenga por comunicada la participación del Financiador en la financiación de la Producción descrita, a los efectos de la aplicación del régimen previsto en los artículos 66 ter y 66 quater de la NFIS Álava, en los términos anteriormente señalados.

En ****, a **** de ******** de ****

El Productor	El Financiador
_______________	_______________
*****************	*****************
*****************	*****************

F150. COMUNICACIÓN A PRESENTAR POR EL PARTÍCIPE EN LA FINANCIACIÓN DE PROYECTOS DE INVESTIGACIÓN, DESARROLLO O INNOVACIÓN TECNOLÓGICA (ÁLAVA)

A LA HACIENDA FORAL DE ÁLAVA
(DIPUTACIÓN FORAL DE ÁLAVA – DEPARTAMENTO DE HACIENDA, FINANZAS Y PRESUPUESTOS)

De una parte:

********, mayor de edad con N.I.F. *****, en nombre y representación de la entidad ********, con N.I.F. ****** y domicilio en ***** (en adelante, el "Financiador").

Y de otra parte:

********, mayor de edad con N.I.F. *****, en nombre y representación de la entidad ********, con N.I.F. ****** y domicilio en ***** (en adelante, el "Desarrollador del Proyecto" o el "Productor" o "****").

Ambas Partes comparecen y

EXPONEN

PRIMERO.– Que el Desarrollador del Proyecto es una entidad dedicada a la realización de actividades de investigación y desarrollo e innovación tecnológica, con domicilio fiscal en el Territorio Histórico de Álava, que durante el ejercicio **** ha llevado a cabo/va a llevar a cabo el proyecto de I+D+i denominado:

[Título del proyecto y breve descripción]

(en lo sucesivo, el "Proyecto").

SEGUNDO.– Que la Norma Foral 37/2013, de 13 de diciembre, del Impuesto sobre Sociedades del Territorio Histórico de Álava (en adelante, la "NFIS Álava"), en sus artículos 62 y 63 regula la deducción por actividades de investigación y desarrollo e innovación tecnológica, y en su artículo 64 bis regula la participación en proyectos de investigación y desarrollo o innovación tecnológica, permitiendo a los contribuyentes que financien proyectos de terceros aplicar en su propia autoliquidación las deducciones generadas por quien realiza el Proyecto, en los términos y límites allí previstos.

TERCERO.– Que, en el marco del Proyecto descrito, el Financiador y el Desarrollador del Proyecto han suscrito un contrato de financiación en el sentido del artículo 64 bis de la NFIS Álava, mediante el cual el Financiador participa en la financiación del Proyecto y adquiere el derecho a aplicar en su autoliquidación del Impuesto sobre Sociedades o del Impuesto sobre la Renta de no Residentes la deducción por I+D+i generada por el Desarrollador del Proyecto conforme a los artículos 62 y 63 de la NFIS Álava.

En virtud del mencionado contrato, el Financiador ha aportado/aportará un total de ____________ euros (__________ €), en los plazos e importes establecidos en el propio contrato, que se corresponden con el calendario de gastos del Proyecto realizados y previstos por el Desarrollador y que se devengarán en el presente ejercicio ________ y, en su caso, en los ejercicios ________.

CUARTO.– Que el artículo 64 bis de la NFIS Álava exige, para la aplicación del régimen de participación en proyectos de investigación y desarrollo o innovación tecnológica, que:

1. El Desarrollador del Proyecto y el Financiador suscriban un contrato de financiación, en el que se detallen, al menos:

- La identidad de las partes.
- La descripción del Proyecto.
- El presupuesto y el desglose de gastos de I+D+i, con especial referencia a los realizados en el Territorio Histórico de Álava.
- La forma de financiación del Proyecto y el calendario de aportaciones del Financiador.

2. Dicho contrato se presente ante la Hacienda Foral de Álava mediante una comunicación suscrita por todas las partes, con anterioridad al inicio del período voluntario de declaración correspondiente al período impositivo en el que se genere la deducción, acompañada de la documentación exigida por la propia Norma Foral y su normativa de desarrollo.

En consecuencia, con el objetivo de cumplir con los mencionados requisitos formales, el Desarrollador del Proyecto y el Financiador proceden a aportar, junto con la presente comunicación:

- Como Documento nº **, copia del contrato de financiación formalizado en el sentido del artículo 64 bis de la NFIS Álava.
- Como Documento nº **, copia de los informes motivados, certificaciones u otros documentos que acreditan la naturaleza de I+D+i del Proyecto y la base de la deducción generada.
- Como Documentos nº **, (si procede)

QUINTO.– Que la participación del Financiador en el Proyecto se limita exclusivamente a la cesión del derecho a aplicar la deducción por I+D+i generada por el mismo, sin que implique transmisión de derechos de propiedad intelectual o industrial o de cualquier otra índole sobre los resultados del Proyecto, cuya titularidad permanece en todo caso en el Desarrollador del Proyecto, en los términos establecidos en el contrato de financiación.

SEXTO.– Que el Desarrollador del Proyecto y el Financiador declaran que no están vinculados en los términos previstos en la normativa del Impuesto sobre Sociedades de Álava que resulte de aplicación.

SÉPTIMO.– Que la presente comunicación se refiere al período impositivo ________ del Financiador, en el que éste tiene derecho a aplicar la deducción correspondiente a las aportaciones realizadas, en los términos previstos en los artículos 62, 63 y 64 bis de la NFIS Álava.

Por todo ello,

SOLICITAN

Que, teniendo por presentado este escrito en tiempo y forma y por aportada la documentación que se acompaña, esa Administración tenga por comunicada la participación del Financiador en la financiación del Proyecto descrito, a los efectos de la aplicación del régimen previsto en los artículos 62, 63 y 64 bis de la NFIS Álava, en los términos anteriormente señalados.

En ****, a **** de ******** de ****

El Desarrollador del Proyecto	El Financiador
_________________	_________________
*****************	*****************
*****************	*****************

F151. COMUNICACIÓN A PRESENTAR POR EL PARTÍCIPE EN LA FINANCIACIÓN DE PRODUCCIONES AUDIOVISUALES, ESPECTÁCULOS EN VIVO DE ARTES ESCÉNICAS Y MUSICALES O EDICIÓN DE LIBROS (BIZKAIA)

A LA HACIENDA FORAL DE BIZKAIA
DEPARTAMENTO DE HACIENDA Y FINANZAS

De una parte:

********, mayor de edad con N.I.F. *****, en nombre y representación de la entidad ********, con N.I.F. ****** y domicilio en ***** (en adelante, el "Financiador").

Y de otra parte:

********, mayor de edad con N.I.F. *****, en nombre y representación de la entidad ********, con N.I.F. ****** y domicilio en ***** (en adelante, el "Productor" o "****").

Ambas Partes comparecen y

EXPONEN

PRIMERO.– Que el Productor es una entidad dedicada a la producción de obras audiovisuales, espectáculos en vivo de artes escénicas y musicales o edición de libros, con domicilio fiscal en el Territorio Histórico de Bizkaia, que durante el ejercicio ****[ha llevado a cabo/va a llevar a cabo la producción de:]

[Descripción de la obra/espectáculo/libro]

- Título: *****
- Idioma: *****
- Género/tipo de obra: *****
- Formato: *****
- Periodo de producción/exhibición/edición: *****

(en lo sucesivo, la "Producción").

SEGUNDO.– Que la Norma Foral 11/2013, de 5 de diciembre, del Impuesto sobre Sociedades del Territorio Histórico de Bizkaia (en adelante, la "NFIS Bizkaia"), en su artículo 66 quater regula la deducción por inversiones y gastos en producciones de obras audiovisuales, espectáculos en vivo de artes escénicas y musicales y edición de libros, y en su artículo 66 quinquies regula la participación en la financiación de dichas producciones por parte de otros contribuyentes, que adquieren el derecho a aplicar en su propia autoliquidación las deducciones generadas por el Productor, en los términos y límites allí previstos.

TERCERO.– Que, en el marco de la Producción descrita, el Financiador y el Productor han suscrito un contrato de financiación en el sentido del artículo 66 quinquies de la NFIS Bizkaia, mediante el cual el Financiador participa en la financiación de la Producción y adquiere el derecho a aplicar en su autoliquidación del Impuesto sobre Sociedades o del Impuesto sobre la Renta de no Residentes la deducción por inversiones y gastos en cultura generada por el Productor.

En virtud del mencionado contrato, el Financiador ha aportado/aportará un total de ___________ euros (__________ €), en los plazos e importes establecidos en el propio contrato, que se corresponden con el calendario de gastos de la Producción realizados y previstos por el Productor y que se devengarán en el presente ejercicio ________ y, en su caso, en los ejercicios ________.

CUARTO.– Que la NFIS Bizkaia exige, para la aplicación del régimen de participación en la financiación regulado en el artículo 66 quinquies, que:

1. El Productor y el Financiador suscriban un contrato de financiación en el que se detallen, al menos:

- La identidad de las partes.
- La descripción de la Producción.
- El presupuesto y el desglose de gastos, incluyendo la parte de gastos realizada en el Territorio Histórico de Bizkaia.
- La forma de financiación de la Producción y el calendario de aportaciones del Financiador.

2. Se presente ante la Hacienda Foral de Bizkaia, dentro del plazo previsto (con anterioridad al fin del período voluntario de declaración correspondiente al período impositivo en que el Productor tenga derecho a aplicar la deducción), una comunicación suscrita por todas las partes, acompañada del contrato de financiación y, en su caso, de la certificación cultural y demás documentación exigida.

En consecuencia, con el objetivo de cumplir con los mencionados requisitos formales, el Productor y el Financiador proceden a aportar, junto con la presente comunicación:

- Como Documento Nº **, copia del contrato de financiación formalizado en el sentido del artículo 66 quinquies de la NFIS Bizkaia.
- Como Documento Nº **, copia de la certificación del cumplimiento de los requisitos culturales exigidos para la aplicación de la deducción, emitida por el órgano competente.
- Como Documentos Nº **, ... (En su caso)

QUINTO.– Que la participación del Financiador en la Producción se limita exclusivamente a la cesión del derecho a aplicar la deducción generada por la misma, sin que implique transmisión de derechos de propiedad intelectual o de cualquier otra índole sobre la Producción, cuya titularidad permanece en todo caso en el Productor, en los términos establecidos en el contrato de financiación.

SEXTO.– Que el Productor y el Financiador declaran que no están vinculados en los términos previstos en la normativa del Impuesto sobre Sociedades de Bizkaia que resulte de aplicación.

SÉPTIMO.– Que la presente comunicación se refiere al período impositivo ________, en el que éste tiene derecho a aplicar la deducción correspondiente a las aportaciones realizadas, en los términos previstos en los artículos 66 quater y 66 quinquies de la NFIS Bizkaia.

Por todo ello,

SOLICITAN

Que, teniendo por presentado este escrito en tiempo y forma y por aportada la documentación que se acompaña, esa Administración tenga por comunicada la participación del Financiador en la financiación de la Producción descrita, a los efectos de la aplicación del régimen previsto en los artículos 66 quater y 66 quinquies de la NFIS Bizkaia, en los términos anteriormente señalados.

En ****, a **** de ******** de ****

El Productor	El Financiador
_______________	_______________
****************	****************
****************	****************

F152. COMUNICACIÓN A PRESENTAR POR EL PARTÍCIPE EN LA FINANCIACIÓN DE PROYECTOS DE INVESTIGACIÓN, DESARROLLO E INNOVACIÓN TECNOLÓGICA (BIZKAIA)

A LA HACIENDA FORAL DE BIZKAIA
(DEPARTAMENTO DE HACIENDA Y FINANZAS)

De una parte:

********, mayor de edad con N.I.F. *****, en nombre y representación de la entidad ********, con N.I.F. ****** y domicilio en ***** (en adelante, el "Financiador").

Y de otra parte:

********, mayor de edad con N.I.F. *****, en nombre y representación de la entidad ********, con N.I.F. ****** y domicilio en ***** (en adelante, el "Desarrollador del Proyecto").

Ambas Partes comparecen y

EXPONEN

PRIMERO.– Que el Desarrollador del Proyecto es una entidad dedicada a la realización de actividades de investigación y desarrollo e innovación tecnológica, con domicilio fiscal en el Territorio Histórico de Bizkaia, que durante el ejercicio **** ha llevado a cabo/va a llevar a cabo el proyecto de I+D+i denominado:

[Título del proyecto y breve descripción]

(en lo sucesivo, el "Proyecto").

SEGUNDO.– Que la Norma Foral 11/2013, de 5 de diciembre, del Impuesto sobre Sociedades del Territorio Histórico de Bizkaia (en adelante, la "NFIS Bizkaia"), en sus artículos 62 y 63 regula la deducción por actividades de investigación y desarrollo e innovación tecnológica, y en su artículo 64 bis regula la participación en proyectos de investigación y desarrollo o innovación tecnológica, permitiendo a los contribuyentes que financien proyectos de terceros aplicar en su propia autoliquidación las deducciones generadas por quien realiza el Proyecto, en los términos y límites allí establecidos.

TERCERO.– Que, en el marco del Proyecto descrito, el Financiador y el Desarrollador del Proyecto han suscrito un contrato de financiación en el sentido del artículo 64 bis de la NFIS Bizkaia, mediante el cual el Financiador participa en la financiación del Proyecto y adquiere el derecho a aplicar en su autoliquidación del Impuesto sobre Sociedades o del Impuesto sobre la Renta de no Residentes la deducción por I+D+i generada por el Desarrollador del Proyecto conforme a los artículos 62 y 63 de la NFIS Bizkaia.

En virtud del mencionado contrato, el Financiador ha aportado/aportará un total de ____________ euros (__________ €), en los plazos e importes establecidos en el propio contrato, que se corresponden con el calendario de gastos del Proyecto realizados y previstos por el Desarrollador y que se devengarán en el presente ejercicio ________ y, en su caso, en los ejercicios ________.

CUARTO.– Que la NFIS Bizkaia, en su artículo 64 bis, exige, para la aplicación del régimen de participación en proyectos de investigación y desarrollo o innovación tecnológica, que:

1. El Desarrollador del Proyecto y el Financiador suscriban un contrato de financiación, en el que se detallen, al menos:

- La identidad de las partes.
- La descripción del Proyecto.
- El presupuesto y el desglose de gastos de I+D+i, con especial referencia a los realizados en el Territorio Histórico de Bizkaia.
- La forma de financiación del Proyecto y el calendario de aportaciones del Financiador.

2. Se presente ante la Hacienda Foral de Bizkaia una comunicación suscrita por todas las partes, acompañada del contrato y de la documentación acreditativa del Proyecto y de la deducción generada (incluyendo, en su caso, informes motivados y demás certificaciones exigidas), mediante el correspondiente trámite habilitado al efecto.

En consecuencia, con el objetivo de cumplir con los mencionados requisitos formales, el Desarrollador del Proyecto y el Financiador proceden a aportar, junto con la presente comunicación:

- Como Documento nº **, copia del contrato de financiación formalizado en el sentido del artículo 64 bis de la NFIS Bizkaia.
- Como Documento nº **, copia de los informes motivados, certificaciones u otros documentos que acreditan la naturaleza de I+D+i del Proyecto y la base de la deducción generada.
- Como Documentos nº **, ... (En su caso)

QUINTO.– Que la participación del Financiador en el Proyecto se limita exclusivamente a la cesión del derecho a aplicar la deducción por I+D+i generada por el mismo, sin que implique transmisión de derechos de propiedad intelectual o industrial o de cualquier otra índole sobre los resultados del Proyecto, cuya titularidad permanece en todo caso en el Desarrollador del Proyecto, en los términos establecidos en el contrato de financiación.

SEXTO.– Que el Desarrollador del Proyecto y el Financiador declaran que no están vinculados en los términos previstos en la normativa del Impuesto sobre Sociedades de Bizkaia que resulte de aplicación.

SÉPTIMO.– Que la presente comunicación se refiere al período impositivo ________ del Financiador, en el que éste tiene derecho a aplicar la deducción correspondiente a las aportaciones realizadas, en los términos previstos en los artículos 62, 63 y 64 bis de la NFIS Bizkaia.

Por todo ello,

SOLICITAN

Que, teniendo por presentado este escrito en tiempo y forma y por aportada la documentación que se acompaña, esa Administración tenga por comunicada la participación del Financiador en la financiación del Proyecto descrito, a los efectos de la aplicación del régimen previsto en los artículos 62, 63 y 64 bis de la NFIS Bizkaia, en los términos anteriormente señalados.

En ****, a **** de ******** de ****

El Desarrollador del Proyecto	El Financiador
_______________________	_______________________
*****************	*****************
*****************	*****************

F153. COMUNICACIÓN A PRESENTAR POR EL PARTÍCIPE EN LA FINANCIACIÓN DE PRODUCCIONES CINEMATOGRÁFICAS Y OTRAS OBRAS AUDIOVISUALES (COMUNIDAD FORAL DE NAVARRA)

A LA HACIENDA FORAL DE NAVARRA (DEPARTAMENTO DE ECONOMÍA Y HACIENDA)

De una parte:

********, mayor de edad con N.I.F. *****, en nombre y representación de la entidad ********, con N.I.F. ****** y domicilio en ***** (en adelante, el "Financiador").

Y de otra parte:

********, mayor de edad con N.I.F. *****, en nombre y representación de la entidad ********, con N.I.F. ****** y domicilio en ***** (en adelante, el "Productor" o "****").

Ambas Partes comparecen y

EXPONEN

PRIMERO.– Que el Productor es una entidad dedicada a la producción de películas cinematográficas y otras obras audiovisuales, con domicilio fiscal en la Comunidad Foral de Navarra, que durante el ejercicio **** ha llevado a cabo/va a llevar a cabo la producción de:

[Descripción de la obra audiovisual]

- Título: *****
- Idioma: *****
- Género/tipo de obra: *****
- Formato: *****
- Periodo de producción: *****

(en lo sucesivo, la "Producción").

SEGUNDO.– Que la Ley Foral 26/2016, de 28 de diciembre, del Impuesto sobre Sociedades de Navarra (en adelante, la "LFIS Navarra"), en su artículo 65 regula la deducción por inversiones en películas cinematográficas y otras obras audiovisuales y en su artículo 65 bis regula la participación en producción de películas cinematográficas y otras obras audiovisuales, permitiendo que contribuyentes del Impuesto sobre Sociedades o del Impuesto sobre la Renta de no Residentes que participen en la financiación de dichas producciones apliquen en su propia autoliquidación la deducción generada, en los términos allí establecidos.

TERCERO.– Que, en el marco de la Producción descrita, el Financiador y el Productor han suscrito un contrato de financiación en el sentido del artículo 65 bis de la LFIS Navarra, mediante el cual el Financiador participa en la financiación de la Producción y adquiere el derecho a aplicar en su autoliquidación del Impuesto sobre Sociedades o del Impuesto sobre la Renta de no Residentes la deducción por inversiones en películas cinematográficas y otras obras audiovisuales generada por el Productor conforme al artículo 65 de la LFIS Navarra.

En virtud del mencionado contrato, el Financiador ha aportado/aportará un total de ___________ euros (_________ €), en los plazos e importes establecidos en el propio contrato, que se corresponden con el calendario de gastos de la Producción realizados y previstos por el Productor y que se devengarán en el presente ejercicio _______ y, en su caso, en los ejercicios _______.

CUARTO.– Que el artículo 65 bis de la LFIS Navarra exige, para la aplicación del régimen de participación en la producción, que:

1. El Productor y el Financiador suscriban un contrato de financiación, en el que se detallen, al menos:

- La identidad de los contribuyentes que participan en la producción.
- La descripción de la Producción.
- El presupuesto y el desglose de gastos, con especial referencia a los realizados en territorio navarro.
- La forma de financiación de la Producción, incluyendo la aportación del Financiador y su calendario.

2. Dicho contrato se suscriba y la participación en la financiación se produzca con anterioridad a la finalización del período impositivo en que se genere la deducción, y se cumplan el resto de requisitos materiales y formales establecidos en la normativa de desarrollo (incluida la obtención, en su caso, de los informes o resoluciones previas del órgano competente en materia de cultura de la Comunidad Foral de Navarra).

En consecuencia, con el objetivo de cumplir con los mencionados requisitos formales, el Productor y el Financiador proceden a aportar, junto con la presente comunicación:

- Como Documento nº **, copia del contrato de financiación formalizado en el sentido del artículo 65 bis de la LFIS Navarra.
- Como Documento nº **, copia de las resoluciones, informes o certificaciones emitidas por los órganos competentes en materia de cultura que resulten exigibles para la aplicación de la deducción del artículo 65 de la LFIS Navarra.
- Como Documentos nº **, (si procede)

QUINTO.– Que la participación del Financiador en la Producción se limita exclusivamente a la cesión del derecho a aplicar la deducción generada por la misma, sin que implique transmisión de derechos de propiedad intelectual o de cualquier otra índole sobre la Producción, cuya titularidad permanece en todo caso en el Productor, en los términos establecidos en el contrato de financiación.

SEXTO.– Que el Productor y el Financiador declaran que no están vinculados en los términos previstos en la normativa del Impuesto sobre Sociedades de Navarra que resulte de aplicación.

SÉPTIMO.– Que la presente comunicación se refiere al período impositivo _______ del Financiador, en el que éste tiene derecho a aplicar la deducción correspondiente a las aportaciones realizadas, en los términos previstos en los artículos 65 y 65 bis de la LFIS Navarra.

Por todo ello,

SOLICITAN

Que, teniendo por presentado este escrito en tiempo y forma y por aportada la documentación que se acompaña, esa Administración tenga por comunicada la participación del Financiador en la financiación de la Producción descrita, a los efectos de la aplicación del régimen previsto en los artículos 65 y 65 bis de la LFIS Navarra, en los términos anteriormente señalados.

En ****, a **** de ******** de ****

El Productor	El Financiador
_________________	_________________
*****************	*****************
*****************	*****************

F154. COMUNICACIÓN A PRESENTAR POR EL PARTÍCIPE EN LA FINANCIACIÓN DE PROYECTOS DE INVESTIGACIÓN, DESARROLLO O INNOVACIÓN TECNOLÓGICA (COMUNIDAD FORAL DE NAVARRA)

Modelo de Comunicación:

A LA HACIENDA FORAL DE NAVARRA
(DEPARTAMENTO DE ECONOMÍA Y HACIENDA)

De una parte:

********, mayor de edad con N.I.F. *****, en nombre y representación de la entidad ********, con N.I.F. ****** y domicilio en ***** (en adelante, el "Financiador").

Y de otra parte:

********, mayor de edad con N.I.F. *****, en nombre y representación de la entidad ********, con N.I.F. ****** y domicilio en ***** (en adelante, el "Desarrollador del Proyecto").

Ambas Partes comparecen y

EXPONEN

PRIMERO.– Que el Desarrollador del Proyecto es una entidad dedicada a la realización de actividades de investigación y desarrollo e innovación tecnológica, con domicilio fiscal en la Comunidad Foral de Navarra, que durante el ejercicio **** ha llevado a cabo/va a llevar a cabo el proyecto de I+D+i denominado:

[Título del proyecto y breve descripción]

(en lo sucesivo, el "Proyecto").

SEGUNDO.– Que la Ley Foral 26/2016, de 28 de diciembre, del Impuesto sobre Sociedades de Navarra (en adelante, la "LFIS Navarra"), en su artículo 61 regula la deducción por la realización de actividades de investigación y desarrollo e innovación tecnológica y en su artículo 62 regula la participación en proyectos de investigación y desarrollo o innovación tecnológica, permitiendo que contribuyentes que participen en la financiación de proyectos de terceros apliquen en su propia autoliquidación las deducciones generadas por quienes realizan tales proyectos, en los términos y límites que en dicho precepto se establecen.

TERCERO.– Que, en el marco del Proyecto descrito, el Financiador y el Desarrollador del Proyecto han suscrito un contrato de financiación en el sentido del artículo 62 de la LFIS Navarra, mediante el cual el Financiador participa en la financiación del Proyecto y adquiere el derecho a aplicar en su autoliquidación del Impuesto sobre Sociedades o del Impuesto sobre la Renta de no Residentes la deducción por I+D+i generada por el Desarrollador del Proyecto conforme al artículo 61 de la LFIS Navarra.

En virtud del mencionado contrato, el Financiador ha aportado/aportará un total de ____________ euros (__________ €), en los plazos e importes establecidos en el propio contrato, que se corresponden con el calendario de gastos del Proyecto realizados y previstos por el Desarrollador y que se devengarán en el presente ejercicio ________ y, en su caso, en los ejercicios ________.

CUARTO.– Que el artículo 62 de la LFIS Navarra exige, para la aplicación del régimen de participación en proyectos de investigación y desarrollo o innovación tecnológica, que:

1. El Desarrollador del Proyecto y el Financiador suscriban un contrato de financiación, en el que se detallen, al menos:

- La identidad de las partes.
- La descripción del Proyecto.
- El presupuesto y el desglose de gastos de I+D+i, con especial referencia a los realizados en territorio navarro.
- La forma de financiación del Proyecto, incluyendo la aportación del Financiador y su calendario.

2. Se cumplan, además, los requisitos materiales y formales establecidos en la normativa de desarrollo (incluida, en su caso, la obtención de informes previos de calificación del Proyecto como I+D+i).

En consecuencia, con el objetivo de cumplir con los mencionados requisitos formales, el Desarrollador del Proyecto y el Financiador proceden a aportar, junto con la presente comunicación:

- Como Documento nº **, copia del contrato de financiación formalizado en el sentido del artículo 62 de la LFIS Navarra.
- Como Documento nº **, copia de los informes, certificaciones u otros documentos que acreditan la naturaleza de I+D+i del Proyecto y la base de la deducción generada.
- Como Documentos nº **, (si procede)

QUINTO.– Que la participación del Financiador en el Proyecto se limita exclusivamente a la cesión del derecho a aplicar la deducción por I+D+i generada por el mismo, sin que implique transmisión de derechos de propiedad intelectual o industrial o de cualquier otra índole sobre los resultados del Proyecto, cuya titularidad permanece en todo caso en el Desarrollador del Proyecto, en los términos establecidos en el contrato de financiación.

SEXTO.– Que el Desarrollador del Proyecto y el Financiador declaran que no están vinculados en los términos previstos en la normativa del Impuesto sobre Sociedades de Navarra que resulte de aplicación.

SÉPTIMO.– Que la presente comunicación se refiere al período impositivo ________ del Financiador, en el que éste tiene derecho a aplicar la deducción correspondiente a las aportaciones realizadas, en los términos previstos en los artículos 61 y 62 de la LFIS Navarra.

Por todo ello,

SOLICITAN

Que, teniendo por presentado este escrito en tiempo y forma y por aportada la documentación que se acompaña, esa Administración tenga por comunicada la participación del Financiador en la financiación del Proyecto descrito, a los efectos de la aplicación del régimen previsto en los artículos 61 y 62 de la LFIS Navarra, en los términos anteriormente señalados.

En ****, a **** de ******** de ****

El Desarrollador del Proyecto	El Financiador
______________________	______________________
*****************	*****************
*****************	*****************

F155. SOLICITUD DE RECONOCIMIENTO PREVIO DE LOS BENEFICIOS FISCALES RELATIVOS A (DENOMINACIÓN DEL PROGRAMA/ACONTECIMIENTO DE EXCEPCIONAL INTERÉS PÚBLICO)

(Art. 27 Ley 49/2002 y arts. 9 y 10 RD 1270/2003)

A LA AGENCIA ESTATAL DE ADMINISTRACIÓN TRIBUTARIA

D./D.ª ********, mayor de edad, con N.I.F. ***, y domicilio, a efectos de notificaciones, en ******** (********, calle ********, n.º ***), actuando

[en su propio nombre y derecho/**en nombre y representación de ***, con N.I.F. ******** y domicilio en ******** (********, calle ********, n.º *)]

(en adelante, el "Contribuyente"), comparece y, como mejor proceda en Derecho,

EXPONE

PRIMERO.– Que el Contribuyente se dedica a la actividad económica de ********, siendo contribuyente del

[Impuesto sobre Sociedades/Impuesto sobre la Renta de las Personas Físicas por la obtención de rendimientos de actividades económicas en estimación directa].

Se acompaña, como Documento n.º **, copia del alta en el censo y en el Impuesto sobre Actividades Económicas, epígrafe ********.

SEGUNDO.– Que, durante el período impositivo, el Contribuyente ha efectuado gastos por importe total de ******** (**** €), en cumplimiento de los planes y programas de actividades establecidos por el Consorcio u órgano administrativo correspondiente del [denominación completa del acontecimiento o programa de apoyo a acontecimientos de excepcional interés público] (en adelante, el "Programa").

Se adjunta, como Documento n.º **, certificación expedida por el citado Consorcio u órgano administrativo, de fecha ** de ******** de ****, acreditativa de que dichos gastos se han realizado en cumplimiento de sus planes y programas de actividades y de los restantes requisitos exigidos por la normativa aplicable.

TERCERO.– Que los referidos gastos se han materializado en actuaciones de propaganda y publicidad de proyección plurianual que sirven directamente para la promoción del Programa, aprobadas por el Consorcio u órgano administrativo correspondiente, con el siguiente detalle: ********.

En prueba de la anterior afirmación se acompañan, como Documentos n.os ** y siguientes, las memorias, proyectos, contratos y demás documentación justificativa de los citados gastos.

CUARTO.– Que, de conformidad con lo dispuesto en el artículo 27 de la Ley 49/2002, de 23 de diciembre, de régimen fiscal de las entidades sin fines lucrativos y de los incentivos fiscales al mecenazgo, en [indicar la norma específica que establece y aprueba el Programa de apoyo al acontecimiento de excepcional interés público] y en los artículos 9 y 10 del Real Decreto 1270/2003, de 10 de octubre, el Contribuyente tiene derecho a aplicar, en su [cuota íntegra del Impuesto sobre Sociedades/cuota íntegra del Impuesto sobre la Renta de las Personas Físicas], la deducción del

15 % de los gastos de propaganda y publicidad de proyección plurianual que sirven directamente para la promoción del Programa, deducción que se computará conjuntamente con las restantes deducciones reguladas en el artículo 39 de la Ley 27/2014, de 27 de noviembre, del Impuesto sobre Sociedades.

QUINTO.– Que la presente solicitud se formula, al menos, cuarenta y cinco días naturales antes del inicio del plazo reglamentario de declaración-liquidación correspondiente al período impositivo en el que ha de surtir efectos el beneficio fiscal cuyo reconocimiento se solicita, de conformidad con lo previsto en el artículo 9 del Real Decreto 1270/2003.

Por todo lo expuesto,

SOLICITA

Que, teniendo por presentado este escrito en tiempo y forma, junto con la documentación que se acompaña, se sirva admitirlo y, en su virtud, se reconozca el cumplimiento de los requisitos legales necesarios para la aplicación, por parte del Contribuyente, de la deducción del 15 % de los gastos de propaganda y publicidad de proyección plurianual relacionados con el Programa [denominación completa], en su [cuota íntegra del Impuesto sobre Sociedades/cuota íntegra del Impuesto sobre la Renta de las Personas Físicas], en los términos previstos en el artículo 27 de la Ley 49/2002, en la normativa específica del Programa y en el Real Decreto 1270/2003.

En ********, a ** de ******** de ****.

[Firma]

D./D.ª ********

[En su propio nombre y derecho/**En nombre y representación de **********]

Destinatario interno (opcional, pie del modelo):

ADMINISTRACIÓN DE ********
DEPENDENCIA DE GESTIÓN TRIBUTARIA DE LA DELEGACIÓN DE ********
[UNIDAD REGIONAL DE GESTIÓN DE GRANDES EMPRESAS DE ********]
[DELEGACIÓN CENTRAL DE GRANDES CONTRIBUYENTES]

F156. SOLICITUD DE ACUERDO PREVIO DE VALORACIÓN DE LOS GASTOS CORRESPONDIENTES A PROYECTOS DE I+D+i

(Art. 35.4 Ley 27/2014, del Impuesto sobre Sociedades; art. 38 RIS; arts. 34.1.l), 57 y 91 LGT)

A LA AGENCIA ESTATAL DE ADMINISTRACIÓN TRIBUTARIA

D./D.ª ********, mayor de edad, con N.I.F. ***, y domicilio, a efectos de notificaciones, en ******** (********, calle ********, n.º ***), actuando

[en su propio nombre y derecho/**en nombre y representación de ***, con N.I.F. ******** y domicilio en ******** (********, calle ********, n.º *)]

(en adelante, el "Contribuyente"), comparece y, como mejor proceda en Derecho,

EXPONE

PRIMERO.– Que el Contribuyente se dedica a la actividad económica de ********, siendo contribuyente del

[Impuesto sobre Sociedades/Impuesto sobre la Renta de las Personas Físicas por la obtención de rendimientos de actividades económicas en estimación directa].

Se acompaña, como Documento n.º **, copia del alta en el censo y en el Impuesto sobre Actividades Económicas, epígrafe ********.

SEGUNDO.– Que es voluntad del Contribuyente realizar una inversión en actividades de [investigación y desarrollo/innovación tecnológica/investigación, desarrollo e innovación tecnológica], materializada en ********, cuyo proyecto consiste en ********.

Se estima un período de desarrollo de, con una inversión total prevista de ******** (€).

Se acompaña, como Documento n.º **, memoria económica del proyecto, en la que se detalla la regla de valoración aplicada y las circunstancias económicas tenidas en cuenta para la estimación de los gastos previstos.

Asimismo, se acompaña, como Documento n.º **, [en su caso] el proyecto técnico elaborado por perito/s competente/s, en el que se describen las características técnicas del proyecto de I+D+i.

TERCERO.– Que, de conformidad con lo dispuesto en los artículos 34.1.l) y 91 de la Ley 58/2003, de 17 de diciembre, General Tributaria, en el artículo 35.4 de la Ley 27/2014, de 27 de noviembre, del Impuesto sobre Sociedades, y en el artículo 38 del Reglamento del Impuesto sobre Sociedades, aprobado por el Real Decreto 634/2015, de 10 de julio, el Contribuyente puede solicitar de la Administración tributaria un acuerdo previo de valoración de los gastos correspondientes a las actividades de I+D+i descritas, a los efectos de la aplicación de la deducción prevista en el artículo 35 de la LIS.

Que la presente solicitud se formula con carácter previo a la realización de los gastos correspondientes al proyecto, a fin de que la valoración que se efectúe tenga carácter vinculante, siempre que no se modifique la legislación aplicable ni varíen significativamente las circunstancias económicas que la motivan.

Por todo lo expuesto,

SOLICITA

Que, teniendo por presentado este escrito en tiempo y forma, junto con la documentación que se acompaña, se sirva admitirlo y, en atención a los datos suministrados, proceda a dictar acuerdo previo de valoración de los gastos correspondientes al proyecto de I+D+i descrito en los expositivos anteriores, determinando su importe a los efectos de la aplicación, por parte del Contribuyente, de la deducción prevista en el artículo 35 de la Ley 27/2014, del Impuesto sobre Sociedades, en los períodos impositivos en que dichos gastos se devenguen.

En ********, a ** de ******** de ****.

[Firma]

D./D.ª ********

[En su propio nombre y derecho/**En nombre y representación de **********]

Destinatario interno (opcional, pie del modelo):

DELEGACIÓN DE LA AGENCIA ESTATAL DE ADMINISTRACIÓN TRIBUTARIA DE ********
DEPENDENCIA REGIONAL DE INSPECCIÓN DE ********
[DELEGACIÓN CENTRAL DE GRANDES CONTRIBUYENTES]

F157. CONTESTACIÓN A REQUERIMIENTO ADMINISTRATIVO EN RELACIÓN CON LA SOLICITUD DE ACUERDO PREVIO DE VALORACIÓN DE GASTOS DE I+D+i

A LA DEPENDENCIA REGIONAL DE INSPECCIÓN de [Comunidad Autónoma/Provincia] DE LA LA DELEGACIÓN DE LA AEAT DE [PROVINCIA] [DELEGACIÓN CENTRAL DE GRANDES CONTRIBUYENTES] (si aplica)" DE LA A LA AGENCIA ESTATAL DE ADMINISTRACIÓN TRIBUTARIA

D./D.ª ********, mayor de edad, con N.I.F. ***, y domicilio, a efectos de notificaciones, en ******** (********, calle ********, n.º ***), actuando

[en su propio nombre y derecho/**en nombre y representación de ***, con N.I.F. ******** y domicilio en ******** (********, calle ********, n.º *)]

(en adelante, el "Contribuyente"), comparece y, como mejor proceda en Derecho,

EXPONE

PRIMERO.– Que el Contribuyente ha presentado ante esa Administración tributaria solicitud de acuerdo previo de valoración de los gastos correspondientes al proyecto de [investigación y desarrollo/innovación tecnológica/I+D+i] denominado ******** (en adelante, el "Proyecto"), a los efectos de la aplicación de la deducción prevista en el artículo 35 de la Ley 27/2014, de 27 de noviembre, del Impuesto sobre Sociedades.

Se acompaña, como Documento n.º **, copia de la referida solicitud, presentada en fecha ** de ******** de ****, con número de expediente ********.

SEGUNDO.– Que, con fecha ** de ******** de ****, el Contribuyente ha recibido requerimiento de documentación emitido por esa Administración tributaria, en relación con la citada solicitud de acuerdo previo de valoración, por el que se interesa la aportación de determinada información, antecedentes, informes y justificantes relativos al Proyecto.

Se acompaña, como Documento n.º **, copia del requerimiento a los efectos de su identificación, en el que se concede al Contribuyente un plazo de ******** días para atender lo solicitado.

TERCERO.– Que, de conformidad con lo dispuesto en el artículo 38.3 del Reglamento del Impuesto sobre Sociedades, aprobado por el Real Decreto 634/2015, de 10 de julio, y dentro del plazo conferido al efecto, mediante el presente escrito el Contribuyente da contestación al requerimiento y aporta la documentación solicitada, en la forma que a continuación se detalla:

Como Documento n.º **: ********

Como Documento n.º **: ********

Como Documentos n.os ** a **: informes periciales y documentación técnica adicional relativa al Proyecto.

Todo ello sin perjuicio de la ulterior aportación de cuantos otros antecedentes, informes o pruebas puedan considerarse pertinentes a solicitud de esa Administración tributaria o por iniciativa del propio Contribuyente.

Por todo lo expuesto,

SOLICITA

Que, teniendo por presentado este escrito en tiempo y forma, junto con el conjunto de documentos que se acompañan, se sirva admitirlo y tenga por cumplido el requerimiento administrativo formulado en relación con la solicitud de acuerdo previo de valoración de los gastos correspondientes al Proyecto ********, continuando la tramitación del procedimiento hasta la emisión del oportuno acuerdo de valoración.

En ********, a ** de ******** de ****.

[Firma]

D./D.ª ********

[En su propio nombre y derecho/**En nombre y representación de **********]

VIII.2. AGRUPACIONES DE INTERÉS ECONÓMICO COMO VEHÍCULOS MERCANTILES PARA EL DESARROLLO DE ACTIVIDADES AUDIOVISUALES

VIII.2.1. CONSTITUCIÓN

F158. ESCRITURA CONSTITUCION AIE

COMPARECEN

[*], nacido el [*], [profesión], [estado civil], vecino, a estos efectos de [*], titular del D.N.I. [*].

[*], nacido el [*], [profesión], [estado civil], vecino, a estos efectos de [*], titular del D.N.I. [*].

[Incorporar cualesquiera comparecencias adicionales]

Le identifico por el documento de identidad reseñados.

INTERVIENEN

A).- [*]en nombre y representación de la Compañía Mercantil **"[*]"**, domiciliada en [*], con C.I.F. [*], constituida, por tiempo indefinido, en escritura autorizada por [Notario], el día [*]de [*] de [*], número [*] de protocolo; INSCRITA en el Registro Mercantil de [*], tomo [*], folio [*], hoja [*]. Constituye su objeto social; "[Incorporar objeto social]". ——————

Actúan en su condición de [Administrador Único/Apoderado/Administradores solidarios o mancomunados/Mandatario verbal, etc.]**.** Facultado para este otorgamiento, por tiempo indefinido, [fecha], [datos de la escritura causante de su nombramiento] causando la inscripción [*] de la mencionada hoja registra ——————

Así resulta de copias autorizadas de dichas escrituras que he tenido a la vista e información del Registro Mercantil que he obtenido por medios telemáticos, asegurándome los comparecientes la vigencia del cargo, así como que no ha variado la capacidad jurídica y el objeto de la Sociedad que representan. ——————

Yo, el Notario, hago constar expresamente que:

1.- He cumplido con la obligación de identificación del titular real que impone la Ley 10/2010, de 28 de abril, cuyo resultado consta en acta autorizada por mí, el infrascrito Notario, el día (*), número (*) de protocolo, manifestándome los comparecientes que no se ha modificado el contenido de la misma. ——————

2.- He consultado la base de datos de titularidad real del Consejo General del Notariado y verificado que el contenido que en la misma consta como manifestado coincide con la información que han suministrado quienes ostentan la representación de la entidad. ——————

3.- He consultado el archivo de Números de Identificación Fiscal revocados de la Agencia Estatal de Administración Tributaria, a través del acceso directo habilitado en el Sistema Integrado de Gestión del Notariado (SIGNO), del que resulta que la entidad aquí representada no figura en el listado o relación acumulada de los mismos y su número de identificación fiscal no aparece como revocado. ——————————

B).- [*]en nombre y representación de la Compañía Mercantil **"[*]"**, domiciliada en [*], con C.I.F. [*], constituida, por tiempo indefinido, en escritura autorizada por [Notario], el día [*]de [*] de [*], número [*] de protocolo; INSCRITA en el Registro Mercantil de [*], tomo [*], folio [*], hoja [*]. Constituye su objeto social; "[Incorporar objeto social]". ——————————

Actúan en su condición de [Administrador Único/Apoderado/Administradores solidarios o mancomunados/Mandatario verbal, etc.]. Facultado para este otorgamiento, por tiempo indefinido, [fecha], [datos de la escritura causante de su nombramiento] causando la inscripción [*] de la mencionada hoja registra ——————————

Así resulta de copias autorizadas de dichas escrituras que he tenido a la vista e información del Registro Mercantil Central que he obtenido por medios telemáticos asegurándome el Sr. —————— — la vigencia del cargo, así como que no ha variado la capacidad jurídica y objeto de la sociedad que representa. ——————————

Yo, el Notario, hago constar expresamente que: —

1.- He cumplido con la obligación de identificación del titular real que impone la Ley 10/2010 de 28 de Abril, cuyo resultado consta en acta autorizada por mi, el día (*), número (*) de protocolo, manifestándome el Sr. (*) que no se ha modificado el contenido de la misma. ——————————

2.- He consultado la base de datos de titularidad real del Consejo General del Notariado y verificado que el contenido que en la misma consta como manifestado coincide con la información que ha suministrado quien ostenta la representación de la entidad. ——————————

3.- He consultado el archivo de Números de Identificación Fiscal revocados de la Agencia Estatal de Administración Tributaria, a través del acceso directo habilitado en el Sistema Integrado de Gestión del Notariado (SIGNO), del que resulta que la mercantil aquí representada no figura en el listado o relación acumulada de los mismos y su número de identificación fiscal no aparece como revocado. ——————————

Tienen, a mi juicio, según intervienen, capacidad necesaria y acreditan suficientes facultades representativas para formalizar esta escritura de constitución de **AGRUPACION DE INTERES ECONOMICO** denominada **"[Denominación social], A.I.E."**, y, a tal fin; ——————————

EXPONEN

I.- Que [*] y [*]expresan en este momento su voluntad de constituir una Agrupación de Interés Económico, de nacionalidad española, denominada **"[Denominación social], A.I.E."** con cuya denominación no existe ninguna otra, según me acreditan con la oportuna certificación del Registro Mercantil Central, que me entregan y cuyo código seguro de verificación compruebo e **incorporo a esta matriz**, la cual se regirá por la Ley 12/1991 de 29 de Abril y demás disposiciones legales que le sean de aplicación.

II.- Y expuesto lo anterior;

OTORGAN

PRIMERO.- [*] y [*] constituyen una Agrupación de Interés Económico, con arreglo a las disposiciones de la Ley 12/1991 de 29 de abril, que se regirá por las disposiciones legales vigentes que le sean de aplicación y por sus Estatutos, con la denominación de **"[Denominación social], A.I.E."**.

SEGUNDO.- El objeto, duración, domicilio y Órgano de Administración, así como las demás características de la Agrupación de Interés Económico son la que se determinan en sus Estatutos Sociales, extendidos en [*]folios de papel común, los cuales leídos íntegramente por los comparecientes, según intervienen, y enterados, los aprueban y firman, dejándolos yo, el Notario, a su instancia, incorporados a esta matriz, formando parte integrante de la misma.

Manifiestan los miembros fundadores que el código de Clasificación Nacional de Actividades Económicas (CNAE) que le corresponde a la entidad que por la presente se constituye es: [*] *SIGUIENTE PÁRRAFO*

TERCERO.- CAPITAL.- El Capital de la Agrupación es de [*] EUROS, dividido en [*] participaciones o cuotas iguales, de [*]un euro cada una de ellas, numeradas del 1 al [*], ambos inclusive.

Las participaciones representativas del capital han sido íntegramente suscritas y desembolsadas por los miembros fundadores mediante las aportaciones que a continuación se detallan:

- [*] aporta la cantidad de [*] euros, adjudicándosele [*]PARTICIPACIONES, números 1 al [*], ambos inclusive.
- [*] aporta la cantidad de [*]euros, adjudicándosele [*] PARTICIPACIONES, números [*] al [*], ambos inclusive.

Me entregan los comparecientes, e incorporo a esta matriz, certificación bancaria acreditativa de las aportaciones realizadas.

CUARTO.- NOMBRAMIENTO DE ADMINISTRADORES.

[*] y [*] dando a este acto el carácter de Asamblea Universal acuerdan, por unanimidad, que la Agrupación sea regida y administrada inicialmente por [Forma de administración], designando, **por tiempo indefinido, a [*].**

- **[*]** debidamente representada **acepta el cargo**, asegurando no hallarse incursa en causa alguna de incapacidad o incompatibilidad para ejercerlo, en especial de las determinadas por las disposiciones vigentes, tanto estatales como autonómicas.
- **[*]** debidamente representada **acepta el cargo**, asegurando no hallarse incursa en causa alguna de incapacidad o incompatibilidad para ejercerlo, en especial de las determinadas por las disposiciones vigentes, tanto estatales como autonómicas.

QUINTO.- INICIO DE OPERACIONES.

La Agrupación da comienzo a sus operaciones en el día de hoy de conformidad con los estatutos.

SEXTO.- APODERAMIENTO.

Los socios fundadores se apoderan recíprocamente para que cualquiera de ellos pueda otorgar cualquier documento destinado a subsanar, completar o aclarar la presente escritura y sus estatutos, hasta lograr la plena inscripción en los Registros Públicos correspondientes.

De conformidad con lo establecido en el Reglamento del Registro Mercantil, los otorgantes consienten expresamente la inscripción parcial de la presente escritura en el supuesto de que cualquiera de sus cláusulas o estipulaciones adoleciera de algún defecto a juicio del Registrador Mercantil.

SÉPTIMO.- Advierto expresamente de la obligatoriedad de la inscripción de la presente escritura en el Registro Mercantil.

Protección de datos personales

Los datos personales de los intervinientes serán tratados por el Notario autorizante, cuyos datos de contacto figuran en el presente documento. Si se facilitan datos de personas distintas de los intervinientes, dichos intervinientes son responsables de haberles informado previamente de todo lo previsto en el artículo 14 del Reglamento General de Protección de Datos (RGPD).

La finalidad del tratamiento es realizar las actividades propias de la función pública notarial, de las que puede derivarse la existencia de decisiones automatizadas, autorizadas por la Ley, llevadas a cabo por las Administraciones Públicas competentes, incluida la elaboración de perfiles para la prevención e investigación en materia de prevención del blanqueo de capitales y de la financiación del terrorismo. Asimismo, los datos serán tratados por la Notaría para la facturación y gestión de clientes.

A los efectos indicados, se realizarán las comunicaciones de datos previstas en la Ley a las Administraciones Públicas competentes.

Los datos se conservarán durante los plazos previstos en la normativa aplicable y, en cualquier caso, mientras se mantenga la relación con el interesado. La identidad del Delegado de Protección de Datos y sus datos de contacto se encuentran publicados en la Notaría. Los intervinientes tienen derecho a solicitar el acceso a sus datos personales, su rectificación, su supresión, su portabilidad y la limitación de su tratamiento, así como oponerse a este. Frente a cualquier eventual vulneración de derechos, puede presentarse una reclamación ante la Agencia Española de Protección de Datos, cuyos datos de contacto son accesibles en www.aepd.es.

Hice las reservas y advertencias legales, especialmente la obligación de presentar la primera copia de esta escritura en la oficina liquidadora, dentro del plazo de los próximos treinta días hábiles, y en especial las que pudieran derivarse de la falsedad de las declaraciones.

Leo, por su elección, a los comparecientes esta escritura, cuyo consentimiento ha sido libremente prestado y yo el Notario doy fe de que el presente otorgamiento se adecua a la legalidad y a la voluntad debidamente informada de los otorgantes e intervinientes. La encuentran conforme, se ratifican y firman conmigo, el Notario, que de su contenido, extendido en [*] folios de papel exclusivo para documentos notariales, serie [*], números [*] y los [*] anteriores correlativos, cuya expresión informática queda incorporada con la misma fecha y bajo el mismo número en el correspondiente protocolo electrónico. DOY FE.

F159. DECLARACIÓN DE VOLUNTAD DE CONSTITUCIÓN DE UNA AIE

DECLARACIÓN DE VOLUNTAD DE CONSTITUCIÓN DE LA AGRUPACIÓN DE INTERÉS ECONÓMICO "[*], A.I.E"

Las partes siguientes se comprometen a constituir una Agrupación de Interés Económico:

1. **[*],** con N.I.F. [*] y domicilio social sito en [*], representado en este acto por D. [*], con DNI número [*], en calidad de [*];
2. **[*]**, con N.I.F [*] y domicilio en [*], representado en este acto por [*], con DNI [*], en su calidad de [*].

- **Denominación social y forma jurídica**: [*].
- **Domicilio social y fiscal**: [*].
- **Objeto social**: *La actividad de la Agrupación es auxiliar a la actividad desarrollada por sus socios, facilitando su desarrollo, sin tener ánimo de lucro para sí misma. En este sentido, la Agrupación tiene por objeto la realización de las siguientes actividades:*

– [*].

CNAE [*]

- **Fecha de cierre de ejercicio social:** [*].
- **Capital social**: [*]
- **Socios y participación**:

[*]	[*]€	[*]%
[*].	[*]€	[*]%
TOTAL	[*]€	100%

- **Órgano de Administración**: Administradores Solidarios/Mancomunados (Administrador Único

(1): "[*]

- **Duración**: Indefinida

Firmado,

En ____, a [*] de [*] de 202[*]

F160. ESTATUTOS DE UNA AIE

ESTATUTOS
de la Agrupación de Interés Económico

"[*], A.I.E.",

TÍTULO I
DENOMINACIÓN, OBJETO, DURACIÓN, DOMICILIO Y CAPITAL SOCIAL

Artículo 1°.- Con la denominación **"[*], A.I.E.**" (en adelante la "**Agrupación**") se constituye una Agrupación de Interés Económico, con personalidad jurídica propia y carácter mercantil, que se regirá por los presentes Estatutos, por la Ley 12/1991, de 29 de abril, de Agrupaciones de interés Económico y por las demás disposiciones legales aplicables a este tipo de entidades.

Artículo 2°.- La actividad de la Agrupación es auxiliar a la actividad desarrollada por sus socios, facilitando su desarrollo, sin tener ánimo de lucro para sí misma. En este sentido, la Agrupación tiene por objeto la realización de las siguientes actividades[3]:

- [*]

CNAE [*]

Artículo 3°.- La duración de la Agrupación será indefinida, dando comienzo a su actividad el día del otorgamiento de su escritura de constitución.

Artículo 4°.- El domicilio social de la Agrupación se establece en [*]. Este domicilio podrá ser cambiado por acuerdo de la Asamblea General con la unanimidad de todos los socios de la Agrupación.

TÍTULO II
LOS SOCIOS, APORTACIONES, DERECHOS Y DEBERES, REGIMEN DE RESPONSABILIDAD

Artículo 5°.- La condición de socio de la Agrupación corresponde a sus fundadores y a quienes en el futuro puedan ser admitidos en la Agrupación por acuerdo unánime de la Asamblea General.

Artículo 6°.- La condición de socio se perderá específicamente cuando dejen de concurrir los requisitos exigidos por la Ley o por los presentes Estatutos o cuando se declare su concurso. En particular, perderán su condición de socios, aquéllos en los que concurra cualquiera de las siguientes circunstancias:

- Incumplimiento grave de cualquier obligación contraída por el socio con la Agrupación o con terceras personas, en relación con el objeto social de la Agrupación;
- Cuando el socio no continúe su negocio o explotación o cese en su actividad.

El socio de la Agrupación que por cualquier circunstancia pierda su condición de tal (el "**Socio Cesante**"), tendrá derecho a recibir de la Agrupación la liquidación de su participación en la misma

3 **Nota al Borrador**: en esta cláusula irá incluido el objeto social de la AIE. Esta redacción tiene mero carácter ejemplificativo.

(la "**Cuota de Liquidación**"). El Pago de la Cuota de Liquidación al Socio Cesante se realizará, una vez deducidas las posibles deudas que pudiera tener contraídas con la Agrupación, a la fecha de liquidación de la Agrupación o, de ser anterior en el tiempo, en la fecha de terminación de la duración de la Agrupación prevista en sus Estatutos, sin que se produzca devengo alguno de intereses a favor del Socio Cesante por el tiempo transcurrido.

En el supuesto de que cualquier socio pierda su condición como tal, la participación del Socio Cesante en la Agrupación se distribuirá proporcionalmente entre los socios restantes, salvo que éstos lleguen por unanimidad a un acuerdo en contrario.

Quedan a salvo los supuestos generales de transmisión, separación o exclusión.

Artículo 7°.- La transmisión parcial o total de la participación en la Agrupación sólo es posible cuando se realice a favor de un socio o de un tercero que reúna los requisitos legales para ser socio de la Agrupación y siempre que la Asamblea General lo apruebe con el consentimiento unánime de los socios, bajo los términos y condiciones que se acuerden en cada caso.

Artículo 8°.- Los socios de la Agrupación responderán personal y solidariamente entre sí por las deudas de aquélla, sin perjuicio del derecho de cualquier socio (el "**Socio Reclamante**") a reclamar el reembolso por parte del resto de socios de aquella cantidad que el Socio Reclamante haya pagado y exceda de la que le correspondería por su porcentaje de participación en la Agrupación. La responsabilidad de los socios es subsidiaria respecto de la de la Agrupación.

Artículo 9°.- La condición de socio de la Agrupación le atribuye los derechos reconocidos en estos Estatutos y en la Ley. Especialmente le corresponderán los siguientes derechos:

- El de voto, en función de su porcentaje de participación;
- El de participar en los resultados económicos de la Agrupación en función de su porcentaje de participación;
- El derecho de separación, pero sólo cuando concurriese justa causa o mediante el consentimiento unánime de los demás socios. El Socio Cesante tendrá derecho a la liquidación de su participación en la Agrupación de conformidad con las reglas establecidas en el artículo 6°.

TÍTULO III
ÓRGANOS DE LA AGRUPACIÓN

Artículo 10°.- Son órganos de la Agrupación la Asamblea General, como órgano soberano, y el Órgano de Administración, como órgano de representación, administración y gobierno de la misma.

CAPÍTULO I
Asamblea General de Socios

Artículo 11°.- Sin perjuicio de lo previsto en la Ley, la Asamblea General estará constituida por los socios y se reunirá en el domicilio social (o en cualquier otro lugar si así lo acuerdan la totalidad de los socios en Asamblea Universal a la que todos los socios presten su consentimiento) dentro de los seis primeros meses de cada año para examinar las cuentas anuales y la propuesta de distribución de resultados. También deberá reunirse la Asamblea cuando solicite su convocatoria cualquiera de sus socios.

Artículo 12°.- La Asamblea será convocada por el Órgano de Administración mediante escrito dirigido a todos los socios al domicilio que a estos efectos tenga cada uno señalado a la Agrupación, y enviado por correo certificado con acuse de recibo, en el que se fijarán con la debida claridad los asuntos sobre los que haya de deliberarse.

Si la convocatoria se realiza a iniciativa del propio Órgano de Administración, habrá de practicarse con quince días de antelación, por lo menos a aquél en que haya de celebrarse.

Y si la convocatoria se realiza por los administradores de la Agrupación de Interés Económico a instancia de cualquier socio, la convocatoria habrá de practicarse con treinta días de antelación, por lo menos a aquél en que haya de celebrarse.

Todo socio podrá hacerse representar en la Asamblea por medio de otra persona, debiendo conferirse la representación por poder notarial o por simple escrito, con carácter especial para cada Asamblea. Sin perjuicio de que, a cada uno de los socios, personas jurídicas, le pueda representar una o más personas físicas, con poderes generales o especiales, si los representantes de cada socio son más de uno, el derecho de voto sólo será ejercitado por uno de ellos, y se computará en función de las participaciones que dicho socio tenga atribuidas en la Agrupación.

Sin perjuicio de lo establecido en el párrafo anterior, la Asamblea General quedará válidamente constituida sin necesidad de previa convocatoria, si, encontrándose presentes o representados todos los socios, decidieran celebrarla.

Artículo 13º.- La voluntad de los socios, expresada en la Asamblea, o en la forma y con los requisitos previstos en el artículo 10 de la Ley 12/1991 de 29 de abril, regirá la vida de la Agrupación.

El voto de cada socio en la Asamblea se computará en función de su porcentaje de participación en la Agrupación.

Con excepción de aquellos acuerdos cuya aprobación requiera, de conformidad con la Ley, o los presentes Estatutos, el consentimiento unánime de todos los socios (en cuyo caso todos los socios deberán estar presentes o representados para la válida constitución de la Asamblea, y todos ellos deberán aprobar el pertinente acuerdo), los acuerdos de la Asamblea deberán adoptarse por el consentimiento de la mayoría de todos los socios presentes o representados, sin que sea preciso un quórum específico para la válida celebración de la Asamblea.

Artículo 14º.- La Asamblea General será presidida por el Presidente del Órgano de Administración o, en su ausencia, por la persona nombrada por los socios concurrentes a la misma. Asimismo, actuará como Secretario la persona que ostente dicho cargo en el Órgano de Administración o la persona designada para actuar como tal por la propia Asamblea.

Dirigirá los debates el Presidente de la Asamblea, siguiendo el orden del día de la sesión.

Los acuerdos de la Asamblea se consignarán en el oportuno libro de actas y serán firmados por el Presidente y por el Secretario de la Asamblea.

Las certificaciones de los acuerdos de la Asamblea se expedirán por la persona que, según Ley, ostente facultad certificante.

La formalización en escritura pública de los acuerdos corresponderá a la persona facultada para ello en virtud de acuerdo expreso al efecto.

CAPÍTULO II
El Órgano de Administración

Artículo 15º.- La Agrupación estará representada y administrada, alternativamente, a elección de la Asamblea General por:

- un Administrador Único, que ostentará la representación de la Agrupación;
- dos (2), tres (3) o cuatro (4) Administradores solidarios, que ostentarán la representación de la Agrupación de forma solidaria; o
- dos (2) Administradores mancomunados, que ostentarán la representación de la Agrupación mancomunadamente.

La Asamblea General podrá optar alternativamente por cualquiera de las formas de administración enumeradas sin necesidad de modificar los Estatutos. Toda referencia en estos Estatutos al "Órgano de Administración" se refiere a cualquiera de las formas de administración enumeradas, incluyendo la de un Administrador Único.

El miembro del Órgano de Administración que sea una persona jurídica deberá designar una persona natural que actúe como representante suyo en el ejercicio de las funciones propias del cargo.

No se exigirá la condición de socio de la Agrupación para ser nombrado administrador.

Serán de aplicación a los administradores las prohibiciones establecidas por la Ley para los administradores de las sociedades de capital.

La duración del nombramiento como Administrador será indefinida.

El cargo de Administrador es gratuito, sin perjuicio, en su caso, del pago de los honorarios que pudiera acreditarse frente a la Agrupación en razón de la prestación de servicios profesionales o de vinculación laboral, según sea el caso.

Artículo 16°.- El Órgano de Administración definirá las políticas en que debe inspirarse el funcionamiento de la Agrupación, así como su seguimiento, quedando investido de las más amplias facultades para organizar, gobernar y administrar la Agrupación en todos sus negocios, asuntos, bienes y derechos, sin más excepciones que las reservadas a la Asamblea General de socios.

A estos efectos, la administración ordinaria de los negocios propios de la Agrupación corresponderá al Órgano de Administración. Especialmente incumbe al Órgano de Administración formular, con la colaboración de los servicios de administración y contabilidad y anualmente, el Balance y la Cuenta de Pérdidas y Ganancias, que, previa su aprobación, serán sometidos a la Asamblea General.

TÍTULO IV
INVENTARIO Y BALANCE

Artículo 17°.- El capital social se fija en la cantidad de [*] que se dividirá en [*] participaciones de [*] de valor nominal cada una de ellas numeradas de la 1 a la [*], ambos inclusive[4].

Este capital social se integra por las aportaciones dinerarias de los socios fundadores y estará totalmente desembolsado desde el momento de la Constitución de la Agrupación e ingresado en una cuenta bancaria abierta a estos efectos a nombre de la Agrupación.

Artículo 18°.- El ejercicio social finalizará el [*] de cada año. El primer ejercicio social comprenderá el periodo comprendido entre el día del otorgamiento de la escritura fundacional y el [*] próximo.

---

4 **Nota al Borrador**: la normativa no requiere que una AIE se constituya con un capital social concreto, ya que puede ser constituida sin capital social.

Artículo 19°.- El Órgano de Administración, en el plazo máximo de tres (3) meses contados a partir del cierre del ejercicio fiscal, formulará las cuentas anuales, y, en su caso, la propuesta de distribución de beneficios o pérdidas, todo lo cual será sometido a aprobación de la Asamblea General de socios. Los socios tendrán derecho a examinar dichas cuentas anuales con todos sus antecedentes en el domicilio social y durante los quince (15) días anteriores a la celebración de la Asamblea.

Artículo 20°.- Los beneficios y pérdidas procedentes de las actividades de la Agrupación serán considerados como beneficios y pérdidas de los socios repartidos entre ellos en proporción a su participación en la Agrupación, según lo dispuesto en el artículo 21 de la Ley 12/1991, de 29 de abril.

Artículo 21°.- Los pagos, transferencias e ingresos de la Agrupación se efectuarán a nombre de la misma, en las cuentas corrientes abiertas de Bancos elegidos de común acuerdo entre los socios. Las disposiciones de los fondos de la Agrupación se efectuarán por el Órgano de Administración a través de cualquier medio hábil procedente en derecho.

Las aportaciones de fondos deben efectuarse por los socios fundadores en el momento de la constitución de la Agrupación. Los socios que en el futuro entren a formar parte de la Agrupación, deberán efectuar sus correspondientes aportaciones de fondos en el momento que se acuerde en la escritura de incorporación a la Agrupación.

Sin alguno de los socios no efectuase cualquiera de las aportaciones a que viniera obligado a su debido tiempo, incurrirá en morosidad y sin perjuicio de otras posibles sanciones, deberá abonar a la Agrupación un interés del 10 por 100 (10%), o el interés preferencial que esté vigente en los principales bancos, incrementado en dos puntos, eligiéndose la cantidad mayor que resulte de la aplicación de uno u otro interés. Cuando uno de los socios no morosos consintiera voluntariamente en cubrir algún déficit por demora de otro en el ingreso que le correspondiera, el moroso abonará al socio que le hubiera cubierto dicho déficit directamente o a través de la Agrupación, con los intereses devengados por las diferencias cubiertas de acuerdo con los tipos que se han indicado en este mismo párrafo.

TÍTULO V
SOCIOS FUNDADORES

Artículo 22°.- A los efectos de los presentes Estatutos, toda referencia a los socios fundadores se entenderá hecha a los siguientes: [*] y [*][5]

TÍTULO VI
DISOLUCIÓN Y LIQUIDACIÓN

Artículo 23°.- 1.- La Agrupación se disolverá por las causas establecidas en la Ley y en estos Estatutos. Particularmente la Agrupación se disolverá cuando concurra cualquiera de las siguientes circunstancias:

1°. Por acuerdo unánime de los socios.

2°. Por expiración del plazo o por cualquier otra causa establecida en la escritura.

3°. Por la apertura de la fase de liquidación, cuando la Agrupación se hallare declarada en concurso.

4°. Por conclusión de la actividad que constituye su objeto o por imposibilidad de realizarlo.

5°. Por paralización de los órganos sociales de modo que resulte imposible su funcionamiento.

5 **Nota al borrador:** la AIE se debe constituir y debe estar participada por al menos, dos socios.

6°. Por no ajustarse la actividad de la Agrupación al objeto de la misma.

7°. Por quedar reducido a uno el número de socios.

8°. Por concurrir justa causa.

2.- En el supuesto previsto en el número 3° del apartado anterior, la Agrupación quedará automáticamente disuelta al producirse en el concurso la apertura de la fase de liquidación. El Tribunal del concurso hará constar la disolución en la resolución de apertura y, sin nombramiento de liquidadores, se realizará la liquidación de la agrupación conforme a lo establecido en el capítulo II del título V de la Ley Concursal.

3.- En los supuestos contemplados en los números 4.° y 5.° del apartado 1, la disolución precisará acuerdo mayoritario de la asamblea. Si dicho acuerdo no se adoptare dentro de los tres meses siguientes a la fecha en que se produjere la causa de disolución cualquier socio podrá pedir que ésta se declare judicialmente.

4.- En los casos previstos en los números 6° y 7° del apartado primero, la disolución será declarada por el Tribunal a instancia de cualquier interesado o de una autoridad competente.

Si fuere posible eliminar la causa de disolución, se estará a lo dispuesto en el apartado segundo del artículo 9° de la Ley 12/91, de 29 de abril de Agrupaciones de Interés Económico.

5.- En el supuesto establecido en el número 8° del apartado primero, la disolución podrá ser declarada por el Tribunal a instancia de cualquier socio.

Artículo 24°.- La disolución de la Agrupación abrirá el periodo de liquidación. En todo caso se dará cumplimiento a las normas establecidas para la liquidación en la Ley, aplicándose además lo dispuesto a continuación:

- La liquidación se llevará a cabo por el Órgano de Administración, salvo que otra cosa se acordase en Asamblea con el consentimiento unánime de los socios;
- Ningún socio podrá exigir la entrega del haber que le corresponda en la división de la masa social mientras no se hallen completamente extinguidas todas las deudas y obligaciones de la Agrupación;
- Desde el momento en que la Agrupación se declare en liquidación cesará la representación del Órgano de Administración para firmar nuevos contratos y asumir nuevas obligaciones, quedando limitadas sus facultades, en calidad de órgano liquidador, a percibir los créditos de la compañía, a extinguir las obligaciones contraídas de antemano, según vayan venciendo, y a realizar las operaciones pendientes.
- El cargo de los miembros del Órgano de Administración quedará automáticamente extinguido una vez realizada la liquidación de la Agrupación y concluidos los trámites citados y aquellos otros establecidos por la Ley.

TÍTULO VII
JURISDICCIÓN

Artículo 25°.-Si tuviese que recurrirse a los Tribunales de Justicia, los socios quedarán sometidos expresamente a la jurisdicción de los Tribunales de la ciudad de [*], con renuncia a cualquier otro fuero que pudiese corresponderles.

VIII.2.2. ACUERDOS

F161. OPCIÓN DE VENTA

CONTRATO DE OPCIÓN DE VENTA

Entre
[*]
[*]
en calidad de Otorgantes
y
[*]
en calidad de Beneficiario

Fecha: [*] **de** [*] **de** [*]

CONTRATO DE OPCIÓN DE COMPRA, suscrito en [*], a [*] de [*] de [*], entre las siguientes

PARTES

De una parte:

[*] sociedad limitada de nacionalidad española, con domicilio social en [*], y provista de NIF número [*], debidamente representada en este acto por [*], de nacionalidad española, mayor de edad, con domicilio a estos efectos en [*], y titular del DNI número [*], en su calidad de [*] con facultades suficientes (en adelante, "[*]").

[*] sociedad limitada de nacionalidad española, con domicilio social en [*], y provista de NIF número [*], debidamente representada en este acto por [*], con domicilio a estos efectos en [*], y titular del DNI número [*], en su calidad de [*]de la Sociedad (en adelante, "**[*]**").

En lo sucesivo, las sociedades antes mencionadas serán denominadas conjuntamente como las "**OTORGANTES**", e individualmente, cada una de ellas, como "**OTORGANTE**".

Y de otra parte,

[*], SL, sociedad de nacionalidad española, con domicilio social en [*]y provista de NIF [*], debidamente representada para este acto por [*], de nacionalidad española, mayor de edad, con domicilio en calle [*] y titular del DNI núm. [*], en su calidad de Administrador único de la referida sociedad (en adelante, denominado como el "**INVERSOR**" o el "**Beneficiario**").

Las partes intervinientes (en adelante, conjuntamente referidas como las "**Partes**" e individualmente como la "**Parte**") se reconocen recíprocamente la capacidad con la que respectivamente intervienen para otorgar el presente contrato, y de mutuo y común acuerdo,

EXPONEN

Que el INVERSOR es propietario de una participación social, representativa del [*] por ciento ([*]%) de las participaciones de la agrupación de interés económico [*], **A.I.E.**, con domicilio social en [*], provista de NIF [*] e inscrita en el Registro Mercantil de [*] (en adelante, la "**Sociedad**").

Que la Sociedad es productora de [*] (en adelante, la "[*]") dando cobertura, en su caso, a sus inversores, y encargándose de todos los trámites legales necesarios para la obtención de las deducciones fiscales y auditorías necesarias.

Que [*] y [*] son socios fundadores de la Sociedad. Asimismo, son las encargadas de la realización material en nombre propio, pero por cuenta de la AIE, de las actividades necesarias para la producción y promoción de [*], bajo el mandato y supervisión de la AIE, en virtud de un contrato de producción ejecutiva suscrita entre éstas y la Sociedad.

Que dado el acuerdo de Inversión suscrito por las Partes en fecha [*] de [*] de [*] el INVERSOR realizó la contribución referida en dicho acuerdo y, que allí se establecen, pasó a adquirir una participación social, representativa del [*] por ciento ([*]%) de las participaciones de la Sociedad (en adelante, la "**Operación**").

Que, en atención a la participación de las Otorgantes en la Operación, el Beneficiario ha concedido una opción de compra a favor de las Otorgantes sobre la totalidad de la participación social del Inversor en la Sociedad, en los términos previstos en el correspondiente contrato de opción de compra de fecha [*] de [*] de [*] (en adelante, la "**Opción de Compra**").

Que, asimismo, las Otorgantes han acordado conceder una opción de venta a favor del Beneficiario sobre la totalidad de la participación social en la Sociedad titularidad del Beneficiario, para su ejercicio en caso de cumplirse con las condiciones previstas en el presente contrato.

Que, en virtud de lo anterior, las Partes acuerdan formalizar el presente contrato de opción de venta (el "**Contrato**"), que se regirá por lo dispuesto en las siguientes

ESTIPULACIONES

PRIMERA.- OBJETO

1.1 El objeto de este Contrato consiste en la concesión por las Otorgantes al Beneficiario de un derecho de opción de venta sobre la totalidad de la participación social de la Sociedad titularidad del Beneficiario (en adelante, la "**Opción de Venta**"), consistente en el [*] por ciento ([*]%) de las participaciones de la AIE (en adelante, la "**Participación**"):

1.2. La Opción de Venta confiere al Beneficiario el derecho a transmitir y vender a las Otorgantes, que se obligan a adquirir y comprar, la totalidad de la Participación, en los términos y condiciones establecidos en el presente Contrato.

SEGUNDA.- NATURALEZA Y CONDICIONES DE LA OPCIÓN DE COMPRA

2.1. Carácter irrevocable

La Opción de Venta es otorgada por los Otorgantes al Beneficiario con carácter irrevocable.

2.2. Carácter indivisible

La Opción de Venta es indivisible y deberá ejercitarse por el Beneficiario sobre la totalidad de la Participación, sin que sea posible el ejercicio parcial de la Opción de Venta sobre parte de la Participación del Beneficiario.

2.3. Extensión

2.3.1. Las referencias en este Contrato a la Participación se extenderán y comprenderán cualesquiera títulos, valores, acciones o participaciones que la sustituya en caso de conversión o canje, transformación, fusión, escisión o cualesquiera otras operaciones que impliquen una sustitución de las mismas. En consecuencia, a los efectos de este Contrato, el término "Participación" incluirá aquellos títulos, valores o participaciones que la sustituyan.

2.3.2. Asimismo, las referencias en este Contrato a la Participación se extenderán a cualesquiera otras participaciones representativas del capital social de la Sociedad, que el Otorgante pudiera adquirir mediante ampliación de capital o cualquier otro título de adquisición tras la formalización del presente Contrato.

2.4. Prima

La Opción de Venta tiene carácter gratuito, sin que deba el Beneficiario satisfacer contraprestación alguna a las Otorgantes por el mero hecho de su otorgamiento.

2.5. Plazo de ejercicio

La Opción de Venta podrá ser ejercitada por el Beneficiario dentro de los treinta (30) días naturales posteriores a aquella fecha en que el plazo de ejercicio de la Opción de Compra haya transcurrido sin que la misma haya sido ejercitada por ninguna de las Otorgantes. El Beneficiario deberá comunicar a ambos Otorgantes su decisión de:

(i) Ejercitar la Opción de Venta (la "**Notificación de Ejercicio**") y, en consecuencia, transmitir la Participación en los términos y condiciones establecidos en el presente Contrato, y en particular, en la Estipulación 2.6 siguiente; o

(ii) No ejercitar la Opción de Venta, en cuyo caso el Beneficiario permanecerá como miembro de la Sociedad.

En el supuesto de que transcurrido el plazo de ejercicio el Beneficiario no realizase comunicación alguna de cuál es su decisión, se entenderá que renuncia al ejercicio de la Opción de Venta, caducando la Opción de Venta a los efectos de su vigencia.

A efectos aclaratorios, la Opción de Venta únicamente podrá ser ejercitada por el Beneficiario en caso de que la Opción de Compra no sea ejercitada por las Otorgantes en los términos previstos en el contrato de Opción de Compra, y por lo tanto el Beneficiario no tendrá obligación alguna de notificar a las Otorgantes el ejercicio, o no, de la Opción de Venta, hasta que haya transcurrido el plazo de ejercicio de la Opción de Compra sin que ninguna de las Otorgantes la haya ejercitado.

2.6. Procedimiento de ejercicio

2.6.1. En caso de que el Beneficiario comunique su decisión de ejercitar la Opción de Venta deberá realizar la comunicación a cada una de las Otorgantes, en tanto que la Notificación de Ejercicio deberá manifestar expresamente:

(a) su voluntad de ejercitar la Opción de Venta y vender a las Otorgantes la totalidad de la Participación, la cual se distribuirá entre ellas en proporción a la participación que ostente cada una en el capital social de la Sociedad, y en los términos y condiciones establecidos en el presente Contrato; y

(b) su compromiso de acudir al lugar y fecha comunicados por el Beneficiario para proceder al otorgamiento de la escritura pública de compraventa y transmisión de la propiedad de la Participación.

2.6.2. En caso de que las Otorgantes no puedan, por razones debidamente justificadas, proceder al otorgamiento de la escritura de compraventa de la Participación en el lugar y/o fecha notificados por el Beneficiario, deberá notificárselo al Beneficiario al menos tres (3) días naturales con anterioridad a la fecha de compraventa propuesta por el Beneficiario en la Notificación de Ejercicio, en cuyo caso las Partes acordarán de buena fe un lugar y/o fecha alternativos. En caso de que ambas Otorgantes no respondan a la Notificación de Ejercicio, se entenderá que aceptan el lugar y fecha propuestos por el Beneficiario y estarán obligados a presentarse para formalizar el otorgamiento de la escritura de compraventa.

2.7. Precio de la compraventa

En caso de ejercitar la Opción de Venta, la cantidad a abonar por las Otorgantes será [*] EURO ([*]€) entre ambos.

TERCERA.- COMPROMISOS DEL BENEFICIARIO

Con el fin de preservar la efectividad de la Opción de Venta, el Beneficiario se compromete, durante la vigencia de la Opción de Venta, a:

(a) mantener la propiedad de la Participación libre de cualesquiera cargas y gravámenes; y

(b) abstenerse de celebrar contratos o realizar actos que pudiesen impedir o dificultar la transmisión de la Participación objeto de la Opción de Venta.

CUARTA.- CESIÓN

Las Partes no podrán ceder, transferir, sustituir ni subrogar los derechos y obligaciones contraídos por las mismas por virtud del presente Contrato sin el consentimiento expreso y por escrito de la otra Parte.

QUINTA.- TRIBUTOS, COSTES Y GASTOS

5.1. Tributos

Las Otorgantes, cada una en proporción a su participación en el capital social de la Sociedad, soportará todos los tributos, impuestos, tasas, impuestos sobre actos jurídicos documentados y otras exacciones que puedan ser exigidas por las autoridades estatales, regionales, provinciales o locales, de cualquier fuente o naturaleza, tipo o clase soportados actualmente o en el futuro, según sea el caso, por el otorgamiento, ejecución o resolución del presente Contrato, así como de cualquier documento vinculado al mismo.

5.2. Gastos

Todos los gastos derivados u ocasionados por la formulación, celebración, cumplimiento o ejecución del presente Contrato serán soportados igualmente por las Otorgantes, cada una en proporción a su participación en el capital social de la Sociedad, incluidos los aranceles notariales que pudieran devengarse de formalización en documento público del presente Contrato, pero excluyendo los honorarios legales.

SEXTA.– NOTIFICACIONES Y REQUERIMIENTOS

Cualquier notificación o comunicación entre las Partes en relación con el presente Contrato se entenderá debidamente entregada o realizada en el momento de su recepción (cuando se trate de entrega en mano o por correo) o en el momento de recepción de un acuse de recibo del envío (cuando se trate de Fax o e-mail) en las siguientes direcciones salvo variación en las mismas, que deberán ser comunicada a la otra Parte al menos con siete (7) días hábiles de antelación a que dicha variación se efectúe:

Las Otorgantes

[*]

[*]

El Beneficiario

[*]

SÉPTIMA.– LEY APLICABLE Y JURISDICCIÓN

7.1. Ley aplicable:

El presente Contrato en su interpretación y cumplimiento se regirá por la legislación española.

7.2 Jurisdicción:

Las Partes, para la resolución de cuantas cuestiones y controversias puedan surgir en relación con el presente contrato, y con renuncia expresas a su propio fuero, si lo tuviesen, se someten a la Jurisdicción y Competencia de los Tribunales de ....

Y EN PRUEBA DE CONFORMIDAD CON CUANTO ANTECEDE, las Partes firman el presente Contrato, por duplicado y a un solo efecto, en el lugar y en la fecha que se indican en el encabezamiento.

[*].	[*]
Rda. [*]	Rda. [*]
	[*]
	Rda. [*]

F162. OPCIÓN DE COMPRA

CONTRATO DE OPCIÓN DE COMPRA

Entre
[*]
[*]
en calidad de Beneficiarias
y
[*]
en calidad de Otorgante

Fecha: [*] **de** [*]**de** [*]

CONTRATO DE OPCIÓN DE COMPRA, suscrito en ...., a [*] de [*] de [*], entre las siguientes

PARTES

De una parte:

[*] sociedad limitada de nacionalidad española, con domicilio social en [*], y provista de NIF número [*], debidamente representada en este acto por [*], de nacionalidad española, mayor de edad, con domicilio a estos efectos en [*], y titular del DNI número [*], en su calidad de [*] con facultades suficientes (en adelante, "[*]").

[*] sociedad limitada de nacionalidad española, con domicilio social en [*], y provista de NIF número [*], debidamente representada en este acto por [*], con domicilio a estos efectos en [*], y titular del DNI número [*], en su calidad de [*]de la Sociedad (en adelante, "**[*]**").

En lo sucesivo, las sociedades antes mencionadas serán denominadas conjuntamente como las "**Beneficiarias**", e individualmente, cada una de ellas, como "**Beneficiaria**".

Y de otra parte,

[*], SL, sociedad de nacionalidad española, con domicilio social en [*]y provista de NIF [*], debidamente representada para este acto por [*], de nacionalidad española, mayor de edad, con domicilio en calle [*] y titular del DNI núm. [*], en su calidad de Administrador único de la referida sociedad (en adelante, denominado como el "**INVERSOR**" o el "**Otorgante**").

Las partes intervinientes (en adelante, conjuntamente referidas como las "**Partes**" e individualmente como la "**Parte**") se reconocen recíprocamente la capacidad con la que respectivamente intervienen para otorgar el presente contrato, y de mutuo y común acuerdo,

EXPONEN

Que el INVERSOR es propietario de una participación social, representativa del [*] por ciento ([*]%) de las participaciones de la agrupación de interés económico **[*], A.I.E.,** con domicilio social en [*], provista de NIF [*] e inscrita en el Registro Mercantil de [*] (en adelante, la "**Sociedad**").

Que la Sociedad es productora de [*] (en adelante, "[*]") dando cobertura, en su caso, a sus inversores, y encargándose de todos los trámites legales necesarios para la obtención de las deducciones fiscales y auditorías necesarias.

Que [*] y [*] son socios fundadores de la Sociedad. Asimismo, son las encargadas de la realización material en nombre propio, pero por cuenta de la AIE, de las actividades necesarias para la producción y promoción [*], bajo el mandato y supervisión de la AIE, en virtud de un contrato de producción ejecutiva suscrita entre éstas y la Sociedad.

Que dado el acuerdo de Inversión suscrito por las Partes en fecha [*] de [*]de [*] el INVERSOR realizó la contribución referida en dicho acuerdo y, de acuerdo con los términos que allí se establecen, pasó a adquirir una participación social, representativa del [*] por ciento ([*]%) de las participaciones de la Sociedad (en adelante, la "**Operación**").

Que, en atención a la participación de las Beneficiarias en la Operación, el Otorgante ha acordado conceder una opción de compra a favor de las Beneficiarias sobre la totalidad de la participación social en la Sociedad titularidad del Otorgante, para su ejercicio por las Beneficiarias en caso de cumplirse con las condiciones previstas en el presente contrato

Que, en virtud de lo anterior, las Partes acuerdan formalizar el presente contrato de opción de compra (el "**Contrato**"), que se regirá por lo dispuesto en las siguientes

ESTIPULACIONES

PRIMERA.- OBJETO

1.1. El objeto de este Contrato consiste en la concesión por el Otorgante a las Beneficiarias de un derecho de opción de compra sobre la totalidad de la participación social de la Sociedad titularidad del Otorgante (en adelante, la "**Opción de Compra**"), consistente en [*] por ciento ([*]%) de las participaciones de la AIE (en adelante, la "**Participación**").

1.2. La Opción de Compra confiere a las Beneficiarias el derecho a adquirir y comprar del Otorgante, que se obliga a transmitir y vender, la totalidad de la Participación, en los términos y condiciones establecidos en el presente Contrato.

SEGUNDA.- NATURALEZA Y CONDICIONES DE LA OPCIÓN DE COMPRA

2.1. Carácter irrevocable

La Opción de Compra se otorga por el Otorgante a las Beneficiarias con carácter irrevocable.

2.2. Carácter indivisible

La Opción de Compra es indivisible y deberá ejercitarse por las Beneficiarias sobre la totalidad de la Participación, sin que sea posible el ejercicio parcial de la Opción de Compra sobre parte de la Participación del Otorgante.

2.3. Extensión

2.3.1. Las referencias en este Contrato a la Participación se extenderán y comprenderán cualesquiera títulos, valores, acciones o participaciones que la sustituya en caso de conversión o canje, transformación, fusión, escisión o cualesquiera otras operaciones que impliquen una sustitución de las mismas. En consecuencia, a los efectos de este Contrato, el término "Participación" incluirá aquellos títulos, valores o participaciones que la sustituyan.

2.3.2. Asimismo, las referencias en este Contrato a la Participación se extenderán a cualesquiera otras participaciones representativas del capital social de la Sociedad, que el Otorgante pudiera adquirir mediante ampliación de capital o cualquier otro título de adquisición tras la formalización del presente Contrato.

2.4. Prima.

La Opción de Compra tiene carácter gratuito, sin que deban los Beneficiarios satisfacer contraprestación alguna al Otorgante por el mero hecho de su otorgamiento.

2.5. Plazo de ejercicio

La Opción de Compra podrá ser ejercitada por cada una de las Beneficiarias entre el [*] y el [*]. Para ello, cada una de las Beneficiarias deberán comunicar al Otorgante su decisión de:

(i) Ejercitar la Opción de Compra (la "**Notificación de Ejercicio**") y, en consecuencia, adquirir la Participación en los términos y condiciones establecidos en el presente Contrato, y en particular, en la Estipulación 2.6 siguiente; o

(ii) No ejercitar la Opción de Compra, en cuyo caso el Otorgante permanecerá como miembro de la Sociedad.

En caso de que sean las dos Beneficiarias las que comuniquen su decisión de ejercitar la Opción de Compra, la totalidad de la Participación se distribuirá entre ellas en proporción a su participación en el capital social de la Sociedad.

En el supuesto de que transcurrido el plazo de ejercicio ninguna de las Beneficiarias realizase comunicación alguna de cuál es su decisión, se entenderá que renuncian al ejercicio de la Opción de Compra, caducando la Opción de Compra a los efectos de su vigencia.

2.6. Procedimiento de ejercicio

En caso de que cualquiera de las Beneficiarias comunique su decisión de ejercitar la Opción de Compra, la Notificación de Ejercicio deberá manifestar expresamente:

(a) su voluntad de ejercitar la Opción de Compra y adquirir la Participación en los términos y condiciones establecidos en el presente Contrato; y

(b) su compromiso de acudir al lugar y fecha comunicados por el Otorgante para proceder al otorgamiento de la escritura pública de compraventa y transmisión de la propiedad de la Participación.

2.7. Precio de la compraventa

En caso de ejercitar la Opción de Compra, la cantidad a abonar por las Beneficiarias será [*] EURO ([*]€), en total.

TERCERA.- COMPROMISOS DEL OTORGANTE

Con el fin de preservar la efectividad de la Opción de Compra, el Otorgante se compromete, durante la vigencia de la Opción de Compra, a:

(a) mantener la propiedad de la Participación libre de cualesquiera cargas y gravámenes; y

(b) abstenerse de celebrar contratos o realizar actos que pudiesen impedir o dificultar la transmisión de la Participación objeto de la Opción de Compra.

CUARTA.– CESIÓN

Las Partes no podrán ceder, transferir, sustituir ni subrogar los derechos y obligaciones contraídos por las mismas por virtud del presente Contrato sin el consentimiento expreso y por escrito de la otra Parte.

QUINTA.– TRIBUTOS, COSTES Y GASTOS

5.1. Tributos

La Beneficiaria que ejerza la Opción de Compra soportará todos los tributos, impuestos, tasas, impuestos sobre actos jurídicos documentados y otras exacciones que puedan ser exigidas por las autoridades estatales, regionales, provinciales o locales, de cualquier fuente o naturaleza, tipo o clase soportados actualmente o en el futuro, según sea el caso, por el otorgamiento, ejecución o resolución del presente Contrato, así como de cualquier documento vinculado al mismo. En caso de que las dos Beneficiarias ejercieran su Opción de Compra, estos gastos serán soportados proporcionalmente a su participación en el capital social de la Sociedad.

5.2. Gastos

Todos los gastos derivados u ocasionados por la formulación, celebración, cumplimiento o ejecución del presente Contrato serán soportados igualmente por las Beneficiarias que ejerciten su Opción de Compra, incluidos los aranceles notariales que pudieran devengarse de formalización en documento público del presente Contrato, pero excluyendo los honorarios legales. En caso de que las dos Beneficiarias ejercieran su Opción de Compra, estos gastos serán soportados proporcionalmente a su participación en el capital social de la Sociedad.

SEXTA.– NOTIFICACIONES Y REQUERIMIENTOS

Cualquier notificación o comunicación entre las Partes en relación con el presente Contrato se entenderá debidamente entregada o realizada en el momento de su recepción (cuando se trate de entrega en mano o por correo) o en el momento de recepción de un acuse de recibo del envío (cuando se trate de Fax o e-mail) en las siguientes direcciones salvo variación en las mismas, que deberán ser comunicada a la otra Parte al menos con siete (7) días hábiles de antelación a que dicha variación se efectúe:

Las Beneficiarias

[*]

[*]

El Otorgante

[*]

SÉPTIMA.– LEY APLICABLE Y JURISDICCIÓN

7.1. Ley aplicable:

El presente Contrato en su interpretación y cumplimiento se regirá por la legislación española.

7.2. Jurisdicción:

Las Partes, para la resolución de cuantas cuestiones y controversias puedan surgir en relación con el presente Contrato, y con renuncia expresas a su propio fuero, si lo tuviesen, se someten a la Jurisdicción y Competencia de los Tribunales de ....

Y EN PRUEBA DE CONFORMIDAD CON CUANTO ANTECEDE, las Partes firman el presente Contrato, por duplicado y a un solo efecto, en el lugar y en la fecha que se indican en el encabezamiento.

[*]

Rda. D. [*]

[*]

Rda. [*]

[*]

Rda. [*]

F163. ACTA DE ASAMBLEA GENERAL POR LA QUE SE ACUERDA UN AUMENTO DE CAPITAL

ACTA DE LA ASAMBLEA GENERAL DE SOCIOS DE LA AGRUPACIÓN DE INTERÉS ECONÓMICO "[*], A.I.E."

En el domicilio social, el día [*] de [*] de [*], la totalidad de los socios tenedores de las participaciones sociales representativas de la totalidad del capital social de **"[*], A.I.E."** (en adelante, la "**Agrupación**"), acuerdan por unanimidad constituirse en Asamblea General de Socios, con el carácter de universal, conforme al siguiente orden del día que igualmente aprueban por unanimidad:

ORDEN DEL DÍA

Primero Ratificación de la válida constitución de la Asamblea General de Socios, del orden del día y de los cargos de Presidente y Secretario de la misma.

Segundo Propuesta, y en su caso, aprobación de un aumento del capital social mediante aportaciones dinerarias, y en consecuencia, modificación del artículo [*] de los Estatutos Sociales.

Tercero Porcentaje de participación de los Socios en la Agrupación tras la aprobación del aumento de capital mediante aportaciones dinerarias

Cuarto Delegación de facultades

Quinto Redacción, lectura y, en su caso, aprobación del Acta de la Asamblea General de Socios.

Asimismo, se procede a formar la **LISTA DE ASISTENTES**:

- [*] titular de [*] participaciones sociales, que representan el [*] del capital social de la Agrupación.

  ____

  Fdo. [*]

- [*] titular de [*] participaciones sociales, que representan el [*] del capital social de la Agrupación.

  ____

  Fdo. [*]

- [*] titular de [*] participaciones sociales, que representan el [*] del capital social de la Agrupación.

  ____

  Fdo. [*]

Actúa como Presidente de la reunión D. [*], y como Secretario D. [*], nombrados al efecto por los asistentes al inicio de la reunión.

El Presidente declara válidamente constituida la Asamblea General de Socios, con el carácter de Universal y con facultades suficientes para resolver sobre cualquier asunto de su competencia y, en especial, sobre los puntos fijados como Orden del Día.

Tras las oportunas deliberaciones de los asuntos contenidos en el orden del día, y no haciendo uso ninguno de los asistentes de su derecho a que constase en acta el contenido de sus intervenciones, se adoptaron por unanimidad los siguientes acuerdos con el siguiente tenor literal:

ACUERDOS

"Primero Ratificación de la válida constitución de la Asamblea General de Socios, del orden del día y de los cargos de Presidente y Secretario de la misma.

La Asamblea General de Socios acuerda por unanimidad ratificar la válida constitución de la Asamblea de Socios de la Agrupación, su carácter de universal, así como el Orden del día y la designación de presidente y secretario de la misma.

Segundo Propuesta, y en su caso, aprobación de un aumento del capital social mediante aportaciones dinerarias, y en consecuencia, modificación del artículo [*] **de los Estatutos Sociales.**

(i) Ampliación de capital

Se acuerda por unanimidad ampliar el capital social de la Agrupación, actualmente fijado en el importe de [*] EUROS ([*].-€), en la cuantía de [*] **([*].-€),** quedando fijado, en consecuencia, en la cuantía de [*] **EUROS ([*],00 €).**

La ampliación señalada se realizará mediante la creación de [*] **([*])** participaciones sociales, de valor nominal [*] **EURO ([*]€)** cada una de ellas, acumulables, indivisibles, con los mismos derechos que las ya existentes, numeradas correlativamente de la [*]a la [*], ambas inclusive.

El aumento tendrá como contrapartida aportaciones dinerarias, en la cuantía total y agregada de [*] **EUROS ([*].-€).**

(i) Asunción y desembolso.

Los socios acuerdan y aceptan por unanimidad que las nuevas participaciones sean íntegramente asumidas y desembolsadas en los términos que se indican a continuación:

- La mercantil de nacionalidad española [*]domiciliada en [*], provista de C.I.F. [*], e inscrita en el Registro Mercantil de [*], tomo [*], folio [*], Hoja [*], asume [*] participaciones, numeradas correlativamente de la [*] a la [*], ambas inclusive, de valor nominal [*] **EURO ([*]€)** cada una de ellas, iguales en derechos, mediante la aportación dineraria total de [*] **EUROS ([*].-€)**. (en adelante, el "**Desembolso**")

A tal efecto, la Asamblea General acuerda por unanimidad conceder al anterior aportante un plazo de cinco (5) días a contar desde la fecha de la presente Asamblea, para que ingrese, en la cuenta corriente de la Sociedad, el importe del Desembolso.

La totalidad de las nuevas [*] **([*])** participaciones, numeradas correlativamente de la [*]**a la** [*]**,** ambas inclusive, creadas como consecuencia del aumento de capital social por el presente acordado, tendrán otorgados los derechos y obligaciones establecidos en los estatutos sociales de la Agrupación.

El acuerdo es aprobado de forma unánime por todos los Sres. Socios.

(ii) Modificación del artículo [*] de los Estatutos Sociales.

Como consecuencia de lo anterior, modificando consiguientemente el artículo [*]de los Estatutos Sociales en lo pertinente y, proceda a la asignación de las nuevas participaciones creadas, quedando en adelante la redacción del artículo [*]de la siguiente manera:

"***Artículo*** [*].- *El capital social se fija en la cantidad de* [*] *(*[*]*€) que se dividirá en* [*]*participaciones de* [*]*€ de valor nominal cada una de ellas, numeradas de la 1 a la* [*]*, ambas inclusive.*"

El acuerdo es aprobado de forma unánime por todos los Sres. Socios.

Tercero Porcentaje de los Socios tras la aprobación del aumento de capital mediante aportaciones dinerarias.

Tras el Desembolso correspondiente al aumento del capital social, el porcentaje de los Sres. Socios queda de la siguiente manera:

Nombre	%
[*].	[*]%
[*].	[*]%
[*]	[*]%

El acuerdo es aprobado de forma unánime por todos los Sres. Socios.

Cuarto. Delegación de facultades

Se acuerda facultar a cada uno de los miembros del órgano de administración para que, cualquiera de ellos, solidaria e indistintamente, realice cuantos actos sean necesarios para la ejecución de los anteriores acuerdos, y especialmente para comparecer ante Notario con el fin de otorgar la correspondiente escritura de elevación a público de los citados acuerdos y para su ratificación y/o subsanación, hasta la definitiva inscripción de los mismos en el Registro Mercantil.

El acuerdo es aprobado de forma unánime por todos los Sres. Socios.

Quinto. Redacción, lectura y, en su caso, aprobación del Acta de la Asamblea de Socios

No habiendo más asuntos que tratar se procede a la redacción de la presente acta que es leída a todos los asistentes, aprobada por unanimidad y firmada por el Presidente y Secretario, en el lugar y fecha del encabezamiento."

El Acta es firmada, a continuación de la celebración de la Junta, por la Sra. Secretaria, con el Visto Bueno del Sr. Presidente de la presente Junta General Extraordinaria de Socios y por todos los presentes en señal de conformidad y asistencia en la lista de asistentes.

V° B° EL PRESIDENTE **EL SECRETARIO**

D. [*] D. [*]